Brockhaus Biblisches Wörterbuch

Brockhaus
Biblisches Wörterbuch

Herausgegeben

von

Fritz Grünzweig
Jürgen Blunck
Martin Holland
Ulrich Laepple
Rolf Scheffbuch

Redaktion:
Ulrich Laepple

R. BROCKHAUS VERLAG WUPPERTAL

1. Taschenbuchauflage 1985

Umschlaggestaltung: Ralf Rudolph, Ratingen
Gesamtherstellung: Breklumer Druckerei Manfred Siegel

ISBN 3-417-24081-6

Vorwort

Wer als Christ im Alltag bestehen will, braucht eine gründliche Kenntnis der Bibel. Dazu ist nötig, daß wir die einzelnen biblischen Schriften, Kapitel um Kapitel, sorgfältig lesen, bedenken und ihren Zusammenhang erfassen. Wichtig ist dazu aber auch, daß wir die Grund-Worte und -Begriffe der Bibel als Bausteine ihrer Botschaft im Gesamtzusammenhang der ganzen Schrift beobachten und erfassen. Das *Biblische Wörterbuch* möchte dazu Hilfen geben.

Verlag und Herausgeber haben dabei diejenigen im Auge, die tiefer in das Zeugnis der Bibel eindringen wollen. Das *Biblische Wörterbuch* soll allen eine Hilfe sein, die das Wort Gottes, das uns mit der Schrift geschenkt ist, besser in seinem Gesamtzusammenhang erfassen möchten; allen, die das Ziel haben, angesichts der heutigen Verwirrung der Begriffe in der Bibel einen klaren, festen Grund zu gewinnen. Insbesondere wollen Verlag und Herausgeber dieses Buch als Arbeitshilfe, als stetes »Handwerkszeug«, denen zur Verfügung stellen, die neben einer Berufsarbeit in Gemeinden und Gemeinschaften, Familien- und Jugendkreisen in Gottes Wort einführen und seine Botschaft an Menschen von heute ausrichten wollen.

Da mit Lesern zu rechnen ist, denen nur beschränkte Zeit zur Verfügung steht, und da zudem das *Biblische Wörterbuch* in einem einzigen handlichen Band enthalten sein sollte, mußten die Artikel trotz umfassender biblisch-theologischer Vorarbeit im Ergebnis kurz gehalten werden. Zu einer trotz der Kürze der einzelnen Beiträge dennoch guten Erfassung des Gesamthorizonts der biblischen Botschaft wollen auch die zahlreichen Verweise und Querverbindungen zu anderen in dem Buch enthaltenen Artikeln verhelfen.

Das Besondere an diesem *Biblischen Wörterbuch* – im Vergleich zu ähnlichen Wörterbüchern – ist nicht nur die Allgemeinverständlichkeit, sondern auch der *ausdrückliche Bezug zum Leben und zur Gegenwart.* In jedem Artikel werden unter der Überschrift »Der Begriff heute« in einem Abschnitt III bei dem jeweils behandelten Wort die Linien zu Fragen unserer Zeit ausgezogen. Die Verfasser der einzelnen Beiträge, die alle in der praktischen Arbeit der Gemeinde Jesu heute stehen, haben in diesem Sinn aus der Gemeinde für die Gemeinde geschrieben.

Die große Botschaft der Bibel zu erfassen, erfordert wesentlich mehr an geistiger Arbeit, als am Morgen die Zeitung zu überfliegen. Aber Gottes Wort bleibt auch in alle Ewigkeit, während die Zeitung am anderen Tag schon »alt« und überholt ist. Es liegt im Wesen eines *Biblischen Wörterbuches,* daß es, trotz allem Bemühen um eine allgemein verständliche Sprache, die Leser einigermaßen *fordern* muß, wenn es biblisch-theologisch gediegen sein will. Doch Gottes Wort, daß wir für uns und für andere erfassen wollen, ist aller Mühe wert.

Die Bibel ist Quelle und Richtschnur für Glauben und Denken der Christen, für Leben und Wirken, auch heute und morgen. Ein *Biblisches Wörterbuch* kann und darf naturgemäß inhaltlich nur aus der Schrift schöpfen. Herausgeber und Verfasser gingen auch bei der Bearbeitung dieses Buches von dem doppelten Vertrauen zur Schrift aus: daß sie in dem, was sie sagt, verläßlich ist; und daß sie durch Gottes Geist die Kraft hat, da, wo ihr Wort gehorsam weitergesagt wird, auch heute Glauben und neues geistliches

Leben zu wecken, zu fördern, in Dienst zu stellen und ausreifen zu lassen. So waren für Verfasser und Herausgeber biblische Maßstäbe bestimmend; und so stellt sich das Buch auch der Prüfung durch seine Leser eben wieder nach biblischen Maßstäben.

Jesus Christus ist die Mitte auch dieses Buches. Durch ihn macht Gott seine große Geschichte nach der Katastrophe der Sünde zur Wieder-Heilung des Menschen und der Menschheit. In ihm ist Gott selbst am Werk. Unser Herr sagt von der Heiligen Schrift: »Sie ist's, die von mir zeuget« (Joh 5,39). So steht er, der von Gott gekommene, für unsere Sünden gestorbene, auferstandene, auf Gottes Thron heimgekehrte und wiederkommende Herr in der Mitte der Schrift und so naturgemäß in der Mitte auch eines *Biblischen Wörterbuchs.* Auch durch das vorliegende Buch soll letztlich Jesus Christus und damit Gott bekannt, groß und lieb gemacht und dem Menschen nahegebracht werden. Es will Hilfen zum Glauben geben, ihn erklären, wecken und fördern. Das ist sein durchgehendes seelsorgerliches Anliegen.

Es ist Wunsch und Bitte des Verlags, der Herausgeber und Autoren, daß das *Biblische Wörterbuch* für viele zu einer Hilfe, insbesondere auch zu einem brauchbaren Instrument für Ihre Arbeit wird.

Verzeichnis der Abkürzungen

Abkürzungen der Bibelbücher

Altes Testament (AT)

Mo	Mose	Ps	Psalmen	Am	Amos
Jos	Josua	Spr	Sprüche	Ob	Obadja
Ri	Richter	Pred	Prediger	Jon	Jona
Rt	Ruth	Hl	Hohelied	Mi	Micha
Sam	Samuel	Jes	Jesaja	Nah	Nahum
Kö	Könige	Jer	Jeremia	Hab	Habakuk
Chr	Chronika	Kla	Klagelieder	Zeph	Zephanja
Esr	Esra	Hes	Hesekiel	Hag	Haggai
Neh	Nehemia	Dan	Daniel	Sach	Sacharja
Est	Esther	Hos	Hosea	Mal	Maleachi
Hi	Hiob	Joe	Joel		

Neues Testament (NT)

Mt	Matthäus	Gal	Galater	Phim	Philemon
Mk	Markus	Eph	Epheser	Petr	Petrus
Lk	Lukas	Phil	Philipper	Jo	Johannes
Joh	Johannes	Kol	Kolosser	Hebr	Hebräer
Apg	Apostelgeschichte	Thes	Thessalonicher	Jak	Jakobus
Röm	Römer	Tim	Timotheus	Jud	Judas
Kor	Korinther	Tit	Titus	Offb	Offenbarung

Allgemeine Abkürzungen

ahd.	althochdeutsch	mhd.	mittelhochdeutsch
Anm.	Anmerkung	NT	Neues Testament
aram.	aramäisch	ntl.	neutestamentlich
AT	Altes Testament	o.	oder
atl.	alttestamentlich	par.	parallele Stelle(n)
bes.	besonders	s.	siehe
christl.	christlich	u.	und
dt.	deutsch	Üs.	Übersetzung(en)
f/ff	folgender/folgende	u. ö.	und öfter
germ.	germanisch	usw.	und so weiter
griech.	griechisch	V.	Vers
hebr.	hebräisch	vgl.	vergleiche
Kap.	Kapitel	w.	wörtlich
lat.	lateinisch	z.B.	zum Beispiel
LXX	Septuaginta, die älteste griech. Üs. des AT	z.Z.	zur Zeit

A

Abba → Vater/Abba
Abbild → Götze/Götzendienst/Abbild
Abendmahl → Herrenmahl

Ältester

I. Wortbedeutung

Sowohl das hebräische als auch das griechische Wort für »Ältester« kann zweierlei bedeuten: Entweder den Menschen, der *in hohem Alter* steht (im Gegensatz zur jüngeren Generation), oder den Ältesten als einen *Amtsinhaber.* Während jedoch mit dem betreffenden hebräischen Wort Erfüllung *und* Grenzen des Alters bezeichnet werden, redet das griechische nur positiv und ehrenvoll vom Alter, wenn es »Ältester« *(presbyteros)* gebraucht. Für die negativen Seiten des Alters (Abnehmen der Kräfte, Beschwerlichkeit usw.) sind hier andere Wörter reserviert. Die beiden Bedeutungen »alt an Jahren« und »Ältester« müssen auseinandergehalten werden, weil nicht jeder alte Mann ein Ältestenamt innehat und umgekehrt jüngere Menschen ein Ältestenamt haben können.

Wenn sich heute in Schottland und Amerika und anderswo Glieder evangelischer Kirchen »Presbyterianer« nennen, so geht diese Bezeichnung auf das griechische *presbyteros* zurück. Sie zeigt an, daß in den presbyterianischen Kirchen das Ältestenamt die zentrale Instanz ist.

II. Der Begriff in der Bibel

A. IM ALTEN TESTAMENT

1. Älteste im alten → Israel

Wie ihre Umwelt, kannten auch die israelitischen Stämme seit eh und je die besondere Stellung von Ältesten. So ist in den Geschichtsbüchern des AT bei näherem Zusehen keineswegs nur von großen Einzelgestalten wie einem Mose oder David die Rede.

Zwischen *Mose* und dem Volk stehen die Ältesten als Vertreter des Volkes. Ihnen hat er zuerst die bevorstehende Befreiung aus Ägypten anzukündigen (2Mo 3,16; 4,29). Mit ihnen gilt es dann, vor den Pharao zu treten (2Mo 3,18) und die Vorbereitungen zum eiligen → Passamahl zu treffen (2Mo 12,21). Am Sinai steigen auch 70 Älteste mit Mose und Aaron den Berg hinauf und warten betend in der Mitte zwischen dem Volk und Mose (2Mo 24,1.9). In einer der zahlreichen Stunden der → Anfechtung in der Wüste schließlich werden Mose 70 Älteste an die Seite gestellt, die nun in ein regelrechtes Ältestenamt eingesetzt werden (4Mo 11).

David wird von den Ältesten Israels zum König gesalbt (2Sam 5,3). Sie haben von Samuel die Einsetzung eines Königs verlangt (1Sam 8,4–5). Um ihre Gunst hat David schon vorher geworben (1Sam 30,26–31). Auf ihre Unterstützung bleibt überhaupt jeder König in der frühen Königszeit Israels angewiesen (1Sam 15,30; 2Sam 31,17; 17,4.15; 19,12).

Wenn die Ältesten in der späteren Königszeit auch etwas zurücktreten, so bleiben sie doch eine wichtige Gruppe innerhalb der Führungsschicht Israels. Wenn die → Propheten die Führer Israels im Namen des Herrn schelten müssen, kommen auch die Ältesten an die Reihe (z.B. Jes 3,14–15; 9,15–16).

Was aber macht die *besondere Stellung der Ältesten* im Volk Israel aus? Welche Aufgaben waren ihnen gegeben? Stellen in 5Mo zeigen, daß die Ältesten richterliche Aufgaben zu erfüllen hatten. Die Ältesten einer Stadt waren verantwortlich, daß z.B. ein flüchtiger Mörder ausgeliefert (5Mo 19,11–13) oder eine Klage wegen → Unzucht richterlich geprüft (5Mo 22,13–21) wurde. Aber auch die Entscheidung wichtiger militärischer und politischer Fragen muß in ihren Händen gelegen haben (Ri 11,5; 1Sam 8,4; 2Sam 5,3).

2. Älteste im Jerusalemer Hohen Rat und in örtlichen jüdischen Gemeinden

In → Jerusalem entstand ungefähr seit dem 4. Jh. v.Chr. ein »Ältestenrat«. Aus diesem entwickelte sich mit der Zeit der (aus dem NT bekannte) Hohe Rat. Bis zur Zeit Jesu hatten sich drei Gruppen von Ratsmitgliedern herausgebildet: die → Hohenpriester, die Schriftgelehrten und die Ältesten (Mk 11,27; 14,43.53 vgl. auch 8,31). Damit aber hatte sich der Begriff des Ältesten gewandelt. Waren früher einmal alle Glieder des Rates »Älteste« genannt worden, so bezeichnete man zur Zeit Jesu nur noch diejenigen Ratsmitglieder als Älteste, die den reichen Stadtadel Jerusalems vertraten. Diese bildeten neben den → Priestern und Theologen die Gruppe der Laien im Jerusalemer Hohen Rat (→ Pharisäer). Nebst diesen Ältesten des Hohen Rates gab es im Judentum aber auch Inhaber eines Ältestenamtes in Ortsgemeinden außerhalb Jerusalems (Lk 7,3). Ja, sogar in Jerusalem selbst wurden neben den Ältesten des Hohen Rates auch die Vorstandsmitglieder einer Synagogengemeinde »Älteste« genannt, wie eine wiederentdeckte Inschrift zeigt.

B. IM NEUEN TESTAMENT

1. Die werdende Kirche hat das jüdische Ältestenamt übernommen und selbst Älteste eingesetzt. In der Urkirche in Jerusalem gibt es nach einiger Zeit des Gemeindewachstums Älteste (Apg 11,30). Mit den → Aposteln zusammen bilden diese ein entscheidendes *Gremium der Gesamtkirche* (Apg 15; 16,4 vgl. auch 21,18). Daneben kennt das NT die Ältesten aber vor allem als Leiter und Hirten einer einzelnen *Ortsgemeinde* (Apg 14,23; Tit 1,5; ein Vergleich von Tit 1,5 und 1,7 zeigt, daß in der Frühzeit »Ältester« und → »Bischof« gleichbedeutend waren). In Apg 20,17–35 richtet sich Paulus ein letztes Mal an die Gemeinde-Ältesten von Ephesus und legt ihnen dringend ans Herz, der Zukunft wachsam entgegenzugehen. Sie sollen an seiner Statt dafür sorgen, daß die → Gemeinde geistlich geleitet (»geweidet«), vor Irrlehre geschützt und ermahnt wird (Verse 28–31). – Auch 1Petr 5,1–5 zeigt die Ältesten als → Hirten der Gemeinde. Dabei wird deutlich, daß es ihnen immer um das Wohl der Gemeinde gehen soll. So werden sie denn ermahnt, das ihnen anvertraute Amt freiwillig, uneigennützig, hingebungsvoll und demütig auszuführen. Sie sollen Vorbilder der Gemeinde sein. – Nach Jak 5,14 sind den Ältesten insbesondere auch die Kranken der Gemeinde anvertraut. Es ist aber darauf zu achten, daß die Initiative von den kranken Gemeindegliedern ausgehen soll, nicht von übereifrigen Ältesten selbst. Sie sollen die Ältesten zu Gebet und → Salbung mit Öl rufen lassen.

2. Die Ältesten sind *besonderen Anfechtungen ausgesetzt,* etwa der Kritiksucht gewisser Gemeindeglieder. Zum Schutz der Ältesten wird Timotheus daher in 1Tim 5,19 nahegelegt: »Wider einen Ältesten nimm keine Klage an außer auf Aussage von zwei oder drei → Zeugen!« Damit ist aber auch gesagt, daß die Ältesten nicht nach eigenem Gutdünken schalten und walten dürfen. Sie haben sich begründeter Kritik zu stellen. Schließlich wird den Ältesten im NT *reichlich Anerkennung gezollt* (1Tim 5,17). Sie werden bei der → Wiederkunft des »Oberhirten« Jesus Christus »den unverwelklichen Kranz der → Herrlichkeit davontragen« (1Petr 5,4). Im letzten Buch der Bibel sieht der Prophet Johannes sogar 24 himmlische Älteste, die sich vor dem ewigen Gott niederwerfen (Offb 4) und im überaus herrlichen himmlischen Lobgottesdienst von Offb 5 allen → Engeln, ja jedem Geschöpf im Lobgesang vorangehen (vgl. Jes 24,23).

III. Der Begriff heute

1. WIEDERENTDECKUNG DES ÄLTESTENAMTES NACH DER REFORMATION

In der frühen Kirche wurde aus dem Amt der Ältesten bald das Amt der Priester, im Mittelalter aus dem Priester der Pfarrer. Erst unter dem Einfluß des Reformators Calvin und unter Rückbesinnung auf das NT hat die evangelische Christenheit das Ältestenamt für Laien neu entdeckt. Heute gibt es in verschiedenen Kirchen und Gemeinden neben vollamtlichen Pfarrern, Pastoren und Predigern wieder Älteste.

2. NOTWENDIGKEIT DES ÄLTESTENAMTES HEUTE

Kirchengeschichtlich gesehen leben wir heute in einer Zeit der Erweckungen. In den verschiedensten christlichen Gemeinschaften und Kirchen ist in den letzten Jahren und Jahrzehnten neues geistliches Leben aufgebrochen. Nach dem Zweiten Weltkrieg sind die Bruderschaften entstanden und haben verbindliches Leben in der → Nachfolge Jesu Christi neu entdeckt und zu leben begonnen. Hauskreise entstehen nicht selten gerade unter jungen Familien. Bei Großevangelisationen bekehren sich auch viele junge Menschen. Durch die katholische Kirche geht unverkennbar ein frischer Zug der geistlichen Erneuerung.

Doch wie viele Fehler hat jugendlicher Hochmut gerade in unseren Tagen schon angerichtet! Wie schnell haben Gruppen der Jesus-People-Bewegung auch in unseren Breitengraden alle überkommenen Formen über Bord geworfen, auch durchaus gute und hilfreiche. Wie rasch haben oft junge »Charismatiker« die angestammten Kirchen und Gemeinden verlassen und sich in eigenen Gruppen und Grüppchen abgeschlossen! Statt bewährte, erfahrene ältere Christen wirklich anzunehmen und anzuhören, hat mancher jung Erweckte sich selbst auf den Thron des Ältesten gesetzt.

Gerade dort, wo Jesu Geist neu entdeckt und erfahren wird, braucht es ganz neu und dringend *bewährte* Älteste!

3. »ÄLTESTE« UND »HAUPTAMTLICHE«

Zur Zeit des Kirchenkampfes und im Krieg waren viele Gemeinden ohne Pfarrer. Da richteten die Ältesten den → Dienst der Wortverkündigung und der → Seelsorge aus. In Frankreich müssen auch heute viele Gemeinden wegen Pfarrermangels jahrelang ohne Pfarrer auskommen. J. P. Lumire berichtet von einer kleinen reformierten Gemeinde in Savoyen, die seit 3 Jahren ohne Pfarrer auskommen mußte. Die Ältesten waren gezwungen, Gottesdienste, Unterweisung, Hochzeiten und Beerdigungen selbst zu übernehmen. Dabei veränderte sich die Arbeit der Ältesten ganz allmählich: Während früher der Schwerpunkt auf organisatorischen und geschäftlichen Fragen lag, verlagerte er sich mehr und mehr auf theologisch-biblische Schulung, die als vordringlich empfunden wurde, um die anstehenden Aufgaben zu bewältigen. Dabei machten die savoyischen Ältesten so gute Erfahrungen, daß sie zu einem beherzigenswerten Vorschlag für andere Gemeinden kamen: »Jede Gemeinde, die den Pfarrer wechselt, sollte ein Jahr ohne Pfarrer bleiben – Zeit genug, um manche fruchtbare Entdeckung zu machen!«

Auch wenn eine Gemeinde einen Pfarrer hat, sollten die Ältesten/Presbyter die geistliche Leitung der Gemeinde als ihre Aufgabe ansehen und sich nicht als Verwaltungsgremien verstehen. Dazu muß das oft vorhandene Beziehungsgefüge von Über- und Unterordnung zwischen Pfarrer und Presbytern allerdings von beiden Seiten durchbrochen werden. Der Pfarrer sollte seine größeren theologischen Vorkenntnisse nicht als Machtmittel benützen, sondern die Presbyter notfalls durch gezielte Schulungsarbeit für ihre Aufgaben befähigen. Die Ältesten ihrerseits müßten lernen, daß das ihnen übertragene Amt selbständige Mitverantwortung einschließt. In vielen Gemeinden könnte so neues Leben entstehen.

→ Bischof/Vorsteher; → Dienst/Amt; → Hirt

A. Zimmermann

Ärgernis → Anstoß/Ärgernis
Allmacht → Macht/Allmacht

Amen

I. Wortbedeutung

»Amen« bedeutet »so ist es!«. Sprachlich hängt es im Hebr. und Griech. mit »fest, zuverlässig sein«, mit »Glaube«, »Treue«, »Wahrheit« zusammen. »Amen« betont also, daß auf Gott Verlaß ist. Martin Luther übersetzt es mit »wahrlich«.

II. Der Begriff in der Bibel

1. Ein einzelner oder das Volk antwortet auf Worte anderer mit »Amen«. Dadurch erklären sie, daß sie mit dem Gesagten einverstanden sind, z.B. mit Prophezeiungen (Jer 11,1–5; 28,6) oder mit Fluchworten (5Mo 27,15ff; Neh 5,13).

2. In diesem Sinne sprach man das »Amen« auch im → Gottesdienst. So preist Esra Gott, während das Volk mit erhobenen Händen durch »Amen, Amen« das Lob als eigenes anerkennt (Neh 8,6; vgl. 1Chr 16,36; 1Kor 14,16). In Offb 22,20 antwortet die Gemeinde glaubend mit »Amen« auf Gottes »Ja«. Damit anerkennt und bestätigt sie, was ein anderer sagt: »Ja, gerade so ist es.«

3. Jes 65,16 wird Gott »Gott des Amen« genannt. Das will sagen, daß Gott zuverlässig ist, da er zu seinem Wort steht. Entsprechend wird Jesus Offb 3,14 »der Amen« genannt, denn in ihm hat Gott seine Verheißungen, seine Treue zu dieser Welt, Wirklichkeit werden lassen (2Kor 1,20). Er ist die »Zuverlässigkeit« Gottes in Person.

4. Jesus leitete manche Worte mit »Amen, Amen« ein. Damit zeigte er, daß hinter seinem Wort in besonderer Weise Gott der Vater steht, auf den man sich verlassen kann (Mt 6,2.5.16; 8,10; 10,23; 18,3; 19,28; 25,40; Joh 5,19.24.25; u.a.).

III. Der Begriff heute

Leider ist heute das Amen bisweilen nur noch eine Formel, die ein Gebet abschließt. Das kann zu Gedankenlosigkeit führen. Wie kann man helfen?

1. Entscheidendes wäre damit gewonnen, wenn man an Gott lernt, daß er es mit seinem → Heil, seiner → Treue ganz ernst meint. Wo Gott in Jesus »Amen« gesagt hat, wird er mich nicht enttäuschen. Inmitten so vieler gebrochener Worte von Menschen meint er es ernst.

2. So kann man selber neu Amen sagen lernen. Amen soll Ausdruck eigener Verläßlichkeit und Treue sein. Zunächst im → Gebet vor Gott. Dann auch unter uns Menschen. In einer Zeit, in der Worte so oft gedankenlos und unzuverlässig sind, sollten Christen vorleben, daß ein »Ja« wirklich Ja, ein »Nein« wirklich Nein ist, unsere Worte also verläßlich sind (Mt 5,37; 12,36).

3. Warum sollten wir uns nicht dafür einsetzen, daß die Gemeinde im Gottesdienst auf die Predigt des Pfarrers und auf Gebete laut mit »Amen« antwortet? In der Gebetsgemeinschaft ist es weithin noch gute Sitte, daß die Anwesenden die Bitte oder das Lob Gottes jedes einzelnen Gebetes mit lautem »Amen« bestätigen, womit wir nichts anderes tun als zu sagen: »Amen, ja, das gilt« oder »Amen, ja, das meinen wir auch«. Auf diese Weise könnte unter uns die Zuverlässigkeit Gottes zeichenhaft unterstrichen werden.

W. Bittner

Amt → Dienst/Amt

Anfechtung/Versuchung

I. Wortbedeutung

Im Hebr. hat »versuchen« *(nissah),* ohne den Klang von »Anfechtung«, den Sinn »einen Versuch machen«, »ausprobieren« (von Sachen, Tätigkeiten, Erfahrungen: 5Mo 4,34; 1Sam 17,39; Pred 7,23) bzw. »auf die Probe stellen« (von Menschen durch Menschen: 1Kö 10,1; durch Gott: 1Mo 22,1; von Gott durch Menschen: 2Mo 17,2.7).

Im NT meint Versuchung *(peirasmós,* vom griech. Verb peirázo = versuchen, experimentieren, erproben): a) jenen Vorgang, daß Menschen von außen angefeindet, verunsichert, angegriffen werden; der Glaubende wird durch Leiden, Schmerz und Not auf die Probe gestellt und gerät in die Gefahr des Zweifelns, Irrewerdens und Abfallens (Lk 8,13); hierfür paßt das deutsche Wort »Anfechtung«; daneben steht b) die »Versuchung« im Sinne von Betörung oder Verführung (durch die Welt, das eigene Ich oder den Teufel); der Mensch läßt sich durch verlokkende Angebote »ausprobieren« und läuft Gefahr, darauf mit Lust und eigener Aktivität einzugehen.

II. Der Begriff in der Bibel

1. Menschen werden angefochten und versucht

Daß Menschen, sowohl einzeln wie in Gemeinschaft, auf die Probe gestellt werden, bezeugt die ganze Bibel. Allerdings beantwortet sie die Frage, *wer* denn die Menschen versucht, verschieden. Auffallenderweise ist es im AT nicht → Satan; an den wenigen Stellen, wo er überhaupt vorkommt, sei es plagend (Hi 1,12; 2,6), sei es verführend (1Chr 21,1), fehlt die Vokabel »versuchen«, ebenso bei der Schlange in 1Mo 3. Vielmehr ist es *Gott selbst,* der die Menschen auf die Probe stellt: So erprobt er, ob Abrahams Gottesliebe größer ist als seine Sohnesliebe, ob er den Geber höher schätzt als die lang ersehnte und endlich geschenkte Gabe, 1Mo 22,1; Gott tritt dann freilich aus seiner dunklen Rätselhaftigkeit heraus und erklärt die Gehorsamsprobe für bestanden; der Sohn darf leben (V. 12)! Den → Gehorsam seines erwählten Volkes testet Gott durch die Gesetzgebung in der Wüste bzw. am Sinai (2Mo 15,25; 20,20) und später im Land Kanaan, dessen heidnische Bevölkerung er neben und inmitten → Israels leben ließ: wird das Gottesvolk dem Anreiz zur Abgötterei (→ Götze/Götzendienst) erliegen oder standhalten (Ri 2,22; 3,1.4, vgl. 5Mo 13,4)? – Der kühnen Bitte eines von seiner Unschuld überzeugten Psalmisten (26,1, vgl. V. 6), »stelle mich auf die Probe«, steht im NT ein empfindlicheres Bewußtsein sowohl der eigenen Sündenanfälligkeit als auch der Abgründe der Versuchung gegenüber. Paulus warnt jeden, der da meint zu stehen, vor der Gefahr des Fallens (1Kor 10,12) und läßt durchklingen, daß es über die menschlich ertragbare Versuchung hinaus auch noch bedrohlichere Formen geben kann, die Gott aber rechtzeitig zu beenden bereit ist (V. 13). Im Wissen um die Schwäche und Errettungsbedürftigkeit seiner → Jünger mahnt Jesus – gerade selbst in tiefster → Bedrängnis (Gefangennahme) –: »Wachet und betet, damit ihr nicht in Anfechtung fallet!«; und im Wissen, daß Gott die richtige Adresse ist, wenn »Erprobung« dran ist, lehrt er seine Gemeinde beten ». . . führe uns nicht in Versuchung«. Der Jakobusbrief (1,13) bestreitet, daß Gott überhaupt in Versuchung führt, denkt dabei aber an die direkte Anstiftung zur → Sünde; diese gehe vielmehr von der eigenen Begierde aus. Wenn Paulus vom »Versucher« redet (1Thes 3,5), denkt er nun doch an den → Satan (vgl. 1Kor 7,5); anderseits weiß er, daß hinter den mancherlei Anfechtungen und Trübsalen, denen er ausgesetzt ist (2Kor 4,8ff; 6,4ff) eben doch die führende Hand seines Herrn steht (vgl. 12,7–9). Ja, der eben erwähnte Jakobusbrief gratuliert sogar seinen Lesern, wenn sie durch vielerlei Anfechtungen gewürdigt werden, einen in → Geduld bewährten → Glauben zu erlangen (1,2; vgl. 1Petr 1,6).

2. Menschen versuchen Gott

Der Name des Wüstenortes Massa (= »Versuchung«) wird im AT damit erklärt, daß das murrende Volk seinen Gott bis aufs äußerste gereizt, auf die Probe gestellt hat (2Mo 17,2.7; 4Mo 14,22; Ps 95,8). Das ausdrückliche Verbot in 5Mo 6,16, »Ihr sollt den Herrn, euren Gott, nicht versuchen«, legt das 1. Gebot aus: Die Liebe zu Gott verträgt nicht das zweifelnde Mißtrauen gegenüber Gottes Macht und Heilswillen; wer ihm von ganzem Herzen anhangen will, wird es nicht darauf ankommen lassen, ihn herauszufordern. Entsprechend warnt auch im NT Paulus die Gemeinde (1Kor 10,9, vgl. Ps 78,18). Als Herausforderung Gottes sieht Petrus den scheinheiligen Betrug von Ananias und Saphira an (Apg 5,9), ebenso den Versuch, den Heidenchristen das Joch des ganzen jüdischen Gesetzes aufzubürden (15,10). Und Jesus erkannte, daß ein leichtfertiges Rechnen auf Gottes Schutz bei halsbrecherischem Ungehorsam »Gott versuchen« hieße (Mt 4,7).

3. Jesus als Angefochtener und Versuchter

In der Geschichte von der dreifachen Versuchung Jesu (Mt 4,1–11) setzt der Teufel alles daran, Jesus vom Weg des Gehorsams abzubringen. Jesus soll stattdessen, wenn er schon Gottes Sohn ist, die prophetische Macht des Wortes einsetzen zum Brotwunder (vgl. Joh

6,15 »Brotkönig«); er soll, gleichsam »priesterlich«, am Tempel ein großes Schauwunder vollbringen (»Brot und Spiele«); er soll schließlich alle Königsgewalt auf Erden aus Satans Händen empfangen. Aber Jesus hat dieser Verführung zum Mißbrauch seines dreifachen Amtes als Prophet, Priester und König widerstanden, zu Anfang und sein Leben lang; er hat das Ja zum → Vater und das Nein zum → Teufel durchgehalten, auch als Petrus ihm den Leidensweg wehren wollte (Mt 16,23), auch als die Stimmen der Spötter unterm Kreuz ein letztes Mal ansetzten: »Wenn du Gottes Sohn bist, dann steig herab ...« (Mt 27,40). Zentral verkündet der Hebräerbrief einerseits die Gleichartigkeit Jesu mit uns Menschen: »Er ward versucht allenthalben gleichwie wir ...«, und zugleich die Andersartigkeit uns gegenüber: »... doch *ohne* Sünde« (Hebr 4,15). Die Folgen, wenn Jesus versagt und den Gehorsam aufgekündigt hätte, wären unausdenkbar. Indem er aber durch Leiden sogar im Gehorsam wuchs (Hebr 5,7–10), wurde er für uns zu jenem Hohenpriester, der mit uns mitempfinden kann, den wir in unseren Versuchungen als Helfer anrufen dürfen (Hebr 2,18). → Priester/Hoherpriester.

III. Anfechtung und Versuchung heute

1. Angefochtenheit des Glaubens

Wer als Christ in einer vorwiegend glaubenslosen Umgebung lebt und dabei feststellt, daß es den Menschen um ihn her in ihrem Glücksstreben recht gut geht, ja daß sie selbst – nach gängigem bürgerlichen Maßstab – gar keine »schlechten« Menschen sind, der fragt sich, was ihm denn sein Glaube bringe, ob es sich überhaupt lohne, Christ zu sein. Diese Anfechtung verschärft sich, wenn Spott und feindselige Haltung einem entgegenschlagen. Soll ich standhalten und mich lächerlich machen, wenn meine Argumente zu schwach sind, um Gott glaubhaft zu bezeugen oder gar zu beweisen? Oder soll ich, nachdem ich sonst als Außenseiter gelte, mich doch lieber anpassen und »mitmachen«? Lebt Gott, den ich dann vielleicht verleugne, denn wirklich?

Solche quälenden Fragen steigern sich bis an den Rand des Erträglichen, wenn gar die herrschende Staatsideologie – trotz »Religionsfreiheit« auf dem Papier – von allen Bürgern die volle Meinungsgleichschaltung unter das Diktat der Partei fordert (→ Leiden/Dulden; Bedrängnis/Verfolgung). Welche Gewissenskonflikte hier auszustehen sind, etwa gar, wenn unter Drohung und Folter sogenannte »Geständnisse« oder die Preisgabe von Namen Unschuldiger erpreßt werden, das vermögen in Freiheit lebende Menschen gar nicht auszudenken. Wie dringlich wird es da, daß der unangefochtene Teil der Christenheit den angefochtenen Brüdern beisteht in der Fürbitte (im Sinn von 1Kor 10,13) und auch öffentlich eintritt für alle drangsalierten Menschen.

Gegenseitiger Beistand kann aber auch geübt werden, wo Christen in ihrem privaten Lebensumkreis durch Krankheit, Unglück, Feindseligkeit oder andere Nöte in Glaubenszweifel gedrängt sind (→ Zweifel).

2. Verlockung zur Sünde

Sie kann ausgehen a) von *Mitmenschen,* vgl. Spr 1,10: »Mein Kind, wenn dich die bösen Buben locken ...«, oder 1Kor 15,33: »Schlechter Umgang verdirbt gute Sitten«; mit dem Hinweis auf Verführung kann man allerdings die eigne Schuld bequem abschieben (1Mo 3,12f).

Sie kann b) von der *Situation* ausgehen (»Gelegenheit macht Diebe«) – einer der häufigsten Entschuldigungsgründe für Fehlverhalten heutzutage.

Selbstbewußte Menschen lehnen beides ab und sagen: Sich versuchen lassen, das ist Ich-Schwäche; ich will nicht passiv, sondern aktiv sein; ich lasse mich nicht versuchen, sondern *ich bin es selbst,* der das Leben ausprobiert, *ich* lasse nichts unversucht, ich dehne mir selbst die Grenzen meines Erlebnisfeldes aus. Das klingt, psychologisch gesehen, ganz interessant und »positiv«; doch kann c) das *eigene selbstherrliche Wollen* sehr wohl die versucherische Kraft sein, die von Gott wegführt. Auch hat manch einer, der lange Zeit meinte, sein eigener Herr zu sein, hinterher erkannt, daß ihn »der *Teufel* geritten« hat.

Die besondere Versuchung mancher Frommen, über andere Menschen vorschnell und hart zu urteilen, kann d) von *Angst* diktiert sein: Angst vor der direkten persönlichen Begegnung – wer weiß, ob ich durch eine offene Aussprache nicht selber in Frage gestellt werde? Hinter starrem Festhalten an Prinzipien und Hergebrachtem *kann* ängstliche Abkapselung vor dem Neuen, manchmal sogar vor dem Wehen des Geistes stecken! Wen Christus in die Welt sendet, der muß selbst offen sein für die große Veränderung (nämlich die → Versöhnung), die er verkündet. Vgl. die Angst des Jona (4,2).

3. Des Christen Umgang mit Anfechtung und Versuchung

a) *Die Herausforderung annehmen!* Versuchungen sind nicht schon selbst → Sünde; sie gleichen, wie es Luther ausdrückte, Vögeln, die einem um den Kopf flattern; das ist nicht zu verhindern; »aber daß sie dir ein Nest auf das Haupt bauen, das kannst du verhindern!« Die Entscheidungsfreiheit steht auf dem Prüfstand, wenn der »allgemeine Trend« zum Mitmachen einlädt, z.B. bei der Jagd nach Geld, Wohlstand und Statussymbolen. Die Freiheit, »Nein!« zu sagen, ist gefordert, wenn durch Lüge, Betrug oder Geheimnisverrat ein Vorteil winkt, wenn durch scheinbar harmlose Machenschaften Menschen zu Schaden kommen oder gar »ausgeschaltet« werden sollen. Der Mut, gegen den Strom zu schwimmen, wird erprobt angesichts einer wachsenden Begriffsverwirrung, die den »Lustgewinn« und die »Selbstdurchsetzung« oder »Selbstverwirklichung« groß anpreist, Ausdrücke wie »Keuschheit« und → »Treue« aber aus ihrem Wortschatz streicht und die → Ehe als veraltet und überflüssig belächelt. Der Protest der Christen muß laut werden, wenn Handlungen allein deswegen, weil das Strafgesetz sie nicht (mehr) verbietet, schon als allgemein erlaubt gelten sollen.

b) *Den Glauben an die »Machbarkeit« aller Dinge als Aberglauben entlarven!* Je mehr Macht und Möglichkeiten die Menschen heute in der Hand haben (es ist ja so vieles »machbar« geworden in Technik, Medizin, in der Drogen- und Vergnügungsindustrie), desto niedriger erscheint oft die Schwelle zum Überschreiten der Grenze, zum Aufstoßen neuer Türen – aber desto höher sollte die Verantwortung derer sein, die mit solchen Möglichkeiten umgehen.

Ein energisches Nein vor der Zündung der ersten Atombombe hätte vielleicht für die Entwicklung der letzten Jahrzehnte eine entscheidend andere Weiche gestellt! Nun aber ist es »machbar« geworden, durch einen »Druck auf den Knopf« die Zerstörung unserer Erde auszulösen. Dieser furchtbaren Versuchung zu widerstehen, wird dann eher gelingen, wenn wir alle den Widerstand gegen die alltäglichen Versuchungen trainieren und uns darin üben, auf das Drücken so mancher Wohlstandsknöpfe unserer Zeit und damit auf so manches »Machbare« zu verzichten.

c) *Jesus zum Beistand haben!* Bei der Aussendung seiner Jünger hat der auferstandene Herr verheißen, sie bei dem großen Abenteuer des Unterwegsseins zu begleiten, alle Tage bis an der Welt Ende (Mt 28,20). Nachdem er damit schon begonnen hat, als er unsere Anfechtungen und Versuchungen durchkostete (Hebr 2,18; 4,15), dürfen wir gewiß sein, daß er uns auch durch die noch bevorstehenden Bewährungsproben geleitet und für die Erhörung der 6. Vaterunserbitte, »Führe uns nicht in Versuchung!«, geradesteht.

→ Bedrängnis/Verfolgung; → Leiden/Dulden; → Zweifel

G. Lindenberg

Angst → Furcht/Angst; → Bedrängnis/Verfolgung

Ankunft → Wiederkunft/Ankunft

Annehmen

I. Wortbedeutung

Luther übersetzt »annehmen« durch eine Vielzahl von Worten, die alle die Zuwendung (meist Gottes) zum Menschen bezeichnen, v.a. im AT z.B.: »Lust haben an«, »erwählen«, »liebend erkennen«, »suchen«, »Rücksicht nehmen auf«, »sehen nach oder auf« u.a. Im NT werden zwei Worte aus dem Griechischen mit »Annehmen« übersetzt, wobei das eine ursprünglich »tätiges Nehmen«, »in die Hand nehmen«, »anfassen« bedeutet (etwa das Brot beim Abendmahl, ein Senfkorn, ein Kind), aber dann auch eine zweite Bedeutung, mehr im Sinn von »empfangen«, »erhalten«, »geschenkt bekommen« (→ Vergebung, ewiges → Leben, Gebetserhörung), haben kann. Ein zweites Wort, das mit »annehmen« übersetzt wird, bezieht sich v.a. auf das sich gegenseitige gastliche Aufnehmen oder Empfangen von Personen, aber auch von → Wort und → Reich Gottes. Hier spielt auch noch die Bedeutung von »Erwarten« herein. – Die englische Bibel übersetzt Röm 15,7 so: »Empfangt einander«, »Bewillkommnet einander« – »heißt einander warm willkommen«.

II. Der Begriff in der Bibel

A. IM ALTEN TESTAMENT

1. Hier bezeichnet »Annehmen« meist Gottes liebevolle Zuwendung zum Menschen oder zum Volk in seinem Seufzen und Elend. Das zeigt sich v.a. bei der Befreiung aus der Knechtschaft in Ägypten (→ Auszug) – überhaupt in seinem grundlosen Erwählen seines Volks (5Mo 7,7; Hos 13,5)! Zum Staunen ist Gottes persönliches Interesse am einzelnen (Ps 6,10; 8,5; 31,8; Jes 38,17). Am Ziel wird der Glaubende aufgenommen in Gottes Herrlichkeit (Ps 73,24); → Erwählung.

Angenommen wird das von Natur aus nicht Liebenswerte. Annahme überwindet einen Widerstand. Derjenige, der da angenommen, aufgenommen oder erwählt wird, hat das ja nicht verdient. Er befindet sich meist in einer Position der Schwäche oder Not. Beschämend, überwältigend läuft Gottes Zuwendung allen menschlichen Liebesversuchen voraus.

2. So soll es im menschlichen Umgang dann weitergehen. Die soziale Gesetzgebung im AT

zeigt: Gottes → Liebe ist die tragende Wurzel sozialen Zusammenlebens. Schon rein zahlenmäßig gibt es mehr Stellen, die von Gottes Annehmen reden, als solche, die vom gegenseitigen Annehmen der Menschen untereinander reden.

»Du sollst deinen Nächsten lieben wie dich selbst« (3Mo 19,18) und »Du sollst den Herrn, deinen Gott lieben« (5Mo 6,5; 10,12) – beides entspringt dem vorauslaufenden Quell von Gottes liebender Zuwendung. Sie ist der Grund, daß der jeweils nächste Mensch um seinetwillen als → Bruder angenommen wird und so zu seinem Recht kommt, auch der Fremde (3Mo 19,34), der Arme (3Mo 25,35), die Waisen.

Das gefühlsmäßige Element ist bei den hebr. Wörtern, die mit »annehmen« übersetzt werden, eher im Hintergrund. Nehmen, herausnehmen, erwählen, aufnehmen, den andern erkennen ohne Illusion – das ist ein *willentlicher* Akt, kein kritikloser Gefühlsüberschwang oder eine kurzlebige Verbrüderung.

B. IM NEUEN TESTAMENT

1. Im NT ertönt die Glocke der Einladung Gottes weit hinaus »über Hecken und Zäune«. → Jesus Christus wird bekannt als einer, der die »Sünder annimmt und isset mit ihnen« (Lk 15,2; vgl. Hebr 2,16). Diese Aufnahmebereitschaft weckt auch → Ärgernis (vgl. den Neid des älteren Sohnes auf den jüngeren, Lk 15,21–32). Auch Aussätzige, Ausgestoßene nimmt Jesus an und zeigt das in gemeinsamen Mahlzeiten. So wird die Gastfreundschaft, das Gastmahl zum Bild für Gottes Aufnahmebereitschaft (vgl. Mt 22,1–10). Freilich findet Gottes Aufnahmebereitschaft ihre Grenze – an der Aufnahmewilligkeit des Menschen (Lk 14,15–24). Sind viele zu stolz, sich von ihm aufnehmen zu lassen? Der Mensch kann das einladende Wort Gottes hörend annehmen und dann im Glauben wachsen (Mk 4,20; Joh 17,8; Apg 2,41; 11,1; 1Kor 15,1) oder die Annahme verweigern (2Thes 2,10; Joh 5,43; 3,11).

Wer sich aber von Christus angenommen weiß, auch mit seinen Schattenseiten, bei dem beginnt ein Prozeß der Veränderung: »Sündige hinfort nicht mehr!« So redet Jesus mit jener Frau, die niemand annehmen wollte, außer Jesus (Joh 8,1–11). Wer Christus annimmt, der beginnt, anders zu werden, denn der Umgang »färbt ab« (Kol 2,6; vgl. Lk 19,1–10).

2. Auch das hat seine Konsequenzen für den mitmenschlichen Umgang. »Nehmt einander an, wie Christus euch angenommen hat, zur Ehre Gottes!« (Röm 15,7). So werden Spannungen gemildert. So sollten in Rom die im Glauben Schwachen und Ängstlichen und die im Glauben Starken, freizügiger Eingestellten, → Gemeinschaft finden. Sie sollten Gott nicht Schande machen, indem sie sich gegenseitig aburteilten.

Das heißt nun freilich auch nicht, alles und jedes gut zu heißen, denn gut ist nicht immer das den Menschen Gefällige, sondern das, was im Einklang mit Gottes Willen und Ehre gesucht wird. Die urchristliche → Gemeinde ist schon an Grenzen ihrer Aufnahmefähigkeit gekommen: beim Uneinsichtigen, der sich nicht helfen läßt (Mt 18,15–18), beim Blutschänder (1Kor 5,9ff), beim Irrlehrer, der Jesu Menschwerdung ableugnet (1Jo 2,7–11).

Das letzte Wort über Annahme oder Ausschluß ist aber dem Herrn am Ziel der Geschichte zu überlassen (Mt 13,24–30; Offb 21,6–8; 22,14–19). Bis dahin ergeht unermüdlich die Einladung: Kommt her zu mir, laßt euch annehmen, laßt euch versöhnen! Und nehmt euch auch untereinander an (Apg 20,35; Röm 12,13; 14,1).

III. Der Begriff heute

1. Da das Wort »Liebe« heute vielfach abgeflacht ist, gebrauchen Psychologen lieber das Wort »annehmen«. Annehmen steht jenseits von schwankender Erotik oder Romantik. Nach Angenommensein sehnt sich auch der moderne Mensch. Viele leiden unter Schwermut, weil sie sich selber nicht annehmen können. Vielleicht haben sie sich als Kind nicht angenommen gefühlt. Wer sich selber nicht annimmt, hat auch oft Mühe, seinen Partner anzunehmen. Dieser Teufelskreis wird durch die Einladung der Bibel gesprengt: Gott nimmt dich an, egal wer du bist! Seine Liebe ist unabhängig von Vorleistung oder Vorbedingung! Du mußt nicht einen anderen spielen wollen. Leg deshalb deine »Rüstung« ab. Er nimmt dich an und auch andere um dich.

2. Dort wird der Ruf zur Entscheidung: »Nimm Jesus an!«, gesetzlich verengt, wo das → Evangelium, die Frohbotschaft, nicht mehr klar bleibt: Längst ehe du fähig bist, ihn anzunehmen, hat er dich schon ausersehen und geliebt. Hier liegt schon rein zahlenmäßig das Schwergewicht der Bibelstellen um den Begriff »annehmen«. Das menschliche Ja ist nur die Antwort auf Gottes großes Ja.

3. Wenn Gott aufnimmt, hat das Folgen. Gott liebt den Menschen, wie er ist, aber er läßt ihn nicht, wie er ist in seinen Gebundenheiten und Schwächen. Gott liebt zwar den Sünder, aber nicht die → Sünde. Gottes Liebe »erzieht« im besten Sinn des Wortes den Menschen, der sich von ihm annehmen läßt.

Gott solidarisiert sich mit dem Menschen, aber er kann sich nicht mit allem identifizieren, was der Mensch treibt. Gott nimmt an, aber verweichlicht uns nicht. Deshalb heißt wahre Nächstenliebe: den andern so sehen, wie Gott ihn gemeint hat, und ihm helfen, das zu werden, wozu er berufen ist.

4. Das ist das Gegenteil von Gleichgültigkeit. In der christl. Gemeinde kann man nicht alles tolerieren. Die Alten sprachen dann von Kirchenzucht. Vielleicht muß die christl. Gemeinde mehr darüber nachdenken, wie man der Auflösung schützender Maßstäbe entgegenwirken kann.

Auf der anderen Seite erhebt sich die Rückfrage an unsere Gemeinden: sind wir aufnahmefähig, liebesbereit für solche, die uns nicht lieben, gar für Ausgeflippte? Oder verdunkeln wir Gottes große Einladung durch Richtgeist und Kritiksucht? Wir alle leben ja davon, daß er uns annimmt, immer neu. Wenn diese Quelle verschüttet wird, werden wir lieblos, wird das Annehmen von Menschen zur unerfüllbaren Forderung. Doch Gott sei Dank ist seine Aufnahmebereitschaft uns beschämend weit voraus. Unser gegenseitiges Annehmen ist nur Echo auf seine große Zuwendung.

Chr. Heyd-Westerhausen

Anrechnen/Urteilen

I. Wortbedeutung

Die Begriffe »anrechnen« und »urteilen« (griech. *logizestai*) führen uns in die uns geläufige Welt des Rechtes und des vernünftigen Denkens. Urteilen und → Gerechtigkeit gehören zusammen: für eine Ware, die ich kaufe, wird mir zu Recht der Gegenwert angerechnet. Anrechnen und Urteilen bestimmen nicht nur die Beziehungen zwischen den Menschen; wir selber wenden sie an auf unser Verhältnis zu Gott. Allgemein und wie von selbst nimmt der Mensch an, daß ihm Gott anrechnet, was er gut und was er schlecht macht. Und wenn die »Rechnung« zu seinen Gunsten nicht mehr zu stimmen scheint, fragt er: Wie kann Gott so etwas zulassen? Die Bibel kehrt dieses so verstandene Verhältnis zwischen Mensch und Gott radikal um.

II. Der Begriff in der Bibel

Schon damit, daß wir uns nicht selber geschaffen haben, sondern Geschöpfe Gottes (→ Schöpfung/Schöpfer) sind, stehen wir nicht nur vor unserer Frage nach Gott, sondern vor der Frage Gottes nach uns: »Adam, wo bist du?« (1Mo 3,9). Der Schöpfer ist auch der Urteilende, Anrechnende. Seinem Volk begegnet er als der, der ihm seinen Ungehorsam vorhält (Jer 2,19f), aber auch Gedanken des Friedens mit ihm hat (Jer 29,11). Im NT verwendet der ehemalige, auch in der Rechtswissenschaft bewanderte Rabbiner Paulus die Begriffe »anrechnen« und »urteilen« am häufigsten (35 von 41mal) und prägt sie für den christlichen Glauben neu. Dabei sind zwei Seiten hervorzuheben:

1. Für Paulus rücken die Begriffe in das Zentrum seines theologischen Denkens durch die Rolle, die im Verhältnis zwischen Gott und Abraham, dem Vater des Volkes Gottes, der → Glaube spielt, der Glaube als das unbedingte Vertrauen zum Wort Gottes. Den *Glauben* rechnet Gott als Gerechtigkeit an (1Mo 15,6). Wieviel mehr wird er solch gnädiges Anrechnen dem zuteil werden lassen, der ihm seine Heilstat in → Christus glaubt! Das ganze Kapitel Röm 4 ist dieser neuen Erkenntnis gewidmet. Damit wird das menschlich verständliche Denken im Schema Werke und → Lohn, Schuld und → Strafe überwunden, das vor Gott zum Todesurteil über jeden Menschen führen müßte.

2. Der Grund für diese kühne Verkündigung des Glaubens, den Gott als Gerechtigkeit anrechnet, liegt in der *Wende,* die durch Jesus Christus im Verhältnis Gottes zur → Welt angebrochen ist (vgl. Röm 3,21ff). Nicht daß Gott die → Sünde nicht mehr ernst nähme und Schuld und Strafe vergäße. Aber seit Jesus wie der größte aller Sünder »unter die Übeltäter gerechnet« (Lk 22,37 vgl. Jes 53,12), am → Kreuz gestorben ist, rechnet Gott anders, als menschliche Rechnung erwarten müßte. Er hat »die Welt mit sich selbst versöhnt und rechnete ihnen ihre Sünden nicht zu . . ., lasset euch versöhnen mit Gott!« (2Kor 5,19ff → Versöhnung/Sühne). Nicht eine neue Philosophie hat Paulus damit erfunden; diese unerhört neue Weise des Anrechnens und Urteilens Gottes, nämlich die → Vergebung der Sünden, ist das Wunder aus → Kreuz und → Auferstehung Jesu Christi. Es ist damit nicht eine »billige« → Gnade, die die Sünde nicht mehr ernst nähme, sondern die Gnade der Umkehr zu einem neuen → Leben.

III. Der Begriff heute

Dieses durch Christus geschehene Anrechnen vermittelt große → Freiheit und eine neue Sicht des Lebens. Wer heute als Christ aus Deutschland durch Auschwitz geht, kann geradezu davon überfallen werden: »So du willst, Herr, Sünden anrechnen, Herr, wer wird bestehen?« (Ps 130,3). In welche Tiefen der Sünde hat Jesus mit seinem Leiden und Sterben (→ Tod/Sterben) gehen müssen! Dabei wird in unserer Welt immer wieder Anrechnen und Urteilen geschehen müssen. Ausgleichende Gerechtigkeit ist nötig zum Bestand der Welt und der menschlichen Gemeinschaft. Aber auch wer als Christ etwa ein Richteramt hat, wird durch die Bibel an seine menschliche Grenze erinnert.

Stehen wir nicht auch im Amt des Urteilens zugleich unter dem Urteil Gottes? Das ahnen sogar die → Heiden, deren »Gedanken sich untereinander verklagen oder auch entschuldigen an dem Tage, da Gott richten wird . . .« (Röm 2,16). »Wer unter euch ohne Sünde ist, der werfe den ersten Stein auf sie« (Joh 8,1ff) ruft Jesus in der Geschichte der Ehebrecherin denen zu, die das vergessen.

Demgegenüber schenkt das neue, durch Christus eröffnete Anrechnen des Glaubens als Gerechtigkeit eine neue Weise von Anrechnen und Urteilen auch übereinander, gleichsam als Vorzeichen des kommenden Reiches (→ Reich Gottes). Auch wenn ihr noch nicht dem → Gesetz der alten Welt entnommen seid, so »haltet euch dafür, daß ihr der Sünde gestorben seid und lebet Gott in Christus Jesus« (Röm 6,11). Damit hat ein Prozeß der »Erneuerung des Sinnes« (Röm 12,2) begonnen, der uns auch vom falschen Urteilen übereinander befreien kann. Die nicht seltene Gesetzlichkeit und Überheblichkeit in Fragen der Gläubigkeit und der Frömmigkeitsformen wird aufgedeckt (Röm 14,1–13). Statt dessen »nehmet einander an, gleich wie uns Christus hat angenommen zum Lobe Gottes« (Röm 15,7). Für alle Menschen taucht damit eine große Hoffnung (→ Hoffen/Hoffnung) auf. Wir brauchen sie nicht aufzugeben, solange Gott sie nicht aufgegeben hat. Ihre Lebenszeit ist immer noch Gnadenzeit.

→ Annehmen H. Dietzfelbinger

Anstoß/Ärgernis

I. Wortbedeutung

Die bibl. Begriffe für Anstoß/Ärgernis bezeichnen ursprünglich entweder die *Falle* oder das *Wurfholz,* womit man Vögel oder andere Tiere fängt, oder den Gegenstand auf dem Wege, über den man *stolpert* und zu Fall kommt. Im übertragenen Sinn meinen sie den Anlaß, der das Zusammenleben zwischen Mensch und Gott stört oder zerstört. Der wichtigste Begriff für Anstoß/Ärgernis im NT ist *skandalon,* von dem unser dt. Wort »Skandal« abgeleitet ist.

II. Der Begriff in der Bibel

1.a) SÜNDE ALS ÄRGERNIS. Gott hat dem Volk → Israel seinen Willen geoffenbart. Wer diesen tut, der wird bewahrt, so daß sein *Fuß nicht an einen Stein stößt* (Ps 91,12). Wer aber Gottes Wegweisung verachtet, dem wird seine → Sünde zur Falle (Ps 69,23).

b) → Israel stand immer wieder in der Gefahr des Götzendienstes (2Mo 23,33). Wenn es dieser erlegen war, ließ Gott ihm → GERICHT verkündigen: »*Ich lege diesem Volk Steine in den Weg,* daß sich daran stoßen und straucheln Väter mitsamt ihren Söhnen« (Jer 6,21). Diese Strafe ist letzten Endes eine Maßnahme der → Barmherzigkeit Gottes, der sein Volk vom falschen Weg zurückruft.

c) Jes 8,14 spricht davon, daß sich GOTT SELBER ALS STEIN DES ANSTOSSES seinem abgefallenen Volk in den Weg legt. Dieses Wort haben später jüdische Schriftgelehrte als Hinweis auf den Messias verstanden.

2.a) JESUS IST ALS MESSIAS EIN »STEIN DES ÄRGERNISSES«. So bezeugen es Röm 9,32f und 1Petr 2,4–8. Dies aber für die, die (noch) nicht an ihn glauben wollen. Wer sich durch eigene Leistung vor Gott rechtfertigen will, dem wird »das Wort vom → Kreuz« zum Ärgernis (1Kor 1,23; Gal 5,11). Auch die → Jünger verstanden nicht, daß Jesus für ihre und aller Menschen Schuld sterben mußte (Mt 16,23; 26,31; 11,6). Erst als sie beginnen, dem Osterevangelium zu glauben, erkennen sie, daß Jesus in den Augen Gottes ein »auserwählter, kostbarer Stein« ist (Jes 28,16; 1Petr 2,4–7). Den Glaubenden wird das Ärgernis des Kreuzes zur seligmachenden Gotteskraft (1Kor 1,18.24).

b) So wie das Tun und Reden Jesu für viele ein Ärgernis war (Joh 6,66), bereitet auch GELEBTE JÜNGERSCHAFT vielen einen unvermeidlichen Anstoß. Christen sollen sorgsam darauf achten, daß sie nicht durch ihr eigenes Fehlverhalten anderen zum Glaubenshindernis werden (Mt 17,27; 1Kor 10,32; 2Kor 6,3). Jesus warnt eindringlich vor den Folgen des selbstverschuldeten Ärgernisses (Mt 18,6–10). Die Bruderliebe gebietet es, ggf. auch auf an sich Erlaubtes zu verzichten (1Kor 8ff).

III. Der Begriff heute

1. JESUS – DAS GROSSE ÄRGERNIS. Den meisten Menschen fällt es nicht schwer, an irgendein »höheres Wesen« zu glauben. Aber Menschen nehmen Anstoß an einem Gott, der sich zutiefst – in Jesus – erniedrigt hat. Jesus lebte als Mensch in totaler Abhängigkeit von seinem himmlischen → Vater. Genau das widerstrebt unserem Selbstbestimmungsdrang. Jesus stellt sich auf die Seite der Sünder, der Armen und Entrechteten, er wird einer von ihnen. Aber gerade dadurch wird er für die Selbstge-

rechten und *Reichen* zu einem »Skandal«. Nicht besser steht es mit denen, die auf ihren *geistlichen Besitz* pochen (1Kor 1,23). Aber Gott will uns in Jesus nicht zum Verhängnis werden, sondern unser → Vater, an den wir uns hängen dürfen. In Jesus ist uns der entscheidende *Anstoß zum ewigen Leben* gegeben. Aber gerade an diesem Anspruch Jesu, daß er, der Gekreuzigte, das → Leben und → Heil ist, nehmen auch heute viele Menschen Anstoß. Bis heute ist das »Wort vom Kreuz« ein »Skandal« (s. I.) geblieben (1Kor 1,23).

2. DIE CHRISTEN SIND OFT EIN ÄRGERNIS. Jesus schickt seine Leute mit dem Auftrag in die Welt, andere Menschen zu ihm zu führen. Dabei ist die Gespaltenheit der Christenheit in gegensätzliche Konfessionen und Theologien oft für Nichtchristen ein Hinderungsgrund zum Glauben. Es kann aber auch die gesetzliche Enge einer Gemeinde sein, die abstoßend wirkt. Wie man dagegen Konflikte im Innern der Gemeinde lösen kann, zeigt ein Beispiel aus der Urgemeinde: An den Apostel Paulus wird von Gemeindegliedern in Korinth die Frage herangetragen, ob das Essen von Götzenopferfleisch erlaubt sei, da es ja doch keine → Götzen neben Gott gebe (1Kor 8,4). Einige Gemeindeglieder hatten nämlich Anstoß daran genommen. Dem Apostel sind bei dieser Frage die Schwachen wichtiger als das Recht einiger Starker. Mit harten Worten zeigt er die Gefahr auf, die ein Übergehen des anderen nach sich zieht, und kann als Schlußsatz sagen: »Darum, wenn Speise meinem Bruder Anstoß bereitet, so will ich in Ewigkeit kein Fleisch essen, damit ich meinem Bruder nicht Anstoß bereite« (V. 13).

3. CHRISTEN SIND ZU SELTEN ÄRGERNIS. Als im nationalsozialistischen Deutschland Teile der Bibel als »undeutsch« abgeschafft werden sollten, protestierte der Jugendpfarrer Wilhelm Busch: »Nein, man kann das Wort der Wahrheit nicht um der Liebe willen wegtun – und wenn sich die ganze Welt ärgerte.« Damit widersprach Busch der öffentlichen Meinung und wurde so den Machthabern zu einem Ärgernis. Daß ein solches Verhalten oft genug ins Leiden führt, zeigt das Zeugnis Pfarrer Paul Schneiders, der wegen seines Widerspruchs gegen die Rassenpolitik des Nazi-Deutschlands und seiner Treue zu seiner Gemeinde ins Konzentrationslager Buchenwald kam und dort – ohne sich einschüchtern zu lassen – starb.

Auch Martin Luther King wurde wegen seines unerschütterlichen Widerstands, den er aus dem christl. Glauben schöpfte, Ärgernis für unchristliche Rassenfanatiker – und schließlich ihr Opfer. Er wurde ermordet!

Es lohnt sich, das Leben dieser Menschen zu verfolgen, um selbst ein wenig mehr Mut zum Zeugendienst zu bekommen und sich nicht zu verstecken hinter der Meinung der vielen, auch der vielen, die sich Christen nennen.

J. Demandt

Antichrist

I. Wortbedeutung

Antichrist bedeutet »Gegenchristus« und »Anstelle-Christus«. Das Wort steht im griech. NT nur 1Jo 2,18 und 2Jo 7. Sonst werden für diese Gestalt andere Ausdrücke gebraucht: »Falscher Christus« (Mt 24,24). »Der, der in seinem eigenen Namen kommen wird« (Joh 5,43). Der »Mensch der Gesetzlosigkeit«, der »Sohn des Verderbens«, der »Widersacher« (2Thes 2,3.4). »Tier«, »Bestie« (Offb 13,1ff); bereits Dan 7 werden die Weltmächte als Raubtiere geschaut; allein Christus ist der wahre Mensch (Dan 7,13).

II. Der Begriff in der Bibel

1. DASS DER ANTICHRIST KOMMT: Die Bibel kündigt für das letzte Wegstück der Weltgeschichte, bevor Jesus in Macht und Hoheit Gottes erscheint (→ Wiederkunft/Ankunft), ein gewaltiges Sich-Aufbäumen der widergöttlichen Mächte und eine Zuspitzung der Feindschaft gegen Christus und seine Gemeinde an (Mt 24; Mk 13; 2Thes 2; Offb 13). Diese Rebellion gegen Christus gipfelt in einer letzten faszinierenden Herrschergestalt. Der Antichrist ist der »Christus des Teufels«, mit dem dieser Gott zuvorkommen und die Gemeinde Jesu vernichten will, ehe er seinen Christus und dessen Sieg und auch die an ihn Glaubenden offenbar macht (→ Satan/Teufel).

2. WOHER DER ANTICHRIST KOMMT: »Er ist von uns ausgegangen« (1Jo 2,19). Er ist nicht ein geistlich Ahnungsloser, sondern ein Abgefallener. Das faszinierende Angebot des Feindes, das Jesus von sich gewiesen hat (Mt 4,9.10), nimmt er mit beiden Händen an.

3. WIE ER KOMMT: Er ist der »Mensch der Gesetzlosigkeit« (2Thes 2,3); er übertritt nicht nur Gottes Gebot, er will es zerbrechen, abschaffen. »Er setzt sich in den Tempel Gottes«: Dieser ist nach dem NT die Gemeinde Jesu (1Kor 3,17). Er will sich also vor allem der Christenheit bemächtigen. Er verwirklicht in einer nie gekannten Art Welteinheit (Offb 13,8) in Gestalt einer Vormacht und zehn Satelliten (Offb 17,12.13). Die Bibel redet nur zweimal von Welteinheit während dieser Weltzeit: Für die Vergangenheit 1Mo 11 und für die Zukunft hier, und beide Male im widergöttlichen Sinn.

4. Die Stellung des Antichrist zur Gemeinde Jesu: Er verfolgt die Gemeinde in unversöhnlicher Feindschaft (Offb 13,7.17). Alle Völker werden zum Haß gegen die Glaubenden aufgewiegelt (Mt 24,9). Viele fallen ab (2Thes 2,3), alle, die nicht in persönlicher Gemeinschaft mit dem Herrn stehen, die nicht in ihn »gewurzelt« sind (Lk 8,13; Kol 2,7).

5. Die Stellung der Gemeinde Jesu zum Antichrist: Die wirklich Glaubenden fallen auf den Feind nicht herein. Durch Gottes → Geist sind sie immun gemacht, »versiegelt«, verschlossen, verriegelt und als → Kinder Gottes ins »Buch des Lebens«, ins »Familienstammbuch« Gottes eingetragen (Eph 1,13.14; Offb 13,8). Dabei sollen sie in → Geduld und → Gewißheit ausharren, bis ihr Herr sie zu sich nimmt, und nicht etwa im Interesse der Religionsfreiheit eine Revolution gegen den Antichrist machen (Offb 13,10).

6. Wie der Antichrist endigt: Er wird nicht, wie andere vor ihm, durch Menschen, sondern durch den wiederkommenden Herrn selbst beseitigt. Der Antichrist inszeniert eine Riesen-Machtdemonstration gegen Gott und seinen Christus, die »Schlacht von Harmagedon« (Offb 16,16; 19,19). Doch die »Schlacht« findet nicht statt. Der Antichrist wird von dem wiederkommenden Herrn mit »einem Hauch seines Mundes« besiegt und wird »verhaftet« (2Thes 2,8; Offb 19,20).

7. Besondere Erschwerungen für die Gemeinde Jesu:

a) Der Antichrist hat nicht nur brutale äußere, sondern auch geistige Macht. Offb 13,11ff spricht von dem »kleinen Tier« – vom »falschen Propheten« –, das scheinbar Lammesart hat, vielleicht im Sinn einer angeblichen Menschlichkeit. Doch der »Pferdefuß« kommt heraus; der Prophet redet wie der »Drache«, die »alte Schlange« (Offb 20,2): »Ihr werdet sein wie Gott« (1Mo 3,5). Er befriedigt die Sensationslust der Menschen und scheint die Zeichen, die in Kraft des Sieges Jesu getan werden, bei weitem in den Schatten zu stellen (Offb 13,13.14; vgl. 2Thes 2,9–12). Er bringt es auch fertig, daß die Menge ein Zeichen der Zugehörigkeit zum Antichrist an »Hand und Stirn« (Abzeichen an Ärmel und Kopfbedeckung?) annimmt.

b) Der Abfall von 2Thes 2,3 schließt ein, daß ein großer Teil der Weltchristenheit sich mit dem Antichrist verbündet, es also zu einem nie dagewesenen Bündnis von »Thron und Altar« oder »Revolution und Altar« kommt (Offb 17,1.3). Das seinem Herrn treue Volk Gottes heißt »Weib«, »Braut« (Jes 62,5; Hos 2,21; Eph 5,32; Offb 19,7; 22,17), das seinem Herrn untreu gewordene Gottesvolk heißt »Hure« (Jes 1,21; Hos 2,4; Hes 16,28 u.a.m. → Treue/Untreue). Es geht hier nicht um die Übertretung des sechsten, sondern des ersten Gebots.

III. Der Begriff heute

1. Nur wer von Gottes Wort her annimmt, daß es nicht nur das Böse, sondern *den* Bösen mit seiner gegen Gott und sein Volk, gegen Christus und seine Gemeinde gerichteten Strategie gibt, wird auch die biblische Ankündigung vom Antichrist verstehen und die weltpolitischen und geistlichen Entwicklungen unserer Zeit von diesem Gesichtspunkt her sehen.

2. Wer auf einen geradlinigen Verlauf der Welt- und Kirchengeschichte zum kommenden Friedensreich Jesu hin hofft, droht früher oder später im Glauben irre zu werden. Die Ankündigung des *dunklen Vorletzten* in Schriftstellen wie Mt 24; Mk 13; 2Thes 2; Offb 13 und 17 sind uns nicht gegeben, um uns zu schrecken, sondern damit wir uns von dem allen nicht beirren lassen (vgl. Lk 21,28).

3. Die Gemeinde Jesu hatte sich immer wieder gegenüber antichristlichen Gestalten zu bewähren, von Nero und Domitian bis Napoleon, Stalin und Hitler. Doch das waren jeweils Gestalten von regionaler Bedeutung; die letzte wird *universal,* erdumspannend sein (Offb 3,10; 13,8; vgl. Mt 24,9).

4. Wir leben heute in einer *nachchristlichen* Zeit. Viele Menschen sind dem Evangelium begegnet. Sie haben etwas davon gesehen und erfahren, wie Christus von dem befreit, was sie gängelte. Nun aber reißt der Mensch diese Freiheit als Raub an sich. Er will frei sein nicht für Gott, sondern für sich. Er ist der Mensch der Eigenmacht, der »Gesetzlosigkeit« (so 2Thes 2,3 wörtl.), der die Gebote Gottes zerbricht und »sich selber seine Tafeln haut«. Diese Entwicklung »wetterleuchtet« im Abendland schon seit 200 Jahren. Heute wird »der Mensch der Gesetzlosigkeit« erdumspannend geradezu gezüchtet.

Er wird nach 2Thes 2,3 nur die Spitze einer Pyramide sein; der breite Unterbau ist ein ganzer derartiger Menschentyp. Christus spricht: »Die Gesetzlosigkeit« (wörtlich) »wird überhand nehmen« (Mt 24,12).

5. Die Kirche Jesu Christi war schon immer in Gefahr, aus dem, was ihr Herr will, auszubrechen und zu sein und zu tun, was jetzt gerade opportun ist und beim Menschen Ehre und Geltung verschafft. Dann aber wird diese Gefahr geradezu bedrängend sein, aus Weg und Auftrag ihres Herrn auszubrechen und sich *fremden Zielsetzungen zu verschreiben,* einschließlich der Schaffung einer Weltein-

heit, die allein die Erreichung dieser Ziele zu ermöglichen verspricht, wo doch Einheit auch Summierung des Widergöttlichen bedeutet (1Mo 11; Offb 13).

6. Was ist da die *Aufgabe* der wahren Gemeinde Jesu? Unbeirrt in der → Nachfolge ihres Herrn und in den von ihm gestellten Aufgaben zu bleiben: des Rufs zum Glauben, des → Dienstes der Liebe und der Mitarbeit im Blick auf die Nöte der Welt unter ihm. Sie muß die Bereitschaft haben, sich zum Außenseiter machen zu lassen (Hebr 13,13). Aber gerade den so Ausgezogenen wird gesagt: »Ich will dich segnen und du sollst ein Segen sein« (1Mo 12,2). Und: »Fürchte dich nicht, du kleine Herde, es ist eures Vaters Wohlgefallen, *euch* das Reich zu geben« (Lk 12,32).

F. Grünzweig

Apostel/Apostelamt

I. Wortbedeutung

Das griech. Wort *apostolos* ist ursprünglich ein Eigenschaftswort und bedeutet »ausgesandt«. Das Wort hat keine persönliche Färbung. So kann in der griech. Umgangssprache *apostolos* »Flottenexpedition« oder auch »Lieferschein« für eine Schiffsladung von Getreide bedeuten. Ein Gesandter wird bei den Griechen gerade nicht mit *apostolos* bezeichnet. So erweist sich das griech. Wort als ein farbloses Gefäß, das erst im NT mit neuem Inhalt gefüllt wird. Wir wissen nicht, wer dieses Wort zuerst für die beauftragten und gesandten → Jünger Jesu verwandte. Vielleicht ist die Übernahme des Wortes in Antiochien (vgl. Apg 11,19ff) geschehen und könnte zuerst die missionarische Unternehmung als solche und dann die einzelnen Angehörigen bezeichnet haben. *Apostolos* wurde ins Lateinische, ins Deutsche und Englische, auch andere Sprachen, übernommen, weil für seinen besonderen Inhalt jeweils kein einheimisches Wort zur Verfügung stand.

II. Der Begriff in der Bibel

A. IM ALTEN TESTAMENT UND IM JUDENTUM

Hier gibt es die Einrichtung des Gesandten, der *schaliach* genannt wird (vgl. 2Chr 17,7–9). Ein solcher *schaliach* kann für vielfältige Aufgaben verwendet werden. Ausschlaggebend ist nicht die Art der Aufgabe, sondern die Beauftragung. Der *schaliach* handelt in → Vollmacht.

Auch wir erteilen ja heute jemandem eine Vollmacht, der stellvertretend für uns einen Vertrag abschließt. Folgendes Beispiel aus dem Judentum ist besonders anschaulich: Man kann durch einen *schaliach* – weil er die Vollmacht hat – eine Frau heiraten (vgl. die Brautwerbung für Isaak durch den ältesten Knecht Abrahams 1Mo 24) und sich ebenso scheiden lassen. Folgender rabbinischer Satz bezeichnet die Sache präzise: »Der Gesandte eines Menschen ist wie dieser selbst.« So wird schon 2Sam 10,1 die Schändung der *Boten* Davids durch die Ammoniter der Anlaß zum Krieg. Die Beleidigung der *Boten* des Königs trifft den König *selbst.*

Ein Bote kann nicht nur Einzelpersonen, sondern auch Gemeinden vertreten. Als ein solcher Gesandter der Jerusalemer Gemeinde geht Paulus nach Damaskus (Apg 9,1). Die Briefe, die er mitbekommt, sind Beglaubigungsschreiben, die bestätigen, daß er im Auftrag und in Vollmacht der jüdischen Gemeinde von → Jerusalem kommt.

B. IM NEUEN TESTAMENT

Auch im NT kann der Beauftragte einer Gemeinde »Apostel« *(apostolos)* genannt werden (vgl. 2Kor 8,23). So hat der → Dienst der Apostel Jesu Christi zweifellos verwandte Züge zu der Einrichtung des *schaliach* im AT und Judentum.

1. DIE JÜNGER JESU ALS APOSTEL

Jesus sagt bei der Aussendung seiner → Jünger: »Wer euch aufnimmt, der nimmt mich auf, und wer mich aufnimmt, der nimmt den auf, der mich gesandt hat« (Mt 10,40). Dabei sendet er sie hier mit einem räumlich und zeitlich begrenzten Auftrag. Er gibt ihnen – wie im Falle des atl. Boten – Vollmacht, in seinem Namen zu reden und zu handeln (vgl. Mk 6,7).

Der Apostel Jesu Christi *unterscheidet* sich aber auch wesentlich von dem jüd. und atl. Boten *(schaliach).* Der Apostel Jesu Christi ist mit einer Sache betraut, die ihn als Person ganz fordert. Ehe er Apostel wird, ist er Jünger Jesu. Ehe er im Namen Jesu handelt, muß er zulassen, daß Jesus an ihm handelt. Wer zur Umkehr ruft, muß zuerst den Ruf Jesu und die Umkehr in die Nachfolge selbst vollzogen haben. Aus denen, die gehorsam sind und durch Jesus die neue Verbindung mit dem → Vater gewinnen, wählt er seine Apostel aus. Die Botschaft kann nur von denen weitergegeben werden, an denen sie ihre Wirkung tat und tut. Die Jünger sind die größere Gemeinschaft. Jeder Apostel ist auch Jünger Jesu. Aber nicht jeder Jünger wird zum Apostel berufen. Die Zwölfergruppe bekommt zuerst die Würde des Apostelamtes. Petrus und die Söhne des Zebedäus, Jakobus und Johannes, nehmen innerhalb dieser Gruppe eine besondere Stellung ein (vgl. Mt 17,1). Die führende

Rolle des Petrus bezeugen viele Stellen (vgl. Mt 16,13–20). Die Zwölfergruppe stellt anfänglich das neue Israel dar, entsprechend den zwölf Stämmen des alten Bundes. Judas Ischariot wird nach der → Auferstehung Jesu durch Matthias ersetzt (Apg 1,26). Im NT wird deutlich, daß der von Christus zum Apostel der → Heiden berufene Paulus gegenüber den Uraposteln zunehmend in den Vordergrund rückt (vgl. Gal 2,8ff; Röm 1,5). Die Bezeichnung »Apostel« wurde auch einem weiteren Kreis von wohl selbständigen Missionaren beigelegt (vgl. Apg 14,14). Augenzeugenschaft der Auferstehung und bevollmächtigte Berufung scheinen hier ebenfalls die Bedingung zu sein (vgl. 1Kor 15,7.9; Röm 16,7). Die Berufung des Paulus zum Apostel der Heiden macht deutlich, daß bei aller geordneten Übertragung des Amtes Gott in seiner Wahl frei bleibt.

2. Die Ermächtigung durch den Auferstandenen

Die Zwölf werden während der irdischen Wirksamkeit Jesu nur auf Zeit beauftragt. Solange Jesus bei ihnen ist, handelt *er*. Bei der Kreuzigung Jesu sind die Jünger keine dienstbereite Mannschaft, sondern eine ratlose und zerstreute Schar. Erst durch die Begegnung mit dem Auferstandenen, durch die neue und endgültige Beauftragung und die Gabe des → Heiligen Geistes werden sie zu Aposteln, gewissermaßen mit Generalvollmacht (vgl. Apg 1,1–8; Joh 20,19–23; 21,15–17). Apostel kann also nur sein, wer bei der irdischen Wirksamkeit Jesu mit dabei war und Augenzeuge der Auferstehung geworden ist. Dazu kommt eine besondere Berufung durch den Auferstandenen.

3. Die Aufgabe der Apostel

Die Apostel haben die Aufgabe, die Verkündigung Jesu wieder aufzunehmen und ihn als den Gekreuzigten und Auferstandenen zu bezeugen. Durch sie *spricht* Christus, durch sie *handelt* er. Im NT ist deutlich, daß die Aufgabe der Verkündigung keineswegs auf die Apostel beschränkt wird. In der Gemeinde als ganzer wirkt der Herr. Die Apostel aber sind seine auserwählten Werkzeuge. Die besonderen Dienste in der Gemeinde sind nötig, »damit die Heiligen zugerüstet würden zum Werk des Dienstes« (Eph 4,11f). Die Apostel haben weiter die Aufgabe, die Lehre Jesu weiterzugeben (vgl. Apg 2,42) und zu bewahren. Wir stoßen bereits in den frühen Texten des NT auf geprägte Überlieferung, die die Gemeinden von dem Herrn durch die Apostel haben (vgl. 1Kor 11,23ff; 15,1ff). Gerade in der Weitergabe dieser Überlieferung von Jesus und dem Zeugnis von der Begegnung mit dem Auferstandenen liegt ihre einmalige und grundlegende Bedeutung für die christl. Kirche.

In den Briefen des Apostels Paulus wird deutlich, wie er gegen die Verfälschung des Evangeliums mit ganzer Kraft kämpft und sich dabei auf die Überlieferung beruft, die er vom Herrn empfangen hat. Die Apostel haben den Dienst der Leitung der Kirche, die Autorität, zu »binden und zu lösen« (Mt 18,18) und die Einheit zu wahren. Auch Paulus bemüht sich bei aller Selbständigkeit seines Auftrages um die Anerkennung seines Dienstes von seiten der Gemeinde in → Jerusalem (vgl. Gal 2,2; Apg 15).

III. Der Begriff heute

1. Da die Apostel Zeugen des Lebens, des Leidens und der Auferstehung Jesu sind, kann nach ihrem Tode niemand ihre Autorität einfach übernehmen. Die Kirche wird deshalb mit einem Haus verglichen, bei dem Jesus Christus der Eckstein und die Apostel und die → Propheten das Fundament bilden (Eph 2,20). An diesem Bild wird deutlich, *daß die Apostel eine unwiederholbare Funktion haben.* Der Auftrag zur Mission, die Bewahrung der Überlieferung, die Leitung der Kirche und die Sorge für die Einheit bleiben auch in der nachapostolischen Zeit wesentliche Aufgaben. Deshalb setzen die Apostel → Älteste und → Bischöfe ein, wobei es falsch ist, die Bischöfe im katholischen Sinne als direkte Nachfolger der Apostel zu bezeichnen. Ob eine Kirche »eine einige, heilige, christliche apostolische Kirche« ist (Bekenntnis von Nizäa), entscheidet sich nicht an dem Anspruch, in ihren Leitern die rechtlichen Nachfolger der Apostel zu haben. Dies zeigt sich vielmehr daran, ob das → Evangelium recht verkündigt und die → Sakramente gemäß der Einsetzung durch den Herrn der Kirche verwaltet werden.

Das NT zeigt an den Aposteln modellhaft auf, wie die Leitung der christl. Kirche zu geschehen habe. Darin liegt neben ihrer grundlegenden Funktion ihre Bedeutung für uns heute. Die Apostel wirken nicht durch Ausübung von Macht, wie die irdischen Herrscher (vgl. Lk 22,24ff). Sie sollen die Herde weiden. Sie geben deshalb keine Befehle und Erlässe heraus, sondern sie bitten und ermahnen durch persönliche Briefe. Ihre Autorität den Gemeinden gegenüber liegt neben der Beauftragung durch den Herrn darin, daß sie ihnen das Evangelium gebracht haben.

2. *Weitere apostolische Merkmale der Kirche:* Die Triebkraft des missionarischen Dienstes ist die Liebe Christi und nicht die

Absicht, den eigenen Bestand zu vergrößern (vgl. 2Kor 5,14–21). Die Prediger des Evangeliums stehen in unmittelbarer Abhängigkeit von dem Herrn. Sie betreiben die missionarische Tätigkeit nicht in eigener Regie (vgl. Apg 16,6–8). Gott muß die Wege weisen und die Türen auftun (vgl. Kol 4,3). Die Boten des Evangeliums treten zurück hinter ihrem Auftrag. In der Apostelgeschichte erfahren wir nicht, ob und wie Petrus und Paulus das Martyrium erlitten haben.

3. Wenn Hebr 3,1 Jesus selbst Apostel und Hoherpriester unseres Bekenntnisses genannt wird, liegt darin der Hinweis, daß *Jesus selber das Urbild des apostolischen Amtes* ist. »Gleich wie mich der Vater gesandt hat, so sende ich euch« (Joh 20,21). Vor dem wiederkommenden Herrn müssen sich die Knechte verantworten. Aber dieser Herr sagt uns gleichzeitig seine Treue und Gegenwart zu.

H. Sigloch

Arbeit/Mühe/Last

I. Wortbedeutung

Für das deutsche Wort »Last« hat das Griech. zwei Wörter: das eine bedeutet »Traglast«, das andere »Arbeit, Mühe«. Schon im Klang des griech. Wortes *kópos* spüren wir das Schlagen des Hammers (*kópos* = Hammer). Nach orientalischer Sitte ist im weiteren Sinn das Schlagen auf die Brust beim Wehklagen und Trauern gemeint (vgl. Apg 8,2).

Mit »Arbeit« wird hingegen ein griech. Wort übersetzt (*ergos*), das sprachverwandt ist mit unserem Wort »Energie«.

II. Der Begriff in der Bibel

A. IM ALTEN TESTAMENT

1. In der Schöpfung, wie sie ursprünglich aus Gottes Hand hervorgeht, ist menschliche Arbeit *Gottes Geschenk – zur → Freude des Menschen.* So ist Arbeit → Segen und sinnvolle Aufgabe (vgl. 1Mo 1,28; 2,15: Erforschen und Kultivieren der Erde; → Schöpfung/Schöpfer). Der schöpferische Wechsel zwischen Arbeit und Ruhe ist von Gott eingerichtet als Wohltat für uns (2Mo 20,8–11; → Sabbat). Durch die Entfremdung des Geschöpfes von seinem Schöpfer, seinem Wohltäter, hat die Arbeit jedoch *negative Begleitumstände* bekommen (verfluchter Acker, Mühsal, Dornen, Disteln, vgl. 1Mo 3,17; 4,12; 5,29 u. 5Mo 26,6). Besonders in den späten Texten des AT kommt eine gewisse Müdigkeit oder Resignation über menschliches Mühen zum Ausdruck (vgl. bes. Pred 2,11.22 u.ö.). Trotzdem ringen sich die Menschen der Bibel zu einer positiven Einstellung zur Arbeit durch: nicht unwillig (Spr 6,6–11), sondern froh soll der Mensch an die Arbeit gehen (Pred 3,12; Ps 128,2; 104,23), auch die Hausfrau (Spr 31,10ff). Arbeit gehört zu einem sinnvollen Leben.

Schrecklich ist die Arbeit, wenn sie vergeblich geschieht (Jes 49,4; Hi 7,3), anders als beim Tier, das diese Vergeblichkeit nicht bemerkt (Hi 39,16f). Die Verheißung der neuen Welt dagegen lautet, daß in ihr Arbeit nicht mehr umsonst geschieht (Jes 65,23).

2. Das *prophetische Amt* (→ Prophet) wird zuweilen als Last empfunden (vgl. 2Mo 18,18; 4Mo 11,11; Jer 15,10–21; 20,14–18). So übersetzt Luther auch feierliche prophetische Aussprüche, die zur Umkehr rufen, mit »Last« (z.B. Jes 13,23; Sach 9,1).

Ps 68,20 spricht davon, daß Gott uns Menschen Lasten auferlegt, uns aber damit nicht allein läßt (vgl. Ps 66,11f; 81,7). In Ps 38,5 wird die Sünde als Last bezeichnet (vgl. Jes 43,24f).

B. IM NEUEN TESTAMENT

1. In der Mitte des NT steht das *Wirken Jesu.* Er versteht sich und seine Sendung ähnlich dem atl. → Knecht Gottes, dessen Werk im AT geradezu mit Arbeit und Leiden gleichgesetzt wurde (Jes 43,24; 53,11; 49,4). Doch gibt Jesus, selber belastet, denen, die sich unter der Last des → Gesetzes abmühen, Ruhe und → Frieden (Mt 11,28). Seine »Last« ist leicht, verglichen mit dem, was andere Herren aufladen.

2. So kämpft ein *Paulus* sein Leben lang gegen eine gesetzlich verstandene, mühselige Jesusnachfolge, gegen das »Jochauflegen« (Apg 15,10; Gal 5,1). Aber das Arbeiten und Lastentragen in lebendiger → Gemeinschaft mit Jesus ist ihm innerer Gewinn (Röm 5,3–5). Paulus stellt der irdischen Leidenslast das überschwengliche »Gewicht« der → Herrlichkeit in Gott gegenüber (Röm 8,18). Etwa 40mal begegnet in den bibl. Schriften des Apostels Paulus das Wort »Last« (wörtlich: »Schlag«, s.o. I). Auch unter der Herrschaft Jesu zu leben bedeutet u.U. Schläge einstekken, Lastträger sein (2Kor 11,23ff). »Im Herrn« arbeiten, bedeutet sogar, fremde Lasten mitzutragen (Eph 6,5ff; Kol 3,17.23f; Gal 6,2). Missionsarbeit, Arbeit für den Herrn, schien auch einem Paulus manchmal von Erfolglosigkeit gekennzeichnet zu sein (Gal 4,11; 1Thes 3,5). Doch bricht immer wieder die Freude durch, wenn die ausgestreute Saat trotz »Dornen und Disteln« aufgeht (1Kor 9,26; 15,58; Phil 2,14–18).

3. Losgelöst von Erdenschwere wird also auch im NT Arbeit nicht verstanden. Paulus

verband seine Missionsarbeit mit handwerklicher Arbeit (Apg 18,1–4). Jesus gebraucht in seinen Gleichnissen handwerkliche Arbeit oft als Bild für die Arbeit im → Reich Gottes (z.B. Fischer, Säemann, Zimmermann). Im Blick auf die → Ewigkeit oder die → Wiederkunft Jesu sollen die Pflichten von heute nicht vernachlässigt werden (2Thes 3,6f; Eph 4,28).

III. Der Begriff heute

Bei dem Stichwort »Arbeit« denken heute viele Zeitgenossen an »Streß«. »Streß macht krank«, so lautet ein Schlagwort. Wachstum und Leistung als beherrschende Werte haben uns diese Krankheit eingebracht. Einige Aspekte sollen hierbei betrachtet werden.

1. *Gott schenkt die Arbeit und die Ruhe.* Die Mediziner haben erkannt, daß der in der → Schöpfung angelegte Rhythmus von Werktag und Feiertag nicht ohne gesundheitlichen Schaden vernachlässigt werden kann. Jesus legt uns nahe, einmal das → Sorgen und Mühen zu lassen und ihm still zuzuhören (Lk 10,38–42; vgl. 12,13–30). Unserer Arbeit fehlt die Wirksamkeit, die Durchschlagskraft, wenn wir die Ruhe (den → Sabbat) verschmähen. Er weist ja auf die ursprüngliche Schöpfung hin. Die »Arbeit unter der Sonne« (vgl. Pred) geht weiter, und wir werden ermahnt, sie ganz ernst zu nehmen. K. Miskotte schreibt: »Alles, was deine Hand zu tun findet, das tue nach bestem Vermögen, ganz ernst, aber nicht krampfhaft, vielmehr ein wenig mit leichter Hand ohne viel Nachdruck, nicht ohne daß der Streifen Sabbat am Rande quer durch alles hindurchleuchtet.«

2. *Auch im Bereich des christlichen Lebens* wird oft die Arbeit für Gott als schwere Last empfunden, mißverstanden und abgelehnt (Last von Verboten, Geboten, Forderungen). Dabei wird vergessen, daß *ein anderer* ja Schöpfer, Erlöser und auch Vollender unseres Stückwerks ist. Seine Liebe zu uns und unsere Liebe zu ihm erleichtert uns von viel eingebildeten oder selbstgesuchten Lasten. → Liebe vermag viel. Liebe ist Erfüllung von Gesetz und Pflicht. Sinn bekommt jede Arbeit, wenn sie vor dem, für den und mit dem Herrn getan wird. Spuren solcher Arbeit werden uns bis in die Ewigkeit folgen.

3. Neben dem gesetzlichen Mißverständnis der → Nachfolge Jesu begegnen wir auch einem *schwärmerischen Mißverständnis.* Es gibt Christen, die meinen, eine Berufung für die Reich-Gottes-Arbeit zu spüren. Aber in Wirklichkeit handelt es sich um eine Flucht aus unangenehmen Arbeitsbedingungen – alltäglichen Pflichten oder einer schwierigen Situation zu Hause. Es ist wichtig, nach den Beweggründen zu fragen bzw. sich selbst zu fragen oder sich fragen zu lassen. Meint jemand, Arbeit für den Herrn sei ein Sprungbrett für gesellschaftliche Anerkennung? Fluchtgedanken sind kein echtes Motiv, um dem Herrn zu dienen. Wir brauchen vielmehr Liebe zu dem, »der uns mit unseren Lasten trägt«, um durchhalten zu können auch in belastenden Situationen. Unser Herr trug das → Kreuz. Und wir in seiner Nachfolge sind berufen, fremde Lasten ernst zu nehmen. Der Kirchenvater Augustinus schreibt: »Wer zum Dienst Gottes hinzutritt, der wisse, daß er zur Kelter getreten ist. Er wird bedrängt, zerstampft, niedergetreten, aber nicht, um in dieser Welt zugrunde zu gehen, sondern um hinüber zu fließen in die Weinkammern unseres Gottes« (→ Dienst/Amt; → Berufen/Berufung).

So ist unser Weg und Dienst unter dem Herrn so etwas wie eine Gratwanderung. Auf der einen Seite drohen wir abzustürzen durch das Gewicht selbstgesuchter oder selbstverschuldeter Lasten. Auf der anderen Seite stolpern wir, wenn wir die Dornen und Disteln irdischer Wanderwege oder die Liebespflicht von heute (den Lazarus vor der Tür) hochmütig oder unnüchtern übersehen.

4. *Eines der schwersten gesellschaftlichen Probleme* der Gegenwart ist die Arbeitslosigkeit. Arbeit ist ein Lebensbedürfnis, das in die Schöpfung des Menschen hineinverwoben ist. Ohne Arbeit wird das menschliche Leben leer. Es ist deshalb nicht falsch, wenn heute von einem »Recht auf Arbeit« gesprochen wird. Christen haben Anlaß, sich diesem Problem nicht zu verschließen. In den Kirchen, aber auch in Betrieben christlicher Unternehmer sollten Modelle geschaffen werden, wo unter Teilverzicht der Mitarbeiter (z.B. auf ein 13. Monatsgehalt etc.) und durch neue rechtliche Lösungen (z.B. halbe Stellen etc.) die Schwere dieses Problems gemildert wird. – Ebensowenig können Christen zu sinnloser oder den Menschen schädigender Arbeit schweigen. Ihr Einsatz in diesen Bereichen ist Nächstenliebe im konkreten Umfeld unserer menschlichen Gemeinschaft.

Chr. Heyd-Westerhausen

Arm/Klein/Gering

I. Wortbedeutung

Eine Fülle von Schriftstellen zeigt, daß die irdischen Gegensätze »arm« und »reich«, »klein« und »groß«, »gering« und »geehrt« tief in Beobachtung und Beurteilung des Menschen eingewurzelt sind. Diese Gegensätze sind nicht unwichtig, weil der Mensch in ihnen lebt und jeder Mensch auf den anderen angewiesen ist (Spr 22,2). Doch das folgende biblische Schwergewicht ist entscheidend:

1. Gott allein darf die Prädikate »groß«, »reich«, »geehrt« wegen seiner großen *Gaben* beanspruchen.

2. Er bekennt sich auf Erden immer wieder zu den »Armen«, »Kleinen«, »Verachteten« (→ Barmherzigkeit/Erbarmen) und verleiht ihnen seinen Schutz (2Mo 23,6).

3. Durch Jesus führt er eine Wende herauf, die den Armen, Niedergedrückten, Verzweifelnden, den Heillosen schlechthin die frohe Botschaft zuspricht (Jes 61,1f; 58,6). Das Arm- und Bedürftigsein wird durch Jesus erweitert auf das Gedrücktwerden und Niedergedrücktsein *jeder Art:* Lk 6,20ff spricht von der Armut, dem Hunger, dem Leid, dem Haß, dem die → Jünger Jesu ausgesetzt sind; Mt 5,3ff von den Demütigen, den Bettlern vor Gott. Hinter beiden Überlieferungen steht derselbe Tatbestand: Jesus ist der Gesandte der Freudenbotschaft von Jes 61,1f (Lk 4,18). Seinen Jüngern verheißt er die Gaben der Gottesherrschaft. Aber gleichzeitig geht sein Blick auf seine ganze *Umwelt:* alle Notleidenden, Hungernden und Bedrückten, alle Gefesselten und Vergewaltigten sind seine »Brüder«, mit denen er sich gleichsetzt (Mt 25,31–46). Sie bedürfen der menschlichen Hilfe in ihrer eigenen Not. Wir haben den Tiefenweg Gottes vor uns, der in alle Niedrigkeit des Menschseins eingeht.

II. Die Begriffe in der Bibel

Wir haben verschiedene Entfaltungen von »Armut«, »Kleinheit« und »Geringfügigkeit« vor uns.

1. Jesus macht uns Mut, das »Kleinste«, das »Unbeachtete« in seinen Gaben und Aufgaben ernst zu nehmen. Im »Kleinsten« und »Unbeachteten« soll die → Treue des Jüngers sich bewähren (Lk 16,10). Auf dem ersten Schritt des → Glaubens, der seine eigenen Grenzen sprengt, liegt die unendliche → Verheißung ohne Grenzen (Lk 17,6). »Glaube wie ein Senfkorn« wird zu einem Glauben, der ganz und gar von sich selbst und seinen eigenen Möglichkeiten absieht.

2. Jesus nennt seine → Jünger betont die »Kleinen« (Mt 18,6.10.14); er sieht im »Kleinsten« den wahrhaft »Großen« (Lk 9,48; 22,26). Damit befreit er seine Jünger von Ehrsucht und Selbstgefälligkeit. Auch Paulus nennt sich »den Geringsten unter den Aposteln«, weil vor Gott alle menschlichen Maßstäbe aufgehoben sind (1Kor 15,9). Gottes Kraft vollendet sich in Schwachheit (2Kor 12,9).

3. Gottes → Erwählung bevorzugt das Unedle, das, was vor der Welt nichts gilt, damit kein Sterblicher sich rühme (1Kor 1,29). Dieser Selbsterkenntnis der Gemeinde widerspricht derjenige, der in der Sitzordnung den Reichen bevorzugt und den Armen verachtet (Jak 2,2ff; → Armut/Arm/Elend). Gott hat den Armen dazu erwählt, reich im Glauben und Erbe des Reiches zu werden (Jak 2,5ff).

4. Dem entspricht die Gerichtsrede über den Reichtum und seine Nutznießer (Lk 6,24ff; 16,19; Jak 5,1–6). Das apokalyptische Gerichtswort trifft → Babylon, die Weltstadt, mit ihrem Selbstbewußtsein, ihrer Verführung und Schuld (Offb 17,1–6; 18,1–24).

Wir stehen in allen vier Entfaltungen in der *Mitte der biblischen Verkündigung,* nicht in einem abgelegenen Randgebiet. Die menschlichen Gegensätze »arm« und »reich«, »klein« und »groß«, »gering« und »geehrt« werden angesichts der *Nähe der → Ewigkeit* erschüttert und in Frage gestellt. Menschen, die im Bewußtsein der nahen Ewigkeit leben, befällt *»große Furcht«* (Apg 2,43; 5,11). Die Urgemeinde bildet nunmehr eine neue → Gemeinschaft, in der man Besitz und Güter verkauft und den Erlös an die Armen gibt (Apg 2,42–45; 4,32–37). Versuche, diese freiwillige Besitzlosigkeit nur zum Schein zu praktizieren, werden geahndet (Apg 5,1–11). Die Furcht vor Gott setzt sich durch. Die Gemeinde antwortet *demonstrativ* (→ Besitz/Eigentum/Reichtum).

III. Der Begriff heute

Festzuhalten ist, daß die → Gemeinde Jesu Christi die Freudenbotschaft auch heute weiterzugeben hat; sie hat die Botschaft von der Nähe der Ewigkeit in einer Welt zu bezeugen, die Unheiligkeit, Profanität und Verschlossenheit gegen die biblische Botschaft weithin zu ihrem Grundatz gemacht hat; so bezeugt die Gemeinde Jesu auch heute ihre Fremdlingschaft in der Welt (Phil 3,20; Hebr 13,14). Das bedeutet:

1. In Jesus Christus sind die menschlichen Gegensätze von »arm« und »reich«, »klein« und »groß«, »gering« und »geehrt« aufgehoben: das Angewiesensein der Brüder aufeinander, das → Gebot der → Liebe, das die Bruderschaft untereinander trägt, das Zeugnis, daß das → Evangelium gerade dem Armen, dem Verachteten, dem Unedlen gilt, darf nicht verloren gehen. Diese Grundstruktur der Gemeinde Jesu Christi bricht in besonderen Zeiten (Erweckung, Verfolgung) wieder durch und verrät eine ursprüngliche Kraft. Sie ist aber auch Ziel und Hilfe für Bruderschaften und Gemeinschaften im Bereich der

Volkskirchen, die eine andere geschichtliche Struktur haben.

2. Christen, die zur Lösung politischer Aufgaben berufen werden, und christliche Kirchen als öffentliche Körperschaften überlassen die »Welt« nicht ihren Vorstellungen von »arm« und »reich«, »klein« und »groß«, »gering« und »geehrt«, sondern zeigen die Not auf, in die man gerät, wenn Gegensätze festgeschrieben und nicht aufgebrochen werden bzw. zum Kampfplatz von Ideologien werden, die das Verlorensein des Menschen nicht wahrhaben wollen, sondern einen Enthusiasmus erzeugen. Die → Gebote und Ordnungen Gottes in → Israel sind zwar nicht einfach auf das Leben der anderen Völker zu übertragen, sind aber als *Schutz* für Mensch, Tier und Welt unentbehrlich. Denn Gegensätze wie »arm« und »reich«, »klein« und »groß«, »gering« und »geehrt« können allezeit *tötende Kräfte* aus sich heraussetzen, die das Menschsein gefährden.

O. Michel

Armut/Arm/Elend

I. Wortbedeutung

Im AT kommt das Wort »arm/Armut« häufig vor; es gibt mehrere hebräische Bezeichnungen dafür. Das wichtigste Wort *(ani)* leitet sich von dem Stamm *anah* (= antworten) her. Es bezeichnet ein Verhältnis der Abhängigkeit: *arm* ist der, der gezwungen ist, einem anderen Antwort zu geben. Außerdem schwingt noch die Bedeutung von »arm« im Sinne von »zu Unrecht enterbt« sein mit. Das deutsche Wort »arm« ist entstanden aus einem Wort, das ursprünglich »verwaist«, »vereinsamt«, »bemitleidenswert« bedeutete. »Elend« heißt ursprünglich »im fremden, anderen, Land«, »fremd« und deshalb »unglücklich«, »jammervoll«.

II. Der Begriff in der Bibel

Gott hat eine »Vorliebe« für die Armen. Wie diese aussieht, soll im folgenden gezeigt werden.

1. Gott hat sich ein armes Volk erwählt

Als die Israeliten noch in Ägypten waren, mußten sie Sklavendienste verrichten, z.B. beim Bau der Pyramiden helfen. Sie hatten weder Rechte, noch genügend zum Lebensunterhalt, noch Ansehen. Da erbarmt sich Gott: »Ich habe das Elend (die Armut) meines Volkes in Ägypten gesehen und habe ihr Geschrei gehört über die, die sie bedrängen; ich habe ihr Leid erkannt und bin herniedergefahren, daß ich sie errette von der Hand der Ägypter« (2Mo 3,7–8). Gott möchte als Befreier der Unterdrückten erkannt werden. Von → Israel wurde diese Befreiung auch aus wirtschaftlicher Unterdrückung so stark empfunden, daß es in späteren Zeiten immer wieder auf das Ereignis zurückblickte und neue → Hoffnung daraus schöpfte.

2. Gott gibt das Land allen

In den Schriften des AT bekennt Israel, daß es das Land von Gott erhalten hat. Das Land ist Leihgabe Gottes an den Menschen. Deshalb hat Gott ein Interesse, daß seine Gabe *gerecht* verwaltet wird. So zielen die Regelungen im AT über → Barmherzigkeit und Mildtätigkeit hinaus auf → Gerechtigkeit. In ihrer Sorge um den Armen ist die Sozialgesetzgebung Israels unter den Völkern des Orients beispiellos:

– Am Ende jedes dritten Jahres soll der Zehnte des Ertrages für die an Land besitzlosen Leviten (→ Priester), an Fremde, Waisen und Witwen gegeben werden (5Mo 14,28–29; 3Mo 27,30–32).

– In Erinnerung an ihre eigene Armut in Ägypten werden die Bauern angewiesen, einen Teil der Ernte für die Armen übrig zu lassen (5Mo 24,19–22).

– Im Sabbatjahr (jedem 7. Jahr) soll der israelitische Sklave, der sich aufgrund wirtschaftlicher Not verkaufen mußte, wieder freigelassen werden. Ihm stand ein Teil des Ertrags der Arbeit zu, der ihm helfen sollte, selbst für seinen Unterhalt aufzukommen (→ Knecht/Sklave/Knechtschaft).

– Im Sabbatjahr soll das Land brachliegen: der Ertrag aber ist für die Armen des Landes bestimmt (2Mo 23,10–11).

– In jedem 50. Jahr sollen die Grundbesitzverhältnisse wieder ausgeglichen werden: Grund und Boden muß dem ursprünglichen Besitzer zurückgegeben werden.

3. Prophetische Kritik an ungerechten Zuständen

Als in → Israel die großen → Propheten mit ihrer Gerichtsbotschaft auftraten, stand das Land in wirtschaftlicher Blüte, und die außenpolitischen Bedrohungen waren nur wenigen bewußt. Doch der Wohlstand war nicht für alle da: Besonders die Bauern gerieten in immer größere Abhängigkeit von den Städten und verarmten. *Amos* war der erste Prophet, der hinter der Fassade des Wohlstands die wirtschaftliche Ausbeutung sah und die Verschwendung der Reichen sowie die ungerechte Rechtsprechung anprangerte (Am 4,1; 6,1–7; 5,10–15; 2,7). In ähnlicher Weise übten auch *Jesaja* (10,2) und *Micha* (2,2) Kritik.

Hundert Jahre später, nach der Zerstörung und Wegführung des Nordreichs Israel, sagt der Prophet *Jeremia* zu Juda: »Man findet unter meinem Volk Gottlose ... Sie gehen mit bösen Stücken um; sie halten kein Recht, der Waisen Sache fördern sie nicht, daß sie auch kein Glück haben, und helfen den Armen nicht zum Recht. Sollte ich denn solches nicht heimsuchen, spricht der Herr, und meine Seele sollte sich nicht rächen an diesem Volk, wie dieses ist?« (Jer 5,26–29). Der Prophet kündigt Gottes → Gericht an – und leidet selbst an den Folgen des Gerichts mit: an der nationalen Zerstörung, Gefangennahme und Wegführung nach → Babylon.

4. Vor Gott mit leeren Händen

Im Exil wird das Volk, belastet mit Schuld und ohne nationale Selbstbestimmung, wieder zu einem armen Volk. Israels Klagelieder zeigen uns deutlich, wie es an diesem Zustand gelitten hat. Wieder arm geworden, erinnert es sich an den Beistand Gottes für die Armen. Durch die neuen → Verheißungen wird wieder → Hoffnung erweckt. Beides, Hoffnung und Verheißung für die Armen, wird in einer überfließenden Weise ausgesagt: »Jauchzet ihr Himmel und frohlocke du Erde! Brecht in Jubel aus, ihr Berge! Denn der Herr tröstet sein Volk und erbarmt sich seiner Elenden« (Jes 49,13).

5. In Jesus gesellt sich Gott zu den Armen

Jesus Christus zog es nicht vor, ungestört bei Gott zu bleiben, sondern er wurde Mensch um unseretwillen: »obwohl er reich war, wurde er um unseretwillen arm« (Phil 2,5–11; 1Kor 8,9). Er wurde bei armen Leuten geboren. Seine Eltern fanden am Tag der Geburt nicht einmal eine Unterkunft. Er hatte während seiner Lehrtätigkeit kein geregeltes Einkommen (Mt 8,20); er heilte Kranke, gab den Hungernden zu essen und verkündigte das → Evangelium. So konnte er sich selbst als die Erfüllung der Verheißung des Propheten Jesaja verkündigen: »Der Geist des Herrn ruht auf mir, weil mich der Herr gesalbt hat; er hat mich gesandt, den Elenden frohe Botschaft zu bringen, zu heilen, die gebrochenen Herzens sind, den Gefangenen Befreiung zu verkündigen und den Gebundenen Lösung ihrer Bande, auszurufen ein Jahr des Herrn ...« (Jes 61,1–2; vgl. Lk 4,18–19). Dementsprechend hat Jesus sich derer angenommen, die auf der Schattenseite des Lebens standen.

6. Der Weg durchs Nadelöhr

Die Botschaft Jesu gilt auch den Reichen. Aber Jesus hat die traurige Erfahrung gemacht, daß es den Reichen leichter fällt, auf die Sicherheit ihres Besitzes zu vertrauen als auf seine Verheißung. Es hat Jesus leid getan, daß der reiche Jüngling seine Einladung, mit ihm und den Jüngern mitzukommen, ausgeschlagen hat (Mk 10,17–27; Lk 18,24–25; Mt 19,23). So kommt Jesus zu dem Urteil: »Es ist leichter, daß ein Kamel durch ein Nadelöhr hindurchgeht, als daß ein Reicher in das Reich Gottes kommt« (Mk 10,25). Es fällt den Reichen schwer, sich darauf einzustellen, daß Gottes Interesse an → Gerechtigkeit und an den Armen ihr gewohntes wirtschaftliches Denken durchbricht. Es gibt auch Ausnahmen: So gibt der Zöllner Zachäus das, was er zu Unrecht eingenommen hat, wieder zurück – und zwar vielfältig! Gottes → Liebe gilt dem, der umkehrt (→ Buße/Bekehrung) – sein Zorn denen, die dem Hungrigen nicht das Nötigste zukommen lassen, dem Fremden keinen Raum geben und Kranke und Gefangene links liegen lassen (Mt 25,35–36). Unbewußte Vernachlässigung und bewußte Ausbeutung erregen den Zorn Jesu.

Paulus kritisiert im Sinne Jesu einen Mißbrauch des Abendmahls der Gemeinde in Korinth: während die Reichen satt zum → Abendmahl kommen, knurrt den Armen der Magen. In einer → Gemeinschaft von Christen, bei der, wenn ein Mitglied leidet, die anderen mitbetroffen sind, sollte es das nicht geben (1Kor 11,20–29).

7. Die Armen, die viele reich machen

»Selig sind die Armen, denn ihrer ist das Reich der Himmel« (Lk 6,20). Werden die Armen → selig genannt, weil Armut an sich etwas Gutes wäre? Nein! Erzwungene Armut ist immer bitter. Selig werden die genannt, die um der → Nachfolge willen arm und verfolgt sind. Selig werden sie genannt, weil sie Jesu → Zeugen sein dürfen.

Auch Jesu → Jünger haben um Jesu willen auf vieles verzichtet: auf Ausübung ihres Berufes, auf Besitz oder auf Familie, Ansehen und Sicherheit. Sie folgten Jesu Einladung, zuerst nach dem Reich Gottes und seiner Gerechtigkeit zu trachten (Mt 6,33) – und durften dabei Gottes → Fürsorge auch für den täglichen Bedarf erfahren. Außerdem machten sie die Erfahrung des gemeinschaftlichen Teilens: alles gehörte ihnen gemeinsam (→ Besitz/Eigentum/Reichtum).

So war es auch später in der Gemeinde von Jerusalem: es war eine arme Gemeinde, aber zusammen hatten sie soviel, daß sie Bedürftigen abgeben konnten – nach dem Maßstab der Bedürftigkeit derer, die auf Hilfe angewiesen waren. In wirtschaftlichen Dingen konnten sie sich ganz aufeinander verlassen (vgl. Apg 2,43–47; 4,31–37).

Als die Jerusalemer Gemeinde durch widrige Umstände selbst in wirtschaftliche Schwierigkeiten geriet, versuchte Paulus bei seinen Reisen für sie zu sammeln. Ihm lag an der wirtschaftlichen Gleichheit im Volk Gottes und an der Einheit der Kirche von Judenchristen und Heidenchristen (vgl. 2Kor 8,14).

III. Der Begriff heute

Gott liegt daran, daß der Mensch das Heil in Christus findet, aber auch, daß sich der Mensch wohl fühlt. Seine Wohltaten umfassen den *ganzen Menschen*. Doch wie nahe geht uns Christen in Europa das Geschick der Armen? Uns geht es im allgemeinen so gut, daß es uns schwer fällt, die Not anderer nachzuempfinden. Zwar begegnet sie uns fast täglich in Radio, Fernsehen und Zeitung. Aber sie macht uns selten betroffen; eher stumpfen wir ab. Wahrscheinlich ist für uns die Situation des Wohlstands und der Sattheit auch ein Hindernis für ein unmittelbares Verstehen der Bibel. Wenn man die Seligpreisungen, die Texte von Jesu besonderer Zuneigung zu den Armen inmitten eines hungernden und unterdrückten Volkes liest oder auslegt, wird man einen direkteren Zugang zum → Evangelium finden als in unserer reichen Wohlstandsgesellschaft. Das Evangelium legt uns diese Not der Armen ans Herz; deshalb wollen wir den Mut aufbringen, uns ihr zu stellen.

ARMUT HAT VIELE SEITEN: Eine Milliarde hungernder Menschen in der Dritten Welt, zwölf Millionen Kinder, die jährlich an Hunger sterben; die verdeckte Not derer, die an Wohlstand, Wirtschaftswachstum und Verschwendung keinen Anteil haben – Rentner, Straffällige, Behinderte, Arbeitslose; die Not derer, die unter menschenunwürdigen Arbeitsbedingungen leiden; das Elend derer (oft Kinder), die mittelbar oder unmittelbar von der Belastung und Zerstörung der Natur betroffen sind, und anderer, die (deshalb?) an Krebs leiden. – Die Liste ließe sich leicht verlängern. Untersucht man die Situation der Betroffenen näher, dann wird man sie nicht mit der »billigen« Bemerkung kommentieren können: »Die sind ja selber schuld!«

Zunehmend verspüren wir Ohnmacht angesichts der vielen Probleme. Es kann aber auch wichtig sein, sich dieser Ohnmacht eine Zeitlang bewußt zu stellen. Nur so kann sie uns zur Triebfeder werden, sich verstärkt um Möglichkeiten der Hilfe zu bemühen. Doch wir sollen uns auch nicht lähmen lassen, denn wir leben ja von der Hoffnung, daß für Gott, der die Welt so geliebt hat, daß er seinen Sohn gab, das Leben der Menschen auf der Erde nicht gleichgültig ist. Im Vorschein des neuen → Himmels und der neuen Erde haben neue Wege hier und jetzt ihre Verheißung.

WAS KÖNNEN WIR TUN? Zunächst können wir uns informieren und nach den jeweiligen Ursachen von Not und Elend fragen. *Gemeinsam* mit anderen Christen können wir versuchen, neue Wege zu gehen: miteinander leben, einfach leben, konkrete Verantwortung übernehmen. Das kann uns auch zu politischen Konsequenzen führen, besonders wenn uns bewußt wird, wie sehr unsere Prinzipien von Wachstum, Konkurrenz, Leistung, Profitorientierung usw. mit zur Not anderer, besonders der Menschen in der Dritten Welt, beitragen.

Christen sind hier zu konkretem Mitdenken und Mitarbeiten aufgerufen. Wenn wir uns Gedanken um Gerechtigkeit im Weltmaßstab machen, müssen wir auch für die Not des nahen → Nächsten offen sein, um glaubwürdig zu bleiben. Uns ist als Christen verheißen, von der Kraft der → Auferstehung und des → Geistes her zu leben; deshalb brauchen wir hier auch nicht so schnell das Gefühl der Überforderung zu haben. Einsatz steht hier nicht zuerst unter dem Vorzeichen des Muß und Soll. Vielmehr gilt: wer zuerst nach dem → Reich Gottes und seiner → Gerechtigkeit trachtet (Mt 6,33), bekommt auch Neues geschenkt: neue Ziele, neuen Sinn, neue Freunde und neue → Freude in einer sinnentleerten und bedrückenden Welt.

→ Barmherzigkeit/Erbarmen

B. Weidner

Auferstehung/Auferweckung

I. Wortbedeutung

Im Unterschied zu dem allgemeinen Wort »aufstehen« bedeutet »auferstehen« aus dem Tod zum Leben kommen; die Vorsilbe »er-« hat im Deutschen den Charakter einer Verstärkung. Das griech. Wort *anástasis* in der Ursprache des Neuen Testaments entspricht ganz unserem deutschen Wort »Auferstehung«. Während das Wort »auferstehen« ins Auge faßt, was der tut, der tot war, faßt der im NT parallele Ausdruck »auferwecken« ins Auge, was Gott im Blick auf einen solchen Toten tut bzw. getan hat, z.B. »Gott hat Christus von den Toten auferweckt« (Röm 4,24; 8,11).

II. Der Begriff in der Bibel

A. IM ALTEN TESTAMENT

Hier tritt die persönliche → Hoffnung, die längst vorbereitet war, erst allmählich deutlicher hervor: »Deine Toten werden leben« (Jes 26,19; vgl. auch Dan 12,2.3; Hi 19,25–27; Ps 16,10.11; 2Mo 3,6; Mt 22,31.32). – In Jesu Erdentagen lehnten im Judentum die Sadduzäer die Auferstehung der Toten ab, während die → Pharisäer sie grundsätzlich anerkannten (vgl. Mt 22,23).

B. IM NEUEN TESTAMENT

Nachdem Jesus auferstanden ist, tritt die ganze Fülle der bibl. Botschaft von der Auferstehung in Erscheinung:

1. Die Auferstehung Jesu

An ihr hängt alle christl. → Hoffnung.

a) Jesus ist wirklich gestorben; er war nicht nur scheintot (Joh 19,33–35). Jesus ist ferner so auferstanden, daß er nicht etwa nur in dieses Leben zurückkehrte wie Lazarus, der Jüngling zu Nain und das Töchterlein des Jairus; er ist durchgebrochen zu einem anderen, neuen → Leben. So konnte Jesus aus dem Grab und durch verschlossene Türen gehen; der Engel hat nicht etwa den Stein vom Grab gewälzt, um Jesus herauszulassen, sondern um den Frauen zu zeigen, daß das Grab bereits leer war (Mt 28,2–6; Joh 20,19).

b) Jesus ist trotz seiner Leidens- und Auferstehungsankündigungen (Mt 16,21 u.a.) für alle seine Freunde völlig überraschend auferstanden. Die Frauen zogen am Ostermorgen zu einem Liebesdienst an einem Leichnam aus und begegneten dem König des Lebens (Mt 28,1–10). Und auch die Männer waren zunächst eher zweifelnd, beunruhigt und bestürzt (Lk 24,11.12.22). Diese Frauen und Männer müssen, so urteilen auch Historiker, etwas ganz Außerordentliches erlebt haben. Daß die Osterberichte in den Evangelien nicht leicht zu harmonisieren sind, spricht nicht *gegen* die Tatsächlichkeit des Osterereignisses, sondern *für* dieses. *So* werden Berichte nicht erfunden; das sind Geschehnisse *im Umfeld* des großen Ereignisses »Auferstehung Jesu Christi« (der Vorgang der Auferstehung selbst wird nicht beschrieben).

c) Hinweise auf die Auferstehung Jesu sind: Erstens das leere Grab (Mt 28,6; Mk 16,6; Lk 24,3.12; Joh 20,1–8.13); Tod und Totenwelt konnten nichts von Jesus festhalten, weil er der → Sünde keine Macht über sich gegeben hatte (der Tod des Menschen ist nach der Bibel nicht Natur, sondern Unnatur, eine Folge der Sünde – Ps 90,7; Röm 5,12; 6,23). Zweitens die himmlischen Boten, die → Engel, und ihr Wort, mit dem sie das leere Grab deuteten (Mt 28,1–7; Mk 16,5–8; Lk 24,1–7; Joh 20,11.12).

d) Vor allem nennen alle Evangelien (Mt 28; Mk 16; Lk 24; Joh 20; 21) Zeugen, die den auferstandenen Herrn selbst gesehen haben (→ Erscheinung/Vision II B–III). Dazu gibt der Apostel Paulus in seinem ums Jahr 55 n.Chr. geschriebenen ersten Brief an die Christengemeinde in Korinth in dem großen Auferstehungskapitel geradezu einen Katalog der männlichen Zeugen der Auferstehung Jesu (1Kor 15,5–8; damals waren weitgehend nur die Männer im Vollsinn als Zeugen vor Gericht zugelassen). Unter anderem nennt Paulus »fünfhundert Brüder«, die Jesus, den auferstandenen Herrn, »auf einmal« gesehen haben. Man konnte die Leute noch fragen. Paulus sagt ausdrücklich: »Die meisten leben heute noch.« Bei dem regen Reiseverkehr zu jener Zeit im östlichen Mittelmeerraum war eine Rückfrage ohne weiteres möglich. Wohl für kaum ein Ereignis des Altertums liegen ebensoviele urkundliche Zeugnisse vor wie für → Kreuz und Auferstehung Jesu. Und bei keinem andern reichen Abschriften oder Teile von ihnen so weit zurück wie hier, bei Handschriftenteilen bis wenige Jahrzehnte nach dem Entstehen der Urschriften. Sonst sind es bei antiken Urkunden oft tausend Jahre, die zwischen der Entstehung des Originals und den ältesten uns vorliegenden Abschriften verstrichen sind.

2. Bedeutung der Auferstehung Jesu

a) Die Auferstehung Jesu ist ein Bekenntnis Gottes zu ihm. Petrus sagt zu dem versammelten Volk: »Ihr habt ihn verleugnet« (Apg 3,14); »Gott aber hat ihn auferweckt. Des sind wir alle Zeugen« (Apg 2,32).

b) Mit Jesu Auferstehung hat Gott zum Ausdruck gebracht, daß er Jesu Opfertat angenommen und ihr die große, hilfreiche Auswirkung für uns gegeben, sie in Kraft gesetzt hat. »Jesus ist um unserer Sünden willen dahingegeben und zu unserer → Rechtfertigung auferweckt« (Röm 4,25).

c) Die Auferstehung Jesu gibt uns die Kraft zum neuen Leben schon jetzt. Als Menschen, die an Jesus Christus glauben, ihm ihr Leben anvertraut haben und mit ihm und in ihm leben, können wir in Kraft seiner Auferstehungskräfte das alte Wesen ablegen und »mit Christus in einem neuen Leben wandeln« (Röm 6,4). Der Sieg Jesu über unser altes Wesen muß im Alltag ausgemünzt werden. Aber wir müssen nicht erst um einen Sieg kämpfen. Wir können vom Sieg unseres Herrn her leben. Und im Vertrauen auf unseren gekreuzigten und auferstandenen Herrn können wir mehr und mehr unser altes Wesen ablegen, wie man ein beschädigtes Stück Haut abstreifen kann, wenn sich darunter eine gesunde neue Haut gebildet hat.

d) Die Auferstehung Jesu ist die Voraussetzung dafür, daß auch wir einmal in seiner → Nachfolge durch den Tod zum → Leben gehen können. Einem Missionarsehepaar in Afrika starb ein Kind. Nach einiger Zeit sagte ein Afrikaner, der kein Christ war, zu den Eltern: »Ihr Christen seid seltsame Leute; ihr könnt durch den Horizont sehen.« Natürlicherweise haben wir Menschen alle als den unser Gesichtsfeld in diesem Leben abschließenden Horizont unsern Tod vor Augen. Doch nun hat unser Herr mit seiner Auferstehung den Horizont des Todes durchstoßen. Wenn wir in seine Spur treten, ihm nachfolgen, uns an ihn halten, dann *sehen* wir jetzt hinaus. Und wir können einmal ihm nach hinaus*gehen*. Dann gilt für uns das Wort Jesu: »Ich lebe, und ihr sollt auch leben« (Joh 14,19). »Ich gehe hin, euch die Stätte zu bereiten, auf daß ihr seid, wo ich bin« (Joh 14,2). Wer jetzt ihm folgt, darf dann ihm folgen. Menschliche Gemeinschaften können durch den Tod zerstört werden, weil der Tod stärker ist als wir Menschen. Die Gemeinschaft aber, die unser Herr, der Sieger von Golgatha und Ostern, mit uns eingeht, kann der Tod nicht in Frage stellen; denn unser Herr ist stärker als der Tod. »Weder Tod noch Leben kann uns scheiden von der Liebe Gottes, die in Christus Jesus ist, unserm Herrn« (Röm 8,38.39).

e) Die Auferstehung Jesu ist der entscheidende Durchbruch auch für die Neuschaffung der → Welt. Von diesem Durchbruch her wird einmal die ganze Feindfront aufgerollt. Der → Satan und sein ganzer dämonischer und menschlicher Anhang wird weggetan und der Horizont des Todes nicht nur durchbrochen, sondern abgetragen. Und unser Herr Jesus Christus wird die Welt mit → Frieden und → Gerechtigkeit regieren, und Gott wird alles wunderbar neuschaffen. Weil Jesus auferstanden ist, wird alles gut. Und deshalb ist auch nichts von dem, was wir tun, umsonst, nichts, was wir dem auferstandenen Herrn in die Hände legen (1Kor 15,20–27.58; Offb 19,16; 20,2; 21,4.5).

3. Wann erfolgt die Auferstehung?

Paulus schreibt von einem großen Nacheinander (1Kor 15,23.24):

a) Zuerst Christus; seine Auferstehung liegt schon hinter uns.

b) Danach die Christus angehören, wenn er kommen wird. Das nennt Jesus die »Auferstehung des Lebens« (Joh 5,29). Und Offb nennt es die »erste Auferstehung« (Offb 20,5.6). Die, die daran teilhaben, ziehen mit dem wiederkommenden Herrn in diese Welt ein (1Thes 3,13) und sind Mitregenten bei seinem kommenden Friedensreich (Offb 3,21; 20,1ff).

c) »Danach der Rest« (so kann das Wort hier auch übersetzt werden), »wenn Jesus das Reich Gottes dem Vater übergeben wird«. Das geschieht am Ende des Tausendjährigen Friedensreiches Jesu (Offb 20,1–6.12.13). Da wird der auferstandene Herr in Kraft der → Vollmacht Gottes *alle* Menschen aus dem Tod rufen, »zur Auferstehung des → Gerichts«. So sagt Jesus: »Es kommt die Stunde, in welcher alle, die in den Gräbern sind, werden meine Stimme hören« (Joh 5,28.29). → Gott, der → Vater, hat »dem Sohn alles Gericht übergeben« (Joh 5,22). Und keiner kann den großen Gerichtstermin im Tod verschlafen. »Wer aber an den → Sohn Gottes glaubt, der kommt nicht in das Gericht« (Joh 5,24).

4. Fortleben gleich nach unserem Tod oder erst bei der Auferstehung am Tag Jesu Christi?

Im Lauf der Kirchengeschichte, auch im Liedgut der Christenheit, trat immer mehr die Hoffnung auf ein Leben gleich nach unserem Abscheiden aus dieser Welt in den Vordergrund des Interesses; die Auferstehung am Tag Jesu Christi erschien demgegenüber weit weniger wichtig.

Doch in der Bibel ist das anders; die Auferstehung der Glaubenden in der neuen »Geist-Leiblichkeit« (1Kor 15,35.44.46) steht durchweg im Vordergrund. Der »geistliche → Leib« ist das für das neue Leben aus Gott, seinen Geist, ganz angemessene Gefäß, während wir jetzt diesen »Schatz in irdenen Gefäßen«, in einem erdhaften Körper, haben (2Kor 4,7; 1Mo 3,19). Ebenso ist in der Bibel für die Nichtglaubenden der große künftige Gerichtstermin, der auf die Auferstehung aller Toten folgt, der beherrschende, alles ausfüllende und abschließende Horizont.

Befinden wir uns bis dahin in einem Zustand der Bewußtlosigkeit, des »Seelenschlafes«? Das schließen manche daraus, daß seit Jesu Auferstehung das Sterben ein Entschlafen heißt (1Kor 15,6), weil wir nun vom Tod wieder erwachen werden. Doch die Bibel sagt an verschiedenen Stellen, daß bis zur Auferstehung kein Zustand der Bewußtlosigkeit besteht, insbesondere daß die lebendige Gemeinschaft der Glaubenden mit dem Herrn auch nicht auf Zeit, durch den Tod, unterbrochen werden kann. So sagt Paulus wie in einem Atemzug: »Ich habe Lust abzuscheiden *und* bei Christus zu sein« (Phil 1,23).

Auch Jesus sagt in der Geschichte vom reichen Mann und armen Lazarus (Lk 16,19ff), daß Abraham und der abgeschiedene Reiche miteinander redeten zu einer Zeit, als die Brüder des Reichen noch in dieser Welt lebten. Diese Stelle sagt übrigens, daß die einen in einer vorläufigen Seligkeit sind, die andern an einem Ort der vorläufigen Unseligkeit und Qual (griech. »Hades«). Für den endgültigen Strafort hat das griech. NT ein anderes Wort; Jesus redet hier auch vom »ewigen Feuer« (Mt 25,41; vgl. Offb 19,20); → Totenreich/Hölle. Auch mag erwähnt werden, daß Mose, obschon er gestorben war (5Mo 34), auf dem

Berg der Verklärung mit Jesus redete (Mt 17,3). Die »Seelen der Märtyrer« fragen angesichts der sich dehnenden Zeit bis zur → Wiederkunft Jesu: »Herr, wie lange ...« (Offb 6,10). Und Jesus sagt zum Schächer am → Kreuz: »Wahrlich ich sage dir, heute wirst du mit mir im → Paradies sein« (Lk 23,43).

III. Der Begriff heute

1. Wir leben in einer Zeit großer Hoffnungslosigkeit. Das macht die sich auf Jesu Kreuz und Auferstehung gründende Botschaft von der Wiederkunft Jesu, seinem kommenden Friedensreich und der Weltvollendung packend und aktuell, insbesondere angesichts der Tatsache, daß viele der im NT erwähnten Vorzeichen der nahenden Wiederkunft Jesu heute immer klarer aus dem Nebel der Zukunft hervortreten.

Hilfreich ist auch die auf Jesu Kreuz und Auferstehung fußende Hoffnung des einzelnen über den Tod hinaus. Ein junger Mann sagte: »Ich komme mir vor wie vor einem nachtschwarzen, bodenlosen Abgrund«; er meinte sein Todeslos. »Und hinter mir ist etwas wie eine Planierraupe, die unausweichlich vorrückt und mich vor sich herschiebt, bis ich in den Abgrund stürze«; er meinte den Zeitablauf. Was ist es da doch für eine Hilfe, von der starken, gütigen, für uns durchbohrten Hand des guten → Hirten zu wissen, der Tod und Hölle überwand und den Seinen das ewige Leben gibt (Joh 10,28). Dieser Hand können wir unser Leben anvertrauen. Und wenn es hier zu Ende geht, wird sie uns über diesen Abgrund des Todes heben und uns heimnehmen zu unserem Herrn.

2. Die Bibel redet von dem, was auf unseren Tod folgt, total anders als es alle Lehren von einer »Wiederkehr der Geburten« tun. Sie sagt: »Es ist dem Menschen gesetzt, *einmal* zu sterben, danach aber das Gericht« (Hebr 9,27), einmal zu sterben, weil auch einmal zu leben. Dieses Erdenleben ist unwiederholbar. An keiner Zeit und Gelegenheit kommen wir noch einmal vorüber. »Die Zeit sagt nicht ›Auf Wiedersehen‹« (Sprichwort). Unser Leben gleicht nicht einem sich immer wiederholenden Gang im Kreis, sondern einer geraden, zielgerichteten Linie. Auch bleibt in dem neuen Leben, zu dem Gott uns ruft, unsere Individualität gewahrt. Wir werden auch dann noch wir selber sein. Wir werden uns an das Leben in dieser Welt so erinnern, wie wir uns an den Vortrag erinnern, wenn wir am andern Morgen aufwachen. Auf alle unsere Einwände, wir könnten uns Derartiges nicht vorstellen, antwortet die Bibel durchgehend: »Für Gott ist kein Ding unmöglich.«

3. Bei unserer Hoffnung als Christen, sowohl was die Welt, wie auch was unser persönliches Leben betrifft, liegt alles an der Tatsächlichkeit der Auferstehung Jesu, daran, daß er wirklich den Horizont des Todes, des »Umsonst«, der unausweichlichen Katastrophe des uns alle verschlingenden Gerichts, der großen Hoffnungslosigkeit durchbrochen hat. Vor einigen Jahrzehnten kam eine theologische Richtung auf, die sagte: »Ostern ist die Entstehung des Glaubens in den Jüngern, daß Jesus lebe.« Danach ginge es also bei Ostern nur um einen Gedanken in den Köpfen der Jünger. Das wäre so, wie wenn in der Tiefe eines Bergwerks ein Arbeitsteam infolge eines Grubenunglücks verschüttet und eingeschlossen wäre, und wenn dann einer der Eingeschlossenen beim trüben Licht einer kleinen Lampe eine Kreide aus der Tasche zöge und damit an die Felswand des Stollens eine Tür malte. Das wäre keine Hilfe, sondern würde als Hohn empfunden. Geholfen wäre den Männern allein dann, wenn tatsächlich ein Weg hinausgebahnt wäre. Wir Menschen alle sind wie verschüttet und eingeschlossen unter unserer Sünde, dem Tod und unserer Gerichtsverfallenheit. Da ist der menschgewordene ewige Sohn zu uns hereingekommen und hat mit seinem Sterben und Auferstehen uns den Weg in die Freiheit, ins Leben, in die große Zukunft gebahnt. Das sind die »großen Taten Gottes«, von denen die Apostel sprechen (Apg 2,11) und die für uns einen neuen Tatbestand schufen.

4. Die Auferstehung Jesu gibt unserem Leben einen weiten Horizont: Wir sehen Weg und Ziel, Zeit und Ewigkeit zusammen. Es müssen deshalb nicht in diesem Leben schon alle Rechnungen aufgehen. Das macht uns belastbar und gibt einen langen Atem. Es wertet dieses irdische Leben mit seinen Aufgaben keineswegs ab. Im Gegenteil: hier fallen Entscheidungen auch über unser ewiges Geschick. Unser Herr ist am Ziel und beantwortet unsere Treue über Bitten und Verstehen (Mt 25,21). Und er ist als der Auferstandene bei uns auch alle Tage auf dem Weg (Mt 28,20), weil er so wirklich auferstanden ist, lebt und gegenwärtig ist, daß wir täglich mit ihm leben und reden können.

5. All die großen → *Lieder* von Ostern und von der Hoffnung des ewigen Lebens der Kirche Jesu Christi künden von dem starken → Trost, den der auferstandene Herr gerade auch in der Todesstunde bedeutet: »Christ ist erstanden von der Marter alle; des solln wir alle froh sein, Christ will unser Trost sein« (EKG 75,1). »Ich hang und bleib auch hangen an Christus als ein Glied, wo mein Haupt

durch ist gangen, da nimmt er mich auch mit« (EKG 86,6). – Und dieser starke Trost ist die *Erfahrung* vieler, die sich im Leben und Sterben an Jesus gehalten haben. Ein 18jähriger verunglückte bei einem Auslandsaufenthalt schwer. Wenige Stunden später starb er. Als die Eltern von der Polizei benachrichtigt wurden, quälte sie vor allem die Sorge, wie denn ihr Sohn gestorben sei, ob etwa in panischer Angst, in Verzweiflung. Als sie hinreisten, wurde ihnen zusammen mit den Dingen ihres Sohnes ein Blatt Papier überreicht, auf das der Junge noch mit zitternder Hand geschrieben hatte: »Liebe Eltern! Mit dem Herrn Jesus sterbe ich getrost. Auf Wiedersehen! Euer dankbarer Helmut.« F. Grünzweig

Auszug

I. Wortbedeutung

Mit »Auszug« ist zunächst der Auszug der Israeliten aus Ägypten gemeint. Das AT spricht vom *Herausführen* des Volkes bzw. vom *Heraufführen,* wenn sich der Blick auch auf das Ziel des Auszugs richtet. Dabei ist immer zugleich an den gedacht, der herausführt: »Ich bin der Herr, dein Gott, der ich dich aus Ägypten, aus der → Knechtschaft geführt habe.«

Im Griech. heißt Auszug *Exodus.* Weil der Auszug in 2Mo geschildert wird, nennt man das 2. Mosebuch auch das Buch »Exodus«.

II. Der Begriff in der Bibel

1. Der Auszug, besser gesagt die Herausführung, aus Ägypten ist das grundlegende Ereignis der Geschichte des Volkes → Israel. Viele Aussagen über Gottes Wirken und viele Bekenntnisse der Israeliten beginnen mit dieser *Rettungstat Gottes,* z.B. 2Mo 20,2; 5Mo 5,6: »Ich bin der Herr, dein Gott, der ich dich aus dem Lande Ägypten, aus dem Sklavenhaus, herausgeführt habe ...«; oder: »Als Israel jung war, gewann ich es lieb, aus Ägypten rief ich meinen Sohn (= das Volk Israel)« Hos 11,1; oder das Bekenntnis des israelitischen Bauern beim Erntedank, 5Mo 26,5–9.

Diese grundlegende Erfahrung zeigt den Israeliten, wer ihr → Gott ist, und wie das Leben vor ihm und mit ihm aussehen soll: Er hat sich aus freien Stücken dieses Volkes angenommen (2Mo 3,7; Hos 11,1ff; Hes 16,6ff), er ist barmherzig und gnädig (2Mo 33,19b). Die Gebote, die am Sinai gegeben werden, sollen das Leben Israels entsprechend gestalten: »Jahwe« (der atl. Gottesname; → Gott) hat Israel erwählt und errettet, daher ist Israel auf ihn allein verpflichtet (2Mo 20,2–5). Er straft den Ungehorsam hart, aber sein Heilswille überwiegt tausendfach (V. 5.6; vgl. Hos 11,8f).

Auch die weiteren Gebote dienen zum Schutz und zur Förderung des Lebens. Die Israeliten sollen sich so verhalten, wie Gott es ihnen gegenüber beim Auszug getan hat. So soll z.B. auch der Sklave die Sabbatruhe genießen können, weil Jahwe sich der Israeliten erbarmt hat, als sie Sklaven waren (5Mo 5,14f; vgl. 3Mo 19,33f).

2. *Geschichtliche Fragen:* Die *Zeit* des Auszugs war vermutlich das 13. Jh. v.Chr., entweder zur Zeit des Pharao Ramses II. (ca. 1296–1224) oder bald danach. Es gibt zwar keine außerbiblischen Nachrichten über den Auszug, aber man hat die Vorratsstädte Pithom und Ramses (2Mo 1,11), zu deren Bau die Israeliten herangezogen wurden, ausgegraben.

Ort und Weg des Auszugs sind schwer zu bestimmen. Pithom und Ramses liegen am Ostrand des Nildeltas. Der Ort des Meerwunders (2Mo 14), also das »Schilfmeer«, könnte aber sowohl der See Timsa oder die Bitterseen als auch der früher weiter nach Norden reichende Golf von Suez (Rotes Meer) gewesen sein (man vergleiche dazu Landkarten).

Die *Zahl der Israeliten* wird in 2Mo 12,37 mit 600 000 Männern, d.h. zusammen über 2 Mill. Menschen (Männer, Frauen, Kinder) angegeben. Diese Zahl erscheint sehr groß. Das Zahlwort 1000 könnte auch »Sippe« bedeuten. Es hieße dann: 600 Familien. Oder es handelt sich um die Zahl der Israeliten in der Königszeit. Damit wäre gesagt: Diesem Auszug von damals verdankt auch jeder heute lebende Israelit sein Leben und seine Freiheit, es ist, als ob jeder Israelit dabeigewesen wäre (vgl. das betonte »wir« in 5Mo 26,5–11).

Trotz dieser Fragen bleibt festzuhalten: Die Herausführung aus Ägypten ist die Grundlage für die Existenz Israels, auch wenn es keine direkten außerbiblischen Zeugnisse gibt und manche Einzelfragen offen bleiben. (Vgl. dazu Ps 77,14–21.)

3. *Der neue Exodus:* Der weitere Weg des Volkes Israel, schon ab der Zeit der Wüstenwanderung (2Mo 16–18), brachte immer wieder neu die Erfahrung der Rettung und Bewahrung durch Gott. Aber auch immer wieder den Ungehorsam und die Untreue des Volkes. Nachdem die → Propheten (bes. Hosea, Amos, Jeremia) das → Gericht Gottes angedroht hatten, wurde Israel schließlich ins babylon. Exil (586–539) weggeführt (→ Babylon). In dieser Situation hatten die Propheten Worte der Ermutigung und des Trostes auszurichten (Jes 40,1–5). Bereits Hesekiel verkündigt, daß Gott sein Volk von neuem sammeln und in das gelobte Land zurückbringen werde (Hes 20,33f.42).

Besonders der sog. »Deuterojesaja« (2. Teil des Buches Jesaja, Kap. 40–55) bringt die große und freudige Botschaft von der Rückführung aus dem babylon. Exil nach Israel: Gott hat das Volk Israel aus Ägypten geholt, er wird es auch aus Babylon zurückbringen (Jes 43,16ff; 52,12). Dieser »neue Exodus« wird alles Frühere übertreffen: Der Auszug geschieht nicht mehr in ängstlicher Eile (52,12), die Wege werden geebnet (49,8–12), überall gibt es Wasser, und die Wüste wird grün (41,17–20). Mit Jubel werden die Heimkehrer in → Jerusalem begrüßt werden; der Herr kehrt mit ihnen zurück (52,8f).

4. *Auszug im NT:* In 1Kor 10,1–13 vergleicht Paulus das Leben der Christen mit dem Geschehen des Auszugs aus Ägypten: Dabei vergleicht er den Durchzug durch das Meer mit der → Taufe (V. 1f), und die Versorgung mit Manna und Wasser in der Wüste entspricht dem Brot und Wein im Abendmahl (V. 3f; → Herrenmahl). – Alle Israeliten wurden errettet, aber viele wurden in der Wüste untreu. Die Christen sollen das als warnendes Beispiel verstehen (V. 6): Hütet euch vor Bösem, vor Götzendienst und Unzucht und davor, Christus zu versuchen! Die Auszugsgeschichte dient also sowohl der Warnung (V. 11f) als auch der Ermutigung.

In ähnlicher Weise dient auch in Hebr 3,7–4,13 die Auszugsgeschichte zur Warnung vor Unglauben und Mutlosigkeit (3,12; 4,1f) wie auch zur Ermutigung, bis zum Ziel weiterzugehen (4,1.10f).

III. Der Begriff heute

1. Die Rettung der Israeliten aus Ägypten ist auch für die Christen von Bedeutung. Der Exodus gehört zu den »mancherlei Weisen«, in denen Gott geredet und gehandelt hat. Dieses Reden und Handeln Gottes führte hin auf Jesus Christus (Hebr 1,1). Er wurde zum umfassenden Retter. Die Selbstvorstellung Gottes könnte daher für uns heute heißen: »Ich bin der Herr, dein Gott, der ich dich durch meinen Sohn Jesus Christus befreit und erlöst habe von der Sünde und den Mächten des Todes, du sollst...« (vgl. 2Mo 20; 1Kor 10). Gott will seine Erlösten auch weiterhin führen und versorgen (vgl. 2Mo 16–18); aber er erwartet auch Treue und Gehorsam. Über allem gilt sein Heilswille (vgl. Jes 43,1).

2. Die Ereignisse des Auszugs aus Ägypten, die Befreiung aus der Knechtschaft, hat der Philosoph Ernst Bloch in seinem Buch »Prinzip Hoffnung« aufgegriffen. Er zeigt, wie in der Bibel immer wieder die Hoffnung auf Befreiung und Erneuerung der Lebensumstände ausgesprochen wird. Das zentrale Wort für ihn ist »Exodus« in der Bedeutung von Auszug, Befreiung, Revolution. Am Anfang stand das Leid der Israeliten und die Empörung des Mose. Der Sinaigott wurde zum »Geist des Exodus«, der Auszug zum »Exodusprinzip«. Solche Exodusereignisse sollen und müssen nach Bloch auch weiterhin immer wieder stattfinden, bis zur Schaffung einer sog. klassenlosen und wahrhaft menschlichen Gesellschaft. Bei Bloch wird jedoch das »Prinzip Hoffnung« zu einer atheistischen Philosophie, denn der eigentlich Handelnde ist der Mensch. *Er* macht die Geschichte, er befreit sich selbst, er schafft den stets neuen Exodus. Bei Bloch wird Gott – und letzten Endes auch der Mensch – dem Prinzip unterworfen. Das »Exodusprinzip« wird so zum Maßstab für die Gottesvorstellung. Bloch trennt die Hoffnung vom lebendigen Gott der Hoffnung. Bei ihm wird das Exodusprinzip zum → Götzen.

Wenn man diesen Gedanken Blochs auch nicht folgen kann, so weist sein Denken doch auf die große Bedeutung der Hoffnung in der Bibel hin. Gerade heute lesen Christen in entrechteten und unterdrückten Völkern aus ihrer Perspektive die Auszugserzählung mit neuen Augen. Sie wird ihnen zu einer großen Ermutigung in ihrer konkreten Leidenssituation, da sie ihnen doch Gott als den zeigt, der befreien und herausführen will aus der Unterdrückung. Doch warnt gerade auch die Auszugs- und Wüstenwanderungsgeschichte Israels (vgl. 2Mo 2,11–15), die Herausführung aus der Not nach eigenen Vorstellungen in die Hand zu nehmen. Erst recht warnt das NT, dies bei der Nachfolge Jesu zu tun (vgl. Lk 9,51–57; 1Petr 2,21–25; auch Gal 5,6: »In Christus Jesus gilt weder Beschneidung noch Unbeschnittenheit etwas, sondern der Glaube, der durch die Liebe tätig ist«).

3. Das Heil kann nicht von der Heilsgeschichte getrennt werden. Darum sollen wir die »großen Taten Gottes« in der Geschichte Israels und ihre Bedeutung kennen. So hat es seinen Sinn, wenn die christliche Gemeinde im Lied singt: »Fragt nach dem Herrn und seiner Stärke. Der Herr ist groß in seinem Werke. Sucht doch sein freundlich Angesicht: den, der ihn sucht, verläßt er nicht. Denkt an die Wunder, die er tat, und was sein Mund versprochen hat« (Matthias Jorissen).

Die Botschaft vom Auszug der Israeliten (aus Ägypten und Babylon) und von der Erlösung durch Jesus Christus (1Kor 10) macht Mut und gibt uns Hoffnung (vgl. Hebr 3,7ff), auch in bedrückenden Situationen – seien sie in Familie, Schule, Beruf, Staat oder Kirche – zu glauben, zu hoffen und in der Liebe tätig zu werden.

S. Kreuzer

B

Babylon

I. Wortbedeutung

1. Der im AT verwendete Name »Babel« wird in 1Mo 11,9 vom hebr. Wort *balal* (= verwirren) her erklärt. Im NT steht der griech. Name »Babylon«. Er geht zurück auf den Namen, wie er in babylonischer Sprache heißt: *bab-ilani.* Die Babylonier selbst erklärten diesen Namen als »Tor der Götter«. Im Deutschen kennen wir die Rede vom »Babylonischen Turm« und der »Babylonischen Sprachverwirrung« (1Mo 11) sowie vom »Sündenbabel«.

2. *Lage und Geschichte:* Babylon liegt am Unterlauf des Euphrat im Zweistromland (= Mesopotamien). Die Entstehung der Stadt begann im 3. Jahrtausend v.Chr. Ab ca. 2000 v.Chr. gewann Babylon an Macht, und es entstand das *(alt)babylonische Reich.* Der König Hammurabi dehnte seine Herrschaft bis in die Nähe von Palästina aus (ca. 1700 v.Chr.). Ungefähr in dieser Zeit verließ Abraham seine Heimat.

Nach einem Jahrtausend des Niedergangs wurde Babylon ab 650 v.Chr. wieder zunehmend mächtig. Es entstand das *neubabylonische Reich.* Im Frühjahr 597 und zum 2. Mal im Sommer 586 eroberten die Babylonier Jerusalem (Beginn des *»Babylonischen Exils«* für die Juden).

539 v.Chr. eroberte der persische König Kyros (vgl. Jes 45,1–7) die Stadt Babylon. Die Israeliten erhielten die Erlaubnis zur Rückkehr (Esra 1).

II. Der Begriff in der Bibel

A. IM ALTEN TESTAMENT

1. *In der Urgeschichte* finden wir zwei Berichte, die die große Bedeutung von Babylon zeigen: Nimrod, der gewaltige Jäger, ist der erste, der Macht gewinnt und Städte baut, darunter auch Babylon (1Mo 10,8–12). Demgegenüber zeigt die Geschichte vom *Turmbau* (1Mo 11,1–9), wie die große kulturelle Leistung letztlich in Gottlosigkeit wurzelte und zur Entfremdung der Menschen untereinander führte (Sprachverwirrung).

2. Nachdem die → Propheten wiederholt die → Strafe Gottes für den Ungehorsam seines Volkes angekündigt hatten, *eroberte im Jahre 597 der babylonische König Nebukadnezar Jerusalem.* Er brachte den König Jojachin und die »oberen Zehntausend« (darunter den Propheten Hesekiel) nach Babel (2Kö 24,14) und machte in Jerusalem Zedekia zum König. Nach einigen Jahren fiel Zedekia von Babel ab, obwohl der Prophet Jeremia ihn gewarnt hatte (Jer 27). Im Jahre 586 kamen die Babylonier zurück und eroberten und zerstörten die Stadt, den Palast und den → Tempel. Viele Bewohner Jerusalems wurden nach Babel gebracht (2Kö 25; vgl. Ps 137: »An den Wassern von Babel saßen wir und weinten«).

3. *Die Bedeutung des babylonischen Exils*

a) Es war die von Gott angekündigte Strafe für den Abfall von ihm (→ Götze/Götzendienst/Abbild); die Strafe für Unrecht und Unterdrückung, Unzucht und Untreue (vgl. auch Jer 2–11; Hes 5). Der babylonische König ist Strafwerkzeug Gottes.

b) Landbesitz, Königtum und Tempel sind verloren. Das *gepredigte und geschriebene Wort* wird wichtiger als Tempelkult und Opfer. Es entsteht die *Synagoge.* Die Israeliten erkennen, daß auch in der Fremde Gott da ist und sie dort nach seinem Willen leben können (Hes 1; Jer 29). Sie sollen nicht nur Fremde sein, sondern sogar »zum Besten der Stadt« mitwirken (Jer 29,7).

c) Auch im → Gericht und über alle menschliche Unbußfertigkeit hinaus (Hes 33,31f; → Buße) erweist Gott seine → Treue. Er läßt das Volk neu erstehen. In dieser Zeit ergehen → Verheißungen, die über das AT hinausweisen ins NT: Jes 40–55; Jer 31; Sach 9,9.

d) Die faszinierende babylonische Religion und Kultur wurde zu einer großen *Herausforderung für den Glauben der Israeliten.* Die Babylonier hatten Israel besiegt. War der Gott von Babel mächtiger als der Gott Israels? In Jes 40–55 spricht Gott sein Volk immer wieder darauf an und verkündigt: »Ich, ich bin der Herr! Außer mir ist keiner, der rettet« (Jes 43,11; 44,26).

e) Die Weltstadt Babylon wurde zum Inbegriff und Symbol von *Gottlosigkeit, Hochmut und Menschenverachtung.* Jes 13 und 14 kündigen den Untergang von Babel und damit das Ende aller Tyrannei und → Sünde an (s.u. zu B.2).

B. IM NEUEN TESTAMENT

Hier finden wir Babylon an 2 Stellen:

1. In 1Petr 5,13 werden Grüße gesandt von den »Miterwählten (= der Gemeinde) in Ba-

bylon«. Damit ist vermutlich Rom gemeint. »Babylon« ist hier Deckname und zugleich Hinweis auf die Lage der Gläubigen. So wie die Juden in Babel, so sind die Christen in der Welt (im Röm. Reich) Fremdlinge angesichts einer scheinbaren politischen und religiösen Übermacht (vgl. 1,1; 2,11f; 4,12ff).

2. Ebenfalls die Bedeutung »Rom« hat Babylon in der *Offenbarung des Johannes* (14,8; 16,19; 17,1 bis 19,10): Rom auf 7 Hügeln (17,9), als wirtschaftliches und politisches Zentrum (17,4–8), als Zentrum heidnischer Religion und Ausschweifung (17,1–5; die Götter und Göttinnen wurden oft auf Tieren reitend dargestellt, die röm. Dirnen trugen Stirnbänder mit ihren Namen). In Rom starben die meisten Märtyrer (17,6). Allerdings weist die Offenbarung auch über das damalige Geschehen hinaus und zeigt uns den tieferen Hintergrund, nämlich den Konflikt zwischen Christus und der ihm treuen Gemeinde einerseits und den alles aufbietenden widergöttlichen Mächten anderseits. Dieser Konflikt bricht immer wieder auf und kann bis an die tiefsten Wurzeln der Existenz der Kirche gehen. »Babylon« kann alle Macht aufbieten. Doch alle widergöttliche Macht kann den Sieg Christi nicht verhindern: Babylon geht unter, das Neue → Jerusalem kommt von Gott her (Offb 21f).

III. Der Begriff heute

1. Die Entwicklung der Völker und Kulturen ist immer verbunden mit der *Entstehung von Städten.* In diesem Sinn ist uns in 1Mo 10 von der Gründung einiger Städte berichtet, darunter Babel. Jede Stadt hat ihren eigenen Charakter. Auch wir reden von Athen oder Rom, von Paris, Berlin und New York, von Frankfurt oder Wien, auch von Moskau, Washington und Peking – und wir meinen damit oft eine bestimmte Kultur, Lebensart oder auch Herrschaftssysteme.

Die Menschen in den verschiedenen Städten haben ihre Prägung und Eigenart. Davon ist auch die Reaktion der Menschen auf das Evangelium mit beeinflußt. (Paulus begann seine Mission immer in den Städten!)

Wie sind unsere Städte? Wie ist die Stadt, in der ich lebe oder die ich kenne? Welcher Einfluß geht von ihr aus? In welcher Form ist hier die Botschaft von Jesus Christus lebendig? In welcher besonderen Weise soll sie den Menschen dieser Stadt gesagt werden und ihr Leben verändern?

2. Die Aufnahme der Rede von Babylon in der Offenbarung des Johannes kann für die Deutung unserer von Zerstörung und Untergang bedrohten Welt und der an vielen Orten verfolgten Christen hilfreich und tröstlich sein. So wie Gott die Israeliten durch die Wegführung hindurch rettet, so wie den Christen in Rom der Sieg Gottes verheißen wird, so dürfen wir wissen: Die Not angesichts der gottfeindlichen Mächte kann sehr groß sein, aber es gilt, daß Christus Sieger ist und allen anderen Mächten ihr Ende angesagt ist.

Von hier aus verbietet sich für Christen eine »apokalyptische Schwarzseherei«, die sich von der Welt zurückzieht nach dem Motto: »Wir leben ja doch in einem Sündenbabel, wozu sollen wir uns noch für eine Besserung der Zustände einsetzen?« Jeremia forderte in seinem Brief (Jer 29,1ff) die Verbannten auf, »zum Besten der Stadt« mitzuwirken. So sind auch die Christen neben der Aufgabe, das Evangelium weiterzugeben, aufgefordert, »zum Besten der Stadt« zu wirken. Der einzelne Christ, die Gemeinde und die Kirche sollen also dazu beitragen, daß der Lebensraum und die Umgebung lebens- und menschenwürdig ist. Das reicht von der Nachbarschaftshilfe bis zur Mitverantwortung im öffentlichen Leben.

3. Die Christen sind in der Welt, wenn auch nicht »von der Welt« (Joh 17,14–18). Sie erleben die *Reaktion der Welt auf die Verkündigung der Botschaft von Jesus Christus,* ja auch schon auf ein Leben in stiller Nachfolge.

Diese Reaktion kann eine dankbare und freudige Aufnahme des Evangeliums sein. Das sehen wir an Beispielen im NT, aber auch in der Geschichte der Kirche (z.B. bei den Iroschotten, bei manchen Germanenstämmen und in der neueren Missionsgeschichte).

Diese Reaktion kann aber auch Ablehnung und Verfolgung sein. Jesus kündigte es bereits seinen Jüngern an. Oft wird schon über ein gottgefälliges Leben gespottet (1Petr 4,4), und immer wieder werden Christen benachteiligt, verfolgt und getötet. Dies geschieht auch heute in vielen Ländern der Welt (→ Bedrängnis/Verfolgung).

Was will Gott damit? Vielfach sehen wir, wie Gott durch Leiden die Kirche richtet und reinigt, besonders dort, wo sie sich auf Macht und Einfluß statt auf das Wort und den Geist Gottes verlassen hat. – Aber so wie Gott das babylonische Exil nicht nur zur Strafe verwendete, so kann er auch unter Verfolgungen neues geistliches Leben entstehen lassen. Wir erleben erstaunliche Beispiele dafür z.B. im Ostblock, aber auch in afrikanischen Ländern.

Die Not angesichts der gottfeindlichen Mächte kann sehr groß werden (siehe die Schilderungen in Offb!), aber selbst im Tod gilt, daß Christus der Sieger ist und die gott-

feindliche Macht, das »große Babylon«, ihr Ende findet.
→ Heiden/Völker; → Jerusalem/Zion; → Macht/Allmacht; → Prüfen/Sich Bewähren

S. Kreuzer

Barmherzigkeit/Erbarmen

I. Wortbedeutung

Das AT hat für Barmherzigkeit/Erbarmen ein Wort *(rachamim),* das ursprünglich den Unterleib, die Innereien bezeichnet – als Sitz des Mitgefühls. Im NT überwiegen *éleos* (Mitleid) und *splágchna,* das die gleiche plastische Bedeutung wie der atl. Ausdruck hat und z.B. Apg 1,18 in der unübertragenen Bedeutung »Eingeweide« vorkommt. Daneben begegnet noch *oiktirmós,* das auf das Bejammern des Unglücks oder Todes eines Menschen deutet. Im Deutschen sind die Worte »Barmherzigkeit/Erbarmen« christliche Prägungen, gebildet aus → »arm« und → »Herz« und einer Vorsilbe, die die *Tätigkeit* des Herzens ausdrückt: »Erbarmen« ist dem Wortsinn nach die Hinwendung zum → Armen; »Barmherzigkeit« ist »Arm-Herzigkeit«, d.h. ein Herz für Arme, wobei das Anfangs-B noch darauf deutet, daß das Wort eine Tätigkeit, nicht nur ein Gefühl meint. »Herz«, als Ausdruck der Leiblichkeit wie des Gefühls, entspricht der Grundbedeutung der biblischen Vokabeln (s.o.) gut. Es bringt das eigene schmerzliche Bewegtsein, das eigene »arme Herz« zur Sprache, von M. Luther packend ausgedrückt durch »mich *jammert*« (z.B. Mt 15,32).

II. Die Begriffe in der Bibel

1. Jesu Jammer

Für Jesus ist weniges so kennzeichnend wie sein Erbarmen. »Da er das Volk sah, jammerte ihn desselben« (Mt 9,36). Aus solchem Jammer vollzieht er die wunderbare Speisung (Mt 15,32) und heilt Kranke (Mt 14,14). Wie im Großen, so im Konkreten: Ein Aussätziger kommt zu ihm – ihn packt das Erbarmen (Mk 1,41). Zwei Blinde schreien zu ihm, die anderen gebieten ihnen zu schweigen, Jesus aber ergreift der Jammer (Mt 20,34). Am Stadttor zu Nain begegnet ihm ein Leichenzug. Eine Witwe trägt ihren einzigen Sohn zu Grabe. Als Jesus sie sieht, dreht sich alles in ihm um (Lk 7,13) – nicht weil ihm Sterben und Tod so schrecklich wären, sondern weil ihm das Leid der Witwe unerträglich ist. Jesus läßt sein Gefühl nicht ausbrechen, vielmehr spricht er zu der Mutter: Weine nicht! – um seine ganze Herzenskraft und Heilandsmacht aufzubieten und ihr den Sohn zurückzugeben. Im Lichte solchen Erbarmens ist sein ganzer Kampf mit dem Tod, mit dem Feind, ist sein eigener Todesweg zu sehen.

2. Gott ist barmherzig

Jesu Barmherzigkeit ist Ausdruck des Herzens *Gottes.* Jesu Erbarmen *zeigt* die durch die ganze Schrift bezeugte Barmherzigkeit Gottes. Von ihr zuerst ist die Rede in der großen Selbstvorstellung Gottes vor Mose in 2Mo 34,6. Und wie der Gott Israels sich vorstellt, so wird er auch in seinem Volk empfunden und bekannt, z.B. Ps 103,8.13. Wie bei Jesus ist das Erbarmen Gottes nach dem AT ganz konkret, z.B. Ri 2,18; 10,16. Im NT sagt Jesus vom Vater des verlorenen Sohnes eben dies, daß ihn jammerte (Lk 15,20). Entsprechend reden die ntl. Briefe von Gott (Röm 12,1; 2Kor 1,3; Eph 2,4; Jak 5,11). Jesus mit seinem Erbarmen ist gleichsam das Entgegenlaufen des Vaters (Lk 15). Es ist wichtig zu sehen, wie ausdrücklich sich Gottes Erbarmen immer wieder auf den Menschen als *sündigen* Menschen bezieht (z.B. Ps 103) – aber Gott wendet dem Sünder nicht nur → Gnade zu, sondern Barmherzigkeit und so ein ganz für ihn schlagendes Herz (vgl. Hos 11). Das bedeutet nicht Verzicht auf Zucht und Strafe, zeigt aber das unermeßliche Übergewicht der Güte (vgl. 2Mo 20,5f; 34,6f), so daß *all* sein Tun und Walten ins Licht seiner Barmherzigkeit tritt (vgl. Jer 29,11 und das Kreuz im Lichte von Joh 1,29). Gottes Erbarmen ist *freies* Erbarmen, betont Paulus Röm 9,15: als Gnade, nicht geschuldet; als Regung des Herzens, nicht mechanisch. Daß indes der von Gott geoffenbarte Name, Jahwe, selbst mit Gottes Barmherzigkeit in Zusammenhang gebracht wird (2Mo 33,19), dokumentiert wie der Jammer Jesu Christi, daß Gott so *ist.*

3. Seid auch ihr barmherzig!

Der barmherzige Gott will barmherzige Menschen (Lk 6,36). Nichts entspricht der Gottebenbildlichkeit, in der der Mensch erschaffen ist (1Mo 1,27), mehr. So ist Barmherzigkeit wichtiger als Opferdienst (Hos 6,6; Mt 9,13). Und es *gibt* Erbarmen unter den Menschen. Es jammert die Tochter Pharaos, wo sie »eins von den Kindlein der Hebräer« ausgesetzt findet (2Mo 2,6). Und den Samariter, der den unter die Räuber Gefallenen trifft, packt das Mitleid (Lk 10,37) so, daß er nicht anders kann als helfen. Barmherzigkeit ist eine um so zwingendere Prägung des Menschen, als wir selbst als sündige Menschen von Gottes Erbarmen leben (Mt 18,33). Der wirklich mit Christus und aus Christus lebende Mensch kann nicht anders als barmherzig sein. »Christus anziehen« (Gal 3,27) bedeutet unabdingbar »herzliches Erbarmen anziehen« (Kol

3,12). Was wiederum mit Christus verbindet (Mt 25,35ff).

Übrigens steht im NT auch für »Almosen« ein mit *éleos,* »Barmherzigkeit«, zusammenhängendes Wort (eleēmosýne, z.B. Mt 6,2). D.h., daß von Gottes Kindern auch da, wo Hilfen zu gewohnheitsmäßigen Abläufen werden wollen, als Motiv das lebendig beteiligte Herz erwartet wird – woran ein Mensch deshalb nicht zerbrechen muß, weil er aus der großen, weiten und tiefen Barmherzigkeit, dem je neuen reichen Erbarmen *Gottes* lebt.

III. Die Begriffe heute

A. FRAGEN AN GOTTES BARMHERZIGKEIT

1. ÄHNLICHKEIT UND UNTERSCHIED ZUM ISLAM

Die Suren des Koran beginnen mit »Im Namen Allahs (d.h. Gottes), des Erbarmers, des Barmherzigen«! Dazu sagt indes der Islamkenner E. Kellerhals: »Das Erbarmen Gottes, wie es der Islam versteht, wird am besten gekennzeichnet durch den Ausspruch Mohammeds, der . . . in der Tradition überliefert ist: ›Bei der Schöpfung nahm Gott einen Erdenkloß, teilte ihn in zwei Teile, warf den einen in die Hölle und sprach: Diesen in das ewige Feuer, was kümmert's mich? Er warf den andern in den Himmel und sprach: Diesen ins Paradies, was kümmert's mich?‹« (E.K., ». . . und Mohammed ist sein Prophet«, 1961, S. 47). »Barmherzigkeit Gottes« als solche »unbekümmerte«, »grundlose Neigung Gottes zum einen und grundlose Abneigung Gottes gegen den anderen« ist gerade nicht im biblischen Sinn und auch nicht im Wortsinn »Barmherzigkeit«, sondern die Art von Gnädigkeit, die wir von irdischen Machthabern kennen. Hier rächt sich, daß Gott nicht durch Christus und in Christus erkannt wird, nicht unten, nicht am Kreuz.

2. THEOLOGIE DES SCHMERZES GOTTES

Durch die ganze Geschichte der Christenheit geht in dem Ruf des »Kyrie eleison!« der Appell gerade an das »Erbarmen des Herrn«. *Heute* wird in biblischer Überlieferung Gottes Barmherzigkeit vielleicht stärker betont denn je. Bücher wie die »Theologie des Schmerzes Gottes« des japanischen Christen K. Kitamori (deutsch 1972) sind vielen für ihr Gottesverständnis hilfreich geworden, und sie schöpfen tief aus der Heiligen Schrift. Auch das Judentum lernte durch die Hölle von Auschwitz Gott viel mehr als früher als den Mit-Leidenden verstehen.

Je mehr indes Gottes »armes Herz« erkannt wird, desto verbreiteter und durchdringender werden Anfragen an Gottes Macht: Ist Gott mitleidig, aber ohnmächtig?

3. DIE KRAFT DES BARMHERZIGEN GOTTES

Gott kann schon als »Gott«, schon als Schöpfer nicht einfach schwach sein. Die Besonderheit seiner Stärke liegt aber gerade in seiner Barmherzigkeit. Und sie scheint mir am Gleichnis vom verlorenen Sohn besonders anschaulich zu werden: Der Vater läßt den verbohrten Burschen zunächst durchaus ziehen. Er duldet – *er* erduldet und erleidet! – dessen selbstgewählten Weg ins Elend. Aber es sind vom Vaterherzen her Kräfte am Werk, freizugeben *und* zu tragen *und* umkehren zu lassen, den Elenden zu er-warten und so aufzufangen, daß er am Ende geborgen und frei zugleich, daß er am Ende gesund ist. Dieses Gleichnis ist auch ein Bild vom Wirken der Barmherzigkeit Gottes im Maßstab der Welt und der Zeiten – und in diesem Geschehen ist Jesus Christus das Entgegenlaufen des Vaters. Eben Gottes Barmherzigkeit läßt ein Entweder–Oder von Güte oder Stärke Gottes gegenstandslos werden.

B. UNSER DEFIZIT AN ERBARMEN

1. DAS VERHÄLTNIS VON PASSIVITÄT UND AKTIVITÄT

Ich hörte von zwei Schwestern, von denen eine bei traurigen Berichten und Bildern jedesmal in Tränen ausbrach, wobei die andere nur mit den Achseln zuckte. Die erstere konnte sich aber mühelos versagen, wenn einer, auch ein Elender, sie um Hilfe bat. Während die zweite sich erstaunlich selbstlos engagierte, wo sie jemanden in Not sah. Wer von den beiden ist barmherzig gewesen? Auf dem Weg nach Jericho (Lk 10) mögen der Priester und der Levit den Zerschlagenen beweint haben. Der Barmherzige hat zu *tun* gehabt. Es ist gerade an unserem deutschen Begriff deutlich geworden (oben I), wie *beides zusammen* das Erbarmen und die Barmherzigkeit ausmacht: das innere Mit-Leiden – das sich als solches zeigen kann, aber nicht muß! – und die hilfreiche Aktion, die notwendigerweise in Erscheinung tritt. Beides tritt auch treffend zutage bei unserem Begriff »sich kümmern«: Er hat mit »Kummer«, mit eigenem Schmerz, zu tun, *und* er bezeichnet eine Aktion (vgl. o. A,1)!

2. WIE WIRD EINER BARMHERZIG?

Zu Recht wird heute zunehmende Gefühlsarmut beklagt. Sie verhindert selbst im Falle von Aktivismus barmherzige Menschen. Sie kann allerdings im Gegenzug eine Gefühligkeit im Gefolge haben, die auch zu keinem Erbarmen durchdringt.

Verheißungsvoll ist, wenn Menschen von klein auf die barmherzige Anschauung aller Dinge lernen – selber erfahren dürfen und lernen. (Ich bin der Mutter dankbar, die mit mir darum litt, als ich als kleiner Junge einen Blumenstrauß gepflückt und dann achtlos weggeworfen hatte.) Und wichtig ist, daß Menschen Mut gewinnen, bruchstückhaft zu helfen, Mut zum sog. Tropfen auf den heißen Stein – weil dieser als das Senfkorn des biblischen Zeugnisses anzusehen ist (Mk 4,30ff). Am gewichtigsten ist das Zeugnis vom Erbarmen Gottes, das vor all unserem Mühen und nach all unserem Scheitern steht und webt und rettet. Von diesem Erbarmen Gottes darf jeder für sich, darf und soll aber auch jeder für seinen Nächsten (den Ehemann bzw. die Ehefrau, schwierige Kinder, unsympathische Mitmenschen ...) wissen: Gottes Erbarmen über mich *und* über meinen Nächsten will mich anrühren.

J. Fangmeier

Bedrängnis/Verfolgung

I. Wortbedeutung

In der Bedrängnis wie in der Verfolgung geht es um feindliche Angriffe gegen die Gemeinde Jesu, die sie in ihrer Existenz vernichten wollen. Dennoch unterscheidet man die beiden Worte. Man spricht von Verfolgung, wenn deutlich Menschen und ihre Pläne erkennbar werden, die dieses Ziel der Auslöschung der Gemeinde und das Verhindern der Predigt des Evangeliums ansteuern. Mit Bedrängnis umschreibt man allgemeiner jenen spannungsvollen Druck, dem Christen in einer feindlichen Umwelt ausgesetzt sind. Die Verhältnisse lassen dabei den Christen keinen Raum mehr zum Leben und vernichten ihren Glauben. So steht hinter der Bedrängnis viel allgemeiner und undurchsichtiger als in der Verfolgung die Macht des Bösen.

Bei Luther wird das griech. Wort für »Bedrängnis« zuweilen mit »Angst« übersetzt. In »Angst« steckt das Wort »Enge«. Angst ist das Gefühl, das ausgelöst wird, wenn jemand in die Enge getrieben wird, und das heißt auch: in Bedrängnis gerät. »Angst« ist also die innere Reaktion auf Bedrängnis und Verfolgung.

II. Die Begriffe in der Bibel

Schon im AT mußte → Israel um der → Erwählung Gottes willen durch besondere Bedrängnis hindurch. Die ganze Geschichte des Volkes Gottes ist durchzogen von Bedrängnis und → Erlösung, angefangen vom Wunder der Befreiung aus Ägypten bis hin zur babylonischen Gefangenschaft (→ Auszug; → Babylon). Immer hat Israel Gottes Gegenwart in der Bedrängnis neu erfahren, ganz gleich ob sie durch Nachbarvölker oder Naturkatastrophen hervorgerufen wurde.

Im NT werden die Bedrängnisse zum besonderen Kennzeichen der letzten Zeit, durch die man gehen muß. Mißverständlich sind sie im Luther-Text leider meist mit »Trübsal« übersetzt worden, was zu sehr an Trübsinn und Kummer erinnert. Gemeint sind aber immer vernichtende Angriffe. So kommen die Erlösten in der Ewigkeit aus der letzten großen Bedrängnis (Offb 7,14; → Antichrist). Was in der → Nachfolge Jesu durchlitten werden muß, hängt ganz eng mit seinem Passionsweg zusammen (Kol 1,24). Der harte feindliche Druck muß ertragen werden (Apg 14,22). Die Geburt der neuen Welt vollzieht sich unter schmerzhaften Wehen (Joh 16,20). In aller Angst (→ Furcht/Angst) macht der Blick auf Jesus mutig, der diese Welt schon überwunden hat (Joh 16,33). Darum wirkt Drangsal Geduld (Röm 5,3). Und keine noch so schwere Bedrängnis kann von der Liebe Gottes scheiden (Röm 8,39). Darum braucht sie auch nicht so wichtig genommen zu werden (Apg 20,23f).

Aber auch zielgerichteter Verfolgung sind Nachfolger Jesu zwangsläufig ausgesetzt (Joh 15,18–21). Der Verfolger Saulus wird zu einem Verfolgten wegen der Predigt vom Kreuz (Gal 5,11). Und es wird festgestellt, daß alle, die Jesus Christus gehorsam werden, immer Verfolgung leiden müssen (2Tim 3,12). In der Verfolgung der Jesusjünger soll Jesus selbst getroffen werden (Mt 10,22). Die Verfolger wollen das Reden im Namen Jesu verhindern (Apg 5,40). Jesus, der auferstandene Herr, wird bekämpft (Apg 9,4).

Die Versuchung wird sehr groß, vom Glauben abzufallen (Mk 4,17) oder den → Anstoß zu beseitigen (Gal 6,12). Die aber dennoch beharren, werden selig gepriesen (Mt 5,11; Lk 22,28f). Sie haben Kraft, für ihre Verfolger zu beten (Mt 5,44) und sie zu segnen (Röm 12,14). Die verfolgte Gemeinde hat Teil an Jesu → Herrlichkeit (1Petr 4,14). Es ist seine Schmach, die erlitten wird (Hebr 13,13). So werden Christen in das Sterben Jesu hineingezogen und erfahren seine Auferstehungskraft (2Kor 4,7–18).

Von großen Verfolgungen lesen wir nach dem Tod des Stephanus (Apg 8,1), auch in Pisidien (Apg 13,50). Doch selbst in diesem dunklen Geschehen hat Gott seine Gemeinde gebaut (Apg 11,19ff).

III. Die Begriffe heute

Vielfach haben die Christen den Bezug zum Leiden verloren. Es ist ihnen fremd. So wird Bedrängnis und Verfolgung als Verhängnis empfunden und nicht mehr in seiner Verheißung erkannt (→ Leiden/Dulden).

1. Der unvermeidbare Konflikt

Wenn die Verkündigung des Evangeliums schon Jesus den Tod brachte, so können wir die Feindschaft der Welt nur entschärfen, indem wir die Mitte des Evangeliums beseitigen. Der Gegensatz zwischen Gott und der Welt ist grundsätzlich und umfassend. Es kann keinerlei Aussöhnung geben ohne Verrat am Evangelium (Jak 4,4). So ist zu fragen, ob wir nicht oft → Nachfolge Jesu billiger anbieten wollen, ohne den Preis des gesamten Lebens zu fordern? Es ist teuflische Versuchung, sein Leben zu schonen (Mt 16,21–23). Nur wer sein Leben um Jesu willen verliert, wird es finden (Mt 16,24–26). Darum wird nicht allein in Ländern mit feindlicher atheistischer Ideologie die Predigt Widerstand hervorrufen. Wenigstens Bedrängnis – wenn auch nicht immer Verfolgung – wird *überall* auftreten, wo Jesu Herrschaft ohne Kompromiß und Anpassung an Zeit- und Modeströmungen verkündigt wird.

2. Herausforderung zum Bekennen

Darum kann es nicht in unserer Absicht liegen, nur um das Ende aller Bedrängnis zu beten. Auch wer tyrannische Verfolger vor aller Welt anprangert, hat die der Bibel so wichtige geistliche Bedeutung des Leidens noch nicht ausgeschöpft. Wenn schon der Konflikt unvermeidlich ist, sollen wir vielmehr unsere ganze Kraft einsetzen, daß die Bedrängten gerade unter Druck »mit Freimut reden Jesu Wort« (Apg 4,29). Der Druck, dem Christen in einem kämpferischen marxistischen Atheismus, im unduldsamen Islam, im Druck wiedererwachten Heidentums ausgesetzt sind, kann wohl zur Preisgabe des Glaubens, aber auch zu furchtlosem neuen → Bekennen zwingen. So muß auch die Feindschaft gegen das Evangelium geistlich beurteilt werden. Statt anklagen bekennen, statt wehklagen ermutigen.

3. Glauben und → Leiden

Viele Gemeinden wurden in Verfolgungszeiten ausgelöscht. Aber oft hat in der Christenheit gerade der Druck von außen zu einer Neubesinnung auf die Kraft des Evangeliums geführt. Die Zeit des Kirchenkampfs im Dritten Reich hat in der Barmer Erklärung 1934 die Einzigartigkeit und Ausschließlichkeit Jesu Christi eindeutig herausgestellt. In der stalinistischen Verfolgung Rußlands wurden die Christen auch der orthodoxen Kirchen von aller äußeren Kirchenform weg auf die Kraft des Wortes Gottes hingetrieben. Es läßt sich in allen Verfolgungsgebieten nachweisen, wie Schläfrigkeit und Lauheit für eine Christengemeinde viel gefährlicher sind als harter Widerstand. Die unterdrückte Gemeinde erfährt die Zusagen Jesu und ist zu einer klaren Entscheidung zwischen Glauben und Unglauben genötigt. Sie lernt dadurch, auf den Gott zu vertrauen, der Tote auferweckt (2Kor 1,3–11). Und gerade im Leiden bringt sie viel → Frucht (Joh 12,24).

4. Spannungsfelder

Die Geschichte des 20. Jahrhunderts ist voll von blutigen Christenverfolgungen, geplant und durchgeführt von nationalistischen, atheistischen oder religiösen Herrschern. Darüber darf aber die Bedrängnis nicht übersehen werden, der Christen in aller Welt, gerade auch in großer Freiheit, ausgesetzt sind. Die moderne Welt mit ihren lockenden Angeboten und ihren vielfältigen Reizen führt im Gehorsam Jesu zu unversöhnlichen Spannungen. Eine auf den individuellen Genuß allein zielende Lebenshaltung kann zwar die christliche Botschaft aushöhlen und zur Modereligion machen, aber das Wort Gottes wird dann immer wieder die Herrschaft Jesu Christi so wegweisend bezeugen, daß eine klare Entscheidung unvermeidlich wird. Aber auch in der Zeit des Wohllebens und der Vergötterung von Leistung und Gesundheit wird eine Gemeinde die Bedrängnis durch schwere Krankheitszeiten und andere persönliche Leiden als eine Anfrage verstehen, in der Gott seine Kraft in Schwachen mächtig wirken lassen will (2Kor 12,9).

W. Scheffbuch

Begehren

I. Wortbedeutung

Das *Hebräische* kennt viele Möglichkeiten, starke Regungen des Willens und des Verlangens auszudrücken. Die beiden im AT in diesem Zusammenhang am häufigsten gebrauchten Zeitwörter bedeuten meistens das in seiner Zielrichtung sehr unterschiedliche *Wünschen, Sehnen* und *Wollen* des Menschen; überwiegend wird es als normal und gesund angesehen. Geht das Begehren jedoch über das normale Maß hinaus und richtet es sich auf Verkehrtes und Zerstörendes, dann wird es als verwerflich angesehen und durch Verbote eingedämmt.

Weniger unbekümmert geht das *Griechische* mit den Wörtern um, die Begehren zum Inhalt haben. Obwohl auch diese Begriffe in manchen Fällen neutral gebraucht werden und dann das starke *Verlangen* oder die große *Sehnsucht* anzeigen, tragen sie doch meistens das negative Moment der Begierde – die *böse Neigung*, den *Geist der Verderbnis*, der dem menschlichen Herzen innewohnt.

II. Der Begriff in der Bibel

1. Die Menschlichkeit des Alten Testaments

Das AT steht dem Verlangen des Menschen nach Schönem, nach Lust und Gemeinschaft positiv gegenüber. Der Mensch darf sich seines Leibes freuen und seine elementaren Lebensbedürfnisse befriedigen: mit Nahrung (Mi 7,1; 5Mo 12,20; 2Sam 23,15), im Genießen und Fröhlichsein (5Mo 14,26). Auch das sexuelle Begehren wird bejaht. Der Bräutigam begehrt die Braut, hat Lust an ihrer Schönheit (Ps 45,12), und umgekehrt sehnt sich die Freundin nach ihrem Freund (Hl 2,3). Eine Sklavin hat nicht nur Anspruch auf Nahrung und Kleidung, sondern auch auf geschlechtliche Gemeinschaft (2Mo 21,7–11); → Leib/Körper.

Aber in den biologischen Grundbedürfnissen erschöpft sich nicht das Verlangen des Menschen. Der Vater hängt mit seinem ganzen Herzen an seinem Sohn (1Mo 44,30). In Ps 42,2f wird das sehnsüchtige Verlangen des Klagenden nach dem lebendigen Gott geschildert. 5Mo 5,5f mahnt, nach Gott mit ganzer Kraft Verlangen zu tragen. Das Begehren setzt etwas voraus, wovon ein Reiz ausgeht. Das Begehrte wird oft sehr positiv gesehen und kann z.B. der Lustbaum (1Mo 3,6), die Lieblingsspeise (Hi 33,20), die Wonne (Hl 5,15), die Schönheit des Landes (Ps 106,24) sein.

2. Falsches Begehren führt den Menschen in Heillosigkeit

Es wäre aber naiv zu meinen, das AT sähe nicht auch die Gefahren eines eigensüchtigen Begehrens des Menschen. Das Begehren, zu sein wie Gott (1Mo 3,4–6) ist ja die Ursünde des Menschen. Der Mensch ist ferner wesentlich Mitmensch und in Ordnungen hineingestellt, die seine und seines Nächsten Lebenssphäre wahren sollen. Wenn er sie durch sein egoistisches Begehren stört, verfällt er in Heillosigkeit. Die strenge Mahnung in 2Mo 20,17 will darauf hinweisen. Der Mensch soll nicht nach Götzenbildern oder dem darin verarbeiteten Gold und Silber Verlangen tragen, denn dies stürzt ins Verderben (5Mo 7,25). Die in Gier errafften Güter werden dem Frevler nicht bleiben (Hi 20,20), ja die Gier des Raffenden schädigt die Gesamtgemeinschaft (Jos 7,21f). Es ist falsch, nach übler Gemeinschaft zu verlangen, deren Trachten sich auf Gewalttat und Unheil richtet (Spr 24,1); → Mensch; → Nächster.

3. In scharfer Weise geisselt das NT unsere Begierden, die uns im alten – gottabgewandten – Leben festhalten

Häufig, besonders bei Paulus, wird die Begierde mit dem → »Fleisch« der → Sünde in Beziehung gebracht. Mit dem Fleisch ist dabei nicht etwa nur das Leibliche des Menschen in seiner Schwachheit, Vergänglichkeit und Abhängigkeit von Gott gemeint, sondern »Fleisch« bezeichnet vielmehr oft den sich gegen Gott Auflehnenden, den Sünder, dessen Ende der Tod ist (Röm 8,6). Die Auflehnung des Menschen besteht darin, daß er sein Eigenes will (vgl. 2Petr 3,3) und nicht die Gemeinschaft mit Gott, der ihm allein zum wahren Menschsein verhelfen kann. Dementsprechend weisen die Bücher des NT in immer neuen und scharfen Formulierungen auf »die bösen Begierden unseres Fleisches« (Eph 2,3) hin, auf die »sündigen Leidenschaften in unseren Gliedern« (Röm 7,5). Die böse Form des Begehrens wird zur Begehrlichkeit und richtet sich auf das, was dem Menschen nicht zusteht und damit zerstörerische Kraft entfaltet, zum Ehebruch treibt (Mt 5,28) oder in die Rauschzustände wilder sexueller Orgien, bei denen es lediglich um die Befriedigung eigener Lust und nicht um die Begegnung mit dem Du des anderen geht (Röm 1,26). Das falsche Begehren wird zur Fleischeslust, Augenlust (1Jo 2,16), zum Ohrenkitzel (2Tim 4,3), es verleitet zur Götzenanbetung (1Kor 10,6). Besonders aber wird die Gier angeprangert (Eph 5,3), die sich in Gewinn- und Habsucht verzehrt und meint, damit das Leben absichern zu können (Lk 12,15).

4. Dem NT geht es darum, dass der Wille des Menschen von Jesus Christus beherrscht wird

Die Mahnung bei Kol 3,5, »unsere Glieder, die an der Erde haften, zu ertöten, in denen Unzucht, Unsittlichkeit, Leidenschaft, böse Begierde und die Habsucht wohnen . . .«, kann nicht als Aufruf zur weltabgewandten Askese oder gar zur Selbstverstümmelung verstanden werden, sondern »die aber Christus Jesus angehören, haben ihr Fleisch samt seinen Leidenschaften und Begierden gekreuzigt« (Gal 5,24) und sind dadurch »mit Christus Jesus mitauferweckt« (Eph 2,6). Durch dieses neue Leben mit Christus (Gal 2,20) wird unsere Interessenlage verschoben, andere Sehnsüchte ergreifen Platz. Nicht als ob wir plötzlich nicht mehr Hunger und Durst hätten oder nach körperlicher Zärtlichkeit verlangten, als ob uns die Schönheiten der Welt gleichgültig würden. Wir wissen aber um den, der unser Lebensfundament ist. Wir verlangen nach Gemeinschaft mit ihm (Phil 1,23) und mit denen, die sich zu seiner Gemeinde zählen (Phil 1,8). Um nahe bei Christus zu sein, werden vermehrte geistige Erkenntnis (1Petr 2,2), Gewißheit (Hebr 6,11), Gnadengaben (1Kor 12,31), Gaben prophetischer Rede, die Einheit des Geistes, die Bande des Friedens (Eph 4,3), ja selbst die Verantwortung im geistlichen Amt (1Tim 3,1) begehrt.

III. Der Begriff heute

1. Begehren gehört untrennbar zu unserem Menschsein

Neben vielem anderen bedeutet Mensch zu sein: Wünsche haben, wollen, verlangen, sich sehnen. Regungen des Begehrens bestimmen alle Lebensalter: der Säugling begehrt die Brust seiner Mutter, der Altgewordene begehrt Stille und Einkehr. Begehren meint den Menschen in seiner Ganzheit – seinen Körper und seine »Psyche«, sein Fühlen und Denken. Vergeblich wäre unser Mühen, das Begehren des Körpers von dem der Seele zu sondern. Der Körper macht auf seine Bedürfnisse aufmerksam und bewegt dadurch unsere Gedanken; die Phantasie stellt sich Begehrenswertes vor und wirkt damit auf die Körperfunktionen zurück. Im Begehren erlebt der Mensch das unauflösliche Miteinander seines Lebens und seiner Seele. Erst mit dem Tod erlischt unser Begehren.

2. Die Psychologie räumt dem Begehren einen wichtigen Platz ein

Sie kennt viele Begriffe für die mit dem Begehren verbundenen Antriebe des Menschen, die zielgerichtet sein Handeln bestimmen und motivieren: Instinkte, Triebe, Strebungen, Impulse, Libido, Energie, Neigungen u.a. Sie entzünden sich an Bedürfnissen. Je nach ihrer Qualität und Ausrichtung spricht man von »grundlegenden« Bedürfnissen, die für die Aufrechterhaltung der Existenz des Lebewesens sorgen (Hunger, Schlaf, Sexualtrieb, Schutz vor Kälte und Hitze, Wunsch nach Unversehrtheit und Gesundheit), und Bedürfnissen, die »höheren Zielen« dienen (kulturelle Betätigungen, Sozialaufgaben, religiöse Verhaltensweisen, Selbstverwirklichung). Diese Bedürfnisse zu erfüllen und zu befriedigen und damit Unlustgefühle abzubauen, ist – psychologisch gesehen – Inhalt unseres Begehrens.

3. Im biblischen Verständnis ist unser Begehren durch Schuld und Sünde verdunkelt

Ein Tier kann ein anderes zur Beute begehren und bleibt dabei unschuldig. Die Antriebskräfte des Menschen hingegen sind anderer Art: sie offenbaren unser Gefallensein und unsere unentrinnbare Schuldverflochtenheit – nicht in dem einfachen Sinn, daß die »bösen sinnlichen Triebe« das Prinzip des Schlechten verkörpern, während unsere geistigen Motivationen guter Art wären. Aber letzte Triebfeder des Begehrens ist die Eigenmächtigkeit des Menschen, der sich in Abkehr von Gott dann auch über den Mitmenschen erhebt und ihn ausbeutet. Sein Begehren wird ihm zur Gier, Begierde oder gar zur Sucht.

Buchstäblich alles kann ihm dabei zum selbstsüchtigen Antrieb werden: er will Dinge, Geld in seinen Besitz bringen und wird habgierig; die Notwendigkeit, sich zu ernähren, verkehrt er in die Freßgier; die Freude an Neuem wird zur Sensationsgier; er herrscht machtgierig und eifersüchtig über andere und beurteilt sie in seiner Schwatzsucht unbarmherzig. Die Gier kann so beherrschend werden, daß sie ihn in zwanghaft seelische und körperliche Abhängigkeit von Alkohol, Süßigkeiten, Drogen, Fernsehen, Nikotin bringt: der Mensch ist der Sucht verfallen, aus der er sich aus eigener Kraft nicht mehr befreien kann. Das eigenmächtige Begehren muß sich nicht nur auf die eigene Person richten. Es gibt durchaus auch den »Egoismus zu zweit« oder den Völkeregoismus, der ohne Rücksicht auf die Lebensmöglichkeit späterer Generationen oder armer Länder z.B. Rohstoffe begehrt und ausbeutet.

So wird das auf den eigenen Vorteil bedachte Begehren *das* Einfallstor der Sünde. Deshalb können auch alle göttlichen Verbote auf die kurze Formel gebracht werden »begehre nicht« (vgl. Röm 7,7; 13,9; 1Jo 2,15ff).

4. Nur durch Erneuerung in Jesus Christus können wir von unserem falschen Begehren befreit werden

Die Bibel ist realistisch. Sie schlägt nicht einfach – wie alle möglichen Erneuerungsbestrebungen weltanschaulicher und ideologischer Art – vor, unsere Begehren einzuschränken und auf die richtigen Inhalte zu richten. Sittliche Appelle, so wichtig sie auch für die Erziehung und das Zusammenleben mit anderen sein mögen, asketische Übungen und Selbstkasteiungen werden niemals den neuen und vollkommenen Menschen hervorbringen: Der Mensch legt sein egoistisches, nur auf sein Wohlergehen und die Ausweitung seiner Macht gerichtetes Begehren nicht ab: er findet stets neue Weisen, sein begehrliches »Ego« in Szene zu setzen.

Die Bibel weiß um den einzigen Weg mit unserem schuldhaften Begehren fertig zu werden: Indem uns Gott in Christus neu macht (2Kor 5,17), verändert er nicht Teilaspekte unseres Wesens, sondern erfaßt unser ganzes Menschsein; → Wiedergeburt. Die verändernde und neugestaltende Kraft ist aber nicht so zu verstehen, daß wir uns zur Ruhe setzen können, um Gott für uns arbeiten zu lassen – die vielen ermahnenden Teile des NT, die in besonderem Maß die Inhalte falschen Begehrens geißeln (Gal 5,16ff; Eph 4,17ff; Kol 3,1ff) sind dafür beredtes Beispiel. Die Erneuerung in Christus bedeutet auch nicht, daß wir, aller Anfechtung enthoben, nur noch in selbstloser Weise begehren. Vielmehr gründet sich unsere Erneuerung auf den gekreuzigten, auferstandenen *und* kommenden Christus, der erst als Kommender aller Macht des Bösen, aller Anfechtung und allem falschen Begehren ein Ende machen wird (→ Wiederkunft/Ankunft). P. Busch

Bekehrung → Buße/Bekehrung

Bekennen/Bekenntnis

I. Wortbedeutung

»Bekennen« kommt von »kennen«. Gemeint ist »bekanntmachen«, aber auch »gestehen«, »als Überzeugung aussprechen«, »bezeugen«. Von da aus kommt es zu den Begriffen Bekenntnis, bekennende Kirche, Konfession; auch zu beichten, d.h. be-jahen, etwas ausdrücklich sagen.

Im hebr. AT umfaßt das Wort »Schuld bekennen« *und* »Gott lobpreisen«. Im griech. NT bedeutet es »zusichern«, »zusagen«, »zugestehen«, »vor Gericht eine Aussage machen«, »Zeugnis ablegen« oder »feierliche Glaubensaussagen machen«.

Der Gegensatz zu bekennen ist verleugnen und meint soviel wie verheimlichen, zu jemandem Nein sagen, sich nicht mehr öffentlich zu jemandem stellen, treulos werden, ablehnen, die Zugehörigkeit leugnen.

II. Der Begriff in der Bibel

1. Das Bekenntnis als Antwort des Menschen auf Gottes Tun

a) Im AT werden Gottes große geschichtliche Heilstaten immer wieder gepriesen und gelobt (vgl. Ps 147). → Israel bekennt sich zu dem → Gott, der es aus Ägypten befreit und ihm ein Land gegeben hat. Das geschah schon bald in festen Bekenntnissätzen, die von einer Generation zur andern überliefert wurden. Eines dieser Bekenntnisse liegt in 5Mo 26,5–10 vor, wo Gottes Taten lobend erinnert werden, indem Gottes Geschichte mit Israel erzählt wird.

b) Auch im NT antwortete die Gemeinde oder der einzelne mit dem Bekenntnis auf die in Christus geschehene Heilstat. In Röm 10,9 liegt solch ein geprägtes Bekenntnis vor: »Wenn du mit deinem Munde bekennst: Jesus ist der Herr und in deinem Herzen glaubst: Gott hat ihn auferweckt, so wirst du gerettet werden.« Mit dem Bekenntnis zu Jesus als dem auferweckten Herrn legte etwa ein Täufling (vgl. 1Tim 6,12) Rechenschaft über seinen Glauben ab. Solche Bekenntnissätze, wie sie auch in Phil 2,10 und Hebr 4,14 vorliegen, wollen mehr sein als richtige Lehrsätze; mit ihnen stellt der, der sie spricht, zugleich sein ganzes Leben dem Herrn zur Verfügung, der da bekannt wird. Mit dem Bekenntnis stellt sich der Mensch zur Tat Jesu und läßt sie für sich geschehen sein.

2. Das Bekenntnis als Antwort auf Herausforderungen der Umwelt

a) Nicht wenige Bekenntnisse sind im Gegenüber zu andern Mächten oder falschen Lehren erkämpft, durchlitten und formuliert worden. Wenn Israel Gott als den Schöpfer lobt und bekennt, dann tut es das in bewußtem Gegensatz zu den Schöpfungserzählungen seiner Umwelt, nach denen die Welt Produkt verschiedener Götter und deren Launen ist (→ Schöpfung/Schöpfer). Wenn Thomas bekennt: »Jesus, mein → Herr und mein Gott« (Joh 20,28), so ist das zugleich eine Absage an den römischen Kaiser, der die Anerkennung als gottgleicher Herrscher beanspruchte. Solche Bekenntnisse waren stets mit Gefahren für die eigene Existenz verbunden. Hinter dem Bekenntnis: »Jesus ist der Messias« steht die Auseinandersetzung der ersten Christen mit den Juden, die den Messias erst noch erwarteten (vgl. Röm 1,3).

b) Aber auch innerhalb der Gemeinde gab es Auseinandersetzungen um die rechte Lehre. Der Satz »Ein jeglicher Geist, der da bekennt, daß → Christus ist im → Fleisch gekommen, der ist von Gott« (1Jo 4,2) richtet sich gegen die Christen, die Jesus nicht als wahren Menschen bekennen (vgl. Joh 1,14; 1Tim 3,16; 1Jo 4,15). Auch das Bekenntnis zur → Auferstehung Jesu mußte erstritten werden (vgl. 1Kor 15,12ff), da die Auferstehung schon früh in schwärmerischen Kreisen umstritten war.

3. Bekenntnis als Sündenbekenntnis

Im AT findet sich häufig die Verbindung von → Lobpreis Gottes und Sündenbekenntnis (vgl. Jos 7,10; 1Kö 8,33). Der Beter rühmt Gottes große Taten und auch sein Gerichtshandeln. Er gesteht ein: Das → Gericht geschieht zu Recht; er bekennt seine Schuld und lobt zugleich den Gott, der → Sünde vergibt und der errettet (vgl. Ps 107,11.15.17.21).

Im Licht der vergebenden → Gnade kommt es auch im NT zum Bekenntnis und Eingestehen von Schuld (vgl. Lk 5,8; Lk 19,8). Das Sündenbekenntnis steht unter der → Verheißung aus 1Jo 1,9: »Wenn wir unsere Sünden bekennen, so ist er treu und gerecht, und reinigt uns von aller Untugend«. Das Sündenbekenntnis kann im AT und im NT verschiedene Formen haben:

a) *Allein vor Gott,* wie es die atl. Psalmbeter oft praktizierten (z.B. Ps 13,32ff) oder der → Prophet Daniel, der Gott die eigenen und stellvertretend die Sünden seines Volkes bekennt (Dan 9,20).

b) *Vor der Öffentlichkeit* (vgl. 3Mo 5,5; 4Mo 5,6–8; 3Mo 16,21; Spr 20,13). Das öffentliche Bekenntnis der Sünden kann befreienden Charakter haben, wie in Mk 1,5 oder Apg 19,18: Vor der → Taufe bekennen die Gläubiggewordenen, daß sie vorher Zauberpraktiken angehangen haben, und tragen durch ihr Bekenntnis dazu bei, daß das → Wort sich ausbreitet.

c) Vor dem, *der etwas gegen mich hat:* »Vater, ich habe gesündigt gegen den Himmel und vor dir« (Lk 15,18–24, vgl. auch Lk 12,58; Mt 5,23).

d) *Vor einem anderen:* David bekennt Nathan seine Schuld (2Sam 12,13), und der Schreiber des Jakobusbriefes fordert auf: »Bekenne einer dem anderen seine Sünden und betet füreinander, daß ihr gesund werdet« (Jak 5,16).

Alle diese Formen stehen gleichberechtigt nebeneinander.

4. Jesu Bekenntnis zu uns

Jesus selbst verleiht dem Bekenntnis, das der Mensch ihm gegenüber ausspricht und auch in Schwierigkeiten durchhält, besondere Bedeutung. So wie der einzelne sich zu Jesus stellt und zu ihm ja sagt, so will Jesus sich vor Gott zu diesem Menschen stellen: »Wer überwindet, soll mit weißen Kleidern angetan werden, und dessen Namen werde ich nicht auslöschen aus dem Buch des Lebens, und ich werde seinen Namen bekennen vor meinem Vater und vor seinen Engeln« (Offb 3,5; vgl. Mk 8,38). Jesus will aber nicht allein das Herr, Herr sagen (Mt 7,23); zum rechten Bekenntnis muß die rechte Tat treten: »Sie sagen, sie kennen Gott, aber mit ihren Werken verleugnen sie ihn« (Tit 1,16; vgl. 2Kor 9,13); → Tun/Werk/Wirken.

III. Der Begriff heute

1. Das gemeinsame Bekenntnis der Christen

a) So wie es in Israel und in der ntl. Gemeinde geprägte, überlieferte Bekenntnissätze gab, benutzt die Kirche bis heute feste Glaubensbekenntnisse. Manchen Christen fällt es schwer, in die Bekenntnisse vergangener Zeiten einzustimmen. Hilfreich könnte hier aber die Erkenntnis sein, daß ich mich mit meinem Bekennen hineinstelle in die große Gemeinschaft der Christen aller Zeiten und aller Orte, weil mein eigenes Erkennen nur Stückwerk ist.

b) Der christliche Glaube ist hinsichtlich seines Inhalts nicht in das Belieben einzelner gestellt. Die Kirche mit den ihr geschenkten, oft erkämpften Bekenntnissen ist dem einzelnen Gläubigen vorgeordnet. Deshalb sind das apostol. Glaubensbekenntnis, das wir in den Gottesdiensten vielfach sprechen, das Chalcedonensische Bekenntnis von Jesus Christus als wahrem Gott und wahrem Menschen und das Nicänische Glaubensbekenntnis von der Göttlichkeit Jesu Christi verbindlicher Bestandteil des christl. Glaubens in fast allen Kirchen und Konfessionen. Schriftliche Glaubensbekenntnisse halten fest, daß der Glaube einen unaustauschbaren Inhalt hat und nicht nur Erfahrung oder Gefühl ist.

c) Dennoch sind wir nicht davon entbunden, heute neue Bekenntnisse zu wagen, die Antwort auf die Herausforderungen unserer Zeit sind und Rechenschaft über Inhalt und Grund unseres Glaubens geben. Solche Bekenntnisse haben sich ihrerseits an der Schrift messen zu lassen. Die Barmer Theologische Erklärung war im 3. Reich solch ein Bekenntnis als Antwort auf eine Bedrohung von außen (vgl. II.2), indem sie den Anspruch abwehrte, es gäbe außer Christus noch andere Herren, denen die Kirche zu dienen habe (→ Gemeinde/Kirche).

d) Wo heute ein gemeinsames Bekenntnis der Kirche nötig ist, ist nicht unumstritten. Sind wir z.B. angesichts des allseits verkündeten Grundsatzes, nach dem *nur* wirtschaftliches Wachstum unsere Zukunft garantieren kann, zu einem Bekenntnis zu Gott, dem alleinigen Schöpfer und Erhalter der Welt, genötigt? Ein solches Bekenntnis bliebe dann nicht ohne Folgen für unseren Umgang mit unserer Umwelt und unseren Mitmenschen (→ Nächster). Fordert uns die Tatsache, daß Krieg und Aufrüstung mancherorts als Mittel der Politik angesehen werden, zu einem Bekenntnis zu dem Gott heraus, dessen Versöhnungswille in Christus deutlich geworden ist? Müssen wir angesichts der heutigen Tendenzen, Schuld zu verharmlosen, wegzuerklären oder als reine Schuld*gefühle* zu deuten, nicht nachdrücklich das Bekenntnis zu dem Gott vertreten, der Schuld aufdeckt und vergibt?

2. Das Bekenntnis des einzelnen als missionarisches Zeugnis

Jeder Christ begegnet in seiner Umgebung Menschen, die Gott nicht als den Herrn ihres Lebens erkennen, anerkennen und bekennen. Hier ist er gefordert (1Petr 3,15). Es ist nicht mit einer Anstecknadel oder einem Aufkleber getan, die nicht mehr als Gesprächsauslöser sein können. Gerade im Umgang mit Menschen, die mir immer wieder begegnen, gehören das bezeugende, erklärende Wort von Gottes → Liebe und die helfende Tat zusammen (→ Nachfolge; → Nächster).

3. Sündenbekenntnis und Beichte

Als Hilfe zur Gewißheit der Vergebung könnte gerade unter evangelischen Christen die Beichte neu entdeckt werden. Es geht dabei nicht um erzwungene oder oberflächliche Gewissenserforschung oder einen Zwang zum Bekennen von Schuld. Beichte ist vielmehr das Aussprechen von belastender Schuld vor einem Menschen, von dem ich weiß, daß er zu Jesus gehört, und der mir an Jesu Stelle die → Vergebung zuspricht. Das kann da nötig sein, wo das Bekenntnis vor Gott allein keine Entlastung gebracht hat, wo ich allein keinen Weg aus Abhängigkeiten und durch Schuld verfahrene Situationen mehr finde.

P. Köhler/
K. Vorländer

Bergpredigt

I. Wortbedeutung

»Bergpredigt« ist kein biblischer Name. Es handelt sich vielmehr um eine nachträgliche Bezeichnung, mit der man die Kapitel 5 bis 7 des Mt-Evangeliums zusammenfaßt. Diese Bezeichnung wurde abgeleitet von der Bemerkung: »Jesus ging auf einen Berg« (Mt 5,1). Merkwürdigerweise nennt man den Parallelbericht des Lukas (6,20–49) »Feldrede«, obwohl auch aus dem Lk-Evangelium hervorgeht, daß Jesus im Bergland bei Kapernaum gesprochen hat und nur ein ebenes Gelände inmitten dieses Berglandes benutzte (vgl. Lk 6,17 mit 6,12 und 7,1).

II. Die Bergpredigt in der Bibel

1. Wer genauer liest, merkt schnell, daß es nicht um »Predigt« im gewöhnlichen Sinne geht. Richtiger wäre die Bezeichnung »Berglehre«, denn Jesus »lehrte« die Jünger (Mt 5,2; 7,28). D.h. er unterrichtete sie über den Willen Gottes. Auch die Bemerkung »er setzte sich« (Mt 5,1) deutet in dieselbe Richtung. Der jüdische Lehrer unterrichtete nämlich im Sitzen.

2. Weiter ist wichtig: Jesus hält hier keine Evangelisation ab. Er spricht auch nicht zur Masse, obwohl nach Mt 7,28 eine Menge Leute dabei war. Sondern er redet »seine → Jünger« an (Mt 5,1–2). Sein Unterricht soll ihnen im Glauben und in der Selbsterkenntnis weiterhelfen.

3. Nach dem AT hat der Messias die vollendete Gotteserkenntnis. Er ist der Lehrer des wahren Gotteswillens (Jes 9,6; 11,2ff; 42,4; 49,6). Jesus wurde nicht nur unser Erlöser, sondern als Messias auch der vollkommene Lehrer des Gotteswillens. Seine → Vollmacht war so eindrücklich, daß die Anwesenden zu der Überzeugung kamen: »er lehrte mit Vollmacht und nicht wie die Schriftgelehrten« (Mt 7,29).

4. Es ist typisch, daß Jesus die Einladung ins → Reich Gottes voranstellt. Dies geschieht durch die sog. »Seligpreisungen« (Mt 5,3–12). Ihr Name leitet sich vom Eingangswort »Selig sind« (eigentlich: »Glücklich zu preisen sind«) ab. Die 9 Seligpreisungen gelten denen, die sich ihrer geistlichen Armut (→ Arm/Klein/Gering) bewußt sind, denen, die über ihre → Sünde betrübt sind, den Sanftmütigen (→ Sanftmut), denen, die vor Gott gerecht (→ Gerechtigkeit) sein möchten, den Barmherzigen (→ Barmherzigkeit), den Reinen (→ Rein/Unrein), den Tätern des → Friedens, den verfolgten Leuten Gottes und schließlich und besonders den um Jesu willen Verfolgten (→ Bedrängnis/Verfolgung). Ihnen allen – den nach Erlösung Hungernden, den Gehorsamen und den Verfolgten – zeigt Jesus das große Ziel: die Zugehörigkeit zum Gottesreich. Daß Einladung und Ziel voranstehen, daß diejenigen eingeladen werden, die nach Erlösung hungern – das ist gerade typisch für das → Evangelium. Zugleich aber wird in jedem Leser, der nicht oberflächlich ist, die Frage wach: Hungere ich denn wirklich nach Erlösung? Bin ich denn gehorsam? Wo leide ich überhaupt um Jesu willen?

5. Den Seligpreisungen folgt in Mt 5,13–16 die Aufgabenstellung. Die Jünger sind »das → Licht der Welt«. In Joh 8,12 sagt dies Jesus von sich selbst: »Ich bin das Licht der Welt«. Wie Jesus Licht auf die Lage der Welt wirft und zugleich den → Vater ins Licht rückt, so sollen die Menschen durch das Verhalten der Jünger den »Vater im Himmel preisen« lernen (Mt 5,16).

6. Vor den Einzelerklärungen zum Willen Gottes gibt Jesus in V. 17–20 eine Grundsatzerklärung ab. Er will das AT nicht »auflösen . . ., sondern erfüllen« (Mt 5,17). Diese Aussage ist entscheidend. Denn sie bedeutet, daß Jesus im folgenden das AT nicht verwirft, sondern vertieft und zur Sinnerfüllung bringt.

7. Die Enthüllung des wahren Gotteswillens geschieht zunächst so, daß Jesus die Zehn Gebote (→ Gebot/Weisung/Gesetz) zu besprechen beginnt: das fünfte (Mt 5,21–26), das sechste (Mt 5,27–32), das achte (Mt 5,33–37). Dann entfaltet Jesus das Heiligkeitsgesetz von 3. Mose 19 mit der Spitze im Gebot der Näch-

stenliebe (Mt 5,38–48; → Nächster). Jeder Hörer muß die Bilanz ziehen: Wenn das Gottes Wille ist, entspreche ich diesem Maßstab in keiner Weise.

8. Anschließend geht Jesus wichtige Glaubens- und Lebensgebiete durch: das Almosen (Sozialwesen des Altertums, Mt 6,2–4), das → Gebet (Mt 6,5–15), das → Fasten (Mt 6,16–18), den Materialismus (Mt 6,19–24), die → Sorgen (Mt 6,25–34), das unbefugte Richten (Mt 7,1–5), falsche Drängerei bei der Mission (Mt 7,6), Gebetserhörung (Mt 7,7–11), die Goldene Regel (Mt 7,12), die zwei Wege im Leben (Mt 7,13–14), die falsche Prophetie (7,15–20; → Prophet). Noch mehr verschärft sich die Frage: Wer kann dies alles erfüllen?

9. Jesus schließt – auch nach Lukas 6,46ff – mit der ausdrücklichen Feststellung: »Es werden nicht alle, die zu mir sagen: Herr, Herr, in das Himmelreich kommen, sondern die den Willen tun meines Vaters im Himmel« (Mt 7,21). Damit ist die Mauer des Gesetzes unübersteigbar hoch geworden. Der natürliche Mensch zerbricht an ihr.

Aber zugleich sind wir doch ins Reich Gottes eingeladen! Wie löst sich dieses Dilemma? Nur durch das → Kreuz. Indem Jesus für uns die Schuld büßt und an unserer Stelle das Gesetz vollkommen erfüllt, können alle, die sich ihm im Glauben anschließen, ins Reich kommen. Aber das Kreuz ist die einzige Stelle, die Tür (vgl. Joh 10,9), wo wir die Mauer des Gesetzes durchstoßen. Die Bergpredigt ist also eine einzige Hinführung zum Kreuz Jesu.

III. Die Bedeutung der Bergpredigt heute

1. Der russische Graf Leo Tolstoj (1828–1910) wollte Staat und Gesellschaft von der Bergpredigt her reformieren. Das ist unmöglich. Denn Voraussetzung für die Anwendung der Bergpredigt ist, daß die Betreffenden alle Christen sind (für sie gilt dann allerdings das unter III,3 Gesagte). Solange die Welt noch Böse enthält und sogar mehrheitlich nicht aus wahren Christen besteht, kann sie gar nicht nach der Bergpredigt leben, selbst wenn sie es wollte. Luther sagt mit Recht: »Siehe zu und gib die Welt zuvor voll rechter Christen, ehe du sie christlich und evangelisch regierst«. Sonst würde man – etwa bei Anwendung von Mt 5,38ff auf das staatliche Recht – »den wilden, bösen Tieren die Band und Ketten auflösen, daß sie jedermann zerrissen und zerbissen, und daneben vorgeben, es wären feine, zahme, kirre Tierlein . . . Also würden die Bösen unter dem christlichen Namen (die) evangelische Freiheit mißbrauchen«.

2. Ein weiteres Mißverständnis liegt vor, wenn heute manche Christen das Gesetz überhaupt ablehnen. Sie wollen stattdessen nur von nicht nachprüfbaren Eingebungen des Geistes leben. So sagte ein junger Mann: »Es ist mir im Gebet klargeworden, daß ich mit meiner Freundin schon vor der Ehe zusammenleben darf.« Andere wollen nach Prinzipien leben, z.B. nach dem Prinzip der Liebe, das aber jeder wieder anders deutet. Aus der Liebe hat der Ökumenische Rat der Kirchen in Genf abgeleitet, daß er Befreiungsbewegungen unterstützte, die mit Terror und Gewalt arbeiten. Die Generalsynode der anglikanischen Kirche hat 1978 ein »Abtreibungsgebet« abgelehnt, in dem es u.a. heißen sollte: »In deine (= Gottes) Hände legen wir vertrauensvoll das beginnende Leben, das wir vorzeitig beendet haben«.

3. Als Christen sind wir nicht gesetzlos, sondern wie Paulus »in dem Gesetz Christi« (1Kor 9,21; Gal 6,2). Klar ist, daß wir durch die Werke des Gesetzes nicht gerettet werden können, sondern allein durch den vertrauensvollen Anschluß an Jesus (Röm 3,28). Aber ebenso klar ist, daß uns Jesus nicht einfach nach eigenem Willen in die Wüste der Welt laufen läßt. Sondern er gibt uns verständliche und konkrete Richtlinien, wie das Leben mit Gott aussieht. Das Gesetz Christi wird zum Lebensprogramm der Christen. Und zwar ein Programm, in dem wir durch die Kraft des Heiligen Geistes leben, auch wenn das durch »Stehen und Fallen« geht (→ Geist Gottes). Ein wesentliches Stück dieses hilfreichen Programms haben wir in der Bergpredigt vor uns. Sie ist ein Riegel gegenüber dem Bösen in uns (→ Böse/Schlecht). Sie ist ein Spiegel der Selbsterkenntnis, in dem alle Einbildung vergeht. Sie ist die Programm-Regel des Lebens, in das Jesus uns hineinführen will (→ Leben/Ewiges Leben).

G. Maier

Berufen/Berufung

I. Wortbedeutung

»Rufen« und »berufen« (griech. *kaleo*) hängen aufs engste zusammen. Das griech. Wort steckt in dem ntl. Begriff für »Gemeinde« *(ekklesia)*, wörtl. »die Herausgerufene«.

Hier wie da redet einer unüberhörbar und wartet auf eine Antwort. Von Berufung sprechen wir vor allem da, wo Menschen eine bestimmte Aufgabe übertragen wird. Berufung ist meist mit der Übernahme eines Amtes verbunden. In vielen Gremien unterscheidet man zwischen »gewählten« und »berufenen« Mitgliedern. Vom Wort »Berufung« hat M. Luther das Wort »Beruf« abgeleitet. Dieser Zusammenhang ist in der heutigen Arbeitswelt aber kaum noch zu entdecken.

II. Der Begriff in der Bibel

A. IM ALTEN TESTAMENT

Was im AT mit Berufung gemeint ist, läßt sich am besten an den Berufungsgeschichten der → Propheten erkennen (Jes 6; Jer 1; Hes 1–3; Am 7,14 u.a.). Ähnliches findet sich auch bei der Berufung von Mose (2Mo 3) und Gideon (Ri 6). Berufung und Sendung gehören dabei zusammen (→ Senden).

1. GOTT TRITT MENSCHEN ALS HERR ENTGEGEN

Menschen, die gar nicht darauf vorbereitet sind, werden von Gott für eine bestimmte Aufgabe mit Beschlag belegt. Die Anrede Gottes ist so mächtig, daß sie sich dem Auftrag gar nicht entziehen können. Sie müssen die übertragene Aufgabe ausführen (Am 3,8; Jer 20,7–9). Auch da, wo sie sich dem Ruf zu entziehen suchen, werden sie Gott und seinen Auftrag nicht los. Ein besonders eindrückliches Beispiel hierfür ist der Prophet Jona.

2. FORMEN DER BERUFUNG

Alle Berufungsgeschichten haben ihre Besonderheit. Gott geht auf die Originalität seiner Mitarbeiter ein. Dennoch lassen sich einige Grundformen herausschälen:

a) Zwiegespräch mit Gott (Jer 1; 2Mo 3; Ri 6).

b) Vision, die in eine Audition (= Worte werden gehört) übergeht (Jes 6; Hes 1). Während die Personen in b) die Berufung sofort annehmen, wehren sich die Menschen in a) dagegen; sie weisen auf ihre Nachteile und Schwächen hin: »Ich bin zu jung« (Jer 1,6), »ich kann nicht gut reden« (2Mo 6,12), »wer bin ich schon!« (2Mo 3,11). Der Einwand wird jedesmal von Gott abgelehnt. Statt dessen gibt er die Zusage seiner Gegenwart und Hilfe. Die Sendung wird wiederholt: »Wohin ich dich sende, wirst du gehen, und was ich dir gebiete, wirst du reden« (Jer 1,8).

3. WEN GOTT BERUFT, DEN KENNT ER SCHON LANGE

Gottes Geschichte mit einem Menschen beginnt nicht erst in der Stunde der Berufung. Immer wieder zeigen die biblischen Texte auf, daß Gott schon vorher wirksam war. »Der Herr hat mich gerufen von Mutterleib an; er hat meines Namens gedacht, da ich noch im Schoße der Mutter war« (Jes 49,1.5; vgl. Jer 1,5; Joh 1,48, siehe auch die Vorgeschichte des Mose, 2Mo 2).

4. GOTTES BERUFUNG KNÜPFT NICHT BEI MENSCHLICHEN FÄHIGKEITEN AN

Geht man dann die Vorgeschichte der Menschen durch, die Gott im AT und NT beruft, findet sich dort kein triftiger Grund für eine solche Beauftragung, eher ist das Gegenteil der Fall (etwa bei Mose und Paulus). Berufung gründet sich nicht auf menschliche Qualitäten (vgl. auch 5Mo 7,7; Jes 41,9; 45,4). Gott beruft nicht die Brauchbaren, er macht vielmehr die Berufenen brauchbar.

5. WEN GOTT BERUFT, REINIGT UND ERNEUERT ER

Bevor der Berufene die Auftragserledigung in Angriff nehmen kann, reinigt Gott sein Leben von aller Schuld (Jes 6,6f; Jer 1,9; Lk 5,8–10).

6. GOTT BINDET SICH AN DEN WEG DER BERUFENEN

»Ich will mit dir sein« – so oder ähnlich lautet immer wieder die Zusage Gottes an die, die er berufen hat (2Mo 3,12 u.ö.). »Siehe, ich bin bei euch alle Tage« (Mt 28,20), sagt Jesus denen, die er zur weltweiten Mission aussendet.

7. DIE BERUFUNG BEWAHRT NICHT VOR ANFEINDUNG, VERFOLGUNG UND LEID

Dies zeigt sich an Stellen wie Am 2,12; 7,10ff; Jer 18,18ff u.ö. Im NT macht Jesus dies seinen → Jüngern immer wieder deutlich, indem er auf seinen eigenen Weg verweist. »Der Knecht ist nicht höher als sein Herr« (Joh 18,20); → Knecht Gottes; → Knecht/Sklave/Knechtschaft.

8. DIE BERUFUNG BEWIRKT UND RECHTFERTIGT DAS AUFTRETEN UND REDEN DER PROPHETEN

Die Berufungsgeschichten sind vorrangig nicht an Ablauf und Form der Berufung interessiert; sie dienen vielmehr den Boten Gottes dazu, bei Rückfragen und Angriffen ihr Tun und Verkündigen zu begründen und zu rechtfertigen (Jes 8,11; Jer 20,7). Weil *Gott* sie berufen, beauftragt, gesandt hat, *deshalb* reden sie. Wenn es nach ihnen ginge, täten sie viel lieber etwas anderes (Jer 15,17).

B. IM NEUEN TESTAMENT

Im NT ist Berufung meist stärker grundsätzlich gemeint: Berufung in die → Nachfolge, in die ständige → Gemeinschaft mit Jesus (Mk 2,17; Mk 1,19; Mk 2,14). In den Paulusbriefen bedeutet »Gott beruft«: Gott nimmt Menschen in das Heil hinein, er zieht sie in sein rettendes Handeln hinein. Deshalb ist hier Gottes Berufen der Grund des Christseins. Daher ist es auch nicht verwunderlich, daß hier Berufung häufig in Verbindung mit dem Wort → Gnade steht (2Tim 1,9; Gal 1,6; 1Petr 5,10) und die Christen als »Berufene Gottes« u.ä. angeredet werden (Röm 1,6.7; 1Kor 1,2.24).

Gottes Berufen hat ein Ziel, auf das die Christen zuleben dürfen: sein Reich, seine → Herrlichkeit (1Thes 2,12; 1Petr 5,10), die ewige Gemeinschaft mit Christus, die Vollendung (1Kor 1,8f). Dieser Berufung gemäß gilt es schon jetzt zu leben. Sie verpflichtet zu einem neuen Lebensstil (1Thes 2,12; 4,17; Eph 4,1ff). Der Aufruf zur Bewährung der Berufung wird häufig verbunden mit der Zusage der Hilfe Gottes: »Der euch berufen hat ... wird euch stärken, kräftigen ...« (1Petr 5,10; 1Kor 1,8f).

Berufung zum → Heil ist zugleich Berufung zum → Dienst (Röm 1,1; Gal 1,15f), Berufung zur Mission (1Petr 2,9; Mt 28,18ff).

III. Der Begriff heute

Der Begriff »Berufung« ist in der Christenheit weithin auf die Frage eingeengt worden: Soll ich als Pfarrer, Diakon, Jugendsekretär o.ä. in den hauptamtlichen Dienst gehen? bzw. auf die Frage: Soll ich als Missionar im Ausland arbeiten?

1. Berufen zur Mitarbeit

Das NT macht deutlich, daß Berufung zunächst Berufung zum → Glauben, zum → Leben mit Jesus ist; dieses Leben mit ihm bedeutet aber zugleich Mitarbeit. Es gibt keine → Teilhabe an Christus ohne eine Teilhabe an seiner Sendung. Die Frage, *ob* jemand zum Dienst berufen ist, ist also überflüssig. Jeder Christ ist berufen zur Mitarbeit im → Reiche Gottes. Zu klären ist, wo der konkrete Platz des Engagements ist, wie die Mitarbeit aussehen soll, ob vollzeitlich oder ehrenamtlich, wie Beruf und Aufgabe in der Gemeinde zusammengehören, und durch wen diese konkrete Platzanweisung erfolgen soll.

2. Die Gemeinde als Ort der Berufung

Nach ntl. Zeugnis ist die → Gemeinde der Ort, wo die Beauftragung des einzelnen erfolgt. Gott beruft Menschen durch Menschen. Wo Christen im Namen Jesu zusammen sind, ist Christus im Heiligen Geist anwesend und wirksam (Mt 18,20). Hier beruft und sendet er. »Als sie → Gottesdienst hielten ... sprach der Heilige Geist: Sondert mir doch den Barnabas und Saulus zu dem Werk aus, zu dem ich sie berufen habe!« (Apg 13,2). Paulus wird nach seiner Bekehrung vor Damaskus in die Gemeinde, zu Ananias, geschickt, um dort Bruderschaft und Beauftragung zu erfahren (Apg 9,10–19). Es ist gut, wenn in der Gemeinde gebetet, geprüft und überlegt wird, wer bestimmte Aufgaben übernehmen soll bzw. ob der Eindruck einer persönlichen Berufung echt ist, wie die Motive und die Situation zu bewerten sind. Dabei ist die Frage nach Befähigung und Bewährung ernstzunehmen.

Die Gemeinde hat weithin verlernt, Menschen zu berufen. Deshalb stehen viele in der Klärung ihres Weges alleine. Berufung und Sendung müssen um der Klarheit des Weges und um der Begleitung der Mitarbeiter in Phasen der Resignation und Verfehlung willen wieder Aufgabe der Gemeinde oder des Mitarbeiterkreises werden.

3. Berufen zu einem neuen → Leben und Lebensstil

Wem zuteil geworden ist, ein »Kind Gottes« zu sein (Röm 8,14–16), zur »Familie Gottes« zu gehören, der lebt auch anders. »Umgang steckt an!« Wenn wir mit Gott leben, wird seine Art unser Verhalten prägen, wird sich in unserem Leben etwas von seinem Wesen widerspiegeln. »Seid barmherzig, wie euer himmlischer Vater barmherzig ist« (Lk 6,36), »nehmt einander an, wie Christus euch angenommen hat« (Röm 15,7), »vergebet einander, wie auch Gott durch Christus euch vergeben hat« (Eph 4,32): wie Gott zu uns, so wir untereinander (vgl. auch Röm 12,9–21; 1Petr 4,7–11)! Weil Gott für uns sorgt (Mt 6,25–34; 1Petr 5,7), sind wir berufen zur Sorglosigkeit, zum Vertrauen (→ Sorgen). Wer vorrangig an sich denkt, auf Besitz, Reichtum, Macht sein Vertrauen setzt, mißtraut, verachtet die → Fürsorge Gottes. Miteinander teilen, abgeben (können) als einzelne, als Gemeinden, als Staaten (vgl. Apg 2,42–47; 4,32–37) – das wäre die Art, die Gott und unserer Berufung entspräche (→ Eigentum/Reichtum/Besitz). Mit der → Schöpfung Gottes liebevoll umgehen, Sorge für sie tragen, »sie bebauen und bewahren« (1Mo 2,15) – das entspräche unserer Berufung als »Ebenbilder Gottes« (1Mo 1,26–28: Ein guter Herrscher sorgt für sein Volk und beutet es nicht aus! → Mensch).

4. Berufen zum missionarischen Zeugnis

Gott braucht Boten, damals wie heute, um die Herrschaft seiner Liebe und das Geschenk seiner → Versöhnung der Welt bekannt zu machen. Weil er seine Menschwerdung in Jesus (Joh 1,14) bis heute durchhält, will er auch weiterhin menschlich durch Menschen zu Menschen reden. Wir sind berufen, seine Füße und sein Mund zu sein. Die Berufung der Christen zum missionarischen Zeugnis hat nichts von seiner Gültigkeit und Dringlichkeit verloren. Angesichts des »Missionslandes Deutschland« ist den Gemeinden die Berufung zur Verkündigung der »großen Taten Gottes« (1Petr 2,9) in Verbindung mit der Einladung zu einem Leben mit Jesus verstärkt deutlich zu machen. Die vielfältigen Formen und Wege missionarischer Arbeit sollten dabei entsprechend den Gaben der einzelnen Christen und der christlichen Gruppen intensiver genutzt werden.

F. Gutsche

Beschneidung

I. Wortbedeutung

Die Handlung der Beschneidung besteht in der operativen Entfernung der Vorhaut des männlichen Gliedes. Sie war im Altertum des Orients nicht nur in → Israel, sondern auch in Ägypten, bei den Edomitern, Ammonitern und Moabitern verbreitet. Sie ist also *zunächst* kein Unterscheidungsmerkmal Israels zu seinen Nachbarvölkern.

Den operativen Eingriff nahm man zwar auch an männlichen Erwachsenen vor (1Mo 34,14ff; Jos 5,2ff); vor allem aber vollzog sie der Vater eine Woche nach der Geburt an seinem Kind (1Mo 21,4; vgl. aber 2Mo 4,25).

Die Beschneidung ist im alten Bund nicht in erster Linie ein medizinischer Akt aus Gründen der Gesundheit, sondern ein Bundeszeichen, das die Beschnittenen als dem Volk Gottes zugehörig erweist.

Die atl. → Propheten, aber auch Paulus, benutzten das Wort nicht nur in der ursprünglichen, realen Bedeutung, sondern gebrauchen es auch symbolisch, wenn sie von der »Beschneidung des → Herzens« sprechen.

II. Der Begriff in der Bibel

A. IM ALTEN TESTAMENT

1. Die Beschneidung war in Israel ein *Bundeszeichen.* Die Geschichte in 1Mo 17, die vom → Bund Gottes mit Abraham handelt, macht dies deutlich. Dort ist die Beschneidung verbunden mit der → Verheißung Gottes an Abraham, sein → Gott zu sein; ferner mit einer Namensgebung und mit der Ermahnung, den Bund zu halten. Sie ist ein Vorgang, der etwas Charakteristisches am israelitischen Glauben zeigt, nämlich die bis ins Leibliche hineinragende Verbindlichkeit der Zugehörigkeit zu Gott.

2. Zum *Unterscheidungsmerkmal* zu anderen Völkern wird die Beschneidung vor allem für die im babylonischen Exil lebende Gemeinde (→ Babylon). Dort ist sie Bekenntnismerkmal der Israeliten gegenüber den »Unbeschnittenen« (ein verächtlicher Ausdruck, vgl. 1Sam 17,26; Hes 31,18; Jes 52,1). Sie diente neben dem Halten des → Sabbats entscheidend der gefährdeten völkischen und glaubensmäßigen Selbstbewahrung im fremden, heidnischen Land.

3. Das AT kann von der Beschneidung auch *im übertragenen Sinne* reden, als *»Beschneidung des Herzens«.* Dies ist eine Redeweise vor allem der → Propheten. Sie hat in deren Umkehrpredigt ihren Platz. Sie richtet sich gegen das Verständnis der Gottzugehörigkeit im Sinne eines nur äußerlichen Ritus, während das → Herz der Menschen von Gott nicht erfaßt wird (vgl. Jer 4,4). »Beschneidung des Herzens« fordert ganze Hingabe (»Taten«, Jer 4,4) an Gott und kritisiert das Gefühl religiöser Sicherheit und religiösen Selbstbewußtseins (vgl. Jer 9,25; Hes 44,7; 3Mo 26,41; 5Mo 10,16; 30,6). Entsprechend ist der unfähig, Gottes → Wort zu hören, der ein »unbeschnittenes Ohr« hat (Jer 6,10).

4. Das Ringen im AT *zwischen der ganzen Hingabe des Menschen an Gott und einem bloß äußerlich vollzogenen Ritus* ohne Konsequenzen im Leben liegt auf der gleichen Ebene wie das nur äußerliche → Opfer, gegen das die Propheten des AT ebenfalls zu Felde zogen: »Was soll mir die Menge eurer Opfer? spricht der Herr. Satt habe ich die Brandopfer von Widdern und das Fett der Mastkälber, und das → Blut der Stiere und Lämmer und Böcke mag ich nicht« (Jes 1,11; vgl. Hos 6,6; Jes 43,23f; Ps 51,18f). Aber dieses Ringen wird im AT noch nicht so entschieden, daß die »Beschneidung des Herzens« auch ohne den Ritus geschehen kann oder soll.

B. IM NEUEN TESTAMENT

1. Im NT ist die Beschneidung zunächst *wie im AT Bundes- und Zugehörigkeitszeichen* für das Volk Gottes. Jesus wird am achten Tage beschnitten (Lk 2,21). Dies gehört zur Unterstellung des Sohnes, den der → Vater gerade in das jüdische Volk sendet (Gal 4,4; vgl. Röm 1,3f), unter das Gesetz. Das Judentum zur Zeit Jesu und des Paulus war, wie im babylonischen Exil so auch jetzt, unter einer Fremdherrschaft, diesmal der Römer. Beschneidung wurde hier wieder ein wichtiges Unterscheidungsmerkmal gegenüber den → »Heiden«, zusammen mit der Verpflichtung auf das Gesetz als Abwehr gegen heidnische Einflüsse. So wird das Wort »Beschneidung« geradezu eine Bezeichnung der Judenschaft insgesamt: »die Beschneidung«, das ist das jüdische Volk (Röm 3,30; Gal 2,7–9; 2,12; Röm 4,12; Apg 10,45 u.a.). »Vorhaut« wird umgekehrt zur Bezeichnung der »Heiden« (Röm 2,26; 3,30; Gal 1,7; Eph 2,11 u.a.).

2. Die Frage der Beschneidung führte in der Urkirche zu einer harten Kontroverse zwischen verschiedenen Gruppen, ja, *sie brachte die damalige Christenheit an den Rand der Spaltung.* Da gab es Missionare, die im Rahmen einer strengen jüdischen Theologie zwar Jesus als den Messias verkündigten, aber die Beschneidung als heilsnotwendig verlangten (vgl. Gal 6,12f). Paulus sah in dieser Frage das → Evangelium der → Gnade auf dem Spiele stehen. Es drohte die Gefahr, daß die Beschneidung mit der Verpflichtung, das ganze

Gesetz zu halten, das → Evangelium verraten würde (vgl. Gal 5,2f; Phil 3,2).

Die Frage spitzte sich auf dem sogenannten *Apostelkonzil* in → Jerusalem zu. Sowohl der Bericht des Apostels Paulus darüber in Gal 2,1–10 als auch der des Lukas in Apg 15,1–29 zeigen, daß sich Paulus hat durchsetzen und mit den »Säulen« der Urgemeinde hat einigen können (Gal 2,9; Apg 15,23–29).

3. Wie schon bei den atl. Propheten *Beschneidung als Bild* gebraucht wurde, so gebraucht auch Paulus das Wort mehrmals in dieser Weise. »Und in ihm seid ihr auch beschnitten worden mit einer Beschneidung, die nicht mit Händen geschieht, nämlich durch das Ausziehen des Fleischesleibes in der Beschneidung Christi, indem ihr mit ihm begraben worden seid in der → Taufe« (Kol 2,11f). Der → Apostel nimmt hier das Wort Beschneidung als Bild für das Sterben Christi und verbindet dieses wiederum mit der Taufe der Christen. Er ersetzt die Beschneidung also durch die Taufe. Er setzt auch sonst die Taufe in betonten Gegensatz zur Beschneidung (vgl. Phil 3,3). Wenn Paulus in diesem Zusammenhang von der Taufe redet, dann redet er von der neuen Kreatur, die in Jesus Christus geschenkt ist (Gal 6,15). Was die atl. Propheten als »Beschneidung des Herzens« gefordert haben, ist hier als Geschenk in Jesus Christus an den Glaubenden möglich (vgl. 2Kor 3,18).

III. Der Begriff heute

Das Wort »Beschneidung« war bei dem Apostel Paulus ein Kampfwort, das seinen Platz in der urchristlichen Auseinandersetzung um die Heidenmission hatte. Diese Auseinandersetzung wurde so entschieden, daß Heiden keinesfalls erst (durch Beschneidung) Juden werden und die jüdischen Gesetzesvorschriften einhalten mußten, um in die Gefolgschaft des → Christus, des Messias, zu gehören. In der heutigen Christenheit ist *dieser* Kampf nicht mehr aktuell. Aktuell bleiben aber zwei mit der Beschneidung verbundene Fragen.

1. Die Frage nach dem heutigen jüdischen Volk

So scharf das »Nein« des Apostels Paulus gegen die Bedingung der Beschneidung *für die Heiden* war, so sehr achtete er den speziellen Weg der Judenchristen, deren Beschneidung er nirgends in Frage stellte. (Im Gegenteil: er läßt Timotheus, den Sohn einer jüdischen Frau und damit Juden, beschneiden, Apg 16,1–3.) Für ihn stand auch die im Bundeszeichen der Beschneidung liegende → Erwählung → Israels nie in Frage (vgl. Röm 9–11, bes. 9,4f und Röm 3,1–3). Wir Heutigen haben also nicht das Recht, den jüdischen Beschneidungsritus zu kritisieren oder gar abfällig zu beurteilen. Denn in ihm hält sich etwas durch von der jüdischen Antwort auf die Erwählungstreue Gottes diesem Volk gegenüber. Auch heutige Juden*christen* halten an der Beschneidung im allg. fest. Auch das werden wir Heidenchristen achten.

Die Notwendigkeit der »Beschneidung des Herzens«, von der nach den Propheten auch der Apostel Paulus gesprochen hat (vgl. Röm 2,17ff, bes. V. 29), gilt freilich nicht nur für die Christenheit, sondern nach wie vor auch für das Judentum.

2. Die Frage nach der »Freiheit eines Christenmenschen«

Im Galaterbrief führt der Apostel die Auseinandersetzung um die Beschneidung am tiefsten und schärfsten. Die Galater liebäugeln mit dem Ritus der Beschneidung. Ihr Hang zur Sicherung der Gnade Gottes durch eigenes Tun drängt sie dazu. Aber legen sie sich selber damit nicht die Last des Gesetzes auf, und verraten sie dadurch nicht die voraussetzungslose Gnade Gottes?

Martin Luther hat in der Auseinandersetzung dieses Briefes eine Parallele zu seinem Kampf gegen die Gesetzlichkeit, Werkgerechtigkeit und das Übergewicht des äußerlichen Ritus gesehen, einer trügerischen Sicherheit, der die Kirche seiner Zeit besonders anheimfiel. Sie endete in der »babylonischen Gefangenschaft«, wie Luther den Zustand dieser Kirche beschrieb. Gegen ihre Lehren setzte er die schon von Paulus erkämpfte »Freiheit eines Christenmenschen«, nämlich die freie Antwort des Glaubens auf das vergebende, bedingungslose Entgegenkommen Gottes in Christus. Nur dieser Glaube, nicht seine Sicherung durch allerlei Menschensatzungen, ist die rechte Reaktion des Menschen. Das Evangelium der Gnade bewahrt vor gegenseitigem Richten und falscher Sicherheit (was zwei Seiten derselben Medaille sind), vor Gruppendenken und schließlich einer selbstverschuldeten Knechtschaft, die nicht einladend wirkt. »Zur Freiheit hat uns Christus befreit! So steht nun fest und laßt euch nicht wieder unter das Joch der Knechtschaft bringen« (Gal 5,1).

U. Laepple

Besitz/Eigentum/Reichtum

I. Wortbedeutung

Was ich »be-sitze«, das »unterliegt« meiner Gewalt, darüber habe ich volles Verfügungsrecht. So wird Besitz in der deutschen Umgangs- und Rechtssprache verstanden. Die gleiche Bedeutung hat das eine der zwei im griech. NT üblichen Worte *(hyparxis/hyparchonta)*; das andere *(chraema)* meint das (zum Leben) eben notwendige Hab und Gut. Im hebr. AT hat »Besitz« bereits von der Wortbedeutung her einen anderen Hintergrund: es ist der »Besitzanteil«, der Anteil an einem größeren Ganzen, das dem Volk gegeben, verliehen, wurde *(nahalā)*. Ein weiteres atl. Wort *(segullā)*, das man mit »Eigentum« übersetzt, ist auch der Fachausdruck für die Zugehörigkeit Israels zu Gott als Volk des Eigentums.

II. Der Begriff in der Bibel

A. IM ALTEN TESTAMENT

1. Im AT ist der Begriff von vornherein *theologisch geprägt.* Gott hat sein Volk aus der Knechtschaft Ägyptens befreit und ihm ein *Land* zum Besitz gegeben. Israel hat sich diesen Grundbesitz nicht erworben und »angeeignet«, sondern hat ihn empfangen: »Euch habe ich das Land gegeben, daß ihr's in Besitz nehmt« (4Mo 33,53f). Es handelt sich also gerade nicht um Besitz im modernen Sinn der vollen Verfügbarkeit, sondern um eine *Leihgabe, die Gottes Eigentum bleibt.* Es gehört dem Volk nur als *anvertrautes Gut,* für das es dem Geber verantwortlich ist. Damit wird die biblische Einstellung zum Besitz deutlich, ob es Landteile oder sonstige Sachwerte seien: es ist immer von Gott zugeteilte Habe, für die wir ihm verantwortlich bleiben. So gab es auch im atl. Israel ganz bestimmte Ordnungen, die das Volk an den Eigentumsvorbehalt Gottes erinnerten, wie die Sabbatjahrordnung, nach der im 7. Jahr der Acker nicht bestellt und auf die Ernte verzichtet werden sollte; auch durfte der ererbte Landanteil der Familie nicht für immer verkauft werden; »denn das Land ist mein« (3Mo 25,23).

2. Wenn jemand es zu *Reichtum* bringt, dann hat er das nicht bloß seinem Fleiß zu verdanken (Spr 11,16). Auch reicher Besitz kommt letztlich aus Gottes Hand (1Chr 29,12; Pred 5,18). Darum ist es töricht, sich auf seinen Besitz zu verlassen (Ps 52,9; Spr 11,28) anstatt allein auf Gott. Doch es gilt nicht nur, der Verlockung falscher, materieller Sicherheit zu widerstehen. Vielmehr bedeutet Besitz und gerade Reichtum eine *besondere Verpflichtung:* den Bedürftigen, z.B. Witwen und Waisen, zu geben, was sie zum Leben brauchen, die Armen zu kleiden und für ihr Recht zu sorgen (Hi 31,16–25).

3. Das AT kennt eine Reihe von → Geboten, die den Reichen die → Fürsorge für die Armen auftragen (→ Armut/Arm/Elend): die dreijährliche Zehntenabgabe (5Mo 14,28f), die Gewährung von Nachernte und Nachlese in Feld und Weinberg (3Mo 19,9f), die Leihpflicht (5Mo 15,8) und das Zinsverbot (3Mo 25,36f). Besitz verpflichtet! Er ist nie einfach nur zum Eigengenuß gegeben. »Darum gebiete ich dir und sage, daß du deine Hand auftust deinem Bruder, der bedrängt und arm ist in deinem Lande« (5Mo 15,11). Die Propheten haben allen egoistischen Umgang mit Besitz und alle Ausbeutung und Bereicherung auf Kosten der Armen als *Schuld* hart angeprangert und darüber *Gottes Gericht* angesagt (z.B. Am 1,6–8; Jes 5,8; Mi 3,9–12).

B. IM NEUEN TESTAMENT

Während das AT stärker die soziale Verpflichtung von Besitz und Reichtum hervorhebt, findet sich im *NT* ein ausgesprochen *besitzkritischer Grundton,* weil Geld und Gut in ihrer Faszination auf den Menschen dem widerstehen, was Gott in Jesus Christus schenken will.

1. Lukas berichtet besonders vom *Widerstand der Reichen und Satten gegen Jesus.* Wer in Geld und Besitz Leben und Sicherheit sieht, wer an seinem Reichtum genug hat, der erwartet nichts mehr von Gott, und der hat auch nichts mehr von Gott zu erwarten (Lk 12,16ff; 16,19ff). Solchen Menschen gilt der Weheruf Jesu (Lk 6,24f). In der Begegnung des reichen jungen Mannes mit Jesus offenbart sich erschreckend die Götzenmacht des Mammon (Lk 18,18ff). Der in seinem Besitz Gefangene kann und will nicht den viel größeren Reichtum Gottes erfassen und geht so am → Heil vorbei (→ Götze/Götzendienst).

2. Das → Reich Gottes wird nur mit ganzem Herzen gewonnen, so wie der Kaufmann alles, was er hat, hergibt, um die eine kostbare Perle zu gewinnen. Der Schritt zum Glauben heißt also: alles, was einen bindet – und dazu gehören vornehmlich Geld und Besitz – *loslassen, um frei zu sein für den ewigen Reichtum in Jesus.* Darum haben die Jünger ihr Eigentum verlassen und sind Jesus nachgefolgt (Lk 18,28). Darum hat Zachäus die Hälfte seines Besitzes den Armen geschenkt, weil ihm die → Liebe und → Vergebung Jesu kostbarer geworden waren als sein Hab und Gut. Die Jerusalemer Urchristen lösten sich von ihrem Besitz, um in Liebe füreinander sorgen zu können (Apg 2,4). Und die Christen in Korinth wurden von Paulus gebeten, für die sonntägliche Sammlung zu geben, »so viel jeder kann« (1Kor 16,2), ja, ihr Überfluß soll mangelleidenden Brüdern so dienen, daß es zu einem »Ausgleich« kommt (2Kor 8,13f)!

3. Solche Bereitschaft zur Einschränkung des eigenen Besitzstandes, die Hingabe von materiellen Gütern, das handfeste *Opfer* aus

der Liebe heraus, das sind im NT Echtheitszeichen des Gläubigen, der sein ganzes Leben unter die Herrschaft Jesu Christi gestellt hat. Hebr 10,34 bescheinigt Christen, die in Verfolgungen ihre Habe verloren haben: »Ihr habt den Raub eures Eigentums mit Freuden erduldet, weil ihr wißt, daß ihr einen besseren und bleibenden Besitz habt.« So zeigt sich gerade im Verhältnis zum Besitz die Freiheit des Menschen, der Jesus Christus gehört und dem sich in ihm der unvergleichliche und unvergängliche Reichtum Gottes erschlossen hat (Joh 1,16; Eph 1,18; Phil 4,19).

III. Der Begriff heute

1. BESITZ ALS GABE

Wir leben in einer Zeit, in der Besitz zu den Höchstwerten gehört und Vermögensbildung noch staatlich gefördert wird. Für viele Menschen bedeutet dies Lebensinhalt, sie sind »besessen« von ihrem Besitz. Die Bibel will uns anleiten, daß wir im Besitz frei bleiben vom Besitz, frei bleiben für Gott und seine reichen Gaben und Aufgaben. Besitz ist nur eine der Gaben, die Gott gibt, die er aber auch wieder nehmen kann und an der nicht unser Leben hängt (Lk 12,5). Was er uns an materiellen Gütern anvertraut, dürfen wir in Dankbarkeit annehmen und in Verantwortung vor ihm pflegen und bewahren. Was er uns nimmt, können wir ihm getrost zurückgeben. Der Geber bleibt der Herr der Gabe; ihn allein beten wir an: »Der Herr hat's gegeben, der Herr hat's genommen; der Name des Herrn sei gelobt« (Hi 1,21). In solchem Vertrauen wird das wahre Fundament unseres Lebens sichtbar. Wo aber die Sorgen um die äußere Lebenssicherung unsere Gedanken ausfüllen, verlieren wir dieses Fundament und dienen einem anderen Herrn (Mt 6,24–34).

2. »HABEN, ALS HÄTTE MAN NICHT«

Das Trachten nach Geld und Vermögen bestimmt heute das Leben von Menschen, weil sie nichts anderes mehr erwarten und keine Hoffnung über ihr Leben hinaus haben. Dagegen sieht das NT unser Leben mit all seinen Gütern unter dem Horizont des baldigen Endes: das Ende dieser Welt steht nahe bevor, das → Reich Gottes ist schon im Kommen. Wer sich ans Irdische hängt, gibt das Ziel preis. »Ihr habt eure Schätze gesammelt noch in diesen Tagen der Endzeit«, klagt Jak 5,3 die Reichen an. Es gehört wesentlich zu unserem Christsein, daß wir in der Erwartung der → Wiederkunft Jesu und seines Reiches eine echte Distanz gewinnen zu den »Schätzen auf Erden« (Mt 6,19–21). Die christliche Einstellung zum Besitz hat Paulus am klarsten formuliert: »Die Zeit ist kurz. Darum sollen auch die, ... die kaufen, sein, als könnten sie es nicht behalten; und die die Güter dieser Welt gebrauchen, als brauchten sie sie nicht. Denn die Gestalt dieser Welt vergeht« (1Kor 7,29–31). »Haben, als hätte man nicht« – das ist die Richtschnur zum Umgang mit dem Besitz, nach der wir zielbewußt leben können.

3. »NIEMAND KANN ZWEI HERREN DIENEN«

Geld und Besitz sind keine harmlosen, neutralen Dinge, sondern von ihnen geht eine Macht aus, die nach unserem → Herzen greift und es ganz besetzen will. Davon merkt jeder etwas, der zum ersten Mal selbstverdientes Geld in der Hand hält. Die Bibel weiß von der Anziehungskraft des Mammon; Jesus nennt ihn einen Herrn, an dem Menschen hängen (Mt 6,24).

In den reichen Ländern des Westens sind viele Christen längst der Macht dieses »Herrn« erlegen. Manche Berufung ist schon daran gescheitert, daß man sich von seinem Lebensstandard, von Eigenheim und Garten nicht hat trennen können. Auch die derzeit beschämend niedrige Zahl von deutschen Missionaren zeigt an, wie sehr die Christen hierzulande an ihre bürgerlichen Besitzverhältnisse gebunden sind. Wohlstand bindet und macht träge. Er verschließt die Augen gegenüber den vielfältigen Aufgaben Gottes in dieser Welt. Er läßt »nach beiden Seiten hinken« im Kompromiß von Gott und Kapital, als hätte Jesus nie gewarnt: »Ihr könnt nicht Gott dienen und dem Mammon«. Wir Christen müssen an dieser Stelle so nüchtern und selbstkritisch wie möglich prüfen, welchem Herrn wir dienen.

Einige Fragen können zu ehrlicher Selbstprüfung helfen: Wie privat ist mein Besitz? Gibt es Dinge, die ich nur für mich habe? Steht mein Eigentum (Haus usw.) offen für andere Menschen? Bin ich gastfrei? Gebe ich gerne etwas her? Kann ich der Werbung und dem Warenüberangebot widerstehen? Lasse ich mir in Anschaffungen und im Lebensstil brüderliche Infragestellung und Korrektur gefallen? Solche Fragen (u.a.) machen deutlich, wer mein Herr ist.

4. FREI ZUM OPFER

Ob ein Mensch Gott gehört, ihm dient und ihm über seinen Lebensverhältnissen den Dank bewahrt, das wird besonders im Opfer erkennbar. In atl. Zeit reichte es aus, den 10. Teil von Ernte und Einkommen den Armen zu opfern. Das NT ging bereits über diesen Richtsatz hinaus: jeder gibt, soviel er kann (1Kor 16,2); die Not des → Bruders bestimmt das Maß. In unserer Zeit sind wir in bisher noch nicht gekanntem Ausmaß zum Opfer herausgefordert. Einer Milliarde Menschen auf der Erde fehlt das Nötigste zum Leben, Unzählige hungern und verhungern!

Unser Besitz ist uns aber nach Gottes Weisung nicht zur größtmöglichen Befriedigung egoistischer Bedürfnisse und Wünsche gegeben, sondern hat eine dienende Funktion: er ist den Bedürfnissen unseres Bruders und → Nächsten untergeordnet. Zachäus, der in Lebenskomfort und Vermögenshöhe gewiß vielen heutigen Christen unterlegen war, hat die Hälfte seines Besitzes den Armen seiner Stadt geopfert (Lk 19,8). Paulus hat die wohlhabende Gemeinde in Korinth aufgefordert, so viel zu opfern, daß es zu einem Ausgleich unter reichen und armen Christen kommt (2Kor 8).

Wenn wir nicht unter diesem biblischen Opferniveau bleiben wollen, müssen wir Christen heute anders leben, als wir es uns bisher erlaubt haben. Angesichts der weltweiten Hungerkatastrophe sollte unser Alltag unter dem Zeichen freiwilligen Verzichts stehen, sowohl was das Übermaß an Nahrungskonsum, modischen Anschaffungen und Wohnkomfort betrifft, als auch im Verbrauch von Benzin, Elektrizität, Wasser u.a. Wer hier bewußt und in Opfergesinnung lebt, kann sehr viel einsparen und hergeben, ohne daß er dabei selber arm zu werden braucht.

Die »Lausanner Verpflichtung« von 1974 mahnt uns in diesem Sinne zu einem *»einfachen Lebensstil«,* der uns dann auch im Umgang mit unserem Besitz in die biblische Freiheit und Weite führen kann. Es heißt dort in Art. 9: »Die Armut von Millionen erschüttert uns alle. Wir sind verstört über die Ungerechtigkeit, die diese Armut verursacht. Wer im Wohlstand lebt, muß einen einfachen Lebensstil entwickeln, um großzügiger zur Hilfe und Evangelisation beizutragen.«

K.-H. Michel

Besorgt sein → Fürsorge/Besorgt sein

Beten → Gebet/Bitten

Bewähren → Prüfen/Sich Bewähren

Bibel → Heilige Schrift

Bischof/Vorsteher

I. Wortbedeutung

»Bischof« kommt von dem griech. Wort *episkopos* (= »Aufseher«). Viele Funktionen können im Griechentum mit dem Titel *episkopos* bezeichnet werden: Aufseher, Kaufmann, Staatsbeamter, Proviant- und Münzmeister. Das Wort kann die verschiedensten öffentlichen Ämter bezeichnen, in denen der *episkopos* mit Autorität seiner Aufsichts- und Fürsorgepflicht nachkommt. Es ist also kein Ausdruck, der auf den religiösen Bereich beschränkt ist. Das Wort »Vorsteher« ist im Griech. selten ein Titel wie *episkopos,* sondern bezeichnet die Tätigkeit des Leitens und der schützenden Fürsorge.

II. Der Begriff in der Bibel

1. Paulus versucht durch Besuche und Briefe die neugegründeten Gemeinden zu leiten. Je größer und zahlreicher die Gemeinden werden, um so schwieriger wird dies. Manche Probleme konnten nicht aufgeschoben werden, bis der → Apostel wiederkam (vgl. 1Kor 11,34). Sicher wird von Anfang an schon eine Leitung für den → Gottesdienst notwendig gewesen sein. Wir treffen schon im ältesten ntl. Brief an die Gemeinde in Thessalonich auf »Leute, die euch *vorstehen* in dem Herrn« (1Thes 5,12). Diese handelten nicht einfach kraft der Autorität, die sie von einem Apostel hatten. Paulus bittet ja gerade an dieser Stelle die Gemeinde, diejenigen anzuerkennen, die leitende Aufgaben haben. Diese Anerkennung durch die Gemeinde ermöglicht erst den Dienst der Leitung. Die Leitung (wörtlich: Steuerungsgabe) in 1Kor 12,28 ist Gnadengabe (→ Charisma). Amt und → Geist, Beauftragung durch die Apostel und Anerkennung durch die Gemeinde sind keine Gegensätze (→ Dienst/Amt).

2. Bischöfe und Vorsteher bleiben am Ort und sind für die sich wiederholenden Aufgaben zuständig: Prüfung der Taufbewerber, Leitung des → Gottesdienstes, Wahrung der Einheit der Gemeinde und der Überlieferung von Jesus Christus in der Abwehr von Irrlehre. Auch die Verwaltung von Geldmitteln gehört wohl zu den Aufgaben der Leitung (vgl. 1Petr 5,2).

Zu beachten ist, daß Bischöfe und Vorsteher sowie → Älteste nirgends in der Einzahl als Leiter der Gemeinde vorkommen. Obwohl der Ausdruck »Älteste« auf judenchristlichen Einfluß zurückgeht, kann in der Funktion kein Unterschied zu Vorsteher und Bischof festgestellt werden (vgl. den Wechsel im Sprachgebrauch in Tit 1,5 u. 7 wie in Apg 20,17.28). In 1Tim 3 begegnet aber schon das Bischofsamt als eine festumrissene Größe. Dort werden die Voraussetzungen genannt, die ein Bewerber für dieses Amt mitbringen muß. Die Entwicklung können wir im einzelnen nicht übersehen. Sie hat sich aber offenbar sehr schnell vollzogen.

Eine ähnlich schnelle Entwicklung wie beim Bischofsamt in der frühen Kirche läßt sich auch in den sog. jungen Kirchen feststellen. Eine Gemeinde, die als Minderheit in nichtchristlicher Umgebung lebt, braucht offenbar schnell leitende Leute als Ausdruck ihrer Einheit.

Nach dem Tode der »Apostel, Propheten und Lehrer«, in der Anfechtung durch die Irrlehrer, bildete sich in den urchristlichen Gemeinden der Dienst der Leitung durch *einen* Bischof heraus. Diese Entwicklung ist um das Jahr 100 schon soweit abgeschlossen, daß ein Bischof jeweils eine Gemeinde leitet.

3. In 1Petr 2,25 wird Christus selbst der Bischof genannt: »Ihr waret wie die irrenden Schafe; aber ihr seid nun bekehrt zu dem Hirten und Bischof eurer Seelen.« Jesus kennt die Schafe. Die Fürsorge für sie schließt die Hingabe seines Lebens mit ein (vgl. Joh 10,14ff). Der Zusammenhang von → Hirte und Bischof ist auch in Apg 20,28 gegeben.

Die Aufgabe der Leitung ist Dienst, nicht Herrschaft. Sie hat ihr Maß und ihr Vorbild an dem wahren Bischof und Erzhirten Jesus Christus (vgl. 1Petr 5,1–5).

Dieser Sachverhalt wurde in der Geschichte der Kirche oft vergessen: die Bischöfe wurden im 4. Jahrhundert zu Staatsbeamten und geadelt (!), und so wurde der bibl. Begriff bis zur Unkenntlichkeit entstellt und verändert. Denken wir nur an Bischöfe im Mittelalter, die oft zugleich Fürsten waren.

III. Der Begriff heute

Ein Bischof ist heute nicht mehr wie in ntl. Zeit für eine einzelne Gemeinde, sondern für eine Diözese oder Landeskirche zuständig. Das ungeheuer gefüllte Bischofsamt nach katholischem Verständnis kann von den ntl. Texten her nicht begründet werden. In den Jahren nach dem Zweiten Weltkrieg kam der Titel auch im Bereich der evangelischen Landeskirchen wieder zu Ehren. Der Unterschied zum Bischofsamt in der katholischen Kirche muß dabei deutlich gesehen werden. Die Wiedereinführung des Titels Bischof hängt wohl damit zusammen, daß er ein speziell kirchliches Amt bezeichnet (im Unterschied zum Präsidenten). Auch wohl damit, daß es notwendig ist, für die Einheit der Kirche zu sorgen und nach außen hin mit einer Stimme zu sprechen und Hirte der Hirten zu sein (z.B. Seelsorge an den Pfarrern und anderen kirchlichen Mitarbeitern).

Männer wie Landesbischof Wurm im Dritten Reich haben durch die Ausübung ihres Dienstes dem Bischofsamt eine evangelische Interpretation gegeben. Im Kirchenkampf widerstand Bischof Wurm den Eingriffen des Staates in den kirchlichen Bereich und bewahrte die Geschlossenheit und Unabhängigkeit der württembergischen Kirche hauptsächlich durch seine Predigten in vielen Gemeinden. Er vertrat dem NS-Staat gegenüber (Judenverfolgung, Euthanasie) das Recht und die Würde des Menschen und erhob auch nach 1945 bei der sogenannten »Entnazifizierung« seine Stimme für eine menschenwürdige Behandlung der ehemaligen Nationalsozialisten.

Auch andere Landesbischöfe gaben dem Bischofsamt in der Zeit des Dritten Reiches ein neues Gepräge und machten es den evangelischen Kirchen leichter, trotz der Verirrungen in der Geschichte, den bibl. Begriff neu aufzunehmen. Dazu kommt, daß die heutige Massengesellschaft und die Medien die Herausstellung von Repräsentanten fordert und fördert.

Vom bibl. Befund her können wir feststellen: Amt und Dienst eines Bischofs ist *eine* mögliche Form evangelischer Kirchenleitung, aber keinesfalls die einzige und dazu von Christus gebotene. Der Bischof kann für die Gesamtkirche die Funktion wahrnehmen, die der Pfarrer in einer einzelnen Gemeinde ausübt.

→ Ältester; → Dienst/Amt; → Hirt

H. Sigloch

Bitten → Gebet/Bitten

Blut

I. Wortbedeutung

Das Blut wurde in den Ursprachen der Bibel wie auch im Deutschen – hier ursprünglich das »Fließende« – als der Sitz des → Lebens verstanden.

II. Der Begriff in der Bibel

Schon im AT, seit 1Mo 2,17, wie in der Bibel überhaupt, wird gesagt, daß der Mensch, der gegen Gottes Willen verstößt, der Sünder, stirbt (Röm 5,12ff; 6,23). Unter den → Gerichten Gottes bestehen, vor Gott leben und sich dem heiligen → Gott nahen und ihn bitten, kann der sündige Mensch nur auf Grund eines für ihn stellvertretend hingegebenen Lebens und stellvertretend vergossenen Blutes. Das wurde → Israel an zwei besonderen Tagen seines »Kirchenjahrs« besonders eindrucksvoll vor Augen gestellt: im Frühjahr beim → Passafest (2Mo 12; 13) und im Herbst beim Großen Versöhnungstag (3Mo 16; → Versöhnung/Sühne).

In der → Verheißung des »leidenden Gottesknechtes« (Jes 53; → Knecht Gottes) wird erstmalig deutlich, daß die Tieropfer nur etwas Vorläufiges sind und das gültige und endgültige, einmalige und ein für allemalige

→ Opfer das eines reinen, schuldlosen Menschen ist (Kol 2,17; Hebr 9,14.28; 10,1.14).

Im NT hat das »Blut Jesu Christi« entscheidende Bedeutung. Dabei ist »Blut« eine abgekürzte Redeweise für ein personales Geschehen: das Bluten und Sterben unseres Herrn, sein Sich-Opfern für uns mit umfassender Heilsbedeutung für alle Glaubenden in letzter Realität.

1. Als der große Fürbitter für uns, der »große Hohepriester«, ist er, anders als die → Priester Israels, als der ganz Reine ins himmlische Heiligtum mit seinem »eigenen Blut« eingegangen; er ist zugleich Priester und → Lamm (Röm 8,34; Hebr 7,27; 8,1.2; 9,12).

2. Nachdem Jesus mit seinem Opfer unsere Schuld abgetragen hat (Joh 1,29), steht von Gott her nichts mehr zwischen Gott und den Menschen. »Er hat Frieden gemacht durch sein Blut« (Kol 1,20). So haben wir nun »den Eingang zu Gott durch das Blut Jesu Christi« (Röm 5,2; Hebr 4,14–16; 10,19.22). Denn »das Blut Jesu Christi, des Sohnes Gottes, macht uns rein von aller Sünde« (1Jo 1,7).

3. Durch das Opfer Jesu sind wir unter allen Gerichten Gottes geschützt. Er ist das voll- und endgültige Passalamm. Mit seinem Blut wird der »neue → Bund« besiegelt (Lk 22,20; 1Kor 11,25). Durch »Christi Blut sind wir gerecht geworden und werden bewahrt vor dem → Zorn Gottes« (Röm 5,9).

4. Durch Jesu Opfer sind wir losgekauft aus der Sklaverei der Sünde. So hat der Feind, auf den wir uns eingelassen haben, kein Anrecht mehr an uns. »Wir sind erlöst mit dem teuren Blut Christi als eines unschuldigen und unbefleckten Lammes« (1Petr 1,18.19; Apg 20,28; Offb 1,5; 5,9).

5. So sind wir auch gegen List, → Versuchung und Gewalt des Feindes geschützt. Von denen, die Glauben gehalten haben bis zum Ziel, wird gesagt: »Sie haben überwunden (gesiegt) durch des Lammes Blut« (Offb 12,11).

6. Das Opfer Jesu wirkt nicht pauschal und automatisch für alle. Gott gibt zwar seine äußeren Gaben jedem, ob er nach ihm fragt oder nicht (Mt 5,45). Aber sein Vergeben, seinen → Frieden, seine → Gemeinschaft, seinen → Geist, sich selbst gibt er nur dem, der es haben will. So ernst nimmt Gott unseren menschlichen Willen. Dieser drückt sich am klarsten aus, indem wir ausdrücklich Gott um sein Vergeben, um unsere Rettung bitten. »Wer den Namen des Herrn anrufen wird, der wird gerettet werden« (Joel 3,5; Apg 2,21). Gottes Gabe muß im Glauben angenommen werden, in seinem → Wort und in seinem Mahl (Joh 3,16; 6,53–55.63; → Herrenmahl).

III. Der Begriff heute

1. In einem Kreis von Männern und Frauen, die neben ihrer Berufsarbeit unter jungen und alten Menschen seelsorgerlich tätig sind, wurde davon gesprochen, daß gegenwärtig sehr viele dieser Leute in okkulte Verstrickungen geraten seien, das heißt in eine Bindung an dunkle, unsichtbare Mächte. Das sei, so wurde weiter gesagt, eine Auswirkung der »okkulten Welle«, die heute mit Astrologie und Horoskop, Pendeln und »Besprechen«, mit Talismanen, Maskottchen und »Glücksbringern«, mit Spiritismus und angeblichen »parapsychologischen Experimenten« usw. durch unser Volk geht. Wie können wir, so wurde gefragt, die wir selbst durch unsere Sünde dem Feind schon so viel Anrecht auf unser Leben gegeben haben und die wir wissen, daß »mit unserer Macht nichts getan« ist, uns in einen Kampf zur Herauslösung von Menschen aus solchen Bindungen wagen? Es ist ja ein Kampf, in dem wir es nicht nur »mit Fleisch und Blut« (Eph 6,12), das heißt mit Menschen, zu tun haben. Manche in der Seelsorge erfahrenen Leute sagten daraufhin, wie wichtig und hilfreich es sei, sich da »unter die Bedeckung des Blutes Jesu zu stellen und darunter zu bleiben«, sowohl angesichts der eigenen Anfechtung und Versuchung, als auch, was ein solches Bemühen im Blick auf uns aufgetragene Menschen betrifft. Andere aus jenem Kreis haben darauf rückgefragt, was es denn heiße, sich »unter die Bedeckung des Blutes Jesu« zu stellen.

Es kann nicht bedeuten, wie es bei manchen klang, daß wir Schutz und → Vollmacht hätten in irgendeiner von Jesus losgelösten »Blutsubstanz«. Denn an dem auferstandenen und gegenwärtigen → Herrn vorbei und ohne ihn gibt es keine Hilfe. Es muß vielmehr in dem Sinn verstanden werden, daß wir uns in Christus selbst, dem für uns gekreuzigten Herrn, bergen, sowohl vor den Gerichten Gottes (Röm 8,1; 2Kor 5,21), wie auch vor den Angriffen des Feindes (Eph 6,10–17, »seid stark *in* dem Herrn«). So und so allein werden wir nicht nur selbst bewahrt, sondern so können wir auch für andere etwas ausrichten. Unser Herr hat ja gerade mit der Hingabe von Blut und Leben sterbend für uns den Sieg gegen den Feind »vollbracht« (Joh 19,30) und ihn entrechtet.

Die »Deckung unter dem Blut Christi« ist also unsere Bergung in Christus. So hat Martin Luther betont, es gelte »in Christus hinein zu kriechen«. Das Vertrauen auf das Blut Christi ist das Vertrauen auf Jesus Christus, den für uns gekreuzigten, den auferstandenen und gegenwärtigen Herrn. Seiner → Teue, die er mit seinem → Tod besiegelt hat, können wir trauen.

Daß wir uns in Christus und in seiner sich für uns opfernden Liebe vor den Gerichten Gottes und vor der Feindschaft des Feindes bergen können und wir *in ihm,* dem für uns gekreuzigten Herrn, Gott recht sind und wir nun sowohl im → Gebet als auch bei unserem Übertritt in die → Ewigkeit bei unserem Sterben vor Gott erscheinen können, sagen auch zahlreiche Kirchenlieder. Zum Beispiel: »Sein Blut zeichnet unsere Tür, das hält der Glaub dem Tode für; der Würger kann uns nicht rühren« (Martin Luther, EKG 76,5). »Christi Blut und Gerechtigkeit, das ist mein Schmuck und Ehrenkleid, damit will ich vor Gott bestehn, wenn ich in Himmel werd eingehn« (Graf Zinzendorf, EKG 273,1). »Nun findet kein Verdammen statt, weil Christi Blut beständig schreit: Barmherzigkeit, Barmherzigkeit!« (Andreas Rothe, EKG 269,4). Die Väter sagten aus großer seelsorgerlicher Erfahrung heraus, auch der → Seelsorge an der eigenen Seele: »Satan flieht, wenn er dich am Kreuze«, bei Jesus, »sieht.«

2. Manche Kreise haben auf Grund von Apg 15,20 Bedenken, Blutwurst und andere Speisen, die durch die Verwendung von Tierblut bereitet sind, zu essen. Doch es handelt sich hier um eine Rücksichtnahme der Christen aus den → Heiden auf Christen aus → Israel, denen es vom AT und ihrer Erziehung her sehr schwer gefallen wäre, mit Christen → Gemeinschaft zu haben, die mit Blut bereitete Speisen essen, was den Juden untersagt war (3Mo 3,17). Es geht hier um eine Rücksichtnahme aus → Liebe und nicht um ein Bedenken aus dem eigenen Glauben und → Gewissen (vgl. Apg 15,7–11). Auf jeden Fall können wir uns an das Wort unseres Herrn Jesus halten: »Was zum Munde eingeht, verunreinigt den Menschen nicht, sondern was aus seinem Munde ausgeht« (Mt 15,11.17.18).

3. Manche Kreise haben auch gegen Blutübertragungen Bedenken. Doch das Blut im biologischen Sinn gehört zu unserem → Leib. Und unser Leib ist nach dem NT in gewissem Sinn ein »Kleid« (2Kor 5,2.4) unseres eigentlichen Ichs, das unsere Identität, unser »Selbst« ausmacht. Er ist ein Kleid, das wir im Sterben einmal ablegen werden. Wir sind dankbar für dieses Kleid und für alle Hilfe, die wir dafür empfangen, angefangen bei der Speise; aber auch für die Medikamente, die nötig sind, ob wir sie nun schlucken oder sie uns eingespritzt oder uns durch Infusionen zugeleitet werden, für Prothesen, die wir brauchen, für den »Silbernagel«, der vorübergehend einem Bein, das gebrochen wurde, Halt geben soll, für den Herzschrittmacher und so auch für die Möglichkeit der Blutübertragung, die erforderlich wird. Das übertragene Blut wird ohnehin normalerweise bald wieder durch den Körper ersetzt und ausgeschieden. Nur, und das ist das Entscheidende, wir werden als Christen nicht unser letztes Vertrauen auf Arzt und Heilmittel richten, sondern auf den lebendigen Gott, ohne dessen Hilfe alles, was Menschen tun können, nichts wäre (→ Heilen/Heilung). Und wir werden als Christen uns auch nicht mit letzter Verzweiflung an unser Leben in dieser Welt klammern, sondern es willig unserem Gott wieder zurückgeben, gewiß, daß er uns in Jesus Christus dafür das bessere, das ewige Leben geben wird. »Christus ist mein Leben, Sterben ist mir Gewinn« (Phil 1,21). »In Jesus hab ich hier ein gutes Leben, und sterb ich, wird er mir ein besseres geben« (P. F. Hiller, EKG 304,1). F. Grünzweig

Böse/Schlecht

I. Wortbedeutung

Im AT bedeutet das hebr. Wort *ra'* sowohl »schlecht« im Sinne von »unpassend, untauglich, schädlich«, als auch »böse« im Blick auf des Menschen Tun und Wesen; auch schlimme, unheilvolle Ereignisse heißen einfach »Böses«. – Im griech. NT gibt es zwei verschieden lautende Wörter, von denen eines *(kakós)* etwas mehr den Sinn von »gering, minderwertig, schlecht« hat, während das andere (*ponerós,* eigentlich »mühe- oder leidvoll, unglücklich«) stärker in die Richtung »widrig, unheilvoll, verderblich, böse« geht. Doch beide Ausdrücke sind austauschbar und fast sinngleich.

II. Der Begriff in der Bibel

1. Beziehungen und Maßstäbe

Die deutsche Bibelübersetzung läßt ein im Urtext stehendes »böse« oft nicht erkennen; besonders häufig gibt sie durch das Wort »mißfallen« wieder, daß eine Sache oder Tat »in jemandes Augen« als böse erscheint. Diese Redensart ist typisch dafür, daß die Bibel gerade nicht abstrakt von dem »Bösen an sich« spricht, auch nicht über seinen Ursprung philosophiert, sondern immer konkret von einem Bezugssystem oder Personenverhältnis ausgeht, innerhalb dessen eine Sache als passend oder unpassend empfunden, ein Tun als gut oder schlecht beurteilt wird. Gottes Beurteilungsmaßstab ist die heile Gemeinschaft zwischen ihm und den Menschen; was diese Gemeinschaft stört, ist »böse« und »schlecht«.

2. In den Augen der Menschen können als schlecht erscheinen: minderwertige Waren (Spr 20,14) oder Früchte (Mt 7,18) ebenso wie häßliches Aussehen (1Mo 41,3) oder mißmutiger Blick (40,7); Geschehnisse wie Krankheit und Not, die über einen kommen (Hi 2,7), ebenso wie durch menschliches Tun heraufbeschworener Ärger (1Mo 21,12f; 4Mo 11,10); eine strategisch bedenkliche Maßnahme (1Sam 29,7) ebenso wie bedrohliche Tiere (1Mo 37,20), Kummer und Herzeleid (44,29), Übel und Unglück (Ps 23,4; 121,7), Verderben und Katastrophe (1Mo 19,19). Es kann Gewalttat sein, die man von anderen Menschen erfährt (Jer 39,12, »tu ihm kein Leid«), bewußt geplante Bosheit (1Mo 50,20a; Ps 56,6), aber auch selbstverschuldetes Unheil (Jer 7,6; 26,19 »zu eurem eigenen Schaden«), häufig auch eine von Gott beschlossene und geschickte Strafe (Ri 2,17; Jer 31,2, politische Schläge, die → Israel treffen); insofern kann »Böses« sogar von Gott getan (Am 3,6), ja geschaffen (Jes 45,7) sein, allerdings auch zurückgenommen werden (2Mo 32,14; Jer 18,8). An all diesen Stellen steht im bibl. Urtext das entsprechende Wort für »böse/schlecht«.

3. Nach Gottes Urteil als »böse« gilt mehrfach das Wesen der Menschen: Mit der Feststellung, daß das »Dichten und Trachten des menschlichen → Herzens böse ist von Jugend auf«, begründet Gott sowohl den Beschluß zur Sintflut (1Mo 6,5) als auch seine nachherige Entschlossenheit, keine Flut mehr zu schicken (8,21). Auch Jesus spricht von bösen Gedanken, die aus dem Innern des Menschen aufsteigen (Mk 7,21–23); er redet seine Zuhörer (nicht nur die Gegner) als solche an, die von Natur »arg« sind (Lk 11,12). Wie ohnmächtig der natürliche Mensch zum Guten ist und immer wieder dem Tun des Bösen verfällt, beklagt Paulus in Röm 7,19ff. Im Bekenntnis des Sünders vor Gott (»Ich habe/wir haben Böses vor dir getan«, Ps 51,6; 106,6) geht es indes meist um konkretes böses Verhalten, so auch, wenn durch → Propheten oder den bibl. Erzähler Schuld aufgedeckt wird. Regelmäßig gilt Israels wiederholter Verstoß gegen das 1. Gebot (Abgötterei, z.B. Ri 2,11; 10,6; → Götze/Götzendienst) sowie das kultische Fehlverhalten der meisten Könige (ab 1Kö 11,6; 14,22 ...) als »böse in den Augen des Herrn«. Dem entspricht im NT die Ablehnung Jesu und seiner Botschaft (Lk 11,29; Joh 7,7). Aber auch zwischenmenschliches Unrecht aller Art mißfällt dem Herrn: von Onans Nachkommenschaftsverweigerung (1Mo 38,9f) bis zu Davids Ehebruch und Mord (2Sam 11,27; 12,9); die unter den Menschen herrschende Bosheit kann eine ganze Stadt erfüllen (Sodom, 1Mo 13,13) und kann »den Gerechten dahinraffen« (Jes 57,1). Von der Trübung des Vertrauens, wenn unsere Rede nicht stimmt (Mt 5,37), bis hin zu jeglicher Verkehrung und Zerstörung gesunder → Gemeinschaft (Röm 1,28–31) reicht das, was auch das NT als »böse« beurteilt.

4. Die Abwehr des Bösen

Zuerst: das Böse beim Namen nennen, nicht die Maßstäbe auf den Kopf stellen und gut und böse verwechseln, Jes 5,20! Sodann: das Böse hassen und das Gute lieben, Am 5,14f! Am Widerstand Josephs gegen die Verführung (1Mo 39,9) wird gezeigt, wie er das Böse meidet; und seine Fähigkeit, den Brüdern zu verzeihen, begründet er damit, daß Gott selbst das Böse, das jene geplant hatten, umgeplant hat zum Guten (1Mo 50,20). Das Mosegesetz fordert dann allerdings das Austilgen des Bösen »aus deiner Mitte« (5Mo 13,6; 17,7.12), was konkret bedeutet, *den* Bösen zu töten (19,1; 22,22–24), und zwar zur Abschreckung (21,21). Jesus, der wohl einerseits das Ersäuftwerden mit einem Mühlstein um den Hals für ein vergleichsweise geringeres Übel als das Verführen und Zu-Fall-Bringen eines Kindes hielt (Mk 9,42), hat doch andererseits die Praxis der gesetzlich verfügten Steinigung durchbrochen (Joh 8,1–11, gegen 3Mo 20,10). Die an Christus Glaubenden sollen selbst alle Bosheit ablegen (Kol 3,8; 1Petr 2,1; Jak 1,21) und sich durch Christi → Liebe anstecken lassen, das Böse mit Gutem zu vergelten (Röm 12,21; 13,10; 1Kor 13,5). Der Kampf gegen das Böse in der Welt im Sinne des Ausjätens wird uns verboten (Mt 13,24ff u. 36ff, vgl. 1Kor 5,9–13). Schließlich lehrt uns Jesus zum → Vater beten: »Erlöse uns von dem Bösen!« (Mt 6,13b).

III. Der Begriff heute

Die Macht des Bösen

Gegenüber einer großen Zahl von Alltagsfällen, in denen sich, unseren Redensarten zufolge, nur »relativ« Schlechtes zuträgt, ein Mißgeschick oder Fehlgriff, eine vorübergehende Laune oder Unpäßlichkeit, gibt es doch auch immer wieder Geschehnisse, bei denen man sich bestürzt fragt, ob es sich da nur um ein grausiges Kino oder Theater, um einen Alptraum handelt, oder um Wirklichkeit. »Wie ist so etwas bloß möglich?!«

Da hat z.B. jemand Lust am Zugrundegehen eines Menschen, weidet sich an dessen Körper- und Seelenqualen; da werden Tatsachen aus egoistischem Interesse so verdreht, daß keiner mehr weiß, was die Wahrheit ist; Unschuldige werden übervorteilt oder zu Fall gebracht; durch Folter oder Erpressung werden Menschen in die Verzweiflung oder selber zum Verbrechen getrieben; in eine harmonische Gemeinschaft wird der Spaltpilz des Mißtrauens, der Eifersucht, des Hasses und der Rache gesät; durch Rufmord kann man Menschen, die einem nicht ins Konzept passen, zur Strecke bringen. Mächtige, Besitzende nützen ihre Stellung aus, um sich Schwächere abhängig zu machen und auszubeuten; Machtmißbrauch verletzt die Menschenwürde; Gewalt erzeugt Gegengewalt. Aber auch in äußerst verfeinerter Art spielen manche ihr größeres Vermögen, Können und Wissen aus, indem sie Andersdenkende unterdrücken, zum Schweigen oder Umdenken zwingen, ihnen »Gehirnwäsche« oder psychiatrische Klinik verordnen. Sie schrecken nicht zurück vor Eingriffen ins Nervensystem, vor Manipulation der Erbanlagen, Einflößung von Drogen, Vergiftung und Vernichtung unschuldiger Menschen; und womöglich alles unter dem Schein des Rechts und mit dem Anspruch, damit dem Staat, der Gesellschaft, der »richtigen« Ideologie zu nützen, in dem stolzen Bewußtsein menschlicher Allmacht, unter höhnischer Leugnung Gottes (manchmal allerdings auch schon unter Berufung auf angeblich göttlichen Auftrag!), jedenfalls unter zynischer Verachtung der Menschenrechte. Das Bösesein der Menschen kann solche Blüten treiben, daß wir dahinter eine geballte Macht am Werke sehen möchten, die alles daransetzt, Gottes Werk, seine Welt, die Gemeinschaft mit seinen Geschöpfen zu zerstören. »Das Böse«, das ist der Angriff gegen Gott, die Absage an ihn, die Verkehrung seiner guten Absichten ins Gegenteil.

DER BÖSE, DIE BÖSEN, WIR BÖSEN

Läßt sich – um den Ursprung des Bösen zu erklären – als zentrale Verkörperung des Bösen eine personhafte Gestalt, eine übermenschliche, womöglich gottheitliche Instanz dingfest machen? – Die außerbiblischen Religionen des Altertums kannten tatsächlich Götter, die als Gegenmächte gegen die guten Götter das Böse in die Welt einbrachten. In den primitiven Religionen sind es böse Geister, die sich in Steinen, Pflanzen, Tieren oder auch Menschen aufhalten und durch Magie und Zauber das Leben durcheinanderbringen. Heutzutage verlagert man gern den Ursprung des Bösen entweder in ein verhaßtes Volk, in eine verächtlich gemachte fremde Rasse, die feindliche Partei (den »Klassenfeind«) oder sonst eine Gruppe: die »anderen« – das sind die Bösen; gelegentlich ganz einfach auch »die Gesellschaft«, »die Verhältnisse«.

Keine dieser »Lösungen« vertritt der auf die Bibel gegründete Glaube. Es gibt keine ebenbürtige Gegenmacht gegen den einen Gott! Zwar spricht die Bibel vom → Satan, doch sie läßt seinen Ursprung im Dunkel und spekuliert nicht über sein Wesen. Wenn das AT an einigen Stellen ganz extrem sagt, der Herr selbst sei auch der Erschaffer des Bösen (Jes 45,7; Am 3,6, vgl. o.), will es sicher Gott nicht zum Anstifter all der unter Menschen gängigen Bosheiten stempeln, aber es will doch sagen: das Böse ist, bei all seiner Macht, nicht außerhalb des Geschöpflichen anzusiedeln, es steht nicht gleichbedeutend neben oder gleichmächtig gegen Gott, sondern ist ihm unterworfen; es verdient nicht, göttlich verehrt oder gefürchtet zu werden. Es gibt auch keine eindeutige oder hundertprozentige Verkörperung des Bösen in irgendeinem Menschen oder einer bestimmten Gruppe. Gewiß: sie alle können böse sein, können Böses tun; richtiger: *wir alle* (vgl. oben die bibl. Belege für das sündige Wesen des Menschen). Kein Volk, keine Rasse, kein Staatssystem kommt als »Ausbund« des Bösen schlechthin, als alleiniger Sündenbock in Frage. Wir alle sind, die einen wohl mehr, die andern weniger, immer wieder Opfer, Werkzeuge, Bedienstete des Bösen; in böser Verstrickung untereinander können wir förmlich Komplizen des Bösen werden.

Ist es, zumal wenn wir durch persönliche Verführung oder durch »Einflüsterung« überlistet werden, nicht doch *der* Böse, dem wir verfallen (→ Satan/Teufel)? Wie auch immer wir zu dieser Frage stehen und wie immer wir uns den Teufel vorstellen – ein Gegen*gott* ist er nicht! Und: eine Entschuldigung für uns Menschen leitet sich daraus nicht ab! Wo immer Menschen schuldig werden, ob durch Anrede »von außen« oder durch bewußten eigenen inneren Drang – immer müssen wir, mußt du, muß ich mich persönlich vor Gott verantworten. Gott würdigt uns dessen geradezu und läßt uns dadurch voll »Person« sein. Der erste Schritt zur Überwindung des Bösen ist daher das Bekenntnis: *Ich* bin böse gewesen; *ich* habe gesündigt.

MIT GESETZ UND GEWALT GEGEN DAS BÖSE?

Gesetzgebung sowie die Durchsetzung von Recht und Gesetz durch staatliche Gewalt (»Polizei und weltlich Regiment«, Gerichtswesen) soll dazu dienen, das Böse aus der menschlichen Gemeinschaft fernzuhalten oder es zumindest einzudämmen. Es wirklich an der Wurzel zu treffen und ein- für allemal zu überwinden, gelingt damit jedoch nicht. Selbst die gerechteste Staatsform krankt an dieser Unvollkommenheit; Gesetzgeber und

Vollzugsorgane sehen sich häufig vor die Entscheidung gestellt, lediglich das geringere von zwei Übeln zu wählen und bei mindestens einem Teil der Bevölkerung erneut »böses Blut« zu erregen. Nicht einmal das bibl. Gesetz schafft es, das Böse wirklich zu entwurzeln (vgl. Röm 7,7–24). Der christl. → Glaube baut auf eine andere, größere Kraft:

DIE ENTMACHTUNG DES BÖSEN DURCH JESUS CHRISTUS UND DIE NACHFOLGE IM GLAUBEN AN SEINEN SIEG

Die ganze Wucht des Bösen, zu dem wir Menschen fähig sind, wird am abgründigsten offenbar am Leiden Christi: Er, der Schuldlose, der Retter, in welchem Gott selbst lebt und leidet, wird von uns Menschen ausgestoßen – gerade als wäre *er* der Sündenbock (3Mo 16,20–22), *der* Böse, mit dessen Kreuzigung alles Übel aus der Welt beseitigt werden könnte (2Kor 5,21; vgl. Joh 11,49f). Aber gerade indem Jesus dies an sich geschehen ließ und dabei seinem Grundsatz treu blieb, dem Bösen mit keiner Gegengewalt zu trotzen (Mt 5,39), stattdessen bis zuletzt seinen Auftrag im Helfen und Heilen (Lk 22,51), Erretten und Segnen sah und sogar für seine Mörder um Vergebung bat (23,34), hat er in der Tat – auf ganz andere Weise, als seine Feinde das zu bewerkstelligen meinten – das Böse aus der Mitte der Menschen hinweggeräumt. Das Böse hat sich an Jesus gleichsam »totgelaufen« – was freilich erst bei Jesu → Wiederkunft als volle Wirklichkeit offenbar werden soll. Solange diese »alte« Welt mit ihren Gesetzmäßigkeiten besteht, ist das Böse in allen seinen Formen noch da. Dennoch lassen wir uns – schon vom AT her – nicht von ihm faszinieren. Es hat seine letzte Unheimlichkeit verloren und ist es nicht wert, daß wir vor ihm in Furcht erstarren (vgl. Ps 23,4). Daß mit dem Sieg Jesu die Gottesherrschaft unweigerlich angebrochen ist, muß daher immer neu ausgerufen, geglaubt und beansprucht werden (vgl. Eph 6,10ff). Der Böse und das Böse sind Mächte, von denen uns Gott erlösen kann. Darum lehrt uns Jesus diese Gebetsbitte: »Und erlöse uns von dem Bösen« (Mt 6,13).

G. Lindenberg

Bote → Engel/Bote

Brot/Speise

I. Wortbedeutung

Die Begriffe »Brot« und »Speise« überschneiden sich. Einmal ist Brot eine bestimmte Speise. Da aber das Brot das Grundnahrungsmittel ist, kann es auch stellvertretend für alle Speise stehen. Deshalb kann man sagen: »Ein Brot kaufen«, aber auch: »Arbeit und Brot haben«. Wenn wir im Gebet des Herrn um das tägliche Brot bitten, so ist damit alles, was wir zum Leben benötigen, gemeint.

II. Die Begriffe in der Bibel

1. Zur Zeit des AT und NT war Brot (zuerst aus Gersten-, dann oft aus Weizenmehl) das Hauptnahrungsmittel. Alle Speise ist Gabe Gottes (1Mo 1,29.30; 2,15; 9,3). Daß sie im »Schweiße des Angesichts« genossen wird, ist Folge der → Sünde (1Mo 3,19). Daß die Speise Gabe Gottes ist, wird dadurch bejaht, daß der Israelit die Erstlingsfrüchte vor den Herrn bringt (5Mo 26,1–15) und der Christ für das Essen dankt (1Tim 4,4).

Als Israel aus der Wüste ins Kulturland kam, stand es in der Versuchung, die Fruchtbarkeit des Bodens nicht von Jahwe zu erbitten, sondern von den Göttern des Landes, besonders vom Fruchtbarkeitsgott Baal (Hos 2,7–15.23–24; → Götze/Götzendienst). Gottes Fürsorge zeigt sich in jeder Ernte (1Mo 8,22). Auf der Wüstenwanderung ließ Gott sie seinem Volk in ganz besonderer Weise zukommen, als er es all die Jahre mit Manna versorgte (2Mo 16; 4Mo 11,6–9; 5Mo 8,3; → Fürsorge).

2. Die Aussage 5Mo 8,3 wird von Jesus in der Versuchungsgeschichte (Mt 4,1–8 par.) aufgenommen. Er macht damit deutlich, daß für ihn Hunger und Essen nur eine Seite der Wirklichkeit sind. Noch weiter geht Jesus in Joh, wenn er sich selbst als das Brot des Lebens bezeichnet (Joh 6,35).

Jesus lehrt seine → Jünger, um das *tägliche* Brot zu bitten (Mt 5,11). Als seine Hörer hungrig sind, speist er sie auf wunderbare Weise (Mk 6,31–44, Joh 6). Dieses Mahl war aber mehr als nur Hilfe für Hungrige. Die Juden erwarteten, daß ein großes Gastmahl stattfinden würde, wenn das → Reich Gottes kommt (Lk 14,15). Indem Jesus die Menschen so wunderbar speist, stellt er dar: Das Reich Gottes ist angebrochen, und ich bin es, mit dem es kommt.

3. Im Leben Jesu ist die Tischgemeinschaft sehr wichtig. Typisch für ihn ist, daß er mit Sündern und Zöllnern ißt und daß sich dabei deren Leben ändert (Lk 5,27–31; 19,1–10). In seinen Gleichnissen vergleicht Jesus das Reich Gottes mit einem Gastmahl, zu dem alle eingeladen sind (Mt 22,1–10; vgl. Offb 3,20; 19,9). Auch das Gleichnis vom verlorenen Sohn endet mit einem Festessen. An ihm nimmt der (»sündige«) verlorene Sohn teil, und der (»gerechte«) ältere Sohn steht schimpfend draußen (Lk 15,22ff).

4. Im AT waren ausführliche Speisegebote in Geltung (z.B. 3Mo 11), aber Jesus erklärt alle Speisen für rein (Mk 7,14–19). Verzicht auf bestimmte Speisen ist von Christen nur gefordert, um Menschen für Jesus zu gewinnen (1Kor 9,20) oder aus Rücksichtnahme auf im Glauben schwache Mitchristen (Röm 14,15.20).

5. Die Gemeinde in → Jerusalem sorgt praktisch für die, die Mangel haben (Apg 6), und Jakobus stellt diese → Fürsorge als selbstverständliche Pflicht dar (Jak 1,14.17). In seinen Weherufen über die Reichen (Jak 5,1ff) nimmt er die Haltung Jesu (Mt 19,23) und die der atl. → Propheten auf.

6. Sowohl Paulus wie auch der Schreiber des Hebräerbriefes verwenden »Speise« im übertragenen Sinn. Der Anfänger im Glauben kann nur Milch vertragen, nicht die feste Speise der tieferen Erkenntnis (1Kor 3,2; Hebr 5,12–14; → Erkennen/Erkenntnis).

III. Die Begriffe heute

1. Wir leben in einer Wohlstandsgesellschaft. Da ist es besonders wichtig, unser (reichliches) tägliches Brot nicht als Selbstverständlichkeit anzusehen. Unsere Speise ist auch nicht das Ergebnis unserer Leistung, sondern aller Reichtum ist Geschenk Gottes. Bei dieser Haltung wird auch die → Arbeit als → Segen Gottes empfunden und nicht als etwas, was man möglichst vermeiden soll.

So wie Israel damals in der Gefahr stand, sich im Wohlstand den Baalen zuzuwenden, so stehen wir in der Gefahr, die Wohlstandsgötter (Besitz, Luxus, Wachstum, Fortschritt u.a.m.) für wichtiger zu halten als Jesus und sein Wort (→ Götze/Götzendienst).

2. Durch das Leben der Christen und durch die Verkündigung der Gemeinde muß deutlich werden, daß der Mensch nicht nur vom Brot lebt, sondern genauso nötig, ja heilsnötig, das Wort Gottes braucht.

So wahr Jesus Hungrige gespeist und seinen Jüngern befohlen hat: »Gebt ihr ihnen zu essen« (Mt 14,16 par.), so wahr muß sich die Gemeinde da, wo Not ist, engagiert für das leibliche Wohl der Menschen einsetzen. Sie darf aber über der praktischen Linderung leiblicher Not die Verkündigung der Botschaft von der → Erlösung nicht vernachlässigen. Andererseits besteht die Gefahr, wie sie Jakobus andeutet, daß die Betonung des Geistlichen eine Ausrede ist, um nicht praktisch helfen zu müssen. Deswegen werden Christen immer engagiert sein, akute Not zu lindern. Sie werden sich auch engagieren, die Ursachen, die zu Hunger und Not führen, zu bekämpfen.

Heute ist die Welt mehr als jemals zuvor eine Einheit. Deswegen muß der Auftrag, den Notleidenden zu helfen, weltweit ausgeführt werden.

Wir kaufen selbstverständlich (billigen) Spargel aus Taiwan, Cashew-Nüsse aus Tanzania und Bananen aus Equador. Die weltweite soziale Verantwortung ist deswegen für den Christen genauso selbstverständlich wie sein weltweiter Konsum.

3. Jesus legte Wert auf die Tischgemeinschaft. Auch in der Gemeinde sollten gemeinsame Mahlzeiten einen regelmäßigen Platz in den Häusern und in der Kirche haben. Diese Gemeinschaft wird, wenn sie mehr ist als Geselligkeit unter guten Bürgern, immer Raum haben für die Sünder, für die Fremden, für die Andersartigen.

Jesus hat zu einem Fest eingeladen. Deswegen rufen wir zum großen Fest, bei dem Jesus der Gastgeber ist. Jede Gemeinde und alle Christen sollten sich fragen, ob ihr Werben und ihr Leben für Jesus fröhlich und festlich ist oder streng und fordernd.

Die Tischgemeinschaft Jesu zu seinen Lebzeiten mit seinen Jüngern ist ja eine der Wurzeln des Abendmahls. Es ist zu fragen, ob nicht das Element der Gemeinschaft und der → Freude in der Abendmahlsfeier deswegen einen ganz neuen Raum erhalten muß (→ Herrenmahl).

K. Fiedler

Brotbrechen → Herrenmahl

Bruder/Schwester

I. Wortbedeutung

In den Grundsprachen der Bibel werden aus dem gleichen Wortstamm durch Veränderung der Endung die beiden Wörter »Bruder« und »Schwester« gebildet (griech.: *adolphos, adelpha*). Die Bibel kennt verschiedene Anwendungsbereiche der Wörter. Ursprünglich wird mit ihnen eine Angabe über die Blutsverwandtschaft gemacht. Weiterhin kann mit diesen Bezeichnungen die Zusammengehörigkeit von Familien (Verwandtschaft im weiteren Sinne), aber auch die Verbindung in der jüdischen Volksgemeinschaft oder der christlichen Gemeinde ausgedrückt werden. In einem ganz ausgeweiteten Sinn beschreibt »Bruder« auch die Beziehungen zu Menschen aus dem einem Menschen eigenen Lebensbereich, womit »Bruder« dann bedeutungsgleich mit dem Wort → »Nächster« wäre (eine Ausweitung, die allerdings unter Auslegern nicht unumstritten ist).

II. Der Begriff in der Bibel

A. IM ALTEN TESTAMENT

1. VERWENDUNG ALS VERWANDTSCHAFTSBEZEICHNUNG

Diese Bedeutung spielt in den Vätergeschichten (1Mo 12–50) eine große Rolle. Die Brüder Jakob und Esau streiten um den Segen des Vaters (1Mo 27). Als Jakob mit einer List den → Segen des Vaters erhält, muß er vor seinem Bruder fliehen. Er hat seinen Bruder betrogen. Ausführlich wird die wechselvolle Geschichte von Joseph und seinen Brüdern erzählt (1Mo 37; 42–45). Von dem Neid gegen diesen Lieblingssohn des Vaters, vom Verkauf an Sklavenhändler – und wie sich dann das Blatt wendet und sich die Brüder dem Wohlwollen Josephs ausliefern müssen.

2. DER ÜBERTRAGENE GEBRAUCH

Wichtiger ist im AT der Gebrauch des Begriffes im übertragenen Sinn.

a) Die Predigt der göttlichen → Gebote schärft den gemeinschaftlichen, den sozialen Bezug ein: ». . . darum gebiete ich dir: willig sollst du deine Hand auftun für deinen dürftigen und armen Bruder in deinem Lande« (5Mo 15,11; → Armut/Arm/Elend).

Die Verbindung zu Brüdern hat einen starken ethischen Akzent. Das macht auch die Geschichte von Kain und Abel deutlich. Man kann sich nach Gottes Willen aus der Verantwortung für den Bruder nicht wegschleichen; etwa mit der kecken Bemerkung: »Soll ich meines Bruders Hüter sein?« (1Mo 4,9). Wenn es Mal 2,10 heißt: »Warum handeln wir so treulos aneinander?«, dann ist damit treffend gekennzeichnet, wie der Begriff »Bruder« im AT verwendet wird: Das Volk Gottes ist eine große Familie, die eine Einheit bildet.

b) Die Volks- und Glaubensgenossen sind Brüder. Es geht nicht nur um die Verbindung der einzelnen, sondern auch um deren Gleichberechtigung. »Brüder stehen auf gleicher Stufe, haben gleiche Rechte und Pflichten . . .« (E. Jenni).

B. IM NEUEN TESTAMENT

1. JESUS UNSER BRUDER

a) Unter den christl. Kirchen ist es immer noch eine Streitfrage, ob Jesus leibliche Geschwister gehabt hat. Die katholischen Ausleger nehmen (aus dogmatischen Gründen) an, daß es sich bei den Mt 12,46f par. erwähnten Brüdern entweder um Verwandte (Vettern und Cousinen) oder um Stiefgeschwister aus einer früheren Ehe des Joseph handelt. Diese Auffassung ist allein vom Begriff her nicht zu widerlegen. Doch ist bei unvoreingenommenem Lesen der Texte ein solches Verständnis nicht naheliegend. Ebenso wie das NT von Brüdern bei den → Jüngern Jesu spricht (Mt 10,2ff) und damit leibliche Geschwister meint, so kann das für Jesus auch angenommen werden.

b) Jesus ist unser Bruder geworden (Hebr 2,11–18). Weil Jesus Mensch geworden ist, Knechtsgestalt angenommen hat, hat er die Menschen erlöst und den Grund für die Bruderschaft der Christen gelegt. Maßstab und Kennzeichen christlicher Bruderschaft ist daher nicht die formale Zugehörigkeit zu einer Gemeinde, sondern der → Gehorsam gegen das Liebesgebot, der → Liebe, zu der Jesus → Christus die Menschen befähigt. Mk 3,31–35 macht deutlich, daß es um eine neue Familie geht, um die »familia dei«, die Familie Gottes.

2. Der 1. Johannesbrief macht die Bruderliebe zum Maßstab des → Glaubens überhaupt (vgl. 1Jo 4,20f). Er erinnert damit an das → Gebot Jesu, der Gottes- und Nächstenliebe zusammenfaßt zum vornehmsten Gebot (Mt 22,34ff).

3. Weiter ist bedeutsam, daß sich das Liebesgebot nicht auf den engeren Kreis der Brüder und Schwestern (= Mitchristen) beschränken läßt, sondern sich entsprechend der umfassenden Weite des Heilswerkes Jesu Christi ebenso weit erstreckt. Die → Bergpredigt (vor allem Mt 5,43ff) und das Gleichnis vom barmherzigen Samariter (Lk 10,25ff) sprengen die Begrenzung des Liebesgebotes auf Mitchristen. Im Gleichnis von der Scheidung der Guten und Bösen im Endgericht (Mt 25,31ff) stellt sich Jesus als → Menschensohn-Weltenrichter zu den Geringsten und nennt sie »Brüder«. Er mißt dabei den → Gehorsam der Christen an ihrem Verhalten zu diesen Geringsten.

III. Der Begriff heute

1. »BRUDER« UND »SCHWESTER« – ÜBERHOLTE BEGRIFFE?

Es scheint, daß das Wort »Bruder« in der heutigen Zeit seine Kraft und echte Bedeutung verloren hat. Bruder ist einerseits zur rhetorischen Floskel geworden – nahezu selbstverständlich reden sich Pfarrer und Pastoren mit »Bruder« an. Und wo noch Reste der Aussagekraft des Begriffes gewahrt werden, besteht die Gefahr, daß Nichteingeweihte dieses Wort gar nicht verstehen, was dem Inhalt des Wortes genau entgegenläuft. Bruder ist ein »Insiderbegriff« geworden.

Der Begriff »Schwester« ist eine Berufsbezeichnung geworden, so daß es noch schwerer ist, mit diesem Begriff heute das auszudrükken, was das NT meint.

Es ist aber nicht möglich, auf den biblischen Gehalt der Begriffe »Bruder«/»Schwester« zu verzichten. Mag der Begriff altmodisch oder unbrauchbar sein; der Inhalt und die Bedeutung müssen in Geltung bleiben, sonst verliert die christliche Gemeinde eines ihrer wichtigsten Wesensmerkmale.

2. GEMEINDE JESU CHRISTI – GESCHWISTERSCHAFT UNTER GLEICHEN

Die christl. Gemeinde ist eine Gemeinde von Schwestern und Brüdern. Das ist nicht nur eine theoretische Feststellung! Die ersten Christen bildeten nicht nur eine Glaubensgemeinschaft, vielmehr wird die gegenseitige Verantwortung bis in die materiellen Nöte hinein übernommen (vgl. Apg 4,32ff). Die ersten Christen bewahren den ganzheitlichen Charakter des Begriffs. So sehr der Glaube an den Herrn Jesus Christus Voraussetzung und Grundlage für diese Bruderschaft ist, so gehört die umfassende Verantwortung für die Geschwister dazu. Sie entsteht dort, wo klar geworden ist: »Einer ist euer Meister, ihr aber seid alle Brüder!«

Im NT ist auch keine unterschiedliche Gewichtung zwischen Brüdern und Schwestern festzustellen. Im Gegenteil! Frauen, Schwestern, sind die ersten → Zeugen der → Auferstehung. Der Jüngerkreis besteht nicht nur aus Männern; es gehören auch Frauen dazu (Lk 8,1ff). Auch in den Missionsgemeinden spielen Schwestern eine wichtige Rolle (Apg 16,14ff; Röm 16,1 u.a.).

Die christl. Gemeinde ist eine Gemeinde von Gleichen. Unterschiede im Amt oder im Rang sind belanglos. Die Ämter der Gemeinde begründen keine Hierarchie, sondern stellen eine Unterscheidung hinsichtlich der → Dienste und Funktionen dar. Alles ist auf ein Ziel ausgerichtet (1Kor 12,4–7). Daß die Verwirklichung echter christl. Bruderschaft keinem in den Schoß fällt, zeigen die Ermahnungen der → Apostel in ihren Briefen (vgl. auch Gal 3,28; → Charisma).

3. DAS GESCHENK EINER GESCHWISTERSCHAFT

Christl. Bruderschaft soll sich in geistlicher Zelle der Gesamtgemeinde bewähren. Die heutigen Gemeinden sind vielfach nicht mehr überschaubar. Das ist nicht nur ein Problem der landeskirchlichen Gemeinden, sondern auch das von Freikirchen, Gemeinschaften und Vereinen. Wer kennt schon alle Mitglieder seiner Gemeinde, Gemeinschaft, seines Vereins mit Namen? Wieviel weniger ist zwischen so vielen Menschen ein brüderliches Miteinander möglich.

Deshalb ist es wichtig, die Gesamtgemeinde zu ergänzen und zu unterstützen durch kleine Zellen (Hauskreise, Gebetsfrühstück, Zweierschaften). Dabei ist zu beachten, daß diese kleinen Kreise und Gruppen ihren Bezug auf die Gesamtgemeinde hin nicht verlieren. In diesen kleinen Zellen ist Raum für den persönlichen Austausch, für Gebet und Beichte, auch für Beratung und → Seelsorge.

Bruderschaft ist die Verwirklichung des Geschenkes der Gotteskindschaft durch Jesus Christus. Dabei geht es nicht nur um den Nutzen nach innen, sondern auch um den Zeugnisauftrag der Gemeinde nach außen. Der 1. Johannesbrief macht die Liebe zum Bruder bzw. zur Schwester zum Maßstab für die Gottesliebe.

Die Bedeutung der Begriffe Bruder/Schwester liegt nicht so sehr im Bereich der Theorie oder der Lehre. Sie sind Begriffe der Praxis. Es geht dabei um den Glaubensgehorsam, um → Nachfolge.

Und doch bleibt Bruderschaft ein Geschenk und großes Vorrecht. Vor einem Bruder oder einer Schwester ohne Maske sich aussprechen dürfen, in materieller Not nicht alleingelassen, in Niedergeschlagenheit ermuntert zu werden, in der Unübersichtlichkeit des eigenen Weges helfenden Rat zu erhalten – das ist es, was zwar unter Christen durchaus nicht selbstverständlich, aber eine glücklich machende Erfahrung ist. W. vom Baur

Bund

I. Wortbedeutung

Im Dt. verstehen wir unter einem Bund eine gegenseitige Abmachung, ein Bündnis zwischen gleichberechtigten Personen. Im Hebr. ist etwas anderes gemeint: Jemand übernimmt eine bindende Verpflichtung im Interesse eines anderen, meist Schwächeren, ohne dessen Gegenleistung vorauszusetzen; oder umgekehrt: er belegt einen anderen mit einer bindenden Verpflichtung, die der andere dann wahrzunehmen hat, so z.B. als David zum König über Israel verpflichtet wird (2Sam 5,3). Hinter dem hebr. Wort »Bund« steht ursprünglich das Tätigkeitswort »ersehen, auswählen, bestimmen«. Entsprechend übersetzte die griech. Bibel das Wort mit »Bestimmung«, »Verfügung«, die latein. mit »Testament«, ohne allerdings zu beachten, daß mit Testament (wie auch im Dt.) eine letztwillige Erbverfügung gemeint ist, während im Hebr. daran nicht gedacht ist.

Der ntl.-griech. Begriff *diatheke* umschließt beide Bedeutungen: »Bund« und »Testament«; vgl. Hebr 9,15ff.

II. Der Begriff in der Bibel

Wenn wir Altes und Neues Testament sagen, hat das also gar nichts mit dem Vermächtnis eines Verstorbenen zu tun. »Der

Alte und der Neue Bund« – damit soll das entscheidende Zeugnis der Bibel ins Zentrum gerückt werden: daß Gott sich in freier Wahl an sein Volk gebunden hat; und diese *Selbstverpflichtung Gottes* ist durch nichts mehr aufzuheben! »Denn Gottes Gaben und seine Berufung sind unwiderruflich« (Röm 11,29).

A. IM ALTEN TESTAMENT

1. Zuerst hat Gott sich an *Abraham* gebunden. Er hat ihn aus allen anderen Menschen herausgegriffen und erwählt. Er hat ihm ein Land, Nachkommen und großen → Segen versprochen (1Mo 12,1–3). Gott hat sogar seine Selbstverpflichtung Abraham gegenüber bekräftigt, wie es damals üblich war, indem er zwischen zerteilten Tieren hindurchschritt wie eine Feuerflamme; und das bedeutete: wenn ich meine Zusage nicht einhalte, soll es mir ergehen wie diesen Tieren. »An dem Tag schloß der Herr einen Bund mit Abram« (1Mo 15,17.18). So sehr hat sich der lebendige Gott erniedrigt und bedingungslos an einen Menschen gebunden, ihm zum Segen. Und Abraham hat im Glauben Gottes Bund ergriffen und festgehalten. Und das ganze Volk Israel wußte (und weiß) sich aus freier → Gnade in diesen Bund hineingestellt und erkannte darin die voraussetzungslose Liebe und barmherzige Treue seines Gottes (5Mo 7,6ff). → Erwählung; → Israel; → Treue/Untreue; → Liebe.

2. Auf der anderen Seite hat Gott mit dem *Sinaibund* auch sein Volk unter Vertrag genommen und in den 10 Geboten die *Verpflichtung Israels* ausgesprochen. »Und er verkündigte euch seinen Bund, den er euch gebot zu halten, nämlich die Zehn Worte« (5Mo 4,13). Auch dieser Bund kommt aus der erwählenden Liebe Gottes, aber in der Pflicht steht jetzt allein Israel. Es ist nun gebunden an das Wort der → Gebote, und von seiner Treue hängt → Segen oder Unheil ab (5Mo 30). Während Gott seinen Bund unverbrüchlich gehalten hat, hat Israel seinen Bund unzählige Male gebrochen und damit sein Leben vor Gott verwirkt. So reden die → Propheten nicht mehr viel vom Bund, desto mehr aber vom kommenden → Gericht Gottes über Israels Ungehorsam und Untreue, das dann auch mit dem Ende des Nordreichs Israel (722 v.Chr.) und der Zerstörung → Jerusalems (587 v.Chr.) über das Volk hereinbrach. Dennoch steht Gott weiter in ganzer Treue zu seiner Zusage und läßt durch die Propheten sogar einen *neuen Bund* ankündigen, der durch Ungehorsam nicht mehr aufgehoben werden kann, weil Gott durch seinen Geist selber für die Erfüllung des Bundes aufkommen wird (Jer 31,31ff).

B. IM NEUEN TESTAMENT

Das NT sieht diesen neuen Bund in Jesus erfüllt und im Heiligen Geist geschenkt. Durch den Glauben an Jesus Christus bekommen wir Anteil am Segen des Abrahambundes und empfangen den verheißenen Geist (Gal 3,9.14 → Geist Gottes). Im Blut Jesu Christi hat der neue Bund seinen Grund und Bestand (1Kor 11,25). »So ist Jesus Bürge eines viel besseren Bundes geworden« (Hebr 7,22); → Versöhnung/Sühne.

III. Der Begriff heute

1. Einsatzpunkt und Grundlage unseres Glaubens

Wenn Jesus zu seinen Jüngern sagt: »Nicht ihr habt mich erwählt, sondern ich habe euch erwählt« (Joh 15,16), dann zeigt er ihnen und auch uns den *Einsatzpunkt* christl. Glaubens. Wir sind nur darum Christen geworden, weil Jesus Christus auch uns erwählt, uns konkret zur Umkehr und zum Glauben gerufen hat, und sich dadurch in Liebe an uns gebunden hat. Daß er zu dieser gnädigen und unverdienten Erwählung in Treue steht und uns nicht fallen läßt, ist die *Grundlage* unseres Glaubens.

Keiner von uns kann für seine Treue Gott gegenüber garantieren, aber Gott garantiert uns in Jesus seine Treue. Im Opfer Jesu Christi hat Gott seinen Treuebund für alle Welt aufgerichtet und rechtskräftig bestätigt. Sein Bund gilt nun unverbrüchlich, so wahr Jesus für uns gestorben ist. Und jedesmal wenn wir unseren Treuebruch, unsere Schuld vor ihm bekennen, stellen wir uns gerade damit auf die Grundlage dieses Bundes: Gott vergibt, was wir ihm bekennen. So gut ist Gott! Gerade im Bekenntnis und in der gnädigen → Vergebung unserer Schuld wird der Bund Gottes in unserem Leben eine dynamisch-wirksame Kraft, die nichts beim Alten läßt, sondern alles reinigt und neu macht. »Wenn wir unsere Sünden bekennen, so ist er treu und gerecht und vergibt uns die Sünden und macht uns rein von aller Ungerechtigkeit« (1Jo 1,9; → Bekennen/Bekenntnis). Daran hat sich Gott gebunden. Und die *verbindliche Zusage Gottes* darf die frei- und frohmachende Grundlage unseres Glaubens sein.

2. Sichtbare Zeichen des Bundes Gottes

In der → *Taufe* ist mir die Gültigkeit des Bundes Gottes im Tod Jesu auch für mein Leben ganz persönlich und konkret sichtbar zugesprochen worden. Ich darf wissen: Gott hat sich ganz unverdient auch an mich gebunden!

In der persönlichen *Beichte* vor Jesus Christus darf ich immer wieder den Bund Gottes mit mir realisieren, indem ich meine Untreue und Schuld bekenne und sogar im Wort des Bruders und unter seiner bekräftigenden → Handauflegung vernehmen kann: »Dir sind deine Sünden vergeben.«

Im *Abendmahl* darf ich schmecken und sehen, daß Gottes Bund im → Kreuz Jesu steht und mir sowie den Brüdern neben mir gilt; denn Brot und Wein sind die sichtbaren Zeichen seines Opfers; der Kelch, der uns gereicht wird, »ist der neue Bund in meinem Blut«, sagt Jesus Christus selber (1Kor 11,25; → Herrenmahl).

Wenn sich die → *Gemeinde* zum → *Gottesdienst* sammelt, darf ich dankbar sehen, daß Gott seinen Bund hält, daß er *sein* → *Wort* schenkt, das ich hören und in der *Bibel* lesen kann. Und auch das heutige Volk → Israel, das heimkehren durfte ins Land seiner Väter, kann mir ein weiteres Zeichen dafür sein, daß Gott zu seinem Bund steht und seinem alten und neuen Volk verbindlich die Treue hält.

3. Unsere Verbindlichkeit zu Gott hin

So ist unser ganzes Leben in die Verbindlichkeit Gottes hineingestellt in einer doppelten Weise: Einmal hat sich Gott aus freier Gnade an uns gebunden, und das ist unsere ganze Freude. Zum anderen ruft seine Verbindlichkeit nach unserer Verbindlichkeit! Weil er sich an uns gebunden hat, sollen und dürfen auch wir uns an ihn binden. Darin darf unser Leben ein Stück weit sein Wesen widerspiegeln. Weil *er* treu ist und zu uns redet, wollen auch *wir* Treue lernen im täglichen Hinhören auf sein Wort, die Bibel. Weil er sich festgelegt hat und uns die Sünden vergeben will, wollen auch wir uns festlegen, unsere Schuld immer wieder vor ihn zu bringen und so nichts zwischen ihm und uns stehenzulassen. Weil er sich gebunden hat, gegenwärtig zu sein, »wo zwei oder drei in seinem Namen zusammen sind«, wollen auch wir verbindlich an den Versammlungen unserer Gemeinden teilnehmen. Damit wird die andere Adresse unserer Verbindlichkeit deutlich:

4. Unsere Verbindlichkeit zum Bruder hin

Wenn auf Gott Verlaß ist, weil er sich gebunden hat, dann sollte auch darin unser Leben Gottes Wesen widerspiegeln, daß auf uns Verlaß ist. Gerade im Miteinander einer Gemeinde geht es nicht ohne entsprechende Festlegungen. So ist es ein Stück Konsequenz aus der Bundestreue Gottes, wenn Christen sich zur regelmäßigen Teilnahme an einem Kreis oder zu treuer Mitarbeit in einer gemeinsamen Aufgabe festlegen. Christliche Verbindlichkeit wurzelt in der Verbindlichkeit Gottes selber! Sie wird nicht zuletzt auch darin verwirklicht, daß wir auf Pünktlichkeit achten, Versprechungen einhalten oder uns entschuldigen, wenn wir einmal verhindert sind. Gottes Verbindlichkeit ist Zeichen seiner großen Liebe, und unsere Verbindlichkeit ist darum auch eine Frage der Liebe. Und je verbindlicher wir es selber halten, desto glaubwürdiger ist unser Zeugnis von der Liebe Gottes!

5. Verbindlichkeit schafft Freiheit

So sind wir nur als verbindlich lebende Christen auch wirklich ein Zeugnis für unseren Herrn. Solch ein Zeugnis ist heute dringlicher als je, weil unsere Zeit die Unverbindlichkeit auf ihre Fahnen geschrieben hat und Ungebundenheit mit Freiheit verwechselt! Echte Freiheit gibt es aber nur in der umfassenden Bindung an Jesus Christus. Das dürfen wir Christen in unserem persönlichen Alltag und in unserem Gemeindeleben bewähren und bezeugen. Denn wenn uns nichts anderes mehr bindet als allein er, dann sind wir recht frei.

→ Zeuge/Zeugnis; → Freiheit/Frei

K.-H. Michel

Buße/Bekehrung

I. Wortbedeutung

Das Wort »Buße« wird heute im allg. Sprachgebrauch ganz anders als in der Bibel verwendet. Man spricht von einer Geldbuße und meint damit eine Entschädigung oder Sühnezahlung. Oder man sagt: »Das mußt du mir büßen« und meint damit Strafe oder Vergeltung. Dieser Sprachgebrauch paßt zwar ganz gut zur Herkunft des Wortes, denn Buße ist im Altdeutschen mit dem Wortstamm »besser« verwandt. Aber wenn man Buße als eine Leistung zur Sühne oder zum Ausbessern versteht, dann ist man weit vom bibl. Verständnis dieses Wortes entfernt. In der Bibel ist Buße *Umkehr zu Gott.*

»Bekehrung« war ursprünglich ein religiöses Wort, abgeleitet von der Übersetzung des lat. Wortes *convertere,* »umwenden«. (Wir kennen heute noch das Wort »Konvertit«: einer, der die Konfession wechselt.) Auch bei dem Wort »Bekehrung« ist es wichtig, die von der allgemeinen Sprache abweichende christliche Bedeutung zu erfassen. Bekehrung ist eine *Kehrtwendung zu Gott hin.*

II. Der Begriff in der Bibel

A. IM ALTEN TESTAMENT

Im AT wird für »sich bekehren«/»Buße tun« das Wort *schub* verwendet. Es kommt über 1000mal vor. Häufig hat es keine religiöse Bedeutung und muß mit »zurückkehren« oder »zurückbringen« übersetzt werden (z.B. Pred 3,20: »kehrt wieder zu Staub zurück«).

Etwa 120mal hat *schub* eine theologische Bedeutung. Es bedeutet dann soviel wie »umkehren«, »sich bekehren«, »zurückkehren«. Um die Bedeutung von *schub* zu verstehen, hilft es, sich einen Menschen vorzustellen, der in eine bestimmte Richtung geht und dann umkehrt und wieder dahin zurückkehrt, von wo er gekommen ist.

1. Buße tun/sich bekehren heißt also, sich zu Gott zurückwenden. Das ist nötig und möglich, weil Gott *mit Israel einen → Bund* geschlossen hat. Das gesamte AT ist die Geschichte des Bundes Gottes mit Israel. Gott hält den Bund in unwiderruflicher Treue, aber sein auserwähltes Volk ist immer wieder abgefallen und hat die Bundesbeziehung gebrochen. Israels Untreue konnte darin bestehen, daß es die Gebote als die gute Lebensordnung des Bundes mit Gott nicht hielt (2Kö 17,13), daß es sich auf die Heere der Ägypter, Assyrer oder Babylonier verließ, statt Gott zu vertrauen (vgl. Jes 30,1–5) oder daß es, statt Jahwe anzubeten, der sich Israel offenbart hatte, andere Götter anbetete (Hes 16,15ff; → Götze/Götzendienst).

Weil Gott Israel liebt, gibt er sich nicht mit dessen falschen Wegen zufrieden. Gott ruft Israel immer wieder zur Bekehrung auf und bietet ihm die Möglichkeit der Buße. Bekehrung ist im AT Abkehr vom Bösen (Jer 18,8) und Hinkehr (= Rückkehr) zu dem Gott, der Israel in unwiderruflicher Bundestreue liebt (Mal 3,7).

Gott rief Israel immer wieder besonders durch seine → Propheten zur Bekehrung (Neh 9,26; Sach 1,4). Manchmal hörte Israel auf diesen Ruf zur Umkehr. Das wichtigste Beispiel ist die Reform Josias, durch die der Baalskult und die unrechtmäßigen Höhenheiligtümer abgeschafft wurden (2Kö 22; 23; 2Chr 34; 35). Andere Beispiele der Buße sind die Reformen Josaphats (2Chr 17), Hiskias (2Kö 18,1–5) u.a.m. Daß das Volk Buße tat, wird auch im Richterbuch mehrfach berichtet (Ri 2,16). Die Buße des Volkes wird am deutlichsten in Neh 9 beschrieben.

2. Wenn auch das Volk oder der König in manchen Augenblicken der Geschichte Israels Buße getan haben, so ist doch die gesamte Geschichte Israels eine Geschichte der Unbußfertigkeit. Auf generationenlange Unbußfertigkeit reagierte Gott mit der Zerstörung → Jerusalems (2Chr 36,21ff) und mit dem Exil in → Babylon (Kla 2,5; 1,18). In der Gefangenschaft tat Israel Buße, aber schon Maleachi, der späteste der Schriftpropheten, zeigt, daß die Unbußfertigkeit wieder überhand nahm (Mal 3,6.7). Sogar das Kommen Jesu konnte Israel nicht zu seinem Gott zurückbringen (vgl. Mt 21,33ff; 23,37–39).

Anfangs richtete sich der Bußruf der Propheten meist an das ganze Volk. Die späteren Propheten sprechen immer mehr den einzelnen an (z.B. Hes 33).

Ein deutlicher Ausdruck der Buße über begangene Sünde sind im AT die Bußpsalmen (Ps 6; 32; 38; 51; 102; 130; 143; bes. 32; 51).

B. IM NEUEN TESTAMENT

Das NT beginnt mit dem doppelten Bußruf Johannes des Täufers und Jesu (Mt 3,2; 4,17). Der Bußruf des Täufers ist wie der Bußruf der Propheten verbunden mit der Warnung vor dem drohenden → Gericht (»Es ist schon die Axt den Bäumen an die Wurzel gelegt« Mt 3,10). Wer den Ruf zur Buße annahm, ließ sich taufen (Mt 3,6). Johannes erwartete, daß diese Buße sich in einer sichtbaren Veränderung des Lebens zeigte (Lk 3,10ff).

1. Der Ruf zur Buße ist ein *Schwerpunkt in der Verkündigung Jesu.* Wenn Jesus zur Buße aufruft, dann droht er nicht mit dem bevorstehenden Gericht, sondern betont die → Freude der Buße. Am deutlichsten wird das in den drei Gleichnissen in Lk 15. Der Hirt ruft seine Freunde und Nachbarn (V. 6) und die Frau, die den Groschen verlor, ihre Freundinnen und Nachbarinnen (V. 9), um die Freude zu teilen. Und der → Vater des »verlorenen« Sohnes schlachtet ein gemästetes Kalb und läßt ein Fest feiern. Im Gleichnis vom Hochzeitsfest läßt Gott die Gäste sogar von der Straße und von den Hecken und Zäunen rufen, damit sie an seiner Freude teilnehmen (Mt 22,8ff).

Jesus nimmt den Sünder bedingungslos an, z.B. Zachäus (Lk 19,1ff), die Ehebrecherin (Joh 7,53–8,11), die »große Sünderin« (Lk 7,36ff) und Petrus, nachdem er Jesus verleugnet hat (Lk 22,61–62). Wenn man Petrus und Judas vergleicht, wird der Unterschied zwischen Buße und Einsicht deutlich. Judas sah ein, daß er gesündigt hatte, als er Jesus verriet, fand aber nicht den Weg zurück zu Jesus und nahm sich das Leben. Buße ist nicht nur Einsicht und Abkehr vom Bösen, sondern Hinwendung zu einem neuen Leben, eben zum Leben mit Jesus, der durch sein Kommen die Buße ermöglicht.

Die Einladung Jesu zur Umkehr ist die große Chance für alle. Aber die meisten Menschen, die Jesu Ruf zur Umkehr hörten, lehnten ihn ab. Deshalb ruft Jesu seine Weherufe über die unbußfertigen Städte (Mt 11,20ff) und sagt, daß die Bevölkerung von Ninive die Zeitgenossen Jesu verurteilen wird, weil Ninive Buße tat, Israel aber nicht (Mt 12,41). Und am Ende seines Wirkens kündigt Jesus Jerusalem das Gericht an, weil es nicht Buße tun wollte (Mt 23,37–39).

2. Genauso wie Jesus rief auch *die Urgemeinde* zur Umkehr auf. In Apg 2,38 finden sich die vier Elemente der Bekehrung: Buße, Taufe, Vergebung, Empfang des Heiligen Geistes (→ Geist Gottes).

In den Briefen des Paulus kommt das Wort »Buße« selten vor (Röm 2,4; 2Kor 7,9; 12,21), in Joh gar nicht. Das ist darin begründet, daß Paulus und Johannes für die gleiche Sache andere Ausdrücke verwenden, bes. den Ausdruck »zum Glauben kommen«, »gläubig werden«.

III. Der Begriff heute

1. Die Bekehrung ist ein Geschenk Gottes, das der Mensch dankbar annimmt. In der Bekehrung legt Gott die Grundlage für die Nachfolge.

Dabei kann es sein, daß die Bekehrung ein langsamer, manchmal jahrelanger Prozeß ist, der dann irgendwann zur Glaubensgewißheit führt. Mancher wird von der Wahrheit und Liebe Gottes plötzlich ergriffen. Mancher hat die Bekehrung so erlebt, als ob er nach einem langen Aufstieg durch die Wolken auf den sonnenbeschienenen Gipfel des Berges kam. Bei anderen wiederum verläuft die Bekehrung mehr unbewußt, und es ist ihnen nicht möglich, einen Zeitpunkt für den letzten entscheidenden Schritt in die Nachfolge zu nennen.

Manchmal steht die Sündenerkenntnis am Anfang, oft steht aber auch das Ergriffensein von der Liebe Jesu oder von seinem Vorbild am Anfang, die Sündenerkenntnis dafür am Ende des Prozesses.

2. Entscheidend ist nicht, *wie* der Prozeß der Bekehrung ablief, der einen Menschen zu Jesus führte, sondern *daß* sich ein Mensch Jesus zugewandt hat. Folge der Hinwendung zu Jesus ist die Abwendung von allem, was der Bindung an Jesus als Herrn widerspricht. Bekehrung ist also auch Abkehr von der Sünde. Diese Abkehr von der Sünde (= Buße) geschieht einmal grundsätzlich am Beginn des Lebens in der Nachfolge Jesu, aber auch in der Nachfolge ist die Abkehr von der Sünde immer wieder nötig. Deswegen ist Buße nicht nur ein Grunderlebnis des Christwerdens, sondern ständige Lebenshaltung des Christen.

3. Eine gute Hilfe, Buße konkret zu machen, ist das Bekenntnis der Sünden. Es gibt die stille Beichte, bei der der Mensch vor Gott seine Sünde bekennt und → Vergebung erhält (ähnlich ist die gemeinsame Beichte im → Gottesdienst). Die Einzelbeichte vor einem Seelsorger bzw. einer Seelsorgerin ist eine gute Hilfe für alle Sünden, von denen die stille Beichte keine Befreiung schafft. Zur Einzelbeichte gehört der Zuspruch der Vergebung im Namen Jesu. Je nach der Art der Sünde ist auch eine Wiedergutmachung möglich und dann auch nötig (z.B. Rückgabe von gestohlenem Gut).

4. Es ist eine wichtige Aufgabe der Gemeinde, den, der vom Weg mit Jesus abgekommen ist, zur Buße zu führen (Jak 5,20). Dies muß sie ohne Überheblichkeit tun. Sie muß sich bewußt sein, daß auch sie ständig Buße nötig hat.

Zur Bekehrung gehört nicht nur die Erkenntnis, daß ich ein Sünder bin. Zur Hinwendung zu Jesus gehört auch die Eingliederung in die Gemeinde Jesu in einer ihrer verschiedenen Ausprägungen. Denn Bekehrung führt immer zur → Gemeinschaft, in der die Nachfolge konkret gelebt werden kann.

K. Fiedler

C

Charisma

I. Wortbedeutung

»Charisma« geht auf das griech. Wort *charis* (= → »Gnade«) zurück. Es bezeichnet das, was bei der Verleihung von Gnade herauskommt: Gunstbezeugung, Wohltat, Geschenk. Gott hat seine Gnade offenbart in der Sendung Jesu Christi, seinem Sterben am → Kreuz und durch seine → Auferstehung von den Toten. Gott will den Menschen diese Gnade seither zueignen, damit diese Gnade in ihrem Leben zu einem neuen → Dienst für Gott wird. Die Gnade wird zur Gnadengabe, *charis* wird zum Charisma. Während *charis* 155mal im NT (davon 100mal bei Paulus) vorkommt, finden wir Charisma dort nur 17mal (davon 16mal bei Paulus). Trotzdem sind die wenigen Stellen von grundlegender Bedeutung.

II. Der Begriff in der Bibel

1. Immer wieder kann man aus dem Zusammenhang, in dem Charisma steht, erkennen, daß es mit Gnade zu tun hat. So heißt es in 1Kor 1,4: »Ich danke meinem Gott allzeit euretwegen für die Gnade Gottes, die euch in Christus Jesus gegeben ist« und gleich darauf in V.7: »daß ihr keinen Mangel habt an irgendeiner Gabe (= Charisma), während ihr auf die Offenbarung unseres Herrn Jesus Christus wartet«.

2. Im Römerbrief bezeichnet Paulus *das → Heil,* das Jesus Christus gebracht hat, als Charisma (in der Lutherbibel mit »Gabe« wiedergegeben): »Denn der Lohn der Sünde ist der Tod; die Gabe Gottes aber ist das ewige Leben in Christus Jesus, unserm Herrn« (6,23). »Denn Gottes Gaben und seine Berufung sind unwiderruflich« (11,29). *Jesus Christus also ist Gottes größte und entscheidende Gnadengabe.*

3. Charisma ist dann aber auch die Ausrüstung und Bevollmächtigung zum → Dienst für Christus. Paulus will nach Rom kommen, »damit ich euch noch etwas an geistlicher Gabe mitteilen kann, um euch zu stärken« (Röm 1,11). Der Dienst der von Gott beschenkten Menschen ist nicht allgemein, sondern präzise und konkret. Darum zählt Paulus *einzelne Charismen* auf. In Röm 12 und 1Kor 12 u. 14 entfaltet er regelrechte »Kataloge«, um seinen Gemeinden spezielle Hinweise geben zu können, wie sie ihren Dienst im Gemeindeleben gestalten sollen. Zu folgenden Punkten läßt sich das dort Gesagte zusammenfassen:

a) Charismen sind deshalb so verschieden und vielfältig, weil jedem Christen ein verschiedenes Maß an → Glauben gegeben ist (Röm 12,3).

b) Die Betätigung von Charismen ist nur sinnvoll in einem Verbund, d.h. innerhalb seines Leibes, der die → Kirche ist (Röm 12,4; 1Kor 12,4–7). Die → Gemeinschaft der Charismatiker hält den einzelnen Charismatiker in Schranken (Röm 12,3). Nur *das* Charisma ist wertvoll, das zur Auferbauung der Gemeinde führt (vgl. 1Kor 14,12–19), und sei es in seiner Erscheinungsform noch so fremdartig (→ Haushalter/Haushalterschaft).

c) Charismen sind Gaben des Heiligen → Geistes, der den Bekenntnis-Ruf »Herr ist Jesus« wirkt. Darum sind Gnadengaben (»Geistesgaben«) an die Erkenntnis des geschichtlichen Jesus gebunden (1Kor 12,3). Wer an ihm vorbei eigene Charismen betätigt, wird schnell zu einem egoistischen Aktivisten, der in einer Gemeinde zwar für rege Betriebsamkeit sorgen kann, dessen Dienst aber früher oder später ins Leere läuft und keinen → Segen bringt.

d) Gnadengaben sind Dienstgaben und »Kraftwirkungen« (1Kor 12,4–6). Dienstgaben weil sie nicht zur Herausstreichung des Gabenträgers dienen, sondern weil sie um Jesus Christus willen getan werden. Sie sind aber auch bevollmächtigte »Kraftwirkungen«, weil von ihnen etwas ausgeht, was die Gemeinde weiterbringt.

e) Die Listen in 1Kor 12,7–11 und Röm 12,6–8 nennen Charismen, ohne daß eine Rangfolge oder Vollständigkeit beabsichtigt ist. Drei Gruppen lassen sich erkennen:

Gaben des Wortes (die verschiedenen Formen der Verkündigung und Gaben des Gebetes), Gaben der Hilfeleistung, Gaben der Leitung.

f) Charismen können vom Geist Gottes entweder für eine besondere, einmalige Situation gegeben werden, also dann, wenn der Christ, der unter der Leitung des Geistes steht, durch eine Notlage herausgefordert wird. Oder der Geist Gottes, der von Paulus ein Geist des → Friedens genannt wird (1Kor 12,33), schenkt seine Gaben für eine längere oder kürzere Dauer. Dieser anhaltende Dienst wird dann in unserer Sprache → »Amt« genannt. Zwischen Charisma als einer spontanen Gabe und dem Charisma als einer Gabe auf Dauer (Amt) besteht kein Gegensatz; in der Praxis der Gemeinde freilich bewirkt das Zueinander von beidem je und dann eine Spannung, die aber nicht belastend zu sein braucht, sondern für die Gemeinde fruchtbar sein kann.

g) Einübungsfeld für Charismen ist der → Gottesdienst der versammelten Gemeinde mit vielen aufeinander bezogenen Beiträgen. Von hier ergreifen die Charismen auch den Alltag der Christen in der Welt (vgl. die Fortsetzung der Charismenliste aus Röm 12 in V. 9–20). Hier finden sie aber auch ihre Korrektur und Ergänzung durch andere. Dabei haben sie sich am Maßstab der Auferbauung der Gemeinde zu bewähren.

III. Der Begriff heute

1. CHARISMA UND AMT

Wenn Jesus Christus die ganze Schar der an ihn Glaubenden zum Zeugnis für ihn beruft, dann kann dieses Zeugnis nicht die Aufgabe der »Hauptamtlichen« allein sein. Es muß also nicht jeder Christ gleich Pfarrer oder Prediger werden. Die Vielfalt der Charismen zeigt, daß das Zeugnis der Christen auf mannigfache Weise geschehen kann. Aber alle Charismen wollen Hinweis sein auf Jesus Christus, wollen also begleitet sein von dem wahrhaften Zeugnis von ihm.

2. MUT ZU NEUEN FORMEN

Wo es an Christus Glaubende gegeben hat und wo immer es sie heute gibt, gibt es auch Gaben des Heiligen Geistes; denn wo das echte Bekenntnis zu Jesus als dem Herrn ist, ist auch der Heilige Geist. Man könnte nun sagen: Es gibt ja immer Glaubende, also gibt es auch immer Charismen; was in der Gemeinde getan wird an auffälligen oder unauffälligen Diensten, ist bereits Zeichen dafür, daß wir eine »charismatische Gemeinde« sind – was brauchen wir uns noch weiter mit diesem Thema zu befassen! Sicher ist der Geist schon in unseren alten und bewährten Gemeindestrukturen am Werk; aber das alles entbindet uns nicht von der Suche nach der Gestalt von Gemeinde- und Missionsarbeit, wie Gott sie *heute* von uns haben will. Dann aber entstehen Fragen: Sind z.B. unsere Predigten – wenn sie gut sind – nicht weithin rednerische Großleistungen, anstatt daß sie Kurzbeiträge sind, die auch sich selbst unterbrechen können, um einem zweiten oder dritten Gemeindeglied Gelegenheit zu geben, sich anschließend ebenfalls zu äußern? Wer sich öffnet für das Wirken des Heiligen Geistes, macht die Entdeckung, daß es heute neue Ausprägungen von Gnadengaben geben kann, die so im NT noch nicht im Blick waren.

In manchen christlichen Kreisen wird heute *ein* Charisma besonders herausgehoben: die Zungenrede (1Kor 12,10.30; 14,2.5–19 u.a.). Dazu ist zu sagen: Zungenrede kann zwar zu den Gnadengaben gehören, ist aber nicht *das* typische Charisma, die *besondere* Gabe oder die Gabe, die *alle* Christen haben sollten (vgl. bes. 1Kor 12,10.29f).

3. NATÜRLICHE ODER ÜBERNATÜRLICHE GABEN?

Gottes Geist kann durchaus unsere Fähigkeiten, die wir durch Bildung und Erziehung besitzen, für die Ausrichtung seiner Botschaft benutzen. Aber damit unsere natürlichen Fähigkeiten von Gott zu Gnadengaben umgewandelt werden, bedarf es der immer wieder neu vollzogenen Hingabe unserer »Leiber« (im Sinne von Röm 12,1). So werden unsere Anlagen, die wir mitbringen, zu Gnadengaben; diese wiederum führen nicht zu Sensationshandlungen, sondern werden von Gottes Geist zur Natürlichkeit geheiligt. So gibt Gott uns z.B. unser medizinisch-ärztliches oder künstlerisches Können zurück, wenn wir ihn bitten, es im Sinne einer Gnadengabe ausüben zu dürfen.

4. DAS ZWECKFREIE GOTTESLOB

»Mehr Demokratie in der Kirche« ist heute ein bekanntes Schlagwort. Wenn nicht nur Pfarrer oder Prediger ausschließlich das Sagen haben, sondern alle anderen auch fleißig mitdiskutieren, ist man vielerorts schon zufrieden mit dem Gemeindeleben. In dem Zusammenhang spricht man auch von der »funktionsgegliederten Gesamtgemeinde«. Hier muß man sehr sorgfältig im Sinne des Paulus »die Geister unterscheiden«: oft ist hier der kirchlich-betriebsame Mensch gemeint und nicht der Heilige Geist. Denn dieser führt die Gemeinde immer wieder in das umfassende und ausschließliche Gotteslob, bevor er die einzelnen Gaben verteilt und die Gabenträger im Chor der → Brüder und Schwestern sich in ihrem Charisma einüben läßt. Die geistgewirkte Pfingstpredigt des Petrus, die sich als prophetisch erweist (»Als sie aber das hörten, ging's ihnen durchs → Herz«) wird herausgeboren aus einem tiefen Gotteslob (Apg 2,4.11). Am Ende des Heilungswunders in Apg 3 steht ebenso der → Lobpreis der versammelten Gemeinde (Apg 4,24ff). Im zweckfreien, manchmal die gewohnten Formeln durchbrechenden, Gotteslob werden die Charismen wieder an ihren ursprünglichen Ort zurückgeholt: die Auferbauung der einen Gemeinde zu bewirken.

→ Geist Gottes D. Schneider

Christus → Jesus Christus; → Salben/Salbung

D

Dämonen

I. Wortbedeutung

Das aus dem Griech. stammende Wort bezeichnet überirdische Mächte, die auf den Menschen eindringen und ihm an Leib und Seele schaden können. Im Unterschied zu einer naiv-optimistischen Lebensauffassung bringt das antike Weltbild zum Ausdruck, daß das menschliche Dasein gefährdet ist und der beständigen Abwehr von seiten bedrohlicher Gewalten bedarf. Auch das Schicksal wird als eine gewaltige dämonische Macht empfunden, die stärker ist als alle Willensanstrengungen. Damit werden Angst und Sorge zur Grundbefindlichkeit des menschlichen Daseins (→ Furcht/Angst). Die griech. Philosophie seit Sokrates hat den Begriff abgewandelt. Sie versteht unter dem »Daimonion« den Tatbestand, daß im Menschen aufbauende und zerstörende Möglichkeiten schlummern und daß beide Kräfte zur vollen Wesensentfaltung des Menschen bejaht und angenommen werden müssen, eine Auffassung, die sich dann auch Goethe angeeignet hat.

II. Der Begriff in der Bibel

Die Heilige Schrift entfaltet keine zusammenhängende Lehre von einer Existenz der Dämonen. Aber ihre Wirklichkeit wird allenthalben als gegeben vorausgesetzt. Saul wird von einem bösen Geist geplagt (1Sam 16,14). Im NT kommt das Wort »Dämon(en)« 64mal vor. 30mal ist von bösen, unreinen Geistern die Rede. An der Spitze des dunklen Reiches steht ein Herrscher. Die Namen, die er trägt: »Vater der Lüge«, »Mörder von Anbeginn«, »der Widersacher«, »der Versucher«, »der Verderber«, »der Fürst dieser Welt« machen deutlich, daß es sich um eine personale gottwidrige Feindmacht handelt und nicht nur um ein widergöttliches Prinzip (→ Satan/Teufel).

Der Sinn der Sendung Jesu wird mit dem Satz bezeugt: »Dazu ist erschienen der → Sohn Gottes, daß er die Werke des Teufels zerstöre« (1Jo 3,8). Das Leben Jesu war ein heiliger Kampf mit den Mächten der Finsternis. Die Dämonen haben eine Witterung für die überlegene → Vollmacht Jesu. Er begegnet in der Synagoge von Kapernaum einem Menschen, besessen von einem unsauberen Geist. »Der schrie und sprach: was willst du von uns? Du bist gekommen, uns zu verderben. Ich weiß, wer du bist, der Heilige Gottes« (Mk 1,24). Jesus warnt die von ihm Geheilten vor dem Rückfall in die alte Abhängigkeit. Der unreine Geist ist ruhelos, er sucht in das Haus zurückzukehren, das er verlassen mußte. Er holt sich Verstärkung, er bricht aufs neue ein. Am Ende wird es ärger werden denn zuvor (Lk 11,24). Bei der 7. Bitte im Vaterunser ist u.U. nicht an das → Böse, sondern an den Bösen zu denken, von dem uns Gott erlösen möge.

Paulus bezeugt das → Kreuz Christi als die gewonnene Geisterschlacht. Gott hat in Christus die widergöttlichen Gewalten ihrer Macht beraubt und sie öffentlich zur Schau gestellt und einen Triumph aus ihnen gemacht (Kol 2,15). Jesus hat auch seinen → Jüngern Vollmacht gegeben »über die unsauberen Geister, daß sie sie austrieben« (Mt 10,1). So gewiß mit dem Kommen Jesu in die Welt der Anbruch der neuen Schöpfung Gottes geschehen ist, so gilt doch für den Christen, für die christliche Gemeinde, allezeit in wachsamer Kampfbereitschaft zu stehen, weil der Teufel mit seinen Scharen »umhergeht wie ein brüllender Löwe und sucht, wen er verschlinge« (1Petr 5,8). Weil wir nicht nur mit → Fleisch und Blut zu kämpfen haben, sondern mit Mächten und Gewalten, mit den Herren der Welt, die in der Finsternis herrschen, mit den bösen Geistern unter dem Himmel (Eph 6,12), darum bleibt christliches Leben versuchungsreich.

III. Der Begriff heute

Der Realismus der Bibel, der auch die Existenz von Dämonen voraussetzt, wird seit dem Zeitalter der Aufklärung nicht nur von nichtchristlichen Denkern, sondern auch von vielen kath. und ev. Theologen abgelehnt. Man sagt, es handle sich dabei um eine zeitbedingte Anschauung der Antike, die in dem modernen Weltbild nicht mehr unterzubringen ist und die darum für uns jede Verbindlichkeit verloren hat. Man leugnet zwar nicht die Tatsache des Bösen, will diese aber nur als ein Sündigen des Menschen anerkennen, ohne jede Einwirkung einer Macht außerhalb seiner selbst. Zum einen Teil mag man diese Abneigung und Ablehnung verstehen, wenn man an die furchtbaren Entartungserscheinungen denkt, die sich auf Grund des Dämonenglaubens im Zeitalter der Hexenverfolgungen abgespielt haben. Alle wahnhaften Vorstellungen und Ausmalungen sind darum preiszugeben.

Aber die mit dem Wort »Dämonen« gemeinte Realität sollte gleichwohl unheimlich ernst genommen werden. Es gibt dämonische Grausamkeit, es gibt einen dämonischen Willen zur Macht. Es gibt dämonische Rachsucht und Geldgier. Gerade unser Jahrhundert hat furchtbare Ausbrüche aus dem Reich der Finsternis erlebt. Manchmal fragt man sich: Reicht es denn immer noch nicht? Was muß denn noch geschehen, bis dem Menschen unserer Tage die Augen darüber aufgehen, wie recht Martin Luther hat, wenn er von dem Herrscher im Reich der Dämonen sagt: »Groß Macht und viel List sein grausam Rüstung ist, auf Erd' ist nicht seinsgleichen.«

Das Rätsel der Besessenheit

Wir verstehen darunter, daß ein Mensch von einer dämonischen Macht derart ergriffen wird, daß er seiner selbst nicht mehr mächtig ist, daß er das Opfer einer Fremdeinwohnung wird. Ärzte und Seelsorger warnen mit Recht: Seid vorsichtig und zurückhaltend mit der Besessenheitsdiagnose! Es kann großes Unheil angerichtet werden, wenn man in dieser Richtung vorschnell vorgeht. Wenn sich das Bild einer Persönlichkeit auffallend zum Unguten verändert, dann können auch Schädigungen in der Gehirnsubstanz die Ursache dafür sein. Sowohl der Parapsychologie als auch der Psychotherapie sind Fälle bekannt, daß es abgespaltene Teile des Ich gibt, die wie eine Fremdperson wirken und unter Umständen rätselhafte Kraftäußerungen entfalten. Darum müssen zuerst alle ärztlichen und seelenärztlichen Kenntnisse und Hilfsmittel bis zum letzten ausgeschöpft werden, ehe das Phänomen der Besessenheit in Erwägung gezogen wird.

Die kath. Kirche kennt und übt den dramatischen Vollzug des Exorzismus, dessen Ablauf bis ins einzelne (in dem Rituale Romanum vom Jahr 1614) festgelegt worden ist und dessen Regel bis auf den heutigen Tag in Kraft und Gültigkeit steht. Der Streit darüber hat noch in jüngster Vergangenheit die Weltpresse erregt. Eine 24jährige Studentin aus Klingenberg in Unterfranken, die unter schweren seelischen Störungen litt, starb im Sommer 1976 an den Folgen eines Exorzismus, der von zwei Priestern an ihr vorgenommen wurde. Die Empörung über diesen leidvollen Ausgang hat erneut dazu beigetragen, den Dämonenglauben verächtlich und lächerlich zu machen. So sehr vor allem Mißbrauch zu warnen ist, Luthers Morgensegen bleibt gleichwohl in Geltung: »Dein heiliger Engel sei mit mir, daß der böse Feind keine Macht an mir finde!« A. Köberle

Dank → Lob und Dank

Demut

I. Wortbedeutung

Das deutsche Wort »Demut« hat eigentlich nichts mit Unterwürfigkeit oder einer ähnlichen – zumeist negativ beschriebenen – Haltung zu tun. Es ist ein aus den Bildungen »dio« = Knecht, Diener und »muot« = Gesinnung zusammengesetztes Wort und bezeichnet die Gesinnung eines Dienenden oder den Mut zum Dienen. Demut ist also ein durchaus aktiver Vorgang, keine passive Haltung. Hier ist treffend festgehalten, daß die »Gesinnung des Dienens« nichts mit passiver Unterwürfigkeit, sondern mit Mut und Kraft zu tun hat. Daß mit dem Wort »dienen« in unserer Welt (aber auch schon in der Welt der Bibel) oft »Niedrigkeit«, Unterdrückung usf. verbunden wird, nimmt dem positiven Aspekt nicht sein Gewicht. Ganz im Gegenteil!

II. Der Begriff in der Bibel

A. IM ALTEN TESTAMENT

1. Der Begriff »Demut« hat schon im AT einen fast durchweg positiven Klang. In den Sprüchen Salomos kann es heißen: »Der Ehre geht die Demut voran« (15,33); so hoch wird diese Haltung veranschlagt. Wenn es dann an anderer Stelle heißt: »Bei den Demütigen ist → Weisheit« (13,10; 11,2) oder sogar »Der → Lohn der Demut ist Reichtum und Ehre und Leben« (22,4), dann ist angedeutet, welche Wertschätzung die Haltung der Demut im Volk → Israel hatte.

2. Aber nicht nur dies – Gott der Herr selbst steht neben denen, die demütig sind, und erwartet die Haltung der Demut ihm gegenüber. In großartiger Weise wird der erste Aspekt in Jes 57,15 zum Ausdruck gebracht: »In der Höhe und als Heiliger throne ich und bei den Zerschlagenen und Demütigen, daß ich den Geist der Gebeugten belebe und das → Herz der Zerschlagenen erquicke«. Der große heilige Gott weiß um die Not der Menschen, die Demut lieben und über ihrer Diene-Gesinnung leicht verachtet werden. Er kommt dem Menschen in seiner Niedrigkeit ganz nahe; je mehr → Dienst, desto mehr Niedrigkeit, je mehr Niedrigkeit, desto mehr Kraft, weil Gott sich zu denen hält, die demütig bleiben. Was für eine Aussicht für Menschen, die im hingebungsvollen Dienst für den Mitmenschen manchmal resignieren möchten!

Der zweite Aspekt wird nicht weniger deutlich beschrieben. »Es ist dir gesagt, Mensch, was gut ist und was der Herr von dir fordert: nichts als Recht üben und die Güte lieben und demütig wandeln vor deinem Gott«, so ruft es der → Prophet Micha dem Volk Israel entgegen (6,8). Demut vor Gott, Gott die Ehre geben, ihm dienen, Mut haben zum Dienst vor Gott, das ist die Erwartung Gottes im AT. »Einen solchen sehe ich an, der demütig ist«, heißt es kurz und knapp in Jes 66,2 (vgl. Hi 22,23). Nicht Herrschen ist die Haltung des Lebens vor Gott, sondern Demut/Dienen.

B. IM NEUEN TESTAMENT

1. Nicht anders wird dieser Zusammenhang im NT aufgenommen. Nur daß Jesus selbst das Vorbild, ja das Urbild aller christl. Demut wird. Schon der Prophet Sacharja kündigt das Kommen des Messias an mit den Worten: »Demütig ist er und reitet auf einem Esel« (Sach 9,9). Weil er »→ sanftmütig und von Herzen demütig« (Mt 11,29) ist, finden Menschen, die sich wundgelaufen haben im Dienst, die am Rande stehen mit ihrer Kraft, die nur noch von Termin zu Termin, von Mensch zu Mensch hetzen, Ruhe für ihre Seelen (»Kommt her zu mir alle, die ihr mühselig und beladen seid, ich will euch erquicken«; Mt 11,28).

2. Weil er »Knechtsgestalt annahm und den Menschen ähnlich wurde« (Phil 2,7), weil »er sich selbst erniedrigte und → gehorsam war bis zum Tode, ja bis zum Tode am Kreuz«, – »darum hat ihn auch Gott erhöht und ihm einen Namen gegeben, der über alle Namen ist« (Phil 2,8–9; → Erhöhen/Erhöhung). Jesu Lebensweg ist ein einziger Weg des Dienens (»Des Menschen Sohn ist nicht gekommen, daß er sich dienen lasse, sondern daß er diene und gebe sein Leben als Lösegeld für viele«; Mk 10,45). Sein hingebungsvoller und mutiger Dienst am Menschen hat die Strukturen dieser Welt verändert, ob sie es weiß oder nicht: Nicht mehr Herrschaft, Reichtum, Selbstruhm und Stolz regieren diese Welt. Seit Jesu → Kreuz und → Auferstehung ist ein anderer Weg vorgezeichnet, der Weg der → Liebe und des Dienens, der Hingabe und des Gehorsams.

3. So gibt es auch für Menschen in der → Nachfolge Jesu keine andere Weisung als die der Demut. Das erste, was Paulus in seiner Abschiedsrede in Milet den → Ältesten von Ephesus sagt, ist: »Ihr wißt, wie ich dem Herrn gedient habe in aller Demut« (Apg 20,19). Der streitbare, dynamische → Apostel Paulus stellt über alle Erfolge in seinen Missionsreisen die Demut vor Gott. So kann er dann in seinen Briefen auch unermüdlich ermahnen: »Richtet euren Sinn nicht auf die hohen Dinge, sondern lasset euch zu den geringen Dingen hinziehen; haltet euch nicht selbst für klug« (Röm 12,16). Oder: »In der Demut achte einer den anderen höher als sich selbst« (Phil 2,3). Oder: »So ziehet nun Demut, → Sanftmut, Langmut an« (Kol 3,12). Diese gering geachteten Tugenden bringt Paulus neu zum Leuchten, es schwingt etwas mit von der → Verheißung Jesu: »Selig sind die Sanftmütigen, denn sie werden das Erdreich besitzen« (Mt 5,5).

Gerade die Lebenshaltungen, die so schnell als unbrauchbar hingestellt werden gegenüber Dynamik, Macht, Erfolg, Gewalt – die sind es, die letztlich zählen. Darum bezeichnet Paulus sie auch als das neue Kleid der Christen (Kol 3,12; vgl. auch 1Petr 5,5).

4. Natürlich gibt es auch die häßliche Form der Unterwürfigkeit, die überall buckelt und dienert, niemandem wehtun möchte, nirgends aneckt und im letzten auch niemandem dient. »Lasset euch durch niemand um euren Kampfpreis bringen, der sich gefällt in (unterwürfiger) Demut und Verehrung der → Engel, der sich auf die Dinge einläßt, die er nicht gesehen hat . . .« (Kol 2,18), kann Paulus seiner Gemeinde zurufen. Christliche Demut hat mit Unterwürfigkeit und neuer sklavischer Abhängigkeit nichts zu tun. Wenn es in den Sprüchen heißt: »Den Demütigen gibt er → Gnade« (3,34), dann ist damit doch eine ganz neue → Freiheit verbunden: Dienen ist kein schweres Los mehr, sondern freudiges Recht. Demut hat mit Mut zu tun und nicht mit neuer → Furcht. Sonst hätte Jesus nicht gesagt: »Mein Joch ist sanft, und meine Last ist leicht« (Mt 11,30).

III. Der Begriff heute

Nahezu nur negativ besetzt ist das Wort »Demut« in der deutschen Umgangssprache. Entweder verbinden wir damit ein unterwürfiges, fügsames Verhalten – mit dem niemand mehr etwas zu tun haben möchte. Oder aber wir kennen die »Demütigung« als Kränkung, meist im Zusammenhang gesellschaftlicher Vorgänge. Offenbar ist es der Kirche in Geschichte und Gegenwart nicht gelungen, die christliche Lebenshaltung der Demut von diesem negativen Geschmack freizubekommen. Denn »Demut« und »Christentum« ordnet der Zeitgenosse schnell zusammen, eben unter den beschriebenen Vorzeichen.

Nun geht es nicht darum, krampfhaft ein Wort, einen Begriff festzuhalten. Allerdings bietet sich bei dem Wort »Demut« eine dreifache Möglichkeit, den Begriff und die damit gemeinte Sache neu zu entdecken.

1. Demut als Zivilcourage

Daß De-mut mit »Mut zum Dienen« übersetzt werden kann, daß also das »De« nichts Unter-würfiges beinhaltet, sondern Dienstbereitschaft ist, und daß »Mut« hier wirklich »Mut« ist und keine angstbesetzte Gesinnung, sollte uns wiederum Mut machen, die Sache der Demut vom Begriff her neu anzugehen. Also eine höchst aktive Gesinnung, ja mehr als das, eine Dienstanweisung für christliches Leben steht hinter diesem Begriff. Der barmherzige Samariter (Lk 10,25ff) z.B. ist ein zutiefst demütiger Mann gewesen, er hat Mut zum Dienen gehabt, hat sich anders verhalten als der Priester oder der Levit, die in falsch verstandener Demut ihres Weges gingen, um ihren → Gottesdienst nicht zu verpassen. Der Samariter war ein Mann voller Zivilcourage – denn das kostet schon Mut, seine Vorurteile abzulegen und einem Menschen Diener zu werden, der es vielleicht gar nicht verdient hatte, gehörte er doch zu dem Volk Israel, das eher hochmütig auf die Samariter herabschaute. Demut ist Zivilcourage – so hätten wir den Begriff heute zu füllen und zu interpretieren. Dann gewinnt er neue Aktualität für christliches Handeln.

2. Wir leben von der Demut Jesu

Daß wir den Begriff »Demut« nicht einfach ablegen dürfen, zeigt uns einmal mehr ein Blick in die Evangelien. Jesu Verhalten, sein Leben, Leiden und Sterben, wird als »demütig« beschrieben (Mt 11,29) – und läßt sich auch gar nicht anders beschreiben. Dabei ist Jesu Demut alles andere als hilflose, womöglich unterwürfige Passivität! Bis in die Kreuzigungsszene hinein offenbart sich seine Dienstbereitschaft, sein Mut zum Dienen. Im Lukasevangelium wird das in einmaliger Weise beschrieben: Jesus bleibt der → Heiland der Sünder sogar in der Sterbestunde (»Heute wirst du mit mir im Paradies sein«; Lk 23,43)! Aber das ist nicht alles. Jesu Dienstbereitschaft hat ihren Grund in seiner tiefen Abhängigkeit von Gott dem → Vater. Kaum hat er dem Schächer am Kreuz den Dienst der → Vergebung tun können, da ruft er: »Vater, in deine Hände befehle ich meinen Geist« (Lk 24,46). So ist Demut bei Jesus nach zwei Seiten ausgerichtet: auf der einen Seite lebt er tiefste Abhängigkeit von Gott dem Vater, bis in den Tod hinein; auf der anderen Seite wendet er sich den Menschen, die ihn brauchen, rückhaltlos zu, auch bis in den Tod hinein. Am Kreuz kommt beides zusammen; die vertikale Dimension begründet die horizontale: christliche Demut wird zutiefst vom Kreuz her verstanden.

3. Wenn ein Leben von Demut geprägt ist

Unser Leben kommt ohne Demut nicht aus, es sei denn, wir wollten und könnten uns am Kreuz Jesu Christi vorbeimogeln. »Des Menschen Sohn ist nicht gekommen, daß er sich dienen lasse, sondern daß er diene und gebe sein Leben als Lösegeld für viele« (Mk 10,45) – das war Losung und Lebensweg Jesu, das ist aber auch unser Auftrag. Dabei muß so verstandene Demut gar nichts Verkrampftes, Tristes an sich haben: Immerhin hat Jesu Dienst-Mut uns die Vergebung der Schuld und damit neues → Leben gebracht. Wenn wir nun in Jesu Fußstapfen gehen, dient das wiederum anderen, damit sie ihre Straße als Christ »fröhlich ziehen können« (Apg 8,39). Und uns beläßt es in der Abhängigkeit von Gott dem Vater, ohne die all unser Tun vergeblich wäre.

»Ein Herz, das Demut liebet, bei Gott am höchsten steht; ein Herz, das Hochmut übet, mit Angst zugrunde geht; ein Herz, das richtig ist und folget Gottes Leiten, das kann sich recht bereiten, zu dem kommt Jesus Christ« (EKG 9,3). »Die Fähigkeit, in aller Schwachheit sich der Kraft Gottes anzuvertrauen, nennen wir Demut« (Jörg Zink, Wie wir beten können, S. 42).

H. Bärend

Diener → Knecht/Sklave/Knechtschaft

Dienst/Amt

I. Wortbedeutung

»Dienen« bezeichnet allgemein ein Abhängigkeitsverhältnis eines Geringeren von einem Größeren: sei es, daß er sich freiwillig in dieses Verhältnis begeben hat (»Liebesdienst«, »Dienst auf Gegenseitigkeit«), sei es, daß er dazu mehr oder weniger mit Nachdruck veranlaßt wird (Wehrdienst, Arbeitsdienst). Aus demselben Umfeld stammt wortgeschichtlich unser Wort »Amt«, das auf das keltische *ambiaktos* (»Diener«, »Bote«, eig. »Herumgeschickter«) zurückgeht. Deutlich wird das noch in der parallelen Bedeutung von »Amt« und »Dienststelle« u.ä. Der Inhaber eines Amtes ist also ein Diener!

Die Bibel spricht vom Dienen im alltäglichen und religiösen Bereich. Das AT verwendet den Wortstamm *abad* für die Bezeichnung des Sklaven (auch für den Frondienst in Ägypten), ebenso aber für den Gottesknecht (→ Knecht Gottes), der zu Gott in einer besonders engen Gehorsamsbeziehung steht. Auch das Handeln des Priesters im Heiligtum ist Dienst. Von daher kommt es im AT zum Begriff »Gottesdienst«, der sich dort vor allem im Heiligtum bzw. Tempel vollzieht. Das ntl. Griechisch verwendet für den mehr gottesdienstlichen Bereich die Begriffe *latreuo* und *leiturgeo,* für den Bereich der helfenden Tat *diakoneo* (auch in der Verwendung »zu Tische dienen«), woher unser Wort Diakonie stammt. Hinzu kommt das Wort *duleuo,* das mehr den fordernden Charakter des Dienstes unter Gott und am → Nächsten betont (vgl. *dulos* = → Knecht/Sklave). Aber die Begriffe überschneiden einander in ihrer Bedeutungsbreite.

II. Der Begriff in der Bibel

A. IM ALTEN TESTAMENT

»Gott dienen« ist im AT geradezu die Umschreibung des Verhältnisses zwischen dem Volk → Israel und Gott. Schon die Berufung des Volkes in Ägypten geschah unter dem Vorzeichen, daß es »Gott dienen« soll (2Mo 4,23). Dieser Dienst steht im Gegensatz zu dem Frondienst (Sklavendienst, 2Mo 20,2) unter Pharao. Die größte Schuld sieht das AT darin, »anderen Göttern zu dienen« (vgl. 2Mo 23,33; 2Kö 17,12; Jer 5,19; → Götze/Götzendienst).

Daß der Dienst für Gott nun kein sklavisches und freudloses Gehorsamsverhältnis meint, sondern ein »persönliches« Verhältnis besonderer Art, zeigt sich durch das ganze AT hindurch. Auf Gott bezogen steht »dienen« nahe bei »lieben«. Gott verlangt ganzen → Gehorsam (d.h. das Halten der → Gebote); aber er möchte ein Volk, das ihm diesen Gehorsam in → Liebe, d.h. in freier Zuwendung, schenkt (5Mo 10,12). Denn er hat sich in Freiheit zuerst diesem Volk zugewandt (vgl. 5Mo 7,7–9).

Obwohl also für die Israeliten das ganze Leben Dienst für Gott sein soll, gibt es auch eine spezielle Weise des Dienstes, den → Gottesdienst im Heiligtum. Die → Opfer der → Priester im Heiligtum (oder → Tempel), besonders zu den Festtagen, sind ein Dienst für Gott (2Mo 29,1; 1Sam 2,18), von dem das Wohl des Volkes Gottes abhing (→ Versöhnung/Sühne). Wenn es in Ps 100,2 heißt: »Dienet dem Herrn mit Freuden, kommt vor sein Angesicht mit Frohlocken«, dann ist hier an den Einzug der Gemeinde in den Tempel zum Dankopfer gedacht (vgl. V. 1 und 4).

Das Wort »dienen« taucht jedoch auch noch an einer unerwarteten Stelle auf. Es heißt in der Schöpfungsgeschichte 1Mo 2,15: »Und Gott nahm den Menschen und setzte ihn in den Garten Eden, daß er ihn bearbeite und bewahre«. Das hebräische Wort für »bearbeiten« ist das Wort *abad,* »dienen, bedienen«. Der Umgang des Menschen mit der Erde hat also nach Gottes Willen in Respekt und nicht in hoffärtiger Herrschaft zu geschehen.

B. IM NEUEN TESTAMENT

1. Die Botschaft des NT hat im Zusammenhang mit dem Begriff »dienen« darin ihr Besonderes, daß Jesus sich als der Dienende bezeichnet: »Denn wer ist größer: der bei Tisch sitzt oder der dient? Doch wohl der, der bei Tisch sitzt. Ich aber bin mitten unter euch wie der Dienende« (Lk 22,27). Dies sagt Jesus, als er beim letzten Mahl Brot und Wein unter die → Jünger verteilt. Das stellvertretende Sterben Jesu für uns, im Herrenmahl symbolisiert, ist also wie ein Tischdienst, den wir entgegennehmen! So wird Jesu Dienst zur Lebenshingabe: »Denn auch der → Menschensohn ist nicht gekommen, um sich dienen zu lassen, sondern um zu dienen und sein Leben zu geben als Lösegeld für viele« (Mk 10,45).

2. Aber dieses stellvertretende Dienen Jesu für seine Jünger setzt nun bei diesen ebenfalls ein Dienen frei. Im Zusammenhang der genannten Stellen vom Dienen Jesu heißt es mit Blickrichtung auf die Jünger und die spätere Gemeinde: »Die Könige halten ihre Völker nieder, und ihre Machthaber lassen sich Wohltäter nennen. Ihr aber sollt nicht so sein! Sondern der Größte unter euch soll wie der Jüngste sein, und der Führende wie der Dienende« (Lk 22,25f; vgl. Mk 10,43f; Mt 20,26). Das Dienen der Jünger ist nur möglich, wenn sie sich zuvor von Jesus haben dienen lassen. Ihr Dienst kann nur Antwort auf den Dienst Jesu sein. Wenn Jesus sichtbar wiederkommt, so heißt es in Lk 12,37, wird er sich noch einmal das Gewand des Tischdieners umschürzen und den Jüngern im vollendeten → Reich Gottes dienen, d.h. er gibt ihnen Anteil am ewigen → Leben.

3. Was nach der → Auferstehung Jesu von den Toten und der Geistausgießung Dienen nun konkret heißt, wird deutlich aus Apg 6. Die Urgemeinde baut ein beachtliches Versorgungssystem für die mittellosen Gemeindeglieder auf (wenn auch nicht ohne Schwierigkeiten, vgl. 6,1f).

Dieses Helfen wird (wörtlich) bezeichnet als »bei den Tischen dienen«. Dazu gehört ganz sicher auch das Beschaffen und Verwalten von Versorgungsgütern. Die → Apostel legen diesen Dienst nun in die Hände von sieben Männern (»erfüllt mit dem Heiligen Geist und mit Weisheit; die wollen wir mit diesem Dienst betrauen«). Hier schon wird deutlich (was später bei Paulus in den Listen der Geistes- oder Gnadengaben noch deutlicher zum Ausdruck kommt; → Charisma), daß Dienen ein Geschenk des → Geistes Gottes ist. Wichtig ist aber auch dies: »Wir selbst (d.h. die Apostel) aber wollen weiter mit → Gebet und Predigt dienen« (V. 4). Darum hat man beim

Dienen nicht nur an praktische Tätigkeiten zu denken, sondern auch an den Bereich der mündlichen Verkündigung. Auch das Gebet, aus dem die Verkündigung kommt, ist Dienst (→ Predigen/Verkündigen).

4. Es gibt darum keine Konkurrenz zwischen der »Diakonie der Tat« und der »Diakonie des Wortes« (Diakonie = Dienst). Dienst ist die Verkündigung deswegen, weil sie den Hörer nicht bevormundet, sondern eben nur »Tischdienst« ist, während Jesus selbst als das Brot des Lebens sich austeilt. Diese Erkenntnis bringt in den Dienst der Verkündigung für den Verkündiger eine Entlastung, eine Befreiung von sich selbst. Paulus spricht in 2Kor 5,18 vom »Dienst der → Versöhnung«. Luther übersetzte »Dienst« mit »Amt« und meinte damit die feste Einrichtung der Verkündigungsaufgabe. Jedes »Amt« als eine Einrichtung auf Dauer ist aber immer »Dienst« (s.o. I).

5. Röm 12,7 heißt es: »Hat jemand die Gabe des Dienens, so diene er«. Hier steht das Dienen zwischen den Wort-Gaben Prophetie und → Lehre. Es ist nicht ganz auszuschließen, daß Paulus damit der Diakonie im praktischen Sinne zeigen wollte, daß auch sie dicht bei der Verkündigung des Wortes Gottes zu stehen hat und insofern auch »Dienst der Versöhnung« ist.

6. Umgekehrt haben alle Wort-Gaben einen diakonischen Charakter, d.h. sie sind irgendwo alle praktisch und dienen in konkreten Situationen. Weil die Wort-Gaben diakonische Gaben sind, sind sie von allem Theoretisieren geschieden. Und weil auch die Wunder-Gaben (z.B. Krankenheilung) diakonische Gaben sind, haben sie nichts zu tun mit Sensationshascherei, sondern sind gegeben, um den Ärmsten zu helfen. Darum macht Paulus seiner Gemeinde in Korinth dieses klar, bevor er eine Liste mit den verschiedensten Gnadengaben bietet: »Es gibt verschiedene Gnadengaben; aber es ist *ein* Geist. Und es gibt verschiedene Dienste; aber es ist *ein* Herr« (1Kor 12,4f; vgl. auch 1Petr 4,7). Aber immer geht der Weg vom → Wort zur Tat und von der Tat zurück zum Wort. Die von Paulus ins Leben gerufene Sammlung der griechischen Gemeinde für die verarmte Gemeinde in → Jerusalem, nennt er »Dienst« (2Kor 8,4 u.ö.). Auch dieser Dienst führt zurück zum Wort, d.h. zum Danken im Gebet durch die beschenkten Jerusalemer (2Kor 9,12).

7. Obwohl *alle* Christen zum Dienst berufen sind, gibt es doch schon in den ntl. Gemeinden den Diakon, d.h. den Diener im Sinne eines Amtsträgers. Die Tatsache, daß diese Funktion in der Mehrzahlform vorkommt (Phil 1,1), läßt darauf schließen, daß hier kein scharf umrissenes Amt gemeint ist, sondern eine ganze Bandbreite von helfenden Tätigkeiten, die übrigens auch die Weitergabe der Botschaft mit einschließen (zur äußeren Qualifikation des Diakons vgl. 1Tim 3,8ff). Daß es auch schon Diakonissen gab, macht Röm 16,1 deutlich, wenn das NT auch nicht viel darüber sagt.

III. Der Begriff heute

1. Dienen oder Herrschen in der Gemeinde?

Es dürfte nicht geraten sein, die Begriffe »Dienst«, »dienen« in der heutigen Gemeinde mit Macht wiederbeleben zu wollen. Denn die negative Färbung dieser Begriffe hat zu sehr Platz gegriffen: wer dient, der »buckelt«, d.h. der verstellt sich, um im entscheidenden Augenblick zuschlagen zu können. Sicher haben unsere Väter das Dienen in Kirche und Familie auch dadurch entwertet, daß sie darunter eine Unterordnung verstanden, welche mit bestimmten, nahezu ritualisierten Demutsgebärden gekoppelt war.

Trotzdem gilt es, die Sache, die hinter dem Dienen steht, aufs neue in den Blick zu bekommen. Trotz (oder gerade wegen) des allgemeinen Redens von Solidarität und Gleichberechtigung ist unsere Zeit vom »Willen zur Macht« geprägt. Der »Erfolgreiche« in jeder Sparte des Lebens ist der Götze unserer Zeit. Der »Macher« mit seinen Methoden und Strategien ist auch in der Kirche beliebt. Die Gruppe mit ihrem hohen Anspruch, das kirchliche Leben gesund machen zu können, ist vielerorts reines Machtinstrument geworden. Von Toleranz wird zwar auch geredet, aber gemeint ist immer, daß man selbst vom anderen geduldet werden soll, selten umgekehrt. Es ist auch nicht ausgeschlossen, daß eine gutgemeinte (und auch biblische!) Verkündigung dem Hörer eine Gewalttat nach der anderen antun kann, indem sie ihm bestimmte Lebensstile als verbindlich vor die Augen stellt.

Demgegenüber meint Verkündigung des → Evangeliums als Dienst für Gott und für den Menschen: der Verkündiger nimmt sich selbst nicht so wichtig und weiß in jedem Augenblick, daß er nur einen bescheidenen Beitrag für den Bau der Gemeinde beizutragen hat. Denn Dienst hat immer mit »Handreichung« zu tun, und die ist nur ein Teil und bedarf unbedingt der Ergänzung durch den anderen → Bruder. Wer dient, findet sich vor in der Gemeinde, in der jeder mit einer bestimmten Gnadengabe dient. Wer meint, alles zu können, dient schon nicht mehr, sondern herrscht! Von dieser Bescheidenheit her wird auch das oft für eine Gemeinschaft so störende Amtsgebaren einzelner abgebaut. Jedoch nicht durch bloße Einübung in demokratische Strukturen wird das autoritäre Amtsdenken überwunden, sondern dadurch, daß das missionarische Handeln in Wort und Tat sich als Dienst aufs neue erkennt.

2. Dienst und konkrete Beauftragung

Auf der anderen Seite jedoch ist aus der Zusammenstellung der ntl. Aussagen zum Thema »Dienst« deutlich geworden, daß die Selbstentäußerung, die in jedem geistgewirkten Dienen steckt, keinesfalls zu verwechseln ist mit einer Vernichtung des persönlichen, unverwechselbaren Wertes, den der einzelne vor Gott hat: Dienen hat nichts mit Kriecherei zu tun; wer dient, sagt auch nicht ständig: »Ich kann überhaupt nichts«, sondern wer dient, lernt mehr und mehr in großer Nüchternheit seine Möglichkeiten und Grenzen einzuschätzen. Von daher wird auch der Dienende fröhlich und zuversichtlich den bescheidenen Ausschnitt, den Gott ihm für den Bau seiner Gemeinde zugedacht hat, ergreifen. Wer dient, zagt nicht, sondern hält das einmal Angefangene durch, bis Gott ihn in einen anderen Dienstbereich einweist. Auch wer fast ausschließlich in der Verkündigungsarbeit steht, soll nicht meinen, was er leiste, sei noch nicht Dienst, weil Dienst immer mit Praxis im Sinne des mit-den-Händen-Zugreifens zu tun habe. Doch, auch er leistet im wahrsten Sinne des Wortes einen »handgreiflichen Dienst«, wenn er das Wort seiner Verkündigung als Dienst begreift, der von dem Dienen Jesu Christi für ihn lebt. Was auch immer geschieht an auffälligen oder unauffälligen Diensten, alles erhält seine Würde und seine Bevollmächtigung dann, wenn es aus diesem Dienen Jesu Christi herauskommt.

D. Schneider

Dulden → Leiden/Dulden

E

Ehe

I. Wortbedeutung

1. Unter diesem Wort, das sich aus dem westgerm. Wort für »Recht«, »Gesetz« entwickelt hat, wird das feste Verhältnis von Mann und →Frau bedacht; Begriffe, die damit in Verbindung stehen, werden auch für das Verhältnis zwischen Gott und Mensch gebraucht.

2. Das AT kennt kein Wort für den Zustand »Ehe«, nur den Vollzug der Ehe als »heiraten«, »bei sich wohnen lassen« (Esr 10,2 u.ö.), »zur Ehe nehmen« (sprachlich dasselbe wie »ihr Herr sein«, vgl. 5Mo 21,13 u.ö.), »sich zur Frau nehmen« (5Mo 21,11 u.ö.). Die griech. Wörter für »Ehe« und »heiraten« hängen sprachlich mit »erzeugen« zusammen.

Luther gebrauchte für »heiraten« gerne das Wort »freien« (Lk 20,24; 1Kor 7,9; 1Tim 5,14), das im Althochdeutschen soviel heißt wie: »sich liebevoll um jemand kümmern«. Der »Befreite« ist der »Geliebte«, dem der Liebende die »Freiheit« schenkt.

II. Der Begriff in der Bibel

1. Wie die bibl. Sprachwurzeln zeigen, ist es das Wesen der Ehe, daß Mann und Frau als Einheit zusammengehören (»ein → Fleisch«; 1Mo 2,24), wobei die Frau Gehilfin (1Mo 2,18), Gegenstück und Ergänzung des Mannes bildet und von ihm geliebt wird (1Mo 2,23f); darum wird auch die Ehe als beglückend gelobt (vgl. Spr 5,18ff; Pred 9,9; Hes 24,16a). Diese Gemeinschaft wird in der Bibel leiblich und seelisch gesehen, so daß Mann und Frau einander »erkennen« (1Mo 4,1 → Erkennen/Erkenntnis). In der Ehe werden die Kinder gezeugt (1Mo 1,28; vgl. die wesentlichen Lebensdaten in den Stammbäumen wie 1Mo 5 und den Zweck der Mehrehe in 1Mo 16,1ff sowie die Leviratsehe in 5Mo 25,5ff, nach der ein Bruder die kinderlose Witwe seines Bruders heiraten soll, um ihm Nachkommen zu zeugen). Die Gemeinschaft der Ehepartner (und nicht der Mann und die Frau) ist für die Bibel das Wichtigere. Deshalb ist die Ehe eine Angelegenheit der Familie (1Mo 24,4ff; 5Mo 7,3 u.ö.), was nicht ausschließt, daß auch der Ehepartner, z.B. die Frau, mitbestimmen kann, was sie will (1Mo 24,8).

2. Wann die Ehe beginnt, ist nicht sicher auszumachen, weil ein fester Ritus, wie die Hochzeit, nur selten erwähnt ist (vgl. Ri 14,10). Mit der Begründung eines gemeinsamen Hausstands und der ehelichen Gemeinschaft ist die Ehe vollzogen und sind beide vor Gott »ein Fleisch« (vgl. Rt 3,14). Im NT kommt eine Hochzeit als Anfangsdatum einer Ehe öfter vor (vgl. die Hochzeitsgleichnisse, Mt 22,2ff; Joh 2,1ff).

3. Die Ehe endet durch den → Tod oder durch die im AT nur bedingt erlaubte Ehescheidung (→ Ehebruch/Ehescheidung). Die Ehe wird deshalb auch durch das 6. Gebot (zwischen Mord und Diebstahl, Sklaverei) und durch andere Weisungen (5Mo 22,22ff) geschützt.

4. Durch Jesus wird die Ehe noch höher bewertet. Die Eheschließung ist nicht ins Belieben des Menschen gestellt, sondern sie ist Gottes, des Schöpfers, Einrichtung. Deshalb erwähnt Jesus so oft den Schöpfungsbericht (Mk 10,6f; Mt 19,4f; vgl. 1Kor 6,16; Eph 5,31). Charakteristisch für das Verständnis der Ehe im NT ist, daß sie noch wesentlich vom Mann her gesehen wird, wie die Bilder vom Mann als dem »Haupt« der Frau (1Kor 11,3; Eph 5,23) zeigen, aber alle Sonderrechte für den Mann weggefallen sind und das Miteinander von Mann und Frau betont wird (1Kor 7,3). Paulus korrigiert im Geiste Jesu die herkömmliche Führungsrolle in der Ehe so, daß der Mann (das »Haupt«) sich so für die Frau aufopfern soll wie Jesus für die Gemeinde (Eph 5,22–23). Von Herrschaft zu reden ist nun nicht mehr angemessen.

Jesus schützt die Ehe strenger als das 6. Gebot, indem er nicht erst die ehebrechende Tat, sondern schon die sich äußernden triebhaften Gedanken → Sünde nennt (Mt 5,27ff).

5. Jesus lehnt die Ehescheidung ganz ab (Mt 19,6). Mose hatte sie noch für Ausnahmefälle erlaubt (5Mo 24,1). Über die Gründe waren sich die Rabbinen nicht einig. Jesus aber verbietet die Ehescheidung, wie viele Bibelstellen zeigen (Mk 10,4ff; Lk 16,18; vgl. 1Kor 7,10f). Nur in Mt 19,9 wird eine »Erlaubnis« genannt: »Es sei denn um Hurerei willen« (vgl. Mt 5,32). Viele Ausleger unterstellen hier einen Zusatz der christl. Gemeinde, die angesichts der Praxis an Jesu eindeutiger Weisung nicht habe festhalten können und auf Grund von Jesu → Vergebung auch des Ehebruchs (Joh 8,1ff) die Erlaubnis für möglich gehalten habe (vgl. auch 1Kor 7,13ff).

6. Was meinte Jesus mit dem Satz: »Was

nun Gott zusammengefügt hat, das soll der Mensch nicht scheiden« (Mt 19,6)? Sicherlich hängt dies mit dem anderen Satz zusammen, daß Mann und Frau »ein Fleisch« werden. Fleisch hat, zumal im AT, oft die Bedeutung von Verwandtschaft (z.B. 1Mo 37,27 u.ö.). Wenn Mann und Frau »*ein* Fleisch« werden, bilden sie also *eine* Familie. Sie vollziehen damit die schöpfungsgemäße Verbindung, die einen von den jeweiligen Eltern unabhängigen Organismus schafft.

Nach bibl. Sicht ist die Ehe eine vorläufige Einheit (vgl. Mk 12,18ff): im → Himmel freien sie nicht. Die Ehe endet mit diesem »Äon« (→ Ewigkeit/Weltzeit; → Ehebruch/Ehescheidung).

7. Verständlich wird die Hochschätzung der Ehe in der Bibel vor allem, wenn man bedenkt, daß die Ehe Abbild der Gemeinschaft mit Gott ist. Wörter wie → »Liebe«, »Braut« und → »erkennen«, die Hochzeitsgleichnisse und prophetischen Zeichen wie bei Hosea (Kap. 1; 3) offenbaren das Geheimnis: Gott und Mensch, Christus und die Gemeinde, sollen und dürfen ganz innig zusammengehören. Die Ehe unter Menschen ist Abbild für die Gemeinschaft des Christen mit Christus (vgl. Röm 9,25f mit Hos 2,21ff, wo Gott statt »heiraten« »verloben« sagt, um ein sinnliches Mißverständnis abzuwehren). Jesus denkt vermutlich an das Bild der Ehe, wenn er in Mt 12,39; 16,4; Mk 8,38 von einem »abtrünnigen (= ehebrecherischen) Geschlecht« spricht. In Eph 5,22–33 knüpft Paulus an den breiten Strom atl. Gottesoffenbarung an, der auf das innige Verhältnis Gottes zum Menschen hinweist (Jes 54,4ff; Jer 2,2; 3,8f; 9,2; Hes 16,7–14; vgl. auch das Hl) und der dem Menschen als höchste Seligkeit die geglaubte und erwiderte Gottesliebe vor Augen stellt (vgl. Offb 22,17).

Das Verhältnis Christi zur Gemeinde ist ein → Geheimnis (Eph 5,32) und wirft seine Schatten auf die Ehe. Darum wurde in der katholischen Kirche die Ehe zum → Sakrament, was freilich problematisch ist, weil die Ehe zwar zur Schöpfungsordnung Gottes gehört, aber kein Heilsmittel ist, das von Jesus eingesetzt worden wäre.

8. Nur von der Christusgemeinschaft her ist verständlich, warum Paulus auf die Ehe verzichtet und die Ehelosigkeit als besondere Gabe empfohlen hat (1Kor 7,17), weil die Hingabe für Christus zu sehr eingeschränkt werden könnte durch die Sorge, wie man dem Lebenspartner »gefalle« (1Kor 7,33f; vgl. Mt 19,12). Damit greift Paulus vielleicht auf, was rätselvoll in 1Mo 4,1 angedeutet ist: Mit dem verlorenen → Paradies, mit der Trennung von Gott, rücken Mann und Frau näher zusammen. Je näher freilich die → Wiederkunft Jesu kommt und die volle Christusgemeinschaft vor Augen steht, desto mehr verblaßt das Abbild Ehe angesichts des Urbildes.

9. Eine rechte Ehe ist also umschlossen von der Christusliebe zum Menschen und kann sich erst richtig in ihr entfalten (Eph 5,25f). Zwei Schlußfolgerungen sind aus der Gottesliebe zu ziehen: Der ausschließlichen Liebe zu Gott, die alle Verehrung anderer Götter verbietet, entspricht die Einehe, die sowohl in 1Mo 1,28; 2,18 vorausgesetzt ist, als auch in 5Mo 17,17 dem König geboten ist.

Ferner ist damit auch Wesentliches für die Ehe zwischen einem Gläubigen und Ungläubigen gesagt. Während das AT sie noch – von der Darstellung vom Volke Gottes her – rundweg ablehnt (5Mo 7,3; Esr 9f; Neh 10,30; 13,28; Mal 2,11), ist sie im NT zwar in ihrer Schwierigkeit erkannt, aber möglich. Denn so wie Christus die Gemeinde heiligt, so wird auch der nicht glaubende Ehepartner durch den glaubenden geheiligt (1Kor 7,14; vgl. 1Petr 3,1f), wie auch die Kinder einer christlichen Ehe geheiligt sind (1Kor 7,14).

III. Der Begriff heute

1. Die Ehe ist eine von Gott gegebene Ordnung, über die der Mensch nicht frei verfügen kann. Die Ehe umschreibt die dauernde Bindung von Mann und Frau in Treue und Vertrauen, in Hilfsbereitschaft und Ergänzung der verschiedenen Gaben, in Hingabe (1Mo 2,20f) und in Freude (Spr 5,18), aber auch zur Zeugung der Kinder (1Mo 1,28). Sie ist also Heim der Sexualität und der Kinder. Allerdings bleibt Ehe auch bei Versagung von Kindern Ehe. In der rechten Einehe schenkt Gott die Einheit von → Leib und → Seele (»ein Fleisch«; 1Mo 2,24), eine einzigartige Einheit der Personen (vgl. auch Spr 5,18–20; Pred 9,9).

2. Die Bibel zeigt bis ins NT immer deutlicher die Einehe als Personengemeinschaft, die mehr ist als Arbeits- und Lustgemeinschaft, wobei andere Formen des Zusammenlebens von Mann und Frau, die z.T. auch in → Israel üblich waren, wie die Polygamie, überwunden sind.

3. Die Ehe als Lebensgemeinschaft und Einheit von Mann und Frau weist über sich hinaus auf die Gottes- und Christusgemeinschaft. Die Bibel umschreibt den Glauben an Gott mit dem innigsten Vertrauensverhältnis, das zwischen Menschen denkbar ist, mit der Ehe. Der Glaube an Jesus Christus wird überall dort verkürzt gepredigt und gelebt, wo *nur* auf die soziale Tat, früher Moral und Sittlich-

keit, Wert gelegt wird; freilich gehört zur Liebe zu Gott auch die Tat, wie die Ehe eine Lebensgemeinschaft der Hingabe ist in Vertrauen und Dienst.

4. Umstritten ist heute, ob die Ehe als Einehe nötig ist, und wenn schon als Monogamie, ob sie des Trauscheins bedürfe. Die Antwort folgt aus dem Vor- und Urbild der Christusgemeinschaft. Gottes Offenbarung zeigt die Ehe als Monogamie, weil nur in ihr die Personengemeinschaft in so ungeteilter Hingabe möglich ist. Schwieriger ist zu klären, ab wann die Gemeinschaft von Mann und Frau »Ehe« ist. Für Christen sollte ein Dreifaches gelten: sie beginnen ihre Ehe in der Öffentlichkeit mit ihrem Treueversprechen, weil auch der Glaube zu Gott das öffentliche Bekenntnis einschließt. Sie bitten in der Gemeinde und mit ihr um Gottes Beistand für die Ehe. Das Brautpaar empfängt in der Gemeinde Gottes → Segen. Aus diesem Verständnis geht der Eheschließung die Verlobungszeit voran als Zeit der Prüfung, ob Gott die beiden wirklich füreinander bestimmt, »zusammengefügt«, hat.

5. Die geschlechtliche Begegnung als tiefe Erfahrung von Einheit, als eines → »Erkennens«, gehört in die Ehe, und in ihr vollzieht sich die Ehe. Wo aber dieses Einswerden vor dem Treueversprechen samt Bitte um Gottes Beistand und Empfang seines Segens vorweggenommen wird oder abseits des Treueversprechens zum Lustgewinn vollzogen wird, hat die Ehe faktisch, wenn auch nicht rechtlich, begonnen.

6. Eine Einübung in die Ehe durch Intimerfahrung auch mit beiderseitiger Zustimmung gibt es nicht, so wenig wie der Mensch ohne letzte Hingabe an Christus mit ihm Gemeinschaft haben kann. Das tiefste Erkennen, die Einung, erschließt sich nur in endgültiger Bindung.

M. Holland

Ehebruch/Ehescheidung

I. Wortbedeutung

Die göttliche Stiftung »Ehe« als engste, dauerhafte Verbindung zwischen Mann und Frau, wird in der Bibel streng geschützt. Eines der beiden hebr. Wörter für Ehebrecher/in meint wörtlich die, die »sich abwenden« und erinnert an den Undank gegenüber dem Geschenk Gottes in der → Ehe (Mal 2,14). Das griech. Wort für »Ehebruch treiben« wird umfassender gebraucht und hat den Klang von »verführen«.

Die Bibel bringt Ehescheidung und Ehebruch in Zusammenhang, setzt beides jedoch nicht in jedem Falle gleich.

II. Die Begriffe in der Bibel

A. IM ALTEN TESTAMENT

1. Im 6. Gebot (2Mo 20,14) ist Ehebruch verboten, weil die Ehe göttliche Stiftung ist (1Mo 2,18; 2,24) und die Ehepartner einander ergänzen, helfen und in Einsamkeit trösten sollen (1Mo 2,18). Der Grund für dieses hohe Eheverständnis liegt im Glauben an das Verhältnis Gottes zum Menschen: Die Ehe soll nach bibl. Verständnis letztlich Abbild der Gottesgemeinschaft sein (Hos 1–3; bes. 2,21f; Jer 3,8f; Hes 16; 23; Jes 50,1; vgl. Hl; 2Kor 11,2; Eph 5,22ff; vgl. auch Jesu Hochzeitsgleichnisse z.B. Mt 22,1–14 und die Brautworte Offb 22,17).

2. Im AT ist Ehebruch die außereheliche Geschlechtsgemeinschaft eines Mannes mit einer Frau, die mit einem andern verlobt oder verheiratet ist (5Mo 22,22–27). Da zunächst die Mehrehe nicht grundsätzlich verboten ist, muß der Mann, der sich mit einer ledigen Frau einläßt, sie heiraten und darf sich nicht von ihr trennen (5Mo 22,28.29).

3. Auf Ehebruch steht im AT die Todesstrafe (3Mo 20,10) durch Steinigen (5Mo 22,22–24, vgl. auch 1Mo 38,24), d.h. Ehebrecher/innen bekommen die schwerste Strafe: Sie gehören nicht in das Volk Gottes. Ehebruch ist für → Israel keine Privatsache, sondern betrifft das ganze Volk, weil ein Ehebruch nicht nur das Zusammenleben zweier Menschen und deren Recht, sondern Gottes Recht (2Mo 20,14) und die Heiligkeit des Volkes (3Mo 19,2) antastet. Dahinter steht die Erkenntnis, daß die → Sünde nicht nur den schädigt, der sie tut, sondern daß sie ansteckt (vgl. 3Mo 19,29) und das ganze Land in Mitleidenschaft zieht (4Mo 35,33f).

Eine Frau, die des Ehebruchs verdächtig ist, muß sich dem Gottesurteil über Schuld und Unschuld stellen (4Mo 5,11–31). Hier zeigt sich die hohe Würde und Verantwortung der → Frau für die Familie.

4. Die Ehescheidungsverbote stehen im AT vorwiegend unter dem Gesichtspunkt des Schutzes der Frau. 5Mo 22,13–19 wird die Frau vor Schande und Isolierung geschützt, indem ein Mann sie nicht verstoßen darf; sie ist vor der Willkür des Mannes geschützt. V. 28f beschreibt eine Situation der Vergewaltigung, deren Folge für eine junge Frau im damaligen → Israel durch die verlorene Jungfrauenschaft eine Schmach und für eine spätere Heirat besonders erschwerend war (vgl. 22,14).

5. Mit dem Einbruch der kanaanäischen Kultur und Religion in Israel läßt die hohe Sittlichkeit nach. Die heidnischen Fruchtbarkeitskulte (die die heranwachsende Jugend

am heiligen Ort Baals in das Sexualleben einführen sollten) erweichten das Verständnis für die eheliche → Treue von Jugend an und veränderten das Empfinden für die Sexualität, die nach Gottes Willen in die Ehe gehört. Darum mehren sich in der Bibel die Warnungen vor dem Ehebruch, vor allem in der Weisheitsliteratur (vgl. Spr 6,20–35).

In der Situation nach dem babyl. Exil war die Gefahr der Vermischung Israels mit anderen Völkern besonders groß. Mal 2,14ff zeigt, daß Männer die Frauen »ihrer Jugend« verstoßen und nichtjüdische Frauen geheiratet haben (der Begriff »Samen Gottes«, V. 15, weist auf die Forderung völkischer Reinheit).

6. Die Ehescheidung ist im AT in bestimmten Fällen rechtlich möglich. An welche Fälle im einzelnen gedacht ist, wird nicht ganz deutlich. 5Mo 24,1 spricht von »etwas Schändlichem« an der Frau (vielleicht vorehelicher Verkehr?); in 5Mo 23,15 könnte es auch ein hygienisches Fehlverhalten sein (vgl. auch 3Mo 18,6–19; 20,11–21). Im Judentum waren die Gründe, die die Ehescheidung ermöglichten, umstritten. Für Rabbi Hillel war es möglich, eine Frau zu entlassen, wenn ihr das Essen anbrannte, für Rabbi Schammai bedurfte es schwererer Vergehen. Diesen fast rechtlos gewordenen Zustand der Frau hatte Jesus bei seinen Aussagen zur Ehe und Ehescheidung unter anderem im Blick.

B. IM NEUEN TESTAMENT

1. Jesus vertieft im NT das Eheverständnis.

a) Mann und Frau werden mit demselben Maßstab gemessen (Mk 10,11ff).

b) Die Wurzel der → Sünde wird im Gefühlsleben aufgedeckt; schon die nach außen gewandte Begehrlichkeit ist Ehebruch (Mt 5,27f).

c) Jesus erklärt die Ehe für unauflöslich (Mk 10,8). Darum wird jetzt die Ehescheidung, die das AT mit einigen Schutzvorschriften (5Mo 24,1) für möglich hielt, Ehebruch genannt (Mt 19,9). Matthäus überliefert an zwei Stellen Jesu Wort zur Ehescheidung anders als Markus (10,11f). Demnach gäbe es die Erlaubnis der Ehescheidung wegen *porneia* (d.h. → Unzucht): »Es sei denn wegen Ehebruchs« (Mt 5,32) bzw. »Unzucht« (Mt 19,9). Manche vermuten, daß dieser Satzteil nicht von Jesus stammt, sondern ein späterer Zusatz ist.

2. Auch Paulus hat Jesus so verstanden, daß er grundsätzlich die Ehescheidung ablehnt (vgl. 1Kor 7,10f.39). Gleichwohl trifft der Apostel in 1Kor 7,12–17 eine ethische Entscheidung, wonach die Trennung einer Ehe zwischen einem ungläubigen und einem gläubigen Partner um des Friedens willen möglich ist: »Wenn der Ungläubige sich scheiden will, so laß ihn sich scheiden« (1Kor 7,15).

Der Grund, warum im NT die Ehe für unauflöslich erklärt wird, liegt in dem → »Geheimnis« (Mysterium), daß die → Ehe ein Abbild der Glaubensgemeinschaft Christi mit seiner Gemeinde und den einzelnen Christen in ihr ist. Das Liebesverhältnis zwischen Christus und den Seinen ist ein unauflöslicher → Bund und kein kündbarer Vertrag (Eph 5,25.33).

III. Der Begriff heute

1. Die Ehe wird heute nicht mehr von allen als lebenslängliche Gemeinschaft angesehen; die staatlichen Gesetze haben sich danach gerichtet. Aber das Glück der Ehe erschließt sich nur dem, der sich für immer rückhaltlos im Vertrauen bindet, und das Wesen der Ehe erfaßt nur, wer sie als Abbild der Christusgemeinschaft erkennt. Denn hier liegt der Grund für das Scheidungsverbot Jesu.

2. Um die Ehe vor dem Scheitern zu bewahren, muß man sich frühzeitig in die Treue einüben. Eine Zeit der Prüfung in Verpflichtung und Abstand ist hilfreich. Die Arbeit an sich selbst hört auch in der Ehe nicht auf.

Viele beginnen ihre Ehe mit Idealvorstellungen vom anderen. Der → Glaube aber, der um die Schuld und Vergebungsbedürftigkeit des Menschen weiß, schenkt einen nüchternen Blick für das Zusammenleben.

Wie zum Glauben das Gespräch im → Gebet gehört, so auch zur Ehe die Aussprache, besonders auch über gemeinsame Schwierigkeiten.

3. Zweifellos gibt es auch Lebensschicksale, die aus verschiedenen Gründen ein Zusammenleben fast unmöglich erscheinen lassen. Treue zeigt sich gerade darin, wie man solche Zeiten durchsteht, ohne den anderen aufzugeben. Wo das Zusammenleben auch nach Rücksprache mit einem Seelsorger nicht mehr möglich scheint, wird die Trennung nicht zur Scheidung oder gar zu einer neuen Ehe führen müssen. Vor Gott bleibt die Verpflichtung für den Lebenspartner, wie er den Seinen auch durch Schuld hindurch die Treue hält.

In Joh 8,1ff zeigt Jesus, wie er Ehebruch in seiner → Barmherzigkeit zu vergeben bereit ist. Mit der → Vergebung schenkt er aber keinen Freibrief, im Unrecht zu verharren, sondern neue Kraft zu → Liebe und → Treue (vgl. Hos 1–3).

M. Holland

Eigentum → Besitz/Eigentum/Reichtum

Einsicht → Vernunft/Verstand/Einsicht

Elend → Armut/Arm/Elend

Engel/Bote

I. Wortbedeutung

Das Wort »Engel« kommt aus der griech. Sprache *(angelos)* und bezeichnet einen Boten. Das deutsche Wort »Bote« bezeichnet den Überbringer von Nachrichten und Gütern. »Bote« ist verwandt mit dem Wort »bieten«, das ursprünglich unter anderem »wissen lassen, befehlen« bedeutete. Ein Bote ist also jemand, der im Auftrag eines anderen handelt und z.B. Botschaften überbringt. Dabei tritt die Person des Überbringers gegenüber dem Inhalt dessen, was er weiterzugeben hat, ganz zurück – der Brief ist wichtiger als der Postbote.

In der Bibel kommt das Wort in den meisten Fällen als *Bote Gottes* vor – so im AT 213mal, im NT 175mal (davon 67mal in Offb, 51mal bei Mt, Mk, Lk und 21mal in Apg).

II. Der Begriff in der Bibel

Der Engel als Bote Gottes ist in der Bibel Melder von Gott und Späher für Gott. Für Gottes Volk tritt er als Wächter und Retter auf. Wenn die Bibel von Engel spricht, beschreibt sie nicht deren Natur und Sprache, Aussehen und Herkunft, Zahl und Größe, sondern allein *ihre Aufgabe.* Die kann man zusammenfassend als → *Dienst* beschreiben.

Engel dienen Jesus nach seiner Versuchung (Mt 4,11) und treten an den wichtigsten Stationen seines Weges auf (Geburt, Auferstehung, Himmelfahrt).

Bei der Geburt Jesu hält der Engel des Herrn die Predigt (Lk 2,10–12). Ohne die Engelpredigt wäre nach Luther die Weihnachtshistorie ein »vergeblich Ding«. Diese erste Weihnachtspredigt hat 3 Teile: Benachrichtigung – Deutung – Zueignung.

Wie die Engel dem Herrn gedient haben, so dienen sie nun auch seiner → Gemeinde (wie dem Haupt des Leibes Christi, so seinen Gliedern).

Die Engel beeinflussen nicht den Willen Gottes und können den Inhalt der Botschaft nicht verändern, sondern sie vollstrecken Gottes Willen.

Das Erscheinen der Engel ist oft furchterregend; ihr erstes Wort ist dann: »Fürchtet euch nicht!« Manchmal werden sie erst im nachhinein als Engel erkannt.

Drei Engel werden mit Namen genannt: Michael, der Bezwinger des Drachen (Offb 12,7ff), Gabriel, der Ankündiger der Geburt Jesu (Lk 1,26), und Raphael, der Begleiter des Tobias (in den Apokryphen). Zweimal (1Thes 4,6; Jud 9) ist von Erzengeln die Rede, ohne daß daraus eine Rangfolge von höheren und niedrigeren Engel gefolgert werden kann. Das Verhältnis von Engeln und → Dämonen ist zu vergleichen mit dem von → Schöpfung Gottes und Chaos. Engel und Dämonen können nicht als gute und böse Engel zusammengesehen werden.

Zu Hebr 1,14: »Die Engel sind dienstbare Geister, ausgesandt zum Dienst um derer willen, die das Heil erben.« Der Vergleich des Sohnes (Jesu) mit den Engeln soll deutlich machen, daß Jesus auf der Seite Gottes steht. Er ist nicht als Engel zu begreifen. Auch Engel sind Geschöpfe Gottes.

Zu Offb 2und 3: »Dem Engel der Gemeinde zu . . . schreibe.« Die Gemeinden (die Zahl 7 meint als Vollzahl alle bestehenden Gemeinden) haben Repräsentanten vor Gottes Angesicht.

Zu Mt 18,10: ». . . Ihre (der Kleinen) Engel im Himmel sehen allezeit das Angesicht meines Vaters im Himmel.« Hier wird nicht die – in der Kunst oft dargestellte – Vorstellung genährt, als ob gerade Kinder besondere Schutzengel hätten. Es wird vielmehr deutlich gemacht, daß für Gottes Engelboten kein Mensch, auch nicht der Geringste oder Kleinste, nebensächlich ist.

III. Der Begriff heute

Der Engelglaube ist in der Bibel nicht zentral. Dennoch können wir nicht darauf verzichten, über die Engel in biblischer Nüchternheit zu reden. Im Laufe der Kirchen- und Frömmigkeitsgeschichte haben oft Phantasien die biblisch berechtigten Aussagen überwuchert.

Dreierlei ist zu beachten:

1. Vor allem in der Kunst finden sich *falsche Engeldarstellungen.* Sie werden beeinflußt von den Genien- und Heroendarstellungen in der Antike. Die Vorstellung vom Engel wurde ins Weibliche und Kindliche umgestaltet. Nur bei Rembrandt und Barlach finden wir den Ernst, die Strenge und die Keuschheit des biblischen Engelbildes (Bert Brecht über den schwebenden Engel von Barlach in Güstrow: »Daß dieser Engel mich überwältigt, verwundert mich nicht. Solche Engel gefallen mir.«). Im Barock wurden die Engelbilder immer bibelfremder zu molligen Flügelputten, vor denen niemand mehr Respekt hat.

Es gilt sich freizumachen von anderen falschen Vorstellungen über Engel, die sich aus dem Heidentum eingeschlichen haben. So ist die Vorstellung, daß Verstorbene (besonders Kinder) zu Engeln werden, außerbiblischen Ursprungs.

2. Es gilt sich zu hüten vor *Engelverehrung und Engelspekulation.* Schon Paulus hat sich

in seinem Brief an die Kolosser mit einem Engelskult auseinandersetzen müssen (2,18). Luther sagte in einer Predigt zum Fest Michaelis: »Also beten wir die Engel nicht an, trauen auch nicht auf sie, wie man bisher getan hat, sondern danken und loben Gott, daß er sie uns zugut geschaffen hat.« Wenn eigene Engelfeste gefeiert und Engelaltäre gestiftet werden, rücken die Boten zu sehr in den Mittelpunkt der Aufmerksamkeit, so daß ihr Auftraggeber und die Botschaft, die sie auszurichten haben, in den Hintergrund gedrängt werden. Das aber widerspricht der dienenden Natur der Engelboten. Sie selber beten Gott allein an, daher lehnen sie es ab, sich verehren zu lassen (vgl. Offb 22,8.9). In den Schmalkaldischen Artikeln (II/2) heißt es, daß »zwar die Engel im Himmel für uns bitten, daß wir sie aber nicht anrufen, anbeten, ihnen fasten, feiern, Messe halten, opfern, Kirchen, Altar, Gottesdienst stiften und andere Weise mehr dienen« dürfen.

3. *Der Engelsglaube ist nicht zu trennen vom Glauben an den dreieinigen Gott.* Johann Gerhard, der größte luth. Theologe des Barock, zeigt diesen Zusammenhang in den »Meditationes Sacrae« (1627): »Der himmlische Vater sendet seinen Sohn zu unserer Befreiung; der Sohn Gottes wird Fleisch zu unserer Rettung; der Heilige Geist wird gesandt zu unserer Heiligung; die Engel werden gesandt zu unserem Schutze. So dient uns gleichsam der ganze himmlische Hofstaat und überträgt seine Wohltaten auf uns.« Und er wendet dies auf die Situation des Menschen an, dessen Herz eine Kampfstätte zwischen Himmel und Hölle sei: »Überall begegne deinem Engel mit Ehrerbietung und tue in seiner Gegenwart nichts, worüber du, sähe es jemand, erröten müßtest. Des Schutzes der Engel beraubt – wie wirst du da sicher sein, wenn die Fülle der Gefahren dich bedrängt. Wenn die Burg deiner Seele keine Mauer hat, von der herab die Engel dich verteidigen, dann wird der Teufel sie leicht erobern, wenn er sich der Umgehungsmanöver seiner niederträchtigsten Überredungsstrategie bedient.«

Es ist keine gedankenlos übernommene Formel, sondern ein seelsorgerlicher Gesichtspunkt für das tägliche Leben in der Nachfolge Christi, wenn Luther sowohl seinen Morgen- als auch seinen Abendsegen abschließt mit dem Gebetssatz: »Dein heiliger Engel sei mit mir, daß der böse Feind keine Macht an mir finde.«

J. Leuthner

Entrückung

I. Wortbedeutung

Bei diesem Wort, das heute in vieler Mund ist, ist in der Schrift vor allem an 1Thes 4,17 zu denken: »Wir werden *hingerückt* werden in den Wolken, dem Herrn *entgegen*.« Wörtlich heißt es: »Wir werden *weggerissen* werden ... zur Begegnung mit dem Herrn.«

1. Das Wort für »wegreißen«, »entrücken« wurde auch negativ gebraucht, etwa für eine gewaltsame Entführung oder Geiselnahme. Auf jeden Fall drückte es aus, daß das Ganze überraschend, schnell und mit überlegener Macht erfolgte. Das Wort steht auch Apg 23,10: Paulus wurde zu seinem Schutz von den Römern den Juden wieder entrissen und in ihre Burg zurückgebracht. Bei 1Thes 4,17 handelt es sich um eine plötzliche und gewaltige Machterweisung *Gottes.*

2. Das griech. Wort für »Begegnung«, »Einholung«, »Empfang«, das in 1Thes 4,17 steht, ist auch auf einen Gedenkstein gemeißelt, den man in einiger Entfernung von den Trümmern einer Stadt im östlichen Mittelmeerraum fand. Damit kam zum Ausdruck, daß hier die Begegnung zwischen dem Kaiser, der die Stadt besuchte, und der ihn empfangenden Bürgerschaft erfolgte. Es war ein stehender Ausdruck für den Brauch im Altertum, daß hochgestellte Personen zu ihrem Besuch von der Bürgerschaft einer Stadt feierlich »eingeholt« wurden. Das Wort steht auch Apg 28,15, wonach Christen aus Rom dem als Gefangenen nach Rom kommenden Paulus entgegengingen, was Paulus freute und stärkte.

II. Der Begriff in der Bibel

1. Für die Einholung des wiederkommenden Herrn durch seine Gemeinde wird neben 1Thes 4,17 im Griech. das Wort auch in Mt 25,6, im Gleichnis von den zehn Jungfrauen, benützt: »Siehe, der Bräutigam kommt; gehet aus ihm *entgegen*!« Diese Schriftworte bedeuten also: Die Generation der Glaubenden, die die → Wiederkunft ihres Herrn erlebt, darf ihm entgegengehen und ihn *»einholen«*, vgl. das Lied: »Wachet auf, ruft uns die Stimme«: »Ihr müsset ihm entgegengehn«. Wir *dürfen* ihm entgegengehen.

2. Das erfordert gleichzeitig unsere *Verwandlung* (1Kor 15,50–53). Sie ist nötig. Wir könnten mit unseren irdischen Augen Gott nicht sehen (2Mo 33,18–20). Wenn wir nicht einmal die geschaffene Sonne ansehen können, ohne Schaden zu nehmen, wieviel weniger den Schöpfer und Herrn der Sonne und aller Sonnen. Jetzt haben wir einen Erdenleib, dann einen geistlichen Leib (vgl. 1Kor 15,35–50; → Leib/Körper).

Die zum Zeitpunkt der Entrückung bereits im Glauben an Jesus Gestorbenen erhalten gleichzeitig mit der »ersten Auferstehung«, sozusagen der »Vorweg-Auferstehung«, endgültig ihre Geist-Leiblichkeit (1Thes 4,16.17; 1Kor 15,23.24; Offb 20,4–6; 20,12–15; vgl. Joh 5,24.28.29; → Auferstehung/Auferwekkung).

III. Der Begriff heute

Einige Fragen um die Entrückung, die heute manche beschäftigen:

1. Wie ist die *zeitliche Einordnung* der Entrückung in den Gang der endgeschichtlichen Ereignisse? Erfolgt sie *vor* oder *nach* der großen antichristlichen Trübsal (→ Bedrängnis/Verfolgung) (Offb 7,14; 13,7)? 2Thes 2,3 »Er kommt nicht, es komme denn zuvor . . .« läßt erkennen, daß den Glaubenden diese Notzeit nicht erspart werden wird. Die oft erwähnte Schriftstelle Offb 3,10 heißt wörtlich: ». . . so will ich dich auch bewahren *aus* der Stunde der Versuchung heraus«. Unser Herr erspart uns also das Leiden nicht (vgl. Apg 14,22). Das zu wissen ist wichtig, damit wir einmal in Stunden großer Anfechtung nicht irre werden. Andererseits müssen wir nicht wie die unbußfertige Welt unter allen Gerichten bleiben. Gott hilft uns *in* der Not und, wenn seine Stunde gekommen ist, *aus* der Not.

In der Offb dürfte die Entrückung in Kapitel 15 ihren Ort haben: Am Anfang der antichristlichen Zeit Offb 13 sind die Glaubenden noch vorhanden. Bei den letzten schweren Schalengerichten Offb 16 hören wir nichts mehr von einer Gemeinde Jesu. Das Geschehen in Offb 15 dazwischen ist dem vergleichbar, was Israel am Roten Meer nach 2Mo 14 und 15 an Bedrängnis, Durchhilfe und Lobpreis Gottes erlebte (vgl. insbesondere Offb 15,3 und 2Mo 15,1ff; → Antichrist).

2. *Wer* hat an der Entrückung teil? An der vergleichbaren ersten Auferstehung haben die »Toten in Christus« teil (1Thes 4,16); das sind die, die zuvor in ihm lebten. Die werden einmal dazugehören, die Christus jetzt »angehören« (1Kor 15,23). Ihm gehört, wer ihn jetzt als seinen Herrn annimmt (Joh 1,12); der wird einmal auch von ihm angenommen werden. Wenn wir in ihm sind, ist er mit seinem Geist in uns (Joh 15,4). So sind wir aller → Hoffnung teilhaftig (Kol 1,27).

3. Was ist die *rechte Haltung* der Glaubenden im Blick auf die Entrückung? Falsch wäre es, die andern sich selber überlassen zu wollen; nötig ist vielmehr, bis zum Schluß zu eilen und den Frieden Gottes anzubieten, wie das einst Lot noch in der letzten Nacht in Sodom tat (1Mo 19,14). Falsch wäre es aber auch, in einem übertriebenen Gefühl der Solidarität mit den andern, das Menschen mehr liebt als den Herrn, mit ihnen zurückbleiben zu wollen.

F. Grünzweig

Erbarmen → Barmherzigkeit/Erbarmen

Erhöhen/Erhöhung

I. Wortbedeutung

Ursprünglich ist dieses Wort beheimatet in den altorientalischen Göttergeschichten. Von dort kam es auch in das AT. Es bedeutet dann soviel wie: Inthronisation mit nachfolgender Vorstellung vor dem Volk (Präsentation) und dessen Huldigung (Akklamation). Oft steht es auch einfach für Königsherrschaft. Auf den Menschen bezogen, ist es der Gegenbegriff zu Erniedrigung und meint dann »retten«, »helfen«, »ins Reich setzen« (»Gerechtigkeit erhöht ein Volk . . .«, Spr 14,34). Interessanterweise ist im NT der Gegenbegriff Erniedrigung immer mit im Blick, wenn von Jesu Erhöhung durch seine Auferweckung von den Toten oder seiner Himmelfahrt die Rede ist. Im Johannes-Evangelium findet sich als verwandtes Wort der Begriff »Verherrlichung« (→ Herrlichkeit/Verherrlichen), in den anderen Evangelien der Begriff »Verklärung«.

II. Der Begriff in der Bibel

A. IM ALTEN TESTAMENT

Während die altorientalischen Kulte in Anlehnung an den Rhythmus der Natur (Winter – Sommer; erstorbene Natur – Wiederaufblühen im Frühjahr) Göttergeschichten erzählen, in denen die Gottheit stirbt und wieder aufersteht (»erhöht wird«), kennt → Israel seinen Gott als einen ewigen, dessen Thron fest steht (Ps 93,2). So wird im → Gottesdienst keine Thronbesteigung Gottes gefeiert, sondern sein Königsein dankbar besungen. Weil feststeht, daß die Rechte des Herrn erhöht ist (Ps 118,16), werden die Frommen aufgefordert: »Erhebt den Herrn, unsern Gott, betet an vor dem Schemel seiner Füße; denn er ist heilig« (Ps 99,5), oder: »Laßt uns miteinander seinen Namen erhöhen« (Ps 34,4).

Diese Erhöhung Gottes, also das jubelnde Bekenntnis zu seinem Königsein, hat aber auch eine den einzelnen Menschen betreffende Seite: der arme und erniedrigte Mensch gewinnt durch die Anbetung dieses erhabenen und großen Gottes selber »Erhöhung«, d.h.: Mut und Zuversicht. So lobt Hanna nach der Geburt des Samuel (sie war vordem unfruchtbar und darum verachtet): »Mein Herz ist fröhlich in dem Herrn, mein Haupt ist erhöht in dem Herrn . . . Der Herr macht arm und macht reich; er erniedrigt und erhöht. Er hebt auf den Dürftigen aus dem Staub und erhöht den Armen aus der Asche, daß er ihn setze unter die Fürsten und den Thron der Ehre erben lasse« (1Sam 2,1.7.8). So kehrt Gott die Situation der sozial Benachteiligten um, indem er sie erhöht (Ps 37,34; 112,19).

Der Mensch ist aber ständig in der Versuchung, seine *eigene* Lebenserhöhung zu betreiben. Er wird überheblich und hochmütig und läßt sich von Gott keine Erhöhung schenken, sondern will sein eigener Herr sein. Folglich muß er mit dem ausschließlichen Herrschaftsanspruch Gottes zusammenstoßen: »Ich sprach zu den Ruhmredigen: Rühmt euch nicht so! und zu den Gottlosen: ... Pocht nicht so hoch auf eure Gewalt, ... Gott ist Richter, der diesen erniedrigt und jenen erhöht« (Ps 75,5.6.8).

Gott hatte sein Volk durch seinen Gesalbten, seinen Auserwählten, durch David und sein Haus, immer wieder errettet aus der Hand der Feinde. In Ps 89,20.21 ist »erhöhen« ein Parallelbegriff zu »erwecken«, »salben«, »erwählen«. Der Beter erinnert Gott in der → Anfechtung an diese Erhöhung des Hauses Davids. Wird Gott seine → Verheißung durchhalten? Er tut es! Ein neuer Gottesknecht wird von Gott eingesetzt: »Siehe, meinem Knecht wird's gelingen, er wird erhöht und sehr hoch erhaben sein« (Jes 52,13). Aber dieser Gottesknecht wird erhöht sein, weil er zuvor in großer Schmach und Schande erniedrigt war (Jes 53,1–12; → Knecht Gottes).

B. IM NEUEN TESTAMENT

Während das AT die Erhabenheit des Gottes Israels lobpreisend feststellt, ist sie im NT durch eine völlige Erniedrigung gekennzeichnet: Jesus Christus wird als der Herr Himmels und der Erde verkündigt, weil er sich zuvor erniedrigt hat bis zum Tod am Kreuz. Großartiges Beispiel für das Ineinander von Erniedrigung und Erhöhung Jesu Christi ist ein alter Hymnus der Urchristenheit, den Paulus in Phil 2,6–11 zitiert. Aber nun ist Erniedrigung und Erhöhung Jesu Christi nicht nur ein Nacheinander (dann hätten wir es nur noch mit dem auferstandenen Erhöhten und nicht mehr mit dem Gekreuzigten zu tun!), sondern der Erhöhte bleibt auch nach Ostern immer noch der Erniedrigte (vgl. Offb 3,20). So verbindet auch das Johannes-Evangelium in bewußt doppelsinniger Weise die Erniedrigung Jesu an das → Kreuz mit seiner Erhöhung, d.h. seinem Sieg (Joh 3,14; 12,31–33). Das Wesen der → Nachfolge seiner → Jünger liegt aus diesem Grunde gerade in ihrer Selbsterniedrigung: indem sie sich selbst klein machen, sind sie in Wirklichkeit groß, d.h. erhöht (Mt 23,12). – Die Erhöhung Jesu, des Gekreuzigten, vollzieht sich in drei Schritten: → Auferstehung, Himmelfahrt, → Wiederkunft. Aber auch als König aller Könige und → Herr aller Herren (Offb 19,16) wird er für alle Ewigkeit das → Lamm bleiben, das erwürgt ist (Offb 5,6). Er ist der Hohepriester (»höher als der Himmel ist«, Hebr 7,26), der fürbittend vor Gott steht und auf die ewige Gültigkeit seines Selbstopfers hinweist (Hebr 9,14; → Opfer; → Versöhnung/Sühne).

III. Der Begriff heute

Wir leben in einer Zeit, in der nicht mehr Gott, sondern der Mensch als das Maß aller Dinge gilt. Wenn jeder sich selbst der Nächste ist, dann wird notwendigerweise das Interesse, das die Allgemeinheit beansprucht, daran gemessen, ob für den einzelnen auch etwas dabei herausspringt. Ohne starkes Selbstbewußtsein, so heißt es, komme man nicht durch das Leben. Wiederherstellung der Ich-Stärke ist das Ziel der Psychotherapie. Der sich selbst »erhöhende« Mensch ist unser Lebensideal, erhöht aber nicht durch einen Gott, der ihn liebt und fördert, sondern »erhöht« durch seine eigenen Mittel und Möglichkeiten.

1. ERKÄMPFTE ODER GESCHENKTE ICH-STÄRKE?

Auf der anderen Seite gibt es ein sich ständig vergrößerndes Heer von Menschen mit einer krankhaften Ich-Schwäche, vergewaltigt und erniedrigt durch ihre Mitmenschen, die ein größeres Durchsetzungsvermögen haben. Von daher ist das Bemühen mancher therapeutischer Methoden verständlich, diesen erniedrigten Menschen ein neues Selbstwertgefühl zu vermitteln, ihn also gleichsam zu »erhöhen«. Das Fatale ist nur, daß die solchermaßen »erhöhten« Zeitgenossen mit ihrer neu gewonnenen Ich-Stärke oft ohne Gott leben zu können meinen.

Der Weg der Bibel geht anders! Wenn ein Mensch zum Glauben an Jesus Christus kommt, wird er gerechtfertigt – d.h. ins Recht gesetzt – vor Gott und den Menschen! Der Glaubende darf wissen, daß er jetzt etwas gilt, daß er ein neues Existenz-Recht besitzt. Zwar werden ihn seine Mitmenschen zunächst verachten, aber es geschieht immer wieder, daß sie eines Tages nachdenklich werden, wenn sie beispielsweise sehen, wie ein Christ weniger von der Meinung der Leute über ihn abhängig ist als ein Nichtchrist. Weil Gott ihn »erhöht« hat, braucht er nicht gierig nach der »Erhöhung« durch seine Mitmenschen zu greifen. Ist er auf diese Weise frei geworden, nicht mehr selbst um seine eigene Erhöhung kämpfen zu müssen, kann er sich den Erniedrigten in dieser Welt zuwenden. Er wird ihnen die Botschaft von Jesus Christus sagen, der selbst in der tiefsten Erniedrigung (um unserer Sünde willen) gestanden hat und der erhöht wurde, weil er den → Gehorsam Gott gegenüber bis zum Tod am Kreuz durchgehalten hat.

2. Die Himmelfahrt Jesu ist keine Weltraumfahrt

War Jesus der erste Weltraumfahrer? »Erhöhung« heißt ja Auferstehung von den Toten und Himmelfahrt in einem. Wäre Jesus gleich einem Flugkörper in den Weltenraum gestartet, dann müßte man annehmen, daß er dort bestimmte Bahnen beschreibt und infolgedessen – entsprechend den berechenbaren Bahnen der Satelliten – eben nur dann sich »von oben« einen ausschnittsweisen Überblick über den Teil der Erde verschafft, über den er gerade »kreist«. Ein absurder Gedanke! Erhöhung Jesu heißt Anteilhabe an Gottes unsichtbarer Welt und Gottes Allmacht und Allgegenwart! Und weiter: Erhöhung als Auffahrt zum → Vater meint auch, daß es nun zwischen Erde und Himmel nichts mehr gibt, was durch Jesu Auffahrt nicht berührt worden wäre. Also alle Mächtigkeiten, die manchmal unsichtbar uns Menschen bedrängen, sind durch die Erhöhung Jesu zum Vater entrechtet, wenn auch noch nicht vernichtet worden (vgl. Eph 4,8).

Daß aber Apg 1,9–11 Jesu Himmelfahrt so anschaulich geschildert wird, darin liegt ein gnädiges Zeichen, das die Jünger – und damit uns – die Erhöhung Jesu »erleben«, »sehen«, ließ.

3. Die Erhöhung Jesu lässt auf seine Wiederkunft hoffen

Die Erhöhung Jesu Christi durch Auferstehung und Himmelfahrt ist zwar endgültig geschehen, aber noch nicht vor den Menschen und dem ganzen Kosmos sichtbar geworden. Es gehört zum Wesen der biblischen Offenbarung, daß sie im Anfang im Verborgenen an bedeutungslosen Orten und für unbedeutende Menschen geschieht, aber am Ende in voller Sichtbarkeit die Huldigung des gesamten Kosmos verlangt. Diese sichtbare Erhöhung Jesu durch sein sichtbares Wiederkommen am Ende der Tage bringt auch das Ende aller Erniedrigung mit sich: das Leiden und der Schmerz hören auf (Offb 21,4). Die Erhöhung Jesu am Tage seiner Auferstehung von den Toten und am Tage seiner Himmelfahrt verbürgen seine Erhöhung vor aller Welt am Tage seiner sichtbaren Wiederkunft.

4. Was dies für den Alltag bedeutet

Um dieser großen → Hoffnung willen kann der Christ die Zeit seiner Kreuzesnachfolge, die viel Erniedrigung mit sich bringt, fröhlich durchhalten. Er erfährt in seiner Nachfolge je und dann kleine Erhöhungen, weiß aber, daß ihnen meistens Anfechtungen und Nöte folgen. Denn wir könnten auf Erden eine ständige und durch nichts gebremste Erhöhung nicht ertragen, wir kämen durch → Hochmut zu Fall. Darum freuen wir uns auf unsere eigene endgültige Erhöhung am Tage der → Wiederkunft Jesu Christi, die durch keinen Hochmut mehr gefährdet werden kann.

D. Schneider

Erkennen/Erkenntnis

I. Wortbedeutung

Er-kennen bezeichnet den *Vorgang,* durch den es zum Kennen kommt, das Kennen-lernen. In den biblischen Sprachen kann das Wort für jeden Abschnitt dieses Vorgangs stehen. Je nach Zusammenhang bedeutet es »merken, spüren, erfahren«; »erkennen, verstehen, einsehen«; oder schließlich als Ergebnis »kennen, wissen«. Besonders groß ist der Bedeutungsreichtum im Hebräischen. »Sich auf etwas verstehen«, »sich um jemand kümmern«, »persönlich vertraut sein« und sogar »geschlechtlich verkehren« – das alles kann mit »erkennen« gemeint sein. Erkennen geschieht im *praktischen Umgang* mit dem, was man erkennen will. Und meistens ist Erkenntnis mit Entscheidungen und Handlungen verbunden. Das Wort umfaßt also viel mehr als nur den Bereich des Denkens und bietet ein Beispiel dafür, wie die Sprache *des AT* den Menschen als Ganzes sieht.

Diese Sicht prägt auch die Sprache *des NT.* So kann »Erkennen« auch dort jene »hebräischen« Bedeutungen haben, die es ursprünglich im Griech. nicht besaß. Doch gibt es andere Stellen, wo es nur *theoretische Bedeutung* hat, etwa »zur rechten Einsicht oder Weltanschauung kommen«. Beides zu unterscheiden ist keine Spitzfindigkeit! Wir werden sehen, daß Paulus dieses theoretische Verständnis von »Erkenntnis« entschieden bekämpft. Es wird dabei um die zentrale Frage gehen, welcher Art unser Glaube ist.

II. Der Begriff in der Bibel

Er kommt so häufig vor, daß wir uns auf eine kleine Auswahl der Stellen begrenzen müssen, wo Erkennen mit Gott zu tun hat. Dabei ergeben sich noch einmal überraschend neue Bedeutungen: »erwählen«, »offenbaren«, »glauben«.

1. Gott »erkennt« Menschen

Das meint natürlich auch, daß Gott im Tiefsten um Menschen weiß: »Du erforschst mich und kennst mich« (Ps 139). Aber wen Gott erkennt, mit dem hat er auch zu tun. So bedeutet »erkennen« in Ps 144,3 »daß du dich seiner annimmst«. Und Gottes vertrauter Umgang mit Mose (5Mo 34,10) bedeutet zugleich die Zuwendung seiner → Gnade: »Ich kenne dich mit → Namen, und du hast Gnade gefunden in meinen Augen« (2Mo 33,12 vgl. 17). Zuwendung der Gnade Gottes heißt aber, daß er mit dem Menschen etwas vorhat. So wird »erkennen« zu »erwählen«. In diesem Sinne wird Jeremia zum → Propheten »erkannt« (Jer 1,5) und Abraham dazu, seine Nachkommen zu unterweisen, »den Weg des Herrn zu beobachten und → Gerechtigkeit und Recht zu üben« (1Mo 18,19). Mit Abraham ist somit ganz → Israel »erkannt« und in eine Verantwortung gestellt, deren Verfehlung Schuld ist (Am 3,2). Mit gleichem Ernst schließt im NT die Zusage: »Es kennt der → Herr die Seinen« in sich ein, daß die Seinen von Ungerechtigkeit lassen sollen (2Tim 2,19; → Mensch).

2. Gott gibt sich zu erkennen

Soll menschliche Verantwortung möglich sein, müssen Menschen Gott erkennen können. Aber auch das ist Gottes Tat, der sich selbst mit seinem Namen zu erkennen gibt, *»offenbart«* (2Mo 6,3); → Offenbarung. Dies tut er nicht durch theologische Belehrung, sondern in seinem Handeln an den Menschen, das stets weiterverkündigt werden soll (so 2Mo 6,7; 10,2 die Befreiung aus Ägypten → Auszug). Doch auch die Verkündigung der Taten Gottes kann ihn nicht beweisen, sondern nur bezeugen. Gotteserkenntnis bleibt ein → Wunder, das Gott selbst wirken will. Hesekiel versucht in einer umständlich klingenden Wendung immer wieder zu zeigen, daß Gott sich als Urheber seiner Taten dadurch erweist, daß er sich gleichsam selbst vorstellt: (wörtl.) »... damit ihr erkennt, daß ›Ich bin Jahwe‹« (Hes 5,13; 6,7.10.13.14 u.v.a.).

Gottes abschließende Tat und gültiges Wort ist sein Sohn Jesus Christus. Er allein kennt den → Vater, er allein kann ihn offenbaren (Mt 11,25). Denn weil der Vater selbst in ihm wohnt, können wir in ihm den Vater erkennen (Joh 14,7.10). Damit verhilft er uns zu viel mehr als zu einer richtigen Weltanschauung: nämlich zu unserm → Heil. Denn Gott will, »daß alle Menschen gerettet werden und zur Erkenntnis der → Wahrheit kommen« (1Tim 2,4).

3. Menschen erkennen Gott

Ermöglicht Gott seine Erkenntnis, dann fordert er zugleich zu ihr auf (5Mo 4,35–40). Gerade diese Verse zeigen, daß damit das ganze → Leben geprägt wird. So können wir »Gotteserkenntnis« gar nicht umfassend genug umschreiben. Es ist kein Zufall, daß »erkennen« mitunter »glauben« gleichgestellt wird (Jes 43,10; Joh 6,69), aber auch »Gott fürchten« und »ihm dienen« (1Kö 8,43; 1Chr 28,9). Entsprechend heißen die Gläubigen »Gott Kennende« im Unterschied zu den → Heiden (Ps 36,11; 79,6; → Glaube/Vertrauen; → Gottesfurcht). Zwei Dinge gehören dabei unlöslich zusammen: *das Wissen um Gott und das entsprechende Verhalten.* Für Hosea kommt Gotteserkenntnis aus der Verkündigung seiner Taten und Unterweisung in seinen → Geboten (Hos 13,4; 4,6). Dies zu vergessen, ist tiefste Schuld; mit mangelnder Gotteserkenntnis schwinden → Treue und → Liebe, statt dessen greifen Verbrechen um sich und führen zum → Gericht (Hos 4,1–3). Umgekehrt kann Jeremia den König Josia loben: »Er half dem Elenden und Armen zum Recht. Heißt nicht das, mich recht erkennen? spricht der Herr« (Jer 22,16); → Arm/Armut.

Im NT ist es nicht anders. Gott zu »erkennen«, ohne ihn anzuerkennen, wie es götzendienende Heiden tun, verdiente gar nicht, Erkenntnis genannt zu werden (Röm 1,19–23, → Götze/Götzendienst). Für Christen ist stets die Erkenntnis des Willens Gottes in die Erkenntnis seines → Geheimnisses eingeschlossen (Kol 1,9; 2,2). Dies Geheimnis aber ist → Jesus Christus selbst; die Erkenntnis seines Todes am → Kreuz und seiner → Auferstehung ruft uns zur → Buße (Apg 2,36ff), ja bezieht uns selber in sein Geschick hinein, »daß wir nicht mehr der Sünde dienen« (Röm 6,5f). So sieht auch Paulus als Ursache der Sünde »Unkenntnis Gottes« (1Kor 15,34).

Erkenntnis Gottes in der Sendung seines Sohnes ist zugleich Erkenntnis seiner → Liebe. Hier lesen wir ab, was Liebe überhaupt ist, und erst in der Liebe zu Gott und den → Brüdern verwirklicht sich rechte Erkenntnis (1Jo 4,7–12). Diese Liebe zielt auf Glaubenserkenntnis der ganzen Welt (Joh 17,22f). Sie wurzelt aber in der intimen und beglückenden → Gemeinschaft gegenseitigen »Erkennens« der Christen mit ihrem Herrn (Joh 10,14f.27f). Dieser Gemeinschaft gilt die → Verheißung ewigen → Lebens, ja, bereits Vater und Sohn zu kennen, »das ist das ewige Leben« (Joh 17,3).

4. Streit um »Erkenntnis«

Solche Gedanken scheinen korinthische Christen mißverstanden zu haben, als sie meinten, ihre »Erkenntnis« erhebe sie über alle Tagesfragen und die Verantwortung für die Gemeinde. Solche »Erkenntnis« weist Paulus scharf als falsch zurück und stellt ihr die Liebe entgegen (1Kor 8,1–3). Vom Erkennen der Christen mag er hier gar nicht mehr reden, nur von ihrem Erkanntwerden durch Gott (vgl. auch Gal 4,9). Wenn Paulus doch selber sonst von Erkenntnis spricht, dann von der, die uns in Christus geschenkt ist (2Kor 4,6) und uns sofort in seine (Leidens)gemeinschaft, in die → Nachfolge stellt. Aber mit solcher »Erkenntnis« ist der Christ nicht am Ziel, sondern erst auf dem Wege (Phil 3,10–14) bis Gottes Vollendung kommt. »Jetzt ist mein Erkennen Stückwerk, dann aber werde ich so erkennen, wie mich Gott bereits ganz erkannt hat« (1Kor 13,12).

Es stimmt also schon: Gotteserkenntnis ist ewiges Leben, von dem wir jetzt bereits schmecken. Aber nicht als Besitz, den wir für uns genießen, sondern als Gabe, die uns ganz an den göttlichen Geber und seinen Willen bindet.

Im Streit um das, was Erkenntnis genannt zu werden verdient, ist damit zugleich unmißverständlich klar geworden, worum es im christlichen Glauben geht.

III. Der Begriff heute

1. Wie »erkennen« wir?

Erkennen ist für uns hauptsächlich eine Sache des Denkens, mit dem wir Unbekanntes erschließen und uns aneignen. Hier korrigiert uns schon die Sprache der Bibel in mehrfacher Weise: der ganze Mensch erkennt, und er erkennt in Begegnung mit dem, was er erkennen will. Vor allem fragt er, wozu Erkenntnis eigentlich dient und was aus ihr folgt.

Von daher müssen wir uns fragen lassen, ob unsere Art zu lernen nicht zu einseitig ist. Und ob die Art, wie wir heute mit Wissenschaft und Technik Natur und Leben meistern wollen, überhaupt angemessen ist. Spätestens die Vernichtungswaffen, aber auch »friedliche« Errungenschaften unserer Zivilisation, die trotzdem Leben und Gesundheit bedrohen, zeigen, daß es nicht reicht, technische Probleme zu lösen.

So bedeuten z.B. die Entwicklung unserer chemischen Industrie und der Atomkraftwerke, technisch gesehen, einen gewaltigen Fortschritt. Aber stehen die Bequemlichkeiten, die wir ihnen verdanken, in einem verantwortbaren Verhältnis zur Umweltzerstörung und zur Katastrophenbedrohung für viele Generationen? Sind wir vom biblischen Denken angeleitet, dürfen wir solche Fragen nicht ausblenden. Daß Christen dann u.U. zu unterschiedlichen Antworten gelangen, ist hier nicht entscheidend. Wichtig ist, daß die Fragen behandelt werden, denn *»Erkennen« stellt in Verantwortung.*

2. Gotteserkenntnis im Glauben

Unser theoretisches Verständnis von Erkenntnis kann uns dazu verführen, auch den Glauben als Denkgebäude, als die richtige Weltanschauung zu verstehen. Sogar in mancher Predigt gewinnt man den Eindruck, man müsse nur genau genug denken, um die Wahrheit des Glaubens einzusehen. Und versuchen wir im missionarischen Gespräch nicht oft unversehens, Gott zu beweisen?

Dabei vergessen wir, daß Gott selbst seine Erkenntnis wirken will. Wir können ihn und sein Tun nur bezeugen. Ob das Zeugnis aber zum Glauben führt, entscheidet sich nicht am Denkvermögen (vgl. 1Kor 2,14). Gott will in der Verkündigung begegnen, betroffen machen und in eine persönliche Beziehung rufen. Ihn erkennen, ist eine Lebensentscheidung! → Zeuge/Zeugnis.

Deshalb sagten die Reformatoren, Glaube sei nicht nur Kenntnisnahme, sondern vor allem Zustimmung und eine Lebenshaltung des Vertrauens zu Gott. Und der Theologe Karl Barth wählt bewußt die Reihenfolge Anerkennen – Erkennen – Bekennen. *Anerkennen* steht an der Spitze, weil dies den Glauben ausmacht: Anerkennen, daß Christus mein Herr ist. Dazu gehört, sein Urteil (über mich als Sünder) anzunehmen und seinem Ruf in die Nachfolge, in die Gemeinde, zu folgen. Ob jemand Christ ist, entscheidet sich an diesem Anerkennen Jesu Christi – nicht zuerst an der rechten Lehre oder dem tadellosen Verhalten!

3. Glaube als Erkennen und Bekennen

Dieses Anerkennen schließt allerdings *Erkennen* in dem engeren Sinn ein, wo nun auch unser Denken beansprucht wird. Wer ist denn der Herr, den wir anerkennen? Wir lernen ihn nur im Zeugnis der Schrift und in der Verkündigung und → Lehre der Kirche kennen (→ Predigen/Verkündigen). Aber eben: rechte → Lehre will rechte Nachfolge prägen! Deshalb lag ja Hosea so viel am Wissen um Gott. Jeder mündige Christ wird also in der Bibel studieren, um Erkenntnisse fürs Leben zu gewinnen – und das heißt schon, Theologie treiben.

Auch unser *Bekennen,* unser Christuszeugnis vor der Welt, geschieht im verkündigten Wort und der rechten Tat. Trennen wir beides voneinander, so wird die Tat allein orientierungslos und das Wort ohne Folgen unglaubwürdig. Heute gilt es, offene Augen dafür zu haben, wo wir zum Bekenntnis herausgefordert sind. Das mag unbequem sein und Gefahren mit sich bringen. Es gehört aber zum Ganzen der Lebenstat, die Jeremia nannte: »den Herrn recht erkennen«. → Bekenntnis/Bekennen.

4. DER CHRIST AUF DEM WEGE

Wenn Erkenntnis Gottes so viel in sich schließt – wer kann dann Christ sein? Es mag für uns tröstlich klingen, daß Paulus seine Erkenntnis nur Stückwerk nannte. Das bedeutet aber zugleich, daß wir kein noch so einleuchtendes Gebäude christlicher Lehre für ewig halten dürfen und jedes noch so einleuchtende christliche Engagement immer wieder neu überprüfen, ob es wirklich das jetzt gebotene Bekenntnis ist. – Ja es kann geschehen, daß die Erkenntnis Gottes selbst, in der wir gestern noch standen, uns heute nicht mehr lebendig ist.

Entscheidend ist, daß Gott uns zuvor erkannt hat und der für uns Lebendige bleiben will. Er ruft uns auf, den Weg des Glaubens weiterzugehen, um wieder neue Erfahrungen mit ihm zu machen, in denen unsere Erkenntnis wachsen kann. Und er schenkt uns die Verheißung, ihn einst so zu erkennen, wie er uns schon vollkommen erkannt hat.

U. Weidner

Erlaßjahr → Jubeljahr

Erlösung/Rettung

I. Wortbedeutung

Die hebr. und griech. Vokabeln im Hintergrund des dt. Wortes »Erlösung« beschreiben die Erfahrung von »losmachen«, »befreien«, »bewahren« und vor allem »retten«. Bei der Anwendung auf den Glauben schwingen oft noch ursprüngliche Vorstellungen wie die des »Loskaufens aus der Gefangenschaft« oder des »Losmachens von Fesseln« mit. Auch das Bild des »Herausreißens aus drohender Lebensgefahr« schimmert zuweilen durch.

Nicht nur der christliche Glaube spricht von Erlösung und Rettung, vielmehr haben die verschiedensten »Erlösungsreligionen« hier ihr Herzstück. Immer wird vorausgesetzt, daß sich → Mensch und → Welt in einem kranken, unheilvollen und unvollkommenen Zustand befinden, aus dem sie erlöst werden müssen. Bedrohung, Unfreiheit und Leid werden dabei in der Regel als die Wirkung böser Mächte verstanden.

Trotz dieser »Gemeinsamkeiten« verstehen die Religionen im einzelnen jeweils etwas völlig Verschiedenes unter Erlösung. Die tiefgreifenden Unterschiede werden sofort deutlich, wenn man fragt, *wovon* denn errettet werden muß, *wie* die Erlösung sich vollzieht und *was* sie schenkt. Dabei zeigt sich, daß vor allem die christl. Rede von der Erlösung etwas völlig Eigenständiges und Unvergleichliches zum Ausdruck bringt.

II. Der Begriff in der Bibel

1. WOVON DER MENSCH ERLÖST WERDEN MUSS

Das AT hat vor allem die Rettung aus äußerer, konkreter Not im Blick, und zwar sowohl in bezug auf das Volk → Israel insgesamt, als auch im Hinblick auf den einzelnen Menschen (5Mo 7,8; Ps 69,19) (→ Auszug). Erlösung von → Sünde und Schuld wird erst im NT zum entscheidenden Thema, doch taucht diese Botschaft auch schon im AT auf, besonders im 2. Teil des Jesajabuches und in den Psalmen (Jes 44,22; vgl. auch Ps 130,8 u.v.a.).

Die ntl. Schriften zeigen plastisch, wie der Mensch in seiner eigenmächtigen Absonderung von Gott in tiefe Schuld verstrickt ist. In freier Entscheidung hat er die Gemeinschaft mit Gott aufgekündigt. So muß er seine Tage in der Gottesferne zubringen. Dabei ist er so sehr von der Gewalt der Sünde umfangen, daß er seine wahre Verlorenheit gar nicht durchschaut. Die ganze Tiefe seines aussichtslosen Zustands erkennt er erst im Licht der Erlösung. Als Geretteter erschrickt er darüber, wie sehr ihn die Sklaverei des Gesetzes, der Sünde und des Todes von Gott getrennt haben. Nun erkennt er: Um wirklich »leben« zu können, mußte er von diesen Fesseln losgemacht werden: Die eine Fessel ist das *Gesetz*, das dem Menschen zum → Fluch werden muß, weil er es in seiner Eitelkeit nur als Aufruf zur Selbsterlösung verstehen kann (Gal 3,13; vgl. Röm 7; → Gebot/Weisung/Gesetz). Damit treibt ihn das Gesetz immer mehr in die → *Sünde*, deren → Knecht er ist (Joh 8,34). Hier kann nichts verniedlicht werden: Unter das »Gesetz der Sünde« gezwungen (Röm 7,23) ist der Mensch »tot« durch die Sünde (Eph 2,1.5; Kol 2,13). Dies ist ganz real gemeint, wie Röm 6,23 zeigt: Die Quittung der Sünde ist der → *Tod*. Es ist offenkundig, daß der Mensch unter der Tyrannei von Gesetz, Sünde, → Tod und → Satan (Eph 6,11; 1Petr 5,8; 1Jo 3,8; Hebr 2,14) orientierungslos ist, nicht mehr eigentlich lebt. Um leben zu können, muß er aus seiner schlimmen Lage errettet werden; aus eigener Kraft kann er hier nichts vollbringen.

2. WIE DIE ERLÖSUNG GESCHIEHT

Das AT bezeichnet Gott an verschiedenen Stellen (z.B. Hi 19,25; Ps 19,15; Jes 41,14) ausdrücklich als *Erlöser*. Der treue, erwählende und liebende Gott rettet aus der Not (→ Bund). Der Brückenschlag zum NT hin wird vor allem mit der Rede von der stellvertretenden Erlösung des Gottesknechtes (vgl. Jes 53,6.12; → Knecht Gottes) vollzogen. Damit ist das Heilshandeln Jesu Christi angesprochen, der durch seinen Kreuzestod rettet, indem er »sein Leben zu einem Lösegeld für viele« gibt (Mk 10,45). Erlösung ist somit kein innermenschliches Geschehen, sondern Heilstat Gottes, die sich in der Geschichte ein für allemal ereignet hat »durch Jesus Christus«, ohne unser »Verdienst«, »allein aus → Gnade« (entfaltet u.a. im Römer- und Galaterbrief). Der → Sohn Gottes vollbringt das Rettungswerk in völligem Gehorsam bis zum Tod am → Kreuz (Phil 2,8); seine uneingeschränkte Hingabe ist ganz und gar Dienst am verlorenen Menschen (Mk 10,45), für den er eintritt (Mt 26,28). So löst er den Sünder heraus aus aller widergöttlichen Gewalt und führt ihn aus dem Tod zum → Leben.

Dieses Erlösungswerk wird auf verschiedene Weise beschrieben: So klingt etwa in Mt 20,28; 1Petr 1,18f und Offb 5,9 der aus dem Rechtsdenken stammende Begriff des »Lösegelds« an. An anderen Stellen werden Begriffe und Vorstellungen aus dem atl. gottesdienstlichen Bereich herangezogen (→ Opfer, Sühnopfer; → Versöhnung/Sühne; Röm 3,25; 1Kor 5,7; Hebr 9,25ff). Immer aber geht es um dieselbe »Sache«: die Hingabe des Sohnes am Kreuz, wodurch Rettung geschieht. Dabei ist entscheidend, daß der Gekreuzigte nicht im Tod geblieben, sondern von den Toten auferweckt worden ist. Paulus läßt uns nicht im unklaren: »Ist aber Christus nicht auferstanden, so ist euer Glaube nichtig, so seid ihr noch in euren Sünden« (1Kor 15,17; → Auferstehung/Auferweckung).

3. Was die Erlösung schenkt

a) *Die Erlösung ist schon Wirklichkeit*

Die Hl. Schrift kennt als umfassenden Begriff für die Rettung aus der Sklaverei des Gesetzes, der Sünde und des Todes das Wort »Heil« (→ Heil/Frieden). Der Graben zwischen Gott und Mensch ist beseitigt, die Gemeinschaft durch Jesus Christus wiederhergestellt (Röm 5,10f). Wir sind nun Gottes Kinder, die »Abba, lieber Vater« sagen dürfen (Gal 4,6; → Kind Gottes; → Vater/Abba). Mit überschwenglichen Worten beschreibt Paulus, was sich geändert hat: »Ich lebe; doch nun nicht ich, sondern Christus lebt in mir« (Gal 2,20). »Christus ist des Gesetzes Ende« (Röm 10,4); um Christi willen ist der Sünder »gerecht« gemacht (→ Gerechtigkeit/Recht). Wir *haben* die Erlösung als »→ Vergebung der Sünden« (Kol 1,14); die Macht des Todes *ist* gebrochen (Hebr 2,14; 2Tim 1,10). – Mit dem → Geist Gottes ausgestattet, leben die Kinder Gottes nicht mehr »nach dem → Fleisch«. In ihrem Leben wird sichtbar und konkret, daß sie »→ Frieden mit Gott« haben (Röm 5,1) und so gerecht sind vor dem zukünftigen Gericht Gottes (1Thes 1,10).

b) *Die Vollendung steht noch aus*

Und doch steht die Vollendung der Erlösung noch aus: »Wir sind wohl gerettet, doch auf → Hoffnung« (Röm 8,23). Johannes meint dasselbe, wenn er schreibt: »Wir sind nun Gottes Kinder; und es ist noch nicht erschienen, was wir sein werden« (1Jo 3,2). Hier wird nichts zurückgenommen von der tatsächlich geschehenen Erlösung; das Entscheidende hat Gott ein für allemal getan, und doch bleibt noch etwas zu erwarten: unsere Auferwekkung von den Toten (1Kor 15,12ff), die endgültige Verherrlichung (Röm 8,17), das Schauen Gottes (1Kor 13,12; → Herrlichkeit/Verherrlichen). In diesem Sinne kann der Epheserbrief von einem »Tag der Erlösung« (4,30) sprechen, auf den wir erst zugehen. In der Zeit, die bis dahin noch bleibt, soll die Heilsbotschaft allen Menschen verkündigt werden, denn Gott will nicht, »daß jemand verloren werde« (2Petr 3,9). Von Christi Erlösungstat soll niemand ausgeschlossen sein; selbst wer vor Christus gelebt hat, ist in seine Erlösung mit einbezogen (1Petr 3,18ff). Dennoch wird es Menschen geben, die das Rettungsangebot Gottes verfehlen oder ausschlagen. Christen wissen um die Anfechtung und Gefahren, die hier bis zum Jüngsten Tag drohen, und beten deshalb im Vaterunser: »Erlöse uns von dem Bösen!« (Mt 6,13).

III. Der Begriff heute

1. Der Volksmund sagt:

»Ich lebe, ich weiß nicht, wie lang;
ich sterbe, ich weiß nicht, wann;
ich fahre, ich weiß nicht, wohin.
Mich *wundert's,* daß ich so fröhlich bin.«

Dieser Vers ist in unserer Zeit aktueller denn je. Getrieben von den Anforderungen des Alltags, gehetzt von allen möglichen Wünschen, die es zu erfüllen gilt, stolpern wir durchs Leben. »Wir bringen unsre Jahre zu wie ein Geschwätz« (Ps 90,9). Nur selten einmal kommen wir zur Besinnung. Dann *wundern* wir uns darüber, *wie* wir leben, was wir alles abgeblendet und verdrängt haben, um »normal« weitermachen zu können. Wenn man nämlich die Augen nicht verschließt, kann einem angst und bang werden: Die Schattenseiten der modernen Welt mit ihrer technischen Zivilisation liegen heute offen zutage. Immer mehr empfindet man: Die großartigen Fortschritte auf wissenschaftlichem oder wirtschaftlichem Gebiet befriedigen letztlich nicht, ja, werden zur Gefahr. Was nützen alle glänzenden Errungenschaften, wenn man innerlich verarmt? Denn in den entscheidenden Lebensfragen fühlt man sich alleingelassen.

Mit der Welt und mit dem Menschen steht es heute im Grund nicht besser als zu allen Zeiten. Dieselben Fragen verlangen ihr

Recht: Wie komme ich los von meiner Schuld? Wer befreit mich aus der Vergänglichkeit meines Lebens? Besteht Hoffnung auf eine bessere Zukunft, in der Gerechtigkeit regiert und Liebe geübt wird?

Manche verzweifeln regelrecht am Sinn des Lebens und bestätigen das Wort Albert Einsteins: »Der Mensch, der sein Leben für sinnlos hält, ist nicht nur unglücklich, sondern kaum lebensfähig.« Die bedrängende Frage lautet daher: Wie komme ich zu einem ganzheitlichen, nicht mehr bedrohten, erfüllten Leben in einer heilen Welt? Wie kann ich aus dem, was mich ängstigt, zu erdrücken droht, errettet, erlöst werden? »Erlösungssehnsucht« treibt auch die Menschen unserer Tage um.

2. Dementsprechend steht ein breites Angebot bereit, das diese Sehnsucht stillen will:

a) Da ist zunächst die *Welt der Religionen.* Eine der bedeutendsten »Erlösungsreligionen« ist der Buddhismus, der den Menschen anleitet, zur Selbsterlösung aus dieser leidvollen Welt alle Anstrengungen zu unternehmen. Das Wort »Yoga« ist heute in vieler Munde. Durch Konzentrationsübungen und »seelische Techniken« soll sich der Mensch aus eigener Kraft erlösen, von der Fessel des Leibes loskommen, um sich nach seinem geistigen Wesen ganz aus der Welt zurückzuziehen.

b) Neben den großen Religionen steht die Vielzahl der *Sekten,* wobei gegenwärtig vor allem die sogenannten Jugendreligionen von sich reden machen. Erlösung aus den vielfachen Nöten wird demjenigen versprochen, der sich der Gruppe anschließt, ihre Vorschriften und Regeln einhält bzw. sich den Anordnungen der »geistlichen« Führer unterwirft. Alarmierende Meldungen in den Zeitungen zeigen uns, wie hier die Erlösungssehnsucht der Menschen oft auf schreckliche Weise mißbraucht wird.

c) Freilich gibt es auch ganz *»weltliche« Erlösungsangebote* auf dem Großmarkt der »Wahrheiten«. Da konkurrieren die verschiedensten Weltanschauungen und Philosophien, die mit ihren Rezepten das Paradies auf Erden oder einen »neuen Menschen« herbeiführen wollen. Auch Politiker verstehen sich manchmal als »Heilande« und »Retter der Menschheit«, versprechen eine bessere Welt, in der sich herrlich leben läßt.

3. Angesichts der vielfältigen Erlösungsangebote entsteht eine große Verwirrung. *Welchem kann man denn vertrauen*?

a) Die Christenheit singt zu Weihnachten: »Welt ging verloren, Christ ist geboren. Freue dich, o Christenheit!« Sie bekennt, daß *Jesus Christus der einzige Retter* aus aller Not ist. Sie verweist auf das unzweideutige Wort ihres Herrn: »Ich bin der Weg und die Wahrheit und das Leben, niemand kommt zum Vater denn durch mich« (Joh 14,6). *Er* führt den Menschen in die Gemeinschaft mit Gott zurück und holt ihn aus aller Dunkelheit der Gottesferne heraus; er allein ist das → »Licht der Welt« (Joh 8,12). Im Blick auf die anderen Angebote heißt es in einem bekannten Lied: »Such, wer da will, Nothelfer viel, die uns doch nichts erworben; hier ist der Mann, der helfen kann, bei dem nie was verdorben. Uns wird das Heil durch ihn zuteil, uns macht gerecht der treue Knecht, der für uns ist gestorben« (EKG 249/2).

b) Dabei ist wichtig zu sehen, daß der Mensch an der Erlösung nicht irgendwie mitwirken kann; sie geht allein auf Gottes »Konto« und wird *geschenkt.* Alle Versuche des Menschen, sich aus eigener Anstrengung aus der Sonderung von Gott, aus der Todesverfallenheit zu befreien, sich wieder in die Gemeinschaft mit Gott hineinzubegeben, müssen scheitern – und seien sie noch so »fromm«. »Was vom Fleisch geboren wird, das ist Fleisch; und was vom Geist geboren wird, das ist Geist« (Joh 3,6). Somit: Vom gottesfernen Menschen führt kein Weg zu Gott. Einzig Gottes unverdientes Wunderhandeln in Jesus Christus schafft das → Heil. Gott hat alles für uns getan; der Mensch braucht sich nur noch beschenken zu lassen – im Glauben, durch den Heiligen Geist! Diese eindeutige Rede vom Heil wollen viele nicht wahrhaben, damals wie heute. Man will nicht »umsonst empfangen«, sondern wenigstens selbst »etwas« dazutun. Doch gerade dieses Ansinnen ist Niederschlag der verkehrten Grundhaltung des Menschen, seiner Eitelkeit. Am bekanntesten ist das Bild des → Pharisäers, der Gott etwas bieten möchte, um *daraufhin* gerettet zu werden. Von Goethe stammt der Satz: »Wer immer strebend sich bemüht, den können wir erlösen.« Die christliche Botschaft von der Erlösung meint es anders: Gott rettet nicht auf Grund irgendeiner menschlichen Voraussetzung, sondern aus freier → Gnade und ungeschuldeter → Liebe. Wer hier etwas dazutun will, schmälert die Ehre Jesu Christi, dessen Erlösungswerk nicht ergänzt werden kann, weil es umfassend ist.

c) Der *umfassende* Charakter seines Heilshandelns schließt auch ein, daß die Erlösung dem ganzen Menschen gilt, nicht bloß seinem »inneren« Wesen, oder, wie manche sagen: der → »Seele« bzw. dem → »Geist«. Gott selbst ist ins → »Fleisch« gekommen; so nahe will er dem Menschen sein! Der Herr ist leibhaftig auferstanden, weswegen die Christen eine leibliche → Auferstehung erwarten und nicht bloß eine »Unsterblichkeit der Seele«. So wird z.B. auch in den → Sakramenten der Kirche deutlich, daß Gott das Leibliche in sein Erlösungshandeln mit einschließt. »Ist jemand in Christus, so ist er eine *neue Kreatur*; das Alte ist vergangen, siehe, es ist alles neu geworden« (2Kor 5,17). Weil das so ist, werden die Christen als »Erlöste« auch *ganz* von Gott in Pflicht genommen, um im konkreten Leben Zeugnis davon abzulegen, daß sie *ganz* gerettet sind.

d) Demnach kann man es den Christen anmerken, daß sie gerettet sind. Sie sind ja gerufen, sich entsprechend zu verhalten und nicht wie »Verlorene« zu leben. Das »neue Leben« der Erlösten verwirklicht sich freilich immer nur unter → Anfechtung und bruchstückhaft. Bis zum Jüngsten Tag fällt der Christ immer wieder zurück in die Sünde, auch wird er – wie alle Menschen – noch sterben müssen. Und doch können ihm all die Mächte der Sünde, des Teufels und des Todes nicht mehr wirklich etwas anhaben. – Wer in das »alte Leben« zurückfällt, wer in der Gefahr steht, sich erneut versklaven zu lassen, soll umkehren. Er soll sich je und je auf den Grund seiner Gemeinschaft mit Gott zurückbegeben, wie sie ihm ganz persönlich zugesagt ist.

→ Heil/Frieden/Rettung W. Metz

Ermahnen

I. Wortbedeutung

Das deutsche Wort »ermahnen« ist mit den lat. Ausdrücken für »auffordern«, »sich erinnern« und »Vernunft«, aber auch mit dem griech. Wort für »erregt sein« verwandt. Diese Beziehungen zeigen, wie stark das Ermahnen auf den ganzen Menschen zielt. Er soll mit Verstand, Willen, Gedächtnis und Gefühl in Bewegung gesetzt werden, um der Ermahnung gemäß zu handeln. Der gebräuchlichste ntl. Begriff für »ermahnen« hat ebenfalls eine große Bedeutungsweite. *Parakaleo* kann »anflehen« (Mt 14,36), »bitten« (Mt 26,53), »auffordern« (Lk 3,18), »zureden« (Lk 15,28) und »trösten« (Mt 5,4) heißen.

II. Der Begriff in der Bibel

A. IM ALTEN TESTAMENT

Der atl. Begriff *nicham*, den die griech. Bibelübersetzung oft mit *parakaleo* wiedergibt, heißt »trösten«. Im Gegensatz zu den → Heiden kannte → Israel den Gott, »der tröstet wie eine Mutter« (Jes 66,13). Vor Jesus hat man dann auf den Messias als den »Trost Israels« (Lk 2,25) gewartet. Der ntl. Sprachgebrauch ist stark vom AT beeinflußt.

B. IM NEUEN TESTAMENT

1. Die außerhalb der christlichen Gemeinde Stehenden werden ermahnt, »sich erretten zu lassen aus diesem verkehrten Geschlecht« (Apg 2,40). Sonst ist fast nur vom Ermahnen die Rede, soweit es um Christen geht. Wenn Paulus ermahnte, dann konnte er wie die übrigen ntl. Briefschreiber vom Glauben der Ermahnten ausgehen. Solches Ermahnen bedeutet keinen bloßen moralischen Appell, weil es ja nicht Gottes erstes Wort ist. Durch Jesus hat er die Vergangenheit der Christen bereinigt und sie zu seinen Kindern (→ Kind Gottes) gemacht (Gal 4,4f). In Zukunft ist ihnen nun ein neues Verhalten möglich, das der Hl. → Geist bewirkt (Gal 4,6–9). Diesem neuen → Leben soll das Ermahnen eine Richtung geben, die Gottes Maßstäben entspricht.

2. Weil Paulus das Ermahnen genauso wichtig war wie die → Lehre, sind seine Briefe oft in zwei Teile gegliedert. So gibt z.B. Röm 1–11 grundsätzliche Glaubenslehre, während Röm 12–15 zu richtigem Verhalten ermahnt. Diesen zweiten Briefabschnitt nennt man nach einem anderen griech. Wort für »ermahnen« auch den paränetischen Teil. Paulus ermahnte nicht bloß mit Briefen, sondern auch in ungezählten persönlichen Gesprächen, so etwa in Ephesus »einen jeden drei Jahre lang Tag und Nacht unter Tränen« (Apg 20,31). Der → Apostel setzte also seine ganze Person ein und beachtete auch, in welcher Verfassung die Ermahnten gerade waren. Er konnte mit großem Ernst warnen (2Kor 6,1), aber ebenso ein humorvolles Wortspiel gebrauchen (Phlm 8–11). Seinen Mitarbeitern schärfte Paulus ein, mit Freundlichkeit und Takt zu ermahnen (1Tim 5,1).

3. Doch bedeutet ermahnen im NT keine bloße Stimmungsmache, sondern hat ganz bestimmte Inhalte. Bei der Gemeindegründung prägte Paulus den Neugewonnenen Verhaltensmaßregeln ein, die sie auswendig lernten (vgl. 1Thes 4,1f). An diese katechismusartigen Überlieferungen erinnert der Apostel, wenn er ermahnt (1Kor 4,17). Die Verhaltensanweisungen stammten aus verschiedenen Quellen. An erster Stelle standen natürlich Wort und Vorbild Jesu (2Kor 10,1) sowie das AT (Röm 15,4). Die Urkirche machte sich aber auch die Lebenserfahrung von Juden und Heiden zunutze (vgl. Phil 4,8).

4. Ziel des Ermahnens ist die »Erziehung in der Gerechtigkeit, damit ein Mensch Gottes vollkommen sei, zu jedem guten Werk gerüstet« (2Tim 3,16f). Es geht also beim Ermahnen um konkrete Verhaltensänderung. Darum scheute Paulus nicht davor zurück, Christen öffentlich zu ermahnen, wenn ihr

Verhalten die ganze Gemeinde belastete (Phil 4,2f).

5. Nicht bloß die Apostel hatten die Aufgabe des Ermahnens, sondern auch in den Gemeinden gab es Menschen mit besonderer Begabung dazu (→ Charisma). Weil es zum prophetischen Charisma gehört, Menschen und Situationen zu durchschauen, haben die → Propheten eine besondere seelsorgerliche Verantwortung (1Kor 14,3.31). Doch liegt hier ebenfalls eine Aufgabe der → Lehrer, welche die apostolische Lehre weitergeben (1Tim 4,13; 6,2; Tit 1,9). Das neue Verhalten soll sich ja nach Gottes Maßstäben richten. Auch diese besonders Verantwortlichen haben immer wieder selbst Ermahnung nötig (1Kor 4,14). In seinem Lebensbereich soll jeder Christ ermuntern und ermahnen (Kol 3,16).

III. Der Begriff heute

Im NT steht das Wort »ermahnen« oft in Zusammenhängen, die wir als seelsorgerlich bezeichnen würden. → Seelsorge ist eine biblische Sache, auch wenn der Begriff so nicht vorkommt. Gerade das Stichwort »ermahnen« gibt uns Orientierung, wie weit biblische Seelsorge reicht und welche modernen Ansätze sie ausschließt.

1. Voraussetzungen für Seelsorge

Wir werden auch immer wieder von Nichtchristen um Rat gefragt und mühen uns dann nach der Aufforderung Jesu (Mt 5,42) um eine möglichst hilfreiche Antwort. Wir müssen aber in Erinnerung behalten, daß ein Menschenleben an der entscheidenden Stelle gestört bleibt, wenn der Frieden mit Gott fehlt. Die vordringlichste und hilfreichste Ermahnung für Nichtchristen ist deshalb der Aufruf zur → Bekehrung (2Kor 5,20).

Seelsorge im eigentlichen Sinn wendet sich an Christen. Sie haben Ermahnung nötig, weil sich das neue christusgemäße Verhalten nicht einfach von selbst einstellt. Um das Ermahnen nicht zu einem neuen Gesetz (→ Gebot/Weisung/Gesetz) zu machen, muß immer wieder an die Voraussetzungen erinnert werden, die Gott geschaffen hat. Wo Christus »vor Augen gemalt wird« (Gal 3,1), da kann → Freude an einem neuen Verhalten erwachen. Die von Gott erfahrene → Barmherzigkeit ist ein starkes Motiv, sich zu ändern (Röm 12,1f). Kraft, Ermahnungen gehorsam zu werden, kommt nicht zuletzt durchs → Gebet (Röm 12,12).

2. Ziel und Inhalt der Seelsorge

Es werden heute Seelsorgetechniken angeboten, die eigentlich nur bewirken wollen, daß man sich »besser fühlt«. Biblische Seelsorge hat dagegen ein viel weiter gestecktes Ziel: Im Leben von Christen soll »Christus Gestalt annehmen« (Gal 4,19). Man muß alle Seelsorger darauf befragen, ob sie das zum Ziel haben. Wenn sich Seelsorgemethoden über Maßstäbe des Neuen Testaments hinwegsetzen, dann ist größte Vorsicht geboten.

3. Verstand und Gefühl in der Seelsorge

Früher hat man oft den Fehler gemacht, den Menschen als reines Verstandeswesen anzusehen. Heute merken wir sehr deutlich, wie stark gerade beim Ermahnen Gefühle mitspielen. An einem Trauernden oder sonstwie Verzweifelten gleiten noch so gut durchdachte Worte leicht ab. Ein solcher Gesprächspartner muß erst einmal innere Anteilnahme und Verständnis spüren. Nach seelischem Trost ist er dann eher fähig, auf inhaltlich gefüllte Ermahnungen zu hören (vgl. Röm 12,15).

Heute gibt es aber sog. Seelsorgetechniken, die darauf abzielen, die → Vernunft auszuschalten und nur noch die Gefühle sprechen zu lassen. Dabei entsteht die Gefahr, daß Hilfesuchende vom »Seelenführer« abhängig werden, der ja seinen Verstand behält. Biblische Seelsorge arbeitet dagegen für eine »erneuerte Vernunft«, um selbständig »den Willen Gottes zu prüfen« (Röm 12,2). Die notwendige Berücksichtigung von Gefühlen soll gerade nicht zum unbewußten Herrschen des Seelsorgers führen, sondern zum verantwortlichen Mitdenken und Mitentscheiden des Hilfesuchenden (Eph 4,14).

4. Seelsorge als Gabe und Aufgabe

Da biblische Seelsorge es mit der Beziehung zwischen Menschen und Gott zu tun hat, ist sie nicht ohne weiteres erlernbar. Es gibt aber in jeder → Gemeinde solche, denen Gott eine besondere Gabe des Ermahnens zugeteilt hat (Röm 12,8). Sie sind für bestimmte Gemeindedienste besonders zu berücksichtigen. Darüber hinaus kann Gott aber jeden Christen zu dem Ermahnen befähigen, das seine Umgebung braucht.

Die menschliche → Seele gehorcht keinen völlig festliegenden Gesetzen. Aber es gibt doch typische Verhaltensweisen, auf die man sich einstellen kann. In den Briefen an Timotheus und Titus hat Paulus versucht, etwas von seiner seelsorgerlichen Weisheit weiterzugeben. Man darf also aus der Lebenserfahrung anderer lernen. Selbst für moderne psychologische Erkenntnisse gilt: »Prüft alles, das Gute behaltet!« (1Thes 5,21).

→ Seelsorge

R. Riesner

Erscheinung/Vision

I. Wortbedeutung

Sinnverwandte Begriffe sind »Erscheinung« und »Vision« vornehmlich im bibl. Sprachgebrauch (beide im Hebräischen von *raah* = sehen abgeleitet). Hier kommen »Erscheinung« und »Vision« in der Regel als göttliche Offenbarungen vor. Im außerbiblischen Kulturbereich ist »Erscheinung« (griech. *phainomenon*; davon abgeleitet das Wort »Phänomen«) kein speziell religiöser Begriff. Er meint das mit den Sinnen wahrnehmbare Bild der Dinge. Dagegen gilt die »Vision« (griech. *horama*) als übersinnliche Eingebung. Sie ist eine seelische Schau, in der sich meist zukünftiges Schicksal andeutet.

II. Der Begriff in der Bibel

Auch wenn »Erscheinung« und »Vision« in der Bibel als Begriffe göttlicher Offenbarungen sinnverwandt, manchmal gar ununterscheidbar sind, müssen wir doch den Eigensinn eines jeden Begriffs beachten. Erscheinungen sind Theophanien (Gotteserscheinungen), in denen sich der verborgene Gott geheimnisvoll sehen läßt bzw. durch »Phänomene« etwa in der Natur auf sich aufmerksam macht. Visionen dagegen sind meist prophetische »Gesichte«, die zukünftiges → Gericht oder → Heil voranmelden.

A. IM ALTEN TESTAMENT

1. ERSCHEINUNG

Im Unterschied zu den mythischen Erscheinungen der Naturreligionen, die zwar außergewöhnlich, aber doch natürlich-sinnliche Vorkommnisse sind, zeigen sich die biblischen Gotteserscheinungen meist als Störungen der natürlichen Wahrnehmung, so daß die Betroffenen tief erschrecken oder auch beglückt werden. – Jakob ringt Gott, der ihm als Gegner erscheint, den Segen ab (1Mo 32,22ff): ein geistiges Ringen, aber Jakob trägt einen körperlichen Schaden davon (V. 26). Gott erscheint dem Mose als Flamme im Dornbusch (2Mo 3,2). Die Flamme ist sichtbar und ist doch geistiger Natur; denn der Busch verbrennt nicht. Die wichtigsten Gotteserscheinungen geschehen am Berg Sinai. Hier erscheint das Widernatürliche der → Offenbarung bis zur Unerträglichkeit gesteigert. Eigenhändig bedeckt Gott die Augen des Mose, damit ihn der Anblick seiner vorüberziehenden → Herrlichkeit nicht umbringt (2Mo 33,17ff); denn niemand, der Gottes Angesicht sieht, kann am Leben bleiben (V. 20). Darum verbirgt Gott seine Herrlichkeit auf dem Berggipfel in einer Wolke (2Mo 24,16) oder im Feuerrauch, »wie aus einem Ofen« (2Mo 19,18). An anderer Stelle der bibl. Überlieferung (2Mo 24,9–11) wird freilich berichtet, Mose, seine Vertrauten und die 70 Ältesten hätten »den Gott Israels« gesehen. Aber die Andeutung des Geschauten beschreibt nicht Gott selbst, sondern nur den Eindruck gleichsam vom »Schemel seiner Füße«.

Das Problem des Gegensatzes zwischen Göttlichem und Menschlichem löst sich in der prophetischen Verheißung eines ewigen Friedensbundes, in dem Gott unter seinem geheiligten Volk sichtbar wohnt (Hes 37,27). → Bund; → Gott; → Mensch.

2. VISION

a) Die Gesichte der → Propheten sind es, auf die der Begriff »Vision« am sichersten zutrifft. Es handelt sich dabei um Schauungen der → Seele, die als göttliche Eingebungen keine Verwechslung mit natürlichen Träumen dulden (Jer 23,25–27), auch dann nicht, wenn es sich, wie bei Sacharja (Kap. 1–6), um »Nachtgesichte« handelt. Sacharja wird zum Schauen des göttlichen Gesichts »geweckt« (4,1). Erst in der späten apokalyptischen Prophetie (Daniel) sind Visionen Schlafträume, aber auch als solche von Gott eingegeben. Fast immer verbinden sich Visionen mit Auditionen (Hörerlebnissen), die das Geschaute erklären.

b) Wie die Erscheinung, so betrifft auch die Vision zuweilen → Geist und → Leib. Hesekiel muß den Brief der Weissagung essen (Hes 3,3). Der Brief schmeckt süß wie Honig. Als Jesaja (Kap. 6) im Tempel vor Gottes heiliger Gegenwart zu vergehen meint, berührt ein Engel seine Lippen mit einer glühenden Kohle vom Altar (Entsündigung).

Wenn die Vision, wie in Jes 6, etwas von Gott schaut, dann ist sie von der »Erscheinung« kaum zu unterscheiden. In der Regel aber sind Visionen nah- oder fernsichtige Prophezeiungen, also Offenbarungen eigener Art. Sie lassen als solche erkennen, daß die Geschichte Gottes mit der Menschheit einem vorgeplanten Ziel entgegenstrebt (→ Vorsehung/Ratschluß/Plan).

B. IM NEUEN TESTAMENT

1. ERSCHEINUNG

a) Erscheinung (Theophanie/Gotteserscheinung) im NT ist eins mit der Christusgeschichte, und zwar in dem Doppelsinn, daß Gott (sein Sohn, sein ewiges Wort) in dieser Geschichte als Mensch erscheint (Epiphanias, Weihnacht) und derselbe Mensch wiederum als Gott (Ostererscheinungen). Das Ereignis der Weihnacht ist die Einführung in Jesu Passion; das Ostergeschehen der Ausblick auf das Ziel, das uns durch sein Leiden erschlossen ist.

b) Den Erscheinungen des Auferstandenen gilt unser besonderes Interesse. Die Berichte davon am Schluß der Evangelien ergeben kein widerspruchsloses Bild, passen auch nicht nahtlos zur Überlieferung des Paulus (1Kor 15,3–8). Gleichwohl spiegelt sich in ihnen wirkliches Geschehen. Die Verdächtigung, hier seien Halluzinationen oder Wunschträume der Jünger mit Erscheinungen des Auferstandenen verwechselt worden, wird durch nichts gestützt. Die Freude, ihren Herrn wiederzusehn, kommt über die Jünger als die Erlösung aus einem Bann des Erschreckens (Lk 24,36ff). Derartiges geschieht nicht in Wunschträumen und Halluzinationen.

Wie im AT, so bleibt auch bei den Erscheinungen des Auferstandenen die Frage nach der Unterscheidung von Geist oder Leib in der Schwebe. Die Jünger meinen, einen Geist zu sehn, aber die Erscheinung läßt sich berühren, ißt sogar Fisch und Honig vor ihren Augen (Lk 24,36–43; vgl. auch Joh 20,24ff). Dagegen darf Maria ihren Herrn nicht anrühren, obwohl Jesus in natürlicher Gestalt, verwechselbar mit dem Gärtner, vor ihr steht (Joh 20,17). Für die Echtheit der Ostererscheinungen spricht schließlich, daß die letzte in ihrer Reihe einen erklärten Feind der Gemeinde Jesu, Saul, in den Dienst des Auferstandenen bringt (Apg 9,1–31; 1Kor 15,8). → Auferstehung/Auferweckung.

2. Vision

Nachösterliche Visionen begegnen uns im NT nur noch selten. Die des Stephanus (Apg 7,55), der unter den Steinwürfen der Juden sterbend den »Menschensohn zur Rechten Gottes« sieht, hat vielleicht zur Prägung des Begriffs »Märtyrer« (Blutzeuge) beigetragen.

Das einzige prophetische Buch im NT, die Offenbarung des Johannes, vereinigt visionäre Elemente aus der ganzen bibl. Prophetie in einer dramatischen Zuspitzung der Weltgeschichte, die die »Wehen« der werdenden neuen Welt bis zu ihrem Erscheinen in Herrlichkeit schildert. Mit dem Schlußbild, der ewigen Stadt, in der die Erlösten, erleuchtet vom Glanz des unverhüllten Angesichts Gottes, von ihren Werken ruhn, zeigt uns Johannes das Ziel, auf das die bibl. Erscheinungen von jeher gerichtet waren. → Offenbarung.

III. Der Begriff heute

1. Das Auferstehungswunder und seine Kritiker

In der Neuzeit haben Theologen und Philosophen immer wieder versucht, das im NT berichtete → Wunder der Auferstehung umzuinterpretieren. Sie empfinden die leibliche Auferweckung vom Tod als wissenschaftlich nicht möglich und darum historisch nicht haltbar. Dem modernen Menschen seien sie deshalb nicht mehr als Glaubensinhalt zuzumuten. Sie seien entstanden als Ausdruck des plötzlich erwachten Jüngerglaubens, daß Christi Kreuz nicht Unheil, sondern Heil bedeute. Diese Interpretation eröffne auch uns heutigen Menschen eine Möglichkeit des Glaubens: Wir könnten uns auf Grund des Sterbens Jesu ohne ängstliche Rückversicherung frei der Zukunft öffnen.

2. Gegenargumente

Daß die Jünger nur ein inneres Erleben gehabt, einen irgendwie gearteten Umschwung erlebt hätten, ohne durch ein Ereignis von außen dazu veranlaßt worden zu sein, ist nicht glaubhaft.

a) Die Jünger sind nicht gläubig, als sie den Herrn sehen. Sie haben die Sache Jesu hoffnungslos verloren gegeben.

b) Im Blickpunkt der Osterereignisse steht nicht eine Interpretation des Todes Christi, sondern das Wunder seiner Auferstehung von den Toten; es geht also in den Auferstehungsgeschichten um den Durchbruch Jesu in eine neue Leiblichkeit, um die Besiegung des Todes und seiner Macht, und nicht um eine Änderung im seelischen Befinden der Jünger.

c) Daß die Auferstehung von den Toten für den Menschen und sein Weltbild anstößig sei, gilt für die Menschen und Weltbilder aller Zeiten. Dies ist nicht anders zu erwarten, wenn der lebendige Gott in der von ihm sich losgesagten und lossagenden Welt einbricht. Diese Anstößigkeit gehört zur Sache.

3. Und nachbiblische Visionen?

In Hebr 1,1f heißt es: »Nachdem vor Zeiten Gott manchmal und auf mancherlei Weise geredet hat zu den Vätern durch die Propheten, hat er zuletzt zu uns geredet durch den Sohn«. Mit der Christusgeschichte war das letzte → Wort Gottes und das letztnotwendige, was an Offenbarung nötig ist, geschehen.

Von daher muß man hinter Berichte von Visionen oder Erscheinungen im Laufe der nachbiblischen Geschichte zumindest Fragezeichen setzen. Oft werden natürliche psychologische Phänomene für Visionen gehalten. Sogar dämonische Einwirkungen sind dann nicht auszuschließen, wenn es sich um Ergänzungen, Korrekturen oder Widersprüche zu dem Wort der Bibel, zu Jesus Christus als dem letzten und klarsten Wort Gottes handelt.

Die Visionäre in nachbiblischer Zeit, die mit prophetischem Anspruch auftraten, erwiesen sich vielfach als Verführer. Das betrifft Mohammed, den Begründer des Islam, genauso wie Joseph Smith, den Begründer der Sekte der Mormonen. Auch Gründer von Jugendsekten neuerer Zeit berufen sich auf solche Offenbarungen.

4. Visionen als Hilfe in grosser Not

Dennoch darf man nicht grundsätzlich ausschließen, daß Gott in schweren Situationen seine Nähe auch durch ein Zeichen wie zum Beispiel einen Traum oder eine Vision deutlich machen kann. Manche Christen (u.a. Corrie ten Boom) berichten, daß sie solches im Konzentrationslager oder in Situationen der Flucht als großen → Trost erfahren hätten. Vielleicht kann Jesus durch ein solches Zeichen – beim → Apostel Paulus war es ein Traum (Apg 16,9) – auch den Weg weisen und damit einen Auftrag erteilen. Solche Zeichen sind Hilfen Gottes, die er in seiner Freiheit schenkt oder versagt.

Corrie ten Boom berichtet in ihrem Buch »Die Zuflucht« von einer Vision ihrer sterbenden Schwester im KZ Ravensbrück. Diese sah ein Haus und konnte es detailliert beschreiben. Es sollte ein Rehabilitationszentrum für KZ-Geschädigte werden. Später wird Corrie ten Boom genau ein Haus für diesen Zweck angeboten, in dem sie voll Überraschung das in der Vision ihrer Schwester Gesehene und von ihr Beschriebene wiedererkennt. Auf diese Weise gab Gott in einer Situation völliger Mutlosigkeit Hoffnung, in Aussichtslosigkeit ein Ziel.

H. G. Böttcher / U. Laepple

Erwählung

I. Wortbedeutung

Die Worte »wählen«, »auswählen«, »erwählen« beschreiben den Vorgang, in dem sich jemand auf Grund verschiedener Möglichkeiten für eine Sache bzw. Person/Gruppe/Volk entscheidet. So »wählt« Lot nach einiger Überlegung das scheinbar bessere Land im Osten (1Mo 13,11), David den für die Schleuder geeignetsten Stein (1Sam 17,40). – Durch das Wort »*erwählen*« (griech. *aphhorizein*) wird der besondere Wert und die persönliche Beziehung zu dem Gegenstand bzw. der Person hervorgehoben. Das kennen wir von dem dt. Sprachgebrauch, wenn einer seine Geliebte »Erwählte« nennt. Im AT kann das Wort *bachar* zugleich »lieben« und »erwählen« bedeuten. In der Bibel wird nicht so sehr der Vorgang der Wahl betont, sondern das Verhältnis zwischen dem, der wählt, und dem, der erwählt wird, also die Verbundenheit zwischen beiden.

II. Der Begriff in der Bibel

Die Bibel berichtet öfters davon, daß Menschen erwählen, aussuchen, bevorzugen. Meist jedoch ist Gott die Person, die erwählt. Dabei ist folgendes wichtig:

1. Erwählung – Ausdruck der Weltherrschaft und Souveränität Gottes

Wenn die Bibel vom Erwählen Gottes spricht, dann stellt sie damit seine *Macht* heraus (Röm 9,20ff). Er ist der Schöpfer, alle Menschen sind seine Geschöpfe. Wenn er *ein* Volk, also Israel, zu seinem »Eigentumsvolk« (2Mo 19,6) macht, dann kann er das nur, weil ihm alle Völker gehören (Am 3,2: »Euch allein habe ich erwählt vor *allen* Geschlechtern der Erde . . .«). Wenn Gott den 7. Tag der Woche »heiligt« (1Mo 2,3), d.h. aussondert, besonders nimmt, dann wird damit deutlich, daß er der Herr über *alle* Tage, der Herr über die Zeit insgesamt ist. Das Wort vom Erwählen Gottes gehört also zusammen mit dem Erkennen der Einzigartigkeit und Heiligkeit Gottes.

2. Erwählung – Ausdruck der freien Barmherzigkeit Gottes

Wenn Menschen (aus)wählen, dann können sie gewöhnlich Gründe für ihre Wahl angeben. Es fällt auf, daß die Bibel die Frage: Warum gerade Israel? Warum gerade diese Menschen in den ersten Christengemeinden? nicht mit besonderen Qualitäten und Vorzügen dieser Leute beantwortet. Für die Erwählung Israels gibt es überhaupt keinen »vernünftigen« Anlaß, im Gegenteil: Israel ist »das geringste unter allen Völkern« (5Mo 7,7), es ist »halsstarrig« und ungehorsam (5Mo 9,4–6; 10,14–16). Gottes Erwählung ist unabhängig von irgendwelchen Voraussetzungen bei den Menschen. Die einzige Begründung heißt: »Weil Gott euch liebte . . .« (5Mo 7,8). Seine freie Barmherzigkeit ist allein der Grund für sein Erwählen. So sind es denn auch vor allem die Armen, die Schwachen, die Unterprivilegierten, die Schuldiggewordenen, die er erwählt (1Kor 1,26–28; Jak 2,5; z.B. den Flüchtling Mose, den kleinen Hirtenknaben David, den einfachen Fischer Petrus, den Verfolger Paulus, u.a.).

So ist es nicht verwunderlich, daß die Erwählung auch ein sehr starker Ausdruck ist für die Verbundenheit Gottes mit seinem Volk, seinem König, dem »Auserwählten« (Ps 78,70; 89,4.20f), dem Gottesknecht (Jes 42,1 → Knecht Gottes), → Jerusalem, »dem Ort, den er erwählt hat« (5Mo 12,5.11ff; 14,23ff, u.ö.) und schließlich auch Jesus, dem einzigen Gottessohn (Lk 9,35: »Dies ist mein auserwählter Sohn!« (→ Sohn Gottes; vgl. Mt 3,17).

3. Erwählung Gottes ist Erwählung zum Dienst

Wen Gott erwählt, dem gibt er eine Aufgabe. Abraham und mit ihm ganz Israel soll zum »Segen werden für alle Geschlechter der Erde« (1Mo 12,3), zum »Zeugen« der Einzigartigkeit Gottes unter den Völkern (Jes 43,10.12; 44,8; 45,4ff u.ö.). Die Erwählten sollen sich nicht im Stolz über die anderen erheben und sie verachten, sondern ihnen dienen. Paulus ist ein »auserwähltes Werkzeug« Gottes in der Heidenmission (Apg 9,15). Die christliche Gemeinde, »das auserwählte Geschlecht«, ist dazu da, die »herrlichen Taten Gottes« vor der Welt zu bezeugen (1Petr 2,9). Erwählung verpflichtet, »Adel verpflichtet«! Weil dem so ist, werden die Erwählten auch stärker zur Verantwortung gezogen (Am 3,2: »Euch allein habe ich erwählt ..., darum suche ich an euch heim alle eure Schuld«), ja sie stehen sogar in der Gefahr, ihre Erwählung zu verspielen, wenn sie ihr nicht im Alltag und in der Erfüllung des Auftrages entsprechen. So kann die Erwählung auf Grund des Ungehorsams oder Götzendienstes auch zur Verwerfung werden (2Kö 23,27; 21,14; Ps 78,59f.67f; Jer 33,24ff).

4. Erwählung Gottes – Trost und Hoffnung der Gemeinde

Als Israel nach Ende der staatlichen Unabhängigkeit und der Zerstörung Jerusalems (587 v.Chr.) ins Exil nach Babylon muß, dort mehr und mehr resigniert und von Gott nichts mehr erwartet (Jes 40,27), wird von einem Propheten das Wort von der Erwählung neu aufgegriffen und als Gottes Trostwort an die hoffnungslosen Israeliten in immer neuen Wendungen gesagt (Jes 40–55): »Fürchte dich nicht, Israel, das ich erwählt habe« (Jes 41,8f; 44,1 u.ö.). Gott hält in seiner Erwählung dem an seiner Sünde verzagten Volk die Treue.

5. Erwählung Gottes – das Wort gegen allen menschlichen Stolz und alle fromme Überheblichkeit

»Was verachtet ist, hat Gott erwählt, das, was nichts gilt, damit er das, was gilt, zunichte mache, damit sich keiner vor Gott rühme« (1Kor 1,28f). Jesus sagt: »Nicht ihr habt mich erwählt, sondern ich habe euch erwählt ...« (Joh 15,16). Daß Menschen glauben, gerettet und Mitarbeiter Gottes sind, ist ganz und gar nicht ihr Verdienst. Wenn Gott es ist, der erwählt, dann kann keiner seine Großartigkeit, seinen Glauben, sein christliches Leben als eigene Leistung ins Feld führen, dann ist jedes Eigenlob fehl am Platze, jede Überheblichkeit gegenüber anderen streng verboten. Darauf geht Paulus besonders in Röm 9–11 ein, wo es um die Frage der Zukunft des erwählten, aber Christus ablehnenden Israel geht. Die Vorwurfshaltung und Überheblichkeit der jungen Christengemeinde in Rom gegenüber den Juden macht deutlich, daß wir auch immer neu lernen, ja einüben müssen, was Gnade, was freie und sich erbarmende Erwählung Gottes ist. Das Wort von der Erwählung erinnert daran, daß die Glaubenden ganz und gar Beschenkte (»allein aus Gnade«) und Gehaltene und Bewahrte sind (Röm 8,30.33). Deshalb allein können sie aber auch ihres Heils in Christus gewiß sein. Die einzig angemessene Reaktion der Menschen ist der Lobpreis des erwählenden Gottes (Röm 11,33–36; Eph 1,3ff).

III. Der Begriff heute

Das Thema »Erwählung« hat die Kirchengeschichte immer begleitet. Viele theologische Auseinandersetzungen sind geführt, viele Gewissen dadurch belastet worden, vor allem wenn die Diskussion unter dem *unangemessenen* Stichwort »Prädestination« (= Vorherbestimmung des Menschen zum Heil oder Unheil) stattfand. Vielleicht liegt es daran, daß dieses Thema z.Z. nicht so aktuell ist, vielleicht aber auch daran, daß wir fast nur noch von uns, von unserer Verantwortung und Entscheidung reden. Die Neuentdeckung des erwählenden Gottes in der Bibel könnte viele zuversichtlicher, getroster und gelassener machen in ihrem Glauben und in ihrem Engagement in dieser Welt. Weil Gott erwählt, hat glücklicherweise der Glaube nicht in uns seinen Grund, sondern in Gottes Tun selber, in seiner Treue. Es ist gefährlich, immer wieder zu betonen: »*Ich* habe mich bekehrt, *ich* habe mich für Jesus entschieden. Weil *ich* den Schritt gewagt habe, bin ich Christ.« Viel wichtiger ist es, Gottes Zuwendung, Gottes großes JA zu bezeugen, in das mein kleines JA zu ihm eingebettet ist. Weil sein JA zu uns der Halt und die Geborgenheit sind, brauchen wir in Zeiten des Zweifels nicht verzweifeln. Falls die Diskussion in Zukunft wieder stärker in Richtung »Prädestination« laufen sollte, müßte mit Nachdruck darauf verwiesen werden, daß

a) nach der Bibel der Gegensatz von »Erwählung« nicht das Wort »Verwerfung« ist;

b) die Erwählung Israels oder der Gemeinde kein Nein zu den andern ist, sondern Beauftragung, das Heil zu den Vielen zu bringen;

c) Jesus die ewige Entscheidung Gottes *für uns* ist (»in Christus erwählt« – Eph 1,4). In der Verkündigung, im Wort von ihm kommt »Gottes Erwählung und damit Gottes Entscheidung zu uns, indem es unsere Wahl, unsere Entscheidung herbeiführt« (O. Weber).

Die Botschaft von dem erwählenden Gott will uns nicht zum Spekulieren verführen, sondern zur Dankbarkeit, zur Freude und zur getrosten Hoffnung und Gewißheit.

→ Annehmen F. Gutsche

Erziehung

I. Wortbedeutung

Die Tätigkeit, die hinter dem deutschen Wort »Erziehung« steht, ist ein Ziehen, ein Führen, und zwar im Sinn des Herausführens (das unbetonte »er« kommt von »ur« = »heraus, hervor«), nämlich aus einem rohen, unwissenden, unerzogenen Zustand (lat. »e-ducatio«, engl. »e-ducation«). Erziehen ist also ursprünglich nicht ein Emporziehen, sondern schlicht ein Herausziehen, Großziehen. Das atl. hebr. Wort für »Erziehung« heißt soviel wie »Zucht«. Es erinnert an das Züchtigen des Vaters und hat einen etwas strengen, herben Klang. Das ntl. griech. Wort für »Erziehung« (*paideia,* davon »pädagogisch«) ist freundlicher und geistiger getönt. Zur Zeit des Urchristentums hatte es schon mehr die Bedeutung von »Bildung«. Vergleichen wir die beiden Wortgruppen, so kann man sagen: die atl. Erziehung/Zucht hat einen negativeren Zug: niederhalten, begrenzen. Die ntl. Erziehung/Bildung trägt ein positiveres Gesicht: emporbilden, entwickeln. Da die griech. Übersetzung des AT den hebr. Zuchtgedanken mit einem griech. Bildungsbegriff übersetzte, kommen im NT beide Bedeutungen vor.

II. Der Begriff in der Bibel

1. Erziehung durch Gott und von Menschen (AT)

Ganz unbefangen spricht → Israel von → Gott als einem Erzieher. Dabei denkt es an die väterliche Erziehung, die bekanntlich hart und liebevoll zugleich ist. So sind die Völker (z.B. Assur, Jes 10,5) Gegenstand göttlicher Erziehung, bes. aber das Gottesvolk selbst. Gott hat in der Wüste Israel »wie ein Mann seinen Sohn erzogen« (5Mo 8,5; 11,2). Anschaulich schildert der Prophet Hosea, wie Gott den geliebten Jungen gehen lehrt und auf seinen Arm nimmt (11,1ff). Da Gott (Jahwe) sich total an Israel bindet, erwartet er auch die totale Rückbindung Israels an Gott. Deshalb wird der junge Israelit, durch Gewöhnen und Gewähren zum Hören erzogen, zur Gesetzeskundgabe bei den Bundesfesten eingeladen (5Mo 31,10ff) und vom Vater in einer Hausandacht unterwiesen, in der er auf eine Warum-Frage des Sohnes antwortet (6,20ff). Erzieherische Aufgaben hatten offenbar auch die Leviten (Rechtsbelehrung: 2Mo 28,30), die → Propheten (Prophetenjünger: 2Kö 2; Jes 8,16) und die Weisheitslehrer (Spr 1,7).

2. Gott erzieht den Einzelnen

Schon im AT (Spr 3,11) begegnet das Bild des gestrengen Vaters, der seinen Sohn aus Liebe in Zucht nimmt. Daran knüpft im NT Hebr 12,5–11 an: »Welchen der Herr lieb hat, den züchtigt er.« Wir dürfen uns also Gott nicht als Prügelpädagogen vorstellen, sondern als Vater mit einer festen Hand, die von einem gütigen Herzen gesteuert wird. Gott möchte den einzelnen durch Last und Leid zu Frieden und Freude führen. Gott will »mündige« Christen. Diese »Züchtigung« ist nicht Selbstzweck, sondern Heilserziehung.

3. Das Gesetz erzieht bis auf Christus

Galt dem alten Israel unzweideutig Gott selber als Erzieher, so rückte im Judentum zur Zeit Jesu das Gesetz als Erzieher an Gottes Stelle: aus Gesetz wurde bei den Rabbinen Gesetzlichkeit, aus Ordnung nur noch Ordentlichkeit. Diesen Gedanken nimmt Paulus auf, wenn er Gal 3,24 das Gesetz einen »Zuchtmeister bis auf (zeitlich zu verstehen) Christus« nennt. Dabei steht ihm die Gestalt des zeitgenössischen Erziehungssklaven (griech.: »paidagogos«!) vor Augen, der das Kind des Herrn wie ein Kindermädchen zur Schule hin begleitet und auch einmal »verhaut«. Aber mit der Erscheinung Jesu ist diese Zeit vorbei. Das Gesetz hat von nun an keine Heilsbedeutung mehr. »Söhne« sind frei vom Zwang, aber auch freigestellt zum Dienst Jesu (→ Gebot/Weisung/Gesetz).

4. Die vom »Herrn« bestimmte Erziehung

In den Briefen des Paulus kommt der atl. Erziehungsgedanke (1Kor 11,32) wie der griech. Bildungsbegriff (Röm 2,20) vor. Beide Linien treffen in dem Leitwort des urchristlichen Erziehungsdenkens, der »Erziehung des Herrn« *(paideia kyriou)* zusammen. Eph 4,6 werden die Väter aufgefordert, ihre Söhne »nicht zum Zorn zu reizen«, sondern sie »in der Erziehung des Herrn« aufzuziehen. Gemeint ist damit nicht von vornherein schon eine Erziehung »zu Christus« sondern eine Erziehung, die ganz »vom Herrn bestimmt« ist, gewissermaßen eine Erziehung »unter Christus«, die dann allerdings auch Mut machen soll zum Glauben an Christus. Der Epheserbrief nimmt mit dieser Form den großen abendländisch-griech. Erziehungsgedanken auf und koppelt ihn mit dem atl. Erziehungsverständnis der »Erziehung Gottes« bzw. »des Herrn«. Der griech. gebildete Christ dachte bei »Herr« unwillkürlich an seinen »Herrn« und Heiland. In der Tat wird im NT das ganze Gebiet der Erziehung unter die »Herrschaft« Jesu Christi gestellt. Sie erhält einen neuen Herrn. Jetzt erziehen die Erzieher unter diesem Herrn, und die Kinder »gehorchen« den Eltern »im Herrn« (Kol 3,20). Im NT wird das Kind ernst genommen, aber nicht vergöttert. Die Erwachsenenpredigt Jesu erklärt sein

»Kindseinkönnen« als Vorbild des Glaubens (Mk 10,15). Die Verkündigung an jungen Menschen berücksichtigt deren Probleme (Tit 2,4–8; 1Jo 2,14). Die Erziehung des Herrn lebt von der Vergebung und liebt den anderen um seiner selbst willen (2Kor 16,14; Phil 2,4f). → Kind.

5. Die bildende → Gnade

Die späteren Gemeinden mußten sich bes. mit der griech. (hellenistischen) Bildung und Philosophie (Plato, Stoa) auseinandersetzen. Daraus stammt wohl das Wort von der »bildenden Gnade«, deren »Erscheinung« in einem anbetenden Gemeindelied gerühmt wird (Tit 2,11). Wo das Christuslicht aufleuchtet, hat es bildende Wirkung: die Gnade erzieht zur Abkehr von einer ungerechten und zur Hinkehr zu einer gerechten Welt. Im Zeichen der bildenden Gnade stehen auch die ersten Ansätze zu einem christlichen Unterricht (Gal 6,6; 6,1f). Die »Erziehung des Herrn« bringt kein neues Programm und keine neuen Methoden, wohl aber ist sie eine völlig neue Erziehung aus Liebe und zur Hoffnung um Jesu willen.

III. Der Begriff heute

Jean Paul meinte einst, das viele Schreiben über Erziehung zeige gleichermaßen deren Verlust wie das Gefühl ihrer Wichtigkeit: »Nur verlorene Sachen werden auf der Gasse ausgerufen.« Das gilt auch heute noch. Der Christ steht in Sachen Erziehung vor drei Grundfragen:

1. Gibt es eine »christliche Erziehung«?

Ja und nein. Ja insofern, als es eindeutig antichristliche Erziehung gibt, von der sich das Erziehungsdenken und die Erziehungspraxis der Christen unterscheiden müssen. Nein insofern, als es kein rundes, glattes Erziehungssystem, keine einzelnen Erziehungsmethoden und auch – von der christlichen Lehre abgesehen – auch keine besonderen Bildungsinhalte gibt. Nicht ein System herrscht in der Erziehung der Christen, sondern der »Herr«. Die christliche Sicht kennt letztlich nur eine grundlegende Methode, die »Liebe« zum jungen Nächsten. Und 2 mal 2 ist auch bei den Christen 4! Wir sollten also mit dem Begriff »christliche Erziehung« vorsichtig umgehen. Vielmehr tun wir gut daran, öfter von dem »Erzieher als Christen« oder noch eigentümlicher vom »Christen als Erzieher« zu sprechen. Denn auf die Person des Erziehers kommt es in der christlich verstandenen Erziehung an. Das gilt z.B. auch für die Bezeichnung »christliche Schule«. Eine Schule wird nicht durch ihre Inschrift und ihren Briefkopf christlich, sondern durch ihre Lehrer, die sich in Wort und Wandel zu Christus bekennen. Manche sagen statt »christl. Erziehung« nur noch »religiöse Erziehung« oder »religiöse Sozialisation« (Hereinwachsen und Einpassen in die religiösen Werte der Gesellschaft). Gewiß kann »religiös« wie bei »Religionsunterricht« auch christlich verstanden werden, und »Sozialisation« geschieht tatsächlich auch in der frühkindlichen Erziehung, aber beide Begriffe stehen in der Gefahr, zu allgemein und unverbindlich zu werden.

2. Wie sieht der Glaube das erzieherische Verhältnis?

Unter dem erzieherischen Verhältnis verstehen wir den Bezug zwischen Erzieher und Zögling bzw. Eltern und Kindern, Lehrer und Schüler, Jugendleiter und jungen Menschen. Zwischen beiden Partnern besteht nicht nur Liebe und Vertrauen, sondern auch oft Spannung, Herrschsucht des Erziehers und Abhängigkeit des Zöglings. Wenn die Väter zuviel Druck geben, werden die Söhne leicht aufsässig. Aber auch das Umgekehrte gilt: oft »reizen« die Jungen heute die Alten »zum Zorn«. Der Glaube sieht im Erzieher und in dem zu Erziehenden zuerst einmal den Menschen. Nach christlichem Verständnis sind beide Gottes Geschöpfe: Sie haben ihre Eigenarten, Gaben und Grenzen, die jeweils vom Partner um des Schöpfers willen respektiert werden müssen. Sie sind beide »Sünder«: Es gibt Lehrerschuld wie Machtmißbrauch, Eitelkeit, Laune, Sturheit. Und es gibt Schülerschuld wie Faulheit, Trotz, Rücksichtslosigkeit, Streberei. Beide, Erzieher und Zögling, sind aber als »Glaubende« auch »Erlöste«, die durch Christus von sich selber befreit und als »Geheiligte« zu gegenseitigem Dienst gerufen werden: Vergeben wirkt Verstehen. Aus Glauben an Christus kann gerade das erzieherische Verhältnis eine Partnerschaft der Versöhnung und der Verheißung werden. Wichern, einer der Väter der Diakonie in Deutschland, begrüßte die Neuen im Rauhen Haus mit dem Satz: »Mein Kind, dir ist alles vergeben . . . Hier ist keine Mauer, kein Graben, kein Riegel; nur mit einer schweren Kette binden wir dich hier . . . diese heißt Liebe.« Der Erzieher aus Vergebung kennt keine hoffnungslosen Fälle. Er weiß: »Der Mensch« – noch deutlicher: der Christ! – »ist ein Wesen, das durch Rückfälle vorankommt« (Bollnow).

3. Worin besteht das Ziel der Erziehung?

Das Wozu einer christlich verstandenen Erziehung ist zuerst ganz schlicht das Erwachsenwerden. Vom Schöpfer her betrachtet ist Erziehung ja durchaus ein »weltlich Ding«. Deshalb darf und soll der junge Mensch auch von der Unselbständigkeit zur Mündigkeit, von krankhafter Ich-Schwäche zu gesunder Ich-Stärke, von falscher Abhängigkeit zu rechter Freiheit erzogen werden. Ein christlicher Erzieher denkt dabei an die Freiheit eines Christenmenschen. Christliche Erziehung im tiefsten Sinne des Wortes ist erzieherische Hilfe zum Glauben. Glaube kann zwar nicht gemacht, wohl aber durch Anbieten und Vorleben gelernt werden. Erziehen ist kein Kinderspiel. Nur Erzogene können gut erziehen: »Die Gott lehren will, die führt er in die Hölle und wieder heraus. Die das erlitten haben, das sind die Allergelehrtesten gewesen« (Luther). Auch der gescheiterte Erzieher bekommt um Jesu willen wieder Mut zum Erziehen.

W. Jentsch

Evangelium

I. Wortbedeutung

Das Wort »Evangelium« stammt aus dem Griech. und heißt soviel wie »gute Botschaft«, »gute Nachricht«, »gute Mär« (Luther). Verbunden damit war bei den Griechen eine Siegesbotschaft: »Schon am Äußeren des Boten erkennt man, daß er eine freudige Nachricht bringt. Sein Gesicht strahlt, die Lanzenspitze ist mit Lorbeer geschmückt, das Haupt bekränzt, er schwingt einen Palmwedel, Jubel erfüllt die Stadt« (G. Friedrich).

Wichtiger aber ist der Sprachgebrauch im römischen Kaiserkult. Hier bekommt der Begriff einen politischen Klang. Weil der Kaiser mehr ist als ein gewöhnlicher Mensch, darum sind seine Anordnungen Evangelium. Was er spricht, bedeutet göttliches Heil für die Menschen. Vom Kaiser Augustus heißt es: »Der Geburtstag des Gottes wurde für die Welt zum Anfang der Evangelien, die seinetwegen ausgehen«.

So stehen sich der Kaiser in Rom und der verachtete Rabbi am Kreuz gegenüber. Das NT nimmt einen geprägten Begriff auf. Es spricht die Sprache seiner Zeit. Es riskiert die Auseinandersetzung mit dem Gottes-Kaisertum. Aber es weiß auch, warum.

II. Der Begriff in der Bibel

1. »Wie lieblich sind auf den Bergen die Füße des Freudenboten, der Frieden verkündigt, gute Botschaft bringt, das Heil verkündigt, zu Zion spricht: Dein Gott ward König« (Jes 52,7). Das und nichts anderes ist das Evangelium nach der Botschaft des AT! Nicht um irgendeine Nachricht geht es, sondern um die gute Nachricht, um Ankündigung und Geschehen zugleich, um das Ausrufezeichen der großen Taten Gottes. Als keine → Hoffnung mehr war, wurde ein Prophet herausgerufen, um »den Elenden frohe Botschaft zu bringen« (Jes 61,1). Diese Botschaft erging an die Juden im Exil in → Babylon, schloß aber auch die Heidenvölker ein (60,6). Alle Welt sollte einstimmen in das Lob: »Singet dem Herrn, lobpreist seinen Namen, verkündet Tag für Tag sein Heil« (Ps 96,2).

2. Was hier anklingt, aber noch als Hoffnungsgut beschrieben wird, findet im NT seine Erfüllung: Dem Zacharias bringt der → Engel Gabriel die »gute Botschaft« von der Geburt des Johannes (Lk 1,19), und als Jesus geboren wird, spricht der Engel zu den Hirten: »Siehe, ich verkündige euch (als Frohbotschaft) große Freude« (2,10). Johannes gehört in das Evangelium hinein, aber mit Jesus ist das Evangelium gekommen. Das heißt nicht nur, daß Jesus eine frohe Botschaft bringt, daß er das »Evangelium vom Reich predigt« (Mt 4,23; 9,35), daß er aufruft: »Glaubt an das Evangelium« (Mk 1,15). Jesus selbst *ist* das Evangelium. Als die Jünger des Johannes Jesus fragen, ob er der Messias sei, antwortet er: ». . . Armen wird die frohe Botschaft gepredigt und selig ist, wer an mir keinen Anstoß nimmt« (Mt 11,5f). Der Bote selbst ist Inhalt der Botschaft. Darum kann Jesus sagen: »Wer sein Leben verliert um meinet- und um des Evangeliums willen, der wird es erretten« (Mt 8,35). → Glaube an das Evangelium ist Glaube an Jesus (Mk 1,1.15). Mag auch noch soviel mitschwingen, das Reich Gottes (Mt 24,14), die → Gnade Gottes (Apg 20,24), der Friede (Eph 6,15) und die → Hoffnung (Kol 1,23), alles ist auf den Einen orientiert und geht von ihm aus: → Jesus Christus. Der verachtete Rabbi am Kreuz ist der von Gott gesandte → Heiland der Welt.

3. Dies kommt vor allem in den Paulusbriefen immer zum Zuge. Seinen Dienst beschreibt Paulus als Dienst am Evangelium (Röm 1,1), und der Inhalt des Evangeliums ist eindeutig der Sohn, »Jesus Christus, unser Herr« (Röm 1,4; 1Kor 15,1ff). Die frohe Botschaft konzentriert sich auf den Einen, der »wahrer Mensch und wahrer Gott zugleich« ist (Röm 1,3f). So wird der Satz verständlich, der für den Römerbrief des Paulus thematische Bedeutung hat: »Ich schäme mich des Evangeliums nicht; denn es ist eine Kraft Gottes zum → Heil einem jeden, der daran glaubt« (1,16). Es geht nicht um irgendein »Evangelium« des römischen Gottkaisertums, es besteht nicht aus schriftlichen oder mündlichen Anordnungen, die ja doch nur vorübergehende Bedeutung haben, – nein: Im Evangelium kommt der Herr zu Wort, dem

»alle Gewalt gegeben ist im Himmel und auf Erden« (Mt 28,18).

Darum kann Paulus auch nichts anderes tun als verkündigen. Alle Welt muß das Evangelium hören (Mk 13,10), das wird zur Richtschnur für den Lebensweg des Paulus. Er möchte das Evangelium nicht da predigen, wo Christus schon genannt worden ist (Röm 15,20). Sein Auftrag geht vielmehr bis »an die Enden der Erde«; er weiß sich als Schuldner der »Griechen und Nichtgriechen, der Weisen und Nichtweisen« (Röm 1,14). So kann er den Römern schreiben, daß er das Evangelium »vollständig« verkündet hat von Jerusalem bis nach Illyrien (15,19) und daß er nun die Absicht hat, über Rom nach Spanien zu reisen (15,23f). Dabei verbreitet nicht Paulus das Evangelium in die Welt, sondern das Evangelium treibt ihn, geht es doch hierbei nicht um irgendeine Nachricht, sondern um die einzig wichtige und frohmachende Nachricht, ja noch mehr: In der Predigt des Evangeliums kommt Jesus der Herr selbst zum Zuge. Darum schreibt Paulus seinen Korinthern, daß »wir alles ertragen, damit wir dem Evangelium von Christus kein Hindernis bereiten« (1Kor 9,12). Das Evangelium steht auf dem Spiel. Das Wort vom → Kreuz muß laufen. Darum fährt Paulus fort: »Wehe mir, wenn ich das Evangelium nicht predige!« (9,16). Das Evangelium hat Paulus so sehr beschlagnahmt, daß ihm jede Lebenslage »zur Förderung des Evangeliums« dient, ob es nun um Unterhaltsfragen geht (1Kor 9,12–18), um Gefangenschaft (Phil 1,12) oder um → Leiden überhaupt (2Tim 1,8). Da spricht er dann auch unvermittelt von »unser Evangelium« (2Kor 4,3); er weiß, daß ihm das Evangelium anvertraut ist (Gal 2,7), er kann den Korinthern sagen: »In Jesus Christus habe ich euch durch das Evangelium gezeugt« (1Kor 4,15). → Predigen/Verkündigen.

4. Um so mehr kommt nun alles darauf an, daß Menschen dem Evangelium glauben (Röm 1,16), daß sie als Christen einen »dem Evangelium würdigen Wandel führen« (Phil 1,27). Denn die Gefahr besteht, daß sich auch Christen »abwendig machen lassen zu einem anderen Evangelium« (Gal 1,6.7.9). Paulus weiß sich zur Verteidigung des Evangeliums gerufen (Phil 1,7.16), er weiß, wie leicht Menschen wieder abirren können, zurückfallen können in Lebensgewohnheiten, die sie längst hinter sich haben müßten, wie schnell Menschen sich verzaubern lassen durch modische Strömungen (Gal 3,1). Gesetzlichkeit (vgl. Galaterbrief) und Schwärmerei (vgl. Korintherbriefe) sind die Abgründe zur Rechten und zur Linken, vor denen Paulus warnt, die er leidenschaftlich bekämpft und denen gegenüber er immer aufs neue den gekreuzigten Christus ausmalt (Gal 3,1; 1Kor 1,23).

5. »Laßt euch nicht abbringen von der → Hoffnung des Evangeliums, das ihr gehört habt« (Kol 1,23),ruft Paulus seinen Gemeinden unermüdlich zu. Denn es wird der Tag kommen, »wann Gott das Verborgene der Menschen richten wird nach meinem Evangelium durch Jesus Christus« (Röm 2,16).

III. Der Begriff heute

1. »Evangelium« in unserem Sprachgebrauch

In die deutsche Umgangssprache hat das Wort »Evangelium« kaum Eingang gefunden. Wenn überhaupt, dann wird es im Zusammenhang mit Leichtgläubigkeit gebraucht: »Das mußt du nicht gleich für das Evangelium halten«, sagen wir gelegentlich, wenn wir einen anderen wieder »auf den Boden der Tatsachen« holen wollen. Daß das Wort »Evangelium« heute so selten vorkommt und nur in diesem Zusammenhang gebraucht wird, ist nicht unbedingt negativ zu sehen und hat seinen Sinn. Denn wichtiger als der Gebrauch des Wortes ist, daß der Inhalt, die Sache selbst zu Worte kommt. Wenn ich morgens die Zeitung aus dem Postkasten hole, dann interessiert mich nicht die Tatsache, daß es eine Zeitung gibt, sondern der Inhalt. Ich lese nicht die Zeitung um der Zeitung willen, sondern weil ich wissen will, was es Neues gibt. So ist das auch hier: Der Begriff tut es nicht, wenn nur der Inhalt bekanntgemacht wird. Auch im NT kommt der Begriff »Evangelium« ja nicht überall vor (in den johanneischen Schriften fehlt er ganz); vom Kommen Jesu Christi lesen wir aber auf jeder Seite.

Und daß wir vor Leichtgläubigkeit warnen und dabei die genannte Wendung gebrauchen, schadet nichts. Es ist schon gut, nicht alles »gleich für das Evangelium zu halten«. »Prüfet aber alles, und das Gute behaltet«, hat schon der Apostel Paulus vor 2000 Jahren geschrieben (1Thes 5,21). Es gibt wirklich nur ein Evangelium, und alles, was sich daneben breit macht, sollte daran gemessen werden. Es gibt nur eine wichtige, frohmachende, gute Nachricht, die die Welt braucht: Die gute Nachricht, daß Gott seinen Sohn Jesus Christus in die Welt gesandt hat (Joh 3,16).

2. Evangelium und Evangelien

Zumindest mißverständlich begegnet uns das Wort »Evangelium«, wenn wir uns in der kirchlichen Landschaft umschauen. Wir kennen da die Bezeichnung »Evangelien« und haben sofort bestimmte Bücher des NT im Blick. Dazu muß aber gesagt werden, daß

»das Evangelium seiner ursprünglichen Bedeutung nach ein unliterarischer Begriff ist« (G. Bornkamm). Das Evangelium, die eine gute Nachricht, läßt sich eigentlich nicht zergliedern in »Evangelien«. Darum heißt es in unseren Bibeln immer noch völlig zu Recht in der Einzahl: »Das Evangelium nach Matthäus« etc. Das Evangelium ist seinem Ursprung nach mündliche Mitteilung der Nachricht: »Euch ist heute der Heiland geboren« (Lk 2,11). Im Evangelium kommt der Heiland selbst zu uns. Darum ist alles Schriftliche nur Notbehelf. Was da zu lesen ist, will verkündigt werden. »Evangelion . . . ist eygentlich nicht das, was ynn büchern stehet und ynn buchstaben verfasset wirtt, sondernn mehr eyne mundliche predigt und lebendig wortt, und eyn stym, die da ynn die gantz wellt erschallet und offentlich wirt außgeschryen, das mans überal höret« (Luther, WA XII, 259).

3. Evangelisch – katholisch – orthodox

Ebenso mißverständlich geht es in der kirchlichen Sprachregelung zu, wenn evangelisch und katholisch, evangelisch und orthodox einander gegenübergestellt werden. Aus der Bezeichnung einer bestimmten Konfession darf keine Abgrenzung in dem Sinne werden, als habe nur die evangelische Kirche das Evangelium bei sich. Wenn die Kirchen der Reformation diese Bezeichnung gefunden haben (zuerst bei Luther, 1520) und heute verwenden, dann wollen sie ausdrücken, daß sie allein der Schrift, allein dem Evangelium, verpflichtet sind. Reformation war keine neue Lehre, sondern Rückbesinnung auf das Evangelium.

Heute dient der Begriff »evangelisch« nur der Kennzeichnung einer christlichen Konfession. Wie evangelisch evangelische Christen sind, hängt nicht an ihrem »ev.« auf der Lohnsteuerkarte oder auf dem Taufschein. Es hängt allein an ihrem Glauben an Jesus Christus. Und dies gilt für evangelische, katholische und orthodoxe Christen!

4. Evangelium und Evangelisation

Ein neues Wort hat sich aus dem Wort Evangelium (genauer: aus dem griech. *euangelizestai*) herausgebildet, nämlich das Wort »Evangelisation«. Es ist erst etwa 100 Jahre im kirchlichen Sprachschatz, eine ziemlich späte Markierung dessen, was zu allen Zeiten der Kirche eine wichtige Rolle spielte. Evangelisation ist heute ein umstrittenes Wort: Bei den einen steht es hoch in Ehren und beschreibt die Sendung der → Gemeinde Jesu Christi in alle Welt und auf allen Lebensbereichen. Im Gemeindehorizont verstehen Kritiker unter »Evangelisation« eine bestimmte Predigt, die die Bekehrung des einzelnen zu erreichen sucht, die sozialen Belange aber außer acht läßt.

Die »Evangelisation« sollte endlich aus dem Kreuzfeuer der Kritik herauskommen, weil sie nach Wort und Inhalt genau das Richtige trifft: Evangelisation ist Evangelium in Aktion. Wo evangelisiert wird, wird gepredigt, wird der Name Jesu ausgerufen, wird – allerdings sehr konkret – zum Glauben an Jesus eingeladen. Gerade die sind angesprochen, die die Kirche nicht oder nicht mehr erreicht. Und wo evangelisiert wird, kommt dann auch die Not der Welt zur Sprache, so wie Jesus selbst gepredigt und geheilt hat. Schon in den ersten christlichen Jahrhunderten gab es neben den Lehrern Evangelisten, die ohne festen Wohnsitz durch die Lande zogen und das Evangelium »kirchenfremden« Menschen predigten. Wie sehr brauchen wir heute wieder diesen Dienst, wo die Entkirchlichung langsam aber sicher voranschreitet, jedenfalls, was unser Land betrifft.

H. Bärend

Ewiges Leben → Leben/Ewiges Leben

Ewigkeit/Weltzeit

I. Wortbedeutung

»Ewigkeit« ist das meist zur Übersetzung des griech. Wortes *aion* benötigte Wort, das dem Ursprung nach einen zeitlichen, von da ausgehend sogar einen räumlichen Sinn haben kann (Äonen als Himmelsräume; *diese* Welt im Gegensatz zur kommenden).

Das deutsche Wort »Ewigkeit«, abgeleitet von »ewig«, ist dem griech. Wort sprachverwandt: *aion* kommt von *a(w)ei* = immer. Der Wortsinn geht aus vom Zeitraum eines Lebens (immer) und von da aus in die Vergangenheit und in die Zukunft. Es steht also eine sehr *anschauliche Zeitauffassung* dahinter, nämlich: soweit das menschliche Erinnerungsvermögen reicht.

In der *griech. Philosophie* bekam Ewigkeit den Klang von »jenseits der Welt« liegenden Werten, die allein als wahr galten und deshalb »ewig« genannt wurden.

Das *hebr. Wort* für »ewig«, *olam*, geht wie das griech. Wort in seinem ursprünglichen Sinne von der Vorstellung der Lebenszeit aus. Es meint eine bestimmte Dauer (des Lebens, der Generationen, eines Dienstes) im Gegensatz zum Augenblick. Wenn es heißt: »Gelobet sei der Herr von Ewigkeit zu Ewigkeit« (1Chr 16,36 u.ö.), so ist an eine Zeit gedacht, solange Israel besteht. Sie meint dasselbe wie »von Geschlecht zu Geschlecht« (2Mo 40,15).

II. Der Begriff in der Bibel

In der Bibel findet sich nicht der philosophische Begriff von Ewigkeit, sondern der anschauliche.

A. IM ALTEN TESTAMENT

Im AT kommt das Wort »Ewigkeit« nicht als Hauptwort vor, sondern in Wendungen wie »seit je«, »für immer« und »von Ewigkeit zu Ewigkeit« = »seit immer und für immer«. Ein Anrufungsname → Gottes ist 1Mo 21,33 überliefert: *el olam.* Er hat den Sinn: »Gott seit je«, d.h. soweit menschliches Erinnerungsvermögen reicht (vgl. die Aussage über Gott in Hi 36,26: »Die Zahl seiner Jahre ist nicht zu schätzen«). Ewigkeit ist im AT also kein religiöser Wert, sondern bezeichnet so etwas wie Dauerhaftigkeit und Beständigkeit (z.B. eines Vertrages, Eides, einer Beziehung) für die Dauer eines individuellen Lebens, einer Generationenfolge im Volk Israel und in der Menschheit (vgl. »der ewige → Bund Gottes« nach 1Mo 9 und 17).

Grundsätzliche Bedeutung erhält die Aussage, daß Gott ein »ewiger« Gott ist, erst während des babylonischen Exils. Denn nach dem schrecklichen Scheitern der Staaten Israel und Juda vermochte der Prophet und Verfasser des »Trostbuches« (Jes 40–55) sich und sein Volk nicht mehr mit der Berufung auf die Herausführung aus Ägypten, sondern mit Berufung auf den Gott, der alles schuf – den »Gott seit je« – zu trösten und aufzurichten. Die glühenden Worte, mit denen dieser Prophet die Wiederkunft Gottes nach → Jerusalem beschrieb (Wüste wird wasserreiches Land, Täler werden erhöht, Berge erniedrigt), führte später zu der Unterscheidung zwischen »dieser Welt« (Zeit) und der »künftigen«, so daß nun das hebr. Wort *olam* auch einen räumlichen Sinn annehmen konnte.

B. IM NEUEN TESTAMENT

Auch im NT, das hierin den Sprachgebrauch des AT fortsetzt, findet sich durchweg der anschauliche Begriff von Ewigkeit. Im Hebräerbrief, der das Wort relativ häufig verwendet, ist mit »ewig« zumeist der Gegensatz zu zeitlich oder vergänglich gemeint.

Während der Begriff im übrigen ganz beiläufig vorkommt, hat das Johannesevangelium ihm ein besonderes Gewicht gegeben. Johannes wendet sich radikal dagegen, daß Menschen die Begegnung mit Gott auf die messianische Zeit bzw. auf den Sankt Nimmerleinstag verschieben. Wer das tut, bleibt in der »Finsternis«, weil er dem hier und heute ergehenden Wort des Sohnes ausweicht. Er entzieht sich dem ewigen Leben, weil nur der ewiges Leben (hier und jetzt) hat, der den Sohn bzw. sein Wort »hat« (1Jo 5,12). Das ewige Leben beginnt also nicht jenseits des Todes oder der Weltzeit, sondern ist im Worte des Sohnes, der selbst vor Abraham, ja vor Beginn der Weltzeit ist (Joh 8,58). Ewiges Leben ist nicht das, was später einmal kommt, sondern das Leben im → Lichte Gottes in der konkreten Geborgenheit seiner → Liebe (Joh 3,15).

Freilich verwechseln nach den großen Reden Jesu bei Johannes die Menschen, die die Finsternis mehr lieben als das Licht, die Lebensmittel mit dem Leben: So z.B. ständig vorhandene Nahrung mit dem wahren Lebensbrot (Joh 6). Sie wollen demnach nicht Gott selbst, sondern nur seine Gaben. Hierhin gehört die zum Teil sehr scharfe Auseinandersetzung mit den jüdischen Brüdern Jesu, die gewiß von der Erfahrung geprägt war, daß dem zur Zeit des Johannes sich neubildenden rabbinischen Judentum der Messiasglaube der Christen mißfiel. Denn nach jüdischer Anschauung muß der Messias zwar leiden, kann aber nicht (wie in der Kreuzigung) unterliegen. Zur Widerlegung dieser Auffassung erklärt Johannes die Kreuzigung als → Erhöhung zu Gott und damit ewiges Leben als den Frieden, den die Welt grundsätzlich nicht zu geben vermag.

III. Der Begriff heute

Es ist ein Merkmal unserer verfallenden geistigen Kultur oder westlichen Welt, in der z.Z. noch die meisten Christen leben (das ändert sich wohl bald), daß eine weitgehende Entwertung aller religiösen Vorstellungen, u.a. der der »Ewigkeit«, stattfindet. Die Menschen sind fixiert auf die Endlichkeit der Welt und deshalb perspektivelos und gleichgültig. Wenn »sowieso alles zugrundegeht«, dann gibt es keine letzten Werte mehr. Dann kommt ein Nützlichkeitsdenken zur Herrschaft, das wahre Menschlichkeit verdrängt. Materialismus in Kapitalismus oder Marxismus sind die unausbleiblichen Folgen.

Wer den Kopf nicht in den Sand stecken und resignieren oder bloß verständnislos bleiben will, muß fragen, was bleibt und worauf es ankommt.

1. ES GEHT UM LEBEN!

Wer sagt, das zeitliche Leben sei wertlos angesichts des ewigen Lebens, kann sich nicht auf die Bibel berufen. Denn im Sinne der Bibel ist *Leben* der entscheidende Wert (vgl. Hes 18: »Daß der Sünder lebe und nicht sterbe«). Menschliches Leben ist so gemacht, daß es nur lebendig ist, wenn es ewiges Leben hat. Daher ist ewiges Leben nicht im Jenseits und keine Spekulation über Naturvorgänge. Zum »ewigen Leben« berufen zu sein, ist die Konsequenz daraus, daß wir als Menschen Ebenbilder Gottes sind. Wenn der Mensch seine Beziehung zum ewigen Gott verleugnet, steht er in Wahrheit nicht auf den Füßen, sondern auf dem Kopf. Ewiges Leben heißt daher, unser zeitliches Leben auf eine ewige Grundlage zu stellen, bei der man nicht willkürlich oder nach Nützlichkeit bestimmen kann, was Menschen zu tun und zu lassen haben.

2. Die Ewigkeit ist kein Jenseits

Man kann Ewigkeit nicht als einen Raum suchen, der irgendwie das Weltall ergänzt; denn so sehr dieser denkmöglich sein mag, so wenig kann man etwas von ihm wissen oder erkennen. Vielmehr bezeichnet das Wort »Ewigkeit« die Gewißheit, daß der → Mensch nicht abschließend durch Biologie, Chemie, Physik und Medizin zu definieren ist, sondern im Worte Gottes seine Bestimmung erfährt. Ewigkeit heißt für den Menschen: Er ist nur Mensch und bleibt nur Mensch, wenn er seine Beziehung zu Gott wahrnimmt. Andernfalls könnte es sein, daß er sich zum Untermenschen entwickelt. Ewigkeit heißt ferner, daß Gott nicht aus der Welt oder aus dem Weltenraum, sondern aus seinem Wort allein zu verstehen ist. Denn dieses drängt uns nicht zu Spekulationen über Gott, sondern stellt uns Menschen in die Ewigkeit, indem es uns ewiges Leben zuspricht.

3. Ewigkeit und Tod

Besonders sollte man das Wort Ewigkeit von der Vorstellung des Todes trennen, mit der es gern verbunden wird (»Eingehen in die Ewigkeit«). Richtig ist, daß nach der Bibel der → Tod die Menschen nicht von Gott und seiner Ewigkeit zu trennen vermag, daß also das Leben, welches er den Menschen zuspricht, den Sieg behält. Aber Ewigkeit erfahren wir in diesem Leben oder nie, Ewigkeit als Leben Gottes beginnt hier oder nie. Das Wort »Ewigkeit« sollte deshalb nicht zum Ersatz für das werden, was nach unserem Tode (für uns unvorstellbar) sein wird. Totenverehrung und Totenverbrämung ist nach der Bibel heidnisch, während Christen sich dazu bekennen, daß der Tod über das ewige Leben keine Macht mehr hat.

H. Seebass

Exodus → Auszug

F

Fasten/Nüchtern sein

I. Wortbedeutung

Fasten bedeutet, für eine bestimmte Zeit teilweise oder ganz auf Nahrung zu verzichten. Das hebr. Wort wird im AT immer im Zusammenhang eines religiösen Anlasses gebraucht. Die griech. Entsprechung im NT heißt wörtlich: »nicht-essen«, von daher auch: »nüchtern-sein«. Im Dt. ist das Wort »fasten« längst nicht mehr auf die religiöse Sprache beschränkt; vielmehr meint es heute als Reaktion auf übermäßiges Essen und Trinken eine vorübergehende Einschränkung, meistens mit dem Ziel der Gewichtsabnahme.

II. Der Begriff in der Bibel

A. IM ALTEN TESTAMENT

1. Der Ursprung des Fastens liegt wahrscheinlich in der *Totenklage.* So wurde im AT gefastet, als man die Nachricht vom Tod Sauls empfing (2Sam 1,12). Fasten kann auch ein äußeres Zeichen der Trauer über eigene Schuld sein und so eine bewußte *Demütigung vor Gott.* Als der Prophet Nathan Davids Ehebruch und Mord aufgedeckt hatte und das Kind aus dieser Verbindung todkrank wurde, »suchte David Gott um des Knäbleins willen und fastete« (2Sam 12,16). Er verzichtete auf jede Speise, um Gottes → Gnade für sein Kind zu erbitten (V. 22). Solches Fasten bekräftigte den Ernst der → Buße, die auch mit einem Schuldbekenntnis verbunden sein konnte (Dan 9,3ff; Jon 3,7f). Am Versöhnungstag fastete das ganze Volk Israel (3Mo 16,29f) und demütigte sich so vor Gott unter seine → Sünde.

2. Darüber hinaus kennt das AT ein Fasten, um für → *Offenbarungen Gottes* ganz nüchtern und aufnahmebereit zu sein (2Mo 34,28 u.a.). Mit der Zeit wurde das Fasten allerdings zu einer *frommen Übung,* die als besondere Leistung vor Gott hingestellt wurde. Dagegen haben sich dann auch die → Propheten gewandt und solches Fasten verurteilt, weil es nicht zu echter Umkehr führte (Jes 58,3ff).

B. IM NEUEN TESTAMENT

1. Zur *Zeit Jesu* pflegten besonders die → Pharisäer das Fasten als fromme Übung. Sie fasteten zweimal in der Woche (Lk 18,12). Ähnlich hielten es auch die Jünger des Täufers Johannes (Mt 9,14). Die → Jünger Jesu dagegen fasteten offenbar nicht. Die gemeinsame Zeit mit Jesus sollte ihnen Freudenzeit sein; darum nahm Jesus sie bewußt vom Fasten aus, solange er bei ihnen war (Mk 2,18–22). Von Jesus selber aber wird berichtet, daß er vor seinem öffentlichen Auftreten 40 Tage in der Wüste gefastet hat (Mt 4,2). In der → Bergpredigt läßt er die Möglichkeit des Fastens grundsätzlich zu, verwehrt aber ein Fasten, das öffentlich vor den Menschen geschieht und als frommes Werk gewertet wird. Wenn einer fastet, soll er es im Verborgenen tun (Mt 6,16–18). Außerdem spricht Jesus von einer schweren dämonischen Bindung, die nur durch Beten und Fasten gebrochen wird (Mt 17,21). Man kann sagen, daß das Fasten bei Jesus keinen Wert für sich hat, sondern nur aus einem besonderen Anlaß heraus geboten oder mit einer bestimmten Ausrichtung verbunden sinnvoll und nötig ist.

2. Entsprechend hat es dann auch die *Urgemeinde* gehalten, die vor der ersten Missionsreise des Paulus fastete und so offen und nüchtern war, die Weisung des Heiligen Geistes zu erkennen und auszuführen (Apg 13,2f). Ebenfalls wurde gebetet und gefastet, als Paulus den neuentstandenen christlichen Gemeinden eine Ordnung gab und die → Ältesten zu ihrer Leitung einsetzte (Apg 14,23).

3. In den ntl. *Briefen* wird vom Fasten weiter nicht gesprochen, es sei denn von einem ungewollten Fasten aus Nahrungsmangel (2Kor 11,27). Im übertragenen Sinn wird mehrfach zur Nüchternheit aufgerufen (1Thes 5,6; 1Petr 4,8 u.a.).

III. Der Begriff heute

1. KIRCHLICHE FASTENZEITEN

In der Russisch-orthodoxen Kirche und in der Römisch-katholischen Kirche gibt es bis heute noch geregelte Fastenzeiten, z.B. die Wochen der Passionszeit vor dem Osterfest. Luther hat diese Ordnungen nicht abgelehnt, aber auf die große Gefahr des Verdienstgedankens beim Fasten hingewiesen. Auch im evangelischen Raum gibt es Kreise, die in verschiedener Form Fasttage einhalten. Vorübergehend auf Essen zu verzichten, verhilft zu einer größeren inneren Konzentrationsfähigkeit und kann damit rein körperlich empfangsbereiter für das Reden Gottes und gesammelter zum Reden mit Gott machen. Darin liegt ein guter Sinn des Fastens, den uns auch die Bibel zeigt.

2. ÜBUNG IM VERZICHT

Ein weiterer Sinn des Fastens weist auf ein ganz anderes Gebiet: Wer fastet, übt sich im Verzichten! Und Verzichtenlernen ist in unserer konsumverwöhnten westlichen Welt nötiger als je. Unser Wohlstand erlaubt uns beinahe alles, so daß wenig Grund mehr zum Verzichten besteht. Desto schwerer fällt es, nein zu sagen, wo ein Nein nötig wäre, z.B. zur Fernsehdauerbrause an jedem Abend, die ein tieferes Gespräch auf die Dauer ertötet; oder zum übertriebenen Essen, zu Mengen, die man gar nicht braucht und die sogar schaden können. Wer nicht mehr verzichten kann, dessen *Wille verkümmert!* Das weiß jeder Sportler: Muskeln verkümmern, wenn sie nicht trainiert werden; darum treibt er hartes »Konditionstraining«. Genau so ist es mit dem menschlichen Willen bestellt: er verkümmert, wenn er nicht trainiert wird durch Verzichten, wo es etwas kostet.

Es gibt auch ein Verzichten um anderer willen. Das Blaue Kreuz, eine Suchthilfeorganisation, die Alkoholiker betreut, erwartet von seinen Mitgliedern (auch Nicht-Alkoholikern) den Verzicht auf Alkohol. Auf diese Weise soll ein Zeichen gesetzt werden gegen Alkoholmißbrauch und gleichzeitig Gefährdeten durch solidarisches Verzichten eine Hilfe gegeben werden – eine Form heutigen Fastens.

Der Begriff »Fasten« sollte daher heute von den Christen wieder zurückgewonnen und in diesem Sinn neu gefüllt werden: Fasten heißt, auf etwas Erlaubtes verzichten, sich an konkreten Punkten einen Genuß versagen. Und wer um Gottes und des Nächsten willen auf Erlaubtes verzichten kann, der hat dann auch die Kraft, auf Unerlaubtes zu verzichten und die Fähigkeit, Gefähliches zu meiden. In dem Buch von W. und I. Trobisch, »Mein schönes Gefühl«, schreibt ein junges Mädchen, das seine Geschlechtlichkeit beherrschen will und darum ganz bewußt seinen Willen trainiert: »Um zu üben, was es heißt zu verzichten, habe ich mir keine Süßigkeiten mehr erlaubt, außer einem Nachtisch, wenn ich zum Mittagessen irgendwo eingeladen war, weil man das schlecht ablehnen kann. Wenn ich sonst etwas (Süßes) geschenkt bekam, habe ich es weiter verschenkt. Es fiel mir sehr schwer, wirklich, aber es half, eine Grundhaltung zu erlernen.« Solches »Fasten« ist ein positiver Weg, weil er manche Schwäche heilt und den Willen und das Leben stark macht. Maßlose Verwöhnung aber (also das Gegenteil von Fasten) macht willensschwach, unzufrieden und oft sogar krank.

Paulus schreibt: »Ich habe gelernt, mir genügen zu lassen, wie ich's finde . . . Ich kann satt sein und hungern, Überfluß haben und Mangel leiden« (Phil 4,11f). So sieht ein Leben aus, das mit sich zufrieden ist und *frei zum → Dienst für Jesus Christus.*

K.-H. Michel

Feindschaft/Feind

I. Wortbedeutung

Das AT redet über 450mal von Feindschaft oder Feinden und hat dafür vor allem zwei verschiedene Wörter. Im NT kommt das Wort »Feind« 32mal vor, Feindschaft dagegen nur 6mal. Dieser häufige Gebrauch des Begriffs macht deutlich, daß die Bibel den Menschen immer in Beziehung zu anderen Personen, Völkern oder auch in der Beziehung zu Gott sieht. Wo nicht nur bloße Gleichgültigkeit herrscht, sind Menschen immer in Beziehung zu andern. Feindschaft oder Feind-Sein bezeichnet dabei die negative Einstellung zu anderen Personen, anderen Völkern oder auch zu Gott und kann häufig mit Haß gleichgesetzt werden. Feindschaft ist nicht nur die Ablehnung des anderen, sondern will oft seine Vernichtung.

II. Der Begriff in der Bibel

A. IM ALTEN TESTAMENT

1. Der Ursprung aller Feindschaft wird gleich am Anfang des AT genannt. Durch die Auflehnung des Menschen gegen Gottes Herrschaft (Sündenfall, 1Mo 3) kommt es zur Feindschaft in der Welt, der Schöpfung Gottes (1Mo 3,15). In Feindschaft leben müssen gehört darum zum Leben in dieser → Welt.

2. In dieser Welt muß auch Gottes Volk → Israel leben. Als Volk Gottes, das Gott sich erwählt hat, ist es umgeben von Feinden. Der erste Feind ist Ägypten, das durch Gottes Hand geschlagen wird (2Mo 15,6). Und auch der Einzug Israels in Kanaan ist nur möglich durch Gottes Hilfe gegen die Feinde (5Mo 6,19). In der Zeit nach der Rückkehr aus der babylonischen Gefangenschaft wird der Wiederaufbau Jerusalems bedroht durch feindliche heidnische Nachbarn (vgl. Neh; → Babylon).

Bei den → Propheten finden wir häufig Gerichtsworte gegen heidnische Völker in der Nachbarschaft Israels, die sich feindlich gegen das Gottesvolk verhielten und darum Gottes → Gericht empfangen werden (Hes 35,5 u.a.). So sind Israels Feinde Gottes Feinde. Israels Feinde können aber auch Gottes Gerichtswerkzeug gegen sein Volk sein (Ri 2,14.15; Jer 21,7). Selbst Gottes Freunde werden durch Ungehorsam ihm gegenüber seine Feinde und zerbrechen an dieser Feindschaft (1Sam 28,16).

3. Daneben finden wir im AT die Klage des Frommen über seine Feinde (vor allem in den Psalmen: Ps 3,2; 13,3; 38,20 u.a.). Oft wird die Errettung aus der Hand der Feinde besungen (Ps 23,5). Hier sind die Feinde sicherlich nicht äußere, gewalttätige Feinde, sondern Menschen, die den Frommen in seinem Glauben anfechten.

4. Die Zukunft Gottes sieht das AT u.a. in der Überwindung aller Feindschaft (Ps 110,1; vgl. auch Jes 11,6–8). »Da werden sie ihre Schwerter zu Pflugscharen und ihre Spieße zu Sicheln machen. Denn es wird kein Volk wider das andere das Schwert erheben, und sie werden hinfort nicht mehr lernen, Krieg zu führen« (Jes 2,4; Mi 4,3).

B. IM NEUEN TESTAMENT

1. Das NT geht davon aus, daß durch den Tod Jesu Christi → Versöhnung geschehen ist zwischen Gott und den Menschen und damit alle Feindschaft ein Ende hat (Röm 5,10; Kol 1,21). Darum ist die Gemeinde Jesu Christi der Ort, wo Frieden herrscht (Eph 2,14–16). Die Grenze zwischen Israel und den Heiden ist da aufgehoben, wo Menschen an Jesus Christus glauben.

2. Zwar redet das NT auch von Feindschaft in der Welt und nimmt damit die Gedanken des AT auf (Lk 1,71.74; 19,43). Es weiß von Feindschaft gegen die Glaubenden (Mt 20,36). Aber für den Glaubenden gilt es, die Feindschaft zu überwinden (Mt 5,43.44; Lk 6,27.35; Röm 12,17–21). Feindschaft ist Kennzeichen des Menschen, der sich nicht dem → Evangelium von Jesus Christus geöffnet hat (Röm 8,7; Gal 5,20; Jak 4,4). Feindschaft ist dann letztlich Feindschaft gegen Gott.

3. Das NT kennt noch eine andere, tiefere Feindschaft. Letztlich steht hinter aller Feindschaft der Satan (Mt 13,25.28.39). Aber wie das AT, so weist auch das NT auf den Sieg Jesu Christi am Ende der Zeit (1Kor 15,25.26).

III. Der Begriff heute

1. FEINDSCHAFT IN UNSERER WELT

Während vor nicht allzulanger Zeit der Satz galt: »Viel Feind, viel Ehr«, wird in unserer Zeit Feindschaft verurteilt. Im allgemeinen Bewußtsein, besonders unter jungen Menschen, ist → Frieden für alle Menschen das erstrebenswerte Ziel. Frieden gilt als machbar mit menschlichen Mitteln. Die Wirklichkeit sieht anders aus. Es gibt Feindschaft zwischen Ideologien (Kapitalismus – Marxismus), Klassen (Reiche – Arme), Rassen (Weiße – Schwarze). Diese Feindschaften gehören, wie auch die Feindschaften zwischen einzelnen Menschen, zum Bild unserer Welt.

2. DIE ÜBERWINDUNG DER FEINDSCHAFT

Der Einsatz für den Frieden und der Kampf gegen alle Feindschaft ist gut. Christen sollten aber nüchtern sein; denn sie sollten über die tieferen Hintergründe aller Feindschaft Bescheid wissen. Letztlich kommt alle Feindschaft in der Welt aus der Auflehnung gegen Gott, daß Menschen Gott nicht Herr sein lassen über sich. Gegen Gott läßt sich keine Feindschaft überwinden. Das lehrt die Geschichte vom Turmbau zu Babel (1Mo 11,1–9).

Das kann nicht bedeuten, daß Christen abseits stehen im Bemühen um den Frieden. Vielmehr sollen sie sich gerade auf Grund der Versöhnung, die durch Jesus Christus geschehen ist, um Frieden bemühen und gegen alle Feindschaft antreten. Ein gutes Beispiel für solchen Einsatz hat der schwarze amerikanische Pfarrer Martin Luther King gegeben im Abbau der Feindschaft zwischen den Rassen.

Die Gemeinde Jesu Christi sollte der Ort sein, wo Frieden herrscht, wo durch Jesus Christus alle Feindschaft, auch die zwischen Rassen und Klassen, aufgehoben ist. Schon die Urgemeinden haben hier ein gutes Beispiel gegeben, indem sie aus Juden und Heiden, Freien und Sklaven bestanden und alle gleichwertige Glieder waren. Sie waren damit ein Friedensmodell für diese Welt (vgl. Gal 3,28). So sollten sich auch heute die Gemeinden verstehen: Als eine → Gemeinschaft, die durch Jesus Christus mit Gott versöhnt und dadurch auch miteinander versöhnt ist und die nun Friedensdienst zu tun hat in dieser Welt.

3. FEINDSCHAFT GEGEN GOTT

Zum Verstehen dieser Welt ist es wichtig, daß Christen die Feindschaft gegen Gott erkennen. Sie ist nicht nur da, wo ein kämpferischer Atheismus auftritt, der den Glauben an Gott auf Grund einer Ideologie bekämpft. Vielmehr ist Feindschaft gegen Gott auch im »christlichen Abendland« überall da verbreitet, wo Menschen »fleischlich« gesinnt sind (Röm 8,7), d.h. sich selber zum Maß aller Dinge und zur Richtschnur allen Tuns machen. Selbst Christen müssen sich fragen, ob sie in ihrem Leben durch Unglauben und Ungehorsam nicht immer wieder in die Feindschaft gegen Gott zurückfallen. Jeder Christ

ist in der Gefahr, durch Unglauben und Ungehorsam Feind Gottes zu werden.

4. Feindschaft gegen die Gemeinde Jesu Christi

Wie Gottes Volk Israel im AT, so ist auch die → Gemeinde Jesu Christi immer wieder angefeindet (Joh 15,18–20). Sie wird immer abgelehnt, wie ihr → Herr abgelehnt wurde, weil sie durch ihr Dasein die Herrschaft Jesu Christi bezeugt. Die Gemeinde hat diese Feindschaft zu tragen und mit der Liebe Gottes zu überwinden. Ein Beispiel hierfür gibt der afrikanische Bischof Festo Kivengere mit seinem Buch »Ich liebe Idi Amin«. Er schreibt: »Wir lieben Präsident Amin. Wir schulden ihm diese Liebe, denn er ist einer derer, für die Jesus sein kostbares Blut vergossen hat« (S. 64). In diesem Geiste versucht die Kirche Ugandas, sich am Neuaufbau einer friedlichen Gesellschaft Ugandas zu beteiligen. H. Währisch

Fleisch

I. Wortbedeutung

Wir denken bei dem Wort »Fleisch« heute vor allem an ein Nahrungsmittel. Bei Menschen meinen wir das Muskelgewebe im Unterschied zu seinem Knochengerüst. Im AT gibt es diese Bedeutung zwar auch, aber das hebr. Wort *(basar)* ist viel umfassender. Es meint den Menschen schlechthin. »Alles Fleisch« meint »jedermann« (Jes 40,6; Joel 3,1) oder alle Lebewesen überhaupt (1Mo 6,12). Wenn es heißt »mein Fleisch«, so bedeutet das »ich«. In dieser Beziehung entspricht »Fleisch« dem hebr. Wort für → »Seele«. Denn auch »jede Seele« heißt nichts anderes als »alle«, »jedermann« (vgl. Jos 10,28ff). Der → Mensch »hat« nicht nur Fleisch, sondern »ist« Fleisch.

Im NT heißt das Wort *sarx* und hat dieselbe Bedeutungsbreite wie im Hebräischen. Im urchristlichen Sprachgebrauch, besonders in den paulinischen Schriften, schwingt der Gedanke der Verfallenheit des Menschen unter die → Sünde stark mit.

II. Der Begriff in der Bibel

A. IM ALTEN TESTAMENT

1. Im atl. → Israel begegnet uns ein starkes Gefühl von Zusammengehörigkeit in Familie, Stamm und Volk. Sie wird mit dem Wort »Fleisch« verdeutlicht. »Mein Gebein und mein Fleisch« – das ist der Blutsverwandte oder Stammesbruder (vgl. 1Mo 29,14; 37,27; 2Sam 5,1 u.ö.). Wenn Mann und Frau »*ein* Fleisch« werden (1Mo 2,24), so ist nicht zuerst an die sexuelle Vereinigung gedacht, sondern daran, daß sie *eine* Familie bilden, in der bestimmte Menschen besonders zusammengehören. Doch kann »Fleisch« darüber hinaus allgemein den → Nächsten, den Mitmenschen bezeichnen (Jes 58,7).

2. Da der Mensch sterblich ist, wird Fleisch zugleich Zeichen der Vergänglichkeit und Ohnmacht. »Alles Fleisch ist wie Gras . . . und verdorrt, wenn der Hauch des Herrn darüber weht« (Jes 40,7). Deshalb ist auf Fleisch kein Verlaß (Jer 17,5). Darum können im AT Fleisch und → Geist gegenübertreten im Sinne von Macht und Ohnmacht (Jes 31,3). Die Tatsache, daß die Menschen »nur Fleisch« sind, kann Gottes → Zorn dämpfen, ja hat seine → Gnade und sein Erbarmen hervorgerufen: »Denn er gedachte, daß sie Fleisch seien, ein Hauch, der hinfährt und nicht wiederkehrt« (Ps 78,39).

B. IM NEUEN TESTAMENT

1. Der Erlöser wird Fleisch

Gott, das ewige Wort, wird in der Person Jesu von Nazareth wirklicher Mensch (Joh 1). So hat → Jesus Christus an der vollen Wirklichkeit des Menschseins, an Fleisch und Blut, teil (vgl. Hebr 2,14; 5,7). Dasselbe bezeugt Phil 2,7 (»gleich wie ein andrer Mensch«). Damit hatte Jesus auch Anteil an den → Leiden, welche die Menschen treffen; er nahm sie auf sich (1Petr 4,1ff). Durch sein Fleisch hindurch, d.h. durch sein Leben und Leiden, überwand er die Trennung, die durch den Sündenfall zwischen → Gott und Mensch besteht (Hebr 10,20). Sein Tod ist die → Versöhnung des Menschen mit Gott (Eph 2,16). Nun ist Jesus Christus zwar nach dem Fleisch getötet, aber nach dem Geist durch Gott lebendig gemacht worden (1Petr 3,18). Als der Auferstandene und Lebendige ist er nicht ein schattenhaftes Geistwesen, sondern hat die neue Auferstehungswirklichkeit, zu der auch ein neuer → Leib gehört (→ Auferstehung/Auferwekkung).

2. Das Fleisch, der ganze Mensch, wird erlöst

Gott wendet sich in Jesus Christus dem *ganzen* Menschen zu, um ihn zu erlösen. Gelegentlich kann mit dem Wort »Fleisch« zwar nur der menschliche Körper bezeichnet werden (2Kor 12,7), aber dann auch der *ganze* Mensch (2Kor 7,5). Weil es um den ganzen Menschen geht, der erlöst werden soll, fallen unter die → Erlösung auch seine mitmenschlichen Beziehungen: »Fleisch« heißt darum auch die blutsmäßige Verwandtschaft (Röm 1,3).

3. Die Erlösungsbedürftigkeit des Fleisches, d.h. des Menschen

Wird der *ganze* erlösungsbedürftige

Mensch mit »Fleisch« bezeichnet, so gilt dies vor allem in einigen besonderen Richtungen: Im Blick auf seine eigene → Weisheit (1Kor 1,26); seine selbstgesetzten Maßstäbe (2Kor 4,10); seine Art, sich populär zu machen (Gal 6.12). Dies alles sind sehr fleischliche Äußerungen des Menschen. Dazu gehört auch die Selbstüberschätzung (Phil 3,4) und die Unzulänglichkeit in geistlichen Dingen (Gal 1,16).

Die tiefste Not menschlichen Fleisches aber ist das Leben des Menschen ohne und gegen → Gott, unter der *Herrschaft* des Fleisches, d.h. der → Sünde. Von Natur aus ist der Mensch gegen Gott (Röm 8,7). Deshalb ist der Mensch unter der Sünde (Röm 7,18f). Darum wohnt in ihm nichts Gutes. Trotzdem versucht er, mit Hilfe des Gesetzes und dessen Erfüllung mit Gott ins Reine zu kommen. Dieser Versuch schlägt fehl. Das Verderbtsein des Menschen wird dadurch nur noch offenkundiger (Röm 7,9.13). Hierbei ist wichtig, daß diese Sicht den *ganzen* Menschen im Auge hat: Er *tut* nicht nur Sünde, indem er in einzelnen Fällen sündigt, sondern er *ist* Sünder, → Knecht der Sünde (Joh 8,34). Daraus folgen dann unvermeidbar jene fleischlichen Werke, von denen Paulus Gal 5,19ff schreibt. Am Ende steht eine schlimme Ernte für denjenigen Menschen, der »nach dem Fleisch« gelebt hat (Gal 6,8).

4. Die Erlösung des Fleisches, des Menschen, durch den Tod Jesu Christi

Das Leben des Menschen, das vom Fleisch und dessen Verderben gekennzeichnet ist, nimmt Jesus in seinen Tod hinein (Röm 6,1ff). In Jesu Auferstehung von den Toten kommt das neue Leben an den Tag. Es kommt dadurch zur → Versöhnung (2Kor 5,19) zur → Erlösung (1Kor 1,30). Damit wird das »Leben nach dem Fleisch« abgelöst durch das »Leben nach dem Geist«. Der *ganze Mensch* kommt jetzt unter die gnädige Herrschaft Jesu Christi, wird Gottes → Kind (Gal 4). Alles wird nun von Gott her gesehen und gelebt (Röm 8,3f). Es bedarf nicht mehr der Selbstrechtfertigung des Menschen.

Ebenso kommt der leibliche Mensch unter Jesu Herrschaft. Wer nach dem Geist und aus ihm heraus lebt, ist der wiedergeborene Mensch (Joh 3), der ein neues → Herz hat (2Kor 3,3; Hes 36,26f). Er vollbringt nicht mehr die »Werke des Fleisches«. Bei ihm kommt es zur »Frucht des Geistes« (Gal 5,22). In ihm wohnt Christus durch den Geist, und er lebt in Christus (Gal 2,20). Dieses neue Leben ist das Leben in persönlicher → Gemeinschaft mit Jesus Christus und durch ihn mit dem → Vater im → Himmel. Teilhaftig wird der Mensch all dessen durch den Glauben als der bedingungslosen Übergabe seines Lebens im Vertrauen auf die in Jesus Christus angebotene → Gnade Gottes (1Petr 1,13).

5. Das Ziel der Erlösung des Fleisches, d.h. des Menschen

Es bedeutet keinerlei Abbruch an der Tatsächlichkeit der Überwindung des fleischlichen Lebens und des Beginns des neuen Lebens nach dem Geist, wenn Paulus vom »Kampf des Geistes wider das Fleisch« redet (Gal 5,17). Die *dauernde Aufgabe* des Lebens ist es, zwar »*im* Fleisch«, d.h. *in* der Welt zu leben (Joh 17,11ff), aber nicht »*nach* dem Fleisch«, d.h. *von* der Welt her zu leben. Dieser Kampf kann hart aussehen (Röm 8,13; Gal 5,24), aber er muß nicht mit fleischlichen Waffen geführt werden (2Tim 1,7), sondern kann mit den Waffen des → Lichtes bestanden werden (Röm 13,12). In ihm darf der Mensch gewiß sein, daß Gott das angefangene gute Werk vollenden wird (Phil 1,6). Der alte Mensch stirbt dabei von Tag zu Tag mehr ab, der neue wird ebenso immer stärker (2Kor 4,16). Die Vollendung erfolgt in der → Ewigkeit (1Kor 15,53ff).

III. Der Begriff heute

1. Der graue Schleier der Vergänglichkeit

Es gehört zur Nüchternheit der Bibel, daß sie den Menschen und die Welt realistisch sieht. »Der Mensch, vom Weibe geboren, ist kurzen Lebens und voller Unruhe. Wie eine Blume geht er auf und welkt, schwindet dahin wie ein Schatten und hat nicht Bestand« (Hi 14,2). Keiner kann sich dem Vergehen entziehen, dem Krankwerden, dem Altwerden und dem Sterben. »Alles Fleisch ist wie Gras, das Gras verdorrt, die Blume welkt, wenn der Hauch des Herrn darüber weht« (Jes 40,7). Das ist der Anschauungsunterricht des Propheten, um uns zur Selbsterkenntnis zu führen. Und der Apostel Paulus fügt hinzu, »daß Fleisch und Blut das → Reich Gottes nicht ererben können« (1Kor 15,50).

Ist also unser Leben nur ein »Sein zum Tode«, wie Philosophen sagen? Leben wir nur, um zu sterben? Aber schon in dem Prophetenwort vom verdorrenden Gras wird der Schleier der → Vergänglichkeit durchbrochen, wenn es sofort heißt: »Aber des Herrn → Wort bleibt in Ewigkeit« (Jes 40,8). Gibt es also in unserer vergänglichen Welt etwas, was Bestand, was Dauer hat, was *uns* Bestand und Dauer zu verleihen vermöchte?

2. Das Wort ward Fleisch

Es gehört zum Größten und Wunderbarsten des christl. Glaubens, daß Gott nicht bei sich selbst geblieben ist, sondern seinen Sohn in die Welt von Fleisch und Blut, zu uns Menschen, sandte. Um dieses → Geheimnis kreist die Weihnachtsbotschaft. In der irdischen Geschichte des Christus, die da begann und über dem Ostermorgen in der Herrlichkeit Gottes ihr Ziel fand (vgl. 1Petr 1,20), hat Gott eine Bahn für alle geebnet. In ihm sind beide Wesensmerkmale unseres Fleischseins beseitigt worden: Unsere Vergänglichkeit und unsere Schuld. Jesus Christus ist der neue Mensch geworden. Ihm zu glauben, daß dies uns zu gut geschehen ist, verändert unser Leben. Denn dann haben auch wir Zukunft, dann haben auch wir den Rücken frei von Schuld. So wird unser Leben erneuert (2Kor 4,16) und in Ewigkeit vollendet (Hebr 12,23).

Aus diesem Glauben ergibt sich ein Dreifaches:

a) Die → Hoffnung, daß das, was vor Augen ist, nicht das Letzte ist. Dem Tod ist die Macht genommen! Jesus wird Neues schaffen in → Herrlichkeit.

b) Der neue Mensch ist keine Vervollkommnung des alten. Jesus ist gekommen zu erlösen, nicht zu vervollkommnen (vgl. Tit 2,14). Nicht die eigene Bemühung, gerecht, → heilig und erlöst zu werden, macht neu. Das bringt allenfalls eine verbesserte Neuauflage des alten Menschen. Nein, *Jesus Christus* ist unsere Gerechtigkeit, Heiligung und Erlösung (1Kor 1,30).

c) Das ist die herrliche Freiheit der Kinder Gottes. Sie sind befreit von Selbsterlösung, davon, sich selber festhalten zu müssen und um sich selber zu kreisen. Im Epheserbrief wird einmal in einem schönen und einfachen Bild so gesagt, daß wir den neuen Menschen, der in Jesus Christus bereitliegt, wie ein neues Kleid anziehen sollen (Eph 4,24).

3. Das Fleisch – »der Geist von unten«

So hat jemand einmal die Bedeutung des Wortes Fleisch umschrieben, wie es vor allem bei Paulus verwendet wird. Jeder ist diesem »Geist von unten« ausgeliefert, ob er es will oder nicht. Jeder wird hineingeboren unter diese Macht, die an konkreten Erscheinungen auch heute vielfältig sichtbar wird: in der Bindung an bestimmte Ideologien und Weltanschauungen, seien sie kommunistisch oder kapitalistisch, im Beherrschtwerden vom Streben nach Besitz und Wohlstand, als Drang nach Leistung und Geltung, durch Kraft oder Verstand, als Abhängigkeit von Genußmitteln und Drogen, im Ausgeliefertsein an die Sinnlichkeit im sexuellen Bereich. Alles Irdische ist dazu angetan, über uns Macht zu gewinnen, die in Zerstörung und Schuld führt. Beim christl. Glauben geht es darum, aus diesem Machtbereich herausgeführt zu werden.

4. Der bleibende Kampf

Christen sind dem Kampf zwischen Fleisch und Geist nicht enthoben. »Das Fleisch streitet wider den Geist und der Geist wider das Fleisch« (Gal 5,17). Zwei Fehlwege gibt es, auf diese Situation zu reagieren: die Gesetzlichkeit und die Schwärmerei.

Das Gesetz sagt: »Du darfst nicht, du sollst!« Aber wir erweisen uns gegenüber diesem Appell als zu schwach, weil wir »Fleisch« sind (vgl. hierzu Röm 7,14ff). Wer *so* kämpft, wird an den Punkt kommen, wo er sagen muß: »Ich elender Mensch, wer wird mich erlösen von dem Leibe dieses Todes« (Röm 7,24).

Der Schwärmer aber denkt, das Fleisch könne ihm nichts mehr anhaben. Er fühlt sich den Versuchungen enthoben und setzt sich selbstsicher Gefahren aus. Er vergißt, daß er noch Fleisch ist (vgl. 1Kor 10,12).

Der Streit zwischen Fleisch und Geist ist in Wirklichkeit ein Streit um den *Glauben,* den Glauben, der uns allein an Jesus Christus bindet (Joh 8,36).

Dietrich Bonhoeffer und ein katholischer Amtsbruder haben einmal ein Gespräch darüber gehabt, was ihnen für ihr Leben am wichtigsten ist. Der katholische Amtsbruder sagte, er wolle ein Heiliger werden, Dietrich Bonhoeffer aber, er wolle *glauben lernen.* Erst später, schreibt Dietrich Bonhoeffer in »Widerstand und Ergebung«, sei ihm die Tragweite des Unterschieds zwischen diesen beiden Antworten deutlich geworden. – »Unser Glaube«, so heißt es 1Jo 5,4, »ist der Sieg, der die Welt überwunden hat«.

M. Pfizenmaier/
U. Laepple

Fluch/Verfluchen

I. Wortbedeutung

»Fluchen«, »Fluch« geht zurück auf das Althochdeutsche »fluohhan«, es bedeutet dort: »Mit den Händen die Verwünschungsgeste schlagen«. Bis heute hat es die Bedeutung »verwünschen« beibehalten. Es soll auf jeden Fall den andern »verletzen«, »schädigen« bzw. eine Gefährdung abwehren.

II. Der Begriff in der Bibel

»Fluch« ist in der Bibel allgemein das »schlechte« und »böse Wort«, das anderen Menschen Schaden zufügen soll. Obwohl dabei keine Gewalt angewendet wird, bleibt es nie wirkungslos. Nach alter Auffassung wirkt der Fluch unwiderruflich, unbedingt und zeitlich unbegrenzt. In der Bibel ist allerdings immer → *Gott der Herr des Fluchs* und Fluchens. Der Fluch wirkt nur dann, wenn *er* es will; er kann einen Fluch aufhalten oder ins Gegenteil wenden (vgl. 4Mo 22–24).

A. IM ALTEN TESTAMENT

Hier gibt es für das »böse Wort« eine Reihe von unterschiedlichen Begriffen. Die zwei wichtigsten greife ich heraus:

1. Der eine Begriff, *quallel,* steht an vielen Stellen im Gegensatz zu »ehren«, »anerkennen«, bzw. »Ehre« und nur selten im Gegensatz zu segnen (→ Segen). Er bedeutet ursprünglich: »Jemanden geringschätzig behandeln«, »verächtlich machen«, und zwar durch Beschimpfung, üble Nachrede und Lästerworte (vgl. 1Mo 16,4f; 1Sam 2,30; Ri 9,27).

a) Als der König David vor seinem Sohn Absalom in die Wüste fliehen muß, kommt Simei, ein Mann aus der Verwandtschaft des toten Saul, auf ihn zu, bewirft den König mit Steinen und beschimpft ihn: »Hinaus, hinaus, du Bluthund, du ruchloser Mann.« Durch diese Schimpfreden will er den König wirklich »klein machen« und dessen Kraft lähmen (vgl. 2Sam 16,5–14). Solches Verhalten gegenüber von Gott eingesetzten Respektspersonen ist im atl. Recht bei Todesstrafe verboten (vgl. 2Mo 21,17; 2Mo 20,12; Spr 20,20; 5Mo 27,16; Spr 30,17).

b) Unverzeihlich ist erst recht ein solches Verhalten *gegenüber Jahwe:* »Wer seinen Gott schmäht, soll seine Sünde tragen, wer den Namen Jahwe lästert, soll getötet werden« (3Mo 24,15; vgl. 1Sam 3,13). So wird Gottes Gottsein nicht ernst genommen, seine Ehre in den Dreck gezogen, sein Ansehen ausgehöhlt. Dies ist deshalb so unerträglich, weil Gott gerade den Niedrigen und Elenden annimmt, und sich den Verachteten zugewendet hat (vgl. 2Mo 3,7ff).

2. Der andere Begriff, *arár,* steht im Gegensatz zu segnen und geht dementsprechend auf zwei Grundbedeutungen zurück.

Fluchen bedeutet a) *»jemanden aus der Gemeinschaft ausschließen«.* Jemand, der sich gemeinschaftsschädigend verhalten hat, wird mit der Fluchformel »verflucht bist du« aus seiner Gemeinschaft ausgestoßen (1Mo 3,14a; 4,11a; Jos 6,26). Das hatte ursprünglich verheerende Auswirkungen für den Betroffenen. Er war von jetzt an ohne Schutz, rechtlos, vogelfrei und damit dem Untergang ausgeliefert. Wer ihn aufnimmt, zieht selbst den Fluch auf sich.

Fluchen/Fluch bedeutet b) *die Lebenskraft vermindern, bzw. die Lebensqualität herabsetzen.* Das trifft jemanden als Unglück *in* seinem Lebensbereich: »Verflucht bist du in deiner Stadt, verflucht auf dem Acker, verflucht dein Korb und dein Backtrog; verflucht die Frucht deines Leibes und der Ertrag deines Ackers (5Mo 28,16–18); die Wirkungen des Fluches zeigen sich etwa in Dürre, Hunger und Krankheiten (28,20ff).

c) Beide Grundbedeutungen sind in zentralen Abschnitten des AT *miteinander verbunden,* z.B. in der *Urgeschichte* (1Mo 3–11). Hier verflucht Jahwe, und zwar zuerst die Schlange »weg von den Tieren des Feldes« (3,14). Sie wird aus deren Gemeinschaft ausgeschlossen. Dann wird der Acker vom Fluch Jahwes getroffen: »Verflucht ist der Acker um deinetwillen« (um des Menschen willen; 3,17). Daraufhin trägt er Dornen und Disteln (Minderung der Fruchtbarkeit); nur mit äußerster Anstrengung wird der Mensch ihm Nahrung abgewinnen. Indirekt trifft also der Fluch den Menschen. Auch die Vertreibung aus dem Paradies bedeutet Fluch, obwohl das Wort in diesem Zusammenhang nicht gebraucht wird (3,23f). Jetzt ist der Mensch aus der engen Lebensgemeinschaft mit Gott ausgeschlossen. Ausgesprochen wird dies auch gegenüber dem Mörder Kain: »Verflucht bist du von der Ackererde hinweg« (4,11). Er ist damit nicht nur isoliert von freien Menschen, geächtet und vogelfrei (V. 14b), sondern auch von Gott getrennt (14a.16) und verstoßen. Mit den anderen Stellen zusammen (vgl. 5,29; 8,21; 9,25) wird hier beispielhaft gezeigt, daß *die ganze Menschheit unter dem Fluch steht.* Allerdings ist keiner unschuldig, im Gegenteil. Obwohl der Mensch mit allem Nötigen und Schönen reichlich versorgt ist (2,8–25), mißtraut er seinem Schöpfer und will sein wie Gott, d.h., will selbst entscheiden, was für ihn nützlich und schädlich ist, selbständig sein, selbst bestimmen (3,1–7). Damit sagt *er sich von Gott los,* kündigt selbst die Gemeinschaft mit dem gütigen Gott. So schreibt der Fluch Gottes eigentlich nur fest, was der Mensch von sich aus in die Wege geleitet hat: Die Trennung vom Schöpfer. Die verheerenden Folgen muß er nun selbst tragen.

d) Nur der Schöpfer selbst kann diesen schlimmen Zustand mildern oder sogar aufheben. Schon die Urgeschichte berichtet überraschend, daß er wirklich damit begonnen hat. Er schützt z.B. den Brudermörder *Kain* vor der Rachgier der anderen (4,15); er bewahrt *Noah* vor dem Untergang in der Sintflut (6,5f) und verspricht danach, trotz der Sünde die Erde nicht mehr zu verfluchen (8,22, d.h. hier: »vernichten«). Mit der *Segensverheißung an Abraham* (1Mo 12,1–3) aber kündigt er *ganz Neues* an. Er will den Fluch aufheben und endlich einmal alle davon befreien. Das Volk → Israel darf im Laufe seiner Geschichte schon die Anfänge erfahren (vgl. z.B. 4Mo

22–24). Allerdings kann man jetzt nicht einfach drauflossündigen! Gerade weil Gott so gütig ist, ist der Bruch mit ihm unentschuldbar. Wer ihn links liegen läßt, wer seine Gebote in den Wind schlägt, wer auf andere Hilfe vertraut, gerät unter die Gewalt seines Fluches: »Verflucht der Mann, der auf Menschen baut, der sich selbst für seine Stärke hält und dessen Herz von Jahwe weicht« (Jer 17,15). Dies zeigt vor allem das *Fünfte Buch Mose (5Mo 27–28):* Die verheerenden Wirkungen des Fluchs bekommt der einzelne (27,15–26) oder das ganze ungehorsame Volk zu spüren (28,15ff). Dann heißt es: »Ich will es zum Fluch machen, zum Grauen, zum Hohn und zum Spott unter allen Völkern, wohin ich sie verstoßen werde« (Jer 29,19; Jer 42,18; Jer 44,12).

B IM NEUEN TESTAMENT

Hier tritt der *Fluch deutlich in den Hintergrund.* Das ist nicht zufällig, sondern im Kommen Jesu Christi begründet:

1. Verschiedene Begriffe für das »böse Wort« bzw. den Fluch treten gehäuft *im Zusammenhang der Kreuzigung Jesu* auf. Jesus wurde vom Hohen Rat wegen *Gotteslästerung* zum Tode verurteilt (Mk 14,64). Er hatte ja im Namen Gottes Sünden vergeben (Mk 2,7) und behauptete jetzt von sich, der Messias und Menschensohn zu sein, der vom Himmel her alle Menschen richten würde (Mk 14,61f). Damit stellte er sich ganz auf Gottes Seite (Joh 10,33.36) und machte sich in den Augen seiner Zeitgenossen des Fluches schuldig (3Mo 24,16). Mit der Kreuzigung wird er in die äußerste Gottesferne verstoßen, weg von der Gemeinschaft mit Gott und dem Gottesvolk, *verflucht.* Als er am Kreuz hängt, wird er von allen Seiten *»verspottet und verhöhnt«.* Damit bringen die Vorübergehenden, die Hohenpriester und Schriftgelehrten und Mitgekreuzigten ihre ganze Verachtung zum Ausdruck (Mk 15,29–32). Jesus stirbt ehrlos und aus jeder menschlichen Gemeinschaft ausgeschlossen, verflucht!

In diesem Geschehen wird etwas Doppeltes sichtbar:

a) Die Vorübergehenden lästern ja nicht irgendeinen, sondern den nahen, menschgewordenen Gott; sie offenbaren damit ihre eigene Gottes-Ferne. So ist der Mensch; er kann den nahen Gott nicht ertragen, er will ohne Gott leben!

b) Hinter dem Kreuzesgeschehen steht aber zugleich Gott, der → Vater; er hat den Sohn in Menschenhand gegeben (Mk 9,31ff) und verflucht. In dieser unglaublichen Entscheidung offenbart er seine → Liebe zu uns. Darauf macht Paulus in *Gal 3,8–13* aufmerksam: Das Mosegesetz spricht über jeden Sünder und Gotteslästerer den Fluch aus. Dieser Fluch liegt auf allen Menschen (vgl. 1Mo 3–11; Röm 1,18–3,20). Aber das → Kreuz Jesu bedeutet gute Nachricht für alle Verfluchten: An Jesus hat sich der Fluch Gottes schon ausgewirkt, an unserer Stelle, für uns. In seiner Liebe wollte Gott uns davon frei machen und den schon Abraham versprochenen Segen zuteilen! »Christus hat uns freigekauft vom Fluch des Gesetzes, indem er für uns zum Fluch geworden ist« (Gal 3,13; vgl. 2Kor 5,21; Röm 8,32).

2. Von hier aus erklärt sich der weitere Gebrauch der Worte für »Fluch« im NT: Paulus mahnt die Christen: »Segnet eure Verfolger und *verflucht nicht«* (Röm 12,14; vgl. Jak 3,11) und sagt damit: Kündigt niemandem die Gemeinschaft, schreibt niemanden ab, selbst die nicht, die euch beseitigen wollen! Warum? Weil das Fluchen bzw. die Rache ausschließlich Gott vorbehalten bleibt (vgl. Röm 12,19f). Aber der Grund liegt noch tiefer: Weil Gott seinen Sohn für alle in den Fluch gegeben hat, um sie in seine Gemeinschaft aufzunehmen, dürfen wir niemanden aus unserer Gemeinschaft ausschließen. Deshalb befiehlt Jesus selbst ausdrücklich: »Segnet, die euch fluchen« (Lk 6,28).

3. Trotzdem wird in den Paulusbriefen zweimal der Fluch über Menschen ausgesprochen: a) »Wenn jemand den Herrn nicht lieb hat, der sei verflucht« (1Kor 16,22), und b) – in der Auseinandersetzung mit anderen Evangelisten –: »Wenn jemand euch ein → Evangelium verkündigt, das anders ist als ihr es empfangen habt, der sei verflucht!« (Gal 1,9).

Steht das im Widerspruch zu Röm 12,14 u.a.? Keineswegs, will Paulus sagen. Der Abfall vom Evangelium und die Veränderung des Evangeliums ist unentschuldbar. Wer sich von Christus lossagt, der ihn vom Fluch der Sünde befreit, der verfällt dem Fluch; d.h. er wird vom → Heil Gottes getrennt. Für den ist Christus vergeblich gestorben (Gal 2,21)! Für ihn gilt, was der kommende Richter sagt: »Geht weg von mir, Verfluchte« (Mt 25,41).

III. Der Begriff heute

1. FLUCHTEN – EINE SACHE VON GESTERN?

»Fluchsprüche«, Fluchformeln« spielen in unserer Sprache kaum noch eine Rolle. Überbleibsel erscheinen höchstens in unbeherrschten Zornesausbrüchen: »Verflucht«, »verdammt« usw. Man erwartet aber von dem Ausspruch keine »Nachwirkung« mehr. Es ist »leeres Wort«. Hat damit auch das Fluchen in unserer Welt ausgespielt? Im Gegenteil! Was mit den Fluchformeln gemeint war, begegnet in unzähligen Spielarten. Im Zusammenleben sind ja *Worte nicht einfach wirkungslos.* Sie können einladend, gewinnend sein, aufmuntern, trösten und aufrichten; sie können Brükken schlagen und Gemeinschaft stiften. Sie können aber auch verletzen, einen andern »fertig machen«, Gräben aufreißen oder vertiefen und so Gemeinschaft zerstören oder erst gar nicht aufkommen lassen! Das Wort wird zur »Waffe« oder »Mauer«.

Wenn »Fluch« ursprünglich das »böse« und »schlechte« Wort ist, das (1) ausschließt, Schaden zufügt oder (2) jemanden abschätzig behandelt (vgl. II.A), dann trifft man das Fluchen auch bei uns an, selbst wenn die Formel gar nicht vorkommt und das »Fluchen« in lauter geschliffene, wohltönende Sätze verpackt ist. *Entscheidend* ist oft, *wie* etwas gesagt wird. Das gilt im persönlichen und öffentlichen Bereich. Aber auch das *Schweigen* kann »verfluchende« Wirkung haben: Dann, wenn »man sich nichts mehr zu sagen hat«, wenn ich jemandem »kein Wort gönne« oder eine »Mauer des Schweigens« um mich baue und damit Gemeinschaft verweigere. Die apostolische Mahnung gilt deshalb nicht nur den Römern: »Segnet und verflucht nicht« (Röm 12,14). Weil Gott uns nicht die Gemeinschaft verweigert, sondern uns »wert geachtet« hat (Jes 43,3), darum ist das Fluchen auch untereinander unerträglich.

2. Noch heute – verfluchtes Dasein?

Die biblische Urgeschichte zeigt in Beispielen, daß die *ganze Schöpfung vom Fluch Gottes gezeichnet ist.* Trifft das für mich und meine Umwelt zu? »Mit Schmerzen sollst du Kinder gebären!« – Inzwischen aber gibt es die Methode nach Dr. Dick-Read, schmerzlos Kinder zur Welt zu bringen. »Verflucht ist der Acker um deinetwillen . . ., Dornen und Disteln soll er dir tragen« (1Mo 3,17). – Inzwischen aber gibt es Unkrautvernichtungsmittel; künstliche Düngung steigert die Erträge des Bodens. »Im Schweiß deines Angesichtes sollst du dein Brot essen!« – Inzwischen aber gibt es Maschinen, Fließbänder und Computer, die die »Knochenarbeit« abnehmen. Die Technik hat dem Menschen erhebliche Erleichterungen gebracht und scheint Schritt für Schritt (Fortschritt!) die Spuren des Fluches zu verwischen. *Zugleich* aber haben wir uns damit *neue Probleme* eingehandelt: Abstumpfende Fließbandarbeit, Streß, Arbeitslosigkeit, vergiftete Böden, verpestete Umwelt! Die moderne *Medizin* z.B. bändigte die großen Seuchen Pest, Cholera usw., bewirkte aber zugleich die Bevölkerungsexplosion. Hunderte von Millionen hungern, finden keine Arbeit und kaum Lebensraum. Die Entdeckung z.B. der *Atomkraft* sollte für die nächsten Jahrhunderte das Energieproblem lösen, brachte aber die größte Gefährdung der gesamten Menschheit (Atombombe, Reaktorunfälle usw.). Die Beispiele ließen sich vermehren.

Hier erfahren wir großräumig (was die biblische Urgeschichte in Einzelerzählungen zeigen will): *Das menschliche Dasein ist tief gestört und belastet,* auch alles, was zum *Glück* des Menschen gehören sollte: Z.B. das Verhältnis von Mann und Frau (1Mo 3,16); auch alles, was dem Leben *Sinn* gibt, z.B. die → Arbeit (1Mo 3,17) usw.; auch alles, was für das menschliche Leben *unverzichtbar* ist: z.B. die Nahrungssuche (1Mo 3,17). Alle menschlichen Aktionen haben diese Störung des menschlichen Daseins nicht grundlegend geändert.

Warum? Die *Mißstände* – dies ist die biblische Botschaft – sind nicht einfach Schicksal, sondern *Folge* des menschlichen *Mißtrauens* gegenüber Gott (1Mo 3,1–5), sind Folge davon, daß wir das Leben in eigene Regie nehmen, auf uns »selbst vertrauen« und dem Schöpfer höchstens eine Nebenrolle zugestehen! Diese verkehrte Lebensrichtung prägt unser Dasein. Deshalb muß alles letztlich schiefgehen. Die Paradiese, die wir dann schaffen, gleichen eher der Hölle als der Welt Gottes!

3. Aussicht für die Verfluchten?

Hat mein Tun dann überhaupt noch Sinn? Dabei muß man folgendes bedenken:

a) Der Schöpfer hat von sich aus die »Verlorenen gesucht« (Lk 19,10). D.h., er hat den Fluch der Gottesferne aufgehoben. Er gewährt uns Gemeinschaft und Zugang zu ihm (→ Segen). Er behaftet mich nicht länger bei meiner »Ab-kehr«. Weil Christus meinen Platz, d.h. den Platz des gottlosen Verfluchten, eingenommen hat (Gal 3,13) und alles »ausbadet«, was ich angerichtet habe, darf ich mich darauf verlassen (= glauben), daß Gott mir treu ist und bleibt! Darum wird er auch einmal alle Mißstände beseitigen, die jetzt (noch) unser Leben »vermiesen«. Weil er uns *versöhnt hat* – und damit den *Fluch der Gottesferne* beseitigt – wird er uns auch durch eine neue Schöpfung *erlösen,* in der der *Fluch als »Mühsal«* (1Mo 3,17) keinen Platz mehr hat.

b) Bis dahin aber läßt Gott nicht einfach alles laufen. Er hat den Menschen ohne Rücksicht auf dessen Schuld einen schönen Lebensraum gewährt und alle Voraussetzungen für ein geordnetes Dasein geschaffen. Die Sintflut (1Mo 6–9) soll nach biblischem Zeugnis ein einmaliges, vergangenes (!) Ereignis bleiben: »Ich will hinfort nicht mehr die Erde verfluchen um des Menschen willen« (1Mo 8,21). Der Schöpfer bleibt der Erde treu, erhält und bewahrt und vollendet sie durch die Wiederkunft unseres Herrn. Deshalb darf der Mensch aufatmen. Jeder lebt von seiner → Geduld (vgl. Mt 5,45). Nur deshalb besteht auch Grund zur Hoffnung, daß die gute → Schöpfung nicht total vom Menschen vernichtet werden wird!

Weil das gilt, ist letztlich kein Leben mehr sinnlos! Niemand braucht mehr wie Jeremia (Jer 20,14) oder Hiob (Hi 3,3) den Tag seiner Geburt zu verfluchen! Weil dies gilt, dürfen wir aber nicht alles laufen lassen und resignieren, sondern können nur in seinem Sinn anpacken und »Mißstände« reparieren und müssen jeder Störung und Zerstörung des menschlichen Daseins entgegenwirken! Dies ist vor Gott nie vergeblich! (1Kor 15,58).

W. Hofius

Frau

I. Wortbedeutung

Das Hebr. verwendet für »Frau« in den Schöpfungsberichten zwei voneinander völlig verschiedene Wörter. 1Mo 1,27 gebraucht ein Wort, das die biologische Verschiedenheit des Menschen aufzeigt. Es will deutlich machen, daß der Mensch als männlich und weiblich, d.h. im sexuellen Gegenüber und in der geschlechtlichen Ergänzung, geschaffen wurde.

Das in 1Mo 2,23 gebrauchte Wort für »Frau« *(ischscha)* steht sprachlich in enger Beziehung zu dem an dieser Stelle verwendeten Wort für »Mann« *(isch)*. Dieser Tatsache versucht auch Luther Ausdruck zu geben, indem er übersetzt: ». . . man wird sie Männin heißen, darum daß sie vom Manne genommen ist.« Die griech. Übersetzung des AT (die Septuaginta) gebraucht in 1Mo 1,27 ein Wort für »Frau«, das der Bedeutung des hebr. Wortes gleichkommt und soviel wie »weiblich, von Weibern kommend« bedeutet. Seine Sprachwurzel läßt sich von »säugen« ableiten. 1Mo 2,23 gebraucht für »Frau« ein Wort, das Weib, Frau, Gattin, Braut, Hausfrau, Gebieterin, Herrin bedeutet (auch das dt. Wort »Frau« geht auf *frouwe*=Herrin zurück).

II. Der Begriff in der Bibel

A. IM ALTEN TESTAMENT

1. Heile oder gestörte Beziehung

Die alttestamentlichen Schöpfungsgeschichten sagen, daß Mann und Frau nach Gottes Ebenbild geschaffen sind. Beiden wird die Herrschaft über die Natur aufgetragen, und beiden wird der Schöpfungssegen erteilt (1Mo 1,26–28).

1Mo 2 zeigt die enge Zusammengehörigkeit der beiden Geschlechter (1Mo 2,23; vgl. 1Mo 29,14; Ri 9,2f), ihre volle Entsprechung (1Mo 2,22), ihre Freude aneinander und ihr menschliches Miteinander auf. Nach 1Mo 2,18ff stellt Gott die Frau dem Mann als Gehilfin (hebr. *ezär*) zur Seite. Dasselbe Wort bezeichnet im AT auch den Beistand und den Schutz Gottes für den Menschen (z.B. 5Mo 33,26; Luther: »Hilfe«). Die Frau ist also helfender Partner des Mannes, auf den dieser angewiesen ist. Mann und Frau geben sich gegenseitig (!) Geborgenheit und Hilfe. Gegen die gute → Schöpfung Gottes handelt jedoch der Mensch, indem er Gottes Gebot übertritt (1Mo 3,1ff). Die Strafe, die sein eigenmächtiges Handeln nach sich zieht, trifft beide in der ihnen je eigenen Sphäre, den Mann durch die Verfluchung des Ackerbodens, also der Grundlage seines Lebensunterhalts, die Frau dadurch, daß sie mit Schmerzen Kinder zur Welt bringen wird (1Mo 3,16–19). Das Verhältnis Mann/Frau ist gebrochen (1Mo 3,7) und ihrer beiderseitige Beziehung gestört (1Mo 3,16).

2. Gegenstand des Rechts oder Gegenüber der Liebe

In der patriarchalisch bestimmten Gesellschaft des Vorderen Orients, auch Israel, wird die Frau weitgehend als Rechtsobjekt (Rt 4,1ff) behandelt und wie ein Gegenstand als persönlicher Besitz des Mannes angesehen, der von ihm durch Dienstleistungen (1Mo 29,18; Jos 15,16f; 1Sam 18,25ff) oder Heiratsgeld (2Mo 22,16; 5Mo 22,29) erworben wird. Die Wehrlosigkeit der Frau kommt in 5Mo 24,1 zum Ausdruck, einer Textstelle, die dem Mann das Recht auf »Entlassen« der Frau zugesteht. Aber nicht nur das Recht ist Grundlage für das Verhältnis von Mann und Frau, sondern auch die → Liebe bestimmt das Handeln des Menschen (vgl. 2Mo 21,7–11; 1Mo 29,16-18.20; 1Sam 18,20; Hl 8,1-4). Obwohl zunächst von der Erbfolge ausgeschlossen, gewinnt die Frau allmählich Rechte im Blick auf Besitz (4Mo 27,1–11; Spr 31,10–31) und damit Rechtsfähigkeit.

Zu allen Zeiten hat sich Gott gegen bestehende Unrechtsverhältnisse gewandt, besonders auch dort, wo sie das Zusammenleben der Geschlechter unerträglich machten (vgl. 1Mo 12,10–20). Die Frauengestalten des AT lehren, daß Gott die Frau »ansieht« (→ Mutter), daß er durch sie handelt und gestaltend in die Geschichte Israels eingreift (2Mo 1,15ff; 2Mo 2,1ff; Ri 4 und 5).

B. IM NEUEN TESTAMENT

1. JESUS IM UMGANG MIT FRAUEN
Im NT überliefern die Evangelisten Jesu unvoreingenommenen Umgang mit Frauen (Joh 4,7ff). Sie folgten Jesus ebenso nach, wie seine männlichen → Jünger (Mt 9,20–22; 15,22ff; Lk 8,1–4; 7,37ff; Joh 11,1ff). In seiner Todesstunde verließen sie ihn nicht (Joh 19,25–27). Als erste → Zeugen seiner → Auferstehung werden Frauen genannt (Mt 28,5ff), obwohl sie in der damaligen Zeit nicht zeugnisfähig waren. Entschieden trat Jesus gegen die Ehescheidung auf, durch die die Frau nach damaliger Praxis der Willkür des Mannes ausgeliefert war (Mt 19,1ff). → Ehe; → Ehebruch/Ehescheidung.

2. FRAUEN IN DEN NEUTESTAMENTLICHEN BRIEFEN
Die Stellung der Frau wird hier eigentümlich doppeldeutig gesehen: einerseits wird die Unterordnung der Frau unter den Mann ausdrücklich gefordert (1Kor 11,2–16; 14,33b–35; Eph 5,21–24; Kol 3,18), andererseits bietet gerade dieser Teil des NT ganz neue Perspektiven für das Verhältnis von Mann und Frau. Mit Christus kommt das Beherrschen des anderen zu einem Ende (Gal 3,28). Wie Christus die → Gemeinde liebt, sollen Mann und Frau einander in Liebe und Fürsorge zugetan sein (Eph 5,24). Wir alle werden in Christus in eine neue Kreatur (2Kor 5,17; Gal 6,15) verwandelt.

Diese Stellen zeigen: Mit Jesus Christus ist das »Neue« der kommenden Welt in unsere Zeit eingebrochen. Das Neue wird dabei nicht als Ereignis unbestimmter Zukünftigkeit verstanden, sondern darf schon jetzt in unserer Zeit Gestalt gewinnen und verändert auch als wirksame Kraft das Miteinander von Mann und Frau. Als Gottes Beauftragte dürfen wir an der Gestaltwerdung des Neuen mitwirken.

Von Bedeutung ist, daß in den frühen Gemeinden eine Reihe von Frauen [z.B. Phoebe (Röm 16,1ff), Priscilla (Röm 16,3), Junia (Röm 16,7)] verantwortungsvolle Positionen innehatten. Frauen waren ebenfalls am prophetischen Reden beteiligt (Apg 21,9; vgl. Apg 2,18; 1Kor 11,5).

III. Der Begriff heute
Die Stellung der Frau hängt in unserer heutigen Gesellschaft, in Kirche und Familie unauflöslich mit dem gesellschaftlichen Veränderungsprozeß und der Bewältigung der Menschheitsprobleme unserer Welt zusammen. Beides bewirkt ein neues Verständnis der Frau.

1. GLEICHBERECHTIGUNG
Heute ist die Forderung nach Gleichberechtigung der Frau weitgehend anerkannt, ihre Verwirklichung erfolgt aber selbst im westlichen Kulturkreis nur sehr zögernd. Die Gleichberechtigung der Frau hat in der Bibel ihre legitime Wurzel. Beide, Mann und Frau, sind von Gott gleichermaßen geliebt, beauftragt und nach »seinem Ebenbild« geschaffen (1Mo 1,26–28; → Mensch). Beide sind auch berufen zur Gotteskindschaft (Gal 3,26; → Kind Gottes) und dürfen als Erben der → Herrlichkeit Gottes betrachtet werden (Röm 8,17; 1Petr 3,7). Ebenso wie die Männer sollen die Frauen als treue → Haushalter ihre Begabungen den vielfältigen Aufgaben der Gemeinde zur Verfügung stellen (1Petr 4,10). Diese biblische Sicht der Frau muß sich in ihrer Ausbildung und Beauftragung niederschlagen. Ihre Berufsmöglichkeiten und Aufstiegschancen sollten sich an ihren Begabungen und Wünschen orientieren. Aufgabe der Kirche ist es, hier beispielhaft voranzugehen.

2. FRAUENBEWEGUNGEN
Verschiedene Bewegungen versuchen seit Beginn des Jahrhunderts der Frau mehr Geltung zu verschaffen. Die Eigenart der Frau soll in allen Bereichen unseres Lebens in stärkerer Weise zur Geltung kommen. Viele Anliegen dieser Bewegungen waren und sind hilfreich, konnten sie doch einen großen Teil unterdrückender Bedingungen und Mechanismen für die Frau aufheben oder zumindest korrigieren (z.B. Leichtlohngruppen, geschlechterspezifische Berufs- und Aufstiegschancen in Führungspositionen). Manche Vorstellungen insbesondere in der »feministischen Theologie« müssen allerdings als überzogen, wenn nicht gar der biblischen Aussage entgegenlaufend, abgelehnt werden.

3. PARTNERSCHAFT
Vermutlich der gewichtigste Ansatz der letzten Jahrzehnte liegt im Gedanken der Partnerschaft. Er greift das in 1Mo 1,27 genannte gleichwertige Gegenüber und Miteinander von Mann und Frau auf und zeigt, daß der Mensch zu einem Leben der Partnerschaft in allen Dingen aufgerufen ist. Beide Geschlechter sollen in Liebe, Demut und Verantwortung in Gottes Schöpfung mitwirken (1Mo 1,28). Nicht mehr um ein Übereinander

im Sinne der Beherrschung der Frau durch den Mann geht es, genausowenig um eine Umkehrung der »Rollen«, sondern um ein Für- und Miteinander in allen Lebensbereichen. So kann die besonders in den Evangelien eingeleitete Gleichwertung und Gleichberechtigung der Frau zu der gerechteren Behandlung des seit Jahrtausenden unterdrückten Geschlechts führen.

Das gesellschaftliche Gleichziehen der Frau mit dem Mann kommt allerdings nur in wenigen westlichen Staaten deutlich zum Ausdruck. Viele Länder (z.B. islamische Staaten) unterdrücken auch heute noch Frauen und Mädchen. Aufgabe und Anliegen eines »schwesterlichen« Lebensgefühls müßte es sein, für diese Rechtlosen und Mißbrauchten einzustehen.

Es geht um die Gestaltung unserer Wirklichkeit aus dem Glauben in der Kraft des Heiligen Geistes. Das ist Anspruch des Evangeliums und Aufgabe in jedem Menschenleben.

M. Marschner-Busch

Freiheit/Frei

I. Wortbedeutung

»Freiheit« gehört zu den in der Gegenwart am häufigsten gebrauchten Wertbegriffen und meint die Möglichkeit, über sein eigenes Leben unabhängig von anderen verfügen und seine eigene Persönlichkeit ungehindert entfalten zu können.

Das griech. Wort für »Freiheit« stammt aus dem politischen Bereich und hat ursprünglich die Bedeutung »zum Volk gehörig«. Wer »zum Volk gehörte«, hatte freies Rederecht und durfte in der Volksversammlung mitbestimmen. Die → Sklaven und Fremden mußten über sich bestimmen lassen, die Freien (zum Volk Gehörigen) dagegen hatten die freie Verfügungsgewalt über sich selbst. Damit die Freiheit des einen nicht die des anderen einschränkte und so zur Willkür entartete, gab es das Gesetz. Dieses Gesetz wurde nicht als Einschränkung der Freiheit, sondern im Gegenteil als Garantie zur Erhaltung der Freiheit verstanden.

Schon die griech. Philosophie hat begriffen, daß nicht nur äußere politische Verhältnisse den Menschen an der freien Entfaltung seines Ichs hindern können. Viel stärker noch sind es die Leidenschaften und Triebe in dem Menschen, mit denen der Mensch sich selbst an der freien Entfaltung zum wahren Menschsein behindert. So blieb die Frage: Gibt es für den Menschen überhaupt Freiheit?

II. Der Begriff in der Bibel

A. IM ALTEN TESTAMENT

1. Im AT wird das Wort »Freiheit« fast nur im Gegenüber zum Sklaven gebraucht. Dabei zeigt sich, wie hoch Gott die Freiheit des Menschen wertet. Während im gesamten außerisraelitischen Raum die Versklavung des Menschen als eine naturgegebene Sache und damit lebenslang hingenommen wurde, sorgt der Gott → Israels dafür, daß auch die Sklaven an der Freiheit Anteil bekommen: Nach sechs Jahren muß einem Sklaven die Freiheit zurückgegeben werden (2Mo 21,2; 5Mo 15,12). Mehr noch: Bei dieser Freilassung wird gleichzeitig für eine soziale Absicherung dieser neugeschenkten Freiheit gesorgt (5Mo 15,13f), damit sie nicht wieder verloren geht. Überhaupt weiß Israel, daß diese Freiheit von Sklaverei auf Dauer nur existieren kann, wenn ein weit gespanntes Netz von sozialen Gesetzen auch den sozial Schwachen die notwendigen wirtschaftlichen Möglichkeiten zusichert. So wird in vielen Gesetzen für Ausländer, Witwen, Waisen, Arme gesorgt, damit sie nicht unterdrückt werden (2Mo 22,20ff; 23,9; 3Mo 19,9f.33f; 5Mo 14,28f; → Knecht/Sklave/Knechtschaft).

Wie hoch Gott die Freiheit des Menschen wertet, ergibt sich auch aus 5Mo 23,16f – der Vorschrift über entlaufene Sklaven, ein modernes Asylrecht! Doch gab es auch in Israel einflußreiche Kreise, die die Freiheit des anderen Menschen bei weitem nicht so hoch einschätzten. Das zeigt die Gerichtspredigt Jeremias (34,8–20). Weil man in Israel die gebotene Freilassung der Sklaven nicht ernst nahm, kündigt Gott in höhnischer Umkehrung des Wortes »Freiheit« an, daß er nun Schwert, Pest und Hunger »freilassen« werde über Israel (34,17).

2. Häufiger noch als das Wort kommt im AT die *Sache* der Freiheit unter den Begriffen → Erlösung, Errettung vor. Geradezu grundlegend für Israel als Volk Gottes ist die Befreiung aus Ägypten (2Mo 20,2; 5Mo 7,8; → Auszug). Die politische Freiheit, die Israel besitzt, ist von Anfang an Gottes alleiniges Geschenk und nicht Israels Errungenschaft. Mit seiner ganzen Geschichte bezeugt Israel immer wieder, daß diese Gabe Gottes nicht ablösbar ist

von dem Geber. Der Abfall von Gott führt unmittelbar zum Verlust der politischen Freiheit, wie vor allem die Richterzeit zeigt (Ri 2,11ff), aber später auch der Untergang des Nordreiches (2Kö 17,7–23) sowie das Exil des Südreiches (2Kö 21,10ff) belegen.

B. IM NEUEN TESTAMENT

Was das NT zum Thema »Freiheit« zu sagen hat, konzentriert sich auf verhältnismäßig wenige Stellen: Joh 8,31–36; Röm 6–8; 1Kor 7–10; 2Kor 3,17; Gal 2–5; 1Petr 2,16; Jak 1,25; 2,12.

1. Verschiedentlich wird dies Wort als *Gegenbegriff zum Sklaven* gebraucht (Gal 3,28; Eph 6,8; 1Kor 7,21f). Dabei ist auffallend, daß – offenbar anders als im AT – nur ein schwaches Interesse an der Befreiung aus der Sklaverei besteht (→ Knecht/Sklave/Knechtschaft). Das gilt nicht nur für Paulus. Schon Jesus hatte alle Erwartungen auf einen politischen Messias, der aus der Römerherrschaft befreite, enttäuscht. Was ist der Grund für dieses ntl. Denken?

2. Jesus versteht unter Freiheit die *Möglichkeit zur Entfaltung des Menschen zum wahren Menschsein.* Diese Entfaltung zum wahren Menschsein sieht Jesus aber nicht zuerst durch äußere politische Einflüsse bedroht, sondern durch die Abwendung des Menschen von Gott. Wie das Wasser das Lebenselement des Fisches, so ist Gott das Lebenselement des Menschen, in dem er sich erst frei entfalten kann. Und wie ein Fisch aus einem Aquarium auf den Fußboden herausspringen, aber nicht wieder zurückspringen kann, so kann auch der Mensch sich von Gott abwenden, aber nicht wieder aus eigener Kraft zurückkehren. Er ist ein Gebundener seiner eigenen Gottlosigkeit geworden (Joh 8,34; Röm 6,20; 7,14–24). So ist also zuerst Befreiung aus der Gottlosigkeit nötig, bevor Befreiung aus politischer Unfreiheit aktuell wird. Wie aber kann das geschehen?

3. *»Zur Freiheit hat uns Christus befreit!«* (Gal 5,1) ist der Jubelruf des Paulus. Alle menschlichen Anstrengungen waren und sind zum Scheitern verurteilt. Aber der Satz Jesu »Wenn euch der Sohn Gottes frei macht, so seid ihr richtig frei« (Joh 8,36) hatte sich als wahr erwiesen. Durch sein Sterben am → Kreuz hat Jesus den Menschen frei gemacht von dem Zwang zu sündigen (Röm 6,14.18), so daß er nun der → Gerechtigkeit Gottes dienen kann; frei gemacht von dem → Fluch, der durch die Übertretung des göttlichen → Gesetzes auf ihm lag (Gal 3,13); frei gemacht von der → Angst vor dem → Tod (Röm 8,38f), so daß er nun des ewigen → Lebens gewiß sein kann. Wo der Mensch dem → Wort Jesu glaubt und sich an dies Wort hält, da erfährt er Freiheit (Joh 8,31f).

4. Diese geschenkte Freiheit kann allerdings mißbraucht werden *»als Deckmantel der Bosheit«* (1Petr 2,16), indem der Mensch unter Berufung auf seine christliche Freiheit nun doch wieder für sein eigenes Ich lebt (Gal 5,13). Wahre Freiheit zeigt sich eben darin, daß der Mensch in der → Nachfolge Jesu ein neuer Mensch geworden ist, der sich vom Heiligen → Geist regieren läßt (Gal 5,18; 2Kor 3,17; Röm 8,2). Dieser Geist macht frei, als Mensch nach dem Schöpfungsplan Gottes zu leben: zum Dienst der → Gerechtigkeit (Röm 6,18), zum Dienst der → Liebe am anderen (Gal 5,13).

5. Daß diese in Christus geschenkte Freiheit dann auch zur politischen Freiheit führt, zeigt Philemon 15ff, wo der entlaufene Sklave Onesimus nun eben nicht – wie das 5Mo 23,16 nahelegen müßte – seinem ehemaligen Herrn Philemon ferngehalten wird, sondern wo der ehemalige Sklave Onesimus nun als freier Mitarbeiter und als Bruder in Christus zu seinem Herrn zurückgesandt wird. Wo ein Sklave frei werden kann, »soll er es benützen« (so die richtige Übersetzung von 1Kor 7,21). »Vor Gott« jedoch sind die menschlichen Klassifizierungen »Unfreier« oder »Freier« ohnehin vordergründig: ein Sklave kann »vor Gott« entscheidend ein »Freigelassener des Herrn« und andererseits ein Freier »vor Gott« ein »Sklave Christi« sein (vgl. dazu 1Kor 7,21ff).

III. Der Begriff heute

1. WAS MEINT DER BEGRIFF FREIHEIT?

Freiheit ist seit der amerikanischen Unabhängigkeitserklärung (1776) und seit der Französischen Revolution (1789) eines der beherrschenden Schlagworte im europäisch-amerikanischen Kulturbereich geworden. Wurde es zunächst nur auf den staatspolitischen Bereich angewandt, so erweiterte sich im 20. Jh. diese Begrifflichkeit auf den gesamten gesellschaftlichen Bereich: Frauenbewegungen, Jugenddemonstrationen, Kinder gegenüber Eltern und Lehrern, Gemeindeglieder gegenüber Kirche und Gott, Konfirmanden im Blick auf Gottesdienstbesuch und Auswendiglernen (Zwang!). Im Namen der Freiheit wendet sich jeder gegen das, was ihm zuwider ist. Die Freiheitsbestrebungen des einen stoßen auf die des anderen. Darüber ist das, was eigentlich Freiheit ist, ganz unklar geworden. Zur Klärung in der gegenwärtigen Diskussion leistet uns die Bibel wertvolle Hilfe.

2. Was macht den Menschen unfrei?

Das hängt davon ab, was man unter Menschsein versteht. Ist der Mensch ganz der irdischen Seite verhaftet und damit nur das höchstentwickelte Säugetier, oder ist er erschaffen zum Stellvertreter Gottes auf Erden und zum Gesprächspartner Gottes? Die Bibel sagt eindeutig das letztere. Wo aber das erstere behauptet wird, ist alles Reden von Freiheit in den Augen der Bibel nur Gerede ohne Inhalt. Denn was bedeutet schon Freiheit, wenn sie spätestens mit dem Tod völlig am Ende ist? Was ist das überhaupt für eine Freiheit, die nur um das eigene Glück und Genießen kreiselt? Hier hat der Mensch sich selbst von seinen gottgewollten Möglichkeiten entfernt und auf seine gottgeschenkte Freiheit verzichtet. Die Loslösung von Gott beraubte den Menschen seiner königlichen Freiheit des Paradieses (1Mo 3), so daß Gott ihn dahingab in ein unfreies und ungutes Leben (Röm 1,21–32). → Sünde (= Loslösung von Gott) und → Tod sind die beiden großen Mächte, die den Menschen um seine Freiheit bringen. Da hilft alles Ausweichen auf andere angebliche Freiheitsräume nichts. Das massive Ansteigen von Kriminalität, Alkohol- und Drogensucht gerade in den sog. freiheitlichen Staaten spricht für sich. Ohne eine Erneuerung durch Jesus gibt es keine Freiheit.

3. Es gibt keine Freiheit ohne Bindung

Der Mensch empfindet jede Bindung meist als Einschränkung seiner Freiheit. Darum wehrt er sich dagegen. Doch zeigt uns das Leben, daß gerade eine klare Bindung dem Menschen erst Freiheit ermöglicht. Die Naturgesetze zeigen das z.B.: unüberlegt könnte man sagen, die Naturgesetze engen uns ein. Wegen des Schweregesetzes muß der Mensch aufpassen, daß er nicht fällt. Mancher hat dadurch Schaden genommen. Aber wäre der Mensch freier ohne diese Gesetzmäßigkeiten? Im Gegenteil! Erst die Naturgesetze ermöglichen alle zivilisatorischen und kulturellen Fortschritte, ja ohne sie wäre überhaupt kein Leben denkbar. Ein anderes Beispiel: Der Mensch kann sich die »Freiheit« nehmen zu lügen. Allerdings: wenn er sich nicht an die Wahrheit bindet, schränkt das auf Dauer seine Freiheit und seine Möglichkeiten sehr ein – man wird mißtrauisch gegen ihn, vertraut ihm nichts mehr an, nimmt ihn nicht ernst usw. Gerade die Bindung an die Wahrheit verschafft einen weiten Freiheitsraum. Was in diesen beiden Lebensbereichen gilt, gilt grundsätzlich für das Leben. Der Mensch braucht eine Autorität, an die er sich binden kann, damit er nicht Augenblicksgelüsten und Augenblickserkenntnissen ausgeliefert ist. Diese Autorität ist Gott – der Gott, der sich in Jesus offenbart hat und uns durch das stellvertretende Sterben Jesu neu die Freiheit der Bindung an ihn ermöglicht. Die Bindung an das Wort Jesu führt in die Freiheit (Joh 8,31f).

4. Jesus macht frei von falschen Bindungen

Sein Sterben macht den, der ihm glaubt, frei von der Bindung an Schuld und Versagen des eigenen Lebens. Diese Freiheit geht so weit, daß sie schon vom Moment des Glaubens an ein neues, befreites Leben ermöglicht. Der geldbesessene Betrüger Zachäus wird befreit und kann nun mit seinem Geld allen Betrug vielfach erstatten und darüber hinaus großzügige Sozialhilfe leisten (Lk 19,1ff). Die sexsüchtige Samaritanerin wird frei zu einem Leben der Verkündigung (Joh 4). Ungezählte Drogen- und Alkoholsüchtige und Kriminelle wurden durch Jesus in unserem Jahrhundert frei – Menschen, die von ihrer Umgebung längst abgeschrieben waren, denen die Ärzte und Psychiater keine Chance mehr gegeben hatten. Junge und alte Menschen wurden aus ihren Depressionen herausgerissen durch den Glauben an Jesus. In vielen Gemeinden findet man lebendige Beispiele dafür, daß Jesus frei macht von Süchten aller Art. Lebensbeschreibungen gibt es zahllos zum Beleg.

5. Wozu ist die Freiheit da?

Viele Menschen wissen mit ihrer Freiheit nichts anzufangen. Die Bibel warnt vor dem Mißbrauch der Freiheit (Gal 5,13). Jesus hat die Menschen nicht befreit, daß sie nun irgendwie die Zeit totschlagen, sondern daß sie nun wirklich → Mensch sein können. Mensch sein heißt: Gott und den Menschen dienen (Röm 6,18; Gal 5,13). So wie Jesus nicht gekommen ist, um sich dienen zu lassen, sondern um zu dienen (Mk 10,45), so gilt das auch für den → Jünger Jesu. Und wie der Dienst Jesu zugleich ein evangelistischer und sozialer war, so soll es auch der seiner Christen sein. Und wie der Dienst Jesu ein gewaltloser war, so kann es auch der Dienst seiner Christen nur sein.

Dieser Dienst wird auch die politische Freiheit des Menschen zum Ziel haben, wird aber zugleich immer im Blick haben, daß die politische Freiheit noch nicht die ganze Freiheit ist, die es allein in Jesus Christus gibt. Zur Kennzeichnung dieses Freiheitsgebrauchs hat gerade der freie römische Bürger Paulus sich immer wieder einen Sklaven Jesu Christi genannt (Röm 1,1; Phil 1,1).

J. Blunck

Freimut/Zuversicht

I. Wortbedeutung

Das griech. Wort für »Freimut/Zuversicht« *(parrhesia)* stammt aus dem politischen Bereich und gehört zu den wesentlichen Merkmalen griech. Demokratie. Es war das Kennwort für → Freiheit und konnte dabei drei Schattierungen haben. Zum einen hatte der Bürger der griech. Polis (= Stadt) das Recht, alles zu sagen (→ Vollmacht). Zum andern berührten sich auch Freimut und → Wahrheit: Bei der Freiheit, alles zu sagen, ging es auch um das Aussprechen von Wahrheit. Dies führt zum dritten Gesichtspunkt: Freimut beinhaltet – wie ja auch das schöne dt. Wort sagt – Mut zur Offenheit, besonders da, wo Dinge lieber verborgen gehalten würden.

II. Der Begriff in der Bibel

1. Im AT gibt es eigentlich nur zwei Texte, die in etwa wiedergeben, was das griech. Wort aussagen will. Beide Texte stehen im Buch Hiob (27.9f; 22,23–27). »Freimut« ist die Lust am Herrn, ja, die → Freude ihm gegenüber. Die Möglichkeit des → Gebets und die Gewißheit der Erhörung führen Hiob zur Freimütigkeit, hier zur Freude an Gott (22,26f).

2. Im NT läßt sich an Jesus zeigen, was Freimut ist. Zunächst ist sein öffentliches Auftreten überhaupt gemeint (Joh 7,4; 11,54), dann aber die Art seines Auftretens. Er hat keine Scheu, den → Jüngern seinen Leidensweg anzukündigen (Mt 8,32); er ist mutig genug, den Juden, die ihn umringen, die Wahrheit zu sagen (Joh 10,24). Er sorgt für Klarheit, als den Angehörigen noch ungewiß ist, ob Lazarus wirklich gestorben ist (Joh 11,14). Als er vor dem Hohenpriester Hannas steht, hat er keine Angst (Joh 18,20), und seinen Jüngern sagt er, daß die Stunde kommen wird, »da werde ich euch frei heraus Kunde über den → Vater geben« (Joh 16,25). Jesus erweist seinen Freimut in *Furchtlosigkeit, Wahrheitsliebe* und *Offenheit.* Freimut ist das Kennzeichen seines ganzen Wirkens.

3. So leben und handeln auch die ersten christlichen Gemeinden. Dabei äußert sich der Freimut zuerst darin, daß das → Wort Gottes zum Zuge kommt, ungehindert, ohne Angst und öffentlich (Apg 9,27f; 13,46; 14,3; 18,26 u.ä.). Freimütig kann Petrus zu den Menschen sprechen, die sich zu Pfingsten in Jerusalem versammelt haben (Apg 2,29). Freimütig brachte Paulus das → Evangelium in Rom unter die Leute (Apg 28, letzter Vers!). *Wort und Zeugnis,* um diese beiden Dinge geht es. Dafür erhält die → Gemeinde das Geschenk der Freimut, gegen alle Mutlosigkeit. Über solchen Freimut geraten dann sogar die geistlichen Führer Israels in Verwunderung und können nicht anders, als anzuerkennen, daß Petrus und Johannes unleugbare Zeichen getan haben (Apg 4,13; → Wunder/Zeichen; → Wort; → Zeuge/Zeugnis).

4. Die Gemeinde Jesu kennt aber auch die Abwege der → Angst und Mutlosigkeit angesichts von Angriff und Verfolgung. Darum bittet sie für ihre Gemeindeleiter: »Und jetzt, Herr, sieh auf ihre Drohungen und verleihe deinen Knechten, dein Wort in Freimütigkeit zu verkündigen« (Apg 4,29). Genauso bittet auch Paulus, daß Freimut und Freudigkeit erhalten bleiben möchten (Eph 6,19; Phil 1,20, vgl. auch 1Jo 3,21; 5,14). Das → Gebet spielt hier eine wichtige Rolle (→ Leiden/Dulden).

Offenbar besteht aber auch ein tiefer Zusammenhang zwischen *Freimut und Geistempfang.* Auf das Gebet der Gemeinde hin (Apg 4,29ff) wurden »alle mit dem Heiligen Geist erfüllt und verkündigten freimütig das Wort Gottes« (4,31 → Geist Gottes).

5. Freimütigkeit führt zur *Zuversicht,* dies ist bei den Belegstellen immer wieder abzulesen. Freimut als Zuversicht, Zuversicht auf Grund einer großen →*Hoffnung* – das ist das Thema des Hebräerbriefes: »So laßt uns mit Zuversicht zum Thron der Gnade hinzutreten« (Hebr 4,16; vgl. auch 3,6; 10,19). Und das gleiche Wort *parrhesia* steht im Hintergrund, wenn es heißt: »Werfet euer Vertrauen (= Freimut/Zuversicht) nicht weg, welches eine große Belohnung hat« (10,35; vgl. auch 1Jo 2,28; 4,17). Diese Hoffnung hängt an der Person Jesu und kann Menschen heute schon froh und gewiß machen, denn »in ihm haben wir die Zuversicht und den Zutritt in freudigem Vertrauen, durch den Glauben an ihn« (Eph 3,12).

III. Der Begriff heute

Von »Freimut« ist heute wenig die Rede. Eher kennen wir schleichende Resignation und eine ganze Menge Angst. »Hier stehe ich, ich kann nicht anders, Gott helfe mir. Amen«. Dieses freimütige Wort des Reformators aus Wittenberg, gesprochen auf dem Reichstag in Worms, kennen wir wohl. Und diesen Mut brauchen auch wir, damit Kirchen und Gemeinden in Bewegung bleiben – oder in Bewegung kommen (→ Furcht/Angst).

UM FREIMUT BETEN

Es bringt wenig ein, wenn wir ohne Gebet versuchen, unsere Gemeinden in Bewegung zu bringen. Was der Jerusalemer Urgemeinde recht war (Apg 4,29), sollte uns billig sein. Vor und in (nicht: statt!) allen Strukturüberlegungen über die Volkskirche schlechthin und das Gemeindeleben speziell soll das treue und zuversichtliche Beten um neue Freimütigkeit seinen Raum haben. Hier liegt auch heute die eigentliche Kraftquelle für unsere Kirche.

IN FREIMUT REDEN

Auch wenn heute vielfach zu hören und zu lesen ist, daß das gesprochene Wort erst durch Taten glaubwürdig wird oder überhaupt für eine Weile zugunsten gelebten Glaubens ausfallen sollte, ist doch dies nicht zu bestreiten: Freimut im NT hängt mit dem Wortzeugnis aufs engste zusammen (vgl. → Wort). Predigtmüdigkeit ist kein Grund, auf die Verkündigung des Wortes Gottes zu verzichten. Die ntl. *parrhesia* dient der Predigt, der Bibelarbeit, dem mündlichen Zeugnis auf der Straße, zu Hause oder am Arbeitsplatz. Nur darauf kommt es an, daß Gottes Wort »zur Welt kommt«, in aller Offenheit, mit radikaler Wahrheitsliebe, auch wenn es unbequem ist, und mit Mut (→ Predigen/Verkündigen; → Zeuge/Zeugnis).

AUF FREIMUT HOFFEN

»Dum spiro, spero« (Solange der Mensch atmet, hofft er), sagt ein altes latein. Wort. Aber wieviel Hoffnung ist eigentlich in unserer Welt? Freimut treibt Menschen nach vorn, weckt Hoffnung, öffnet Türen und Fenster, läßt frische Luft in muffige Wohnungen ein. Dieser Atem tut gut, tut ganz besonders unserer Verkündigung gut. Unser Zeugnis von Christus bekommt Perspektive, gerät in die Spannung der Vorfreude (Hebr 3,6) und läßt doch diese Welt nicht aus den Augen.

Wenn Freimut ein Geschenk des Geistes ist, dann hängt alles an der Bitte um den Heiligen Geist: Er hilft uns beten, auch wenn wir die rechten Worte nicht finden (Röm 8,26), er schenkt Mut und Wahrheitsliebe zur rechten Zeit (Mt 10,20), und er gibt den Atem der Hoffnung, die »nicht zuschanden wird« (Röm 5,5).

H. Bärend

Fremder/Fremdling/Gast → s. Seite 406

Freude/Jubel

I. Wortbedeutung

Unser Wort »Freude« ist abgeleitet von der Bildung »froh«. Dieses Wort »froh« hatte ursprünglich die Bedeutung »eilig«, »schnell«. Die indogermanische Wurzel heißt »pren« = springen. Dieser Zusammenhang ist für die Bedeutung des Wortes »Freude« wichtig. Freude hat immer mit Bewegung zu tun (vgl. »vor Freude taumeln«, »Freudentänze aufführen«). Freude reißt mit und erfaßt den ganzen Menschen.

Im Griech. kommt das Wort *chara* (= Freude) von der Bildung *charis* (= Gnade). Hier ist der Zusammenhang von Freude und → Gnade sprachlich festgehalten worden: Freude als Antwort auf Gottes Gnadenhandeln.

II. Der Begriff in der Bibel

1. Im AT ist der Grundton der Freude durchgängig erkennbar, sei es nun in der Freude an Festlichkeiten (z.B. Esr 6,22), am Singen (2Chr 29.30) oder am Spiel (Ps 45,16).

Aber gleichermaßen gilt: Wo Freude entschwunden ist (Jes 24,11; Joe 1,12.16), da ist es finster, und Leben kann sich nicht mehr entfalten. Freude war im alten Israel Ausdruck des Lebens selbst; wo das Leben entzogen war, entschwand die Freude, wo die Freude fehlte, war keine → Hoffnung mehr (positiv: Ps 16,8–11).

2. Dies alles hängt nun entscheidend an der Beziehung zwischen Gott und Mensch, speziell seinem Volk. Bei Gott selbst ist die Freude (1Chr 16,27), und seine Freude ist sein Volk Israel (1Chr 29,3; 2Chr 20,27). Auf seiten des Volkes kann die Antwort auf Gottes freundliche Zuwendung auch nur Freude sein: »Dienet dem Herrn mit Freuden« (Ps 100,2; vgl. auch Neh 8,10). So kann auch das gottesdienstliche Leben nur Ausdruck von Freude sein (z.B. 5Mo 16,15), und mitten im Leben klingt die Freude an Gottes → Geboten an (Ps 119,47). Am Ende der Tage wird Gott dann alle Trauer fortnehmen: »Jung und alt wird fröhlich sein; ich werde ihre Trauer in Freude wandeln« (Jer 31,13).

3. Der Grundton der Freude durchzieht auch das NT, angefangen vom Lobpreis der → Engel: »Siehe, ich verkündige euch große Freude« (Lk 2,10). Jesus selbst ist Botschafter der Freude (Joh 15,11; 16,24), und die → Jünger werden »mit großer Freude erfüllt« (Mt 28,8; Lk 24,52!). Dies nimmt auch Paulus auf, der seinen Gemeinden, und besonders der in Philippi, immer wieder einprägt: »Freuet euch in dem Herrn allewege« (Phil 4,4).

Freude gehört mitten hinein in das Leben der christlichen Gemeinden. So ist → Nachfolge Jesu keine Last, sondern Hingabe aus Freude (Mt 13,44)! Aber sogar Freude und → Anfechtung werden verbunden: »Achtet es für lauter Freude, wenn ihr in mancherlei Versuchung geratet« (Jak 1,4). Die Freude im Leid (Apg 16,25; 2Kor 7,4) durchzieht die ntl. Botschaft, bis der Tag kommt, da »eure Traurigkeit zur Freude wird« (Joh 16,20). Damit aber in dieser Zeit die Freude nicht aufhört, hat Gott seinen Heiligen Geist gegeben; so ist die Freude Frucht des Geistes (Apg 13,52; Röm 14,17; Gal 5,22; → Geist Gottes).

III. Der Begriff heute

1. Freude – für Christen?

Freude ist keine Nebensache im christlichen Glauben. Wenn die Weihnachtsbotschaft als »große Freude« beschrieben wird, haben wir keinen Grund und auch kein Recht, daraus »große Probleme« oder enge Ernsthaftigkeit zu machen. Freude darf man auch spüren und empfinden. Wenn dies in unserem Glaubensleben keinen Platz mehr hätte, wären wir arm dran. Wir sind aber so reich wie die Weisen aus dem Morgenland, die den Stern über Bethlehem sahen und sich freuten »mit sehr großer Freude« (Mt 2,10). Freude ist zwar kein »Glaubensausweis«, den man ständig mit sich herumtragen muß. Aber fröhliche Christen können gerade für junge Menschen eine große Glaubenshilfe werden.

2. Auf dem Wege zur Freude

Freude kann man nicht machen. Aber wir können etwas dazu tun, daß Freude entsteht. Einige Aspekte seien genannt:

a) Freude erwächst aus der Dankbarkeit. Der Rückblick auf das eigene Leben, der Dank für die vielen Zeichen der → Treue Gottes kann Menschen wieder froh machen, auch wenn ihnen im Moment gar nicht danach zumute sein mag.

b) Freude entsteht beim Singen. Freude und Singen hängen eng zusammen (»Nun singet und seid froh«). Beim Singen wird das → Herz weit. Was wären die Psalmen anderes als schriftlicher Niederschlag von Liedern der Freude (trotz aller Not)?

c) Freude erlebt man in der → Gemeinschaft. Freude bleibt nie allein. Sie schafft sich Raum, bricht sich Bahn. Freude möchte sich anderen mitteilen (»Geteilte Freude ist doppelte Freude; geteiltes Leid ist halbes Leid«).

d) Freude wird beweglich in der Vorfreude. Menschen machen »Freudensprünge«, wenn sie lebendige → Hoffnung haben. Die geistlichen Negerlieder (»Negro spirituals«) sind voll von Freude, auch wenn die Sklaven im Nordamerika des ausgehenden 19. Jahrhunderts nichts zu lachen hatten. Aber sie hatten eine Hoffnung (»Swing low, sweet chariot«).

3. Bleibende Freude

Freude ist und bleibt Geschenk (= Gnade; s. unter I). Aber weil uns Gott überreich beschenkt hat, darf Freude wachsen – und bleiben. So ist der → Gottesdienst die Mitte des christlichen Lebens und Gewähr dafür, daß Freude bleibt: In → Wort und → Sakrament (→ Abendmahl = Freudenmahl!) spricht uns Christus die Freude zu, die er verheißen hat. Im → Gebet in Jesu Namen haben wir das Versprechen, daß »unsere Freude vollkommen sei« (Joh 16,24). Der Ausblick nach vorn (Segen und Sendung), die Vorfreude auf den wiederkommenden Herrn, bringt Christen in Bewegung – mitten hinein in den → Dienst, der uns aufgetragen ist (→ Wiederkunft/Ankunft).

H. Bärend

Frieden → Heil/Frieden/Rettung

Frucht/Saat

I. Wortbedeutung

Saat, Ernte, Frucht sind in jedem Fall konkret oder vom Konkreten her zu verstehen. So ist es verständlich, daß z.B. das hebr. Wort für »Saat« auch das Saat*feld* und die Saat*zeit* – und auch *Nachkommenschaft* (vgl. 1Mo 3,15) bezeichnen kann; unsere Unterscheidung von »Saat« und »Same« existiert im Hebr. nicht. Auch wo wir einen Text im übertragenen Sinn verstehen, wie Ps 126,5f (»Die mit Tränen säen, werden mit Freuden ernten«), ist zunächst an das natürliche Säen und Ernten zu denken. Und auch da, wo die Bibel in übertragener Bedeutung spricht, stehen die gleichen aus dem täglichen Leben gewonnenen Vokabeln (z.B. Hos 10,12f; Sach 10,9; Joh 4,35; Gal 6,7). Im NT findet sich für Saat meist das uns als Fremdwort bekannte *sperma.* Auch das kann »Nachkommenschaft« bezeichnen (Joh 8,33) oder noch übertragener gebraucht werden (1Jo 3,9). Entsprechendes gilt für »Frucht«, *karpós,* das sich auf Pflanzen, auf Leibesfrucht (Lk 1,42) oder auf geistliche Frucht (z.B. Mt 3,8) bezieht. Die dt. Wörter »Saat« und »Frucht« sind lat. Ursprungs. »Ernte« stammt aus dem Germanischen, wo Ausdrücke für »Sommer«, »Anstrengung«, »Verdienst« (vgl. das englische »earn«) damit in Verbindung stehen.

II. Die Begriffe in der Bibel

1. Saat und Ernte

Der feste Rhythmus von Saat und Ernte lebt aus Gottes → Gnade und → Treue und bezeugt diese (1Mo 8,22). Ernte bedeutet sprichwörtliche → Freude und Jubel (Jes 9,2; Ps 65,10ff; 126,5). Der Kauf eines Ackers eignet sich als kaum überbietbares Zeichen des → Trostes und der → Hoffnung (Jer 32). Jesus kann freilich das Nicht-Säen und Nicht-Ernten der Vögel menschlichem Sorgengeist als Vorbild hinstellen (Mt 6,26; vgl. Lk 12,16ff). Doch ändert das nichts an der Gleichnishaftigkeit von Saat und Ernte: Jes 55,10f (»so auch mein Wort«); Joh 4,35ff; Mt 9,37f (»die Ernte ist groß«); 2Kor 9,6ff (»wer kärglich sät ...«); Gal 6,7 (»was der Mensch sät ...«). So auch

Mt 13/Mk 4 (Gleichnisse vom Säemann, vom Unkraut, vom Senfkorn, von der selbstwachsenden Saat): Mit dem Himmelreich selbst ist es wie mit einem Samenkorn, wo die Fülle schon im Kleinsten angelegt ist und es auf die Ernte zugeht, ohne daß Menschen noch etwas dazutun können. »Ernte« wird im übertragenen Sinn als Umschreibung der Gerichtszeit gebraucht, was vom Erntevorgang (dreschen usw.) her naheliegt (Jer 51,33; Joh 4,13; Offb 14,15). Aber auch die endgültige Erlösung kann durch die Bilder von Saat und Ernte umschrieben werden (vgl. Am 9,13ff; vgl. auch unten II,3).

2. »Säen« und »Same« im übertragenen Sinn

Oft wird »Säen« (und infolgedessen auch »Ernten« bzw. »Frucht«) übertragen gebraucht, so Hi 4,8 (Unheil säen); Spr 22,8 (Unrecht säen); Hos 10,12f (Gerechtigkeit säen; vgl. Jak 3,18); Gal 6,7f (auf das Fleisch/auf den Geist säen); Lk 19,21f (ernten, was man nicht gesät hat); vgl. 1Kor 9,11.

Die biblischen Begriffe für Saat/Samen begegnen häufig für menschliche Nachkommen (vgl. I). Hervorgehoben ist Abrahams Same und die → Verheißung, unter die er gestellt ist und gestellt bleibt (1Mo 12,7; Lk 1,55; Joh 8,33; Gal 3,29; Röm 11,1; → »Kind Gottes« und → »Israel«). Spezielle Heilsbedeutung erhält Davids Same (2Sam 7,12ff; Joh 7,42; Röm 1,3).

Der entscheidende Sproß Davids gewinnt dann noch einmal in besonderer Weise Bedeutung als Samen (»Weizenkorn«): Joh 12,24. Es hängt an der Fruchtbarkeit dieses »Korns«, daß Paulus in 1Kor 15 von der Christen Aussaat (= irdisches Leben) und Auferweckung (zu geistleiblichem Leben mit Christus) sprechen kann (V.36ff.42ff).

Auch für die → Wiedergeburt im Leben eines Menschen kann das Bild des Samens herangezogen werden: daß das neue → Leben aus »unvergänglichem Samen« kommt, etwas Unvergängliches ist (1Petr 1,23, vgl. 1Jo 3,9). *So* erfüllt sich, daß der → Knecht Gottes »Nachkommen sehen« soll (Jes 53,10)!

3. Frucht

Man beurteilt einen Baum besonders nach seinen Früchten (Ps 1,3). Gott hat die Erde fruchtbar geschaffen – Pflanzen, Tiere und Menschen (1Mo 1,11f.22.28.29). Er läßt → Israel ein fruchtbares Land erben (4Mo 13,20ff). Deshalb liegt es nahe, »natürliche Frucht« als Gleichnis zu gebrauchen. So geht es in Ps 1 bei aller Anschaulichkeit um die Frucht der Gesetzestreue. Jesus nimmt den Feigenbaum als → Gleichnis (Lk 13,6ff; vgl. schon Jes 5,1ff). »An ihren Früchten sollt ihr sie erkennen!« (Mt 7,16ff). Es kann die Rede sein von der Frucht der Hände und des Mundes (Spr 31,31; 12,14), der → Gerechtigkeit oder des → Hochmuts (Spr 11,30; Jes 10,12). Das → Wort Gottes schafft Frucht (Mt 13,8), auch der → Geist (Gal 5,22f), das → Licht (Eph 5,9), die Umkehr (Mt 3,8). Der → Heiland selbst ist eine besondere Frucht am Stamm Davids (Jes 11,1; vgl. 6,13). Er (diese Frucht) wird zum Weizenkorn, das durch seinen Tod viel Frucht schafft (Joh 12,24; vgl. 1Kor 15). Er ist für seine → Gemeinde ein starker Weinstock, und die Gemeindeglieder sind daran die Triebe; aus seiner Fruchtbarkeit bringen sie Frucht (Joh 15). Dies ist ihnen geradezu natürlich, darum aber auch unerläßlich (15,2, vgl. Mt 7,17f; 21,43; Kol 1,10; Phil 4,17).

Bei aller großartigen Vergeistigung und Vergeistlichung der »Frucht« ist es der Bibel wichtig, daß die Leiblichkeit nicht verlorengeht. Leiblichkeit und Geistlichkeit der Frucht stehen gleichsam füreinander ein. Leiblichkeit der Frucht gehört nicht nur zu den gegenwärtigen, sondern gerade auch zu den letzten Dingen, sowohl für das AT (Jes 65,21; Hes 47,12; Am 9,14) als auch für das NT (Offb 22,2). Gewiß liegt die Erfüllung jenseits jetziger menschlicher Vorstellung. Aber auch die Jenseitigkeit und Geistlichkeit der → Hoffnung von 1Kor 15 will nicht leiblos, sondern geist*leiblich* verstanden werden (V.35ff; vgl. V.5ff; → Leib/Körper). Der Zwiespalt zwischen leiblich und geistig-geistlich, auch zwischen einem buchstäblichen und einem übertragenen Sinn wird dort überwunden sein.

III. Die Begriffe heute

1. ... soll nicht aufhören Saat und Ernte

Für sehr viele Menschen heute sind Saat, Ernte, Frucht gerade in ihrem natürlichen Sinn verlorene Begriffe. Das ist unnatürlich und lebensfeindlich. Es ist auch unfromm. Zwar ist alles Geschöpf so wenig göttlich, wie der Mensch nicht göttlich ist. Aber als Gottes gute Ordnung wie als Gottes Gabe sind Acker und Frucht zu achten und nicht zu mißbrauchen. Von daher gewinnen Umweltschutz und menschenfreundliche Umweltgestaltung Berechtigung und Bedeutung (→ Schöpfung/Schöpfer). E. Wiechert erzählt unter dem Titel »Der Mann im Osten« von einem armen Bauern, der auf seinen Grabstein schreiben ließ: »Ehre sei Gott in der Höhe und dem ärmsten Acker in der Tiefe«. Und C. V. Gheorghiu stellt in seinem Roman »Fünfundzwanzig Uhr« einen jungen Balkanbauern vor, der sein karges Brot mit denkwürdiger Feier und Andacht ißt. Das entspricht dem Stellenwert, den Saat und Frucht in der Bibel haben. Nicht nur, weil die Bibel aus einer agrarischen Gesellschaft kommt, sondern weil sie damit die Erde würdigt, wie Gott sie uns als Gabe und Aufgabe anvertraut und zur unabdingbaren Voraussetzung menschlichen Lebens gesetzt hat. Allerdings hat Gott selbst dem Menschen das → Paradies verschlossen (1Mo 3). Aber er hat uns die arme Erde gesegnet. Und hat, verheißungsvoll, Christus auferstehen lassen in einem Garten (Joh 19,41; 20,15).

2. Unser Säen – unsere Frucht

Im übertragenen Sinn ist »Säen« mindestens vordergründig *kein* verlorener Begriff. »Was der Mensch sät, das wird er ernten« (Gal 6,7); »Wer Wind sät, wird Sturm ernten« (vgl. Hos 8,7) sind geläufige Redensarten. Seien wir uns bewußt, wieviel Verantwortung darin liegt, daß wir täglich Säende sind. Und daß wir als → Zeugen des → Heils in Jesus Christus ständig zu Säemannsarbeit berufen sind; mit Wort und Tat, unserem Tun und Lassen (Gal 6,8.9)! Dabei bedrückt uns oft der Eindruck *vergeblicher* Mühe: Alles nur »Tropfen auf den heißen Stein«?! Der Christ darf indes ans *Senfkorn* denken (Mk 4,30ff) und gewinnt von da Mut zum Kleinen (→ Arm/Klein/Gering). Und er muß nicht mittun bei der Beweihräucherung des *Erfolgs*. Frucht ist nicht identisch mit Erfolg, und Erfolg muß nicht Frucht sein. Erfolg erringt man durch Leistung und zur eignen Ehre. Frucht kommt durch Gottes Kraft (Joh 15!) zu seiner Ehre und so zu unserer Freude. Erfolg will Sichtbarkeit und Geradlinigkeit. Frucht kann weithin und lange verborgen sein, überrascht dafür aber mit um so größeren Sprüngen. »Alles, was wir Gutes wirken (in Gottes Namen!), ist gesät in seinen Schoß, und er wird die Ernte senden unaussprechlich reich und groß.«

3. Der Acker ... sind auch wir

Unser Säen hätte keine Verheißung, würde nicht zuerst Gott selbst säen.

a) Ist die Welt der Acker, auf den der Same des Wortes fällt (Mt 13,38), so sind *wir selbst* auch Acker, guter oder schlechter; irgendwie gewiß beides; aber Gott führt eine Entscheidung herauf, in der es sich zeigen wird.

b) *Wir* sind auch Saat, Gewächs, Trieb (Joh 15) oder Baum (Mt 7) und bringen als guter Baum gute oder als schlechter arge Frucht. Dieses Bild ist immer wieder sehr hilfreich gewesen, wenn sich Christen fragten, ob denn nun gute Werke zur Seligkeit erforderlich seien (vgl. Jak 2,14ff) oder ob wir aus → Gnade allein errettet werden (vgl. Röm 3,21ff). Durchaus allein durch Gnade (Röm 3,28) – aber aus dieser Wurzel kommt ein guter Baum, und ein guter Baum bringt gute Frucht! (M. Luther ist nicht müde geworden, eben *dies beides* zu unterstreichen.)

c) Wir sind selbst auch Frucht der Aussaat des → Wortes und Geistes Gottes, aber Frucht, die der Reinigung bedarf (vgl. Spr 17,3; Joh 15,2; Lk 22,31f). Eindrücklich spricht davon W. Schneiders Erzählung »Das Gottessieb«: Es sieht lustig aus, wenn beim Ausworfeln der Spreu die Körner im Siebe tanzen, doch würden sie, könnten sie reden, erzählen, wie bitter weh das tut. Aber es muß so sein. Denke daran, wenn Gott dich in sein Sieb nimmt, sagt der Erntearbeiter seinem jungen Sohn.

4. Die Ernte, die kommt

Angesichts der Zunahme des → Bösen sorgen sich Christen um Gottes Reich. Das war ähnlich bei Jesu Jüngern, als der Abfall der Massen einsetzte. Da sagt Jesus die Gleichnisse vom Senfkorn und von der selbstwachsenden Saat: Die Sache Gottes kann in der Welt noch so klein sein, und ihr könnt denkbar ohnmächtig daneben stehen: Die Frucht *ist* angelegt, das Reich *ist im Kommen. Das* Weizenkorn, an dem für die Welt das Leben hängt (vgl. Joh 12,23f), bringt seine Frucht, schon seit Ostern.

J. Fangmeier

Fürsorge/Besorgt sein

I. Wortbedeutung

Das AT redet in vielfältigen Wendungen von der Fürsorge Gottes, gebraucht dafür aber in der Regel andere Worte (wie Güte, Gnade). Im NT kann das Wort »Sorge« auch in der Bedeutung von »Fürsorge« stehen, so wie es im Dt. ja auch mehrdeutig ist und »Fürsorge« den positiven Aspekt von »Sorge« beschreibt (→ Sorgen).

II. Der Begriff in der Bibel

Das gesamte AT bezeugt die *Fürsorge Gottes* in vielen Aussagen, z.B. Ps 23: »Der Herr ist mein Hirte, mir wird nichts mangeln ...« Im Bild des guten → Hirten wird die unermüdliche Obhut Gottes ausgemalt. Sie gilt dem einzelnen (Hi 10,12), sie gilt → Israel als dem Volk Gottes (Ps 121,4), sie gilt der ganzen Erde als seiner → Schöpfung (1Mo 8,22). In Gottes Fürsorge ist alles Leben gut aufgehoben: »Wirf dein Anliegen auf den Herrn; der wird dich versorgen« (Ps 55,23).

Wie Gott mit seinem Volk umgeht, so darf es sich auch im *Leben des Volkes* widerspiegeln. In *gegenseitiger Fürsorge* weiß sich die Familie verbunden (Rt 4,15; Spr 23,25). Das Verhältnis zum König ist von Fürsorge geprägt (2Sam 19,33f). Auch den Verfolgten wird die Fürsorge nicht verweigert (1Kö 18,4), und mit dem Hungrigen soll das Brot geteilt werden (Jes 58,7).

Entsprechend kennt das NT die selbstverständliche Sorge füreinander, z.B. zwischen Paulus, Timotheus und der Gemeinde in Philippi (Phil 2,20; 4,10). Die Gemeinden in Mazedonien versorgen die Urgemeinde in Jerusalem (2Kor 8). Paulus steht in seelsorgerlicher Verantwortung für seine Gemeinden (2Kor 11,28). In der Einzelgemeinde gibt es eine geordnete Fürsorge füreinander (1Tim 3,5; 5,16). Wie bei einem Leib ist ein Glied auf das andere angewiesen; alle sind dazu berufen, »einträchtig füreinander zu sorgen« (1Kor 12,25).

III. Der Begriff heute

1. Die Fürsorge Jesu macht frei

Jesus war in unermüdlicher Selbstlosigkeit für andere da. Er kümmerte sich umfassend um die Menschen, die zu ihm kamen, half ihnen in ihren Nöten, Krankheiten und in ihrer Schuld. Genauso geht er heute mit uns um. Wir erfahren vielfach seine Fürsorge und Hilfe in unseren Nöten und Krankheiten und in unserer Schuld. Darin liegt die große Chance, frei zu werden vom ständigen Sorgen für sich selbst: »Er sorgt für euch« (1Petr 5,7).

Unsere Zeit braucht gerade das Beispiel solcher Freiheit. Denn das ständige Kreisen um den eigenen Lebensbedarf und die eigene Lebenssicherung nimmt den Menschen gefangen. Er verliert darüber den Sinn seines Lebens. Denn Gott hat den Menschen nicht dazu geschaffen, daß er ausschließlich für sich selbst lebt. Das führt in Einsamkeit und soziale Isolation. Das Leben des einzelnen wird unbefriedigend und unerfüllt, so luxuriös er sich auch einrichten mag. Oft sind seelische und körperliche Krankheiten nur die Folge eines ichbezogenen Lebensstils.

Die Liebe Jesu Christi will uns freimachen vom Drehen um uns selbst. Unsere Lebenssorgen dürfen wir seiner Fürsorge anvertrauen. In dem Maß, wie wir das tun, werden wir frei zur Fürsorge für unseren Bruder, für unseren Nächsten.

2. Leben für andere

Das NT lenkt unseren Blick auf den Menschen neben uns. »Ein jeder sehe nicht auf das Seine, sondern auf das, was dem andern dient« (Phil 2,4). Die Sorge für den Nächsten löst die egoistische Verkrampfung. »Jede fremde Last, die ich mit auf mein Herz nehme, macht die eigene Last leichter« (F. Bodelschwingh). Leben für andere bringt erst wirkliche Lebenserfüllung. Und so denkt sich Gott unser Lebensglück: in der dienenden Hingabe an den Bruder und an die Welt erschließen sich uns immer reicher die Gaben und Möglichkeiten, die unser Leben von Gott her hat.

3. Staatliche Fürsorge

In der Tätigkeit des Sozialamts ist die uns Christen aufgetragene Fürsorge zur staatlichen Institution geworden. Benachteiligte und Hilfsbedürftige in unserer Gesellschaft können hier zu ihrem Recht kommen. Damit nimmt das Sozialamt zum Teil den Auftrag der christlichen Gemeinde wahr. Das sollten wir dankbar anerkennen. Es sollte uns aber auch Anlaß zur Selbstprüfung sein, ob die Fürsorge der Christen nicht zu schwach, unbeständig und unzuverlässig war und ist für den, der darauf angewiesen ist.

4. Einübung christlicher Fürsorge

Das Netz staatlicher Sozialhilfe kann nicht so dicht sein, daß die Fürsorge der christlichen Gemeinde überflüssig würde. Gerade die auf die Not des einzelnen zugeschnittene, persönlich-konkrete Hilfe gehört zum bleibenden Auftrag der Christen. Die biblische Einheit von Evangelium, Sündenvergebung und tätiger Diakonie will uns dazu anleiten, daß christliche Fürsorge dem *ganzen* Menschen dienen, ihn in seiner äußeren und inneren Not und in seiner Schuld helfen soll. Das können wir bei Jesus lernen und im Zusammenleben der Gemeinde einüben. Die praktische *und* seelsorgerliche Frage »Was braucht mein Bruder?« darf wichtiger werden als die übliche Frage »Was brauche ich?« Und gemeinsam kann dann die Frage »Was braucht unsere Welt?« angegangen werden. Christliche Fürsorge soll praktisch-konkret und seelsorgerlich-ganzheitlich geschehen, damit sie angesichts der vielfältigen Not unserer Zeit das ausrichtet, was Jesus Christus will.

→ Nächster

K.-H. Michel

Furcht/Angst

I. Wortbedeutung

In der hebr. und der griech. Sprache sind zwei Wortgruppen zu unterscheiden, von denen eine (AT: *zar*, NT: *thlipsis*) »Bedrängnis« bedeutet, also das, was Angst *macht* – was im älteren Deutsch mit »Angst« hat übersetzt werden können (z.B. Joh 16,33). Die andere Wortgruppe entspricht unseren Vokabeln »Furcht/Angst« als einem *Gefühl*, das man *hat*. Besonders das Hebr. hat dafür viele Wörter (unsere Umgangssprache ja auch!), und doch herrscht *ein* Wortstamm vor: *jarē*ᶜ (die Grundbedeutung soll »zittern« sein). Im Griech. steht der Begriff *phóbos* (vgl. »Phobie«).

»Furcht« und »Angst« sind in ihrem Wortsinn nicht deutlich gegeneinander abzugrenzen (vgl. III). »Angst« (wie auch »bange«) hängt im Dt. mit »eng« zusammen und kann im indogermanischen Raum auch das bezeichnen, was Enge *verursacht* (vgl. o.). Auffallend häufig begegnet dieser Wortstamm in physiologischen (körperlichen) Zusammenhängen: Bei der Beengung des *Atmens* und des *Herzens* liegt dem Wortsinn nach das Zentrum von »Angst«.

II. Die Begriffe in der Bibel

A. IM ALTEN TESTAMENT

Das AT bringt die Menschen mit ihren vielfältigen Ängsten zur Sprache – Ängsten vor Tieren und schwierigen Verhältnissen, vor Krieg und persönlichen Feinden, vor Unheimlichem im Leben und vor dem Sterben (z.B. Am 3,8; Jes 7,2; Ps 13; 1Mo 18,15; Jon 1,5). Dabei stehen die entsprechenden Wörter in der großen Mehrzahl der Stellen ausdrücklich mit → *Gott* in Zusammenhang (→ Gottesfurcht). Auffallend ist das in Gottes Namen ergehende *»Fürchte dich nicht«* einerseits (z.B. 1Mo 15,1; Jes 43,1) und Furcht als *Gottesfurcht* anderseits (z.B. 2Mo 3,6; Jos 2,11; Ps 130,1–4). Beides steht in innerem Zusammenhang. Gott ist der, der eigentlich Macht und Recht hat, »furchtbar« zu sein. Den Menschen, der darüber erschrickt, ruft er aus der Gott-Angst in diejenige Gottes-Furcht, in der der Mensch vor Gott *leben* kann und nun auch richtig lebt. Er befreit von der Angst vor Mächten und Verhältnissen, die kein Recht haben, uns zu schrecken, weil sie nicht selbst Gott, sondern Gott *untertan* sind (vgl. Jer 1,17–19; Ps 123ff).

B. IM NEUEN TESTAMENT

(Der gewichtige Komplex → »Bedrängnis/Verfolgung« – hierfür Joh 16,33, »Angst«! – hat einen eigenen Artikel!) Bleibt auch in unserer Welt Raum für mannigfaches Sich-Ängsten (z.B. Mk 4,35ff; Hebr 2,15; 1Kor 2,3), auch für Furcht im Sinne gebotenen Respekts vor Menschen (z.B. Eph 5,33; 6,5), noch mehr, auch im NT, für die Gottesfurcht (Mt 10,28; Hebr 12,28f; 1Petr 2,17; vgl. Gal 6,7; Phil 2,12), so entspricht es der → Offenbarung Gottes in Jesus Christus, daß Menschen in der Begegnung mit Christus von Gottesfurcht erfaßt werden (Gott-Angst, vgl. Mk 4,41; Mt 14,26; Lk 2,9; Offb 1,17). Aber gerade *hier* gewinnt das »Fürchtet euch nicht« seinen Vollklang (Mk 5,36; Mt 14,27; Lk 2,10; Offb 1,17f). Wenn der Gemeinde des Gekreuzigten → Bedrängnisse nicht erspart bleiben, so ist doch für sie die Überwindung von Angst kennzeichnend (s. Lk 12,32; 2Kor 4,7f; Röm 8,31ff; Offb 2,10). Der ihr gegebene → Geist ist nicht ein Geist der Furchtsamkeit (2Tim 1,7) – weil er als Geist Jesu der Geist der Gotteskindschaft (→ Kind Gottes; vgl. Röm 8,15) ist. Was Jesus Christus in die Waagschale zu werfen hat, wiegt auch die Todesangst auf (Hebr 2,14f). Wobei es nicht Sicherheit ist, was die Züge der von Christus Angerührten prägt, sondern → Liebe: die Liebe, mit der sie sich geliebt wissen und mit der sie weiterlieben. »Furcht ist nicht in der Liebe« – nicht im Geliebtsein und nicht im Lieben (1Jo 4,18f).

III. Die Begriffe heute

1. WELT OHNE ANGST?

Die Menschheit hat viel unternommen, der Welt ihr menschenfeindliches Gepräge zu nehmen, um der Angst Herr zu werden. Wo einmal Dunkel war, ist's heute hell oder überhell, wo Rätsel und Unheimlichkeit drohten, ist Erklärung, wo Willkür und Zufall Furcht nährten, schützt und sorgt ein sozialer Rechtsstaat . . . Trotzdem läßt sich nicht sagen, daß Menschen heute weniger Angst haben als in der Bibel. Statt von wilden Tieren sehen wir uns von kleinsten Lebewesen bedroht. An die Stelle des unbewältigten Unheimlichen sind erschreckende (!) Konsequenzen des eigenen Gestaltens getreten (z.B. Nuklearenergie; Beeinflussung der Erbmasse usw.). Zugleich erweist sich die Welt als immer noch hintergründiger – und der Mensch als immer abgründiger. Und der Tod ist sich gleich geblieben. Die Bezwingung und Erschließung der Welt hat große Lichter aufgesetzt und gewaltige Veränderungen bewerkstelligt, aber sie ist der Furcht nicht Herr geworden. Die Menschen fühlen sich ungeborgener denn je. Auch wo man sich laut und sicher gibt, schlägt häufig Angst im Hintergrund den Takt.

2. PHILOSOPHIE DER ANGST?

Es ist kein Zufall, daß ganze Philosophien der Angst entworfen worden sind, wonach Angst wesensmäßig zum Menschenleben gehöre, und zwar eine Angst, die nicht *Furcht vor etwas* sei, sondern eine Angst, die keinen konkreten Anlaß und Auslöser braucht, eine aller Angst vorausgehende *Ur-Angst*. – Davon spricht nun allerdings die Bibel nicht. Der Satz Joh 16,33 etwa, den man so auffassen könnte, sagt das nicht, sondern meint »Bedrängnis« (s.o.). Wohl nimmt die Bibel den Menschen mit all seinen Bedrängnissen ernst. Und sie weist tiefe Gründe für die Tiefen menschlicher Angst auf: Philosophie sagt wirklich nicht zu viel, wenn sie behauptet, daß der Mensch ins Nichts gehalten ist; ist er doch im Blick auf sich selbst *nur von Erde* (1Mo

3,19; Ps 104,29; vgl. 2Kor 5,2–4). Und was seine Vergänglichkeit einschränkt, ist zunächst seine Verantwortlichkeit, die ihn vor den ewigen Richter bringt (Hebr 10,31). Zwischen den Forderungen und den Bosheiten der Welt im Vordergrund und dem Nichts, vielmehr dem → Gericht Gottes, als letztem Grund ist allerdings viel Anlaß für Angst!

3. Keine Angst vor der Angst

Der Glaube mutet nicht nur Angst-Situationen *auch* zu (den Jüngern Sturm, einem Paulus nacktes Sterben . . .), er mutet davon sogar in gewichtiger Weise *mehr* zu (vgl. Kol 1,24; 1Petr 2,20ff; → Bedrängnis). Die Bibel bietet weder eine Philosophie der Angst (als ob der Mensch eigentlich als »Angsthase« geschaffen wäre!), noch ein System der Angstfreiheit (als wenn die Angst leichter zu bewältigen wäre als die → Sünde!). Wohl verkündet die Bibel den → Herrn, der immer neu sein »Fürchte dich nicht« Menschen zuspricht, und sie bezeugt den (Liebes-)Geist, bei dessen Walten gerade der Angst immer wieder die Luft ausgeht! Auch da erleben Menschen physische Enge und wissen von bösen Bedrängnissen. Aber sie haben gleichsam keine Angst vor der Angst (vgl. 2Kor 4,8), sondern Mut (Joh 16,33), Freudigkeit (eigentlich »Freidigkeit«, → Freimut) angesichts dessen, was erstlich und was letztlich »eng« macht (vgl. 1Jo 3,19–21; 4,16–18). In der Begegnung mit Christus gewinnen Menschen die Zuversicht, daß er uns als Gott-Held und Friede-Fürst (Jes 9,5) nicht allein läßt, daß sich mit ihm leben und mit ihm auch sterben läßt. (Eben dies signalisiert Jesu Schlafen beim Seesturm und sein Hinweis auf den Kleinglauben der Jünger; als wenn man mit ihm nicht sowohl in Stürmen *leben* als auch *getrost untergehen könnte!* Vgl. Mt 8,23ff). Christus-Glaube trägt in sich die Zuversicht, daß Christus all unsere Enge aufreißt, daß wir nach Angst und Tod preisen werden: »Du stellst meine Füße auf weiten Raum!« (Ps 31,9).

J. Fangmeier

G

Gast → Fremder/Fremdling/Gast (s.Seite 406)

Gebet/Bitten

I. Wortbedeutung

Das AT kennt 19, das NT 14 Ausdrücke für Gebet und Bitten. Das schon mag ein Hinweis auf die unterschiedlichsten Nuancen und Gebetssituationen sein, die in der Bibel vorkommen. Dem dringlichen Bitten im Sinne des »Forderns« steht ein »Anflehen« (wörtl. »Weichmachen«) gegenüber. »Sich ins Mittel legen«, also die Mittlerrolle eines Beters, die er mit seiner ganzen Existenz trägt, gehört ebenso zum biblischen Beten wie das Bußgebet (»Herr, sei mir Sünder gnädig«). Alle diese Betarten führen schließlich zur Anbetung (griech. *proseuchä,* wörtl. »sich ergießen«). In der Anbetung vergißt der Mensch sich und seine Bedürfnisse und »ergießt« sich mit seinem ganzen Sein bewundernd, lobend und preisend vor Gott.

II. Der Begriff in der Bibel

1. Gott hört jedes Gebet und erhört es auf seine Weise

Die Bibel kennt keine genau ausgeführte *Lehre* vom Gebet. Aber einige Grundlinien lassen sich deutlich erkennen: Jedes Gebet ist seinem Wesen nach ein Dialog (Zwiesprache) mit Gott. So redeten z.B. Adam (1Mo 3,10), Kain (1Mo 4,9) und Abraham (1Mo 18,23ff) in klar erkennbarer Wechselrede mit Gott. Häufiger wird in der Bibel von Gebeten berichtet, auf die keine akustisch wahrnehmbare Antwort erfolgt. Und doch hört Gott jedes Gebet. Manchmal ist ein Ereignis Gottes Reaktion. Auch sein Schweigen kann eine Antwort sein. Vielleicht erprobt Gott durch Schweigen wie bei Hiob den Glauben. Oder aber es gilt der Satz: »Ihr bittet und empfanget nicht, weil ihr übel bittet« (Jak 4,3; ähnlich auch Kla 3,8 u. 44). Ja, wir kennen sogar das Gerichtswort: »Wer sein Ohr abwendet vom Hören des Gesetzes: selbst sein Gebet ist ein Greuel« (Spr 28,9; vgl. auch Ps 109,7).

2. Das Gebet in den Psalmen

Die Psalmen haben weitgehend die Form der Anrede an Gott, also den Charakter von Gebeten der → Buße, der Bitte, etwa aus großer Not heraus, und des Dankes für erfahrene Hilfe. Der Tempel- bzw. Synagogengottesdienst hatte Raum dafür, daß Teilnehmer, namhafte wie David oder auch namenlose, in der versammelten Gemeinde Bitte und Dank, auch in eigener Sache, zum Ausdruck brachten. Und die Gemeinde betete und dankte mit. Anschließend wurden solche Gebetslieder im Gotteshaus in Verwahrung genommen und in der Folge immer wieder bei den Gottesdiensten verwendet. Schließlich wurden sie der entsprechenden Sammlung, dem »Gesangbuch« und »Gebetbuch« Israels, dem Psalmenbüchlein, eingefügt. In den Psalmen wird oft auch die Not des ganzen Volkes Israel vor Gott gebracht und ebenso der Dank für die hier erfahrene Hilfe. Beispiele von Psalmen, die Gebete sind (manchmal gehen sie auch über von Worten an Menschen zu Worten, die an Gott gerichtet sind): Psalm 3; 4; 5; 6; 8; 12; 13; 16; 18; 22; 25; 26; 30; 31; 36; 42/43; 51; 56; 57 und viele andere.

3. Jesus als Beter

Die Evangelien erwähnen oft, daß Jesus betete, vor allem an besonderen Weichenstellen seines Lebens (Lk 3,21; Mt 14,23; Lk 9,18.28.29). Er suchte in der Stille der Morgenfrühe das Gespräch mit seinem Vater und kam für die Begegnung mit den Menschen und ihrer Not bereits her von Gott (Mk 1,35). Bevor er den engeren Kreis seiner Jünger einschließlich Judas' endgültig berief, war er eine ganze Nacht lang in der Zwiesprache mit seinem Vater (Lk 6,12ff). Die Frage ist, woher wir kommen, wenn wir die großen und kleinen Entscheidungen unseres Lebens treffen. Vom Selbstgespräch unserer Gedanken? von dem, was uns gelüstet und die Menschen von uns erwarten? oder aber ebenfalls von Gott und der Zwiesprache mit ihm? Als die Jünger Jesus beten hörten, wurde ihnen der Mangel ihres Gebets bewußt. Darum baten sie ihn: »Herr, lehre uns beten« (Lk 11,1). Ein besonderes Heiligtum des Gebets ist das große Sich-Verantworten und die große Fürbitte Jesu am Vorabend seines Todes, das »Hohepriesterliche Gebet« in Joh 17. In Gethsemane rang sich Jesus im Gebet dazu durch, das Kreuz und damit alle Sündenlast der ganzen Menschheit freiwillig auf sich zu nehmen (Mt 26,36ff). Die letzten Worte Jesu am Kreuz waren weitgehend Gebetsworte, zum Teil Worte aus den Psalmen: »Mein Gott, mein Gott, warum hast du mich verlassen!« (Mt 27,46; Ps 22,2). »Vater, ich befehle meinen Geist in deine Hände« (Lk 23,46; Ps 31,6).

4. Leben in der Atmosphäre des Gebetes

Die Urgemeinde hielt einmütig fest am Gebet (Apg 1,14). Als Petrus im Gefängnis lag,

»wurde von der Gemeinde inständig für ihn zu Gott gebetet« (Apg 12,5). Paulus betont in vielen Formulierungen dieses »Beten ohne Aufhören« (z.B. 1Thes 5,17) und beschreibt es an einem eigenen Beispiel: ». . . indem wir nachts und tags über die Maßen flehen, daß wir euer Angesicht sehen mögen und euch zurechthelfen in den Mängeln des Glaubens« (1Thes 3,10).

5. In der Erwartung der Erhörung

Das ist nicht selbstverständlich, sonst wäre die Aufforderung überflüssig: »Er bitte aber im Glauben, ohne zu zweifeln!« (Jak 1,6). Daher lasse man sich Zeit zum Gebet. Ein »Plappern wie die Heiden«, die meinen, »daß sie um ihres vielen Redens willen erhört werden« (Mt 6,7) bleibt wirkungslos, weil der Sinn dabei nicht auf Gott, sondern auf sich selbst gerichtet ist. Das Gegenstück dazu ist das Gebet der Urgemeinde, von dessen Intensität eine große Wirkung ausging: »Und als sie gebetet hatten, bewegte sich die Stätte, wo sie versammelt waren; und sie wurden alle mit heiligem Geist erfüllt und redeten das Wort Gottes mit Freimütigkeit« (Apg 4,31). Durch das Gebet der Gemeinde wurde Petrus aus dem Kerker befreit (Apg 12); durch Beten, Loben und Danken wurden Paulus und Silas die Türen im Kerker zu Philippi aufgetan (Apg 16).

6. Wie Gott Gebet erhört, das ist seine Sache

Jenen eben genannten verblüffenden Gebetserhörungen stehen andere Antworten Gottes auf Gebete der Gläubigen gegenüber: Obwohl Paulus in intensivem Gebet für eine Befreiung von einem »Dorn« in seinem Leib (Luther: Pfahl im Fleisch – möglicherweise eine Krankheit oder eine Wesensart) bat, erhielt er als Antwort den Hinweis: »Laß dir an meiner Gnade genügen; denn meine Kraft wird in Schwachheit vollkommen gemacht« (2Kor 12,8f). In Apg 12 wird nicht nur von der Befreiung des Petrus berichtet, sondern auch davon, daß Jakobus hingerichtet wurde (Vers 2). Es ist anzunehmen, daß auch für ihn die Gemeinde intensiv gebetet hat. Da Gottes Gedanken höher sind als unsere Gedanken, dürfen wir in solchen Führungen eine höhere Weisheit Gottes sehen und trotzdem (oder gerade deshalb) mit der Wirksamkeit der Gebete rechnen.

7. Die Fürbitte

Im Ganzen der Schrift spielt die Fürbitte eine große Rolle. Sie ist ein Dienst besonderer Art, den ein Mensch damit tun kann, daß er die äußeren und inneren Anliegen anderer, einzelner oder vieler, im Gebet vor Gott bringt. Im Alten Testament sehen wir große Fürbitter: Abraham für Sodom; so ausführlich betete er in eigener Sache nie (1Mo 18,16–33). Mose für Israel; er war sogar bereit, seine eigene Seligkeit zum Opfer zu bringen (2Mo 32–34, insbesondere 2Mo 32,32; vgl. Röm 9,3). Daniel für sein Volk; er, der für Gott in die Löwengrube gegangen war, faßte sich dennoch mit seinem untreuen Volk in dem Bekenntnis der Schuld und in der Buße zusammen (Dan 9,1–19). Im Neuen Testament sehen wir in den Evangelien Fürbitte vor allem da, wo Menschen bei Jesus Hilfe für andere suchten: ein römischer Hauptmann, eine kanaanäische Frau, ein Synagogenvorsteher, ein königlicher Beamter usw. (Mt 8,5ff; 15,21ff; Mk 5,22ff; Joh 4,47ff). In der Zeit der frühen Christenheit sehen wir viel an Fürbitte allgemein und insbesondere wie die Gemeinde den Dienst der Boten des Evangeliums mit ihrer Fürbitte begleitete (Jak 5,16; Eph 3,14; Kol 1,3.9; 2Thes 1,11; Apg 12,5.12; 13,3; 14,23; Röm 15,30; Kol 4,3; 1Thes 5,25; Hebr 13,18 usw.). Vor allem Jesus tat (und tut) Fürbitte (Lk 22,32). Ja, es gehört zur Bedeutung des Kreuzestodes Jesu, daß er sich hier mit seinem ganzen Leben in seine große Fürbitte für die Welt hineingeopfert hat; er ist der »große Hohepriester« und das Opferlamm in einem (Hebr 7,26.27; 8,1; 9,12.14; Joh 1,29; 1Jo 1,7). Er vertritt uns vor Gott (Röm 8,34; 1Jo 2,1).

III. Der Begriff heute

1. *Wir können beten.* In einem Buch, in dem die Lage des Menschen heute beschrieben werden sollte, erzählte der Verfasser zur Verdeutlichung einen Traum, den er hatte: Er sah sich im langen Korridor eines großen Amtsgebäudes vor einer Tür. Er klopfte, horchte, klopfte noch einmal und drückte die Klinke: Geschlossen! Ebenso erging es ihm an der nächsten Tür und weiter den ganzen langen Gang hinauf und auf der anderen Seite wieder hinunter. Und er sagte sich: »So viele Türen und keine offen für mich!« So, meinte der Schriftsteller, stehe es im Grund um den Menschen heute. Doch *eine* Tür ist immer offen, die zu *Gott* (Lk 11,9). Jesus hat, was uns von Gott aussperren müßte, abgetragen (Joh 1,29). Ja, Jesus ist die für uns offene Tür zu Gott auch heute (Joh 6,37; 14,9; Hebr 13,8).

2. *Meditation* im Sinne des Selbstgesprächs unserer Gedanken ist noch kein Gebet. Bei uns selber stehen zu bleiben, würde uns nicht helfen; in unserem eigenen Herzen finden wir schließlich auch nicht viel Gutes (Mt 15,19; Röm 7,18). Im Gebet haben wir ein klares Gegenüber, der kleine, schwache, sündige Mensch den großen, guten, freigebigen Gott; an ihn wollen wir uns wenden.

3. Unsere *Fürbitte* ist heute, auch angesichts der großen Weltprobleme und der unbeschreiblichen Not der sog. Dritten Welt, dringlich. Wenn die Oberhäupter der beiden Weltmächte sich treffen, dann macht es in der Presse Schlagzeilen: »Gipfelkonferenz«. Wenn ein an Jesus Glaubender in der Fürbitte für die Welt eintritt, die einzelnen und die vielen, so ist das in noch ganz anderem Sinn eine »Gipfelkonferenz«. »Die Fürbitte der Glaubenden ist ihre Teilhabe am Weltregiment Gottes schon heute« (Friedrich Oetinger). Wir, die wir beten können, dürfen den andern den Dienst der Fürbitte nicht schuldig bleiben; das wäre sträfliche »unterlassene Hilfeleistung«.

4. *Stille Zeit.* Es ist wichtig, auch während der Arbeit zu beten und mit dem Herrn umzugehen. Aber nötig ist insbesondere, täglich, etwa morgens, auch »stille Zeit« zu machen und ganz frei zu sein für die Zwiesprache mit Gott, so daß auch wir, wie Jesus, in dem, was wir tun, von Gott herkommen (Mk 1,35; Lk 6,12ff). Es ist wichtig, die stille Zeit über der aufgeschlagenen Bibel zu halten, etwa im Rahmen einer fortlaufenden Bibellese. Aus dem Lesen des Textes kommen wir unter Umständen am schnellsten zur Zwiesprache mit dem Herrn, indem wir fragen: Inwiefern gibt mir der Text Anlaß zur Buße, zum Dank, zur Bitte und zur Fürbitte? Wichtig ist es, Menschen, mit denen wir es gerade zu tun oder in deren Not wir geblickt haben, wie auch Tagesereignisse usw. vor Gott zu bringen. Hilfreich sind Fürbittelisten, die wir täglich oder nach einem bestimmten Plan zur Hand nehmen, vor allem sonntags. In solch stiller Zeit und Fürbitte bekommen wir in der Zwiesprache mit Gott auch Aufträge, etwas zu tun, im Kleinen und Großen, heute oder in einer ganz neuen Lebensaufgabe. »Die Hände, die zum Beten ruhn, die macht Er stark zur Tat, und was der Beter Hände tun, geschieht nach Gottes Rat« (Jochen Klepper).

5. *Dürfen wir auch wegen kleiner äußerer Dinge Gott bitten?* Es darf nicht das einzige und in der Regel auch nicht das erste sein. Denn selbst unser Gebet kann daran kranken, daß wir auch darin uns nur um uns selber drehen und unsere eigenen Wunschlisten vortragen. Da lehrt uns Jesus die drei ersten Bitten des Vaterunsers und hebt uns damit aus dem kleinen Kreis um uns selber heraus in den großen Kreis um ihn und in den weiten Horizont seines Wirkens. Doch danach lehrt er uns auch ums »tägliche Brot« und alles Äußere zu bitten; Gott ist nichts zu groß und auch nichts zu klein. – Aber, so wird weiter gefragt, kann denn Gott, der Gestalter und Verwalter des ganzen Kosmos, sich so um die alltäglichen Anliegen eines kleinen Menschen, eines von derzeit vier Milliarden, kümmern? Wer so fragt, denkt klein von Gott. Gewiß, ein Mensch, der ja nicht mehrere Dinge zugleich denken kann, kann nur entweder das Große im Blick haben und etwa Bundesfinanzminister sein, oder sich mit Einzelheiten befassen und etwa die Eingaben von Steuerpflichtigen beim Finanzamt bearbeiten. Gott aber ist groß im Großen und groß im Kleinen; er ist so groß, daß er für alle zugleich so da sein kann: »Für einen jeden sorgst du, als würdest du allein für ihn nur sorgen, und doch sorgst du für alle wie für diesen einen« (Augustinus).

5. *Wir dürfen »frei« beten,* mit eigenen, auch alltäglichen Worten. Gottes Wort sagt: »Schüttet euer Herz vor ihm aus, liebe Leute« (Ps 62,9). Wir werden uns aber auch gerne vorformulierter Gebetsworte anderer bedienen, etwa der Psalmen, so wie Jesus das tat, oder der Gesangbuchlieder. Wichtig ist, solche Worte auswendig (und inwendig) zu können.

6. Jesus hat dem *gemeinsamen Gebet* eine große Verheißung gegeben (Mt 18,19). Wenn in solch einer Gebetsgemeinschaft ein anderer betet, dann genügt es nicht, bloß »zuzuhören«; wir wollen so oder mit andern Worten zugleich auch unsererseits diese Anliegen vor Gott bringen. Und wenn nun auch wir in einer solchen Gebetsgemeinschaft laut beten, wollen wir es so tun, daß auch andere die von uns ausgesprochenen Anliegen mit vor Gott bringen können, und wollen es insbesondere so tun, daß unser Gebet einfältig auf Gott gerichtet ist und wir nicht die Nebenabsicht haben, bei dieser Gelegenheit andern Menschen, etwas sagen oder ihnen gar etwas vorführen zu wollen.

7. *Was kann ein Hindernis der Erhörlichkeit unserer Gebete sein?*

a) Schuld, die wir noch nicht vor Gott gebracht haben (Jes 59,1); wenn wir aber im Vertrauen auf Jesu Opfer um Vergebung gebeten haben, dann ist vergangene Sünde kein Hindernis mehr (1Jo 1,7; Röm 5,1.2).

b) Jetzt noch festgehaltene Liebe zur Sünde (Jak 4,3; Ps 66,18).

c) Verweigerte Übergabe unseres Lebens an Jesus; denn seinen *Jüngern* sagt Jesus: »Bittet, so wird euch gegeben« (Lk 11,9), denen, die seinen Ruf damit beantworten, daß sie aufstehen und ihm folgen und ihn den Herrn ihres Lebens sein lassen (Mt 4,19.20; 9,9); nur ihnen gilt im Vollsinn diese Verheißung. Wo immer aber ein Gebet vertrauensvoll an Gott gerichtet wird, verbunden mit der Bitte um Vergebung, mit der Herausgabe der Liebe zur

Sünde heute und der Übergabe des Lebens an Jesus, da wird ein Gebet gewiß erhört; vielleicht anders als wir's denken, aber richtiger; zu einer andern Zeit, aber zur richtigen Zeit. Darum »werfet euer Vertrauen nicht weg, welches eine große Belohnung hat« (Hebr 10,35).

8. *Und wenn uns unser Gebet sehr schwach erscheint*? Dann dürfen wir wissen: Wir haben eine gewaltige Unterstützung unseres Gebets: Unser Herr Jesus Christus bittet *vor uns* und *für uns:* »wir haben einen Fürsprecher beim Vater« (1Jo 2,1; Röm 8,34). Wir dürfen Gott *in Christus,* »in seinem Namen«, in seine vor Gott gültige Gerechtigkeit eingehüllt bitten; so gefallen wir Gott, so nimmt er unser Gebet gnädig an (Joh 14,13; 16,23.24; Röm 8,1; 2Kor 5,21). *»Christus in uns«,* d.h. der Heilige Geist bittet den Vater aus uns; der Heilige Geist vertritt uns, wie es Gott gefällt (Röm 8,26.27; 2Kor 3,17). Jesus also betet für uns, vor uns und in uns, und wir in ihm. Ja, »der Vater selbst« hat uns »lieb« (Joh 16,27). Der große, heilige, dreieinige Gott ist also beteiligt und in Bewegung, wenn wir, in all unserer Schwachheit, beten. »Wohl uns des guten Herren.« G. Schröter/ F. Grünzweig

Gebot/Weisung/Gesetz

I. Wortbedeutung

Es lohnt, sich die beiden biblischen Grundwörter einzuprägen: Im AT finden wir *tora,* wörtlich: »das, was als gut und richtig *gelehrt* wird«. Im Deutschen übersetzen wir das hebr. Wort am besten mit »Weisung«. Bei »unter-weisen«, »zu-recht-weisen« geht es um »weise«, »wissend« machen, den richtigen Weg zum Ziel zeigen. – Das NT benutzt das Wort *nomos,* wörtlich: »das (ursprünglich bei der Verteilung des Weidelandes) abgegrenzte Gebiet«. *nomos* meint: »Bis hierher und nicht weiter!«, also die »Grenzziehung«. Luther hat *nomos* mit »Gesetz« wiedergegeben: das – von Gott – verbindlich vor uns »Hingesetzte«. – Das Wort »Gebot« meint die bestimmte Einzelanweisung: »Tu dies, laß das!« in »Ge-bot« steckt das Wort »bieten«: Gott »bietet« uns etwas! In »Ge-bot« klingt also beides mit: das freundliche An-gebot und das strenge Verbot.

II. Der Begriff in der Bibel

»Was soll ich *tun*?« lautet eine Grundfrage aller Menschen. Gott läßt uns da nicht im Dunklen tappen. Er macht uns seinen guten Willen bekannt. Er bietet uns *Weisung zum Leben.* Das ist die biblische Grundaussage. Diese Grundlinie aber ist eingebettet in eine sehr dynamische, höchst spannungsreiche Geschichte. Die Hauptstationen dieser Offenbarungsgeschichte wollen wir nachzeichnen.

1. Satz: GOTTES GEBOT – DAMIT DAS LEBEN LOHNT!

Wir finden das wichtigste Kapitel der göttlichen Weisung, nämlich die 10 Gebote, in 2Mo 20. Entscheidend ist, daß wir die Begründung beachten, die dem »Dekalog« (den »10 Sätzen«) vorangeht: Gott selbst stellt sich vor, legt seinen Ausweis hin: »Ich bin der → Herr, dein → Gott, der ich dich aus Ägypten, aus der Sklaverei, geführt habe«. Gott ist also Lebensretter, Befreier, »Er-löser« aus dem »Konzentrationslager«. Dieser mächtige Herr schließt jetzt einen Lebensbund (→ Bund) mit dem ohne ihn verlorenen Haufen Israel. Gott bietet sich selbst an, damit bietet er Leben und Freiheit. Die einzelnen Gebote haben nun die Aufgabe, den so eröffneten *Lebensraum* schützend abzustecken. Sie markieren die Grenze. Jenseits davon lauern Sklaverei und Tod.

Die Gebote lassen sich also vergleichen mit einem Geländer, mit Leitplanken, mit einer Ampel, die auf rot steht. »Du sollst nicht...!« heißt also: Bleib doch ja in dem Lebensraum! Verlaß ihn nur nicht! Es wäre dein Tod! So machen die Weisungen weise im Blick auf die wichtigsten Lebensbereiche. Sie schützen das Leben (»nicht töten!«), die Ehe, das Eigentum, die Ehre, alle zwischenmenschliche Gemeinschaft. *Eine* Aussage aber hält alle diese Gebote zusammen wie die Schnur eine Perlenkette, nämlich: »Ich bin der Herr, dein Gott. Du sollst (wirst) keine andern Götter neben mir haben!« (das 1. Gebot). Gott sagt gewissermaßen: Weil ich allein das Leben bin und außerhalb nur der Tod umgeht, darum bin ich »eifersüchtig« darauf aus, daß du bei mir bleibst. Die Weisung Gottes will also keinesfalls das Leben einengen, hemmen, will nicht die Luft abschnüren. Sie will weiten Raum zum Atmen schaffen. Im Ge-bot bietet Gott das → Leben. So sind die 10 Gebote nicht 10 Gitterstäbe, sondern die »10 großen Freiheiten«. Gottes Liebe steckt darin. Darum sind die Psalmen randvoll vom Jubel über die Tora, voll Freude an Gottes Weisung (»Ich liebe deine Gebote mehr als Gold!«; vgl. Ps 119, etwa V. 18.33.92.105.127). Deshalb sagt Paulus: »Die Weisung ist heilig, gerecht und gut« (Röm 7,12b), sie ist »zum Leben gegeben« (Röm 7,10).

2. Satz: GOTTES GESETZ – BUCHSTABE, DER TÖTET (2Kor 3,6)

Plötzlich prasseln die Aussagen des Apostels Paulus wie Hagelkörner herein: »Die Kraft (der Motor) der Sünde ist das Gesetz« (1Kor 15,56) – »Alle, die mit des Gesetzes Werken umgehen, sind (von Gott) verflucht« (Gal 3,10) – »Christus hat uns losgekauft vom Fluch des Gesetzes« (Gal 3,13). → *Fluch*, → *Sünde*, → *Tod* – und *Gesetz* werden hier zu einer Familie; vom mörderischen Charakter des »Buchstabens« (= geschriebener Tora) ist die Rede. Was für ein Wettersturz! Eben noch Jubel – jetzt Verzweiflungsschrei! Eben noch *tora*, Weisung zum Leben – jetzt *nomos*, tödliches Gesetz! Stellt der 2. Satz den 1. nicht völlig auf den Kopf? Was für ein Unglück ist da geschehen? Offensichtlich wurde das Geländer durchbrochen, die Ampel, die »rot« anzeigte, überfahren. Entscheidend ist für Paulus die Feststellung: Nicht an Gott, nicht an Gottes Gebot liegt es. »Das Gesetz ist heilig, gerecht und gut!« Es liegt am Menschen, an mir: »Ich bin fleischlich, unter die Sünde verkauft« (Röm 7,14). Gottes gute Weisung ist auf einen Menschen gestoßen, der sich nicht »weisen« lassen will; der sich trotz der Rettungstat im Innern nicht gewandelt hat. Dieser Mensch – der »alte Adam« – will selbst Herr, selbst Gott, selbst Mittelpunkt sein. Wenn *nomos*, dann »Auto-nomie«, Selbstbestimmung, des Menschen. Das 1. Gebot (»Gott über alle Dinge fürchten, lieben, vertrauen«) hat der Mensch mißachtet; er versucht ständig, Gott als Mittel für seine Zwecke zu benutzen. Das kann recht »fromm« klingen: »Gott, bei mir darfst du die erste Geige spielen; nur am Dirigentenpult stehe ich!« Die Bosheit des Menschenherzens (1Mo 6,5) hat die Errettung aus Ägypten, den Bundesschluß vom Sinai »gut überstanden«. Nicht erst Paulus, schon der Prophet Jeremia sieht: Der »alte Bund« hat's nicht geschafft, ein neuer müßte kommen. Ja, Gott selbst kündigt diesen Neueinsatz an (Jer 31,31–34, vgl. Hes 36,26.27)!

Worin soll das Neue bestehen? »Ich will meine Tora in ihr Herz geben und in ihren Sinn schreiben.« Die göttliche Weisung soll nicht mehr auf Tafeln stehen (»Buchstabe«), sie soll ins → »Herz« (= Verstand, Wille, Personmitte) hinein. Sie soll nicht mehr von außen – wie ein Fremdkörper – auf den Menschen zukommen; von innen soll sie wirken, soll im Menschen zum Antrieb, zum Lebensrhythmus werden. Gottes Wille und der Wille des Menschen werden eins! Dazu ist freilich nötig, was Hes 36 sagt: Gottes Schöpfergeist wird eine Herzverwandlung, ja eine »Herztransplantation« vornehmen: das Herz aus Stein wird durch ein warmes, lebendiges ersetzt. Gott macht dem »kalten Herzen« ein Ende! Nun, jetzt endlich, passen Gott und Mensch, Tora und Herz zueinander. Der tödliche Gegensatz »geistlich« – »fleischlich« ist aufgehoben. Nur Gott kann das tun. Gott will das tun, so lautet die → Verheißung im AT (→ Fleisch; → Geist Gottes).

3. Satz: DER MOTOR DER SÜNDE – DAS GESETZ!

Um den tödlichen Konflikt Nomos – Mensch ganz zu verstehen, müssen wir uns noch einmal den »alten« Menschen anschauen. Wo Gottes gute, heilige Weisung auf diesen ich-verkrümmten »Typen« trifft, entsteht immer Sünde, nichts als → *Sünde*. Diese Grundüberzeugung des Paulus wie des Reformators Luther wollen wir uns an drei Modellen verdeutlichen:

a) »Modell Zöllner Zachäus«:

Wie ist der Zolldirektor zu seiner prächtigen Villa in Jericho gekommen? Weil er Gottes Gebot (»Nicht stehlen!«) kräftig beiseiteschob. Das war sein »Erfolgsrezept«. Die Weisung Gottes war ihm ein lästiger *Zaun*. Er sprang einfach darüber hinweg. Seine Sünde heißt *»Über-tretung«, Übermut!*

b) »Modell Pharisäer Saulus«: Voll Stolz steht der fromme Eiferer vor Gott und pocht auf seine »eigene Gerechtigkeit«. Er benutzte die Tora wie eine *Leiter*, auf der er sich selbst zu Gott emporarbeiten wollte. Das wirkte imponierend. Aber es ging dem Pharisäer eben nicht um Gottes Ehre, sondern um die eigene. Er wollte sich vor Gott »rühmen« können, sich selbst aufbauen. Damit war das erste Gebot (Gott allein die Ehre!) verdrängt. Was wie Gottesdienst aussah, war ein neuer »Turmbau zu Babel« (vgl. 1Mo 11). Die Sünde des Saulus heißt → *»Hoch-mut«, »Eigenruhm«.*

c) »Modell Mönch Luther«: Er ist von Wachen, Fasten, Geißelhieben, unerbittlicher Selbsterforschung gezeichnet. Warum? Ihm erscheint Gottes Gesetz wie eine *vereiste Steilwand*. Er muß hinauf! Aber täglich stürzt er ab. Gott soll er über alles lieben. Doch er beginnt den Gott zu hassen, der so Unmögliches von ihm fordert. Luthers Sünde heißt *Verzweiflung, Gotteshaß.*

Der Zöllner, der Pharisäer, der Mönch – drei sehr unterschiedliche Gestalten. Eins ist ihnen gemeinsam: Sie wollen ihr Leben selbst in den Griff nehmen, aus sich selbst etwas machen: Offene Rebellion (Zachäus), Werkheiligkeit und Stolz (Saulus), Verzweiflung und Gotteshaß (Luther) sind drei unterschiedliche Variationen der Sünde. So sieht es aus, wenn der Mensch, der Selber-macher, der Selbst-schöpfer, dem heiligen Gesetz Gottes begegnet: Sünde entsteht, nichts als Sünde!

4. Satz: CHRISTUS – DES GESETZES ENDE (Röm 10,4)

Wie kann den drei »Selber-machern«, die

sich in Wirklichkeit selbst zerstören, wie kann uns allen geholfen werden? Es müßte einer kommen, der tut, was uns unmöglich ist – »Gott über alle Dinge fürchten, lieben, vertrauen«. Es müßte einer kommen, der uns alte Menschen in neue verwandelt, in solche, die Gott »recht« sind, zu ihm passen. Das Gesetz sagt: »Tue das, dann wirst du leben!« (Röm 10,5; Gal 3,12). An dieser Forderung sind alle gescheitert. Da kommt Jesus und sagt: »Ich tue es für dich!« – »Es ist vollbracht« (Joh 19,30), ruft er am → Kreuz. – Das Gesetz sagt: »Auf Sünde steht Tod!« Das bleibt gültig. Aber Jesus sagt: »Ich nehme deinen Tod auf mich«, mache dich los vom »Fluch des Gesetzes« (Gal 3,13). Nun ist das Gesetz als Heilsweg, als Unternehmen, von unten zu Gott emporzusteigen, ein für allemal zu Ende. Gott ist ja von oben nach unten gekommen. Wer es jetzt noch versuchen will »mit des Gesetzes Werken«, der behauptet: Der Tod Jesu ist überflüssig, sinnlos. Wer den gekreuzigten Jesus ansieht, der weiß: Wenn dies Sterben nötig war, dann konnte das Gesetz (und damit all unsere Anstrengung) uns nicht helfen. Aber nun ist uns geholfen.

5. Satz: CHRISTUS – DES GESETZES ERFÜLLUNG

Sind nun Gottes Gebote erledigt, Abfall, moralische Ladenhüter? War Gottes Tora ein großer »Reinfall«?

Jesus selbst hat das, worauf das Gesetz zielte, was es aber mit uns »unbrauchbarem Material« nie erreichen konnte, die → *Liebe* genannt, die ganze Liebe zu *Gott* (1. Gebot) und zum → *Nächsten* (Mt 22,36–39). Und Paulus sagt: Was dem Gesetz unmöglich war, das hat Gott selbst getan, er wirkt es – zeichenhaft und vorläufig zunächst – in den Christen durch seinen Heiligen Geist (Röm 8,2–4). So hat Jesus das Gesetz nicht aufgelöst, sondern erfüllt (Mt 5,17). Die Weisung wird nicht annulliert, sondern »aufgerichtet« (Röm 3,31), erst recht zu Stand und Wesen gebracht. Neue Menschen mit neuen Herzen fangen an, Gottes Willen mit Freuden zu tun. An diese erneuerten Menschen wenden sich die vielen *Ermahnungen* im NT (→ Ermahnen). Dabei ist eine bestimmte Reihenfolge, ein unumkehrbares Gefälle zu beobachten: Voran geht stets eine Feststellung (Indikativ): »Ihr *seid* (durch Gott!) neue Menschen!« Dann erst folgt eine Forderung, eine Ermutigung (Imperativ): »Nun lebt entsprechend. *Werdet* im Alltag eures Lebens, was ihr vor Gott schon seid« (Gal 5,25; Röm 6,11.12). Auf einer neuen Ebene, im »neuen Bund«, wiederholt Gott, was er im »alten Bund« sagte (vgl. 2Mo 20,1): Ich bin euer Retter und Herr, nun tut meinen Willen! Ich *biete* euch das Leben, darum *gebiete* ich euch: Bleibt darin! Zum Christenleben gehört das Gebet: »Dein Wille geschehe wie im Himmel, so auch auf Erden!« Jesus ist Ende und Ziel, ist das »End-ziel« der Weisung.

III. Der Begriff heute

1. ACHTUNG – GRATWANDERUNG!

Freiheit ist uns Christen geschenkt: Befreiung *von* Sünde und Schuld, Befreiung *zu* fröhlichem → Gottesdienst. Das »frei vom Bösen« heißt stets »frei zum Guten«. Dieses »freie« Christenleben ist wie eine Gratwanderung: herrliche Weite und gefährliche Tiefen gehören dazu. Wer oben wandert, kann nach unten abstürzen! Links gähnt der Abgrund des *»Libertinismus«:* Da werden die Worte »Freiheit«, »Gnade«, »Vergebung« mißbraucht als Alibi, als Freibrief für → Hochmut, Faulheit, → Unzucht. Alles wird teuflisch verdreht, auf den Kopf gestellt: »Ich bin frei von Gottes Geboten, also frei zum Sündigen. Jetzt darf ich's! Die Gnade ist mächtiger als alle Sünde (Röm 5,20). Das soll sie beweisen! Wir wollen schon dafür sorgen, daß sie nicht arbeitslos wird. Die Vergebung braucht Material – also drauflos gesündigt. Zu Gottes Ehre natürlich!« Mit solchen gotteslästerlichen Folgerungen – in Theorie und Praxis – hatte schon Paulus zu kämpfen (Röm 6,1).

Wer sich ängstlich vor diesem Absturz nach links schützen will, kommt in Gefahr, nach rechts abzurutschen in den Abgrund der *Gesetzlichkeit.* Gesetzlichkeit ist übelste Panscherei, ist Giftmischerei. Gottes → Evangelium – Gottes rundes, freies Ja zu uns – wird mit einem Schuß Gesetz versäuert. Ekelhaft! Und Gottes Gesetz – sein heiliges, unerbittliches Nein zur Sünde – wird mit einer Prise Evangelium überzuckert. Ebenso ungenießbar! Das sieht so aus: »Gewiß, Gott sagt ›ja‹ zu dir, aber du mußt auch das Deine dazu tun. Gott gibt 99 Prozent, von dir erwartet er ›nur‹ eines!« – Oder: »Gewiß, Gott sagt ›nein‹ zur Sünde, aber nimm's nicht so traurig; schließlich ist er doch der ›liebe Gott‹.« – Gottes Vergebung wird eingeschränkt (die Gnade *und* meine Bemühung); ich kann darüber nicht mehr froh werden. Gottes heiliger → Zorn wird verharmlost, ich brauche ihn nicht mehr ernst zu nehmen. Gottes Ja (Evangelium) und Gottes Nein (Gesetz) werden vermischt, ein Jein kommt heraus – und das ist vom Teufel. »Gesetzlichkeit« ist also das dämonische Gebräu aus Gesetz und Evangelium.

Ist bei der Absturzgefahr nach links und rechts der Gratweg der Freiheit zu gefährlich? Bin ich zu Angst und Unsicherheit verurteilt? Nein, ich soll wissen: Jesus Christus selbst hält mich fest. Und zu meinem Schutz hat er wie Leitplanken und Geländer seine guten Weisungen gegeben. Der Höhenweg ist gut markiert!

2. VORWÄRTS, NICHT SEITWÄRTS ORIENTIERT!

»Darf ein Christ rauchen, Kinos besuchen, Alkohol trinken . . .? Was ist erlaubt? Was ist verboten?« Die Frage »Was ist erlaubt?« paßt nicht zum Höhenweg der Christen. Sie ist unter Niveau! Wer so fragt, der orientiert sich *seitwärts.* Entweder ängstlich: »Ob ich das auch darf? Muß ich da nicht Augen und Ohren schließen?« Oder gierig und unzufrieden: »Was kann ich mir als Christ leisten? Dies und das werde ich doch wohl mitnehmen dürfen!« – Man stelle sich einen Wettläufer vor, der so denkt. Unmöglich! Ein Wettläufer ist stets *vorwärts* orientiert: Was macht mich fit? Wie komme ich zum Ziel?

Paulus hat den seitwärts orientierten Korinthern diesen Aus-blick eröffnet. »Was ist erlaubt?« lautete auch ihre Frage. Laut tönten die einen »Alles erlaubt!« (auch sexuelle Ausschweifungen). Ängstlich flüsterten die andern: »Fast alles verboten!« (Fleischgenuß, Ehe . . .) – Paulus aber fragt: »Was baut auf?« (vgl. 1Kor 10,23; 6,12). *Was dient der Sache?* Was bringt mich im Glauben weiter? Was macht mich fit für den → Dienst? Was hilft dem → Bruder vorwärts? Was fördert den missionarischen Einsatz? Was ist vorbildlich, modellhaft?

Da kann es zu einem fröhlichen Verzichten kommen, das ganz und gar nichts mit Angst, Enge und Gesetzlichkeit zu tun hat. Es gibt ein mutmachendes evangelisches → »Fasten« – etwa im Blick auf Alkohol (»Blaues Kreuz«), Nikotin, Filme. Als rauchender Jungscharleiter erzeuge ich – ob ich das will oder nicht – rauchende Jungscharkinder; ist das meine Absicht?

Evangelisches »Fasten« ist Verzichten *aus* → Freiheit um der Sache willen! In unserer Gegenwart werden viele Menschen krank, neurotisch, depressiv bis zum Selbstmord, weil sie keine Orientierung kennen. Christen sind glücklich dran, daß sie das Ziel kennen, den Weg dorthin wissen und für unterwegs von ihrem Herrn heilsame, lebensfördernde, gesundmachende Weisung erhalten (vgl. 5Mo 4,8). So kann Christenleben für andere »attraktiv« sein!

S. Kettling

Geduld

I. Wortbedeutung

Das griech. Wort für »geduldig sein« bedeutet eigentlich »darunter bleiben«, »aushalten«. *Für den Griechen* ist die Geduld eine der wichtigsten männlichen Tugenden. Hier übt der Tapfere seine Willenskraft, hier hat er die Möglichkeit, seine seelischen Kräfte zu schulen. Geduld ist eine Leistung, die man im Kampf gegen alles Widerwärtige einübt und die man steigern kann.

Geduld ist also nicht ein passives Ertragen und Erleiden, sondern tätiger, angespannter Widerstand. Dabei soll der, der diese Geduld übt, nicht nach Befreiung Ausschau halten. Er darf sie nicht einmal auf Hoffnung hin üben. Dies würde seine Leistung herabsetzen. Geduldig-Sein trägt seinen Wert und seinen Sinn in sich selber. Einen so aktiven Grundsinn hat das Wort auch im Deutschen. In »dulden« steckt nämlich die indogerm. Wurzel *tel,* die »aufheben«, »wägen«, »tragen« bedeutet.

»Geduldig sein« meint *in der Bibel* ebenfalls »darunter bleiben«, »dabei bleiben«, »verharren«. Wieder ist ein aktives Tun bezeichnet und nicht ein bloßes Erleiden. Doch bekommt der Begriff nun einen ganz neuen Inhalt, ein neues Ziel, auf das er sich ausrichtet.

II. Der Begriff in der Bibel

1. *Geduld heißt auf Gott warten, bei ihm verharren.* Im *AT* ist es vor allem das Volk, das auf die → Verheißungen seines Gottes immer neu in Geduld wartet und hofft (Jer 14,22). Aber auch der einzelne Fromme hält sich in seiner Anfechtung an seinem Gott fest und bleibt bei ihm (Ps 73,23). So bedeutet »Geduld« fast dasselbe wie → »Hoffnung«. Von ihr wird sie getragen, von daher bekommt sie ihren Sinn.

Im *NT* ist es → Jesus Christus, bei dem die Gemeinde bleibt. Sie wird immer wieder ermahnt, in Geduld auf seine Wiederkunft zu warten (Jak 5,7–8). Das Buch der Offenbarung ist im Grunde nichts anderes als der Aufruf an die Gemeinde, so wird auch die Geduld, die → Treue zu Jesus Christus, ihren Lohn empfangen (Offb 2,10). »Geduld« steht hier mit »Liebe« und »Treue« in engster Verbindung.

2. »Geduld« ist aber auch immer *ausgerichtet auf die → Welt* und ihre Nöte und Schwierigkeiten. Aber diese sind nun nicht einfach Schicksal und Verhängnis, vielmehr haben auch sie ihren Bezug auf Gott. Sie sind:

a) → *Strafe und Gericht Gottes.* Dann bewährt sich die Geduld darin, daß man sich unter die Strafe beugt und darunter bleibt, bis Gott sie von einem nimmt (vgl. Kla 3,28–34). Damit bekennt man vor Gott und Menschen seine Schuld.

b) *Eine Prüfung.* Hier wird dem Geduldigen das Ausharren zur Reifung, und er wird gerade im → Leiden seinem Herrn näher kommen. Diesen Weg geht Abraham mit Isaak (1Mo 22). Um geduldiges Ausharren ringt Hiob, vom → Satan versucht, und davon spricht auch Paulus Röm 5,3–4 (→ Anfechtung/Versuchung).

c) *Verfolgung,* die sich der Gläubige in der heidnischen Umwelt zuzieht als Folge seines Bekenntnisses zu Gott und zu Jesus Christus. Dann bewährt er im geduldigen Ertragen der Qualen seinen → Glauben, unter Umständen bis in den → Tod. Dann kann seine Geduld sogar zum Zeugnis werden, das die frohe Botschaft weiter verbreitet (2Kor 6,4–10). → Bedrängnis/Verfolgung.

3. Die Geduld ist in der Bibel nie – also anders als im Griechentum (s. I.) – eine Leistung des Menschen. Sie gehört zu den *Gaben,* die Gott seiner Gemeinde schenkt. In Gal 5,22 nennt sie Paulus unter der *Frucht des Heiligen → Geistes.*

4. *Gott hat Geduld* mit den Menschen (Ps 103,8). Er gibt seinem Volk immer wieder Raum zu → Buße und Umkehr. Und so erlebt → Israel ihn als den, der ihm die Treue hält. Der es wagt, immer wieder neu mit ihm anzufangen. Als den, der seine Versprechen und seine Verheißung erfüllt (2Mo 34,6). Aus dieser Erfahrung des Gläubigen heraus wächst sein Vertrauen und die Kraft, in Geduld zu warten, bis ihm die Liebe seines Gottes wieder erkennbar wird im → Segen, den er erfährt (Hebr 10,36).

5. So kann des Menschen Geduld im Glauben letztlich immer nur *seine dankbare Antwort* sein dem Gott gegenüber, der in Geduld *ihn* trägt, in dessen Hände er sich getrost fallen lassen darf, der für ihn in Jesus Christus alle Not des Lebens bereits überwunden hat (Hebr 12,1–2; 2Thes 3,5).

III. Der Begriff heute

»So seid nun geduldig, liebe Brüder, bis auf den Tag, da der Herr kommt. Siehe, ein Akkermann wartet auf die köstliche Frucht der Erde und ist geduldig darüber, bis sie empfange den Frühregen und Spätregen.« Dieser Aufruf des Jakobus (5,7–8) gilt auch uns heute in seiner ganzen Dringlichkeit. Auch heute tragen Christen die Lasten von Verfolgung und anderer Not und harren geduldig aus im Vertrauen auf den Herrn, an dessen Liebe sie festhalten und von dem sie ihre → Erlösung erwarten: hier in der Zeit oder durchs Sterben hindurch ins ewige → Leben.

1. Das Gefühl der Lähmung – als Ausweg die Flucht?

Eine Welle der Mutlosigkeit hat uns erfaßt, trotz allen Wohlstandes. Es sind vor allem junge Menschen, die in Verzweiflung zu versinken drohen angesichts all der Probleme, die auf uns zukommen und von denen sie das Gefühl haben, wir könnten sie nicht mehr bewältigen. Viele sehen im Selbstmord den einzigen Ausweg aus dieser Bedrängnis. Umweltverschmutzung, Aufrüstung, Überbevölkerung und Hunger; eine Wissenschaft und Technik, der wir immer stärker ausgeliefert sind! Wie soll man dagegen ankommen und die Bedrohungen abwenden? Ohne die Geduld, von der die Bibel spricht, bleibt dem Menschen angesichts dieser dunklen Mächte tatsächlich nichts anderes übrig als die Flucht. Flucht in die Traum- und Scheinwelt von Drogen und Alkohol; in die »Geduld« östlicher Religionen, die aber mit dem, was die Bibel darunter versteht, nicht mehr viel zu tun hat. Es handelt sich dort ja vorwiegend um einen Rückzug von der → Welt in die Passivität. Ohne den Willen zur Geduld befällt den Menschen eine Lähmung. Er wagt es nicht mehr, feste Verantwortungen zu übernehmen. Er verliert sozusagen seine eigene Zukunft: wenn er sich nicht mehr getraut, eine feste → Ehe einzugehen; wenn er es nicht mehr wagt, eine Familie zu gründen und die Erziehung seiner Kinder zu übernehmen.

2. Bewährungsfelder: Kranke und Alte

Geduld ist aber auch vonnöten im Umgang mit den Alten, Kranken und Gebrechlichen. Und wir alle erfahren es täglich, daß es uns gerade an dieser Geduld fehlt, die sich äußert in der Zuwendung zum → Nächsten, die ihm Zeit und Verstehen schenkt. Deshalb versuchen wir, diejenigen, die doch angewiesen sind auf das geduldige Mittragen ihrer Nächsten, abzuschieben an Orte, wo man scheinbar mehr Zeit und Verständnis, mehr Geduld aufbringt, als dies uns möglich ist, die wir alle so geforderte und gehetzte Menschen sind. Ohne solch geduldiges füreinander Dasein greifen → Angst und Hoffnungslosigkeit immer stärker um sich.

3. Ist Geduld lernbar?

Wir müssen es wieder neu lernen: das große Vertrauen zu dem, der auch heute noch Geduld hat mit uns allen, mit dieser ganzen armen Welt. Weil er sie so sehr liebt, daß er ihr seinen Sohn geschenkt hat (Joh 3,16). In kleinen Schritten ist diese Geduld lernbar. Sie wird dort für einen Menschen wieder zur tragenden Kraft seines Lebens, wo er sich dem zuwendet und sich dem ganz anvertraut, der alles gut gemacht hat und vollenden wird, was er angefangen. Solches Vertrauen wirkt ansteckend. Es wird zum → Licht in der Dunkelheit, und es ermutigt auch andere, geduldig auszuharren in den Nöten der Welt und in den

→ Anfechtungen des eigenen Lebens, bis ins Leiden und Sterben hinein.

4. Die Frucht der Geduld
Solches Ausharren im Vertrauen auf Gott, *im Glauben* an ihn, *in der Liebe* zu Jesus Christus und zum Nächsten und im Hoffen darauf, daß Gott alles herrlich vollenden wird für uns und diese ganze Welt, das vermag auch heute noch eine Welt der Angst zu verwandeln in einen Lebensraum, wo man aufatmen und sich wieder freuen kann. Denn hier wird es sich erweisen, daß die Geduld des Glaubens es wagt, etwas Tapferes zu tun. Wer so geduldig ist, der ergibt sich nicht wehrlos dem Unheil. Er tritt ihm mutig entgegen und setzt sich ein für Gottes → Reich und Sache.

M. Heuberger-Gloor

Geheimnis/Ratschluß

I. Wortbedeutung

Das griech. Wort für »Geheimnis« *(mysterion)* entspricht dem, was auch wir in der Umgangssprache unter einem Geheimnis verstehen: das Verborgene, etwas, worüber nicht gesprochen werden soll, etwas, was nicht jeder wissen kann oder soll. Das Wort *mysterion* war besonders mit dem religiösen Bereich verbunden: es gab eine große Zahl von Geheimkulten und Geheimlehren, zu denen nur ein beschränkter Kreis von Eingeweihten Zutritt hatte.

Aber im bibl. Sprachgebrauch wird der Bedeutungsgehalt erweitert. Das hängt mit dem atl. hebr. Wort für »Geheimnis« *(sot)* zusammen. Dieses hebr. Wort hat sehr verschiedene Bedeutungen. So bezeichnet es eine vertrauliche Zusammenkunft, Besprechung, Beratung; dann auch das Ergebnis einer solchen Beratung: einen Plan, einen Ratschluß. Deshalb wird *sot* auch oft in neueren Bibelausgaben mit »Plan« oder »Ratschluß« übersetzt statt mit »Geheimnis«.

II. Der Begriff in der Bibel

1. In den *Sprüchen* kommt die ursprüngliche Bedeutung des Begriffes »Geheimnis« besonders deutlich zum Ausdruck. Eine Gruppe von Menschen faßt einen Beschluß oder Plan, der Feinden nicht bekannt gemacht werden darf. »Ein Verleumder verrät, was er heimlich weiß, aber wer getreuen Herzens ist, verbirgt es« (Spr 11,13). Deshalb wird vor dem gewarnt, der keinen Plan für sich behalten kann (Spr 20,18f).

2. Auch → Gott hält seinen Ratschluß und macht seine Pläne. Er teilt sie den Menschen mit, ja, er sucht geradezu die → Gemeinschaft mit Menschen, denen er sich wie ein Freund zuwendet. »Der Herr ist denen Freund *(sot)*, die ihn fürchten, und seinen → Bund läßt er sie wissen« (Ps 25,14; vgl. auch Hi 29,4; Spr 3,32 in neueren Bibelübersetzungen). Dem Willen, den Gott bekannt gegeben hat, soll dann auch von denen, die ihn kennen, entsprochen werden (5Mo 29,28; Mt 7,21).

3. Im Buch *Daniel* kommt die Frage nach der Zukunft in den Blick: Das Geschehen bis zum Ende der Geschichte ist verborgen. Gott offenbart seine Geheimnisse in Traumgesichten, die nur ein mit seinem → Geist Begabter richtig deuten kann. Eigentlich kann allein Gott selbst seine Geheimnisse offenbaren (Dan 2,27). Das Geheimnis ist Gottes Ratschluß über einzelne Menschen wie über die Geschichte der Völker.

4. In den *Evangelien* findet sich der Begriff »Geheimnis« nur an ganz wenigen Stellen (z.B. Mt 13,11). In einer Gleichnisrede sagt Jesus zu seinen → Jüngern: »Euch ist das Geheimnis des Reiches Gottes gegeben« (Mk 4,11). Während in den Parallelstellen die Betonung stärker auf dem Geschehen der Erfüllung der atl. → Verheißungen liegt (vgl. Lk 8,10), stehen bei Markus die Jünger selbst vor dem Geheimnis Gottes. Dieses Geheimnis ist der Weg Jesu, der Weg ins Leiden, der Weg ans → Kreuz. Jesus selbst ist das Geheimnis Gottes; in Jesus enthüllt sich der Ratschluß Gottes. Der Messias, der Gesalbte Gottes, kommt *so* und nicht anders (→ Jesus Christus).

5. *Paulus* nimmt nun genau diesen Aspekt auf, wenn er vom Geheimnis Gottes redet, das er zu verkündigen hat (1Kor 1,17–30): es ist das Geheimnis des Kreuzes. Hier zeigt sich eine andere → Weisheit als die Weisheit der → Welt. Es ist Gottes Weg gewesen, *so* zu handeln, und Paulus bezeugt ihn. Darum will er selber angesehen werden »als Diener Christi und Haushalter über Geheimnisse Gottes« (1Kor 4,1). Im Markus-Evangelium erkennt der Hauptmann unter dem Kreuz das Geheimnis: »Dieser Mensch ist wahrhaftig Gottes Sohn gewesen!« (Mk 15,39 → Sohn Gottes).

Dieses Geheimnis soll nun gerade nicht geheim, verborgen gehalten werden. Es ist zu verkündigen (1Tim 2,4). Gottes Plan und Ratschluß, der von Anbeginn der Welt verborgen gewesen ist, ist nun bekannt. Das Geheimnis Gottes heißt: Jesus Christus! »In ihm liegen alle Schätze der Weisheit und Erkenntnis verborgen« (1Kol 2,3, vgl. Eph 3 und Kol 2). Die Erkenntnis des Geheimnisses Gottes geschieht durch den Heiligen Geist (Eph 3,5).

Das Wissen um die Geheimnisse Gottes kann sich aber auch verselbständigen, aufblähen und hochmütig machen. Deshalb muß es von der → Liebe getragen sein (1Kor 13,2), sonst nützt alles Wissen nichts.

7. In der Endzeit werden die Geheimnisse Gottes, die er seinen → Propheten und Jüngern verkündigt hat, endgültig vollendet. Dies geschieht zuerst an der → Gemeinde: Offb 1,20 und 10,7.

In den Lauf der Geschehnisse gehört auch das Schicksal → Israels (Röm 11,25). Der Weg Israels liegt verborgen in Gott. Paulus warnt, zu schnell nach dem zu richten, was vor Augen ist. Gott wird auch seinen Ratschluß mit Israel zum Ziel führen. Und dann wird auch dieses Geheimnis Gottes offenbar werden.

III. Der Begriff heute

Wer mit Geheimnissen operiert, macht sich schnell verdächtig oder wirkt hochmütig. Es ist deshalb wichtig, sich die *eigenartige Spannung* deutlich zu machen, in der der Begriff in der Bibel gebraucht wird.

1. Geheim – und doch offenbar! Die Botschaft des Evangeliums ist keine Geheimbotschaft. Im Wesen des Evangeliums liegt es begründet, daß es nach außen dringt zu denen, die es nicht kennen. Überall soll es ausgerufen werden, allen Menschen bekanntgemacht werden (vgl. 1Tim 2,4). Und trotzdem kann auch im hergebrachten Sinne von »Geheimnis« gesprochen werden. Denn dieser Plan Gottes, diese Rettungstat liegt nicht auf der Hand. Das Zentrum des Geheimnisses Gottes ist ja ein Gekreuzigter. Das Geheimnis des Kreuzes entzieht sich unserem Zugriff. Deshalb ist es nötig, deutlich die Warnung vor einem allzu selbstverständlichen Umgang mit dem Kreuz und → Blut Christi auszusprechen. Oberflächlichkeit wird dem Geschehen am Kreuz nicht gerecht. Es ist und bleibt ein → Ärgernis, eine Zumutung. Das Kreuz zeigt die Tiefe auch meiner Schuld und Verlorenheit auf. Dieses Wissen bewahrt mich davor, daraus eine Formel oder eine Phrase zu machen. Es läßt sich nicht einleuchtend erklären und bleibt in seiner Tiefe unseren Worten und unserer Erkenntnis überlegen.

2. Das bedeutet aber nicht, daß der Glaube sich nun an Unerklärbares hält, wie es sich in dem Schlagwort ausdrückt: »Das muß man halt glauben!« Denn auch das muß betont werden: Das Geheimnis Gottes ist *offenbar* geworden. Es soll verkündigt werden. Gottes Heilsratschluß ist öffentlich, so öffentlich und wirklich, wie das Kreuz vor der Stadt → Jerusalem auf der Hinrichtungsstelle steht. Nun soll eingeladen werden zu sehen, wie Gott ist: am Kreuz. Also keine Geheimniskrämerei! Denn das unterscheidet den Glauben an Jesus Christus von jeder Geheimlehre und von jedem Geheimkult. So wie das Kreuz »öffentlich« ist, so will auch der Heilsplan Gottes, das → Evangelium, bekannt gemacht werden. Das Geheimnis Gottes darf nicht zur Ausrede werden, das Zeugnis von Jesus Christus zu verschweigen oder es unklar zu lassen.

3. Wie aber sieht die Zukunft aus? Wir halten uns an 5Mo 29,28: »Was verborgen ist, ist des Herrn; was aber offenbar ist, das gilt uns und unseren Kindern ewiglich, daß wir tun sollen alle Worte dieses Gesetzes.« Viele möchten das Geheimnis der Zukunft erfahren oder zumindest einmal einen Zipfel lüften. Hier steht ein deutliches Warnschild: Zugriff verboten! Selbst der Sohn Gottes wußte weder Zeit noch Stunde! Also Gedanken weg von allen endzeitlichen Spekulationen. Manche Christen sind durch andauerndes Achten auf mögliche oder angebliche Zeichen der Zeit wie hypnotisiert und gelähmt. Dabei wird doch von den Haushaltern der Geheimnisse Gottes nichts anderes verlangt als Treue (1Kor 4,1f). Uns ist das Geheimnis der Zukunft verborgen.

4. Eine weitere Grenze ist uns im Geheimnis um → Tod und ewiges → Leben gegeben. Die Bibel erklärt deutlich alle Formen und Wege, diese Grenzen zu durchbrechen, für → Sünde. So den Spiritismus und alle Versuche, auf unsere Zukunft über okkulte Mächte Einfluß zu nehmen. Uns ist das Geheimnis der Zukunft verborgen. Die Bibel spricht darüber absichtlich meist in Bildern und Andeutungen.

Der Christ lebt aber in der Geborgenheit Gottes.

→ Ratschluß/Plan/Vorsehung

H.-G. Filker

Gehorsam/Gehorchen

I. Wortbedeutung

Das AT kennt zwei Wörter für »gehorchen«, die beide auch »hören« bzw. »scharf, aufmerksam zuhören« bedeuten. Eines ist sogar verwandt mit dem Wort »Ohr«. Genauso verhält es sich bei dem griech. Wort *hypakoä*, das man wörtlich übersetzen könnte als »von unten hören«. Im deutschen Wort »gehorchen« steckt »horchen«, also eine intensive Form von hören. Im Gehorchen einem Auftrag oder einer Weisung gegenüber findet das »Horchen« seine Erfüllung.

II. Der Begriff in der Bibel

Der Begriff »gehorchen« kommt in der Bibel sehr häufig vor, das Wort »Gehorsam« seltener. Auffallend ist, daß die Begriffe im AT wie im NT geradezu anstelle des Wortes

»Glauben, → Glaube« gesetzt werden können. Daran wird deutlich, daß der christliche Glaube keine unverbindliche Einstellung, sondern ein gehorsames Reagieren auf das → Wort Gottes ist.

A. IM ALTEN TESTAMENT

1. Da → Gott zu seinem Volk oder auch zu einzelnen Menschen redet, seine → Offenbarung durch sein direktes → Wort oder durch das Wort von Boten (→ Propheten) geschieht, muß der Mensch hören. Dieses Hören soll zum Gehorsam führen. Was im Gehorsam gegen Gottes Wort geschieht, ist gut. So wird z.B. Saul an seinem Ungehorsam gemessen (1Sam 15,22). Und so erbittet Salomo von Gott ein gehorsames → Herz als entscheidendes Geschenk (1Kön 3,9).

2. Schon am Anfang der Menschheitsgeschichte wird der Weg der ganzen Menschheit entscheidend bestimmt dadurch, daß der → Mensch nicht Gott gehorcht, sondern anderen Geschöpfen (1Mo 3,17). Der → Segen Gottes über sein Volk → Israel hängt davon ab, ob Israel Gottes → Weisungen gehorcht (2Mo 15,26; 5Mo 11,27 u.a.). Gehorsam gegen Gott ist die alles entscheidende Bedingung für die Zukunft Israels (5Mo 28,14.45.62; Jes 1,19). Und Gottes → Gericht über Israel wird begründet mit dem Ungehorsam des Volkes (Jer 3,13; 11,3; Ps 81,12; 106,25).

Da Gott durch Boten redet, ist das Volk den Boten Gottes Gehorsam schuldig (Jos 1,17). Andererseits wird Israel gewarnt, falschen Propheten zu gehorchen (Jer 23,16; 27,9.14.16). Ziel aller Geschichte dieser Welt ist auch schon im AT der Gehorsam aller Mächte gegen Gott (Dan 7,27).

3. Einen anderen Gebrauch des Wortes »gehorchen« finden wir im Buch der Spr. Hier fordert die → Weisheit zum Gehorsam (Spr 1,33; 8,34), und hier wird den Kindern geraten, den Eltern zu gehorchen (Spr 1,8; 23,22; 30,17).

B. IM NEUEN TESTAMENT

1. Auch im NT wird der Begriff mit dem → Glauben verbunden. Paulus kann vom »Gehorsam des Glaubens« reden. Der Glaube, das Annehmen der Christusbotschaft, ist also ein Gehorsamsakt, ein willentliches Anerkennen des Anspruchs Gottes. Ablehnung dieses Anspruchs ist dementsprechend Ungehorsam (vgl. Röm 2,8; Gal 5,7 u.a.). So erscheint in Röm 11,30.31.32; 15,31 der Ausdruck »die Ungehorsamen« geradezu wie eine feste Bezeichnung für die Nichtchristen (vgl. auch Joh 3,36, Gegensatz von Glauben – nicht gehorchen). Das Wort »gehorchen« macht also deutlich, daß es beim Glauben um eine verantwortliche Entscheidung geht. Der Mensch muß zwischen Annahme und Ablehnung des → Evangeliums wählen.

2. Die betonte Verwendung der Worte »Gehorsam/gehorchen« ist beim → Apostel Paulus veranlaßt durch sein Verständnis vom Menschen. Der → Mensch ist immer ein → Knecht, entweder der → Sünde oder der → Gerechtigkeit (Röm 6,16). Der Mensch ist nie ein in sich selbst freier Mensch. Den Menschen, deren → Herr → Christus geworden ist, wird gesagt: Bleibt im Gehorsam, und gebt eure Glieder Gott zu Werkzeugen der Gerechtigkeit (Röm 6,13; 2Kor 10,5). Diese Herrschaft ist eine befreiende Herrschaft, befreiend von der Macht der Sünde. Sie führt nicht zu neuer Gesetzlichkeit und Kleinlichkeit, sondern in ein Vertrauensverhältnis zu Gott, das zu Taten führt, die diesem Verhältnis angemessen sind (vgl. Röm 6,17ff).

Wie das AT, so betont auch das NT die Autorität der Boten und fordert Gehorsam gegenüber ihrem Wort (2Thes 3,14; Hebr 13,17 u.a.).

3. Im Blick auf Jesus Christus selber wird nicht nur betont, daß ihm unreine Geister (Mk 1,27) und Wind und Wellen gehorsam sind. Es wird auch deutlich davon geredet, daß Jesus selbst gehorsam gewesen ist. Die Urchristenheit hat den im Gang ans → Kreuz erwiesenen Gehorsam Jesu besonders hervorgehoben. Es wird sowohl in den Passionsberichten deutlich (Mk 14,33–36; Mt 26,37–39; Lk 22,41.42) als auch in den Briefen des Apostels Paulus (Phil 2,8; Röm 5,19; vgl. Hebr 5,8; 1Petr 1,3). Diese Aussagen weisen auf das volle Menschsein Jesu hin. Sie machen deutlich, wie wichtig für die Urchristenheit der Gedanke des äußersten Gehorsams Jesu, des menschgewordenen Sohnes, war.

III. Der Begriff heute

1. GLAUBENSGEHORSAM

Gehorsam gilt heute vielfach als eine überholte Sache. Man denkt sehr schnell an »Kadavergehorsam«, Einengung der persönlichen → Freiheit und Brechen des eigenen Willens. Dagegen fordert man die Möglichkeit der Selbstverwirklichung. Dadurch, daß gerade im AT der Übergang zwischen Hören und Gehorchen fließend ist (es ist ja ein und dasselbe Wort im Hebräischen), und dadurch, daß besonders im NT Gehorsam geradezu an die Stelle des Wortes »Glauben« treten kann, sind wichtige Hinweise gegeben dafür, was die Bibel unter Glauben und Gehorsam versteht und wie Christen heute den Glauben zu verstehen haben.

Glauben fängt immer mit Hören an, sei es nun Hören auf das Wort der Bibel in der persönlichen Bibellese, sei es Hören auf das Wort der Predigt oder in einer Bibelarbeit. Ein Christ wird sich hier immer wieder selbstkritisch fragen: Wieweit bin ich eigentlich bereit zu hören? Was lasse ich mir sagen in diesem → Gottesdienst, in dieser Bibelstunde? Sicher kann das nicht unkritisch geschehen. Von »blindem Gehorsam« redet die Bibel nicht. So wird ein Christ immer wieder alle Verkündigung prüfen müssen am Wort der Bibel selber. Aber entscheidend ist, daß er sich nach allem Hören auf das Wort fragen muß: Was willst du, Herr, das ich tun soll? Denn Glauben ist keine mystische Schau und auch kein Einswerden mit der Gottheit (wie das einige östliche Religionen vertreten), sondern Hören auf das Wort, das Gott offenbart hat, und Tun dessen, was er von uns getan haben will. Dazu verhelfen uns die → Gebote Gottes und die Ermahnungen der Apostel.

2. Gehorsam gegenüber Autoritäten

Vielen erscheint es als Zumutung, daß die Bibel nicht nur Gehorsam der Kinder gegen die Eltern, der Gemeinden gegen die → Apostel und Lehrer fordert, sondern auch noch den Gehorsam des Sklaven gegen seinen Herrn und des Christen gegen die Obrigkeit. Das scheint einer »Erziehung zum Ungehorsam« und einer Erziehung zur Kritikfähigkeit entgegenzustehen und Mittel zur Unterdrükkung zu sein.

Ganz sicher ist es nicht im Sinne des NT, einfach andern zu gehorchen, weil sie Autorität »von Amts wegen« sind. Das wäre in der Tat »blinder Gehorsam«. Den will das NT nicht. Vielmehr geht es bei allem Gehorsam gegen Autoritäten darum, daß diese Autoritäten sich so ausweisen, daß sie in der Sache mehr und besser Bescheid wissen und daß sie mit ihren Weisungen Gutes im Sinn haben. So kann Gehorsam immer nur im Zusammenhang mit Vertrauen zu den Autoritäten geboten sein.

Eltern können nur Gehorsam beanspruchen, wenn sie wirklich aus der besseren Lebenserfahrung und aus der Liebe zu den Kindern Weisungen geben (Eph 6,4). Und Lehrer haben in der Gemeinde nur insofern eine Autorität und dürfen Gehorsam erwarten, als sie im Glauben und in der → Nachfolge Jesu Christi bewährte Menschen sind.

Problematisch wird sicher der Gehorsam des Sklaven dem Herrn gegenüber (→ Freiheit/Frei). Heute würde dem das Verhältnis von Arbeitnehmer zu Arbeitgeber entsprechen. Hat der Arbeitnehmer keine Rechte gegenüber dem Arbeitgeber? Hat der Arbeitgeber darum das Recht, Gehorsam zu verlangen, weil er die »Produktionsmittel« in Händen hält (→ Knecht/Sklave/Knechtschaft)? Und Gehorsam gegenüber dem Staat? Wenn etwa der Staat Unrecht tut oder von seinen Bürgern Unrecht fordert, wie das während des Hitlerreiches geschah? Oder wenn etwa in den Ostblockstaaten die Gemeinde vom Staat mit allen Mitteln behindert wird? Ist nicht gerade das NT oft mißbraucht worden, um Menschen zu unterdrücken?

Aller Gehorsam gegen Menschen kann nur sinnvoll sein, wenn die Weisungen übereinstimmen mit den Weisungen Gottes. Und aller geforderte Gehorsam muß sich prüfen lassen, ob hier den Menschen mehr gehorcht werden soll als Gott. Ein Beispiel dafür haben eine Reihe von Widerstandskämpfern gegen Hitler gegeben, die als Christen schließlich der Obrigkeit den Gehorsam verweigerten und für ihre Beseitigung kämpften. Auch heute gilt als Grenze gegen allen »blinden Gehorsam« der Satz der Apostel: »Man muß Gott mehr gehorchen als den Menschen« (Apg 5,29).

3. Gehorsam ist nicht Gesetzlichkeit

Es ist wichtig, daß sich über den Begriff des Gehorsams keine Gesetzlichkeit und kein knechtischer Geist in das Verhältnis zu Gott einschleicht. Gott will keine Sklaven, sondern »Söhne«, er will solche, die sich gerne in der Nähe des liebenden Gottes aufhalten (vgl. Gal 4,1–6). Im AT hörten sie auf den und gehorchten dem, der das Volk erwählte und liebte und in seiner Rettungsaktion diese Liebe unter Beweis stellte (5Mo 7,7.8). Im NT gilt das Hören und der Gehorsam dem, der sich um unseretwillen erniedrigte und am → Kreuz seine Liebe unter Beweis stellte (Phil 2,5ff). Unser Gehorsam ist rechter Gehorsam, wenn er Echo und Widerschein dieser Liebe ist. Diese Gehorsamshaltung macht uns nicht unmündig, sondern setzt unsere Sinne und unseren Verstand in Aktion, »damit wir zu prüfen vermögen, was der Wille Gottes sei« (Röm 12,2).

→ Gebot/Weisung/Gesetz

H. Währisch

Geist Gottes

I. Wortbedeutung

Über den Geist Gottes, den »Heiligen Geist«, wie ihn das Apostolische Glaubensbekenntnis nennt, sich zu verständigen, ist nicht leicht. Denn das Wort »Geist« hat in unserer deutschen Sprache eine große Bedeutungsbreite. Wenn in einem alten Schloß ein »Geist« umgeht, so ist damit ein Gespenst gemeint. Ist von einem »geistreichen« Gesprächspartner die Rede, so wird sein klarer, einfallsreicher Verstand gerühmt. Sprechen wir vom »Geist« einer Epoche, so verstehen wir darunter eine das Denken und Handeln von Generationen bestimmende Macht. Sprechen wir vom »Kampfgeist«, der eine Mannschaft beseelt, denken wir an die Schwungkraft der Begeisterung, zu der sie fähig ist.

Die griech. Sprache hat den Vorzug, daß sie hier zwei völlig verschiedene Worte einsetzen kann: *nous* und *pneuma*. Zu *nous* gehören die theoretischen Fähigkeiten wie → Vernunft, Verstand, Intellekt. *pneuma* dagegen meint das dynamische Prinzip des Lebens; es charakterisiert den Menschen als ein Zentrum von Vitalität und Aktivität. Das Sinnbild des *nous* ist die unwandelbare Klarheit des Lichts, in dem die Dinge dem Beobachter stillhalten. Das Sinnbild des *pneuma* ist das Wehen des Windes, der den Betroffenen hineinreißt in seine Bewegung.

Dies wird vor allem deutlich in dem *hebr.* Wort für Geist, das das AT verwendet: *ruach*. Es bezeichnet die bewegte Luft, und zwar sowohl den Wind als auch den menschlichen Atem. Beides wurde nicht nur in → Israel, sondern im Alten Orient überhaupt als etwas Wunderbares empfunden. Unsichtbar und doch spürbar weht der Wind über die Erde. »Er weht, wo er will, und du hörst sein Sausen wohl, aber du weißt nicht, woher er kommt und wohin er geht« (Joh 3,8).

II. Der Begriff in der Bibel

A. IM ALTEN TESTAMENT

1. Der Geist Gottes ist eine Gabe an alle Menschen

Schon bei der → Schöpfung schwebte der *ruach* Gottes über den Wassern (1Mo 1,2). Gott selbst hat *ruach*. Er bezeugt sich eben dadurch als ein lebendiger Gott. Dieser Odem Gottes hat lebenzeugende Kraft: »Du sendest aus deinen Odem, so werden sie geschaffen« – das gilt von *all* seinen Geschöpfen zu Wasser, zu Lande und in den Lüften (Ps 104,30).

Geradezu drastisch wird dies im Schöpfungsbericht 1Mo 2,4bff geschildert: »Gott bildete den Menschen aus Erde vom Ackerboden und hauchte ihm Lebensodem in die Nase. So wurde der Mensch ein lebendiges Wesen«. Wir sollen wissen, daß die Lebendigkeit des Geschöpfs, zumal des Menschen, eine unverfügbare, wunderbare Leihgabe Gottes ist. Er selbst ist die »Quelle des Lebens« (Ps 36,4). Sein »Geist« ist der belebende Atem, durch den er alles, was lebt und webt am Leben erhält (→ Schöpfung/Schöpfer; → Mensch).

2. Der Geist Gottes als besondere Gabe an bestimmte Menschen

Diese Gabe des Geistes, durch den Gott dem Geschöpf an seiner Lebendigkeit Anteil gibt, kann freilich schon im AT im besonderen Maß bestimmten Menschen zuteil werden, die Gott als Werkzeuge seines allerwundermächtigen Willens benützt. Durch den Geist bekommt Joseph die Fähigkeit, die Träume Pharaos zu deuten (1Mo 41,38). Der Geist des Herrn erfüllt und befähigt jene »Volkshelden«, von denen das Buch der Richter erzählt (3,10; 6,34; 11,29; 13,25). Aus dem Geist Gottes kommt der Antrieb zur prophetischen Ekstase (1Sam 10,6ff). Allerdings ist bei den → Propheten, die vor dem babylonischen Exil auftraten (→ Babylon), vom Geist des Herrn nur vereinzelt die Rede (Jes 11,11; 31,3; 32,15). Erst am Ende des Exils wird eine Neuschöpfung des Gottesvolks durch den Geist Gottes erhofft und angekündigt. Nicht nur, daß Gott seinen »Knecht« mit seinem Geist ausrüstet (→ Knecht Gottes); dem ganzen Gottesvolk wird eine Neuschöpfung durch den Geist Gottes in Aussicht gestellt (Hes 36,27; Sach 12,10; Joe 3,1ff; Jes 61,2).

B. IM NEUEN TESTAMENT

1. Der Geist Gottes als Gründer und Erhalter der Kirche

Von der Erfüllung dieser → Verheißung berichtet der Evangelist Lukas in seinem Buch über das Werden und Wachsen der jungen → Kirche Jesu Christi, der Apostelgeschichte (2,1ff). Es ist Pfingsten geworden! Der Geist ist ausgegossen! Er kann erbeten, er darf empfangen werden. Durch den Empfang des Geistes werden die Jünger zum Zeugendienst für Jesus Christus unter Juden und Heiden ausgerüstet. Unter dem Wehen und Wirken des Geistes entsteht das Wunder der Kirche Jesu Christi aus allen Völkern, Sprachen und Zungen.

2. Das Wirken des Geistes in der Gemeinde Christi

In den Briefen des Paulus ist der Geist die Heilsgabe der Endzeit, ein Angeld der → Erlösung, das Unterpfand der → Hoffnung. Der Geist ist es, der den → Glauben erweckt und zur → Liebe befähigt. »So wir im Geist leben, laßt uns auch im Geist wandeln« (Gal 5,22)! Ein neuer Willensantrieb wird dem Menschen, der das Evangelium annimmt, durch den Geist geschenkt: »Welche der Geist Gottes treibt, die sind Gottes Kinder« (Röm 8,14). Der Geist ist es, der in den Glaubenden den Gebetsruf »Abba, → Vater« weckt, diesen »Geburtsschrei des neuen Menschen« (W. Lüthi). Er teilt in der Gemeinde eine Fülle von

Gnadengaben aus (vgl. 1Kor 12–14), unter denen die *agape* (Liebe) die größte und die bleibende Gabe ist (1Kor 13,1ff); → Charisma.

3. Der Geist Gottes als »Paraklet« im Johannesevangelium

Ein besonderes Licht fällt auf diese Gabe des Geistes im Johannesevangelium. Der Geist Gottes bewirkt jene »Neugeburt aus Gott« (→ Wiedergeburt), deren auch ein so frommer, im Gehorsam gegen die Gebote Gottes geschulter Mann wie Nikodemus bedarf (Joh 3,5). Auf den Beistand des Geistes sind die → Jünger angewiesen, wenn sie ihren Zeugenberuf ausrichten. Jesus selbst stellt ihnen diesen »Rechtsbeistand« (Paraklet) in Aussicht (vgl. Joh 14,16f; 14,25f; 15,26f; 16,12ff). Er selbst ist der Fürsprecher vor dem Vater (1Jo 2,1). Aber des »Trösters«, wie Luther das griech. Wort *(parakletos)* übersetzt hat, bedürfen seine → Zeugen, damit er sie in die Fülle der Wahrheit leite (→ Trost/Trösten). Er muß der »Welt« die Augen für das Heil Gottes öffnen, und er selbst, der Sohn, wird dadurch verherrlicht.

4. Der Geist Gottes und die Heilige Schrift

Daß der Sohn vom Vater nicht umsonst diesen »Beistand« erbeten hat, dafür ist das NT mit seinen Evangelien und Briefen ein überzeugender Beweis. Auch wer die in der Zeit der Orthodoxie ausgebildete Lehre von der sogenannten Verbalinspiration, derzufolge der Heilige Geist die biblischen Zeugen und Berichterstatter nur wie »Federhalter« gebrauchte, nicht teilt, steht vor einem → Wunder: »Von dem Heiligen Geist getrieben haben Menschen im Namen Gottes geredet« (2Petr 3,20f). Dies gilt nicht nur für die Evangelien und Briefe des NT, sondern im Blick auf die ganzen Heiligen Schriften des AT und NT, auch wenn man sich schwerlich verbergen kann, daß der Grad der geistlichen Begabung und Erleuchtung nicht in allen Teilen der Bibel derselbe ist. Für Luther waren das 1. Buch Mose, die Psalmen, das Johannesevangelium und der Brief des Paulus an die Römer »Kern und Mark der Heiligen Schrift«. Aber dies hat ihn nicht daran gehindert, von der Heiligen Schrift als der »allerreichsten Fundgrube« zu sprechen, »die nimmermehr ausgegründet werden mag«. So ist es, das ist erfahrbar und bleibt wunderbar; → Heilige Schrift.

III. Der Begriff heute

1. Heute haben viele die Frage: »Wie kann mein Leben neu werden?« Und sie suchen Antworten in der Psychologie und bei den Ideologien. Die Bibel sagt, daß Gott durch den Heiligen Geist ein Leben neu macht. Petrus z.B. war am Pfingsttag und später vor Gericht ein anderer als zuvor bei seiner Verleugnung (Mt 26,69–75; Apg 2,14ff; 4,8ff). Der Heilige Geist war ihm inzwischen geschenkt worden. Der Herr ging in seiner Liebe so auf ihn ein, daß er als der Heilige Geist in ihn einging (2Kor 3,17; Gal 2,20; vgl. Joh 15,5; 2Kor 5,17).

Ein junger, gebildeter, im atheistischen Marxismus erzogener Russe sagte: »An der Lehre von Karl Marx muß etwas nicht stimmen: Er meinte, daß veränderte Verhältnisse den Menschen verändern und neu machen. Nun ist vieles bei uns besser geworden, aber die Menschen sind gleich geblieben. Doch diese Christen mit ihrem ›religiösen Aberglauben‹ arbeiten mit dem Traktor auch dann, wenn keiner hinter ihnen steht. Sie vertrinken am Freitag nicht ihren Wochenlohn, sondern bringen ihn ihren Familien . . . Sollte an diesem ›religiösen Aberglauben‹ doch etwas sein?«

2. Viele alte und junge Menschen fragen heute: »Wie bekommen wir den Heiligen Geist?« Und es wird ihnen von verschiedenen Seiten allerlei zum Teil Ausgefallenes geraten. Die Bibel sagt schlicht: Seinen Geist gibt Gott mit, unter und in seinem → *Wort.* Wenn wir betend und offenen Herzens auf Gottes Wort hören oder es lesen, geraten wir unter den allerbesten Einfluß, den Einfluß Gottes und seines Geistes. Christus spricht: »Meine Worte sind Geist und sind Leben« (Joh 6,63; vgl. Apg 10,33.44). Es ist wichtig, uns bewußt oft unter diesen Einfluß zu stellen. Weiter sagt die Bibel: Gott gibt seinen Geist denen, die ihn darum *bitten* (Lk 11,13). Wir tun hier ganz bestimmt keine Fehlbitte, denn diese Bitte ist im Sinne Gottes (1Jo 5,14).

Von vielen wird auch gefragt: *Wann* empfangen wir den Heiligen Geist? Gleich wenn wir Jesus sagen, daß wir ihm unser Leben anvertrauen, ihn um Vergebung bitten und ihm die Verfügungsmacht über unser Leben einräumen; kurz, wenn wir *Glaubende* werden, empfangen wir den Heiligen Geist. Paulus schreibt: »Ihr habt den Geist empfangen, da ihr gläubig wurdet« (Eph 1,13; vgl. Joh 1,12; Offb 3,20). Das gilt auch dann, wenn wir dabei nichts Besonderes fühlen. Wir sind in der Zeit des »Nicht-Sehens und Doch-Glaubens«, des »Nicht-Fühlens und Doch-Glaubens«. Nicht sehen und doch glauben ist das Hauptprüfungsfach der großen »Aufnahmeprüfung«, die wir in diesem Leben für den Himmel und die Seligkeit machen. Wir wollen Gottes Wort mehr glauben als unseren eigenen Augen und auch als unserem Gefühl.

3. Manche neu zum Glauben gekommenen Menschen klagen, daß sie gerade nun in innere Kämpfe geraten, die sie früher nicht kannten. Wie ist das zu verstehen? Es ist so, wie wenn ein Bauer am Waldrand ein wildes Apfelbäumlein ausgräbt, es mit der Baumschere zurechtschneidet und dann in seinen Garten setzt, nach einigen Jahren die Äste absägt und die Edelreiser einpflanzt und auch dann die wilden Schößlinge, die unter den Veredlungsstellen jedes Jahr kräftig herauswachsen, unnachsichtig abschneidet, so lange, bis das Bäumlein ein guter, fruchttragender Baum ist. Unser Herr versetzt auch uns »aus der Herrschaft der Finsternis in sein Reich« (Kol 1,13), d.h. in seine Gemeinschaft. Gleich oder später nimmt er uns die stolzen Äste, d.h. er gibt uns Buße und Sündenerkenntnis und erhört die Bitte um Vergebung; dieser Schritt darf nicht übersprungen werden; kein Bäumlein kann veredelt werden, ohne daß die stolzen, wilden Äste weggenommen werden. Gerade dann aber pflanzt er das wundervolle »Edelreis«, importiert vom Thron Gottes her seinen *Geist* und damit das neue Leben in uns ein (Apg 2,38). Doch dann ist wie bei dem veredelten Baum beides zugleich da, das Neue und noch das Alte; das beides liegt im Widerstreit gegeneinander. »Das Fleisch (das alte Wesen) streitet wider den Geist und der Geist wider das → Fleisch« (Gal 5,17). Es ist nötig, daß wir für das Neue Partei ergreifen und uns mit Gott gegen das Alte wenden: »Die Christus angehören, kreuzigen ihr Fleisch« (Gal 5,24). Darüber werden wir schließlich zum guten, Gott fruchttragenden »Baum« (Gal 5,22; vgl. Mt 7,17; Joh 15,5.16).

4. Von den »Charismen«, den Gaben des Geistes, wird heute viel gesprochen. Wie verhält es sich damit? Der Heilige Geist ist Heilsgabe (Röm 8,14–17), die jetzt für uns neues Wesen und in der Zukunft die ewige Seligkeit bedeutet. Und er ist auch Dienstgabe (Apg 1,8), Dienstausrüstung. Durch ihn sind der Gemeinde und den einzelnen Glaubenden für ihre Aufgaben als Christen die nötigen Begabungen, »Geistesgaben«, griech. *charismata,* gegeben. Diese Gaben haben im NT ein weites Spektrum (Röm 12,3–8; 1Kor 12,4–11; Eph 4,4–13). Es besteht hier kein numerus clausus; immer wieder werden andere Gaben genannt (→ Charisma).

Kein Glaubender ist ohne Gaben, und keiner hat alle Gaben. Der Geist Gottes nimmt oft unsere natürlichen Gaben in Gebrauch und »veredelt sie« (veredelte Bäume sind meist kleiner als »Wildlinge«). Geistesgaben sind keine Auszeichnungen für »Extrafromme«, sondern sie sind Ausrüstung zum je aufgetragenen → Dienst, so wie es Gott gefällt (Röm 12,3.16). Eine neue Sachlichkeit ist hier not. Es ist so, wie wenn ein Bautrupp, der von einer Firma weggeschickt wird, die Geräte mitbekommt, die er gerade für seinen Auftrag braucht. Ein Arbeitsteam, das zu Malerarbeiten ausrückt, wird kaum zum Verwalter im Bauhof sagen: »Einen Preßlufthammer wollen wir aber auch; einen Preßlufthammer zu haben, ist so schön!« Die Zuteilung der Gaben und Aufgaben in diesem Leben ist zudem vorläufig. Beim Eintritt in den Himmel wird neu zugeteilt (vgl. Mt 25,21).

5. Die Diskussion um einige der Geistesgaben ist in unserer Zeit besonders lebhaft:

a) Die Gabe der »Weissagung«, der Prophetie, des »von Gott her Redens« (1Kor 14,1ff). Es kann sich nicht darum handeln, daß hier Neues geoffenbart wird. Der Heilige Geist hat die → Heilige Schrift gegeben (2Petr 1,21), und er redet heute durch die Schrift und *bindet* sich an die Schrift, an das ein für allemal gegebene Gotteswort. Unser Herr spricht: »Der Geist wird es aus dem Meinen nehmen und euch erinnern all des, das ich euch gesagt habe« (Joh 14,26; 16,14). »Weissagen«, von Gott her reden, ist es vor allem, wenn es durch Gottes Geist geschenkt ist, ein Schriftwort so in die jetzige Lage und Frage hinein auszurichten, daß in Verheißung und Weisung klar wird, was Gott hier schenkt und gebietet.

Es ist nicht der Heilige Geist, der hier geredet hat, wenn jemand berichtet: »Der Heilige Geist hat zu mir gesagt: Wirf deine Bibel in die Ecke; ich rede zu dir unmittelbar.« Oder feiner und »frömmer«: »Es mag sein, daß die Bibel so sagt, aber wir sind hier vom Geist anders geführt.« Prüfung ist nötig, vor allem, wenn's in die Endzeit hineingeht (1Jo 4,1; Mt 24,11.24). Die Grundregel der Prüfung lautet: Allein die Schrift! Und ganz die Schrift (vgl. Offb 22,18.19). Und allein Christus und seine Gnade (vgl. 1Kor 1,18; 2,2; Gal 1,9; 1Jo 1,7).

b) Die Zungenrede. Sie ist eine Sprache vor allem des persönlichen Gebets; Paulus hat sie viel geübt (1Kor 14,18). Gott kann diese Gabe auch heute geben. Ähnliche Erscheinungen können allerdings auch natürlich-seelisch sein oder, was Missionserfahrungen in Übersee zeigen, zuweilen sogar dämonisch. Auf jeden Fall darf sie nicht überschätzt werden, weil mit ihr nicht unmittelbar andern gedient werden kann (1Kor 14,19). Sie ist nicht die Sprache der Vollendung; sie wird aufhören (1Kor 13,8). Auch hat Jesus, soweit es die Jünger gehört und berichtet haben, nie in Zungenrede gesprochen, sondern in einer den Jüngern verständlichen Sprache. Das

Sprachwunder von Apg 2,8 ist übrigens nicht Zungenrede im Sinne von 1Kor 14,23. Auf jeden Fall würde eine Gabe mißbraucht, wenn einer hier anderen, zum Beweis seiner besonderen Frömmigkeit, etwas vorführen wollte; ein solches Podest sind die Geistesgaben nie. Auch ist der Heilige Geist nicht nur da vorhanden, wo die Zungenrede gegeben ist. Das wird im Neuen Testament deutlich, und das zeigt auch die Geschichte der Gemeinde Jesu.

c) Die Gabe der Krankenheilung. Sie gibt der Herr, wo und wann er will, auch heute. Auch ist die Weisung und Verheißung von Jak 5,14.15 gegeben. Überhaupt gibt der Herr dem Glauben immer wieder offenkundige Gebetserhörung. Aber wir leben grundsätzlich in der Zeit des Nicht-Sehens und Doch-Glaubens. Die offenkundigen Wunder und Zeichen sind in gewissem Sinn Ausnahmen und Angeld, Kostprobe dessen, was unser Herr einmal im Großen und Allgemeinen tut (Offb 21,4); → Heilen/Heilung.

6. Andere Kreise reden heute viel davon, daß sie und nur sie »versiegelt« seien. Die Bibel sagt, daß alle, die durch das Wort Gottes an Jesus glauben, mit dem Heiligen Geist versiegelt sind: »Durch ihn seid auch ihr, die ihr gehört habt das Wort der → Wahrheit, das → Evangelium von eurer Seligkeit, da ihr gläubig wurdet, versiegelt worden mit dem Heiligen Geist« (Eph 1,13). Diese Versiegelung hängt damit zusammen, daß der Heilige Geist nicht nur Gegenwartsbedeutung hat, sondern Grund und Gewährleistung unserer Hoffnung als Christen ist. So heißt es hier weiter: »Der Heilige Geist ist das Unterpfand unseres Erbes« (Eph 1,14; vgl. Röm 8,14–17; Kol 1,27). Im Rechtsleben gibt es Verschlußsiegel, etwa bei Wertsendungen oder Testamenten. Und es gibt Urkundensiegel, die die Rechtsgültigkeit der Unterschrift eines Behördenvertreters nachweisen. Beides ist bei diesem Vergleich im Blickfeld:

a) Es geht um die Bewahrung auf dem künftigen, vielleicht durch endzeitliche Versuchung führenden Weg. Hier sind wir durch Gottes Gnade mit seinem Geist »versiegelt«, verschlossen, verriegelt, so daß wir nicht auf die Versuchungen hereinfallen müssen. Das ist nicht ein Grund zur Selbstsicherheit, aber zur getrosten → Gewißheit im Vertrauen auf Jesu → Treue; → Anfechtung/Versuchung.

b) Und es geht um die Erreichung des Ziels und unsere Annahme am Ziel: Wir sind »gesiegelt« (auch diese Übersetzung ist möglich) durch den Heiligen Geist. Bei der Einreise in manche Länder ist ein Visum nötig. Der Heilige Geist ist sozusagen das Visum für unsere »Einreise« in die himmlische Herrlichkeit; → Siegel/Versiegeln.

H. Lamparter/
F. Grünzweig

Geistesgabe → Charisma

Gemeinde/Kirche

I. Wortbedeutung

Die Herkunft des dt. Wortes »Kirche« ist umstritten. Man kann das Wort ableiten von dem griech. *kyriakē oikia,* »Haus des Herrn«, vielleicht auch von dem lat. *circa,* »ringsum«, womit entweder ein rund geschlossener Raum oder ein Wohnbezirk bezeichnet sein kann und dann auch eine Gruppe von Menschen, die in einem begrenzten Bezirk leben.

Die Bedeutung des Worts ist vielschichtig. Das Gebäude, das zum Zwecke gottesdienstlicher Veranstaltungen errichtet wurde, heißt »Kirche«. Aber auch der → Gottesdienst selbst kann mit diesem Wort bezeichnet werden: »Die Kirche beginnt um 10 Uhr.« Es kann die Ortsgemeinde oder eine ganze Landeskirche gemeint sein; oder eine Konfession, etwa wenn von der römisch-katholischen oder der lutherischen oder der reformierten Kirche die Rede ist. Daneben gibt es einen ganz allgemeinen Kirchenbegriff, der z.B. gebraucht wird, wenn von dem Gegensatz zwischen Kirche und Staat gesprochen wird.

Das NT benutzt für die Kirche im ganzen wie für die Einzelgemeinde das griech. Wort *ekklesia.* Es ist ein ganz weltlicher, ja politischer Begriff gewesen. Er bezeichnete z.B. die Versammlung der wehrfähigen Männer auf dem Markt zur Beratung wichtiger Fragen. Ihm haftet also nichts von Zurückgezogenheit und Unscheinbarkeit an.

Martin Luther hat bei seiner Bibelübersetzung konsequent das griech. (und lat.) Wort *ekklesia* mit »Gemeinde«, nicht mit »Kirche«, übersetzt, weil er das römisch-katholische Kirchenrecht und die sich daraus ergebende päpstlich-bischöfliche Struktur der mittelalterlichen Kirche mit ihrer Macht- und Prachtentfaltung ablehnte. Zugleich bringt er damit zum Ausdruck, daß die Kirche, die natürlich eine Rechtsform braucht, nicht durch Gesetze, sondern nur durch das Hören des → Wortes Gottes entsteht.

Wenn man in christl. Kreisen von der »Gemeinde Jesu« spricht, meint man die Kirche im Sinne aller Gläubigen. Ansonsten benutzt man dieses Wort »Gemeinde« heute (auch in Bibelübersetzungen, vgl. Röm 16,16) für eine Einzelgemeinde, die Ortsgemeinde. Das alte Wort »Gemeine« (althochdeutsch) lebt noch fort im Namen der Herrnhuter »Brüder-Gemeine«, der einst vom Grafen Zinzendorf gegründeten Brüder-Unität.

II. Die Begriffe in der Bibel

Der Heidelberger Katechismus antwortet auf die Frage nach der Kirche (Frage 54), »daß der → Sohn Gottes aus dem ganzen menschlichen Geschlecht sich eine auserwählte Gemeinde zum ewigen → Leben durch seinen Geist und Wort in Ewigkeit des wahren → Glaubens von Anbeginn der Welt bis ans Ende versammle, schütze und erhalte.« Nach bibl. Zeugnis ist die Kirche das Werk Jesu Christi, und zwar von Anfang an.

1. Gemeinde/Kirche im Neuen Testament

a) Jesus hat »das → Evangelium Gottes« verkündigt (Mk 1,14), d.h. die gute Nachricht vom Siege Gottes oder die Botschaft vom → Reich, von der Herrschaft Gottes. Er widerspricht damit radikal der politischen und religiösen Wirklichkeit der Welt. Deshalb wird Jesus gehaßt, verfolgt und getötet. Im Gehorsam gegen Gott nimmt Jesus Leiden und Tod auf sich und bewährt so sein Ja zu Gottes neuer Welt und seine unverbrüchliche Treue zu den Menschen. Indem der Vater ihn vom Tode erweckt (→ Auferstehung), bestätigt er endgültig den Gehorsamsweg des Sohnes und offenbart ihn als Heiland und Herrn, wie er es schon zu Beginn bei der Taufe getan hatte (Mk 1,11).

b) Jesus ruft zwölf → Jünger in seine → Nachfolge. Damit erhebt er Anspruch auf das ganze Volk Gottes mit seinen zwölf Stämmen (Mt 19,28; Lk 22,30). Mit den Jüngern und all denen, die dem irdischen Jesus nachfolgen, beginnt die Gemeinde oder Kirche. Was die Jünger Jesu von der Umwelt unterscheidet, ist einzig der Ruf ihres Meisters, den sie hören und befolgen.

Das NT enthält keine *Lehre* von der Gemeinde oder Kirche. Es spricht stets in *Bildern* von ihr: Jesus ist das Haupt der Gemeinde, diese der → Leib: (Eph 1,22f; 4,15f; 5,23; Kol 1,18). Er ist der → Hirt, die Gemeinde die ihm anvertraute Herde (Joh 10,12.16; 1Petr 2,25; Hebr 13,20). Er ist der Weinstock, die Christen die mit ihm verbundenen und von ihm lebenden Reben (Joh 15,1ff). Er ist der Eckstein, die Gemeinde der Bau Gottes (1Petr 2,4–8) oder das Haus, der → Tempel Gottes (Eph 2,19–22). Er ist der Bräutigam, die Gemeinde die Braut (Eph 5,25f.32; Offb 19,7). Alle diese Bilder machen übereinstimmend deutlich, daß die Kirche oder Gemeinde nur von Christus lebt; an ihm hängt sie, auf ihn ist sie angewiesen, ohne ihn wäre sie tot.

c) *Alle Bilder von der Gemeinde Christi sind also Christusbekenntnisse.* Sie zeigen zugleich die wesentliche Funktion der Kirche, beschreiben sie als Ereignis, Bewegung, Geschehen – nicht als statische Größe. Andere Bilder und Vergleiche beschreiben das Wesen und die Aufgabe der Kirche und Gemeinde in dieser Welt: Sie ist Gottes Ackerfeld (1Kor 3,9), in das die verschiedensten Säeleute den Samen des Wortes streuen, aber nur einer kann das Gedeihen geben (vgl. Jesu Gleichnisse vom vierfachen Acker und vom Unkraut unter dem Weizen, Mt 13,1–30).

d) Wenn Jesus in der Bergpredigt zu seinen Jüngern sagt: »Ihr seid das Salz der Erde« und »Ihr seid das Licht der Welt« (Mt 5,13f), so weist er sie damit hin auf ihre Bestimmung zum → Dienst: Die Gemeinde darf nicht sich selber leben wollen. Das Salz muß wirken. Ohne Salz würde die Welt fade, geschmacklos und faul. Das → Licht muß leuchten, damit die Umrisse deutlich werden und man sich zurechtfindet. Licht macht das Leben hell. Indem das Salz wirkt, vergeht es; indem das Licht leuchtet, verzehrt es sich. Hingabe und Opferbereitschaft gehören zum Wesen der christlichen Gemeinde: »Wer sein Leben erhalten will, der wird's verlieren; wer aber sein Leben verliert um meinetwillen, der wird's finden« (Mt 16,24–26). Ohne die dienende Funktion wäre die Kirche in der Welt überflüssig und wertlos. Sie ist dazu da, daß durch ihren Zeugendienst alle Völker in die Nachfolge gerufen werden (Mt 28,18–20). Wieder ist es Christus selbst, der seine Gemeinde befreit zum opferbereiten Dienst in Verkündigung, Diakonie und → Gemeinschaft (Mk 10,45).

2. Vorbilder im Alten Bund

a) In seiner Predigt und in seinem Wirken knüpft Jesus ausdrücklich an die Offenbarung des AT an. Das AT berichtet, daß Gott mit dem Volk → Israel einen → *Bund* geschlossen hat (2Mo 19,5.6). Er hat sich verpflichtet, für dieses Volk dazusein, und er hat sein Volk in Pflicht genommen, ihm als dem »Königreich von Priestern« (2Mo 19,6) sein Gesetz und die → Offenbarung seiner → Treue gegeben.

b) Die alttestamentliche Gemeinde heißt *kahal* oder *edah*. Das Wort *kahal* bedeutet ganz allgemein »Versammlung«, es bezeichnet auch das Aufgebot und Zusammenkommen einer Schar von Menschen. Das Wort *edah* meint mehr die »Gemeinde«, z.B. die »Volksgemeinde« → Israel. *Kahal* wird in der griech. Übersetzung des AT mit *ekklesia* übersetzt.

Die Übersetzung des Wortes *edah* in der griech. Übersetzung des AT (der Septuaginta) lautet hingegen *synagoge*. Dieses Wort meint ursprünglich auch einfach die »Versammlung«, wird aber später immer mehr auf das (gottesdienstliche) Versammlungsgebäude übertragen. Nach der Zerstörung des ersten → Tempels in Jerusalem (587 v.Chr.) nahmen die nach → Babylon weggeführten Juden ihre Gesetzesrollen mit und errichteten in der Fremde Lehrhäuser, in denen gebetet und das Gesetz ausgelegt wurde. Nach der Rückkehr aus der Gefangenschaft wurden auch in Palästina überall Synagogen errichtet und später in der gesamten Diaspora, also in Kleinasien, Griechenland, Rom und Nordafrika. Das NT berichtet wiederholt, daß Jesus in Synagogen (Kapernaum und Nazareth) gepredigt habe. Zur Zeit der Apostel werden die Würdenamen der Gemeinde des Alten Bundes auf die Gemeinde der Christen übertragen (vgl. 1Petr 2,9f). Paulus bestreitet allerdings der Christengemeinde das Recht, sich gegen Israel zu rühmen. »Nicht du trägst die Wurzel, sondern die Wurzel (Israel) trägt dich« (Röm 11,18).

3. Das Wirken der → Apostel

a) Jesus hat keine Kirche hinterlassen. Sie entstand erst nach seiner Kreuzigung und → Auferstehung durch das geistgewirkte Zeugnis der Apostel (Apg 2,37ff). Ihrer Predigt lagen anfangs atl. Texte zugrunde. Durch die *Predigt* werden Menschen von der Wahrheit des Evangeliums überzeugt und kommen so zum Glauben an Christus: »So kommt der Glaube aus der Predigt, das Predigen aber durch das Wort Christi« (Röm 10,17; → Predigen/Verkündigen). Die Predigt (Schriftzeugnis – Christusbotschaft – Bußruf) ist das Kernstück der gemeindesammelnden Arbeit der Apostel.

b) → Opfer und andere Kulthandlungen, wie sie im Alten Bund üblich waren, fallen weg, ebenso die → Beschneidung, der Aufnahmeritus des Abrahambundes. An ihre Stelle tritt nun die → *Taufe* bei der Aufnahme in den neuen Bund. Sie bedeutet nach Röm 6,3–14 die volle Teilnahme an dem Christusschicksal und das erneuernde Geschenk der Christusgnade. Daneben kennt die Gemeinde der Apostel von Anfang an das → *Herrenmahl* als Ausdruck und → Siegel der Christusgemeinschaft, die die → Gemeinschaft in der Gemeinde begründet (Apg 2,42).

c) Die auf dem Grund der Apostel und → Propheten gegründete Gemeinde (Eph 2,20) hat folgende Kennzeichen:

(1) sie lebt vom schriftgemäß verkündigten Evangelium, durch das der Heilige → Geist zur → Freude an dem in Christus gnädigen Gott befreit;

(2) sie feiert Taufe und Herrenmahl, durch die der gegenwärtige Herr Gemeinschaft am Evangelium stiftet;

(3) sie versammelt sich zum → Gebet, das den dreieinigen Gott lobend, klagend, bittend und fürbittend ehrt und seinen → Segen erfleht (→ Lob und Dank);

(4) sie lernt, das Brot des Lebens und das tägliche Brot brüderlich zu teilen (→ Nächster; → Bruder/Schwester);

(5) sie bleibt unterwegs als Vorzeichen und Herold des kommenden Gottesreiches (→ Reich Gottes).

d) Schon die → Apostel kennen bestimmte Ordnungen und unterschiedliche Ämter und Dienste der Gemeinde (vgl. z.B. Eph 4,11ff). Die Ämter beruhen auf den von Christus gegebenen → Charismen (= Gnadengaben), durch die die Charis (= → Gnade) im Leben der Gemeinde konkret wird (vgl. Röm 12,3ff; 1Kor 12,1ff; → Dienst/Amt).

III. Der Begriff heute

Im Evangelischen Erwachsenen-Katechismus (Gütersloh 1975) heißt es auf Seite 908 (unter der Überschrift »Was ist die Kirche?«): »Es weiß gottlob ein Kind von sieben Jahren, was die Kirche sei – so schrieb Martin Luther im Jahre 1537. Ich wünschte, ich wäre dieses Kind, meinte 1973 ein Professor für Biologie. Was Kirche ist, ist heute offenbar nicht so klar. Für den einen ist Kirche ›Heimat‹, vertraute Geborgenheit, Wegweiserin, Ort des Zur-Ruhe-Kommens. Für den anderen ist sie selbstverständliche Gewohnheit, Begleiterin aus der Distanz, gelegentlich aufgesuchter Ort der Vergewisserung, feierlicher Rahmen für Höhepunkte des Lebens; für den dritten ist sie Stätte der Begegnung, der Auseinandersetzung und der Reflexion, Quelle mannigfacher Impulse, des Engagements und der Aktivität. Für viele schließlich ist sie eine veraltete, verkrustete, sterbende Institution, mit der sich negative Erfahrungen verbinden.«

1. Der bleibende Grund

a) Zu allen Zeiten haben die Menschen die verschiedensten Erfahrungen mit Kirche und Gemeinde gemacht. Dementsprechend werden auch die Meinungen und Urteile über »die Kirche« verschieden sein. Das ist nicht neu. Da die Kirche eine menschliche Einrichtung in dieser Welt ist, kann sie nicht unverändert bleiben. Sonst wäre sie tot. Eine lebendige Kirche, die den jeweils lebenden Menschen in Freud und Leid dienen will, muß sich wandeln und auf die wechselnden Situationen der Menschen einstellen. Kirche oder Gemeinde Jesu Christi bleibt sie jedoch nur, solange sie bei allem Wandel ihre Lebensgrundlage nicht verläßt: »Einen andern

Grund kann niemand legen außer dem, der gelegt ist, welcher ist Jesus Christus« (1Kor 3,11).

b) Im Jahre 1530 wurde auf dem Reichstag zu Augsburg das Bekenntnis abgelegt: »Es wird auch gelehrt, daß allezeit eine heilige christliche Kirche sein und bleiben wird. Sie ist die Versammlung aller Gläubigen, bei denen das Evangelium rein gepredigt und die heiligen Sakramente dem Evangelium gemäß dargereicht werden. Es ist nicht not zur wahren Einheit der Kirche, daß allenthalben die gleichen, von den Menschen eingesetzten Zeremonien gehalten werden, wie Paulus spricht (Eph 4,5.6): »Ein Leib und ein Geist, wie ihr auch berufen seid zu einerlei Hoffnung eurer Berufung, ein Herr, ein Glaube, eine Taufe« (Augustana 7).

c) »Die christliche Kirche ist die Gemeinde von → Brüdern, in der Jesus Christus in → Wort und → Sakrament durch den Heiligen Geist als der Herr gegenwärtig handelt. Sie hat mit ihrem → Glauben wie mit ihrem → Gehorsam, mit ihrer Botschaft wie mit ihrer Ordnung mitten in der Welt der Sünde als die Kirche der begnadigten Sünder zu bezeugen, daß sie allein sein Eigentum ist, allein von seinem → Trost und von seiner Weisung in Erwartung seiner Erscheinung lebt und leben möchte. Die verschiedenen Ämter in der Kirche begründen keine Herrschaft der einen über die anderen, sondern die Ausübung des der ganzen Gemeinden anvertrauten und befohlenen Dienstes« (Barmer Theologische Erklärung von 1934).

2. Im Wandel der Zeit

a) Die evangelischen Kirchen übernahmen aus dem Mittelalter die Institution, die wir »Volkskirche« nennen. Deren Verwaltung ähnelt in manchem den staatlichen Behörden. Das ist geschichtlich bedingt. Auch nach der Trennung von Staat und Kirche (1919) behielten die Landeskirchen das Steuerrecht. Die evangelischen Landeskirchen haben an ihrer Spitze entweder einen → Bischof, einen Präses, einen Kirchenpräsidenten oder einen Landessuperintendenten. Diese werden gewählt von den Landessynoden, den leitenden Beschlußgremien der Landeskirchen. Die Kreissynoden wählen die Superintendenten (Dekane), die Gemeindekirchen (Presbyterien) die Pfarrer, deren Berufung jedoch Sache der Kirchenleitung ist.

b) Diese Struktur wird oft kritisiert. Man wendet dann ein, daß diese »Amts- oder Behörden- oder Pastorenkirche« nicht überzeugend genug ihre Herkunft aus dem Evangelium und die notwendige bruderschaftliche Struktur erkennen lasse; sie erscheine allzu »weltlich«. Der kritisierten »Amtskirche« entspricht heute weithin ein Privatchristentum, das die Kirche allenfalls als Dienstleistungsbetrieb anerkennt. Es wird noch viel Gebet und Arbeit notwendig sein, um einen Weg zu finden, der sowohl aus Erstarrung als auch aus Schwärmerei herausführt.

c) Neben der großen Volkskirche und auch in ihr gab und gibt es freie Kreise von engagierten Christen, die sich um ein intensives Glaubensleben und um einen entsprechenden missionarischen und diakonischen Dienst in nah und fern bemühen. So sind in Deutschland die Freikirchen entstanden, die Gemeinschaftsbewegung innerhalb der Landeskirchen und die freien missionarischen, evangelistischen und diakonischen Werke sowie besondere Kreise und Dienste von und an jungen Menschen (CVJM, EC, SMD) usw. Diese Gemeinden, Gemeinschaften und Kreise wirken immer wieder auch im Rahmen der Evangelischen Allianz zusammen. Eine oft sehr dynamische Arbeit dieser Kreise hat sich auch anregend auf die Arbeit in den volkskirchlichen Gemeinden ausgewirkt und tut das noch. Gerade heute ist die Aktivität dieser Kreise, das Evangelium mit Wort und Tat den Menschen unserer Zeit zu bringen, rege, vielgestaltig und geschieht unter erheblichen persönlichen Opfern der Beteiligten zum Beispiel im Rahmen der Evangelikalen Missionen, die gegenwärtig einen großen Teil der missionarischen Kräfte aus der evangelischen Christenheit Deutschlands in der Welt stellen, im Evangeliumsrundfunk, der das Ziel hat, »mehr Evangelium in den Medien« den Menschen von heute zu bringen, und in den »Gemeindetagen unter dem Wort«, etwa in Stuttgart.

3. Die Kirche als Dienstgemeinschaft

a) In den letzten Jahrzehnten hat sich eine Neubesinnung auf die dienende Funktion der Kirche angebahnt. Das kommt an vielen Nahtstellen zwischen Kirche und Staat, Kirche und Öffentlichkeit zum Ausdruck: Die Kirche entsendet Pfarrer in die Bundeswehr zur Wahrnehmung der Seelsorge an den jungen Soldaten, sie steht den jungen Männern bei, die aus Gewissensgründen den Kriegsdienst verweigern, sie pflegt offizielle Kontakte mit den Parlamenten und Regierungen in Bund und Ländern, sie hält Verbindung zu den Gewerkschaften, zu Arbeitgeber- und Bauernverbänden, sie unterhält eine organisierte Polizeiseelsorge und kümmert sich um die seelsorgerliche Begleitung der Sportler. Es gibt eine ausgedehnte und ständig wachsende Bemühung der Kirche um die Menschen in den Ferien- und den Kurorten, was angesichts der zunehmenden Freizeit besonders wichtig erscheint.

b) Die *Jugendarbeit* wird nicht mehr nur in der Form von Gruppen, Vereinen oder Verbänden, sondern oft auch als »offene« Jugendarbeit getan. Die *Erwachsenenbildungsarbeit* ist als Aufgabe erkannt worden, dazu gibt es eigene Veranstaltungen für Männer- und Frauenkreise, eine intensive Bemühung um junge Mütter. Die Kirche unterhält Beratungsstellen für *seelisch Gefährdete und Suchtkranke,* sie erreicht durch die Telefonseelsorge viele rat- und hilflose Menschen. Durch *Kirchentage und Akademien* wirkt die Kirche weit in die Öffentlichkeit hinein. In *Denkschriften* hat die evangelische Kirche in der letzten Zeit mehrfach hilfreich Stellung genommen zu schwierigen geistlichen, sozialen und politischen Problemen. Besonders bemerkenswert ist die Arbeit der Kirchen auf dem Gebiet der *Entwicklungshilfe.* Hier kamen staatliche Initiativen erst zustande, nachdem die Kirchen überzeugende Aktionen ins Werk gesetzt hatten.

c) Wie schon im vorigen Jahrhundert übt die Kirche auch heute eine ausgedehnte *diakonische Tätigkeit* aus in Anstalten und Heimen. Sie bildet Diakone und Diakonissen, Krankenpflegerinnen und -pfleger aus. Während diese Arbeit früher weithin freien Kräften überlassen wurde, hat die verfaßte Kirche sich auf den Gebieten der Inneren und auch der Äußeren Mission mit erheblichem Einsatz engagiert.

4. Missionarischer Gemeindeaufbau

In ihrer dienstbereiten Zuwendung zur Welt und Gesellschaft haben die großen Kirchen aber weithin die unverzichtbare Aufgabe des missionarischen Gemeindeaufbaus vernachlässigt. So gerieten ihre finanziellen und organisatorischen Möglichkeiten in ein Mißverhältnis zu ihrer geistlichen Kraft. Solange → Wiedergeburt und → Bekehrung, Heiligung und Erwartung des kommenden Herrn in einer Gemeinde Fremdworte bleiben, solange betender Umgang mit der → Heiligen Schrift und Bereitschaft zum öffentlichen Bekenntnis des Christusglaubens in einer Gemeinde als zweitrangig oder gar beliebig angesehen werden, ist mit einer geistlichen Erneuerung der Kirche nicht zu rechnen.

Missionarischer Gemeindeaufbau beginnt mit der Verbindlichkeit des geistlichen Lebens des Glaubenden. Er gibt allen Lebensäußerungen der Gemeinde eine missionarische Dimension und will jedem einzelnen helfen, das große JA Gottes mit seinem kleinen JA zu beantworten, die ihm anvertrauten Gnadengaben zu erkennen und im Dienst an anderen einzusetzen. Wo missionarischer Gemeindeaufbau gewollt wird, beten und arbeiten Christen dafür, daß aus kirchlich verwalteten Gemeinden lebendige Dienstgemeinschaften Christi werden.

Die betende und dienende, bekennende und hoffende, die leidende und feiernde Kirche lebt von Christus, durch ihn und für ihn. Sie lebt vom Hören auf Gottes Wort. Sie lebt in einer Vielfalt der Formen, der Traditionen, der Erkenntnisse. In der Vielfalt erlebt sie die Einheit als ein Geschenk des Heiligen Geistes, der in Christus befreit und eint. Einheit in Christus will Vielfalt. Vielfalt in Christus gründet auf der Einheit. In ihrer Freiheit und in ihrer Gebundenheit ist die Kirche ein Hinweis auf das kommende Reich, das Jesus vollenden wird.

A. Haarbeck

Gemeinschaft/Teilhabe

I. Wortbedeutung

Im NT gibt es eine Reihe von Wörtern, denen der Gedanke der Gemeinschaft zugrunde liegt. Dazu gehört vor allem das griech. Wort *koinonia.* Es bedeutet ursprünglich »Vereinigung«, »Verbindung«, »Teilhaberschaft«.

Das Wort bezeichnet außerhalb des NT

a) die Gemeinschaft zwischen Göttern und Menschen;

b) die enge Verbindung und brüderliche Beziehung der Menschen untereinander. Die geschäftliche Verbindung zu einem Partner kann damit ebenso ausgedrückt werden, wie engste Gemeinschaft von zwei Menschen in der → Ehe.

c) Später wird das Wort meistens im Gegensatz zu »Habgier« gebraucht. Großzügiges Teilen steht damit im Gegensatz zu selbstsüchtigem Nehmen.

II. Der Begriff in der Bibel

1. Das Wort »Gemeinschaft« hat in der Kirche (→ Gemeinde/Kirche) eine zentrale Stellung und eine besondere Bedeutung. Das wird verständlich, wenn man die Stellen im NT dazu aufschlägt. Von der ersten Christengemeinde in Jerusalem wird berichtet, daß sie festhielten »an der Lehre der Apostel, an der Gemeinschaft, am Brotbrechen und am Gebet« (Apg 2,42). Als hilfreiche Gemeinschaft des gegenseitigen Dienens sind die ersten Christen damals aufgefallen. Die Art ihres Zusammenlebens überzeugte. Es wirkte anziehend (Apg 2,47).

2. Wenn Paulus von der *Gemeinschaft des Heiligen Geistes* (→Geist Gottes) spricht (2Kor

13,12), dann schwingen bei ihm beide Bedeutungen mit: Gemeinschaft und Teilhabe. Menschen werden zu einer Gemeinschaft, wenn etwas Gemeinsames sie verbindet. Gemeinschaft des Heiligen Geistes heißt also, daß Menschen am Heiligen Geist und an seinen Wirkungen Anteil haben und dadurch zusammengeschlossen werden, und zwar durch → Taufe und → Herrenmahl (1Kor 12,13), durch die Verkündigung (Apg 1,8; → Predigen/Verkündigen) und durch das → Gebet (Lk 11,13).

3. Die Gemeinschaft der frühen Christenheit ist also tiefer verwurzelt als in einem menschlichen Entschluß, unbedingt zusammenzuhalten. Davon redet Paulus an mehreren Stellen des NT. Er spricht von einer *Gemeinschaft mit Jesus*, zu der Christen von Gott gerufen sind (1Kor 1,9). Diese Gemeinschaft mit Jesus, ihrem → Herrn, ist es, die die Christen untereinander zusammenschließt. Paulus weist ferner auf die Gemeinschaft mit dem erhöhten Christus im Abendmahl hin: »Der gesegnete Kelch, welchen wir segnen, ist der nicht die Gemeinschaft des Blutes Christi? Das Brot, das wir brechen, ist das nicht die Gemeinschaft des Leibes Christi?« (1Kor 10,16). Unter dem Freispruch Gottes in Wort und Sakrament wird ein Mensch wirklich frei (Joh 8,36): frei für die Gemeinschaft mit anderen und frei für die Gemeinschaft mit Jesus. Paulus verschweigt nicht, daß Jesus seine Jünger auch in die *Gemeinschaft des Leidens* hineinführen kann (Phil 3,10; Röm 8,35–38).

4. In der *Gemeinschaft der Christen untereinander* geht es ganz praktisch darum, einander Gutes zu tun, und gegenseitig zu helfen (Hebr 13,16; Phil 2,1). Es beginnt ein wirkliches Teilen mit denen, die weniger begünstigt sind (vgl. Sammlung für die Jerusalemer Gemeinde: Röm 15,26; 2Kor 8,4; 9,13; → Armut/Arm/Elend). *Grenzen einer Gemeinschaft* darf man nicht vorschnell ziehen. Denn Gott selbst spricht das letzte Wort. Es gilt im Licht des Wortes Gottes zu prüfen, wo die Linie zwischen → Licht und Finsternis verläuft (2Kor 6,14; Eph 5,11).

III. Der Begriff heute

1. Ohne Gemeinschaft geht es nicht

Es ist eine große Sache, wenn einem Menschen aufgeht, was Gemeinschaft heißt. Denn man kann nicht Christ sein im Alleingang. Man kann es nicht! Man braucht das »Schiff, das sich Gemeinde nennt«. Man braucht den anderen, mit dem zusammen man Austausch haben kann im Glauben, Leiden und Kämpfen. Unser Christsein ist in Gefahr, wenn wir meinen, ohne Weggefährten des Glaubens auskommen zu können. Ohne hilfreiche Gemeinschaft kann keiner Christ sein und bleiben. Diesen Sachverhalt drückt Walter Lüthi in einem anschaulichen Bild aus: Wie beim Schwärmen eines Bienenvolkes jede einzelne Biene, die von der sogenannten »Traube« abfällt, verderben muß, so wird es für einen Christen unmöglich sein, in der Vereinzelung und damit in der Gemeinschaftslosigkeit zu existieren. Weil keiner den Glauben wie einen festen Besitz hat, kann jeder in Zweifel, in Not und Anfechtung geraten. In solchen Zeiten geistlicher Dürre ist die Gemeinschaft mit anderen Christen eine große Hilfe. Sie beten für mich, trösten mich und helfen mir wieder zurecht. In den Lebensordnungen von Bruder- und Schwesterschaften wie auch der Mutterhäuser haben diese Einsichten konkrete Gestalt gewonnen.

2. → Gottesdienst und Gemeinschaft

Das elementare Bedürfnis heutiger Menschen nach Gemeinschaft und Geborgenheit, nach Angenommensein und gegenseitigem Austausch kann in einem Gottesdienst herkömmlicher Art kaum befriedigt werden. Die starren Kirchenbänke sind allein nicht schuld daran. Vieles kommt dazu. Aber Ansatzpunkte zur Überwindung sind gegeben. Denn vor und nach dem Gottesdienst gibt es genügend Möglichkeiten zum Gespräch und zum Austausch, zum geselligen Beisammensein und zum gemeinsamen Essen. Wir brauchen zu unseren Gottesdiensten ergänzende Angebote, die gemeinschaftsbildend wirken und die Vereinzelung durchbrechen. Von daher sind Hauskreise, Gemeinschaftsstunden, Bibel- und Dienstgruppen wichtig, wo in einer persönlichen Atmosphäre des Vertrauens auch persönliche Fragen zur Sprache kommen können.

3. Die zunehmende Zahl der Suchtkranken, aber auch der psychisch Kranken und Behinderten stellt eine besondere Herausforderung an eine Gemeinde von heute dar: ob sie bereit und fähig ist, eine Gemeinschaft anzubieten, die den einzelnen annimmt, begleitet und trägt.

Vor einiger Zeit hat ein deutsches Gericht ein Urteil gefällt, wonach der Anblick von Behinderten an einem Urlaubsort für die anderen Feriengäste unzumutbar sei. Dies zeigt, wie wenig die Gesellschaft, in der wir leben, wie wenig vielleicht auch wir selbst bereit und fähig sind zu einer Gemeinschaft des gegenseitigen Annehmens. Für die christl. Gemeinde ist dies eine Herausforderung: ist sie wirklich bereit und in der Lage, sich in Liebe solcher Menschen anzunehmen, mit denen unsere Gesellschaft nichts anzufangen weiß?

4. Seelische oder geistliche Gemeinschaft? Dietrich Bonhoeffer hat in seinem Buch »Gemeinsames Leben« streng unterschieden zwischen »pneumatischer (geistlicher) Bruderschaft« und »psychischer Bruderschaft«. Er warnt vor einer Verwechselung von christlicher Bruderschaft mit einem Wunschbild frommer Gemeinschaft. Er schreibt: »Was einer als Christ *in sich* ist, in aller Innerlichkeit und Frömmigkeit, vermag unsere Gemeinschaft nicht zu begründen, sondern was einer *von Christus her* ist, ist für unsere Bruderschaft bestimmend.«

Beseligende Erfahrung und beglückende Hochgestimmtheiten machen noch nicht christliche Gemeinschaft aus. »Denn Gott ist nicht ein Gott der Gemütserregungen, sondern der Wahrheit.« Diese 1939 geschriebenen Sätze sind über 40 Jahre später, im Zeitalter von Gruppendynamik, aber auch im Blick auf manches fromm-seelische Gemeinschaftsverständnis ganz neu aktuell.

G. Röckle

Gerechtigkeit/Recht

I. Wortbedeutung

Der landläufige Gebrauch des Wortes »Gerechtigkeit« ist weitgehend vom antiken griech. Denken bestimmt. Demnach bezeichnet der Begriff eine »Tugend«, die für das Zusammenleben der Menschen von höchster Bedeutung ist. Recht (dem ursprünglichen griechischen Wortsinne nach »Weisung«) ist dann die verbindliche und unantastbare Ordnung für dieses Zusammenleben.

Ganz anders ist das bibl. Verständnis. Entscheidend ist hier der Ansatz bei Gottes Gerechtigkeit und nicht bei irgendwelchen irdischen Maßstäben und Zwecken. Der gerechte Gott setzt Recht, er offenbart es den Menschen; denn eingebettet in Gottes Recht soll der Mensch recht leben. Gottes Gerechtigkeit ist somit wesensmäßig nicht eine »Eigenschaft« oder eine Art »Tugend«, sondern *sein* Gerechtigkeitshandeln: Gott erweist sich als der Gerechte. Und weil dabei immer der Mensch im Blick ist, beschreibt Gerechtigkeit letztlich das Verhältnis zwischen Gott und Mensch und – daraus folgend – zwischen den Menschen.

II. Der Begriff in der Bibel

A. IM ALTEN TESTAMENT

1. In → Israel bestimmt das Recht, das Gott seinem Volk offenbart, das gesamte Leben. Religiöser Bereich und »weltlicher« Alltag sind nicht zu trennen. Im Zentrum steht das → Gebot der Gottes- und Nächstenliebe (5Mo 6,5; 3Mo 19,18). Auf diesem Hintergrund fordern vor allem die → Propheten immer wieder dazu auf, sich für die Armen und Schwachen einzusetzen (vgl. Jes 5; Am 4; 5; → Arm/Armut). Damit ist deutlich: Das Recht besteht nicht aus Paragraphen in verstaubten Fachbüchern; vielmehr ist es der Niederschlag einer lebendigen Gottesbeziehung, die im Recht-tun gelebt wird. Dabei weiß Israel sich getragen von der Gerechtigkeit Gottes, die man immer wieder erfahren hat und auf die man sich verlassen kann, denn Gott ist treu (Ps 111,3; 119,143; auch 118,15). Mehr noch: Die ganze Welt untersteht seiner Gerechtigkeit (Ps 96,13). Man ist also nicht einem blinden Schicksal ausgeliefert. Deswegen weiß der einzelne Fromme wie das Volk: »Du führst mein Recht und meine Sache, du sitzest auf dem Thron, ein rechter Richter« (Ps 9,5). Das ist Grund zum → Lobpreis (Ps 71,15f).

2. Daß der gerechte Gott sein erwähltes Volk und den einzelnen Menschen in Pflicht nimmt, betont das AT immer wieder. Der in Gottes Gerechtigkeit hineingerufene Mensch soll den im Gesetz niedergelegten Willen Gottes tun. Doch dabei wird er immer wieder schuldig. Er verkehrt Gerechtigkeit in Ungerechtigkeit und ruft Gottes → Zorn hervor. Freilich: Wenn Gott straft und richtet, so ist das nur gerecht (vgl. Neh 9). Das gilt auch, wenn Gottes Richter-Handeln unbegreiflich ist, ja einen zu erdrücken droht. Gerade in der → Anfechtung kommt alles darauf an, in der von Gott kommenden Gerechtigkeit zu bleiben. Der Mensch ist ja nicht aus sich heraus gerecht (Hiob 4,17), sondern bekennt: »Im Herrn habe ich Gerechtigkeit und Stärke« (Jes 65,24). Als Sünder bedarf er der → Vergebung, muß er wieder »zu Recht« gebracht werden (Ps 143,1f). Gottes Gerechtigkeit, die → Barmherzigkeit und → Gnade einschließt, zielt auf das → Heil des Menschen, weswegen Gott schon im AT zuweilen → Heiland genannt wird (vor allem in den Psalmen und bei Jesaja). Damit wird auf den Kommenden hingewiesen, von dem das NT spricht.

B. IM NEUEN TESTAMENT

1. Am Anfang der → Bergpredigt heißt es: »Selig sind, die da hungert und dürstet nach der Gerechtigkeit; denn sie sollen satt werden« (Mt 5,6). Etwas später findet sich das Wort Jesu: »Es sei denn eure Gerechtigkeit besser als die der Schriftgelehrten und Pharisäer, so werdet ihr nicht in das Himmelreich kommen« (Mt 5,20). Beide Aussagen muß man zusammensehen; denn beide Male geht es nicht darum, sich selber als gerecht hinzu-

stellen, sondern sich mit Gerechtigkeit beschenken zu lassen. Darum geht es im NT immer wieder; man denke etwa an die Auseinandersetzungen Jesu mit den → Pharisäern (vgl. Lk 18,9–14). Dadurch, daß die Gerechtigkeit nur empfangen werden kann, wird sie freilich gerade nicht verniedlicht, sondern in ihrer Bedeutung erst wirklich groß gemacht. Wenn in Mt 6,33 vom »Trachten« nach der Gerechtigkeit die Rede ist als der entscheidenden Aufgabe der Christen, so steht das nicht im Widerspruch zu ihrem »Geschenkcharakter«. Gerechtigkeit ist Gabe und Aufgabe zugleich; hier kann nichts auseinandergerissen werden. Vor allem aber ist alle Selbstmächtigkeit ausgeschlossen, geht es doch immer darum, sich an Jesus Christus zu halten, »der gerecht ist« (1Jo 2,1). Dieser Gerechte will ja gerade die Verlorenen beschenken (Lk 5,32; vgl. Lk 15). Doch der Beschenkte darf die Hände nicht in den Schoß legen; er ist gerufen, den Willen Gottes zu tun. Aber die Reihenfolge muß beachtet werden: Das Tun der gerechten Werke ist Folge – und nicht Voraussetzung – der geschenkten Gerechtigkeit.

2. Paulus spricht davon, daß Christus uns »zur Gerechtigkeit« gemacht ist (1Kor 1,30). Im stellvertretenden Opfertod seines → Sohnes geht Gott radikal gegen die → Sünde an, indem er im Sündlosen alle Gottesfeindschaft der Sünder sühnen läßt und so seine Gerechtigkeit durchsetzt, die den Menschen zugute kommt. »Wie denn durch *eines* Sünde die Verdammnis über alle Menschen gekommen ist, so ist auch durch *eines* Gerechtigkeit die → Rechtfertigung zum Leben für alle Menschen gekommen« (Röm 5,18). Daraus folgt: »Ist jemand in Christus, so ist er eine neue Kreatur, das Alte ist vergangen, siehe, es ist alles neu geworden« (2Kor 5,17; → Opfer; → Versöhnung/Sühne).

Gegenüber dem Judentum muß Paulus daher immer wieder betonen: Nicht »durch des Gesetzes Werke«, sondern um Christi willen, der des »Gesetzes Ende« ist (Röm 10,4), wird der Mensch gerecht. Zu dieser Gerechtigkeit kann er gar nichts dazutun; sie ist allein im → Glauben zu empfangen (Röm 1,17; 3,28).

3. Also kommt es nicht mehr auf das Tun des Willens Gottes an? Im Gegenteil! Nach Röm 2,13 werden die »gerecht«, »die das Gesetz tun«. Aber sie tun es allein deswegen, weil sie Gottes Gerechtigkeit im Glauben empfangen haben, und nicht aus der Eitelkeit des Sünders heraus, vor Gott aus eigener Kraft bestehen zu wollen (vgl. Röm 10,3). Somit ist also auch bei Paulus das konkrete gerechte Handeln wichtig; denn Gott spricht den Menschen nicht nur gerecht, sondern *macht* ihn auch gerecht! Dies kann man an den Früchten des Glaubens sehen. Auf diese Früchte des Glaubens bildet sich der Christ freilich nichts ein; denn sie sind selbstverständliche Folge eines von Christus und seinem Heiligen Geist bestimmten Lebens (vgl. Gal 5,25). Vor allem der Jak.-Brief legt großen Wert darauf, daß der Gläubige gute Werke tut: ansonsten ist sein Glaube nichts wert. »Werke des Glaubens« im Sinne von »Früchten des Glaubens« sind nach Jakobus Lebenszeichen des Glaubens. Wichtig ist auf jeden Fall, daß die geschenkte Gerechtigkeit keine »billige Gerechtigkeit« ist, die uns die Hände in den Schoß legen läßt.

4. Natürlich weiß das NT auch davon, daß das neue Leben in Gerechtigkeit auf Erden noch nicht unangefochten gelebt werden kann. Die → Sünde bleibt eine ständige Gefahr bis zum Jüngsten Tag. Deswegen müssen auch die Christen noch durch die Endverantwortung hindurch, von deren Ernst das NT deutlich redet, von der es aber auch zu sagen weiß, daß Jesus Christus, der uns richtet, zugleich unser Verteidiger im → Gericht ist.

III. Der Begriff heute

1. Gerechtigkeit und Recht – ein Menschenrecht

Vor Gerichtsgebäuden steht manchmal das Standbild der »Justitia« als Symbol der Gerechtigkeit. Bei genauerer Betrachtung fallen drei Merkmale der Gerechtigkeit auf: »Justitia« hält eine *Waage* in der Hand; das soll die Sorgfalt und Genauigkeit des Richtens anzeigen. Daneben hält sie das *Schwert* als Zeichen der strafenden Gerechtigkeit. Schließlich fällt auf, daß sie vor den Augen eine *Binde* trägt. Dadurch wird zum Ausdruck gebracht, daß das Recht unabhängig, »ohne Ansehen der Person« gesprochen werden muß.

Diese charakteristischen Eigenschaften der »Justitia« finden allgemein Zustimmung. Fast alle sind sich einig: Gerechtigkeit ist ein hohes Gut; sie ist notwendig im Zusammenleben der Menschen. Recht und Ordnung müssen sein, wenn nicht alles drunter und drüber gehen soll. Das gilt im persönlichen wie im gesellschaftlichen Bereich:

Der Angestellte erwartet von seinem Arbeitgeber, daß er gerecht ist, ebenso der Schüler von seinem Lehrer. Das Kind erwartet von seinen Eltern Gerechtigkeit; es will nicht gegenüber seinen Geschwistern benachteiligt werden. Im Zusammenleben der Völker, Rassen und Nationen muß Gerechtigkeit herrschen.

Heute spielen vor allem die Begriffe »soziale Gerechtigkeit« und »persönliche Freiheitsrechte« eine wichtige Rolle. Am 10. Dezember 1948 haben die Vereinten Nationen die »Allgemeine Erklärung der Menschenrechte« verkündigt. Auf diese umfassenden Lebensrechte haben alle Menschen einen Anspruch; denn »alle Menschen sind frei und gleich an Würde und Rechten geboren« (Artikel 1). Wir sollten diese Menschenrechte, obgleich sie auf dem Boden des Humanismus entstanden sind, als Instrument gegen die menschenverachtende Ungerechtigkeit in der Welt hoch schätzen. Sie stimmen mit der bibl. Sicht des Menschen überein. Worauf sie aber nicht antworten, ist die Frage: Woher kommt es, daß die Welt voller Ungerechtigkeit und Unrecht ist, obgleich man so viel von Gerechtigkeit und Recht spricht und sich danach sehnt?

2. Gerechtigkeit und Recht – ein Gottesrecht

Die Bibel weiß etwas von der verkehrten Grundrichtung des Menschen, die er selbst verschuldet hat. Alles ungerechte Verhalten hat seinen letzten Grund darin, daß das Verhältnis des Menschen zu Gott nicht in Ordnung ist. Der Mensch hat sich von Gott, der Quelle aller Gerechtigkeit, gesondert und steht nun unter der Macht von Sünde und Ungerechtigkeit. Aus dieser Sklaverei kann er sich nicht selbst befreien. Da helfen keine angeblich noch so guten Werke; denn auch diese kommen ja aus seiner verkehrten Grundhaltung, in der er um sich selbst kreist und von Gott nichts wissen will.

Der Mensch kann daher nur von Gott selbst »zu Recht« gebracht werden – in → Jesus Christus. Durch seinen Kreuzestod werden wir von Gott mit Christi Gerechtigkeit beschenkt, umsonst (→ Kreuz). Martin Luther beschreibt diese Erfahrung der »geschenkten Gerechtigkeit« sehr schön in seinem Lied »Nun freut euch, lieben Christen g'mein« (EKG 239). Um Christi willen ist der Mensch aus Gnaden gerechtfertigt (→ Rechtfertigung). Es ist deutlich, diese Gerechtigkeit Gottes ist von anderer Art, als sie die Verfassungen und Gesetze der Welt kennen. Hier wird nicht jedem das Seine zuteil, das er verdient hätte, sondern hier wird der Sünder aus freien Stücken *maßlos* beschenkt. Gott rechnet nicht ab nach dem Motto »Auge um Auge, Zahn um Zahn«, sondern seine Gerechtigkeit ist ganz umfangen von seiner → Liebe und → Barmherzigkeit.

3. Gelebte Gerechtigkeit

Einem so beschenkten Christen wird man anmerken, daß er von Gott »zu Recht« gebracht ist. Er wird in seinem Alltag Zeugnis davon ablegen und »gerecht« leben. Und diese gelebte Gerechtigkeit wird die Merkmale göttlicher Gerechtigkeit an sich tragen. Sie kann sich nicht in der Vergeltungsgerechtigkeit erschöpfen, wie sie die Gesetzbücher fordern. Diese Gerechtigkeit nämlich ist kalt, ja hart; die Gerechtigkeit der Christen aber soll warm sein, weil sie durch und durch bestimmt ist von der Liebe, die von »oben« kommt. Sie rechnet nicht auf, sie fragt nicht danach, was der andere verdient, sondern schenkt sich dem → Nächsten.

Wenn Christen so leben, verwandeln sie die Welt, indem sie Zeugnis ablegen davon, daß sie selbst durch Gottes Gerechtigkeit verwandelt worden sind. Man kann sich nicht von Gott beschenken lassen und im konkreten Leben so tun, als wäre nichts geschehen. Es ist unmöglich, Gott zu lieben und an seinem → Bruder vorbeizugehen.

Christian Fürchtegott Gellert schreibt in einem Lied:

»So jemand spricht: ›Ich liebe Gott‹
und haßt doch seine Brüder,
der treibt mit Gottes Wahrheit Spott
und reißt sie ganz darnieder.
Gott ist die Lieb und will, daß ich
den Nächsten liebe gleich als mich.«

(EKG 484)

4. Eine nachdenklich machende Frage

Und doch bleibt die Frage: Wo haben denn die Christen in fast 2000 Jahren durch ihre Gerechtigkeit und Liebe die Welt verändert? Geschieht hier nicht viel zu wenig? In der Tat bleiben wir hier sehr viel schuldig. Ständig lassen wir uns von Sünde und Ungerechtigkeit gefangennehmen und verleugnen unseren neuen »Stand« als Gerechte. Hier gibt es nichts zu beschönigen. Wir haben → Buße zu tun, umzukehren. Wenn wir das tun, dann werden uns auch die Werke der Gerechtigkeit möglich. Gott sei Dank gibt es sie immer wieder auf der Welt. Man denke etwa an Mutter Theresa, die in den Slums von Kalkutta den Ärmsten der Armen »gerecht« wird, indem sie ihnen die Liebe Christi austeilt. Da blitzt etwas auf von der neuen Welt Gottes. Heinrich Böll sagt einmal – bei aller Klage über das bequeme und nachlässige Leben der Christen: »Ich empfehle es der Nachdenklichkeit und Vorstellungskraft der Zeitgenossen, sich eine Welt vorzustellen, auf der es Christus nicht gegeben hätte.« Christi Gerechtigkeit aber muß täglich mehr bekanntgemacht werden in der gehorsamen → Nachfolge der Seinen – in den Familien, in der Schule, am Arbeitsplatz, im Bereich von Gesellschaft und Politik.

W. Metz

Gericht/Richten/Verdammnis

I. Wortbedeutung

Im Griech. geht es bei dem Begriff *krisis* (= Gericht) zuerst um das »kritische« Fragen, das nach sorgfältiger Untersuchung eine eigene Meinung ermöglicht. Von hier stammt das eingedeutschte Wort »Kritik«. Solche »kritische« Meinungsbildung hilft zur Entscheidung zwischen »richtig« und »falsch«, zwischen »gut« und »böse«; sie hilft zur »Krise«, zur Entscheidung, zu endgültigem Urteil. So umfaßt der Begriff das gesamte Feld von der Beurteilung bis zur Verurteilung. Im Hebr. meint der Begriff des Richtens vorrangig das Handeln des verantwortlichen, an Gottes Ordnung gebundenen *Richters.* Gott selbst und die von ihm Beauftragten schaffen dem Unterdrückten Recht; mit der Bestrafung des Bösen ächten sie die Bosheit, die Gottes Schöpfung belastet.

II. Der Begriff in der Bibel

1. Gottes Gerichte und das Endgericht

»Es ist dem Menschen gesetzt, einmal zu sterben, danach aber das Gericht« (Hebr 9,27). – »An jenem Tag wird Gott das Verborgene der Menschen durch Jesus Christus richten, wie es mein Evangelium bezeugt« (Röm 2,16). In diesem Endgericht wird weltweit deutlich werden, daß Gottes Reich sich nicht mit dem Bösen in der Welt abfinden muß. Das schon jetzt in dieser Weltzeit ergehende »Gericht«, das Gott je und dann als gerechter »Richter aller Welt« (1Mo 18,25; vgl. Jes 33,22) sowohl an den Bedrängern → Israels (z.B. an Pharao und ganz Ägypten) als auch an seinem ungehorsamen Volk (vgl. Jes 3,13f; 4,16f) ausübt, ist nicht mehr als ein zeichenhafter Hinweis auf jenes »letzte Gericht« (Zeph 3,8), auf das Gott mit aller Welt zugeht. Dies letzte Gericht, das bei den späten → Propheten Israels und dann vor allem im NT bezeugt ist, wird offenkundig machen, daß Gott alle Fäden der Weltgeschichte in der Hand hat. »Er kommt, er kommt zu richten das Erdreich. Er wird richten den Erdkreis mit Gerechtigkeit und die Völker mit Wahrheit« (Ps 96,13).

2. Der gerichtete Jesus und das Endgericht

Der Täufer Johannes hatte schon für das erste Kommen Jesu in unsere Welt die Scheidung zwischen Gerechten und Bösen erwartet (Mt 3,11ff). Jesus stellt jedoch für sein erstes Kommen klar: »Ich bin nicht gekommen, daß ich die Welt richte, sondern daß ich die Welt rette« (Joh 12,31). Jesus schafft selbst eine Rettungsmöglichkeit, indem er den Blitzstrahl des göttlichen Gerichtes »über die Welt« im Kreuzestod auf sich zieht und so das Endgericht vorwegnimmt (Joh 12,31ff; vgl. auch Mt 26,28 und Jes 53,5.12). Wer im Glauben mit Jesus verbunden ist, wird »nicht verloren werden, sondern das ewige Leben haben« (Joh 3,16). Darum ist das Endgericht nicht allein etwas »Kommendes« (Joh 5,24 bedeutet: in das Gericht *kommt* der Glaubende nicht erst, sondern er *hat* schon jetzt eine entscheidende Schwelle überschritten); schon jetzt fallen in der Begegnung mit Jesus Entscheidungen, die einst im Gericht und darüber hinaus für die Ewigkeit Bedeutung haben (Joh 3,19.36; 6,40; 15,6). Das alles hebt den Ernst des Endgerichtes nicht auf, sondern verschärft ihn vielmehr. Gerade weil es dies Gericht geben wird, ist Jesus um die Rettung der Menschen besorgt. Gerade weil Jesus nicht mißverstanden sein will, kündigt er für sein »Kommen in Herrlichkeit« die vom Täufer Johannes erwartete Scheidung klar an (Mt 25,31ff). Jesus selbst wehrt aller Verharmlosung des heiligen Gottes, »der Leib und Seele verderben kann in der Hölle« (Mt 10,28). Jesus selbst redet immer wieder von diesem letzten, »jüngsten« (nach dem, wie bei einem jüngsten Kind, kein anderes mehr kommt) Gericht (Mt 7,2; 10,15; 11,22; 12,36). Für dieses Gericht ist von Gott schon jetzt der Tag festgesetzt; dies Gericht wird die ganze Menschheit erfassen; Vollstrecker des Gerichtes wird Jesus sein (Apg 17,31). Vor ihm wird alles, sogar das »Trachten des Herzens« (1Kor 4,5), ja, »jedes nichtsnutzige Wort« (Mt 12,30) klar ans Licht gebracht (vgl. Hebr 4,13). Im Gericht wird nicht die Gesinnung, sondern das wirklich gelebte Leben bewertet werden (Mt 16,27; 25,31ff). Auch die Glaubenden werden vor dem Richterstuhl Christi ihr Leben verantworten müssen (2Kor 5,10). Es gibt jedoch »keine Verdammnis für die, die in Christus Jesus sind« (Röm 8,1). Sie haben das entscheidende »Werk« aufzuweisen, den → Glauben an Jesus (vgl. Joh 6,29). Sie werden sogar am Gericht Jesu über die übrige Welt als »Beisitzer« mitwirken (Mt 19,28; 1Kor 6,2). Das Gericht selbst bringt die letzte Scheidung zwischen gesegneten Erben des Reiches Gottes und zwischen den in das »ewige Feuer« Verfluchten (Mt 25,31ff). Dieses schmerzliche Entweder/Oder gehört zum Urgestein des Evangeliums (vgl. Mt 7,13).

3. Gottes Gericht und menschliches Richten

Auch menschliches »Gericht ist Gottes« (5Mo 1,17; vgl. auch Röm 13,1–5). Noch wichtiger als Unbestechlichkeit der Richter, Gründlichkeit der Tatbestandsaufnahme samt Absicherung durch mehrere Zeugen (vgl. 5Mo 16,9; 17,4.6) ist das Wissen um → Gut und → Böse. Das kann nur Gott geben. Weil Salomo als König »recht richten« will, erbittet er von Gott das Wissen um Gut und Böse (1Kön 3,7–12). – In diesem Geist Gottes soll die Gemeinde auch Streitfälle in den eigenen Reihen schlichten können, ohne ungläubige Richter hinzuziehen zu müssen (1Kor 6,1–5). Dagegen sollen Nachfolger Jesu keine endgültigen Urteile über andere Menschen abgeben (1Kor 4,5; Jesu Befehl »richtet nicht« in Mt 7,1 verbietet das Ver-Urteilen, nicht das Be-Urteilen). Erst recht sollen sie keine Verdammungsurteile vollstrecken; »denn es steht geschrieben: Die Rache ist mein, ich will vergelten, spricht der Herr« (Röm 12,19); → Rache.

III. Der Begriff heute

1. DAS GERICHT – UND TROTZDEM EIN GOTT DER LIEBE?

Jesus wird wiederkommen »zu richten die Lebenden und die Toten«. So bekennt es die Christenheit zu Recht. Manche sehen in diesem Bekenntnis eine Spannung zur → Liebe Gottes. Das Gegenteil ist richtig! Gerade weil es den Ernst des Endgerichtes gibt, trieb es Gott aus Liebe zu den Menschen zum Opfer seines Sohnes. »Darin steht die Liebe, . . . daß Gott uns geliebt hat und gesandt seinen Sohn zur Versöhnung für unsere Sünden . . . Gott ist Liebe . . . Darin ist die Liebe völlig bei uns, daß wir Zuversicht haben am Tage des Gerichtes« (1Jo 4,10.16.17). Gerade im Blick auf das Endgericht bewährt sich Gottes Liebe. Weil Gottes *Gericht* eine Wirklichkeit ist, darum kommen nicht automatisch alle Menschen in den Himmel. Weil Gottes *Liebe* eine Wirklichkeit ist, die uns Jesus als Retter anbietet, darum müssen nicht alle Menschen unausweichlich in die Hölle.

2. DAS GERICHT – UND TROTZDEM NOCH »FROH«-BOTSCHAFT?

Das Evangelium als Frohbotschaft (→ Evangelium) spricht vor allem von Jesus. Wer Jesus, den Gekreuzigten und Auferstandenen, liebgewonnen hat, wird auch Zugang finden zum Verständnis des Endgerichtes. Es wird ihm nicht mehr befremdlich sein. Denn an Jesus, den Gott »für uns zur Sünde gemacht« hat (2Kor 5,21), wird die Wahrheit anschaulich: »Schrecklich ist's, in die Hände des lebendigen Gottes zu fallen« (Hebr 10,31). Der umgekehrte Erkenntnisweg wird die Ausnahme sein. Ihn ist Gott mit Menschen gegangen, die er zu vollmächtigen Verkündigern des Wortes vom Kreuz gemacht hat. Nachdem sie zu Tode erschrocken waren, sie seien unausweichlich für die Hölle bestimmt, wurde ihnen der gekreuzigte Jesus zum Trost. Darum konnten sie ihn – angefangen von Martin Luther bis hin zu Evangelisten unserer Tage – dringlich bezeugen. Aber sie haben anderen nie die Hölle heiß gemacht, um dann Jesus besser »verkaufen« zu können. Auch die Bibel spricht ja nur andeutungsweise von den Schrecken der Verdammnis (z.B. »das ewige Feuer«, Mk 9,43). Ausführlich spricht sie dagegen vom → Leiden Jesu. »Die Strafe liegt auf ihm, auf daß wir Frieden hätten« (Jes 53,5). Das ist Frohbotschaft, die mitten hineinführt in den Ernst des Endgerichtes – und in die Vorfreude darauf, daß Gott einmal ganz gewiß allem Bösen Einhalt gebieten und daß er das oft verdeckte → Heil groß herausstellen wird.

3. DAS GERICHT – UND TROTZDEM GEWISSHEIT?

Das Endgericht wird nicht Gesinnungen, sondern das wirklich gelebte Leben beurteilen. Dabei ist klar: Wer den Erbarmungswürdigen das Erbarmen verweigert, verfällt der Verurteilung – so der »Schalksknecht«, der nicht vergeben wollte, obwohl ihm vergeben war (Mt 18,23ff), so der reiche Mann, der für den armen Lazarus kein Auge hatte (Lk 16,19ff), so die Verfluchten, die den Geringsten weder Speise, noch Obdach, noch Kleidung gewährten (Mt 25,41ff). Kann es aber Gewißheit ewiger Rettung geben, wenn erst am Endgericht herauskommen wird, ob man nicht hier und dort Erbarmen schuldig blieb? Gegen diese Frage der Angst stellt die Bibel klar:

Im Endgericht wird herauskommen, was man an Jesus hat und wie wirklich »verloren« man ohne Jesus ist. Es wird herauskommen, daß es selbst im Gericht Gottes trägt, wenn man Jesus »hat«. Ihn hat Gott für unsere Sünden dahingegeben. Weil durch Jesu Sterben alles recht wurde, hat Gott diesen Jesus von den Toten auferweckt (vgl. Röm 4,25). Wer im Glauben mit diesem Jesus verbunden ist, kann unmöglich in derselben Sache, für die Jesus schon eingetreten ist, noch einmal angeklagt und verurteilt werden. »So gibt es nun keine Verdammnis für die, die in Christus Jesus sind« (Röm 8,1). Ebenso aber wird herauskommen, daß wirklich derjenige »viel Frucht« gebracht hat, der in Jesus geblieben ist (vgl. Joh 15,5–8). Wer dem Heil in Jesus traut, der wird in gespannter Erwartung auf den Tag zugehen, da auch Frucht der Gemeinschaft mit Jesus, auch gerade im Bereich des Erbarmens mit den Geringsten, offenbar werden wird (vgl. Kol 3,4; → Arm/Klein/Gering). So sprengt Heilsgewißheit alle christliche Trägheit. Dabei muß man nicht dauernd selbst nachmessen, was man erreicht hat. »Der Herr ist's, der mich richtet . . . Er wird ans Licht bringen, auch was im Finstern verborgen ist . . . Alsdann wird einem jeglichen von Gott sein Lob widerfahren« (1Kor 4,5).

4. Das irdische Richteramt
Den Trägern dieses wichtigen Amtes sollten Christen ganz neu Achtung und Dankbarkeit entgegenbringen. Für ihren Dienst sollten sie in Fürbitte eintreten. Ihren Einsatz gegen Gesetzlosigkeit und Gesetzesübertretung, gegen Bosheit, Unwahrheit, Zerstörung und Mord sollten sie nach Kräften unterstützen und gutheißen. Trotzdem sollen Menschen, die sich Christen nennen, die Hilfe des Richters dann nicht in Anspruch nehmen, wenn es zu Spannungen in der Gemeinde kommt.

R. Scheffbuch

Gering → Arm/Klein/Gering

Gesang → Lied/Gesang

Gesetz → Gebot/Weisung/Gesetz

Gesetzlos → Unglaube/Gottlos/Gesetzlos

Gewissen

I. Wortbedeutung

Unser Wort »Gewissen« ist von »Wissen« abgeleitet und bedeutete ursprünglich »Bewußtsein«. Ähnlich hängt der griech. Begriff für Gewissen mit dem Wort »sich bewußt sein« zusammen, wörtlich: »sein eigener Mitwisser sein«. Es drückt bereits aus, daß sich hier der Mensch selber beobachtet und dabei möglicherweise mit sich selbst in Streit geraten kann. Findet das Bewußtsein vom eigenen Verhalten dann zu einem wertenden Urteil, so gewinnt das Wort die moralische Bedeutung »Gewissen«.

Sprichwörter wissen, daß das »gute« Gewissen »ein sanftes Ruhekissen« ist, während das »böse« »Gewissensbisse« bereitet. Wir erleben das Gewissen aber nicht nur als richtendes Gefühl, das sich nach unseren Taten einstellt. Es erscheint uns auch als Wegweiser für unser Handeln, fast wie ein inneres Organ, wie eine Art Kompaß zur Orientierungshilfe. Diese Vorstellungen sind aber durch Philosophie und christliche Tradition mitgeprägt. Beides müssen wir an der Bibel prüfen.

II. Der Begriff in der Bibel

1. Das AT kennt keine selbständige Gewissensinstanz. Der Fromme weiß sich direkt vor Gott stehend und von ihm erforscht und erkannt: Gottes Wort leitet ihn auf dem Weg (Ps 139). Er kennt zwar auch einen inneren Zwiespalt. Er spricht aber nicht von »Gewissensbissen«, sondern von Empfindungen seiner Organe → Herz und Nieren (1Sam 24,6; Ps 16,7). So bittet er Gott um das Geschenk des »reinen Herzens« (Ps 53,12).

Auch wenn im NT der Begriff »Gewissen« auftaucht, ist er bezogen auf und geprägt vom entscheidenden Gegenüber zu Gott – dem Gott, der in Jesus Christus rechtfertigt! Deshalb finden wir keine geschlossene und einheitliche Lehre vom Gewissen. Seine Rolle als Wegweiser (Kompaß) und als Richter über unsere Taten und uns selbst kann nur noch begrenzt sein.

2. Paulus begrenzt die *Rolle des Gewissens als Wegweiser* anläßlich der Streitfrage um das Götzenopferfleisch (1Kor 8,7ff; 10,25ff; → Götze/Götzendienst). Es gibt Christen, denen ihr »schwaches Gewissen« den Fleischgenuß verbietet; andere fühlen sich frei dazu. Weil diese Norm nicht von Gott gesetzt, allerdings auch nicht sündig ist, darf jeder seinem eigenen Gewissen folgen (8,7f) und braucht sich nicht vom fremden Gewissen bevormunden zu lassen (10,29). So ist die Stimme des Gewissens zwar respektiert. Indem aber verschiedene Normen nebeneinander gelten können, ist sie zugleich begrenzt.

Das Gegenüber zu Gott kann aber auch das Gewissen korrigieren: Das »schwache« Gewissen darf sich von ängstlicher Prüfung befreien lassen (10,25–27). Aber diese Freiheit gibt es nur in der Bindung an den Herrn und seinen Auftrag: es gilt nun zu fragen, was der Ehre Gottes und dem Heil der Menschen dient (10,31–33). Das kann bedeuten, auch die Normen des »schwachen« Gewissens eines → Bruders um seinetwillen mitzuübernehmen (8,11–13).

Demnach erscheint das Gewissen als ein »Organ«, das über die Ausführungen von Normen wacht, sie aber nicht selber erteilt. So darf auch Röm 2,15 nicht so ausgelegt werden, als wäre die Stimme des Gewissens bereits die Stimme Gottes. Vielmehr kommt es darauf an, daß der Christ sein Gewissen nach Gottes → Wort ausrichtet (→ Gebot).

3. Wieder bei Paulus erscheint auch die *Rolle des Gewissens als Richter* begrenzt. Weder das Urteil von anderen noch des eigenen Gewissens ist die letzte Instanz, sondern Gottes Urteil gilt (1Kor 4,3f; vgl. 1Jo 3,20). Ihm darf sich der Christ getrost anvertrauen, weil er vom Freispruch Christi lebt. Hebr. 9,14 nennt uns den Grund: Christi Opfer ist es, das unser Gewissen reinigt.

4. Dies geschieht aber mit dem Ziel, uns zum → Dienst für Gott freizumachen. So ist das »gute Gewissen« für den Christen zugleich *Gabe und Aufgabe.* Es gehört zur Bewährung, »Glauben und ein gutes Gewissen« zu behalten (1Tim 1,19). Wenn Paulus sich über das

Zeugnis seines an Gott ausgerichteten Gewissens freut, so kann er auf seinen untadeligen Lebenswandel zurückblicken (2Kor 1,12; 4,2; vgl. Apg 24,16). Er nennt ihn aber einen Wandel »in der → Gnade Gottes«, und seine erstaunliche Gewißheit gründet letztlich im Glauben an die → Rechtfertigung.

Deshalb werden im NT »Glauben und gutes Gewissen« oft zusammen genannt! Und deshalb kann die → Taufe als »Bitte an Gott um ein gutes Gewissen« verstanden werden. Die Kraft der → Auferstehung ermöglicht ihre Erfüllung (1Petr 3,21f). Es ist zugleich die tiefste Erfüllung der Bitte des alttestamentlichen Beters (s. II.1; → Gehorsam; → Glaube).

III. Der Begriff heute

Mitunter begegnet uns auch heute die Ansicht, das Gewissen sei die Stimme Gottes – oder doch des guten Kerns im Menschen, der gewiß zum Guten neige. Diese Ansicht ist nicht biblisch. Sie ist allerdings da verständlich, wo christliche Normen noch allgemein in Geltung stehen und dann auch die Gewissen geprägt haben. Wir wissen heute mehr als früher, daß das nicht selbstverständlich ist. Wenn das Gewissen ein Kompaß ist, dann einer, der noch ausgerichtet werden muß.

1. Die Gefährdung des Gewissens

So kommt alles darauf an, wer das Gewissen ausrichtet – und woran. Ein Egoist richtet alles nach seinem eigenen Vorteil aus. Hier wäre eher von Abtötung als von Prägung des Gewissens zu reden. Er tritt sich selbst ja nicht mehr kritisch gegenüber, was (schon nach der Wortbedeutung) erst »Gewissen« ausmacht.

Die wenigsten Menschen würden sich jedoch offen zum nackten, gewissenlosen Egoismus bekennen. Gewisse Normen vertreten die meisten. Oft allerdings nur, weil sie von der Mehrheit vertreten werden! Je größer die Unsicherheit wird, welche Werte gelten sollen, desto sicherer erscheint es, das Gewissen an die »Moral des guten Durchschnitts« zu binden. Tatsächlich haben schon öfters Ergebnisse von Meinungsumfragen im allgemeinen Bewußtsein neue Normen gesetzt.

Entscheidet aber der Trend in der Gesellschaft oder die Ansicht der Gesellschaftsschicht oder Gruppe, der man angehört, über die Prägung des Gewissens, so wird es gleichsam der Mode unterworfen: Die Frage, »was man tut«, stellt sich wie die Frage, »was man trägt«. Die Folgen können u.U. schlimmer sein als beim abgetöteten Gewissen: Gerade unser Jahrhundert bietet Beispiele, daß Menschen mit gutem Gewissen Verbrechen begingen, weil sie sich den herrschenden Normen anschlossen.

2. Das moralische Gewissen

Immer wieder stehen aber auch Menschen auf, die Zivilcourage üben. Sie machen sich nicht von der Masse abhängig. Ihre Selbstbestimmung fragt anders als beim Egoisten nicht nach dem eigenen Vorteil, sondern nach Handeln in Verantwortung. Sie lassen ihr Gewissen von humanistischen Idealen leiten, die ihnen als verpflichtend eingeleuchtet haben.

Als Christen können wir vor dieser Haltung nur höchsten Respekt haben. Wir begrüßen, daß auch unser Grundgesetz (Art. 4) die Unverletzlichkeit der Gewissensfreiheit schützt. In der Frage der Wehrdienstverweigerung (u.U. auch des Widerstandsrechts) wird es immer wieder nötig sein, diesem Gesetz zur Geltung zu verhelfen.

Aber ein Gewissen, mit dem der Mensch letztlich auf sich selbst angewiesen ist, stößt auf Grenzen, wie sie Bonhoeffer beobachtete: »Einsam erwehrt sich der Mann des Gewissens der Übermacht der Entscheidung fordernden Zwangslagen. Aber das Ausmaß der Konflikte, in denen er zu wählen hat – durch nichts beraten und getragen als durch sein eigenstes Gewissen –, zerreißt ihn. Die unzähligen ehrbaren und verführerischen Verkleidungen, in denen das Böse sich ihm nähert, machen sein Gewissen ängstlich und unsicher, bis er sich schließlich damit beschäftigt, statt eines guten ein salviertes (= beruhigtes) Gewissen zu haben . . .«

3. Befreiung und Bindung des Gewissens in Christus

Der einzige Halt für den Christen ist die Zuwendung Gottes in Jesus Christus. Sie bestimmt auch sein Gewissen. Wohl erfährt er angesichts des → Kreuzes erst recht sein »erschrockenes Gewissen« (Luther): Er erkennt nun, an wem allein er gesündigt, seine Verantwortung verfehlt hat. Er erfährt dies aber zu seinem → Heil. Denn Gottes Freispruch befreit ihn von allen Mächten, die sein Gewissen sonst bestimmen wollen. An Stelle der Fremdbestimmung und der Selbstbestimmung ist nun der → Gehorsam des Glaubens getreten. Er bindet das Gewissen nicht an ein moralisches Gesetz, sondern an die lebendige Person → Jesus Christus. Hier zeigt sich ein weiterer Unterschied zum moralischen Gewissen, das sich letztlich an Prinzipien und Normen orientiert. Hier dürfen wir uns von Gesetzlichkeit freimachen lassen, mit der wir so leicht uns und anderen die Freiheit nehmen. Der Christ stellt sich unter das Wort der Verkündigung, gebunden an das Wort der Bibel, um stets neu zu prüfen, was für ihn der Wille Gottes ist (Röm 12,2). Es mag äußerste

Grenzsituationen geben, wo sonst allgemeingültige Normen gesprengt werden, ja wo sogar Schuld übernommen werden muß.

»Wer hält stand? Allein der, dem nicht ... sein Gewissen ... der letzte Maßstab ist, sondern der (es) zu opfern bereit ist, wenn er im Glauben und in alleiniger Bindung an Gott zu gehorsamer und verantwortlicher Tat gerufen ist, der Verantwortliche, dessen Leben nichts sein will als eine Antwort auf Gottes Frage und Ruf« (Bonhoeffer).

4. Moralische Gewissenserziehung?

Daß wir allein an Christus gebunden sind, schließt nicht aus, daß wir das Gespräch in der → Gemeinde zur Klärung brauchen. Erst recht sind Kinder auf Anleitung durch andere angewiesen. Ihr Gewissen wird anfangs ganz unvermeidlich fremdbestimmt – es fragt sich nur, wie. Vor der Familie steht deshalb die Aufgabe der Gewissenserziehung.

Ihr vorläufiges Ziel ist, den Kindern die eigenen im Glauben gewonnenen Maßstäbe weiterzugeben. Dabei ist das Verhalten der Eltern stets wirksamer als jede Belehrung! Es ist hilfreich, sich bei Psychologen oder in guter pädagogischer Literatur zu informieren, in welchem Alter ein Kind »moralisch« zu unterscheiden beginnt, und wann es sich stärker an Vater oder Mutter (und deren Ansichten) bindet. Einmal wird sich jedes gesunde Kind von den Eltern lösen, um seinen eigenen Weg zu finden.

Das letzte Ziel der Gewissenserziehung ist daher die Anleitung zu verantwortlicher Mündigkeit. Daß das Kind dann mündiger *Christ* wird, haben die Eltern nicht in der Hand. Sie können ihm aber helfen, indem sie die angebotenen Maßstäbe ihres Gewissens vom letztgültigen Willen Gottes unterscheiden. Dann muß Lösung von solchen Maßstäben nicht Lösung vom Glauben bedeuten; der neue, »eigene Weg« kann trotzdem ein Weg mit Christus sein. Es bleibt das → Gebet, daß wir alle ihn als die Verantwortlichen gehen können und standhalten. U. Weidner

Gewißheit/Gewiß

I. Wortbedeutung

Mit dem Wort »Gewißheit« bezeichnen wir das Ergebnis einer eindeutigen, abschließenden, unwiderlegbaren Erfahrung und Beobachtung. *Gewiß* ist, daß sich unser Planet Erde um die Sonne dreht, nicht umgekehrt. *Gewiß* ist, daß wir Menschen, kaum geboren, schon alt genug zum Sterben sind. *Gewiß* ist, daß die Spaltung des Atoms gelungen ist und der Mensch damit einen Zuwachs an Macht gewonnen hat, wobei freilich keineswegs *gewiß* ist, ob ihm dieser Machtzuwachs zum Segen oder zum Fluch gereicht. *Gewiß* erscheint uns, was wir begreifen, betasten, vorzeigen, wahrnehmen können. Freilich, es könnte auch eine trügerische Gewißheit sein! Ein Wort von Albert Einstein, dem großen Physiker und Mathematiker, gibt viel zu denken: »In den langen Grübeleien meines Lebens habe ich erkannt, daß wir von einer wahren Erkenntnis der Dinge ungleich weiter entfernt sind als die meisten Menschen ahnen. Wir bewegen uns in einem Meer von Täuschungen.«

Die lateinische Sprache unterscheidet deutlich und mit Recht zwischen »certitudo« (Gewißheit) und »securitas« (Sicherheit). Der → Glaube ist kein Mittelding zwischen Gewißheit und Ungewißheit. Er ist ganz und eindeutig seines Herrn und des in ihm beschlossenen → Heils gewiß.

II. Der Begriff in der Bibel

1. Das *Hauptwort* »Gewißheit« kommt im Text und Wortlaut der Bibel nur an einer einzigen Stelle vor. Paulus schreibt in seinem Brief an die Christengemeinde in Thessalonich: »Unser → Evangelium ist bei euch in großer Gewißheit« (1Thes 1,5 nach Luther). Man kann das griech. Wort, das der → Apostel hier gebraucht, freilich auch mit »Fülle« übersetzen, so daß auch diese Belegstelle ausscheidet.

2. Um so häufiger ist freilich das *Eigenschaftswort* »gewiß« im AT und NT gebraucht. *Es bezeichnet einen eindeutigen, unwiderlegbaren Tatbestand.* David, von Saul verfolgt, sandte Kundschafter aus und erfuhr, daß Saul gewiß (d.h.: tatsächlich) gekommen sei (1Sam 26,4).

3. Vor allem taucht dieses Wort »gewiß« an all den Stellen der Bibel auf, die uns bezeugen, daß man sich auf den lebendigen Gott, seine → Treue zu dem, was er verheißt, *unbedingt verlassen kann.* »Was er zusagt, das hält er gewiß« (Ps 33,4). Er ist »ein gewisser und wahrhaftiger → Zeuge« (Jer 42,5). Er schenkt und erhält → Frieden »nach gewisser Zusage« (Jes 26,3). »Die Weissagung wird gewiß kommen und nicht verziehen« (Hab 2,3). Gott kann sich zwar beides, seine Heilszusagen und seine Gerichtsandrohungen, gereuen lassen (→ Reue Gottes; vgl. Jer 18,1–10). Er ist ein lebendiger Gott, der mit seinem Volk, mit dieser Welt, mit jedem einzelnen eine lebendige Geschichte hat. Aber gewiß ist, daß man sich in jeder Lage darauf verlassen kann, was sein → Name verspricht und verbürgt: »Ich bin, der Ich bin«; und »Ich werde sein, der Ich bin«. Das heißt doch: Ich wandle mich nicht, mir kannst du trauen (→ Ich; → Gott).

4. In der Treue Gottes zu seinen → Verheißungen ist der → Glaube verankert. Eben deshalb trägt er das Merkmal der Gewißheit! So bezeugt der Apostel Paulus: »Ich bin gewiß, daß weder → Tod noch → Leben, weder → Engel noch Fürstentümer noch Gewalten, weder Gegenwärtiges noch Zukünftiges, weder Hohes noch Tiefes noch keine andre Kreatur uns scheiden kann von der → Liebe Gottes, die in Christus Jesus ist, unsrem Herrn« (Röm 8,38). Dieselbe triumphierende Gewißheit bezeugt der 1. Johannesbrief: »Wir wissen, daß wir aus dem Tode in das Leben gekommen sind« (1Jo 3,14). Glaube ist nicht nur eine fromme Anwandlung des Herzens. Er ist Gottes und seines Heils gewiß. Dies um so mehr, als ja der lebendige Gott nicht nur zu uns *geredet* hat, sondern seine rettende Macht *mit der Tat bezeugt* und *bewiesen* hat: »Dies ist gewißlich wahr und ein Wort aller Annahme wert, daß Christus Jesus in die Welt gekommen ist, Sünder zu retten« (1Tim 1,15). Dennoch kann man diese Glaubens- und Heilsgewißheit nicht mit sich herumtragen wie die Uhr am Handgelenk. »Sicherheit« (securitas) ist mit dem Glauben unvereinbar, weil hier verkannt wird, daß er täglich neu erbeten und empfangen werden will. Auch gilt, daß sich der Glaube in mancherlei → Anfechtungen zu bewähren hat. Warum? Doch darum, daß aus dieser Gewißheit keine träge Sicherheit werde! Aber dies hebt nicht auf, daß Gott den Schild seiner → Treue über uns hält.

III. Der Begriff heute

1. Anstelle der Glaubensgewißheit, daß »Gott der Höchst und Beste mir herzlich günstig sei« (Paul Gerhardt) hat sich vieler Menschen in Vorahnung kommender Katastrophen ein Gefühl der Leere und Sinnlosigkeit des Daseins bemächtigt. Man kann daraus eine zweifache Konsequenz ziehen: Entweder erhebt man den größtmöglichen Lustgewinn in der kurzen Lebensspanne zum Höchstwert nach dem Wahlspruch: Lasset uns essen und trinken, denn morgen sind wir tot! Oder man tröstet sich mit dem Gedanken: Patet exitus, zu deutsch: ein Ausweg steht immer noch offen. Wenn das Dasein unerträglich werden sollte, steht es in meiner Macht, mich davonzustehlen.

2. Christenmenschen, die eine *gewisse* → Hoffnung ewigen → Lebens im Herzen haben, sind als einzige ermächtigt, das Panier der Hoffnung aufzupflanzen. Wie geschieht das? So, daß wir uns die untrüglichen → Verheißungen Gottes einprägen und zusprechen, dessen gewiß: Man darf den lebendigen Gott bei seinem Wort behaften! So, daß wir uns mit unsrer ganzen Existenz in der Treue Gottes verankern, dessen gewiß, daß er zu dem steht, was sein → Wort verspricht. Wir dürfen um die Gabe und das inwendige Zeugnis des Heiligen → Geistes bitten, der unserem Geist bezeugt: Du bist nicht abgeschrieben, vielmehr von Gott erkannt und geliebt. Niemand und nichts kann dich von seiner Liebe scheiden! Weniger als diese Gewißheit genügt nicht; und mehr als dieser Gewißheit bedarf es nicht, um die Welt und das Leben zu bestehen, ja als Überwinder das Zeichen des → Sieges (vgl. Offb 2,10) zu erlangen.

H. Lamparter

Glaube/Vertrauen

I. Wortbedeutung

Mit »Glauben« wird in erster Linie eine Beziehung ausgedrückt. Man fragt: *an* wen oder *an* was glaubst du? Wenn ich an jemanden glaube, *ihm* vertraue, dann kann ich auch das glauben (= als wahr annehmen), was er mir sagt. Glaube entsteht nicht ohne Grund; er ist die Antwort auf das Verhalten einer Person oder die Bedeutsamkeit einer Sache. An den Echocharakter von »Glauben« erinnern die sprachlichen Elemente *lieb* und *Lob* in unserem dt. Wort: »Glauben« geht zurück auf germ. *ga-laubjan*, »für lieb halten«, und zur gleichen Wurzel gehören u.a. »loben«, »(Treue) geloben« und »erlauben«. Ich glaube dem, der mich liebt, und gelobe Treue dem, der mir Vertrauen schenkt. Als Beziehungsbegriffe sind »Glaube« und »Vertrauen« weitgehend gleichbedeutend: an jemand glauben heißt ihm vertrauen. Dasselbe gilt auch für die entspr. bibl. Begriffe griech. *pistis* und hebr. *āman* (→ Amen). Wie gefüllt der dt. Begriff »Glaube« ursprünglich war, zeigt z.B. die Tatsache, daß Luther noch das Wort »Glauben« verwandte, wo wir heute von → »Treue« (Ps 146,6; Jes 11,5; Hos 2,22), von → »Wahrheit« (Jer 5,1; 7,28) oder »Wahrhaftigkeit« (Jer 5,3) sprechen. All das war also ursprünglich in »Glauben« enthalten!

Glauben und Vertrauen bezeichnen eine innere Überzeugung und Gewißheit, die auf einen äußeren Beweis verzichten kann. Noch immer wird so im Rechts- und Wirtschaftsverkehr auf Treu und Glauben gehandelt (vgl. 2Kö 12,16; Jes 33,8). Blinder Glaube verlangt keinen Beweis, weil er sich seiner Sache unerschütterlich gewiß ist.

In solcher Gewißheit wurzelt die Redeweise: »Ich glaube, *daß* dies oder jenes eintrifft bzw. stimmt«. Die Zusammenfassung alles dessen, was einer glaubt oder worauf er sein Vertrauen setzt, ist das Glaubensbekenntnis.

Auf diese Weise wird »Glauben« zum

Hauptbegriff aller Religionen und Konfessionen.

II. Der Begriff in der Bibel

A. IM ALTEN TESTAMENT

1. Im AT bezeichnet Glauben vor allem die *Beziehung → Israels zu seinem Gott.* Wer anderen Göttern glaubt, glaubt nicht. Israels Glaube gründet in seinen Gotteserfahrungen. Ihr innerster Kern liegt im Wunder der Errettung am Schilfmeer. Damals entstand Israels Glaube als Folge der göttlichen Heilstat (2Mo 14,31b). Die Grundbedeutung des atl. Wortes für »Glauben« tritt in dieser Geschichte sehr klar hervor: stille halten, Vertrauen fassen, nicht verzagen (14,13f). Diese Haltung fordert Gottes Mahnung immer wieder vor und in ausweglosen Situationen, z.B. im Krieg (5Mo 20,1–4; Jes 7,4). Jesaja, der Prophet des Glaubens, zieht daraus die Konsequenz: »Glaubt ihr nicht, so bleibt ihr nicht« (7,9; ähnl. 28,16). Die Glaubenden behütet der Herr (Ps 31,24), darum können Vertrauen, Ruhe und Zuversicht die Gehorsamsgestalt ihres Glaubens sein. Gott ist der → Heiland (Retter) aller, die ihm vertrauen (Ps 17,7).

2. Glaube versteht sich nicht von selbst. Er ist kein Optimismus aufgrund einer leichtfertigen Beurteilung der Lage. Schon gar nicht ist er eine geistige Haltung, zu der der Mensch von sich aus vordringt. *Der Glaube vertraut sich der Schutzzusage Gottes an.* So wird Abraham zum → Vater des Glaubens (1Mo 15,6). Als einer, der Glauben bewahrt und bewährt, ist er ein Gerechter. Später prägt ein → Prophet den Satz: »Der Gerechte wird durch seinen Glauben leben« (Hab 2,4). So gesehen ist Glaube etwas Umfassendes und Totales (Ps 116,10). Das NT greift speziell dieses Verständnis von Glauben auf, um die Antworthaltung auf die Christusbotschaft angemessen auszudrücken.

3. Nebenbei spricht das AT auch vom *Glauben an Personen,* etwa an Mose (2Mo 4), der oftmals Beweise braucht, damit man ihm glaubt (V.30f; vgl. auch 1Mo 45,26). – Im Rückblick auf Israels Geschichte wird Glauben zum *Fürwahrhalten* der Wunder Gottes (Ps 106,12); das Volk aber verweigert diesen Glauben oft (V.24). – Schließlich erfordert Glauben eine gewisse *Gotteserkenntnis* (Jes 43,10), die mehr und mehr in der Haltung des Glaubens das Element des Vertrauens zurückdrängt und so den Glauben in Gestalt einer gehorsamen *Treue* gegenüber den → Geboten zum Prüfstein für den Frommen macht.

B. IM NEUEN TESTAMENT

1. Im NT bezeichnet Glauben zunächst ein Vertrauen auf die Vatertreue Gottes, der für seine Geschöpfe sorgt (Mt 6,30), ihre → Gebete erhört (Mt 21,22) und als Antwort darauf die Gesetzestreue erwartet (Mt 23,23). Vor allem aber ist er Vertrauen auf Jesu → Vollmacht, Heilstaten zu tun (Mt 9,28f). Dieser Glaube geht dem Wunder immer voraus, seine Zuversicht zieht die Hilfe herbei. Ohne solchen Glauben kann Jesus keine Wunder tun (Mt 13,58). Der Glaube äußert sich in der Bitte um Hilfe (Mk 10,47; Mt 8,25); er läßt darin nicht locker (Mt 15,28ff; Joh 4,46ff) und zeigt mit seinem aktiven Wollen seine Ernsthaftigkeit als Gebetsglaube im Sinn von Ps 145,18f. Dieser Glaube bekommt, worum er bittet: Heilung (Mt 9,22; u.ö.) oder auch »Unmögliches« (Mt 14,28ff). Über die Erfüllung der Glaubensbitte verfügt allein → Christus, weil in ihm das → Heil Gottes gegenwärtig ist (Lk 4,16ff). Er gibt auch jedem Gebetsglauben Anteil an seiner Wundermacht (Mt 17,20; 21,21f), aber so, daß die Bitte stets vorausgehen muß.

2. In sachlicher Nähe zu den Evangelien versteht *Paulus* den Glauben als → Gehorsam (Röm 1,5; 10,16). *Alle Voraussetzungen für den Glauben des Menschen stehen allein bei Gott:* das Heil in Christus, die Predigt davon und das Hörenkönnen der Botschaftsempfänger (Röm 10,14ff). Das ganze Christusgeschehen ist für ihn der Glaube, der gekommen ist (Gal 3,25), so daß menschlicher Glaube lediglich das entsprechende Echo ist. Israels Geschichte wird nun ganz neu als Vorgeschichte des Glaubens gesehen (Hebr 11) und bereichert den Glauben um die Akzente Treue, Vertrauen und → Hoffnung. Wie zum Gebetsglauben das Wollen, so gehört zum Gehorsam des Glaubens die → Liebe (Gal 5,6; 1Jo 3,23f).

3. Schließlich entsteht in der christlichen Missionspraxis eine Redeweise vom Glauben, die das → Evangelium von Jesus Christus und Leben und Lehre der Kirche zusammenschließt. So heißt es Gal 1,23: »Der uns einst verfolgte, verkündigt jetzt den Glauben, den er einst zerstörte« (vgl. Hebr 6,1; Jud 20; 2Petr 1,1).

III. Der Begriff heute

1. Wissenschaft und Glaube

Im biblischen Sinn zu glauben wird heutzutage von vielen als altmodisch abgelehnt: Nicht um ein undeutliches oder spekulatives Verhältnis zur umgebenden Wirklichkeit gehe es, sondern um das wissende Erobern der Welt. Insofern erhält die *Wissenschaft* einen überragenden Stellenwert (dabei werden normalerweise unter Wissenschaft nur die

Naturwissenschaften oder mathematischen Wissenschaften verstanden).

Hinter einer solchen Lebenshaltung steckt die naive Vorstellung, daß Wissenschaft erfolgreich alle Geheimnisse der Welt ausloten, insbesondere alle Unzulänglichkeiten und Begrenzungen des Menschen aufheben könne. Diese Annahme ist falsch, denn

- jede wissenschaftliche Erkenntnis bringt neben den gewünschten Ergebnissen auch nachteilige Effekte mit sich, außerdem
- sind wissenschaftlicher Erkenntnis immer nur Teilbereiche der Wirklichkeit zugänglich, nämlich diejenigen, die meßbar, mathematisierbar und im Experiment reproduzierbar (wiederholbar) sind.

Letzteres bedeutet, daß keine exakte Wissenschaft Beiträge zu individuell empfundenen Gefühlen, Erleben von Schönheit, religiösen Vorstellungen liefern kann. Exakt-wissenschaftlicher Erkenntnis entziehen sich viele Aussagen der Bibel (z.B. Anfang der Schöpfung, Beschreibung des Menschen als Gegenüber Gottes, Wunder im Alten und Neuen Testament, Ziel der Schöpfung), da diese Aussagen den Erkenntnisrahmen der Wissenschaft übersteigen: Wissenschaft kann nur raumzeitlich denken, Gott kommt in ihrem Denkgebäude nicht vor, äußerst seltene Vorgänge (Wunder) kann sie nicht messend erfassen.

Aufgabe des Glaubens ist es nicht, als Lückenbüßer für Ungeklärtheiten (schlimmer: für *Noch-Nicht-Geklärtes*) der umgebenden Wirklichkeit aufzutreten, sondern Glauben im biblischen Sinn bedeutet, einen Zugang zur Wirklichkeit des Lebens und der Welt im ganzheitlichen Sinn zu finden, in der auch die Erkenntnis Platz hat, daß der Mensch sich als solcher nur im Verhältnis zu Gott begreifen kann. Der wissenschaftliche Zugang zur Wirklichkeit hat bei einer derartigen Lebenshaltung seinen berechtigten Platz, ist aber durchaus nicht allesbeherrschend, wie er ja auf die wichtigsten Lebens- und Weltfragen (Lebenssinn, -entstehung, -ende, Elend der Kreatur, Leid, Ungerechtigkeit etc.) keine Antwort weiß.

2. Glaube – Leistung oder Geschenk?

Nun wird oft die Frage erörtert, wie ein Mensch *zum Glauben kommen* kann. Ist der Glaube ein Wagnis, weil der Mensch sich selbst loslassen muß? Oder ist er eine Leistung, die man fordern oder zu der man einen Menschen drängen kann? Ein bekanntes Bild kann vielleicht zu einer Antwort helfen. Man vergleicht das Evangelium gern mit einem Rettungsring, der einem Schiffbrüchigen in höchster Lebensnot zugeworfen wird. Indem der Ertrinkende seine Hand nach dem Ring ausstreckt, erbringt er die Leistung seines Glaubens, die ihm niemand abnehmen kann. Richtig an diesem Vergleich ist, daß einem in der Tat niemand das Glauben abnehmen kann. Man kann eine Zeitlang glauben, *weil* andere glauben; man kann auch *so* glauben, *wie* andere glauben. Aber an sein Ziel kommt der Glaube erst, wenn einer wie Thomas sagt: »Mein Herr und mein Gott!« (Joh 19,28). Johannes erzählt sehr anschaulich von solch einer Wandlung im Glauben der Menschen: Kap. 4,39–42.

Aber ist der Glaube wirklich meine Leistung? Es ist doch für den Menschen keine ernsthafte Möglichkeit, sich dessen zu rühmen, daß er seine Hand nach dem rettenden Ring ausgestreckt habe. So gesehen ist der Glaube auch kein Wagnis, geschweige denn das Größte, zu dem ein Mensch sich aufschwingt. Angesichts der Situation des Ertrinkenden wäre es vermessen und hochmütig, so zu reden. Glaube ist der dankbare Zugriff nach Gottes ausgestreckter Hand; Glaube ist die reine Freude über Gottes vorurteilslose und bedingungslose Einladung an seinen Tisch. Glaube ist Gehorsam, weil er Gottes Einladung gehört hat. Er ist eine Frucht des Geistes (Gal 5,22). Der Glaube dankt Gott, daß er das Wollen und Vollbringen in mir bewirkt hat (Phil 2,13).

3. Glaube hat einen verbindlichen Inhalt

Gibt es neben dem christlichen Glauben nicht noch andere Glaubenswahrheiten und Glaubensweisen? Kann und muß man anderen Religionen den Glauben absprechen? Darf der Glaube so rechthaberisch und überheblich sein?

Um Streit zu vermeiden, sagen viele Menschen: »Hauptsache, ein Mensch glaubt; die Unterschiede über Inhalt und Weg sind nicht so wichtig.« Auf die Spitze getrieben läuft diese Ansicht auf die Feststellung heraus: Es ist gleichgültig, ob du aus Gründen deines Glaubens Menschen niedertrittst oder Kranke heilst; Hauptsache, daß du es intensiv tust.

Dies kann keine Möglichkeit für ein Glaubensverständnis sein. Alles kommt auf den Inhalt des Glaubens an. Darum müssen wir heute ebenso streiten wie Jesus (Joh 8,45f). In diesem Streit geht es auch heute um Jesus als Person in seiner Einheit von Mensch und Gott und um das Werk seiner Liebe in Tod und Auferstehung zur Rettung der von Gott getrennten Menschen. Der Glaube geht in diesen Streit in der Gewißheit des Sieges, den Christus zum Heil der Menschen erstritten hat (1Jo 5,4). Die Tatsache, daß Jesus vom Kleinglauben nur bei seinen Jüngern redet, sollte unseren Glauben vor Sicherheit bewahren und uns gerade im Streit um die Wahrheit des Glaubens zu dem Gebetsruf treiben: »Ich glaube, Herr, hilf meinem Unglauben.« → Treue; → Wahrheit/Wahrhaftigkeit; → Amen

A. Falkenroth

Gleichnis

I. Wortbedeutung

Das Wort »Gleichnis« (hebr. *maschal*; griech. *parabolä*) ist ein Sammelbegriff für eine ganze Reihe verschiedener Rede- und Literaturformen. So meint *maschal* z.B. einen Spott- oder Weisheitsspruch, ein Rätsel oder einen ausführlichen Vergleich, ein Gleichnis.

Eine ähnliche Bedeutungsbreite findet sich auch im NT, so daß aus der Literaturwissenschaft bekannte Einteilungen in Bildwort, Vergleich, Gleichnis, Parabel, Beispielerzählung viele Überschneidungen aufweisen, also eine Zuordnung im Einzelfall oft gar nicht einfach ist.

Beim Gleichnis unterscheidet man in der Regel zwischen »Bildhälfte« und »Sachhälfte«. »Mit dem Reich Gottes ist es so, wie ...« (Mk 4,26): Diese Einleitung eines Gleichnisses spricht die »Sachhälfte« an. Die »Sache«, um die es geht und die erklärt werden soll, ist in diesem Fall das Reich Gottes. In der Ausführung folgt nach »so, wie« die »Bildhälfte«. Die Bildhälfte selbst kann sehr kurz sein – dann spricht man von einem Bildwort oder einem Vergleich –, sie kann aber auch eine ganze Geschichte erzählen (z.B. die vom verlorenen Sohn, Lk 15).

Bei der Auslegung von Gleichnissen kommt es darauf an, den gemeinten »Vergleichspunkt« nicht zu verfehlen. Man darf sich den Zugang dazu durch die freie Übertragung und Ausschmückung von Einzel- und Nebenzügen des Gleichnisses nicht verstellen.

Eine Ausnahme ist die sog. Allegorie, in der nach einem bestimmten Auslegungsschlüssel jeder Zug einer Geschichte übertragen werden soll. Ein Musterbeispiel findet sich in Hes 17,1–10 mit der anschließenden Deutung V. 12ff.

Hilfreich zur Auslegung und zum Verständnis kann die Kenntnis einiger »Baugesetze« von Gleichnissen sein:

a) Bild- bzw. Erzählhälfte auf der einen Seite, Sach- bzw. Bezugshälfte auf der anderen Seite (s.o.);

b) es treten nie mehr als 3 Personengruppen auf; die Bildhälfte kann sich in mehrere Phasen oder Szenen gliedern;

c) es wird nur *ein* Handlungsstrang erzählt, nie verschiedene nebeneinander herlaufende oder miteinander verbundene;

d) das Wichtigste steht immer am Ende;

e) die Bildhälfte soll dem Hörer des Gleichnisses sofort einleuchten und keine weiteren Informationen nötig machen. Deshalb handelt sie von ganz alltäglichen Geschehnissen wie Fischfang, Aussaat, Äckern, Perlen, Kaufleuten usw. Es ist wichtig, sich klarzumachen, daß wir damit in der palästinischen Umwelt stehen, die uns in ihren Einzelzügen oft nicht vertraut ist. Deshalb Vorsicht vor falschen Rückschlüssen!

f) Die Gleichnisse wollen keine allgemeinen Wahrheiten über Gott und die Welt mitteilen (wie etwa Sprichworte), sondern tragen als Inhalt die Verkündigung an ganz bestimmte Zuhörer oder Zuhörergruppen. Im NT gibt es Gleichnisse, die in einer Situation an Pharisäer und Schriftgelehrte – also Jesus kritisch gegenüberstehende Gruppierungen – gerichtet sind, in einer anderen Situation aber an Jünger und damit an die Gemeinde (vgl. z.B. Lk 15,4–7 mit Mt 18,12–14). Also auf den Adressaten achten!

II. Der Begriff in der Bibel

A. IM ALTEN TESTAMENT

Das wohl bekannteste Gleichnis des AT ist die Geschichte, die der Prophet Nathan dem König David nach dessen brutalem Vorgehen erzählt: 2Sam 12,1–6 (er hatte Uria aus dem Weg räumen lassen, um dessen Frau heiraten zu können).

Ri 9,8–15 erzählt Jotam ein Gleichnis, das wir eine Fabel nennen können (die Krönung des Dornbuschs zum König der Bäume).

Jes 5,1–7 singt der Prophet ein Lied über einen Weingärtner und seinen Weinberg, ein Lied, bei dem das Lachen der Zuhörer erstirbt, wenn der Prophet die in sich klare und abgeschlossene Geschichte plötzlich auf die Zuhörer überträgt: »Des Herrn Zebaot Weinberg aber *ist das Haus Israel* und *die Männer Judas* seine Pflanzung, an der sein Herz hing. Er wartete auf Rechtsspruch, und siehe da: Rechtsbruch, auf Gerechtigkeit, und siehe da: Geschrei über Schlechtigkeit.« Hier steht das Gleichnis im Dienst der Gerichtsbotschaft des Propheten.

B. IM NEUEN TESTAMENT

Im NT kommen Gleichnisse fast ausschließlich in den Evangelien vor. »Und durch viele solche Gleichnisse sagte Jesus ihnen das Wort so, wie sie es zu hören vermochten. Und ohne Gleichnisse redete er nichts zu ihnen« (Mk 4,33f). Hier wird der Stellenwert der Gleichnisse für die Verkündigung Jesu deutlich. Er spricht seine oft einfachen Zuhörer an, indem er kurze Geschichten und Bilder aus der alltäglichen Erfahrungswelt gebraucht, sie an einem Punkt zuspitzt und damit das Entscheidende seiner Botschaft zum Ausdruck bringt. Sammlungen von Gleichnissen finden sich in den Kapiteln Mt 13 und 21; 22; 24; 25; Mk 4 und Lk 15.

Einigen Gleichnissen ist eine Deutung beigefügt (Mt 13,18–23; Mk 4,13–20), die bereits Erfolg oder Mißerfolg der Verkündigung ankündigen. Menschen, die sich nicht auf das Reich Gottes einlassen, bleibt der Zugang verschlossen (vgl. Mt 13,10–17).

Andere Gleichnisse warnen Jünger vor selbstgefälliger Sicherheit und rufen zum Handeln auf, das dem kommenden Reich Gottes entspricht: Bereitschaft zum Vergeben, Wachsamkeit, Erwartung, Dienst.

III. Der Begriff heute

1. Die Kürze und Griffigkeit der meisten Gleichnisse Jesu, die wir vielleicht schon oft gehört haben, verführt leicht zu der Meinung, man hätte sie längst verstanden. Damit verschließt man sich aber der Möglichkeit neuer überraschender Einsichten in die »Sachhälfte« (oft das → Reich Gottes). Es gilt, immer wieder unvoreingenommen und neu auf die Gleichnisse zu hören. Manchmal ist dabei nötig, daß man Sitten und Gebräuche in Palästina kennt (als Hilfe dazu dienen Erläuterungen zu den Evangelien wie z.B. die Wuppertaler Studienbibel, Barclays Erläuterungen zum NT sowie »Das Neue Testament Deutsch«).

2. Die Form der Verkündigung Jesu ist auch eine Frage an die Form unserer Verkündigung. Sie hat ein Hauptthema: das Reich Gottes (das Reich der Himmel), das immer wieder in neuen Variationen angesprochen wird. Jesus wählt eine einfache Sprache, die jedem zugänglich ist. Das Reich Gottes wird verglichen mit Geschehnissen, die der Erfahrungswelt der Hörer entstammen. Dabei wird dann oft das Alltägliche gesprengt, z.B. wenn jemand außergewöhnlich handelt (wie etwa der Kaufmann, der um der einen köstlichen Perle willen, die er fand, alles verkaufte, Mt 13,45f). Doch muß das Ungewöhnliche deshalb nicht unverständlich sein.

Die Verkündigung Jesu ist einfach, aber nicht primitiv. Das Reich Gottes wird nicht verraten an Sensationen oder Effekte. Die Verkündigung der Botschaft des Evangeliums und das Zeugnis für Jesus Christus heute können sich daran ein Beispiel nehmen. Anschaulichkeit kann erreicht werden, indem unsere Alltagswelt in den Glauben mit einbezogen wird. Es ist nicht einfach, diesen Blick für den Alltag zu bekommen. Doch genau da hinein muß das Reich Gottes bezeugt werden.

3. Im Bilderverbot gebietet Gott: Du sollst dir kein Bild noch Gleichnis machen (2Mo 20,3–5). Dieses Gebot wird im AT öfter aufgenommen, vor allem im Spott auf die Götzen (z.B. Jes 40,18–25). Gott empfindet es als Zumutung, mit einem wackligen Götzenbild verglichen zu werden. Allein der Mensch ist nach dem Bilde Gottes gemacht. Er wird damit hoch über die Götzen erhoben (vgl. Ps 8,6 nach Luther).

In *Christus* ist das Gegenbild, der Mensch Gottes, der Abglanz seiner → Herrlichkeit (Hebr 1,4) erschienen. Deswegen müssen alle Gleichnisse, auch die vom Reich Gottes, von Christus her verstanden werden, so wie *er* der Verkündiger des Reiches Gottes ist und kein anderer.

H.-G. Filker

Glücklich → Selig/Glücklich

Gnade/Gunst

I. Wortbedeutung

Die Worte »Gnade« und »gnädig sein« können im AT auch ein zwischenmenschliches Verhältnis des Wohlwollens und der Erbarmung bezeichnen. Bei 56maligem Vorkommen im AT ist das Wort aber 41mal auf Gott bezogen.

Auch im NT gibt es gelegentlich den Gebrauch des Wortes im Sinne von Gunst und Gefallen unter Menschen. Insbesondere aber bei Paulus ist das Wort »Gnade« der zentrale Begriff, der am klarsten sein Verständnis des Heilsgeschehens ausdrückt. In den paulinischen Briefen kommt dementsprechend das Wort Gnade (griech. *charis*) mit seinen entsprechenden Ableitungen weit häufiger vor als in allen übrigen ntl. Büchern zusammen. Bezeichnenderweise ist auch im Worte »Eucharistie« (= Abendmahl) und in dem Tätigkeitswort »danksagen« das Wort *charis,* Gnade enthalten. Im dt. Wort »Gnade« schwingt der Gedanke des Herabneigens, Herunterbeugens mit – vgl. das mhd. »die sunne gie zu genaden« = »die Sonne ging unter«. Vom lat. Wort für »Gnade«, *gratia,* ist unser Fremdwort »gratis« abgeleitet.

II. Der Begriff in der Bibel

A. IM ALTEN TESTAMENT

Gott erweist seine Gnade im Umgang mit dem ohne Verdienst und Würdigkeit auserwählten Volk. Im 2. Buch Mose wird in den Kapiteln 33 und 34 beschrieben, wie das Volk → Israel auf dem Wege seiner Pilgerschaft in Unglaube fällt und dem goldenen Kalbe huldigt, wie aber Moses angesichts des verdienten Gerichts stellvertretend um → Vergebung bittet und Gottes Gnade für das Volk erfährt: »Herr, Herr, Gott, barmherzig und gnädig und geduldig und von großer Gnade und → Treue« (2Mo 34,6). Solche und ähnliche Worte von Gottes Gnade (vgl. Ps 103,8; 86,15) sind das Grundbekenntnis Israels über seinen Gott, das sogar manchem Frommen zum Ärgernis wird (vgl. Jon 4,2). Zwar ist auch von der → Herrlichkeit Gottes und seiner heiligen Unnahbarkeit, von seiner unbestechlichen → Gerechtigkeit und seinem zornigen → Gericht vielfältig die Rede. Das Wunder der unverdienten Gnade aber ist es, welches von der Erwählung der Erzväter an alle Stationen des Volkes Israel begleitet (→ Erwählung). Ob von außen Feinde und böse Mächte drohen, ob im Innern Sünde und Abfall Gericht und Gnade heraufbeschwören, allemal behält die Gnade wie das erste so das letzte Wort. »Barmherzig und gnädig ist der Herr, geduldig und von großer Güte« (Ps 103,8). Die Gnade gilt dem einzelnen Frommen, zum Beispiel Noah (1Mo 6,8), Moses (2Mo 33,12), David (2Sam 15,25), aber auch dem ganzen Volk (Ps 98,3; Jer 31,2). Sie gilt in alle Weiten (Ps 108,5) und über alle Zeiten (Ps 100,5). Sie gilt gegen alle Widerstände (Jes 54,10) und trägt ihren Grund nur in sich selber: »Wem ich gnädig bin, dem bin ich gnädig« (2Mo 33,19). Darauf darf sich der Beter im Glauben verlassen: »Gott, sei mir gnädig nach deiner Güte« (Ps 51,3). Diese Verheißung steht über der Heilsgeschichte des Volkes Israel (Jes 61,2; Sach 12,10) und findet ihre Erfüllung in → Christus.

B. IM NEUEN TESTAMENT

Im Vorspruch des Johannesevangeliums steht der entscheidende Satz: »Das Wort ward → Fleisch und wohnte unter uns, und wir sahen seine Herrlichkeit, eine Herrlichkeit als des eingeborenen Sohnes vom Vater, voller Gnade und Wahrheit« (Joh 1,14). Gottes Macht und Herrlichkeit wird in Jesus Christus als Gnade unter den Menschen gegenwärtig und teilt sich ihnen unverdientermaßen im Glauben mit. Diese umfassende Botschaft hat insbesondere Paulus, bei dem das Wort am häufigsten wiederkehrt, nach allen Richtungen hin entfaltet. Er gründet darauf die Botschaft von der → Rechtfertigung des Sünders aus Gnaden allein durch den Glauben an das Sühnopfer Jesu Christi. Jesus Christus ist der »Gnadenstuhl« (die goldene Platte der Bundeslade, die am Versöhnungstage mit → Blut besprengt wurde (Röm 3,25)). Weil dies Sühnopfer gilt, darum bedarf es nicht der Werke des Gesetzes. Diese können von sich aus keine Erlösung bewirken (Röm 11,6), führen im Gegenteil nur immer tiefer in Tod und Verderben (Röm 2; Gal 2; → Gebot). In Jesu Christi Sühnopfer aber wird Gottes verdienter → Zorn versöhnt und den sündigen verlorenen Menschen die unverbrüchliche Gnade zuteil (→ Versöhnung/Sühne). Diese gilt allen Menschen, den Juden wie den Heiden (Röm 11,32; Tit 2,11) und bildet den Inhalt der Heilsbotschaft, welche die → Apostel aller Welt verkündigen (Apg 20,24). Indem Paulus seine Briefe meistens mit dem Gruß der Gnade einleitet oder beschließt, benützt er eine auch im weltlichen Gebrauch übliche Briefformel und bringt in sie den Gesamtinhalt seiner Botschaft ein.

III. Der Begriff heute

In Luthers Klosterfrage: »Wie bekomme ich einen gnädigen Gott?« äußert sich nicht nur das gequälte Gewissen eines angefochtenen Mönchs zu Beginn der Reformation. Diese Frage bewegt vielmehr ausgesprochen oder unausgesprochen das Heilsverlangen aller von Gott gefallenen und doch wiederum auch nach Gott verlangenden Menschen. Dementsprechend ist auch die Antwort, die den Reformatoren im 16. Jahrhundert im Hören auf Gottes biblisches Wort geschenkt wurde, eine Botschaft, die für alle Gegenwart von entscheidender Bedeutung ist. Es ist die Botschaft von der Rechtfertigung des Sünders aus Gnade allein. Das vierfache »Allein« (allein die Gnade, allein der Herr, allein der Glaube, allein die Heilige Schrift) ist die Entfaltung dieser Botschaft. Zugrunde liegt die Erfahrung von der Verlorenheit des natürlichen Menschen seit Adams Fall in Gottvergessenheit, Sünde, Todverfallenheit und Ausgeliefertsein an die unwiderstehlichen Mächte des Bösen. Zwar ist dem Menschen gesagt, was gut ist und was der Herr von ihm fordert, nämlich »Gottes Wort halten, Liebe üben und demütig sein vor deinem Gott« (Mi 6,8). Auch der natürliche Mensch, selbst der Heide, der Gottes offenbaren Willen nicht kennt, ahnt etwas von Gottes heiligem Gesetz. Aber alle Bemühung, dem Genüge zu tun, scheitert an der Versuchlichkeit und Verderbtheit des Menschen. Das biblisch-reformatorische Menschenbild steht insofern im Widerspruch zu dem optimistischen Menschenverständnis, welches Aufklärung, Idealismus und oberflächliche Selbsttäuschung immer wieder aufkommen lassen. Sollte nicht aber schon die schlichte, nüchterne Lebenserfahrung alle Illusion über das natürliche Gutsein des Menschen entlarven? Das Gesetz und die von ihm geforderten Werke vermögen nicht die Verdienste zu erwirken, welche die Erlösung des Menschen und damit den Anfang der neuen Welt Gottes ermöglichten. Da aber, wo »die Sünde mächtig geworden ist, ist die Gnade viel mächtiger« (Röm 5,20). Demgemäß entspricht dem reformatorischen Stoßseufzer: »O meine Sünde, meine Sünde« das Jubellied der Rechtfertigungsbotschaft: »Bei dir gilt nichts denn Gnad und Gunst, die Sünde zu vergeben; es ist doch unser Tun umsonst auch in dem besten Leben.«

Wie sich diese Gnadenbotschaft gegen den Weg der Selbstrechtfertigung aus guten Werken und natürlichen Kräften abgrenzt, so hat sie ihren Grund allein in Gottes Heilsratschluß, der in Jesus Christus die Sünde der Welt auf sich selber nimmt und durch sein stellvertretendes Leiden und Sterben den schuldigen Sündern Erlösung zuteil werden läßt. Insofern hat der Karfreitag im Kirchenjahr seinen besonderen Platz, so gewiß er mit dem nachfolgenden Ostern zusammengehört, welches die → Auferstehung Jesu Christi und den Sieg über Teufel, → Tod und → Sünde bezeugt. Durch → Wort und → Sakrament wird dies Heilsereignis dem betroffenen Menschen im → Glauben zugeeignet. Wer es erfahren hat, der kann nicht anders, als es an andere weiterzugeben. »Wir können ja nicht lassen, daß wir nicht reden sollten von dem, was wir gesehen und gehört haben« (Apg 4,20). Aber dem natürlichen Menschen ist solche Botschaft nicht ohne weiteres zugänglich. »Ich glaube, daß ich nicht aus eigener → Vernunft noch Kraft an Jesum Christum, meinen Herrn, glauben oder zu ihm kommen kann«, erklärt Martin Luther im dritten Glaubensartikel. Der Glaube bedarf der Wekkung durch die Kraft des Heiligen Geistes, welcher zu Pfingsten den Jüngern und den um sie Versammelten mitgeteilt wurde (→ Geist Gottes). Wo freilich solcher Glaube wirksam ist, da folgen die Werke nach. Sie begründen den Glauben zwar nicht, aber sie bestätigen ihn und sind als Zeichen der Dankbarkeit zu Gott und der → Liebe zu allen Menschen dessen Bewährung.

So gewiß daher die Rechtfertigungsbotschaft als Zeugnis von Gottes Gnade Sündenerkenntnis und nüchterne Welterfahrung einschließt, so gewiß ist sie eine befreiende und frohmachende Botschaft. »Welt war verloren, Christ ward geboren, freue dich, o Christenheit.« Diese → Freude ist Inhalt des → Evangeliums, der frohen Botschaft, und beflügelt diejenigen, die sie erfahren haben, dazu, auch über Zeiten des → Leidens und der → Anfechtung hinweg in getroster Zuversicht im Ausblick auf das verheißene Ende fest zu bleiben. Die im Glauben erfahrene und in der → Hoffnung festgehaltene Gnade hat in Jesus Christus ihren Grund. Er ist als der Gekommene immer zugleich der Wiederkommende und bestimmt damit Weg und Ziel der Pilgerschaft des Volkes Gottes.

Die kostbare Gnadenbotschaft kann zur »billigen Gnade« (Bonhoeffer) entarten, wenn Menschen sich dabei beruhigen und darüber träge und gleichgültig werden. Gott werde am Ende schon Gnade vor Recht ergehen lassen, lautet die bequeme Ausflucht der Verstockten. »Sollen wir in der Sünde beharren, daß die Gnade desto mächtiger werde?« fragt der Apostel (Röm 6,1) und antwortet gleich zweimal (Vers 2 und 15): »Das sei ferne.« Wer die Gnade erfahren hat, kann und darf nicht mehr mit der Sünde paktieren. Mißachtung der Gnade bedeutet nicht nur ihren Verlust, sondern um so härteres Gericht. In diesem Sinne läuft alles darauf hinaus, in → Demut, Dankbarkeit und fleißigen guten Werken das Wunder der unverdienten Gnade lebenslang zu preisen. H. Thimme

Gnadengabe → Charisma

Götze/Götzendienst/Abbild

I. Wortbedeutung

Das AT hat allein 25 Wörter für »Götze« und »Götzenbilder«. Diese auffallende Tatsache ist ein Hinweis auf die große Versuchung des Götzendienstes im damaligen Israel. In 3Mo 19,4 wird der Gegensatz zwischen Gott *(älohim)* und den Götzen *(älilim)* sprachlich wirkungsvoll hervorgehoben – ähnlich wie im Deutschen »Gott« – »Götze«. Das NT hat als wichtigsten Begriff für »Götze« *eidolon.* Das bedeutet »Schattenbild«. Griechisch sprechende Juden und Christen haben dieses Wort bewußt gewählt, um die Welt der Götter als wirklichkeitslos, nichtig und unlebendig abzuwerten. Das deutsche Wort »Götze« ist nur eine unvollkommene Wiedergabe des griechischen Wortes. In ihm schwingt zwar wie im griechischen Wort etwas Verächtliches mit, doch nicht die Bedeutung des Nichtigen, Ohnmächtigen. Von *eidolon* ist das deutsche Fremdwort »Idol« abgeleitet.

II. Die Begriffe in der Bibel

1. Der Gott Israels und die Götzen der Heiden

Israel lebte inmitten von Völkern, die alle mehrere Götter anbeteten und in Götzenbildern verehrten. Die Versuchung war groß, ebenso dem Götzendienst zu verfallen. An die

Stelle des unsichtbaren Gottes traten deshalb oft sichtbare Darstellungen in Menschen- und Tiergestalt (das Goldene Kalb 2Mo 32; vgl. Röm 1,23). Schon in den ersten beiden der Zehn Gebote wird die Verehrung anderer Götter, besonders in Gestalt von Bildern und Statuen, verboten (2Mo 20,3–5). Gott wird seinen Ruhm nicht anderen Göttern geben (Jes 42,8). Er ist ein »eifernder Gott« (2Mo 20,5; Baalspriester 2Kö 17,7–23).

2. Die Götter sind nach dem Verständnis der Bibel *Nichtse.* Oft wird ihre Machtlosigkeit und Nichtigkeit betont. Über sie wird sogar gespottet (Jes 44,9–20; Jer 2,28). Denn sie sind ja alle bloß Gebilde aus Menschenhand, »der Herr aber hat den Himmel gemacht« (Ps 96,5)! Gegen diesen Gott können sie nicht konkurrieren.

Aber diese »Nichtse« sind nicht in dem Sinne nichts, daß sie nicht vorhanden wären. Der Apostel Paulus sieht hinter ihnen gleichwohl dämonische Kräfte. Der Mensch unterwirft sich ihnen, wenn er sich in die Lebensregeln des jeweiligen Götzendienstes einordnet (Röm 1,21.23). Deshalb warnt Paulus die Christen davor (1Kor 5,11; 10,7.14). Und trotzdem sagt er: angesichts der Schöpfermacht Gottes und der Herrschaft Jesu Christi sind diese Mächte nichtig (1Kor 8,4–6).

3. In der heidnischen Umwelt wurde alles Schlachtvieh, dessen Fleisch auf den Märkten verkauft wurde, im Zusammenhang mit Opferhandlungen geschlachtet. Für die Christen entstand deshalb die Frage, ob sie solches *Götzenopferfleisch* essen bzw. einer Einladung, bei der es angeboten wurde, Folge leisten dürften. Der Apostel erlaubte auf Grund der alttestamentlich-jüdischen Auffassung von der Nichtigkeit und Ohnmacht der Götter zwar grundsätzlich den Genuß von Götzenopferfleisch (1Kor 10,23–33). Doch schränkte er diese Erlaubnis für den Fall ein, daß das Gewissen eines Bruders verletzt wird (8,1–13). Die Teilnahme an regelrechten Götzenopfermahlzeiten jedoch beurteilt er als Götzendienst (1Kor 10,19–21).

III. Der Begriff heute

Gott hat verboten, daß man von ihm ein Abbild, einen Götzen, macht. Denn ein Götterbild dient ja dazu, die Gottheit dem Menschen unterzuordnen, sie als Mittel in menschlicher Verfügung zu gebrauchen. Aber *Gott* macht den Menschen, der Mensch macht nicht Gott! *Er* ist der freie Herr und der Schöpfer des Menschen, des Himmels und der Erde.

1. Fremdreligionen

Doch versuchen die Menschen zu allen Zeiten, übermenschliche Kräfte in ihre Macht zu bekommen oder sich um verschiedener Vorteile willen (Schutz, Glück, Erfolg, Gesundheit) in ihre Macht zu begeben. Dies ist im Bereich der Religion (des Hinduismus, Buddhismus, der afrikanischen und anderer Religionen) der Fall. Die christliche Mission erfährt die Wirklichkeit dieses Götzendienstes bis heute als besonders hinderlichen, ja bedrohlichen Faktor.

2. Aberglaube

Doch wir aus dem »christlichen Abendland« dürfen uns nicht über die Anhänger fremder Religionen erheben. Auch in unserem Land ist Götzendienst an der Tagesordnung. Wir erleben in unserer Gesellschaft ein starkes Anwachsen des Aberglaubens. Amulette, Horoskop, Kartenlegen und anderes scheinen zwar auf den ersten Blick nur Spielereien zu sein. Deshalb hält der »aufgeklärte« Mensch des Abendlandes das Einlassen auf sie für harmlos. Doch innerlich kommt es oft zu einer schleichenden Versklavung an diese Dinge, die sich bald als Mächte herausstellen. Solches Tun kann taub machen für das Evangelium und verhindert eine eindeutige Beziehung zu Jesus Christus. Nicht selten endet solches Tun sogar in massivem Spiritismus. Deshalb ermahnt uns Paulus: »Fliehet den Götzendienst« (1Kor 10,14). Das NT verheißt uns – und die Geschichte der Gemeinde Jesu bestätigt es – daß Jesu Sieg in Kreuz und Auferstehung aus dem Bann solcher Mächte befreit.

3. Materieller Götzendienst

Auch wir Christen können unsere Hände nicht in Unschuld waschen. Das NT zählt Habsucht und Geldgier zum Götzendienst (Mt 6,24; Eph 5,5; Kol 3,5). Habsucht, Geldgier und übersteigertes Konsumverhalten sind Kennzeichen unserer Wohlstandsgesellschaft. Martin Luther sagt in seiner Erklärung zum ersten Gebot im Großen Katechismus: Woran du dein Herz hängst, das ist dein Gott. Auf Grund des biblischen Zeugnisses muß man diesen Wohlstandskult genauso bewerten wie die Anbetung von Götzen. Die Frage an jeden von uns ist, inwieweit er sich in diesen Götzendienst hat hineinziehen lassen. Hat uns die Werbung im Griff? Steuert sie nicht schon längst – freilich unbewußt – unsere Bedürfnisse und Wünsche? Sind Nahrung, Kleidung, Besitz oder Gepflogenheiten Statussymbole für uns geworden? Wie groß, wie schnell muß unser Auto unserer Meinung nach sein? Wie stark bohrt in uns der Neid, wenn Bekannte oder Nachbarn haben, was wir nicht haben? Gewiß, wir geben ab von unserem Überfluß und nennen dies »Opfer«. Verdienen unsere Gaben aber diesen Namen wirklich? Wir Christen müssen den Anfang machen mit der Abkehr von solchem Götzendienst und seinen Versuchungen widerstehen. Dazu ist es nötig, den persönlichen Lebensstil und den Auftrag der christlichen Gemeinde neu zu überdenken (wo nötig zu korrigieren) und die politischen Einflußmöglichkeiten in unserem Land besonders zugunsten hungernder Nationen opferbereit zu nutzen.

4. »Ideeller« Götzendienst

Ebenso gilt es, bei sich selber und bei anderen dem »ideellen« Götzendienst zu widerstehen, bei dem »Ideen« wie Fortschritt, Vernunft, »das Gute im Menschen« o.ä. zum Inhalt des Glaubens werden. (»Ich glaube an den Fortschritt der Menschheit.« »Ich glaube, daß die Vernunft doch siegen wird.« »Das Gute im Menschen wird sich durchsetzen.«) Solche »Ideologien« sind nicht nur für die einzelnen gefährlich, sondern können es auch für die Völker, für die Menschheit werden. Die christliche Verkündigung hat die Aufgabe, dem immer auf der Suche nach Götzen befindlichen natürlichen Menschen als Widerspruch und Angebot den lebendigen Gott der Bibel vor Augen zu stellen.

U. Laepple

Gott

I. Wortbedeutung

Gott – der wirkliche und lebendige – ist ganz sicher kein Stück unserer Welt. Darum läßt er sich auch nicht einfangen in unsere Vokabeln. Natürlich kennt jede Sprache ein Wort für »Gottheit«. »Deus« sagt der Lateiner, »Theos« (vgl. »Theo-logie«) der Grieche. Im Deutschen sagen wir »Gott«, was meist abgeleitet wird von einem Stamm, der »anrufen« bedeutet. Gott wäre demnach »das Wesen, das man anruft«. Luther leitete »Gott« gern von »gut« ab. Das hebr. *El* (Mehrzahl: *Elohim*) heißt wohl »der Starke«. – Aber alle diese Wörter bleiben in sich selbst leer. Wer Gott ist, kann uns nur Gott selbst sagen und zeigen. *Wir* können Gott nicht »definieren« (was »eingrenzen« bedeutet); Gott »definiert« sich selbst für uns.

II. Der Begriff in der Bibel

1. Gott – ewiges Geheimnis

»Gott« ist kein »Begriff«, den wir »begreifen«, in den »Griff« bekommen, könnten. Gott ist von uns aus völlig unzugänglich – kein Fernziel für Astronauten, kein Gegenstand für spekulierende Philosophen. »Er wohnt in einem Licht, da niemand hinzukommen kann, welchen kein Mensch gesehen hat noch sehen kann« (1Tim 6,16). Luther hat auf die Frage, wie Gott wohl aussehe und was er vor der Schöpfung der Welt getan habe, geantwortet: »Gott hat Ruten geschnitten, um solche vorwitzigen Frager zu verprügeln!« Wer Gott »an sich« ist, bleibt unserm Denken verschlossen. Wir wissen überhaupt nur von Gott, weil er eben nicht »an sich« und bei sich allein bleiben will, sondern (ganz unbegreiflich!) der »Gott mit uns«, der »Gott bei uns«, der »Immanu-el« (Mt 1,23) sein möchte. Wir wissen nur von Gott, weil er sich »offenbart« (→ Offenbarung).

2. Gott – der in seiner Schöpfung Verborgene

Gott hat sich »nicht unbezeugt gelassen« (Apg 14,17); die Werke der Schöpfung strahlen seine »ewige Kraft und Gottheit« aus (Röm 1,20). »Die Himmel erzählen die Ehre Gottes« (Ps 19,2), – aber die → Vernunft (das Organ des »Vernehmens«) des gefallenen Menschen vernimmt das nicht. Statt Gott, den Schöpfer, zu erkennen und zu ehren, vergötzt er das Geschaffene (Röm 1,25), besonders sich selbst (→ Götze/Götzendienst/Abbild). So ist für seine verdunkelte Vernunft auch Gott dunkel und unerkennbar geworden. Ihm dämmert wohl die Ahnung von einem »höchsten Wesen« (auch wenn Atheisten das bestreiten), wie aber Gott zu ihm steht, das weiß er nicht. Gottes »Herz« erkennt er nicht. In dieser »Gottesfinsternis« steht der Rebell Mensch unter Gottes → Zorn (Röm 1,18). Wohl stehen Mensch, Natur und Geschichte unter Gottes allmächtiger Herrschaft, aber »wie Gott gesinnt sei« (Luther), ob Gott »gut« sei, bleibt hier verborgen (→ Schöpfung/Schöpfer).

3. Gott – der seinen Namen nennt

Gott ist kein Begriff, kein Etwas (wie »Schicksal« oder »höchstes Wesen«), kein Es. Gott nennt seinen Namen, d.h. er macht sich uns persönlich bekannt. Mit »Du« spricht er Menschen an, so daß sie mit »Du« antworten können. Weil Gott sich mit Namen nennt, ist das Gespräch mit ihm, das Beten, erst möglich. Wie nennt Gott sich selbst, wie stellt er sich vor?

a) *»Gott Abrahams, Isaaks, Jakobs«* (2Mo 3,6; Mt 22,32; Apg 7,32): Der ewige, heilige Gott steigt hinein in den Namen von sterblichen, sündigen Menschen. »Gott Jakobs«, d.h. der Gott, der es mit einem Betrüger wagt. Mit diesen Menschen schließt er seinen → Bund, gibt ihnen eine → Verheißung für alle Völker (1Mo 12,1–3). Wer jetzt Gott kennenlernen will, soll beobachten, wie er mit Abraham, Isaak und Jakob umgegangen ist!

b) *»Jahwe«* (Lutherbibel: Herr). Mit diesem Namen gibt sich Gott dem Mose zu erkennen (2Mo 3,14): »Jahwe« hängt zusammen mit dem Tätigkeitswort *hajah.* Es bedeutet »wirken« und »sein«; »wirksam und wirk-lich sein«. So stellt sich Gott also vor: »Ich werde sein, der ich sein werde«, d.h. ich bin beständig als der *Wirkende* für euch da. Der Jahwe-Name wird in Offb 1,8 so umschrieben: »Ich bin das A und O, der Anfang und das Ende, der da ist und der da war und der da kommt.« Die Bezeichnung »Jahwe Zebaoth« (»Herr der Heerscharen«) spricht von Gott als dem »wirk-lichen« (aktiven) Herrn über alle Mächte Himmels und der Erden, »König über alle Götter« (Ps 95,3). Mit »Jahwe« nennt Gott einerseits seinen Namen (der wirkende, handelnde Gott), andererseits verweigert er ihn auch (»Ich bin eben, der ich bin« – das genügt!). Gott läßt sich also nicht in den Griff nehmen, sich nicht »beschwören« und »herbeizitieren« (vgl. das 2. Gebot mit Luthers Erklärung). Das Geheimnis bleibt!

c) *»Ich«:* Dies ganz scharf betonte »Ich« tritt besonders im Jesajabuch (z.B. 43,25; vgl. auch 5Mo 32,39.40) hervor. Dieses – wie ein Trompetensignal ertönende – Ich macht unüberhörbar deutlich: Ich bin als einziger stets »Subjekt«, stets Herr. Jedes andere »Ich« existiert nur von meinen Gnaden, ist Werkzeug.

d) *»Ich bin«:* So sagt Jesus (Mk 6,50; 13,6; 14,62; Joh 4,26; 8,24). Damit faßt er b) und c) zusammen: »Jahwe« (der, der wirklich *ist*) und das herrscherliche »Ich«. In Jesus steht also Gott selbst wirkmächtig vor uns. Nun öffnet sich das ewige Geheimnis Gottes: Gott selbst kommt als Mensch zu uns, hat Menschengestalt, Menschennamen, Menschengesicht. Der ewige »Ich bin« kommt als Jesus zu uns. Nun gilt erst recht: »Immanuel«: Gott mit und bei uns (→ Ich; → Name/Nennen).

4. Gott – der sich in Wort und Geschichte offenbart

Zu dem persönlichen, »wirk-lichen« Gott, der einen Namen hat, paßt nicht das Schweigen (stumm ist das »Schicksal«, sind die → Götzen, vgl. 1Kor 12,2). Der lebendige Gott öffnet den Mund und spricht. Indem er spricht, schafft er Gemeinschaft. Mehr: Durch sein Sprechen schafft er die Welt (1Mo 1). Gottes *Wort* ist stets zugleich *Tat:* Es wirkt, was es sagt (»Er spricht, so geschieht's«, Ps 33,9). Als Schöpfungswort, als Verheißung, als Gerichtsurteil schafft es *Geschichte.* Von Gott reden, heißt deshalb: Erzählen, was er getan hat (in Ägypten, an David, durch Jesus, bei mir heute!). Der Gipfel: Jesus ist das Wort Gottes in *Person.* In der Jesus-Geschichte hat Gott endgültig sein Schweigen gebrochen (»Das Wort ward Fleisch«, Joh 1,14). Dieser »Jahwe«, der durch sein Wort Geschichte »wirkt«, ist schließlich der *kommende* Gott (Offb 1,8): Er wird alles neu machen (Offb 21,5), die neue Schöpfung hervor-rufen (→ Wort)!

5. Gott – der Eine

Das Grundglaubensbekenntnis Israels lautet: »Höre, Israel, Jahwe ist unser Gott, Jahwe allein« (5Mo 6,4). Einer ist er – nur einer! Neben diesem einen, »wirklichen« Gott, dem Schöpfer und Retter (Jes 43,11: »außer mir ist kein → Heiland«) bleibt kein Platz für Konkurrenten. Auch der → Satan ist keineswegs ein »Gegengott«, sondern lediglich ein maßlos gewordenes Geschöpf, das sich (als »Vater der Lüge«, Joh 8,44) als Herr und Gott aufspielen und uns in diese Selbstvergötzung als Komplizen hineinziehen will. Wegen dieser Verführung steht das 1. Gebot (». . . keine andern Götter neben mir«, 2Mo 20,3) als gute Wegweisung da. Der biblische »Monotheismus« (Ein-Gott-Glaube) zielt nie nur auf unser theoretisches Wissen (»Es gibt nur einen Gott«), sondern stets auf unsern ausschließlichen → Gehorsam, unsere ganze → Liebe (5Mo 6,5; 1Kor 10,21).

6. Gott – der Dreifaltige und Dreieinige

Viele Christen – von Nichtchristen, z.B. Muslimen, ganz zu schweigen – stehen ratlos vor der Lehre von der »Trinität« Gottes; manche sehen darin eine seltsame Art »höherer Mathematik« (»1 + 1 + 1 = 1?« fragen spöttisch die Zeugen Jehovas). In Wirklichkeit gibt es keinen einzigen lebendigen Christen, der in der Praxis seines Glaubens nicht immer schon mit dem dreieinigen Gott zu tun hätte!

a) Wir begegnen dem → *Geist Gottes.* Dieser Heilige Geist ist nicht eine unpersönliche Kraft (wie elektrischer Strom oder ein Sturm), sondern er, der »Tröster« (oder »Anwalt«, vgl. Joh 14,26; 16,7; 16,13), spricht uns personhaft an. Und wir können nur antworten: *Du, Gott* (Schöpfer Geist), hast mich neu gemacht.

b) Wir begegnen *Jesus:* Auch er spricht »per Du« mit uns (»Folge mir nach!«). Und wir können nur antworten: *Du, Gott* (Retter, Heiland), hast mich losgekauft.

c) Wir begegnen dem *Schöpfer.* Persönlich redet er uns zu (»Mein Kind bist du!«). Und wir können nur antworten: *Du, Gott* (Allmächtiger Herr), mein Vater bist du!

Dreimal sagen wir also *»Du, Gott!«* und meinen doch stets den *einen* Herrn.

Die Glaubensgeschichte jedes Christen kennt diesen Dreischritt:

a) »Aus eigener Vernunft und Kraft« kann ich nicht glauben, sondern *Gott selbst, der Heilige Geist,* öffnet mir die Augen (bei einer Evangelisation, durch eine Predigt, in einem Gespräch). Wofür? Der Heilige Geist hat nur ein Thema: Er macht Jesus groß (Joh 15,26; 16,14). »Niemand kann bekennen: ›Herr ist Jesus!‹ – außer durch den Heiligen Geist« (1Kor 12,3).

b) So komme ich durch den Heiligen Geist, von Pfingsten her, zu Weihnachten, Karfreitag, Ostern. Ich entdecke in dem Menschen *Jesus Gott selbst,* bete: »Mein Herr und mein Gott!« (Joh 20,28).

c) Jesus aber nimmt mich bei der Hand und führt mich zum *Vater,* wieder zu *Gott selbst* (»Ich bin der Weg...«, Joh 14,6; »Ich und der Vater sind eins« Joh 10,30).

Der Neuschöpfer (Geist) leitet mich zum Erlöser (Sohn); dieser zeigt mir den Schöpfer (→ Vater), zu dem ich »Abba« sagen kann. So begegnet uns Gott stets dreifaltig und dreieinig zugleich: Er ist Gott, der Vater, – der Gott *über* uns, Schöpfer und Herr der Welt; Gott, der Sohn (→ Sohn Gottes), – der Gott *bei* uns, der Menschenbruder; Gott, der Heilige Geist, der Gott *in* uns, der uns von innen lebendig macht. So ist der Glaube an die »Trinität« Gottes bei jedem Christen ganz praktisch da und ist zugleich das Besondere am christlichen »Monotheismus« (etwa im Unterschied zum Judentum).

7. Gott – der mich wissen lässt, »wo ich dran bin«

Das ist gemeint, wenn man von Gottes »Eigenschaften« spricht: Gott hat uns gezeigt, *wer* und *wie* er ist. Indem er seinen Sohn für uns hingab, zeigte er uns: Mein → Herz, die Mitte in meinem Sein und Wirken, ist *Lieben. »Gott ist Liebe«* (1Jo 3,16, vgl. Röm 5,5–8): Diese drei Wörter sind das »Stenogramm«, die Kurzfassung, der ganzen Geschichte Gottes mit uns Menschen. Zu dieser Liebe, die uns von allem Bösen trennt, gehört Gottes *Heiligkeit:* Gott selbst ist von allem Unreinen grundsätzlich geschieden und verbrennt alle Sünde mit seinem Zorn. Als der *Heilige* ist er der »ganz andere« (himmelhoch über uns); als der *Liebende* macht er sich selbst uns ähnlich (wird Mensch!), weil er uns sich ähnlich machen will (1Jo 3,2; Phil 3,21). Der »ganz andere« (in seiner Heiligkeit) ist zugleich der uns »ganz ändernde« (in seiner Liebe). Diese beiden Pole geben die Orientierung für alle anderen »Eigenschaften« Gottes: Allwissenheit, Allmacht, → Gerechtigkeit, → Treue. Entscheidend aber ist: Mit allem, was er ist und hat, will er uns beschenken, will seine »Eigenschaften« uns »vererben« (Röm 8,17; 1Kor 1,30; → Kind Gottes). Der Gott von ganz oben kommt nach ganz unten, um uns zu sich zu bringen. Der Gott der Bibel ist ganz und gar »Immanuel«, will für, mit, bei, in uns sein.

III. Der Begriff heute

Die Frage nach der »Wirklichkeit« Gottes – »Gibt es Gott?«

Suche ich den Artikel »Gott« im Lexikon, dann finde ich ihn irgendwo zwischen »Gips« und »Gurke« in der Nähe von »Goethe« und »Gorilla«! Gips gibt's (so wie es Pflanzen, Tiere, Menschen, Häuser, Flugzeuge gibt) – gibt's auch Gott? Kann man überhaupt so fragen? Kann man Gott einordnen in den Katalog des in der Welt Vorhandenen, das wir »vor der Hand« haben, wonach wir greifen können? Gott ist doch kein Artikel im Warenhaus der Weltgegenstände! Wenn Gott wirklich Gott ist, dann erfaßt ihn kein Lexikon, dann muß alles, was »es gibt«, von ihm herkommen, zu seiner Verfügung stehen. Gott ist niemals ein »Artikel« neben anderen, er umfaßt und regiert das Ganze. Deshalb sagt D. Bonhoeffer mit Recht: »Einen Gott, den es gibt, den gibt es nicht.« Es ist anders herum: Der lebendige und »wirk-liche« Gott, *er gibt,* daß es etwas gibt.

Gottesbeweise?

Damit ist schon deutlich, daß alle Versuche, Gott zu beweisen, von vornherein vergeblich, ja vermessen sind! »Beweisen« heißt: einordnen in unsere Kategorien (Denkschubladen), einfangen in unsere Begriffe, unserm Denken ein-sichtig, ein-leuchtend machen, unserer Hand verfügbar. »Beweisen« kann der Mensch nur, was kleiner ist als er. Jeder Beweis Gottes wäre eine Widerlegung Gottes! Ein beweisbarer Gott wäre eben nicht Gott. Mitten in die »Schwerter und Stangen« unseres Denkens, mit denen wir ihn fangen wollen, bricht er hinein wie eine Explosion.

Man hat z.B. gefolgert: Die Welt (Natur) ist eine Kette von Ursachen und Wirkungen; also muß es doch notwendig eine »Ur-ursache« geben, die alles in Gang setzte. Diese erste Ursache nennen wir »Gott«. Sofort wird uns deutlich, wie dabei Gott zu einem Stück Welt degradiert wird, denn jede Ur-sache ist eine *Sache,* ein Ding, ein Es. Wie paßt das zu dem Gott, der sich »Ich, Ich« nennt? In der Bibel gilt nicht die Schlußfolgerung von unten nach oben (von der Welt auf Gott). Gottes eigenes »Gefälle« geht von oben nach unten.

Damit ist eins nicht bestritten: Wem Gott die Augen für sich geöffnet hat durch den Glauben, der entdeckt durchaus in der Schöpfung, *»Hin*-weise« auf Gottes → Herrlichkeit.

Atheismus?

Hier wird das Gegenteil versucht: der Beweis, daß Gott nicht ist. So behauptet der Philosoph L. Feuerbach: Nicht Gott hat den Menschen nach seinem Bilde geschaffen, sondern umgekehrt: der Mensch schuf Gott nach dem

Bild des Menschen. »Gott« ist nur der an den Himmel geworfene (projizierte) Wunschtraum des Menschen. »Die Gräber der Menschen sind die Wiege der Götter«, d.h. der Mensch kann seine Sterblichkeit nicht ertragen. So erträumt er sich ein »höheres Wesen«, dem er Unsterblichkeit andichtet. Dieser »Gott« hat dann die Aufgabe, den Menschen mit Unsterblichkeit zu versorgen. Der Wunsch ist der Vater des Gedankens, nämlich der Gottesvorstellung.

Zu dieser psychologischen »Erklärung« fügte K. Marx eine gesellschaftlich-wirtschaftlich-politische: Solche religiösen Wünsche haben nur Wesen, die sozial unterdrückt sind. Die »Proletarier« flüchten sich aus dem irdischen Jammertal in das Phantasiebild von einem himmlischen Freudensaal, sie benützen Religion als Rauschgift (»Opium des Volkes«). Sind durch Revolution alle sozialen Nöte beseitigt, dann stirbt die Religion eines natürlichen Todes.

Der Atheismus stellt wohl wichtige Fragen an eine falsche Frömmigkeit (Benützen wir nicht Gott oft wirklich wie einen »Wunscherfüllungsautomaten«?), doch die Gottesfrage hat er keineswegs »erledigt«. H. Böll spottet: »Die Atheisten sind so langweilig, weil sie immer von Gott reden.« Sie kommen nicht los davon!

GOTTES-ERWEIS!

Gott selbst will sich »er-weisen« – als der lebendige, der wirkliche. Wo Gott einen Menschen ergreift, werden alle »Gottesbeweise« lächerlich, und aller Atheismus löst sich in Luft auf! Nicht nur der theoretische Unglaube, der behauptet »Gott ist nicht!«, sondern auch der (viel häufigere) praktische Unglaube, der Gott nichts zutraut, nichts von ihm erwartet! Gott will sich denen offenbaren, die nach ihm rufen. Entscheidend ist, daß wir ihn da suchen, wo er sich uns zeigen will – in seinem *Wort*. Seine Gegenwart hat er uns fest zugesagt; er heißt ja nicht umsonst »Immanu-el«, der Gott, der nichts lieber will, als bei uns zu sein.

S. Kettling

Gottesdienst

I. Wortbedeutung

Gottesdienst ist im allgemeinen die Versammlung einer christlichen → Gemeinde in einer Kirche, Kapelle oder sonst einem gemeindlichen Raum, vor allem am Sonntagmorgen (Hauptgottesdienst). Der Verlauf dieser Versammlung ist in seinen Hauptzügen bekannt: Gruß, → Lied, → Gebet, Verkündigung, Mitteilungen, oft Feier des Hl. Abendmahls (→ Herrenmahl), → Segen. Daneben gibt es eine Vielzahl anderer Gottesdienste: Morgen- und Abendgottesdienst, Wochen-, Tauf-, Trau-, Begräbnis-, Familiengottesdienst usw. Luthers Beschreibung dieses Gottesdienstes ist bis heute für das Verständnis wertvoll: Da soll nichts anderes geschehen, »denn daß unser lieber Herr mit uns rede durch sein hl. → Wort und wir wiederum mit ihm reden durch Gebet und Lobgesang«. Man soll Ordnung und Regelmäßigkeit des Gottesdienstes und des Gottesdienstbesuches nicht gering achten; auch das Brot und das Ein- und Ausatmen brauchen wir regelmäßig. Gleichzeitig muß, wie übrigens auch bei Luther, die weitergreifende Bedeutung des Begriffs mitgesehen werden: Gottesdienst ist das gesamte Leben des Christen, am Sonntag wie im Alltag. Damit wird die im gängigen Gebrauch des Wortes liegende Tendenz zur Abgrenzung vom sonstigen Leben und zur Eingrenzung auf eine besondere Veranstaltung überwunden.

II. Der Begriff in der Bibel

1. Das Wort »Gottesdienst« ist hier verhältnismäßig selten (z.B. Ps 27,4 – wörtl. »Freundlichkeit«, d.h. Gott dient den Seinen; Röm 9,4; Phil 2,17; Jak 1,26f). Seinen Vollklang erhält man erst mit anderen Begriffen zusammen: → Gottesfurcht, Anbetung, → Lob, → Lied, Haus des Herrn usw. Die schönsten Beschreibungen von Gottesdienst im AT finden wir in den Psalmen, die ja meist gottesdienstliche Lieder sind, z.B. Ps 92,2f: »Das ist ein köstlich Ding, dem Herrn danken.« Im NT wird »Gottesdienst« umfassend beschrieben (Röm 12,1f): »daß ihr eure Leiber begebet zum → Opfer, ... das sei euer vernünftiger Gottesdienst. Und stellet euch nicht dieser → Welt gleich, ... auf daß ihr → prüfen möget, was Gottes Wille ist.« Gottesdienst ist also selbstverständlich die gottesdienstliche Versammlung, umfaßt aber zugleich das ganze Leben »mit Herzen, Mund und Händen«! Damit nähern wir uns einem noch weiter greifenden Verständnis des Gottesdienstes. Ist nicht die gesamte → Schöpfung zum Lobe Gottes und zu seinem → Dienst geschaffen? Vgl. Ps 148: »... die sollen loben den Namen des Herrn; denn er gebot, da wurden sie geschaffen.« Als »Gott ansah alles, was er gemacht hatte, und siehe da, es war sehr gut« (1Mo 1,31), da »lobten ihn die Morgensterne miteinander und jauchzten alle Kinder Gottes« (Hi 38,7).

2. Dieses Lob Gottes ist freilich durch die → Sünde des Menschen verzerrt und verstummt. Aber schon der atl. Gottesdienst sucht es wiederzugewinnen. Seine Grundüberzeugung ist,

daß der Mensch nicht anders leben kann als im gottesdienstlichen Lob des Schöpfers. Das deutet sich schon an in den Opfern Kains und Abels (1Mo 4). Dazu bauen die Erzväter im fremden Land Altäre zu Ehren des wahren Gottes. Dazu läßt Gott durch Mose den Pharao in Ägypten auffordern: »Laß mein Volk ziehen, daß es mir diene« (2Mo 7,26). Der gesamte Gottesdienst → Israels mit → Priestern und Opfern, mit Bundeslade und → Tempel, mit den Zehn → Geboten und dem großen Gebet »Höre, Israel . . .« (5Mo 6,4ff) dient der Kundmachung des einen wahren → Gottes unter den anderen Göttern (→ Götze/Götzendienst) durch dieses »Königreich von Priestern und heiligem Volk« (2Mo 19,5ff). Leuchtendes Beispiel dafür ist Daniel, der auch im fremden Land den wahren Gott unter allen Umständen verehrt (Dan 6,6ff).

3. Jesus, schon von den Eltern in das gottesdienstliche Leben seines Volkes hineingenommen (Lk 2,21ff), nimmt auch während seines öffentlichen Wirkens am Gottesdienst Israels teil. In der Synagoge zu Nazareth liest er aus der Hl. Schrift (Lk 4,16ff). Viele seiner Taten und Worte geschehen im Tempel zu Jerusalem. Zugleich zeigt er neu die Mitte dieses Gottesdienstes: »Sein in dem, das des → Vaters ist« (Lk 2,39). Vor allem bei der Tempelreinigung deckt er die Verkrustungen und Mißbräuche des jüdischen Gottesdienstes auf (Joh 2,13ff). Er sagt einen neuen Gottesdienst »im Geist (→ Geist Gottes) und in der → Wahrheit« (Joh 4,24) voraus. Schon hier wird verständlich, weshalb später im NT der atl. Gottesdienst als »Schatten des Zukünftigen« (Kol 2,17; Hebr 10,1) bezeichnet wird. Jesus selber schenkt seinen → Jüngern die wichtigsten Elemente dieses neuen Gottesdienstes: die Sammlung um sein Wort, das Herrengebet (Lk 11,1ff), das → Herrenmahl, das ihnen sein eigenes einmaliges Opfer zueignet (Mk 14,22ff; → Versöhnung/Sühne), die Auferstehungsfreude (→ Auferstehung/Auferwekkung) des ersten Tages der Woche (Joh 20,19ff) und die Gabe des Hl. Geistes (Apg 2,1ff), in dem er selber gegenwärtig ist.

4. Damit hängt das neue gottesdienstliche Leben der Gemeinde zusammen, zunächst noch im Tempel, aber zugleich in den neuen Versammlungen, wie sie in Apg 2,42–47 beschrieben werden. Als Hauptstücke dieses Gottesdienstes erscheinen, die → Lehre der → Apostel, → Gemeinschaft (= die brüderliche Hilfe, vgl. Apg 6,1ff), das Brotbrechen im Hl. Abendmahl und das → Gebet. Wie sich später das gottesdienstliche Leben in den sich ausbreitenden Gemeinden gestaltet, läßt sich nur teilweise erkennen. Der »Tag des Herrn« (Apg 20,7; 1Kor 16,2) wird zum wichtigsten Tag dafür. Als Zeichen der brüderlichen Hilfe werden Kollekten für bedrängte Gemeinden veranstaltet (2Kor 8,9), Briefe der Apostel werden in den Versammlungen verlesen und weitergeleitet (Kol 4,15ff).

Wie eng die gottesdienstliche Versammlung mit dem Gottesdienst im Alltag verbunden ist, zeigt die Beschreibung des Gottesdienstes in Kol 3,16ff: Alles Tun will »in dem Herrn« geschehen. Den umfassendsten Einblick in das geistgewirkte gottesdienstliche Leben mit seiner bewegten Vielfalt, aber auch mit seinen Versuchungen und Gefahren gibt Paulus in 1Kor; die dort verhandelten Lebensfragen sind eng mit dem gottesdienstlichen Leben verwoben, besonders Kap. 10–16. Bald bilden sich auch gottesdienstliche Ordnungen heraus, ohne daß die Unmittelbarkeit verhindert werden soll. Ämter in reicher Vielfalt tauchen auf (Röm 12,6ff; 1Kor 12,27ff; Eph 4,11ff). Mißstände in der Abendmahlsfeier müssen behoben werden (1Kor 11,17ff). Anfänge der Gemeindeleitung durch Bischöfe, Diakone und Presbyter sind zu erkennen (Phil 1,1; 1Petr 5,1ff; 1Tim 5,22), ohne daß schon eine bestimmte Ordnung sich durchsetzt; → Dienst/Amt.

III. Der Begriff heute

1. In der gottesdienstlichen Versammlung, der Jesus seine Gegenwart zugesagt hat (Mt 18,20), stellt sich nach ntl. Verständnis die Gemeinde Jesu als das neue *Volk Gottes* in der Welt dar, als die »Erstlinge seiner Kreaturen« (Jak 1,18). Darum wird diese Gemeinde auch »Behausung Gottes im Geist« (Eph 2,22), »Tempel des lebendigen Gottes« in der Welt (1Kor 3,16) genannt. In ihm sollen sich die einzelnen Glieder »auferbauen als die lebendigen Steine zum geistlichen Haus und zur hl. Priesterschaft. . .« (1Petr 2,4ff). Ähnlich darf die Gemeinde sich verstehen als der Leib Jesu Christi, wo »ein Glied am andern hängt« und »ein jegliches Glied dem anderen Handreichung tut . . .« (Röm 12,3ff; Eph 4,15ff).

2. Gerade in den Kirchen *Europas*, deren gottesdienstliches Leben in den letzten Jahrzehnten stark zurückgegangen ist, sollte dieses Verständnis von Gottesdienst neu gewonnen werden. Eine wichtige »Handreichung« dazu können die jüngeren Kirchen in Afrika und Asien ihren alt gewordenen Schwesterkirchen tun. Dort ist oft eine überraschende Lebendigkeit des Gottesdienstes anzutreffen, mit stärkster innerer Bewegung. Gottesdienst ist da nicht nur eine abgegrenzte Feierstunde am Sonntagvormittag, sondern das zentrale Geschehen in der Gemeinde, in dem sich ihr

gesamtes Leben verdichtet. In die Bemühungen um die Erneuerung des Gottesdienstes bei uns sollten die dort gemachten Erfahrungen einströmen!

3. Dieser der Öffentlichkeit so unscheinbar vorkommende Gottesdienst hat nämlich eine *Weltbedeutung:* die der »Könige und Priester vor Gott« (Offb 1,6; 5,10)! Zu königlichem, priesterlichem und prophetischem Dienst wird die Gemeinde jedesmal mit dem Segen am Ende des Gottesdienstes entlassen. Gott will sie dabei haben, wenn er die Welt regiert, selbst wenn sie die »kleine Herde« ist (Lk 12,32). Das Vaterunser ist von Jesus als das Mitarbeitergebet der Jünger gedacht. Unter diesem Gesichtspunkt darf man die großen Lobgesänge in Offb 4,9ff; 5,9ff; 15,3ff verstehen.

So erzählt der russische Schriftsteller Wl. Maximow von einem Gottesdienst mit wenigen Menschen, »die, mit dem Rücken zu mir, ihr Abendgebet emporsandten. Aber in dieser Minute erschien es mir, daß ihre halbgebeugten Schultern die ganze Welt trügen, diese tränen- und blutüberströmte Welt, die jeden Augenblick aus den Fugen geraten konnte« (Wl. Maximow, Die Quarantäne. 1974. S. 218). Ohne es zu wissen, lebt die Welt davon, daß die Christen für sie beten, in der Auflösung der Normen schlicht beim → Gebot Gottes bleiben und in der Vergiftung der menschlichen Atmosphäre → Vergebung der Sünden üben.

4. Damit wird die → Hoffnung auf die → *Wiederkunft* des Herrn ein wesentliches Element des christlichen Gottesdienstes. Auch er trägt die Merkmale des »Noch nicht« (vgl. 1Jo 3,2). Gott hat dem verkündigten Wort seine → Vollmacht zugesagt. Dennoch warten wir auf seine letzte → Offenbarung, wo es heißt: »Sie sollen mich alle erkennen, beide klein und groß« (Jer 31,34). Im Hl. Abendmahl ist Jesus Christus ganz gegenwärtig; gleichzeitig wartet er selbst darauf, daß »ich es neu trinken werde mit euch in meines Vaters Reich« (Mt 26,29). Solchen Klang der Hoffnung können auch die kurzen Bitt- und Jubelrufe, die sich in den ursprünglichen Sprachen erhalten haben, in unsere Gottesdienste bringen: »Kyrieleison« – Herr, erbarme dich! »Halleluja« – Lobe den Herrn! – auch der geheimnisvolle Ruf »Maranatha« (1Kor 16,22); er bedeutet wohl beides: unser Herr ist da! und: unser Herr komm! Unser Gottesdienst selber ist ja auf den Hl. Geist angewiesen, daß er uns im Gebet vertrete, »wenn wir nicht wissen, was wir beten sollen« (Röm 8,26), und uns so warten lehre auf die Zukunft des Herrn.

H. Dietzfelbinger

Gottesfurcht/Gottesfürchtig

I. Wortbedeutung

Das hebr. Wort bedeutete ursprünglich: »zittern«, »beben«, und dann »sich fürchten«. Entsprechend lautet das griech. Wort *(phobēo)* in seiner ersten Bedeutung: »erschrekken«; es wurde schon sehr früh zur Bezeichnung einer heiligen Scheu vor den Göttern gebraucht.

II. Der Begriff in der Bibel

Im AT kommt die Wortgruppe »Furcht/sich fürchten« (→ Furcht/Angst) sehr häufig vor (435mal!) und meistens in Beziehung auf Gott, als Gottesfurcht. Als Gott dem Mose die → Gebote offenbarte, erschrak das Volk so sehr, daß es floh (2Mo 20,18–20). Gottesfurcht meint hier das tiefe *Erschauern vor der heiligen Gegenwart Gottes.* Es findet sich in der ganzen Bibel überall da, wo Menschen dem lebendigen Gott oder seinen Boten, den → Engeln, begegnen (z.B. 2Mo 3,6; Lk 1,29f; 2,9; Mt 28,4.8), wo sie seine mächtigen Taten miterleben (z.B. 2Mo 14,31), oder wo vom → Gericht Gottes die Rede ist (Jes 41,5; Phil 2,12). Entsprechend sind Menschen vor Jesus Christus (Lk 4,36 u. 5,9f; Offb 1,17) und über dem Wirken des Heiligen Geistes erschrocken (Apg 2,43). So meint Gottesfurcht vor allem die *Scheu vor der Heiligkeit Gottes.* Darum ruft die Bibel zur Gottesfurcht auf (5Mo 10,20; Mt 10,28; 2Kor 5,11). Die Gebote für das Leben im Volk Gottes wollen als Gottes heiliger Wille ernstgenommen werden, und ihre Beachtung ist darum eine Sache der Gottesfurcht (3Mo 19,14.32; Eph 5,21: »Furcht Christi«!). Sogar rechte Erkenntnis in den Dingen dieser Welt gibt es nur da, wo Gottesfurcht den Verstand leitet (Spr 1,7). Auch die ntl. Gemeinde weiß sich unter die Furcht des Herrn gestellt (Apg 9,31) und findet nur so zur Heiligung (2Kor 7,1; → Heilig/Heiligung). Die umfassende Weisung: »Trachte täglich nach der Furcht des Herrn« (Spr 23,17), bezeichnet damit die Haltung allen biblischen Glaubens vor Gott. Man könnte Gottesfurcht daher als *ein täglich neues Ernstnehmen Gottes* umschreiben, dem auch ausdrücklich der → Segen Gottes verheißen ist (Ps 34,8.10; Ps 103,11.13); ja, denen, die Gott fürchten, »soll aufgehen die Sonne der Gerechtigkeit und Heil unter ihren Flügeln« (Mal 3,20; → Gott).

III. Der Begriff heute

1. Angst vor Gott?

Wenn die Bibel zur Gottesfurcht aufruft, dann meint sie damit nicht, daß man Angst vor Gott haben soll. Die menschliche Einstellung zu Gott ist unbewußt erst einmal stark davon geprägt, wie man als Kind seinen eigenen Vater erlebt hat und von ihm erzogen wurde. Aus diesem Grund haben viele Menschen eine tiefsitzende Angst vor Gott. Jesus aber hat kindlich vertrauend zu seinem Vater gebetet und uns zu gleicher Kindschaft berufen. Sein Heiliger Geist treibt die Angst vor Gott aus. Denn es ist kein angstmachender, sondern ein »kindlicher Geist, durch den wir rufen: Abba, lieber Vater!« (Röm 8,15). Angst zeigt fehlendes Vertrauen und führt zum Kleinglauben. Echter Glaube überwindet darum die Angst, weil er sich ganz in Gottes Liebe fallen läßt und kindlich vertraut; → Vater/Abba; → Geist Gottes.

2. ECHTHEITSZEICHEN DER GOTTESBEGEGNUNG

Die dt. Sprache unterscheidet zwischen Angst und Furcht. Furcht kommt aus dem Erschrecken. Und genau hier zeigt es sich, ob ein Mensch schon dem lebendigen Gott begegnet ist oder nur irgendeinen Glauben übernommen hat. Luther hat einmal gesagt: »Wenn du die Furcht und das Zittern, das Staunen und das Wundern nicht kennst, so meine nur nicht, daß du Gott kennst!« Das heißt: Wer noch nie vor dem heiligen Gott erschrocken ist, der kennt ihn noch nicht. Wen noch nie die Gottesfurcht gepackt hat, der ist ihm noch nicht begegnet. Denn wenn Gott zum Menschen spricht, z.B. durch eine Predigt, kann ihn das geradezu umwerfen. Wenn wir es mit Gott zu tun bekommen, können wir angesichts unserer Schuld von der Furcht umgetrieben werden. Und solche Furcht ist heilsam. Denn sie will uns in die Gegenwart Gottes stellen, daß wir vor ihm offenbar und heil werden. Die Gottesfurcht läßt uns das richtende und befreiende Wort Jesu Christi suchen und bewahrt uns davor, daß uns das Wort Jesu selbstverständlich und billig wird und unser Glaube zu einem Gebäude frommer Sätze und Überzeugungen erstarrt.

3. GOTT FÜRCHTEN UND LIEBEN

Luther hat in seiner Erklärung zum 1. Gebot gezeigt, wie im echten Glauben eins am anderen hängt: »Wir sollen Gott über alle Dinge *fürchten, lieben und vertrauen*.« Und jede weitere Erklärung beginnt er: »Wir sollen Gott fürchten und lieben ...« Das klingt wie ein Widerspruch. Aber darin liegt gerade die Kraft christlichen Glaubens verborgen, daß die ehrfürchtige Scheu vor Gottes Heiligkeit und Gericht und die kindlich vertrauende Liebe zum Vater im Himmel zusammenfinden und zur Einheit werden. Glaube ist beides in einem: Gottesfurcht *und* Gottesliebe, ein liebevolles Ernstnehmen des dreieinigen Gottes.

4. GOTTESFURCHT UND ALLTAG

Wenn einer Gott fürchtet und liebt, wird er sein → Wort ehren und sein → Gebot beachten. Das beweist sich schon darin, daß er nicht gedankenlos von Gott redet, wie es oft geschieht (»ach Gott«, »herrjeh« usw.), wie überhaupt Gottesfurcht und Geschwätz schwer zusammenpassen. Bei Gott wiegt jedes Wort, das gesprochen wird; also kann der Gottesfürchtige den Ausverkauf der Sprache in viel überflüssigem Gerede und unnötigem Tratsch nicht mitmachen. Er weiß, daß Gott zuhört! Und »wo viel Worte sind, da geht's ohne Sünde nicht ab« (Spr 10,19).

Wer Gott ernstnimmt, kann sich nicht zum Herrscher über andere Menschen aufschwingen und sie tyrannisieren und bevormunden. Das gilt am Arbeitsplatz, unter Kollegen und Freunden. Das gilt im Miteinander der christlichen Gemeinde, genauso wie im Umgang mit dem Ehepartner. Es gilt sogar in der Kindererziehung. Gerade da, wo Autorität bewußt ausgeübt werden muß, wird sie nur in der Verantwortung vor Gott, in echter Gottesfurcht, frei von nachlässigem Zügelschleifenlassen oder autoritärem Gehabe bleiben können. »Ordnet euch *einander* unter in der Furcht Christi«, mahnt Eph 5,21 und beschreibt anschließend die Ordnung christlichen Lebens in → Ehe und Familie, in → Erziehung und Dienstverhältnis; »denn ihr wißt, daß ihr im Himmel einen gemeinsamen Herrn habt« (Eph 6,9).

So brauchen wir auf allen Gebieten des Alltags die Gottesfurcht als Hüterin unserer zwischenmenschlichen Beziehungen und als Wächterin unseres persönlichen Verhältnisses zu Gott. K.-H. Michel

Gottesknecht → Knecht Gottes

Gottlos → Unglaube/Gottlos/Gesetzlos

Griechen → Heiden/Völker/Griechen

Gunst → Gnade/Gunst

Gut/Gütig

I. Wortbedeutung

Das oft leichthin verwendete Wort »gut« hat in der Bibel einen vollen Klang. Das entsprechende hebr. Wort und die drei griech. Ausdrücke decken folgende Inhalte ab: a) »gut«, »angenehm«; b) »zweckmäßig«, »brauchbar«, »schön«; c) »freundlich«, »gütig«.

II. Der Begriff in der Bibel

1. Zunächst bezeichnet die Bibel Gott selbst als »gut« (z.B. Ps 86,5). Der Glaubende hält auch in der → Anfechtung an ihm als dem Guten fest (Ps 16,2; 73,1). Jesus hat sogar für sich die Bezeichnung »gut« zurückgewiesen, um so

die Einzigartigkeit von *Gottes* Gut-Sein deutlich zu machen (Mk 10,18).

2. Wichtig ist, daß → Gott in seiner Güte nicht für sich bleibt, sondern in seinen Gaben und seinem Handeln als der Gute erfahren wird. So ist seine → Schöpfung »sehr gut« (1Mo 1,31), Kanaan ein »gutes Land« (2Mo 3,8), so daß der Glaubende bekennen kann: »Der Herr ist gütig und erbarmt sich aller seiner Werke« (Ps 145,9). So kann er aus Gottes Hand das Gute wie das Böse entgegennehmen (Hi 2,10; Kla 3,38). Dahinter steht die Erfahrung, daß Gott seinen Willen trotz allen Widerstandes der Menschen zum Ziel bringt. »Ihr gedachtet es böse mit mir zu machen, aber Gott gedachte es gut zu machen« (1Mo 50,20; vgl. Röm 8,28).

3. Daß Gott »gütig« ist gegen die »Undankbaren und Bösen« (Lk 6,35), zeigt sich v.a. in → Jesus Christus. Als der »gute → Hirte« läßt er sein Leben für die Schafe (Joh 10,11.14; vgl. Röm 5,6–8).

4. Gut ist auch Gottes Wille, den er in den → Geboten der Bibel den Menschen kundgetan hat (Röm 7,12). Sie wollen dem Menschen zum Leben helfen und tragen die Verheißung »auf daß es dir gut gehe« (5Mo 6,18). So soll auch die Obrigkeit nach Gottes gutem Willen dem »Guten« dienen (Röm 13,1ff; 1Petr 2,13ff).

5. Der Mensch, der den Weg des → Gehorsams geht, erfährt jedoch die Übermacht der → Sünde. Er muß bekennen: »Das Gute, das ich will, das tue ich nicht; sondern das → Böse, das ich nicht will, das tue ich« (Röm 7,19). Jesus sagt dasselbe im → Gleichnis: »Ein fauler Baum kann nicht gute Früchte bringen« (Mt 7,18; 12,33). So geht es zunächst darum, durch Gottes → Erlösung selbst neu, also »gut« zu werden.

6. Dann gilt aber auch: »Wir sind sein Werk, geschaffen in Christus Jesus zu guten Werken, welche Gott zuvor bereitet hat, daß wir darin wandeln sollen« (Eph 2,10). So sehr unser Tun von Jesus Christus zuvor bereitet ist (vgl. Hebr 13,21), so wird doch an uns die → Frucht des Geistes gesucht, nämlich → »Liebe, ... Güte« (Gal 5,22). Das Tun des Guten wird zum Kennzeichen (nicht zum Grund!), daß jemand aus Gott ist (3Jo 11).

7. Dahinter steht das Wissen, daß auch der Glaubende ins → Gericht Jesu kommt, »auf daß ein jeglicher empfange, wie er gehandelt hat ..., es sei gut oder böse« (2Kor 5,10). Da wird sich zeigen, ob der Glaube bloße Behauptung war, oder ob Gott uns ganz ergreifen und umgestalten konnte. Es geht der Bibel um den Ernst des Lebens unter Gott.

8. Getragen bleiben wir von Gottes → Treue: »Der in euch das gute Werk angefangen hat, er wird es auch vollenden bis an den Tag Christi« (Phil 1,6).

III. Der Begriff heute

Da wir das Wörtchen »gut« oft so beiläufig verwenden, gilt es, der Bibel den starken Klang abzulauschen. Damit wird manche Klarstellung gewonnen.

1. Der Mensch hat doch einen »guten Kern«

So kann man immer wieder hören. Dahinter steht die alte Illusion des Menschen, er könne vor Gott aus eigener Kraft bestehen, ja, habe ihn überhaupt nicht nötig. Er will »sein wie Gott und wissen, was gut und böse ist« (1Mo 3,5). Der Mensch der Bibel jedoch bekennt: »Ich weiß, daß in mir ... nichts Gutes wohnt« (Röm 7,18), also auch kein guter Kern. So stellt die Bibel dem Menschen die Diagnose. Wir haben Gott nicht unsere guten Seiten zu bringen, sondern uns, wie wir sind: als Sünder. Unter seiner Hand werden wir nicht besser, sondern neu. »Gute Werke machen nicht gut, sondern ein guter Mann schafft ein gutes Werk. Ein guter Mann wächst ohne Werke allein durch den Glauben an das wahre → Wort Gottes« (Luther). Am Anfang alles Guten steht also kein guter Kern in uns, sondern der gute Gott, der für uns da ist.

2. Soll ein Christ gute Werke tun?

Ist das nicht gesetzlich? Nein, er soll nicht nur, sondern er wird, ja, er muß. Es kommt jedoch auf die Reihenfolge an. Die guten Werke machen nicht den Glauben aus. Der → Glaube jedoch zeigt gute Werke. Darum fehlt im NT nicht die konkrete Weisung, Gutes zu tun (1Thes 5,15; Gal 6,10; Tit 3,1). Das Tun des Guten ist der sichtbare Erweis, daß im Glauben das Leben neu wurde und nun Frucht trägt. »Wer Gutes tut, der ist von Gott« (3Jo 11).

3. Sind die Dinge dieser Welt nicht böse?

Soll man sie meiden? Unter diesem Urteil hat man schon zur Zeit des NT zu einer bibelfremden Enthaltsamkeit gerufen, »nicht ehelich zu werden und gewisse Speisen zu meiden« (1Tim 4,3). Gegenüber solchen Versuchen sollen wir mit der Bibel die Freude an Gottes guter Schöpfung lernen, »denn alles, was Gott geschaffen hat, ist gut, und nichts ist verwerflich, was mit Danksagung empfangen wird« (1Tim 4,4). Was Gott selbst gut nennt (1Mo 1,31), das dürfen wir nicht verachten.

4. Ist Gott selbst denn gut?

Damit treten wir an eine Frage, die uns oft schwer wird. Meist meint der Mensch, selbst recht genau zu wissen, was »gut« ist. Und weil Gottes Handeln oft unseren Vorstellungen von »gut« widerspricht, bekommen wir

Schwierigkeiten. In Mt 20,1–15 wird das z.B gezeigt. Der Herr des Weinberges gibt allen Arbeitern gleichen → Lohn. Solche »Güte« erweckt sofort den Ärger derer, die viel länger gearbeitet haben. Zwei Antworten gibt der Herr: »Habe ich nicht Macht, zu tun, was ich will?« und »Siehst du darum so böse, weil ich so gut bin?« Gott hat → Freiheit zu tun, was er will. Aber was will er? Das, was für den Menschen gut ist. Dieses Handeln, das Jesus ans → Kreuz geführt hat, wird vom Menschen, der jedem bloß das geben will, was ihm zusteht, »ungerecht« genannt. Gottes → Gerechtigkeit aber besteht in dem Handeln, das seiner unendlichen Güte entspricht.

5. Wie lerne ich für mein Tun, was gut ist?

An Gott selbst! In Lk 6,33 sagt Jesus: »Wenn ihr euren Wohltätern wohltut, was für Dank habt ihr? Die Sünder tun dasselbe auch.« Sehen so nicht unsere Maßstäbe aus? Wenn Gott uns gegenüber so gehandelt hätte? Aber »er ist gütig gegen die Undankbaren und Bösen« (6,35). Dem gilt es nachzueifern. Dafür gab Jesus eine Weisung, die einfach und umfassend ist: »Alles nun, was ihr wollt, das euch die Leute tun sollen, das tut ihnen auch!« (Mt 7,12). Das ist in konkreten Situationen sehr praktisch: Was möchte ich, das man jetzt für mich tut? Das weiß man ja meist sehr genau. Und so hat man die Weisung für das »Gute«, das man dem anderen tun soll (vgl. Röm 13,9f). Man kommt damit an kein Ende, aber man kommt damit in die → Demut, weil man ständig Gottes → Vergebung braucht, der »gütig ist« auch über mich »Undankbaren und Bösen« (Lk 6,35).

W. Bittner

H

Halljahr → Jubeljahr

Handauflegen

I. Wortbedeutung

Das Handauflegen, diese einfache, über die ganze Erde hin bekannte Geste, gehört zu den großen, bedeutungsvollen Zeichen der Kommunikation zwischen Menschen. Gegenüber dem Ineinanderlegen der Hände, wo zwei nebeneinander stehende Menschen sich grüßen oder verbinden, weist das Handauflegen auf den Übergang einer Kraft bzw. Vollmacht von dem einen zum anderen hin. Es kann mit einer oder mit beiden Händen geschehen, wobei der Empfangende kniet, der die Hand Auflegende steht. Meist ist es auch mit einem entsprechenden Segenswort oder mit einem Gebet verbunden. So können Ältere den Jüngeren, Berufende den zu Berufenden, Eltern ihren Kindern die Hände auflegen.

II. Der Begriff in der Bibel

A. IM ALTEN TESTAMENT

Im AT sind es unterschiedliche Ebenen, auf denen sich das Handauflegen als wirksames Handeln erkennen läßt. Einmal ist es das Zeichen der Bevollmächtigung (→ Vollmacht) für ein Amt: Josua, der Nachfolger Moses, empfängt unter Handauflegung die Gabe der Führervollmacht (»Hoheit«) und der → Weisheit für sein neues Amt (4Mo 27,18ff; 5Mo 34,9). Eine andere Seite tritt in Erscheinung, wenn in der Opferfeier am jährlichen Großen Versöhnungstag der Hohepriester Aaron bzw. sein Nachfolger beide Hände auf den Kopf eines Bockes legt und darüber die Missetat des Volkes Gottes bekennt. So legt er gewissermaßen alle → Sünde des Volkes dem Tier auf das Haupt, um es dann in die Wüste zu schicken, damit es alle Missetat mit sich nehme (3Mo 16,20ff). Auch in diesem Handauflegen geschieht ein vollmächtiges Handeln des → Priesters in Gottes Auftrag; dies hat freilich mit dem Kommen Jesu als dem → »Lamm Gottes, das der Welt Sünde trägt« (Joh 1,29) wie alles derartige Handeln sein Ende gefunden (Hebr 9,11ff).

B. IM NEUEN TESTAMENT

Auch im NT begegnet uns das Handauflegen in verschiedener Bedeutung. Jesus selber übt es vornehmlich als Zeichen der Vermittlung seiner Heilandsmacht an die Menschen, oft auch von anderen Zeichen begleitet (z.B. Anrühren, bei der Hand nehmen) und immer durch das Heilungs- und Segnungswort in seiner Absicht verdeutlicht (→ Heilen/Heilung; → Segen). Jesu Handauflegen gibt Anteil an seiner gnaden- und kraftvollen Gottesherrschaft (→ Reich Gottes), Gesundheit für Kranke und Befreiung für Gebundene und Besessene (Mk 5,23ff; 6,5; 7,31ff; 8,23ff usw.), Segen für die Kleinen und Geringen (Mk 10,16; → Arm/Klein/Gering). Wenn die Jünger Jesu bevollmächtigt werden, sein Werk fortzuführen, werden auch sie ausdrücklich zum Handauflegen berufen (Mk 16,18f).

In der Apg, die das Wirken des auferstandenen, erhöhten Christus in der → Gemeinde darstellt, begegnet uns deshalb auch das Handauflegen häufig sowohl bei Heilungen (Apg 28,8) wie vor allem als Zeichen der Bevollmächtigung. Das Weitergeben der Kraft des Hl. → Geistes erfolgt unter Handauflegung einige Male als eigenes Geschehen in Verbindung mit der → Taufe (Apg 8,14ff; 19,6). In Damaskus legt Ananias dem Saulus, diesem »auserwählten Rüstzeug« Gottes, die Hand auf (Apg 9,17); dieser und Barnabas werden unter → Fasten, Beten (→ Gebet) und Handauflegen auf die erste Missionsreise entsandt (Apg 13,3).

Wenn später in der Gemeinde geeignete Leute in das Amt (→ Dienst/Amt) des → Hirten und des Diakons (Apg 6,6) eingeführt werden, erfolgt auch dies unter Gottes → Wort, Gebet und Handauflegen. Timotheus, der Schüler des Paulus, ist auf diese Weise eingeführt und soll es auch selber so üben (1Tim 4,15). Ausdrücklich ist dabei auch von der Möglichkeit die Rede, daß dies zu früh geschehen könnte (1Tim 5,22).

III. Der Begriff heute

Der Blick in die Hl. Schrift macht uns Mut, das Handauflegen, das vielfach aufgegeben oder entleert worden ist, neu zu erkennen und aufzunehmen. Im Judentum geschah und geschieht auf diese Weise die Ordination der Rabbiner. In der christlichen Kirche erfolgt das Handauflegen bei allen Segnungshandlungen, bei Taufe, Konfirmation, Trauung, bei der Ordination des Pfarrers und der Beauftragung kirchlicher Mitarbeiter. Missionare werden für ihren → Dienst unter Handauflegung und Gebet ausgesandt.

So ist das Handauflegen in das gesamte Handeln der Gemeinde Christi eingeordnet. Es kann aber auch seinen Platz haben zwischen Eltern und Kindern (→ Kind), zwischen Freunden, zwischen Abschiednehmenden, auch beim Krankenbesuch. Natürlich kann es mißdeutet und mißbraucht werden, aber das hebt den rechten Gebrauch nicht auf. Jesus Christus hat uns Menschen lieb nach → Leib und → Seele. Dies zeigt sich auch darin, daß er Menschen die Hände aufgelegt hat. Er sucht eine Gemeinde, in der das Wort nicht blutleer, sondern leibhaftig wirkt. Der jüngere Blumhardt erzählt über den bewegenden Abschied von seinem sterbenden Vater: »Da hob er mit letzter Anstrengung seine Hand auf, legte sie mir aufs Haupt und sagte: ›Ich segne dich zum Siegen!‹«

Als der auferstandene Christus von seinen → Jüngern Abschied nahm, »hob er die Hände auf und segnete sie« (Lk 24,50). Mit diesem Bild des die Hand über sie erhebenden, segnenden Christus dürfen seine Jünger in der Welt stehen und ihren Dienst tun »mit großer Freude«.

H. Dietzfelbinger

Haushalter/Haushalterschaft

I. Wortbedeutung

Die Begriffe »Haushalter/Haushalterschaft« sind eng verknüpft mit den Ausdrükken Haus, Haushalt, Hausbau (griech. *oikos*). Sie kommen vor im häuslichen Bereich oder auch im öffentlichen Aufgabenbereich. Jedesmal ist alles das gemeint, was zur Errichtung und Erhaltung einer Gemeinschaft beiträgt und nötig ist. So werden diese Begriffe noch heute gebraucht und sind uns geläufig. Dabei zielt der Ausdruck »Haushalter« auf Personen, die verantwortlich die Aufgaben des Gemeinwesens wahrnehmen sollen, und der Ausdruck »Haushalterschaft« umschreibt die Sache selbst. Einen Sonderfall öffentlicher Aufgabenstellung nimmt der religiöse Bereich ein. Im Griechentum werden schon in vorchristlicher Zeit die → Priester und andere an der Ausübung des Götterkultes Beteiligte »Haushalter« genannt.

II. Der Begriff in der Bibel

A. IM ALTEN TESTAMENT

1. Aus dem AT kennen wir mehrere Gestalten, die als Vorbilder dafür gelten können, was unter »Haushaltern« zu verstehen ist. Da ist Elieser (1Mo 24), der Haushalter Abrahams, oder Joseph (1Mo 39–41), der nicht nur der Haushalter Pharaos war, sondern in ganz besonderer Weise auch Gottes Haushalter. Ähnlich Mose, der als → Mittler zwischen → Gott und dem Volk → Israel steht.

2. Schon in der Urgeschichte wird der Mensch als solcher der Sache nach als Haushalter dargestellt. Sein Schöpfer möchte, daß er mit der → Schöpfung verantwortlich umgeht: »Und Gott nahm den Menschen und setzte ihn in den Garten Eden, daß er ihn *bearbeitete* und *bewahrte*« (2,15). Dies sind Worte, die den Treuhänder, nicht den Ausbeuter, den Haushalter, nicht den willkürlichen Herrscher kennzeichnen.

B. IM NEUEN TESTAMENT

Im NT erhält der ganze Fragenkreis immer deutlichere Umrisse.

1. *Haus* meint das Haus Gottes als Familie Gottes und ist ein anderer Ausdruck für → Gemeinde. In der Form der Hausgemeinde wird diese Zusammengehörigkeit besonders deutlich (vgl. Apg 2,46; 5,42).

2. Der Begriff *Hausbau* wird gewöhnlich mit »Erbauung« übersetzt, meint aber nicht die Pflege eines persönlichen religiösen Lebens privater Frömmigkeit. Es ist vielmehr an die Erbauung des Hauses Gottes, d.h. der Gemeinde, zu denken. Ein besonders schönes Bild finden wir im 1. Petrusbrief. Dort werden die einzelnen Glieder der Gemeinde als Bausteine verstanden, die in das Haus eingebaut werden, an dem Gott selbst baut (2,5). Freilich als »lebendige Steine«, d.h. nicht als willenlose Objekte. Darum ist jeder verantwortlich dafür, was und wie er baut (vgl. Röm 15,20; 1Kor 3,11–14; → Gemeinde/Kirche).

3.a) *Haushalter* ist in allererster Linie Jesus selbst. Der Hebräerbrief stellt das deutlich heraus und vergleicht den Haushalter Mose mit dem Haushalter Jesus (3,1–6). Dabei ist ihm wichtig, daß Mose bei aller → Treue, in der er Haushalter war, doch nur als ein Vorbild, eigentlich als ein Muster oder Modell verstanden werden kann für Jesus, den vollkommenen Haushalter. Es ist die Treue des → Knechtes verglichen mit der Treue des Sohnes, die den Unterschied ausmacht. Wie die Haushalterschaft Jesu aussah, beschreibt mit anderen Worten der Philipperbrief (2,5–11): Es ist die äußerste Hingabe, der Verzicht auf jedes Eigeninteresse an Besitz und Handlungsfreiheit; es ist der vollkommene Dienst im Heilsplan Gottes.

b) In den → Gleichnissen Jesu werden auch → Jünger Jesu unter dem Gesichtspunkt des Haushalters betrachtet. Die Welt, die Begabungen, das → Evangelium – all das ist ihnen zur rechten Verwaltung anvertraut, und sie müssen Rechenschaft über ihren Umgang mit den Dingen ablegen. So besagen es das

Gleichnis von den anvertrauten Talenten (Mt 25,14–30), ähnlich auch das von den bösen Weingärtnern (Mt 21,33–43).

c) In demselben Sinne nimmt Paulus in 1Kor 4,1 u. 2 das Bild vom Haushalter auf: »So soll man uns ansehen: als Diener und Haushalter der Geheimnisse Gottes.«

d) Im 1. Petrusbrief wird der → Dienst des Haushalters auf alle Gläubigen angewandt. Alle haben Gnadengaben (→ Charisma) empfangen und werden damit Haushalter »der mannigfaltigen Gnade« Gottes (1Petr 4,10).

4. Das für unsere Überlegungen so wichtige Wort *Haushalterschaft* kommt im Neuen Testament nur wenige Male vor. Aber in der Gemeinde des 2. Jahrhunderts wird es sehr bald zum Schlüsselwort für die Beschreibung ihres Auftrags und ihrer Aufgabe. Soweit die im Neuen Testament vorkommenden Stellen Aufschluß über das Verständnis dieses Wortes geben, sind vier Bedeutungen zu erkennen:

a) Das Amt des Haushalters; b) die Verwaltung dieses Amtes; c) der umfassende Heilsplan Gottes, in dessen Mitte Jesus steht; d) die göttliche Heilserziehung im Glauben, abwehrend gegen Irrlehrer (vgl. Lk 16,2ff; 1Kor 9,17; Gal 4,2; Eph 1,10; 3,2.9; Kol 1,25; 1Tim 1,4).

Vor allem die enge Zugehörigkeit von Haushalterschaft und göttlichem Heilsplan (→ Geheimnis/Ratschluß) macht uns die Eingrenzung dieses Auftrags deutlich. Bei aller Freiheit kann es keine erlaubte Willkür des Haushalters geben. Der Haushalter ist an den Heilsplan Gottes gewiesen. Hier liegt die Grenze für gutgemeinte, aber allzu eigenständige Annäherungsversuche an die Gegebenheiten unserer Umwelt.

Abschließend sei noch auf Eph 2,19–22 hingewiesen, wo in einem einzigen Satz der Sachverhalt der Haushalterschaft durch sechs Begriffe umschrieben wird, die alle dem Begriff des Haushalts Gottes nachgebildet sind: »So seid ihr nun nicht mehr Fremde und *Beisassen,* sondern ihr seid Mitbürger der Heiligen und *Hausgenossen* Gottes, *aufgebaut* auf dem Grund der Apostel und → Propheten, wobei Christus Jesus sein Eckstein ist, in dem der *ganze Bau* zusammengefügt heranwächst zu einem heiligen Tempel im Herrn, in dem auch ihr *miterbaut* werdet zu einer *Wohnung* Gottes im Geist.«

III. Der Begriff heute

1. Gott vertraut uns seine Sache an

Was wir heute unter Haushalterschaft zu verstehen haben, läßt sich noch einmal an einem Gleichnis Jesu ablesen. Als Jesus von seinen Jüngern Abschied nimmt, beantwortet er die Frage der Jünger nach dem Kommen des → Reiches Gottes und nach der Rolle, die ihnen darin zugedacht ist, mit einer Reihe von Gleichnissen (Mt 24–25). Unter diesen Gleichnissen befindet sich auch das von den anvertrauten Talenten (25,14–30). Das Gleichnis will sagen: Jesus selbst ist der Herr, der den Jüngern als seinen Knechten seinen Besitz hinterläßt. Dieser »Besitz« ist nichts anderes als Jesu Liebe und Sorge um die verlorene Welt und die Verantwortung für den Bau seiner Gemeinde. Er gibt seinen Jüngern keine genauen Anweisungen, wie sie mit dem ihnen anvertrauten »Vermögen« umzugehen hätten. Nur das wissen sie, daß ein Tag kommt, an dem sie Rechenschaft geben müssen. Daraus folgt:

a) Gott begegnet uns mit großem Vertrauen. Er *beruft* uns nicht nur zu unserem → Heil, sondern *beteiligt* uns verantwortlich und vertrauensvoll an dem Werk seiner Liebe zu der verlorenen Welt. Die Antwort des so Betrauten wird Treue sein und Hingabe, die ein solches Angebot nicht ausschlägt.

b) Jeder Jünger Jesu ist in gleicher Weise in die Verantwortung genommen, wenn auch nach unterschiedlichem Maß, seinen Fähigkeiten und seiner Kraft entsprechend. Das schließt untereinander jeden Neid aus und zwingt zur Zusammenarbeit.

c) Es gibt keine Form der Gemeinde oder Missionsstrategie, die sich darauf berufen könnte, von vornherein unter der direkten Anleitung Gottes zu stehen. Alles, was wir tun in Wahrnehmung der uns anvertrauten Aufgabe im Reich Gottes, kann nur ein Tasten sein, genährt aus Liebe und Vertrauen, aber in dem Wissen, daß Gottes Beurteilung noch aussteht. Dieses Wissen soll uns demütig machen im Blick auf unser eigenes Tun, zugleich dankbar und tolerant für den Einsatz anderer.

2. Worüber sind wir Haushalter?

Es müssen hier zwei große Bereiche getrennt betrachtet werden. Es sind dies die natürlichen Gaben und die Gaben des Heils, wir können auch sagen, die Gaben der → Schöpfung und die Gaben der → Erlösung.

Zu den *natürlichen Gaben* rechnen wir: Begabungen, Zeit und → Besitz.

a) *Begabungen* sind die Gaben, mit denen Gott ein jedes Leben unverwechselbar ausgestattet hat. Es sind dies die Anlagen, die besonderen Fähigkeiten und Neigungen, Kraft und Geschick, Intellekt und Gefühl. Zu diesen Gaben gehören auch unser Leben und unser Leib. Jedes Lebensalter hat seine besonderen Möglichkeiten im Reich Gottes, z.B. die betende und ratende Tragkraft des Alters, die

Beständigkeit des Schaffens derer, die in der vollen Verantwortung stehen und die vorwärtsdrängende Hoffnung der Jugend. Zu den Möglichkeiten des Leibes gehören Zucht und Verzicht (Röm 12,1), die wir als Haushalter bewußt und freiwillig auf uns nehmen, und die eigentlich nichts anderes sind als Konzentration auf das uns gestellte Thema.

b) *Die Zeit* ist nicht unterschiedlich anvertraut. Jeder hat für die Dauer seines Lebens das gleiche tägliche Kapital. Wir sind dafür verantwortlich, wie wir unsere Zeit füllen oder verlieren. Die Zeit eilt, jeder Augenblick ist unwiederbringlich (Lk 9,57ff), aber Hast und hektische Eile sind vom Teufel (vgl. Offb 12,12).

c) *Materieller → Besitz* gehört uns in besonderer Weise, er ist Ausdruck unseres Schaffens und zugleich Ausdruck des Segens Gottes, aber letztlich Gottes Eigentum. Das Volk → Israel kannte Erlaß- und Halljahre (→ Jubeljahr) und die ständige Einrichtung des Zehnten. Es sollte dadurch daran erinnert werden, daß es nur Treuhänder, aber nicht Eigentümer des ihm anvertrauten Gutes war. So verstanden behält der Zehnte auch heute seine Bedeutung. Er ist eine Erinnerung daran, daß auch die restlichen 90% keinesfalls unser Eigentum sind.

Geiz gilt vor Gott als Abgötterei, und der bloße Schein eines Opfers wird an Ananias und Saphira tödlich gerächt (Apg 5,1–11). Ein Christ darf dankbar von Gott nehmen, was er benötigt, aber er soll sich immer bewußt bleiben, daß er vom Guthaben Gottes abhebt, was er beansprucht.

Dies gilt auch für den *großen* Bereich der Schöpfung. Es tritt der Menschheit immer mehr ins Bewußtsein, daß sie diese Erde nicht in verantwortungsvoller Weise gebraucht, als Haushalter pflegt, sondern in blinder Gier ausbeutet. Es muß uns Christen deutlich sein – und wir müssen deutlich machen: »Die Erde ist des Herrn und alles, was darinnen ist« (Ps 24,1). Wenn wir singen: »Was unser Gott geschaffen hat, das will er auch erhalten«, so gilt, daß er uns an dieser Erhaltung beteiligt. Dies hat Konsequenzen für unseren persönlichen Lebensstil wie auch für unser gesellschaftliches Handeln (→ Besitz/Eigentum/Reichtum).

Haushalter über die *Gaben des Heils* sein bedeutet, daß eigene geistliche Erfahrungen und der eigene Glaube ebenso als anvertrautes Gut eingebracht werden sollen wie die natürlichen Gaben. Wer meint, sein Glaube ginge nur ihn und Gott an, vergräbt das ihm anvertraute Talent. Paulus formuliert es so: »Ihr seid Haushalter über die Geheimnisse Gottes« (1Kor 4,1ff). Das heißt doch wohl: Gott vertraut seinen Heilsplan uns an! Aber nicht zu unserer Information oder Selbstbestätigung, sondern damit wir auf das richtige Ziel hinarbeiten. So hat es uns Jesus im Missionsbefehl auferlegt. Als gesamte Gemeinde sind wir dafür verantwortlich, daß und wie Verkündigung geschieht, und zwar in zwei Richtungen: unter uns als Weitergabe des Glaubenserbes in der Folge der Generationen und an die Welt als das missionarische Wort von der → Versöhnung. G. Petschat

Hebräer → Israel/Jude/Hebräer

Heiden/Völker/Griechen

I. Wortbedeutung

Der Begriff »Volk« steht für die nach Familie und Sippe nächstgrößere Gemeinschaft von Menschen. Die einzelnen Völker werden in der Bibel – wie auch die Menschheit im ganzen – als große Familien gesehen (vgl. 1Mo 10). Wo wir von der Menschheit oder der »ganzen Welt« sprechen, sagt die Bibel meistens »alle Völker« (vgl. Mt 25,32; 28,19; Mk 13,10).

Neben diesem wertfreien Gebrauch von »Volk« und »Völker« gibt es eine besondere Verengung der Begriffe: Wo bestimmte Leute aus der Volksgemeinschaft herausragen – als Herrscher, Priester usw. – da bekommt das Wort »Volk« den Sinn von »das übrige Volk« oder – leicht abwertend – »das einfache Volk« (vgl. Jer 23,33f; Hos 4,9).

Ganz entsprechend hat die → Erwählung → Israels aus der Schar der Völker dazu geführt, daß der Ausdruck »die Völker« einen negativen Klang bekam. »Die Völker« heißt darum oft so etwas wie »die übrigen Völker, die nicht mit Gott im Bunde stehen«. Um das wiederzugeben, hat Luther bei seiner Bibelübersetzung an vielen Stellen das Wort »Heiden« benutzt. Er hat damit den Klang dieser Stellen gut getroffen, aber ein Mißverständnis riskiert: Unter »Heiden« verstehen *wir* normalerweise »Nichtchristen«. In der Bibel geht es aber an diesen Stellen fast immer um *Nichtisraeliten* oder *Nichtjuden* (auch im NT!). Das sollte man besser auseinanderhalten. Denn erstens fühlen wir uns sonst von Bibelworten, die uns als Nichtjuden etwas angehen, nicht angesprochen (vgl. etwa Röm 15,8–13). Und zweitens sollen wir die Feindschaft zwischen dem biblischen Israel und seinen Nachbarvölkern, die in manchen »Heiden«-Worten zum Ausdruck kommt, nicht auf unser Verhältnis zu Nichtchristen übertragen (vgl. etwa Ps 9,18–21).

An manchen Stellen des NT (z.B. Röm 1,16) werden die *Griechen* stellvertretend für alle nichtjüdischen Völker genannt. Die Griechen waren für das frühe Judentum seit Alexander d.Gr. die mächtigsten Vertreter des Heidentums. Viele Juden waren versucht, mit der griech. Kultur auch die heidnische Religion zu übernehmen. Die Römer, die später an die Stelle der Griechen traten, wurden mit Recht als Vertreter derselben Kultur angesehen. Das Wortpaar »Juden und Griechen« meint also Israel und die heidnische Völkerwelt und umschreibt so die Menschheit in ihrer je verschiedenen Stellung vor Gott.

II. Der Begriff in der Bibel

1. Viele bibl. Aussagen über die Völker sind nichts als die Umkehrung dessen, was die Bibel positiv über Israel sagt. So sind die Völker die, »die Gott nicht kennen« (Ps 79,6; 1Thes 4,5), weil Gott sich nur in Israel offenbart hat. Während die Juden den Willen Gottes kennen, weil sie seit Urzeiten in der Schule Gottes leben, sind die übrigen Menschen von Hause aus Sünder (Gal 2,15). Im Judentum ist → Sünde nicht selbstverständlich, sondern ein Ärgernis und eine Not (vgl. Röm 2,17–29 und 7,7–25). In der nichtjüdischen Welt steht die Sünde auf der Tagesordnung, als Konsequenz der Gottesferne (vgl. Röm 1,18–32). Da ist es eine Ausnahme von der Regel, wenn der Wille Gottes sich ohne das offenbarte Gesetz im → Gewissen Geltung verschafft (Röm 2,14–16); → Gebot/Weisung/Gesetz.

2. Die Unterscheidung zwischen Israel und der übrigen Völkerwelt ist jedoch nicht das einzige Wort der Bibel über die Völker. Schon im AT wird deutlich, daß auch die Völker unter dem Anspruch Gottes stehen (vgl. Ps 22,29; 47,9; 82,8; 117,1: »Lobet den Herrn, alle Heiden, preiset ihn, alle Völker!«). Schon die Berufung Abrahams zielt nicht nur auf das von ihm abstammende Volk Israel, sondern auf die ganze Menschheit (1Mo 12,1–3). Auch die Hoffnung, die die → Propheten in Israel weckten, schließt die Heiden mit ein (vgl. Jes 2,3; 42,1.6; 49,6).

3. Im NT hat Paulus am klarsten ausgesprochen, daß Gott nicht nur der Gott der Juden ist, sondern auch der Gott der Nichtjuden (Röm 3,29). Das heißt nicht etwa, daß die Nichtjuden ihn auch schon kennen – wie Israel –, sondern daß Gott auch für sie da sein will. Das ist die Frucht des Werkes Christi, besonders seines Sterbens für die Sünde der Menschheit (vgl. Röm 3,21–30; Eph 2,11–22). Darum wird den Jüngern erst nach der Auferweckung Jesu der Befehl zur weltweiten Verkündigung gegeben (vgl. Mt 28,18–20; Lk 24,47). Dieser Auftrag ist das Programm der Kirchengeschichte (Apg 1,8); → Israel/Jude/Hebräer.

III. Der Begriff heute

1. Was der Auftrag zur Weltmission bedeutet, wissen wir erst richtig, seitdem die Entdeckungen der Neuzeit alle Völker in den Gesichtskreis der Kirche gebracht haben. Die weltweite Mission entwickelte sich in manchmal zu enger Verbindung mit dem weltweiten Machtstreben der europäischen Nationen. Darum erwachsen der Mission heute Hindernisse aus dem neu erwachten Selbstbewußtsein der nichteuropäischen Völker. Ihnen muß die Christenheit glaubwürdig zeigen, daß sie mit keinem irdischen Reich im Bunde steht, sondern das → Heil der Völker allein vom Reich Gottes erwartet. Die Berufung aller Völker im → Evangelium bedeutet, daß die Wahrheit Gottes in allen Kulturen Wurzeln schlagen will, nicht nur in Europa.

2. Für die politische Weltgeschichte ist im Blick zu behalten, daß die besonderen → Verheißungen Gottes für Israel im NT nicht zurückgenommen werden (vgl. Röm 11,29: »Denn Gottes Gaben und Berufung können ihn nicht gereuen«). Gott setzt dem Unrecht, das seinem Volk angetan werden darf, bestimmte Grenzen (vgl. Lk 21,24). Einer Christenheit, die sich über Israel erhebt, droht der Apostel Paulus das → Gericht an (vgl. Röm 11,17–22).

K. Haacker

Heil/Frieden/Rettung

I. Wortbedeutung

Das hebr. Wort *schalom* bezeichnet im AT Heil und Frieden. *Schalom* – das ist der ungestörte, geordnete, heile Zustand, das ist Harmonie, Wohlergehen, Glück, Sicherheit und Friede (vgl. Ps 122,6ff). Unser dt. Wort »Frieden« erfaßt also nur einen Einzelaspekt des Heils der ungestörten Ordnung. Heute noch begrüßen sich die Juden mit »schalom!«, die Araber mit »salem aleikum«, und wünschen sich damit »alles Gute«.

Friede ist in der Bibel aber weit mehr als eine Grußformel. Er ist auch kein seelisches Gefühl. Er bezeichnet die Wirklichkeit: Alles wird gut, weil Gott uns gut ist! ». . . ein Wohlgefallen Gott an uns hat, nun ist groß Fried ohn Unterlaß!«

Das hebr. AT kennt für »Heil« noch ein anderes Wort *(jeschuah),* von dem der Name »Jesus« abgeleitet ist. Es bedeutet Hilfe und Rettung. Jesus ist der, »der sein Volk retten wird von ihren Sünden« (Mt 1,21). Er überbrückt die Kluft zwischen Gott und den Menschen. In ihm sieht das NT Heil und Rettung. Dorthin ruft es den Menschen.

II. Der Begriff in der Bibel

Wenn Gott wunderbar eingreift, um einzelnen oder ganz Israel zu helfen, dann ist das nach atl. Verständnis Heil (vgl. 1Sam 2,1 und 1Sam 11,13). Diesen Gedanken darf man aber nicht umkehren! Wo alles gut geht, da ist nicht automatisch Heil Gottes; wo viel schlecht steht, da ist nicht automatisch Gottesferne. Das hat z.B. Jeremia ganz klar machen müssen. Er mußte auftreten gegen die religiöse Oberschicht → Israels. Er mußte ihnen vorhalten, daß sie lügen und das Volk einschläfern, wenn sie sagen »es ist Friede«, »wir sind geborgen«, »Gott ist mit uns«, »hier ist des Herrn → Tempel« (vgl. Jer 6; 7). Bis hin zum religiösen Betrieb kann äußerlich alles in Ordnung scheinen und nach Gottes Maß trotzdem in schlimmster Unordnung sein. »Es ist nicht Friede!«

Gottes Grundgesetz der Zehn → Gebote muß vom ersten bis zum zehnten Gebot das Leben bestimmen; anders ist es oberflächlich, ja lügnerische Vermessenheit, von »Frieden« und von »Heil« zu reden (vgl. Jer 7,1–11). Andererseits kann äußerlich alles nach Niederlage und Not aussehen – so wie in den Tagen Gideons –, und doch der Friede Gottes eine tragende Wirklichkeit sein. So begriff es Gideon: Wenn Gott mich nicht vernichtet, wenn er mir trotz meiner Unwürdigkeit Aufträge gibt, dann bin ich im Frieden Gottes! (vgl. Ri 6,1–6.11–24).

Mitten im Zusammenbrechen des alten Israel kündigt Gott das eigentliche Kommen von Heil und Frieden an: »Siehe, dein Heil kommt« (Jes 62,11). Friede, Heil und Rettung wird der bringen, der als »Kind geboren« der »Friede-Fürst« sein wird (Jes 9,5) – der wie ein von Gott Gestrafter aussehen mag, der aber in Wirklichkeit »um unserer → Sünde willen zerschlagen« ist, »auf daß wir Frieden hätten« (Jes 53,4f).

Zum Gesamthorizont dessen, was Gott als Friede und Heil versteht, gehört auch der »Friede auf Erden« (Lk 2,14; vgl. Jes 2,4). Gott wird im letzten → Gericht alles Böse abtun, auch die Kriege. Aber Kriege, Revolutionen, Inflationen und alle Arten von Nöten können nicht daran rütteln: »Da wir nun gerecht geworden sind durch den Glauben, haben wir Frieden mit Gott durch unseren Herrn Jesus« (Röm 5,1). Christus »ist unser Friede« (Eph 2,14). Denn in ihm und in keinem andern ist das Heil (Apg 4,12). Kein anderer sorgt dafür, daß wir gerettet werden (Apg 4,12). Gott ist es ganz ernst mit dem umfassenden Heil. Das wird im letzten Gericht deutlich werden (vgl. Röm 5,8–10). »Auf Hoffnung« sind wir gerettet (Röm 8,24). Am Ende unseres Glaubensweges werden wir es ganz erfahren, worin Gottes Heil denn nun wirklich in Fülle besteht (1Petr 1,4–12).

III. Die Begriffe heute

1. Gerettet, um das Heil zu gewinnen

Jesus erlöst uns vom Gerichts-Zorn des heiligen Gottes (vgl. 1Thes 1,10). Wie wirklich und wie schlimm dieses Strafen des heiligen Gottes sein kann, ist am Kreuz Jesu ablesbar. An Jesus, den Gott »für uns zur Sünde« gemacht hat, wird deutlich, wie Gott Sünde zerschlägt und vernichtet. Wenn wir nicht selbst in den Feuersturm dieses Gottesgerichtes kommen wollen, müssen wir uns im Glauben zu Jesus flüchten, indem wir seinen Namen anrufen (vgl. Röm 10,9ff) und mit Jesus zu leben anfangen.

Der Evangelist Wilhelm Busch erzählte oft, daß sich mitten im Feuersturm eines Bombenangriffs auf Essen einige Leute in den Ruinen der Synagoge gerettet hatten. Die war von den Nazis schon vor dem Krieg niedergebrannt worden. Dort, wo das Feuer schon gewütet hatte und wo es darum nichts mehr zu brennen gab, war Sicherheit. So gibt es beim gerichteten Jesus Rettung, Heil, Frieden.

Aber der deutsche Begriff »Rettung« gibt nicht den Vollsinn dessen wieder, was die Bibel mit »Heil« meint. In Lk 15,11ff erzählt Jesus vom »verlorenen Sohn«. Dieser wäre »gerettet« gewesen, wenn er nur wieder etwas zu essen und dazu eine Verdienstmöglichkeit gehabt hätte. Der Vater jedoch nimmt den Unwürdigen wieder rechtsgültig als Sohn auf, kleidet ihn mit dem besten Gewand, schmückt ihn mit einem Fingerreif und bewirtet ihn mit einem Festmahl. Das ist »Heil«. Zum Heil Gottes wird gehören: daß selbst unser vergänglicher → Leib einmal voll Gottesherrlichkeit sein wird (Phil 3,21); daß wir Gott in Vollkommenheit dienen können (Offb 7,15); daß wir eine Welt ohne Leid, Geschrei, Schmerz und Tod erleben werden (Offb 21,3f). Im Blick auf dieses Ziel sprechen manche Bibelübersetzungen bis heute vom »Selig-Werden« statt von »Rettung«; sie meinen damit keine seelische Erregtheit, sondern die Fülle des Heiles.

2. Dem Heil dienen, mitten in der Not der Welt

Die Welt ist voll von schrecklicher Not, von Hunger, Überbevölkerung, Seuchen, Kriegen, Unterdrückung, Ungerechtigkeit. Für diese Welt hat Jesus einen Ungläubigen, den

»barmherzigen Samariter« (Lk 10,25ff), zum Vorbild wahrer Nächstenliebe gemacht. Jesus beschließt diese Beispielgeschichte nicht damit, daß er den Samariter als wahren »Gläubigen« herausstellt, sondern daß er aufruft: »Gehe hin und tue desgleichen.« Auch zusammen mit Menschen anderer Religionen können und sollen Christen dort helfen, wo geholfen werden muß. Jesus ist für Gesundheit, für Stillung des Hungers, für Überwindung des Todes. Das machen seine Wunder deutlich. Erst recht ist Jesus für den Frieden zwischen Menschen und Völkern. Friedensstifter preist Jesus selig (Mt 5,9; → Nächster). Aber Gottes »Heil« ist noch nicht automatisch dort, wo Wunden geheilt und wo Not behoben ist. »Wer den Sohn hat, der hat das Leben; wer den Sohn Gottes nicht hat, der hat das Leben nicht« (1Jo 5,12). Umgekehrt: Der Gichtbrüchige (vgl. Mt 9,1ff), den Jesus sowohl von Sünden wie von den Körperqualen befreite, war schon im Heil, als ihm die Sünden vergeben, die Schmerzen jedoch noch nicht weggenommen waren. Man kann im Heil Gottes sein, auch wenn man unterjocht, gefangen, im Verhungern, im Todeskampf ist. »Deine Güte, Gott, ist besser als Leben« (Ps 63,4). Das haben Hunderttausende – auch Deutsche – in Kriegs- und Hungerjahren erfahren.

Die Not der Welt ist unvorstellbar schlimm. Wir dürfen sie nicht länger übersehen. Aber die »Heil«-losigkeit der Welt besteht in ihrer Gottferne. Jesus hat klar gemacht, daß es Schlimmeres als schlimme Not gibt: »Fürchtet euch nicht vor denen, die den Leib töten ... Fürchtet euch vor dem, der ... auch Macht hat, zu werfen in die Hölle« (Lk 12,4f). Es ist darum hilfreich, wenn wir auch begrifflich unterscheiden zwischen »Wohl« und »Heil«. Wohl ist wichtig. Aber Wohl ist nicht Heil. Heil geschieht, wenn Jesus Menschen aus der Trennung von Gott heimholt in die ewige Gemeinschaft mit Gott. Dazu dienen Mission und Evangelisation.

3. Gott gehorsam sein, inmitten des Unfriedens

Es geht um den Gehorsam gegen den dreieinigen Gott, nicht um das Errichten eines utopischen menschlichen Friedensreiches, wenn Christen im zwischenmenschlichen und im politischen Bereich den Unfrieden einzudämmen versuchen. Darauf haben afrikanische Christen 1976 in Nairobi (PACLA) hingewiesen: »Um Gottes, unseres Vaters, willen widerstehen wir aller Ächtung, Unterdrükkung und Ausbeutung von Menschen ... Um unseres Heilandes Jesus Christus willen widerstehen wir allem, was seiner Liebe am Kreuz und seinem friedfertigen Ertragen des Kreuzes Abbruch tut... Um des Heiligen Geistes willen widerstehen wir den fremden Geistern des Hasses, der Rache und der Gewalt.« Auf dieser für Christen gemeinsamen Basis solchen Gehorsams gibt es – um der nicht unmittelbar aus dem Evangelium ableitbaren politischen Erwägungen und Bewertungen willen – auch Offenheit für unterschiedliche Programme mit dem Ziel der Eindämmung des Unfriedens in der Welt (vgl. Friedensdenkschrift der EKD 1981). Solange es jedoch auf der gemeinsamen Bereitschaft zum Gehorsam gegen Gott solche unterschiedlichen Programme gibt, stellen Christen diese jeweils in Frage, ohne darüber in einen ungeistlichen »Streit um den Frieden« verfallen zu dürfen. Gemeinsam haben Christen auch bei unterschiedlichen Friedensprogrammen zu vertreten, daß die letzte Wurzel des Unfriedens die Ferne von Gott ist und daß das Gebet für die politischen Verantwortlichen mit dem Ziel des Friedens eine vorrangige »politische« Bedeutung hat (vgl. 1Tim 2,1ff).

→ Erlösung/Rettung

R. Scheffbuch

Heiland

I. Wortbedeutung

Das deutsche Wort »Heiland« ist von »heilen« abgeleitet. In der Bibel gibt es aber hebr. *(ga'al, jascha')* und griech. *(sozo)* Ausdrücke wieder, die »befreien«, »retten« heißen. Die atl. Worte stehen öfter (z.B. 3Mo 25,48f) mit der Loslassung von Sklaven in Zusammenhang. Wenn Menschen auf einen Heiland warten, dann geben sie zu, sich nicht selbst aus den Fesseln irdischer oder übermenschlicher Mächte erlösen zu können.

II. Der Begriff in der Bibel

A. IM ALTEN TESTAMENT

Die Psalmen (z.B. 17,7; 85,5) bekennen → Gott als den Heiland → Israels. Als im babylonischen Exil (→ Babylon) die heidnischen → Götzen zu triumphieren schienen, ließ Gott seinem Volk sagen: »Ich bin der Herr und außer mir ist kein Heiland« (Jes 43,11). Nicht der Perserkönig Kyros war der eigentliche Befreier aus der Verbannung, sondern Gott selbst (Jes 45,1–7.15). Der Messias wird nirgends direkt »Heiland« genannt (vgl. aber Jes 49,6.10). Deshalb scheint dieser Titel in der Messiaserwartung des jüdischen Volkes keine Rolle gespielt zu haben. Wenn auch zwei Richter ausnahmsweise »Heilande« genannt werden (Ri 3,9.15), so bleibt doch im Ganzen die Bezeichnung Gott vorbehalten.

B. IM NEUEN TESTAMENT

Als Maria die Geburt eines Sohnes angekündigt bekam, da deutete der Engel dessen Namen »Jesus« (hebr. *jehoschua'*, aram. *jeschua'* = Gott rettet) mit den Worten: »Er wird sein Volk von ihren Sünden retten« (Mt 1,21). Damit wurde Jesus eine Aufgabe übertragen, die eigentlich Gott allein zusteht (vgl. Mk 2,7). Entsprechend proklamierten die himmlischen Heerscharen den neugeborenen → Sohn Davids als Heiland (Lk 2,11). Auch die erste Gemeinde in Jerusalem verkündigte Jesus, den »Heiland, der Israel Umkehr und → Vergebung gibt« (Apg 5,31).

Gebräuchlicher wurde der Titel allerdings erst in den späteren Schriften des NT, die sich stärker mit dem Kaiserkult auseinandersetzen mußten. Nach Alexander dem Großen begann man, Herrscher, die irgendwelche Hilfe brachten oder auch nur versprachen, »Heiland« (griech. *sotēr*) zu nennen und schließlich auch göttlich zu verehren. Stellen wie Joh 4,42; 2Tim 1,10 oder 1Jo 4,14 sagen dagegen: Heiland ist Jesus. Er war für die ersten Christen nicht einer unter vielen Heilanden, sondern der endgültige Herrscher, weil er die Totenauferstehung herbeiführt (Phil 3,20).

III. Der Begriff heute

1. DIE PSEUDO-HEILANDE UND DER WAHRE HEILAND

Wenn man im Altertum auf göttliche Heilsbringer wartete, so wußte man, daß der Mensch endgültiges → Heil nicht selber schaffen kann. Ein Eingriff von außen ist notwendig. Menschliche »Heilsbringer« sind gekommen und gegangen. Trotzdem fällt man auch in unserem Jahrhundert auf menschliche Pseudo-Heilande herein. Das deutsche Volk wünschte sich im Namen Hitlers »Heil«, obwohl es wissen konnte, daß nur »der Name Jesus den Menschen zum Heil gegeben ist« (Apg 4,12). Auch der Kommunismus versteht sich als Bewegung, die endlich das goldene Zeitalter erkämpft. Zum Zeichen für diesen Anspruch werden seine Heilsbringer in Mausoleen konserviert. Neuerdings treten verstärkt Propagandisten östlicher Religionen auf, um dem Westen Heil zu bringen.

Warum enden alle diese Versuche, Heil und Befreiung zu schaffen, letztlich in Unheil und Versklavung? Weil nur Gott selbst die tiefsten Schäden dieser Welt heilen kann, deshalb setzt sich jeder menschliche Heiland an seine Stelle. Wer aber keine Autorität mehr über sich anerkennt, dessen Willkür sind keine Schranken gesetzt (vgl. Lk 18,25). Er muß sich seine Göttlichkeit selbst bestätigen, indem er andere in politische oder seelische Abhängigkeit bringt. Jesus erlag diesen Gefahren nicht, weil er sich keine Göttlichkeit anmaßte, sondern wirklich Gott war (Tit 2,13).

2. WELTWEITES HEIL

Schon der römische Kaiserkult strebte nach weltweiter Geltung. Wenn die ersten Christen Jesus mit dem Kaiserprädikat »Heiland« benannten, dann stellten sie keinen geringeren Anspruch für ihn. Sie hatten gesehen und bezeugten, »daß der Vater den Sohn als Heiland der Welt gesandt hat« (1Jo 4,14). Dieser Anspruch gilt auch gegenüber den politischen und religiösen Ideologien von heute. Nur Jesus nämlich hat die beiden entscheidenden Befreiungsaktionen der Menschheitsgeschichte zu einem guten Ende gebracht.

3. BEFREIUNG VON SCHULD UND → TOD

Jede Übertretung des göttlichen Gebots verletzt die Majestät des Schöpfers. Nur Gott selbst konnte die Voraussetzungen dafür schaffen, daß Menschen nicht an seinem berechtigten → Zorn zu sterben brauchen, sondern von ihrer Schuld frei werden können. Er hat das stellvertretende Sühneleiden Jesu (→ Opfer) als Handeln eines Heilandes angenommen (Tit 2,13f).

Solange gestorben wird, bleiben alle menschlichen Befreiungsversuche Stückwerk. Nur die Revolution, die auch den → Tod abschafft, ist radikal genug. Jesus wurde von Gott auferweckt und mit der → Vollmacht über → Leben und Tod ausgestattet. Deshalb verdient nur er den Titel »Heiland« wirklich (2Tim 1,10). Christen können sich nicht irgendwelchen innerweltlichen Utopien verschreiben. Ihre »Heimat ist im Himmel«. »Von dort erwarten wir den Heiland, den Herrn Jesus Christus, der unseren nichtigen Leib verwandeln wird, daß er seinem verherrlichten Leib gleich wird nach der Kraft, mit der er sich alle Dinge unterwerfen kann« (Phil 3,20f).

R. Riesner

Heilen/Heilung

I. Wortbedeutung

Der Begriff »Heilung« führt in den Bereich des ärztlichen Tuns. Dabei sind »krank« und »gesund« gar nicht leicht zu bestimmen. Die Erkrankung eines einzigen Organs beeinträchtigt meist den ganzen Menschen. Jeder kann an sich selbst erfahren, wie eng leibliches, seelisches, ja auch geistliches Leben miteinander zusammenhängen. Während in vielen Kulturen und Religionen die Kunst des Heilens mit der Aufgabe und Macht des Priesters eng verbunden waren, ist in unserer Zeit die ärztliche Kunst zu einer eigenen, hochentwickelten Wissenschaft geworden, die freilich auch keine einheitliche Größe ist. Gegenüber einem Wissenschaftsverständnis, das auf immer größere Spezialisierung hinausgeht, erhebt sich das andere, das den Menschen in seiner Ganzheit sieht. Das zunehmende Bekanntwerden mit anderen Völkern, z.B. mit China, deckt immer wieder neue Weisen der Kunst des Heilens auf. Sie schöpfen vielfach stärker aus den Kräften der Natur selbst als unsere derzeitige ärztliche Wissenschaft, die sich z.T. sehr ins Technische vervollkommnet, ja fast überentwickelt hat.

II. Der Begriff in der Bibel

A. IM ALTEN TESTAMENT

Ein wichtiger Ansatzpunkt ist im AT das Wort: »Ich bin der Herr, dein Arzt« (2Mo 15,16). Wie der ganze Mensch, so liegen auch Gesundheit und Krankheit in der Hand Gottes und werden aus ihr empfangen, etwa von König Hiskia in seiner schweren Krankheit (2Kö 20,1–11), während der kranke König Asa auch in diesem Zustand »nicht den Herrn, sondern die Ärzte sucht« (2Chr 16,12). Die sich aus dem Kranksein ergebenden Spannungen und Erschütterungen des Glaubens werden von der Bibel nicht verschwiegen. Hiob klagt laut über sein Elend (Hi 3,1ff), und die Psalmen reden deutlich von den → Anfechtungen des kranken Frommen (Ps 38; 51; 88). Zugleich kann sich aber auch der Mensch des AT der Kunst des Arztes anvertrauen. Joseph in Ägypten hatte unter seinen Dienern auch »Ärzte« (1Mo 50,2). Sir 38 singt das Lob des Arztes; »denn der Herr hat ihn geschaffen und die Arznei kommt vom Höchsten«.

B. IM NEUEN TESTAMENT

1. Im NT ist Heilung eine grundlegende Seite des Wirkens Jesu und seiner → Jünger. Zu der Hilfe, die Gott in Jesus Christus sendet, gehört das Heil-werden. Jesus kann sein gesamtes Tun mit dem des Arztes vergleichen (Mk 2,17). Sein Wort, das mit der → Vergebung der → Sünden den Menschen wieder mit Gott zusammenbringt, wirkt bis ins leibliche Leben hinein (Mk 2,1ff; → Leib/Körper). Bei Mt läßt sich dies bis in den Aufbau seines Evangeliums verfolgen: Jesus, der in der → Vollmacht Gottes lehrt (Mt 5–7), macht die Menschen zugleich gesund (Mt 8–9) und sendet seine Jünger mit derselben Vollmacht (Mt 10). So gehört Jesu heilende Macht zu den Zeichen des angebrochenen Gottesreiches (Mt 11,2ff; 12,28; → Reich Gottes). Die darauf abzielenden Weissagungen des AT sind in ihm als dem leidenden → Knecht Gottes erfüllt, der besonders den Armen (→ Armut/Arm/Elend) und denen, die zerschlagenen Geistes sind, hilft (Mt 8,14ff, vgl. Jes 53,4f; Mt 12,15ff und Jes 42,1ff).

2. Dabei ist Jesu Heilen eng mit dem → *Glauben* der Menschen verbunden und meist in ihm begründet. Er rühmt den Glauben des Hauptmanns von Kapernaum (Mt 8,5ff) und läßt sich von dem starken Glauben der kanaanäischen Frau überwinden (Mt 15,21ff). Er fragt den Vater des mondsüchtigen Knaben nach seinem Glauben (Mk 9,14ff). Freilich läßt sich die Beziehung zwischen Glauben und Heilung vor allem bezüglich des Vorher und Nachher nicht immer genau feststellen (vgl. Joh 5,1ff). Ebensowenig läßt sich Jesus darauf ein, den Zusammenhang zwischen → Sünde und Krankheit, den er nicht ausschließt (Joh 5,14), menschlich nachweisbar zu machen. Viel wichtiger ist: Heilung und Glauben haben ihr Ziel in der → Herrlichkeit Gottes (Joh 9,1ff). Deshalb steht ihm auch der Unglaube der Menschen in seiner Vaterstadt Nazareth wie hemmend im Wege (Mk 6,5).

3. Die Heilung *Besessener* weist gegenüber den Krankenheilungen besondere Züge auf (Mk 1,23ff; 3,11.22ff; 5,1ff). Die Besessenen werden meist von den Kranken unterschieden. Man sollte ihr Bild nicht vorschnell mit heutigen Krankheitsbildern zusammensehen; ebensowenig dürfen wir aber diese Erscheinungen als für den aufgeklärten Menschen von heute überwunden betrachten. Entscheidend ist, wie diese Berichte den Kampf Jesu mit der dunklen Macht des Bösen (→ Satan/Teufel) schildern. Wo Menschen es noch kaum ahnen, wissen schon die → Dämonen: Mit Jesus ist der Bevollmächtigte, der »Heilige Gottes« (Mk 1,24) gekommen, der einmal die Herrschaft des Satans, des Widersachers Gottes, völlig beseitigen wird. So deutet Jesus selbst diese Geschehnisse (vgl. Lk 10,18). Was ihre unheimliche Anschaulichkeit betrifft, so scheint es, wie wenn da, wo Gott sich in Jesus Christus verleiblicht, auch die widergöttlichen Mächte wie leibhaftig ihm entgegentreten und besiegt werden. Ab und zu ist in der Kirchengeschichte wohl auch dafür ein → Zeuge nötig wie Pfarrer Blumhardt in Möttlingen, der 1842 in einem solchen Kampf ausrief: »Herr Jesu, hilf mir! Wir haben lange genug gesehen, was der Teufel vermag; nun wollen wir auch sehen, was du vermagst!«

4. Ausdrücklich gibt Jesus seinen → *Jüngern,* wenn er sie sendet (→ Senden), mit der → Vollmacht der Verkündigung auch die des Heilens mit (Lk 9,1ff; 10,1ff; Mk 16,17f): »Der Bote ist wie der, der ihn sendet«, lautet ein alter Satz in Israel (vgl. Lk 10,16). In der Apg wird dies auch daran deutlich, daß die

durch die → Apostel geschehenen Heilungen gelegentlich wie Parallelen zu Heilungen Jesu selbst erscheinen – »Äneas, Jesus Christus macht dich gesund!« (Apg 9,34ff). Die → Gemeinde Jesu hat einen → Heiland zu verkündigen, der nicht nur die → »Seele«, sondern den ganzen Menschen lieb hat und ihn ganz heil machen will (→ Mensch).

III. Der Begriff heute

1. Die Erforschung der alten Religionen hat gezeigt, daß in der antiken Welt Berichte von Heilungen, die durch außerordentliche Menschen geschehen, nicht selten sind. In ihnen finden sich auch Parallelen zu ntl. Heilungsberichten. Die Welt des NT berührt sich natürlicherweise vielfach mit dem Denken der sie umgebenden Welt, wie dies heute zwischen dem Christenglauben und anderen Religionen auch der Fall ist. Aber wer sich als Glied der Gemeinde Christi damit befaßt, wird sehr bald den grundlegenden Unterschied feststellen können: Jesus steht eben nicht als irgend ein Wundertäter da, sondern als der von Gott gesandte Heiland, von dem in Wort und Tat »die Kraft des Herrn« selbst ausging (Lk 5,17); seine Wundertaten (→ Wunder/Zeichen) sind begleitende Zeichen oder machen seine Vollmacht gewissermaßen transparent (vgl. Joh 2,11).

2. Noch mehr als damit hat man sich lange mit der Frage abgekämpft, ob und wie die Heilungen des NT mit den als unverbrüchlich geltenden *»Naturgesetzen«* vereinbar seien. Zunächst ist zu sagen, daß eine ärztliche Wissenschaft, die auf die leib-seelischen Zusammenhänge beim Menschen achtet, die Möglichkeit von nicht erklärbaren Heilungen auch heute nicht bestreitet. Darüber hinaus ist man gegenüber dem Begriff der »Naturgesetze« selbst unsicher geworden. Ob nicht umgekehrt Jesus gerade mit seinen Wundertaten uns begegnet als der → Sohn Gottes, der auch die vielfach durcheinandergeratene → Schöpfung des → Vaters heilt und zurechtbringt? Nach der überstandenen Versuchung (→ Anfechtung/Versuchung) »war Jesus bei den Tieren, und die Engel dienten ihm« (Mk 1,13). Es ist Frieden (→ Heil/Frieden), ähnlich wie im → Paradies, vor dem Fall des Menschen. Wird auch die → Schöpfung durch ihn wieder in den Zustand gebracht, wie Gott sie haben wollte? Nach der Heilung eines Taubstummen bricht das Volk in ein Lob Gottes aus, das an die ursprüngliche Schöpfung Gottes erinnert (Mk 7,37, vgl. 1Mo 1,31).

So braucht der Mensch, der in Christus ist, nicht mehr der Zerstörer der Schöpfung zu sein, als der er sich heute mitten in aller Naturbeherrschung darstellt. Er darf vielmehr in Jesu → Namen als der Verwalter der guten Gaben und Kräfte Gottes mit der Schöpfung umgehen. Nicht mehr die Möglichkeit der Zerstörung, sondern die der »Heiligung« der Schöpfung Gottes wird uns in Jesus gezeigt. Er weckt die → Hoffnung, von der Paulus spricht, »daß auch die Kreatur wird frei (Freiheit/Frei) werden von der Knechtschaft des vergänglichen Wesens zur herrlichen Freiheit der → Kinder Gottes« (Röm 8,18ff).

3. Unter den der Gemeinde durch den Hl. Geist (→ Geist Gottes) verliehenen Gaben taucht auch das → Charisma, die »Gabe, gesund zu machen« auf (1Kor 12,9). In der Christenheit heute scheint diese Gabe, die Paulus als für sein Wirken unerläßlich ansieht (Röm 15,18f), selten zu sein. Wir können diese Schwäche nicht ableugnen, wenngleich auch in manchen Partien des NT selber diese Seite zurückzutreten scheint, z.B. in den Briefen 1Petr und Hebr. Andererseits zeigt uns die Missionsgeschichte, in der Jesus gewissermaßen neue Schritte tut, bis heute das immer neue Aufbrechen auch dieser Gabe. Sie regt sich wohl auch in der geistlichen Leidenschaft, mit der manche Missionsärzte sich um Heilung der Blinden und Aussätzigen bemühen, wie es der Evangelist »Lukas, der Arzt, der Geliebte« (Kol 4,14) vielleicht auch geübt hat.

4. Manchen Christen ist es eine Anfechtung, daß es in ihrem Leben noch Krankheit gibt. Um in dieser Frage Klarheit zu gewinnen, müssen wir uns biblische Grundlinien ins Gedächtnis rufen: In der jetzigen Zeit, seit dem ersten Kommen Jesu, tut Gott den ersten Schritt und heilt die verdorbenen Ursachen allen Übels: Er vergibt Sünde und schenkt seinen Frieden. Mit dem zweiten Kommen wird er auch alle sichtbare Wirkung der Sünde aufheben: Zwischenmenschlichen Unfrieden, Krankheit und → Tod (vgl. Offb 21,4).

Das schließt jedoch nicht aus, daß Gott auch jetzt schon einen Vorgeschmack des Kommenden schenkt: Die Wunder Jesu einst und heute sind »Zeichen« (Joh 2,11; 3,2; 11,47), die darauf hinweisen, was er einmal im großen und allgemeinen tun wird. Die Nacht des »Nicht-Sehens und Doch-Glaubens« ist nicht so dunkel, daß da nicht auch die Sterne leuchteten. Und Gott würde uns gewiß auch noch mehr zu geben bereit sein, wenn wir ihm mehr zutrauten.

Wenn es in dieser Sache nur heißen dürfte: »Sein Wille geschehe!« dann klingt das sehr logisch und fromm, aber es entspricht nicht der Lebensgemeinschaft, die nach der Schrift der → Vater im → Himmel seinen Kindern in dieser Welt gewährt. Wir dürfen ihm sagen, was uns bewegt, und ihn bitten und wollen es dann seiner Vaterweisheit überlassen, was er aus diesen Gebeten macht. Jesus sagt: »Bittet, so *wird* euch gegeben« (Mt 7,7). Jedes rechte → Gebet wird erhört, nur oft anders und zu einer anderen Zeit, als wir meinen, oder besser und zur richtigeren Zeit.

5. Die Wissenschaft des Heilens und der Verkündigungs- und Seelsorgedienst (→ Seelsorge) in der *Gemeinde* sind heute vielfach auseinandergetreten. Diese Entwicklung ist nicht umzukehren. Aber müssen der ärztliche und der Seelsorgedienst in modernen Krankenhäusern völlig unverbunden nebeneinander herlaufen? Viele Erfahrungen zeigen, wie Arzt und Seelsorger, jeder in Achtung vor dem Auftrag des anderen, einander begegnen und miteinander arbeiten können, zum Segen für alle Beteiligten. Das Krankenhaus wird davor bewahrt, ein Haus ohne Seele zu werden; der Patient fühlt sich nicht nur einem unverständlichen Mechanismus von Apparaten ausgeliefert, der Seelsorger vermag neue Seiten an der Heilungsmacht des → Evangeliums zu erkennen. Auch Psychotherapeuten rufen heute nach Menschen, die in der Vollmacht des Geistes Jesu nicht nur die Psyche analysieren, sondern die → Vergebung der Sünden, die → Versöhnung mit Gott zu vermitteln vermögen. Der Blick auf Jesus als den Heiland des ganzen Menschen will uns ermuntern, die Zusammenarbeit von Arzt, Seelsorger und Krankenschwester oder -pfleger zu suchen und zu fördern.

H. Dietzfelbinger

Heilig/Heiligung

I. Wortbedeutung

Die Bedeutung unseres dt. Wortes »heilig« ist schillernd. Das läßt sich schon daran erkennen, daß es zwei Möglichkeiten gibt, den *Ursprung* des Wortes zu erklären: Entweder kommt es vom germanischen »haila« = »Zauber, günstiges Vorzeichen«. Oder es ist mit »heil« verwandt – etwa im Sinne »voll des Heils«. Ganz ähnlich unterscheiden sich nun auch die beiden *Bedeutungen* des Wortes, die wir klar auseinanderhalten wollen:

Im *allgemein-religiösen* Sinn bezeichnet es übernatürliche, göttliche Mächte. Heilig ist auch alles, was zu ihnen in Beziehung steht und dadurch vom Alltäglichen, vom »Profanen«, ausgegrenzt ist. Das Heilige wird dabei zugleich als erhebend wie als gefährlich empfunden. So kennen Südseereligionen das Wort »Tabu« für heilige Bereiche, denen man sich nur unter religiösen Vorsichtsmaßnahmen oder gar nicht nähern darf. Die Welt des Magischen, der Zauberei, ist hier nicht fern.

In der *Bibel* jedoch wird das allgemein gebräuchliche griech. Wort für »heilig« *(hieros)* fast ganz vermieden und dafür ein anderes *(hagios)* gewählt, das nicht im Zusammenhang mit heidnischen Gottesdiensten genannt wurde. Wir werden sehen, welche Bedeutung das Wort vom bibl. Gott her erhält – von dem Gott, der »voll des → Heils« ist.

II. Der Begriff in der Bibel

A. IM ALTEN TESTAMENT

1. Der unvergleichliche → *Gott* Israels heißt »der Heilige« (Jes 40,25). Er heiligt sich selber, indem er sich als Gott erweist (Hes 36,23), seine Heiligkeit kennzeichnet also seine alleinige Gottheit. Heilig ist sein → Name, sein → Wort, sein Geist (→ Geist Gottes). Heilig sind aber auch Orte und Zeiten, wo man im Kult (→ Gottesdienst) seine Gegenwart erfahren kann. In diesem Bereich erscheint seine Heiligkeit mitunter so sehr als machtvolle Wirklichkeit, daß moderne Menschen sie als magisch empfinden (z.B. in der Erzählung von der heiligen Lade, 1Sam 4–6).

Was aber das Wesen des heiligen Gottes ausmacht, enthüllt sich uns am tiefsten in der Verkündigung der → Propheten. Da begründet er sein barmherziges Innehalten im → Gericht mit den Worten: »Ich bin Gott und kein Mensch, heilig in deiner Mitte« (Hos 11,9). Gottes Heiligkeit bedeutet hier, daß er seinem eigenen Wesen, seiner grundlosen → Liebe treu bleibt. Er läßt sein Handeln also nicht vom treulosen Partner bestimmen – und darin unterscheidet er sich von uns Menschen und von allen Göttern. Seine Heiligkeit will letztlich Heil für die Menschen.

2. Gott ist »der Heilige Israels« (Jes 43,3). Er hat dieses Volk ausgesondert und erwählt als ein »dem Herrn *geheiligtes Volk*« (5Mo 7,6; vgl. 3Mo 20,26). Ihm gilt nun der Grundsatz: »Ihr sollt heilig sein, denn ich bin heilig, Jahwe, euer Gott« (3Mo 19,2). Um dem heiligen Gott angemessen zu begegnen, mußte man sich durch bestimmte Rituale (religiöse Handlungen) heiligen (Jos 3,5; vgl. 2Mo 19,10ff). Besonders in späterer Zeit sorgten die → Priester mit komplizierten Vorschriften für genaue Unterscheidung von Heiligem und »Unreinem«.

Aber → Israel wußte stets, daß es auch in seiner ganzen Lebensführung sich an Gottes Heiligkeit ausrichten sollte. »Wer darf stehen an seiner heiligen Stätte? Der unschuldige Hände hat und reines Herzens ist!« (Ps 24,3f). Was das wirklich bedeutet, geht Jesaja auf, als er Gottes Heiligkeit schaut und erkennen muß: »Weh mir, ich bin verloren! denn ich bin ein Mensch mit unreinen Lippen.« Es ist Gott selber, der ihn daraufhin reinigen und zur Sendung ausrüsten läßt (Jes 6,1–8). Hesekiel verkündet, »daß ich, der Herr, es bin, der sie heiligt« (20,12). So bittet auch der Psalmbeter Gott um ein reines Herz und den Beistand seines Heiligen Geistes (Ps 51,12f).

B. IM NEUEN TESTAMENT

1. Auf seiten Gottes, des heiligen Vaters, steht der Sohn, den er heiligte und in die Welt sandte: Christus, »der Heilige Gottes« (Joh 17,11; 10,36; 6,69), der »Heilige und Gerechte« (Apg 3,14), »Heilige und Wahrhaftige« (Offb 3,7). Von seiner Heiligkeit ist die des Geistes nicht zu trennen. Im NT liegt die Betonung weniger auf Gottes Heilig-Sein als auf seinem Heilig-Machen. Deshalb wird Gottes Heiligkeit nur einmal in der Schau der Vollendung beschrieben (Offb 4,8). Um so mehr ist *von Christi Heilstat und dem heiligenden Wirken des Geistes* die Rede.

Durch sein stellvertretendes Sterben, »sein eigenes Blut«, hat Jesus uns geheiligt (Hebr 13,12). So ist er der vollkommene Hohepriester, der alle Heiligungsmittel des Gottesdienstes Israels überbietet und aufhebt (Hebr 9,13). Von daher ist auch zu verstehen, daß die Kultgesetze des AT mit ihrer Unterscheidung von rein und unrein für Jesus und seine → Jünger – und also auch für uns! – nicht mehr gelten (Mk 7,14–19). Das bedeutet zugleich, daß auch die eigentlich unreinen Heiden zu Christen geheiligt werden können (Apg 10,9–15.28); → rein/unrein.

2. Immer wieder überrascht es, mit welcher Selbstverständlichkeit im NT *alle Christen als »Heilige«* angesprochen werden. Sie sind es nicht von Natur aus, wegen ihrer guten Eigenschaften, sondern »in Christus Jesus« durch Gottes Berufung (1Kor 1,2), d.h., sie sind von ihren Sünden »gewaschen, geheiligt, gerechtfertigt im Namen des Herrn Jesus Christus und im Geist unseres Gottes« (1Kor 6,11). Weil sein vollkommenes → Opfer gilt, ist Jesus Christus selbst ihre Heiligung (1Kor 1,30). Heilig sein heißt, zu ihm gehören (→ Versöhnung/Sühne; Berufen/Berufung). Das heißt zugleich, von seinem Geist bestimmt, »getrieben« zu sein (Röm 8,14). Deshalb werden die »Heiligen« zur Heiligung aufgerufen. Aber nicht, um sie erst zu erwerben, sondern um ihr im Lebenswandel zu entsprechen. Heiligung ist also keine Leistung, die wir erbringen müssen, um vor Gott zu bestehen. Das hat ja bereits Christus getan! Paulus beschreibt sie eher als eine Selbstverständlichkeit, als das, was dem neuen Leben der Christen lieb, natürlich und angemessen ist. Ist der → Leib Tempel des Heiligen Geistes, so mag und so soll er Gott auch verherrlichen (1Kor 6,19f) und im Dienst der → Gerechtigkeit → Frucht bringen (Röm 6,19ff). So kann Paulus in der Heiligung die Zusammenfassung des Willens Gottes sehen (1Thes 4,3). Das Heiligkeitsgebot des AT gilt für das neue Gottesvolk nun erst recht (1Petr 1,15f; 2,9). Als wahrer → Gottesdienst soll nun das Leben der Christen selbst ein heiliges, lebendiges Opfer für Gott sein (Röm 12,1f).

Für die Zeit der Vollendung ist den Heiligen → Lohn, ein Anteil am Erbe verheißen (Offb 11,18; Kol 1,12). Jesus richtet im Vaterunser unsere Hoffnung und Bitte aber auf das Wesentliche aus: »Geheiligt werde dein Name!« (Lk 11,2). Gott möchte sich als heilig erweisen – jetzt schon an uns Christen und bald vor aller Welt.

III. Der Begriff heute

Fassen wir zusammen: Was »heilig« ist, können wir nur von Gott her erkennen, der allein heilig ist. Alle andere Heiligkeit kommt so von ihm her, wie der Mond nur leuchtet, weil er von der Sonne beschienen ist. Von sich aus, auf Grund seines eigenen Wertes, ist kein Mensch oder Ding heilig.

So war es kein Zufall, daß in der Bibel das *allgemein-religiöse* Wort für »heilig« verworfen wurde. Diese Religiosität hatte ja mit dem lebendigen Gott nichts zu tun! In ähnlicher Weise wollen wir nun überprüfen, was heute alles »heilig« genannt wird.

1. DER STREIT UM DIE HEILIGKEIT GOTTES

Viele Menschen kennen etwas, was ihnen heilig ist. Das werden heute bei uns nur selten Götter sein, eher sind es »letzte« Werte wie Vaterland oder Mutterschaft, vielleicht auch Kultur- oder Naturerlebnisse, die oft religiöse Erfahrungen ersetzen (»In der heiligen Waldesstille fühle ich mich Gott am nächsten«). Es können auch Menschen sein: still verehrte Verstorbene, laut umjubelte Stars, oder auch politische und religiöse Führer, denen blind gefolgt wird. Wenn das Wort »heilig« hier nicht einfach gedankenlos für »teuer und wert« steht, liegt in bibl. Sicht ein Mißbrauch, ja Götzendienst vor. Diese Dinge gelten ja von sich aus als heilig, sie sind damit Autoritäten, die man nicht mehr in Frage stellen darf. Für das »heilige Vaterland« oder Eigentum sind schon »heilige« Kriege geführt worden, und auch die marxistische »Weltrevolution« weist die Merkmale des »heiligen Krieges« auf (→ Götze/Götzendienst/Abbild).

Fast noch gefährlicher ist es, wenn die Heiligkeit Gottes selbst von dieser allgemeinen Heiligkeit her verstanden wird. »Heilig« heißt dann übermenschlich groß, den Menschen fern und unergründbar; vertrauter Umgang mit ihm gälte als ehrfurchtslos. Hoseas Wort von Gottes heiliger Sünderliebe ist von daher gar nicht zu verstehen; noch weniger, daß Gott selbst in Jesus Mensch wurde, daß der Heilige mit Huren zu Tisch saß und für uns alle am Galgen starb.

Dieses falsche Verständnis von Heiligkeit prägt dann auch die Art der Gottesverehrung. Gott wird entweder still verehrt oder in erhebenden Stunden erlebt; wenn überhaupt, so finden feierlich-andachtsvolle Gottesdienste in »heiligen Räumen« statt, die möglichst nicht an den Alltag erinnern sollen, der mit Religion schließlich nichts zu tun habe. – Allerdings bedeutet vertrauter Umgang mit Gott nicht kumpelhafte Vertraulichkeit, die den unendlichen Abstand übersieht, den nur Gott selbst überbrückt. Christen beugen sich vor dem heiligen Gott wegen ihrer Schuld, dürfen als Begnadete aber vor Gott fröhlich sein. Und ihr ganzer Alltag darf zum → Gottesdienst werden.

2. »Verzeihung, sind Sie ein Heiliger?«

Diese Frage richtet in einem modernen Hörspiel ein junger Mann von einem Meinungsforschungsinstitut an Passanten. Viele reagieren verständnislos oder spöttisch, bis eine Verkäuferin die Frage bejaht: »Ich glaube, daß mein Leben Gott gehört, und alles, was ihm gehört, ist heilig.« Der junge Mann aber findet diese Antwort anmaßend, weil er an der Verkäuferin nichts Besonderes finden kann.

Warum ist uns die Wortwahl des NT oder unseres Bekenntnisses von der »Gemeinschaft der Heiligen« so fremd? Wahrscheinlich, weil wir uns unter »Heiligkeit« hohe moralische Auszeichnung vorstellen – statt einfach Zugehörigkeit zu Christus. Menschen, die sich wegen ihres Seins und Tuns selbst für heilig halten, wirken oft heroisch überspannt – und werden dann auch schnell zu »komischen Heiligen«. Ist Christus unsere Heiligung, so haben wir das nicht nötig. Menschen, die sich von Gott angenommen wissen, dürfen natürlich und ohne Krampf sie selber sein. Doch ihre Zugehörigkeit zu Christus stellt sie nun in seinen → Dienst. Das kann tatsächlich von ihnen Außerordentliches erfordern, aber auch Unscheinbares, wo sie sich »nicht der Welt gleich stellen« (Röm 12,2). So kann es ihnen auch auf dem Weg des → Gehorsams passieren, daß sie wegen ihrer Treue im Kleinen »komisch« genannt werden, oder »idealistische Spinner«, wo sie in Verantwortung vor Gott z.B. politisch gegen den Strom schwimmen. – Aber eben: nicht dieser Dienst macht sie heilig, in ihm entsprechen sie nur ihrer Heiligung. Dies gilt auch für die Heiligen der katholischen Kirche, die uns durchaus Vorbilder sein können, ohne deshalb als Chrisen höherer Ordnung verehrt zu werden.

3. Rechtfertigung und Heiligung

Das sind zwei Begriffe kirchlicher Lehre, auf die wir schließlich noch eingehen müssen. Sie umschreiben Gottes Heilshandeln von zwei verschiedenen Gesichtspunkten her. Wenn sich ihre rechte Zuordnung verwirrte, hatte das auch Folgen für das Glaubensleben.

Eine Gefahr ist, → Rechtfertigung und Heiligung als zwei verschiedene Stationen auf dem Heilsweg voneinander zu trennen und dann zu fragen, welche wichtiger sei. Manchen Christen war die Rechtfertigung so sehr als das Entscheidende aufgegangen, daß ihnen die Heiligung als ein zweites erschien, auf das es nicht so ankam. Hier drohte die Gefahr einer für das Leben wirkungslosen »billigen Gnade«. – Umgekehrt konnten andere Christen meinen, daß Rechtfertigung und Glauben allein nicht zum Heil reichten, sondern durch die Heiligung ergänzt werden müßten. Diese Meinung verband sich oft mit dem Mißverständnis, die Rechtfertigung sei Gottes Tat, die Heiligung aber vom Menschen zu erbringen. Wenn aber die Heiligung gleichsam nachträglich Bedingung ist, unter der die Rechtfertigung erst wirklich gilt, dann ist plötzlich wieder das menschliche Tun Mitbedingung zum Heil. Als hätte uns Gott in Christus nicht die Rechtfertigung als Geschenk angeboten, und wir müßten sie wie im Handel erkaufen!

Das biblische Zeugnis lautet anders: »Jesus Christus ist uns von Gott gemacht zur Rechtfertigung *und* zur Heiligung« (1Kor 1,30). Beides ist also Gottes Tat, auf die der Mensch frei und dankbar antwortet. Auf die Rechtfertigung im Glauben, indem er sie auch für sich gelten läßt. Auf die Heiligung im Gehorsam der Liebe, in der er »Frucht zur Heiligung« (Röm 6,22) bringt. Und beides, Rechtfertigung und Heiligung, ist so in Christus eins, wie der Glaube – als Glaubensgehorsam – in der Liebe tätig ist (Gal 5,6).

Uns ist noch mehr verheißen: »Jetzt sind wir Kinder Gottes, und noch ist nicht offenbar geworden, was wir sein werden. Wir wissen, daß wir, wenn es offenbar geworden ist, ihm gleich sein werden« (1Jo 3,2). Dann findet das Gebot seine letzte Erfüllung: »Ihr sollt heilig sein, denn ich bin heilig, Jahwe, euer Gott!« (3Mo 19,2; vgl. 1Petr 1,16).

U. Weidner

Heiliger Geist → Geist Gottes

Heilige Schrift

I. Wortbedeutung

Das im NT gebrauchte griech. Wort für »Schrift« *(graphē)* heißt in seiner Urbedeutung »einritzen«, »eingraben« und ist mit dem deutschen »kerben« sprachverwandt. Der gleiche Sinn liegt dem hebr. Wort im AT *(karát)* zugrunde. Es ist darin noch die Mühe erkennbar, die das Schreiben ursprünglich kostete, als man die Buchstaben auf Steintafeln oder Tonscheiben einritzen mußte. Wenn man sich solcher Mühe unterzog, wurde damit aber auch die Wichtigkeit des Aufgeschriebenen klar: es hatte von vornherein eine besondere Autorität.

II. Der Begriff in der Bibel

A. IM ALTEN TESTAMENT

1. DIE STEINTAFELN VOM SINAI

Wer im AT sucht, wann zum erstenmal etwas Wichtiges aufgeschrieben wurde, macht eine erstaunliche Entdeckung: Gott gab Mose zwei Steintafeln, auf denen die *10 → Gebote* geschrieben waren; »und Gott hatte sie selbst gemacht und selber die Schrift eingegraben« (2Mo 32,16)! Das ist also *die erste Schrift, von der die Bibel berichtet.* Sie war von allerhöchster Bedeutung für → Israel, weil sie Gottes → Wort und Gebot enthielt, von ihm selbst geschrieben. Es ist klar, daß nun auch die übrigen Gebote Gottes für das Volk schriftlich festgehalten wurden: »Da schrieb Mose alle Worte des Herrn nieder« (2Mo 24,4). In späterer Zeit schrieb sich sogar jeder Israelit selber die wichtigsten Gebote zur Erinnerung und Mahnung auf und band sich solche »Denkzettel« um Hand und Stirn und heftete sie an seine Haustür (5Mo 6,8f).

2. PROPHETENBÜCHER

Nach dem Gesetz wurden auch die *Worte der Propheten* aufgeschrieben. Jesaja sollte auf Gottes Geheiß seine Gerichtsankündigung aufzeichnen »in ein Buch, daß es bleibe für immer und ewig«, gerade weil → Israel das Wort Gottes nicht hören wollte und ihm nicht glaubte (Jes 30,8f). Auch Jeremia mußte alle Worte Gottes schriftlich festhalten, zum Zeugnis für Israel. Es sollte an der späteren Erfüllung die Echtheit der Prophetenworte erkennen (Jer 30,1f). Als König Jojakim von Juda über dem Vorlesen der Worte Gottes nicht umkehrte, sondern die Schriftrolle zerschnitt und verbrannte, mußte ihm Jeremia dafür desto härteres → Gericht ankündigen (Jer 36). Hier wird etwas deutlich von der Heiligkeit des aufgeschriebenen Wortes Gottes.

B. IM NEUEN TESTAMENT

1. DER UMGANG MIT DER HL. SCHRIFT IM NT

»Das Gesetz und die Propheten« ist im NT eine feste Formel für das AT (Mt 7,12 u.a.); daneben wird auch einfach von der »Schrift« (Mt 21,42 u.a.) oder der »Heiligen Schrift« (Röm 1,2 u.a.) gesprochen. Ihre Gültigkeit ist nach den Worten Jesu auf dieser Erde unauflöslich (Mt 5,17f; Joh 10,35). In ihr ist das ewige → Leben zu finden, und zwar deshalb, weil sie auf → *Jesus Christus* weist und von ihm Zeugnis gibt (Joh 5,39). So legte der Auferstandene den → Jüngern die Hl. Schrift aus von Mose an bis zu den Propheten. Darüber erkannten sie den Weg Jesu und verstanden den Sinn seines → Leidens und Sterbens und das Zeugnis seiner → Auferstehung (Lk 24,25ff und 45ff). In Jesus Christus sind alle → Gerechtigkeit des Gesetzes (Mt 3,15; Röm 10,4) und alle → Verheißungen der Propheten (2Kor 1,20) erfüllt.

2. DAS NT ALS HL. SCHRIFT

Sehr bald wurde in der christl. Gemeinde *das Wort Jesu* schriftlich aufgezeichnet; es trat in gleicher Autorität neben das atl. Wort der Hl. Schrift (vgl. 1Tim 5,18; Joh 2,22). Wie bisher Abschnitte der Hl. Schrift des Alten → Bundes (vgl. Lk 4,16ff) wurden nun auch die *apostolischen Briefe* im → Gottesdienst vorgelesen (Kol 4,16; 1Thes 5,27). Am Schluß der *Offenbarung* wird mit großem Ernst untersagt, diesem Buch noch etwas hinzuzufügen oder etwas wegzunehmen (Offb 22,18f). So rückten die ntl. Schriften insgesamt in den Rang der Hl. Schrift. Sie werden zusammen mit den atl. Schriften von der Kirche als unverbrüchlich gültiges und zuverlässiges Wort Gottes bekannt.

3. DIE AUTORITÄT DER BIBEL ALS HL. SCHRIFT

Die *Autorität* der Hl. Schrift liegt darin, daß in ihrem Wort Gottes Heiliger Geist (→ Geist Gottes) durch Menschenmund redet (Apg 1,16): »Vom heiligen Geist getrieben haben Menschen im Namen Gottes geredet« (2Petr 1,21). Alle Sätze der Hl. Schrift in ihrer ganzen Menschlichkeit sind mit dem Wirken des Geistes Gottes verbunden, aus dem heraus sie entstanden sind: »Jedes Schriftwort ist von Gottes Geist durchweht« (2Tim 3,16). Darum hat die Hl. Schrift eine einzigartige Kraft, in der sie Menschen überführen, zum Glauben an Jesus Christus bringen, erziehen und »zu jedem guten Werk befähigen« kann (2Tim 3,15ff). Sie ist für die Christen Lebensgrundlage und Maßstab, an dem alles menschliche Wort zu prüfen ist (Apg 17,11). Sie hat bewahrende Macht in → Anfechtung und Versuchung (Mt 4,4.7.10).

III. Der Begriff heute

1. Die Hl. Schrift ist die unentbehrliche Grundlage des Glaubens

Der Glaube wird ja durch die Verkündigung des Wortes Gottes geschenkt, und dann wird der einmal geschenkte Glaube beständig aus dem → Wort Gottes ernährt und lebendig erhalten. Die Hl. Schrift und nur sie allein zeigt uns die → Wahrheit über → Gott, über den → Menschen und über die → Welt.

Damit ist *die Bibel der Maßstab* für unser Christsein überhaupt. Das gilt z.B. für die *Verkündigung*. Alles, was wir in Predigten, Bibelarbeiten, Jungscharstunden und persönlichen Zeugnissen weitergeben, muß sich an diesem Maßstab messen lassen (→ Predigen/Verkündigen). Auch *persönliche Eindrücke* können so geprüft werden. Wir erfahren Gottes Reden im → Gebet manchmal direkt durch einen persönlichen inneren Eindruck. Dabei widerspricht Gott aber nicht sich selbst und seinem in der Hl. Schrift geoffenbarten Wort. Beides muß immer im Einklang miteinander stehen. So bleiben wir vor Selbsttäuschung und Einseitigkeit geschützt.

2. Das angefochtene Buch

Das Anerkennen der Bibel als Maßstab Gottes für unser Leben ist heute deswegen so schwer, weil *die Bibel ein angefochtenes Buch* ist. Die eine Anfechtung, die wir immer wieder auch in uns selbst erleben, kommt durch den *Zeitgeist*. Es will heute niemand mehr eine Norm über sich anerkennen. Jeder ist sich selbst der Maßstab für sein Handeln. Erst die Bindung an Gott und sein Wort machen uns aber erst wirklich frei und helfen uns, ein geordnetes und frohes Leben zu führen. Zugleich bleiben wir selbst vor der Hohlheit unseres Glaubens bewahrt. Wir können z.B. nicht Jesu Nachfolger sein und gleichzeitig im Haß gegen unsere Eltern leben oder eine »Ehe auf Probe« praktizieren oder in einer christlichen Gemeinde schlecht übereinander reden.

Auch durch *manche theologischen Richtungen* wird die Bibel angefochten. Die Hl. Schrift wird als ein rein menschliches Buch dargestellt, das in vielen Teilen heute keine Geltung mehr habe. Ganz gewiß ist die Bibel von Menschenhand geschrieben. Wir bekennen jedoch dankbar, daß der lebendige Gott gerade durch dieses Buch immer wieder gesprochen hat und noch heute spricht. Es ist Gotteswort im Menschenwort. Seine Kraft erweist sich gerade dadurch, daß Menschen durch die biblische Verkündigung zur Begegnung mit Jesus und seiner Vergebung, zur Erkenntnis ihrer Schuld und zu einem erneuerten Leben kommen.

Die *Naturwissenschaften* stellen für manchen eine Anfechtung dar. Viele Einwände, die man immer wieder hören kann, kommen aber aus einer oberflächlichen Kenntnis der Naturwissenschaften. So gibt es z.B. keinen überzeugenden wissenschaftlichen Beweis gegen die Wunderberichte des NT (→ Wunder; → Glauben/Vertrauen).

3. Maßstab, aber kein Gesetzbuch

Ist Gottes Wort der Maßstab für unser Leben, dann muß aber auch betont werden, daß *die Bibel kein Gesetzbuch* ist. Sie kann und will uns das Wagnis des persönlichen Glaubens nicht abnehmen. Sie ist Hilfe zum Hören auf den lebendigen → Herrn, der hinter dem Wort steht. Denn wir dienen nicht dem Buchstaben, sondern Jesus Christus (vgl. Röm 7,6 und 2Kor 3,6). Er selbst macht durch den Heiligen Geist sein Wort für uns lebendig (Joh 14,26 und 16,14). Weil es aber Jesu Wort für uns ist, darum nehmen wir es ernst.

Deshalb wird es gut sein, eine *tägliche Stille Zeit* einzuhalten, am besten morgens, bevor der Tag mit seinen vielfältigen Anforderungen wieder auf uns einstürmt. Wichtig ist, daß wir uns *Zeit nehmen* (wenigstens eine halbe Stunde) und einen *Text* lesen (fortlaufende Bibellese, Tagestext, z.B. aus den Losungen oder sonst einem Bibelleseplan). Dazu werden wir es lernen müssen, eine Ordnung in unseren Tageslauf zu bringen (wer früh zu Bett geht, kann morgens auch aufstehen). Es geht dabei nicht um das »Gesetz« der Stillen Zeit an sich, sondern darum, daß ich mir Zeit nehme für Gott. Im Grunde geht es um meine *Liebe* zu Jesus, denn für das, was ich liebe, habe ich immer Zeit (vgl. Mt 6,21). Manchmal erleben wir allerdings auch, daß ein Text uns »nichts sagt«. Hier können folgende *Fragen* zum Aufschlüsseln des Abschnittes hilfreich sein, die schon Luther einem Freund empfohlen hat: 1. Was steht eigentlich da, worum geht es? 2. Wofür habe ich zu danken? 3. Was muß ich bekennen? 4. Worum darf ich bitten? Dieses »vierfach gedrehte Kränzlein«, wie Luther es nannte, wird mit einem persönlichen Gebet beschlossen. Eine weitere Hilfe zum *Sammeln der Gedanken* ist das schriftliche Notieren dessen, was mir deutlich wurde, manchmal auch das schriftliche Beten.

4. Die Frucht: das gehorsame Tun

Schließlich ist *das gehorsame Tun* entscheidend. Jakobus fordert uns auf, nicht nur Hörer, sondern auch Täter des Wortes zu sein (Jak 1,22). Wenn ich z.B. mit einem Bruder meiner Gemeinde oder Gemeinschaft in Spannung und Streit lebe und dann in der Bibellese auf das Wort Jesu stoße: »Wenn du nun deine Opfergabe zum Altar bringst und dort eingedenk wirst, daß dein → Bruder etwas wider dich hat, so gehe zuerst hin und versöhne dich mit deinem Bruder«, dann weiß ich, was ich zu tun habe. Gott wird mir nichts Neues sagen, bevor ich nicht das Eine, das er mir bereits zeigte, getan habe. Jesus hat gesagt: »Wenn jemand Gottes Willen tun will, wird er innewerden, daß meine Lehre aus Gott ist« (Joh 7,17). Im gehorsamen Tun erkenne ich, daß Gott selbst hinter der Hl. Schrift steht und mich anspricht, führt und trägt (→ Gehorsam/Gehorchen).

K.-H. Michel/
Br. Franziskus – Ch. Joest

Herr

I. Wortbedeutung

1. *Im Deutschen* wird »Herr« vor allem als *höfliche Anrede* gebraucht. Dahinter steht meist eine vorsichtige Achtung und eine vornehme Distanz. Herr-schaft, also *Herrschaft von Menschen über Menschen,* nennt der moderne Mensch nicht gern beim Namen; er spricht dann lieber vom »Chef« oder vom »Herrn des Hauses« oder von Militärs als »den Herren der Lage«.

2. *Im Hebr.* finden wir vor allem zwei Wörter für »Herr«: *adon* und *baal*; das erste meint Machtausübung über Personen, z.B. über Knechte – das zweite meint den Besitzer von Sachen, z.B. von Zisternen und Rindern. Nur *adon* wird auch für den Gott Israels, »den Herrn aller Herren« (5Mo 10,17) gebraucht. *Baal* meint meist menschliche Herren, z.B. auch Eheherren (1Mo 18,12), oder es meint die absoluten Gegenspieler des Gottes Israels, die ortsansässigen → Götzen (vgl. Ri 6,25–32). Die Lokalgötzen machen dem Gott der Verheißung Konkurrenz.

3. *Im Griech.* gibt es ebenfalls zwei Wörter für »Herr«: *despotes* und *kyrios. Despotes* hat zunächst nicht den Beiklang des depotischen und willkürlichen Machthabers. Es kann daher auch auf Gott und Jesus bezogen werden, besonders in Gebetsanreden (Apg 4,24ff in Aufnahme von Psalm 2) und in Gleichnissen (Mt 20,1ff), um zu betonen, daß Gott unumschränktes Verfügungsrecht hat. Erheblich häufiger kommt aber *kyrios* vor. Es betont die Rechtmäßigkeit menschlicher Herrschaft (z.B. beim Kaiser oder bei Herren von Sklaven), wird aber besonders oft für den Gott Israels gebraucht.

4. Denn der Eigenname des Gottes Israels (»Jahwe« → Gott II,3) wurde schon in spätjüdischer Zeit aus Scheu nicht mehr in den Mund genommen; stattdessen wurde überall bei der lauten Verlesung des AT *adonai* gelesen, was eigentlich »meine Herren« heißt, also die Anrede der Majestät im Plural ist. Bei der Übersetzung des AT ins Griech. wurden nun alle diese Stellen mit *kyrios* übersetzt. Da der Eigenname »Jahwe« im hebr. AT über 6000mal vorkommt, kommt nun in der griech. Übersetzung des AT *kyrios* mehr als 9000mal vor, und davon sind nur 200 Stellen auf menschliche Herren bezogen, sonst immer auf Jahwe, den Gott Israels, den »Allherrn«, den »Herrn par excellence«.

Im NT wird Jesus ebenfalls mit *kyrios* angeredet. So wurde der »Kyrios«-Titel zu einer Brücke und Verbindungsklammer zwischen den Testamenten: Der auferstandene Jesus hat Anteil an der Weltherrschaft des Gottes Israels. Jesus ist nicht nur der Herr seiner Verehrer, sondern der Herr der Welt (vgl. 1Tim 6,15 mit Offb 11,15). So lernte die christl. Gemeinde in der Lektüre des griech. AT, von der Herrschaft Jesu groß zu denken!

II. Der Begriff in der Bibel

A. IM ALTEN TESTAMENT

Was echtes Herr-Sein ist, kann man überall sehen, wo »Jahwe« vorkommt (2Mo 34,6f)! Wir beschränken uns aber auf einige Stellen, in denen Jahwe ausdrücklich *adon* genannt wird. Das Herr-Sein Jahwes hat dabei folgende Merkmale:

1. Er ist der *Herr über die Geschichte und die Natur.* So kann Israel nach allen Erfahrungen mit Gott beten: »Ja, ich weiß: Jahwe ist groß, unser Herr *(adon)* ist größer als alle Götter« (Ps 135,5). Notfalls muß dieser Herr seine Macht gegen andere Herren mit Gewalt durchsetzen (vgl. 2Mo 5,2; 2Mo 8,18).

2. Die Herrschaft Jahwes ist ihrem tiefsten Sinne nach *nicht Gewaltherrschaft gegen die Starken, sondern Schutzherrschaft für die Schwachen.* Er ist ein Herr, der das Universum souverän beherrscht und doch gerade die mit gebeugtem Herzen hält und keine Lust an der Stärke eines Rosses oder den Muskeln eines Mannes hat (vgl. Ps 147; Jes 40,22–31). Gott ist also keine Herrengestalt, die die Schwachen als schwächlich verachtet. Seine Herrschaft richtet schwache Menschen auf. Der Herr über dem → Himmel denkt an kleine Menschenkinder (Ps 8)!

3. Jahwe ist aber nicht *ein schwächlicher Herr,* der Kompromisse duldet. Das zeigt sich einmal an den Geboten am Sinai, aber auch wieder in den Botensprüchen der → Propheten, die mit Betonung sagen: »So spricht der Herr Jahwe« (bei Hes über 60mal) oder sich über die Respektlosigkeit des Volkes verwundern (Mal 1,6). Gott erträgt nicht, daß sein Volk anderen Herren *(baal)* »nachhurt« (Ri 8,33) oder »nachrennt« (1Kö 18,18; Jer 2,23).

4. Der Gott Israels ist der *»Herr aller Herren«* (Ps 136,3). Seine besondere Zuwendung zu Israel soll den Völkern klar machen, daß er der Herrscher und die Zuflucht aller Völker ist (5Mo 10,14–17). Von hier aus ergibt sich die endzeitliche Perspektive auf die wohltätige Weltherrschaft dieses Herrn (vgl. Ps 22,28).

B. IM NEUEN TESTAMENT

Im NT wird der Herren-Titel mit vollem Gewicht für Jesus, den Auferstandenen, gebraucht und zwar im *Osterbekenntnis der Gemeinde* (1Kor 12,3) *oder des einzelnen Christen* (Joh 20,28). Denn Gott hat Jesus durch die Auferweckung von den Toten »erhöht« (Apg 2,33; → Erhöhen/Erhöhung) und zum »Herrn und Christus« gemacht (Apg 2,36). Seine Herrschaft hat folgende Grundzüge:

1. Sie ist *begründete Herrschaft.* Gerade durch seine äußerste Erniedrigung bis zum → Tod am → Kreuz ist Jesus der Herr mit dem höchsten → Namen geworden, den in Zukunft alle anerkennen werden (Phil 2,5–11; Hebr 2,8–9). Deswegen sollen alle für ihn leben, weil er für alle gestorben ist (2Kor 5,15; Röm 14,7–9). Seine Herrschaft über alle Menschen ist begründet in seinem Dienst für alle Menschen.

2. Durch die → Auferstehung ist Jesus nicht nur der Herr über alle Menschen, sondern über alle Mächte: Tod und Sünde (Röm 6,8–11), das Gesetz (Röm 7,22–24), das Leiden in der Welt (Röm 8,18–39). Jesus ist *der Herr, der den Menschen frei macht von anderen Mächten* (Eph 1,20–23).

3. Jesus setzt seine Herrschaft nicht mit den üblichen Machtmitteln und Druckmitteln durch, sondern *er »bittet«* (2Kor 5,20) *um Anerkennung* durch das Wort wehrloser Verkündiger. Wer sich ansprechen läßt, von Herzen glaubt, mit den Lippen bekennt und den Namen des Herrn anruft, der ist in den Herrschaftsbereich Jesu getreten und gerettet (Röm 10,9–17).

4. Vom Osterbekenntnis aus (»Jesus ist *kyrios*«) fällt auch Licht auf die vielen Situationen, in denen schon der irdische Jesus als »Herr« gehandelt hat oder als »Herr« angesprochen wurde: »Herr, hilf« (Mt 17,15). – Dieser Herr kann in die → Nachfolge rufen, also lebenslängliche Hingabe beanspruchen. Er kann alte → Gebote mit → Vollmacht auslegen (Mk 2,28ff), neue Gebote geben (Joh 13,34), ungeteilten → Gehorsam erwarten (Mt 7,21). Sein Wort gilt.

5. Menschliche Überordnung und Unterordnung bekommen angesichts der Oberherrschaft Christi ein anderes Gesicht und Gewicht. Nicht um der irdischen Ordnung willen, sondern um des Dienstes willen für den himmlischen Herrn sollen z.B. die Sklaven ihren irdischen Herren zu Diensten sein (Kol 3,22). Auch die alltäglichen Berufsleistungen sind ja → Gottesdienst! Dasselbe gilt für die »Unterordnung« der Ehefrau dem Mann gegenüber (Eph 5,22) und für die Dienstleistungen den staatlichen Gewalten gegenüber (1Petr 2,13–16: »Seid untertan . . . um des Herrn willen . . . als die Freien . . . als Gottes Knechte!«). Die irdischen Herrschaftsverhältnisse werden im NT faktisch nicht angetastet, aber in den Schatten des großen neuen Herrn gestellt und somit mit neuem Geist gefüllt: Von den menschlichen Herren, sofern sie Christen sind, wird ebenfalls Dienst erwartet (Eph 5,25ff; 6,9) – und so werden innerhalb der christl. Gemeinde (Gal 3,26–29) und innerhalb einer christl. → Ehe (Eph 5,33; 1Petr 3,7–8) die Herrschaftsverhältnisse schon weitgehend überholt und durch Bruderschaft bzw. Partnerschaft ersetzt. Ansonsten gibt es gegenüber menschlichen Herren zwei Grenzfälle: *leidender Gehorsam* im Falle des Ausgenutztwerdens durch »launische Herren« (1Petr 2,18ff) bzw. unchristl. Eheherren (1Petr 3,1ff) oder *Protest und Ungehorsam gegen irdische Herren,* die die wahren Herren sein wollen und Gottes umfassende Herrschaft mißachten, wie z.B. der Hohe Rat (Apg 5,29) oder der Kaiser Domitian, der ungefähr mit denselben Akklamationen angebetet werden wollte, mit denen die christl. Gemeinde den erhöhten Christus anbetet (Offb 5,12).

III. Der Begriff heute

1. Der neuzeitliche Mensch will »sein eigener Herr« sein, eine Person »eigenen Rechtes« (Kant). Immer mehr Herren verschwinden daher von der Bildfläche: Landesherren, Hausherren, Lehrherren, Pfarrherren, Eheherren . . . Jeder Mensch ist froh, wenn er Mächte abschütteln kann. Er möchte keinem Menschen mehr mit Haut und Haaren gehören, sondern bei allen Verpflichtungen »er selbst« bleiben und irgendwo und irgendwann »zu sich selbst kommen« können.

Diese moderne Sehnsucht nach Herrschaftsfreiheit ist doppeldeutig: einerseits steckt viel bibl. Erbe dahinter. Wenn Gott »der Herr par excellence« ist und jeder Mensch ein Original aus der Hand des Schöpfers, dann ist die Würde jeder Person unantastbar, und es darf kein menschlicher Herr sich an Gottes Eigentum vergreifen, wie es in christl. und unchristl. Sklavenhaltung geschah. Gott schützt die → Freiheit und freie Entfaltung des einzelnen Menschen (vgl. 1Kor 7,21ff).

Daß aber nur Gott Freiheit schenkt, das hat der neuzeitliche Mensch vergessen. Er meint, seine Person selbst aufbauen zu können. Er möchte nicht nur gegenüber anderen Menschen, sondern auch gegenüber Gott eine Person »eigenen Rechts« sein und auf eigenen Füßen stehen. Er fürchtet sich vor der Autorität Gott und sieht im Herrschaftsanspruch Gottes ein autoritäres Gehabe. Ohne Gott wird aber der moderne Mensch selbst totalitär und machthungrig – er versucht, sich auf Kosten anderer Freiheit zu verschaffen, indem er über andere herrscht, andere für sich arbeiten oder gar leiden läßt. So wird der Mensch erneut herrisch.

Und nicht nur das. Er wird auch erneut abhängig. Er durchschaut zwar die alten Herren und Herrschaften, läßt sich aber von neuen Mächten und Gewalten gerne verführen. Eine christl. Predigt kommt ihm als Gängelei und Dreinreden vor – aber er hört doch amüsiert und andächtig ca. 2000 Werbespots pro Jahr und läßt sich von daher seine Weltanschauung bestimmen: »Leiste was, damit du dir 'was leisten kannst. Und wenn was schief geht, bist du hoffentlich versichert!« Ein Jugendlicher wittert auf einer Freizeit in der Bibelarbeit einen Angriff auf sein emanzipiertes Wertgefühl, dreht aber in jeder freien Minute das Radio an und läßt sich von seinem verehrten Disk-Jockey die neueste heiße Scheibe anpreisen und andrehen. Der Disk-Jockey will ja offenbar nur sein Bestes . . . sein Geld. So wird gerade der moderne herrschafts-freie Mensch zum Sklaven von allerlei Strömungen und Stimmungen, zum Spielball heimlicher Herren und zum Fan von neuen Idolen. »Ich fürcht' sein Joch und doch in Banden lebe«, so hat Tersteegen diesen widersprüchlichen Drang nach Freiheit geschildert.

2. Was heißt es in dieser Situation, Jesus Christus als Herrn zu bekennen und anzuerkennen?

A) DER MENSCH IST NICHT SEIN EIGENER HERR

Der Mensch macht sich Illusionen über seinen Handlungsspielraum. Diese Illusion muß durch die Predigt enttarnt werden. Der Mensch kann zwar weitgehend frei entscheiden über Dinge, »die unter ihm liegen« (Luther): Freie Berufswahl, freie Partnerwahl, freie politische Wahl und vor allem die Frei-Zeit geben ihm Entfaltungsmöglichkeiten, *kleine Freiheiten.* Auch diese sind durch neue Meinungsmacher bedroht und in vielen Teilen der Welt nicht einmal ansatzweise erreicht: Gibt es in Indien freie Berufswahl? Erst recht die *große Freiheit* in Dingen, »die über ihm liegen«, hat der Mensch verloren: Die Grundrichtung seines Lebens geht bei aller Selbstverwirklichung von Gott weg (→ Sünde/Unrecht) und so dem Tod entgegen. Diesen Mächten ist der Mensch hoffnungslos unterlegen: der Verkehrtheit, Vergeblichkeit und Vergänglichkeit seines Lebens. Ohne Gott ist der Mensch ein Spielball der Mächte. So lernte Paulus auf dem Weg zur Freiheit seufzen über seine eigene Ohnmacht (»Ich elender Mensch! Wer wird mich erlösen von diesem todverfallenen Leibe?«; Röm 7,25) und aufatmen in dem neuen Handlungsspielraum, den Christus ihm schenkte (»Denn das Gesetz des Geistes, der in Christus Jesus lebendig macht, hat mich frei gemacht von der Gesetzmäßigkeit der Sünde und des Todes«, Röm 8,2).

B) JESUS CHRISTUS IST EIN SELTSAMER UND BEHUTSAMER HERR

Wenn man Jesus Christus in eine Linie mit anderen Herren stellt und in ihm einfach eine Supermacht sieht, tut man ihm wenig Ehre an. Der auferstandene Herr regiert nicht anders als der wandernde, dem Kreuz entgegengehende Jesus: Er spricht, er bittet; durch das → Wort der → Wahrheit sucht er nach freiwilligen Nachfolgern. Wenn der Mensch in der → Nachfolge Jesu neue Bevormundung und Unselbständigkeit wittert, so kommt darin nur zum Ausdruck, wie falsch er seine eigene Freiheit und die befreiende Herrschaft Jesu einschätzt. Jesus ist der dienende Herr: Das wird am deutlichsten am Tisch des Herrn, wo er die Gemeinde dadurch in seinen Herrschaftsbereich hineinnimmt, daß er an seine Hingabe am → Kreuz erinnert und seinen Leib und sein Blut von der Gemeinde nehmen läßt (→ Herrenmahl). Jesus ist der Herr mit Schürze und Schüssel. »Ihr ruft mich ›Lehrer‹ und ›Herr‹ und ihr sagt das mit Recht. Denn ich bin's auch. Wenn nun ich euch die Füße gewaschen habe, ich der Herr und Lehrer, dann seid auch ihr verpflichtet, einander die Füße zu waschen« (Joh 13,13–14).

C) GLAUBE UND NACHFOLGE ALS HERRSCHAFTSWECHSEL

Der natürliche Mensch versucht, zu Gott ein möglichst unverbindliches Verhältnis zu pflegen. Er glaubt auch an den »Herrgott«. Er will ihn schon leben lassen, will ihn aber nicht reden und erst recht nicht herrschen lassen. Seine Verehrung für Gott bleibt unverbindlich und unpersönlich. Er will Gott nicht zu nahe treten und wünscht auch umgekehrt nicht, daß Gott ihm zu nahe tritt.

In Jesus ist aber die Gottesherrschaft nahe

herbeigekommen (Mk 1,15). Jetzt herrschen klare Verhältnisse zwischen Gott und Mensch – er hat durch Jesus das Sagen. Wer zum Glauben an Jesus Christus kommt und ihn als Herrn anerkennt und anspricht, erlebt einen Herrschaftswechsel. So beginnt mit Bekehrung und → Taufe in der urchristl. Gemeinde der Kampf um die Herrschaft Jesu in allen Lebensbereichen. Es soll nun alles »in dem Herrn« geschehen (Phil 4,1). Das gilt für den Umgang mit den sexuellen Kräften des Menschen (1Kor 5–6), mit Geld (2Kor 8), mit der Andersartigkeit und Ehre des → Bruders in der Gemeinde (Röm 14–15). Die Bereitschaft, Jesus Christus in allen Lebensbereichen herrschen zu lassen, muß in jeder Generation von Christen neu geweckt und durchgekämpft werden. Sonst wird die Gemeinde doch noch durch christusferne Mächte und Trends dem Lauf der Welt gleichgeschaltet (Röm 12,2), und ihr Bekenntnis zu Christus bleibt ein Lippenbekenntnis (Mt 7,21). Die christl. Gemeinde in den westlichen Industriestaaten hat heute besonders zu fragen nach der Herrschaft Jesu im Wirtschaftsleben (rechter Umgang mit → *Besitz und Reichtum*), im politischen Leben (rechter Umgang mit → *Macht und Militär* – die Bewahrung der Demokratie) und nach der Durchsetzung *göttlicher Maßstäbe* (→ Gebot/Weisung/Gesetz) im persönlichen Lebensstil. Zum letzten gehört auch die Bereitschaft, aus dem »normalen Christenleben« auszusteigen und umzusteigen in ein Leben mit vollem Risiko und vollem Einsatz für Christus im Dienst der Gemeinde und der Mission.

D) DIE ENDGÜLTIGE MACHTÜBERNAHME DES JETZT NOCH VERBORGENEN HERRN

Daß alle Macht im Himmel und auf Erden Jesus Christus gehört (Mt 28,18) kann niemand sehen (Hebr 2,8). Jesu Macht kann man nur im Wort der Wahrheit hören und im Erscheinungsbild des ohnmächtigen leidenden Christus mit den Augen des Glaubens »sehen«. Ja, seine Macht ist so verborgen, daß der Herr in dieser Weltzeit herumläuft als der »nackte, hungrige, fremde Herr« (Mt 25,31–46), so daß nackte, hungrige, fremde Menschen seine Doppelgänger werden. Mancher Mensch, der an strahlende Erscheinungsformen von Herrschaft gewöhnt ist, übersieht die geringen Brüder des Gekreuzigten. Aber gerade diesem verkannten Herrn gehört das Weltgericht und die Weltherrschaft. Wem das wie ein autoritärer Gewaltakt am Schluß vorkommt, der übersieht, daß der lebendige Gott seine Herrschaft immer für die Menschen eingesetzt hat. Er kann Ungerechtigkeit nicht ohne → Gericht im Sande verlaufen lassen – um der Menschen und um seiner Ehre willen!

K. Teschner

Herrenmahl

I. Wortbedeutung

Der Ausdruck »Herrenmahl« oder »Mahl des Herrn« ist von 1Kor 11,20 abgeleitet *(kyriakon deipnon)*. Wo sonst im NT der Begriff *deipnon* (= Mahl) auftaucht (vgl. Mk 6,21; Lk 14,12.16; Joh 12,1; 13,2; 21,20) bezieht er sich immer auf die Hauptmahlzeit, die am Abend stattfand (daher auch »Abendmahl«), manchmal auch auf ein Festmahl (Mt 23,6; Offb 19,9.17).

Der Ausdruck erinnert uns daran, daß das Herrenmahl nach einer normalen Mahlzeit eingesetzt wurde und auch in der Urgemeinde so gefeiert wurde. Im NT wird das Herrenmahl auch »Brotbrechen« (Apg 2,42.46; 20,7.11; 1Kor 10,16) und »Tisch des Herrn« (1Kor 10,21) genannt.

II. Der Begriff in der Bibel

Den Einsetzungsbericht finden wir in den drei ersten Evangelien (Mt 26,26–29; Mk 14,22–25; Lk 22,15–20) und in einem Paulusbrief (1Kor 11,23–25). Jemand hat gesagt, daß sich im Herrenmahl alle Strahlen des Evangeliums wie in einem kostbaren Kristall konzentrieren, der das Licht von allen Seiten anzieht und es seinerseits überallhin weiterstrahlt.

1. WIE KAM ES ZUR EINSETZUNG EINES SOG. HERRENMAHLS?

a) Das Herrenmahl ist *im Zusammenhang mit dem Passamahl* (→ Passa) entstanden, das die Juden einmal im Jahr feierten (Mk 14,12–16; Lk 22,15). Es hat das Verständnis des Herrenmahls mitgeprägt (vgl. 1Kor 5,7). Auch Jesus feierte es zusammen mit seinen → Jüngern am Abend, bevor er starb. Die Juden gedenken bei diesem Mahl im Rahmen einer ausführlichen Liturgie der Rettung aus dem Sklavenhaus Ägyptens. Beim Verteilen des ungesäuerten Brotes erklärt der Hausvater: »Dies ist das Brot der Betrübnis, das unsere Väter gegessen haben, als sie aus dem Lande Ägypten auszogen.« Vielleicht an dieser Stelle hat Jesus an jenem letzten Passamahl mit seinen Jüngern in die überlieferte Passaliturgie eingegriffen und die auf ihn bezogenen Einsetzungsworte »Dies ist mein Leib . . ., dies ist mein Blut« gesprochen.

b) Das Verständnis des Herrenmahls ist in der Urgemeinde jedoch auch geprägt von *Jesu Tischgemeinschaft mit Zöllnern und Sündern* (vgl. Mk 2,13–17). Indem Jesus zu ihnen kam, mit ihnen aß und trank, brachte er ihnen die barmherzige Nähe Gottes, die → Vergebung der Sünden. Diese Gemeinschaft mit dem »Freund der Zöllner und Sünder« (Mt 11,19) bekundet die christliche Gemeinde, wenn sie das Herrenmahl feiert.

2. Das Herrenmahl ist ein zeichenhaftes Mahl

Menschen kennzeichnen wichtige Entscheidungen durch zeichenhafte Handlungen: Unterschriften, Händedrücken, Ringaustausch. Die Bibel ist voll von Symbolen oder Zeichenhandlungen, wie man sie auch nennt.

Dem Volk des neuen Bundes hat Jesus zwei solcher Handlungen mitgegeben, die das ganze → Evangelium enthalten: die → Taufe und das Herrenmahl. Letzteres ist zunächst ein Mahl, das die wichtigsten Elemente jeglichen Mahles enthält: Essen und Trinken; Brot, das uns nährt, Wein, der uns labt und erquickt. Ein Mahl ist immer ein Zeichen der Gemeinschaft, nicht nur zwischen Menschen (vgl. Lk 15,2; Mt 11,19), sondern auch zwischen Gott und den Menschen (vgl. 5Mo 12,7; 2Mo 24,11). Beim Herrenmahl sind Brot und Wein eine »geistliche Speise« und ein »geistlicher Trank« (1Kor 10,3), also Elemente, die einen geistlichen Sinn haben. Weil über dem Essen und Trinken eine Gemeinschaft mit Jesus hergestellt wird, darum ist das Essen und Trinken auch *mehr* als nur ein zeichenhaftes Geschehen. Es ist ein Pfand, das bewirkt, was es bedeutet (vgl. 1Kor 10,16: »... *ist* das nicht die Gemeinschaft ...?«). *Am Herrenmahl teilnehmen heißt bekennen: Ich brauche Jesus so notwendig wie Speise und Trank* (vgl. Joh 4,12–14; 6,51.53–57). Seinen Leib essen heißt, sich durch den → Glauben sein Leben aneignen; sein Blut trinken heißt seinen Tod für sich in Anspruch nehmen.

3. Das Herrenmahl ist ein Gegenbild des Passa- bzw. Ostermahles

Das letzte Mahl des Herrn mit seinen Jüngern war gewiß kein normales Passamahl, weil ja die Osterlämmer erst nach Jesu Tod auf Golgatha im Tempel geschlachtet wurden. Viele Juden jedoch feierten Ostern ohne Osterlamm. Etliche Gruppen hielten sich an einen anderen Kalender als die Hohenpriester. Unzweifelhaft haben Jesus und die Jünger bei dieser Zusammenkunft an das Passamahl gedacht (vgl. Mk 14,12. 14–16; Lk 22,16). Auch Paulus zieht den Vergleich zwischen dem Tod Jesu und dem Osterlamm (1Kor 5,7).

Wie das Blut der Osterlämmer die Israeliten vor dem Würgeengel bewahrte, so bewahrt das Blut Jesu vor dem kommenden → Gericht. Durch das Teilnehmen am Passamahl wurde jeder Gast in die Zeit des ersten Passamahles versetzt. »Dies hat der Herr für *mich* getan, als *ich* aus Ägypten auszog« (2Mo 13,8). – Ähnlich bekennt der gläubige Teilnehmer am Herrenmahl: »Dies ist der Leib, den Jesus für mich gegeben hat, das Blut, das er für mich vergossen hat.«

Der Tod Jesu eröffnet den Weg eines neuen Auszugs aus Ägypten, aus der Knechtschaft dieser Welt in die wahre → Freiheit. Am Herrenmahl teilnehmen heißt, diese Befreiung für sich in Anspruch nehmen.

4. Das Herrenmahl ist ein Mahl mit dem Herrn

Ein Mahl ist immer Zeichen der → Gemeinschaft (vgl. Lk 15,2; Mt 11,19). Gott kann mit Sündern keine Gemeinschaft haben, aber durch den Tod Jesu ist diese Gemeinschaft wiederhergestellt worden. Das Herrenmahl vergegenwärtigt zugleich Mittel und Ergebnis dieser Wiederherstellung der Gemeinschaft zwischen Gott und uns (vgl. Lk 14,16ff; 15,23ff).

5. Das Herrenmahl ist ein Bundesmahl

»Dieser Kelch ist der neue → Bund in meinem Blut, das für euch vergossen wird« (Lk 22,20). Am Berge Sinai hat Gott mit seinem Volk einen Bund geschlossen (2Mo 24,3–8), der durch ein Mahl besiegelt wurde (V. 9–11). Diesen Bund hat jedoch das Volk → Israel gebrochen, weil es das Gesetz nicht gehalten hat. Darum haben die → Propheten einen neuen Bund verheißen, der auf der Vergebung der Sünden und der Zuwendung Gottes zu allen Menschen – über Israel hinaus – basiert.

Die Besprengung mit dem Bundesblut (2Mo 24,8) bedeutete für alle Besprengten Teilhabe an dem Bund (vgl. Hebr 9,20). So bekennen alle, die aus dem Abendmahlskelch trinken, daß sie teilhaben an der → Vergebung der Sünden, die durch den Tod Jesu »für viele« – d.h. nach hebr. Sprachgebrauch: für alle – zugänglich wurde.

6. Das Herrenmahl ist ein Opfermahl

Wenn Jesus das Brot bricht und sagt: »Dies ist mein Leib«, so meint er mit »Leib« nicht ein Etwas, sondern sich selber. Denn das Wort für »Leib« bezeichnet im Aramäischen, der Sprache, die Jesus gebrauchte, die ganze Person. Deshalb kann man übersetzen: Das bin ich, der für euch dahingegeben wird. Und wenn Jesus sagt: »Dies ist mein Blut ..., das vergossen wird für viele zur Vergebung der Sünden« (Mk 14,24), so wird vollends deutlich, daß Jesus sein Geschick als stellvertretendes Sühneleiden deutet.

Eine Abschattung hat das sühnende Geschehen schon im AT. Einerseits gilt: »Wer sündigt, soll sterben« (Hes 18,4). Andererseits bietet Gott in seiner → Gnade dem Sünder einen Stellvertreter an: ein unschuldiges Tier stirbt an seiner Statt. Der Opfernde legt seine Hand auf das Tier, bekennt seine Sünden, die nun durch diese symbolische Identifizierung auf das Opfer übergehen, und tötet das unschuldige Wesen. Er bezeugt damit: Ich hätte diesen Tod verdient, aber Gott ist gnädig mir gegenüber. Er hat den Tod dieses Tieres an meiner Stelle angenommen. Nun ist zwischen ihm und mir alles in Ordnung. Er kann wieder Gemeinschaft mit mir haben und bezeugt es durch ein gemeinsames Mahl (vgl. 3Mo 7,9–21; 28,34; 5Mo 12,7.12).

So ist die Teilnahme am Herrenmahl auch an erster Stelle das Bekenntnis, daß wir den Tod verdienten, der durch das gebrochene Brot und den vergossenen Wein versinnbildlicht ist, daß ihn aber Jesus auf sich genommen hat und wir dadurch nun wieder Gemeinschaft mit dem Herrn haben können. Im Tode Jesu sind alle → Opfer des alten Bundes erfüllt und vollendet.

7. Das Herrenmahl ist ein Gemeinschaftsmahl

»Denn ein Brot ist's, so sind wir viele ein Leib, dieweil wir alle eines Brotes teilhaftig sind« (1Kor 10,17). Durch die Teilnahme am Herrenmahl bezeugen wir unsere → Gemeinschaft mit dem Herrn und mit allen anderen Teilnehmern. Jesus ist nicht nur gestorben, um uns mit Gott zu versöhnen, sondern auch, »um die zerstreuten Kinder Gottes zu einem Leib zu sammeln« (Joh 11,51).

Die Einsetzungsberichte des Herrenmahls sind umgeben von Ermahnungen zur Einheit und gegenseitigen → Liebe (Lk 22,22–27; Joh 13,14; 15,12; 17,21). Diese tägliche Tischgemeinschaft verband die ersten Christen zu einer unzertrennlichen Einheit (Apg 2,42.46–47). Darum versündigten sich die Korinther so schwer gegen den Leib Christi. Durch die Teilnahme am Herrenmahl bezeugten sie: Wir sind ein Leib mit allen Mitbeteiligten. Doch durch ihr Verhalten widerlegten sie dieses Zeugnis: Die einen aßen alles selbst und ließen die anderen Glieder darben (1Kor 11,21). Glieder eines Leibes verhalten sich anders (12,25). Solches zwiespältige Verhalten straft der Herr (11,30).

8. Das Herrenmahl ist ein Gedächtnismahl

»Solches tut zu meinem Gedächtnis« (Lk 22,19; 1Kor 11,24). Gedächtnismahle waren in der antiken Welt üblich. Jedes Jahr am Todestag versammelten sich Freunde und Verwandte zu einem Mahl, während dem man Geschichten aus dem Leben des Verstorbenen erzählte. Es ist notwendig, daß wir regelmäßig daran erinnert werden, daß wir nicht durch vergängliche Dinge, Silber oder Gold, losgekauft wurden, sondern mit kostbarem Blute als von einem tadellosen unbefleckten → Lamme: → Christus (1Petr 1,18–19).

Doch in der hebr. und der griech. Welt hatte das Wort »Gedächtnis« *(anamnesis)* eine weit tiefere Bedeutung als bei uns. Es ist die Vergegenwärtigung von Vergangenem und bedeutet – wie beim Symbol – die Begegnung und Verschmelzung von Zeichen und Wirklichkeit. So sollten z.B. die Passafestteilnehmer die Bitterkräuter kauen, um der Bitterkeit des Sklaventums in Ägypten teilhaftig zu werden. Gamaliel, zu dessen Füßen Paulus gesessen hatte, lehrte: Jede Generation, jeder Mann muß sich selber als aus Ägypten befreit ansehen. Jeder Israelit muß wissen, daß er es ist, der aus der Knechtschaft erlöst wurde (vgl. 2Mo 13,8; 5Mo 26,6–8).

So faßt der Glaube des Herrenmahlsgastes die Wirklichkeit der → Erlösung, die auf Golgatha geschah. Wenn das Brot gebrochen und gereicht wird, so erfaßt der Glaube, was ihm gültig unter dem Pfand des Brotes bezeugt wird: daß Jesu Leib für ihn am Kreuz dahingegeben ist. Wenn der Wein gereicht wird, dann erfaßt der Glaube, was ihm gültig und verläßlich unter dem Pfand des Weines bezeugt wird: daß das Blut Jesu für ihn vergossen wurde. So wird dem Empfangenden der Tod seines Heilandes vergegenwärtigt für seine Sinne, daß er Gottes Gnade rühmen kann: Ja, er starb für mich. Denn »Gedächtnis« bedeutete auch: Bekenntnis. So könnte der Befehl des Herrn auch umschrieben werden: Solches tut, um euch zu mir zu bekennen – als durch meinen Tod erlöst (→ Bekennen/Bekenntnis).

9. Das Herrenmahl ist ein Hoffnungsmahl (→ Hoffnung des messianischen Mahles)

Dieses Bekenntnis ist zugleich Verkündigung im Vorletzten und Ankündigung des Letzten: »So oft ihr dieses Brot esset und diesen Kelch trinket, verkündigt ihr den Tod des Herrn, bis daß er kommt« (1Kor 11,26; vgl. Mt 26,29; Mk 14,25). Jesu Satz: »Ich werde vom Gewächs des Weinstocks nicht mehr trinken bis zu jenem Tage, wo ich es neu trinken werde, im → Reiche Gottes«, stellt das Herrenmahl insbesondere in den Horizont des Kommenden.

Jesus hat öfter das kommende Reich Gottes mit einem großen Festmahl verglichen (Mt 22,2–14; 25,10; Lk 14,16–24). Er hat seinen Jüngern versprochen, daß sie an seinem Tisch in seinem Reich essen und trinken würden (Lk 22,28–30). Auch Johannes sieht den Beginn des Reiches Gottes in der Vision eines großen Hochzeitsmahles (Offb 19,6–9). Ein Hochzeitsmahl ist ein großes Fest- und Freudenmahl. Darum wurde das Herrenmahl bei den ersten Christen »mit Freude« begangen (Apg 2,46) in der Hoffnung auf die → Wiederkunft des Herrn.

»Maranatha« (»Unser Herr, komm!« oder »Unser Herr kommt«; 1Kor 16,22) gehörte von Anfang an zu der Herrenmahl-Liturgie. Darum waren auch Lob- und Dankgebete Hauptbestandteil des Herrenmahls. Von daher kam es zur Bezeichnung des Herrenmahls als Eucharistie (= Danksagung).

III. Der Begriff heute

1. Was die *Zulassung zum Herrenmahl* betrifft, so gibt es Kirchengemeinschaften, die vor allem die Bedingungslosigkeit der Einladung Jesu betonen: »Kommet her zu mir alle, die ihr mühselig und beladen seid . . .« (Mt 11,28). Nichts hat der Mensch zu bringen als die Last seiner Schuld, seine innere Armut, sein Nicht-mit-sich-selber-Zurechtkommen, seine Hoffnungslosigkeit.

Andere Kirchengemeinschaften sehen sich in ihrem Gewissen gebunden, von der Hl. Schrift her nachdrücklich zu betonen, daß der Mensch, wenn er am Herrenmahl teilnimmt, auch wirklich zu Jesus kommen und ihm seine Sünde herausgeben muß, die vergangene und die gegenwärtige; daß es notwendig ist, sich von Jesus rufen zu lassen zur Übergabe seines Lebens an ihn und zur → Nachfolge.

Es ist wichtig, beim Herrenmahl beides zusammen zu sehen, den Zuspruch der Gnade und den Anspruch des Herrn auf unser Leben. Es ist erforderlich, um beides zu bitten: »Was ich gelebet hab, das decke zu, was ich noch leben werd, regiere du.« *Unser Herr nimmt uns an, wie wir sind, aber er läßt uns nicht, wie wir sind.*

Es ist notwendig und ein Stück Seligkeit schon jetzt, gerade beim Herrenmahl sich vertrauensvoll an den Herrn zu wenden, vor ihm alles Vergangene offenzulegen, ihn um Vergebung zu bitten, von → Welt und → Sünde abzulassen, ihm und seinem Geist offen zu sein, ihm das Leben zur Verfügung zu stellen, sich im Mahl mit ihm zusammenschließen zu lassen für jeden Weg, für jeden Dienst und für jede Art Kreuzesnachfolge, und allen seinen Verheißungen für Zeit und Ewigkeit zu vertrauen, kurz: an Jesus zu glauben.

Es geht letztlich nicht darum, daß wir vorher schon einen bestimmten inneren Stand hatten; wir könnten uns inzwischen von unserem Herrn auch wieder distanziert haben. Entscheidend wichtig ist vielmehr, daß wir uns *eben jetzt* in der rechten inneren Haltung unserem Herrn zuwenden und ihn bitten, daß er uns »Wollen und Vollbringen nach seinem Wohlgefallen« schenke.

Es ist die Aufgabe der Abendmahlsverkündigung, ebenso auch der persönlichen → Seelsorge, davon zu sagen und dahin zu führen. In krassen Grenzfällen, wo einer seine Sünde behalten und offenkundig auf der Seite des Feindes bleiben will, kann auch ein Ausschluß vom Abendmahl im Sinne der Gemeindezucht nötig werden. Es geht dabei nicht darum, daß wir jemanden richten, sondern daß wir ihn davor bewahren, sich in falscher Weise zu beruhigen. Auch solch eine Gemeindezucht-Maßnahme soll Heimruf sein; in Mt 18 steht vor dem Wort über die Gemeindezucht (V. 15–17) das Gleichnis von dem guten Hirten, der das verlorene Schaf nicht abschreibt, sondern ihm nachgeht und es sucht (V. 12 und 13). Auch gilt es, bei Gemeindezuchtmaßnahmen des Wortes eingedenk zu bleiben: »Der Mensch sieht, was vor Augen ist, der Herr aber sieht das Herz an« (1Sam 16,7).

2. Was wir als Bittende und unserem Herrn Vertrauende und ihm unser Leben Anvertrauende im Herrenmahl für unseren Alltag empfangen:

a) Die → *Vergebung unserer Schuld:* Sie gilt uns, so gewiß er seinen Leib für uns zerbrechen und sein Blut vergießen ließ (1Jo 1,7). Wir haben nun den Rücken frei.

b) Den → *Geist Gottes:* In der Zeichensprache des Herrenmahls sagt uns unser Herr: So gewiß du diesen Bissen Brot und diesen Schluck Wein in deinen Körper hineinnimmst, so gewiß schenke ich mich selbst mit meinem Geist und meinen Gaben in dein Innerstes hinein (2Kor 3,17; Eph 1,13).

c) Die *Bundesgenossenschaft unseres Herrn* und den Zusammenschluß mit ihm (1Kor 10,16): Wir in Christus und durch den Heiligen Geist Christus in uns, so wird unser Leben neu und fruchtbar (2Kor 5,17; Joh 15,5).

d) → *Gemeinschaft seiner Leiden:* Wir lassen uns beim Herrenmahl zusammenschließen mit dem ans → Kreuz gegangenen Herrn. Teilnahme am Herrenmahl schließt recht verstanden die Erklärung der Bereitschaft zur Kreuzesnachfolge ein.

e) Die *Zusage der → Fürsorge* unseres himmlisches Vaters: Der Abendmahlstisch ist der Familientisch der → Kinder Gottes. Der → Vater sorgt für seine Kinder (Mt 6,32).

f) → *Gewißheit aller → Hoffnung:* Im Herrenmahl gibt uns unser Herr die Zusicherung, daß wir mit ihm in seiner → Freude sein dürfen (Mt 26,29).

3. *Ist es nötig, zum Abendmahl zu gehen?* Unser Gott kann uns alles schenken, auch al-

lein durch sein schaffendes Wort. Unser Herr spricht: »Meine Worte sind Geist und sind Leben« (Joh 6,63). Aber wenn er uns dazuhin auch noch das Geschenk seines Mahles gegeben hat und uns mit dieser Zeichensprache durch die Kanäle aller unserer Sinne sein Geschenk in der ganzen Fülle und Vielgestalt bestätigt und besiegelt, dann wollen wir das mit Loben und Danken annehmen. Die Freude am gegenwärtigen Herrn und an der großen Hoffnung, an der er uns teilgibt, und der Lobpreis seiner unsagbar großen Liebestat, voran am Kreuz von Golgatha, soll und kann unsere Abendmahlsfeiern erfüllen.

4. *Wie oft sollen wir am Herrenmahl teilnehmen?* Das Passamahl Israels fand jährlich einmal statt. Die erste Christenheit hat das Herrenmahl täglich gefeiert oder am »ersten Tag der Woche«, also am Sonntag. Doch die Frage ist eigentlich falsch gestellt. Sie sollte lauten: Wie oft soll ich mich beschenken, wie oft soll ich mich Angefochtenen vergewissern lassen? – Das Herrenmahl ist ja keine fromme Pflichtübung, sondern ein Trost, den wir nicht oft genug in Anspruch nehmen können!

5. Das Herrenmahl hat eine besondere Bedeutung auch im Blick auf unsere *Bereitschaft für die → Wiederkunft Jesu.* Die Plagen Ägyptens (2Mo 7–12) sind nach dem letzten Buch der Bibel Vorausabbildungen der schweren Geburtswehen, die der Stunde vorausgehen, da unser Herr kommt. Das kleine Geschehen fern hinter uns in Ägypten ist ein Modell des großen, erdumspannenden, vielleicht nahen Geschehens vor uns. Dieselbe Nacht brachte damals in Ägypten für die einen Schrecken und für die andern Bewahrung und Befreiung, für diese deshalb, weil sie vom Opfer des Passalamms lebten und unter dem Schutz seines Blutes standen. So ist es einmal auch hier: Dieselbe Macht, die letzte dieser Weltzeit, da unser Herr kommt, wird für die einen Schrekken und für die andern Bewahrung, Befreiung und Freude bedeuten: für die, die von diesem Opfer leben, die gedeckt sind von diesem Blut. Möge der wiederkommende Herr und sein Tag uns so antreffen!

A. Kuen/
F. Grünzweig

Herrlichkeit/Verherrlichen

I. Wortbedeutung

Die bibl. Begriffe hebr. *kabod* und griech. *doxa* bedeuten »Ehre« und »Ruhm«, aber auch »Herrlichkeit«, »Glanz« und »Pracht«. Einen besonderen Anschauungswert besitzt der deutsche Ausdruck »Herrlichkeit«. Denn er meint jene Ausstrahlung, die einen *Herrn* umgibt. Dabei dürfen wir nicht an den verflachenden Sprachgebrauch der Gegenwart denken, wo jede erwachsene männliche Person als »Herr« bezeichnet wird. Vielmehr meint die Bibel einen Herrn, der wirklich Herrschaft ausübt, aber auch für viele andere eine große Verantwortung trägt. Seine Herrlichkeit unterstreichen heißt: ihn »verherrlichen«.

II. Der Begriff in der Bibel

1. Es gibt eine Herrlichkeit der Schöpfung

Jesus sagt: »Betrachtet die Lilien auf dem Felde . . . Selbst Salomo war in seiner Herrlichkeit nicht bekleidet wie eine von diesen« (Mt 6,28f). Und → Satan konnte bei der Versuchung Jesu ihm »alle Reiche der Welt und ihre Herrlichkeit« (Mt 4,8) in einem Augenblick zeigen. Auch hervorragenden Menschen wird eine Herrlichkeit zugeschrieben, so z.B. Hiob, von dem die Bibel sagt: »Er war herrlicher als alle Menschen des Ostlandes« (Hiob 1,3).

Aber alle Herrlichkeit der Schöpfung ist vergänglich, zeitweilig, ohne Dauer: Die Lilien sind verwelkt, Salomos Pracht ist vergangen, viele Herrlichkeiten der Welt, die Jesus gezeigt wurden, als Satan ihn versuchte, sind zerfallen; und Hiobs Herrlichkeit schwand bald, als Gott ihn Prüfungen aussetzte. Das gilt auch von der Herrlichkeit der gegenwärtigen Herrscher und Gewaltigen in aller Welt. Petrus formulierte es – im Rückgriff auf Jes 40,6 – so: »Alles → Fleisch ist wie Gras und alle Herrlichkeit der Menschen wie des Grases Blume. Das Gras ist verdorrt und die Blume abgefallen. Aber des Herrn Wort bleibt in Ewigkeit« (1Petr 1,24f).

2. Die dauerhafte, manchmal sogar furchterregende Herrlichkeit Gottes

Alle eben genannte irdische Herrlichkeit ist auf Zeit, von Gott verliehen. In Epheser 1,17 wird von »Gott, dem Vater (= Erzeuger) der Herrlichkeit« gesprochen. Seine Herrlichkeit ist bleibend. Sie wird erstmals in der Bibel eindringlich in ihren Wirkungen bei jenem Geschehen beschrieben, das das Volk → Israel erlebte, als es vor dem Sinai seinem Gott begegnete (2Mo 16,10 und 19,16–24): Blitze, Donnern, undurchdringliche Wolken, starker Posaunenton, Rauch, Feuer versetzten das Volk in Furcht. In der Wolkensäule begleitete Gottes sichtbare Herrlichkeit das Volk mahnend, leitend und beschützend. Und als nach Gottes Anweisungen die Stiftshütte errichtet wurde, wählte Gott diesen Platz, um seine Herrlichkeit allen im Volk (und sicher auch den Fremden) deutlich zu machen: »Da bedeckte die Wolke die Hütte des Stifts, und die

Herrlichkeit des Herrn füllte die Wohnung« (2Mo 40,34).

Es ist das Ziel Gottes, diese Herrlichkeit nicht nur in Israel zu lassen. Der Prophet Habakuk schaut eine Zeit, von der es heißt: »Die Erde wird *voll* werden von der Erkenntnis der Herrlichkeit des Herrn gleich den Wassern, die den Meeresgrund bedecken« (Hab 2,14; ähnlich 4Mo 14,21).

3. IN JESUS CHRISTUS ERSCHEINT EINE NEUE, ZUNÄCHST FRIEDVOLLE, FREUDEBRINGENDE ART DER HERRLICHKEIT GOTTES

Jesus selber *ist* »die Ausstrahlung seiner Herrlichkeit und das Ebenbild seines Wesens« (Hebr 1,3). Bei seinem ersten Kommen auf diese Erde hat er nicht die furchterregende Seite der göttlichen Herrlichkeit widergespiegelt, sondern die »Herrlichkeit des eingeborenen → Sohnes vom Vater voller → *Gnade* und → *Wahrheit*« (Joh 1,14). Die *Gnade* seiner Herrlichkeit meint die Möglichkeit, daß Menschen sich begnadigen lassen und so straffrei werden. Die *Wahrheit* meint: In Jesus ist das *Wesen* des göttlichen Seins in Erscheinung getreten. Es war zwar meist verhüllt und nicht jedermann sichtbar. Auf dem Verklärungsberg nahm Gott für kurze Zeit die Hülle weg. Und die Jünger Petrus, Johannes und Jakobus »*sahen* seine Herrlichkeit« (Lk 9,32), und sie wünschten, in ihr zu verweilen.

Die Zeit der Gnade wird zu Ende gehen. Wenn Jesus wiederkommen wird, dann wird eine andere Art der Herrlichkeit deutlich werden: »Denn der Sohn des Menschen wird kommen in der Herrlichkeit seines Vaters mit seinen Engeln. Und dann wird er vergelten einem jeden nach seinem Tun« (Mt 16,27).

III. Der Begriff heute

Was »Herrlichkeit« ihrem Wesen nach meint, soll folgende Beispielgeschichte verdeutlichen:

Inmitten vieler anderer Strandbesucher an der Ostsee liegt an einem Mittag auch ein kleiner, dicker Herr. Durch nichts unterscheidet er sich von seinen Nachbarn, die sich wie er am Strand sonnen. Keinerlei »Herrlichkeit« zeichnet ihn aus. Nach einiger Zeit steht er auf, kleidet sich an, setzt sich ins Auto und fährt in die nahe Universitätsstadt. Noch immer ist er für jeden, der ihn vorbeifahren sieht, ein Herr Jedermann.

Er parkt sein Auto auf dem Parkplatz vor einer Universitäts-Klinik, geht durch das Portal des Krankenhauses, eilt durch einige Gänge des Hauses und betritt ein elegant ausgestattetes Zimmer, an dessen Eingang ein Schild erklärt: »Chefarzt Prof. Dr. Karl Müller«. Er wird bereits erwartet. Ein Pfleger hilft ihm in seinen weißen Kittel, eine Schwester reicht ihm Krankenberichte, eine andere einige Geräte, die er gleich benötigen wird.

Auf dem Flur und in den Nachbarräumen wird ausgerufen »Visite!« Der Chefarzt, eben noch einer von vielen am Strand und absolut unauffällig, macht sich auf den Weg. Zugleich mit ihm setzt sich ein ganzer Troß von Ärzten, Assistenten, Schwestern und Pflegern in Bewegung. Die Kranken erwarten die Visite mit Ehrfurcht und Bangen. Und als sich die Tür öffnet und der ärztliche »Schwarm«, dessen Mittelpunkt eindeutig und für jeden erkennbar der Herr Professor ist, von Bett zu Bett schreitet, haben alle Kranken den Eindruck: Ein richtiger Herr, der Regent des Krankenhauses, hat uns mit seiner ganzen »Herrlichkeit« um sich herum besucht. Er ist bedeutsam. Ihm können wir vertrauen. Er weiß, wie es weitergehen wird.

An diesem Beispiel erkennen wir die Wechselwirkungen von Herrlichkeit: Die Schar der Menschen, die um den Chefarzt herum sind, bildet einen wichtigen Teil seiner Herrlichkeit. Andererseits fällt auf jeden, der ihn begleitet, ein Stück von jener Herrlichkeit zurück, die der Hervorgehobene durch seine Fähigkeiten, sein Können und seine Machtfülle hat.

Gott ist *der* → Herr. Er ist der Einzigartige, allem Überlegene. Er umgibt sich mit Herrlichkeit, die diese Tatsache sichtbar und verstehbar macht.

Christen haben daher die Aufgabe, auf die Herrlichkeit ihres Gottes durch ihr Verhalten, ihr Werk und ihr Wesen hinzuweisen und die Herrlichkeit zurückzuspiegeln, von der sie sich anstrahlen lassen.

Zusammengefaßt wird diese Wechselwirkung z.B. in der Aufforderung von Paulus: »Wandelt würdig vor Gott, der euch berufen hat zu seiner Herrlichkeit« (1Thes 2,12). Dieses Wort macht Christen deutlich, daß ihr Ziel hier auf Erden, vor allem aber auch einmal nach der Auferstehung sein wird, *Teil* der Ausstrahlung Gottes (= seiner Herrlichkeit und Ehre) *zu sein* – wie die Teilhaber an der Visite die »Herrlichkeit« des Chefarztes ausmachten und an ihr Anteil hatten. Die Konsequenz aus diesem Wissen ist nicht Hochmut, sondern die Aufforderung an sich selbst, eines solchen Gottes würdig zu wandeln.

Christen tragen dieses Angeld auf himmlische Herrlichkeit in sich, wenn sie Christus in ihr Leben aufnahmen. Paulus beschreibt diesen Tatbestand so: »Christus ist in euch, die → Hoffnung (genauer: die Erwartung) der Herrlichkeit« (Kol 1,27). Und deshalb kann er

Christen versichern, daß diese für die Umwelt oft nicht sichtbare »Anlage zur ewigen Herrlichkeit« einmal deutlich und klar in Erscheinung treten wird, wenn er in bezug auf die → Auferstehung der Christen schreibt: »Es wird gesät in Unehre, auferstehen aber in Herrlichkeit« (1Kor 15,43).

Christen freuen sich in großer Gewißheit auf diesen Tag. Sie bemühen sich darum, bereits jetzt dieser geradezu überwältigenden fest zugesagten Herrlichkeit, die sie *sein* und an der sie *Anteil haben* werden, durch einen würdigen Wandel zu entsprechen.

Christen wissen, daß es viel Leid in dieser Welt gibt. Sie selber leiden unter Schmerzen, unter ihrer eigenen vergehenden Leiblichkeit, unter der → Sünde, aber nicht ohne Hoffnung. Sie können zuversichtlich erklären: »Ich bin der Meinung, daß die Leiden der jetzigen Zeit nicht wert sind, verglichen zu werden mit der zukünftigen Herrlichkeit, die an uns geoffenbart werden soll« (Röm 8,18).

G. Schröter

Herz

I. Wortbedeutung

Der Begriff »Herz« kommt etwa 1000mal in der Bibel vor, ein Zeichen für seine große Bedeutung. Im AT gehört »Herz« zu den am häufigsten benutzten Begriffen, die den Menschen in seinen Lebensäußerungen beschreiben. Das hebr. Wort für »Herz« *(leb)* und das griech. Wort *(kardia)* haben eine doppelte Bedeutung: 1. Das Herz ist ein Organ des Körpers. 2. Das Herz ist Sitz des geistigen und seelischen Lebens des Menschen. Des Menschen Herz – das ist der → Mensch schlechthin.

II. Der Begriff in der Bibel

1. Was im Herzen alles geschieht

Das Herz ist im bibl. Sprachgebrauch das Zentrum von Denken, Wollen und Fühlen des Menschen, also das, was ihn erst zur menschlichen Person macht und ihm seine Sonderstellung in der Schöpfung verleiht. Der Begriff »Herz« läßt sich auch mit den Worten »Geist«, »Geistseele«, »Ich« oder einfach »Inneres des Menschen« wiedergeben.

Von Hanna wird im AT erzählt, daß sie über ihre Kinderlosigkeit »betrübten Herzens« ist (1Sam 1,8). Nach der Geburt Samuels jedoch jubelt sie: »Mein Herz frohlockt über Jahwe« (1Sam 2,18). Hier wird vom Herzen als dem *Sitz des Gefühls* gesprochen.

Daneben ist das Herz als *Sitz des Denkens* und *der Erkenntnis* bedeutsam. Die Augen sind zum Sehen da, die Ohren zum Hören, das Herz aber zum Erkennen (vgl. 5Mo 29,3). Dies unterscheidet den biblischen von unserem heutigen Gebrauch des Wortes »Herz«, das wir mehr für den Sitz des Fühlens verwenden (vgl. unseren Gegensatz »Kopf« – »Herz«).

In Ps 20,5 singt der Psalmist für den König Israels: »Der Gott Jakobs gebe dir, was dein Herz begehrt.« Das Herz ist also auch der *Ort des Wollens und → Begehrens.* Die Bibel macht keine Trennung zwischen Gefühl, Denken und Wollen. Sie gehören zusammen und bilden eine Einheit. In der Einheit aller drei Lebensäußerungen steht der Mensch auch vor Gott: Im Herzen vollziehen sich → Glaube und → Gehorsam gegen → Gott (vgl. Röm 10,9; 6,17). Somit ist das Herz auch *Sitz des geistlichen Lebens.* In dem → Gebot »Du sollst den Herrn, deinen Gott, lieben von ganzem Herzen« (5Mo 6,5; Mt 22,37) wird dies offenkundig. Hierher gehört auch die Klage Jesu über das »verstockte Herz« der Menschen, die auf Gott nicht hören wollen, die ihr Herz verschließen (Mk 3,5; vgl. auch Mt 13,15).

Das AT berichtet von David, daß ihm sein Herz schlug (1Sam 24,6), als er die Möglichkeit hatte, seinen Feind Saul umzubringen. Hier ist das Herz genannt als *Sitz des Gewissens* (vgl. Röm 2,15); → Gewissen.

Das Herz wird in der Bibel also im umfassenden Sinne verstanden als Träger des geistig-seelisch-geistlichen Lebens. Auf dieses Herz muß der Mensch achten. In den Sprüchen Salomos heißt es: »Mehr als alles bewache dein Herz, denn ihm entspringen die Quellen des Lebens« (Spr 4,23).

Ein Wesensmerkmal des Herzens ist es, daß man es nicht direkt beobachten kann. Doch diese Verborgenheit gilt nur für den Menschen, nicht für Gott: »Ein Mensch sieht, was vor Augen ist; der Herr aber sieht das Herz an« (1Sam 16,7). Gott prüft das menschliche Herz und durchschaut es bis ins Innerste (Spr 15,11; 24,11; Ps 44,22; Röm 8,27).

2. Das alte und das neue Herz

Am Begriff des Herzens zeigt die Bibel, daß der Mensch von Gott als verantwortliches Gegenüber geschaffen, aber durch den Sündenfall dem Bösen verfallen ist: »Abgründig ist das Herz über alle Maßen und heillos, wer kann es ergründen« (Jer 17,9). Jesus betont mit großem Ernst die Bosheit des Herzens: »Denn aus dem Herzen kommen arge Gedanken, Mord, → Ehebruch, → Unzucht, Dieberei, falsch Zeugnis, Lästerung« (Mt 15,19). Das menschliche Herz ist deshalb dringend erneuerungsbedürftig. Bereits im AT verkünden die → Propheten Jeremia und Hesekiel, daß Gott »ein neues Herz« anstelle des alten schenken werde (Jer 31,39; Hes 11,19; 36,26). Diese → Verheißung hat sich in Jesus erfüllt. Das ganze NT ist von der freudigen → Gewißheit durchdrungen: »Ist jemand in Christus, so ist er eine neue Kreatur, das Alte ist vergangen, siehe, Neues ist geworden« (2Kor 5,17). Im Herzen der Christen wohnt nun der → Geist Gottes (2Kor 1,22; Röm 5,5), der → Liebe, → Freude und → Frieden schenkt (Gal 5,22).

Die Innewohnung des Heiligen Geistes im menschlichen Herzen erfolgt durch den Glauben an den auferstandenen Herrn (Gal 3,2.5.14). Jesus hat in seinem irdischen Leben ein Vorbild dafür gegeben, wie das »neue Herz« beschaffen ist, das Gott dem Menschen schenkt. An der einzigen Stelle, wo im NT vom Herzen Jesu die Rede ist, heißt es: »Ich bin sanftmütig und von Herzen demütig« (Mt 11,29). Er preist die Herzensreinheit, die durch sein Erdenwirken erreichbar geworden ist (Mt 5,8). Freilich ist das neue Herz nicht das Ergebnis menschlicher Anstrengung, sondern Gabe Gottes, der dem Menschen das Herz auftut (Apg 16,14), sein → Wahrheit spendendes → Licht im Herzen aufleuchten läßt (2Kor 4,6) und seine Liebe durch den Heiligen Geist in das Herz ausgießt (Röm 5,5).

3. Das Herz Gottes

An einigen Stellen des AT ist vom *Herzen Gottes* die Rede. In seiner Beschaffenheit unterscheidet sich Gottes Herz radikal vom bösen Herzen des Menschen: Gottes Herzenspläne sind völlig zuverlässig (Ps 33,11), er bedrückt »nicht von Herzen die Menschen« (Kla 3,33), die menschliche Bosheit schmerzt ihn »bis in sein Herz hinein« (1Mo 6,6); zwar hat Israel Gottes endgültiges → Gericht verdient, aber an einer der ergreifendsten Stellen des AT sagt Gott: »Wie kann ich dich preisgeben, Ephraim? Umgedreht in mir hat sich mein Herz ... Nicht vollstrecke ich meinen glühenden → Zorn ... Denn Gott bin ich und nicht ein Mensch« (Hos 11,8f). Die bibl. Aussagen über Gottes Herz bringen in bewegender Weise Gottes unbegreifliche Menschenfreundlichkeit und Liebe zum Ausdruck. Mit Recht staunt Hiob über Gottes hohe Wertschätzung des Menschen: »Was ist der Mensch, daß du so groß ihn achtest, und gar dein Herz auf ihn setzt?« (Hi 7,17). Gottes Hochachtung des Menschen wird um so unbegreiflicher, wenn man die tiefe menschliche Herzensbosheit bedenkt. Hier stehen wir vor dem unauslotbaren Geheimnis von Gottes Liebe.

III. Der Begriff heute

Die bibl. Aussagen über das menschliche Herz und das Herz Gottes sind eine große Herausforderung für den heutigen Menschen. Denn aus ihnen ergeben sich eine Reihe wichtiger Folgerungen, welche im Widerspruch stehen zu vielen weitverbreiteten Auffassungen unserer Zeit.

1. Glauben und Denken, Herz und Kopf, gehören zusammen

In der deutschen Sprache versteht man unter Herz im übertragenen Sinn den *Sitz des Gefühlslebens.* Wir sehen dies sehr schön an Wörtern wie »Herzensangst«, »Herzenslust«, »herzergreifend«, »herzerquickend« u.a. Ein herzloser Mensch z.B. ist ein Mensch ohne Mitgefühl. Aber auch Wille und Charakter stehen im Deutschen in Beziehung zum Herzen (vgl. Ausdrücke wie »Herzenswunsch«, »Herzensgüte« u.a.).

Im Gegensatz zum biblischen Sprachgebrauch steht das *deutsche* Wort Herz aber in keinem Zusammenhang zum Erkennen. Dies trägt bei vielen Christen dazu bei, einen Gegensatz zu sehen zwischen der »Herzensfrömmigkeit« und der Verstandesarbeit. Man fürchtet, daß der Herzensglaube durch vernünftige Untersuchung der Glaubensgrundlagen in Gefahr gerät. Auf diese Weise gelangt man dann zu einer scharfen Trennung von Frömmigkeit und → Vernunft, → Glaube und Wissenschaft, »Herz« und »Kopf«. Eine solche Abwertung des Denkens steht freilich im krassen Gegensatz zur Bibel. Denn nach bibl. Verständnis umfaßt das Herz – wie wir gesehen haben – das *gesamte* seelische und geistige Leben. Das bibl. Wort »Herz« steht sogar oft in engem Zusammenhang zur Vernunfterkenntnis. Wir sollten von der Bibel lernen, daß Glaube und Denken, Hingabe an Gott und Betätigung der Vernunft, in keiner Weise Gegensätze darstellen, sondern ganz organisch zusammengehören.

2. Der Mensch ist mehr als ein höher entwickeltes Tier

Im bibl. Begriff »Herz« drückt sich die einzigartige Sonderstellung des Menschen im Kosmos aus: Er hat ein Herz, d.h. er ist als personhaftes Gegenüber zu Gott gekennzeichnet durch die Fähigkeit zum bewußten Denken, Wollen, Fühlen und Sprechen, durch das Wissen um gut und böse und durch die Berufung zum Glauben an den lebendigen Gott. All diese Wesensmerkmale des Menschen unterscheiden ihn scharf von der Tierwelt. Heute wird vielfach die grundlegende Besonderheit des Menschen in Frage gestellt. Es gilt deshalb ganz entschieden all jene Theorien zu verwerfen, nach denen der Mensch »nichts weiter« als ein höherentwickeltes Tier ist (→ Mensch).

3. Grösse und Elend des menschlichen Herzens

Die bibl. Aussagen über die Herzensbosheit des Menschen zeigen, daß die Hl. Schrift nicht nur um die Größe des Menschen weiß, sondern ebenso um die völlige Verdorbenheit seines Innern. Der Mensch wird in der Bibel illusionslos, nüchtern und realistisch gezeigt. Für sein Elend sind nicht ungerechte gesellschaftliche Verhältnisse in erster Linie verantwortlich, sondern die Abkehr seines Herzens von Gott.

Die Hl. Schrift bleibt aber nicht stehen bei der Diagnose der menschlichen Bosheit, sondern weiß um die für jeden Menschen vorhandene Therapie: durch → Glaube und → Buße wird eine tiefgreifende Erneuerung des Herzens geschenkt. Das christl. Menschenbild wendet sich deshalb gegen alle Ideologien, die einen guten Kern im Menschen behaupten und an seine völlige Veränderbarkeit ohne Gott glauben. Gleichzeitig müssen Christen durch Wort und Tat jedem Pessimismus eine Absage erteilen, der davon ausgeht, daß es keine wirkliche Beseitigung des menschlichen Egoismus gibt. An den Christen soll die Welt sehen, daß der heute so ersehnte und benötigte selbstlose Mensch der Liebe bereits da ist. Auch für den Christen endet allerdings der Kampf gegen den alten Menschen des Egoismus nicht: erst mit der → Wiederkunft Jesu Christi wird die Veränderung des Herzens zu seiner Vollendung kommen. Das neue Herz ist ein Teil der neuen Schöpfung. Aber schon jetzt darf er den Sieg des neuen Herzens über das alte erfahren. Das wollen alle Aussagen darüber, daß der Hl. Geist in das Herz gegeben wird, betonen (Röm 5,5; 1Kor 1,22; Gal 4,6).

4. Gott ist »lebendige« Person

Es ist alles andere als selbstverständlich, daß die Bibel den Begriff »Herz« auch in bezug auf Gott verwendet. Damit bezeugt sie eindrücklich, daß Gott eine *lebendige Person* ist, die denkt, fühlt und handelt, ja leidet. Gott ist nicht ein herzloses, unpersönliches Urprinzip, wie viele Philosophen gemeint haben, sondern ein liebevoller Schöpfer, der sich in großer → Fürsorge um seine Menschen kümmert. Gott ist auch nicht völlig unvorstellbar, wie viele Menschen meinen. Bei aller Unbegreiflichkeit und Andersartigkeit Gottes besteht doch auch eine Ähnlichkeit zwischen Gott und Mensch. Denn der Mensch ist Ebenbild seines Schöpfers (1Mo 1,27). Deshalb kann der kleine Mensch mit seinem Herzen ein wenig von dem großen und wunderbaren Herzen Gottes begreifen – in dem Maße, wie Gott es ihm schenkt (→ Gott). W. Neuer

Heucheln → Lüge/Heucheln

Himmel

I. Wortbedeutung

Leider können wir im Deutschen nicht die Unterscheidung treffen, wie sie z.B. englisch zwischen »sky« (dem sichtbaren Himmel) und »heaven« (der unsichtbaren Welt) möglich ist. Das Wort, das in der Bibel dafür steht, meint den von Erde und Meer verschiedenen Raum. Nach dem altorientalischen Weltbild wölbt sich der Himmel wie eine Glocke aus geschlagenem Erz über der Erde und hält die kosmischen Wasser zurück. Das hebräische Wort, das 420mal im AT vorkommt, wird immer in der Mehrzahl gebraucht *(schamajim)*. Ein anderes Wort für »Himmel«, das wir mit »Firmament«, »Feste« übersetzen, wird 17mal gezählt *(rakia)*. Das griech. Wort für »Himmel« *(ouranos)* findet sich im NT 272mal. Es steht meist in der Einzahl (Ausnahmen: Mt 6,9; Apg 7,55; Hebr 4,14).

II. Der Begriff in der Bibel

1. Der Aufenthaltsort Gottes

Als dem Seher Johannes (Offb 4,1 u. 2) eine Tür aufgetan war in den Himmel, sah er zuerst nur einen Thron, das Herz und die Mitte des Himmels. Im Himmel wird eindeutig regiert, geschieht ungebrochen der Wille des → Vaters in den Himmeln (»wie im Himmel, so auf Erden«) und wird Gott unaufhörlich gelobt (Offb 4,8). Als Stephanus vor seinem → Tod durch Steinigung voll Heiligen → Geistes aufsah gen Himmel, sah er die → Herrlichkeit Gottes und Jesus stehen zur Rechten Gottes. Auch in Dan 7,13 und Am 9,6 ist der Himmel die Wohnstätte Gottes: »Er ist es, der seinen Saal in den Himmel baut und seinen Palast über der Erde gründet.« Jesus sah auf zum Himmel (Mk 7,34), wenn er sich im → Gebet an seinen Vater wandte.

Der Himmel ist der Ausgangspunkt von Gottes Eingreifen in → Gericht und → Gnade. So wird Gottes → Zorn vom Himmel her offenbart über alles gottlose Wesen und Ungerechtigkeit der Menschen (Röm 1,18).

So fuhr der Herr (vom Himmel) hernieder, daß er sähe die Stadt und den Turm, die die Menschenkinder bauten (1Mo 11,5). Als Jesus nach Tod und Auferstehung zum Vater zurückkehrte (Joh 14,12: »Ich gehe zum Vater«), fuhr er »gen Himmel« (Apg 1,10). Im Gebet, bei der Einweihung des → Tempels (1Kö 8, ab 23), spricht Salomo unbefangen vom Himmel als Wohnstätte Gottes (Vers 30: »Wenn du es hörst in deiner Wohnung, im Himmel«). Zugleich weiß er davon, daß der Himmel Gott nicht zu fassen vermag (1Kö 8,27: »Siehe, der Himmel und aller Himmel Himmel können dich nicht fassen«).

2. Eine Schöpfung Gottes

Der Himmel gehört in den Bereich des Geschaffenen. Wie er einen Anfang hat, so hat er auch ein Ende. Nach Jes 66,17 will Gott einen neuen Himmel schaffen. Das Wortpaar »Himmel und Erde« steht im NT für die ganze → Schöpfung: »Himmel und Erde werden vergehen; aber meine Worte werden nicht vergehen« (Mt 24,35 vgl. Mt 5,18). Durch die ganze Bibel läuft der Protest gegen die uralte Erfahrung und Überzeugung der Astrologie, die davon ausgeht, daß die Konstellation der Gestirne einen Einfluß oder gar eine notwendige, unentziehbare Bestimmung auf das Schicksal des Menschen hätten. Auch jede Erhebung des Himmels oder von Himmelsteilen in den Rang des Göttlichen und Verehrenswerten wird dadurch abgewehrt, daß der Himmel unmißverständlich zum Geschöpflichen und Vergänglichen gehörend beschrieben wird.

3. Eine Umschreibung Gottes

Der Fromme hatte eine Scheu, den Namen Gottes auszusprechen, um ihn nicht zu mißbrauchen. So wird auch in der Bibel das Wort »Himmel« für Gott und Gottes Welt verwendet. So im Gleichnis vom verlorenen Sohn Lk 15,21: »Vater, ich habe gesündigt gegen den Himmel und vor dir.« Oder Jesu Frage im Streitgespräch mit den Hohenpriestern, Schriftgelehrten und Ältesten: »Die Taufe des Johannes – war sie vom Himmel oder von Menschen?« (Mk 11,30). »Himmel« ist hier Ersatzwort für Gott.

III. Der Begriff heute

1. Ist der Himmel oben?

In der Sprache der Bibel sind »oben« und »unten« nicht geometrische Ausdrücke, sondern Qualitätsbegriffe. Der Himmel kann nicht unten sein und die Hölle nicht oben. Es geht um eine »qualitative Raumwahrnehmung, die der Mensch unbedingt braucht«. Wenn wir von der Gegenwart Gottes oder Christi sprechen, wird der Himmel zum unräumlichen Ort dieser Gegenwart. So überbrückt der Beter alle Entfernungen und steht unmittelbar vor Gottes Angesicht.

Der Mathematikprofessor Rohrbach wurde einmal von einem Kollegen spöttisch gefragt, ob er ihm sagen könne, wann Christus im Himmel angekommen sei, gerechnet vom Tage seiner Himmelfahrt an. Rohrbach antwortete, daß Jesus jetzt erst beim nächsten Fixstern sein müsse, wenn er sich der Lichtgeschwindigkeit bedient habe; als Christ wisse er aber: der Herr war in einem Augenblick im Himmel, denn kurze Zeit nach der Himmelfahrt sah Stephanus den Herrn zur Rechten Gottes (Apg 7,55).

2. Ist der Himmel leer?

Der sowjetische Astronaut Gagarin stellte nach der Rückkehr von seinem Weltraumflug fest, daß es im Weltall keine Spur von Gott und Himmel entdeckt habe. Modernste Instrumente der Astronomie erbringen ebenfalls keine Gottesbegegnungen. Der leere Himmel ist eine Anfechtung für den modernen Menschen.

Nach der Anschauung der Bibel ist der Himmel nicht ausgeräumt, sondern angefüllt. Aber es ist die für uns unsichtbare Welt Gottes. Jesus spricht von Schätzen, die wir uns im Himmel sammeln sollen. Die → Jünger sollen sich freuen, daß ihre Namen im Himmel angeschrieben sind (Mt 6,20; Lk 10,20). Nach Phil 3,20 haben Christen ein Heimatrecht, ihre Staatsbürgerschaft, im Himmel. D. L. Moody in einer Predigt über den Himmel: »Der Himmel wäre ohne Christus kein Himmel. Wir wissen, daß er zur Rechten des Vaters ist und unsere Augen ihn einmal schauen werden.« Er erzählt von einem Kind, das vom Sterbebett seiner Muter zu Freunden weggebracht wurde. Aber es verlangte immer, seine Mutter zu sehen. Nach dem Begräbnis suchte es die Mutter im Haus. Erst als es sie nicht fand, wollte es wieder zu den Freunden zurück. Die Heimat war dem Kind gleichgültig geworden, weil die Mutter nicht mehr da war. So wird uns der Himmel nicht um der Perlentore, der goldenen Straßen, der Engelscharen so teuer sein, sondern weil Christus da ist.

3. Ist der Himmel wirklich?

Der Himmel könnte ein schöner Traum sein, der uns von der Traurigkeit des Lebens ablenken, eine Einbildung, die uns ein sinnloses Leben erträglich machen soll. In biblischer Sicht hat die unsichtbare Welt mehr Wirklichkeitsgehalt als die sichtbare. Nach 2Kor 4,18 charakterisiert es den Christen, auf das Unsichtbare zu sehen, nicht auf das Sichtbare. Der Himmel ist zunächst der »Ort«, zu dem für uns Menschen jeder Zutritt verwehrt ist. Gott wohnt in einem → Licht, da niemand zukommen kann (1Tim 6,16). Aber Christus hat die Himmel durchschritten und ist höher, als der Himmel ist (Hebr 4,14; 7,26). Dadurch wurde für den Gläubigen der Himmel zur Stätte uneingeschränkter → Gemeinschaft mit Gott. Der Apostel Johannes in seinem Brief (Kap. 3,2): »Wir werden ihn sehen, wie er ist.« Und Jesu Bitte im hohenpriesterlichen Gebet: »Vater, ich will, daß wo ich bin, auch die bei

mir seien, die du mir gegeben hast« (Joh 17,34).
→ Reich Gottes J. Leuthner

Himmelfahrt → Erhöhen/Erhöhung

Himmelreich → Reich Gottes

Hirt

I. Wortbedeutung

Im Griech. und Dt. ist das Wort »Hirt« aus dem Wort »Herde« entstanden, im Niederländischen gibt es sogar das Wort »Herder« für Hirt. Im Hebr. ist »beobachten« und sich »befassen« im Wort für »Hirt« enthalten. Im Griech. umschließt es das Hüter- und Beschützersein. So zeigt schon das Sprachliche: Ein Hirt ist nicht für sich selbst da. Er steht immer in Beziehung zur Herde und ist für sie da.

II. Der Begriff in der Bibel

1. Es ist bei einem Bildwort der Bibel – und »Hirt« ist ein Bildwort – immer gut, wenn man sich anschaulich vor Augen führt, welche Welt und Situation es beschreibt. Ein Hirt hat die Aufgabe, nach guten Weideplätzen zu suchen, um die Herde dorthin zu führen. Schutz vor wilden Tieren, Schutz bei Wind und Wetter, Zusammenhalt der Herde, Suche nach Verirrten, Pflege der Kranken – dafür ist er da. Dabei wird all dies nicht abgehen, ohne daß ihm Opfer abverlangt werden.

2. Wenn Hirt und Herde zusammengehören, dann ist es *Not und Gericht für die Herde*, ohne Hirten zu sein. Die Herde muß dann verschmachten und umkommen (Sach 11,17). Noch schlimmer ist es, wenn die Hirten Verderber der Herde werden (Jer 23,1). Statt zu sammeln, zerstreuen und verwirren Priester und Propheten die Gemeinde. Besonders deutlich wird diese Not in Hes 34. Hier verkehren die Hirten ihren Dienst in Selbstgenuß: »Die Hirten weiden sich selbst« (V. 2). Darum heißt die Anklage: »Das Schwache stärkt ihr nicht, das Verwundete verbindet ihr nicht, das Verlorene sucht ihr nicht. . .« (V. 4). So irrt die Herde, das Volk Gottes, herum, und niemand kümmert sich darum.

3. Bergung schenkt *Gott als der rechte Hirt* allein: »Ich will mich meiner Herde selbst annehmen und sie suchen und erretten« (V. 11f) sagt der Herr. Die Gemeinde des AT bekennt darum: »Der Herr ist mein Hirte . . ., er führet mich zum frischen Wasser . . .« (Ps 23). Aber Gott tut noch mehr: Er verheißt den einzigartigen Hirten, den Knecht Davids (Hes 34,23; → Sohn Davids), damit die Herde nicht an den treulosen menschlichen Hirten und an sich selbst zugrunde gehe, denn in der Herde regiert das ›Recht des Stärkeren‹ (V. 17–19) oder sie verläuft sich, wie es der Prophet bekennt: »Wir gingen alle in die Irre wie Schafe, ein jeder sah auf seinen Weg« (Jes 53,6).

4. *Jesus ist der gute Hirte.* Er sieht die Menschen mit dem Blick tiefen Erbarmens. Sie gleichen den verschmachteten Schafen (Mt 9,36).

Er sammelt, was verstreut und verloren ist, und bringt auch das einzelne Schaf auf seinen Achseln mit Freuden heim (Lk 15,5). Er bekehrt die Menschen zu sich, damit sie nicht länger irrenden Schafen gleichen (1Petr 2,25). Er bleibt für alle Zeit der gute Hirte, weil Gott ihn vom Tod zum Leben geführt hat (Hebr 13,20).

Er hat mit seinen Schafen innige Gemeinschaft (Joh 10): Er geht ihnen voraus, zeigt den Weg (V. 4). Er schützt vor Dieben und Räubern (V. 8.9). Er gibt Leben und volles Genüge (V. 10), und er kennt seine Schafe und ist den Seinen bekannt (V. 14).

Er gibt sein Leben für die Schafe (V. 15). Er stirbt aus Liebe für sie stellvertretend. Er verbindet die, die zu ihm gehören aus aller Welt (V. 16), auf Ewigkeit mit sich und untereinander, und niemand kann sie aus seiner Hand reißen (V. 28). So darf Johannes in der Offenbarung den guten Hirten als das → Lamm Gottes schauen, das die Seinen in der ewigen Vollendung zu den frischen Wassern leiten wird (Offb 7,17).

5. Dieser gute Hirte beruft Menschen zum *Hirtendienst* (→ Dienst/Amt). Nicht eigene Qualität, sondern Erneuerung und Vergebung macht sie dazu fähig. So darf ein ›verirrtes Schaf‹ wie Petrus den Ruf Jesu hören: »Weide meine Schafe« (Joh 21,15ff). Petrus weiß, daß der Oberhirte allein maßgeblich für Hirt und Herde ist (1Petr 5,2f).

6. Obwohl Gott mit den Hirten seiner Gemeinde schlechte Erfahrungen gemacht hat und deshalb in Jesus selbst dieses Amt übernommen hat, hat Jesus in seiner Gemeinde »etliche zu Hirten . . . gesetzt«. Aber jeder »Pastor« (lat. »Hirte«) ist immer nur »Unter-Hirte« und hat von Jesus zu lernen (→ Dienst/Amt).

III. Der Begriff heute

1. Das Bild des Hirten ist uns heute entweder fern gerückt oder mit sehr gemächlicher Vorstellung verbunden. Wir kennen die Gefahren und Kraftproben für einen Hirten damals im Heiligen Land nicht mehr. Zum Hirten gehört die Herde. Auch hier stocken wir: Gemeinde als Herde? Etwa ein Haufe mit »Herdentrieb«? Oder gar eine »Hammelherde«?

Unsere eigenen Vorstellungen helfen nicht, um die große Bedeutung des Wortes vom Hirten und seiner Herde zu erfassen. Darum halten wir die Wesenszüge fest, die uns die Bibel mit diesem Bildwort verkündigt.

2. Sich zu Jesus, dem guten Hirten, bekennen heißt dem Herrn gehören, der uns vorangeht, der uns mit Namen kennt, bei dem unser ganzes Leben in Zeit und Ewigkeit geborgen ist. Das ist verbürgt durch seinen Tod und seine Auferstehung. Und »die Schafe seiner Weide« (Ps 100,3) sind nicht »Schafe« im Sinn unserer sehr dummen Redeweise, sondern sind je ganz persönlich geliebtes Eigentum Jesu und immer zugleich Teil der Herde, d.h. zur Gemeinschaft berufen. Luther sagt: »Denn es weiß, Gott Lob, ein Kind von sieben Jahren, was die Kirche sei, nämlich die heiligen Gläubigen und die Schäflein, die ihres Hirten Stimme hören.« Zu diesem Hirten gehört man nicht durch einfaches Mitlaufen mit der Herde. Diesem Hirten, der uns angenommen hat, geben wir das persönliche Ja im → Gebet der Übergabe. Dadurch gehören wir nur dem guten Hirten und werden bewahrt vor den vielen, die sich heute als religiöse Hirten und Wegweiser anbieten.

3. Das Wort vom Hirten sagt uns aber auch, zu welchem *Dienst* Christen berufen werden: »Weidet die Herde Christi« (1Petr 5,2), das kann die Familie, eine Jugendgruppe, ein Kreis von Alten u.a. sein. Das gilt auch für den Pastor der Ortsgemeinde (»Pastor« ist das lat. Wort für Hirte).

4. Aber wer *kann* Hirte sein? Pastor Traugott Hahn (sen.), der baltische Pfarrer (gest. 1939), erschrak als Anfänger in seiner Gemeinde vor dieser Aufgabe. Dann erkannte er: »Nicht das Lebensalter macht fähig, sondern die Liebe zum Menschen. Sie bekommt man nur, wenn man seine eigene Sünde gründlich kennenlernt und die Befreiung von ihr sucht und findet.« Einmal fuhr er ein verkommenes Mädchen hart an, um es zurechtzubringen, »da hörte ich mit einem Mal eine Stimme so deutlich, als spräche ein Mensch neben mir: Bin ich so mit den Sündern umgegangen?« Da erschrak Hahn über die Gottlosigkeit solcher Seelsorge. Er bekannte diesem Mädchen sein Unrecht und bezeugte ihr Jesus als den guten Hirten, der seinem verlorenen Schaf nachgeht.

Jesus stellt in Joh 10 dem guten Hirten den Mietling gegenüber, der für eigenen Gewinn arbeitet und bei Gefahr davonläuft. Solch ein Mietling wollte Traugott Hahn (jun.) nicht werden trotz Bedrohung durch die Bolschewiken. Er blieb als Hirte bei seiner Gemeinde und starb 1919 den Märtyrertod und pries Gott mit seinem Tode (vgl. Joh 21,19). Aller Hirtendienst richtet sich nach Jesus aus. So sagt Petrus: Werdet Vorbilder der Herde, so werdet ihr, wenn erscheinen wird der Erzhirte, die unverwelkliche Krone der Ehren empfangen (1Petr 5,3f).

K. Brandt

Hochmut

I. Wortbedeutung

Im Deutschen hat das Wort eine Bedeutungs*verschlechterung* erfahren. Im Mittelalter bedeutete es noch: »Hoher Mut«, »gehobene Stimmung«, »Freude«. Doch bereits in der Zeit Luthers stand es für »Überheblichkeit«. Diesen negativen Sinn hat auch das entspr. bibl. Wort: Überheblichkeit gegenüber den Mitmenschen und vor allem gegenüber Gott.

II. Der Begriff in der Bibel

1. Hinter dem Hochmut der Menschen deutet die Bibel den Riesenschatten des *Feindes*, seinen Stolz und Sturz an. Obschon auch er nur ein Geschöpf Gottes ist, will er Gott neben Gott, Gott gegen Gott sein (Offb 12,3ff; Jud 6; Joh 8,44; vgl. Jes 14,12–15; → Satan/Teufel).

2. Der → *Mensch* ließ und läßt sich von diesem satanischen Stolz infizieren und sich vom Feind Gottes und der Menschen in dessen Stolz und Sturz hineinreißen: »... sein wie Gott« (1Mo 3,5).

3. Diese Anmaßung gegen Gott ist immer der Hochmut, der vor dem *Fall* kommt (Spr 16,18). Das zieht sich als eine dunkle Linie durch die Bibel und die Weltgeschichte; das erfährt der Mensch, der auf seine Macht (2Mo 5,2; 14,27–31) und auf seine Leistung stolz ist (Dan 4,27) und der stolz Gottes Gebote zerbricht (Jer 2,17).

4. Satanischer Stolz und Sturz kennzeichnen wie keinen anderen Menschen den letzten, größten, gewaltigsten Weltherrscher, den → *Antichrist*; er vor allem will »sein wie Gott« (2Thes 2,1–12; Offb 13; 16,10; 19,20).

5. Unser Herr → *Jesus Christus*, der menschgewordene ewige Gottessohn, der neue »Adam«, die »Neuauflage« Mensch (Röm 5,15ff), ist einen ganz anderen Weg gegangen als der Mensch der Sünde: Er stieg hinab bis zum entehrenden Tod am → Kreuz, Stufe um Stufe (Phil 2,6–8). Er war »von Herzen demütig« (Mt 11,29; → Demut). Darum hat ihn auch Gott über alles »erhöht« (Phil 2,9–11; → Erhöhen/Erhöhung).

6. Jesus ruft die Seinen auch im Blick auf seine → Demut in seine → *Nachfolge*. Demut ist Diene-Mut. »Wer der erste unter euch sein

will, sei Knecht«, so wie unser Herr »nicht gekommen ist, um sich bedienen zu lassen, sondern zu dienen« (Mt 20,26–28). »Ein jeglicher sei gesinnt wie Jesus Christus auch war . . .« (Phil 2,5).

7. Das ganze Ringen zwischen → Licht und → Finsternis, zwischen Gott und Satan, um den Menschen, geht um die Frage, ob der Mensch *hochmütig oder demütig* ist. Hier fallen die Entscheidungen: »Gott widersteht den Hoffärtigen, aber den Demütigen gibt er Gnade« (1Petr 5,5). Der Stolze bäumt sich eigenmächtig auf und endet im Sturz. Der Demütige geht den umgekehrten Weg, macht sich selber niedrig und »jedermann zum Knecht« (1Kor 9,19) und wird danach von Gott erhöht (Lk 14,11). Das ist der Weg des Christus und der Christen.

III. Der Begriff heute

Der → Antichrist mit seinem Geist der Hybris, des Größenwahns, wird die Spitze einer Pyramide sein mit breitem Unterbau. In *vielen* wird dieser Geist sein, erdumspannend (Offb 3,10). Und eben davon ist in der Welt heute etwas zu spüren:

1. Es ist gotteslästerlicher Hochmut des Menschen zu meinen, er sei das *einzige geistige* Wesen; es sei kein Gott. Die damit im Zusammenhang stehende Behauptung ist unsinnig, die Natur sei von selbst entstanden; dazu ist sie viel zu sinnvoll.

2. Es ist gotteslästerlicher Stolz zu meinen, der Mensch könne und müsse »die *Schöpfung vollenden*«. Gerade wo er in solcher Selbstherrlichkeit und mit Eigensucht in die Natur hineingreift, richtet er unübersehbare Zerstörungen an.

3. Es ist gotteslästerliche Anmaßung zu erklären, der Mensch habe »lange genug auf einen Gott gewartet«, daß er die *Weltgeschichte* zum Ziel führe und »alles neu« mache; jetzt tue es der Mensch. Alle marxistischen und anderen Programme und Ideologien dieser Art wirken sich letztlich immer wieder nicht für, sondern gegen den Menschen aus.

4. Es ist gotteslästerliche Überheblichkeit, Hochmut, der vor dem Fall kommt, wenn der Mensch meint, er könne selbst festlegen, was → *gut* und → *böse* ist und solle sich »selbst seine Tafeln hauen«. Weltweit will heute der Mensch die hilfreichen, heiligen und heilsamen »Leitplanken« Gottes in seinen → Geboten nicht nur dann und wann übertreten, sondern abbrechen, abschaffen und damit Gott »abschaffen«. Überall regt sich der Geist der »Gesetzlosigkeit«, von dem in 2Thes 2,3 und Mt 24,12 die Rede ist (so dort wörtlich).

5. Es ist auch menschliche Hybris, wenn der Mensch sich zum Richter über das Wort der *Schrift* erheben und selbst entscheiden will, was gelten soll und was nicht.

Demgegenüber gilt es heute, auch gegen → Anfechtung und Anfeindung in Klarheit, Einfalt und Eindeutigkeit in der Nachfolge unseres Herrn zu bleiben, im Glaubensgehorsam, in der bewußten Abhängigkeit von Gott, in der Demut. So wird Gott uns erhöhen zu seiner Zeit (1Petr 5,5.6).

F. Grünzweig

Hölle → Totenreich/Hölle

Hoffnung

I. Wortbedeutung

Hoffnung ist nach dem Zeugnis der Bibel nicht eine unsichere, unbestimmte Zukunftserwartung (»Hoffen und Harren hält manchen zum Narren«). Sie ist vielmehr in der ganzen Hl. Schrift der Ausdruck größter Gewißheit: »Hoffnung läßt nicht zuschanden werden« (Röm 5,5). Der Begriff kommt im AT fast 150mal vor. Besonders durch die Psalmen geprägt, ist der Gegenstand der Hoffnung vor allem Gott. Darum gibt es neben der Hoffnung auf das Gute nicht etwa auch Hoffnung auf Böses. Der Hoffende erwartet im Vertrauen und → Glauben Gottes gute Gaben und in besonderer Weise das → Heil.

Ähnlich ist es auch im NT. Weil von Gott das Heil kommt, wird von den Gottlosen gesagt, daß sie keine Hoffnung haben (1Thes 4,13).

Das deutsche Wort (mittelniederdeutsch »hopen«) ist wahrscheinlich mit »hüpfen« verwandt. Es bedeutet dann »(vor Erwartung) zappeln, aufgeregt umherhüpfen«.

II. Der Begriff in der Bibel

A. IM ALTEN TESTAMENT

Die Grundlage allen Glaubens und Lebens in Israel ist Gottes → Bund mit seinem Volk. An diesen Bund hat er seine → Verheißungen geknüpft. Durch das Bundesverhältnis unterscheidet sich Israel deutlich von heidnischen Gottesvorstellungen. Für diese ist die Gottheit eine Naturmacht oder ein dämonisches Wesen. Israel aber bekennt sich zu einem persönlichen Gott. An ihn weiß es sich gebunden. Israels Hoffnung gründet sich darum auf Gottes Verheißungen. Gottes Volk glaubt gewiß, daß Gott seine Versprechen hält. Das ist der Grund dafür, daß der Begriff »Hoffnung« in der Bibel mit solch großer Gewißheit und Zuversicht verbunden ist.

Man hofft neben den äußeren Lebensgütern auf das gelobte Land, auf Gottes Kommen in Herrlichkeit, auf die Umkehr Israels und der Völker, auf einen neuen Bund, auf die Rückkehr aus babylonischer Gefangenschaft, auf ewigen Frieden unter den Völkern, auf Frieden zwischen Mensch und Tier, auf den verheißenen Messias (→ Heil/Frieden). In alledem wird Gott als ein Gott der Geschichte erkannt. Er beherrscht nicht nur Vergangenheit und Gegenwart, sondern auch die Zukunft. Ihm ist darum auch die Aufhebung der Weltgeschichte und die zukünftige → Auferstehung der Toten in die Hand gegeben (Dan 7; 12,1–3). Israel hofft auf Gott, weil es an die Macht Gottes glaubt. Ohne diesen Glauben gibt es keine Hoffnung.

B. IM NEUEN TESTAMENT

Die ntl. Hoffnung steht der aus dem AT einerseits sehr nahe. Der Grund aller Hoffnung ist auch hier Gott selbst. In Jesus Christus aber sind die Verheißungen des AT erfüllt. In ihm ist das Reich Gottes ja herbeigekommen (Mk 1,15). Damit ist die entscheidende Hoffnung Israels an ihr Ziel gelangt. Jesus ist der im AT verheißene Messias. Dadurch bekommt die Hoffnung des neuen Gottesvolkes im NT neue Inhalte und Gesichtspunkte. Die Ankündigung des Gottesreiches ist mit dem Ruf zur Umkehr verknüpft: »Tut → Buße (d.h. kehrt um!), denn das Himmelreich ist nahe herbeigekommen.« Durch die vom Heiligen Geist bewirkte Umkehr sind wir zu einer *lebendigen* Hoffnung wiedergeboren (1Petr 3,1). Es ist die Hoffnung, die durch die Auferstehung Jesu Christi von den Toten begründet ist. Die Auferstehung nimmt in der ntl. Hoffnung darum einen besonderen Platz ein.

Was aber ist Ziel und Inhalt dieser durch Christus und seine Auferstehung begründeten Hoffnung? Es ist die Vollendung der Welt durch Gott und das ewige → Leben, zu dem die auferstehen werden, die in Christus gestorben sind.

Die Offenbarung läßt uns einen Blick tun in diese neue Welt Gottes: »Und ich sah einen neuen Himmel und eine neue Erde . . .« bekennt Johannes (Offb 21,1ff). Nach ntl. Zeugnis geht der Vollendung das → Gericht voraus (Offb 20,11–15). Zu dem Gericht werden alle Menschen, Christen und Nichtchristen, auferstehen. Eine erste Auferstehung betrifft die Christen, die sich in der »großen Trübsal« dem Antichristus (Offb 13) nicht gebeugt haben. Sie werden im sog. → Tausendjährigen Reich (Offb 20,5) mit Christus regieren. Danach folgt das Endgericht.

Die Vollendung wird in der Offenbarung mit dem Bild vom himmlischen → Jerusalem umschrieben. Die Trennung von Gott und Mensch ist aufgehoben. Gott ist endlich alles in allem (1Kor 15,28). Wenn Gott alles in allen sein wird, dann ist deutlich, daß die gesamte → Schöpfung befreit und verwandelt werden soll. Paulus sagt, daß die Kreatur ängstlich harrend auf die Offenbarung der Kinder Gottes wartet. Es geht ein Sehnen und Hoffen durch die ganze Schöpfung (Röm 8,19–22). »Christliche Hoffnung hofft für die Welt, für das ganze Schöpfungsuniversum« (Paul Schütz).

Die ersehnte Vollendung bahnt sich an in der → Wiederkunft Jesu Christi. Darum ist auf die Wiederkunft (Parusie) Jesu von der → Gemeinde schon immer mit besonderer Hoffnung geschaut worden. In der ersten Christenheit grüßte man sich mit dem Wort: »Maran atha«, d.h. »Unser Herr kommt«. Und das große Buch der Hoffnung, die Offenbarung, schließt mit dem sehnsuchtsvollen Ruf: »Ja, komm, Herr Jesu!«

III. Der Begriff heute

1. Wenige Monate nach dem gewaltsamen Einmarsch sowjetischer Truppen fand in Prag (1968) ein volkstümliches Konzert statt. Nach mehreren Darbietungen sang eine Sängerin in deutsch und tschechisch: »Morgen, morgen lacht uns wieder das Glück«. Eine Explosion der Begeisterung erfaßte die Menge. Man stand auf, stieg auf die Sitze, klatschte, sang mit. Es war, als wäre ein Funke in ein Pulverfaß gefallen, ein Hoffnungsfunke. Er riß die Menschen hin mit elementarer Gewalt. All unser Sinnen und Trachten ist auf ein besseres Morgen ausgerichtet. Hoffnung ist die Kraft des Lebens. Ohne Hoffnung kann man nicht sein. »Morgen lacht uns wieder das Glück!« Lacht es uns wirklich?

Wir haben begonnen, das »Morgen«, die Zukunft, zu erforschen (Futurologie). Diese Forschungen entwerfen ein finsteres Bild: Überbevölkerung, Welthungersnot, unerträgliche Umweltverschmutzung, biologische Schäden menschlicher Erbmasse. All das sei zu erwarten, wenn wir so unvernünftig weitermachen wie bisher. Das Problem liegt nicht in der Technik, Wirtschaft, Planung etc. Übereinstimmend ist man der Meinung, daß das Problem im Menschen selber liege. Darum kann – menschlich gesprochen – die Lösung der Probleme nur in unserer Wandlung liegen (→ Mensch).

2. Nach dem Zeugnis der Bibel muß sich der vernunftlose, eigensüchtige Mensch wandeln in einen Menschen, der Gott von ganzem Herzen liebt und darum auch seinen → Nächsten wie sich selbst. So würden wir endlich verantwortlich leben und handeln. Es ist im NT allerdings nicht verheißen, daß durch die

Liebe die Welt allmählich verbessert würde. Christliche Nächstenliebe erneuert nicht die vergehende Welt, sondern ist Zeichen einer neuen Welt. Auf diese neue Welt ist die Hoffnung der Christen gerichtet.

Neben den schlechten Zukunftsaussichten, die uns von Futurologen gemacht werden, gibt es allerdings auch sehr optimistische Gedanken, z.B. von Ernst Bloch. Er schließt sein großes Werk »Prinzip Hoffnung« mit den Worten: »Die Wurzel der Geschichte (aber) ist der arbeitende, schaffende . . . Mensch. Hat er sich erfaßt, . . . so entsteht in der Welt etwas, das allen in die Kindheit scheint und worin noch niemand war: Heimat!« Nach Bloch schaffen wir uns also unsere Heimat, unser Paradies, selbst. Das ist »natürliche« Hoffnung, die sich allein auf den Menschen stützt. Von dieser natürlichen, allen Menschen mitgegebenen Hoffnung aber spricht die Bibel nicht. Sie sagt nicht einfach, wir seien zur Hoffnung geboren. Sie sagt von den Auserwählten, sie seien zu einer *lebendigen* Hoffnung *wieder*geboren (1Petr 1,3).

Wenn es lebendige Hoffnung gibt, dann gibt es offensichtlich auch tote Hoffnung. Es ist die Hoffnung des »alten Menschen«. → Wiedergeburt zur lebendigen Hoffnung aber setzt sein Sterben voraus. Von diesem Sterben ist auch seine Hoffnung betroffen. Die lebendige Hoffnung gewinnt ihre Zuversicht nicht durch den Glauben an den Menschen, sondern aus dem Glauben an Jesus Christus.

3. Was in den menschlichen Utopien nicht gesehen wird, ist dieses: Die Hoffnung erfüllt sich nicht durch fortschrittliche Werke der Menschen, sondern durch die eingreifende Tat Gottes. Es ist ja nicht nur Hoffnung in der Welt, sondern auch Angst, Todesangst. Der → Tod macht einen Strich durch alle kühnen menschlichen Rechnungen. Christlicher Glaube weiß, daß unser aller Tod durch Jesus Christus am → Kreuz gestorben ist. Wer sich Christus im Glauben ausliefert, hat seinen Tod bereits hinter sich: »Jesus lebt, nun ist der Tod mir der Eingang in das Leben.« Eine Hoffnung, die am Kreuz Jesu vorübergeht, wird zur leeren Utopie. Mit dem Menschen, der biologisch einmal ausstirbt, stirbt auch seine Hoffnung aus. Am Kreuz aber ist der Tod besiegt. Auferstehungskraft war da plötzlich am Werk, zersprengte das Grab, holte den Gekreuzigten lebend hervor. Auferstehungskraft wird denen zuteil, die sich ihm verschreiben, ihm glauben und vertrauen. Sie wissen, daß sie nicht im Tod bleiben und daß Jesus Christus wiederkommt.

Jesus hat Zeichen genannt, die seiner → Wiederkunft vorausgehen (vgl. Mt 24). Auf die Zeichen gilt es zu achten. Dabei soll uns nicht apokalyptische Sensationslust leiten, sondern die Wachsamkeit des Glaubens, der Gottes Wort im Auge hat und gleichzeitig die Welt im Blick.

Wer lebendige Hoffnung hat, darf sein Leben auf ein schönes, großes Ziel ausgerichtet wissen. Das bloß Vergängliche verliert damit vieles von seiner letzten Aufdringlichkeit. Wenn alles Irdische vorläufig ist, kann man auch im Alltag um dieser Dinge willen nicht mehr so ganz fanatisch, verbohrt und versessen sein. Man erlebt als Hoffender etwas von der Freiheit, jenes »Haben als hätte man nicht« (1Kor 7). Man kann gelassen sein in allem, was über einen kommt. Auch schwere, dunkle Stunden sind dann lediglich Schritte auf einem Weg, der in das Licht führt. Ist die Zukunft erfreulich, kann ich mich jetzt schon, in meiner Gegenwart, der Zukunft freuen. Ist das Morgen aber dunkel, wirft es seine Schatten schon auf das Heute.

Hoffnungslosigkeit hat im endgültigen Sinne nichts, was sich ruhig und erwartungsfroh ins Auge fassen läßt. Sie äußert sich darum bisweilen in einer seltsamen Gier nach Vergänglichem, weil dieses als das Höchste im Leben angesehen werden muß. Das hat Auswirkungen auf den Alltag. Da fehlt oft die Gelassenheit, die Heiterkeit, der Abstand. Kleine Dinge bekommen leicht einen unverhältnismäßig hohen Rang (die Beule am Kotflügel verbeult die Seele gleich mit). Hoffende Menschen verachten nicht das Irdische, aber sie haben eine Distanz dazu, weil sie auf den Ewigen schauen. Der aber kommt auf uns zu.

Ohne die lebendige Hoffnung verliert die Christenheit ihre Kraft, → Freude und Weite. In ihre Hoffnung ist ja das ganze Schöpfungsuniversum eingeschlossen. Christen müssen die biblische Hoffnung neu entdekken. Sie trägt die Kraft der Erneuerung in sich, der Verwandlung, der Umgestaltung zu neuem, vollmächtigem Glauben und Handeln.

K. Eickhoff

Hoherpriester → Priester/Hoherpriester

Hurerei → Unzucht/Hurerei

I

Ich

I. Wortbedeutung

Das persönliche Fürwort »ich« wird in den bibl. Sprachen nur dort verwendet, wo eine Aussage besonders betont wird. Diese besondere Betonung ist in den Bibelübersetzungen nur an wenigen Stellen zu erkennen, z.B. Jes 43,11: »Ich, ich bin der Herr, außer mir gibt es keinen Retter!«

II. Der Begriff in der Bibel

In Sätzen mit »ich« stellt sich ein Mensch oder auch Gott selbst vor. Dabei wird der → Name oder eine besondere Eigenschaft, Aufgabe oder Absicht bekanntgegeben.

1. Im Alten Orient gab es den Glauben an vielerlei Götter. So ist die *Selbstvorstellung des biblischen Gottes* von besonderer Bedeutung: »Ich bin der Herr, dein Gott, der ich dich aus Ägypten, aus dem Hause der Knechtschaft, geführt habe, du sollst keine anderen Götter neben mir haben ...« (2Mo 20; 5Mo 5). Diese Rettungstat Gottes setzt den Anfang der Geschichte → Israels (vgl. Hos 11,1) und ist die Grundlage für den → Bund und die → Gebote und alles weitere Handeln Gottes an seinem Volk.

Bei seiner Berufung erhielt Mose den Auftrag, die Israeliten aus Ägypten zu führen. Er fragt: »Auf wen kann ich mich berufen?« Gott antwortet ihm: *»Ich bin, der ich bin.«* Das hebräische Wort, das hinter diesem »Ich bin« steht, bedeutet »wirksam sein«. Der Gottesname *»Jahwe«* bedeutet also: *»der, der wirksam ist*; der für sein Volk da ist« (2Mo 3,14).

Gott stellt sich immer wieder vor als Richter und Retter: *»Ich kann* töten und lebendig machen« (5Mo 32,39). *»Ich bin* der Herr, dein Arzt« (2Mo 15,26). Er beschwört die Gewißheit des kommenden → Gerichts: »So wahr *ich lebe* ...« (z.B. Hes 14,16.18.20). Gott ist aber auch der einzige, der helfen und retten kann – nicht irgendwelche Menschen oder Götter: »Ich habe dich erlöst ... Ich bin der Herr (= Jahwe), dein Gott, der Heilige ... Ich habe Israel geschaffen ... Ich wirke, wer will es verhindern? ... Ich, ich bin der Herr, außer mir ist kein Retter!« (Jes 43); → Gott.

2. *Im NT weist uns Gott auf Jesus:* »Das ist mein lieber Sohn, auf *ihn* sollt ihr hören.« In den Antithesen (= Gegenüberstellungen) der → Bergpredigt stellt Jesus seine Autorität über die des Mose: »Ihr habt gehört – ich aber sage euch ...« (Mt 5,21–48). Jesus sagt, wozu er gekommen ist (Mk 2,17; Lk 12,49 u.a.), und er ruft die Menschen, zu *ihm* zu kommen: »Kommt her zu mir ... *ich* will euch erquikken« (Mt 11,28).

Bei seinem Prozeß wird Jesus gefragt: »Bist du Gottes Sohn?« Und er antwortet im Stil der atl. Selbstvorstellung Gottes (s.o.): *»Ich bin* (es)!« – Daraufhin wird er gekreuzigt.

Der Auferstandene gibt sich seinen → Jüngern zu erkennen: *»Ich selbst bin es«*; und seinem Verfolger Saulus erscheint er mit den Worten: »Ich bin Jesus, den du verfolgst«, und er beruft ihn in seinen → Dienst.

Die *»Ich bin«-Worte im Joh.-Evangelium* (Joh 6,35; 8,12; 10,7.12; 11,25; 14,6; 15,1) haben eine zweifache Bedeutung:

a) Sie sagen, *wer* Jesus ist: Er ist das Brot des Lebens, der Herr, der sich den Seinen gibt (→ Herrenmahl), er ist das → Licht der Welt, durch ihn wird alles hell; er ist die → Auferstehung und das → Leben.

b) Sie sagen, daß *nur* Jesus es ist: *»Ich* bin ...!« Nur Jesus ist und gibt Auferstehung und Leben; nur er ist der Gute → Hirte, der mit den Seinen aufs engste verbunden ist, nur er ist die Tür und der Weg zum → Heil.

In der *Offenbarung* des Johannes stellen sich Gott und Christus mit Worten aus dem AT, bes. Jes 40ff (s.o.) vor: »Ich bin das A und das O, Anfang und Ende ...«

3. Auch *Menschen* stellen sich vor oder machen Aussagen über sich selbst: »Ich bin ein Fremder« (1Mo 23,4). Johannes der Täufer betont den Unterschied zu Jesus: »Ich taufe euch mit Wasser, der nach mir kommt ist bedeutender als ich« (Mt 3,11). In der Begegnung mit Gottes → Heiligkeit erkennt der Mensch seine Sünde: »Wehe mir, ich vergehe, denn ich habe den Herrn gesehen!« (Jes 6,5; vgl. Lk 5,9f). Aber in der Demütigung vor Gott und im Vertrauen auf Christus gewinnt das Ich des Menschen *einen neuen Wert und ein neues Wesen:* »Ich lebe, doch nun nicht ich, sondern Christus lebt in mir ...« (Gal 2,20).

Erst von diesem neugeschenkten Leben her kann ein Mensch die ganze Tiefe seiner (früheren) Verlorenheit erkennen und eingestehen. Paulus kann fragen: »Wer wird mich erlösen von dem Leib dieses Todes?« weil er die Antwort kennt: »Ich danke Gott durch Jesus Christus!« (Röm 7,24f). – Dies zu beachten ist auch für die Seelsorge wichtig.

III. Der Begriff heute

1. Gott gibt sich zu erkennen

Wir leben heute wieder in einer Welt mit vielen religiösen Strömungen und Weltanschauungen. »Worauf du dein Herz hängst, das ist dein Gott« (Luther). So ist es von großer Bedeutung, daß und wie sich Gott zu erkennen gibt. Er ist der, der in der Geschichte der Menschen immer gewirkt hat und wirkt. Gott erhält und trägt die Welt, und er kommt zu Gericht und Heil.

Die Missionsreden in der Apg beginnen immer wieder mit dem Hinweis auf das, was Gott getan hat. Gegenüber den vielfältigen Gottesvorstellungen müssen auch wir heute darauf hinweisen, was Gott getan hat, zuerst an seinem Volk und dann durch seinen Sohn für die ganze Welt.

2. In Jesus hat sich Gott ganz offenbart (Joh 1,14)

Er ist der einzige Weg zu Gott und zum Heil (»Ich bin der Weg«). Die Selbstaussagen Jesu können auch Maßstab für die Ansprüche von Religionsstiftern und Sektenführern sein. Wer von ihnen könnte mit Recht behaupten: »Ich bin der gute Hirte, ich gebe mein Leben für die, die zu mir gehören« (vgl. Joh 10,11)?

3. Der Name Gottes

Um den Gottesnamen nicht zu mißbrauchen, wurde bereits von den Juden statt »*Jahwe*« »der Herr« gelesen. Dieses »Herr« ist in vielen Bibelübersetzungen im Druckbild hervorgehoben und z.B. »HErr« oder »HERR« geschrieben (→ Herr; → Gott). Der Name »Jehova« in Kirchenliedern, Bibelübersetzungen und bei den »Zeugen Jehovas« ist eine irrtümliche Verbindung der Mitlaute von *Jahwe* mit den Selbstlauten von *edonaj* (= Herr), die ineinander gelesen wurden.

4. Das Ich des Menschen

Die Rolle des einzelnen ist heute nicht mehr durch Geschlecht, Alter, Beruf usw. festgelegt. Deshalb werden die Fragen nach Ichfindung, Selbstannahme und Selbstverwirklichung zunehmend wichtig. Dazu ist zweierlei zu sagen:

a) Das Ich des Menschen steht in Beziehung zu anderen Menschen, zur Welt der Dinge (Umwelt, Arbeit) und zu sich selbst. Diese Bereiche sind wichtig dafür, wie ich mich selbst erlebe, dafür, wie »ich bin«. Über allem aber steht, daß der Mensch *zur Beziehung mit Gott geschaffen ist* (»nach seinem Bild«, 1Mo 1,27). Erst in der Begegnung mit Gott finde ich den richtigen Wert und Sinn für mein Leben. So wie das Kind zu einer gesunden Entwicklung die Beziehung zu seinen Eltern braucht, so braucht der Mensch und die ganze Menschheit die Beziehung zu Gott, um nicht in Verlassenheitsangst oder Ich-Sucht zu verfallen. Auch hier gilt: »Siehe, ich mache alles neu!« (Offb 21,5).

b) Gott will die Selbstfindung des einzelnen. Er hat jeden als Original geschaffen (Ps 139,14f) – deshalb darf ich mich entfalten. Er hat jeden in Jesus Christus angenommen – deshalb darf ich mich selbst → annehmen. Ob sich diese Selbstfindung unter der Treue, Vergebung und Weisung Gottes oder in egoistischer, Gott und dem Nächsten abgewandter Weise vollzieht, ist freilich ein großer Unterschied. Aber Gottes Ich will das menschliche Ich nicht unterdrücken oder gar auflösen, sondern reinigen und befreien zu einem neuen Leben. Dieses darf und soll aber gelebt werden in der Originalität und Freiheit eines jeden einzelnen. Das wird bei der Auslegung des Wortes Mt 16,24 von der Selbstverleugnung oft nicht ausreichend beachtet.

Zu bedenken ist dabei, daß sich bei aller Selbstentfaltung des Menschen auch seine Fehler und Schwächen mit entfalten – allzu oft auf Kosten des anderen. Wir bleiben deshalb angewiesen auf Gott, der sich uns nicht versagt, wo wir versagen, der uns annimmt, wo wir noch auf der Suche nach uns selbst sind. So konnte Bonhoeffer fragen: »Wer bin ich? Einsames Fragen treibt mit mir Spott. Wer ich auch bin, du kennst mich. Dein bin ich, o Gott.«

S. Kreuzer

Israel/Jude/Hebräer

I. Wortbedeutung

Von den Begriffen »Israel, Jude, Hebräer« ist der erste in der Bedeutung zentral: »*Israel*« bezeichnet das Volk der Nachkommen Jakobs mit dem Beinamen, den dieser von Gott bekommen hatte (vgl. 1Mo 32,28). »*Hebräer*« ist dagegen ursprünglich weiter gefaßt und meint zunächst eine niedrige soziale Stellung. Erst später wird es zu einer Bezeichnung der Israeliten, besonders im Munde von → Heiden oder im Gegenüber zu ihnen. Im NT werden auch die im Lande verbliebenen Juden im Unterschied zu den Griechisch sprechenden Juden der Diaspora so genannt. Der Begriff »*Jude*« steht zunächst für Glieder des Stammes Juda oder Bewohner der Provinz Judäa. Später wurde die Bedeutung breiter, so daß auch der Benjaminit Paulus sich zu den »Juden« rechnen kann (Gal 2,15). »Juden« wird zum Gegenbegriff zu »Heiden« oder »Griechen« und bezeichnet dabei je nach dem Zusammenhang die nationale, religiöse oder kulturelle Gemeinschaft. Immer wieder findet sich aber auch im NT die ältere Bedeutung

»Bevölkerung Judäas« (im Unterschied zu Galiläern, Samaritanern oder auch Diasporajuden), und manchmal ist auch nur an die politische und religiöse Führung Judäas gedacht (vgl. unser »die Russen« für die russische Regierung oder Staatsmacht). Ob mit »Juden« oder »Hebräern« die Israeliten als solche und im ganzen gemeint sind, entscheidet sich am jeweiligen Textzusammenhang.

II. Die Begriffe in der Bibel

A. IM ALTEN TESTAMENT

1. Man hat den → »Bund« Gottes mit Israel gelegentlich die »Mitte des AT« genannt. Man könnte darin eine Übertreibung sehen; denn streng genommen, steht nur → Gott selber im Zentrum. Aber seine Geschichte mit Israel ist der Ort, wo er sich offenbart hat. Der Eindruck der Natur und die Weltgeschichte im ganzen wecken nur Ahnungen und Fragen nach Gott oder Göttern. Wir kennen den lebendigen, wahren Gott nur durch die Erfahrungen, die Menschen aus dem Volk Israel mit ihm gemacht haben. (Das gilt auch für das NT, das größtenteils von Juden verfaßt ist.) Die Gotteserkenntnis in Israel ist die Grundlage auch unserer Gotteserkenntnis. Eben darum sind die heiligen Schriften Israels zur Bibel der Kirche geworden, nur ergänzt – nicht ersetzt! – durch das NT (→ Heilige Schrift). Der Gott, an den wir Christen glauben, kann als »der Gott Israels« (oder der Gott seiner »Väter« Abraham, Isaak und Jakob) von den heidnischen Göttern unterschieden werden, auch von den Gottesvorstellungen der Philosophie. Grundlage dafür ist die Zusage Gottes an Israel: »Ihr sollt mein Volk sein, und ich will euer Gott sein« (Jer 7,22 u.ö.).

2. Diese → Erwählung Israels mußte schon in bibl. Zeit vor Mißverständnissen geschützt werden. Israel sollte sich bewußt bleiben, daß es nicht wegen besonderer Vorzüge vor anderen Völkern von Gott berufen worden sei (vgl. 5Mo 7,7). Gottes Wahl war vielmehr eine völlig freie, grundlose Entscheidung. Sie hat die Nachkommen der Erzväter – zusammen mit anderen Sippen – überhaupt erst zu einem Volk gemacht. Ohne die gemeinsame Erinnerung an Gottes frühere Taten und → Verheißungen wäre dieses Volk auch längst im Völkermeer untergegangen.

3. Die → Propheten mußten auch darum kämpfen, daß die Erwählung Israels nicht nur als Gabe verstanden wurde, sondern auch als Aufgabe. In Israel sollte der Wille Gottes beispielhaft verwirklicht werden. Dazu wurde dem Volk die Weisung der Tora (das Gesetz vom Berg Sinai; → Gebot/Weisung/Gesetz) gegeben. Die Verkündung des Gesetzes steht in den Mosebüchern in engster Verbindung mit der Herausführung aus Ägypten, der grundlegenden Heilstat Gottes an Israel (→ Auszug). Die Gabe des Landes und die Verheißung des → Segens waren gebunden an die Bedingung, daß Israel nach der Weisung Gottes lebt. Wenn nun das Recht Gottes mißachtet wurde, dann mußten → Propheten im Namen Gottes das Ende des → Segens und die Wegführung aus dem Lande ankündigen (→ Babylon). So wurde Israel für die ganze Welt zum Musterfall nicht nur der → Liebe Gottes, sondern auch seines → Gerichts (vgl. Am 3,2).

4. In der Botschaft der Propheten blieb zunächst kaum ein Funke der → Hoffnung übrig (vgl. Am 5,2; 8,2; 9,1–4). Die Erwählung Israels zu einem »heiligen Volk« (so 2Mo 19,6) war offenbar ein Fehlschlag. Israel erwies sich als ebenso sündig wie die anderen Völker. War damit seine Erwählung nicht hinfällig geworden? Diese Frage haben die Propheten verneint. Dieselben Boten Gottes, die zuvor das Gericht angekündigt hatten, machten dem Volk neuen Mut, als das Unglück hereingebrochen war. So wurde der erste Tiefpunkt der Geschichte Israels – die Unterwerfung und teilweise Verschleppung durch Assyrer und Babylonier – zur Geburtsstunde neuer Gotteserkenntnis: »Der Herr verstößt nicht auf ewig; er betrübt zwar, aber er erbarmt sich auch wieder nach seiner großen Güte. Denn nicht von Herzen plagt und betrübt er die Menschen« (Kla 3,31–33). Indem Gott sein Volk vor der völligen Vernichtung bewahrte und ihm neue Hoffnung schenkte, gewann er die Herzen neu für sich. Aus dieser Umkehr des Volkes entstand die Gemeinde des Zweiten Tempels unter der Führung von Esra, Nehemia, Haggai und Sacharja.

B. IM NEUEN TESTAMENT

1. Im NT sind geistige Entwicklungen im frühen Judentum vorausgesetzt, die nicht in bibl. Büchern, z.T. aber in den sog. Apokryphen erzählt werden (vgl. 1 und 2Makk). Nach der Eroberung des Orients durch Alexander d.Gr. geriet auch Israel unter den Druck der griech. Herren und unter den Einfluß ihrer Kultur. Samaria öffnete sich diesem Einfluß weitgehend, während Judäa unter Führung der Makkabäer verlustreich, aber schließlich auch erfolgreich Widerstand leistete. Die unterschiedliche Reaktion der beiden Volksteile machte den Bruch zwischen Juden und Samaritanern endgültig. Aber auch in Judäa entstanden unterschiedliche religiöse Parteien: die Priesterpartei der *Sadduzäer,* die Laienbewegung der → *Pharisäer,* die in kultischen

Fragen rigorosen, z.T. in klösterlichen Siedlungen wie Qumran lebenden *Essener* und die aus theologischen Gründen romfeindlichen *Zeloten*, die zuerst zum Steuerboykott und später zum Aufstand aufriefen.

2. Auch Jesus und die von ihm ausgelöste Bewegung konnte zunächst als eine innerjüdische Gruppenbildung verstanden werden. So, wie man die Zeloten wegen ihres ersten Verbreitungsgebietes auch »Galiläer« nannte, so nannte man die Anhänger Jesu – wie diesen selber auch – »Nazarener« (oder »Nazoräer«) (vgl. Apg 24,5; 10,38). Aber die Botschaft Jesu von der Nähe des → Reiches Gottes und von der vergebenden Liebe Gottes drängte über die Grenzen Israels hinaus. Auch der Predigtauftrag, der den → Jüngern in den Erscheinungen des Auferstandenen gegeben wurde, war nicht auf Israel begrenzt. Vor allem aber waren es Erlebnisse besonderer Führung, durch die es zur gezielten Verkündigung auch vor Nichtjuden kam (vgl. Apg 8,26ff und 10,1–11,18). Es gab dabei zwar auch Hemmungen und Widerstände, die überwunden werden mußten. Es gab auch Streit um die näheren Bedingungen der Aufnahme von Nichtjuden in die christliche Gemeinde. Die Gründe dafür lagen vermutlich z.T. in den Grenzen des Auftrags, den Jesus seinen Jüngern in der vorösterlichen Zeit gegeben hatte (vgl. Mt 10,5f). Aber die Gewißheit, zur weltweiten Verkündigung berufen zu sein, setzte sich durch. Auch wurde anerkannt, daß Christen nichtjüdischer Herkunft nicht Juden werden und ein Leben nach den Bestimmungen der Tora (des atl. Gesetzes) führen mußten (vgl. Apg 15 und Gal 2,1–10).

3. Die ablehnende Haltung der meisten Juden war für die Urkirche eine schwere Belastung. Sie verschärfte sich durch den – an sich erfreulichen – Erfolg der Mission unter Nichtjuden. Sollte die zunehmend nichtjüdisch werdende Kirche an die Stelle Israels getreten sein? Könnte die besondere Geschichte Gottes mit seinem Volk Israel zu Ende sein? Die Kirche hat sich mit solchen – für sie selber schmeichelhaften – Gedanken recht bald angefreundet. Die Verfasser des NT, die als Christen nicht aufgehört hatten, Juden zu sein, mußten solche Gedanken als Anfechtungen ihres schriftgebundenen Glaubens empfinden. In Röm 9–11 stellt sich Paulus solchen Fragen. Er kommt schließlich auf Grund der Heiligen Schrift zu einer Bekräftigung der Hoffnung für Israel: Gott hat auch diesmal sein Volk nur scheinbar fallengelassen. »Ganz Israel wird gerettet werden«, heißt es in Röm 11,26. Israel soll sogar noch einmal eine bedeutende Rolle für die ganze Welt spielen (vgl. Röm 11; 12 und 15). Das Auf und Ab der Geschichte Israels in seinem Verhältnis zu den übrigen Völkern dient dem einen Ziel, daß Gottes → Barmherzigkeit alle Teile der Menschheit erfaßt (vgl. Röm 11,30–36).

III. Der Begriff heute

1. Unser heutiges Nachdenken über Israel bezieht sich aus historischen Gründen im wesentlichen auf das *jüdische Volk*, das ursprünglich aus den beiden Südstämmen Juda und Benjamin, der Bevölkerung Judäas, hervorgegangen ist. Es darf dabei nicht ganz vergessen werden, daß Nachkommen der israelitischen Nordstämme in der Bevölkerung Samariens weiterlebten. Die heute nur noch einige hundert Mitglieder umfassende Gemeinde der *Samaritaner* gibt davon Zeugnis. Sie versammelt sich noch heute wie zu Jesu Zeit auf dem Berg Garizim zu Gottesdiensten für den Gott Israels (vgl. Joh 4,20). Inwieweit die Bevölkerung Samariens durch Kriege dezimiert oder aber durch den Übertritt zum Islam assimiliert worden ist, bedarf noch einer Klärung.

2. Wenn wir heute auf die Geschichte der Beziehungen zwischen Christen und Juden zurückblicken, so wird deutlich, daß die Kirche weit mehr Schuld auf sich geladen hat als die Juden. In den ersten hundert Jahren der Kirchengeschichte hat es zwar Verfolgungen von Christen durch Juden gegeben, die z.T. noch im NT berichtet werden. Aber die Anerkennung der Kirche durch das Römische Reich seit Kaiser Konstantin führte sogleich zu einer Förderung der Kirche auf Kosten der Juden. Später lieferte die kirchliche Lehre immer wieder Vorwände für Gewaltakte gegen Juden, und kirchliche Amtsträger finden sich auch unter den aktiven Verfolgern des Judentums. In der Zeit des Dritten Reiches zeigte sich, daß die Kirche nicht gerüstet war, das Volk Gottes gegenüber seinen neuheidnischen Verfolgern kraftvoll in Schutz zu nehmen. Wie kam es zu diesem Versagen der Kirche?

a) Zum einen spielten Mißverständnisse und *einseitige Heranziehung ntl. Texte* eine verhängnisvolle Rolle. Vorwürfe gegen den Hohen Rat (d.h. die Jerusalemer Aristokratie), der die Hinrichtung Jesu betrieben hatte, wurden auf das ganze Volk ausgedehnt. Es geriet in Vergessenheit, daß die Pharisäer, die in den Evangelien häufig als Gegner Jesu auftreten, ein freier Verein von einigen tausend Mitgliedern waren, also nur einen Bruchteil der Bevölkerung ausmachten. Der oben erwähnte besondere Gebrauch von »die Juden« für »das offizielle Jerusalem« gerade im Zusammenhang mit Anklagen wurde nicht erkannt. (Vgl. dagegen das Nebeneinander von »die Juden« in einer negativen Aussage und »mein Volk« in einer positiven Aussage in Apg 28,19!)

b) Wir beobachten auch *schon innerhalb des NT die Neigung zur Verallgemeinerung von Anklagen.* So greifen verschiedene Verfasser des NT die Klage Elias von 1Kö 19,10.14 auf, daß Israel die Propheten Gottes getötet habe (vgl. Apg 7,52; 1Thes 2,15). Was bei Elia auf eine bestimmte Situation unter König Ahab gemünzt war, wird dabei unter der Hand zu einer historisch verallgemeinernden Aussage über die *ganze* Geschichte Israels. Daß damit ein altes Bußgebet Israels aufgenommen war (Neh 9,26), macht diese Verallgemeinerung im Munde von Judenchristen verständlich. Aber Heidenchristen, die diesen Hintergrund nicht kannten, mußten früher oder später in solchen Aussagen eine Bestätigung antijudaistischer Propaganda sehen, die schon in der Antike die wildesten Gerüchte über die Juden verbreitete. Auch die Anklage der jüdischen Führer (und nicht so sehr der Römer) wegen des gewaltsamen Todes Jesu ist aus dieser Überlieferung von Neh 9,26 heraus zu verstehen. Schon im Lukasevangelium zeigt sich aber eine im Vergleich mit den anderen Evangelien stärker judenkritische Darstellung der Passionsgeschichte.

c) Der Einfluß solcher judenkritischer Stellen im NT auf die heidenchristlichen Kirchen wäre nicht so verheerend gewesen, wenn die Kirche *im Gespräch mit dem Judentum geblieben wäre,* wenn die Christen in der Liebe Christi um Israel gerungen hätten. Dann wäre ihnen nicht entgangen, daß im Judentum nach der Zeit der → Apostel tiefgreifende Wandlungen stattgefunden haben. Der tragische Ausgang der jüdischen Aufstände gegen Rom hat den Typ des Judentums, den Paulus zunächst verkörpert und später bekämpft hatte, untergehen lassen. Die rabbinische Theologie, die nach der Zerstörung des zweiten Tempels im Jahre 70 n.Chr. ihre Prägung erhalten hat, ist eine Theologie aus der Tiefe der Demut. Da hält man sich nicht für fehlerlos vor Gott, wie Paulus sich vor seiner Christusbegegnung gefühlt hatte (vgl. Phil 3,6). Da preist man vielmehr die vergebende Liebe Gottes und stellt die Buße ins Zentrum der Frömmigkeit. Da weiß man nicht nur um Gottes Macht, Gerechtigkeit und Herrlichkeit, sondern auch um sein Mitgehen ins Leiden und sein Mittragen der Schuld seines Volkes.

d) Die Kirche hat jedoch gegenüber den Juden nicht nur aus Unwissenheit versagt. Sie hat in ihrer weitgehenden Preisgabe und Verachtung der Juden *den Kern des → Evangeliums vergessen und verraten.* Mögen Glieder des jüdischen Volkes an Jesus und seinen Jüngern schuldig geworden sein – die Liebe Gottes gerade zum sündigen Menschen, die → Rechtfertigung des schuldig Gewordenen vor Gott, hätte auch ihnen bezeugt werden müssen. Die schon früh einsetzende Verdunkelung des hellen Scheins dieser Botschaft hat die Kirche selber gesetzlich und selbstgerecht werden lassen.

e) Die *Reformation* hat das im Prinzip für den Raum der evangelischen Kirche korrigiert. Die Konsequenzen für das Verhältnis zum Judentum wurden dennoch leider nicht einmal von Luther gezogen. Weil die Kirche das Evangelium nicht auf die Juden als Volk bezog, fand man die Leiden dieses Volkes theologisch »in Ordnung«. Die Verfolger selber fühlten sich zum Teil als Werkzeuge des göttlichen Gerichts, und Christen, die zwar selber den Juden kein Leid angetan hätten, fühlten sich jedenfalls nicht zum Eintreten für die Bedrohten berufen. Nicht einmal die Bekennende Kirche hat die christliche Nächstenpflicht gegenüber den Juden rechtzeitig erkannt.

f) Aber Gott hat sein Volk auch in der tödlichsten Bedrohung seiner bisherigen Geschichte nicht fallengelassen. Er ließ die Völker der Welt einen hohen Preis zahlen, um sein Volk vor der Vernichtung zu retten und um die Sammlung Israels im Land der Väter anzubahnen (vgl. Jes 43,1–7). Wir können als Christen gewiß sein, daß Gott sein Volk auch in Zukunft nicht preisgeben wird. Darüber hinaus müssen wir im Blick auf unsere eigene Zukunft ernstnehmen, was die Bibel über die Schlüsselrolle Israels für die übrigen Völker sagt: wir können nur *mit* Israel gesegnet werden, nicht gegen oder ohne Israel (vgl. 1Mo 12,3). Welche praktische Politik sich daraus im einzelnen ergibt, ist von der Bibel her nicht vorauszusagen, sondern hängt auch von den Zeitumständen ab. Sicher ist jedoch, daß Christen ihren politischen Einfluß als Staatsbürger oder in besonderen Funktionen für den Frieden Israels in die Waagschale werfen sollen. Das mag in manchen Situationen Opfer verlangen (arabische »Ölwaffe« u.a.), hat aber die Verheißung Gottes für sich und ist so ein Kennzeichen gelebten Glaubens im Raum der Politik.

K. Haacker

J

Jahwe → Herr

Jerusalem/Zion

I. Wortbedeutung

Jerusalem, die Hauptstadt Israels, war zuerst eine kanaanäische Siedlung. »Zion« (= kahler oder trockener Hügel) war der Name für die südliche Erhebung des Jerusalemer Südosthügels, auf dem in vorisraelitischer Zeit das Volk der Jebusiter eine Burg, eine Siedlung unterhielten und den »höchsten Gott« verehrten. Etwas nördlich dieser alten Anlage erbaute Salomo den → Tempel. – Der Name »Jerusalem« erscheint in der Bibel wesentlich häufiger (ca. 800mal) als Zion (ca. 160mal); Zion ist ganz selten Ortsbezeichnung, begegnet aber sehr häufig in dichterischer oder gottesdienstlicher Sprache.

II. Die Begriffe in der Bibel

1. Aufstieg und Bedeutung Jerusalems

Lange Zeit widersetzte sich die alte Jebusiterfestung (2Sam 5,7) der israelitischen Landnahme und bildete so einen Sperriegel zwischen den Süd- und Nordstämmen. Durch einen Handstreich der privaten Söldnertruppe Davids (2Sam 5,6ff) wurde sie sein Privateigentum (2Sam 5,9; vgl. Ri 1,21!). David übernahm die Pflichten und Rechte eines kanaanäischen Stadtkönigs und versuchte, die altisraelitischen Glaubensüberlieferungen mit dem Jebusiterkult des »Höchsten Gottes« zu verbinden; einerseits übernahm er die eingesessene zadokidische Priesterschaft, andererseits holte er schleunigst die Bundeslade nach Jerusalem ein (2Sam 6). Salomo baute Jerusalem zur »Reichshauptstadt« aus: Zentralverwaltung, Königspalast und Tempel, Staatsmacht und Religion wurden also eng miteinander verbunden. Jerusalem war Königsstadt und Gottes Stadt, ausgesondert, erwählt, unantastbar und uneinnehmbar (1Kö 8,16; Ps 46,5–8; 48,1–4). Dort gab es → Offenbarung, → Vergebung und → Weisung Gottes (Ps 40,2; 122).

2. Die Sünde Jerusalems

Gegen diese enorme Aufwertung Jerusalems und des Zion erhob sich aus der ländlich-konservativen, altgläubigen und mit Steuern stark belasteten Bevölkerung (1Kö 12) Protest. Er richtete sich grundsätzlich gegen die Vermischung israelitischer und jerusalemisch-kanaanäischer, also heidnischer, Überlieferungen, ferner gegen die Verquikkung von Staatsmacht und Religion: beide Entwicklungen führten zu einem gefährlichen Sicherheitsgefühl, das sich bald vom Gebot Gottes frei fühlen sollte (Jer 7!). Auch soziale Mißstände verfielen harter prophetischer Kritik (Jes 1; Mi 3,10; Zeph 3,1ff; → Prophet).

3. Gericht über Jerusalem und Wiederaufbau

Der Sieg der Babylonier 587, die Zerstörung von Stadt und Tempel und die anschließende Verschleppung der Oberschicht war das Ende aller nationalstaatlichen und nationalreligiösen gottlosen Einbildungen (→ Babylon), aber nicht das Ende der Erwählung und des Erwählungsglaubens, der sich an Jerusalem fest geheftet hatte. Und so entstand Jerusalem neu unter Esra, Nehemia und Serubbabel. – Die Heimgekehrten betrachteten sich als den durch Gottes berechtigtes Strafgericht geläuterten Rest eines halsstarrigen und bösen Volkes (Neh 9). Jerusalem stieg nie mehr zu politischer Macht empor, wurde aber mit dem neuerbauten Tempel mehr denn je geistiger und religiöser Mittelpunkt des in alle Welt zerstreuten Judentums.

4. Jerusalem im NT

In Jerusalem wird Jesus verfolgt, verurteilt und getötet. Von Jerusalem aus geht nach seiner → Auferstehung und der Ausgießung des Hl. Geistes das → Evangelium aus an alle Völker. Jerusalem ist die Stadt, die die Propheten tötet und steinigt, die zu ihr gesandt sind (Mt 23,37), und die Stadt, über die das Strafgericht hereinbrechen wird (Lk 19,41ff). Aber das neue Volk Gottes versammelt sich zuvor am alten Mittelpunkt → Israels. Dort fallen die ersten Entscheidungen der Kirche (Apg 11,1ff; 15), und dorthin kehren die → Apostel nach Beendigung ihrer Missionsreisen immer wieder zurück.

5. Das neue (himmlische) Jerusalem

Seit der babylonischen Gefangenschaft malten die Propheten in Israel die Zukunft Jerusalems in immer herrlicheren Farben und Bildern (Jes 60–62; Jer 31,38ff; Hes 40–48; Mi 4,1f; Hagg 2,6ff; Sach 8). Diese Zukunftsschau verdichtet sich schließlich im NT zur Ankündigung des oberen, himmlischen, bei Gott schon gegenwärtigen Jerusalems, das sich am Ende der Zeit auf die Erde herabsenken wird (Gal 4,26; Hebr 12,22; Offb 3,12; 14,1; 21f).

III. Der Begriff heute

Wie kaum ein anderer Ort steht diese Stadt im Brennpunkt der Heilsgeschichte wie der Weltgeschichte. Dazu betrachten alle drei großen Eingottreligionen (Judentum, Christentum, Islam) Jerusalem als »ihre« heilige Stadt. Für den Christen ist die Tatsache, daß Jerusalem wieder aufgebaut ist und die Augen der Weltöffentlichkeit sich, ganz im Einklang mit atl. Verheißungen, auf den Zion richten, ein erstrangiges heilsgeschichtliches Zeichen (Röm 11,2).

Ziel und Vollendung der Heilsgeschichte kann aber nicht die Anbetung Gottes in einem wiederhergestellten Tempel in Jerusalem sein (Jes 27,13; Joh 4,21ff). Es ist das → Kreuz Jesu Christi, das sich solchen Erwartungen rein innerweltlicher Art als Zeichen des Gerichtes Gottes über diese Welt entgegenstellt. Das gewaltige Bild des himmlischen, bei Gott bereiteten Jerusalems gibt der Wanderschaft des Glaubenden ihr Ziel, wie Jerusalems Türme dem atl. Wallfahrer (Ps 122; Phil 3,20; Hebr 13,14). Die Sehnsucht nach dieser *zukünftigen* Stadt ist die Sehnsucht, Gott in alle → Ewigkeit von Angesicht zu schauen und anzubeten.

G. Brockhaus

Jesus Christus

I. Wortbedeutung

Der Name »Jesus« ist die griech. Wiedergabe des hebr. *Jeschua* und heißt auf deutsch »Gott rettet«, etwa unserem Namen »Gotthilf« gleich. Das war ein häufiger Name jüdischer Söhne. Wir finden ihn auch in der Bibel mehrmals.

Dagegen ist »Christus« das griech. Wort für den hebr. Titel *Messias* und heißt eigentlich der »Gesalbte«. Die Salbung mit Öl – oft mit kostbarem, wohlriechendem Öl aus Oliven, vermischt mit wohlriechenden Stoffen – war eine Weihehandlung in → Israel. → Priester, besonders der Hohepriester, aber auch der König, wurden in einer feierlichen Handlung für ihr Amt mit einer Salbung geweiht. *Gesalbter* war deshalb der feierliche Titel für den Diener Gottes. Als ein solcher galt der jeweilige König Israels, und ganz besonders der verheißene König der Heilszeit am Ende der Geschichte; → Salben/Salbung.

II. Der Begriff in der Bibel

A. DER GESALBTE GOTTES IM AT

1. SALBUNG ALS BEAUFTRAGUNG

Als Gesalbte Gottes werden in erster Linie im AT die *Könige Israels* bezeichnet, wie es über 30 Stellen belegen. Viel seltener dagegen andere Gestalten, wie der *Hohepriester* (etwa 3Mo 4,3; 5,16; 6,15) und nur zweimal die *Erzväter* Israels (Ps 105,15; 1Chr 16,22). Die *Salbungshandlung* bei der Thronbesteigung des Königs geschieht auf Befehl Gottes durch seinen Beauftragten (1Sam 9,15.16; 10,1; 16,3.13). Doch auch die Männer Israels bekunden dem König ihre Treue durch einen Akt der Salbung (2Sam 2,4; 5,3). Die Salbung ist eine Ermächtigung zum Amt, verleiht die Bevollmächtigung durch Jahwe selber und erzeigt den Gehorsam des Volkes. Der so Gesalbte ist damit als besonders von Gott Beauftragter gekennzeichnet.

2. DIE VERHEISSUNG AUF DEN HEILSKÖNIG ALS DEN GESALBTEN IM AT

Hauptsächlich wird der Messias-Titel *den Königen aus Davids Geschlecht* zugestanden. Ausgehend von der → Verheißung des Propheten Nathan an David (2Sam 7,11–16) erwartet Israel einen Heilskönig der messianischen Zeit, den Gesalbten Gottes aus dem Hause des Königs David (2Sam 7,16; Jes 33,17; Ps 89,4). An der beeindruckenden Gestalt Davids anknüpfend erwartet Israel die Vollendung seines Königtums in der Heilszeit. Schon in dem Jakobssegen (1Mo 49,10) und in den Sprüchen Bileams (4Mo 24,17) ist solch ein Heilskönig Israels ahnungsweise geschaut. Messianische Klänge bergen wohl schon die Worte der Urgeschichte (1Mo 3,15) und ganz sicher – wie es Paulus in Gal 3,6–14 deutet – auch die Verheißungsworte bei der Berufung Abrahams (1Mo 12,1–3).

Doch vor allem in der Zeit der Propheten tritt der gerechte, barmherzige König der Heilszeit in den Vordergrund der Heilshoffnung Israels. Der Begriff »Messias« wird dabei jedoch äußerst selten direkt angewandt. Besonders der Prophet Jesaja spricht viele messianische Heilsweissagungen aus, oft mitten in der harten, gegenwärtigen Gerichtsansage. »Siehe, eine Jungfrau ist schwanger und wird einen Sohn gebären, den wird sie nennen Immanuel« (Jes 7,14; → Jungfrauengeburt). Immanuel (»Gott mit uns«) kennzeichnet die Heilshoffnung Israels durch alle Gerichte hindurch. Jesaja gibt sehr eindrückliche Schilderungen der kommenden Heilszeit: Der Friedensherrscher auf dem Thron Davids wird das Volk in Gerechtigkeit regieren und es »hell« werden lassen über → Israel (Jes 9,1–6). Aus dem zerstörten Baum Israel wird ein Zweig wieder treiben, und der Geistbegabte Gottes die → Schöpfung wiederherstellen (Jes 11,1–9). Der König Gottes wird die ganze Welt beherrschen und Gottes Gerechtigkeit verwirklichen (Jes 55,3–5; Ps 2; 72;

110; Sach 9,10; Hag 2,21ff). Doch seine erste Aufgabe wird in Israel liegen, nämlich das friedlose, bundesvergessene Volk wieder mit seinem Gott zu verbinden, ihm → Heil zu schaffen und den ewigen → Bund begründet zu vollenden (vgl. Jer 23,1ff; 30,12–22; 34,23.24; 37,24–26; → Erwählung).

Der Prophet Sacharja betont, daß der Heilskönig der letzten Zeit ein Helfer der Armen sein wird, ja noch mehr, er selber wird seine Herrschaft in Leiden und unter Ablehnung von Menschen verwirklichen (Jes 50,47; 53; 61,1.2; Sach 9,9; 12,10). Diese Heilsherrschaft des Königs Gottes sieht Israel auch als Gericht über den Gottlosen, die Heiden und alle Völker (Hes 34,27; Mi 5,7; Jer 23,2).

B. JESUS VON NAZARETH NACH DEN EVANGELIEN DES NT ALS DER CHRISTUS

1. Jesu Wirken und sein Geschick

Die Evangelien sind keine »nur« biographischen Berichte über Jesus von Nazareth; vielmehr sind sie Zeugnisse des Glaubens, die im Dienst der urchristlichen Verkündigung stehen. Doch gibt es keine gewichtigen Gründe – trotz aller gegenteiligen Versuche –, die historischen Tatsachen der Berichte (auch des Johannesevangeliums) zu bestreiten. Übereinstimmend beschreiben sie – oft einander ergänzend – den »Rahmen« des irdischen Lebens Jesu: Seine Geburt aus dem Davidsgeschlecht (Mt 1,1–18; Lk 3,23–38), die Geburt von der Jungfrau Maria (Mt 1,8–25; Lk 1,26–38), in Bethlehem nach der Verheißung (Micha 5,1; Mt 2,1; Lk 2,4–6). Die Kindheit erlebt er in Nazareth (Mt 2,22.23), seine → Taufe durch Johannes den Täufer im Alter von etwa 30 Jahren (Mt 3,13–17; Mk 1,9; Lk 3,21–23). Jesus berief Jünger (Mt 4,18–22; Mk 1,4–20; Lk 4,14.15; 5,1–11; Joh 1,35–51). Sein Wirkungsgebiet lag zunächst hauptsächlich in Galiläa, doch kam er auch nach Samarien (vgl. Joh 4) und ging über die Grenzen Israels hinaus. Aber das Schwergewicht seines Auftrages galt Israel (vgl. Mk 7,24–30; 5,1–20; Mt 15,24). Sein irdisches Leben endete am → Kreuz in Jerusalem ums Jahr 30 unter dem römischen Prokurator Pontius Pilatus. Seine eigenen Volksgenossen hatten ihn als Gotteslästerer den Römern ausgeliefert, die ihn als messianischen Aufrührer grausam hinrichteten. Alle vier Evangelien berichten von seiner → Auferstehung nach drei Tagen, wie er vielen leibhaftig erschienen ist und dann in der Himmelfahrt (→ Erhöhen/Erhöhung) dieser Welt entnommen wurde unter der Verheißung seiner → Wiederkunft am Ende der Geschichte.

Jesus predigte das → Reich Gottes, das in seiner Person angebrochen war (Mk 1,14–15; Mt 4,17; Lk 4,14–21; 17,21) und rief die Menschen zu → Buße und Umkehr. Seine Wundertaten und Heilungen waren Zeichen des Gottesreiches, die zum Glauben einladen sollten (→ Predigen/Verkündigen; → Wunder).

Schon bei der Ankündigung seiner Geburt, in der Nacht der Geburt selber, bei seiner Darstellung im → Tempel und vor dem Hohen Rat und Pilatus wird die Messiaswürde Jesu bezeugt, wobei der Messiasname als Christustitel inhaltlich mit dem höchsten Ehrennamen → »Sohn Gottes« gefüllt wird (vgl. Mt 1,21; 3,17; Lk 2,10.11; 2,29.30; Mt 26,63.64; 27,11). Letztlich wurde Jesus verurteilt und hingerichtet, weil er für sich die Würde des Christus, des Sohnes Gottes, in Anspruch nahm und dabei die frommen Erwartungen Israels tief enttäuschte.

2. Der Langerwartete, der die Erwartungen zerbricht

Die Hoheit und Würde Jesu in seiner Person und seinem Wirken beruhen auf seinem Selbstverständnis als Messias, als Sohn Gottes. In der Anfrage Johannes des Täufers gibt er mit Worten der messianischen Verheißungen des Jesaja seine Person zu erkennen (Mt 11,1–6). Selbst die → Dämonen müssen seine Würde als Christus Gottes unter Schrecken bekennen (Mk 3,11.12). Jesus selbst hat von dem Würdenamen »Christus« wenig Gebrauch gemacht (Mk 9,41; 12,35–37; 13,21). Er bezeichnet sich am häufigsten als → »Menschensohn«, obwohl dieser Begriff im AT nicht deutlich messianisch ist. Das hat sicher darin seinen Grund, daß Jesus den herrscherlich-königlichen Prägungen des Messiastitels entgehen wollte. Das wird auch daran deutlich, daß er seinen → Jüngern gebietet zu verschweigen, daß er der Messias sei (Mk 5,43). Der im AT und in Israel gebräuchliche Messiastitel kennzeichnet Jesu Sendung also noch nicht ausreichend in seinem Sinne.

Besonders in den Worten vom *leidenden Menschensohn* stößt er aufs heftigste mit der jüdischen Messiashoffnung zusammen. Sie erwarten den Richter, den Befreier und Königsheld, der Israel nationale Selbständigkeit und Vorrang vor allen Völkern bestätigen und erkämpfen soll. Selbst Petrus versteht sein so überzeugendes Christusbekenntnis unter solchen Gedanken und wird von Jesus hart zurückgewiesen (Mk 8,27–38). Jesus geht seinen Weg im → Gehorsam gegen den Willen Gottes seines → Vaters ohne äußere Macht (vgl. Mt 4,1–11), hinein in das Leiden und Sterben (Mk 8,31; 9,31; 10,33.34). Er steht dabei unter dem → »Muß« des göttlichen Heilsplanes, das die → Treue Gottes zu seinem einmal gegebenen Verheißungswort festhält.

Noch genauer wird *dieser* Weg Gottes in den Selbstbezeichnungen Jesu als → »Knecht Gottes« deutlich. Hier werden die atl. Leidensweissagungen »erfüllt« (vgl. Jes 53,4.7; Joh 1,19.36; auch Mk 10,45). Jesus verschweigt aber auch nicht das »Ende« seines Weges, die → Auferstehung, obwohl seine Jünger ihn hierbei nicht verstehen. Er redet auch sehr klar von dem *kommenden* Menschensohn in Kraft und → Herrlichkeit, der dann vor aller Augen die Herrschaft antreten wird (Mk 8,38; 9,1; 13,26; 14,62).

Damit enthüllt die ntl. Christusgestalt und Christusbotschaft die volle Tiefe der atl. Messiasverheißung: Er ist der Sohn Gottes, der in vollmächtiger → Demut um die Menschen warb, am Kreuz für ihre Sünden starb, in seiner Auferstehung die Gabe des ewigen → Lebens eröffnete, den Weg des Gesetzes erfüllte, den Menschen mit Gott versöhnte, Gottes → Gerechtigkeit als freies Geschenk dem anbietet, der sich beschenken läßt, und endlich, am Ende der Geschichte, in Macht und Herrlichkeit als König wiederkommen wird. So bezeugt es zusammenfassend das ganze NT (vgl. 1Kor 15,3–5; Joh 3,16; Röm 8,31–34; 3,23–28; 11,36; 2Kor 5,16–21; Gal 3,23–26; Phil 2,5–11; Offb 1,8; 5,12–14; 12,10; 19,11–16).

III. Der Begriff heute

1. Der bezeugte Christus

Das ist der einhellige Zusammenklang der bibl. Stimmen: Jesus von Nazareth ist der Messias Gottes, der König der Heilszeit, der Christus und Heiland. Der Christustitel war von der jüdischen Erwartung her festgelegt, darum beschreiben schon im NT viele Retterbezeichnungen die Einzigartigkeit Jesu und seiner Sendung. Paulus wählt zum Beispiel häufig den Titel »Kyrios« – für den Juden allein Gott vorbehalten –, der im römischen Reich als höchste Machtbezeichnung verstanden wurde. Doch alle diese Bezeichnungen wollen das *eine* benennen: Hier, in Jesus Christus, kommt Gott selber zu uns Menschen zu unserer → Erlösung. So bezeugt es die christliche → Gemeinde, die sich nach eben diesem Christustitel von Beginn an nennt (vgl. Apg 11,26). So bezeugt es schon das AT, wie es die vielen Schriftbeweise im NT verdeutlichen. Die Kirche Jesu Christi steht auf dem Boden dieses biblischen Zeugnisses. Wir begegnen heute Christus nicht mehr in der historischen Person Jesus von Nazareth, wir begegnen ihm im biblischen Wort. Diese auch zuverlässigen historischen Nachrichten verhindern ein Verzerren der Person Jesu. Er war kein Revolutionär, der zum politischen Befreiungskampf gegen Rom aufrief. Er war auch kein Sozialrevolutionär, genausowenig wie ein großer Philosoph oder einfach ein guter Mensch. Es war die Gefahr der Kirche zu allen Zeiten, daß sie das Jesus-Bild je nach ihren Bedürfnissen umprägte. Wer Jesus war, erfahren wir nur aus dem NT; daß er der Christus ist, kann uns wiederum nur die Bibel bezeugen.

2. Der Christus am Kreuz

Dort liegt wohl der schwerwiegendste Unterschied zu den Messias- und Heilserwartungen Israels und aller Menschen bis heute: Gott geht in Jesus Christus den Leidensweg an das Kreuz. Er verzichtet auf äußerliche Macht, auf jede Gewaltanwendung und allen Zwang. Gott wird in seinem Christus unser aller Diener. Der Christustitel ist so zunächst keine Macht- und Herrscherbezeichnung im menschlichen Sinne, sondern göttliche Selbstbezeichnung für einen, der sich selber hingibt und aufgibt. Alle Christusvorstellungen – mögen sie noch so christlich, biblisch umrahmt sein –, die nicht vom → Dienst bestimmt sind, verfehlen deshalb den Christus Gottes. Am Kreuz, dem Galgen der Römer, dort enthüllt sich der tiefste Sinn dieses Titels: Gott leidet und stirbt und schafft so unsere → Versöhnung. Jesus Christus ist nicht gekommen, um die Guten zu belohnen und die Bösen zu richten und zu vernichten. Er geht gerade zu den Sündern, liefert sich ihnen aus und zerbricht so die Macht der knechtenden Sünde, die alle Menschen zum Verderben bestimmt.

Das ist für die Gemeinde der Nachfolger, für die Kirche Jesu Christi – besonders heute – deshalb unabdingbares Kennzeichen ihrer Aufgabe: Sie ist als Kirche des Christus Dienstgemeinschaft untereinander und für alle Menschen. Ihr Zeugnis des Dienstes in Verkündigung und Tat ruft in die Freiheit der → Nachfolge Jesu Christi, heraus aus der Bindung an die todbringende Macht der Sünde. Der Christustitel ist *Dienstbezeichnung*, das haben wir festzuhalten und als Christusgemeinde immer wieder neu zu lernen und handelnd zu leben.

Im Mittelpunkt dieses Dienstes Gottes für uns Menschen steht das Kreuz in doppeltem Sinn. Einmal als Gerichtszeichen über diese Welt: So tief ist die Verlorenheit der Menschen und der ganzen Schöpfung, daß Gott in solche Tiefe hinabkommen muß; so schwer die Strafe, die der Gottessohn an sich erleidet. Eben darin wird das Kreuz Christi zum Heilszeichen für unsere Welt: Gott will dieses →

Opfer Christi gelten lassen und jedem, der sich von seinem Christus dienen läßt, die Gerechtigkeit des ewigen Lebens hier und jetzt schon in der → Vergebung der Sünden schenken.

Die Christusgemeinde dient dem Sünder, wie ihr Herr, der Christus. Das ist ihr unverwechselbarer Auftrag; ihr Wort, das nur sie, bevollmächtigt von der Bibel her, ausrichten kann. Christusverkündigung ist Rettungsruf, Einladung in die Nachfolge.

3. Der Christus und sein Reich

Mit dem Bekenntnis zu Jesus als dem Christus ist aber auch die *Machtfrage* über diese Welt gestellt und entschieden. Der irdische Weg Jesu zum Kreuz erweist die durchhaltende Macht der Liebe Gottes zu seiner Schöpfung, die er nicht dem Untergang überläßt. Seine → Liebe siegt über die Mächte der → Sünde, des → Bösen und damit über den → Satan. Die Machtfrage wird am Kreuz Jesu Christi ein für allemal zugunsten der Liebe Gottes geklärt. Die Macht der Christusnachfolger, der Kirche Jesu Christi in dieser Welt, besteht deshalb in der Liebe. An der Liebe Gottes, die sie in der Erneuerung und Erlösung ihres verfehlten Lebens erfahren haben und nun in Wort und Tat weiterleben dürfen. Es ist die Macht der Liebe Gottes in seinen Kindern, die das Böse mit Gutem überwindet, die den segnet, der ihr flucht, denen wohltut, die sie hassen, für die bittet, die sie beleidigen und verfolgen und auch den Feind nicht losläßt (vgl. Mt 5,38–48).

So sind die → Kinder Gottes Bürger des neuen Reiches, das nicht von dieser Welt ist. Das → Reich Gottes, das zusammenfassende Thema der ganzen Verkündigung Jesu, ist keine irdische Größe in dem Sinn, daß etwa ein Gebiet oder ein Staat so zu benennen wäre. Alle Versuche, das Reich Gottes irdisch zu verwirklichen, scheitern an den Aussagen der Bibel. Reich Gottes ist weder die »reine Kirche« – wie oft ist dieser Versuch fehlgeschlagen! –, noch die »befriedete Gesellschaft«, wie immer dieses Ziel auch verfolgt wird. Das Reich des Christus besteht zunächst in seinen Nachfolgern und vollzieht sich als Umgestaltung, ja Neuschöpfung dieser sichtbaren Welt in Gegenwart und Zukunft durch die Botschaft des Evangeliums.

4. Der Christus als König

Grundlage aller Erwartung der Wiederkunft Christi ist seine Auferstehung von den Toten. Die Auferstehung Jesu Christi ist keine Wiederbelebung, wie bei den in der Bibel bezeugten sonstigen Totenauferweckungen. Der auferstandene Jesus Christus ist der Erste der neuen Schöpfung. In seiner Auferstehung vollzieht sich der Beginn der Neuschöpfung. Sie wird zur Verheißung für alle, die ihm angehören. Es wird kein menschlich geschaffenes Reich des Friedens und der Gerechtigkeit geben. Wir Menschen scheitern immer an unserem eigenen bösen Herzen, trotz aller hoffnungsvollen Utopien. In der Wiederkunft Jesu Christi wird diese Welt gerichtet werden und endgültig das Heilsreich der Gerechtigkeit und des Friedens von Gott geschaffen werden (vgl. Jes 65,17; 2Petr 3,13).

Die Christusgemeinde ist somit wartende und hoffende Gemeinde, die nach der Zusage und Verheißung ihres Herrn dem Tag entgegengeht, »an dem sich in dem Namen Jesu beugen sollen aller derer Knie, die im Himmel und auf Erden und unter der Erde sind, und alle Zungen bekennen sollen, daß Jesus Christus der Herr sei, zur Ehre Gottes des Vaters« (Phil 2,10.11).

H. Krimmer

Jubel → Freude/Jubel

Jubeljahr

I. Wortbedeutung

Ein Sachverhalt – mehrere Übersetzungen

Wer das Wort »Jubeljahr« in einer Konkordanz sucht, stellt häufig fest: Fehlanzeige. Das hängt damit zusammen, daß es für den biblischen Anlaß keinen Begriff gibt, der sich allgemein durchgesetzt hat. Deshalb zuerst der Sachverhalt:

3Mo 25,8ff wird Mose von Gott eine Anweisung für das Volk Israel aufgetragen, die tief in das Volks- und Wirtschaftsgefüge eingreift. Nach jeweils sieben mal sieben Jahren (sog. Passajahren), also im 50. Jahr, soll am Versöhnungstag *(jom kippur)* das Signalhorn (Posaune/hebr. *schofar*) im ganzen Land ertönen. »Heiligt das fünfzigste Jahr und verkündet Freiheit im Lande für alle Bewohner. Ein Jobeljahr soll es für euch sein. Da soll jeder wieder in den Besitz seines Grundeigentums gelangen und jeder wieder zu seinem Geschlecht zurückkehren« (3Mo 25,10 Jerusalemer Bibel).

a) *Jobeljahr:* »Jobel« ist das hebr. Wort für »Widder«, »Widderhorn«, das 3Mo 25,10 benutzt wird. »Jobeljahr« ist also die Zeit unter dem Schall dieses Horns. In textnahen Übersetzungen, auch in der wissenschaftlichen Arbeit, greift man auf dieses Wort zurück.

b) *Jubeljahr:* Der Inhalt der Ankündigung bietet für viele einen Grund zur → Freude. Deshalb übersetzt die lateinische Bibelübersetzung Vulgata: *annus iubileus, iubilei.* Es ist ein Jahr des Jubelns. Diesen Begriff gebraucht z.B. die Einheitsübersetzung.

c) *Halljahr:* Martin Luther dachte bei »Jobel« eher an den Schall der Posaune und übersetzte »Halljahr« (so auch die Zürcher Bibel).

d) *Erlaßjahr:* In der revidierten Lutherbibel (1975) wird stärker vom Inhalt des Jubeljahres ausgegangen. Es ist ein Erlaßjahr, denn Schulden werden erlassen, Land muß zurückgegeben werden an den ursprünglichen Besitzer, Sklaven werden befreit, und wie im Sabbatjahr, das alle sieben Jahre gefeiert werden soll, wird nicht gesät und geerntet, weil das Land seinen Sabbat vor Gott haben soll (vgl. 3Mo 25,1–24; 2Mo 23,10.11; 5Mo 15. Mißachtung dieser Vorschriften: Jer 34,8–16; Einhaltung: 1Makk 6,49–53).

→ Israel kann über das Land nicht frei verfügen, denn es gehört Gott: »Darum sollt ihr das Land nicht verkaufen für immer; denn das Land ist mein und ihr seid Fremdlinge und Beisassen bei mir« (3Mo 25,23). Und die Menschen im Lande? »Mir gehören die Israeliten als Knechte; meine Knechte sind sie, die ich aus Ägyptenland geführt habe. Ich bin der Herr, euer Gott« (V. 55). Deshalb sind alle menschlichen Herrschafts- und Abhängigkeitsverhältnisse, der Landbesitz und die Ausnutzung des Ertrages des Landes von Gott deutlich sichtbar begrenzt.

Ein herausforderndes Kapitel der Bibel, das nicht nur im geistig/geistlichen Sinn übertragen verstanden werden will. Volks- und Wirtschaftsstruktur haben etwas mit dem erklärten Willen Gottes zu tun. Es ist kein Zufall, daß das Jubeljahr am Versöhnungsfest ausgerufen werden soll. Das Gnadenangebot Gottes befreit und verpflichtet zur Versöhnung mit dem Bruder bis in den wirtschaftlichen Bereich.

II. Der Begriff in der Bibel

Die Ausführungen über das Jubeljahr sind im wesentlichen konzentriert auf das Kap. 3Mo 25.

Außer der Einsetzungsanweisung finden sich dort auch genauere Richtlinien und Bestimmungen für Sondergruppen wie Leviten, jüdische Sklaven bei nicht-israelitischen Herren usw. (Ergänzungen in 3Mo 27,16–24 und 4Mo 36,4). Mehrmals wird darauf hingewiesen, bei den notwendigen finanziellen Geschäften den → Bruder nicht zu übervorteilen.

Anders als das Sabbatjahr scheint das Jubeljahr sonst in der Bibel keine Erwähnung mehr zu finden. Ist es je durchgeführt worden? War es eine irreale Utopie? Immerhin ist es Gebot Gottes! Spielt Jes 61,1.2 nicht auf das Jubeljahr an? Der Prophet spricht: Gott hat mich gesandt, »den Elenden gute Botschaft zu bringen, zu verkündigen den Gefangenen die Freiheit, die zerbrochenen Herzen zu verbinden, den Gebundenen, daß sie frei und ledig sein sollen; zu verkündigen ein *gnädiges Jahr des Herrn . . .*«

Jesus nimmt genau diesen Text bei seiner Antrittspredigt in Nazareth auf (Lk 4,16–21).

Spuren der 4 Hauptaspekte des Jubeljahres finden sich überall im NT:

1. *Der Boden liegt brach.* Der Beruf ruht. Jesus antwortet auf die Frage nach dem täglichen Brot in der Bergpredigt mit dem Hinweis auf die → Fürsorge des → Vaters (Mt 6,11 und 25–33).

2. *Erlaß der Schulden.* Ist die Vaterunser-Bitte »Vergib uns unsere Schuld, wie wir vergeben unseren Schuldnern« genauso wie das → Gleichnis vom unbarmherzigen Knecht (Mt 18,23–35) vielleicht auch sehr konkret materiell gedacht? Das griech. Wort für »vergeben« im Vaterunser (*aphiemi,* lassen, auslösen, erlassen) wird in der griech. Übersetzung des AT als Begriff für das Jubeljahr gebraucht.

3. *Sklavenbefreiung.* Steht hinter Lk 6,34ff die Frage nach der Auslösung aus der Schuldknechtschaft (→ Knecht/Sklave/Knechtschaft)?

4. *Familienbesitz wird zurückgegeben;* damit wird die Existenz ohne Knechtschaft erst ermöglicht. Die Ansammlung von Gütern zu selbstsüchtigem Genuß wird verworfen (vgl. Zachäus Lk 19,1–10).

III. Der Begriff heute

»Ihr sollt das fünfzigste Jahr heiligen«. Heilig heißt ausgesondert für Gott, ganz ihm gegeben, ganz für ihn da, bis hinein in die Besitzstrukturen. Die Heiligung des fünfzigsten Jahres schafft wieder gleiche Ausgangsmöglichkeiten. Wir feiern kein »Heiliges Jahr«. Warum nicht? Ist keine Not mehr vorhanden? Hat Jesus eine beruhigendere Lehre vom Eigentum und den Abhängigkeiten vermittelt? Die katholische Tradition kennt das Heilige Jahr: »Im übertragenen Sinne gewährt das Heilige Jahr oder Jubeljahr der Kirche in periodischen Abständen den Christen besondere Gelegenheit zu einem Nachlaß ihrer Schulden, die sie Gott gegenüber haben« (Jerusalemer Bibel).

Eine gute Institution. Aber warum nur im übertragenen Sinne? Geht es nicht gerade darum, aus der → Versöhnung mit Gott nun zur Versöhnung mit den Menschen zu kommen (vgl. 1Jo 4,19–21)? Gott verlangt, daß unter Glaubenden radikal veränderte wirtschaftliche Beziehungen herrschen. Die Befreiung Gottes geht bis an das Geld. Das Jubeljahr erinnert uns heute daran, daß die → Nachfolge Jesu und die Orientierung am → Reich Gottes nicht aufs Innerliche beschränkt bleiben darf. Die weltweite → Armut, der Hunger und die Unterdrückung sind dem Reich Gottes feindliche Strukturen. Wir können ihnen nicht einfach entrinnen, haben uns aber auch nicht kritiklos anzupassen. Wir sind unseres Bruders Hüter, wie wir Verwalter, → Haushalter Gottes auf der Erde sind. Gott gibt der Erde auch ein Recht gegen uns. Ökologische Fragen stehen deshalb nicht außerhalb des Interesses eines Christen.

Gott hat das Jubeljahr noch nicht storniert.

H.-G. Filker

Jude → Israel/Jude/Hebräer

Jünger

I. Wortbedeutung

Im Hebr. ist der Jünger ein Lernender, einer, der eingeübt wird. Ähnlich ist es im Griech., wo »Jünger« *(mathätäs)* wörtlich übersetzt »Lerner« heißt. Im Dt. ist heute das Wort außerhalb der Bibel kaum noch im Gebrauch. Es hat sich in alter Zeit im Gegenüber zu dem Wort »Herr« (ahd. *hērro,* »der Ältere«) gebildet. Der Jünger ist also im Verhältnis zum Herrn der Jüngere und als solcher Schüler oder Lehrling. In der dt. Sprachentwicklung schwingt also die Beziehung zwischen Herr und Jünger mit. Gerade das wird als der entscheidende Punkt in der Bibel deutlich werden.

II. Der Begriff in der Bibel

A. IM ALTEN TESTAMENT

Hier kommt das Wort »Jünger« nur selten vor. Die für uns wichtigste Stelle steht im 2. Teil des Jesajabuches in einer Verheißung auf Christus hin: »Alle Morgen weckt Gott mir das Ohr, daß ich höre, wie Jünger hören« (Jes 50,4). Nicht die fleißigen Hände und Füße sind das Wichtigste, sondern das Ohr, das bei Jesus ganz nahe bei seinem → Vater war. Er wollte nichts anderes als dessen Willen tun. So lernte er »mit den Müden zu rechter Zeit zu reden«. Er ist also das Urbild für das Jüngersein. Und die Verheißung: »All deine Söhne sind (einst) Jünger des Herrn« (Jes 54,13) wird sich erst durch ihn erfüllen.

B. IM NEUEN TESTAMENT

Hier erfahren wir, daß auch die → Pharisäer Jünger haben (Mt 22,16). Sie üben sich in die Lehren ihrer Meister ein.

1. DIE ANDERE VERBINDLICHKEIT

Etwas ganz anderes sind Jünger Jesu. Das spürt Johannes der Täufer sofort und zeigt darum seinen Jüngern den Weg zu Jesus und hält sie nicht bei sich fest (Joh 1,35). Jünger Jesu lernen nicht eine neue Lehre wie die Jünger der → Pharisäer; sie vertreten nicht eine gute Sache, sondern sind mit ihrem ganzen Leben an Jesus gebunden. So bedingungslos kann und darf keiner an einen Menschen gebunden sein. Darum ist im AT, wo Jesus noch nicht offenbar war, so wenig von Jüngern die Rede. Jesus allein darf sagen: »Lernet von *mir*« (Mt 11,29) und: »Bleibet an meinem Wort, so seid ihr in Wahrheit meine Jünger« (Joh 8,31; → Lehre/Lehrer).

2. WER WIRD »JÜNGER« GENANNT?

Die Jünger im NT sind zuerst »die Zwölf« im Anschluß an die 12 Stämme Israels (Mk 4,10; Lk 8,1; Mt 26,20 u.a.). Sie werden auch → Apostel genannt (Mt 10,2; Lk 6,13 u.a.).

Die Zahl »zwölf« weist hin auf das neue Gottesvolk, den Anfang des → Reiches Gottes durch Jesus. Darum wird später Matthias für Judas nachgewählt (Apg 1,15ff).

Über die Zwölf hinaus hat Jesus einen großen Kreis von Jüngern. So sendet er die 70 aus (Lk 10,1.17). Es sind auch Frauen dabei (Lk 8,2). Und es kehren sich auch Jünger wieder von Jesus ab (Joh 6,66).

Das Wort »Jünger« kommt außer in den Evangelien nur in der Apostelgeschichte vor (9,1.19; 21,4 u.a.). Vielleicht war »Jünger« im griech. Raum mißverständlich, weil sich Philosophenschüler so nannten, denen es nur um theoretisches Wissen ging. Wer aber Jesus nachfolgt, gehört ihm ganz. So ist in den ntl. Briefen entsprechend von → Kindern Gottes die Rede, damit jeder merkt: Es geht um eine neue Geburt (→ Wiedergeburt) und um ein ganzes Leben mit Jesus.

3. JÜNGER JESU IN DEN EVANGELIEN

a) Jünger werden von Jesus *gerufen* (Mk 1,16f; 2,14; 3,13 u.a.; → Berufen/Berufung). Jesus hat → Vollmacht zu rufen und in das Alltagsleben von Menschen einzugreifen.

b) Jünger *hören und folgen.* Sie binden ihr ganzes Leben äußerlich und innerlich an Jesus. »Sie folgen ihm nach« (Mk 1,18.20 u.a.) und verlassen ihren Beruf und Besitz. Sie wissen nicht, was vor ihnen liegt. Sie schließen sich bedingungslos und ganz Jesus von Nazareth an.

c) *Jünger lernen.* Erst bei Jesus entdecken sie, wieviel sie lernen müssen. Sie lernen *lieben* (→ Liebe). Ihr eigenes → Herz ist hart: Sie weisen die Mütter mit den Kindern ab (Mk 10,13). Sie wollen Feuer vom Himmel fallen lassen aus Ärger über die Samariter, die sie nicht aufnehmen (Lk 9,54). Und nun erfahren sie, daß Jesus nicht gekommen ist zu verderben, sondern Menschen zu retten (Lk 9,56).

Sie lernen *glauben* (→ Glaube/Vertrauen). Ihr Unglaube wird vielfach offenbar. Darum versagen sie bei einem Hilfesuchenden wie dem Vater des epileptischen Knaben (Mk 9,18.19). Sie haben Angst vor dem Weg nach Jerusalem (Joh 11,8). Darum bitten sie Jesus: Mehre unseren Glauben. Jesus geht es aber nicht um die Menge ihres Glaubens, sondern um die Ungeteiltheit, und wenn er klein ist wie ein Senfkorn (Lk 17,5f).

Jünger Jesu sollen *leiden* lernen (→ Leiden/Dulden). Sie selbst sind leidensscheu. Darum glauben sie, daß Jesu Leidensweg ein Unglück für ihn ist und wollen ihn zurückhalten (Mk 8,31–34). Aber Jesus sagt ihnen, daß er sie wie Schafe mitten unter die Wölfe senden muß (Mt 10,16) und daß er seine Jünger führen kann, wohin sie nicht wollen (Joh 21,18).

d) *Jünger geben Jesus zu tragen.* Sie streiten sich, wer unter ihnen der Größte sei (Mk 9,34). Sie verstehen Jesu Worte nicht und hängen ihren eigenen Gedanken und Vorstellungen nach (Mk 8,17). Sie fallen im Ernstfall für Jesus aus: Sie schlafen, als sie mit ihm wachen und beten sollen (Mk 14,37), sie retten sich bei der Verhaftung Jesu und laufen davon (Mk 14,50). Er aber trägt sie in großer → Geduld und bittet für sie als der treue Hohepriester (Joh 17). Ja, er hat schon vor dem Versagen für seine Jünger gebetet, daß ihr Glaube nicht aufhöre (Lk 22,32).

e) *Jünger erfahren die → Vergebung und → Treue Jesu.* Voller Angst sitzen sie hinter verschlossenen Türen (Joh 20,19). Vergessen haben sie alle → Verheißungen der → Auferstehung Jesu, und Jesus tritt als der Auferstandene zu ihnen herein, schenkt ihnen seinen → Frieden und beruft sie neu in den → Dienst (Joh 20,21; 21,15f).

f) *Jünger werden zum Zeugendienst gerufen.* Jesus sendet sie aus (Mt 10,1f). Als der Auferstandene beruft er sie, alle Völker zu Jüngern zu machen.

III. Der Begriff heute

Auch wenn das Wort »Jünger« in unserer Alltagssprache nicht geläufig ist, ist es für uns heute doch unentbehrlich, denn es zeigt uns, wie Jesus Menschen prägt. In Kurzfassung lesen wir das in Mk 3,13–15.

1. Wir werden nicht Jünger durch uns selbst

Jünger wird man nur durch den *Ruf* Jesu. Der → Geist Gottes bewirkt, daß solch ein Ruf, der damals an Petrus oder Levi erging, uns heute persönlich erfaßt. Den jungen Friedrich von Bodelschwingh, Landwirt in Pommern, ergriff das Wort von der Bitte um Arbeiter in Gottes Ernte in einem zufällig besuchten Gottesdienst, und er wußte: Ich muß mich zur Ausbildung als Missionar in Basel anmelden. Der Ruf Jesu, der in der Predigt des Wortes Gottes zu ihm kam, brachte eine totale Wende in sein Leben.

2. Jesus ruft Jünger immer zuerst zu sich selbst

Jesus rief die zwölf, daß sie *bei ihm* sein sollten (Mk 3,14). Jeder soll Jesus selbst und nicht nur vom Hörensagen kennen und lieben lernen. Keiner soll nur aus Tradition mitlaufen. Gerufene erleben einen tiefen Einschnitt im eigenen Leben. Die einen werden aus ihrem Beruf in einen speziellen Dienst im Reich Gottes herausgeführt. Auch heute geben Menschen ihre gesicherte Laufbahn auf. Anderen wird gezeigt: Bleibe im alten Beruf als ein neuer Mensch, jetzt aber mit offenem Haus, mit offener Geldtasche, mit geöffnetem Mund zum Zeugnis in der Schule, im Geschäft, Krankenhaus oder wo auch immer.

3. Alle, die Jesus in seine Nachfolge ruft, die sendet er aus in den → Dienst (Mk 3,14), und zwar als »Menschenfischer« (Lk 5,10)

Oft zagen wir und stellen fest: *Wir* können das nicht leisten, was ein Jünger tun sollte. Wir müßten begabter oder schlagfertiger sein. Die Evangelien bezeugen uns: Jünger sind nie Könner, sie bleiben Lernende. Unsere Schul- und Berufsausbildung schließen wir eines Tages ab. Schüler Jesu bleiben wir unser Leben lang. So hat der Jünger nicht Zeit, an sich und sein Unvermögen zu denken. Er weiß, daß Jesus für jeden Dienst, den er vom Jünger haben will, → Vollmacht gibt (Mk 3,15). So wird ein Jünger frei, Jesu → Zeuge zu sein, dem man abspürt – ohne daß er viele Worte macht –, daß er zu Jesus gehört. Über sein Mitmachen entscheidet nicht, was »man« heute tut, sondern Jesus und sein Wort. Dabei wird er etwas vom → Leiden um Jesu willen erfahren, oft nur in kleinen Stichen und ironischen Bemerkungen. Dabei denken wir an Jesu Jünger in anderen Ländern, die ganz massiv erfahren, was Jesus in Joh 16,1f vom Leiden in der → Nachfolge verheißen hat. Zeugnisse, die von ihnen zu uns gelangen, bestätigen, was Jesus gesagt hat: »Seid fröhlich und getrost, es wird euch im Himmel wohl belohnt werden« (Mt 5,12).

Wer Jesus nachfolgt und sich zu ihm bekennt, steht unter der großen → *Verheißung:* »Wer mir dienen will, der folge mir nach, und wo ich bin, da soll mein Diener auch sein, und wer mir dienen wird, den wird mein Vater ehren« (Joh 12,26). Der Weg des Jüngers führt nie in die Sackgasse, sondern zum großen Ziel des Reiches Gottes, wo in Vollendung seine Knechte Jesus dienen werden und sein Angesicht sehen dürfen (Offb 22,3f).

K. Brandt

Jungfrauengeburt

I. Wortbedeutung

Der Begriff »Jungfrauengeburt« findet sich nicht in der Bibel. Er ist modern und will die Tatsache ausdrücken, daß jemand ohne Zeugung durch einen irdischen Vater geboren wurde.

II. Die Jungfrauengeburt in der Bibel

Die Bibel kennt nur eine einzige Geburt durch eine Jungfrau: die Geburt Jesu.

1. Verheißen ist diese jungfräuliche Geburt durch Jes 7,14 (vgl. auch Jes 9,5f; Ps 2,7). Zwar benutzt der hebr. Urtext in Jes 7,14 ein Wort, das allgemein die junge Frau bezeichnet, die noch kein Kind hat. Aber die griech. Übersetzung durch die Juden ca. 250 Jahre vor der Zeit Jesu grenzt schon ein, daß eine »Jungfrau«, d.h. eine unberührte junge Frau, gemeint ist. Dasselbe ergibt sich auch aus dem Zusammenhang bei Jes 7,14. Denn die Geburt, die Jesaja ankündigt, ist ein außerordentliches Wunder, und der verheißene Sohn soll nach demselben Zusammenhang der Messias sein (vgl. wieder Jes 9,5–6). So ist kein Zweifel, daß Jes 7,14 wirklich die Bedeutung hat: »Siehe, eine Jungfrau ist schwanger und wird einen Sohn gebären«.

2. Das → Wunder der jungfräulichen Geburt Jesu berichten zwei der vier Evangelisten mit ausdrücklichen Worten. Sie tun es ohne Ausmalung. Ihre Worte sind nüchtern und zurückhaltend und gerade darum vertrauenerweckend. Maria, die Mutter Jesu, wird schwanger, ehe sie mit Joseph, an den sie durch Ehevertrag bereits gebunden war, zusammenlebt. Daß Joseph nicht der Vater ist, ergibt sich aus seiner Reaktion. Er will nämlich Maria später »heimlich verlassen«, weil er einen anderen Mann für den Vater hält (Mt 1,19). Erst Gottes → Engel überzeugt ihn, daß Marias Kind »aus dem heiligen Geist« entstanden ist (Mt 1,18.20). Lukas nennt Maria zum damaligen Zeitpunkt ausdrücklich eine »Jungfrau« und berichtet von der Erklärung des Engels: »Der heilige Geist wird über dich kommen, und die Kraft des Höchsten wird dich überschatten« (Lk 1,27.35). Mt hält noch fest, daß Joseph die Mutter Jesu solange nicht berührte, bis sie Jesus geboren hatte (Mt 1,25).

3. Die beiden andern Evangelisten, Mk und Joh, berichten nichts, was dem widersprechen würde. Für Markus ist Jesus durchweg Gottes Sohn (1,11.13; 3,11; 9,7 usw.; → Sohn Gottes). Im Weingärtnergleichnis bezeichnet sich Jesus selbst als den einen, geliebten Sohn Gottes, der vom → Vater in diese → Welt gesandt wird (Mk 12,6). Im Gespräch mit den Schriftgelehrten macht Jesus deutlich, daß er mehr ist als nur ein menschlicher Abkömmling Davids (Mk 12,35ff). Nach Mk 13,32 gehört er mit dem Vater und den Engeln zur himmlischen Welt. Für Johannes ist Jesus ebenfalls Gottes Sohn. Er kam in diese Welt, nachdem er in Ewigkeit beim Vater gewesen war und das All geschaffen hatte (Joh 1,1ff). Seine Geburt ist also nur der Übergang in eine andere Existenz. Vielleicht deutet Joh mit dem Satz: »Das Wort wurde Fleisch und wohnte (eigentlich: zeltete) unter uns« sogar das Geheimnis der jungfräulichen Geburt Jesu an.

4. Auch Paulus ist überzeugt, daß Jesus aus der Welt des himmlischen Vaters in unsere Welt hereinkam und daß er schon längst vor dem Erscheinen auf Erden eine göttliche Existenz hatte. Jesus ist auch abstammungsmäßig Gottes »eigener Sohn« (Röm 8,32). Am deutlichsten sind die Aussagen des Paulus in Phil 2,6f: Jesus, »ob er wohl in göttlicher Gestalt war, nahm er's nicht als einen Raub, Gott gleich zu sein, sondern entäußerte sich selbst und nahm Knechtsgestalt an, ward gleich wie ein andrer Mensch und an Gebärden als ein Mensch erfunden«. Von dieser Herkunft her und vielleicht auch im Blick auf die Rückkehr zum Vater bezeichnet Paulus in Röm 9,5 Jesus ausdrücklich als »Gott über alles«. Von da aus liegt die Vermutung nahe, daß Paulus in Gal 4,4 auf die Jungfrauengeburt anspielt, wenn er sagt: »Als die Zeit erfüllt ward, sandte Gott seinen Sohn, geboren von einem Weibe« (vgl. 2Kor 8,9; 1Tim 3,16).

5. Noch einmal wird die Auffassung des Johannes durch das letzte Buch der Bibel, die Offenbarung, klar. Denn im Hintergrund von Offb 12,1ff steht gerade die jungfräuliche Geburt Jesu. Wie andere Schriften des NT geht auch der Hebr von drei Gesichtspunkten aus: Jesus ist Gottes Sohn (3,6), er ist höher als die Engel (1,5ff), und er hat erst nachträglich »Fleisch und Blut« angenommen (2,14.17). All dies stimmt mit dem Bericht von der jungfräulichen Geburt überein.

III. Der Begriff heute

1. Der »Evangelische Erwachsenenkatechismus« begann 1975 seine Darstellung über die Geburt Jesu mit dem Satz: »Heutige Christen, die das christliche Glaubensbekenntnis nachsprechen, haben es mit diesen beiden Aussagen (Empfangen durch den Heiligen

Geist, geboren von der Jungfrau Maria) besonders schwer.« In der Tat ist dies unsere Situation. Weniges ist so umstritten und angefochten wie Jesu jungfräuliche Geburt.

2. Ein schwerwiegender Einwand geht von der Beobachtung aus, daß im Altertum auch Heiden glaubten, bestimmte Menschen seien Söhne von Göttern. Man glaubte dies z.B. von ägyptischen und babylonischen Herrschern, oder auch von Alexander dem Großen. In den griech. Sagen gibt es zahlreiche Halbgötter, z.B. Herakles. Auch das NT läßt eine Spur dieses Volksglaubens erkennen. Nach Apg 14,11f hielt man Paulus und Barnabas in Kleinasien für Götter. Das Volk sagte »auf lykaonisch: Die Götter sind den Menschen gleich geworden und zu uns herniedergekommen« (Apg 28,6). Darum sind manche Forscher der Meinung, die Bezeichnung »Sohn Gottes« sei im NT nur ein Ehrentitel und nicht wörtlich zu nehmen. Außerdem seien die Berichte in Mt 1,18ff und Lk 1,26ff späte Produkte der Gemeinde ohne geschichtlichen Wert. Dieser Meinung widerspricht jedoch die Bibel. Nach der Bibel ist die wunderbare Geburt des Messias schon Jahrhunderte vorher angekündigt (Jes 7,14) und die Ereignisse von Mt 1,18ff und Lk 1,20ff haben sich wirklich abgespielt. Wir sehen, wie das Zeugnis verschiedener Bücher im NT übereinstimmt. Dabei ist das Mt-Evangelium kein spätes Produkt, sondern möglicherweise das älteste Evangelium der Christenheit. Es ist auch nicht im heidnischen Raum entstanden, sondern bei den Judenchristen, wo man jeden heidnischen Aberglauben entschieden ablehnte.

3. Ein weiterer Einwand ist der, eine solche übernatürliche Geburt passe nicht zu unserem modernen Weltbild. Doch kann ein Weltbild, das morgen schon wieder überholt sein wird, darüber entscheiden, was Gott tun kann oder auch nicht? Wollen wir der Geschichte, oder gar Gott selbst, vorschreiben, was passieren darf oder was nicht? So ungewöhnlich Jesu Geburt für uns ist, so wenig haben wir als Menschen die gültigen Maßstäbe in der Hand.

4. Manche sagen: »Ich kann auch ohne Glauben an die Jungfrauengeburt Christ sein.« Ein Theologe drückte dies so aus: »Das Bekenntnis von der Jungfrauengeburt läßt sich ... nicht als ein notwendiges ... Stück des Bekenntnisses zu Jesus Christus erweisen.« Sicherlich fängt der Glaube an Jesus kaum mit dem Glauben an die Jungfrauengeburt an. Aber wenn ich Jesus vertrauen lerne und seinem Wort, bzw. dem Wort der Bibel, gehorche, dann sehe ich keinen Anlaß, bestimmte Berichte zurückzuweisen. Gehört zum Glauben an den allmächtigen Gott nicht auch der Glaube, daß Gott Wunder tun kann? Wer aus Denkschwierigkeiten das Wunder der Jungfrauengeburt verwirft, müßte der nicht logischerweise auch die anderen Wunderberichte, ja sogar den ganzen Schöpfungsbericht, verwerfen?

5. Die frühe Christenheit hat das »Empfangen durch den Heiligen Geist, geboren von der Jungfrau Maria« ausdrücklich ins Apostolische Glaubensbekenntnis aufgenommen. Und auch Luther sagt – ähnlich wie Calvin – in seinem Glaubensbekenntnis von 1528, er glaube und wisse, Jesus sei »von dem heiligen Geist ohn Mannes Zutun empfangen und von der reinen heiligen Jungfrau Maria als von rechter natürlicher Mutter geboren, wie das alles S. Lukas klärlich beschreibt und die Propheten verkündigt haben.« Erst seit 200 Jahren ist diese allgemeine christliche Auffassung ins Wanken gekommen.

6. Seine entscheidende Bedeutung hat der Bericht von der jungfräulichen Geburt Jesu darin, daß er klarmacht, daß Jesus mehr ist als ein Mensch. Ein Mensch kann uns Menschen nicht erlösen. Erlösung kann nur von Gott kommen. Damit sind alle Versuche, Jesus nur als Vorbild, als Ideal, als menschlichen Helden oder Revolutionär oder als menschlichen Religionsstifter zu verstehen, Fehlwege. Zwar darf nach der Bibel nicht bezweifelt werden, daß Jesus wirklich *ganzer* Mensch war. Aber zugleich zeigt die Bibel, daß er eben nicht *nur* Mensch war. Vielmehr ist er Gottes Sohn, der auf wunderbare Weise in die Welt kam, mit uns litt, für uns die Sünde überwand und uns am Kreuz erlöste. An Gottes Sohn sind die Pläne des Teufels gescheitert. In diesem Zusammenhang also ist die Jungfrauengeburt zu verstehen.

7. Das Nähere jedoch bleibt ein Geheimnis. Mehr darüber sagen zu wollen, als die Berichte wirklich hergeben, heißt, dieses Geheimnis zu zerstören. G. Maier

K

Kind

I. Wortbedeutung

Ein Kind ist ein unmündiger Mensch, der auf Erziehung und Schutz der Eltern angewiesen und auf diese Weise in die Geborgenheit und Gemeinschaft gestellt ist.

Im AT werden die Angehörigen eines Staates (vgl. 2Kö 19,12) bzw. eines Volkes »Kinder« genannt (z.B. »Kinder Israel«). Auf Kinder gründete sich die Hoffnung des Volkes auf dauerhaften Bestand (vgl. 1Mo 13,14ff).

Im NT werden – entsprechend dem atl. Volk Gottes, den »Kindern Israels« – die Christen »Kinder Gottes« genannt.

Das NT kennt dabei versch. Bedeutungsschwerpunkte und hat dafür unterschiedliche Wörter: *napios* ist der Säugling (vgl. Mt 21,16), *teknon* das Kleinkind in seiner Hilflosigkeit, *pais* der Sohn mit einem oft würdevollen Klang (Sohn Gottes, Söhne Gottes, vgl. Röm 8,14ff); → Kind Gottes.

II. Der Begriff in der Bibel

1. Das Kind als Gabe Gottes

Das AT spricht vom Kind als einer Gabe Gottes (1Mo 33,5), als der Frucht, die aus der innigen Gemeinschaft von Mann und → Frau erwächst. An dem Kind als Gabe Gottes wird der → Segen Gottes in Israel gemessen. Der Wunsch nach dem Kind, seine Erfüllung oder Verweigerung führt zu gewaltigen Spannungen zwischen Mann und Frau (1Mo 30,1–2) und stellt dem Menschen seine Abhängigkeit von Gott vor Augen. Israel muß lernen, daß die Spannung zwischen Kinderlosigkeit und Kindersegen nicht vom Menschen gelöst werden kann. Die Geschichte der Stammütter Israels (→ Mutter) lehrt, daß Gott allein die Macht hat, diese Spannung zu lösen. Damit verdankt Israel seine Volkwerdung allein dem Handeln Gottes. Diese Haltung drückt sich auch deutlich in einigen Namen aus: »Nathanael« heißt »Geschenk Gottes«, »Jonathan« bedeutet »Gott hat gegeben«; es gibt viele weitere Beispiele.

2. Das Kind und die Eltern

Für die Eltern bedeutet ein Kind Ehre und Stolz (Ps 144), → Freude (Ps 128), Segen und Belohnung der → Gottesfurcht (Ps 128,1–3) und eine spürbare Hilfe in Rechtsstreitigkeiten (Ps 127,4f). Vater und Mutter haben die Aufgabe, das Kind zu erziehen (→ Erziehung). Diese Aufgabe ist den Eltern von Gott übertragen, und sie müssen sie in Verantwortung vor Gott wahrnehmen. Damit sind die Eltern nicht oberste Instanz, sondern ebenso wie die Kinder Gott unterstellt (Hes 18,4; 20,18). Ihre Aufgabe besteht darin, die Kinder anzuleiten (Hi 4,3), ihnen Schutz und Zuflucht zu gewähren (Spr 14,26), sie, wenn nötig, auch zu züchtigen (Spr 29,15.17). Besondere Aufgabe der Eltern ist es, die Heilstaten Gottes den Kindern zu verkündigen. In diesem Punkt wird den Kindern auch ausdrücklicher → Gehorsam den Eltern gegenüber befohlen (3Mo 19,3). Hier den Eltern gehorsam zu sein, trägt eine zweifache Verheißung in sich: Gott wird den Kindern das Land geben, und sie werden darin glücklich sein (2Mo 20,12; 5Mo 5,16).

Daß die Erziehung der Kinder niemals ohne Probleme und Spannungen verläuft, beweisen die zahlreichen bibl. Beispiele für eine mißlungene Erziehung. So wird uns in 1Sam 2,12f und 1Sam 8,1f über die mißratenen Söhne Elis und Samuels berichtet. Auch von David wissen wir, daß er seinen Söhnen Amnon (2Sam 13,21) und Adonja (1Kö 1,6) gegenüber versagte. Daß Kinder für Vater und Mutter Verdruß bedeuten können, davon reden die Sprüche (Spr 10,1; 15,20; 17,25; 19,13). Vater, Mutter und Kinder stehen in einem Feld großer Spannungen.

Das AT erhofft eine Überwindung der Gegensätze zwischen den Generationen von der Wiederkunft des Propheten Elia (Mal 3,24). Das NT sieht in Kol 3,20f erst im Blick auf → Christus die Möglichkeit, den Generationenkonflikt zu lösen. Indem in Christus den Menschen (Vater, Mutter, Kind) ein erneuertes Denken geschenkt wird, werden wir gemeinschaftsfähig (→ Gemeinschaft/Teilhabe).

3. Das Kind als Beispiel für den Glaubenden

Jesus bringt in unser Denken noch eine ganz neue Dimension ein. »Wer das Reich Gottes nicht annimmt wie ein Kind, der kommt nicht hinein« (Mk 10,15). Das Kind wird zu einer Herausforderung für uns, unseren Glauben an den Merkmalen des Kindes zu prüfen und zu messen (Mk 10,15; Mt 18,2f). Der Punkt des Vergleiches ist die Abhängigkeit, die Hingabe und das Vertrauen eines Kindes. Jesus will in seiner Gemeinde die Erwachsenen und die Kinder. Seine Antwort auf die abwehrende Haltung der → Jünger macht deutlich (Mt 19,14), wie sehr Jesu Denken unser Denken durchkreuzt und eine andere Wertordnung aufrichtet.

III. Der Begriff heute

1. *Was bedeutet das Kind für uns?* Sehen wir in ihm nur einen Beweis unserer Fruchtbarkeit und Zeugungskraft, in seiner Existenz eine Steigerung unseres eigenen Daseins? Vergötzen wir das Kind und darin letztlich uns selbst? Oder ist es uns eine Last (ein »ungewolltes Kind« in einer »kinderfeindlichen Gesellschaft«)? Oder nehmen wir ein Kind auf als Geschenk Gottes, durch das er selbst zu uns kommen will (Mk 9,36.37; Mt 18,5)? Nehmen wir es auf als Geschöpf seiner Hand, dessen Existenz von Gott gewollt ist, ja das seinen Personwert in Gott hat und das in seiner Unmündigkeit Gottes Macht verkündigt (Ps 8,3)? Nehmen wir ein Kind auf als unseren → Nächsten, dessen Dasein für uns Aufgabe, ja Verpflichtung bedeutet?

2. Mit der Ankunft eines Kindes in dieser Welt sind wir sogleich gefordert, *unsere Aufgabe* an diesem Kind zu erfüllen. Es steht ganz außer Frage, daß die meisten Eltern und Erwachsenen gewissenhaft bemüht sind, das Kind nach den neuesten wissenschaftlichen Erkenntnissen zu nähren, zu kleiden und zu erziehen, um ihm möglichst den Weg in eine glückliche Kindheit und ein erfülltes Erwachsenendasein zu ebnen. Doch auf diesem Weg lauern, trotz aller Bemühtheit von seiten der Erwachsenen, vielerlei Gefahren und Versuchungen, die uns schuldig werden lassen an dem Kind und vor Gott.

Aus der Entwicklungspsychologie des Menschen wissen wir, daß das Kind am Anfang seines Lebens dringend einer Bezugsperson bedarf. Dort, wo – aus welchen Gründen auch immer – die Bindung des Kindes an die Mutter oder eine andere Bezugsperson gestört, unterbunden wurde, erfährt der Mensch eine fundamentale und kaum reparable Schädigung in seiner Entwicklung. Ein Kind, dem diese Zuwendung nicht gegeben wird, »das sich selbst überlassen ist«, wird in seiner Entwicklung behindert und seinen Eltern, besonders seiner Mutter, viel Kummer bereiten. Diese Erkenntnis war den Menschen des ATs nicht verborgen. Wenn sie auch nicht die komplizierten psychologischen Zusammenhänge erkannten, war ihnen deutlich, welche Folgen eine Vernachlässigung des Kindes durch die Mutter mit sich brachte (Spr 29,15).

3. Im normalen Entwicklungsprozeß muß die Mutter das Kind *aus der engen Bindung an ihre Person entlassen.* Das Kind muß sich lösen, um Persönlichkeit zu werden. Doch auch hier lauern Gefahren, die, wenn sie nicht erkannt werden, das Leben des Menschen sehr negativ beeinflussen können. Die fürsorgende → Liebe der Mutter kann zu einer allesverschlingenden Bemutterung entarten, mit negativen Folgen für das Kind (Neurose) und auch für die Mutter. In großer Weisheit sagt uns hier Gottes Wort (1Mo 2,24), daß der Mensch Vater und Mutter verlassen wird, um eine neue Bindung an den gegengeschlechtlichen Partner einzugehen. In Lk 14,26 macht Jesus seinen Nachfolgern deutlich, daß alle natürlichen und rechtmäßigen Bindungen an dem Totalitätsanspruch Gottes geprüft werden müssen.

4. In unserer technisierten Welt mit ihrem Überangebot an Konsumgütern, ihrer Überschwemmung mit Information, optischen und akustischen Reizen lauern für den Menschen, aber in besonderer Weise für das Kind, das diesen Einflüssen hilflos ausgeliefert ist, *unendliche Gefahren.* Die Folgen dieser »Verführungen«, die wir Erwachsenen den Kindern bereiten, zeigen sich heute schon in erschreckender Zahl an verhaltensgestörten, depressiven, verrohten Kindern und Jugendlichen. Es sind unsere entwürdigenden Manipulationen, die das Kind zum wehrlosen Objekt erniedrigen. Das Urteil Jesu über uns ist entsprechend hart: »Wer aber ärgert dieser Geringsten [Kinder] einen, die an mich glauben, dem wäre besser, daß ein Mühlstein an seinen Hals gehängt und er ersäuft würde im Meer, da es am tiefsten ist« (Mt 18,6).

5. Jesus stellt die Existenz des Kindes in dieser Welt als beispielhaft hin (Mt 18,2–6; Mk 10,13–16). Diese *neue Würdigung des Kindes* ist eine der unauslotbaren Tiefen des → Evangeliums. In Gottes Augen zählt nicht, was wir zu bringen haben, sondern was wir uns von ihm in kindlichem Vertrauen schenken lassen. Im Glauben können wir den kindlichen Geist empfangen, so daß wir zu Gott rufen können: »Abba, lieber Vater!« (Röm 8,15).

→ Vater/Abba; → Mutter; → Erziehung

B. Marschner-Busch

Kind Gottes

I. Wortbedeutung

Im Deutschen bezeichnet der Ausdruck »Kind« a) ein Lebensalter, das von der Geburt bis zur Geschlechtsreife dauert; b) das engste verwandtschaftliche Verhältnis eines Menschen zu einem Menschenpaar (Eltern). Beide Verstehensweisen sind in dem Ausdruck »Kind Gottes« verbunden: Gegenüber Gottes Vermögen, Denken und Planen sind die Fähigkeiten seiner Kinder unvollkommen; und doch wissen sie sich als von Gott gezeugte (geborene) Menschen mit ihm verwandt.

Das AT verwendet das hebr. Wort *ben* (vgl. David Ben Gurion). Das NT trennt sehr deutlich in seinem Sprachgebrauch »Kind Gottes« (griech. *teknon*) und »Sohn Gottes« *(hyos)*. Dies sind nicht zwei verschiedene Personengruppen. Vielmehr wird bei »Kind Gottes« das Schwergewicht auf Abstammung und Abhängigkeit gelegt, während → »Sohn Gottes« ein besonderes Vertrauensverhältnis zum → Vater meint.

II. Der Begriff in der Bibel

Wir haben zwischen einer sehr *weiten*, einer *engeren* und einer auf *eine einzige Person* gerichteten Bedeutung des Begriffes zu unterscheiden:

1. Alle Menschen leben als Geschöpfe Gottes in einer Art Kindschaftsverhältnis zu ihm

Zwar werden nirgends in der Bibel alle Menschen ausdrücklich »Kinder Gottes« genannt. Wohl aber gibt es Aussagen, die auf die Vaterschaft Gottes zu allen Menschen hinweisen, so daß wir eine Art von Kindschaftsverhältnis zwischen allen Menschen und Gott annehmen dürfen. Paulus deutet auf diesen geheimnisvollen Zusammenhang hin, wenn er schreibt: »Ich beuge meine Knie gegen den Vater, von dem jede Vaterschaft, die es im → Himmel und auf Erden gibt, ihren Namen trägt« (Eph 3,14f). Im Gleichnis vom verlorenen Sohn (Lk 15) wird uns die *suchende* → Liebe des Vatergottes zu seinem verlorenen Kind gezeigt. Wenn Paulus den Athenern in bezug auf die Menschen – ganz gleich in welcher Glaubenshaltung – erklärt: »In Gott leben und weben und sind wir . . . Da wir nun von Gottes Geschlecht sind . . .« (Apg 17,28f), ihnen also eine sehr nahe und geradezu verwandtschaftliche Stellung jedes Menschen zu seinem Gott bescheinigt, dann dürfen Christen ihre ungläubigen Mitmenschen auf dieses väterliche Bemühen Gottes um sie hinweisen und sie auffordern, daraus *Konsequenzen* zu ziehen.

Allerdings ist dieses sehr allgemein umschriebene Vater-Kind-Verhältnis einseitig und zumeist nur in *eine* Richtung gehend: von Gott zum Menschen hin. Solange der Mensch daraus keine persönlichen Konsequenzen zieht, kann er keine Rechte eines Kindes für sich ableiten.

2. Die Gemeinde Gottes oder einzelne ihrer Mitglieder werden Kinder (oder Söhne) Gottes genannt

Wir müssen zwischen der atl. und der ntl. Gemeinde unterscheiden.

a) *Das Volk Israel*

Schon in 5Mo 32,6 lesen wir: »Jahwe ist dein (Israels) Vater, der dich gegründet hat.« Und in Jes 64,7 wird der Gedanke weiter ausgeführt: »Nun aber, Jahwe, du bist unser Vater! Wir sind der Ton, und du bist unser Bildner, und das Werk deiner Hände sind wir alle« (vgl. u.a. auch Hos 11,1; 5Mo 8,5; Jer 3,4). Geborgenheit und → Freude, aber auch Warnungen vor einem väterlichen Strafen schließt dieser Kindes-Status ein: »Ich will sein (Israels Königs) Vater sein, so daß, wenn er verkehrt handelt, ich ihn züchtigen werde, mit einer Menschenrute und mit Schlägen der Menschenkinder, aber meine Güte soll nicht von ihm weichen« (2Sam 7,14).

Die Einzigartigkeit der Geschichte des Volkes Israel bis heute in → Gericht und herausragenden Leistungen innerhalb der übrigen Völkerwelt hat ihren Ursprung in der Gotteskindschaft eines ganzen Volkes.

b) *Die Gemeinde aus den nichtjüdischen Völkern*

Mit dem Kommen Jesu hat Gott diese Kindschaftsrechte nicht mehr auf Israel beschränkt, sondern erweitert, so daß eine Gemeinde aus Juden und Christen entstehen konnte. »Soviele von ihnen Jesus aufnahmen, denen gab er Vollmacht, Gottes Kinder zu werden, die an seinen Namen glauben« (Joh 1,12). Dies geschieht durch eine geistliche Geburt von Gott aus (Joh 1,13 u. 3,3). Das ist so großartig, daß Johannes ausrufen kann: »Sehet, was für eine → Liebe hat uns der Vater gegeben, daß wir Gottes Kinder heißen sollen! Und wir sind es auch! Geliebte, nun sind wir Kinder Gottes, und es wurde noch nicht offenbar, was wir sein werden. Wir wissen aber, daß wir, wenn es offenbar wird, ihm gleich sein werden, weil wir ihn sehen werden so, wie er ist« (1Jo 3,1f). – Kinder Gottes sind grundsätzlich befreit von der Sklaverei der Vergänglichkeit. Und die ganze Schöpfung, die noch unter ihrer Herrschaft ächzt, wartet darauf, daß sich diese grundsätzliche »Freiheit und Herrlichkeit der Kinder Gottes« auch leiblich realisieren wird. Denn die ganze Schöpfung wird von ihr Gewinn haben (vgl. Röm 8,19–25).

3. Jesus ist der eingeborene (einziggezeugte) Sohn Gottes

Im engsten Sinne verdient nur Jesus das Prädikat »Sohn Gottes«. Seine Kindschaft ist von anderer Qualität als die der Christen. Er nennt sie zwar »Brüder« (Hebr 2,11). Aber nie wurde er von jenen »Bruder Jesus« genannt, weil sie deutlich die Trennungslinie zwischen sich und ihm fühlten. Wenn Petrus anbetend sagt: »Du bist der → Christus, der Sohn des lebendigen Gottes!« (Mt 16,16), dann wird dadurch die Einzigartigkeit Jesu unterstrichen. Paulus nennt ihn den *Erstgeborenen* unter vielen Brüdern. Der erstgeborene Sohn hatte in Israel wesentlich mehr Rechte und Pflichten als alle anderen Geschwister. Nur dieser Sohn kann von sich sagen: »Ich und der Vater sind eins« (Joh 10,30).

Christen sind Menschen, die sich mit diesem Sohn Gottes verbanden. Allein daher leitet sich ihre Stellung ab, auch Kinder und sogar Söhne Gottes genannt zu werden.

III. Der Begriff heute

1. CHRISTEN SIND KINDER IHRES VATERS IM HIMMEL

Gott ist nun nicht in erster Linie ihr Beherrscher (das bleibt er auch), sondern er hat sie in eine große Familie, der er selber vorsteht, aufgenommen. Welche Sonderstellung ein Kind schon in der Welt hat, wird uns deutlich, wenn wir das Verhalten beispielsweise eines Betriebsleiters zu seinem Kind *und* zu einem seiner Angestellten vergleichen:

Vater des Kindes	*Chef eines Angestellten*
Erzeuger	Nicht-Erzeuger
uneigennützig für die Interessen des Kindes	vorwiegend für eigene Interessen oder die der Firma
betrübbar, aber die Kindschaft bleibt unverlierbar (unkündbar)	kann gekündigt werden
Er tut für das Kind alles ohne Bezahlung	Er tut nichts für ihn ohne Gedanken an finanzielle Vorteile
Weiß sich täglich 24 Stunden für alle Bedürfnisse verantwortlich	Es ist ihm gleichgültig, was der Angestellte nach Feierabend tut
Freut sich über Arbeit des Kindes, sieht sie aber nicht als Gegen-*Leistung* an	Freut sich über Arbeit und entlohnt sie nach Tarif
Er leidet mit seinem Kind, besonders mit dem kranken. Gerade das kranke Kind mobilisiert die väterliche Fürsorge	Kranke Angestellte werden – längerfristig gesehen – entlassen

Für Christen gelten Entsprechungen zum Verhalten des Vaters, wie sie in der linken Spalte dargestellt sind. Deutlich wird das in der geradezu vertraulichen Anrede »Abba« (= Papa; vgl. Röm 8,15; Gal 4,6; → Vater/Abba).

2. GOTTESKINDER SOLLEN IHREM VATER EHRE UND NICHT SCHANDE BEREITEN

Andererseits verpflichtet es auch, Kind eines so bedeutsamen Vaters zu sein. Das Kind eines Königs wird sich nie wie das Kind von Herrn Jedermann verhalten dürfen. Es wird von der Umwelt intensiver in seinem Tun und Lassen beobachtet. Sein positives und negatives Verhalten fällt als Ehre oder Unehre auf den Vater zurück. G. Schröter

Kirche → Gemeinde/Kirche

Klein → Arm/Klein/Gering

Knecht Gottes

I. Wortbedeutung

Die hebr. *('ebed)* und griech. *(doulos, pais)* Worte für »Knecht« können den leibeigenen Sklaven (Jer 34,9; 1Kor 7,21), aber auch die höchsten Staatsdiener (1Mo 40,20; Mt 18,23) meinen. Je nach Zusammenhang ist auch »Knecht Gottes« eine Bezeichnung für Niedrigkeit oder Hoheit.

II. Der Begriff in der Bibel

1. ALTTESTAMENTLICHE KNECHTE GOTTES

Wer sich hilfesuchend im Gebet an Gott wandte, nannte sich manchmal seinen Knecht (z.B. Ps 69,18). Ja, alle, die sich Gott unterwerfen und ihm vertrauen, sind seine Knechte (Ps 34,23; 123,2). Doch wurde »Knecht Gottes« auch zum besonderen Ehrennamen von Einzelpersonen wie Abraham (Ps 105,6), Mose (2Mo 14,31 u.ö.), Josua (Jos 24,29) und Hiob (Hi 1,8) oder von Gruppen wie den Erzvätern (5Mo 9,27), den Königen (2Sam 3,18) und → Propheten (1Kö 18,36; Jer 7,25).

2. ISRAEL UND DER GEHEIMNISVOLLE KNECHT GOTTES

Weil das Volk → Israel Gott dienen sollte (2Mo 4,23), kann es »Knecht Gottes« genannt werden (Ps 136,22; Jes 41,8 u.ö.). Es stellte sich aber heraus, daß Israel aus Verblendung und Schuld seinen Auftrag nicht zu erfüllen vermochte (Jes 42,18–25). Nun heben sich in dem Teil des Jesaja-Buchs, der wohl seine endgültige Form durch Schüler (vgl. Jes 8,16) im Exil bekam, vier liedartige Stücke heraus: Jes 42,1–9; 49,1–6; 50,4–11; 52,13–53,12. Sie handeln alle von einem geheimnisvollen Knecht Gottes. Gott hat diesen Knecht vom Mutterschoß an berufen (Jes 49,1.5), ja, ihn selbst gebildet (42,6; 49,4) und mit seinem → Geist erfüllt (42,1). Der Knecht soll das Gottesrecht auch unter die → Heiden bringen (42,1). Obwohl er ohne Aufsehen und in großer Milde wirkt (42,2f), bringt sein → Wort Scheidung und → Gericht (50,10f). Seine → Treue zu Gott setzt ihn Spott und Verfolgung aus (50,5f; 52,14; 53,2f). Er wird als von Gott verlassener Übeltäter behandelt (53,4.9.12) und einem schmachvollen → Tod preisgegeben (53,8f). In Wahrheit aber opferte er sein Leben für die Sünder (53,5.8.10f; → Opfer). Durch einen Machterweis bestätigt Gott dieses stellvertretende Sühneleiden (52,13–15; 53,10–12). Deshalb wird der Knecht Gottes noch »viele Lebenstage sehen« (53,10) und »erhöht« sein (52,13). Die »Vielen«, deren Schuld er trug, sollen ihm gehören (53,12). Nicht bloß Israel sammelt der Knecht (49,5f), er ist auch »das Licht für die Heiden« (42,6; 49,6).

Dieser Knecht Gottes trägt Züge eines Propheten (50,4f), aber auch solche eines davidischen Königs (53,12 vgl. 55,3–5; → Sohn Davids). Sein Leiden erinnert an Hiob, Mose und Jeremia. Die Ratlosigkeit des äthiopischen Kämmerers (Apg 8,30–35) weist darauf hin, daß man den Knecht Gottes in ntl. Zeit verschieden deutete. Wie ein alter nachträglicher Zusatz in Jes 49,3 zeigt, setzten ihn manche mit Israel gleich. Das scheitert aber daran, daß der Knecht auch eine Aufgabe am Volk hat (49,5f). Darum deuteten ihn andere auf den davidischen Messias, wie es Sach 3,8 nahelegt. Dabei übergingen sie jedoch alle Hinweise auf Erniedrigung und Leiden des Knechtes.

3. Jesus als der Knecht Gottes

In der Himmelsstimme bei der Taufe Jesu (Mt 3,17) klang Jes 42,1 an. Gott bestimmte ihn dazu, seine Messiasaufgabe als der leidende Knecht Gottes auszurichten. Zu dieser Sicht bekannte sich auch der Täufer, wenn er Jesus »das Lamm Gottes« nannte, »das die Sünde der Welt wegnimmt« (Joh 1,29). Dabei ist nicht nur an Jes 53,6f zu denken, sondern auch daran, daß das aram. Wort *talja* »Sohn«, »Knecht« und »Lamm« bedeutet.

Obwohl Jesus den Titel »Knecht Gottes« nie auf sich anwandte, ist seine Verkündigung entscheidend von dieser Prophetie geprägt. Das zeigen Sprüche wie Lk 11,22 (Jes 53,12), Mt 17,22f (Jes 53,5.12) und besonders die Abendmahlsworte (Mt 26,28; Jes 53,12; → Herrenmahl), denn der Knecht Gottes erneuert den → Bund (Jes 42,6; 49,8). Auch die Geheimhaltung der Messianität (vgl. Mk 8,30) könnte mit Jes 49,2 zusammenhängen. Besonders wichtig wurde, daß Jesus in seiner Person → Menschensohn und Knecht Gottes verband (Mt 17,22f; 20,28).

Für die urchristl. Mission unter Israel war Jes 53 ein entscheidender Text, weil er den schändlichen Tod Jesu als schriftgemäß erwies (Apg 3,13; vgl. 1Kor 15,3f). Die Synagoge versuchte, diese Beweisführung zu unterlaufen, indem sie den hebr. Text von Jes 53 durch kleine Änderungen umdeutete. Wie die abweichenden Übersetzungen zeigen, ist es sehr schwer, den ursprünglichen Wortlaut wiederherzustellen. Später trat der Titel »Knecht Gottes« zurück, weil ihn manche in Gegensatz zur göttlichen Natur Jesu brachten. Die Aussagen über den Knecht Gottes wurden auf den Titel → Sohn Gottes übertragen. Das war um so leichter, als griech. *pais theou* »Knecht Gottes« und »Sohn Gottes« heißen kann.

4. Christen als Knechte Gottes und Knechte Jesu Christi

Paulus konnte sich einen Knecht Gottes nennen (Tit 1,1). Meist bezeichnete er sich aber als Knecht Jesu Christi (z.B. Röm 1,1), um so seine Abhängigkeit vom Auferstandenen auszudrücken. Doch nicht bloß die → Apostel (2Kor 4,5), sondern alle Christen sind Knechte Jesu (Röm 14,4), weil sie zum Dienst für die Gerechtigkeit berufen sind (Röm 6,15–22).

III. Der Begriff heute

Der Eine und die Vielen

In Jes 40–55 gleichen sich die Aufträge Israels und des kommenden Knechtes Gottes derart, daß man bis heute beide immer wieder identifiziert. Doch wurde erst Jesus, was schon Israel (Jes 2,1–5) sein sollte: »Licht für die Heiden« (Jes 42,6; 49,6 vgl. Joh 8,12). Jesus blieb allerdings nicht allein, sondern stiftete ein neues Gottesvolk, wie das vom Knecht Gottes geweissagt war (Jes 53,10–12). Durch das Abendmahl (Mt 26,26–28) schloß Jesus seine → Jünger zu einer geheimnisvollen Lebensgemeinschaft mit sich zusammen (Joh 6,22–58; 15,1–8). Leib Christi nennt das NT diesen geistlichen Organismus. Der Knecht Gottes und das Gottesvolk, der Messias und seine → Gemeinde bilden eine Art Gesamtpersönlichkeit. Durch den Dienst der Christen ist der → Christus selbst in der Welt gegenwärtig (Eph 4,12).

Stellvertretendes Sühneleiden

Auch wenn der Knecht Gottes untrennbar mit dem Gottesvolk verbunden ist, so steht er ihm doch deutlich herausgehoben gegenüber. Nur *ein* Knecht Gottes konnte triumphierend fragen: »Wer will mich verdammen?« (Jes 50,9). Allein unverschuldetes Leiden kann stellvertretend die → Sünden anderer sühnen (Jes 53,8–12). In deutlicher Anspielung darauf sagt Paulus: »Den, der von keiner Sünde wußte, machte er für uns zur Sünde, damit wir Gottes Gerechtigkeit würden« (2Kor 5,21).

Nur weil Jesus anders war als wir, nämlich ohne Schuld (Hebr 4,15), kann er vor Gott für uns sein.

HEIL AUCH FÜR DIE HEIDEN

Wenn Jesus vom »Lösegeld für die Vielen« (Mt 20,28/Jes 53,10f) oder von seinem »für die Vielen vergossenen Blut« (Mt 26,28/Jes 53,12) redete, dann muß man eine sprachliche Eigenheit beachten. Das Hebr. und Aram. haben kein Wort für »alle« und behelfen sich dafür mit der Umschreibung »die Vielen«. Diese Wendung meint in den Worten Jesu also keine Einschränkung seines Heilshandelns. Schon die atl. Weissagung sprach deutlich vom Auftrag des Knechtes Gottes an den Heiden (Jes 42,1.4; 49,1.6; 52,15). Das war für Paulus eine schriftgemäße Bestätigung seines Apostelamtes unter den Heiden (Gal 1,15f; vgl. Jes 49,1).

DAS LEBEN DER GLÄUBIGEN ALS DIENST

Wenn atl. und ntl. Fromme »Knechte Gottes« genannt werden, dann sind damit wichtige Aussagen über das richtige Verhältnis zu Gott gemacht: Die Gläubigen sind von Gott durch das Blut Jesu teuer erkaufte Leibeigene (1Kor 7,23; 1Petr 1,19 vgl. Jes 53,10.12) und ihm deshalb unbedingten → Gehorsam schuldig (Röm 6,22). Das gibt ihnen aber zugleich → Freiheit von allen möglichen menschlichen Herrschaftsansprüchen (Gal 1,10). Wo es um den Dienst für Gott geht, da können sich Christen allerdings freiwillig »zu jedermanns Knecht machen, um die Vielen zu gewinnen« (1Kor 9,19), wie Paulus mit deutlichem Anklang an das Lösegeldwort (Mt 20,28) sagt. Jesus ist als der wahre Knecht Gottes (Phil 2,7; vgl. Jes 53,12; Mt 20,28) Vorbild für allen → Dienst (Phil 2,5-8).

Sklaven zu haben, bedeutete im Altertum durchaus nicht immer rücksichtslose Ausbeutung. Vielmehr waren die Herren oft durch Gesetz und Sitte dazu verpflichtet, ihre Knechte zu versorgen und zu schützen (vgl. 5Mo 5,15; Kol 4,1). Das gilt erst recht für Gott. Obwohl er alle Voraussetzungen für den Dienst der Christen selbst schafft und deshalb Frucht erwarten kann, verspricht er darüber hinaus sogar noch Lohn (1Kor 3,7f).

Hatten schon die atl. Propheten als Knechte Gottes an der himmlischen Ratsversammlung teilgenommen (Am 3,7), so gab Gott auch den ntl. Sehern Aufschluß über seine Pläne (Offb 1,1). Jesus hat allerdings angedeutet, daß sein Verhältnis zu den Christen noch tiefer ist als das zwischen einem Herrn und seinem vertrauten Knecht, wenn er sie Freunde nannte (Joh 15,15).

GEBUNDENE FREIHEIT

Nicht bloß »Sklave«, auch »Knecht« ist in der heutigen Umgangssprache ein Schimpfwort. Darin drückt sich ein Gesinnungswandel aus: Im Gegensatz zu früheren obrigkeitsgläubigen Generationen will man sich keinen Autoritäten mehr unterwerfen. Wir sehen aber jetzt auch zunehmend, wie der Verlust jeglicher Autorität zu tiefer Bindungslosigkeit führt. Wer auf eigener, absoluter Freiheit beharrt und nicht bereit ist, sich in eine Gemeinschaft einzuordnen, der bleibt eben auch mit seinem Elend allein. Ideologien und Jugendreligionen nutzen diese Not des modernen Menschen aus; und viele sind aus Sehnsucht nach Geborgenheit und einer sinnvollen Aufgabe bereit, sich geistig, seelisch, ja körperlich versklaven zu lassen.

Damit bewahrheitet sich eine bibl. Grundüberzeugung: Der Mensch kann gar nicht darüber bestimmen, ob er ein Knecht ist, er kann nur seinen Herren wählen. Gott als der Schöpfer des Menschen darf mit Recht Autorität über ihn beanspruchen. Doch weil Gott seine Verfügungsgewalt gerecht und liebevoll ausübt, zerbricht er unsere Persönlichkeit nicht. Wer vor Gott kniet, der kann vor Menschen geradestehen. Dieser Satz bewahrheitet sich im Leben aller Knechte Gottes, vor allem aber an dem *einen* Knecht Gottes, Jesus.

R. Riesner

Knecht/Sklave/Knechtschaft

I. Wortbedeutung

Die deutsche Sprache unterscheidet den Knecht, der in einem Dienst- und Lohnverhältnis steht, vom Sklaven, der ein sogenannter Leibeigener ist. Dieser (bzw. sein Leib) ist praktisch Sachbesitz des Herrn und daher, je nach Einstellung dieses Herrn oder rechtlicher Regelungen (siehe AT), mehr oder minder geschützt.

Die hebräische (AT) und die griechische Sprache (NT) können begrifflich zwischen Sklave und Knecht nicht unterscheiden. *Äbäd* (hebr. »Knecht«, zusammenhängend mit »arbeiten«, »dienen«, auch »Gottesdienst«) und *dulos* (griech.) umschreiben ein großes Spektrum unterschiedlichsten Dienens. Die Grundaussage ist in jedem Fall ein Verhältnis der Abhängigkeit, im Negativen wie im Positiven, im Verhältnis zum Menschen wie im Verhältnis zu Gott.

II. Die Begriffe in der Bibel

A. IM ALTEN TESTAMENT

1. »AUS DER KNECHTSCHAFT BEFREIT«

Urbild der Knechtschaft ist für Israel das

Leben unter der Herrschaft des Pharao im Land Ägypten (vgl. 2Mo 13,3: »Haus der Knechtschaft«) mit dem Leiden unter einem harten Frondienst und unter Rechtlosigkeit (vgl. 2Mo 1). Mit diesem Urbild der Knechtschaft verbindet sich das Urbild der Rettung, einer Tat Gottes, die er unmittelbar mit seinem Namen verbindet: »Ich bin der Herr dein Gott, der ich dich aus Ägyptenland, aus der Knechtschaft, geführt habe« (vgl. Ri 6,8; Jer 34,3).

2. RECHTSSCHUTZ FÜR DEN SKLAVEN

In der ganzen orientalischen Welt, also auch in Israel, gehörte die Sklaverei, also die Leibeigenschaft, zur gesellschaftlichen Ordnung. Doch unter dem Glauben an den Gott Israels, der ja als Befreiergott erfahren wurde, mußte sich die Einstellung zu den Sklaven im Volk Israel selber ganz anders gestalten als etwa bei den heidnischen Nachbarvölkern.

Nach israelitischem Recht stand der Sklave unter besonderem Schutz (vgl. 2Mo 20,10; 21,26f). Er hat Zugang zur gottesdienstlichen Gemeinschaft (2Mo 12,44; 5Mo 12,12.18). Beispielhaft für die Stellung des Sklaven ist der Brautwerber Isaaks, der im Glauben an den Gott Abrahams, seines Herrn (1Mo 24,12.27.48), völlig frei als Abrahams Stellvertreter handelt (vgl. 1Mo 24).

3. »KNECHT« ALS EHRENNAME

In der Königszeit heißen Söldner »Knechte«, aber auch hohe Beamte wie Offiziere, Ratgeber oder Gesandte tragen diesen Titel (»Knechte Sauls« oder Davids, 1Sam 25,10.40f, oder »Knechte des Königs«, 1Sam 29,3; 2Sam 9,2.9; vgl. Jos 9,23 von Dienern am Heiligtum). Der Gedanke der Niedrigkeit oder gar der Leibeigenschaft liegt hier völlig fern.

Erst recht ist dies der Fall bei der Selbstbezeichnung des Gläubigen vor Gott, wie sie in der Sprache der Psalmen (34,23; 69,37 u.ö.) oder etwa bei Samuel vorkommt, als er dem ihn anrufenden Gott antwortet: »Rede, Herr, dein Knecht hört« (1Sam 3,9).

Ehrentitel wird der Begriff »Knecht«, wo er die Verbundenheit besonderer einzelner mit Gott unterstreicht, wie bei den Erzvätern (1Mo 26,24 u.ö.), bei Mose (2Mo 14,31 u.ö.), Hiob (1,8 u.ö.), den Propheten (1Kö 18,36), dem König (2Sam 3,18).

Der allgemein Deutero-Jesaja genannte Prophet (Jes 40–55) hat die in diesem Begriff liegende Verbundenheit des Knechtes mit Gott im Sinn, wenn er den ins Exil Verbannten mit der Anrede »Knecht« die Erwählung neu zuspricht (Jes 41,8f; 44,1f.21; 45,4 u.ö., vgl. auch Lk 1,54).

4. DER GOTTESKNECHT

Trotz dieses Gebrauches des Wortes für das ganze Volk Israel ist der Knecht in den sogenannten »Gottesknechtsliedern« desselben Propheten wohl auf eine Einzelperson zu deuten. In Jes 42 gibt ihm die Geistbegabung die Fähigkeit zur weltweiten Rechtsverkündigung (vgl. Jes 11,2ff). Jes 49 schildert seine Berufung, die ihn zum »Licht der Heiden« bestimmt. Kapitel 53 beinhaltet in gewichtigen Aussagen das Bild des leidenden Gottesknechtes. Was ihm widerfährt, sind Verachtung, Einsamkeit, Krankheit, Schmerz, Schuld und Strafe, die er für andere übernimmt, Haft, Tod, Grab bei den Gottlosen.

Wenn man diesen Gottesknecht nur innerhalb des AT betrachtet, bleibt seine Gestalt umstritten und letztlich unerklärbar. Eine Person, die diese Aussagen ausfüllen würde, zeigt sich dort nicht. So bleibt deren Einlösung offen und deutet nach vorne auf die Gestalt Jesu von Nazareth (vgl. Apg 8,30–35).

B. IM NEUEN TESTAMENT

1. HERR UND KNECHT – GOTT UND MENSCH

Auch für den im Neuen Testament angesprochenen geographischen Raum Palästinas, Kleinasiens und Griechenlands ist das Vorhandensein von Sklaven als Normalität vorausgesetzt. In den Gleichnissen Jesu z.B. dient das Verhältnis von Herr und Knecht der Abbildung des Verhältnisses Gott und Mensch (Lk 14,17ff; Mt 21,33ff u.ö.). Es geht in diesem Verhältnis stets um den Vergleichspunkt der Abhängigkeit (Mt 24,45ff; 25,14ff; 18,23ff).

2. EINANDER KNECHT SEIN

Die Wortgruppe wird jedoch auch auf das Verhältnis des Jüngers Jesu zu den andern angewandt. Die grundlegende Stelle für dieses Verhältnis ist die Geschichte von der Fußwaschung (Joh 13,1ff) mit der Darstellung eines zweiseitigen Dienstverhältnisses: Dem protestierenden Petrus sagt Jesus einerseits: »Wenn ich dich nicht wasche (den Sklavendienst der Fußwaschung verrichte), dann hast du keine Gemeinschaft mit mir« (Vers 8, vgl. auch den Christushymnus Phil 2,6–8). Anderseits gilt: »Ich habe euch ein Beispiel gegeben, damit ihr tut, was ich an euch getan habe« (Vers 15). Dieses Sich-gegenseitig-Dienen ist ein Grundgedanke christlicher Bruderschaft (vgl. Mk 10,44; Gal 5,13), ebenso für den missionarischen oder gemeindlichen Dienst (1Kor 9,19; 2Kor 4,5).

Wie der Apostel *Paulus* am Eingang seiner Briefe die Selbstbezeichnung »Knecht/Sklave« versteht (vgl. Röm 1,1; Gal 1,10 u.ö.), läßt sich nicht eindeutig entscheiden; entweder liegt die Betonung auf dem Gehorsam seinem Herrn gegenüber, oder Paulus empfindet nach alttestamentlichem-jüdischem Vorbild dieses Wort als einen Ehrentitel (siehe A3).

3. ALTE UND NEUE »KNECHTSCHAFT«

Doch es gibt auch eine Knechtschaft der Sünde, eine Hörigkeit den widerchristlichen Gewalten gegenüber. Paulus dankt Gott, »daß ihr Knechte der Sünde gewesen seid, aber nun gehorsam geworden von Herzen« (Röm 6,17f; vgl. Hebr 2,15; 1Kor 7,23) und stellt dann jenes »Einst« in den Schatten des »Jetzt«: »Jetzt, da ihr freigeworden seid von der Sünde, seid ihr Knechte geworden der Gerechtigkeit« (6,18; vgl. 1Thes 1,9).

4. NICHT MEHR NUR KNECHTE

Trotz des Gebrauchs des Wortes »Knecht« für das Verhältnis des Gläubigen zu Christus gibt es im Johannes-Evangelium und bei Paulus Aussagen dazu, daß sie dieses Wort als Bezeichnung für den Christenstand nicht für ausreichend halten. Zwar macht es die Abhängigkeit von Gott deutlich, nicht aber die Freiheit und Freiwilligkeit der Christuszugehörigkeit. So heißt es Joh 15,15: »Ich nenne euch hinfort nicht mehr Knechte, denn ein Knecht weiß nicht, was sein Herr tut. Euch aber habe ich gesagt, daß ihr meine Freunde seid.« Ähnlich sagt es Paulus, der den Begriff des Knechtes durch den des Kindes (bzw. Sohnes) überbietet: »Ihr habt nicht einen knechtischen Geist empfangen, sondern ihr habt einen kindlichen Geist empfangen« (Röm 8,15, vgl. bes. Gal 4,1–7).

5. DIE NEUE SICHT DES SKLAVEN

Die Botschaft von der in Christus geschenkten Freiheit gegenseitigen Dienens und Anerkennens hatte das Verhältnis des menschlichen Miteinanders so geprägt (vgl. z.B. Phil 2,1–4), daß es sich auch auswirken mußte auf die Institution der Sklaverei. Paulus sagt deutlich, daß in der christlichen Gemeinde die Unterschiede Jude – Grieche, Mann – Frau, aber eben auch Sklave – Freier keine Rolle mehr spielen dürfen (Gal 3,28; 1Kor 7,22f). Zwar tastet er mit diesem Grundsatz die Institution der Sklaverei nicht direkt sozialreformerisch an (vgl. 1Tim 6,1f; Kol 3,22; Eph 6,5; 1Petr 2,18). Der Satz verändert aber das Verhältnis zwischen einem christlichen Herrn und einem christlichen Sklaven grundsätzlich (vgl. Kol 4,1). Dies zeigt sich besonders im Philemonbrief, wo Paulus Philemon auffordert, den weggelaufenen Sklaven Onesimus »nicht mehr wie einen Sklaven, sondern als einen geliebten Bruder« anzunehmen und zu behandeln (Phlm 16).

III. Die Begriffe heute

1. SEHNSUCHT FREIHEIT, UND DOCH KEIN WEG AUS KNECHTSCHAFT

Es gehört zu den großen Sehnsüchten des modernen Menschen, daß er frei sein möchte. Es geht ihm um die beschworene Freiheit im nationalen Bereich (»Einigkeit und Recht und Freiheit«) und Freiheit im persönlichen Bereich. Der Berufstätige will frei sein von der Gängelung durch einen Vorgesetzten, der junge Erwachsene von der Autorität der Eltern, wir alle von dem knechtenden Gesetz, daß einer wert sei, was er leistet.

Diese Freiheitssehnsucht ist verständlich, und vieles an ihr muß, wenn wir das Evangelium ernstnehmen, unterstützt werden. Und doch erfahren wir, wie relativ und oft genug zwiespältig das Ergebnis errungener Freiheiten aussieht. Wir Menschen schaffen das Reich der Freiheit nicht, nicht einmal im persönlichen Bereich. Denn der Mensch steht sich selber im Wege. Wir erfahren uns im Großen und Kleinen bestenfalls so, wie es der Apostel beschreibt: »Das Gute, das ich will, das tue ich nicht, das Böse, das ich nicht will, das tue ich« (Röm 7,19; vgl. 14–25).

Die Sackgassen im gesellschaftlichen und persönlichen Bereich dokumentieren diese notvolle Wirklichkeit. Die Sehnsucht nach der großen Freiheit endet bei den Drogen, in der Abhängigkeit des z.B. vom Fernsehen »vorgeschriebenen« Konsums, in der Erkenntnis, auch im Politischen eher Spielball mächtiger politischer Umwälzungen zu sein als souveräner freier Staat. Freiheitssehnsucht endet in der Leere, in der Sinnkrise, in Depression oder Aggression. Diese Bestandsaufnahme beschreibt die Knechtschaft des von seinem Egoismus nicht loskommenden Menschen und belegt die Sicht der Bibel, der Mensch sei unter die Knechtschaft von »Mächten und Gewalten« geraten (vgl. Eph 6,12).

2. »EIN CHRISTENMENSCH IST EIN FREIER HERR ÜBER ALLE DINGE UND NIEMAND UNTERTAN«

So hat Martin Luther vom Neuen Testament aus den Christenmenschen gesehen, sofern dieser sich hat dreinreden lassen, dreinreden lassen von einem bestimmten Herrn. Es erscheint widersprüchlich: erst *dieser Herr, diese Herrschaft,* schafft Freiheit. Dieser Herr muß freilich den »Mächten und Gewalten« gewachsen sein. Jesus Christus war es und ist es! Denn er ist Sieger über die Macht der Schuld, Satans, und des Todes, und das den Menschen zugut. Das schafft den Glaubenden eine königliche Freiheit inmitten einer Welt, die knechten will, wie sie selber geknechtet ist. Gerade nicht der Weg der Selbstverwirklichung und Selbstfindung führt in die Freiheit, sondern die Tat Christi, die uns von diesem gefangenen Selbst befreit und uns »erlöst« zu einem neuen Leben in der Gemeinschaft mit ihm (vgl. Röm 7,24f).

3. »Ein Christenmensch ist ein dienstbarer Knecht aller Dinge und jedermann untertan«

Dieser zweite Satz, von Luther bewußt neben den ersten gesetzt, widerspricht der königlichen Freiheit des Christen nicht. Denn erst jetzt ist der Mensch frei »zum Knechtsein«, weil ihn Gott befreit hat von seinem eigenen Herr-sein-Wollen. Dieser königliche Mensch wird andere höher achten als sich selbst (vgl. Phil 2,3), vermag sich selber zu verleugnen, ohne sich etwas zu vergeben (vgl. Lk 9,23f). Sein Selbstbewußtsein hängt ja nicht mehr an seinem Image bei den Leuten. Gerade wo er seinen Herrn fragt und sich von seinem Wort etwas sagen läßt, eröffnet sich für ihn eine Sinnerfüllung, Dankbarkeit, Freude, wirkliches Leben; und nicht zuletzt: Er fängt an, bei Jesus zu entdecken, was Liebe ist, Liebe zum Nächsten, zum Bruder, zur Schwester. So entsteht christliche Gemeinschaft, entstehen Zellen des freien Dienstes von Knechten Gottes, in denen gerade aller knechtische Geist ein unerwünschter Fremdkörper sein wird (vgl. Gal 4,1–7).

4. Leben unter seiner Herrschaft – ein Zeugnis

Der Theologe Helmut Gollwitzer hat das einmal so beschrieben: »Jesus steht in einem großen Werk, dem größten hier auf Erden. Die Revolution des Menschengeschlechts zu einem neuen Leben, zum wirklichen, erfüllten Menschsein. Daran beteiligt er den, den er zu seinem Jünger gewinnt. Daß er mich dabeihaben will, ist täglicher Anlaß zum Staunen.

Ich erfahre täglich die Grenzen meiner Dienstwilligkeit, meiner Bereitschaft zu opfern. Dennoch verzichtet er nicht auf mich. Daran ging mir, als ich ein junger Mensch war, der Kern der lutherischen Rechtfertigungslehre auf, der ›Rechtfertigung des Gottlosen‹, und das hat mich seither nicht verlassen: Er nimmt den Untauglichen an und verspricht ihm damit täglich, ihn tauglich zu machen. Er sagt mir, daß er den liebt, der mir fremd, gleichgültig oder gar unsympathisch ist. Damit weitet er meinen Blick auf die Fernstehenden: auf die außerhalb meines Milieus, auf die Gesellschaftsnöte, auf die Dritte Welt. Sie alle werden zu meinen Nächsten. Er überläßt mich nicht meinen Neigungen und Launen. Er ringt mit mir, es kommt zum Streit, manchmal setzt er sich durch. So gestört zu werden, ist das Heilsamste, was uns widerfahren kann. Daß man ihn ›Herr‹ nennt, kann ich dieser Erfahrung wegen nicht als Bedrükkung empfinden. Er beschneidet meine Freiheit nicht, im Gegenteil, je mehr ich mich von seinem Dazwischenreden bestimmen lasse, desto freier, unbefangener, freundlicher und fröhlicher werde ich.«

→ Knecht Gottes; → Demut; → Freiheit/Frei

U. Laepple

Körper → Leib/Körper

Krankheit/Krankenheilung → s. Seite 407

Kreuz

I. Wortbedeutung

Das griech. Wort *staurós* bezeichnet einen in die Erde gerammten, feststehenden Pfahl, an dem oft ein aufliegender (Form T) oder kreuzender (Form †) Querbalken befestigt wurde. An solchen Kreuzen wurden zum Tode Verurteilte gemartert und hingerichtet. Sie mußten den Querbalken zur Hinrichtungsstätte tragen. Dort wurden sie daran angebunden oder festgenagelt. Dann wurde der Balken mit dem daran hängenden Körper an dem Pfahl hochgezogen und daran befestigt. Diese von den Persern übernommene Hinrichtungsart galt bei den Römern als die »grausamste, entsetzlichste« (Cicero) und »schändlichste« (Tacitus). Sie wurde nur an Sklaven oder Ausländern vollzogen. In den Provinzen kreuzigte man Aufständische, gelegentlich massenhaft, z.B. in Judäa. Das jüdische Strafrecht kannte die Kreuzigung nicht. Aber die Leichen durch Steinigung getöteter Gotteslästerer wurden an Holzpfählen aufgehängt und dadurch als von Gott Verfluchte kenntlich gemacht (5Mo 21,23). Der christliche Kaiser Konstantin schaffte diese Hinrichtungsart ab.

II. Der Begriff in der Bibel

Im AT kommt das Wort nicht vor. Es gibt keine Weissagung der Kreuzigung, wohl aber des Leidens und Sterbens. Daß im NT vom Kreuz die Rede ist, geht auf die *historische Tatsache* zurück, daß Jesus gekreuzigt wurde.

Diese Todesstrafe konnte in Palästina nur von römischen Behörden verhängt und vollstreckt werden. Jesus wurde von den Juden bei Pilatus als politischer Aufrührer angezeigt (Lk 23,2–3.14). Alle vier Evangelien berichten, daß zugleich mit ihm zwei weitere Personen gekreuzigt wurden, wahrscheinlich jüdische Befreiungskämpfer.

Das NT schreibt aber die Verantwortung für die Kreuzigung Jesu den Juden zu (z.B. Apg 2,36). Sie hatten zu jener Zeit wohl nicht das Recht, Todesurteile vollstrecken zu lassen. Sonst wäre Jesus gesteinigt worden (vgl. den Versuch spontaner Lynchjustiz Joh 8,59).

Es steckte aber mehr dahinter. Paulus machte die »Herrscher dieser Welt« (1Kor 2,8), vielleicht dämonische Mächte, dafür verantwortlich. Seit Ostern erkannten die → Jünger Jesu aus dem AT, daß es so kommen mußte (Lk 24,26). Die Kreuzigung lag in Gottes Plan. Man kann nicht annehmen, daß Jesus selbst von seinem Ende überrascht wurde. Er hat schon zu Lebzeiten seinem Tod eine Deutung gegeben. Jedenfalls sagt ein von Paulus zitiertes frühchristliches Lied: Er »ward gehorsam bis zum Tode, ja zum Tode am Kreuz« (Phil 2,8). Er hätte dieser Hinrichtung auch aus dem Weg gehen können; aber er nahm sie auf sich (Hebr 12,2). In Gottes Plan hatte Jesu Tod eine entscheidende *Funktion.* Um sie auszusagen, gebraucht das NT verschiedene Begriffe.

Zunächst lag es nahe, die Kreuzigung Jesu, wenn sie nicht ein tragisches Mißgeschick und damit Scheitern und Ende, sondern von Gott vorgesehen war, in Entsprechung zu einem anderen blutigen Vorgang zu sehen: dem Schlachten der Opfertiere. Nach dem Bericht der drei ersten Evangelien hat Jesus selbst bei dem letzten Mahl vor seiner Hinrichtung in den Deuteworten über Brot und Wein diese Beziehung hergestellt. → Blut, »das für viele vergossen wird« (Mk 14,24) »zur → Vergebung der → Sünden« (Mt 26,28), ist das Blut von Opfertieren. Es war ein → Passamahl. Am Passafest wurden im Tempel Lämmer geschlachtet. Anschließend aß man in den Familien ihr Fleisch. Nach dem Johannesevangelium begrüßte Johannes der Täufer Jesus als »Gottes → Lamm, welches der Welt Sünde trägt« (Joh 1,29.36; vgl. 3Mo 16; → Opfer; → Herrenmahl; → Lamm).

Der Hebräerbrief deutet Jesus als den Hohenpriester, der sich selbst als Opfer darbrachte, »ein für allemal« (Hebr 7,27), der also → Priester und Opferlamm zugleich war, und zwar so, daß es fortan weder Priester noch Opfer mehr gibt.

Durch das Kreuz wurden die zer-kriegten Menschen mit Gott versöhnt (Eph 2,16). D.h. vorher herrschte »Feindschaft«, eine Art Kriegszustand, zumindest Entfremdung, die Bibel sagt: → »Sünde«. Durch das Kreuz wurde die Feindschaft aufgehoben (»getötet«, Eph 2,16), Versöhnung angebahnt, Frieden geschlossen (Kol 1,20); → Heil/Frieden; → Erlösung/Rettung; → Versöhnung/Sühne.

Ein einzigartiges Bild zur Deutung der Funktion des Todes Jesu gebraucht der Kolosserbrief (2,14): Ein Schuldschein, der nach geltendem Recht gegen uns sprach, der uns anklagte, wurde von Gott dadurch aus der Welt geschafft, daß er ihn an das Kreuz heftete. D.h.: Indem Jesus am Kreuz hing, hing dort unsere Schuld; indem er starb, starb unsere Sünde. Paulus bezieht die Aussage des atl. Gesetzes: »Ein Aufgehängter ist verflucht bei Gott« (5Mo 21,23) auf den gekreuzigten Jesus (Gal 3,13). Indem Jesus am Kreuz hängt, trägt er den → Fluch, der nach geltendem Gesetz uns treffen mußte.

Diese Botschaft ist die Mitte des → Evangeliums. Die ganze christl. Verkündigung kann »das Wort vom Kreuz« (1Kor 1,18) genannt werden. Paulus sagt, er habe nur eines mitzuteilen: »allein Jesus Christus, den Gekreuzigten« (1Kor 2,2). Diese Botschaft wird von den einen als Torheit belächelt (1Kor 1,18), von den andern als Ärgernis zurückgewiesen (Gal 5,11); → Anstoß/Ärgernis.

Paulus aber will sich »allein des Kreuzes« »rühmen« (Gal 6,14).

Neben diesem »Wort vom Kreuz« und damit verbunden kennt das NT noch einen *übertragenen Wortgebrauch.* Jesus sagt: »Wer nicht sein Kreuz auf sich nimmt und folgt mir nach, der ist mein nicht wert« (Mt 10,38; vgl. 16,24). Hier ist wohl zunächst gemeint, daß auch die → Jünger Jesu damit rechnen müssen, gekreuzigt zu werden (wie es die Legende später von Petrus berichtet, wohl auf Grund von Joh 21,18–19). Aber nicht alle trifft dieses Los. Trotzdem gehört es zum Christsein, in einem übertragenen Sinne »mit Christus gekreuzigt« zu werden.

Paulus sagt, daß in der → Taufe »unser alter Mensch samt ihm gekreuzigt ist« (Röm 6,6). Tatsächlich lebt der Getaufte weiter, aber für ihn ist eine mögliche Art, zu leben, nämlich die »alte«, herkömmliche, allgemein übliche, »gestorben«. Das heißt praktisch, daß er »hinfort der Sünde nicht dienen« muß und auch nicht darf.

So versteht Paulus sein Christenleben: »Ich bin mit Christus gekreuzigt« (Gal 2,19). Wer zu Christus gehört, der hat die gottlose, von der Sünde bestimmte, eigenmächtige und eigennützige Lebensart aufgegeben. Diese Lebensart heißt bei Paulus → »Fleisch«. Er hat also sein »Fleisch gekreuzigt«, mit all dem, wozu er in seiner Fremdheit und Feindschaft gegenüber Gott Lust hatte und was er anstrebte, »samt den Lüsten und Begierden« (Gal 5,24 → Begehren). Dazu gehört z.B. falscher Ehrgeiz, Aggressivität und Neid (Gal 5,26). »Die Welt«, sagt er, ist mir gekreuzigt; alles, was sie bietet, ist für mich tot; »und ich der Welt« (Gal 6,14): ich bin kein Adressat mehr für ihre lockende Werbung.

Wie bei Jesus das Wort vom Kreuz umstrahlt ist von der Botschaft seiner → Auferstehung, so ist bei den Christen das Sterben mit Christus nur die Kehrseite des neuen → Lebens.

III. Der Begriff heute

Papst Johannes Paul II. sagte von dem polnischen Vernichtungslager Auschwitz, daß es das Golgatha des 20. Jahrhunderts sei. Dieser Satz ist für eine heute verbreitete »Theologie des Kreuzes« bezeichnend. Sie hebt hervor, daß wie so viele Leidende, Gefolterte, Ermordete, auch Jesus gelitten habe, gefoltert wurde und eines grausamen Todes gestorben sei. Jesu Solidarität mit allen Leidenden wird betont. Andere heben hervor, daß Jesus inmitten von Freiheitskämpfern, also Revolutionären, gekreuzigt wurde wie einer von ihnen.

Dabei besteht die Gefahr, daß aus der Hinrichtungsart, die Jesus erlitt, zu weitreichende Schlüsse gezogen werden, so daß man am Ende Jesus als einen Revolutionär deutet, der vor allem eine politische Funktion hatte. Es wird dabei übersehen oder bewußt übergangen, daß, wie das Leben Jesu, so auch seine Kreuzigung nach dem NT ihre Bedeutung in erster Linie *in der Beziehung zu Gott hat.* Das Kreuz Jesu ist nicht nur, wie vielleicht die beiden anderen, oder wie die Hunderte von Kreuzen, die an andern Tagen um → Jerusalem oder Rom standen, Zeichen des Leidens, oft ungerechten Leidens, und des Protestes dagegen (→ Leiden/Dulden). Es hat, weil es das Kreuz des Christus ist, eine andere Qualität, als alle anderen Kreuze. Er erlitt am Kreuz nicht nur die Ungerechtigkeit der Weltherrscher, sondern den → Zorn Gottes und zwar, wie ein Opferlamm, stellvertretend »für viele«, für die ganze Menschheit. Indem er den Zorn Gottes trug, wandte er ihn von uns ab. Daher gilt, was von keinem anderen Leiden und Sterben gilt, wie das Passionslied sagt: »Dein Kampf ist unser Sieg, / dein Tod ist unser Leben, / in deinen Banden ist / die Freiheit uns gegeben. / Dein Kreuz ist unser Trost, / die Wunden unser Heil, / dein Blut das Lösegeld, / der armen Sünder Teil« (Ev. Kirchengesangbuch 663). Und nur deshalb, weil Jesus das Todesurteil Gottes von uns abwandte, indem er es an sich vollstrecken ließ, wird es möglich, daß wir das alte Leben für uns »gestorben« sein lassen und im Frieden mit Gott ein neues → Leben beginnen, ein Leben im → Gehorsam in der → Nachfolge Jesu.

W. Schlichting

Krieg/Waffen

I. Wortbedeutung

Hinter dem deutschen Wort »Krieg« steht etwas wie Hartnäckigkeit und Halsstarrigkeit, eine Anstrengung, die zum Kampf führt. Das griech. Wort für »Krieg« *(polemos)* hat dagegen etwas Motorisches an sich: da werden Dinge (Waffen) und Menschen (Heerhaufen) bewegt, erschüttert und durcheinandergebracht. Dem hebr. Wort für »Krieg« liegt der Gedanke des Festzusammenfügens zugrunde: Kriegführung erfordert den Zusammenschluß zu einer Heeresordnung.

Mit »Waffen« (Mehrzahl) bezeichnet man im Germ. das Kampfgerät. Später begegnet »Waffen« als Wappenzeichen (vgl. das engl. »weapon«). Das griech. Wort bedeutet zunächst einfach Gerät (Tau, Werkzeug), dann Waffen wie etwa den Langschild, ja sogar ganze Truppen. Das hebr. Wort hat meist eine bestimmte Waffe im Auge.

II. Die Begriffe in der Bibel

A. KRIEG UND GLAUBE IN ISRAEL

Wie im alten Orient ist auch für Israel Krieg eine selbstverständliche Schutz-, aber keine Willkürmaßnahme. Das Spiel mit dem Krieg ist böse (Ps 140,3). Brudermord schreit gen Himmel (1Mo 4,10) und fordert Blut heraus. Das 5. Gebot, »Du sollst nicht töten«, schützt Gottes Eigentum, d.h. das Leben (2Mo 20,13). Israel eigentümlich sind die »Kriege Jahwes (Gottes)«: 4Mo 21,14; 1Sam 18,17. So hat es Gotteskriege gegeben, bei denen mitten im entsetzlichen Kampf Gottes Führung im Glauben erfahren wurde. Gott selbst erscheint als »Kriegsmann«. Aber dabei focht nicht → Israel für Gott, sondern Gott für Israel, u.U. sogar gegen Israel (Am 2,14ff). Als »Gottesschrecken« gibt er die Feinde in Israels Hand (5Mo 7,23). Immer wieder wird geradezu seelsorgerlich gemahnt: »Fürchtet euch nicht, schaut auf die Hilfe Gottes, Gott wird für euch streiten, ihr aber sollt stille sein« (2Mo 14,13f; vgl. Jes 7,9).

B. KRIEG IN URCHRISTLICHER SICHT

Im NT werden mehrere Stimmen zum Thema »Krieg« hörbar. Die entscheidende ist die Stimme Jesu. Wenn er auch in einem Gleichnis (!) vom Risiko des Verteidigungskrieges einer kleinen gegen eine große Armee spricht (Lk 14,31f) und Kampfmaßnahmen zum Schutz eines weltlichen (!) Reiches für normal zu halten scheint (Joh 18,36), so ist er doch »unser Friedefürst«. Er lehnt das Töten überhaupt und die Gewalt für sich selber ab. Dem Bergprediger ist das bloße Nicht-Töten noch nicht radikal genug. Das 5. Gebot heißt für ihn auch: Du sollst nicht schimpfen, beleidigen und hassen, sondern im Vollsinn des Wortes: am Leben erhalten, freundlich sein, verzeihen, lieben. Dabei ist Jesus kein

Schwärmer. Vielmehr kündigt er für das Ende der Welt schreckliche Kriege an (Mk 13,7f). Gleichwohl bleibt seine Endrede tröstlich: »Fürchtet euch nicht!« Es ist, als ob er sagen wollte: Der Krieg ist nicht das Letzte. Krieg ist nur Vorletztes. Das Letzte bin → ich. Ich komme nicht mit Krieg. Ich bin das Ende des Krieges.

Diesen Ton nimmt die Offb auf und erweitert ihn gleichsam zu einem überweltlichen Tongemälde mit Großem Orchester: der Endkrieg stammt danach aus dem Abgrund; er nimmt Tiergestalt an (11,7; 12,17; 13,1). Eigentlicher Kriegsstifter ist der → Satan (12,9). Er hat Truppen wie der Erzengel Michael mit seinen himmlischen Gegenmächten. Verglichen mit diesen kosmischen Endkatastrophen wirken unsere irdischen Kriege wie das Geplänkel von Zinnsoldaten. Das machtlose → »Lamm« wird von den Weltmächten angegriffen und siegt doch. Im Glauben hat der Seher zwei großartige Visionen: hier die vier apokalyptischen Reiter (Krieg, Kampf, Hunger, Pesttod: 6,1–8), dort der weiße Reiter Christus mit seinem Gefolge, dem er Teil gibt an seinem Sieg (19,11). Das Bild ist gewagt: Christus selbst als Krieger? Aber der Sinn sprengt das Bild: »in Gerechtigkeit« richtet er und führt er Krieg (19,20f).

Die anderen Stimmen des NT zur Thematik des Krieges klingen ähnlich. Auf die Frage der Söldner nach dem »Tun« des Soldaten antwortet der Täufer mit der Forderung, auf Gewalttat zu verzichten, Rücksicht zu nehmen und zufrieden zu sein (Lk 3,14). Und Jesus geht über das Gebot der Nächstenliebe des AT noch hinaus, wenn er zur Feindesliebe aufruft (Mt 5,43ff. vgl. auch die Seligpreisung der Friedensstifter Mt 5,9). Paulus spricht vom Kriege nur bildhaft (1Kor 9,7; 14,8; Phil 12,25).

C. DAS BIBLISCHE WAFFENGLEICHNIS

Gegen die Einführung von »Rossen und Wagen«, die kanaanäischen und ägyptischen »Panzer«, wendet sich die Prophetie als geistliche Widerstandsbewegung (2Kö 2,12; Jes 31,3). Israel soll vielmehr auf den Herrn vertrauen. So bedarf auch die Stadt Gottes keiner Mauer: → Jerusalem darf kein Fort werden (Sach 2,5–9). Schon im AT ist die Rede von Gottes schützenden Waffen (Ps 91,4), die er auch den Seinen leiht (35,2). Paulus greift das Bild auf: Die Christen tragen Waffen der → Gerechtigkeit und des → Lichtes (Röm 6,13; 13,12). Der missionarische Angriff des Streiters Christi schlägt durch wie »Dynamit« (2Kor 10,4). Die geistliche Rüstung besteht aus drei Teilen: → Glaube, → Liebe, → Hoffnung (1Thes 5,8). Daran und an Jes 59,17 knüpft die geistliche Waffenrüstung von Eph 6,10ff an. In der letzten Stunde und in dem Kampf mit den → Dämonen greift der Streiter Christi zu den »Waffen Gottes« (V. 12). Ihre sechs Teile entsprechen der Bewaffnung des römischen Legionärs: Leibgurt (Göttliche Wirklichkeit), Panzer (Gerechtigkeit), Stiefel (Kampfbereitschaft für Friedenszeugnis), Schild (Glauben), Helm (Heil), Schwert (Geist). Auf keinen Fall will Jesus, daß seine → Jünger das → Kreuz mit Gewalt verteidigen und sich gegen Kreuz und Martyrium mit Gewalt zur Wehr setzen. Da gehört das Schwert zurück »in die Scheide« (Lk 22,49–51). Der Staat mag zur Aufrechterhaltung der Ordnung Gewalt ausüben müssen (Röm 13,4), im → Reiche Gottes gilt nur das Schwert des »Geistes« Jesu bzw. des → »Wortes« Gottes (Mt 10,34; Hebr 4,12).

III. Der Begriff heute

1. Wehrdienst für den Frieden

»Die politische Macht kommt aus den Gewehrläufen« hat Mao gesagt. So sieht die Welt aus, in der wir leben. Auch der Christ kann sich seine Welt nicht aussuchen, er muß in dieser kriegsbedrohten Welt für den Frieden kämpfen. Ist er Soldat, dann wird er als Jünger Jesu seinen Wehrdienst als Mittel zum Frieden verstehen. Die europäischen Staaten fassen die Existenz ihrer Streitkräfte nicht in dem Sinne auf, daß sie Kriege machen, sondern daß sie Kriege verhindern wollen, wenn auch umstritten ist, ob sie in ihrer derzeitigen Entwicklung diesem Ziel wirklich dienen. Dennoch gilt: Wer als Christ Soldat ist, sucht auf diese Weise mit Leib und Leben ganz für den anderen da zu sein; er will im Ernstfall für den → Nächsten (Familie, Volk) und die demokratischen Grundwerte (Freiheit, Recht) Opfer bringen. Der Krieg wird dadurch nicht gerechtfertigt, auch nicht durch die drei frommen Offiziere des NT, deren Geschichte nicht um ihres Berufes willen, sondern wegen ihres Glaubens erzählt wird (Mt 8,5–13; Mk 15,39; Apg 10,1ff). Nur Menschen, die von der → Vergebung leben, können als »Kriegsleute im seligen Stande sein« (Luther).

2. Friedensdienst gegen Gewalt

Wer als Christ Kriegsdienstverweigerer ist und Zivildienst leistet, möchte damit ein Zeichen setzen, mit der → Bergpredigt auf seine Weise Ernst machen (Mt 6,38ff) und gegen Gewalt leben. Sein Friedensdienst ist Protest aus Glauben. Unsere Zeit scheint ohne Krieg nicht mehr auskommen zu können. I. Bachmann hat recht: »Der Krieg wird nicht mehr erklärt / sondern fortgesetzt. Das Unerhörte /

ist alltäglich geworden.« Gleichwohl kann Kriegsdienstverweigerung so wenig wie Wehrdienst ohne weiteres »biblizistisch« begründet werden. Biblisch und historisch belegbar sind nur folgende Tatsachen: Ein ausdrückliches *Verbot* des Wehrdienstes gibt es im NT nicht. Sklaven und Judenchristen als Juden brauchten im Römischen Reich keinen Militärdienst zu leisten. Auch eine *Wehrpflicht* in unserem heutigen Sinne ist unbekannt; man hatte genügend Freiwillige. Wo es aber keine Wehrdienst-Verpflichtung gab, war auch kein Anlaß für Kriegsdienst-Verweigerung. Christen, die Soldaten waren, blieben es vermutlich (1Kor 7,20). Konflikte und erste Verweigerungen sind für die Fälle anzunehmen, in denen von Soldaten Kaiseropfer verlangt wurden. Ende des 2. Jh. lassen sich Christen im röm. Heer nachweisen. Erst in neuerer Zeit hat die Diskussion um die Kriegsdienstverweigerung an Umfang und Schärfe zugenommen. Im Dritten Reich mußte Kriegsdienstverweigerung mit dem Kopf bezahlt werden. In der Bundesrepublik Deutschland ist sie nach dem Grundgesetz »aus Gewissensgründen« geschützt.

3. Waffen wider Willen

Seit Hiroshima sind die Kirchen alle wach geworden. Angesichts der Atombombe ist die Illusion, es gebe »gerechte Kriege«, endgültig zerstört. 1948 hat der Weltkirchenrat in Amsterdam erklärt: »Krieg soll nach Gottes Willen nicht sein.« Im Grunde genommen wollen weder die Christen, die Wehrdienst tun, noch die Christen, die Kriegdienstverweigerer sind, diese Massenvernichtungsmittel. Sie sind für beide Waffen wider Willen. Allerdings gehen die Meinungen auch hier auseinander. Das gewollte atomare Gleichgewicht kann Sicherheit bieten – aber wie lange? Der ABC-Waffen-Verzicht kann Beitrag zum Frieden sein – aber wird der Gegner nun die Schwachstelle ausnützen? Niemand vermag darauf eine glatte Antwort zu geben. Wie zwischen Ja und Nein zum Wehrdienst muß hier der einzelne Christ im Glauben selbst entscheiden (Röm 14,4f). Die Bibel nimmt uns die Weichenstellung nicht ab. Ihr Thema Nr. 1 ist die Heilsfrage (Apg 4,12), nicht die Wehrfrage. Aber Jesus läßt den Jünger bei dieser einsamen Entscheidung nicht allein (Mt 28,20), macht Mut zum Glauben (Mk 9,24) und zeigt Wege der Liebe (1Kor 13; 16,14), die das tut, was dem Nächsten wirklich dient.

Der Krieg stammt aus der Sünde. Wer den Krieg bekämpfen will, muß die Sünde bekämpfen. Hier sind wir bei dem Sieger über → Sünde, → Tod und Teufel an der richtigen Stelle: Stiftet der → Satan Krieg und ist Jesus der Friede, dann können die Christen in seinem Namen Friedensstifter werden.

W. Jentsch

L

Lamm

I. Wortbedeutung

Das Lamm ist im Alten Bund das Opfertier (Opferlamm; → Opfer) beim jährlichen Passafest (→ Passa; 2Mo 12,3–28). In Jes 53,7 wird der geduldig leidende → Knecht Gottes mit einem Lamm verglichen, das zur Schlachtbank geführt wird und die Sündenstrafen trägt. In Joh 1,29 u. 35 wird bezeugt: *Jesus* ist das Lamm Gottes. An 27 Stellen der Offb steht für das griech. Wort *amnos* (Lamm) die Verkleinerungsform *arnion* (Lämmlein). Mit »Lämmlein« ist das mit der Todeswunde gezeichnete Opferlamm gemeint.

II. Der Begriff in der Bibel

Johannes der Täufer spricht prophetisch von Jesus und faßt dessen Bedeutung für die Menschheit zusammen in dem Bekenntnis: »Siehe, das ist Gottes Lamm, das die Sünde der Welt wegnimmt« (nicht »trägt«, wie Luther übersetzt, Joh 1,29). Er bezeugt damit die Erfüllung der Weissagung vom leidenden → Knecht Gottes in Jesus (Jes 52,13–53,12). Diese Deutung der Bildrede vom Lamm Gottes wird dadurch bestätigt, daß in der damaligen Umgangssprache, im Aramäischen, ein und dasselbe Wort *(talja)* sowohl »Lamm« als auch »Knecht« bedeutete. Es ist das Geheimnis des Gottesknechtes, daß er durch Dulden, stellvertretendes Leiden und Sterben siegt. Er ist der Knecht, weil er das Lamm ist. In prophetischer Hellsicht hat der Täufer den Knecht Gottes von Jes 53 als den Messias verkündet, dessen Sühnetod sündentilgende Kraft hat (vgl. 1Jo 1,7; 3,5; Apg 8,32; 1Petr 1,19).

Hinter dem Bild des Lammes steht auch die Erinnerung an das Passafest. In Joh 19,36 wird Jesus, der am Passafest gekreuzigt wurde, als Passalamm angesehen. Auch Paulus bezeugt: »denn auch unser Passalamm, Christus, ist geopfert« (1Kor 5,7); → Versöhnung/Sühne.

In der Offb ergänzen sich die beiden Bilder vom »geschlachteten Lamm« (dem Gekreuzigten) und dem »Löwen aus Juda« (dem Auferstandenen; 5,5–14). Christus, das Lamm, hat viele Hoheitstitel: Er ist der Todesüberwinder, das A und O, der kommende Weltrichter und Weltherrscher, der König aller Könige (19,16 u.a.), allein würdig, das Buch mit den sieben Siegeln zu öffnen und den Geschichtsplan Gottes, seine Ratschlüsse zum → Heil der Welt, zu verwirklichen.

Die erste Christenheit hat das »Lamm Gottes«, den »Knecht Gottes« und den »Messias« in eins gesehen und ausschließlich auf Jesus bezogen. Ihre Verkündigung vom Lamm Gottes besagt ein Dreifaches:

1. Christus hat mit seinem Opfergang und seiner gehorsamen Hingabe die Schuld der Welt weggenommen (»getilgt«: Kol 2,14);
2. dieses Heilswerk ist Gottes Werk: Gott selbst bringt die Opfergabe dar, seinen einzigen Sohn (Röm 8,31–32);
3. das Christusopfer gilt der ganzen Menschheit (es ist nicht – wie das Passalamm – auf die Juden beschränkt).

III. Der Begriff heute

1. In einer Abschlußklasse fragt der Lehrer bei der Bildbetrachtung des Isenheimer Altars, weshalb die Querbalken des Kreuzes mit beiden Enden nach unten gebogen seien. Ein Junge antwortet, die Last der ganzen Welt ruhe darauf. Ein Mädchen meint, die nach unten gebogenen Balkenenden seien die Arme Jesu, die alle in ihren Schutz nehmen wollen, die unter dem Kreuz stehen.

2. Das Bild vom Lamm Gottes veranschaulicht die Tragkraft Christi, es zeigt die Tiefe seines Leidens und die Größe seines → Sieges. Die biblischen → Zeugen und in ihrer Folge die Passionslieder und -bilder verkünden: Christus ist das Lamm Gottes, das gestorben ist für die Welt. Die Passion Jesu bringt die → Wahrheit über den Menschen an den Tag. Sie redet von seiner Zielverfehlung. Jesus ist der Sünde der Menschen zum Opfer gefallen. Er starb durch uns. Dabei geht es nicht um die wenigen Beteiligten bei der Hinrichtung, nicht um die, die geschrien haben: »Kreuzige ihn!« P. Gerhardt sagt das so: »Nun, was du Herr erduldet, ist alles *meine* Last. Ich hab es selbst verschuldet, was du getragen hast.«

3. Die → Sünde, für die Jesus gestorben ist, wird sichtbar an all den Äußerungen, die Menschen voneinander entfremden, als Folge der Entfremdung von Gott: Verrat und Treulosigkeit, Selbstgerechtigkeit, Verlogenheit und Haß, Brutalität und Gewissenlosigkeit. Wir werden nicht fertig mit der Macht der Sünde. Deshalb gab Gott der Welt den Erlöser. Gottes Antwort auf unsere Sünde ist die tragende, leidende → Liebe Jesu. Er nimmt

die Last seiner Menschenbrüder als eigne Last auf sich. Es ist *einer* für *alle* gestorben, »auf daß wir Frieden hätten«, so sagt es das Gottesknechtslied des AT (Jes 53,5). Jeder ist unter das → Kreuz gerufen und darf im Glauben → Vergebung und → Frieden empfangen.

4. »Würdig ist das Lamm, das da starb und hat uns versöhnt mit Gott durch sein Blut, zu nehmen Stärke und Reichtum und Weisheit und Macht und Ehre und Hoheit und Segen. Alle Gewalt und Ehr und Macht und Lob und Preis gebühren ihm, der sitzet auf seinem Thron und also dem Lamm auf immer und ewig.« So schallt es uns mit Pauken und Trompeten in Händels »Messias« entgegen, so ruft es der Seher Johannes in der Offenbarung aus. Christus, das Lamm Gottes ist Sieger. Er hat die Zukunft in seiner Hand.

W. Arnold

Last → Arbeit/Mühe/Last

Leben/Ewiges Leben

I. Wortbedeutung

Was »Leben« ist und bedeutet, weiß jeder, der diese Zeilen liest, aus eigenster, unmittelbarer Erfahrung. Mensch sein heißt auf jeden Fall – so verschieden die Geschicke sind, so sehr wir uns nach Geschlecht und Gestalt, Sprache und Hautfarbe, Erwerb und Besitz, Können und Wissen unterscheiden –, in einem lebendigen → Leib sein Leben haben. Um uns des Lebens bewußt zu sein, genügt es, uns den Puls zu fühlen. Keiner hat ihn selbst angestoßen. Keiner hat dieses Leben sich selbst erworben. Es ist eine – jederzeit kündbare – *Leihgabe des Schöpfers,* von dem der Psalmist sagt: »Bei dir ist die Quelle des Lebens« (Ps 36,10).

Aber ist mit unsrer vitalen Lebendigkeit schon verbürgt, daß wir ein Leben führen, das den Namen »Leben« verdient? Keineswegs! Interessant ist, daß die griech. Sprache, in der das NT verfaßt ist, für das dt. Wort »Leben« zwei völlig verschiedene Wörter hat: *bios* und *zoä.* Wo immer im NT vom »ewigen Leben« die Rede ist, das uns Jesus Christus erworben hat, ist das Wort *zoä* gebraucht: Ein wichtiger Hinweis darauf, daß es gilt, in diesem (so rasch verrinnenden!) irdischen Leben das wahre, wesentliche, unvergängliche Leben zu ergreifen! *bios* dagegen meint das »bio«-logische Leben der menschlichen und außermenschlichen Kreatur. In unerschöpflicher Fülle hat der lebendige Gott, bei dem kein Ding unmöglich ist, in der von ihm geschaffenen Welt Lebendiges verleiblicht. Doch gibt vornweg viel zu denken, daß die Bibel das Wort »Schöpfer« (bzw. das Zeitwort »schaffen«) strikt Gott vorbehält. Er allein handelt wahrhaft schöpferisch, ruft aus dem Nicht-Sein ins Da-Sein (→ Schöpfung/Schöpfer).

II. Der Begriff in der Bibel

1. *In der bibl. Urgeschichte* (1Mo 1–11) wird bezeugt, daß der Mensch seine Lebendigkeit, sein Dasein und Sosein, dem lebendigen Gott verdankt. Zusammen mit den Landtieren am sechsten Schöpfungstag erschaffen, mit denen er – biologisch betrachtet – vieles gemeinsam hat, ist der Mensch doch etwas Besonderes im Schaffen Gottes. Seine Erschaffung wird feierlich angekündigt: »Lasset uns Menschen machen nach unsrem Bild, gemäß unsrer Ähnlichkeit« (1Mo 1,26). Inwiefern trägt der Mensch Gottes Bild? Insofern als er wie sein Schöpfer zum Herrschen berufen ist. Er allein ist auch befähigt, seinen Schöpfer zu erkennen. Der Mensch ist das sehende Auge am Leib der Schöpfung. Daß seine Lebendigkeit eine Leihgabe des Schöpfers ist, wird 1Mo 2,4bff verdeutlicht: »Der Herr bildete den Menschen aus Erde vom Ackerboden und hauchte ihm Lebensodem in die Nase. So wurde der Mensch ein lebendes Wesen.« Man spürt das Staunen des Erzählers darüber, daß Gott aus gewöhnlichem Erdenstaub etwas so Wunderbares wie einen lebendigen Menschen zu erschaffen vermochte. Zugleich wird freilich die unaufkündbare Abhängigkeit des Menschen von seinem Schöpfer bezeugt (vgl. Ps 104,29f). Gott ist es, der den Menschen zum Leben erweckt und ihn in jedem Augenblick durch seine Schöpferkraft über dem Abgrund des Nichtseins am Leben erhält. Jeder Lebenstag ist ein kostbares Geschenk. Im AT gilt es als eine besondere → Gnade von Gott, wenn ein Mensch alt und lebenssatt sterben darf und zur rechten Zeit, nicht zur Unzeit, zu seinen Vätern versammelt wird (vgl. Hi 42,17); → Mensch.

2. Um wirklich zu leben und nicht nur dahinzuvegetieren, ist es freilich unerläßlich, aus der Quelle zu trinken! »Bei dir ist die Quelle des Lebens, in deinem → Licht sehen wir das Licht« (Ps 36,10). Wenn der Mensch sich dem Anspruch Gottes entzieht, verfällt er der Knechtung durch seine Triebe und Leidenschaften und zerstört nicht nur sein eigenes Leben, er greift auch zerstörend, unheilvoll in das Leben anderer, seiner Mitmenschen, ein. Wirkliches Leben, das denNamen verdient, hat er nur in der → Gemeinschaft mit Gott. Was für den einzelnen gilt, trifft für das Volk Gottes als ganzes zu. Wehe, wenn Gott sein Volk anklagen muß, daß es ihn, die Quelle des Lebens, vergißt! »Erstarret ihr Himmel und schaudert, entsetzt euch über die

Maßen, spricht der Herr. Denn zwiefach hat mein Volk gefrevelt: Mich hat es verlassen, die Quelle lebendigen Wassers, und hat sich Brunnen gegraben, rissige Zisternen, die das Wasser nicht halten!« (Jer 2,12). Das Unbegreifliche dieses Abfalls wird in diesem Prophetenwort erschütternd verdeutlicht. Ein Leben im Ungehorsam, in der Abkehr von Gott, ist ein Scheinleben, das mit Fug und Recht dem Untergang, der Zerstörung, dem → Tod verfällt. Umgekehrt gilt: Zum wirklichen, eigentlichen Leben wird der Mensch befreit, wenn er »sich selbst durchsichtig gründet in die Macht, die ihn setzte« (S. Kierkegaard). Welch ein Gewicht die Entscheidung hat, die hier zu treffen ist, wird von dem lebendigen Gott selbst feierlich bezeugt: »Siehe, ich habe dir vorgelegt Leben und Glück, Tod und Unglück. Ich rufe heute Himmel und Erde wider euch zu Zeugen an: Leben und → Tod habe ich euch vorgelegt, → Segen und → Fluch; so erwähle nun das Leben, auf daß du am Leben bleibest, indem du den Herrn, deinen Gott, liebst, auf sein Wort hörst und dich fest an ihn hältst« (5Mo 30,15f).

Dieser Aufruf zum → Gehorsam hat in der Predigt der → Propheten Israels seinen gewaltigen Widerhall. Als Beispiel sei der Prophet Amos zitiert, der beim Erntefest in Bethel die Totenklage anstimmte über → Israel, vierzig Jahre vor dem Untergang des Nordreichs: »So spricht der Herr zum Hause Israel: Suchet mich, so werdet ihr leben« (Am 5,4).

Gott suchen heißt nach seinem Willen fragen und sein Denken, Leben und Handeln danach ausrichten. »Wer Leben begehrt und gerne gute Tage hätte, der hüte seine Zunge vor Bösem und seine Lippen vor trügerischer Rede, der meide das Böse und tue das Gute, der suche Frieden und jage ihm nach« (Ps 34,13). Im 5. Buch Mose wird dieser durch die Erfahrung bewährte Rat mit dem Argument begründet, mit dem Jesus den Versucher in der Wüste abweist: »Der Mensch lebt nicht vom Brot allein, sondern von dem Wort, das aus dem Munde Gottes geht« (5Mo 8,3). Dieses Wort ist in Jesu eigener Person Fleisch geworden (Joh 1,14). Worte des ewigen Lebens haben seine ersten → Zeugen aus seinem Munde vernommen (Joh 6,68). Nun gilt: »Wer den → Sohn Gottes hat, der hat das Leben. Wer den Sohn Gottes nicht hat, der hat das Leben nicht« (1Jo 5,12).

III. Der Begriff heute

1. Beginn, Dauer und Ende des Lebens sind *durch die Erkenntnisse der Medizin* in hohem Maße beeinflußbar geworden. Man denke nur an die Geburtenregelung, an die Geburt von Kindern, die außerhalb des Mutterleibes gezeugt wurden, an die allgemein gestiegene Lebenserwartung und an die Möglichkeiten, die Lebensfunktionen eines Sterbenden mit Hilfe medizinischer Geräte künstlich aufrechtzuerhalten. Zugleich ist durch die Entwicklung immer neuer Massenvernichtungsmittel die Vernichtung sämtlichen Lebens möglich geworden.

2. Mit der wachsenden Fähigkeit des Menschen, gestaltend in das Leben (*bios,* vgl. I) einzugreifen, ist noch keineswegs sichergestellt, daß er auch *die Frage nach dem Wie und Wozu des Lebens* befriedigend beantworten kann. Im Gegenteil: Die Fähigkeit, den Sinn des Lebens zu begreifen, scheint abzunehmen. Das zeigt sich etwa, wenn Philosophen vom Leben als einem »Leben zum Tode hin« sprechen, das darum letztlich sinnlos sei. In unserem Alltag wird es durch steigende Selbstmordzahlen ebenso erschreckend deutlich wie durch Flucht ins Vergnügen oder einen gedankenlosen Trott im täglichen Einerlei.

3. Jesu Wort: »Ich bin der Weg, die Wahrheit und das Leben« (Joh 14,6) zeigt, wo der Sinn des Lebens zu finden ist. *In der Lebensgemeinschaft mit ihm* erfüllt sich das Leben (*zoä,* vgl. I). Wirkliches, sinnerfülltes, ewiges Leben beginnt also nicht erst nach dem Tod, sondern in der Gegenwart, dort, wo Menschen ihr Leben als gute Gabe Gottes annehmen und in der → Nachfolge Jesu gestalten. Gerade weil in der → Auferstehung Jesu die → Hoffnung auf künftiges ewiges Leben begründet ist, wird sich der Christ nicht selbstgenügsam und weltabgewandt zurückziehen und sich und andere auf ein künftiges Leben vertrösten, sondern als einer, der → Gott als den Geber des Lebens kennt, wird er sich für die Erhaltung und Gestaltung des Lebens anderer einsetzen.

4. Über alle individuelle Sinnfindung und Lebensgemeinschaft mit Gott hinaus zielt unser aller Leben hin auf die *Aufrichtung des kommenden Reiches,* in dem die → Gemeinschaft der Menschen untereinander und mit Gott sich in einer vorher nicht zu verwirklichenden Qualität gestalten wird.

H. Lamparter

Lehre/Lehrer

I. Wortbedeutung

Die Wörter für »lehren«, »Lehre«, »Lehrer« in den Ursprachen der Bibel stehen wie im Deutschen in engstem Zusammenhang mit »lernen«. Dabei ist von allem Anfang an zu beachten, daß sie ursprünglich nicht von einem rein verstandesmäßigen Lernen und Lehren sprechen. Vielmehr zeigen gerade auch sie, wie ganzheitlich die Bibel denkt. Es geht bei ihnen um *Angewöhnung von Fertigkeiten* und nicht primär um reine Wissensvermittlung; eher um *Übung (Training)* als um Kopfwissen.

Deshalb übersetzt man das griechische Wort *didaskalos,* das Jesus als einen Lehrer bezeichnet, im Deutschen besser mit »Meister« (z.B. Mt 10,24–25). In der aramäisch sprechenden Umgebung Jesu war dieser Ausdruck vor allem als Anrede häufig zu hören (»Rabbi« wörtlich = »mein Gebieter, mein Meister, mein Lehrer«, vgl. Joh 1,38; 20,16).

II. Der Begriff in der Bibel

A. LEHRE UND GESETZ IM AT

1. *Im AT gehören die Lehre und das Gesetz zusammen.* Nach 5Mo 4,1–14 ist es Pflicht des Vaters, seine Kinder im Gesetz zu unterrichten (V. 10). So ist es überhaupt vor allem das *Gesetz,* das gelernt und gelehrt sein will. Mose lehrt die Israeliten nach Gottes Geheiß »Satzungen und Rechte« (5Mo 5,31). Esra ist nach der Zeit der babylonischen Gefangenschaft des Volkes bestrebt, in Israel wiederum »Satzung und Recht zu lehren« (Esr 7,10). Dankbar betet der gesetzestreue und gottesfürchtige Beter des 119. Psalms: »Meine Lippen sollen von Lob überströmen; denn du lehrst mich deine Satzungen« (V. 171).

2. Das AT ist sich immer bewußt gewesen, *daß Gott allein der wahre und einzige Lehrer ist.* Auf ihn geht jede Lehre eines Mose (2Mo 4,12.15) und eines Esra, der → Priester und Leviten (5Mo 24,8; 2Chr 17,7–9) zurück. Besonders in den Psalmen wird Gott immer wieder ganz direkt als der wahre und umfassende Lehrer angerufen: »Lehre mich, Herr, deinen Weg!« (Ps 27,11; 86,11); »Lehre mich deinen Willen tun!« (Ps 143,10). Und erst recht kündigen die → Propheten an, daß sich am → Tag des Herrn sogar die Heiden alle nur noch vom Gott Israels belehren lassen wollen (Jes 2,3; Mi 4,2). Wenn Gott dereinst dem Haus Israel das Gesetz ins Herz geschrieben haben wird, wird es keiner menschlichen Lehrer mehr bedürfen (Jer 31,34).

Das AT kennt also *eine* Lehre: das Gesetz Gottes. Es soll schon im AT nicht nur mit Verstand und Wissen auswendig gelernt werden, sondern es will als Willen Gottes und als heilsamer Weg für die Menschen *gelebt* sein.

B. LEHRE IM NT

1. JESUS – MEISTER UND LEHRER IM NT

Nach dem, was wir im AT haben erkennen können, erstaunt es nicht, daß nun auch nach dem NT (Mt 23,8–10; vgl. 1Thes 4,9) *einer* allein würdig ist, »Rabbi« oder »Lehrer« genannt zu werden: Jesus Christus (der als → Sohn Gottes der Erfüller des AT ist).

Während seiner irdischen Wirksamkeit spricht Jesus auch in Mt 10,24–25 von sich selbst als von einem Lehrer bzw. Meister. Zahlreicher sind die Fälle, in denen er sich von seinen → Jüngern (Mk 4,38), von Außenstehenden (Mk 9,17) und sogar von seinen Gegnern (Mt 12,38) so anreden läßt. Damit wird er freilich noch nicht aus dem Kreis der zahlreichen jüdischen Rabbinen (Mehrzahl von »Rabbi«, s.o. unter I.) herausgehoben. Es scheint, als wäre er ein ganz gewöhnlicher jüdischer Rabbi seiner Zeit.

Entscheidend aber ist, daß Jesus eine »neue Lehre voll Macht« bringt. Sie hebt ihn von den gewöhnlichen jüdischen Lehrern ab (Mk 1,21–27). In seiner Einmaligkeit führt Jesus die prophetische Linie des AT weiter. In ihm erfüllt sich in besonderer Weise, daß die wahre Lehre unmittelbar von Gott kommt (vgl. Joh 3,2). So ist die → Bergpredigt (Mt 5–7) ein treffendes Beispiel dafür, was »Lehre Jesu« ist: ein völlig neues »Gesetz«, das Jesus aus der vollkommenen Einheit mit Gott heraus ankündigen kann; aber zugleich eine Vertiefung und Weiterführung des atl. Gesetzes. Weil Jesus so einzigartig und einmalig Lehrer ist, haben ihn denn auch seine Jünger und die spätere Gemeinde immer seltener »Lehrer« genannt, dafür aber immer häufiger → »Christus«, → »Herr«, → »Sohn Gottes« usw.

2. LEHRE UND LEHRER IN DEN NTL. GEMEINDEN

Zwar spielte die Lehre in den ntl. Gemeinden von allem Anfang an eine große Rolle (Apg 2,42; Röm 6,17). Die *Gabe* (→ Charisma) *der Lehre* ist für den Gemeindeaufbau wichtig (Röm 12,7; 1Kor 14,6.26). Es handelt sich dabei um nüchterne Auslegung der Bibel, treue Weitergabe des Bekenntnisses und sittliche Ermahnung. Und die *gesunde Lehre* soll gegen aufkommende Irrlehren immer hochgehalten und zum Maßstab gemacht werden (1Tim 1,10; 4,1–6; Tit 2,1).

In der Gemeinde eines Herrn und Meisters wie Jesus Christus (vgl. Mt 23,8–12) gibt es keinen Platz für Ansprüche menschlicher Lehrer. Im Judentum haben Lehrer eine wichtige Rolle gespielt (Lk 2,46; vgl. Röm 2,20). Für die christliche Gemeinde aber werden sie nur selten als Stand für sich erwähnt (z.B. 1Kor 12,28–29). Das kann kein Zufall sein. Jak 3,1–12 vermittelt uns einen Einblick in den Zerfall eines judenchristlichen Standes von Lehrern in der werdenden Kirche. Die frühe Christenheit hat den Lehrern die →

Apostel, → Propheten und → Ältesten bald vorgezogen. So zitiert Lukas in Apg 13,1 zwar eine sehr alte Liste von Antiochener Propheten und Lehrern. Aber über die Lehrer weiß er selber dann nichts mehr zu berichten. Warum? Wohl weil sie zu seiner Zeit (gegen Ende des 1. Jh.) als Stand für sich in der Gemeinde schon wieder ausgestorben sind. Auch in den Gemeinden des Paulus ist das Amt der Lehrer bald mit dem Ältesten- und Hirtenamt zusammengeschmolzen (Eph 4,11; 1Tim 5,17). Die Lehre bleibt also wichtige Aufgabe der Gemeindeleiter. Aber Spezialisten, die in der Art jüdischer (pharisäischer) Theologen den Gemeinden ihre Lehre aufdrängen wollen und nur zu Lehrstreitigkeiten und Haarspaltereien Anlaß geben, hat das Urchristentum mit Recht abgestoßen und ist in der Unterweisung seiner Glieder eigene Wege gegangen.

III. Der Begriff heute

1. Gefährdungen und Missverständnisse der christlichen Lehre heute

a) Wir leben in einer Zeit, die sich je länger je weniger nach der biblischen Lehre richtet. So lassen sich z.B. viele Jugendliche von *östlichen Religionen und Sektenführern* beeindrucken. Diese verheißen religiöse Erfahrungen und Erlebnisse mit dem »Göttlichen«. Dabei wird Gott nicht mehr personal verstanden als Schöpfer und Richter der Menschen und der Welt, wie es christliche Lehre ist. Statt von der »Auferstehung von den Toten« wird unbiblisch von der »Seelenwanderung« gesprochen (Wanderung der Seele nach dem leiblichen Tod in einen neuen Körper, mit dem ein weiteres irdisches Leben geführt wird). In der »Vereinigungskirche« tritt deren Oberhaupt, der Koreaner San Myung Mun, sogar offen als »zweiter Messias« auf. An die Stelle eines eigenständigen und mündigen Verhältnisses zu Gott in Jesus Christus tritt die Abhängigkeit von menschlichen Lehrern und Führern. Dabei wird die Verantwortung des Menschen für sich selbst und unsere Welt vernachlässigt, und man entzieht sich den Problemen, wie sie heute oft hart auf uns zukommen, durch religiöse Flucht.

Die Zahl der direkten Anhänger östlicher *»Jugendreligionen«* ist zwar nicht überaus hoch. Aber die Entwicklung solcher Gruppen ist doch ein Ausdruck für das allgemeine geistige und religiöse Klima, das heute zunehmend östlichem Denken zuneigt.

b) Die *Ursache* einer solchen Entfremdung der jungen Generation vom christlichen Glauben dürfte nicht nur bei den Jungen selbst zu suchen sein. Vielmehr ist dafür auch schon die *»Elternreligion«* der Nachkriegszeit verantwortlich zu machen. Diese hat die christliche Lehre vielfach in zweierlei Weise mißverstanden und reduziert:

(1) Sie begnügte sich damit, die christliche Lehre sei »für wahr zu halten«. Der christliche Glaube wurde dadurch aber auf den Verstand und auf das Wissen beschränkt. Das Christentum wird dadurch nur noch eine Sache des Kopfes, statt des ganzen Menschen.

(2) Sie beschränkte die Ausübung des Glaubens auf die großen Ausnahmen im Lebenslauf (Taufe, Konfirmation, Hochzeit und Beerdigung) und im Jahreslauf (Weihnachten, Ostern, Erntedank). Damit ist aber der Anspruch der christlichen Lehre auf unser ganzes Leben, gerade auch auf unseren Alltag, verkannt.

2. Die Notwendigkeit »gesunder« bibl. Lehre heute

a) Angesichts solcher aktueller Gefährdungen und Mißverständnisse der bibl. Lehre, wie sie oben nur an zwei Beispielen dargelegt wurden, tut eine Besinnung auf die »gesunde« und lebendige Lehre not. *Aufgabe der Lehre* ist es, die Grundlinien der biblischen Aussagen herauszuarbeiten und klar von widersprechenden außerbiblischen Lehren zu unterscheiden. Weil sich das Evangelium in jeder Zeit wieder neu zu bewähren hat, ist diese Arbeit nie fertig. Insbesondere gehört zur biblischen Lehre, was Gott tut, getan hat und tun wird, dann aber auch, was wir demzufolge tun sollen (vgl. Röm 12,2).

b) *Urquell und Ziel* aller christlichen Lehre ist immer Jesus Christus, der gekreuzigte und auferstandene Herr der Kirche. Seine einzigartige göttliche Autorität, wie sie in der → Auferstehung bestätigt worden ist, verträgt keine anderen, menschlichen Lehransprüche in der Gemeinde. Wir begegnen diesem »einzigen Lehrer« (s.o. II.) im biblischen Wort des Neuen und Alten Testaments, wie es nur durch den Heiligen Geist recht verstanden werden kann.

c) Eigentlicher *Inhalt* der biblischen Lehre ist aber Gott selbst, der in seinem Sohn zu den Menschen eine einzigartige Beziehung aufgenommen hat. Informiert sein über Gott und Jesus Christus macht das Wesen der christlichen Lehre noch nicht aus. Ich habe sie erst dann begriffen, wenn ich Gott in Jesus Christus ganz persönlich erkannt habe. Dann führe ich ein neues Leben mit Gott durch den lebendigen und auferstandenen Christus, das alle Lebensbereiche umfaßt und immer und überall gilt.

3. Lehre und Gemeinde

a) Das heißt nun aber nicht, daß ich in meinem Glauben auf mich allein gestellt bin. Der

Glaube führt mich in die Bruderschaft der Gemeinde, wo jedes Glied seinen Gaben gemäß die Möglichkeit haben soll, sich zu entfalten. Auch die Lehre hat immer im Zusammenhang mit der Gemeinde zu geschehen. Die Gemeinde als ganze hat sie zu prüfen und damit zu verantworten.

b) Zwar gibt es die *spezielle Gabe der Lehre*, zu der einzelne in der Gemeinde berufen sind. Heute geschieht die Lehrtätigkeit in den meisten christlichen Gemeinden denn durchaus zu Recht durch Leute, die eine theologische Ausbildung absolviert haben (Pfarrer, Pastoren, Prediger). Die Lehre ist ja eine Gabe, die solide Bibelkenntnis und Vertrautheit mit der biblischen Welt voraussetzt, und ohne intensives Bibelstudium ist eine sachgemäße Lehrtätigkeit undenkbar.

c) Aber das heißt keineswegs, daß die übrigen Gemeindeglieder die Lehre ohne jedes Wenn und Aber einfach zu schlucken hätten oder für die Belange der Lehre nicht in Frage kämen. Eine theologische Ausbildung garantiert noch keine »gesunde« Lehre und lebendige Gemeindearbeit. Sie kann die Lehre und den Glauben auch zerstören, wenn sie sich aus der Gemeinde Jesu löst und eigene Wege geht. Andererseits hat schon manches einfache Gemeindeglied die Grundlinien der Bibel besser erfaßt als irgendein gelehrter Theologe.

d) Unsere Beobachtungen über die Lehre und die Lehrer im NT (s.o. II.) ermutigen uns, gerade auch heutigen Lehrern gegenüber kritisch zu sein und uns darauf zu besinnen, daß Christus allein der wahre und endgültige Lehrer der Kirche ist, jedes Gemeindeglied aber im Leben mit seinem Herrn die Möglichkeit hat, sich von Gott selbst belehren zu lassen (1Thes 4,9).

A. Zimmermann

Leib/Körper

I. Wortbedeutung

Das hebr. Wort für Leib, Körper, Fleisch *(basar)* wird im AT sowohl für das Tier wie für den Menschen gebraucht. Es beschreibt die Leiblichkeit der Lebewesen. Den gleichen Sinn hat das griech. Wort *(soma)* im NT und auch die dt. Wiedergabe mit Leib, Körper. Es werden aber mit diesem Begriff jeweils ganz besondere Aussagen über den Menschen gemacht, je nachdem, in welchem Zusammenhang er verwendet wird. Interessant ist, daß das dt. »Leib« ursprünglich »Leben« bedeutet hat; das zeigt sich in Zusammensetzungen wie »leibeigen« und »Leibrente«, sowie im engl. »life« = »Leben«.

II. Der Begriff in der Bibel

A. IM ALTEN TESTAMENT

1. Das atl. Wort meint zuerst einmal den sichtbaren Körper des Menschen (bzw. des Tieres). Es gehört wesenhaft zum Menschen, daß er eine körperliche Gestalt hat (→ Mensch). Das wird ohne jede Abwertung festgestellt. Im Gegenteil: es gibt im AT eine unbefangene Freude an der *Schönheit* des Menschen. Von Saul wird ausdrücklich vermerkt, daß »niemand unter den Israeliten so schön wie er« war (1Sam 9,2). Ebenso gilt es von David (1Sam 16,12.18). Ganz besonders das Hohelied beschreibt begeistert den Körper des geliebten Mannes (Hl 5,10–14) und des geliebten Mädchens (Hl 7,2–6 u.a.). So kennt das AT eine ganz unverdorbene *Freude am menschlichen Körper.* Allerdings ist äußerliche Schönheit kein Maßstab zur Beurteilung eines Menschen: »Lieblich und schön sein ist nichts; ein Weib, das den Herrn fürchtet, soll man loben« (Spr 31,30).

2. Das AT weist aber auch auf die andere Seite der menschlichen Leiblichkeit hin: sie macht die Begrenztheit des menschlichen Lebens offenbar. Der Körper wird mit zunehmendem Alter welk, und nach dem → Tod wird der Mensch wieder zu Erde (1Mo 3,19). Er ist eben *nur* → *Fleisch* (Ps 78,39). Darum ist es töricht, sich auf Fleisch, auf Menschen in ihrer begrenzten Macht, zu verlassen (Jer 17,5). Das AT weiß um diese Versuchung, auf natürliche Kräfte zu bauen und sich von menschlicher Macht blenden zu lassen. Gerade die körperliche Kraft des Menschen kann Anlaß sein, Gott zu vergessen. Wenn aber die Schwachheit seines Leibes den Menschen einholt, wird er Gott wieder suchen: ». . . darum kommt alles Fleisch zu dir. Unsere Missetat drückt uns hart, du wollest unsere Sünde vergeben« (Ps 65,3f). So umschreibt das hebr. Wort *basar* auch *den ganzen Menschen* in seiner Schuld, Schwachheit und Begrenztheit (Ps 63,2).

3. Sein Körper gibt dem Menschen die *Organe, mit denen er Gott begegnen kann.* Er hat ein *Ohr,* mit dem er auf Gottes Rede achten kann. »Gott der Herr hat mir das Ohr geöffnet« (Jes 50,5). Im Hören auf sein Wort wird Gott erlebt, wird seine Weisung und Kraft empfangen. Im Hören auf Gott ist der Mensch erst wirklich Mensch. Und mit dem *Mund* kann er zu Gott sprechen, kann vor ihm klagen und ihn bitten, ihn loben und preisen. »Herr, tu meine Lippen auf, daß mein Mund deinen Ruhm verkündige« (Ps 51,17). Darin liegt der entscheidende Unterschied zum Tier, daß der Mensch mit Gott ins Gespräch kommen kann und darf. Die Möglichkeit solchen Gesprächs

ist ganz konkret körperlich gegeben, mit Ohr und Mund und einem → Herzen, das verstehen kann. Darum kann das AT nicht gering vom Körper des Menschen denken. Gott hat ihn so geschaffen und mit der Möglichkeit begabt, ihm begegnen zu können.

4. Zudem weiß das AT um die *Verflochtenheit von seelischem und körperlichem Erleben.* Was ein Mensch seelisch empfindet, äußert sich auch körperlich, und körperliche Vorgänge drücken sich auch seelisch aus. Ps 73,26, »Wenn mir gleich Leib und Seele verschmachtet ...«, zeigt, wie unlösbar beides ineinanderwirkt, in schweren wie auch in guten Erlebnissen: »Mein Leib und Seele freuen sich in dem lebendigen Gott« (Ps 84,3). So wird der Mensch als Ganzheit von Leib und → Seele gesehen, und in solcher Einheit ist er offen zu Gott hin, auf ihn angewiesen.

B. IM NEUEN TESTAMENT

Die Aussagen des NT gehen grundsätzlich in die gleiche Richtung. Das griech. Wort für Leib *(soma)* meint ebenfalls nicht nur den Körper des Menschen als einen Teil von ihm, sondern den ganzen Menschen als *körperliche Person*.

1. Besonders bei Paulus spielt das Wort eine wichtige Rolle. Hier wird es zum zentralen Begriff für das persönliche Ich des einzelnen Menschen. Von der Art und Weise, wie er mit seinem Körper umgeht, wird sein ganzes Wesen geprägt. Von sich aus hat der Mensch seinen Leib in den Dienst der → Sünde gestellt (Röm 6,19); darum wird er von der Sünde beherrscht (Röm 6,6). Er ist den körperlichen Begierden verfallen (Röm 6,12; → Begehren). Paulus deckt vom → Kreuz Jesu her die völlige Gebundenheit des Menschen unter die Macht der → Sünde auf, die sich im körperlichen Leben auswirkt. Das Kreuz Jesu aber richtet und tötet den Leib, erlöst ihn so vom Ungehorsam (Röm 6,6). Die Macht der Sünde ist damit gebrochen. Darum kann der Christ sein Leben ganz unter die Herrschaft Jesu Christi geben (Röm 6,13). Daß der Christ frei von der Macht der Sünde ist, zeigt sich gerade in einem neuen Umgang mit den Schwächen und Begierden seines körperlichen Lebens (Röm 13,13). Er lebt konzentriert wie ein Sportler: »Ich treffe meinen Leib und unterwerfe ihn« (1Kor 9,27). Der Leib mit seinen Kräften und Fähigkeiten wird bewußt zum → *Opfer* hingegeben (Röm 12,2). So bekommt er eine neue Ausrichtung: »der Leib für den Herrn« und eine neue Würde: »der Herr für den Leib« (1Kor 6,13). So gilt für den Christen die höchste Aussage, die überhaupt vom menschlichen Körper gemacht werden kann: er darf »*Tempel des heiligen Geistes*« sein (1Kor 6,19f).

2. Dennoch bleibt der Leib der kreatürlichen Begrenztheit unterworfen, er bekommt die Auswirkungen von Sünden und das Leid von Krankheiten zu spüren, und er ist dem Tod verfallen (Röm 7,24). So wartet er noch auf die *vollkommene* → Erlösung (Röm 8,23), die Gott in der Auferweckung der Toten schaffen wird. In der → Auferstehung erhält der Mensch einen neuen Leib (1Kor 15,35ff), gleich dem verherrlichten Leib Jesu Christi (Phil 3,21).

Paulus gebraucht außerdem noch den *Leib als Bild* für die organische Einheit der Gemeinde Jesu (Röm 12,5; 1Kor 12,12ff) und für die Verbundenheit der Gemeinde mit ihrem Herrn (Kol 2,19; Eph 4,15f; → Gemeinde/Kirche).

III. Der Begriff heute

1. UNBIBLISCHE LEIBFEINDLICHKEIT

Die Geschichte des Christentums ist leider in hohem Maß eine Geschichte der Leibfeindlichkeit. Allerdings muß klar gesagt werden, daß die Bibel dazu *keinen* Anlaß gab! Auch die Aussagen des Paulus über leibliche Enthaltsamkeit oder Ehelosigkeit rühren keineswegs von einer leibfeindlichen Einstellung her, sondern meinen einen besonderen Verzicht um der besonderen Sache des Reiches Gottes willen. Die »christliche« Leibfeindlichkeit stammt in Wahrheit aus dem Griechentum. Besonders der Philosoph Platon (427–347 v.Chr.) gewann großen Einfluß mit seiner Lehre, daß der Leib das Gefängnis der Seele sei, die erst mit dem Tod von dieser unwürdigen Fessel frei würde und als unsterblich in die obere, göttliche Welt zurückkehrte. Diese Gedanken wirkten sehr stark ins christliche Abendland hinein, so daß z.B. die Vorstellung von der Unsterblichkeit der Seele Allgemeingut wurde, obwohl sie der Bibel widerspricht. Mit dieser Vorstellung wurde die biblische Sicht des Menschen als körperlich-seelische Einheit auseinandergerissen, die Seele als gottähnliche Größe verselbständigt und der Leib als bloß irdische Hülle der Seele abgewertet. Die Folge dieser geistesgeschichtlichen Entwicklung war dann eine Vernachlässigung der leiblichen Seite des Menschseins, wie sie in manchen Schwärmereien zutage trat.

Noch schwerwiegender waren die Folgen auf dem Gebiet der Sexualität. Ehelosigkeit galt als der bessere, edlere Weg. Die Jungfräulichkeit (z.B. Marias) wurde als Reinheit verehrt, dagegen haftete dem sexuellen Kontakt leicht der Makel des Unreinen, Minderwertigen an. Es liegt auf der Hand, daß mit solcher Einstellung enorme persönliche Schwierigkeiten und Verklemmungen verbunden waren. Ein natürliches Verhältnis zum eigenen Körper und zu seiner Geschlechtlichkeit konnte gar nicht entstehen. Unsere gegenwärtige sexuelle Freizügigkeit und Maßlosigkeit ist daher auch als Gegenschlag gegen diese lange Geschichte der Leibfeindlichkeit zu begreifen. Jahrhundertelange Verdrängung der Geschlechtlichkeit hat sich in eine ausgesprochene Sexualisierung des Alltags verkehrt. Prüderie ist in Schamlosigkeit umgeschlagen. Und wieder sind große innere Nöte und Enttäuschungen Folgen dieses Umschlags. Es ist daher heute ganz besonders dringlich, daß gerade die Christen ein neues, positives Verhältnis zu ihrer Leiblichkeit gewinnen.

2. Die biblische Ganzheitlichkeit des Menschen

Ein erster Schritt zu einer solchen neuen Einstellung ist, die griech. Spaltung von Leib und Seele zu überwinden. Die Bibel lehrt uns, den Menschen als Ganzheit von Leib, Seele und Geist (1Thes 5,23) zu sehen (→ Mensch). Diese Sicht wird von der modernen Psychologie und Medizin bestätigt. Darum gilt es, seine körperlichen, seelischen und geistigen Kräfte in ein ausgewogenes, harmonisches Verhältnis zu bringen. Hier liegt eine große Chance echter → Seelsorge, die nicht beim Geistlichen allein stehenbleiben darf, sondern den ganzen Menschen vor Gott sieht und Jesus als den → Heiland des ganzen Lebens bezeugen darf.

3. Die eigene Leiblichkeit bejahen

Ein Grundanliegen biblischer Seelsorge ist darum, dem Menschen zur Selbstannahme zu verhelfen. Das fängt damit an, daß man es lernt, seine eigene Leiblichkeit zu bejahen. Weil der Christ weiß, daß er so, wie er ist, von Gott angenommen ist, kann er Ja sagen zu seinem Körper, zu seinem Aussehen, zu seiner Geschlechtlichkeit als Mann oder Frau, zu seinem Alter. Er kann lernen, sich mit seinen besonderen Gaben anzunehmen sowie mit seinen Schwächen, seine Kräfte einzuschätzen und auch seine Grenzen zu achten. In alledem sagt er nicht nur zu sich selbst Ja, sondern im Grunde zu Gott, der ihn so und nicht anders geschaffen hat.

4. Körperbeherrschung

Wer seine Leiblichkeit bewußt bejaht, wird seinen Körper auch achten und pflegen (Hygiene, Kleidung, sportliche Betätigung). Mit der Gabe unseres Körpers hat Gott uns eben auch die Aufgabe der Körperbeherrschung gestellt. Das wird konkret in bezug auf Essen und Trinken (Röm 13,13), auf Arbeiten und Ruhen, Wachen und Schlafen (Mk 14,37), in bezug auf Bindungen (1Kor 6,12) und Sucht (Geld, Nikotin usw.). Und es ist besonders wichtig im Umgang mit dem anderen Geschlecht, daß man gelernt hat, sich zu beherrschen, und darum warten kann und zu echter Liebe fähig ist.

5. Verwirklichter Glaube

Wer seinen Körper beherrschen lernt, kann sich auch opfern in der Arbeit für Jesus. Glaube an Jesus ist eben nicht eine bloße Herzensangelegenheit, sondern wird verwirklicht in der Hingabe des Körpers und seiner Kräfte. »Mein Äußerstes für sein Höchstes« heißt ein Andachtsbuch, und wo das nicht körperlich konkret wird, bleibt es fromme Schwärmerei. Darum nennt Paulus mit Recht die opferbereite Hingabe des Leibes »wahren Gottesdienst« (Röm 12,1).

K.-H. Michel

Leiden/Dulden

I. Wortbedeutung

Zu den menschlichen Grunderfahrungen gehört das Leiden. Alle Religionen bemühen sich, das Rätsel des Leidens zu beantworten. Meist wird die Ursache in der Schuld gesucht, die zurückschlägt. Im christl. Glauben kommt dem Leiden durch Christi Passion eine neue Bedeutung zu. Durch Jesu Befreiungs- und Erlösungstat wird das Leiden zum Weg, die Welt zu überwinden. Von da aus bekommt auch das Dulden eine tiefere Bedeutung als in der gängigen Moral. In den biblischen Worten für »Dulden« klingt die Langmut und das Ertragen an, aber auch das willige Unterordnen unter das Leiden und das »Darunterbleiben«. In dem griech. Wort für »Dulden« schwingt das Ausharren und das hoffnungsvolle Warten auf → Erlösung mit; → Geduld; → Hoffnung.

II. Der Begriff in der Bibel

Leiden, Schmerzen und Qualen gehören zu den Zeichen der gefallenen Welt (1Mo 3,16ff). »Vergebliche Mühe« kennzeichnet menschliches Leben (Ps 90,10). Daneben werden im AT schwere Widerfahrnisse als Heimsuchungen Gottes begriffen. Im Buch Hiob wie im 73. Psalm wird keine direkte Antwort auf das Leiden gefunden, wohl aber der Trost, daß man sich in Gott bergen und sich seiner Führung anvertrauen kann. Während in anderen Religionen alles Leiden auf persönlich verursachte Schuld zurückgeführt wird, begreift das AT Leiden viel tiefer. Die → Propheten müssen leiden, ja zerbrechen. Jeremia kann die Unheilsbotschaft nicht mehr tragen, die er dem Volk verkünden muß. Er leidet mit den vom Gericht Betroffenen (Jer 20,14ff). Hosea sieht darin Gottes Leiden abgezeichnet. Schon Mose wollte stellvertretend für das Volk leiden (2Mo 32,32). Jesaja sieht den → Knecht Gottes stellvertretend die Sünde des Volkes sühnen (Jes 53). Hier wird der Höhepunkt aller Leidensaussagen des AT erreicht, weil der Knecht Gottes sich im Dulden in Gott geborgen weiß und dieses Leiden in einer weltweiten Bedeutung zur → Herrlichkeit führt.

Im NT steht Jesu Passionsweg alles überragend im Mittelpunkt. Die Evangelien sind eigentlich nach vorn verlängerte Passionsgeschichten. Jesu Leiden muß sein (Mt 16,21), war im AT geweissagt (1Petr 1,11). Johannes stellt im Leiden Jesu besonders die Liebe Gottes heraus (Joh 15,13). Die sühnende Bedeutung des Sterbens Jesu betont das NT vielfach (Mk 10,45; Hebr 13,12; 1Petr 2,21; 2Kor 5,21; → Versöhnung/Sühne).

Die Nachfolger Jesu haben teil an Jesu Leiden, weil sie in eine gottfeindliche Welt gesandt sind, der sie die rettende Heilstat Gottes in Christus zu bezeugen haben (2Kor 1,5; Kol 1,24). Man muß das Leiden nicht suchen, man muß sich auch nicht hineinversenken, sondern man leidet im Dienst für den Herrn (Mt 5,11; 10,16ff; Apg 9,16). Paulus sieht es als eine freundliche Auszeichnung Gottes an, wenn man des Leidens gewürdigt wird (Phil 1,29). Vorbild und Beispiel im Leiden ist Jesus (1Petr 2,21). Um nicht versucht werden zu können, sollen sich seine → Jünger mit der Leidensbereitschaft wappnen (1Petr 4,1); → Nachfolge. Vorausgesetzt ist die Unterscheidung zwischen Leiden um der eigenen Bosheit willen (1Petr 4,15; Lk 23,41) und dem Leiden als Christ (1Petr 4,16). So kann auch vom Leiden für das → Evangelium (2Tim 1,8) und vom Leiden für das → Reich Gottes (2Thes 1,5) gesprochen werden.

Paulus sieht auch die Natur um der → Sünde des Menschen willen ins Leiden gerissen, harrend auf die → Erlösung (Röm 8,18ff). Im Leiden wird die Kraft der → Auferstehung erfahren (Phil 3,10). So schafft Gott im Leiden seiner Diener unsichtbar die neue → Herrlichkeit (2Kor 4,7–18).

Das bibl. Wort vom Dulden hängt ganz eng mit dem Leiden zusammen und wird zuerst von Gott ausgesagt, der von Kain über Noah, den Wüstenzug bis hin zur Stadt Ninive gnädig und geduldig ist. Auch im Sterben Jesu tritt Gottes → Geduld mit der Welt ins Licht. So wird im Blick auf die endzeitlichen Leiden das geduldige Ausharren von den Jüngern gefordert (Mk 13,13). Aus der → Bedrängnis kommt die Geduld (Röm 5,3). Um der → Hoffnung willen wird Leiden in Geduld ertragen (2Kor 1,6).

III. Der Begriff heute

VERBREITETE LEIDENSSCHEU

Die Christenheit ist heute weithin dem Leiden entfremdet. Unangefochten, ja anerkannt von der Welt besteht für die Christen die Versuchung, das Anstößige am Evangelium zu verschweigen oder umzudeuten, um dem Haß der Welt zu entgehen. Statt des Bußrufes und des Wortes von der Bekehrung setzt man die Hoffnung auf die Anpassung einer gottlosen Welt an das Evangelium. Dies ist aber nur durch Macht und Einfluß zu erreichen. Die Predigt vom Ärgernis des Kreuzes tritt in der leidensscheuen Kirche immer weiter in den Hintergrund. Hier wird oft nichts mehr sichtbar von der weltüberwindenden Kraft des Glaubens, da man selbst Welt, wenn auch christlich übertünchte Welt, geworden ist (→ Anstoß/Ärgernis).

LEIDEN AM LEIB CHRISTI

Ob Christen das Leiden um Jesu willen begriffen haben, wird sich an der Stellung zu den bedrängten und verfolgten Kirchen zeigen. Das gefühlige Wort des Mitleids ist zu wenig. Auch der empörte Protest ist hierfür noch nicht ausreichend. Oft wird die leidende Gemeinde einfach vergessen, weil man angeblich viel Wichtigeres zu tun habe. Wo aber das Gedenken an die Gebundenen (Hebr 13,3) zu einem wirklichen Mitleiden und selbst Darunterstehen wird, da hat man teil an dem Wunder des Sieges Jesu Christi. Da lernt man, seine Hoffnung nicht auf sich selbst zu setzen, sondern auf den Herrn, der Tote lebendig macht (2Kor 1,9). Wo sich die Christen in der Welt als Glieder an einem Leib verstehen, wird jedes Leiden anderer einen direkt angehen (1Kor 12,26).

DAS ZEUGNIS IM LEIDEN

Während die unangefochtene Kirche heute im Vielerlei der Aufgaben ertrinkt, der sie sich verpflichtet weiß, hat die ins Leiden geführte Gemeinde nur noch die eine Sorge, das Wort von Jesus, dem Christus Gottes, und seiner Erlösung, recht auszurichten. Jesus wird selbst im NT der *martys* (= Zeuge) genannt (Offb 1,5; 3,14). Daraus leitet sich unser Wort »Martyrium« ab. Die leidende und bedrängte Gemeinde will ein Zeichen setzen. Sie weiß um ihre Armut und Schwäche, die sichtbar in der Unterdrückung ihr vor Augen geführt wird. Sie wird gestärkt vom Wort ihres Herrn: »Du bist aber reich! Fürchte dich vor keinem, was du leiden wirst!« (Offb 2,9f). Nicht die leidende Gemeinde trägt das Wort, sondern Jesu Wort trägt sie.

KEIN SCHICKSALHAFTES ERGEBEN

Heute wird unter Christen oft davon gesprochen, daß man sich ins Leiden schicken müßte. Oft verbirgt sich dahinter nichts anderes als ein heidnischer heroischer Schicksalsglaube. So trank Sokrates gelassen den Giftbecher und schickte sich in sein Sterben. Man spricht von stoischer Ergebenheit. Christliches Dulden (→ Geduld I.) schickt sich nie willig, sondern beugt sich, um letztlich die schweren Widerfahrnisse im Glauben an Jesus Christus sieghaft zu überwinden. So können sich Christen auch nie willig in den Tod schicken, weil er der »letzte Feind ist, der überwunden wird« (1Kor 15,26). Das Wort Gottes verbindet Geduld darum mit → Hoffnung (Röm 5,3; 15,4). Über dem Leiden, das ausgehalten werden muß, steht die → Freude, weil Glaubende schon die von Christus verheißene Krone kennen. Für sie ist Leiden nie sinnlos, sondern hat dieses im Sterben und Auferstehen Jesu gewiesene Ziel. Darum hat unser menschliches Leiden begründete Hoffnung, weil Jesus Christus durch Leiden zur → Herrlichkeit ging (Lk 24,26). Welches Leiden auch immer, es kann seelisches oder körperliches Leiden sein, es kann durch staatliche Maßnahmen oder durch Krankheiten hervorgerufen sein, entscheidend ist immer, daß es auf die kommende Offenbarung Jesu Christi hin getragen und erduldet wird. Dazu ist notwendig, sich selbst zu verleugnen und sein ganz spezielles Kreuz auf sich zu nehmen auf dem Weg Jesus nach (Mt 16,24); → Nachfolge.

W. Scheffbuch

Licht/Leuchten

I. Wortbedeutung

»Nachts sind alle Katzen grau« heißt ein Sprichwort. Wir Menschen brauchen Licht, um die Dinge um uns herum erkennen und unterscheiden zu können. Das Licht ist für das Leben überhaupt unentbehrlich. Auch in der Bibel spielen die Begriffe »Licht/Leuchten« eine entscheidende Rolle (hebr. *or*; griech. *phōs*). Mit »Licht« ist vor allem das Tageslicht (Sonnenlicht) gemeint, aber auch vom »Augenlicht« oder »Licht des Feuers« ist die Rede. Entscheidend für den bibl. Sprachgebrauch ist jedoch das Bekenntnis zu Gott als dem Urheber allen Lichts, und zwar auch *des* Lichts, das wir nur mit unserm geistigen Auge (mit dem »Herzen«) wahrnehmen können. Indem der Gott der Bibel zu uns spricht, fällt Licht auf unsern Lebensweg.

II. Der Begriff in der Bibel

A. IM ALTEN TESTAMENT

1. *»Es werde Licht«*: Schon die erste Seite der Bibel bezeugt, daß das Licht zu den Schöpfungswerken Gottes gehört (1Mo 1,3). Mit diesem Zeugnis stellte sich → Israel in Gegensatz zu seinen Nachbarvölkern, die das Licht selbst als Gott verehrten (z.B. den Sonnengott Schamasch). Das von Gott geschaffene Licht wird ausdrücklich als »gut« bezeichnet (1Mo 1,4). – Der Psalmist (Ps 104,2) kann singen: »Der du in Licht dich hüllst wie in ein Kleid.« Mose darf als Zeichen der → Gnade Gottes seine → Herrlichkeit, d.h. seinen göttlichen Lichtglanz, schauen (2Mo 33,17–23; vgl. Jes 60,1f), und die israelitischen → Priester sollen das Volk mit den Worten segnen: »Der Herr lasse sein Angesicht über dir leuchten und sei dir gnädig!« (4Mo 6,25). Die Menschen der Bibel spekulieren nicht über eine jenseitige Lichtwelt, sondern beten den Gott an, dessen Licht uneingeschränkt für sie da ist. Wo Gott sein Licht leuchten läßt, da muß die Finsternis weichen. Das hat sein Volk immer wieder erfahren (vgl. Jes 9,1; 42,16). Im Licht des Herrn leben heißt: furchtlos leben (Ps 27,1). Dies aber ist nur möglich im Hören auf Gottes geoffenbartes und überliefertes Wort: »Dein Wort ist meines Fußes Leuchte und ein Licht auf meinem Wege«, bekennt der Psalmist (Ps 119,105; vgl. Spr 6,23). Wir dürfen an und in dem Licht des Wortes Gottes unsre helle Freude haben, wenn immer wir dieses Licht zugleich als Gabe und Aufgabe empfangen (Ps 19,9).

2. Wer sich jedoch nur an der Gabe berauschen will, die Aufgabe dagegen vernachlässigt, ist bereits auf einem dunklen Irrweg. Gesunde Frömmigkeit hat ein helles Auge für die Not des → Nächsten: »Wenn du dem Hungrigen dein Brot darreichst und die gebeugte Seele sättigst, dann wird dein Licht aufstrahlen in der Finsternis und dein Dunkel werden wie der helle Mittag« (Jes 58,10; vgl. V. 1–9; Am 5,18.20).

3. Gottes heilsames Licht soll nicht nur Israel, sondern aller Welt zugute kommen. Darum reden Jes 42,6 und 49,6 von einem Knecht, den Gott zum »Licht der Völker« macht (→ Knecht Gottes).

B. IM NEUEN TESTAMENT

Thema des NT ist es, Jesus Christus als das »Licht der Welt« zu verkündigen! In Joh 8,12 sagt Jesus: »Ich bin das Licht der Welt. Wer mir nachfolgt, wird nicht in der Finsternis wandeln, sondern er wird das Licht des Lebens haben.« Viele lehnten die Einladung Jesu ab, weil sie nicht wollten, daß ihre finsteren Gedanken und Taten ans Licht kamen (Joh 1,4; 3,19; Eph 5,11–13). Die aber Jesus nachfolgten, wurden von ihm verändert, »erleuchtet« (2Kor 4,6; Eph 1,18; 5,8; Kol 1,12f). Durch Jesus sind sie selber »Licht der Welt«

(Mt 5,14). Die → Jünger Jesu sollen der Welt sagen, wie es um sie bestellt ist. Sie sollen aber auch zeigen, daß Gott die Menschen mit ihren Lebensbedingungen umgestalten will. Damit dies geschieht, ist ein furchtloses → Bekennen in der Öffentlichkeit, d.h. »im Licht«, nötig (Mt 10,26f). Auch der Kampf mit »Waffen des Lichts« bleibt den Christen nicht erspart (Röm 13,12). Vor allem aber müssen sie sich immer wieder selbst dem reinigenden Licht Gottes aussetzen (1Jo 1,5–7).

Das NT berichtet davon, daß einige Menschen bereits einen Vor-Schein der himmlischen Lichtherrlichkeit wahrnehmen durften (Lk 2,9; Mt 17,2; 28,3; Apg 9,3). Ein Leben in vollkommener Lichtherrlichkeit wird dem Gottesvolk jedoch erst für die Ewigkeit verheißen (Jes 60,19f; Offb 22,5).

III. Der Begriff heute

1. Jesus – die Quelle allen Lichts

Schauen wir uns Menschen im NT an, denen Jesus begegnet, dann wird etwas sichtbar von der »Leuchtkraft Jesu«. Wir denken an einen Zachäus, der durch die → Gemeinschaft mit Jesus verändert wird. Da ist Petrus, der ganz allmählich begreift, wer dieser → Herr ist. Und nicht zuletzt begegnen wir Paulus, der vom Licht des Christus überwältigt wird. Sie alle sehen auf Jesus, werden von seiner → Liebe angestrahlt und beginnen, selber zu leuchten. Es erinnert an einen Ostergottesdienst, wo einer sich vom anderen Licht für seine Kerze holt, bis der ganze Raum hell ist, weil die Menschen in diesem Gottesdienst begriffen haben, daß da einer ist, der für sie leuchtet. Da haben wir Menschen es nicht mehr nötig, den vielen künstlichen Lichtern dieser Welt nachzulaufen. Besonders Jugendliche sollen von den »Stars« im Scheinwerferlicht fasziniert werden. Aber wer künstlich angestrahlt wird, strahlt noch lange nichts aus. Wo leuchtende Vorbilder produziert werden, da werden Menschen leicht hinters Licht geführt.

2. Jesus will uns durchleuchten

Wir haben Angst, daß uns jemand »durchschaut«: unsere Wünsche, Ängste, unsere Gedanken und Gefühle. Dennoch sind wir ständig auf der Suche nach jemandem, der uns versteht, der uns mit unseren Bedürfnissen, mit unseren Fehlern akzeptiert. Vielleicht dürfen wir Jesu Wirken an uns einmal mit Röntgenstrahlen vergleichen. Diese Strahlen sind not-wendig. Durch sie wird die Krankheitsursache erkannt, und dadurch kann ein Heilungsprozeß, eine Wende eingeleitet werden. Jesus läßt uns nicht im unklaren über unser Fehlverhalten. Er bringt es ans Licht. Aber nicht so, wie wir Menschen oft die Unfähigkeiten, Verfehlungen anderer ans Licht bringen. Jesus hat das Ziel, Hilfestellung zu geben, Mut zu machen zum Umdenken, zu befähigen, neue Schritte zu wagen.

Da, wo wir beginnen, Gottes → Wort zu lesen, mit anderen darüber zu reden, entdecken wir uns selbst, kommen wir zum → Bekennen unserer falschen Ziele und lernen uns neu auszurichten.

3. Jesus will durch uns leuchten

Jesus nennt in Mt 5,14–16 die → Jünger »Licht der Welt« und führt in Beispielen aus, was dies bedeutet. Jesus spricht die Jünger in ihrer Gesamtheit an. Sie sind Licht der Welt, weil Jesus durch sie leuchtet, weil er sie zu Licht macht. Das Bild vom Licht der Welt können wir uns veranschaulichen, wenn wir einmal über eine brennende Kerze nachdenken:

Eine Kerze ist dazu bestimmt, Helligkeit zu spenden. Sie gibt Sicherheit gerade da, wo tiefstes Dunkel ist. Christen dürfen gerade da leuchten, wo Menschen sich nicht mehr ans Licht wagen, da, wo Menschen von anderen ins Dunkel getrieben werden. Jünger Jesu sind Lichtträger in die Dunkelheiten der Welt – und da ist noch viel Dunkel.

Eine Kerze benötigt Sauerstoff, sonst verlöscht sie und verliert damit ihre Bestimmung. Eine Kerze, die nicht brennt, ziert vielleicht ein Zimmer, aber sie verstaubt und ist nutzlos. Sie muß sich immer wieder anzünden lassen. Christen dürfen sich anstecken lassen von der Liebe Christi. Es ist wichtig zu wissen, wo es das Feuer für uns gibt. Vielleicht ist es ein Bibelvers, morgens gelesen; eine Predigt, die mitgeht; ein Gespräch, das neuen Mut gibt. Christus schenkt viele Möglichkeiten.

Eine brennende Kerze erleuchtet ein Zimmer, Menschen schauen gebannt in dieses Licht. Sie erfreuen sich am Anblick einer brennenden Kerze, sie spüren die Wärme, die davon ausgeht. Christen dürfen in dieser Welt Atmosphäre verbreiten, damit Menschen ein Stück der Liebe Christi spüren, sich anstecken lassen von dieser Liebe und beginnen, Gott zu preisen (Mt 5,16). Zinzendorf hat dies in einem Lied so gesagt:

»und allein von deinem Brennen
nehme unser Licht den Schein;
also wird die Welt erkennen,
daß wir deine Jünger sein.«

J. Demandt

Liebe

I. Wortbedeutung

Unter »Liebe« versteht man die Beziehung zwischen Personen, wobei die Ebene des Gefühls (Zuneigung, Freiwilligkeit) wie die rechtliche Seite (Treue, Verbindlichkeit) gleichermaßen wichtig sind. Abgeleitet von dieser Beziehung zwischen Personen kann man dann auch von Liebe zu Tieren, Gegenständen, Ideen usw. sprechen, muß sich aber immer klar machen, daß hierbei schon wesentliche Elemente der personalen Liebe verlorengegangen sind. Normalerweise ist mit der Tatsache der Liebe die Gleichrangigkeit der Partner mit gemeint (Freundschaft, Partnerschaft), aber es gibt auch echte Liebe zwischen einander nicht gleichgestellten Personen (Eltern-Kind-Verhältnis).

II. Der Begriff in der Bibel

A. IM ALTEN TESTAMENT

Im AT kommt der Begriff »Liebe« nicht allzu häufig vor, dafür aber an Stellen von grundlegender Bedeutung.

1. Gottes erwählende Liebe

5Mo 7,7.8 heißt es: »Nicht hat euch der → Herr angenommen und euch erwählt (→ Erwählung), weil ihr größer wäret als alle Völker – denn du bist das kleinste unter allen Völkern – sondern weil er euch geliebt hat und damit er seinen Eid hielte, den er euren Vätern geschworen hat. Darum hat er euch herausgeführt mit mächtiger Hand und hat dich erlöst von der Knechtschaft, aus der Hand des Pharao, des Königs von Ägypten.«

Daraus ersehen wir:

a) Gott liebt die Menschen nicht »allgemein«, sondern nur so, daß er sich ein ganz bestimmtes Volk »auswählt« (Parallelbegriff zu »lieben«), es sich zum Eigentumsvolk macht (»angenommen«) und es dann zum Lichtzeichen für die anderen Völker macht, wovon aber hier noch nicht die Rede ist.

b) Gott liebt → Israel nicht, weil es liebenswert ist – ist es doch das unbedeutendste unter allen Völkern –, sondern weil Gott dieses Volk aus seiner unbegreiflichen erwählenden Liebe heraus liebt, ist dieses Volk liebenswert.

c) Gottes Liebe ist gleichzusetzen mit seiner → Treue, denn die liebende → Erwählung Israels ist die Erfüllung der → Verheißung an die Väter Abraham, Isaak und Jakob.

d) Gottes Liebe ist keine unbestimmte Zuneigung, sondern konkrete und entschlossene geschichtliche Tat: die → Erlösung aus der ägyptischen Knechtschaft durch das Rote Meer hindurch.

2. Die Antwort des Menschen

Weil Gott sein Volk zuerst geliebt hat, darf dieses auf seine Liebe ebenfalls mit Liebe antworten: »Nun, Israel, was fordert der Herr, dein Gott, noch von dir, als daß du den Herrn, deinen Gott, fürchtest, daß du in allen seinen Wegen wandelst und ihn liebst und dem Herrn, deinem Gott, dienst von ganzem → Herzen und von ganzer → Seele« (5Mo 10,12).

Daraus ersehen wir:

a) Menschliche Liebe zu Gott ist kein unbestimmtes Gefühl, sondern konkreter → Gehorsam seinen → Geboten gegenüber. Diese aber stehen dem Menschen nicht als eine riesige Summe von Einzelvorschriften gegenüber (vor der der Mensch letztlich scheitern müßte), sondern sollen das stattgefundene Erlösungswerk »wachhalten«.

b) Menschliche Liebe zu Gott zieht diesen nicht herab zum Kumpanen, sondern ist gebunden an die Ehrfurcht vor Gottes → Allmacht und → Herrlichkeit (→ Gottesfurcht). Dadurch wird der Abstand zwischen Gott und Mensch gewahrt – aber trotzdem bleiben Gott und Mensch nicht in kühler Distanz voreinander.

c) Menschliche Liebe zu Gott ist angelegt auf Dauer (»in allen seinen Wegen wandeln«) und → Treue und macht auf diesem Weg immer neue Erfahrungen mit Gott.

3. ». . . deinen Nächsten wie dich selbst«

Wer Gott liebt, »schlägt in dessen Art«, d.h. er wird wie dieser andere lieben, und zwar sich selbst und den, der neben ihm als Mit-Geschöpf und Ebenbild Gottes steht. Der bekannte Satz: »Du sollst deinen → Nächsten lieben wie dich selbst« steht bereits im AT (3Mo 19,18). Diese Liebe zum Nächsten ist keine allgemeine Freundlichkeit, sondern »du sollst deinen Nächsten zurechtweisen, damit du nicht seinetwegen Schuld auf dich ladest«, heißt es im Vers zuvor (17). Wer liebt, riskiert auch immer wieder das gute Einvernehmen mit dem anderen. Liebe drückt sich nicht an den wunden Punkten des Nächsten vorbei, sondern bringt sie zur Sprache.

Liebe zum Nächsten kann auch Freundschaft sein, wie das Verhältnis Davids zu Jonathan zeigt (1Sam 18,1.3; 20,17). Aber selbst der Volksfremde (»Gastarbeiter«) wird in den Liebesbund mit einbezogen: »(Der Fremdling) soll bei euch wohnen wie ein Einheimischer unter euch, und du sollst ihn lieben wie dich selbst; denn ihr seid auch Fremdlinge gewesen in Ägyptenland. Ich bin der Herr, euer Gott« (3Mo 19,34). Liebe, die beim Allernächsten anfängt, kann nicht auf diesen beschränkt bleiben. Liebe kann sich nur ausbreiten, grenzüberschreitend – oder sie ist keine Liebe.

4. Bewährungsproben

Die Liebe wird immer an den Stellen auf ihre äußerste Probe gestellt, wo das Verhältnis zwischen Personen gestört ist. Einer der ersten Schriftpropheten (Hosea) und der letzte Schriftprophet vor der Zerstörung → Jerusalems (Jeremia) reden von der Liebe: Fast wehmütig spricht Jeremia von der Zeit der ersten Liebe Israels zu Gott (2,2). Doch er bietet im Namen seines Gottes aufs neue einen »Ehebund« an (4,1) und sagt schließlich: »Ich habe dich je und je geliebt, darum habe ich dich zu mir gezogen aus lauter Güte« (31,3; vgl. auch Hos 2,21; 11,1.8.9).

B. IM NEUEN TESTAMENT

1. DER GELIEBTE SOHN

Im NT wird Gottes abschließende Erlösungsgeschichte damit eröffnet, daß Gott von Jesus bei dessen → Taufe sagt: »Dies ist mein lieber Sohn, an dem ich Wohlgefallen habe« (Mt 3,17). Der Geliebte Gottes ist Gottes Auserwählter, um die Liebe Gottes in die → Welt zu bringen. Aber Gottes Liebe für die Welt besteht darin, daß er seinen Sohn für sie stellvertretend in den → Tod gibt: »So hat Gott die Welt geliebt, daß er seinen einzigen Sohn dahingab . . .« (Joh 3,16). Eine solche Liebe hatte die Welt nicht erwartet. Darum kann man sie ablehnen, – und muß ohne Liebe weiterleben.

2. GOTTES LIEBE ANNEHMEN!

Damit man aber diese Liebe zu spüren bekommt, ist sie im Glauben anzunehmen. Darum geht der Satz bei Johannes weiter: ». . . damit alle, die an ihn glauben, nicht verlorengehen, sondern das ewige → Leben haben.« Wie im AT ist die Gottesliebe keine Allerweltsliebe, sondern eine errettende Liebe (vgl. Joh 15,13; Röm 5,8).

3. GOTTES LIEBE AUSGEGOSSEN IN UNSERE → HERZEN

Wo Gott anfängt mit der Liebe, werden die, die sich lieben lassen, mithineingezogen in die antwortende Liebe Gott gegenüber und dem Nächsten gegenüber. Aber im Unterschied zum Alten zeigt das NT deutlicher, daß die antwortende Liebe nicht des Menschen eigenes, sondern Gottes Werk im Menschen ist: ». . . die Liebe Gottes ist ausgegossen in unsere Herzen durch den Heiligen Geist, der uns gegeben ist« (Röm 5,5). Der Heilige Geist ist die Kraft, durch die der → Vater den Sohn und der Sohn den Vater liebt. Diese Kraft wird nun im Glaubenden lebendig, wenn er liebt: »Wer mich liebt, der wird mein → Wort halten: und mein Vater wird ihn lieben, und wir werden kommen und Wohnung bei ihm nehmen« (Joh 14,23). Und gleich darauf heißt es: »Aber der Beistand, den mein Vater in meinem Namen senden wird, der Heilige Geist, der wird euch alles lehren und an alles erinnern, was ich euch gesagt habe« (V. 26), eben an das Wort der Liebe; und der → Geist Gottes erinnert an nichts, wozu er nicht auch die Kraft gibt. Durch dieses Werk des Geistes in dem, der glaubt, gibt es auch eine neue → Gewißheit: »Wir wissen, daß wir aus dem Tod in das Leben gekommen sind; denn wir lieben die Brüder« (1Jo 3,14; vgl. aber dazu noch V. 24). Die Liebe, die bei den → Brüdern und Schwestern in der Gemeinde beginnt, bleibt aber nicht auf diese beschränkt. Sie umfaßt auch die Feinde (Mt 5,43ff). So gibt Paulus eine ausführliche Liste zum → Dienst der Liebe durch die Christen an der Welt in Röm 12,9–13,7, bevor er in 13,8–10 dieses alles noch einmal mit dem bereits zitierten Wort aus 3Mo 19,18 zusammenfaßt.

III. Der Begriff heute

1. LIEBE OHNE MASSSTÄBE?

Daß das NT sehr eindringlich von der Liebe spricht, haben alle unsere Zeitgenossen verstanden. Man meint aber vielfach, daß deshalb die vielen Einzelermahnungen überflüssig geworden seien, daß es sich in der jeweiligen »Situation« neu herausstellen müsse, was Liebe sei. So gelte beispielsweise das Gebot von Ehebruch nicht mehr unbedingt, es gäbe auch »Situationen«, wo dieser geboten sei, »aus Liebe«! Wenn man z.B. nur dadurch einer müde gewordenen Ehe wieder auf die Beine helfen könne, daß der eine Partner sich bei einem anderen Abwechselung verschaffe und dann gleichsam »erfrischt« wieder zu seinem früheren Partner zurückkehre. Aus allen biblischen Texten wird aber mit jeder wünschenswerten Klarheit gesagt, daß die Liebe leer und blind ist, wenn sie sich nicht an einen Rahmen hält, wie er besonders in den ntl. Ermahnungsreihen aufgezeichnet ist. Denn Liebe ist Dienst, und Dienst ist immer Erniedrigung in bestimmte, oftmals unangenehme oder schmerzliche Verhaltensweisen hinein, um den anderen zu gewinnen. Dazu gehört, daß wir uns an die konkreten Anweisungen halten, die die Bibel uns gibt. Sonst würde unsere Liebe nur ein allgemeines und unbestimmtes Gefühl bleiben und wäre dann äußerst lieblos! Echte, vom Geist Gottes gewirkte Liebe ist niemals *Liebelei*; denn diese hält nicht, sondern läßt sich treiben vom Augenblick. Die Liebe, die die Bibel meint, wendet sich völlig von sich selbst ab und wendet sich dem anderen beharrlich und ausdauernd zu; ihr Wesen ist also die → *Treue.* Weil sie in dieser Treue aber auch erlahmen kann, bedarf sie der ständigen Ermahnung; *eine* Form dieser »Ermahnung« ist für Eheleute auch der – Trauschein! Eine Liebe zwischen Mann und Frau, die ohne diesen Trauschein auf die

Dauer auszukommen meint, ist letztlich hochmütig. Sie vertraut auf – wechselhafte – Gefühle und kann darum leicht zu Fall kommen. Auch der Trauschein ist ein Pfand der gegenseitig zugesagten Treue und Liebe.

2. NUR WER SICH SELBST LIEBT, KANN ANDERE LIEBEN

Widerspricht dieser Satz nicht der christlichen Lehre von der Selbstaufgabe in der Liebe? Doch: wie ernst ist die Wendung gemeint: ». . . wie dich selbst?« Wir können nur im umfassenden Sinne lieben, wenn wir an einer konkreten Stelle, d.h. bei dem Nächstliegenden anfangen. Sonst wird die »Fernstenliebe« Flucht. In die Ferne werden wir von Gott nur geschickt, wenn wir in der nächsten Umgebung anfangen. Und dieses Nächste – bin zunächst ich selbst! Alles, was aus Gottes Händen kommt, ist liebenswert. Hat Gott mich als Menschen erschaffen und durch Christus in der → Wiedergeburt neu erschaffen, dann nehme ich mich als einen solcherart Erschaffenen dankbar aus Gottes Hand, auch meine Unfähigkeiten und mangelnden Begabungen. Wenn ich mich selbst staunend als Gottes geliebtes Geschöpf erlebe, werde ich nicht umhin können zu bemerken, daß es neben mir ebenfalls in gleicher Weise geliebte Geschöpfe gibt. Dann werde ich mich bemühen, meinen Nächsten – sollte er die Liebe Gottes noch nicht kennen – so zu lieben, daß auch neben allem Praktischen die Neuschöpfung durch Christus bezeugt wird: die Nächstenliebe vollendet sich, wenn mein Nächster durch Wort und Tat die Liebe Gottes annehmen kann.

3. GOTTESLIEBE – MENSCHENLIEBE

Es gibt nur *eine* Liebe! Auch die begehrende Liebe zwischen den Geschlechtern (»Eros« genannt) ist nicht abzuwerten, sondern darf geprägt sein von Hingabe, Treue und konkretem Beistand. Natürlich lieben die meisten Menschen aus eigenen Kräften und denken nicht an Gott und seine Liebe. Aber wahre Liebe wird sie erst, wenn sie getragen ist von der Liebe Gottes zu uns: sie lernt Hingabe erst an der Hingabe Jesu Christi für uns am → Kreuz! Göttliche Liebe entsteht da, wo um der Hingabe willen der Tod riskiert wurde: »Niemand hat größere Liebe als die, daß er sein Leben läßt für seine Freunde« (Joh 15,13). Jesus starb für uns, als wir gar nicht liebenswert waren (Röm 5,8). Und trotzdem nannte er uns schon seine Freunde. In solcher Liebe hat Jesus für alle Ewigkeit den Vorrang; er begann mit einer Liebe, wie es sich kein Mensch je hätte ausdenken können (1Jo 4,10). Aber Geliebte können lieben! Wie Jesus sich durch unsere Sünden nicht abschrecken ließ, sondern sie durch seine Lebenshingabe vergeben hat, so können auch wir lieben dadurch, daß wir die Bosheit unserer Umwelt nicht aufrechnen, sondern sie ihr immer wieder vergeben. Lieben heißt: den anderen ohne seine Vergangenheit sehen, denn »Liebende leben von der → Vergebung« (Manfred Hausmann).

4. LIEBE IST PRAKTISCHE HILFE

Liebe ist mehr als eine Gesinnung! Gott hat auch uns gegenüber die Liebe konkret werden lassen, indem er seinen Sohn auf die Erde sandte. Auf dem Wege zum Kreuz hat Jesus einen Dienst der Barmherzigkeit an denen getan, die ihn um Hilfe anriefen. Haben wir am Kreuz die Liebe Gottes erkannt und folgen wir Jesus, dem Gekreuzigten, nach, dann werden wir dem die Hilfe nicht versagen, mit dem wir »unterwegs« zusammentreffen.

Zum einen geht es uns an, ob die Hungernden satt werden. Geben wir finanzielle Opfer, die uns wehtun? Haben wir uns ein Projekt in der Dritten Welt von Gott zeigen lassen, bei dem wir eine namhafte Unterstützung zusammengelegt haben?

Zum anderen sind wir um Jesu willen aufgerufen, den zu lieben, den sonst niemand liebhat. Welche Jugendgruppe macht regelmäßige Besuche etwa in einer Jugendhaftanstalt und überlegt zusammen mit dem Gefängnispfarrer und den Sozialarbeitern, wie man jugendlichen Strafentlassenen nach ihrer Haftzeit eine Zeit des Eingewöhnens ermöglicht – vielleicht durch Aufnahme in einer Familie oder Wohngemeinschaft?

Schließlich ist praktische Hilfe aus Liebe die Bereitschaft, Zeit zum Zuhören zu haben. Nur wer dem anderen bis zum Ende zuhört, findet Wege, ihm zu helfen. Liebe will aus dem Herzen in den Kopf und dann in Hände und Füße!

D. Schneider

Lied/Gesang

I. Wortbedeutung

Das Wort »Gesang«, das Hauptwort vom Tätigkeitswort »singen«, hat allgemeinere Bedeutung als der Begriff »Lied«, mit dem zumeist eine bestimmte ausführbare Form gemeint ist (Kinder-, Volks-, Gemeindelied usw.). Der Gesang gehört zu den elementaren, spontanen Lebensäußerungen mancher Lebewesen, z.B. der Vögel, doch nur beim Menschen vereinen sich »singen und sagen«; beide Worte sind sprachverwandt und eine seit dem Mittelalter gebräuchliche »Zwillingsformel« (s. Strophe 1 von Luthers »Vom

Himmel hoch«: ». . . davon ich singen und sagen will«).

II. Die Begriffe in der Bibel

Als vitale geschöpfliche Gegebenheiten haben beide Begriffe in der Bibel eine selbstverständliche Bedeutung in den verschiedensten Zusammenhängen, z.B. als Tischgesang (Sirach 32,7) oder beim Feiern fröhlicher Feste, u.U. in Verbindung mit dem Tanz (1Sam 18,6; Lk 15,25); sogar ein Gesang der Narren wird erwähnt (Pred 7,5). Gesang und Lied sind ihrem geschöpflichen Wesen nach vor allem mit der → Freude verbunden und daher in der Bibel Lobgesänge und Danklieder. Als solche sind sie in ihr geboten und in ihrer rechten Ausübung → Bekenntnis. Vor allem ergeht in den Psalmen die Einladung zu immer neuem Gotteslob (Ps 33,3; 96,1; 98,1; 149,1; s. auch Jes 42,10). Daß auch Jesus (selbstverständlich) gesungen hat, ist durch den griechischen Text von Mt 26,30 bezeugt; Calvin sprach daher von ihm als unserem »Vorsänger«.

Im NT gehören die Ermahnungen zum Singen als Gotteslob in Kol 3,16 und Eph 5,19 zur grundlegenden christlichen Lebensgestaltung (in Eph 5,19 erscheint das mit dem Wort *psalmos* zusammenhängende *psallein* = zupfen/spielen, das jedoch bereits in der frühen Christenheit in »Psalmen singen« umgedeutet wurde). Bedeutungsvoll ist die Wiederaufnahme des Begriffs »neues Lied« in Offb 14,3, der hier als der Gesang der »neuen Schöpfung« (2Kor 5,17), der → Gemeinde der Vollendeten verstanden wird, für die das ewige Gotteslob eigentümliches Merkmal ist. Die Aufzählung von Psalmen, Lobgesängen (*hymnoi* = Hymnen) und geistlichen Liedern (*odai pneumatikai* = geistliche Oden) meint nach neueren Erkenntnissen nicht verschiedene Arten von Liedern, sondern ist lediglich eine gefüllte Ausdrucksweise.

Die Bibel ruft jedoch nicht nur zum Singen auf, sondern enthält auch selbst eine große Anzahl von Liedern, vor allem im Psalter, oft verbunden mit liturgischen Anweisungen. Andere Lieder des AT sind z.B. Moses Lobgesang (2Mo 15) und das Deboralied (Ri 4). Aus dem NT sind besonders die Lobgesänge des Zacharias, der Maria und des Simeon (Lk 1 u. 2), ferner Christuslieder in Phil 2,6–11; 1Tim 3,16; Kol 1,15–20 u.a. zu nennen. Zahlreiche Hymnenstücke haben in die Offenbarung Eingang gefunden. Als das älteste christliche (Tauf?-)Liedbruchstück gilt Eph 5,14. Die Melodien der biblischen Lieder sind freilich gänzlich unbekannt.

III. Die Begriffe heute

1. Das Kirchenlied in der Kirchengeschichte

Die Geschichte der Kirche ist infolge der biblischen Wurzeln immer zugleich die Geschichte ihrer Lieder und Gesänge gewesen und wird es auch in Zukunft sein. Die evangeliche Kirche wurde darin – abgesehen von einigen nicht liedmäßigen liturgischen Gesängen – überwiegend durch das von Luther selbst in liturgischen Rang erhobene strophische Gemeindelied bestimmt, das im reformierten Bereich auf die Reimpsalmen beschränkt wurde. Beide Reformatoren haben dabei der Musik eine wesentliche Funktion zugeschrieben, Luther, indem er sie als frohe und heilsame Kreatur ansah, Calvin, indem er sie mit einem Trichter verglich, weil durch sie das Wort Gottes tiefer in das menschliche Herz geleitet werde. Die Bedeutung des evangelischen Gesangbuches für die abendländische Frömmigkeitsgeschichte kann nicht hoch genug eingeschätzt werden. Als die »Bibel der Laien« ist es durch Jahrhunderte ungezählten Menschen in allen Lebenssituationen ein unentbehrlicher Begleiter gewesen.

Erst die zunehmende Säkularisierung (Verweltlichung) hat mit der Verdrängung der Kirche aus der Mitte des öffentlichen Lebens auch dem evangelischen Kirchenlied allmählich seine frühere Bedeutung genommen. Weder im Unterricht der Schule noch in der kirchlichen Unterweisung nimmt es auch nur annähernd noch die Stellung ein, die es in früheren Zeiten gehabt hat.

Ein zunehmend innerer Abstand zum überkommenen Kirchenlied ist, auch in der Kirche selbst, nicht mehr zu übersehen. Lieder bleiben aber nur bei ständigem Gebrauch lebendig. Die Tatsache, daß in den letzten reichlich zweihundert Jahren nur wenig neues Liedgut Eingang in das kirchliche Singen gefunden hat, läßt vielen das heute allgemein eingeführte Ev. Kirchengesangbuch veraltet erscheinen. An diesem Eindruck vermag auch der an den reformatorischen Choral anknüpfende Aufbruch neuen Singens in der Zeit kirchlicher Bedrängnis unter dem Nationalsozialismus nichts zu ändern, der sich mit Namen wie R. A. Schröder, J. Klepper, H. F. Micheelsen, G. Schwarz u.a. verbindet.

2. »Zweigleisigkeit« christlichen Liedgutes

Faktisch gibt es seit dem Zeitalter des Pietismus, insbesondere seit der Erweckungsbewegung im frühen 19. Jahrhundert, eine »Zweigleisigkeit« kirchlichen Singens: An die Seite des durch sprachliche und musikalische Strenge gekennzeichneten Kirchenliedes trat das zunächst für den außergottesdienstlichen Bereich bestimmte geistliche Lied, später als »geistliches Volkslied« bezeichnet. Die seit 1960 in riesigen Mengen erscheinenden neueren geistlichen Lieder scheinen diese »Zweigleisigkeit« nicht nur fortzusetzen, sondern sie sogar zu einer Spaltung des kirchlichen Singens selbst zu verschärfen. In Anknüpfung an Elemente des Jazz und des Spiritual, des Blues, der Beat- sowie der Unterhaltungsmusik entstanden, versuchen diese Lieder zumeist zeitgemäße Volkstümlichkeit zu erreichen. Für viele scheint mit diesen »neuen Liedern« die Frage nach der Zukunft kirchlichen Singens bereits auf Kosten des überlieferten Liedgutes beantwortet zu sein. Doch muß man hier differenzieren: Da die Kirche heute allenthalben »Missionskirche« geworden ist, muß sie neu nach »publikativen« Formen des Singens fragen, in denen sie die biblische Botschaft an und in die Welt bringen kann. Dabei mögen neue sprachliche und musikalische Mittel aus dem weiten Bereich der Unterhaltung und der Unterhaltungsmusik dem Gleichmaß herkömmlichen gottesdienstlichen Singens frische Impulse, ja, Vitalität vermitteln. In einer pluralistischen Gesellschaft ist freilich »zeitgemäße Volkstümlichkeit« kein eindeutiges Kriterium, dem sich kirchliches Singen ungeprüft zu unterstellen vermöchte. Liedtexte sollen sprachlichen Kriterien genügen und inhaltlich dem biblischen Gotteszeugnis angemessen sein. Religiöser Kitsch, der den lebendigen Gott verfehlt und die wahre Lage des Menschen vor Gott verkennt, ist nicht dadurch gerechtfertigt, daß er »ankommt«.

3. Möglichkeiten und Grenzen neuer Lieder

Die Liedweisen müssen sowohl ästhetischen Wert als auch »Sprachrohrfunktion« im Blick auf den Text haben. Wo Melodien als Ausdrucksträger einen Eigenwert beanspruchen oder gar zum Selbstzweck werden, ist das Wort-Ton-Verhältnis eines Liedes verfehlt. Auch Kirchenlieder sind immer geschöpflicher Natur, d.h. weltlich, nicht sakral; gleichwohl gilt es zwischen gottesdienstlicher und außergottesdienstlicher *Art* des Singens zu unterscheiden. Das überkommene Kirchenlied im Gesangbuch »ist eine Art Antwort auf die Bibel, ein Echo und Fortsetzung« (N. L. von Zinzendorf); daher vermag der lebendige Umgang mit diesem Lied sowohl für Texte als auch für Singweisen Maßstäbe zu vermitteln. Kirchenlied in Gestalt des »geistlichen Schlagers«, der sich wie alle billige Konsumware schnell verbraucht, kann nicht den Dienst erweisen, den das Kirchenlied tun muß, denn man erwartet von ihm Dauerhaftigkeit, an die sich der Mensch halten kann.

Die riesige Welle des höchst unterschiedlichen geistlichen Liedgutes der jüngsten Gegenwart geht dort, wo es nicht seinerseits dem traditionellen Liedtypus verhaftet bleibt, in doppelter Weise über das traditionelle Singen hinaus: Einmal kommen in den Texten dieses Liedgutes – oft in Anschluß und Wiedergabe biblischer Texte! – Themen zur Sprache, die bislang im Gesangbuch am Rande standen oder gar fehlten (z.B. Nächstenliebe, Reich Gottes, Einheit der Kirche, Herrenmahl u.a.). Zum andern zeigt das neue Liedgut auch, daß die Reimstrophe nicht die einzige Form des Gemeindeliedes ist: das Refrainlied für Vorsänger und Gemeinde, der Rahmenvers im Wechsel mit dem Chorpsalm in Wiederaufnahme altkirchlicher Praxis, auch der volkstümliche Kanon erweitern die überlieferten Formen des Singens und bereichern den Gesang in der Kirche. Bleibende Aufgabe des Singens in der Gemeinde wird es sein, in vielfältigen Formen und Weisen zur Einkehr und Besinnung, zur Konzentration und Meditation, d.h. zu Anbetung und befreitem und befreiendem Gotteslob einzuladen und anzuleiten.

W. Blankenburg/
K.-A. Bauer

Lob und Dank

I. Wortbedeutung

Was wir oft miteinander verbinden, hat einen durchaus nicht einheitlichen Klang: Lob und Dank sind nicht dasselbe. Das deutsche Wort »Dank« ist eine abgeleitete Bildung und hängt mit dem »Denken« zusammen (ähnlich im Englischen: »to thank«, »danken« – »to think«, »denken«).

Ganz anders ist das »Loben« zu verstehen. Dieses deutsche Wort hat eine reiche Verwandtschaft; es hängt mit »Erlaubnis«, aber auch mit »geloben«, »glauben«, »lieben«, »Verlobung«, »Urlaub« zusammen. »Loben« hat also eine ganz andere Tiefe als das Wort »danken«. Hinter dem Loben steht man mit seiner ganzen Existenz. Wenn »Loben« mit »Lieben« und »Glauben« zusammenhängt, dann lohnt es sich, besonders diesem Wort weiter nachzugehen, ohne die Bedeutung des »Dankens« zu schmälern.

II. Der Begriff in der Bibel

A. IM ALTEN TESTAMENT

1. Am AT läßt sich dieser Sachverhalt reichlich belegen. »Es ist niemals der Tatsache ein Gewicht beigemessen worden, daß es im He-

bräischen für ›danken‹ keine Vokabel gibt«, schreibt der Theologe Claus Westermann in seiner schönen Studie »Das Loben Gottes in den Psalmen«. Und er fährt im Blick auf das AT fort: »Wir sind genötigt, uns eine Welt vorzustellen, in der wohl das Bitten eine durchaus wesentliche und beachtliche Rolle spielt, wo aber der Gegenpol des Bittens nicht primär das Danken, sondern das Loben ist. Und dieses Loben ist ein so starker, lebendiger und weiter Begriff, daß er unser ›Danken‹ in sich faßt; das Danken ist hier noch ganz drinnen im Loben« (S. 20). Es empfiehlt sich, bei allem Nachdenken über »Lob und Dank« immer von dieser Voraussetzung auszugehen (siehe unter III.).

2. Wesentlich ist nun, daß *Lob und Dank in der Bibel zentrale Bedeutung* haben. Schon im Schöpfungswerk ist das Loben Gottes angelegt: Die litaneihafte Formel »und Gott sah an – und es war gut« (1Mo 1,10.12 usw.), ist indirektes Gotteslob. Noch fehlt der Mensch als Gegenüber, aber schon hier kommt heraus, daß das Loben Gottes zu seinen Werken unbedingt hinzugehört und daß der Mensch zum Lobe Gottes geschaffen worden ist.

Dieser Sachverhalt zieht sich durch die ganze Bibel und findet seine stärkste Ausprägung in den Psalmen. »Alles, was Odem hat, lobe den Herrn«, so singt der Beter des letzten, des 150. Psalmes (150,6), und bringt damit nur zum Klingen, was im Schöpfungswerk Gottes angelegt ist. Der Mensch in seiner Ganzheit soll Gott loben, und die Psalmen können gar nicht genug dieses Loben beschreiben: Da braucht man seinen *Mund,* um »all dein Lob zu erzählen« (Ps 9,15), »um des Herren Lob zu verkündigen« (51,17); ja, »sein Lob soll in meinem Munde sein« (34,5). Geradezu euphorisch kann der Beter werden, wenn »meine Lippen vom Lob überströmen sollen« (119,171). Der ganze *Körper* ist in Bewegung, wenn es um das Loben Gottes geht: »Hebt empor eure Hände und lobt den Herrn« (134,2)! Aber das ist nicht alles: Das Loben Gottes ist nicht in mein Belieben gestellt, es gehört zu meinem Leben wie das Atmen zum Menschen. »Siebenmal am Tage lobe ich dich«, kann der Beter in dem berühmten 119. Psalm sagen (119,164); ja, »um Mitternacht stehe ich auf, dir zu danken« (119,62), heißt es in dem gleichen Psalm. »Ich will dich loben mein Leben lang« (63,5) ist dann Zentralaussage der Psalmen überhaupt. Ferner: Da ich Gott schlecht nur allein loben kann, fordern die Psalmen zum Loben Gottes »in Versammlungen« (Ps 68,27), »in der Gemeinde« (149,1), »im Kreise der Alten«! (107,32) auf. Schließlich: Nicht nur der Mensch, nicht nur die Völker (117,1), nein, die ganze Schöpfung, die Himmel aller Himmel (148,4), Sonne und Mond (148,3), die Engel (103,20), Gottes Heerscharen (103,21), sie alle sollen Gott loben.

3. Aber auch *der Grund des Lobens* ist angegeben: Da ist einmal das *Erzählen* von Gottes Wundertaten: Schon Mose hatte dem Volk Israel eingeschärft: »Du sollst den Herrn loben für das schöne Land, das er dir gegeben hat« (5Mo 8,10). Dies nehmen die Psalmen in immer neuen Variationen auf und ermuntern zum Erzählen, zum »Frohlocken ob deiner Hilfe« (Ps 9,15). Angesichts der vielen Erweise der Treue Gottes (»Danket dem Herrn, denn er ist freundlich«, Ps 16,34), kann der Mensch doch eigentlich gar nicht anders, als sein Leben lang Gott zu loben. Auch die Klage, ja die Anklage Gottes wendet sich in den Psalmen in Lobpreis (13,1–6). Darum mahnt Ps 103,2: »Lobe den Herrn meine Seele, und vergiß nicht, was er dir Gutes getan hat.«

Zum andern ist das aber einfach nur das Staunen angesichts der Schöpferkraft Gottes, angesichts seiner Werke. Die Psalmen können sich nicht genug darin tun, einfach zu *beschreiben:* »Herr, unser Herrscher, wie herrlich ist dein Name in allen Landen, der, den man lobet im Himmel« (8,2). »Lobe den Herrn, meine Seele! O Herr, mein Gott, wie bist du so groß! Pracht und Hoheit ist dein Gewand« (104,1). Seiten ließen sich füllen nur mit den Beschreibungen Gottes in den Psalmen.

So ist das *Erzählen* der Treue Gottes und das *Beschreiben* seiner Größe Grund genug für den vielstimmigen Lobgesang der Schöpfung in den Psalmen und durch die ganze Bibel hindurch.

B. IM NEUEN TESTAMENT

1. Das NT bleibt ganz auf dieser Spur. Gerade an entscheidenden Stellen wird das deutlich: Bei der Verkündigung an die Hirten im Weihnachtsevangelium »war da bei dem Engel die Menge der himmlischen Heerscharen, die lobten Gott« (Lk 2,13). Die Hirten selbst »priesen und lobten Gott für alles, was sie gehört hatten« (Lk 2,20). Was den ersten christlichen Missionaren, eben den Hirten (»sie machten das Wort kund«, Lk 2,17), recht war, war der ersten christlichen Gemeinde billig: »Sie lobten Gott und hatten Gnade beim Volk« (Apg 2,47). Daraus erwächst dann die Aufforderung in den apostolischen Briefen, das Beten immer mit dem Danken zu verbinden (»In allem lasset im Gebet und Flehen mit Danksagung eure Bitten vor Gott kundwerden«, Phil 4,6), ja noch mehr: Überhaupt »al-

lezeit zu danken« (1Thes 5,18). Und dies nicht, weil es nur schön ist, weil es dem Glaubenden gefallen könnte, sondern weil es Gottes Wille ist (1Thes 5,18)!

2. Einen christlichen Lebenswandel soll der Lobpreis Gottes prägen: »Saget allezeit Gott, dem Vater, im Namen unseres Herrn Jesus Christus Dank für alles!« (Eph 5,20). Lob und Dank passen *nicht nur in Zeiten besonderen Glaubensgefühls oder besonderer Hochstimmung – sie kommen gerade in Anfechtung, Not und Verfolgung zur Geltung.* »Paulus und Silas sangen Gott Loblieder« (Apg 16,25), – um Mitternacht, im Gefängnis! Hier wird deutlich, wie der Apostel, wie die erste Gemeinde gerade dann das Loben durchhielten, wenn die Not am größten war. »Nicht aber das allein, sondern wir rühmen uns auch in der Trübsal« (Röm 5,3), konnte der Apostel Paulus der Gemeinde in Rom schreiben.

3. Im NT klingt wie im AT die Mahnung durch, *das Loben und Danken nicht zu vergessen.* Wenn Jesus die Geschichte von der Heilung der zehn Aussätzigen erzählte (»Einer kehrte zurück und dankte ihm«, Lk 17,16), dann wollte er seinen Jüngern eben das deutlich vor Augen stellen, daß sie über aller Freude an der Heilung und an der neugeschenkten Freiheit der Kinder Gottes den Dank nicht vergessen sollen. Gerade das zeichnet ja nach der Botschaft des Paulus den von Gott abgefallenen Menschen aus, daß er Gott zwar kannte, »ihm aber doch nicht als Gott Ehre und Dank erwiesen« (Röm 1,21) hatte. In erschütternder Schärfe setzt Paulus den Menschen ohne Gott den Spiegel vor: »Sie, die die Wahrheit Gottes mit der Lüge vertauschten und den Geschöpfen Anbetung und Verehrung darbrachten statt dem Schöpfer, der gepriesen ist in Ewigkeit« (Röm 1,25), so formuliert er und drückt damit aus, was eigentlich die Sünde des Menschen ist. Zu Recht hat der Westminster-Katechismus, eine reformierte Bekenntnisschrift aus dem Jahre 1647, formuliert: »Die Bestimmung des Menschen besteht darin, Gott zu verherrlichen und sich in Ewigkeit an ihm zu freuen.« Um das Loben Gottes geht es in der Bibel Alten und Neuen Testaments auf Schritt und Tritt, eigentlich ohne Pause. Das Loben Gottes gehört zum Leben des Christen wie das Atmen zum Menschen.

III. Der Begriff heute

1. Welchen Stellenwert Lob und Dank in der heutigen Umgangssprache haben, wird beim näheren Hinsehen gleich deutlich: In unserer Sprache ist *viel vom Dank, aber nur wenig vom Lob die Rede.* Dabei hat das Danken seinen festen Ort in den Höflichkeitsbezeugungen unserer Gesellschaft. Formulierungen wie »Dank zollen«, »Dank schulden«, »Dank abtragen«, »zu Dank verpflichtet sein« weisen darauf hin, daß das Danken zum guten Ton gehört, ja daß es anerzogen werden muß (»Wie sagt man?« – »Danke!«). Das heißt aber auch, daß das Danken leicht wieder wegfällt, »wo die Politur unserer guten Erziehung fortfällt« (C. Westermann).

Was das Loben anbelangt, so sind wir sehr zurückhaltend. Man soll nicht gleich jemanden »über den grünen Klee loben«, überhaupt sollte man »erst proben, dann loben«. Wir geizen gern mit Lob, wo wir Lob spenden könnten. Lob empfinden wir auch schnell als Schmeichelei, obwohl wir uns auch gern einmal »mit Lob überhäufen lassen«. Wir sind mißtrauisch, wenn man uns lobt, weil wir dahinter den berüchtigten »Pferdefuß« vermuten. Unsere Skepsis rührt vielleicht z.T. daher, daß unserem Loben oft etwas Gönnerhaftes, Herablassendes anhaftet. Anderseits sind wir auf Lob angewiesen, worauf der vor einigen Jahren gängige Slogan »Heute schon dein Kind gelobt?« aufmerksam machen wollte.

Nun geht es der Bibel zunächst gar nicht um das mitmenschliche Verhalten. Lob und Dank sind – wie wir gesehen haben – in der Bibel auf das Verhältnis des Menschen zu Gott bezogen. Aber was wir hier einfach vom Wortlaut her feststellen, läßt sich ja durchaus übertragen: Hat nicht auch unser Dank Gott gegenüber etwas Anerzogenes, oft Verkrampftes an sich? Tun wir uns mit dem Danken nicht ähnlich schwer wie die Aussätzigen, die Jesus geheilt hatte (Lk 17,18)? Und wie viel seltener noch kommt ein Lobpreis Gottes über unsere Lippen!

2. Dabei ist nach dem Zeugnis der Bibel *der Lobpreis die eigentliche Form des Umgangs mit Gott.* Der Lobpreis, so wurde ja an den Psalmen deutlich, ist Hinwendung des ganzen Menschen zu Gott, ist Ausdruck der → Freude, die sich bis ins Körperliche hinein ausdrückt, ist Erzählung der → Treue Gottes und Beschreibung seiner Größe. Dieses trifft sich mit der deutschen Wortbedeutung: Im Loben kommen Glaube und Liebe zu Gott zur Sprache. Lob ist nichts Anerzogenes, Lob ist nie gemacht; im Lob bin ich ganz auf den ausgerichtet, den ich lobe. Lob geschieht oft ganz spontan, es steckt an, führt zur Freude, gehört in die Gemeinschaft. Loben ist schön, weitet das Herz, ja, Loben ist der Schlüssel zu Gottes Herzen. Das Danken ist da ganz im Loben drin.

3. *Diese Art des Umgangs mit Gott will auch heute bewährt werden.* Und was für eine Kraft

steckt darin! Menschen, die Gott loben, trotzdem loben, ganz gleich, wie ihnen zumute ist, ob der Tag schön und das Wetter gut oder ob nichts Gutes zu erwarten ist, erleben oft erstaunliche Dinge. Das Lob von Paulus und Silas im Gefängnis in Philippi (Apg 16,25f) führt immerhin dazu, daß sich Kerkertüren öffnen, daß sich Fesseln lösen, daß ein Kerkermeister mit seinem ganzen Hause zum Glauben kommt. »Gelobet sei der Herr täglich; er legt uns eine Last auf, aber er hilft uns auch«, dieses Psalmwort (Ps 68,20) hat sich tausendfach bewährt.

4. *Wie kommen wir zu einer solch erfreulichen Umgangsform mit Gott?* Wie kommen wir heraus aus unseren Löchern, unseren Schützengräben voller Frustration und Negation? Einige Denkanstöße sollen noch folgen:

a) *Die → Gemeinschaft suchen!*

»*Ein* Christ ist kein Christ«, – so stand es einmal auf einem Plakat zu lesen. Wie recht hatte der Verfasser! Mit mir allein bleiben und Gott loben, das geht auf die Dauer nicht zusammen. Die Gemeinschaft suchen, das kann ein Hauskreis sein, eine Gemeindegruppe – es sollte aber auch immer der Gottesdienst sein. Gibt es einen passenderen und angemesseneren Ort, Gott zu loben, als den → Gottesdienst der → Gemeinde?

b) *Erfahrungen der Treue Gottes weitererzählen!*

Wir sind arm geworden im Erzählen: »Ein guter deutscher Christenmensch redet nicht über sein persönliches Einkommen und schon gar nicht über seinen persönlichen Glauben« (F. Schwarz, Überschaubare Gemeinde, S. 52). Erst ganz allmählich setzt sich wieder die Erkenntnis durch, daß das Erzählen der großen Taten Gottes nicht nur Sache des Kindergottesdienstes sein darf. Die Geschichten der Bibel, aber auch die persönlichen Erfahrungen im Glauben wollen weitererzählt werden. Dabei komme ich von mir selber los, kann teilnehmen und teilgeben an Geschichten und Erfahrungen, die von Gottes Treue erzählen. Was Jethro und sein Schwiegersohn Mose vor Tausenden von Jahren im Zelt irgendwo in der Wüste beim Erzählen erlebten, hat sich inzwischen wieder und wieder ereignet: Daß Menschen über dem Erzählen zum Loben Gottes kommen (2Mo 18,10).

c) *Gottes Größe beschreiben!*

Wir nehmen uns kaum noch Zeit, vor Gott stehenzubleiben. Wie die Gesellschaft, so die Kirche: Hektik prägt das Bild, nicht Ruhe und Beschau-lichkeit! Die orthodoxen Kirchen wissen vom Geheimnis der Ruhe vor Gott viel mehr als wir. Ostkirchliche Gottesdienste sind lang und schön. Sie sind zur Darstellung gebrachte Beschreibungsweisen Gottes. Das wäre etwas, wenn wir uns dazu helfen würden: Im Stehenbleiben vor Gott das Staunen zu lernen über seine Pracht, seine Schönheit, seine Herrlichkeit, seine großen Taten zum Heil der Welt. Unsere Gottesdienste würden schöner werden, die Elemente der Liturgie würden wieder leuchten, das Liedgut der Kirchen und Gemeinschaften würde mit neuer Inbrunst gesungen.

d) *Im Rhythmus leben!*

Vor allem die Psalmen prägen uns ein, daß das Loben Gottes mit rhythmischem Leben zusammenhängt. So sehr das Loben aus der spontanen Freude an Gott erwächst, so sehr will es auch regelmäßig eingeübt und praktiziert werden. Davon wissen wir leider nur noch wenig. Aber wenn wir uns nicht feste Zeiten setzen, um vor Gott still zu werden, wenn der Tag nur noch nach dem Terminkalender aufgeteilt wird, nicht aber mehr nach dem Rhythmus eines Lebens vor Gott, dann können wir bald einpacken. Dann werden wir zu hektisch lebenden Funktionären, denen bald alles über den Kopf wächst. »Die Zeit ist kein Kalender, sondern ein Fluß, eine ständige, sehr gleichmäßige Wellenbewegung, in der zu leben leicht oder schwer sein kann. Wer im Meer schwimmt, merkt, daß er sich eine Stunde lang mühelos hält, wenn es ihm gelingt, sich dem Rhythmus der Wellen einzufügen, und daß er nach einer halben Stunde am Ende seiner Kraft sein kann, wenn ihm dieses nicht gelingt« (Jörg Zink, Wie wir beten können, S. 78). Die Zeit ist Gottes Geschenk. Im Rhythmus der Zeit Gott loben, das ist unser Amt. Dann wird auch die Arbeit gelingen.

e) *Sich an Verheißungen klammern!*

Die Bibel ist voll von Verheißungen. Wohl 800 lassen sich aufzählen, wenn das reicht. Für jede Lebenslage hat Gott Verheißungen gegeben. Eine davon gilt immer auch mir. Menschen, die sich an Gottes Verheißungen klammern, werden auch in schwierigsten Situationen noch Raum zum Loben Gottes haben. »Wir rühmen uns auch in den Trübsalen, weil wir wissen, daß Trübsal Geduld wirkt, Geduld aber Bewährung, die Bewährung aber Hoffnung. Die Hoffnung aber wird nicht zuschanden werden, weil die Liebe Gottes in unsere Herzen ausgegossen ist durch den heiligen Geist, der uns gegeben worden ist« (Röm 5,3–5). Mit einer solchen → Verheißung im Rücken läßt es sich leben – und Gott loben.

»Der Mensch aber war gemeint als ein Wesen, das auf Gott hört, ihn versteht und ihm antwortet. Er lobt Gott, indem er seine Bestimmung erfüllt, so daß er Gott, der ihn gemacht hat, liebt und ihm vertraut. So verweist er auf seinen Meister. Die vollkommenste Antwort, die der Mensch Gott geben kann, ist der Lobgesang. Indem er Gott rühmt, ist er ganz frei, ist er ganz er selbst geworden« (Jörg Zink, a.a.O., 258).

→ Lied/Gesang

H. Bärend

Lohn

I. Wortbedeutung

Für das deutsche Wort »Lohn« gibt es in der Bibel eine Reihe von Ausdrücken, die aus dem Alltags- und Geschäftsleben kommen: das reicht vom normalen Arbeitslohn bis zum Sold des Soldaten. Das griech. Wort für »Lohn« wurde ursprünglich nicht in einem religiösen Sinn gebraucht, sondern meinte die Bezahlung eines Arbeiters. Später wurde es auch auf das Verhältnis des Menschen zu Gott übertragen: Gott belohnt den Menschen. – Aber noch in einem anderen Bereich ist von Lohn die Rede. Es heißt: »Der → Tod ist der Sold (Lohn) der → Sünde«, er ist der Sold, den die Sünde ausbezahlt. Hier wird der Lohngedanke als Bild gebraucht. Im NT wird der Begriff besonders häufig im Mt-Ev. gebraucht.

II. Der Begriff in der Bibel

A. IM ALTEN TESTAMENT

1. Lohn für den Arbeiter

1Mo 30 und 31 wird ausführlich der Streit von Jakob und Laban geschildert, an dessen Höhepunkt Jakob dem Laban vorwirft, er habe den Lohn nun schon 10mal verändert (1Mo 31,7). Im atl. Gesetz wird → Israel immer wieder auf die soziale Verantwortung im Umgang mit dem Lohn hingewiesen: »Dem Tagelöhner, der bedürftig und arm ist, sollst du seinen Lohn nicht vorenthalten« (5Mo 24,14). Es ist ein Grundzug der ganzen Bibel, daß nur dann → Gerechtigkeit herrscht, wenn das Verhältnis Arbeit – Lohn in Ordnung ist (vgl. auch Jak 5,4). Dies schließt auch den Verkündiger ein (vgl. Lk 10,7; 1Tim 5,18; 1Kor 9,4f). Dabei wird der atl. Grundsatz »Du sollst einem Ochsen, wenn er drischt, das Maul nicht verbinden« als fast sprichwörtliches Argument angeführt (5Mo 25,4).

2. Der Lohn entspricht der Arbeit – auch bei Gott?

Wie der gute Arbeiter seinen gerechten Lohn erhält, so wird auch der schlechte das bekommen, was er verdient. Diese einleuchtende Gleichung wird nun auf das Verhältnis des Menschen zu Gott übertragen: Wer die → Gebote hält, hat davon großen Lohn (Ps 19,12). Hiobs Freunde meinen aber, das gelte auch umgekehrt (Hi 20,29). Doch stimmt die Umkehrung wirklich immer? Geht es dem, der Gutes tut, immer gut? Und geht es dem, der Unrecht tut, immer schlecht? In den Psalmen wird oft darüber geklagt, daß es gerade dem Gottlosen wohl ergeht, dem Frommen aber schlecht (vgl. Pred 8,14; Ps 73).

Allerdings verspricht Gott schon im alten → Bund, selbst der Lohn zu sein. So verheißt er Abraham: »*Ich* bin dein sehr großer Lohn« (1Mo 15,1). Das ist nicht jenseitig gemeint, sondern eine konkrete Zusage an Abrahams Leben gewesen, die sich auch erfüllte. Daraus läßt sich jedoch kein starres Schema »Lohn für den Gerechten / Strafe für den Gottlosen« ableiten, so daß man an Reichtum, Gesundheit und Wohlergehen die besondere Zuwendung Gottes ablesen könnte. (Vgl. dazu Hi 8,4–6 und die ntl. Geschichte von der Heilung des Blindgeborenen Joh 9, in der Jesus es ablehnt, die Blindheit als → Strafe für die Sünde anzusehen.)

B. IM NEUEN TESTAMENT

Lohn in der → Nachfolge Jesu

Im Mt-Ev. knüpft Jesus an die Vorstellung seiner Umwelt an, daß der Gläubige durch gute Taten ein himmlisches Kapital erwerben könnte (Mt 6,1–20). Mit diesem Kapital ist die Gabe des Endheils gemeint. An einer Stelle (V.20) fordert er geradezu auf, Schätze zu sammeln im Himmel. *Doch Jesus streicht die Absicht, die hinter der gängigen Vorstellung vom Lohn steht, durch:* Es gibt keinen Erwerb des Himmels durch gute Taten und keinen Verdienstanspruch auf das → Heil. So gewiß Gott lohnt – er tut es aus freier Güte. Sein Lohn ist Realität – er ist treu. Gott vergilt auch die kleinste Handlung der → Liebe an Geringen und Bedürftigen, so den Becher Wasser (Mt 10,42), den Besuch im Gefängnis (Mt 25,36) u.a. In Mt 25,31ff schildert Jesus Menschen, die gar nichts wußten von seiner Gegenwart in den Armen, Bedürftigen, Gefangenen. Sie sind überrascht über ihren Lohn (Mt 25,37). Die anderen, die Jesus von sich weist, haben nicht begreifen wollen, daß hier in diesem Leben unter den Armen und Bedürftigen ein Dienst auf einem Arbeitsfeld auf sie gewartet hat, für den Jesus Lohn geben will. Das Schielen auf den Lohn als Motiv für den → Dienst für Gott wird vom NT abgelehnt. Das Gleichnis von den Arbeitern im Weinberg (Mt 20,1–15) zeigt, daß die Güte Gottes wichtiger und größer ist als unser großes oder kleines Wirken.

III. Der Begriff heute

1. »Das Schönste kommt noch«

Die Bibel will mit dem Wort »Lohn« zuallererst etwas Tröstliches sagen. Denn in diesem Wort wird deutlich, daß Gott in seiner Güte für seine Kinder etwas bereit hält, was er zu seiner Zeit auch wirklich schenken wird: die volle → Gemeinschaft mit ihm. Dies unterstreicht in der Bibel neben dem Wort »Lohn« auch das damit verwandte Wort »Erbe« (vgl. Mt 5,5; 25,24; 1Petr 1,4; Röm 8,17).

Beide Wörter, »Lohn« und »Erbe«, sind Wörter aus dem Rechtsleben, sind also durch eine hohe Verbindlichkeit gekennzeichnet. So will die Bibel gerade in → Angst und → Anfechtung unsere Zukunft bei Gott gewiß werden lassen, denn Gott hält das Recht. Er hat den Lohn zugesagt, er hat das Erbe versprochen.

2. Das gefährliche Missverständnis

Wir verstehen aber alles falsch, wenn wir unter Hinweis auf die bibl. Rede vom Lohn unsere fromme Leistung zur Eintrittskarte für das Leben mit und aus Gott machen. Es ist ja Jesus, der Menschen zu sich ruft und ihnen ohne Verdienst seine Gemeinschaft schenkt: »Nicht ihr habt mich erwählt, sondern ich habe euch erwählt« (Joh 15,16). Hier ist allein Dankbarkeit (→ Lob und Dank) die richtige Antwort und die Triebfeder alles Handelns, nicht Lohnanspruch oder Verdienstlichkeit.

3. Wir sind »unnütze Knechte«

Die Gefahr der »Leistungsreligion« und der Werkgerechtigkeit, gegen die die Reformatoren so gekämpft haben, müssen wir im Blick behalten. Wie ist die Frage: »*Lohnt* es sich denn, Christ zu werden?« zu beantworten, damit der Fragesteller nicht an der entscheidenden Gabe des → Evangeliums vorbeigeht, indem er sein Leistungsdenken und Verdienstdenken in seine Beziehung zu Gott hineinlegt? Bei aller → Nachfolge, allem → Gehorsam, allen guten Werken: wir bleiben »unnütze Knechte« (Lk 17,10) und bekommen Lohn auf Grund der Liebe und Gnade Gottes. Wer sich darauf einläßt, wird erleben, daß es sich »lohnt«, Christ zu werden. »Er gibt mehr Lohn, als man erwarten kann.«

4. Der Schutzwall gegen Schwärmerei

Andererseits bewahrt uns die unbefangene bibl. Rede vom Lohn vor dem anderen Extrem, das sich in der Auffassung niederschlägt: Nur das ist aus echtem Glauben und aufrichtiger Gesinnung getan, für das ich nichts bekomme. Dies betrifft ganz praktische Fragen der Dienste und ihrer Vergütungen in der Gemeindearbeit (vgl. 1Kor 9,1–18; 1Tim 5,18). Es ist oft vorgekommen und kommt immer wieder vor, daß eine christl. Institution, sei es in freien Werken oder in einer Kirche, Dienste ihrer Mitarbeiter in Anspruch nimmt, deren Entlohnung unter der frommen Rede »Wir tun ja alles für den Herrn« mit Nüchternheit und Recht nur wenig zu tun hat. Solche Erscheinungen werden für Christen und Nichtchristen Anlaß zum Ärgernis. Der Geist Gottes ist nicht gegen das Recht, wie mancher schwärmerisch übersieht. Aber der Geist Gottes schafft auch die Freiheit, etwa in ehrenamtlichen Tätigkeiten auf Entlohnung oder in Ausnahmesituationen auf das Recht zu verzichten (vgl. 1Kor 9,12 und 15).

H.-G. Filker

Lüge/Heucheln

I. Wortbedeutung

Lüge ist die *falsche Aussage,* um jemanden bewußt zu betrügen, zu täuschen. Die Griechen benutzen das Wort für den *Meineid.* Den Menschen gegenüber empfanden sie aber die *Verleumdung* als die schwerwiegendste Form der Lüge. Zur Selbstbehauptung, in gewissen sozialen und politischen Umständen erachteten sie sie als notwendig: als Zweck- oder Notlüge.

Das griech. Wort für *»heucheln«* hat zunächst keine negative Bedeutung. Es ist die Berufsbezeichnung für den *Schauspieler.* Er setzt sich im griech. Theater die Maske auf und übernimmt die Rolle eines andern. Daraus entsteht der *übertragene Sinn* des Wortes: *Positiv:* das ganze Menschenleben wird verglichen mit einer Bühne. Der edle Mensch spielt jede Rolle gleich gut, die ihm vom Leben auferlegt wird.

Negativ: die Bühne ist eine Scheinwelt und der Schauspieler ein Betrüger. Hier bedeutet das Wort: »sich verstellen, etwas vortäuschen«.

II. Der Begriff in der Bibel

A. IM ALTEN TESTAMENT

Hier finden wir das Wort »Lüge« in 3 Gedankenkreisen:

1. *Im Rechtsleben.* Hier bedeutet es, genau wie im Griechentum, Meineid (2Mo 20,16) und Verleumdung (3Mo 5,21f). Dabei kann man nun gar nicht mehr genau unterscheiden zwischen dem Vergehen gegen Gott und gegen den Menschen. Wer den → Nächsten hintergeht, sündigt wider Gott (Spr 6,16–19). Deshalb steht auf Meineid die Todesstrafe (Spr 21,28; Sach 5,3). Denn damit wird der → Name Gottes mißbraucht.

2. In der *Weisheitslehre* und in der *alltäglichen Moral* (Spr 30,8; Ps 4,3; 62,5; Spr 17,7). Der Prophet Hosea klagt das Volk der Lüge an (Hos 7,1; 3,13; 10,13). Die Bibel weiß aber auch um die menschliche Versuchung zur Lüge aus Not (1Mo 12,13; Jer 38,24–27).

3. *Im religiösen Bereich.* Jede Art von Götzendienst ist Untreue und Abfall von Gott und damit Lüge (Am 2,4; Ps 40,5). Wer Gott verleugnet, wendet sich dem Bösen zu und zieht Gottes → Gericht auf sich (Jes 44,20). Eine besondere Versuchung und Gefahr sind für → Israel die »Lügenpropheten«. Im Namen Gottes verführen und belügen sie das Volk (Jer 23,32). Es ist ein Zeichen von Heilszeit, wenn ihnen ihr Handwerk gelegt wird (Sach 13,2–6); → Götze/Götzendienst.

B. IM NEUEN TESTAMENT

1. Hier werden diese Gedanken noch vertieft. Der Teufel ist der Vater der Lüge (Joh 8,44). Darum ist die Lüge nicht einfach eine einzelne falsche Aussage gegen Gott und Menschen, sondern das Bestreiten der → Wahrheit, der → *Unglaube* an sich, das Verhalten der sündigen Menschheit, die die Wahrheit Gottes mit der Lüge vertauscht hat (Röm 1,25). Dieses lügnerische Wesen des Menschen wird durch Gottes → Offenbarung aufgedeckt (Röm 3,4). Wer im Lichte dieser Wahrheit immer noch die Tatsache seiner Schuld verleugnen wollte, würde damit Gott zum Lügner machen (1Jo 1,10; 5,10).

2. Am Ende der Tage muß das falsche Wesen der Lüge noch einmal in seiner ganzen Bosheit sich zeigen, wenn der → Antichrist in den letzten Gerichten versucht, gegen Gott und sein Reich sich zu behaupten. Er wird aber samt seinen Nachfolgern ausgerottet werden (Offb 21,8; 21,27; 22,15).

3. Apg 5,1–11: Ananias und Saphira werden um ihres Betruges willen mit dem Tode bestraft. Denn ihre Lüge ist ein Vergehen gegen den Heiligen Geist und zerstört das Leben der jungen Gemeinde. Die Lüge hat keinen Bestand im Angesicht der Wahrheit, und wer sich ihr verschreibt, muß mit ihr zusammen umkommen.

Und damit begegnen wir bereits der Lüge in ihrer schlimmsten Form: als *Heuchelei.* Diese tarnt sich vor den Menschen als Frömmigkeit und → Gerechtigkeit. Hier lebt der ursprüngliche Sinn des Wortes weiter: wie der Schauspieler, so zieht der Heuchler eine Maske an, um sein wahres Gesicht zu verbergen. Deshalb ist Heuchelei ein schweres Vergehen, das schon im AT verurteilt wird (Ps 12,4; Spr 26,28).

Es ist vor allem Matthäus, der den ganzen Angriff Jesu gegen die → Pharisäer mit dem Wort »Heuchler« in 7 Weherufen (Mt 23,13–16.23–30) zusammenfaßt. Damit wird uns das Wesen der Heuchelei deutlich: Der Heuchler *richtet* und *urteilt falsch* (Mt 7,3–5; Lk 12,54–56). Er *handelt anders als er redet* (Mt 23,14; vgl. Tit 1,14). Mit frommen *äußerem Schein* entzieht er sich dem → Gehorsam gegen Gott, d.h. er biegt das Gesetz um zu seinen Gunsten und verliert damit auch die rechten Maßstäbe (Mt 15,4–7; Lk 13,15–16). Seine Frömmigkeit ist ausgerichtet auf die Menschen statt auf Gott (Mt 6,2.5.16; 23,28). Mit dem allem ziehen die Heuchler Gottes → Gericht auf sich (Mt 6,2.5.16; 23,13; 24,51).

Jesus spricht immer nur die Pharisäer als Heuchler an, nie aber seine → Jünger. Sie sollen sich gerade darin von jenen unterscheiden, daß ihre → Gerechtigkeit in der Verborgenheit vor Gott besteht (Mt 6,2.5.16).

In den Pastoralbriefen wird die Heuchelei der → Wahrheit gegenübergestellt. Damit wird das Wort gleichbedeutend mit »Irrlehre« (1Tim 4,1–2; 6,7; 2Tim 3,8; 4,4; Tit 1,14).

III. Der Begriff heute

1. LÜGEN – AUS ANGST VOR GOTT

Lüge ist die Flucht vor Gott und damit die Ursünde des Menschen. Sie beginnt in dem Moment, da der Mensch Gott den → Gehorsam aufkündigt (1Mo 3), verführt von der Lüge der Schlange (Joh 8,44). Aus → Angst verbirgt er sich vor Gott (V. 19) und schiebt die Schuld weiter. Von Gott zur Rede gestellt, vermag er nur noch zu leben außerhalb des Gartens, verstoßen aus seiner unmittelbaren Gegenwart, mit Fellen bekleidet, d.h. verborgen, unter dem Schutz der Maske. Denn wo dem Menschen der direkte Blick auf Gott verwehrt ist, erträgt er auch den direkten Blick seines Partners nicht mehr.

Wenn Jesus Christus sagt: »Ich bin der Weg und die Wahrheit und das Leben, niemand kommt zum Vater denn durch mich« (Joh 14,6), dann ist das sein Ruf zurück in die Freiheit und Offenheit vor dem Angesicht des → Vaters, die → Erlösung aus der Lüge.

Nun verstehen wir auch seine scharfen Worte gegen die Heuchelei der Pharisäer! Diejenigen, die ihn dort abgelehnt und schließlich zum Tode verurteilt haben, die wollten sich nicht herausrufen lassen. Sie versteckten sich wie Adam vor Gott und verbargen sich in ihrer eigenen Gerechtigkeit, in ihren eigenen guten Werken. Sie fürchteten sich vor der → Gnade Gottes, der sie sich bedingungslos hätten ausliefern müssen. Auf diesem Hintergrund müssen wir auch unsere kleinen Zweck-, Not- und Alltagslügen verstehen. Auch wir begehen sie, um unser wahres Sein und Denken hinter einer Maske zu verbergen, oder ganz einfach, weil wir Angst haben.

2. GESTALTEN DER LÜGE

a) Lüge und Heuchelei sind wir auch heute

nicht losgeworden. Der Lügengeist geht in jeder Zeit in anderer Gestalt um. Er benutzt ganze politische Systeme. Er spiegelt uns einen falschen Freiheitsbegriff vor, indem er uns aufruft zu Selbstverwirklichung und Selbstentfaltung auf Kosten der andern. Er will uns glauben machen. Lebensglück und Sinnerfüllung des Lebens seinen selber machbar, wenn wir es nur verstünden, uns vom → Leiden, von → Opfer und Verzicht in jeglicher Form zu befreien. Er verführt zum hemmungslosen Genuß, der bis zur Selbstzerstörung von Leib und Seele gehen kann, wenn nicht Gottes Geist aufdeckt, daß man sich in seiner Lebensgier das Verderben einhandelt.

b) Der Geist der Lüge ist immer auch ein *Geist der Verwirrung.* Der → Teufel ist der »Affe Gottes«. Er äfft ihn und sein Reich nach, so daß es uns oft schwer fällt, die Wahrheit von der Lüge zu unterscheiden. Dies ist der Grund, daß heute vor allem junge Menschen sich religiösen Sekten und Kulten anschließen, weil sie glauben, hier echte Nächstenliebe zu finden und die Möglichkeit, Gott zu erkennen. Sie geben alles auf: Elternhaus und Beruf, um einem Scheinglück nachzujagen, das sich über kurz oder lang als Lüge erweist, und das sie leer und ausgebrannt zurückläßt.

Als Ankläger und Verkläger verbreitet der Lügengeist unter uns die *Hoffnungslosigkeit.* Schon längst hat er uns das Vertrauen zu einem allmächtigen Vater genommen, und nun fühlen wir uns den Problemen hilflos ausgeliefert.

c) Wenn wir uns fragen, weshalb er heute so große Macht in der Welt habe, dann müssen wir wohl zugeben, daß die Lüge und Heuchelei auch in unsern Kirchen zu Hause ist. Hier besteht die Lüge wohl mehr in der Halbwahrheit: in der Verharmlosung des Gotteswortes, damit aber auch der frohen Botschaft. Jesus ist für viele Christen nicht mehr Gottes → Sohn, sondern einfach ein großer Mensch. An → Wunder wollen wir nicht mehr glauben, und davon, was Jesu Worte uns schenken könnten und möchten, ahnen wir kaum mehr etwas. Wo aber das »Salz dumm geworden« ist (Mt 5,13), und das → »Licht unter dem Scheffel« steht (Mt 5,15), da verliert die frohe Botschaft ihre Kraft, und das Licht gibt niemandem mehr hell und warm. Die Kirche selber wird unglaubwürdig, die Menschen empfinden ihre Verkündigung als Heuchelei, als leeres Gerede, und dann findet der große Auszug aus ihr statt.

d) Und dies alles konnte geschehen, weil auch wir uns fürchten vor der → Gnade Gottes. Weil wir wohl auch ahnen, daß sie uns auf den schmalen Weg führt, auf den Weg des → Kreuzes in der → Nachfolge Jesu Christi. Weil wir wissen, daß wir da zunächst unsere eigenen Sicherungen aufgeben müßten. Daß wir unsere Verstecke verlassen müsen, um uns Gottes Ruf und Anspruch zu stellen. Und dann wissen wir auch, daß wir in manchen Dingen gegen den Strom schwimmen müßten. Und davor fürchten wir uns auch: nicht mit dabei zu sein. Nicht ernst genommen zu werden von den andern. Und die Furcht führt uns in die Heuchelei.

3. Ein dreifacher Ausweg

a) Wir müssen uns ganz neu aufmachen, die Wahrheit zu suchen in Gottes Wort, ohne uns davor zu fürchten, in ihm Jesus Christus zu begegnen: der → Wahrheit und dem → Leben.

b) Wir müssen den Mut aufbringen, uns dieser Wahrheit zu stellen und das Gehörte umzusetzen in die Tat, damit die Botschaft wieder glaubwürdig wird mitten in unserer Welt.

c) Wir sollen beten um die Gabe der »Unterscheidung der Geister« (1Kor 12,10), damit Lüge und Heuchelei entlarvt, »demaskiert« und damit auch entmächtigt werden.

M. Heuberger-Gloor

M

Macht/Allmacht

I. Wortbedeutung

Während man unter »Kraft«, »Stärke« das Leistungsvermögen und die Möglichkeiten, etwas zu tun, versteht, meint das Wort »Macht« stärker die Wirkung solcher Kraft und Stärke auf andere. Macht wird immer *ausgeübt,* während man über Kraft auch dann verfügt, wenn man sie nicht einsetzt.

Mit den Wörtern »Allmacht/Macht« wird der Ursprung aller Macht bezeichnet: Jemand ist mächtig, ohne seine Machtbefugnisse einem andern zu verdanken.

Dem Begriffspaar Macht/Allmacht liegen im Hebräischen mehrere Wörter ähnlicher Bedeutung zugrunde. Vom Hebräischen her sind die Wörter »überlegen sein«, »stark sein«, »herrschen« und die Begriffe »Erhabenheit«, »Hoheit« zu berücksichtigen.

Im NT steht die Wortgruppe »Vermögen, Kraft, Macht« im Vordergrund, wobei hier wiederum Begriffe wie »Stärke«, »Herrschaft«, »Thron« hinzugezogen werden.

In unserem Sprachgebrauch zeigt sich, daß man die Allmacht Gottes für eine seiner besonders kennzeichnenden Eigenschaften hält, denn oft spricht man vom »Allmächtigen«, wenn Gott gemeint ist.

II. Der Begriff in der Bibel

A. IM ALTEN TESTAMENT

1. GOTTES MACHT

Die Rede von der Macht Gottes gründet für Israel in konkreten geschichtlichen Ereignissen: In der Herausführung Israels aus der Knechtschaft in Ägypten (Ps 78,12; 105,24f; 136,10ff) und im überraschenden Eingreifen Gottes zugunsten seines Volkes während der Richterzeit (2Mo 15,3; Ps 24,8; 2Sam 5,24). Israel setzt also Gottes Allmacht nicht als Eigenschaft voraus, die Gott haben muß, wenn er Gott sein will, sondern sagt: Wir haben seine Macht in unserem Geschick erfahren.

Viel später erkennt Israel dann auch: Der Gott, der uns aus Ägypten errettet und uns das Land gegeben hat, der ist auch der allmächtige Schöpfer der Welt. Die Natur ist keine eigene Macht, sondern der, der die Welt geschaffen hat, ist derselbe, der sich uns mit Namen offenbart hat (Ps 8,2). In Psalm 89 spiegelt sich am deutlichsten wider, wie Gottes Allmacht in der Verbindung von Schöpfung und Heilsgeschichte erkannt wird.

Israels Glaube rühmt nicht nur die Machttaten, die Gott an Israel getan hat, sondern bekennt auch, daß Gott über *alle* Mächte erhaben ist. So stellt Ps 104 den Leviathan, den alle Völker als Urdrachen fürchten, als Haustier dar, mit dem Gott spielt. Gottes Macht endet auch nicht an der Toten- und Unterwelt: auch hier vermag er zu retten (Jes 38,17).

Israel erfährt und bezeugt auch Gottes Macht über die politischen Herrscher und Mächte. Gott kann selbst Mächte, die sich gegen ihn zu richten scheinen, als Werkzeug für seinen Gerichts- oder Heilsplan benutzen. Das zeigt sich, als Gott die Assyrer benutzt, um Gericht zu halten (Jes 20), und als der heidnische Perserkönig Cyros zum Instrument der Befreiung Israels aus der Verbannung wird (Jes 44,28).

Der einzelne erfährt, daß dieser Herr der Schöpfung und des Weltgeschehens auch sein kleines Leben erhält und bewahrt, und er ist bei diesem Gott geborgen (Ps 4,11; 16; 23; 62).

Der Glaube an Gottes Allmacht kann auch Anlaß für Zweifel und Anfechtung sein. Im Hiobbuch wird die Frage gestellt, ob Gott in seiner Macht auch gerecht ist oder ob er in dieser Macht das Recht beugt (Hi 9,19). Die Anfechtung entsteht dort, wo der Mensch diese Macht nicht mehr als sein Heil erfährt.

2. MENSCHLICHE MACHT

Gott beteiligt den Menschen an seiner Macht: er soll herrschen über die übrigen Geschöpfe und sich die Erde untertan machen (1Mo 1,28; 1Mo 2,15.19.20). Psalm 8 ist erfüllt von dem Staunen: »Du hast den Menschen wenig niedriger gemacht als Gott, ... alles hast du unter seine Füße getan« (V. 6).

Den zwischenmenschlichen Machtverhältnissen setzt Gott immer wieder Grenzen. So müssen sich Israels Könige der Kritik der Propheten stellen (vgl. 1Sam 10,27; 13,7–15; 2Sam 12,1ff). Die Propheten bringen die Bundesgebote zur Geltung, die jede Herrschaft des Menschen über den Menschen verbietet. Auch der Macht des Sklavenhalters sind enge Grenzen gesetzt. Niemand ist unumschränkter Herr über den anderen (vgl. 5Mo 15,12–18). Auch hier finden wir wie überall im AT Ansätze, die Gegensätze von Macht und Ohnmacht vom Glauben her umzugestalten.

B. IM NEUEN TESTAMENT

1. Gottes Macht

Das NT stimmt voll in die Aussagen über die Allmacht Gottes ein. Im Lobgesang der Maria erweist sich Gottes Macht darin, daß Gott das Niedrige erwählt und Gewaltige vom Thron stürzt (Lk 1,47–55). Den Leugnern der Totenauferstehung hält Jesus entgegen: »Ihr kennt die Macht Gottes nicht« (Mt 22,29). Aussagen über Gottes Macht finden sich in vielen Lobsprüchen (Offb 7,12; 4,11; 19,1.6; 1Tim 6,16).

2. Die Macht Jesu

Die Wirksamkeit Jesu ist begleitet von fortlaufenden Machterweisen, indem er z.B. den unreinen Geistern gebietet (Lk 4,36). Zusammenfassend sagt Lukas: »Jesus, ... der von Gott beglaubigt worden ist durch machtvolle Taten und Wunder und Zeichen« (Apg 2,22). Jesus selbst versteht sich als Zeuge und Vertreter der Macht Gottes (vgl. Mt 26,64) und geht zugleich den Weg in die Niedrigkeit und ins Leiden (Lk 9,22). Wie das zusammenpaßt, wird allein in Kreuz und Auferweckung deutlich. Hier zeigt sich, daß der Weg in die Ohnmacht ein Weg zu unseren Gunsten ist, denn Jesus wurde »dahingegeben um unserer Übertretungen willen und auferweckt um unserer Gerechtsprechung willen« (Röm 4,25). Allein durch diese Tat Gottes ist Gottes Macht für uns Menschen überhaupt heilsam und nicht zerstörend.

Was das NT über die künftige Vormachtstellung Jesu (Phil 2,9–11) sagt, ist ebenfalls nur von Kreuz und Auferweckung her zu verstehen. Durch die hier geschehene Versöhnung der Welt mit Gott erhebt Gott für alle Zukunft den Anspruch der Gnade auf seine Welt: jede andere Gewalt und Macht und Kraft wird zunichte gemacht werden, damit Gott alles in allem sei (1Kor 15,24).

3. Jesus schenkt Anteil an seiner Macht

Bereits vor Ostern ruft Jesus seine Jünger zusammen und gibt ihnen Macht und Gewalt über alle Dämonen (Lk 9,1). Zugleich aber macht er ihnen deutlich, daß Nachfolge nicht Machtdemonstration, sondern Kreuztragen heißt (Mk 8,31–35).

Auch Paulus hält gegenüber aller schwärmerischen Überbetonung eines sieghaften Lebens aus der Kraft des Geistes daran fest, daß der Weg der Zeugen im Schatten des Kreuzes verläuft. Alles andere ist Vorwegnahme des zukünftigen Reiches Gottes. Für die Gegenwart gilt: »Meine Kraft ist in den Schwachen mächtig« (2Kor 12,9b).

III. Der Begriff heute

Der Glaube an die Allmacht Gottes gehört selbst bei denen, die der christlichen Gemeinde fernstehen, zur Vorstellung über Gott hinzu. Damit ist aber noch nichts spezifisch Christliches gesagt, denn auch in anderen Religionen wie dem Islam ist von der Allmacht Gottes die Rede. Verbunden mit der Vorstellung von der Allmacht Gottes ist nämlich häufig die Meinung, daß ein allmächtiger Gott weder schwach sein, noch leiden und erst recht nicht sich selbst erniedrigen und Mensch werden könne. Daß und wie Gott allmächtig ist, kann darum nur im Geschick Israels und an Jesus deutlich werden. Hier aber zeigt sich: Gottes Macht ist kein fernes, entrücktes Thronen, sondern eine Macht, die uns Menschen sucht und mit uns zu tun haben will.

Die Rede von der Allmacht Gottes führt nun allerdings angesichts von Leid, Elend und Ungerechtigkeit in der Welt zu einer folgenschweren Frage. Georg Büchner formuliert sie in seiner Erzählung »Lenz« einmal so: »Aber ich, wär ich allmächtig, sehen Sie, wenn ich so wäre, ich könnte das Leiden nicht ertragen, ich würde retten, retten.« Angesichts des Leids in der Welt erhebt sich die Frage: Warum behebt Gott dieses Leid nicht? *Kann* er es nicht, dann ist er nicht allmächtig; *will* er es nicht, dann ist er nicht gütig, sondern ein willkürlicher Tyrann. Wo einem diese Frage als ehrliche Frage bei einem Menschen begegnet, ist in jedem Fall seelsorgerliches Hinhören erforderlich; jede übereilte Erklärung und Sinngebung eines unbegreiflichen Leidens muß vermieden werden. Es gilt vielmehr, die Frage mitleidend aufzunehmen und ihr standzuhalten, anstatt Vorschnelles und Besserwisserisches zu sagen. Selbst die Freunde Hiobs haben immerhin sieben Tage mitgelitten und geschwiegen, ehe sie eine Antwort versuchten (Hi 2,11–13)! Jesus selbst gibt uns für die Frage nach dem ungerechten Leid in der Welt eine neue Perspektive. Er selbst ruft am Kreuz: »Mein Gott, mein Gott, warum hast du mich verlassen« (Mk 15,34). Damit nimmt er Psalm 22 auf, mit dessen Worten ein zu Unrecht Leidender in Israel nach Gottes Gerechtigkeit und Erbarmen schrie. Wir sehen: Jesus kennt diese Anfechtung und Frage. Er und in ihm Gott selbst leidet solidarisch mit den Leidenden. Wenn Gott selbst ins Leiden gegangen ist, dann kann niemand mehr die Frage des Leides *gegen* Gott stellen, sondern nur noch *mit* Gott. Gott selbst hat sich diese Frage am Kreuz zu eigen gemacht, so wahr er sich die Verzweiflung und Schuld der Menschen zu eigen gemacht hat. Wenn nun aber Jesus, der sich so bis in die letzte Gottesferne hinein zum Bruder der Leidenden gemacht hat, von Gott auferweckt und mit aller Herrlichkeit und Macht Gottes ausgestattet wird, dann ist damit der Horizont dafür geöffnet, daß Gott ein Herr ist auch über alles sinnlose Leid und daß er in Zukunft alle Tränen abwischen wird.

Diese biblische Zukunftsvision ist keine Vertröstung, denn so wahr, wie auf die Kreuzigung die Auferweckung folgte, so wahr wird sich der Widerspruch zwischen der jetzigen Wirklichkeit und den Verheißungen Gottes aufheben. In der Zwischenzeit ist unser solidarisches Mitleiden und unser entschlossenes Eintreten für die Leidenden gefordert.

Gott hat den Menschen mit Macht ausgestattet, aber wir beobachten allenthalben, wie diese Macht zur Macht über Menschen wird oder sich als zerstörerische Kraft erweist, indem der Mensch sich selbst aus der Treuhänderschaft gegenüber Gott entlassen hat. Weithin ist zu beobachten, wie in unserer Gesellschaft das Streben nach Wirtschaftswachstum um beinahe jeden Preis zur Triebkraft des politischen und privaten Handelns wird. Nur so meint man den eigenen Wohlstand sichern zu können. Daß dabei die Länder der Dritten Welt bewußt in Abhängigkeit gehalten werden, daß unsere Umwelt dabei zerstört wird, nimmt man in Kauf. Hier sind wir als Christen und als Kirche gefordert, Abschied vom Wohlstandsgötzen zu nehmen und Gott die Ehre zu geben, der das Lebensrecht aller will.

Wenn nach Römer 14,7–9 Christus der Herr ist über die Lebenden und die Toten, wenn Jesus Anspruch auf die ganze Welt erhebt, dann kann es nicht angehen, daß der Bereich der politischen Machtausübung zu einem eigenständigen Bereich erklärt wird, in dem eigene Regeln und Gesetze gelten und nicht Jesu Wort. Die Kirche und die Christen können nicht anders, als auch in der Politik den Herrschaftsanspruch Jesu zu Gehör zu bringen. Wir leben in einem Jahrhundert, in dem mehr gefoltert wird als jemals zuvor, in dem todbringende Waffen aufgehäuft werden und in dem das Ausbrechen eines 3. Weltkrieges nach Meinung der Experten wahrscheinlicher ist als seine Verhinderung. In dieser Situation ist das Eintreten für alle Grund- und Menschenrechte, für Abrüstung und Frieden sowie für demokratische Machtausübung ureigenstes Anliegen der Christen. Daß dieses Eintreten nicht mit äußerer Gewalt verbunden sein kann, ist ebenso deutlich wie die Möglichkeit, daß es uns ins Leiden führen kann. Aber hier sind wir auf den Weg der Kreuzesnachfolge gestellt. W. Vorländer

Mensch

I. Wortbedeutung

Was Mensch-Sein bedeutet, ist kein Rätsel, das man rasch auflösen könnte, sondern ein Geheimnis, das immer tiefer wird, je mehr man es bedenkt. So ist es bezeichnend, daß die ursprüngliche Bedeutung von »Mensch« keineswegs sicher zu klären ist. Das deutsche »Mensch« kommt von »mannisco« (= »männlich«), was sich vielleicht von der Wurzel »men« = »denken« herleitet. Der Mensch wäre dann das »denkende Wesen«. – Im Hebräischen wird »Adam« (als Gattungsbezeichnung, nicht als Eigenname) gern mit »Adamah« = »Ackererde« verknüpft: der Mensch, das »Erdwesen«, der »Erdling«. Doch auch das ist umstritten. – Ergebnis: dem *Geheimnis Mensch* kommt man nicht auf die Spur, wenn man die *Vokabel »Mensch«* untersucht!

II. Der Begriff in der Bibel

In der Bibel erscheint der Mensch nicht als das Wesen, das sich selbst *im Spiegel* betrachtet (»Erkenne dich selbst«, lehrt die griech. Philosophie), sondern als das Wesen *unter Gottes Augen, Hand und Mund.* Der Mensch erkennt sich nur unter Gottes Urteil recht; nur dies ist zuständig. Weil der Mensch Gottes besonderes Geschöpf ist – so besonders, daß Gott Mensch wurde! –, darum ist das »Geheimnis Mensch« nicht von dem »Geheimnis Gott« zu trennen.

Die Bibel spricht *vier* wesentliche »Gottesurteile« über den Menschen aus:

1. Der Mensch – Gottes Ebenbild (1Mo 1,26.27)

a) Damit ist die Einzigartigkeit des Menschen vor allen anderen Geschöpfen bezeichnet. Sie liegt letztlich nicht darin, daß der Mensch Bewußtsein (»ich bin ich«), → Vernunft (Frage nach dem Ganzen und dem Sinn), Verstand (technisches Planen), → Gewissen (Erkennen von gut und böse) hat; auch nicht darin, daß man die Dreiheit Körper – Seele – Geist oder auch Wollen – Fühlen – Denken herausstellen kann. Entscheidend ist, daß der Mensch mit dem allen (!) vor → Gott steht: Gott hat den Menschen nicht nur geschaffen (das gilt für die Kuh ebenso), sondern hat ihn persönlich angesprochen. Gott hat »Du« zu ihm gesagt (1Mo 2,16), hat ihn damit zum Gesprächs- und Lebenspartner gemacht. So ist der Mensch berufen, auf das Wort Gottes hin (»Du, Mensch!«) seine Antwort zu geben (»Du, mein Herr und Vater!«). Sein Lebenssinn heißt: Gott loben! Diese einzigartige Adelsstellung als Gottes Gegenüber, als Gottes Partner (»Partner« heißt: Gott gibt dem Menschen »Anteil« an sich) ist gemeint, wenn von »Gottes Ebenbild« gesprochen wird. Nicht etwa: Der Mensch ist Gottes Foto, sieht aus wie Gott! Der Mensch muß *»von oben«*, von Gott her, angeschaut werden.

b) Zu dieser Linie »von oben« tritt eine zweite, die *seitwärts* führt: Der Mensch ist Mensch nur als »Neben-«, als »Mit-mensch«, ist Ich nur in der empfangenden und schenkenden Begegnung mit dem Du! So ist in 1Mo 1 das »Ebenbild Gottes« (V. 26) sofort verknüpft mit dem Zueinander von Mann und → Frau (V. 27). Wie Gott mit mir umgeht, so darf und soll ich mit dem menschlichen Partner umgehen (vgl. 1Mo 2,18.23.24). In diesen Bereich der Partnerschaft gehört auch das Segenswort: Seid fruchtbar und mehret euch!

c) Zum Ebenbild gehört schließlich die Linie *nach unten:* Dem Menschen wird die Herrschaft über die Erde übertragen (1Mo 1,28: »macht euch untertan . . .«; 1Mo 2: der Mensch als Gärtner mit der Aufgabe zu bebauen und zu bewahren; V. 20: Ausübung der Herrschaft, indem der Mensch den Tieren Namen gibt). Diese Linie nach unten muß unbedingt mit der von oben fest verknotet bleiben: Der Mensch hat als Gottes Stellvertreter – im Auftrag Gottes, im Sinne Gottes, in der Verantwortung vor Gott – Gottes Welt zu gestalten: das Ebenbild hat Gottes Regierungsstil abzubilden. Die Welt bleibt Gottes Eigentum; der Mensch ist Lehnsmann, Verwalter (→ Haushalter), nicht Besitzer, niemals Diktator. Vergewaltigung, Ausbeutung, Zerstörung der Umwelt sind ausgeschlossen. Der Mensch soll dem Förster gleichen. Dieser hegt das Wild, der Wilderer mordet es.

d) Die *Würde* des Menschen, die viel berufene »Menschenwürde«, liegt allein darin, daß Gott ihn zu seinem Partner bestimmt hat, und zwar jeden Menschen (Ps 8,4–9). Deshalb sprach Luther von der »fremden« Würde, die nur geliehen, verliehen ist. In sich selbst, von Gott getrennt, ist der Mensch nur »Staub« (1Mo 2,19). Aus Nichts hat Gott den Menschen zu sich emporgehoben, ohne ihn ist er eben – nichts (Ps 104,29). Wer Gott ehrt, wird deshalb jeden Menschen achten; wer Gott verachtet, wie es mancher Gewaltherrscher tat und tut, für den ist der Mensch eben – Dreck!

2. Der Mensch – Gottes Rebell

a) Nur wer als Ebenbild zur Gottesgemeinschaft bestimmt ist, kann *»Sünder«*, Rebell gegen Gott, werden (eine Kuh ist beides nicht!). Dabei ist der Sünden-fall keineswegs nur ein Un-fall, ein Malheur, sondern eine aktive Handlung des Menschen, Aufruhr! Der Rebell Mensch will nicht Geschöpf bleiben, will Selbstherrlichkeit (selbst der → Herr!), will Selbstbehauptung (selbst das Haupt!). Weil der Mensch »wie Gott« (1Mo 3,5) werden will, greift er den verbotenen Baum (die Grenzmarke zwischen Schöpfer und Geschöpf!) an: das ist nicht Obstfrevel, sondern Attentat auf Gottes Gott-Sein! Der Mensch will im Zentrum seines Lebens und des Weltalls stehen: → Sünde ist »Mittelpunktshaltung«!

b) Die Bibel beschreibt die *Folgen* drastisch. Es geht dem Menschen wie einem Lebewesen, das seinem Lebenselement entrissen wird, wie einem Fisch ohne Wasser, einem Vogel ohne Luft. Was bleibt, ist Todeskampf und -krampf! Auf den drei oben genannten Linien wird das sichtbar. Nach *oben:* Statt Liebe zu Gott nun »Heidenangst« (1Mo 3,8–10) oder frecher Trotz (4,9). – Zur *Seite:* Statt Gemeinschaft mit dem Du nun Scham (3,7), Verachtung und Anklage (3,12), Neid und Mord (1Mo 4). – Nach *unten:* Statt Freude nun Frustration: die Erde verschließt sich vor dem Menschen, liefert »Dornen und Disteln« (3,18); statt Pflege der Natur nun Vergewaltigung: der fruchtbare Mensch wird zum furchtbaren (9,2). Der Mensch, das Gottesebenbild, das gegen Gott und damit gegen seine eigene Bestimmung rebelliert, wird zum Un-menschen. Auch das gehört zur Besonderheit des Menschen: Eine »Un-kuh« wäre Unsinn!

c) Alle Selbstrettungs-, alle Selbsterlösungsversuche des Menschen (beginnend mit der »Aktion Feigenblatt« 1Mo 3,7) verwickeln ihn nur tiefer in sein Elend. Denn er hat Gottes Urteil über sich. Gott hat ihn »dahingegeben« (3 x in Röm 1: V. 24.26.28): Der Mensch hat sich und die Welt vergötzen wollen, nun wird er an sich und die Welt gefesselt, wird zum Sklaven. Seine Existenz wird ein »Sein zum Tode« (Ps 90,7; Röm 6,23). Aber: der Rebell bleibt *Gottes* Rebell; so gottlos er ist, nie ist er Gott los! Gott ist unentrinnbar die Bestimmung des Menschen – zum Leben oder Tod.

3. Der Mensch – Gottes Kind

a) Gott läßt den Menschen nicht los. Das bedeutet überraschenderweise nicht die Vernichtung, sondern die *Rettung des Menschen.* Das Wesen, dessen Herz »nur böse« ist (1Mo 6,5) wird von Gott weiter geliebt. Das Ebenbild hat sich selbst zur Fratze, zur Karikatur gemacht, nun soll es – nach Gottes erstaunlicher Logik! – erst recht Ebenbild werden. So »rächt« sich Gott!

b) Gott kommt in seinem ewigen *Sohn* als Mensch zu uns (Joh 1,14). Dieser Jesus ist das wahre »Bild«, die reine, unverzerrte »Ikone« Gottes (2Kor 4,4; Kol 1,15). Wohlgemerkt: Er ist nicht das »Vor-bild«, das wir »nach-bilden« müßten (niemand kann das!), sondern das »Ur-bild«, das uns nach seinem Bild gestaltet, um-bildet, neu-bildet, verwandelt (2Kor 3,18). Jesus tauscht unsere Schuld und unsern Tod gegen seine Gerechtigkeit und sein Leben ein. Er wird unser Bruder, dadurch werden wir Gottes Kinder. So beginnt mit Jesus die Menschheitsgeschichte noch einmal von vorn: Das Minus davor wird von ihm zu einem Plus »durchkreuzt«. Deshalb heißt er der »zweite«, der »letzte Adam« (1Kor 15,45; Röm 5,12–19): Die Untat des einen zog alle in den Untergang, die Heilstat des andern bringt allen Heilung.

4. Der Mensch – Gottes Erbe

a) Wer an Jesus glaubt, ist durch den Heiligen Geist mit einer neuen Existenz beschenkt worden. Das NT nennt das »Geburt von oben« (Joh 3,3), → »Wiedergeburt« (1Petr 1,3). Er ist aus einem unreparierbar »alten« (Röm 6,6; Kol 3,10) zu einem radikal »neuen« (Eph 2,15; Kol 3,10) Menschen geworden, eine »Neuschöpfung« (2Kor 5,17). Die Un-menschen, vorher nach Biologie, Rasse, Klasse, Religion, Kultur miteinander verfeindet, werden als »Neu-Menschen« zu Brüdern, gehören als »Leib Christi« zusammen (1Kor 12). Sie sind die Vorhut der neuen Menschheit. Wir sind *schon* Gotteskinder (1Jo 3,1).

b) Zugleich steckt die alte, böse »Erbmasse« noch in uns. Die Kinder Gottes müssen täglich bitten: »Vergib uns unsere Schuld«; die mit ewigem → Leben Beschenkten gehen auf Grab und Verwesung zu; die »Mitarbeiter« Gottes (2Kor 6,1) disqualifizieren immer wieder ihren »Chef«. Das Neue – der Heilige Geist – ist in beständigem Kampf mit dem »alten Adam«, – dem → »Fleisch« (Gal 5,16–25). Wir sind *noch* Sünder!

c) Aber die Entscheidung ist bereits gefallen: Gott wird mit dem (noch) Alten fertig und kommt mit dem (schon) Neuen ans Ziel. Es ist wie bei der Geburt eines Kindes: Der Kopf, das »Haupt« Jesus Christus (Eph 1,22), ist schon durch den Tod hindurch und zieht nun alle Glieder nach sich. Der »Erstling« (1Kor 15,20) kann sagen: »Ich *war* tot« (Offb 1,18). Als Gottes Kinder sollen wir zusammen mit Jesus *Erben* sein (Röm 8,17; Tit 3,7). Was »erben« wir? (»Erben« ist übrigens das Gegenteil von »verdienen« oder »erarbeiten«!) Das ewige → Leben, die bleibende Gottesgemeinschaft, einen neuen → Leib (1Kor 15,44), eine neue Schöpfung! Dann werden die drei Linien voll ausgezogen: *Nach oben:* das nie endende Gotteslob und der nie endende Gottesdienst (Offb 22,3); *seitlich:* die ganz »entstörte« Beziehung zu den übrigen Erben, die vollkommene »Gottesfamilie«; *nach unten:* die neue Schöpfung ohne das »Seufzen der Kreatur« (Röm 8,22). Nun hat Gott den Menschen an das Ziel gebracht, für das er ihn von Ewigkeit her bestimmt (»erwählt«, vgl. Eph 1,4) hat. Die → Offenbarung Jesu bei seiner → Wiederkunft schließt auch die Offenbarung der neuen Menschheit ein: Dann geschieht die wahre Menschwerdung des Menschen. Daneben steht die schreckliche Möglichkeit, daß der Mensch sich selbst »verspielt«, seine Bestimmung für immer verliert: Wer Jesus, den »letzten Adam« ablehnt, hat sich selbst aus der neuen Menschheit ausgeschlossen, hat für immer das Thema seines Lebens verfehlt. »Hölle« (Verdammnis) bedeutet: endgültige Trennung vom Lebenselement, bleibendes »Un-Mensch-Sein«.

5. Gottes Mensch – Zusammenfassung

Die Bibel gibt uns nicht ein »Menschenbild« wie eine Konstruktionsskizze. Sie bietet keine statische Zeichnung, kein Gemälde, sondern erzählt uns eine höchst *dynamische Geschichte* davon, *wie Gott mit seinem Ebenbild unterwegs ist,* wie er trotz aller Rebellion ans Ziel kommt, es als sein Kind adoptiert und es – zusammen mit dem Universalerben Jesus – als Miterben der neuen Welt einsetzt.

III. Der Begriff heute

Die biblische Schau vom Menschen hat ungeheure *Weite,* zugleich eine klare *Mitte:* »Alles ist euer; ihr aber seid Christi« (1Kor 3,22.23).

1. Gegen alles Kleinkarierte!

Gott gibt uns weiten Horizont! Als Geschöpf Gottes steht der Mensch mit allen Kreaturen im Weltall in einer großen Gemeinschaft. Als *»Erdling«* (Adam) ist er selbst Materie (1Mo 2,7), er erforscht sie, bedient sich ihrer (Physik, Chemie . . .). Als *»Lebewesen«* (V.7) ist er verwandt mit Pflanze und Tier, ist zugleich ihr »Heger«, treibt Ackerbau, Viehzucht, Biologie, Medizin. Als *denkendes* (Namengebung, 1Mo 2,20) und *weltgestaltendes Wesen* (»bebauen und bewahren«, 1Mo 2,15) schafft er Kultur (Kunst, Dichtung, Musik) wie Technik. Als *Gemeinschaftswesen* (1Mo 2,18) lebt er in Organisationsformen (Familie, Gruppe, Staat), treibt Soziologie und Politik. Mit all dem aber (der Liebe zwischen Mann und Frau, dem Entwerfen und Bauen, der Freude am Sonnenaufgang) steht er als das *betende Wesen* vor Gott. Deshalb – um Gottes willen! – kann ein Christ nie ein kleinkarierter »Kulturbanause« sein, zugleich kann er niemals ein Stück geschaffene Welt vergötzen!

2. GEGEN ALLE IDEOLOGIE!

»Ideologie« tut genau das letztere: Sie vertauscht das Vorletzte mit dem Letzten, sie verzerrt Gottes Welt dämonisch. Zwei Irrlehren trägt sie vor:

a) *Sie erklärt einen Teil für das Ganze.* Etwa: Der Mensch ist *nur* »Lebewesen« – nichts sonst! »Hauptsache gesund!« – »Hauptsache ein Muskel- oder Sexualprotz!« – Das ist teuflische Lüge! – Oder: der Mensch ist *nur* weltgestaltendes Wesen: »Nur Arbeit war sein Leben!« – Oder: der Mensch ist *nur* Gemeinschaftswesen: »Nur die Gruppe, das Kollektiv, das Volk, die Rasse zählen. Der einzelne ist nichts, die Partei alles!« – Alles dies sind dämonische Verzerrungen! Besonders gefährlich ist eine Sicht, die den Menschen nicht von oben (Gott), sondern *von unten* (vom Tierischen, Triebhaften, von den Hormonen, vom Lustgewinn her) wertet: »To make love«, ist dann höchstes Ziel. Aber Gott hat den Menschen nicht ein wenig höher als die Kaulquappe, sondern ein wenig niedriger als sich selbst geschaffen (Ps 8,6).

b) *Sie träumt von Selbstschaffung und Selbsterlösung* des Menschen. Über die Diagnose sind alle einig: Der Mensch ist nicht wie er sein sollte. Nun werden die unterschiedlichsten Kuren zur Heilung empfohlen: politische Revolution (der Schaden sitzt in den Gesellschaftsstrukturen!) oder Bewußtseinsbildung durch Emanzipation (der Schaden sitzt in dem herkömmlichen Denken), technischer Fortschritt oder Veränderung der Erbmasse, fernöstliche Meditationskünste und Rausch (der Weg nach innen und über sich) oder gruppendynamische Selbstüberschreitung. Sobald all dieses – einzeln oder kombiniert! – als *Heilsweg*(!) angepriesen wird, verstrickt sich der Mensch nur tiefer in das klebrige Spinnennetz.

3. GEGEN ALLEN BEGRIFFSNEBEL!

Ein Beispiel: Ein Modewort lautet *»Selbstfindung«, »Selbstverwirklichung«* (oft als Erziehungsziel angepriesen). Ist das ein christliches Wort? *Nein,* wenn gemeint ist: *Ich selbst* verwirkliche mich selbst, ich mache mich neu und gut, ich bin mein eigener Schöpfer! – *Ja,* wenn gemeint ist: *Gott* selbst wird mein wahres Selbst (so wie *er* mich von Ewigkeit her gemeint hat) finden und verwirklichen. Noch ist mein neues Leben (mein wahres Selbst!) »verborgen mit Christus in Gott« (Kol 3,3). Wenn Jesus kommt, dann bringt er mich selbst mir mit, dann bin ich endlich ich, Erbe des ewigen Lebens! – Modewörter müssen immer kritisch geprüft werden.

4. GEGEN ALLE (»FROMME«) RESIGNATION!

»Ich armer Sünder – ich bin nichts, weiß nichts, habe nichts, kann nichts.« Das ist seit Ostern faules, gottloses, ungläubiges Geschwätz! Vor dem Spiegel (Selbstbetrachtung) mag alles zutreffen, aber unter Gottes Augen und Händen ist es vom Teufel! Als Gottes Kind (ich bin Gott »einen Christus wert«!) bin ich Kandidat des ewigen Lebens und als solcher heute schon Gottes Mitarbeiter! Durch diakonischen, sozialen, missionarischen Einsatz schaffen Christen gewiß nicht die neue Welt (das → Reich Gottes »kommt«, wird »geerbt«, nicht produziert). Aber Christen verbinden Wunden, lindern Schmerzen, zünden Leuchtkugeln, Positionslichter der Hoffnung an. Damit weisen sie hin auf den kommenden Herrn, der für die Menschheit »nicht Kaputtmacher, sondern Neumacher« (Blumhardt) sein will.

S. Kettling

Menschensohn

I. Wortbedeutung

»Menschensohn« gibt den Ausdruck *hyios tou anthropou* wieder, der auch für griech. Ohren schon fremdartig klang. Die Wendung geht nämlich auf hebr. *ben adam* bzw. aram. *bar 'enasch* zurück. Beide Ausdrücke bezeichnen den Angehörigen der Gattung »Mensch« (z.B. 1Mo 11,5; Mk 3,28), die nach bibl. Auffassung von Adam als einzigem Stammvater herkommt (Apg 17,26). Gemäß semitischem Sprachgebrauch können auch die Nachkommen eines Mannes, die er nicht selbst gezeugt hat, seine »Söhne« heißen. In diesem Sinn ist jeder Mensch ein »Menschensohn«, d.h. ein Sohn Adams. Mit der Bezeichnung »Menschensohn« sind oft grundsätzliche Aussagen über die Stellung des Menschen verbunden (→ Mensch). Doch kennt schon das AT die → Hoffnung auf einen besonderen Menschensohn, die sich dann mit Jesus erfüllte.

II. Der Begriff in der Bibel

1. DAS ALTE TESTAMENT

Adam wurde von → Gott dazu eingesetzt, an seiner Stelle über die → Schöpfung zu herrschen (1Mo 1,26). Nur Gott selbst sollte der Mensch untertan bleiben. Als er das göttliche → Gebot übertrat, geriet er unter die Sklaverei der Mühsal und des → Todes (1Mo 3,17–19). Doch klingt schon in der Sündenfallgeschichte neue Hoffnung auf: Im Kampf mit der versucherischen Macht des Bösen wird ein Nachkomme des ersten Menschenpaars siegen (1Mo 3,15). Unter den vielen Nachfahren Adams verfolgt das AT nur die Linie, die zu David führt. Die zukünftige Herrscher- und Heilandsgestalt wurde als ein → Sohn Davids erwartet.

Hesekiel wurde von Gott immer wieder als »Menschensohn« angeredet. Damit ist der schmerzliche Abstand ausgedrückt, der zwischen dem ewigen Gott und dem vergänglichen Menschen liegt. Aber selbst dem gefallenen Geschöpf spürt man noch seine ursprüngliche, hoheitsvolle Bestimmung an. So sagt Ps 8,5–7 mit deutlichem Bezug auf den Schöpfungsbericht: »Was ist der Mensch, daß du an ihn denkst? Der Menschensohn, daß du dich seiner annimmst? Du hast ihn fast zu einem Gottwesen gemacht, ihn gekrönt mit Ehre und Herrlichkeit. Du hast ihm Macht gegeben über das Werk deiner Hände . . .«

Als nach dem Tod des persischen Großkönigs Kyros (529 v.Chr.) ein Weltherrscher den anderen ablöste, hatte Daniel in der Verbannung eine Vision, deren Bilder ebenfalls von der Schöpfungsgeschichte geprägt sind: Die einander folgenden Weltreiche werden als Tiere geschaut, die sich immer widergöttlicher gebärden. Nach dem Fall des letzten dieser Reiche übergibt Gott die Herrschaft an einen, der wie er selbst »mit den Wolken des Himmels kommt«, aber aussieht »wie ein Menschensohn« (Dan 7,13f). Kurz darauf heißt es, daß »die Heiligen des Höchsten die Herrschaft empfangen« (Dan 7,22). Offensichtlich wird der eine Menschensohn in enger Verbindung mit einer neuen Menschheit gesehen.

2. Jesus

In der messianischen Erwartung des Judentums in der Zeit zwischen dem Alten und Neuen Testament hat der »Menschensohn«-Titel anscheinend nur eine geringe Rolle gespielt. Um so auffälliger ist es, daß er die häufigste Selbstbezeichnung Jesu darstellt. Außer in atl. Zitaten und mit einer einzigen Ausnahme bei der Vision des Stephanus (Apg 7,56) kommt der Begriff nur im Mund Jesu vor. Dabei war die Bezeichnung für die damaligen Hörer nicht ohne weiteres eindeutig. Wollte Jesus nur allgemeine Aussagen über den Menschen machen (vgl. Mt 9,6–8) oder sich selbst mit der danielischen Hoffnungsgestalt gleichsetzen?

Jesu Vorliebe für die verhüllende Selbstbezeichnung hängt mit der Absicht zusammen, seine Messianität vorerst geheim zu halten (Mt 16,20 u.ö.). Viele jüdische Zeitgenossen erwarteten den Messias als gewaltsamen Befreier von der römischen Besatzungsmacht. Mit der Selbstbezeichnung »Menschensohn« deutete Jesus an, daß er nicht ein Nationalheld, sondern Erlöser aller Menschen sein wollte. Er verband in seiner Person die Menschensohnhoffnung mit der Erwartung des → Knechtes Gottes nach Jes 53. Deshalb mußte Jesus mit seiner Verkündigung darauf vorbereiten, daß der Menschensohn zuerst »sein Leben als Lösegeld für die vielen hingibt« (Mt 20,28), bevor er herrschen wird (vgl. Mt 17,22f; 19,28; 24,30).

3. Paulus

Der → Apostel gebraucht zwar den Begriff nicht, redet aber in anderer Wendung deutlich von der Erfüllung der Menschensohnerwartung durch Jesus. Mit Anklang an Mt 20,28 heißt es in Phil 2,7, daß Jesus bis in seine äußere Erscheinung ein wirklicher Mensch war. Röm 5,12–21 stellt Jesus als den dar, der im Gegensatz zu Adam die wahre Bestimmung des Menschen verwirklichte, indem er Gott gehorchte. So machte er die paradiesische Hoffnung auf ewiges → Leben (vgl. 1Mo 2,9; 3,24) zu einer realen Möglichkeit (Röm 5,18). Durch seine → Auferstehung von den Toten wurde Jesus als »zweiter Adam« zum Anfänger einer neuen Menschheit (1Kor 15,20–28.44–49; Kol 1,18).

III. Der Begriff heute

Nach einer Zeit des wissenschaftlichen und wirtschaftlichen Machtrausches hat ein erschrecktes Nachdenken begonnen: Können wir alles? Dürfen wir alles? Wer ist der Mensch? Unter dem Stichwort → Mensch finden sich wichtige Aussagen zum bibl. Menschenbild.

Ein wirklicher Mensch

In breiten Strömungen der griech. Philosophie, aber selbst in einigen christl. Gruppen wird das eigentliche Elend des Menschen darin gesehen, daß er Anteil an der Materie hat. Der Bibel ist solche Leibfeindlichkeit fremd (→ Leib). Erst der Entschluß zum Ungehorsam hat die tödliche Trennung von Gott bewirkt. Jesus war ein wirklicher Mensch. Lukas unterstreicht das, indem er den Stammbaum Jesu bis auf Adam zurückführt (Lk 3,23–38). Um die Verflochtenheit Jesu mit dem Leiblichen-Irdischen zu leugnen, versuchte man, Jesus nur einen Scheinleib zuzuschreiben. Diese Lehre wurde von der alten Kirche mit Recht als irrig abgewehrt. Jesus hat mit seinem Leben bewiesen, daß Leiblichkeit und Sünde nicht dasselbe sind. Durch die Menschwerdung Jesu gab Gott unserem geschöpflichen Leben eine ungeheure Würde. Alle Menschen stehen unter der Berufung, daß Christus in ihnen Gestalt gewinnen soll (Gal 4,19).

Der wahre Mensch

In seiner hintergründigen Art zitiert Johännes das Wort, das Pilatus über Jesus sprach: »Siehe, *der* Mensch!« (Joh 19,5). Für alle Schreiber des NT ist Jesus der wahre Mensch. Als → Sohn Gottes war Jesus zu völligem → Gehorsam fähig (Phil 2,6–8) und verwirklichte gerade so die ursprüngliche Bestimmung des Menschen, »Gottes Ebenbild« (1Mo 1,27) zu sein (Kol 1,15–20). Deshalb müssen sich alle Menschenbilder in Vergangenheit, Gegenwart und Zukunft an Jesus messen lassen. Er hat ein für allemal offenbart, was gültiges Menschsein ist (→ Mensch).

Auch wenn sich seine Bedeutung nicht darin erschöpft, so bleibt Jesus das unüberbietbare Beispiel für wahrhaft menschliches Verhalten (Phil 2,5–11). Darum mahnten Paulus (1Kor 11,1) und Petrus (1Petr 2,21) die Christen, sich am Beispiel Jesu zu orientieren.

Der neue Mensch

Heute versucht man im Westen durch Veränderung der Erbmasse und im Osten durch ständige Umerziehung einen neuen Menschen zu schaffen. Aber alle diese Versuche bleiben innerhalb der Todesgrenze, ja, sie bedrohen unsere Freiheit und Würde. Schon das AT sah nur Hoffnung für den Menschen, wenn er von innen heraus durch den → Geist Gottes erneuert wird (Jer 31,31–34; Hes 36,25–27). Jesus zeigte durch sein ganzes Leben, daß er der neue Mensch war, weil der Geist Gottes »auf ihm ruhte« (Lk 4,18). Durch die Auferstehung wurde dann auch sein irdischer Leib in einen »geistlichen Leib« verwandelt (1Kor 15,44).

Paulus wagte die unerhörte Aussage, daß auch die Christen schon neue Menschen sind (2Kor 5,17). Der Geist Gottes bewirkt in ihnen nämlich → Glauben und ein verändertes Verhalten (Röm 8). Der neue Mensch bleibt allerdings einem Wachstums- und Reifungsprozeß unterworfen (Röm 12,2; 2Kor 4,16), bis er den Auferstehungsleib des »zweiten Adam« trägt (1Kor 15,47–57).

Elend und Hoheit des Menschen

Religionen und Ideologien haben es selten fertiggebracht, wahr über den Menschen zu reden. Nationalsozialismus und Marxismus proklamierten den Übermenschen, aber nur auf Kosten von Millionen, die als »Untermenschen« behandelt wurden. Daneben gewinnt heute durch östliche Religionen die Anschauung Einfluß, daß der Mensch nur »ein Gras unter Gräsern« sei.

Demgegenüber zeichnet die Bibel ein realistisches Bild vom Menschen, das ebenso seine Hoheit wie auch sein Elend umfaßt. Wir unterscheiden uns von allen Geschöpfen dadurch, daß wir als »Ebenbild Gottes« (1Mo 1,26f) erschaffen sind. Das gibt jedem Menschen eine unvergleichliche Würde, auch den noch nicht Geborenen, den Kranken und Behinderten. Weil alle Menschen von *einem* Ursprung herkommen, sind alle rassen- oder klassenbedingten Einteilungen in Herren- und Untermenschen unmöglich, ja, sie lästern Gott, den Schöpfer. Durch den Ungehorsam ihm gegenüber wurde sein Bild in uns allerdings schwer entstellt. Das ist das Elend, dem alle Versuche menschlicher Selbstvergottung zu entfliehen versuchen. Hilfe kommt aber nur durch die Menschwerdung Gottes in Jesus. Er befreit uns vom Elend der → Sünde und beruft uns zur Hoheit des ewigen Zusammenlebens mit Gott.

R. Riesner

Messias → Jesus Christus; → Salben/Salbung

Mittler

I. Wortbedeutung

Ein Mittler ist jemand, der in der Mitte zwischen zwei Personen oder Personengruppen steht (z.B. zwischen streitenden Parteien). Er ist meistens unparteiisch, denn die Mitte ist der neutrale Ort. Ursprünglich kommt das Wort wohl aus dem Rechtsbereich. Der Mittler will »vermitteln«, will zwei Parteien, die getrennt sind, wieder zusammenbringen. Im AT gibt es der Sache nach zwar Mittler, aber den Begriff fast nicht. Im NT kommt der Begriff einige wenige Male vor, und zwar im Blick auf Jesus Christus, den Mittler des neuen → Bundes.

II. Der Begriff in der Bibel

1. Wenn wir das *Wort* »Mittler« auch *im AT* kaum finden (einmal in Hiob 9,33), so kommt es sachlich jedoch vielfach vor. In den Anfängen des Volkes → Israel wird Mose zum Mittler des → Bundes am Sinai (2Mo 24), nachdem er vorher schon die Rettung des Volkes am Schilfmeer »vermittelt« hat (2Mo 14; 15; 18). → Priester und → Propheten sind Mittler zwischen → Gott und seinem Volk. Sie sind allerdings nicht neutral, sondern verstehen sich als von Gott Erwählte (→ Erwählung), die dem Willen Gottes verpflichtet sind. Später wird in besonderer Weise der → Knecht Gottes zum Mittler. Er bringt Gottes → Offenbarung (Jes 42,1–4) und wird von Gott zum Träger des → Heils für die → Heiden berufen (Jes 49,1–6). Er nimmt die → Sünden der Menschen auf sich, erleidet an ihrer Stelle Gottes → Strafe (Jes 52,13–53,12; → Versöhnung/Sühne).

2. *Im NT* hat die Urgemeinde in Jesus Christus den leidenden Gottesknecht gesehen (→

Knecht Gottes). Er ist der Mittler des neuen Bundes. Dieser Bund beruht auf seinem einmaligen → Opfer am → Kreuz und begründet den neuen → Gottesdienst. Es ist darum folgerichtig, daß der Mittler Jesus Christus im Hebr auch der »Hohepriester« (→ Priester/Hoherpriester) genannt wird. Drei Stellen im Hebr sprechen von der Mittlerschaft Jesu (8,6; 9,15; 12,24). Jesus ist als Mittler keine dritte Wirklichkeit zwischen Gott und uns. Er ist nicht der Unparteiische, der an neutralem Ort steht. Damit unterscheidet er sich von dem unter I. gezeichneten Mittler. Er ist wahrer Gott und wahrer Mensch. Er ist es, der uns nach Gottes Willen mit dem Vater versöhnt. Der Begriff der Mittlerschaft bringt damit eine bestimmte Seite der → Erlösung zum Ausdruck, die der → Versöhnung. In 1Tim 2,5 betont Paulus die Einmaligkeit dieses Mittlers, ein Hinweis, der heute besonders zu beachten ist.

III. Der Begriff heute

1. Unser Begriff hat dem Worte nach heute keine nennenswerte Bedeutung. Der Sache nach aber erhält die Frage nach dem Mittler ein immer größeres Gewicht. Entscheidend für die Christenheit ist, daß sie an Jesus Christus als dem *einen* Mittler Gottes festhält. Gewiß hat auch Gottes → Wort und → Sakrament, wenn es im biblischen Sinne recht verkündigt und verwaltet wird, Mittlercharakter. Beides aber ist von Jesus Christus nicht zu trennen. Wort und Sakrament sind eben gerade die Weise, in der *Jesus Christus* im Heiligen Geist (→ Geist Gottes) unter uns gegenwärtig ist. Wo Jesus Christus als Mittler Gottes unter uns wirkt, da ist Gott selber am Werk (vgl. Joh 16,15).

2. Für die Endzeit hat Jesus vorausgesagt, daß *falsche* Messiasse, falsche Mittler, auf den Plan treten werden. Ja, sie werden sogar »große Zeichen und Wunder vollbringen« und damit die Christen zu verführen versuchen (Mt 24,23–27).

3. Bei *okkulten Handlungen* nimmt seit je ein Medium die besondere Stellung eines Mittlers ein. Das Medium ist die Person, durch die sich Geister, → Dämonen oder Verstorbene zu Wort melden. Okkulte Kreise gibt es überall in der Welt. Zu großen »Kirchen« organisiert sind sie besonders in Südamerika (Brasilien) und haben viel Zulauf (→ Götze/Götzendienst, III.).

4. *In Sekten* erheben ebenfalls Menschen den Anspruch göttlicher Mittlerschaft. Die Führer von Jugendsekten nehmen nach ihrem Selbstverständnis auch die Stellung eines Mittlers ein. Der Anführer der »Kinder Gottes« (Children of God) behauptet, der letzte endzeitliche Prophet zu sein. Ein ehemaliges Mitglied berichtet: »Sie (die Führer) sagten uns, Jesus habe ihnen gesagt, was sie befehlen, müssen wir tun. Wenn sie uns sagten: ›Sprengt eine Bank in die Luft!‹, dann müssen wir es tun, weil Gott durch sie spricht« (Ökumenische Rundschau 3/1972). Und der Leiter der MUN-Sekte, San Myung Mun, läßt sich von seinen Anhängern als Messias verehren.

5. Um sich vor solchen Irreführungen zu schützen, ist geboten, außer Jesus Christus niemals einem Menschen die Rolle eines göttlichen Mittlers zuzugestehen. Wo Jesus Christus aus der Mitte verdrängt wird oder etwas anderes als »auch wichtig« neben ihn gestellt wird, beginnt Verführung. Christen sollen wissen: »Es ist *ein* Gott und *ein* Mittler zwischen Gott und den Menschen, nämlich der Mensch Jesus Christus, der sich selbst gegeben hat für alle zur Erlösung, daß solches zu seiner Zeit gepredigt würde« (1Tim 2,5–6).

K. Eickhoff

Mühe → Arbeit/Mühe/Last

Muß/Müssen

I. Wortbedeutung

Das griech. Wort für »müssen« ist mit der Vorstellung einer hinter allem Geschehen in der Welt stehenden Schicksalsmacht verbunden (wir sagen noch heute: »Das *mußte* so kommen«). Sie legt der freien Gestaltung des Lebens Hindernisse in den Weg, denn »Schicksal« bedeutet für den Menschen, daß ihm, ohne daß er selbst darüber verfügen könnte, etwas ge-schickt wird: Er gerät unter einen Zwang. Die Griechen sahen im Schicksal eine unergründliche Vorsehung oder blinden Zufall am Werk.

II. Der Begriff in der Bibel

Das ganze AT bekennt → *Gott* als den Herrn und Lenker der Geschichte (→ Vorsehung/Ratschluß/Plan). Gottes planender Wille steht über dem Leben seines Volkes (5Mo 26,5–9; Jes 1,21–28; 46,9–13), wie auch über dem der übrigen Völkerwelt (Jes 48,14). Allen (→ Israel *und* den Völkern) gilt die → Verheißung, daß Gott am Ende der Tage ein Reich schaffen wird, in dem die »Schwerter zu Pflugscharen« werden (vgl. Jes 2,1–4). Diese Souveränität Gottes über dem Weltgeschehen ist alles andere als das Muß einer unergründlichen Vorsehung oder eines blinden Zufalls (weshalb ein dem griech. »müssen« entsprechendes Wort im AT fehlt), denn Gott ist ein persönliches Gegenüber. Er teilt sich mit als der, der er ist (2Mo 6,7f), und er ist ansprechbar; sogar zur Änderung seiner Pläne läßt er sich durch Gebete bewegen (vgl. 1Mo 18,17–33; 2Mo 33,3.15–16). Das Schicksal dagegen ist stumm und unerbittlich.

In apokalyptischen Weissagungen erfahren wir, was *vor* Anbruch jenes Friedensreiches geschehen wird (Dan 2,28). In der griech. Übersetzung des AT wird hier zwar der Begriff »müssen« gebraucht, aber nun gerade nicht im griech. Sinn eines neutralen schicksalhaften Muß, sondern – entsprechend der atl. Überlieferung – als Ausdruck des persönlichen Willens Gottes.

Im Anschluß an diesen apokalyptischen Gebrauch wird der Begriff dann auch im NT verwendet:

1. Jesus *mußte* leiden, sterben und von Gott auferweckt werden (Lk 9,22; Apg 17,3). Darin erfüllt sich der »festgesetzte Ratschluß und Vorsatz« Gottes (Apg 2,23), wie er schon im AT verkündet worden ist (Lk 24,44f; Apg 3,18). Aber der Plan Gottes reicht noch weiter:

2. Die → Gemeinde ist nun aufgefordert, die in Christus geschehene → Versöhnung aller Welt zu bezeugen (Apg 1,18). Wie ein *Zwang* liegt die Evangeliumsverkündigung auf Paulus (1Kor 9,16; vgl. Apg 19,21). Dies ist kein schicksalhafter oder psychologisch zu erklärender Zwang. Paulus ist vielmehr von Gott beauftragt (Gal 1,16; Apg 23,11). Es ist der → Geist Gottes, der den Weg konkret begleitet (Apg 16,6; 13,2; vgl. Lk 12,12).

Unter dem Horizont eines Lebens in der → Nachfolge Jesu erhalten die (im NT nicht geleugneten) schicksalhaften Widerfahrnisse des Lebens einen völlig anderen Stellenwert als unter dem Vorzeichen eines dunklen Schicksalsglaubens: Durch viele Trübsale (Apg 14,22 → Bedrängnis/Verfolgung) werden wir »bedrängt, aber nicht in die Enge getrieben, in → Zweifel versetzt, aber nicht in Verzweiflung« (2Kor 4,8). Denn wir haben in ihnen Teil am Leiden Christi (2Kor 4,10) und an seiner Auferstehung. »Denn wenn wir mit der Ähnlichkeit seines Todes verwachsen sind, so werden wir es auch mit der seiner → Auferstehung sein« (Röm 6,5; vgl. 1Kor 15,20). Durch die Auferstehung Jesu ist dem → Tod, als dem letzten und größten Schicksal, dem wir ausgeliefert sind, die Macht genommen. Die übrigen Schicksalsschläge des Lebens können dann erst recht keine Herrschaft mehr über uns haben.

III. Der Begriff heute

Neben Krankheit, Tod, Naturkatastrophen etc. begegnet das Schicksal heute in Kräften, deren Urheber der Mensch selbst ist, die sich aber in immer stärkerem Maße verselbständigen und so in schicksalhafter Bedrohung auf ihn zurückfallen: Wissenschaftlich technologische Entwicklungen (Computertechnik, Genforschung, Kerntechnik) haben an Eigengesetzlichkeit gewonnen, deren negative Folgen für die gesamte Menschheit noch nicht abzusehen sind. Wirtschaftliche Zwänge (die »Gesetze des Marktes«) und nicht die Entscheidung des einzelnen bestimmen heute weitgehend den beruflichen Werdegang. Die soziale Umwelt, in die hinein man geboren wird, nimmt mehr denn je (besonders in der Dritten Welt) die Gestalt eines unentrinnbaren Schicksals an.

Jede Art von Kapitulation vor schicksalhaften Kräften, jeder fatalistische (»man muß die Dinge eben so nehmen wie sie kommen«), vordergründig optimistische (»es wird schon gut gehen«) oder astrologisch berechnende (Horoskop etc.) Glaube an das Schicksal ist für Christen ausgeschlossen. Denn sie leben in der Verantwortung vor Gott. Sie leben in der Gewißheit, daß Gott sie als freie → Zeugen zum Dienst der Verkündigung seiner liebenden Zuwendung an die Welt berufen hat (1Kor 9,16ff) und daß er sie auf ihrem Weg stärkend und korrigierend begleitet. Das gibt ihrem Leben Sinn, Richtung und Geborgenheit – gerade auch dann, wenn sie um des Evangeliums willen Leid und Unterdrückung erfahren. Freilich stehen wir auch als Christen nicht in der Weise *über* den Dingen, daß wir alles Schicksalhafte in der Welt und in unserem persönlichen Leben mit Leichtigkeit in den Griff bekämen, geschweige denn in einen Sinnzusammenhang einordnen könnten (vgl. 1Kor 13,9a). Wir werden uns hüten, »natürliches« oder gesellschaftlich bedingtes Leid einfach als Willen Gottes zu verklären, denn der Sieg Jesu über den Tod ist die *Gegen*bewegung gegen Leid und Unterdrückung. Darum werden wir immer die Fürbitte und das in unseren (medizinischen, diakonischen, politischen . . .) Kräften stehende der Not »entgegensetzen«. Wenn uns aber nur die Ergebung in das Leiden bleibt, können wir darauf vertrauen, daß Gott denen, die ihn lieben, *alle* Dinge zum Guten dienen läßt (Röm 8,28). Nicht: warum? und woher?, sondern: wozu? werden wir dann also fragen, und immer dürfen wir gewiß sein, »daß weder Tod noch Leben, weder Engel noch Gewalten . . . uns zu scheiden vermögen von der → Liebe Gottes, die in Christus Jesus ist, unserem Herrn« (Röm 8,38f).

D. Silbersiepe

Mutter

I. Wortbedeutung

Die Verwandtschaftsbezeichnung »Mutter« geht auf das indogerm. *matér* zurück und hat Entsprechungen in anderen Sprachen unserer Sprachfamilie (griech. *mētēr*; lat. *mater*; niederl. *moeder*; engl. *mother*; usw.).

II. Der Begriff in der Bibel

Nach orientalischem Verständnis zur Zeit des AT kommt die → Frau nur dann ihrer Bestimmung nach, wenn sie ihre Funktion als Gebärerin erfüllt. Durch die Geburt eines Kindes, besonders eines Sohnes, wird die Stellung der Frau in der hebr. Gesellschaft entscheidend aufgewertet. Diese Wandlung im Leben der Frau zeigen uns deutlich die Stammütter → Israels: z.B. Sara und Rahel wie auch Hanna und Elisabeth. Über ihrem Leben liegt zunächst der → Fluch der Kinderlosigkeit. Die Kinderlose kann keinen Beitrag dazu leisten, daß sich Gottes → Verheißung erfüllt (1Mo 22,17) und → Israel zum großen Volk wird.

Darum wird eindrücklich geschildert, wie die Frauen des AT alles versuchen, um dem Fluch der Kinderlosigkeit zu entgehen (vgl. Sara: 1Mo 16,1f; Hanna: 1Sam 1,1f). Und Gott erbarmt sich dieser Frauen. Sie werden von ihm zur Mutterschaft »berufen« (1Mo 21,1). Die Worte, die die Bibel gebraucht, machen die persönliche Zuwendung Gottes deutlich (1Mo 30,22; 1Mo 29,31). Gott *sieht* die Frau *an* und *ruft* sie in seinen → Dienst. Das geschieht insbesondere mit Maria, der Mutter Jesu. Maria wird in ihrer Person Trägerin der messianischen Verheißung. In ihrer persönlichen Entwicklung weist sie über die bloße Sinnerfüllung der Frau im Muttersein hinaus. Nicht zu einem Lobpreis der Mutterschaft erhebt Maria ihre Stimme im Magnifikat (Lk 1,46f), sondern um Gott zu rühmen und zu ehren.

In Mk 3,31–35 verneint Jesus zwar nicht den Wert rechtmäßiger menschlicher Beziehungen, aber er stellt den Willen Gottes *über* die zwischenmenschlichen Bindungen, speziell über die Bindung an die Mutter. Damit hebt Jesus nicht das → Gebot Gottes auf (Mk 7,10–13; Mt 15,4f); im Gegenteil, er bekräftigt es und hält seinen Zeitgenossen vor, daß sie der Mutter und dem → Vater nicht die nötige Ehre erweisen und sich Gottes Gebot um kultischer Verordnungen willen entziehen. Aber vor dem Totalitätsanspruch Gottes bekommen alle rechtmäßigen natürlichen Bindungen des Menschen Zweitrangigkeit (Lk 14,26; Mt 10,37; 8,21–22; Lk 9,59–60).

III. Der Begriff heute

1. Mutter zu sein ist *eine* – sicherlich nicht die einzige – *Aufgabe,* die Gott der Frau übertragen kann. Wie alle Aufgaben, die der Mensch von Gott zugewiesen bekommt, bedarf auch das Muttersein der ständigen Korrektur, des → Prüfens am Willen Gottes und seinem → Wort. Das Muttersein schafft der Frau keine Sonderstellung vor Gott und erst recht nicht die Seligkeit. Das macht Jesus ganz deutlich. Als eine Frau die Mutter Jesu begeistert preist, antwortet er ihr: »Selig sind, die das Wort Gottes hören und bewahren« (Lk 11,28; vgl. Mk 3,31–35).

2. Den Willen Gottes zu tun, darauf kommt es in allen Dingen für den Menschen, auch die Mutter, an. An Rebekka sehen wir deutlich das eigenmächtige Handeln der Mutter für ihr Kind (1Mo 27,13). Dort, wo sich die Mutter als oberste Autorität versteht und sich nicht mehr ihrer Vergebungsbedürftigkeit bewußt ist, kommt es zu nachteiligen Entwicklungen für die Mutter und das → Kind.

3. Für *die persönliche Entwicklung der Frau* ist gelebte Mutterschaft eine der großen Möglichkeiten, reif zu werden. Indem die Mutter für ihr Kind sorgt, es zu einem lebenstüchtigen Menschen erzieht, der sich für die menschliche Gemeinschaft einsetzt, und zum lebendigen Glauben zu führen versucht, kann sie ein Stück Sinnerfüllung für ihr Leben erfahren. Falsch wäre jedoch, das Muttersein zur Ideologie zu erheben und es als heilbringend zu erachten.

4. Gerade heute, wo viele Frauen, um materieller oder persönlicher Vorteile willen, die *Mutterschaft ablehnen,* lohnt es sich darüber nachzudenken, ob es nicht ein gnädiges Angebot Gottes ist, die Wesensmerkmale echter Mütterlichkeit, die in der leiblichen Mutterschaft geübt werden, im persönlichen sowie im überpersönlichen Bereich im Leben der Frau zur Entfaltung zu bringen. Unsere Welt braucht dringend Menschen, die diese Wesensmerkmale tragen und sie in lebensvolle Ich-Du-Beziehungen umsetzen können, Menschen, die lieben, trösten, bergen, hoffen, vergeben, verstehen und geduldig sind. So hoch werden in der Bibel die Wesensmerkmale echter Mütterlichkeit bewertet, daß sie auf Gott angewandt werden, um uns zu verdeutlichen, wie innig Gott zu uns in Beziehung treten will. »Ich will euch trösten, wie einen seine Mutter tröstet« (Jes 66,13). Der schützende und bergende Charakter Gottes wird mehr-

fach in dem Bild der fürsorglichen Vogelmutter aufgezeigt (Ps 17,86; Ps 57,2b; vgl. Mt 23,37).

5. Von der → Liebe Gottes, seiner Zuwendung, seiner → Treue und von seinem »Ansehen« der Frau künden die Zeugnisse der biblischen Mütter. Von Gott her gewinnt das Leben der Frau Bedeutung und Sinnerfüllung, auch in Fällen, wo es die Erfahrung leiblicher Mutterschaft nicht machen konnte.

M. Marschner-Busch

N

Nachfolge

I. Wortbedeutung

»Nachfolge« bedeutet ursprünglich das buchstäbliche Hinterhergehen der Schüler hinter ihrem Meiste - Nachfolge ist also Jüngerschaft (→ Jünger). – Das griech. Wort für »Nachfolge« *(akolouthein)* kommt im NT nur als Tätigkeitswort und nur in Beziehung zu Jesus vor: Nachfolge ist praktisches Tun in der Bindung an Jesus. – Auch wird das Wort fast ausschließlich in den Evangelien verwandt, während die ntl. Briefe (bes. Paulus) die Bindung an den auferstandenen Christus mit anderen Begriffen zum Ausdruck bringen. – War »Nachfolge« zur Zeit Jesu ein regelrechter Beruf für die begrenzte Schar der → Jünger, so kommt es nach Ostern zu einem erweiterten Verständnis: Alle Christen gelten jetzt als Jünger; ja, alle Völker sollen in die Jüngerschaft gerufen werden (Mt 28,18ff). Nachfolge ist jetzt die Bindung, die jeder Christ an den gekreuzigten und auferstandenen Herrn hat, der die Gläubigen durch seinen Heiligen Geist leitet (→ Geist Gottes).

II. Der Begriff in der Bibel

1. JESUS: »AUF – MIR NACH!«

Von der Nachfolge des irdischen Jesus handeln bes. die drei ersten Evangelien: in den *Berufungserzählungen* (Mk 1,16–20; 2,14; 3,13–19; Lk 5,1–11; s. auch Parallelstellen und Joh 1,35–51) und in bes. *Nachfolgeworten* (Mk 8,34–38; 10,28–31; Lk 9,57–62; 14,25–33). – Jesus tritt auf mit der Freudenbotschaft vom nahen → Reich Gottes; mit seiner eigenen Person und Sendung bricht es schon herein in diese Welt; jetzt gilt es für alle Menschen, umzukehren und ein neues Leben anzufangen. Aber Jesus will seinen Auftrag nicht allein ausführen; er beruft eine Schar Jünger, die ganz bei ihm sein sollen: Menschenfischer für das neue Gottesvolk. Bedingungslos folgen sie seinem vollmächtigen Ruf (Mk 1,15–20).

Für die Jünger bedeutet Nachfolge:

a) → *Gnade:* Lern- und Lebensgemeinschaft mit Jesus dem → Heiland;

b) *Verpflichtung:* totale Bindung an Jesus den Herrn als einziger Autorität;

c) *Bruderschaft* untereinander (→ Gemeinschaft/Teilhabe); verbunden durch den gemeinsamen Herrn, das gemeinsame → Gebet (Vaterunser), die neue Praxis des Glaubens (→ Bergpredigt);

d) *Auftrag:* Mitarbeit am Werk Jesu, d.h. mit vollmächtigem → Wort und heilender Tat das Reich Gottes anzukündigen und Menschen dafür zu gewinnen (Mk 6,7–13; Mt 10,1ff; Lk 10,1–12);

e) *Schicksalsgemeinschaft* mit Jesus: in → Leiden, Verfolgung und Sterben;

f) → *Verheißung:* Verherrlichung mit dem erhöhten Christus und Teilhabe an seiner Herrschaft (Lk 22,28–30), hundertfältiger Lohn schon in dieser Zeit und dazu das ewige Leben (Mk 10,28ff).

Der großen Verheißung der Nachfolge entspricht ihr Preis. Jesus mahnt, die Kosten zu überschlagen; die Mitarbeit an Gottes Reich erfordert die Lösung von allen bisherigen Bindungen (Lk 9,57ff; 14,25ff):

a) vom bürgerlichen Beruf (Mk 1,16ff; 2,14);

b) vom Besitz (Mk 10,21);

c) von Familie und Verwandtschaft;

d) von heimatlicher Geborgenheit;

e) von sich selbst; wie einer, der mit dem eigenen Kreuz zur Hinrichtung zieht, gilt es, mit dem alten Leben und den eigenmächtigen Plänen abzuschließen; dafür wird aber ein neues Leben mit Jesus verheißen (Mk 8,34f).

Bereits in den drei ersten Evangelien wird diese ursprüngliche Nachfolge der ersten Jünger auf die Situation der Christen nach Ostern übertragen. Vor allem aber im Johannesevangelium wird die Nachfolge ausdrücklich als die Bindung des Glaubens an den erhöhten Herrn beschrieben (vgl. 8,12 mit 12,46; s. auch Kap. 13–16; 21,18ff).

2. PAULUS: GLEICHGESTALTUNG MIT CHRISTUS

Ohne die Begriffe »Nachfolge« und »Jüngerschaft« zu gebrauchen, kämpft Paulus für dieselbe Sache: die völlige Bindung an Christus, den Erlöser und Herrn (2Kor 5,15). Das ganze Leben ist Schicksalsgemeinschaft mit Christus: »mit ihm sterben« und »mit ihm auferstehen« (Röm 6,4ff). Dafür dient das eigene Leben des Paulus mit seinen Leiden als Beispiel (2Kor 4,7ff; Phil 13,10f). Christus soll in den Gläubigen Gestalt gewinnen (Gal 4,19); ja, sie sollen seinem Bild gleichgestaltet werden (Röm 8,29; Phil 3,10.21). Die Tatsache der Christusgemeinschaft erfordert zugleich ein neues Verhalten: den Wandel in Christus (Röm 6,4; Phil 1,27) bzw. den Wandel im Geist (Röm 8,4; Gal 5,16; 5,25; vgl. Phil 2,5–11; Röm 15,1ff; 2Kor 8,9). – In diesem Zusammenhang kann Paulus auch gelegentlich von der Nachahmung Christi *(mimesis)* sprechen (1Kor 11,1; 1Thes 1,6); aber ebenso von der Nachahmung menschlicher Vorbilder.

3. Die Nachfolgergemeinde

Besonders eindrücklich spricht der Hebräerbrief von dem wandernden Gottesvolk, das hinter Jesus her, »dem Anfänger und Vollender des Glaubens« (12,2), auf dem Weg in die himmlische Heimat zieht. – Für die Gemeinde ist Christus immer zugleich Erlöser und Vorbild (1Petr 2,21). Aus seiner Kraft sollen die Christen zugleich seinem Beispiel (etwa der Fußwaschung, Joh 13,15) folgen. »Gleichwie« Christus sollen die Christen lieben (Joh 13,34; 15,12; Eph 5,2.25), wandeln (1Jo 2,6), das Leben für die Brüder lassen (3,16), einander dienen (Mt 20,25ff), → annehmen (Röm 15,7), vergeben (Kol 3,13) u.a.m. Nachfolge besteht hier vor allem darin, die von Christus erfahrenen Wohltaten auch den Mitmenschen gegenüber zu erweisen (→ Vergebung; → Liebe; → Dienst).

III. Der Begriff heute

1. Zur Lage

In weiten Teilen der ev. Christenheit treffen wir auf ein gestörtes Verhältnis zur Nachfolge. Dies hat geschichtliche Gründe. Gegenüber manchem gesetzlichen Mißverständnis der Nachfolge im Mittelalter betonte die Reformation die freie Annahme des Menschen durch Gott allein aus Gnaden (→ Rechtfertigung) und verstand Nachfolge als eine Frucht dieser neuen Gottesbeziehung. Aber schon bald wurde die Sache – zum großen Schaden der Kirche – einseitig: Um der reinen Lehre von der Rechtfertigung willen wurden auch ernsthafte Versuche einer Nachfolge aus Glauben als Gesetzlichkeit verdächtigt und ihre Vertreter an den Rand der Kirche abgedrängt. Es ist eines der großen Verdienste des Pietismus, wieder Lehre und Leben der Nachfolge zur Geltung gebracht zu haben. Wichtig war auch das Buch von D. Bonhoeffer »Nachfolge« (1937) mit seiner Warnung vor einer »billigen Gnade« ohne Nachfolge. Nach dem NT ist Jesus Versöhner und Herr, sind Rechtfertigung und Nachfolge (→ Heilig/Heiligung) untrennbar; ja noch mehr: der neue Wandel der Nachfolge ist nicht nur Frucht, sondern geradezu Ziel der Heilstat Gottes (2Kor 5,15; Röm 6,4; 8,3f; Eph 2,8–10; Tit 2,14 u.ö.). Es ist eine große Chance für uns, wieder neu auf den Ruf Jesu in die Nachfolge zu hören. »Nachfolge ist Freude« (Bonhoeffer).

2. Der Ruf Christi

Wie der irdische Jesus seine Jünger berief, so ruft uns heute der auferstandene Herr in seine Nachfolge (Mt 11,28–30); nicht wir selbst, sondern sein Ruf macht uns zu Nachfolgern. Daß uns dieser Ruf persönlich erreicht, können wir nicht erzwingen; aber wir können uns dafür öffnen: im Lesen der Bibel, im Hören auf die Predigt, in der Suche nach christlicher Gemeinschaft, im Gebet um den Heiligen Geist, welcher uns hilft, die feine Stimme des guten Hirten aus dem Stimmengewirr unserer Zeit herauszuhören (Joh 20,27f). Hat uns aber Jesu Ruf erreicht, dann gilt es – wie bei den ersten Jüngern – bedingungslos zu gehorchen und alles, was uns hindern will, loszulassen.

3. »In den Fusstapfen Christi« (1Petr 2,21)

Nachfolge heißt, mitten im aufreibenden Alltag dieser Welt aus der Kraft und Weisung Jesu zu leben. Dazu bedarf es täglicher Einübung. Dies geschieht in drei Dimensionen:

a) Im persönlichen Leben (vor allem: Familie);

b) in der christlichen Gemeinde, dem eigentlichen Einübungsraum der neuen Lebenspraxis;

c) in zeichenhafter Verantwortung für die Welt.

Nachfolge ist nicht einfach Nachahmung (Imitatio) des Erdenlebens Jesu, sondern gehorsame Ausführung seines Auftrages für unsere Zeit. Aber wir werden diesen Auftrag am besten verstehen, wenn wir immer wieder Jesu eigenes Leben betrachten und in seine Fußtapfen treten. »Frage dich in allen Dingen: was hätte unser Herr getan?« ist schon für viele Menschen eine hilfreiche Regel gewesen. Im Blick auf Jesus ist Nachfolge »der Weg der Selbstverleugnung, völliger Liebe, völliger Reinheit, völliger Wahrhaftigkeit, völliger Gewaltlosigkeit . . .« (Bonhoeffer).

4. Die Herrschaft Gottes

Jesu Kampf ging darum, daß alle Menschen angesichts des nahen Gottesreiches umkehren und den Willen Gottes tun (Mk 1,15): d.h. Parteinahme für den Willen Gottes quer durch alle traditionellen menschlichen Frontstellungen und Parteiungen (Mt 6,11; → Bergpredigt).

Ein Grundsatz dieses Gotteswillens besteht darin, daß wir damit anfangen, andere Menschen so zu behandeln, wie wir selbst von ihnen behandelt werden möchten (Mt 7,12). Jesus und seine Nachfolger sehen die Welt aus der Sicht der Armen, Behinderten und Leidenden (vgl. Mt 25,40). Früher hat man oft die

Nachfolge auf den persönlichen Bereich beschränkt oder sie nur im Bereich der Verantwortung für das eigene Volk oder einzelne Werke in Übersee gesehen. Heute dagegen geht es in der Nachfolge auch um Fragen der ganzen Menschheit (Welthunger, Ausplünderung der Rohstoffe, drohende Verteilungskriege). Hoffnung besteht nur noch in einer grundlegenden Neuausrichtung der Menschen. Wichtiger denn je ist heute die Berufung der christlichen Gemeinde geworden, Salz der Erde und → Licht der Welt zu sein (Mt 5,13–16) – mit ihrer Hoffnung, mit ihrer Opfer- und Versöhnungsbereitschaft, mit ihrem selbstlosen Lebensstil und ihrem Einsatz für die Leidenden und Armen (→ Hoffnung; → Vergebung; → Armut/Arm/Elend).

5. Die Quelle der Kraft

Nachfolge ist kein starres Prinzip, sondern Bindung an den lebendigen Christus. »Ohne mich könnt ihr nichts tun« (Joh 15,5). Sie lebt täglich aus der → Versöhnung seines Kreuzes, aus der Kraft seiner → Auferstehung und aus der Führung seines Heiligen Geistes.

Die zweckfreie Gemeinschaft mit Jesus ist das Herz der Nachfolge (Lk 10,38ff). Aus den regelmäßigen, ungehetzten Stunden des Alleinseins mit Gott wachsen Klarheit, Weisung und → Vollmacht für das tägliche → Tun. Die zunehmende Abhängigkeit von dem lebendigen Herrn macht uns immer freier von der Meinung und dem Druck anderer Menschen, aber auch von unseren eigenen ungeordneten Wünschen und Ängsten. Indem wir das → Kreuz, wie wir es in unserem eigenen Leben schmerzhaft vorfinden, willig aus Gottes Hand nehmen, strömt neue Kraft in unser Leben zum Dienst in der Welt. – Hierzu ist sehr empfehlenswert: Thomas a Kempis, Die Nachfolge Christi.

6. »Die Wolke der Zeugen« (Hebr 12,1)

Seit 2000 Jahren sind zahllose Menschen dem Ruf Jesu gefolgt – darunter manche leuchtende Gestalten wie z.B. Franz von Assisi, der Freund der Armen; oder John Wesley, der für die innere Erneuerung Englands kämpfte; oder Mutter Teresa, die sich der Sterbenden und Kranken Kalkuttas annimmt. Auch Deutsche wie Eva v. Thiele-Winckler und Friedrich v. Bodelschwingh gehören neben vielen anderen dazu. Solche Vorbilder können und sollen wir nicht einfach nachmachen; aber wie sie in ihrer Situation Jesus nachgefolgt sind, kann uns für unsere eigene Nachfolge Orientierungshilfe geben.

7. Nachfolge für Zweifler

Viele Menschen finden es schwierig, an Christus zu glauben. Oft kann hier der Weg der Nachfolge zur Gewißheit führen. Wie die ersten Jünger, die anfänglich auch noch nicht alles verstanden haben, können wir uns auf den Weg der Nachfolge machen: von Jesus lernen, uns an ihm ausrichten und konsequent in die Praxis umsetzen, was uns an ersten Schritten dabei klar wird. Auf diesem Weg des Hörens und Tuns (Mt 7,24) wird die geistliche Erkenntnis wachsen (Joh 7,17). Und indem wir dem irdischen Jesus auf seinem Weg des Kreuzes nachfolgen, werden wir – mit Gottes Gnade – auch den auferstandenen Herrn erfahren.

M. Herwig

Nächster

I. Wortbedeutung

Im AT bedeutet »Nächster« hauptsächlich Bundesgenosse, Stammverwandter, Gefährte. Der Begriff ist also zunächst beschränkt auf die Mitglieder der Sippe oder auf persönlich befreundete oder sonst nahestehende Menschen. Dem steht der Fremdling gegenüber, der allerdings auch gewisse Rechte in der Volksgemeinschaft hat. In der griechischen Übersetzung des AT, der Septuaginta, wird wie fast überall auch im NT das griech. Wort *pläsion* verwendet, das viel weiter gefaßt ist als die entsprechenden hebr. Begriffe: Es ist damit der → Mensch schlechthin umschrieben, der Mensch, der einem anderen begegnet und damit in dessen Verantwortungsbereich kommt. Über die Eingrenzung des Begriffes Nächster waren sich die Gelehrten schon zu atl. Zeit nicht einig; so spielte der Begriff auch in der Diskussion jüdischer Schriftgelehrter mit Jesus eine große Rolle.

II. Der Begriff in der Bibel

A. IM ALTEN TESTAMENT

1. Hier spielt der Begriff »Nächster« immer dann eine Rolle, wenn das Verhältnis zu den anderen in irgendeiner Weise festgelegt werden soll. Die bekannteste atl. Aussage über den Nächsten ist das Liebesgebot in 3Mo 19,18. Dieses → Gebot hat seine Geltung zunächst gegenüber den Volksgenossen, nicht ohne weiteres gegenüber allen Menschen. Allerdings wird es in 3Mo 19,34 ausdrücklich auch auf den im Lande wohnenden Fremdling ausgeweitet. Trotzdem bleibt es aber begrenzt: Der *durchreisende* Fremdling wird nicht einbezogen. Für ihn gelten freilich die Gesetze der Gastfreundschaft.

2. In den atl. Gesetzestexten ist immer wieder von dem Verhältnis der Menschen untereinander die Rede. Das Verhältnis, das die Bibel glaubenden Menschen zumutet, ist sowohl im AT als auch im NT umschrieben mit

→ Liebe. Damit ist nicht ein Gefühl der Zuneigung gemeint, sondern praktische Taten, die aus dem eigenen Wissen um Bedürftigkeit erwachsen. Der große jüdische Gelehrte L. Baeck schreibt: »Ein Mensch sein bedeutet, für jeden ein Mitmensch sein.«

B. IM NEUEN TESTAMENT

Der Begriff kommt hauptsächlich vor bei den Debatten um das Gebot der Nächstenliebe. Einmal geht es dabei um die Frage nach der Summe des Gesetzes. Jesus beantwortet diese Frage klar mit dem Hinweis auf das Doppelgebot, Mt 22,36ff. Die → Pharisäer waren streng bemüht, die Gebote bis in die kleinsten Einzelheiten zu halten. Daran hing ihre → Gerechtigkeit. So wollten sie auch von Jesus wissen, wer denn der Nächste sei – ist es der Volksgenosse, oder auch der Proselyt, oder sogar der Fremdling, der durch das Land zieht? Jesus antwortet darauf mit dem → Gleichnis vom barmherzigen Samariter (Lk 10,29ff): Der Nächste ist der, der dich gerade braucht.

In der → Bergpredigt Mt 5,43 macht er deutlich, welche Weite für ihn die Frage nach dem Nächsten hat: Die → Liebe geht soweit, daß sie sogar den Feind mit einbezieht! Damit kehrt Jesus die Fragestellung um: Er fragt die Pharisäer, wie sie dazu kommen, die Frage nach der Grenze der Liebe zu stellen. Müßte nicht die Liebe eigentlich mit unwiderstehlicher Gewalt aus ihnen hervorbrechen? Wer von der Liebe Gottes, die den Gottlosen rechtfertigt, ergriffen ist, der kann nicht anders, als entsprechend mit seinem Mitmenschen umzugehen. Nächster ist ihm der, dem er Nächster sein kann. »Was der Nächste ist, kann man nicht definieren, man kann es nur sein« (Greeven). Auch Paulus zeigt in Röm 13,8ff, daß die Frage der Definition des Nächsten für den, der von der Liebe Gottes ergriffen ist, nicht mehr möglich ist: Wer liebt, fragt nicht mehr nach dem Gesetz, »denn wer den anderen liebt, hat das Gesetz erfüllt« (Röm 13,8).

III. Der Begriff heute

1. Die Frage der Prioritäten

Als Jesus das Gleichnis vom barmherzigen Samariter erzählte, beantwortete er damit die Frage nach dem Nächsten klar: Der Nächste ist der, der mich braucht und dem ich der Nächste sein kann. Trotzdem tauchte damals schon und taucht auch heute immer wieder die Frage auf, wer nun eigentlich Vorrang hat im Genuß unserer Hilfe: Die eigene Familie, Mitglieder der Gemeinde, Brüder und Schwestern in der Welt, Notleidende um uns herum oder gar Notleidende irgendwo in der Welt? Schon in der ersten Zeit der Gemeinde kam die Frage nach der Verantwortung für den → Bruder auf.

In 2Kor 8 lesen wir, wie Paulus die Gemeinde von Korinth zu überzeugen versucht von der Notwendigkeit einer finanziellen Hilfe für die notleidende Gemeinde in → Jerusalem. Ihr Reichtum soll Ausgleich sein für die Armut der Brüder (→ Arm/Armut). Für die Gemeinde in Korinth war es sicherlich nicht selbstverständlich, anderen, ihnen unbekannten Brüdern und Schwestern zu helfen! Sich für Gemeindeglieder in Korinth einzusetzen stand außer Diskussion – aber für den »fernen Nächsten« in Jerusalem?!

Auch heute ist die Frage aktuell, ob wir als Christen unsere Aufgabe in erster Linie für den nahen oder auch für den fernen Nächsten sehen sollen. Daß einem Bettler oder einem Gestrauchelten, der an unserer Tür um eine Gabe bittet, geholfen werden muß, vermag fast jeder einzusehen. Aber ob wir auch verantwortlich sind für Menschen, die wegen ihrer Hautfarbe benachteiligt werden, für Menschen, die durch Ausbeutung arm und abhängig wurden, oder für Menschen, die wegen ihrer christlichen Überzeugung verfolgt werden – das scheint vielen fraglich. So wie es Streit gibt um die Rangfolge von Evangelisation und sozialem Einsatz, so gibt es auch Streit darüber, ob nun der nahe oder der ferne Nächste Vorrang hat in unseren Bemühungen um Hilfe.

2. Der ferne Nächste

Es gibt immer mehr christliche Gruppen, die sich der Probleme des *fernen Nächsten* annehmen. Sie klären auf über die Ungerechtigkeiten im Handel der reichen Industrienationen mit Ländern der sog. Dritten Welt; sie machen Aktionen für Entwicklungshilfeprojekte in Zusammenarbeit mit »Brot für die Welt« oder »Misereor«. Der »ferne Nächste« ist heute auch nicht mehr so fern wie noch vor wenigen Jahrzehnten. Die wirtschaftlichen Abhängigkeiten (z.B. vom Öl!) sind groß, und auch durch Radio, Zeitschriften und Fernsehen sind uns die Länder so nahe gerückt, daß wir von ihren Problemen Kenntnis nehmen müssen. Ebenso können Konflikte in solchen Ländern recht schnell zu Krisenherden werden. Mögliche Verteilungskriege zwischen Völkern bedrohen den Weltfrieden. Aber nicht nur die Vernunft gebietet uns, diesen Ländern und ihren Bewohnern zu helfen. Es ist die Liebe Christi, die uns drängt, tätig zu werden. Die Liebe Christi fragt nicht, ob der Mensch fern oder nah ist – ihr ist jeder Mensch gleich nah, ob er in unserer Stadt oder in der Dritten Welt lebt. Paulus mahnt uns: »Euer Überfluß diene ihrem Mangel« (2Kor 8,14). Das sollte uns Mahnung und Wegweisung sein.

3. Der nahe Nächste

Auch er braucht uns. Zunächst ist es der Mensch, der mit uns lebt: Familienmitglieder, Freunde, Gemeindeglieder, Arbeitskollegen. Doch wenn unser Blick von der Liebe Christi gelenkt ist, dann fällt er auch bald auf Menschen, die am Rand unserer Gesellschaft stehen und unsere Hilfe nötig haben: Gastarbeiter, Gastarbeiterkinder, Strafgefangene und Entlassene, Behinderte, ledige Mütter, Alkohol- und Drogenabhängige u.v.m. Sie alle sind angewiesen auf unser Verständnis, auf unsere Zuwendung, um aus ihrem Elend herauszufinden. Aber auch unsere Taten sind gefragt: Es gibt Gruppen, die Gastarbeiterkinder bei den Schularbeiten betreuen, andere geben Strafentlassenen die Chance, in Betrieben Arbeit oder sogar Ausbildung zu finden. Wieder andere Christen arbeiten in der Alkohol- oder Drogenberatung mit. Es gibt viele Möglichkeiten, dem nahen Nächsten zu helfen.

Solche Hilfe für einzelne führt dann häufig zu einem Handeln in politischem Rahmen. Viele Probleme, unter denen einzelne zu leiden haben, sind Probleme, die in der Organisierung unserer Gesellschaft ihre Ursache haben. So wird politische Arbeit – sowohl in Beziehung zum fernen wie zum nahen Nächsten – Dienst der Nächstenliebe. Um dem Nächsten wirksam helfen zu können, muß oftmals an den gesellschaftlichen Strukturen einiges verändert werden. Denn so wie Strukturen von Menschen geprägt sind, so prägen und beeinflussen auch Strukturen wiederum die Menschen.

Wer die Liebe Gottes erfahren hat, der wird nicht müde, dieser Welt – die ja Gottes Welt ist – und den in ihr lebenden Menschen diese Liebe weiterzugeben, auf so vielfältige Art, wie die Menschen vielfältig sind.

E. Laepple

Name/Nennen

I. Wortbedeutung

Der Name (hebr. *schem*; griech. *onoma*) und die Namensgebung für Menschen und Sachen spielt in den bibl. Schriften eine wichtige Rolle. Insbesondere führt die → Offenbarung und Verkündigung des Namens → Gottes – Jahwe – in das Zentrum der bibl. Botschaft. Durch den Sohn Jesus Christus haben auch wir Zugang zum → Vater, wenn wir in seinem Namen bitten. Name und Person gehören eng zusammen. Der Name trägt eine Bedeutung in sich (z.B. als Eigenname; vgl. 2Mo 3), oder er hat Bedeutung kraft seiner Wirkung und Macht, z.B. als rechtsverbindliche Unterschrift.

Namensgebung ist ordnendes Eingreifen des Menschen (1Mo 2,19) in der Ausübung seines schöpfungsgemäßen Auftrages (1Mo 1,28). Die Möglichkeit, über einen Namen verfügen zu können, stellt eine Form der Ausübung von Macht und Herrschaft dar (»Namengebung ist Herrenrecht«).

II. Der Begriff in der Bibel

A. IM ALTEN TESTAMENT

1. Allgemein

a) Im AT gibt es eine Fülle verschiedener Möglichkeiten, einen Personennamen auszudrücken. Entweder durch einfache Bezeichnung (Simson: Kleine Sonne), oder durch Namen, die eigentlich einen ganzen Satz umfassen (Ruben: Sehet, ein Sohn!). Oft wird der Name des Vaters hinzugefügt (z.B. »Ehud, der Sohn Geras«, Ri 3,15). Durch die verschiedenen Formen der Benennung entsteht die Möglichkeit, zu einer Person erläuternde Hinweise zu geben, die helfen, sie von anderen zu unterscheiden, oder die auf ihre Bedeutung anspielen.

b) Nicht selten sind Umbenennungen von Orten und Grundstücken, wenn sie ihren Besitzer wechseln, oder wenn etwas Außergewöhnliches mit bzw. bei ihnen geschieht (z.B. Bethel, 1Mo 28,19). Auch Personen kann aus Gründen der Unterwerfung (2Kö 23,34, »Eljakim« zu »Jojakim«) oder besonderen Ehrung (»Daniel« zu »Beltschazar«, Dan 1,7) ein neuer Name gegeben werden. Die Sitte, bei der Einsetzung eines Königs Thronnamen zu verleihen, spiegelt sich in der Prophetie von der Einsetzung des Messias (Jes 9,6: Wunder-Rat, Gott-Held, Ewig-Vater, Friede-Fürst).

c) Vor allem in den ersten Büchern der Bibel werden immer wieder Erklärungen gegeben für die Herkunft der Namen von Personen (Mose: »Ich habe ihn aus dem Wasser gezogen«, 2Mo 2,10; Eva: »das Leben«, 1Mo 3,20). Aber auch von Orten, die für die Geschichte → Israels bedeutsam gewesen sind (z.B.: Mara: »Bitterwasser«, 2Mo 15,23).

d) Gerade bei den Namen wird deutlich, daß die hebr. Sprache einen großen Reichtum an Ausdrucksmöglichkeiten hat, die alle Übersetzungen an ihre Grenzen stoßen läßt, vor allem da, wo durch Wortspiele Zusammenhänge im Hebr. hergestellt werden (z.B. Adam: Mensch/Adamah: Erdboden). Ein Versuch, ein Wortspiel nachzugestalten, findet sich in Jes 8,3 (Raubebald-Eilebeute als Name eines Sohnes von Jesaja). Vgl. auch Jes 5,7.

e) Namen sind Ausdruck der Persönlichkeit, sie vermitteln Ehre, Ansehen, Ruhm. Man kann sich »einen Namen machen« (David: 2Sam 8,13; vgl. dazu auch die aufschlußreiche Geschichte vom Turmbau zu Babel: 1Mo 11,1–9).

2. Jahwe – der Name Gottes

a) Gott redet → Israel an, Gott spricht zu Abram, er beauftragt Mose. Mit dieser Anrede stellt er sich auch selbst vor: Im Zusammenhang der für Israel grundlegenden Geschichte der Befreiung aus Ägypten (2Mo 20,2) offenbart er seinen Namen. Dies ist so wichtig, daß es mehrfach berichtet wird (2Mo 3,14ff; 6,2; 34,5). Gott gibt seinen Namen bekannt. Er heißt Jahwe. Er ist nicht namenlos. Indem er seinen Namen offenbart, macht er sich anrufbar, verheißt auch seine Gegenwart. Dieser Name ist das Geschenk der → Offenbarung, über das der Mensch nicht frei verfügen kann. Er kann nicht erzwungen werden (1Mo 32,30; Ri 13,17f). Der Name Jahwes soll rühmend verkündigt werden (→ Gott).

b) Weil der Name Jahwe → heilig ist, wird ernstlich vor dem Mißbrauch seines Namens in Fluch und beim Schwur gewarnt (2Mo 20,7; 3Mo 24,11.16).

c) Manchmal wird so vom Namen gesprochen, daß er fast wie eine eigene Persönlichkeit klingt. Gottes Name und sein Wesen gehören eng zusammen.

d) Die Formel »Jahwe ist sein Name« (z.B. Jes 47,4) will gegen andere Meinungen richtigstellen, wem die Macht gehört und wem Natur und → Schöpfung in Wirklichkeit untertan sind.

e) Auch Gott übt das Recht aus, Personen umzubenennen: Abram zu Abraham (1Mo 17,5), Jakob zu Israel (32,29) als Auszeichnung. Dagegen erhält Paschur den Namen »Schrecken durch und durch« (Jer 20,3f). In diesen Zusammenhang gehören auch die symbolischen Namen der Prophetenkinder (Jes 8,3; Hos 1,4.6.9).

f) Die Wendung »im Namen« bedeutet »im Auftrag« und »in der → Vollmacht« der Person, auf die man sich bezieht.

B. IM NEUEN TESTAMENT

1. Allgemein

a) Auch im NT begegnen wir der Hochschätzung des Namens. So werden die Namen der 12 Apostel überliefert, obwohl über manche nichts darüber hinaus erwähnt wird.

b) Jesus ruft als guter → Hirte die Schafe mit Namen (Joh 10,3). D.h. er kennt und meint jeden einzelnen. Bei ihm ist man keine anonyme Größe, keine Nummer, sondern eine geliebte und angenommene Person.

c) Wie im AT, so kommt es auch im NT zu Namensänderungen. Jesus übt sein Herrenrecht aus, indem er einigen → Jüngern bei der → Berufung in seinem Dienst neue Namen gibt (Mk 3,16f).

d) Die Jünger sollen sich freuen, daß ihr Name im → Himmel geschrieben ist, sie also zu Gott und seinem Reich gehören (Lk 10,20).

2. Der Name Gottes – der Name Jesus Christus

a) Wie im AT der Name Gottes – Jahwes – eine besondere Rolle spielt, so steht auch im NT ein Name im Vordergrund: → Jesus Christus. Damit ist Gottes → Offenbarung weiter an einen persönlichen Eigennamen gebunden. Und dieser Name ist »Programm«: »Jesus, denn er wird sein Volk von seinen Sünden retten« (Mt 1,21). Christus, der Gesalbte (hebr. der Messias), ist ein Titel, der zum Eigennamen wird. Der, der diesen Namen anruft, d.h. sich in die Abhängigkeit von der dahinter stehenden Person begibt, soll gerettet werden (Röm 10,13).

b) Besonders im Joh-Evangelium wird die enge Verbindung fortgeführt: Jesus offenbart uns den Namen Gottes (17,6.24). Die Selbstvorstellung Gottes findet in Jesus Christus ihre Spitze und ihren Abschluß (Hebr 1,1–4). Das → Heil Gottes kommt nicht anonym. Es trägt diesen Namen, ist mit dieser Person unauflöslich verbunden: Jesus Christus! Dieser Name ist bekannt zu machen und allen Menschen zu verkünden: »In keinem andern ist das Heil, auch ist kein anderer Name unter dem Himmel den Menschen gegeben, durch den wir gerettet werden sollen« (Apg 4,12).

c) Durch Jesus dürfen wir zu Gott → Vater sagen, durch ihn gilt die Offenbarung auch uns. Wer an seinen Namen glaubt, empfängt → Vergebung der → Sünden und → Taufe (Apg 8,12); wer den Namen anruft, gehört zur → Gemeinde (Apg 9,14; 1Kor 1,2), wird gerettet (Apg 2,21).

Von diesem Namen haben Christen ihren Namen bekommen (vgl. Apg 11,26).

d) Das Gebet »im Namen Jesu« stellt sich, wie bei der Taufe »auf den Namen«, bewußt in seinen Machtbereich. Jesus hat seine Gegenwart zugesagt und versprochen, daß er sich zu seinem Namen bekennt (Apg 3,6).

In der Bitte »Dein Name werde geheiligt« wird Gott gebeten, selbst die Heiligung seines Namens durchzusetzen.

III. Der Begriff heute

1. Bei allem, was zum Namen Gottes –

»Jahwe« – im AT gesagt worden ist, stehen wir durch unsere Bibelübersetzungen vor einer grundlegenden Schwierigkeit. Die meisten Übersetzungen nennen nämlich nicht den Gottesnamen Jahwe (hebr. *JHWH*), sondern umschreiben ihn mit dem Titel → »Herr« (oft »HErr« oder »HERR« gedruckt). Damit schließt man sich einem Verständnis an, das auf die Aussprache des Namens Gottes verzichtet, um das Gebot der Namensheiligung nicht zu übertreten. Aus eben diesem Grund schrieb schon die griech. Übersetzung des AT, die Septuaginta, »kyrios« (= Herr) statt »Jahwe«. Daß für viele Menschen der lebendige und persönliche Gott der biblischen Offenbarung so abstrakt, unpersönlich und ferne ist, hängt vielleicht auch damit zusammen, daß in unserer kirchlichen Tradition der konkrete Name Gottes ganz in den Hintergrund geraten ist. Hier zeigt sich, daß »Gottgläubigkeit« oder philosophisches Nachdenken über Gott nicht einfach das gleiche meinen wie die bibl. Offenbarung Gottes. Wenn Christen sich auf die konkrete Person und das Werk Jesu Christi beziehen, dann liegt das auf der Linie schon des atl. Redens von Gott, den wir als Person ansprechen dürfen und der als Person handelt.

2. Mit der Neu-Entdeckung des Namens Gottes – »Jahwe« – muß nun aber an einer Stelle eher zurückhaltend umgegangen werden, und zwar weil es die → Liebe gebietet: Im Gespräch mit Angehörigen des jüdischen Volkes. Ihre Argumente, die zur Umschreibung des Namens Gottes geführt haben, müssen von Christen geachtet werden.

3. Die bibl. Hochschätzung des Namens, die verbunden ist mit der Wertschätzung der Person, ist für uns richtungweisend in Zeiten der Namenlosigkeit, Vereinsamung und Ent-Personalisierung. Das Wort »Ich habe dich bei deinem Namen gerufen, du bist mein« (Jes 43,1) weist auf die Sorge Gottes für den einzelnen (→ Fürsorge). Wo Menschen Nummern werden, statistisches Material, läuft die Entwicklung in eine Richtung, der entgegengesteuert werden muß. Der Umgang mit Namen, der Schutz des Namens kann zum Ausdruck des Verhältnisses zum Mitmenschen werden.

H.-G. Filker

Nationen → Heiden/Völker/Griechen

Nüchtern sein → Fasten/Nüchtern sein

O

Offenbarung

I. Wortbedeutung

Das Wort »offenbar« ist ein zusammengesetztes Adjektiv; »bar« ist schon im Altgerm. Bezeichnung für »unbedeckt, nackt« (vgl. »barfuß«). Daher meint »offenbaren/Offenbarung«, daß etwas von seiner Umhüllung befreit wird. Im übertragenen Sinn heißt »offenbar« dann soviel wie »offenkundig, deutlich«. Etwas Unbekanntes wird durch Offenbarung bekannt, etwas Verborgenes tritt in Erscheinung.

Ebenso verhält es sich mit dem griech. Wort für »offenbaren«, *apokalyptein. kalyptein* heißt »verhüllen, decken«, und die Vorsilbe *apo* besagt, daß etwas entfernt wird. Diese vordergründige Bedeutung im Sinne von »entblößen« hat zunächst auch das hebr. Wort »galah«, das für »offenbaren« im AT steht.

In allen drei Sprachen erwies sich dieses Wort offensichtlich als geeignet, um im religiösen Bereich den Vorgang zu bezeichnen, durch den ein Mensch Einblick in die ansonsten verborgene göttliche Welt erhält.

In der Bibel bezeichnet der Begriff das Ereignis der Selbstkundgabe Gottes: Gott tritt aus seiner Verborgenheit heraus, um sich dem Menschen zu erkennen zu geben.

II. Der Begriff in der Bibel

A. IM ALTEN TESTAMENT

Die Glaubenszeugnisse des AT sind erfüllt vom Staunen über das Wunder, daß → Gott aus der himmlischen Welt heraustritt zur Begegnung mit seinem Volk. Wie aber geschieht diese Begegnung?

Von einem »Gesehenwerden« Gottes ist im AT sehr zurückhaltend die Rede (2Mo 24,9–11; Jes 6,1). Grundsätzlich gilt 2Mo 33,20: »Du kannst mein Angesicht nicht schauen, denn kein Mensch bleibt am Leben, der mich schaut.«

1. Offenbarung Gottes geschieht im AT vielmehr in der Form der *Anrede Gottes an den Menschen.* Gott enthüllt sich, indem er den Menschen anspricht. So Jes 22,14: »Enthüllt ist Jahwe Zebaoth in meinen Ohren.«

Das entscheidende Ereignis solcher Anrede, in der Gott dem Menschen begegnet, ist aber die Offenbarung seines →*Namens,* des Namens »Jahwe«. Dabei muß man sich sofort klarmachen, daß ein Name nach atl. Verständnis mehr ist als »Schall und Rauch«. Wer seinen Namen preisgibt, macht sich erreichbar, nennbar, rufbar. Im Namen ist der Namensträger gegenwärtig! – Das ist also das unbegreifliche Wunder, von dem → Israel lebt: daß Gott nun anrufbar geworden ist und sich in der Preisgabe seines Eigennamens zu erkennen gegeben hat (vgl. 2Mo 6,2ff).

Gott hat sich *»zu erkennen«* gegeben – ein Wort, das sonst im AT gebraucht wird für die intime Lebens- und Geschlechtsgemeinschaft zwischen Mann und Frau! Der Gott Israels ist keine anonyme Naturgottheit oder nur zu erahnende Geschichts- oder Schicksalsmacht. Diese Offenbarung des Namens sagt vielmehr:

a) Gott ist *Person,* ein → »Ich«, und gerade als solcher gibt er sich den Menschen preis, gibt er sich als Person her.

b) Diese Offenbarung ist *ein Handeln Gottes selbst.* Er allein kann seinen Namen nennen. Der Mensch kann dies nicht veranlassen, kann Gott seinen Namen nicht ablisten. Es handelt sich um Gottes freie, gnädige Selbstvorstellung!

c) Auch wenn Gott seinen Namen offenbart hat, haben wir ihn nicht in der Hand, bleibt für uns das → *Geheimnis* seiner Person – so wie ein geliebter Mensch für mich immer auch Geheimnis bleibt; ich kann ihn nicht »in den Griff bekommen«.

d) In der Preisgabe seines Namens tritt Gott folglich vielmehr als →*Herr* auf, dessen gnädiges Auf-den-Menschen-Zugehen nach dessen → Gehorsam fragt.

2. Nun gehört aber zur Offenbarung Gottes im AT immer untrennbar ein *geschichtliches Handeln Gottes* hinzu, wodurch er sich für Israel als *»dein* Gott«, als der Gott des →*Bundes* erweist. So gehört zur Namensoffenbarung Gottes unauflösbar hinzu die überraschende geschichtlich-konkrete Tat Gottes in der Befreiung der Israeliten aus der ägyptischen Sklaverei (→ Auszug). Dieses »Urerlebnis« der Zuwendung Gottes ist dann überhaupt zur Grundlage des Glaubens Israels an seinen Gott geworden (siehe das älteste Glaubensbekenntnis 5Mo 26,5ff). In der Ausrufung seines Namens im unzertrennbaren Zusammenhang mit dieser geschichtlich-politischen Befreiungstat ist die Offenbarung Gottes Ereignis geworden: »Darum sage den Israeliten: ›Ich bin Jahwe, ich will euch . . . aus eurer Knechtschaft erretten‹« (2Mo 6,6). Diese Zusammengehörigkeit von Bekanntwerden

der Person Gottes in der Gabe des Namens und seinem Macht- und Treueerweis in den großen Geschichtstaten bildet das Besondere des atl. Offenbarungsverständnisses.

3. Dies gilt nun insbesondere auch *in der prophetischen Verkündigung* des AT. Weil Gott sich in seinen Heilstaten zu erkennen gegeben hat, kann auf diese Taten zurückverwiesen werden, um Israel zur Umkehr zu rufen bzw. die Schuld Israels aufzudecken (Hes 16; 20,5ff). Wird dann von den Propheten kommende Geschichte angesagt als Gerichtshandeln Jahwes an seinem Volk, so zeigt sich auch hier, daß die Verkündigung des Namens Gottes und das Eintreten angesagter Geschichtsereignisse die Gestalt ist, in der Gott sein Volk anspricht. Gott gestaltet die Geschichte im Sinne eines »gezielten Geschehens«, um sich darin seinem Volk zu offenbaren.

Der eigentliche Selbsterweis Gottes wird aber dann in und nach der Zeit der Gerichtskatastrophe immer mehr von der Zukunft her erwartet. An einem ganz neuen göttlichen Heilshandeln soll die Erkenntnis Gottes in Israel aufbrechen (Jes 41,20; 45,3); ein neuer Exodus wird erwartet (Hos 2,14ff; 12,10; Jes 43,16ff; Hes 20,34ff). Besonders bei Hesekiel findet sich häufig die Redeform: »(Gott sagt:) Ich werde das und das tun . . ., damit sie erkennen: ich bin Jahwe«. Hier wird ganz deutlich, daß sich die Offenbarung Gottes im AT in einem unzertrennbaren Zusammenhang Wort/Tat bzw. Verkündigung/Geschehen abspielt: »Denn ich, Jahwe, rede. Das Wort, das ich rede, geschieht« (Hes 12,25; vgl. 17,24; 22,14 u.ö.).

Schließlich wird im zweiten Teil des Jesajabuches (Jes 40–55) die Erwartung und Ankündigung laut, daß die Offenbarung Gottes in die ganze Völkerwelt hinein durchbrechen will, ». . . daß die → Herrlichkeit des Herrn sich offenbare und alles → Fleisch es sehe zumal« (Jes 40,5). »Ich werde meine Herrlichkeit unter den Völkern zur Geltung bringen«, verkündet Hes 39,21. Alle Verheißungen des AT laufen zuletzt auf das Kommen Gottes selbst hinaus.

B. IM NEUEN TESTAMENT

Im Licht solcher alttestamentlichen → Hoffnung auf eine abschließende Gottesoffenbarung erblickt *das NT* in der Geschichte Jesu von Nazareth deren Erfüllung. Freilich die Erfüllung in einer Gestalt, wie sie nicht vorhersehbar war: Gottes Offenbarung als *Selbsterniedrigung* in einem konkreten, geschichtlichen Menschen. Aber genau das ist nach Hebr 1,1f und 1Petr 1,12 die alles Bisherige überbietende Selbstkundgabe Gottes, die von den Propheten angekündigt wurde. In Jesus von Nazareth kommt es nun tatsächlich zu dem im AT noch nicht erfahrenen »Erscheinen« und »Gesehenwerden« Gottes. – Das »Leben« – so sagt es 1Jo 1,1ff in einer Umschreibung für Gott selbst – ist *»erschienen«:* in einer unfaßbaren Konkretheit; die → Apostel verkündigen, was sie »gehört, gesehen und mit ihren Händen betastet haben«. »In Ihm« war die »Herrlichkeit Gottes« zu sehen (Joh 1,14), die Jes 40,5 ankündigt. Daß das Wort Fleisch und also Gott geschichtlich Mensch wurde, wird bei Johannes geradezu zum Titel des gesamten Evangeliums (Joh 1,14). Somit ist *Jesus* in der Sicht des NT nicht etwa nur Zeuge oder Vermittler der Offenbarung Gottes, vielmehr ist *er selbst* in seiner Person, seinem Werk und seinem Geschick *der Inhalt und Vollzug der Offenbarung.* Wer im biblischen Sinn von Offenbarung Gottes reden will, der muß von → Jesus Christus reden, muß seine Geschichte erzählen.

Nun ist aber im NT nicht nur vom Erscheinen Gottes in Jesus Christus die Rede, sondern auch von einem Offenbarwerden Jesu selbst. Davon wird in zwei verschiedenen Zusammenhängen gesprochen. Einmal in den Osterberichten. Etwa: »Er erschien (= er offenbarte sich) zuerst der Maria« (Mk 16,9; vgl. Lk 24,34 u.ö.). – Sodann in bezug auf seine → Wiederkunft: »So wird es sein, wenn der Menschensohn-Weltenherr sich offenbart . . .« (Lk 17,30); ». . . bei der Offenbarung des Herrn Jesus vom → Himmel her mit den → Engeln seiner Macht« (2Thes 1,7; vgl. 2,8; 1Tim 6,14; 2Tim 4,1.8; u.ö.).

Zum letzteren ist zu sagen: die Selbstoffenbarung Gottes im irdischen Leben Jesu ist letzt*gültig* und unüberbietbar, weil sie der Vollzug der Versöhnung des Menschen mit Gott ist, die Erfüllung des gebrochenen Bundes. Sie ist aber als solche nicht die *letzte* Offenbarung Gottes überhaupt! Diese ist verbunden mit der Wiederkunft Jesu und dem Aufrichten des → Reiches Gottes. Somit haben wir es im irdischen Leben Jesu mit Gottes *Selbstoffenbarung zur → Versöhnung* zu tun, bei der Wiederkunft Jesu aber mit Gottes *Selbstoffenbarung zur → Erlösung.* Und während die Herrlichkeit Gottes im irdischen Jesus gerade in der Gestalt der Niedrigkeit und Schwachheit erscheint, wird sie zuletzt im Sinne der atl. Verheißung vor den Völkern unübersehbar und unverhüllt erstrahlen (Jes 59,19; Mt 24,30).

Nun kommt aber Offenbarung im NT noch in einem anderen Zusammenhang vor, nämlich dort, wo es um *Erkenntnis Gottes* seitens des Menschen geht. Und hier wird in der gleichen Bestimmtheit wie im AT gesagt: der Mensch kann Gott nur erkennen, wenn Gott ihm diese Erkenntnis schenkt. Gott ist nicht mit den natürlichen menschlichen Erkenntnisorganen zu erkennen (1Kor 2,14)! Das heißt zum einen: in seiner Offenbarung bleibt Gott immer noch freier *Herr*, bis in unser Erkennen hinein; er *gibt* sich zu erkennen. – Das heißt zum anderen: der Mensch ist von Hause aus gerade für Gottes Erscheinen blind! Er ist es deshalb, weil er der Mensch unter der → Sünde ist. So sind etwa die Emmausjünger unfähig, den Auferstandenen zu erkennen (Lk 24,16), ebenso Maria Magdalena am Grab Jesu (Joh 20,14). In beiden Fällen muß sich erst Jesus zu erkennen *geben.*

Besonders das Johannesevangelium betont in ausgedehnten Rede-Texten diesen Sachverhalt, daß »Gott nur durch Gott erkannt werden kann«: Jesus sagt Joh 6,44: »niemand kann zu mir kommen, es ziehe ihn denn mein Vater« (vgl. 6,65 und die Abschnitte Joh 5,30ff; 7,25ff; 8,12ff.23ff.42ff; 9,24ff). Nach Joh 15,26; 16,13 hat *der Heilige → Geist* eben diese Offenbarungsfunktion. Genauso sagt es Paulus in dem großen »Erkenntniskapitel« 1Kor 2: »Uns hat es Gott geoffenbart durch den Geist« (2,10); »Wir haben . . . den Geist aus Gott, damit wir wissen, was uns von Gott geschenkt worden ist« (2,12). Paulus selbst weiß sich einzig und allein deshalb zum Apostel für die Völkerwelt berufen und berechtigt, weil er das → Evangelium empfangen hat »durch eine Offenbarung Jesu Christi« (Gal 1,12).

III. Der Begriff heute

1. GOTT LÄSST SICH AUF DIE MENSCHEN EIN

Wir betrachten in der Regel das Zeugnis von der Offenbarung Gottes nur unter dem Gesichtspunkt der Frage: Wie kann man etwas von Gott wissen; wie kann man Gott finden und erkennen? – Aber diese Frage allein vermag noch nicht zu erfassen, daß Gott uns in seiner Selbstvorstellung nicht nur Kunde und Kenntnis über sich gewährt, sondern daß in und mit seiner Offenbarung die Geschichte seiner *Bundes*gemeinschaft mit den Menschen anhebt. Das ist das Wunder: daß Er etwas mit uns zu tun haben will! Wir sollen nicht nur etwas über ihn wissen dürfen. Seine Offenbarung ist der Grund und Beginn der Heilsgeschichte – so wie die Namensoffenbarung verbunden war mit der Befreiung aus Ägypten, und so wie die Menschwerdung Gottes in Jesus Christus verbunden war mit der Versöhnungstat am → Kreuz von Golgatha.

Wo Gott sich offenbart, da soll der Mensch nicht nur etwas über Gott *zur Kenntnis nehmen,* soll also nicht nur »aha!« sagen, sondern da will Gott den Menschen *mitnehmen.* Offenbarung sagt nicht nur: »So ist Gott!« sondern: »Ich bin *dein* Gott!« Man könnte auch sagen: In der Selbstoffenbarung Gottes kommt Gottes *Liebe* zu uns.

2. GOTT LÄSST SICH KENNENLERNEN

Innerhalb dieses Bundes, den Gott mit uns Menschen eingeht, läßt Gott sich kennenlernen. Und damit ist ein Doppeltes gemeint:

Zunächst: Wir werden von Gott gewürdigt – hier muß nun auch das gesagt und zur Geltung gebracht werden – tatsächlich etwas über ihn *wissen* zu dürfen im einfachen Sinn des Wortes. Erstaunlicherweise können sich Menschen gerade darüber bisweilen entrüsten. Man muß nämlich sehen, daß es nicht nur ein menschliches Suchen und Begehren gibt, zu solchem Wissen über Gott zu gelangen, sondern es gibt demgegenüber zugleich auch eine tiefgreifende menschliche Skepsis! Sie sagt: *Das* eben ist nicht möglich: etwas über Gott wissen zu können. Das steht uns Menschen nicht zu. Es gibt da nur ein Ahnen, im besten Fall die deutliche Empfindung, von einer höheren Macht abhängig zu sein. – Andere sagen: Genau das wäre wahre Verehrung Gottes: daß man über Gott schweigt. Wissen über Gott erlangen zu wollen, ist überhebliche menschliche Anmaßung.

Aber nun ist das gerade die unerhörte Nachricht der Bibel, daß sie sagt: Ihr Menschen, die ihr von Hause aus nichts von Gott wißt und wissen könnt – Gott hat sich euch von sich aus zu erkennen gegeben! Und jetzt *dürft* ihr von ihm wissen, ohne daß es Anmaßung wäre – eben weil *er* es euch *gewährt.* Und wenn das so ist, dann ist jener scheinbar so fromme und ehrliche Verzicht auf das Kennenlernen Gottes nunmehr selbst eine undankbare und selbstherrliche Beleidigung Gottes.

Zum anderen: Wir sahen im AT, daß dort für das Erkennen Gottes ein Wort verwendet wird, das sonst für die intime Lebensgemeinschaft zwischen Mann und Frau steht. Und das dürfte doch bedeuten: So zieht uns Gott in sein Vertrauen! Um solche Nähe zwischen ihm und uns ist es ihm zu tun! Er öffnet uns sein Herz. Wir dürfen über Gott nicht nur Wissen erlangen – so wie ich etwa über einen anderen Menschen allerhand zutreffende Fakten mitteilen kann, ohne ihn damit schon eigentlich zu kennen –, sondern wir dürfen zutiefst Gottes *Wesen* erfahren! Gottes Offenbarung ist ein Akt werbender Liebe, durch die er sich uns öffnet und wir uns ihm unsererseits öffnen sollen, damit wir so zu wirklicher Gewißheit gelangen. Gott in seiner Offenbarung ist Er ganz und Er selbst. Es gibt darüber oder dahinter nicht noch einen verborgenen, unberechenbaren Gott.

3. Die Entlarvung der falschen Götter und die Entgötterung der Welt

Wir wissen aus der Pioniermission, daß dort die Erfahrung gemacht wurde: durch die Verkündigung der Herrschaft Jesu Christi zerbrach die Herrschaft der Ahnengeister und des Zauber- und Fetischkultes. D.h. wo Gott offenbar wird, da wird auch offenbar, was es um die Götter und Dämonen ist, die bisher den Menschen knechteten: ihr Existenzrecht ist dahin. Sie sind entlarvt. Gott sagt: »Ich bin der Erste und der Letzte, außer mir gibt es keinen Gott« (Jes 44,6). Jesus sieht unter seiner Gegenwart den → Satan vom Himmel fallen (Lk 10,18), und die bösen Geister sind den → Jüngern in Jesu Namen untertan (Lk 10,17). »Diese Welt ist *Gottes*«, sagte Christoph Blumhardt. Muß man noch unterstreichen, daß dies heute nicht weniger aktuell ist als in den Tagen der Pioniermission?

Offenbarung Gottes, das heißt: Freispruch! Brauchen wir heute den Freispruch nicht mindestens ebenso wie vergangene Generationen, den Freispruch, der darin besteht, daß wir als Christen tatsächlich nichts und niemanden zu fürchten brauchen außer Gott allein, der uns sagt: »Aber seid getrost; ich habe die Welt überwunden!« (Joh 16,33)? Dieser Freispuch kann freilich nicht zu jener selbstverständlichen Voraussetzung werden, von der der aufgeklärte Mensch meint ausgehen zu können. Dieser Freispruch von den bösen Mächten und der Macht des Bösen ist etwas anderes als »die Überwindung des magischen Denkens«, erfolgt er doch nur dort, wo Gott auf den Plan tritt. Darum ist die Entlarvung der Götter immer notwendig verbunden mit der *Predigt von der Offenbarung Gottes!* Der Theologe Hans-Joachim Iwand hat in diesem Zusammenhang gesagt: »Von hier aus verstehen wir vielleicht ein wenig davon, daß der Abfall vom Christentum nicht nichts ist. Daß der leere Raum, der dann entsteht, nicht leer bleibt, sondern daß eines Tages in diesem leeren Raum die alten Götter wieder auferstehen, die Götter von Blut und Boden, die den Menschen knechten und versklaven an die Elemente dieser Welt« (vgl. Mt 12,43ff).

Die Offenbarung der gnädigen Herrschaft Gottes will immer neu bezeugt sein, um *heute* die Dämonen zu stürzen und uns in die Freiheit zu führen. Das gilt für die zunehmende Horoskopgläubigkeit ebenso wie für die Angstmechanismen innerhalb moderner, autoritärer Jugendsekten, und das gilt für den Baalskult unserer Wegwerf- und Wohlstandsgesellschaft ebenso wie für den von manchen als Schutzgott angebeteten Götzen der militärischen Überlegenheit.

4. Der Auftrag der Verkündigung

Die Offenbarung Gottes ist nicht Inhalt eines Geheimwissens der Christen. → Israel und die → Kirche sind nicht Gottes vereidigte Geheimnisträger. Geheimnisträger sind sie schon, aber gerade mit dem Auftrag, das ihnen Anvertraute zu veröffentlichen: »Was ich im Dunkeln sage, das saget im Licht, und was ihr ins Ohr hört, das prediget auf den Dächern!« sagt Jesus Mt 10,27 zu seinen Jüngern auf der gleichen Linie, wie Gott schon das Volk Israel als Bundesvertrauten damit beauftragt hatte, → »Licht der Völker zu sein« (Jes 42,6; 49,6). So ist die Offenbarung Gottes Berufung in den Zeugendienst. Von der Namensoffenbarung Gottes her galt für Mose das »geh hin und sage deinem Volk ...!«, und Jesus sagt: »Gleichwie mich mein Vater gesandt hat, so sende ich euch!« (Joh 20,21). Man hat Gottes Offenbarung nur verstanden, wenn man es nicht lassen kann, davon zu sprechen. Dabei entspricht der Offenbarung Gottes nicht die Diskussion im philosophischen Zirkel, ebensowenig die Inbrunst religiöser Versenkung; ihr entspricht vielmehr die missionarisch-einladende Verkündigung.

W. Vorländer

Opfer

I. Wortbedeutung

»Opfer« ist ursprünglich die Hingabe eines wertvollen Besitzes an die Gottheit, um ihr zu danken oder um sie gnädig zu stimmen.

Das deutsche Wort »opfern« geht auf lat. *offere* = »darbringen« zurück. Daneben erscheint in der frühen Zeit der Kirche das lat. Wort *operari* = »beschäftigt sein mit« im Sinn von »Gutestun«, »Almosengeben«.

In der griech. Sprache gibt es für »opfern« ein Wort, das zugleich »räuchern« und »schlachten« bedeutet. Die griech. Wörter für »Opfer« können die Opferhandlung wie auch die Opfergaben selbst bzw. das Opfertier bedeuten.

II. Der Begriff in der Bibel

A. IM ALTEN TESTAMENT

1. Die Opfer des Alten Bundes haben prophetischen Hinweischarakter auf die Erfüllung und zugleich Vollendung der Opfer in dem einmaligen Opfer Jesu Christi am → Kreuz (Hebr 10,14 u.a.). Das wird z.B. deutlich an dem Opferweg Abrahams nach Moria (1Mo 22,8: »Gott wird sich ersehen ein Schaf zum Brandopfer«).

Auch das Passalamm, unter dessen an die Türpfosten gestrichenem Blut die israelitischen Hausgemeinschaften das gnädige Vorübergehen des Würgeengels erlebten, weist auf das Osterlamm hin, das für uns geopfert wurde (1Kor 5,7). Bei einer solchen Passamahlzeit hat Jesus das → Herrenmahl eingesetzt und dabei sein Sterben als Opfer gedeutet (Lk 22,19f); → Passa.

Prophetisch spricht Jesaja 53 von Jesus, dem Opferlamm, und Johannes der Täufer bezeugt von Jesus: »Siehe, das ist Gottes → Lamm, welches der Welt → Sünde trägt« (Joh 1,29); → Knecht Gottes.

Besonders deutlich wird dies – vom NT her gesehen – am großen Versöhnungstag Israels, an dem der Hohepriester mit dem → Blut des Opfertiers ins Allerheiligste durfte, um durch die Besprengung des Gnadenthrones Gottes auf der Bundeslade die im zurückliegenden Jahr angefallenen Sünden des Volkes zu versöhnen (3Mo 16). So schreibt Johannes (1Jo 1,7): »Das Blut Jesu Christi, seines Sohnes, macht uns rein von aller Sünde«, d.h. durch das Opfer Jesu zur → Vergebung der Sünden werden wir wieder zur → Gemeinschaft mit Gott fähig.

Im Mittelpunkt des Lobpreises der Offenbarung steht Jesus als dieses geschlachtete Lamm Gottes (Offb 5 u.a.).

2. Das alte → Israel, das viele Arten von Opfern Gott dargebracht hat (3Mo 1–7), wußte schon aus der Wüstenzeit, daß beim gemeinsamen Essen des Fleisches des Opfertieres Gemeinschaft untereinander und mit Gott erlebt wurde (3Mo 7,15; 5Mo 12).

Von hier aus geht die Linie hinüber zum Abendmahl der Gemeinde Jesu, bei dem sie am Leib und Blut Jesu teilhat (1Kor 10,16) und Gemeinschaft mit ihm und untereinander erlebt.

3. Die → Propheten (Jer 6,20) haben, wie auch einzelne Psalmisten (Ps 51,18), gegen einen rein äußerlichen Opferdienst, durch den Gott besänftigt werden sollte (»ein lieblicher Geruch«, 2Mo 29,18), Stellung bezogen: »→ Gehorsam ist besser als Opfer« (1Sam 15,22). »Die Opfer, die Gott gefallen, sind ein geängsteter Geist; ein geängstetes, zerschlagenes Herz wirst du, Gott, nicht verachten« (Ps 51,19).

In der inneren Haltung des Leidtragens um die Sünde, des Dankens, des Lobens, des Bittens hat man bei vielen Gelegenheiten Tieropfer (Schaf, Ziege, Taube, Rind – »reine« Tiere) oder Speisopfer (Mehl, Öl) und Trankopfer (Wein), Erstlingsgaben und den »Zehnten« (den schon Abraham und Jakob vor der Zeit des Gesetzes kannten – 1Mo 14,20 u. 28,22) auch als »freiwillige Opfer« dargebracht. Diese Opfer dienten teilweise auch dem Unterhalt der → Priester.

Schon früh tauchte in Verbindung mit in den Opferkasten des → Tempels eingelegten Geldgaben das Wort »Opfer« auf.

B. IM NEUEN TESTAMENT

1. Im NT finden wir das Wort »Opfer« im Zusammenhang mit Almosengeben und Gutestun (Lk 21,1f; Phil 4,18; Hebr 13,16; vgl. 1Kor 16,1–4 u. 2Kor 8 u. 9), als Lobopfer und Dankopfer, das sich in → Gebet und Singen vollzieht (Hebr 13,15).

In Röm 12,1 ermahnt Paulus dazu, daß unser ganzes Leben ein »lebendiges und heiliges Opfer« wird, nicht als Leistung, sondern durch die empfangenen → Barmherzigkeiten Gottes.

2. In diesem Sinn sagt Jesus von sich, daß er sein Leben »einsetzt«, »läßt«, »hingibt« (Joh 10,15; 15,13). So versteht Paulus seinen → Dienst und sein → Leiden als Opfer (Phil 2,17; 2Tim 4,6), auch als priesterlichen Dienst, in dem er die zum Glauben gekommenen → Heiden Gott als »angenehmes Opfer«, als Frucht des Opfers Jesu hinlegt (Röm 15,16).

Schon jetzt ist Gottes Volk heilige Priesterschaft, die »geistliche Opfer« darbringt (1Petr 2,5), bis dies einst im »Königreich von Priestern« (Offb 1,6) zur ewigen Vollendung kommt.

III. Der Begriff heute

Wir leben als Christen – auch bei allem Versagen – täglich vom Opfer Jesu, das er für uns vollbracht hat. Damit stehen wir vor der Frage, die den jungen Zinzendorf getroffen hat »Das tat ich für dich, was tust du für mich?«

Es geht in der → Nachfolge des »geschlachteten Lammes« nicht ohne Opfer, Opfer der Lippen, der Hände, des Lebens.

1. OPFER DER LIPPEN

Wenn wir Gott in den unterschiedlichsten Lebenslagen, im persönlichen → Gebet, im → Gottesdienst, in einem Zusammensein mit Brüdern und Schwestern loben und ihm danken, ist das ein »Opfer der Lippen« (Hebr 13,15). Dazu helfen die Psalmen, die alten und neuen Lieder der Christenheit (→ Lied/Gesang).

Das Lobopfer ist ein Teil unsres Zeugendienstes. Dadurch bekennen wir uns zu diesem Gott und Herrn und weisen andere auf Jesus und den → Vater hin. So können auch sie den → Namen dieses Herrn anrufen und an ihn glauben.

Dieses Lobopfer hilft elenden und angefochtenen Menschen wieder zum → Glauben und zur → Freude (Ps 34). Dieses Lob- und Dankopfer hilft uns, den Heilsweg Gottes mit uns und der Welt neu zu erkennen (Ps 50,23).

2. Opfer der Hände

a) Christliche Gemeinde kann ihren Auftrag in dieser → Welt nicht ausführen ohne Menschen, die um dieses Auftrages willen Zeit, Geld und Kraft opfern (wie das Menschen auch für »weltliche« Aufgaben tun: Arzt, Mutter, Politiker, Bürgerrechtler u.a.).

Der *»Zehnte«* kann für solche Opfer eine gute Regel sein, ist aber im NT nicht ausdrücklich geboten. Solche Gaben, auch wenn sie Bedürftigen gegeben werden, gehören in die Verborgenheit (Mt 6,1f). Ein *Maß* für solche Gaben gibt es nicht. Jesus sagte: »Diese arme Witwe hat *mehr* in den Gotteskasten gelegt als alle, die eingelegt haben, denn sie haben alle von ihrem Überfluß eingelegt, diese aber hat von ihrer → Armut *alles, wovon sie lebte,* ihre ganze Habe eingelegt« (Mk 12,40f; vgl. Mt 6,6f). Der Wert des Opfers liegt in der inneren Stellung zu diesem Opfer. Paulus will bei der Sammlung für die notleidenden »Heiligen« in Jerusalem »freiwillige« Gaben und »fröhliche Geber« (2Kor 9,7f); → Arm/Armut/Elend.

Nach einem gut überstandenen Krankenhausaufenthalt, nach der glücklichen Geburt eines Kindes, nach einer gesegneten stillen Zeit, Freizeit, Evangelisation darf unser Dankopfer sich auch in Form einer Geldgabe »verleiblichen«.

b) Es kann auch ein Opfer sein, wenn junge Menschen ein Jahr ihres Lebens dem Herrn etwa als *»Diakonisches Jahr«* geben. Mancher hat einen gutbezahlten *Beruf aufgegeben* und mit einem geringeren Gehalt einen vollzeitlichen Dienst in einem christlichen Werk übernommen.

c) Zu einem solchen Opfer kann es auch gehören, daß wir *einfacher leben,* uns einfacher einrichten, auf manches verzichten, damit wir mehr Geld für die Sache des Herrn und für die Bedürftigen in der Welt haben. Es hat jemand gesagt: »Es geht nicht darum, wieviel wir von unserem Einkommen Gott geben, sondern darum, wieviel wir von dem, was Gott gehört, für uns verbrauchen« (→ Besitz/Eigentum/Reichtum).

d) *Opfergaben an bedürftige und leidende Gemeinden,* christliche Werke und Boten Jesu in der Welt sind Ausdruck der → Gemeinschaft mit ihnen (2Kor 8,5; Phil 4,15). Ziel solcher Sammlungen (1Kor 16,1f u. 2Kor 8 u. 9) ist die Ehre des Herrn (2Kor 8,19).

In der ersten Zeit der Christenheit ist es im heidnischen Römerreich aufgefallen, mit welcher Liebe Christen füreinander und für andere sorgten. So wird solcher Opferdienst zu einem Zeugnis für den Herrn.

3. Opfer des Lebens

Paulus schreibt von den Korinthern: »Sie gaben sich selbst zuerst dem Herrn und danach uns durch den Willen Gottes« (2Kor 8,5). Gott will letztlich nicht etwas von uns, sondern uns selbst.

Ein im Sinn von Röm 12,1f Gott ganz hingegebenes Leben kann sich in einem irdischen Beruf oder in einem vollzeitlichen Dienst in Gemeinde, Mission oder Diakonie vollziehen. »An halben Opfern verblutet man, an ganzen Opfern genest man«, hat Wilhelm Löhe gesagt. Solche durch Gottes → Geist gewirkte *»Hingabe«* (vgl. Hebr 9,14) führt zu einem Leben, das nicht mehr sich selbst, sondern dem Herrn gelebt wird (Röm 14,7f; 2Kor 5,15). Welche geistlichen Kräfte sind durch solche Opfer des Lebens in Christenheit und Welt hineingeströmt! Wo diese Opfergesinnung nicht mehr vorhanden ist, verliert der → Glaube, der sich auf die kommende Welt ausrichtet, an Zeugniskraft.

Über jedem Opfer liegt auch ein → Geheimnis nachfolgender → *Freude* und vertiefter → Erkenntnis der → Liebe Gottes, die ihn zum Opfer für uns getrieben hat. Wenn wir uns in solcher durch den Glauben gewirkten Opferbereitschaft vom »Liebsten« (Abrahams Opfer des Isaak – Hebr 11,17) trennen können, gibt uns Gott etwas von der Freiheit des »Haben, als hätten wir nicht« (1Kor 7). Der Herr kann Christen sogar dahin führen, daß sie ihr Leben nicht lieben bis an den Tod und zu Märtyrern werden (Offb 12,11).

Eines ist bei allen unseren Opfern zu bedenken: Sie sind nur Auswirkungen seines Opfers für uns (→ Kreuz; → Versöhnung/Sühne).

W. Schaal

P

Paradies

I. Wortbedeutung

»Paradies« ist ein Lehnwort aus dem Altiranischen und bezeichnet einen von einem Wall umgebenen Park. In der Paradiesesgeschichte der Bibel heißt es: »Und Gott pflanzte einen Garten in Eden gegen Osten hin und setzte den Menschen hinein« (1Mo 2,8). Das Wort »Eden« hat Anklänge an »Wonne«, kann aber auch »Steppe« heißen. Das Paradies ist ein fest geschlossener, rings umgrenzter Raum, der nur nach Osten geöffnet ist. Es wird als fern im Osten liegend vorgestellt.

II. Der Begriff in der Bibel

1. Das Paradies ist die Welt, in der der Mensch zum Ungehorsam verführt wird (Sündenfall).

Es ist die Welt des siebenten Schöpfungstages; alles ruhte aus in der Vollkommenheit Gottes. Von dieser Welt haben wir keine Vorstellung, und zu ihr besitzen wir keinen Zugang; es ist die Welt der ursprünglichen Güte und Reinheit, wie sie aus den Händen Gottes hervorgegangen ist. Die ganze → Schöpfung hat der Mensch zur freien Verfügung. Gott hat den großen Befehl zur → Freiheit gegeben: »Du sollst essen von allen Bäumen im Garten.« Mehr als er hat kann der Mensch nicht bekommen. Neben einem Strom, der sich in 4 Hauptarme teilt, sind im Garten zwei Bäume hervorgehoben: der Baum des Lebens und der Baum der Erkenntnis. Im Schatten dieser Bäume trägt sich das dramatische Geschehen des Falles zu. Diese Bäume weisen auf die innerlich notwendigen Beziehungen zwischen Gott und dem Menschen. Der Baum des Lebens (der kein verbotener Baum ist) ist der Baum, von dem Adam sich nährt. Er ißt die Früchte ewigen Lebens. So bezeichnet dieser Baum die Gemeinschaft des Geschöpfs mit dem Schöpfer. Der Baum der Erkenntnis bezeichnet in eben dieser Gemeinschaft den Abstand und die Grenze zwischen Adam und seinem Schöpfer. Das bedeutet: Adam kann nur dann mit Gott Gemeinschaft haben und von dem Baum des Lebens leben, wenn er der bleibt, der alles empfängt, und Gott der bleibt, der alles schenkt. Daraus ergibt sich die Schöpfungsanweisung: Rühre diesen Unterschied nicht an! Die einzige Gefahr war die, daß der Mensch nach der Frucht vom Baum der Erkenntnis griff, damit die Grenze überschritt, die ihm gesetzt war, und mehr werden wollte als ein Geschöpf (»sein wie Gott«). Das ist der einzige Ansatzpunkt, der sich dem Verführer bot und den er sich auch prompt zunutze machte.

2. Das Paradies ist die Welt, aus der der Mensch wegen seines Ungehorsams vertrieben wurde

»Und Gott trieb den Menschen hinaus und ließ lagern vor dem Garten Eden die Cherubim mit dem flammenden blitzenden Schwert, zu bewachen den Weg zum Baum des Lebens« (1Mo 3,24). Zwei Wächter mit blitzender Schwertklinge verwehren den Weg zurück ins Paradies. Gott sorgt dafür, daß das verlorene Paradies für den Menschen unzugänglich wird.

3. Das Paradies ist die Welt, die Gott denen verheisst, die in Lebensgemeinschaft mit Christus sind

Mit einem Amenwort antwortet Jesus am Kreuz dem einen Schächer: »Heute wirst du *mit mir* im Paradies sein« (Lk 25,43). Jesus erschließt das Paradies in Vollmacht denen, die in seine Gemeinschaft eintreten. Den Überwindern gibt der erhöhte Herr zu essen von dem Baum des Lebens, der im Paradiese Gottes ist (Offb 2,7). Jesus nennt sich selbst »Brot des Lebens«. Wer an ihn glaubt, hat Zugang zum Baum des Lebens, wird ewig leben (Joh 6,35.54). Im künftigen Paradies ist »auf beiden Seiten des Stromes mitten auf der Gasse ein Baum des Lebens, der trägt zwölfmal Früchte und bringt seine Früchte alle Monate, und die Blätter des Baumes dienen zur Heilung der Völker« (Offb 22,2).

III. Der Begriff heute

Wie schon die Griechen von elysischen Gefilden, von Inseln der Seligen, so träumen alle Völker von einem goldenen Zeitalter. Der Buddhismus kennt viele Paradiese; sie werden konkret beschrieben. Das Schlaraffenlandmotiv (Luxus und Überfluß mundgerecht dargeboten wie im Paradies des Islams die Früchte und die Frauen) trat schon im 5. Jh. v.Chr. in Griechenland als Märchen hervor. Hans Sachs gab diesem Paradies der Schlemmer den dt. Namen »Schlaraffenland«, indem er das alte Schimpfwort »Schluderaffe« (Faulenzer) zu »Schlaraffe« verschliff. Kritik an diesen Paradiesesvorstellungen, zu denen auch die Walhall der Wikinger gehört, übten scharf Comenius, Jean Paul und Karl Kraus. Solche Paradieseshoffnungen gründen sich auf den Wunsch, die unangenehmen irdischen Zustände, Schmerz, Not und alle Widrigkeiten möchten sich auf immer ins Gegenteil verkehren.

Im Gegensatz dazu steht das biblische Verständnis von Paradies: *Jesus* ist der Baum des Lebens, das Brot des Lebens *in Person.* Die Gemeinschaft mit ihm schenkt den Zugang zum Paradies. Wie es im Weihnachtslied heißt: »Heut schleußt er wieder auf die Tür / zum schönen Paradeis; / der Cherub steht nicht mehr dafür. / Gott sei Lob, Ehr und Preis.« Auf die Frage »Wo liegt für Sie als Christ und Astronaut das Paradies?« antwortete J. Irwin: »Der Christ gibt sich wenig mit Spekulationen ab. Paradies ist für mich dort, wo die Liebe Jesu mit ihm für uns in Ewigkeit Wirklichkeit wird.« J. Leuthner

Parusie → Wiederkunft/Ankunft

Passa

I. Wortbedeutung

»Passa« geht zurück auf das hebr. Wort *paesach = zurückprallen, vorübergehen.* Das an die Türen gestrichene Blut läßt den »Verderber« zurückprallen. Er geht an den Häusern der Israeliten vorüber.

II. Der Begriff in der Bibel

1. Anlass

Das Passafest wurde eingesetzt vor dem → Auszug aus Ägypten: Die zehnte und letzte Plage, nämlich die Tötung der Erstgeburt, soll die Ägypter dazu bringen, die Israeliten endlich ziehen zu lassen. Damit die Israeliten von diesem Unheil verschont bleiben, soll jeder israelitische Hausvater ein Lamm schlachten und mit dem Blut den Rahmen der Haustür bestreichen. Das Fleisch des Lammes wird gebraten und zusammen mit Brot und bitteren Kräutern von der Hausgemeinschaft verzehrt. Dabei sind alle bereit für den unmittelbar bevorstehenden Aufbruch, aber noch darf niemand das Haus verlassen, denn der Verderber, bzw. Gott selbst, schlägt in dieser Nacht die Ägypter (2Mo 12,1–28).

2. Alle späteren Feiern des Passa standen im Zeichen dieser Verschonung und der Errettung aus Ägypten

Nach 2Kö 23,21–24 wurde Passa aber erst ab der Zeit des Königs Josia (622 v.Chr.) regelmäßig und vom ganzen Volk gefeiert. Zur Zeit Jesu war Passa das bedeutendste Fest der Juden (es kamen über 100 000 Menschen nach Jerusalem).

Neben der Erinnerung war die Passazeit auch eine Zeit der gespannten *Erwartung des Messias.* (Noch heute wird symbolisch eine Tür geöffnet, und eine Kerze steht zum Anzünden bereit, falls der Messias kommt.) Kein Wunder, daß das römische Militär in dieser Zeit der Hochstimmung des Volkes Aufstände befürchtete und besonders wachsam war. Diese Umstände sind auch wichtig für die Anklage und den Prozeß gegen Jesus (Mk 15,2).

3. Datum und Gestaltung

Passa wird am 14. Nisan gefeiert. Das ist der Tag des ersten Frühlingsvollmondes. Die Passanacht ist also hell erleuchtet. Das ausgewählte einjährige und fehlerlose Lamm wurde am Nachmittag im Tempel geschlachtet. Gegessen wurde dann in den Häusern, aber innerhalb der Stadtmauer von Jerusalem (vgl. Mt 26,17–20; 5Mo 16,1–8).

Das Passamahl war und ist ein festliches Mahl, bei dem die Hausgemeinschaft die Errettung aus Ägypten feiert und nacherlebt. Die erste Hälfte der Passafeier dient besonders der *Erinnerung* an die Unterdrückung in Ägypten und an die Befreiung. In der zweiten Hälfte wird besonders die *Hoffnung* auf neue Rettungstaten Gottes, insbesondere auf das Kommen des Messias, ausgesprochen. In der Mitte steht das Essen des Passalammes.

Das Passamahl gliedert sich in 4 Teile, bei denen jeweils ein Becher mit Wein gereicht wird:

(1) Das Mahl beginnt mit dem *»Becher der Heiligung«,* über dem der Hausvater einen Segens- und Heiligungsspruch betet. Es folgen als Vorspeisen grüne Kräuter (als Zeichen der von Gott alljährlich gegebenen Fruchtbarkeit der Erde), »Bitterkräuter« (zur Erinnerung an die Bitterkeit der Sklaverei in Ägypten) und ein Früchtebrei aus Äpfeln, Nüssen und Gewürzen (genannt das »Lehmartige«, weil die Israeliten bei ihrer Fronarbeit in Ägypten Ziegel aus Lehm herstellen mußten).

Anschließend wird das Hauptessen aufgetragen. Mit diesem vor Augen folgt

(2) *die Passaandacht:* Der jüngste Teilnehmer stellt die Frage: »Was habt ihr da für einen Brauch? Warum unterscheidet sich diese Nacht von allen anderen Nächten?« (2Mo 12,26). Daraufhin erzählt der Hausvater von den großen Taten Gottes, insbesondere von der Errettung aus Ägypten, wobei er auch die Bedeutung der einzelnen (Symbol-)Speisen erklärt.

Alle antworten mit dem 1. Teil des »Hallel« (= Lobgesang; Ps 113; 114), und es wird der 2.

Becher Wein gereicht. Nach diesem Teil der Passafeier beginnt

(3) *die eigentliche Mahlzeit:* Der Hausvater spricht das Dankgebet über dem Brot, bricht es und teilt es aus. Jetzt wird das Passalamm gegessen. Bei dieser gut vorbereiteten und wohlschmeckenden Mahlzeit soll jeder die Fürsorge Gottes bis ins Leibliche hinein erfahren können. Zugleich ist es für jeden Beteiligten, als ob er in jener ersten Passanacht dabeigewesen wäre. Die Atmosphäre des Aufbruchs und der Erwartung des Handelns Gottes prägt das Passamahl. Darum wird der nun folgende 3. Becher Wein, der das Essen abschließt, »Segensbecher« oder »Becher der Erlösung« genannt.

(4) Schließlich wird das Passamahl mit dem 2. Teil des ›*Hallel*‹ (Ps 115–118) und einem 4. Becher Wein abgeschlossen. Als nach dem Jahre 70 n.Chr. die Juden in alle Welt zerstreut waren, folgte noch der sehnsuchts- und erwartungsvolle Ruf »Nächstes Jahr in Jerusalem!«

An das Passafest schließt sich das 7tägige *Fest der ungesäuerten Brote* (= Mazzenfest) an. In dieser Zeit und auch schon beim Passafest darf kein mit Sauerteig hergestelltes Brot gegessen werden, und es muß jeder Rest von Sauerteig aus dem Haus entfernt werden (vgl. die Anspielungen in 1Kor 5,7f).

4. Passafest und Herrenmahl

Jesus hat bei der Passafeier vor seinem Tod das Brechen des Brotes vor und den Segensbecher unmittelbar nach dem Essen des Passalammes *auf seinen Tod bezogen und damit das → Herrenmahl eingesetzt* (vgl. die Einsetzungsworte: »... nahm er das Brot, dankte, brach's und gab seinen Jüngern und sprach ...; ebenso nach dem Essen nahm er den Kelch ...«).

Passa ist ein Fest des Alten Bundes. Es hat in Jesus Christus sein Ziel und Ende gefunden. *Christus* ist als fehlerloses *Passalamm* für uns geopfert (1Kor 5,7; Joh 19,34–36). Durch sein Blut sind wir erlöst, und das Verderben geht an uns vorüber (1Petr 1,19). Sein Tod ist das einmalige und unwiederholbare Opfer, in dem der alte Bund erfüllt ist (Hebr 9,11–15). Sein Sterben begründet den »Neuen Bund in seinem Blut«. Beim *Abendmahl* blicken wir *zurück* auf die geschehene Erlösung *und voraus* auf das Wiederkommen Jesu.

III. Der Begriff heute

1. Den Ablauf und die Bedeutung des Passamahles zu kennen, ist eine Hilfe für *unser Verständnis des Judentums,* aber auch besonders *des christlichen Abendmahls.* Im Passa verdichtet sich die ganze Heilsgeschichte. Ähnlich ist das Abendmahl *Erinnerung* an unsere Errettung (1Kor 11,26), *Erleben* der Verbundenheit mit Gott und *Vorausblick* auf das endgültige Kommen der Gottesherrschaft (Mt 26,29; Offb 3,20).

Die Nähe Gottes und die Gemeinschaft mit Jesus ist nicht nur ein »Wortereignis«, sondern wird auch leiblich erlebbar in der Mahlgemeinschaft. Jesus hielt mit den Menschen, denen er vergeben hatte, auch Tischgemeinschaft (Mk 2,16f; Lk 19,5ff); und zu seinen Jüngern sagte er: »Mich hat herzlich danach verlangt, dies Passa mit euch zu essen« (Lk 22,15).

Diese Aspekte können die Feier des Abendmahls wie auch andere Feiern vertiefen und bereichern (vgl. Ps 34,9).

2. Das *Passa als Familienfeier* gibt uns ein Beispiel für die *Weitergabe der Grundlagen des Glaubens* an die nächste Generation. Im AT hat die Familie ausdrücklich diesen Auftrag (5Mo 6,6f.20–25).

Ähnlich könnten die *Feste des Kirchenjahres* bei einem besonderen Zusammensein (und Essen) der Familie gefeiert werden, wobei dann der Grund des Festes vom Hausvater erklärt wird. Dabei haben Lesungen aus der Bibel und Lieder (z.B. »Nun freut euch, liebe Christengmein«) ihren Platz. Besonders wichtig aber ist das schlichte Erzählen von dem, was Gott für uns getan hat (vgl. 1Mo 12,27). Wenn dabei wirklich der Vater das Wort ergreift, lernen die Kinder zugleich, daß Glaube und Unterweisung im Glauben auch »Männersache« ist.

S. Kreuzer

Pharisäer

I. Wortbedeutung

Die Bezeichnung »Pharisäer« geht zurück auf das hebr. Wort *perusim,* das wörtlich übersetzt »Abgesonderte« heißt. Dieser Name, der den Pharisäern von ihren Gegnern gegeben wurde (sie selbst nannten sich *haberim* = Genossen), erklärt sich von daher, daß sie sich von denjenigen im Volk, die es mit der Gesetzeserfüllung nicht sehr ernst nahmen, fernhielten und *absonderten.* Da sie sich für frommer hielten als das allgemeine Volk und dies auch deutlich nach außen zeigten, hat sich das Wort »pharisäisch« bis heute als Bezeichnung für überheblich/selbstgerecht eingebürgert.

II. Der Begriff in der Bibel

1. Die »Bruderschaft« der Pharisäer und ihre religiösen Auffassungen

Die Pharisäer waren eine religiöse Gruppe aus Priestern, Bauern, Handwerkern und

Kaufleuten, die sich um ca. 100 v.Chr. zusammengeschlossen hatte, um in gemeinschaftlicher Verbindlichkeit die → Gebote Gottes möglichst genau zu befolgen. Seit der Mitte des 1. Jh. v.Chr. stellten sie die stärkste Partei im Hohen Rat (der obersten jüdischen Rechtsbehörde). Sie wachten streng über die Reinheit des Hohenpriesters und wandten sich gegen Einflüsse der griech. Kultur (Theater, Arena, Gymnasium) auf das Leben des Volkes.

Die Pharisäer waren keineswegs die Konservativ-Klerikalen ihrer Zeit, wie man aus heutiger Sicht leicht annehmen könnte. Dies waren eher die Sadduzäer (die zweite Partei im Hohen Rat; sie bestand ausschließlich aus Priestern), bei denen sich eine an klerikale Formen gebundene religiöse Einstellung eher mit Gleichgültigkeit gegenüber den fremdartigen Kultureinflüssen im Alltag verband. Sie hielten sich an den Wortlaut des Gesetzes, wie es in den 5 Büchern Mose (Tora) niedergeschrieben ist, während die Pharisäer darüber hinaus dessen Auslegung durch die Schriftgelehrten *(Halacha)* als verbindlich anerkannten. Diese Auslegungen des Gesetzes (mit der Zeit ergaben sich 613 zusätzliche Satzungen, die man auch als »Zaun um die Tora« bezeichnete) hatten den Sinn, die Gebote Gottes nicht zu einer alten, verstaubten Sache werden zu lassen, sondern sie für jede Generation und Lebenslage wirklichkeitsnah und praktikabel zu gestalten. So durfte z.B. nach der Auslegung des *Sabbatgebotes* der Sabbat, wenn ein Menschenleben in Gefahr war, ausnahmsweise entheiligt werden (→ Sabbat).

Besonders kam es den Pharisäern darauf an, daß die *Reinheitsgesetze*, wie sie für den Priesterdienst am Tempel galten, auch im alltäglichen Leben eingehalten wurden (hierher rührt die pharisäische Absonderung vom »unreinen« allgemeinen Volk, insbesondere von Zöllnern und Huren; → Rein/Unrein). Überdies strebten sie eine Aktualisierung des Gebotes der *Verzehntung* an (vgl. 4Mo 18,20f), das zur Zeit Jesu sehr frei gehandhabt wurde, indem man hier und da Abgaben zu vermeiden suchte, um für sich selbst etwas zu gewinnen. Die Pharisäer bezogen das Gebot nicht nur auf die Erträge des Landes (vgl. 3Mo 27,30), sondern auf alles, was man käuflich erwarb.

Diese Konkretisierung der Tora auf alle Lebensbereiche und Lebenssituationen hin (hier liegt der Grund, warum die Pharisäer – anders als die Sadduzäer – eine *Laienbewegung* waren) sollte eine Übertretung des Gesetzes aus Unkenntnis verhüten. Dahinter steht die im ganzen Judentum verbreitete Auffassung, daß nur durch unbedingten Gehorsam gegenüber den Geboten Gottes das → Heil erlangt werden kann. Und genau an dieser Stelle setzt die Kritik Jesu an.

2. Die pharisäische Frömmigkeit in der Kritik Jesu

Jesus hält demonstrativ Gemeinschaft mit Zöllnern und Huren (Mk 2,15; Lk 7,36ff); er setzt sich über das Sabbatgebot hinweg (Mk 2,23–3,6) und kritisiert die Bestimmungen über die Verzehntung (Mt 23,23). An allen Stellen wird deutlich, daß Jesus das Gesetz nicht als solches in Frage stellt, sondern daß ihm der eigentliche Sinn der von Gott gegebenen Gebote fehlt: Die Gebote sind um des Menschen willen geschaffen und nicht der Mensch um der Gebote willen; sie sollen die Menschen nicht knechten, sondern ihnen zum Guten dienen (vgl. Mk 2,27; Mt 12,7; 23,23b). Darum ist das Doppelgebot der → Liebe das größte Gebot, das alle anderen durchdringen muß (vgl. Mt 22,34–40). Die *Liebe zum → Nächsten* fehlt so lange, wie ich die Gebote um meiner selbst willen, nämlich um mich vor Gott gerecht zu machen, erfülle. Die »bessere → Gerechtigkeit« (vgl. Mt 5,20) ist die allein von Gott geschenkte und nicht durch eigenes Verdienst erworbene Gerechtigkeit (vgl. Mt 20,1–16). Und so gibt es die Liebe zum Nächsten nicht ohne die dankbare *Liebe zu Gott*, der mit mir Sünder → Gemeinschaft hält, weil er mich *als* Sünder annimmt (vgl. Lk 18,9–14).

Die pharisäischen Reinheitsvorschriften lehnt Jesus, da für ihn das Doppelgebot der Liebe Maßstab aller Gebote ist, dann auch *als solche* ab (vgl. Mk 7,1–23).

3. Paulus: ein ehemaliger Pharisäer

Paulus bescheinigt den frommen Juden, »daß sie Eifer für Gott haben, aber nicht mit richtiger Erkenntnis. Denn weil sie die Gerechtigkeit Gottes nicht kannten und die eigene geltend zu machen suchten, haben sie sich der Gerechtigkeit Gottes nicht untergeordnet« (Röm 10,2f). Paulus weiß, wovon er spricht, denn er war selbst Pharisäer und »in der im Gesetz verlangten Gerechtigkeit untadelig geworden« (vgl. Phil 3,5f). Jetzt aber, nachdem er die → Gnade Gottes in Christus erfahren hat, hält er seine ganzen pharisäischen Anstrengungen und Verdienste »für einen Dreck« (Phil 3,7). Und auch für Paulus erwächst aus der Erfahrung der bedingungslosen Gnade Gottes ein von Selbstrechtfertigung und Selbstgerechtigkeit befreites Leben nach dem »Gesetz« der *Liebe* (vgl. Gal 5,14; 6,2; → Rechtfertigung).

III. Der Begriff heute

Schon Paulus mußte sich mit Jerusalemer

Judenchristen auseinandersetzen (er nennt sie »falsche Brüder«), die die jüdischen Reinheitsgesetze nach wie vor für heilsnotwendig hielten und sich deswegen von Heidenchristen absonderten, insbesondere die Tischgemeinschaft mit ihnen mieden (vgl. Gal 2). Ähnliche Auseinandersetzungen um Frömmigkeits- und Lebensformen gehen heute durch alle Kirchen und kirchlichen Gruppen hindurch: agendarische Liturgie – neue Gottesdienstformen; übliche Gebetsformen – Meditation; traditionelle ethische Werte – freiere Ethik (in Kleidung, Musik, Umgangsformen etc.); herkömmliche Kleinfamilie – bruderschaftliches und großfamilienähnliches (»alternatives«) Zusammenleben . . . Die Gefahr pharisäischer Überheblichkeit und Selbstgerechtigkeit sollten jeweils beide Seiten sehen und meiden. Wo äußere Formen und ethische Grundsätze für heilsnotwendig gehalten werden, da ist das »Wort vom Kreuz« an der entscheidenden Stelle mißverstanden. Da wir uns allzu leicht selbst betrügen, sollte sich jeder bewußt und selbstkritisch fragen, ob er wirklich auf die bedingungslose Gnade Gottes baut oder doch auf seine Frömmigkeit und sein Tun (weil er gerne Ansehen genießt bei denen, die denselben Frömmigkeits- und Lebensstil haben)?

Die unerläßliche Auseinandersetzung um rechte Frömmigkeit und Lebensgestaltung (»*Freiheit* vom Gesetz« ist nicht »Gesetz*losigkeit*«) ist damit nicht vom Tisch: es gilt immer zu prüfen, ob sie Gott zur Ehre und dem Nächsten zum Wohl dient; aber der Streit kann sachlicher und ohne gegenseitige Verketzerungen geführt werden. Jesus hat die Pharisäer nicht verketzert, sondern in sachlicher Argumentation und in Liebe zu überzeugen versucht (vgl. Joh 8,1–11).

Was wir von den Pharisäern lernen können, ist ihr Bestreben, den Willen Gottes immer wieder neu zu aktualisieren, ihre Wachsamkeit gegenüber fremdartigen Einflüssen auf das alltägliche Leben und ihr dementsprechender Gehorsam gegenüber den Geboten Gottes in *allen* Lebensbereichen; → Gebot.

Ihr besonderes Interesse an Sabbatruhe und Verzehntung hat in unserer Leistungs- und Wohlstandsgesellschaft neu an Aktualität gewonnen: Ruhe von der Arbeit als zeichenhafte Unterbrechung der heute mehr denn je (selbst-)zerstörerischen Herrschaft des Menschen über die gute Schöpfung Gottes (vgl. 2Mo 20,8–11); Abgaben an die Besitzlosen und Benachteiligten, an die, denen ihr »Anteil am Erbgut« Gottes weitgehend vorenthalten ist.

D. Silbersiepe

Plan → Ratschluß/Plan/Vorsehung

Predigen/Verkündigen

I. Wortbedeutung

Der Begriff »Predigen« – aus dem Lateinischen herkommend – bezeichnet in seiner Grundbedeutung das öffentliche, laute Reden. Eine Verengung auf die »kirchenöffentliche« Rede im → Gottesdienst, wie wir sie heute haben, vereinseitigt deshalb. Im NT wird das öffentliche Zeugnis des → Evangeliums mit mehr als 30 griech. Begriffen ausgedrückt.

Die beiden am häufigsten im NT für »verkündigen« gebrauchten Worte stammen aus der Sprache des Kaiserhofes und bezeichnen einmal den Dienst und Auftrag des Herolds: Er ist Stimme seines Herrn und proklamiert dessen Erlasse in seiner Autorität. Noch häufiger aber wird das Wort gebraucht, das wir im deutschen Hauptwort → »Evangelium« als zusammenfassendes Kennzeichen der biblischen Botschaft übernommen haben: Freudenbotschaft verkündigen. Der griech. Bote, der nach der Schlacht von Marathon (490 v.Chr.) mit letzter Kraft die Nachricht vom Sieg über die Perser nach Athen brachte, hatte eine Freudenbotschaft, die Siegesmeldung zu vermelden; er sagte den Athener Bürgern die gute Nachricht vom Sieg.

II. Der Begriff in der Bibel

Die gute Nachricht vom Sieg ansagen – so beschreibt schon das AT den Dienst des Boten Gottes: »Wie lieblich sind auf den Bergen die Füße der Freudenboten, die da Frieden verkündigen, Gutes predigen, → Heil verkünden, die da sagen zu Zion: Dein Gott ist König« (vgl. Jes 40,9; 41,27; 61,1).

Gegenüber den wechselnden Sieges- und Freudenbotschaften der irdischen Herrscher verkündet der atl. Gottesbote, der → Prophet, die Meldung vom Sieg Gottes über die ganze Welt. Gott ist der König → Israels und aller Völker: das wird ausgerufen und öffentlich bekanntgemacht (= gepredigt): Ps 10,16; 24,7; 47,9; Jes 44,6; Jer 10,10; Mi 4,7; Sach 9,9; 14,9.

Der Bote ist nur Herold. Er soll nicht seine Gedanken, seine eigene Meinung, sondern Gottes Wort ohne Zusätze und Auslassungen weitergeben (Jer 1,7–10). Dann aber ist er gedeckt von der Autorität Gottes, seines Herrn. Das Wort, das er von Gott her auszurichten hat, ist aber auch Buß- und Gerichtsruf: Der Herold kündigt das Urteil des Herrschers an. Das ist der schwere Auftrag, an dem die Propheten, z.B. Jeremia, fast zerbrochen sind oder dem sie auszuweichen suchen wie Jona (vgl. Jer 1,4ff; 7,1–15; 12,1–4; 15,10–18; Jon 1,2.3).

So ist auch in der Botschaft Johannes des Täufers – auf der Schwelle zwischen AT und NT – beides enthalten: Gerichts- und Freudenbotschaft (Mt 5,2). Er ist Herold und Freudenbote, dem die Nachricht vom Sieg Gottes in Jesus Christus aufgetragen ist.

65mal steht dieses Wort »herolden« für »verkündigen« und »predigen« im NT. *Das* Ereignis der Heilsgeschichte Gottes wird ausgerufen. In Jesus ist das Gottesreich da (Lk 4,16–21). Das Predigen bezeichnet Jesus als seine eigentliche Aufgabe (Mk 1,38). Dabei kann der Inhalt der Botschaft von seiner Person nicht abgetrennt werden: Jesus kündigt nicht etwas an, sondern in ihm selbst – in seinen Worten und Taten – ist die neue Wirklichkeit da. Er selbst ist das Entscheidende, in ihm vollzieht sich die Machtergreifung Gottes. Er hat die → Vollmacht, → Sünden zu vergeben (Mk 2,1–12), in seinen → Wundern ereignet sich die → Barmherzigkeit Gottes, und durch sein gebietendes Wort stehen Tote auf (Joh 11,43.44).

Er verkündigt und *ist* die Freudenbotschaft, das Evangelium. Seine → Jünger, die → Apostel, werden zu Boten der → Freude, von ihm bevollmächtigt (Lk 9,1–6; Mt 28,18–20; Mk 16,15–20; Röm 10,15). Sie stehen unter der → Verheißung, daß das Wort Gottes »lebendig und kräftig« ist und Menschen zur Umkehr bringt (vgl. Hebr 4,12; 1Petr 1,23–25).

Ihr Wort, das sie als berufene Herolde und Freudenboten verkündigen, ist Zeugnis von der Barmherzigkeit Gottes, die in Jesus → Christus erschienen ist (2Kor 4,5; und 2Kor 5,17–21).

III. Der Begriff heute

1. Jeder Christ ist Verkündiger

Luther bevorzugte in seiner Bibelübersetzung den Begriff »predigen« für das öffentliche Zeugnis von Jesus Christus, das zur Umkehr führen soll. Den verengenden Sinn der gottesdienstlichen Predigt des Pfarrers hatte er dabei nicht im Blick. Vielmehr lehrte er ja das allgemeine Priestertum aller Gläubigen. Gewiß gibt es besonders beauftragte Prediger in der Gemeinde, die das Predigtamt führen, doch ist jeder Christ zum Zeugnis des Evangeliums berufen. »Ich glaube, darum rede ich« (Ps 116,10 und 2Kor 4,13), das ist im AT und im NT die Grundbestimmung des Jüngers. Das Zeugnis, die Verkündigung von der rechtfertigenden Liebe – selbst empfangen – ist die Lebensäußerung, das Atmen, des Nachfolgers. Der Glaube an Jesus Christus ist *das* große Geschenk, gewirkt durch die Predigt (Röm 10,17) und lebendig im Zeugnis, wie der Apostel Petrus vor den jüdischen Frommen, trotz Strafandrohung bei weiterer Verkündigung, sagt: »Wir können's ja nicht lassen, daß wir nicht reden sollten von dem, was wir gesehen und gehört haben« (Apg 4,20).

2. Jesus wird als der Christus verkündigt

»Predigen« und »verkündigen« sind in unserer Sprache weithin kirchlich festgelegte Begriffe geworden. Schon darin wird der andersartige, der einzigartige Inhalt christl. Predigt deutlich: Sie ist Bezeugung der Wirklichkeit, der Erlösung, die uns in Jesus Christus angeboten wird. Die einengende Bedeutung von »predigen« hat dazu geführt, daß das christl. Zeugnis heute u.a. mit den Begriffen: »Zeugnis ablegen«, »evangelisieren«, »missionieren« und »bekennen« in seiner Vielfalt gefaßt wird.

Dabei gleicht der bekennende Christ nicht einem Briefträger, der Nachrichten überbringt, ohne vom Inhalt Notiz zu nehmen; vielmehr ist er Botschafter, der seinen Herrn und sein Reich in dieser Welt mit seinem ganzen Leben im bekennenden Wort und der helfenden Tat vertritt (vgl. 2Kor 5,20). Christen sagen in der heillosen Welt Heil an, das in Tod und → Auferstehung des Jesus von Nazareth angeboten wird. Sie haben es selbst erfahren und ergriffen und bezeugen mit Petrus: »In keinem anderen ist das Heil, ist auch kein anderer Name unter dem Himmel den Menschen gegeben, darin wir sollen selig werden – als allein der Name Jesus Christus« (Apg 4,12).

3. Das Zeugnis in Wort und Tat

Zunächst bezeichnet »Predigen« und »Verkündigen« das Reden, das worthafte Zeugnis. Doch wird schon an der Verkündigung Jesu selber die Einheit von Wort, Tat und Leben deutlich: Seine Verkündigung, seine Wunder und Heilungen bilden eine feste Einheit, doch so, daß das Wunder Hinweiszeichen auf ihn als den Christus Gottes ist und auf das Wort hinführen will. Schon in der Urgemeinde wurde die Einheit von Wort und Tat als das Evangelium verwirklicht. Ausdrücklich gibt Jesus seinen Aposteln, die er zur Verkündigung des Evangeliums beauftragt, auch die Vollmacht, Zeichen und Wunder zu tun, die das verkündigte Wort unterstreichen (vgl. Mt 16,17). Paulus ist nicht nur der große Evangelist und Missionar; er veranstaltet auch eine Geldsammlung für die notleidenden Christen in Jerusalem (vgl. 1Kor 16,1–3). Schon früh werden in der Urgemeinde in Jerusalem Diakone = Armenpfleger eingesetzt, die für das Wohl der Bedürftigen sorgen. Der Glaube an Jesus Christus treibt zur helfenden Tat (vgl.

das Gleichnis vom barmherzigen Samariter Lk 10,25–37). Die Taten der helfenden Liebe sind »Werke des Glaubens«, »Früchte des Guten«; einen Glauben ohne solche Werke nennt Jakobus tot (vgl. Joh 21,7; Gal 5,22).

Die Verkündigung der Gemeinde geschieht in der Einheit von Wort und Tat. Denn ohne das Wort kann die Tat nicht zu einem klaren Zeugnis werden; und anderseits kann unser Verkündigen ohne die Tat der Liebe unglaubwürdig werden. Auch dürfen wir nicht vergessen, daß das helfende, sorgende Bemühen um den Nächsten die neue Wirklichkeit des Reiches Gottes in dieser vergehenden Welt nur zeichenhaft vorabbilden kann. Unser Tun schafft nicht die neue Welt oder ein Paradies auf Erden; vielmehr wartet der Glaubende in selbstlosem Einsatz auf den neuen Himmel und die neue Erde, in welchen → Gerechtigkeit wohnt (2Petr 3,13), die Gott selber bei der → Wiederkunft Jesu Christi schaffen wird. Dennoch gilt bis dahin die Mahnung des Apostels Paulus (Gal 6,9): »Lasset uns aber Gutes tun und nicht müde werden.«

4. Die Verkündigung von → Gericht und → Gnade

Das Evangelium bezeugen, die frohmachende Botschaft vom Sieg Jesu Christi ausrufen in Wort und Tat, das ist das Vorrecht des Christen. Doch kann das nicht einseitig geschehen. Jede Siegesnachricht redet ja auch vom Untergang des Gegners, der besiegt wurde, sonst gäbe es ja keinen Sieg. Jesus Christus hat den → Satan, den Herrn dieser → Welt und damit die Sünde und die Folge der Sünde, den Tod besiegt. Das ist das bibl. Grundbekenntnis. Wir Menschen sind aber von unserer Natur aus Feinde Gottes, dem Satan dienstbar, leben in Sünde und erleiden deshalb den Tod (vgl. Röm 7,14ff; 1Kor 15,56; Röm 3,23). Als solche Diener der Sünde trifft uns das Gericht Gottes. Das aber ist eben das Evangelium: Das Gericht trifft uns nicht unentrinnbar. Jeder, der an Jesus Christus glaubt, der ist dem Gericht entnommen. Seine Strafe liegt auf dem Christus (vgl. Jes 53).

Die christl. Predigt ist deshalb Angebot mit dem dringlichen Ruf, aus der Bindung der Sünde umzukehren zum Herrn des Lebens. Wer in der Sünde bleibt, der geht verloren. So deutlich muß die Predigt das aussprechen. Der Sieg wird dem bußfertigen Sünder zugesagt, nicht unterschiedslos jedem Menschen (vgl. Joh 3,16).

Christliche Verkündigung ist nicht zuerst Wissensvermittlung oder Bewußtseinserweiterung; sie ist Warnruf und Rettungsruf. Christen sind Leute, die – um in einem Bild zu reden – aus dem reißenden Strudel des Untergangs mit einer Rettungsleine gerettet wurden. Ihr Zeugnis tun sie als solche »Angeseilten«, die nun ihrerseits den anderen im Sog des Untergangs Rettungsleinen zuwerfen.

H. Krimmer

Priester/Hoherpriester

I. Wortbedeutung

Als »Priester« bezeichnet man Menschen, die auf Grund von Begabung, Berufung oder Ausbildung in einem besonderen Verhältnis zu Gott stehen. Das Wesentliche an ihrem → Dienst ist eine Mittlerfunktion zwischen Mensch und Gott.

Das Priestertum in → Israel gründet in der Stiftung dieses Amtes am Sinai. Der Hohepriester steht an der Spitze der ganzen Priesterschaft.

Wenn das NT von »den Hohenpriestern« in der Mehrzahl redet, sind damit die Führer der vornehmsten Priesterfamilien und die Inhaber besonderer Ämter (z.B. Tempelhauptmann, Apg 4,1) gemeint. Die genauere Übersetzung wäre »die Obersten der Priester«.

II. Der Begriff in der Bibel

Das Priesteramt in Israel ist auf den kultischen Bereich im engeren Sinne beschränkt, auf den Dienst am Heiligtum (Stiftshütte, örtliche Heiligtümer, Tempel). Es gab daneben immer andere Ämter und Personen, die für das Verhältnis Israels zu Gott wichtig waren: Richter, Könige, → Propheten, Schriftgelehrte. Vor allem aber kam dabei der Familie (bes. dem Familienvater) eine große Bedeutung zu.

1. Aufgaben und Stellung der Priester

a) Ihre herausragende Aufgabe bestand im *Opferdienst* am Altar. Ihre Beteiligung gewährleistete, daß ein → Opfer ordnungsgemäß dargebracht wurde und dadurch Sühne für den Opfernden bewirkte. Hauptsächlich dadurch wurden die Priester zu → Mittlern zwischen Gott und dem Volk (→ Versöhnung/Sühne). Eine weitere Funktion war das Erkennen und Weitergeben des *Willens Gottes* durch die Auslegung des Gesetzes, besonders im Blick auf die Reinheitsvorschriften; → Gebot/Weisung/Gesetz; → Rein/Unrein.

b) Der Hohepriester allein durfte einmal im Jahr am großen Versöhnungstag das Allerheiligste betreten, um dort für sich, die Priester und das Volk Sühne zu schaffen (3Mo 16). Er verwahrte auch die Lose »Urim und Thummim« (Luther: »Licht und Recht«) in der Brusttasche seines Gewandes (2Mo 28,15ff; 1Sam 23,6ff).

c) Die Priester unterlagen besonderen

Reinheitsvorschriften (3Mo 21), wurden geweiht (2Mo 29) und trugen besondere Kleider (2Mo 28). In 24 Abteilungen aufgegliedert, taten sie jeweils zweimal im Jahr eine Woche lang Dienst am → Tempel, dazu noch an den drei großen Wallfahrtsfesten (1Chr 24; Lk 1,5–10).

d) Das rechtmäßige Priestertum ist an Aarons Geschlecht gebunden. Weil er aus dem Stamm Levi kommt, redet man vom »levitischen Priestertum«. *Die Leviten*, die nicht zu Aarons Familie gehörten, taten niederere Dienste am Heiligtum (4Mo 3; 1Chr 23).

e) Priester und Leviten hatten ursprünglich keinen eigenen Landbesitz. Deshalb stand ihnen der »Zehnte« und ein Anteil von den Opfergaben zu (4Mo 18).

2. Geschichtliche Entwicklung des Priestertums in Israel

a) In der *Väterzeit* gab es noch keine Priester. Das spätere Priestertum findet in Melchisedek (1Mo 14) jedoch schon eine Vorabbildung. Ganz Israel soll »ein Königreich von Priestern« sein (2Mo 19,6). Dennoch erwählt sich Gott einen Stamm (Levi) und daraus eine Familie (Aaron) besonders zum Dienst am Heiligtum. Trotzdem gab es noch Priester aus anderen Stämmen (vgl. nur 2Sam 8,18: Davids Söhne).

b) Zur *Zeit des 1.* (des salomonischen) *Tempels* entstand der gegliederte und organisierte Priesterstand. Ein Hoherpriester stand an der Spitze, die Leviten bildeten den »niederen Klerus«. Trotzdem gab es weiterhin andere Heiligtümer mit eigenen Priestern (z.B. Bethel, Am 7,10).

c) Die *babylonische Gefangenschaft* und die Zerstörung des Tempels macht dem geordneten Priesterdienst zunächst ein Ende. Doch gerade in der Fremde bewahren die Priester Gottes Gebote und Weisungen (→ Babylon). Gleichzeitig entsteht unter den Juden in der Zerstreuung (Diaspora) im Synagogengottesdienst eine Gottesdienstform ohne Priester und Opfer.

d) Zur *Zeit des 2. Tempels* gewinnt das Amt des Hohenpriesters an besonderer Bedeutung, da es geistliche und weltliche Oberherrschaft in sich vereinigt.

e) Zunehmende Verweltlichung der Priester und äußerer politischer Druck führen zum Aufstand der *Makkabäer* (= Hasmonäer). Das Hohepriesteramt bleibt für über 100 Jahre in ihrer Familie.

f) In der *Römerzeit* (ab 63 v.Chr.) bestimmen die römischen Statthalter bzw. die herodianischen Herrscher, wer Hoherpriester wird. Das Hohepriesteramt bleibt in einigen wenigen einflußreichen Familien, deren bedeutendste die des Hannas war. Mit der Zerstörung des Tempels (70 n.Chr.) geht auch das Priesteramt zu Ende. Die Rabbinen (Schriftgelehrte) übernehmen die geistliche Leitung des zerstreuten Volkes. Das Festhalten an der Tora (→ Gebot/Weisung/Gesetz) tritt an die Stelle der Opfer.

Vom alten Priestertum ist im heutigen jüdischen Synagogengottesdienst nur ein Ehrendienst bei der Schriftlesung geblieben und das Recht, den Segen zu sprechen.

3. Jesus und die Priester

Daß die Evangelien nichts von Auseinandersetzungen Jesu mit »den Priestern« während seines öffentlichen Wirkens berichten, ist darin begründet, daß er hauptsächlich außerhalb → Jerusalems wirkte. Sobald ihn sein Weg nach Jeruslem führte, stellten sich die einflußreichsten und mächtigsten Gruppen der Priester gegen ihn: die »Sadduzäer« und »die Hohenpriester« (s. I.) (Mt 21,15.45; 22,23; Joh 11,46ff u.ö.).

Beim Prozeß Jesu spielte der Hohepriester eine entscheidende Rolle (besonders deutlich im Bericht des Joh). Er führte den Vorsitz im Hohen Rat. Auf sein Betreiben hin wurde Jesus von Pilatus verurteilt.

4. Die Urchristenheit und die Priester

Auch die ersten Christen in Jerusalem gerieten mit den Priestern in Konflikt, sobald sie Jesus wichtiger nahmen als den Tempel. Die Hohenpriester versuchten durch ihre Macht im Hohen Rat mit allen Mitteln, die Christen zum Schweigen zu bringen (Apg 4; 5,17–41; 9,1; 25,2f u.ö.).

5. Der Hebräerbrief

Im Hebr ist oft von Jesus als einem Priester oder Hohenpriester die Rede. In der Darstellung »Jesus als *der Hohepriester*« ist sein ganzes Heilshandeln zusammengefaßt. In Jesus haben wir einen barmherzigen *Versöhner und* → *Mittler vor Gott.* Durch das Opfer seines → Blutes hat er »eine ewige Erlösung erworben« (9,13). Das levitische Priestertum des AT ist durch ihn überboten und zu Ende gebracht.

6. Die christliche Gemeinde als »priesterliches Volk«

In 1Petr 2,5–9 und Offb 1,6; 5,10 wird die Erwählung zum »priesterlichen Volk« der christlichen Gemeinde zugesagt (freilich ohne daß damit 2Mo 19,6 für → Israel ungültig würde – vgl. dazu Röm 9–11). In Offb 20,6 werden die Mitregenten Christi im → Tausendjährigen Reich »Priester« genannt.

III. Der Begriff heute

1. Das Priestertum in der christlichen Kirche

a) Unter den verschiedenen Ämtern der Urchristenheit findet sich das des Priesters nicht. Jesus allein ist der → Mittler. Sein Opfertod macht weitere → Opfer für die Gemeinde unnötig und unmöglich. Dies änderte sich jedoch, als man das → Herrenmahl als Opfer verstand (schon um 200 n.Chr.). Dazu brauchte man wieder einen Priester. So kam es zur Trennung von »Geistlichen« (Priestern) und »Laien«.

In der *Katholischen Kirche* ist das Priesteramt bis heute fest verankert. Die Weihe verleiht dem Priester eine unverlierbare Qualität, die ihn von den »Laien« unterscheidet und zum Mittlerdienst befähigt.

b) Mit *Luthers* grundsätzlichem Angriff auf die Lehre vom Opfercharakter des Abendmahls ist die totale Ablehnung jeden Priestertums verbunden. Unter Berufung auf 1Kor 12; 1Petr 2,9 und Offb 5,10 erinnert er wieder an das Priestertum aller Gläubigen: »Denn was aus der → Taufe gekrochen ist, das kann sich rühmen, daß es schon zum Priester, Bischof und Papst geweihet sei, obwohl es nicht einem jeglichen ziemt, solch Amt auszuüben« (1520, An den christlichen Adel . . .). Luther hält zwar an »geistlichen Ämtern« fest, aber er begründet sie nicht mit einer besonderen Qualität der Amtsträger, sondern mit der Notwendigkeit der Ordnung in der Gemeinde und der Stiftung der Ämter im NT (→ Dienst/Amt). Das so verstandene geistliche Amt hat keine Mittleraufgaben. Jeder Gläubige steht in einem unmittelbaren Verhältnis zu Gott.

c) In der *Praxis der reformatorischen Kirchen* ist es jedoch nicht zu einer wirklichen Ausbildung des Priestertums aller Gläubigen gekommen. Vor allem der Pietismus hat auf diesen Mangel immer wieder hingewiesen. Als Beispiel sei Ph. J. Spener mit seiner Schrift »Pia desideria« (1675) genannt: ». . . von Luther wurde gezeigt, wie zu den geistlichen Ämtern (nicht zu deren öffentlicher Verwaltung, dazu die Abordnung der in gleichem Recht stehenden Gemeinde gehört) alle Christen berufen sind. Sie sind darum nicht nur befugt, sondern wollen sie wirklich Christen sein, auch verpflichtet, sich dessen anzunehmen.«

2. Das »Priestertum aller Gläubigen«: »Geistliche Ämter« oder »Demokratie in der Kirche«?

a) Das NT kennt zwar keinen priesterlichen Stand in der → Gemeinde, aber es redet von *»Ämtern«* (Röm 12,4–8; 1Kor 12,5.27–30). Es gibt keinen qualitativen Unterschied der Glieder am Leib Christi (Röm 12,5), wohl aber verschiedene Aufgaben (1Kor 12,12–27). Das »Priestertum aller Gläubigen« bedeutet also nicht, daß jeder in der Gemeinde alles tun kann. Das Festhalten daran aber bewahrt vor zwei Gefahren:

(1) vor einer Überschätzung des »geistlichen Amtes«, als ob dadurch ein unmittelbareres Verhältnis zu Gott gegeben wäre; und (2) vor einer Unterschätzung der »Laien«, als ob sie nicht zu geistlichen Beurteilungen fähig und berechtigt wären.

Geistliche Ämter in der Gemeinde und »Priestertum aller Gläubigen« sind notwendige Ergänzungen zueinander. Verzicht auf das Erstere führt in Schwärmerei; Verzicht auf das Letztere zu einem ungeistlichen kirchlichen Apparat und zur Entmündigung der Gemeindeglieder.

b) So wünschenswert eine Neubesinnung über Strukturen und Herrschaftsformen in den prot. Kirchen (Stichwort »Pfarrerkirche«!) auch ist, so deutlich ist zu sehen, daß sich die Kirche nicht von ihren Gliedern her definiert, sondern von ihrem Herrn. Ihm gehört sie. *»Demokratisierung der Kirche«* (Demokratie = griech. »Herrschaft des Volkes«) ist deshalb ein in sich widersprüchlicher Begriff. Es läßt sich auch nicht aus dem Priestertum aller Gläubigen ableiten, denn dort geht es nicht um Herrschaft, sondern um den Dienst aller Gläubigen.

c) Inhaltlich besteht das *Priestertum aller Gläubigen* im Bekanntmachen des Wortes von der durch Christus geschehenen → Versöhnung (2Kor 5,19f). Dies kann und soll auf vielfältige Weise in einem Amt oder durch das persönliche Zeugnis von jedem Gläubigen praktiziert werden. Jeder Gläubige steht in einem unmittelbaren Verhältnis zu seinem Herrn, daher braucht er keinen menschlichen → Mittler, daher aber kann und soll er auch anderen Menschen ein Wegweiser zu Gott sein. Daß Jesus seine Nachfolger »zu Königen und Priestern gemacht« hat (Offb 1,6), wird somit zu einer besonderen Verpflichtung und Aufgabe: 1Petr 2,9: »Ihr seid . . . das königliche Priestertum . . ., daß ihr verkündigen sollt die Wohltaten des, der euch berufen hat.«

→ Dienst/Amt

R. Rückle

Prophet

I. Wortbedeutung

Das hebr. Wort für »Prophet« *(nabi)* bedeutete wohl ursprünglich »der Gerufene«. Ein Prophet ist also nicht einfach ein Weiser, wie der moderne Sprachgebrauch nahelegt, sondern ein von Gott Berufener. Später wurde *nabi* aktiv als »der Rufer«, »Verkünder« verstanden. So war Aaron der Prophet Moses, weil er dessen Worte Pharao weitersagte (2Mo 7,1). Auch das griech. *prophetes* meint zunächst nicht den Vorhersager, sondern den Sprecher anstelle eines anderen.

II. Der Begriff in der Bibel

1. Die ältesten Propheten Israels

Prophetie gab es bereits, bevor sich in → Israel zu Beginn der Königszeit der Begriff »Prophet« einbürgerte (vgl. 1Sam 9,9). Weil Abraham von Gott Verheißungen empfing, wurde er später »Prophet« genannt (1Mo 20,7); auch Mose hieß man einen Propheten (4Mo 34,10; Hos 12,14), da er → Auszug und Landnahme ankündigte. Die Prophetin Debora ermutigte Israels Heer, indem sie Gottes Eingreifen voraussagte (Ri 4f). Sonst war aber in der Richterzeit »das Wort des Herrn selten und ein Gesicht nicht häufig« (1Sam 3,1).

Die ekstatischen Prophetengruppen zur Zeit Sauls und Davids (1Sam 10,1–13; 19,18–21) erinnern in vielem an kanaanäische Propheten, wie es sie z.B. im Baalskult gab (1Kö 18,20–40). Manchmal trafen die Voraussagen eines fremden Sehers wie Bileam (4Mo 22–24) sogar ein. Die israelitischen Prophetengruppen hielten sich an Heiligtümern (1Sam 19,18; 2Kö 2,3) und dann beim → Tempel (2Kö 23,2) auf. Sie blieben vom geistlichen Niedergang der Kultstätten nicht verschont. So standen die Propheten Israels immer im Kampf mit in- und ausländischen Pseudopropheten (falschen Propheten). Den echten Propheten erkannte man daran, daß er keine fremden Götter einführte (5Mo 13,2–6; → Götze/Götzendienst) und im Gegensatz zu den falschen Propheten nicht bloß → Heil verhieß (1Kö 22).

2. Prophet und König

Die wichtigsten Propheten Israels standen allein, hatten höchstens einen kleinen Schülerkreis um sich – und die Mehrheit des Volks meist gegen sich. Es war kein Zufall, daß Samuel als erster markanter Prophet am Beginn der Königszeit lebte. Israels Königtum war nämlich nicht absolut. Vielmehr sollte in einer Art Gewaltenteilung der Herrscher ausführen, was der Prophet sagte (2Sam 2,1). Jeder König hatte neben sich einen Propheten. So blieb gewährleistet, daß Gott der eigentliche König war. Während fromme Herrscher wie David und Hiskia gehorchten, mußten die Propheten bei den anderen ständig Götzendienst, selbstherrliche Politik und Rechtsbrüche anklagen.

Samuel verkündete Saul die Verwerfung, weil er sich priesterliche Vollmacht angemaßt hatte (1Sam 13,7–15). Auch Nathan mußte David wegen dessen mörderischen Ehebruchs entgegentreten (2Sam 12), konnte ihm aber auch die Verheißung verkünden, auf die sich fortan die Messias-Hoffnung gründete (→ Sohn Davids, 2Sam 7). Als Salomo zu Fremdkulten abfiel, sagte Ahia aus Silo die Reichsteilung voraus (1Kö 11). Während der Aramäer-Kriege am Ende des 9. Jh. traten im Nordreich Elia und Elisa auf. Sie widerstanden nicht nur monarchischer Willkür (1Kö 21), sondern halfen auch dem Volk durch machtvolle → Wunder.

3. Prophet und Volk

Erst seit Amos und Hosea in der Mitte des 8. Jh. wurden eigenständige Prophetenbücher zum Zeugnis für kommende Generationen geschrieben, da das Wort der Propheten jetzt dem ganzen Volk galt und ihnen die Gegenwart oft unrecht zu geben schien. Am Anfang standen die Offenbarungserlebnisse (→ Offenbarung) der Propheten, in denen Gott durch Visionen und Auditionen (Hörerlebnisse) mit ihnen redete (→ Erscheinung/Vision). An dieses Offenbarungswort (»So spricht der Herr«) knüpfte der Prophet häufig Erläuterungen. Beides begann man oft schon zu seinen Lebzeiten aufzuschreiben (vgl. Jer 36). Doch wurden manche Prophetenworte noch lange im Schülerkreis weiterüberliefert und ausgedeutet, so daß die meisten Prophetenbücher eine längere Entstehungsgeschichte haben.

Amos und Hosea sagten wegen Götzendienstes und sozialer Mißstände den Untergang des Nordreichs durch die Assyrer an und bekamen 722/1 recht. Auch das Ende des Südreichs schien gekommen, aber Jesaja und Micha erneuerten die Davidsverheißung. Wichtiger als Militärbündnisse war der → Glaube an Gott (Jes 7,9), der → Jerusalem wunderbar bewahrte (2Kö 18f). Ebenso wie Gott souverän Assur zum → Gericht gebrauchte, ließ er den Fall des Weltreichs durch Nahum, Habakuk und Zephanja ankündigen. Jeremia warnte König und Volk vergeblich vor Götzendienst und kurzsichtigen Bündnissen. Er mußte die Zerstörung Jerusalems (586) und die Verbannung nach → Babylon ansagen. Dafür bekam er ein Ausmaß von Verfolgung zu erdulden, das ihn zu einem Vorbild für Jesus machte. Erst als die Katastrophe unabwendbar war, verhieß Jeremia einen »neuen → Bund« (Jer 31).

4. Propheten in und nach dem Exil

Gottes → Verheißung galt den Verbannten (Jer 24), die in der Fremde neu glauben lernen sollten (Hesekiel). Im Schülerkreis des Jesaja (vgl. 8,16) erkannte man im Licht alter Weissagungen den Perserkönig Kyros als Retter aus dem Exil und stärkte die Hoffnung auf den heilbringenden → Knecht Gottes (Jes 40–55). Nach der Erlaubnis zur Rückkehr (538) wurde unter Leitung der Propheten Haggai und Sacharja der Tempel wiederaufgebaut. Bei Maleachi begann dann die Prophetie bereits in die Schriftgelehrsamkeit überzugehen.

5. PROPHETIE IM NEUEN TESTAMENT

Zur Zeit Jesu herrschte der Glaube vor, der → Hl. Geist sei »erloschen« und Prophetie werde es erst wieder in der Endzeit geben (vgl. Apg 19,2). Doch brachen immer wieder messianische Bewegungen auf, vor deren Pseudopropheten Jesus warnte (Mt 7,15; 24,11). Die Reihe der atl. Propheten war für ihn mit dem Täufer abgeschlossen (Mt 11,13). So sehr Jesu Wirken auch prophetische Züge trug, so reichte doch noch nicht einmal der Titel eines »Propheten wie Mose« (5Mo 18,15) für ihn aus (Mt 16,13–20). Am Ende der langen Kette der prophetischen Knechte Gottes (vgl. Am 3,7) steht er als der → Sohn Gottes (Mt 21,33–39).

Mit Jesus kehrte der Hl. Geist (→ Geist Gottes) zurück, und an Pfingsten wurde er auf die → Gemeinde ausgegossen (Apg 2). Dabei erfüllte sich Joel 3,1: »Eure Söhne und Töchter werden weissagen, eure Ältesten Träume haben und eure Jünglinge Gesichte.« Seither spielten christl. Propheten eine wichtige Rolle (Apg 13,1; Eph 2,20). Sie waren allerdings den → Aposteln untergeordnet (1Kor 12,28; 14,37f; Eph 4,11).

III. Der Begriff heute

1. PROPHETIE UND GESCHICHTE

Schon immer wurde bibl. Prophetie so mißverstanden, als enthülle sie einen bis ins Detail von Gott festgelegten Weltlauf. Selbst große Gottesmänner ließen sich zu Zukunftsspekulationen hinreißen. Weil aber Gott mit seiner Heilsgeschichte auf Widerstand und → Gehorsam der Menschen eingeht, müssen alle Berechnungen versagen. Biblische Prophetie gibt keinen Zukunftsfahrplan. Sie will die geschichtswirksamen Mächte aufdecken, zur Umkehr rufen und Gottes große Ziele für die Welt ankündigen.

2. PROPHETIE ALS TIEFENSCHAU

Welche Kräfte letzten Endes die Geschichte gestalten, enthüllt vor allem die Johannes-Offenbarung: Sie deckt auf, welche Züge für die Herrschaft des → Antichristen typisch sind. Alle totalitären Staaten tragen schon etwas Antichristliches. Wenn sich Christen im prophetischen Wort auskennen, können sie vor totalitären Entwicklungen warnen. Offb 5–7 zeigt, daß aber nicht → Satan das letzte Wort über die Geschichte hat, sondern Jesus, der bereits jetzt durch himmlische Kräfte in unsere Welt hineinwirkt.

3. PROPHETIE ALS RUF ZUR UMKEHR

Selbst ein Prophet wie Amos, der nur das endgültige Gericht anzusagen schien, sah noch die Möglichkeit, daß sich Gott »vielleicht erbarmt« (5,15). Jesus lehrte, daß echte Buße Gottes festen Entschluß zum Gericht umstürzen kann (Lk 13,6–8). Schon der Prophet Jona hatte sich über diese Inkonsequenz geärgert (Jon 3f). Für Petrus war das Ausbleiben der → Wiederkunft Jesu keine peinliche Verzögerung, sondern ein Beweis für die Geduld Gottes, »der nicht will, daß jemand verloren geht, sondern alle zur Umkehr gelangen« (2Petr 3,9). Gott hat sich nicht zum Sklaven eines Termins gemacht, sondern wird in gnädiger Freiheit den letzten Tag dieser Welt bestimmen (Mt 24,20–22; Apg 1,7). Deshalb hat uns Jesus jede Art von Rechnen untersagt (Mt 24,36; Lk 17,20) und zur ständigen Bereitschaft aufgefordert (Mt 24,42–25,13).

4. PROPHETIE ALS ZIELANGABE

Es ist so, als ob der Prophet auf einem hohen Berg stünde. Er sieht die hochragenden Gipfel der Endziele Gottes. Wie weit die Zwischentäler sind, weiß er nicht. Menschliche Irrwege und Umwege göttlicher Gnade können die Zeit noch länger ausdehnen. Doch selbst für die Zielangaben gilt das Paulus-Wort vom »stückwerkhaften Prophezeien« (1Kor 13,9). Die Erfüllung ist immer mehr als die Verheißung: Das sehen wir schon daran, wie Jesus atl. Zusagen erfüllte. Wie tröstlich ist bereits das Bild der neuen Welt Gottes (Offb 21f), wie großartig wird erst die Wirklichkeit sein!

5. DIE AUSLEGUNG BIBLISCHER PROPHETIE

Nur umfassende Bibelkenntnis und ausreichendes Geschichtswissen lassen erkennen, was Gott schon alles in Erfüllung gehen ließ. Mit großer Vorsicht ist dann zu klären, was noch aussteht, welche Voraussagen sich auf diesen Geschichtslauf beziehen könnten und welche auf das → Tausendjährige Reich oder die neue Welt Gottes. Austausch mit anderen vermag uns vor zu selbstbewußten Auslegungen zu bewahren. Auch wenn manches für uns dunkel bleiben wird, so erweist sich das »prophetische Wort« doch immer wieder als »Leuchte, die am finstern Ort scheint, bis der Tag anbricht und der Morgenstern (d.h. Christus) aufgeht« (2Petr 1,19).

6. PROPHETISCHE EINGEBUNGEN HEUTE

Unter Berufung auf 1Kor 13,8–10 wird mancherorts die Auffassung vertreten, seit dem Abschluß des NT gebe es keine Prophetie mehr. Die Verse vom »Aufhören der Prophetie« beziehen sich aber auf die → Wiederkunft

Jesu, und tatsächlich hat Gott diese wichtige Gabe (1Kor 14,1–6) seiner → Kirche immer wieder geschenkt. Auch heute will er sie nicht vorenthalten, damit geschichtliche und persönliche Situationen richtig eingeschätzt (Apg 11,27f; 21,10f) und Verfehlungen in der Gemeinde aufgedeckt werden können (1Kor 14,24f). Prüfungsmaßstäbe sind neben der biblischen Lehre (1Jo 4,1–3 vgl. Röm 12,8) auch Lebensweisheit (1Kor 12,8) sowie die persönliche Glaubwürdigkeit des Propheten (Röm 12,7). Vollmächtige Verkündigung des → Evangeliums wird auch immer ein Stück Prophetie enthalten. R. Riesner

Prüfen/Sich bewähren

I. Wortbedeutung

Das griech. Wort für »Prüfen« *(dokimazein)* stammt aus dem Münzwesen. Es bedeutet: durch einen Schmelzprozeß (bei dem ein Kernstück der Münze in Mitleidenschaft gezogen wird) die Echtheit einer Münze feststellen. So geht es beim Prüfen darum, die Echtheit des Glaubens festzustellen. Ähnlich hängt das dt. Wort »sich bewähren« mit »wahr, echt« zusammen. Durch Notlagen wird unser Glaube in Frage gestellt. Dann muß sich zeigen, was an uns wirklich wahr und echt ist. Was dann im Glauben besteht, ist »bewährt« (als wahr erwiesen).

II. Der Begriff in der Bibel

1. So wie das Tun des Münzprüfers wird in der Bibel das *Tun Gottes* gegenüber dem Menschen gesehen: »Ich will sie schmelzen und prüfen; denn was soll ich sonst tun, wenn ich mein Volk ansehe?« (Jer 9,6). Daß mit solchem Prüfen durchaus eine positive Absicht verbunden ist, zeigt Sach 13,9: »Ich will den dritten Teil durchs Feuer gehen lassen und läutern, wie man Silber läutert, und ihn prüfen, wie man Gold prüft. Die werden dann meinen Namen anrufen, und ich will sie erhören.«

2. Es geht beim Prüfen darum, daß beim Menschen nicht nur das gesehen wird, was an der Oberfläche und jedem anderen sichtbar ist. Vielmehr soll deutlich gemacht werden, *was unser Innerstes ausmacht.* Das zeigen die Formulierungen »so prüft der Herr die Herzen« (Spr 17,3; Jer 12,3; 1Thes 2,4), »du prüfst Herzen und Nieren« (Ps 17,10; Jer 11,20). Wie ein Prüfer sieht Gott bis in die Tiefen unseres Wesens. Im NT ist im gleichen Sinn vom »Herzenskenner« (Apg 1,24; 15,8) und »Herzenserforscher« (Offb 2,23) die Rede (→ Herz).

3. Als *Mittel der Prüfung Gottes* dient vielfach das Leid, die Not, aber auch der angestrengte missionarische Dienst. Bei solcher Betrachtung des Leids wird alle Not dann auch nicht mehr als Feind der Freude angesehen: »bei vieler Bewährung in Trübsal war ihre → Freude überschwenglich« (2Kor 8,2; → Leiden/Dulden). Der Sinn von Leid und → Anfechtung ist eben die Bewährung (Jak 1,12; 1Petr 1,6f).

4. Der Glaubende, dem es um die Echtheit seines Glaubens geht, kann von daher seinerseits Gott bitten: »Erforsche mich, Herr, und erkenne mein Herz; prüfe mich und erfahre, wie ich's meine« (Ps 139,23; 26,2). Der Glaubende möchte ja gern, daß das entdeckt und verändert wird, was noch nicht Gottes Willen entspricht. Darum fordert Paulus auch die Christen zur Selbstprüfung auf (2Kor 13,5; Gal 6,4).

5. Die *Aufgabe der Prüfung* gilt auch der Umwelt gegenüber. In ihr ist Wahres und Falsches, Göttliches und Teuflisches gemischt. Es gilt zu prüfen, was dem Willen Gottes entspricht (Röm 12,2; Eph 5,10; 1Jo 4,1).

III. Der Begriff heute

Es geht im Christenleben nicht nur um eine einmalige Bekehrung, sondern um eine dauernde Bewährung. Diese vollzieht sich in mancherlei Prüfungen.

1. Prüfungen, die Gott den Christen auferlegt

Der japanische Christ Kagawa (gest. 1960) brachte in einer Predigt folgendes Beispiel: »Hört auf das Dröhnen der Hämmer, die in der nahen Stahlfabrik das Eisen ausschlagen. Erst wird das Metall zur roten Glut erhitzt, dann in kaltes Wasser getaucht und dann gehämmert, gehämmert und wieder gehämmert. Schließlich wird es zu Stahl. Wäre es aber nicht durch diesen Prozeß hindurchgegangen, so wäre es nie etwas anderes als Eisen gewesen. So hämmert Gott auch unsere Seelen, bis sie fein, biegsam und widerstandsfähig wie Stahl werden.«

Gott will also mit seinen Prüfungen nicht einfach feststellen, wie es mit unserem → Glauben bestellt ist. Als ob er das nicht wüßte! Vielmehr wird unser Glaube durch Gottes Prüfungen zu noch größerem Vertrauen zu unserem → Vater im Himmel herausgefordert. Wie die Leistung eines Sportlers durch hartes Training wächst, so wächst der Glaube durch harte Prüfungen. Er bewährt sich darin, daß er auch in den größten Schwierigkeiten Gott seine Liebe zu uns glaubt, die er am Kreuz bewiesen hat. Doch nur im Blick aufs Kreuz Jesu kann der Glaube in allem Leid wachsen.

2. Prüfungen, durch die Aufgaben nach Gottes Willen für unser Leben erkennbar werden

Es ist Gottes Wille, daß ein Christ zunehmend mehr gemeindliche, besonders auch missionarische Aufgaben übernimmt. Viele sagen einfach: »Das kann ich nicht«, ohne sich ernsthaft durch Ausprobieren zu prüfen. Sie sind nicht »bewährt«, weil sie den Bewährungsmöglichkeiten immerzu ängstlich ausweichen. Kein Forscher kann vorher sagen, welche chemische Zusammensetzung sich bewähren wird, wenn er nicht bereit ist zur Prüfung. So sollen auch Christen bereit sein, ihre Gaben und Fähigkeiten im → Dienst für Jesus zu prüfen. Da wird sich zeigen, auf welchen Gebieten wir uns bewähren und zu noch größerem Einsatz berufen sind.

3. »Prüfet die Geister!« (1Jo 4,1 vgl. Mt 24,23f)

So lautet Gottes Auftrag an die Christen. In dieser Welt treibt auch der Teufel sein Spiel. Das Schlimme dabei ist: er tut es immer wieder auch unter christlicher Flagge (2Kor 11,14). Manches wird auch heute als »christlich« angeboten, was gar nicht dem Willen Christi entspricht. Darum gilt es zu prüfen. Der Maßstab dabei ist die Bibel. An ihr hat Luther die Gemeinde seiner Zeit geprüft, an ihr haben wir heute unsere Gemeinden und Verkündiger zu überprüfen.

4. Prüfet, was Gottes Wille ist!« (Röm 12,2)

In den vielen ethischen Fragen des Lebens (Wehrdienst, Abtreibung, voreheliche Gemeinschaft usw.) gibt es immer wieder bestimmte gesellschaftliche Trends in eine »bequeme« Richtung. Auch wenn bei manchen Fragen die Bibel keine direkte Anweisung gibt, so hat der Christ zu prüfen, was wohl Gottes Wille in dieser Sache ist. Hilfsmittel zur Prüfung: Hinweise der biblischen Aussagen, das ehrliche Gebet, der Ratschlag der Gläubigen.

J. Blunck

R

Rache

I. Wortbedeutung

»Rache« bezeichnet das Bestreben, sich selber außergerichtlich Recht zu verschaffen, aber auch die aus diesem Bestreben heraus geschehenden Taten, die sog. Racheakte. Wer Rache übt, übt Privatbestrafung und reißt Vollmachten irdischer und göttlicher Justiz an sich.

II. Der Begriff in der Bibel

1. Menschliche Rache bis hin zur Blutrache ist dem AT wohlbekannt. Das zeigen schon die ausführlichen Anordnungen über Freistädte, die einem Totschläger bis zur Gerichtsverhandlung Schutz vor dem Bluträcher gewähren sollen (4Mo 35,6ff; 5Mo 19,1ff). In ihnen wird aber auch ein entschlossenes Bestreben sichtbar, private Rache einzudämmen und durch das Handeln der ordentlichen Gerichtsbarkeit zu ersetzen. Ein Rechtsgrundsatz wie das bekannte »Auge um Auge, Zahn um Zahn ...« (2Mo 21,23ff; 3Mo 24,20) gebietet nicht Rache, sondern schränkt sie vielmehr ein: er stellt eine Verhältnismäßigkeit her zwischen Vergehen und Vergeltung. Ungezügelter Rachedurst wie der des Kainsnachkommen Lamech (1Mo 4,23f) wird durch das Gotteswort in die Schranken gewiesen. »Die Rache ist mein, ich will vergelten« (5Mo 32,35; Röm 12,19). Jesus setzt gegen die schrankenlose Rache die schrankenlose → Vergebung. Dem Petrus, der ihn fragt, ob siebenmaliges Vergeben denn nicht reiche, antwortet er: »Ich sage dir, nicht siebenmal, sondern siebenzigmal siebenmal« (Mt 18,21f; vgl. Lk 9,51ff).

2. Gott beansprucht für sich allein das Recht, Rache auszuüben (5Mo 32,35; Ps 94,1; Nah 1,2; 1Thes 4,6; Röm 12,19). Sie ist somit etwas Heiliges; wer Gott vorgreifen will, versündigt sich schwer (1Sam 24,10ff). Wohl aber kann ein Mensch mit der Vollstreckung der Rache Gottes beauftragt werden (5Mo 25,17ff; 1Sam 15,1ff; 2Mo 32,25ff; 4Mo 25; Apg 5,1–11). Menschen rufen Gott an mit der Bitte um Rache und stellen damit die Furcht Gottes über das eigene Gerechtigkeitsverlangen (Ps 7; 43,1; 143,11f; Offb 6,9f). – Sofern die Bibel also von Gottes Rache spricht, steht die Gewißheit seiner → Gerechtigkeit und → Treue immer im Hintergrund! Er eifert für sein Volk; er setzt das Recht dessen durch, der sich selber nicht zum Recht verhelfen kann oder will.

III. Der Begriff heute

»Rache ist süß«. Das menschliche Urbedürfnis nach Rache wurzelt zumindest teilweise in dem Antrieb, sich selbst zu behaupten und durchzusetzen. Dazu kann auch gehören, daß ich mir »mein Recht« selbst verschaffe – spontan oder listig planend, gewaltsam oder leise bohrend. Sehr schnell wird dann die Willkür des einzelnen Gesetz (»Sein Gesetzbuch war der Colt ...«) und Gemeinschaft zerstört. An der Erörterung der biblischen Wertung der Rache zeigte sich, wie ernst diese Gefahr zu nehmen ist. Rache im zwischenmenschlichen Bereich ist unverantwortliches Handeln und bei uns schon lange durch das Wirken der ordentlichen Gerichtsbarkeit ersetzt. In unserer Zeit ist auch sehr klar erkannt und vom Gesetzgeber übernommen worden, daß das Strafrecht sich nicht am Rachegedanken orientieren darf.

Persönlich auf Rache verzichten, ist aber oft schwer. Zu tief sitzt die Angst, daß der als Feigling oder Schwächling dastehen könnte, der nicht zurückschlägt. Groß ist die Sorge, ich könnte dann sogar als Schuldiger angesehen und um »meinen Rechtsanspruch« gebracht werden. Der → Glaube kann einen Menschen aber dahin bringen, daß er bekennt: *»Du* führst, Herr, meine Sache und erlöst mein Leben« (Kla 3,58). Wenn Gott die Rache für sich reserviert, dürfen wir daraus nicht einen rachedürstenden Gott machen. Wir sollen darauf vertrauen, daß Gott sich zum Anwalt derer macht, die im Vertrauen auf ihn Rache ablehnen. Es ist die Gewißheit seiner väterlichen → Fürsorge und → Treue, die allein meine Angst, zu kurz zu kommen, überwindet und in Feindesliebe umwandelt (Jak 5,7; Mt 5,38–48). Wer einem Christen Unrecht tut, greift damit Gott selber an; also: »Betet für die, die euch verfolgen!« (Mt 5,44; vgl. Lk 23,34). Der Teufelskreis von Rache und Vergeltung findet sein Ende an der Feindesliebe, die in der → Nachfolge des Gekreuzigten erbeten und geübt wird von Kindern des treuen → Vaters im → Himmel, die selber ja nur aus → Gnade und → Vergebung leben.

Daß dies nicht nur Theorie ist, sondern mitten in unserer Welt Wirklichkeit werden kann, zeigt folgendes Beispiel: Der z.Z. der

Schreckensherrschaft von Idi Amin wegen akuter Bedrohung seines Lebens ins Exil geflohene ugandische Bischof Festo Kivengere sagte bei einem Besuch in Deutschland: »Christus hat nach Afrika, in dieses Land der Blutrache und der Stammesfehden, die Macht seiner Vergebung gebracht. Ich liebe Idi Amin.«

G. Brockhaus

Ratschluß/Plan/Vorsehung

I. Wortbedeutung

Hinter dem Begriff »Vorsehung« steht im NT eine ganze Gruppe griech. Wörter. Die Gruppe umfaßt Bedeutungen wie »vorherwissen«, »vorher bestimmen«, »vorhersehen«, »sich vornehmen«, »Vorsorge tragen« o.ä. Bereits dieser Wortgebrauch (im AT ohne Entsprechung) zeigt an, daß der deutsche Begriff »Vorsehung« im strengen Sinn den bibl. Inhalten *nicht* entspricht.

»Plan, Ratschluß« sind, von Gott gesagt, ebenfalls Wörter, die keine eindeutige Entsprechung im AT oder NT haben, die aber zur Beschreibung bibl. Sachverhalte nützlich und üblich sind.

Im Deutschen ist das Wort »Vorsehung« von »etwas vorsehen« abgeleitet und bezeichnet eine Geborgenheit des Menschen in der Schöpfung, die aber in der Neuzeit unwiderruflich verlorenging. Daher nimmt der Begriff wieder den ursprünglichen heidnischen Sinn einer schicksalhaften Gesetzmäßigkeit an.

II. Der Begriff in der Bibel

1. Wenn die Wortgruppe in einem theologischen und nicht im »normalen« Wortsinn gebraucht wird, dient sie fast ausschließlich dazu zu verdeutlichen, daß das Gekommensein des → Christus Jesus und die daraus sich ergebende → Erwählung von Juden und → Heiden zur → Kirche Jesu Christi nicht eine Zufälligkeit darstellt, sondern auf einem vor aller Zeit gefaßten Vorsatz Gottes beruht. Es geht also nicht um die göttliche Fernsteuerung jedes einzelnen Menschen in allen Lebensbereichen (so wird oft »Prädestination« mißverstanden). Bei Gottes Vorsatz geht es immer um den großen Zusammenhang der weltenwendenden Entscheidung, sich und seinem Sohn Jesus Christus ein Volk zu schaffen. In diesem Zusammenhang spielen auch Einzelschicksale (vgl. Röm 9,11) eine entscheidende Rolle, werden einzelne Menschen für dies Volk bestimmt. Aber es geht um die Einfügung in Gottes Volk – nicht darum, ob einer bewahrt wird und der andere verunglückt, der eine im Sozialstaat Deutschland und der andere in den Slums von Nairobi geboren wird.

2. In Röm 8,28ff sagt Paulus, daß es auf einem lange gefaßten Vorsatz Gottes beruht, wenn die Erwählten und Berufenen dem Bilde Christi gleichgestaltet werden. »Wir«, die Vorherbestimmten, sind ebenfalls nicht als Individuen, sondern als Repräsentanten der von → Ewigkeit her geplanten neuen → Schöpfung angesprochen. Dieser Gedanke hat zu dem gewaltigen Hymnus am Anfang des Epheserbriefs geführt, der den herrlichen Vorsatz Gottes, die → Kirche aus Juden und Heiden unter Niederreißen des Zaunes zwischen ihnen zu gründen, in vielen Spiegelungen aufleuchten läßt. In diesem Rahmen ist wohl auch Apg 4,27f zu lesen, wonach Herodes, Pilatus und die Heiden Jesus nur das haben antun können, was Gott vorherbestimmt hatte.

3. Gal 3,8 und Apg 2,31 sprechen von einem Vorherwissen der → Hl. Schrift. Paulus führt in Gal 3,8 aus, daß die Schrift in 1Mo 12,3 die → Rechtfertigung der Heiden durch Gott vorausgesehen habe. Ähnlich wird aus Ps 16,10 in Apg 2,31 entnommen, daß David die → Auferstehung Jesu vorausgesehen habe.

4. Zusammenfassend darf man sagen, daß die Wortgruppe im NT hin und wieder zur Kennzeichnung eines ganz bestimmten Planes Gottes, nämlich des Planes zur Durchsetzung der erlösenden → Gerechtigkeit an aller Welt, herangezogen wird, nicht dagegen zur Bezeichnung der Steuerung alles Geschehens, sei es des bösen oder des guten.

5. Es wird dann nicht überraschen, daß es auch im AT vereinzelt Äußerungen über Beschlüsse Gottes gibt, die stets ganz bestimmte geschichtliche Wirkungen meinen. So verspotten z.B. die Jerusalemer den ihnen von Jesaja verkündigten Ratschluß Gottes, Juda und → Jerusalem durch die Assyrer zu vernichten (Jes 5,19).

Jer 49,20 erwähnt einen Beschluß Gottes über das beim Untergang Jerusalems so hämische Edom. Nur in Fällen, in denen nach Gottes eigenem Willen sein Ratschluß bekannt sein soll, weil er den Erwartungen völlig widerspricht, wird ausnahmsweise ein Beschluß zugänglich gemacht. Im allgemeinen steht er jedoch den Menschen nicht zur Verfügung (Hi 38,2; 42,3, Ausnahme: die → Propheten im Am 3,7).

6. Vor diesem Hintergrund wird um so deutlicher, inwiefern das NT den Vorsatz Gottes zur → Erwählung seiner Gemeinde in Christus betont. Denn auch dieser Vorsatz widerspricht allen Erwartungen (1Kor 2,7), die auf einen Sieg des Guten, auf einen überlegenen

Messias, auf Beseitigung des Furchtbaren in der Welt hinauslaufen. Stattdessen kommt das Zeichen des Jona: die Bekehrung des → Bösen ist mehr als seine Beseitigung (Jona 3,10), die → Erlösung der Sünder mehr als die Sintflut (1Mo 7), die Berufung des Christenverfolgers Saulus mehr als seine Verurteilung (Apg 9). In diesem Sinne ist die Kirche, die → Gemeinde Jesu Christi, das Wunder der neuen Schöpfung, das Gott seit → Ewigkeit geplant hat (vgl. Mi 4,12).

III. Die Begriffe heute

1. »VORSEHUNG« – EIN BIBELFREMDES WORT

»Vorsehung« ist eine dem bibl. Gottesverständnis fremdartige Vokabel. Sie gehört eng mit dem Begriff »Schicksal« zusammen, wenn dieser so verstanden wird, daß es unabänderlich verläuft. Oft diente der Begriff jedoch, wenn er die Tönung »Vorsorge« hatte, dazu, den Weltlauf im ganzen als völlig harmonisch (»versorgt«) zu betrachten. Vor allem die neueste Geschichte, in der der Gedanke der Vorsehung geeignet erschien, das Verstehen Gottes philosophisch-wissenschaftlich zu begründen, nötigt zu einer völligen Revision des Gebrauchs. Denn bezeichnend dürfte sein, daß sich A. Hitler (bewußt heidnisch) gern als von der Vorsehung ermächtigt, den nach »Gottes ew'gem Rat« Geborenen aber als »Judenbengel« bezeichnete.

2. »MEINE GEDANKEN SIND NICHT EURE GEDANKEN!«

Anders als mit dem Begriff »Vorsehung« steht es mit den Worten »Ratschluß, Vorsatz«. Freilich läßt sich nicht übersehen, daß es sich auch dann um gewagte Randaussagen handelt, die man eben noch machen kann. Nach der Bibel aber wäre es absurd, daß Menschen Gottes Gedanken nachvollziehen könnten. »Meine Gedanken sind nicht eure Gedanken, eure Wege sind nicht meine Wege« (Jes 55,8); das ist zwar in eine konkrete Situation gesagt, nämlich in die der Verzweiflung im babylonischen Exil (→ Babylon), aber es kann viel allgemeiner gelten. Dieses Wort hat nicht den Sinn, daß man Gottes Wege nie und nimmer begreifen könne; dann gäbe es ja keine Gotteserkenntnis und keinen Glauben (→ Gott; → Offenbarung). Dies Wort besagt vielmehr, daß Gott nie berechenbar, kalkulierbar und theoretisierbar ist, es sei im Sinne des eigenen Vorteils oder Nachteils.

3. GIBT ES EINEN »HEILSPLAN«?

Die → Freiheit Gottes muß auch beachtet werden, wenn man von »Heilsgeschichte« oder gar vom »Heilsplan« spricht. Wenn damit gemeint ist, daß es nach der Bibel eine Geschichte Gottes mit seinen Menschen gibt, die als Ziel das → Heil dieser Menschen hat, weil Gott seinen Sohn gesandt und eine Kirche aus Juden und Heiden vorgesehen hat, so ist das in Ordnung. Aber die Geschichte zwischen Gott und Menschen spielt sich nicht mechanisch ab wie ein Uhrwerk, ein Marionettentheater oder ein Fahrplan der Bahn. Gott reagiert in Freiheit auf die Menschen, und sie reagieren auf Gott (vgl. das Jonabuch; → Reue Gottes).

4. DIE BIBLISCHE REDE VON GOTTES RATSCHLUSS IST EINE SEELSORGERLICHE HILFESTELLUNG

Die altisraelitische → Weisheit, die in den Büchern Hiob, Prediger und Sprüche, aber auch in einigen Psalmen vertreten ist, ist der Überzeugung, daß Gott das Ende eines menschlichen Weges voraussieht, der → Mensch aber nicht (Spr 16,9). Dieses Bekenntnis soll freilich nicht zu Spekulationen oder gar zu Bemühungen um übersinnliche Wahrnehmung führen, sondern ein → Lobpreis dessen sein, der das → Leben des Glaubenden zu ordnen vermag und ihn ans Ziel bringt.

Dies gilt auch für die sogenannten apokalyptischen Schriften, vor allem vom Buche Daniel, wo ein starkes auf die Weltgeschichte bezogenes Plandenken vorherrscht (Dan 9,20ff). In großen → Zweifeln und in einer notvollen Gegenwart wird Daniel das Ende der Notzeit zu errechnen erlaubt (vgl. auch Dan 12,11f). Diese Stellen sind atl. Zeugnisse für die → Treue Gottes, der in allem Chaos der Weltgeschichte die Zügel nicht losläßt.

5. GOTTES ENTSCHEIDENDER PLAN: DAS → HERZ DER SÜNDER GEWINNEN!

Es ist also sachgemäß in bestimmter, begrenzter Weise von Gottes Ratschluß, Vorsatz oder Plan zu reden. Vor allem ist der Vorsatz Gottes zu bezeugen, wider aller Erwartung das → Herz der Sünder gewinnen zu wollen und nicht den berechtigten → Zorn an ihnen auszulassen, also das Risiko einzugehen, das im → Kreuz seinen schärfsten Ausdruck fand, das aber ebenso zum Zeichen der alles überwindenden Liebe Gottes geworden ist.

→ Geheimnis/Ratschluß H. Seebaß

Recht → Gerechtigkeit/Recht

Rechtfertigung

I. Wortbedeutung

Das Wort »recht« meint ursprünglich »gerade«, »richtig«. Wir merken das noch, wenn wir »lotrecht«, »waagerecht« sagen oder

»rechter Winkel«. Dabei geht es um die »rechte« Beziehung: »recht« ist also zuerst ein *Verhältnis-*, ein *Gemeinschaftsbegriff:* Steht die Wand senkrecht, dann ist das Verhältnis zwischen ihr und dem Fundament »recht«, richtig und gut. Wenn die Beziehung zwischen Menschen »recht« sein soll, dann muß »Recht« herrschen. Notfalls muß der »Richter« (wörtlich: einer, der *gerade* richtet) her. So wird der Gemeinschaftsbegriff auch ein Rechtsbegriff, ein *juristisches* Wort.

Das Wort »rechtfertigen« (das Recht herstellen) benutzen wir *heute* im Alltag so: Der Angeklagte konnte sich »rechtfertigen«, d.h. seine *Unschuld* nachweisen. Erstaunlich ist, daß zu Luthers Zeit gerade das Gegenteil gemeint war: Es ging um den – vor Gott und Menschen – *Schuldigen,* den Verbrecher! »Rechtfertigen« bedeutete keinesfalls »begnadigen«, sondern eben verurteilen, ja »hin-richten«. Zu den Unkosten einer »Rechtfertigung« gehörte z.B. die Gebühr, die der Henker bekam.

Warum hat Luther ausgerechnet dies Wort benutzt, um zu sagen, daß Gott uns durch Jesus *rettet*? Er wollte betonen: dieser Freispruch ist niemals selbstverständlich, ist stets ein Wunder! Verdient hätten wir den Tod, das wäre »unser gutes Recht«. So blitzt in dem Wort »Rechtfertigung« das Schwert des Richters. Für uns ist Gottes Gnade kostenlos; aber für Gott war sie sehr teuer: »Er ließ's sein Bestes kosten«! »Rechtfertigung« unterstreicht: Es gibt keine »billige« → Gnade.

II. Der Begriff in der Bibel

1. RECHTFERTIGUNG – DAS EINE, DAS ALLES ENTSCHEIDET

a) *»Gott macht die Gottlosen gerecht«* (Röm 4,5). Gott verbindet sich mit denen, die unmöglich zu ihm passen. Gott ist pro, wo wir ganz contra sind (vgl. Röm 5,10). Dieses Wunder der Rechtfertigung hat *Paulus* zum Apostel und ca. 1500 Jahre später Martin *Luther* zum Reformator gemacht. Die Front bei beiden war der »fromme« Mensch (der Pharisäer oder dann der »Werkheilige«), der sich selbst vor Gott »recht« machen, seine »eigene Gerechtigkeit« (Röm 10,3) aufbauen und mit seinen Verdiensten Gott imponieren wollte.

b) Zwei Grundwahrheiten hat Paulus erkannt und Luther wiederentdeckt. Negativer Grund-satz: Alle Menschen – unterschiedslos! – sind vor dem Urteil des göttlichen Richters ewig verloren (Röm 3,23; 3,12; 1,18). Positiver Grund-satz: Alle Menschen dürfen leben von der Gerechtigkeit Gottes (Röm 3,24; 5,18). Dieses wohlverdiente *Todesurteil* und dazu der ganz überraschende *Freispruch* bilden miteinander den Kern der Rechtfertigung. Und die Rechtfertigung ist das Herz des Christenglaubens. Die Gemeinde steht und fällt damit!

2. DAS ENTSCHEIDENDE STICHWORT: GERECHTIGKEIT GOTTES

a) *Luthers Entdeckung:* Luther berichtet: Das Wort »Gerechtigkeit Gottes« (Röm 1,17) habe ich gehaßt. → Gerechtigkeit muß doch heißen: Gott teilt jedem das Seine zu, gibt als unbestechlicher Richter jedem, was er verdient: Lohn = ewiges Leben dem Gerechten (das bin ich nicht; niemand ist es!); und Strafe = Verdammnis dem Sünder (das bin ich, und alle sind es mit mir). Nun heißt es in Röm 1,17: diese Gerechtigkeit wird im Evangelium (!) offenbart. O weh, jetzt ist alles verloren: Daß mich Gotts heiliges Gesetz verdammt, das weiß ich; aber nun hat auch das Evangelium nur Gerechtigkeit (mir also den Tod!) zu bringen. Und dabei soll das Evangelium Freudenbotschaft sein!?

Da entdeckte Luther: »Gottes Gerechtigkeit« bedeutet in der Bibel nicht die fordernde, urteilende, strafende Haltung des Richters. Das Wort hat einen ganz anderen Sinn: Gottes Gerechtigkeit ist sein Geschenk an mich. Er gibt mir, was ich so nötig brauche, hüllt mich hinein wie in einen Mantel. Meine Rechtfertigung muß ich nicht selbst erarbeiten. Ich bekomme sie gratis (= aus Gnaden). So bin ich für Gott »richtig«. – Nun übersetzt Luther: *»die Gerechtigkeit, die vor Gott gilt«* (Röm 1,17; 3,25; 10,3; 2Kor 5,21): Gott schenkt uns die Eintrittskarte zum ewigen Leben, und zwar als Freikarte. Wir brauchen sie nur zu nehmen und vorzuzeigen. Sie gilt!

b) Heute haben die Schriftausleger bemerkt, daß das Wort »Gerechtigkeit Gottes« noch voller klingt. Es steckt ein Dreiklang drin: *Gottes Macht – Tat – Gabe.* Im AT bedeutet es so viel wie Güte, Heil, Hilfe (Ps 36,6–11/Jes 51,5; 63,1). Es ist die *Treue,* mit der Gott zu seinem Bund und zu seinen Verheißungen steht. Diese Treue Gottes ist eine *Macht,* die sich aktiv und siegreich gegen alle Feindschaft und Rebellion durchsetzt, die Sünde, Tod und Teufel überwindet. Dabei schreitet die Macht Gottes zur *Tat*: Diese »süße Wundertat« beschreibt Paulus Röm 3,25.26: Er erinnert an die Bundeslade, die im Allerheiligsten stand (2Mo 25,10–22). Darin lagen die Tafeln mit den Gesetzen, die alle Schuldigen verurteilen. Aber darüber gelegt war der »Sühnedeckel« (»Gnadenstuhl«): → Gesetz und → Sünde waren da zugedeckt. Beim großen Versöhnungstag hatte der Hohepriester Tiere zu opfern. Ihr Blut wurde auf den Sühnedeckel gespritzt: Gott nahm das

Leben der Tiere für das Leben der Menschen, schaffte → Versöhnung. Genau dies, sagt Paulus, hat Gott mit dem Sterben seines Sohnes nun einmalig und endgültig für die ganze Menschheit getan. Jesus ist das »Lamm Gottes« und ist der »Sühnedeckel«, der unsere Schuld zuschließt. So hat Gott seine »Gerechtigkeit« (= Heil, Leben, Friede mit Gott; vgl. Röm 5,1) aufgerichtet, so die Rechtfertigung vollzogen, den »rechten«, heilen Zustand, die Gemeinschaft mit Gott hergestellt. Gottes Liebe (Röm 5,5.8) bietet uns einen »fröhlichen Tausch« (2Kor 5,21): Jesus nimmt meine Schuld und meinen Tod und gibt mir dafür seine Gerechtigkeit. Das ist seine *Gabe.* So erobert Gott seine Schöpfung zurück, reißt sie dem Bösen weg, schließt neu den → Bund mit uns.

3. Die entscheidende Front: Entweder – Oder!

Die Aussagen der Rechtfertigungslehre sind Kampfrufe. Tod oder Leben – das ist hier die Frage:

a) *Gesetz oder Evangelium!* Das Gesetz fordert: Tu das, leiste das, – dann hast du das Leben! Weil wir aber versagen, schuldig werden, trifft uns das Todesurteil. Das Gesetz bricht uns den Hals. – Das Evangelium (Röm 1,17) sagt: Ich tat alles für dich, schenke dir das Leben. So stehen sich beide gegenüber: Das Gesetz verlangt, verurteilt, richtet hin – das Evangelium gibt, begnadigt, richtet auf. Weil Jesus den »Fluch des Gesetzes« (Gal 3,13) für uns erlitt, gehört uns nun der Segen des Evangeliums. In ihm wird »die Gottesgerechtigkeit offenbar« (Röm 1,17).

b) *Gesetzeswerke oder Glaube!* Gesetz (Forderung) und Werk (Leistung) gehören zusammen, und zwar die kompromißlose »Sollerfüllung« (Gal 5,3; Röm 3,20.28; Gal 2,16; 3,10). Zum Evangelium, mit dem sich Gott selbst schenkt, gehört der Glaube, die ausgestreckte leere Hand. »Glaubst du, so hast du!« (Luther). Darum: »So behaupten wir nun: Gerecht wird der Mensch ohne Gesetzeswerke – allein durch den Glauben« (Röm 3,28).

c) *Wir oder Christus!* Wenn das Gesetz fordert (und zwar Unmögliches), Jesus uns dagegen im Evangelium alles schenken will – wer könnte da so dumm sein, sich noch mit dem Gesetz einzulassen? Trotzdem versucht der Mensch es immer wieder mit der eigenen Leistung. Warum? Wir möchten nicht zugeben, daß wir selbst so total verloren, so hilflos sind, daß nur noch Vergebung uns retten kann. »So ganz zu kapitulieren, das wäre doch zu blamabel«, protestiert der »alte Adam«, der nicht abdanken will. Der Glaube aber sagt zu Jesus: »Nichts hab' ich zu bringen, alles, Herr, bist du!« (1Kor 1,31; Röm 3,27; Lk 18,9–14).

4. Die entscheidende Zuspitzung: 3mal »allein«

»Christus allein – die Gnade allein – der Glaube allein!« Wie Wächter mit gezogenem Schwert stehen diese Worte vor uns. Kein Kompromiß wird durchgelassen. Der »alte Adam« (wenn er »fromm« wird) möchte zu gerne eine »Mischfinanzierung« anbieten: Gottes Zuschuß plus meine Eigenleistung: Natürlich *Christus!* Aber doch Christus *und* ein Prozent von meinem guten Charakter. – Natürlich die *Gnade!* Aber doch die Gnade *und* eine Prise von meinen Bemühungen. – Natürlich der *Glaube!* Aber die zehnte Stelle hinter dem Komma geht auf meine Rechnung! – 3mal »allein«, d.h. völlige Fremdfinanzierung aus Gottes Kasse – ganz ohne meine Unkostenbeteiligung. Allein – ganz ohne »und«. Nun finde ich Heilsgewißheit! Sonst wüßte ich doch nie, ob meine »Eigenleistung« ausreichte. Aber Jesus hat alles für alle getan.

III. Der Begriff heute

1. Ist der Glaube ein Werk?

»Allein durch den Glauben!« (Röm 3,28). Werden nun die vielen (»katholischen«) guten Werke durch das eine (»evangelische«) Werk, den Glauben, ersetzt? Ist der Glaube mein Beitrag zur Rechtfertigung, mein Stückchen Vorleistung? – Völliges Mißverständnis: Glaube ist Echo – Gottes Wort ruft es in mir hervor. Glaube ist eine leere Hand – Gott füllt sie. »Ich glaube, daß ich ... nicht glauben kann«, heißt es in Luthers Kleinem Katechismus. Und weiter: »sondern der Heilige Geist ...« Glaube ist die erste Lebensäußerung des neuen Menschen, sein erster Schrei, sein erstes Zupacken. Aber »geboren« wurde der neue Mensch allein durch Gottes Geist. Glaube entsteht durch Gottes Schöpferwort. Er kommt aus der Predigt, aus dem Hören (vgl. Röm 10,17), und er besteht im Gehorsam (Röm 1,5). Glauben heißt: *Gott recht geben!* »Du, Herr, sagst, daß ich den Tod verdient habe. Das stimmt! – Nun sagst du, daß ich das Leben geschenkt bekomme. Ich sage ja und danke dir dafür!« So ist der Glaube nie die eine Leistung anstelle der vielen, sondern eben das Ende der »Eigenproduktion«!

2. Sind »gute Werke« »katholisch«?

»Katholiken sind zu bedauern: Sie müssen in die Kirche gehen, wir Evangelischen haben das nicht nötig!« Das ist nicht Gottes Rechtfertigung, sondern unsere Faulheit! Eine Unterscheidung ist genau einzuprägen: Paulus (wie Luther) kämpft nie gegen die *»guten* Werke«. Gott hat uns vielmehr *»geschaffen zu* *guten Werken«* (Eph 2,10). Gottes machtvolle Gerechtigkeit will unser Handeln neu machen. Gott schenkt den Glauben und auch die »Frucht des Glaubens« (Gal 5,22). – Paulus kämpft scharf gegen *»des Gesetzes* (!) Werke«. Diese will der »alte Mensch« produzieren, *damit* er in den Himmel kommt (Verdienst). Die »evangelischen« guten Werke wachsen dagegen beim neuen Menschen (weil die Reben am Weinstock hängen, Joh 15), *weil* er den Himmel geschenkt bekam. Gott holt den abgestürzten Sünder aus dem Graben, stellt ihn auf den guten Weg und macht ihm Mut, darauf vorwärts zu marschieren (Röm 6,4). So gehören Rechtfertigung und Heiligung zusammen (→ Heilig/Heiligung).

3. Hat die Rechtfertigung etwas mit dem Schulzeugnis zu tun?

»Frei vom Gesetz« – dieser Satz hat bei Paulus einen weiten Radius. Er greift auch die »Prinzipien«, die obersten Maßstäbe und Normen an, die diese »alte Welt« aufstellt mit der Behauptung: Nur wenn du dies Soll erfüllst, hast du bei uns Lebensrecht. Ich nenne drei solche Soll-Sätze, die unsere Gesellschaft regieren: *»Kannst* du was, dann bist du was! Kannst du nichts (Alter, Krankheit körperlicher oder geistiger Art), dann bist du nichts, ›lebensunwertes Leben‹.« So das Leistungsprinzip! – *»Hast* du was, dann bist du was! Du bist so viel wert wie dein Bankkonto.« Besitzprinzip! – *»Weißt* du was, dann bist du was, der Intelligenzquotient macht den Menschen aus.« Hirnprinzip! – Von solchen »Prinzipien« (Gal 4,3 »Sklaverei unter den Weltelementen«) hat uns Jesus frei gemacht. Aber Achtung! Gemeint ist nicht Faulheit statt sinnvoller Arbeit, nicht Verschwendung oder Bettelei statt verantwortlichem Umgang mit dem Besitz (Geld), nicht Dummheit statt Entfaltung der Begabungen. Wer bei allem Fleiß ein schlechtes Zeugnis bekommt, ist Gottes liebes Kind mit diesem Zeugnis. Aber eine 5 in Mathematik, die ein Christ seiner Faulheit verdankt, ist keine Reklame für Jesus! Wir sind nicht mehr Sklaven der gesellschaftlichen Höchstnormen, sondern freie Kinder und fröhliche Diener Gottes. Paulus formuliert: »Wir haben – als hätten wir nicht, bzw. wir haben nicht – als hätten wir« (1Kor 7,29–31; Phil 4,11–13). So stehen wir als Leute, die Gott »recht« sind, drin in der alten Welt, frei von Sünde und Fremdherrschaft, frei zur Liebe und zum Dienst. S. Kettling

Reich Gottes

I. Wortbedeutung

»Reich Gottes« ist nicht in erster Linie Herrschafts*bereich* Gottes, sondern vor allem *das Herrschen Gottes* selbst (griech. *basileia tou theou*). Nicht anders ist auch der im Mt-Evangelium, insbesondere Kapitel 13, häufig vorkommende Ausdruck »Himmelreich« zu verstehen; es ist Herrschaft vom Himmel her, also wieder Herrschaft Gottes, seine Weise zu herrschen. Die Worte »das Himmelreich ist gleich ...« in Mt 13,24.31.33.44.47 können also frei so umschrieben werden: »Wenn Gott in der Welt der Sünde für seine gute kommende Herrschaft wirkt, geht das so zu ...«

Reich Gottes ist nicht schon die Tatsache, daß Gott trotz → Sünde und → Satan dennoch der Schöpfer und Herr der Welt ist und bleibt und daß letztlich alles, auch ohne es zu wollen, Gottes Zielen dienen muß. In seiner Weisheit weiß Gott auch die Kraft des Bösen für sich nutzbar zu machen. Insofern regiert Gott – verborgen – auch jetzt die Welt. »Reich Gottes« im biblischen Sinn ist jedoch nur da, wo man Gott *mit Willen* dient.

»Reich Gottes« ist erst recht nicht schon die Humanisierung des menschlichen Zusammenlebens, die Durchsetzung der Menschenrechte und die Beseitigung von Hunger, Ungerechtigkeit, Unfreiheit und Unfrieden in der Welt, so wichtig das alles auch ist. Damit würde dem Menschen noch nicht wahrhaft für Zeit und Ewigkeit geholfen sein und Gott noch nicht ganz zu seiner Ehre kommen.

II. Der Begriff in der Bibel

Die Schaffung des Reiches Gottes durch Gott selbst ist geradezu die *Summe* all dessen, was Gott in seiner Heilsgeschichte nach der Katastrophe der menschlichen Sünde (1Mo 3) getan hat, tut und tun wird. Deshalb muß auch die Frage des Reiches Gottes in unserem Leben und durch uns bei andern vor allem anderen Vorfahrt haben. »Trachtet am ersten nach dem Reich Gottes und nach seiner Gerechtigkeit« (Mt 6,33).

Mit dem, was Gott durch das Wirken für sein Reich tut, schafft er eine Lösung dafür, wie es mit dem Menschen und der Menschheit steht. Es ist die *Therapie Gottes* auf Grund seiner Diagnose. Jesus bezeichnet den Teufel, den Feind Gottes und der Menschen, als den »Fürsten dieser Welt« (Joh 12,31; 14,30; 16,11). Die Welt ist feindbesetztes Gebiet. Die Menschen haben schon von Anfang an sich auf den Feind eingelassen, ihn eingelassen (1Mo 3). Nun haben sie ihn im Nacken. Deshalb ist die Welt, wie sie ist: Einerseits trägt sie zwar immer noch den Adel an sich, Gottes Schöpfung zu sein, andererseits aber auch und recht schmerzlich den Makel der Sünde. Der

Mensch der Sünde in der Welt der Sünde paßt deshalb von Natur aus nicht mehr zu Gott, in sein Reich und in seine Gemeinschaft. »Fleisch und Blut können das Reich Gottes nicht ererben« (1Kor 15,50). Unvergebene und nicht in den Tod gegebene Sünde, Sünde, von der sich der Mensch nicht lösen lassen möchte, schließt von Gottes Gemeinschaft und Reich aus (Eph 5,5).

Das Wirken Gottes für sein Reich geschieht in *drei Phasen.*

1. Der Anfang

Der Neubeginn der guten, vollkommenen Herrschaft Gottes auf dieser Erde nach dem Einbruch der Sünde war das *Erdenleben unseres Herrn Jesus Christus.* Hier kam die ausschließliche Herrschaft Gottes, des Vaters, voll zur Geltung. Hier kam Gott in dieser Welt endlich ganz zu seinem Recht. Ausdrücklich bat Jesus: »Nicht mein, sondern dein Wille geschehe« (Lk 22,42). Der Vater regierte völlig über Jesu Gedanken, Worte und Taten, über seine Hände, Füße und Lippen, über seine Kraft und Zeit. Er machte ihm sozusagen den Stundenplan. Nicht er selbst machte ihn, und er ließ ihn auch nicht von ihm liebsten und nächsten Menschen machen (vgl. Joh 2,4; 11,6).

Jesus wurde einmal von Pharisäern umringt und gefragt: »Wann kommt das Reich Gottes? Wo ist das Reich Gottes, von dem du sagst, daß es herbeigekommen sei?« Und er antwortete: »Das Reich Gottes ist mitten unter euch« (Lk 17,21). Er selbst war dieses »Reich Gottes«. Mit seiner Person war er zunächst einmal der Herrschaftsbereich des Vaters, in dem er unumschränkt regierte. Er war der erste Stützpunkt der guten neuen Herrschaft Gottes in der Menschenwelt, ein erster Brükkenkopf des Himmels. Mit ihm hat das Reich Gottes unter uns Menschen Fuß gefaßt.

Dem Feind war naturgemäß dieser Stützpunkt der neuen, vollkommenen Herrschaft Gottes in der Welt der Sünde ein Dorn im Auge. Alle Hebel setzte er in Bewegung, um ihn wieder zu entfernen, List und Gewalt. Das ging von der ersten großen Versuchung unseres Herrn (Mt 4,1–11) bis Gethsemane und Golgatha. Doch Jesus hat es bis zum letzten Atemzug und Blutstropfen durchgehalten, ganz unter dem Vater und seiner Herrschaft zu bleiben. Der Feind hat diesen neuen Stützpunkt der Herrschaft Gottes in der Menschenwelt nicht wieder auszuradieren vermocht. Sterbend hat ihn unser Herr besiegt. Der Feind ist nun ein geschlagener Feind. Das Reich des Feindes und die Reiche dieser Welt gehen. Das Reich unseres Herrn dagegen kommt. Wer sich im Glauben an Jesus hält, dem gibt er teil an seinem Sieg und auch teil an seinem Weg und seinem Ziel, »am Leiden und am Reich« (Offb 1,9; Apg 14,22).

2. Das Reich Gottes heute

Unser Herr bezieht uns als Glaubende in sein Reich ein. Wie er einst an den jungen Fischern vom See Genezareth vorüberging, so geht er auch an uns vorüber und ruft: »Komm und folge mir!« Wenn wir zu ihm treten, uns an ihn wenden, unser Leben ihm übergeben und ihm folgen, dann sind wir »in Christus«, in seiner Gemeinschaft, unter seinem Schutz und seinem Einfluß. Dann wird unser Leben neu werden. »Ist jemand in Christus, so ist er eine Neuschöpfung« (2Kor 5,17). Das rührt davon her, daß, wenn wir in ihm sind, dann er auch in uns ist (Joh 15,4.5). So wohnt und wirkt er in uns durch den Heiligen Geist. »Der Herr ist der Geist« (2Kor 3,17). Damit kommt Gott in Jesus Christus durch den → Geist Gottes in uns zur Herrschaft. »Das Reich Gottes ist Gerechtigkeit und Friede und Freude durch den Heiligen Geist« (Röm 14,17). Das ist die Gestalt des Reiches Gottes jetzt in dieser Weltzeit zwischen Pfingsten und der Wiederkunft Jesu: Alle Bereiche unseres Lebens bringt unser Herr, wenn wir seinem Wirken Raum geben und innerlich mitgehen, unter seine gute Herrschaft. Das heißt die Bibel Heiligung (→ Heilig/Heiligung). »Der Gott des Friedens heilige euch durch und durch.« Durch all dieses Wirken unseres Herrn werden wir in sein Reich einverleibt, ja selbst zu unserem Teil Reich Gottes.

Doch Reich Gottes ist keineswegs nur der einzelne Mensch und das Wirken des Herrn in ihm und durch ihn, sondern zugleich und vor allem *die Gemeinde* unseres Herrn, zu der der einzelne gehört, das heißt die Schar derer, die sich gleicherweise haben zu Jesus rufen lassen und seinem Wirken an ihnen und durch sie gehorsam sind. Die → Gemeinde örtlich und weltweit ist sein Leib, und er ist das allein bestimmende Haupt.

3. Reich Gottes in der Zukunft

Jetzt arbeitet unser Herr unscheinbar und wie verdeckt. Die Nichtglaubenden sollen ja nicht zum Glauben gezwungen werden, auch nicht durch die Übermacht der offenkundigen Tatsachen; von innen her, mit dem werbenden Wort, will unser Herr sie gewinnen. Und die bereits Glaubenden sollen durch die Prüfung des »Nicht-Sehens und Doch-Glaubens« bewährt werden. Doch es kommt die Stunde, und vielleicht kommt sie bald, da unser Herr sich in seiner göttlichen Hoheit, Macht und Herrlichkeit enthüllt, und da er auch seine Leute enthüllt und das, was er an ihnen und durch sie gewirkt hat (→ Wiederkunft). Das alles können wir uns nicht vorstellen, weil es nicht zu unserer jetzigen Erfahrungswelt gehört. Aber das tut nichts zur Sache. Kann sich etwa ein Blindgeborener eine Landschaft im Hochgebirge vorstellen und ein von Geburt auf Gehörloser das Weihnachtsoratorium? Dann wird unser Herr, strahlend und beherrschend wie die Sonne, regieren mit Frieden und Gerechtigkeit, mit wahrem Frieden, weil mit wahrer Gerechtigkeit.

III. Der Begriff heute

1. Von manchen wird heute eine Wirksamkeit für die politische Welteinheit, für die Selbstverwirklichung des Menschen, für soziale Gerechtigkeit und für die Gleichberechtigung aller Rassen und Klassen bereits als ein Wirken für das Reich Gottes angesehen. So vieles hier sein Recht hat und wir uns dafür im Ernst einsetzen müssen, es geht hier nicht um das Reich Gottes. Dieses ist nichts, was der Mensch selbst schafft und was sich auf diese Welt und Weltzeit beschränkt. Wenn wir dem Wirken des Menschen einen so hohen Rang einräumen und ihm zutrauen, daß es das große, vollkommen Neue schafft, dann entehren wir damit Gott, betrügen den Menschen um das, was er im Letzten und Innersten braucht, und wir selbst können in einen gefährlichen antichristlichen Sog geraten (→ Antichrist).

2. Entscheidend wichtig ist, daß *wir,* auch um für das kommende Gottesreich bereit zu sein, heute Gottes Reich werden. Jesus Christus geht bei uns vorüber und ruft uns. Ja, er steht vor unserer Tür, klopft und bietet seinen Frieden und das Bürgerrecht seines kommenden Reiches an (Offb 3,20). Es ist nötig, ihn hereinzubitten und ihm alle Lebensbereiche auszuliefern, je länger, je mehr. Wir persönlich müssen heute sein Reich sein, wenn wir einmal im Vollsinn an seinem Reich teilnehmen wollen. Und unser Kreis, unsere Gemeinschaft, unsere *Gemeinde,* unsere Kirche muß das sein. Darauf sei unser Mühen und Beten gerichtet.

3. Und entscheidend wichtig ist es, daß wir alles in unseren Kräften Stehende tun, damit auch andere in nah und fern, mit Wort und Tat zum Glauben an unseren Herrn, in seine Gemeinschaft und in sein Reich eingeladen werden. Das Evangelium vom Reich Gottes, die gute Nachricht davon, daß jeder geschenkweise dazu eingeladen ist, muß *verkündigt* werden. Denn mit, unter und in diesem Wort erreicht das Reich Gottes die Menschen, lädt sie ein und befreit sie dazu, zu kommen und sich mit hineinnehmen zu lassen. So haben unser Herr Jesus Christus und die Apostel das Evangelium vom Reich verkündigt (Mt 4,17; 10,7; Mk 1,14f; Lk 4,43; Apg 1,3; 8,12; 19,8; 20,25; 28,31 u.a.m.). Wer mit Gott denkt, der wird an der Aufgabe des Reiches Gottes in Zeugnis, Evangelisation und Mission mit seinem Dienst, seinem Opfer und seinem Gebet mitarbeiten.

F. Grünzweig

Reichtum → Besitz/Eigentum/Reichtum

Rein/Unrein

I. Wortbedeutung

Der bibl. Begriff der Reinheit ist im übertragenen Sinn zu verstehen, und zwar zunächst als *kultische* (auf gottesdienstliche Handlungen bezogene) *Reinheit.* In der gesamten Antike (und in den meisten Religionen auch heute noch) bewegt sich das Leben zwischen den beiden Sphären des Reinen und Unreinen. Es gibt Dinge, die als solche eine verunreinigende Macht besitzen und von denen man sich, will man vor der Heiligkeit Gottes in der Begegnung mit ihm nicht vergehen, durch bestimmte Handlungen (Rituale) reinigen muß. Das Begriffspaar wurde im AT dann mehr und mehr auch *allgemein* als Bezeichnung der → Gerechtigkeit bzw. Sündhaftigkeit des Menschen gebraucht. Noch heute klingt im allgemeinen Sprachgebrauch der übertragen Sinn des Wortes an: »rein« ist mehr als »sauber«.

II. Der Begriff in der Bibel

A. IM ALTEN TESTAMENT

Im 3. Buch Mose ist für → Israel festgelegt, was in sich verunreinigende Kräfte enthält (vgl. Kap. 11–20): geschlechtliche Ausflüsse, Menstruationsblut, sexuelle Perversitäten, Aussatz, das Fleisch bestimmter Tiere, alles Gestorbene, heidnische Kulte.

Die Unreinheit wird übertragen durch Berührungskontakt, wobei auch Gegenstände infiziert werden können (vgl. 15,4ff). Die Reinigung geschieht durch Waschungen mit Wasser, und oft sind zusätzlich besondere vom Priester ausgeführte Opferriten erforderlich (vgl. 15,28ff).

Die zahlreichen und detaillierten Reinigungsvorschriften muten spitzfindig an, aber abgesehen davon, daß sie als Schutz vor Infektionskrankheiten dienten (sie entsprechen größtenteils heutigen Erkenntnissen der Hygiene), waren sie für Israel deswegen von elementarer Bedeutung, weil hier die ganze Existenz des einzelnen vor Gott auf dem Spiel stand: Wer unrein ist, kann vor der heiligen Gegenwart Gottes nicht bestehen; er ist vom → Gottesdienst ausgeschlossen (vgl. 2Mo

19,10f; 3Mo 7,20f; → Heilig/Heiligung). Die → Priester als die Kultausübenden unterlagen beim Betreten des Heiligtums (vgl. 3Mo 16,1ff) wie auch im Alltag (vgl. 3Mo 21) besonderen Reinheitsgesetzen.

Hinter allem steht der Exklusivanspruch Gottes: *Sexuelle Perversitäten* und bestimmtes *Tierfleisch* verunreinigen wohl vor allem deshalb, weil es sich um Elemente heidnischer Lebenspraxis und Kulte handelt. Alles *Tote* repräsentiert den äußersten Grad von Unreinheit, denn der Tod ist eine dunkle Unheilsmacht, die in heidnischen Kulten beschworen wird, für die Bibel jedoch der »letzte Feind« ist (vgl. 1Kor 15). Geschlechtlicher *Ausfluß* und *Menstruation* wirken verunreinigend, weil man hier, wo Lebenskräfte aus dem Körper heraustreten, bereits in Berührung mit der Todessphäre kommt. Dies gilt auch für den *Aussatz,* der als vorweggenommener Todesprozeß erscheint.

Die → Propheten haben die Reinheitsgesetze grundsätzlich nicht abgelehnt. Ihr Hauptaugenmerk richtete sich auf den z.T. unverhohlenen Götzendienst des Volkes (vgl. z.B. Jer 2,7; Hes 23,7). Aber sie haben den Begriff »unrein« weiter gefaßt und ihn allgemein auf die Sündhaftigkeit vor Gott bezogen (vgl. Jes 6,5; Hes 39,24). Dabei betonen sie, daß vorschriftsmäßige Reinheitsrituale und kultische Begehungen Gott ein Greuel sind, wenn im Alltag Recht und Gerechtigkeit mißachtet werden (vgl. Am 5,21–25; Hos 6,6; Jes 1,10ff).

Schließlich findet sich bei den Propheten der später von Jesus aufgegriffene Gedanke, daß eine umfassende und tiefgehende Reinheit vor Gott nicht in äußerer Befolgung ritueller und sittlicher → Gebote, sondern nur durch eine Erneuerung des → Herzens möglich ist (vgl. Jer 31,33; Hes 36,26).

B. IM NEUEN TESTAMENT

Jesus lehnt die kultischen Reinheitsvorschriften vom Doppelgebot der → Liebe her (als dem Maßstab aller Gebote) grundsätzlich ab. Sie können geradezu ein Hindernis für die Liebe zu → Gott und zum → Nächsten sein. Die → Pharisäer hatten die für den Tempeldienst der Priester verbindlichen Rituale auch auf den Alltag übertragen, so daß man beispielsweise vor jeder Mahlzeit und vor den Gebeten während der Mahlzeit die Hände reinigen mußte. Der ursprüngliche Sinn der Reinheitsgesetze (Vermeidung von Götzendienst) war längst verloren gegangen. Man suchte, sich in äußerer Befolgung der Vorschriften vor Gott und vor Menschen Anerkennung zu verschaffen. Aber Jesus will ein **allein von Gottes →** Gnade erfülltes, in *dankbarer Hingabe an ihn ausgerichtetes → Herz.* Der äußeren Reinheit der Pharisäer setzt Jesus darum das von Gott gereinigte Herz entgegen. Nicht, was von außen in den Menschen eingeht (z.B. durch unreine Hände verunreinigte Speise), sondern was aus dem Herzen herauskommt, verunreinigt ihn (Mk 7,14ff). Damit hat Jesus die Unterscheidung von Rein und Unrein religiös-kultisch aufgehoben, aber auf der Ebene des »Herzens« verschärft.

Daß die kultischen Reinheitsgesetze der *Liebe zum Nächsten* im Wege stehen, demonstriert Jesus unmißverständlich, wenn er verbotenerweise mit einer blutflüssigen Frau (Mk 5,25ff), mit Ehebrecherinnen (Lk 7,39), Aussätzigen (Mk 1,41) oder gar Toten (Mk 5,41) zu deren → Heil Berührungskontakt hat.

Paulus ist »im Herrn Jesus überzeugt, daß nichts an und für sich unrein ist« (Röm 14,14), und Petrus erhält in der Vision der von Gott für rein erklärten Tierwelt (Apg 10,9ff) die Weisung, daß er »keinen Menschen gemein oder unrein nennen soll« (Apg 10,28). Unreinheit ist keine naturhaft an Dingen oder Menschen haftende Eigenschaft. Die eine, durch den Opfertod Jesu geschenkte Reinigung des Herzens (vgl. 1Jo 1,7), die symbolisch im Wasserbad der → Taufe in Empfang genommen wird (vgl. Eph 5,26), hebt jede weitere Unterscheidung von rein und unrein auf. Von nun ab ist es gleichgültig, ob man beschnitten ist oder nicht, ob man Götzenopferfleisch meidet oder nicht (vgl. Gal 6,15; 1Kor 8,8); »alles ist erlaubt«, aber ebenso gilt: »nicht alles ist heilsam« (1Kor 10,23). Da nunmehr, einem von Gott gereinigten Herzen, die Liebe Maßstab des Handelns ist, werde ich auch um des anderen willen von meiner → Freiheit, Götzenopferfleisch zu essen, keinen Gebrauch machen (vgl. 1Kor 10,23ff); → Götze/Götzendienst.

III. Der Begriff heute

Der ursprüngliche Sinn der atl. Reinigungsgesetze kann uns eine Warnung vor den mannigfachen Spielarten heutigen Götzendienstes sein. Unsere *Sexualität* ist eine gute Gabe Gottes und nicht als solche etwas »Unreines«. Gerade darum ist sie für uns nicht etwa ein geheimnisvolles Tabu (worüber man nicht spricht) und sollen wir sie nicht zur bloßen egoistischen Lustbefriedigung degradieren. So steht z.B. in 1Kor 6,12ff neben dem »alles ist erlaubt« das klare Nein zur Hurerei. Es ist gut, in jeder Hinsicht in diesem Bereich auf »Hygiene« bedacht zu sein. Auch unser natürliches Bedürfnis nach *Nahrungsaufnahme,* insbesondere unser Fleischkonsum, kann uns zum Götzen werden – unserer Gesundheit und einer ganzen Welt zum Schaden (→ Arm/Armut). In allem soll uns die Liebe als Grundmaßstab gelten. Darum werden wir auch niemanden auf Grund einer *Krankheit* (Behinderung usw.), *sozialer Herkunft*, anderer *Abstammung* und *Hautfarbe* als »unrein« und minderwertig oder gar von Gott verachtet ansehen. Als → Jünger Jesu ist es für uns eine Selbstverständlichkeit, gegen jede Art von Diskriminierung einzutreten.

Auch unter Christen gibt es Formen von Diskriminierung, und zwar oftmals gerade dann, wenn eine bestimmte, weltverneinende Moral (Verteufelung von Sexualität, Fernsehen, Tanzen, Musik etc.) oder außer den auf Christus weisenden → Sakramenten zusätzlich religiöse Formen und Rituale zur »Reinigung« und Vervollkommnung der Seele (bestimmte Buß- und Meditationspraktiken, Zungenrede etc.) als verbindlich erklärt werden. Dem ist entgegenzuhalten, daß uns unser Heil vor Gott durch nichts und niemand anderen als durch Christus verliehen ist und daß wir so zum vorbehaltlosen Umgang mit den Dingen dieser Welt befreit sind. »Den Reinen ist alles rein« (Tit 1,15), aber gerade ihnen ist nun auch und in jeder Situation neu der Satz des Paulus zu denken gegeben: »Alles ist erlaubt, aber nicht alles ist heilsam.«

D. Silbersiepe

Rettung → Erlösung/Rettung; → Heil/Frieden/Rettung

Reue Gottes

I. Wortbedeutung

Das Wort »Reue« (Grundbedeutung: »seelischer Schmerz«) benutzen wir, um auszusagen, daß jemandem sein Verhalten, ein Tun oder ein Unterlassen, nachträglich leid tut. Dabei können wir drei Stufen unterscheiden: Zunächst sieht einer seine Tat als *Irrtum*, als Fehler, ein, erkennt sie als dumm und schlecht und fürchtet üble Folgen. Dann (tiefer!) entdeckt er seine Tat als *Schuld*; sie war nicht nur schlecht, sie war böse! Schließlich begreift jemand: die zwischenmenschliche Schuld war letztlich *Sünde* gegen Gott. Solche Reue bewirkt dann Umkehr, Bekehrung (Lk 15,18; 2Kor 7,10; → Buße/Bekehrung).

II. Der Begriff in der Bibel

Es ist geradezu unbegreiflich, daß das Wort »Reue« auf *Gott* angewendet wird. Hat Gott sich je geirrt, ist er je schuldig geworden, hat er je gesündigt? Unmöglich! In diesem dreifachen Sinn hat Gott niemals etwas zu bereuen! Und doch gehört die Aussage von der Reue Gottes zum Tiefsten und Schönsten, was die Bibel vom lebendigen Gott weiß. Israel bekennt aus jahrhundertelanger Erfahrung: So ist unser Gott – »gnädig, barmherzig, geduldig, von großer Güte, bald *gereut* ihn die Strafe« (Joe 2,13; Jon 4,2).

Da entbrennt Gottes heiliger → Zorn über seinem wurzelhaft bösen Volk. Schon hebt er den Arm zum Schlag. Und dieses vernichtende Dreinschlagen wäre ganz gerecht, völlig verdient, geradezu notwendig, das einzig Logische, das allein Mögliche. Aber – welch ein Wunder! – Gott fällt sich selbst in den Arm, er fängt selbst den Hieb ab, er widerruft sein → Gericht. In Hos 11,8 heißt es: »Mein Herz dreht sich um in mir, mit Macht entbrennt meine Reue.« In Gott selbst, in seinem eigenen Herzen, ist ein Kampf entbrannt: Gott hat sich gegen Gott gestellt, Gott tritt sich selbst in den Weg. Niemand sonst hätte das wagen dürfen und leisten können! Gottes Heils-, Rettungs-, Lebenswille tritt auf gegen seinen heiligen Zorn – und siegt. Da »gereut« Gott das bereits beschlossene Gericht. Die Bibel formuliert das ganz paradox: Gott bereut, weil er eben *nicht* bereut. Gott ist ein Gott der Reue, weil er eben *kein* Gott der Reue ist! Dabei muß man den unterschiedlichen Blickwinkel beachten: Weil Gott *niemals* seinen *Heilswillen* »bereut«, niemals seine → Verheißungen widerruft (Ps 110,4; 4Mo 23,19; Röm 11,29), gerade deswegen »bereut« er *immer wieder* das schon beschlossene Vernichtungs*gericht* (2Mo 32,14; Jer 18,8; 26,13). Wenn Gott als der Retter sich *gegen* sich selbst als den Richter stellt, dann bekennt er sich in Wahrheit damit *zu* sich selbst. Er bleibt eben damit seiner Liebe, dem innersten Impuls seines Herzens, *treu*. Ganz zugespitzt könnte man die Reue Gottes mit »*Bekehrung* Gottes« übersetzen: Gott »bekehrt« sich zu sich selbst, wendet sich immer neu zu seinem Allereigensten und Tiefsten, zu der Sünderliebe, die retten, nicht verderben will (→ Gott).

III. Der Begriff heute

1. Am *Karfreitag*, im Sterben Jesu, hat Gott seine unbegreifliche »Reue« unüberbietbar vollzogen: Er hat den vernichtenden Schlag gegen sich selbst (der Vater gegen den Sohn) gerichtet. Nun ist *kein* Mensch mehr ein *hoffnungsloser Fall*.

Wie oft in unserm Leben diese Reue Gottes das längst verdiente Gericht »gebremst« hat? Das ruft zur Umkehr! Das warnt vor Leichtsinn. Niemand darf mit der Reue Gottes spielen. »Gott läßt sich nicht spotten«.

2. Das Volk → *Israel* versteht nur der, der es

ganz eingehüllt sieht in das Geheimnis der Reue Gottes. Israel hat seinen Messias weggestoßen, doch Gott nimmt seine Verheißung nicht zurück (es »reut« ihn nicht, Röm 11,23). Eben deshalb erhält er die Judenschaft und widerruft sein Gericht (es »reut« ihn).

3. Jede *Lehre* von einer *»Allversöhnung«* ist Irrlehre! Zu deutlich hat Gottes Wort die ewige Verdammnis angekündigt. Aber – ob es Gott am Ende nicht auch da »gereuen« könnte? Wir können über Gottes Geheimnis, über seine Freiheit nicht verfügen. Wir können nur fragen, niemals spekulieren!

S. Kettling

Richten → Gericht/Richten/Verdammnis

Rüsttag → Sabbat

Ruhm/Sich rühmen

I. Wortbedeutung

Das deutsche Wort »Ruhm« ist sprachlich verwandt mit »ru-fen« und bezeichnet den guten Ruf, das hohe Ansehen, die Anerkennung, die jemand hat. Dies Ansehen beruht auf (angeblichen oder wirklichen) Leistungen oder auf Beziehungen. Wo diese nicht die gewünschte Anerkennung finden, greift der Mensch zur Selbsthilfe, d.h. er rühmt sich selbst. Er versucht, sich selbst die gewünschte Anerkennung zu verschaffen, indem er seine Vorzüge vor den anderen ins rechte Licht rückt. Der Volksmund nennt das »Angeben«.

II. Der Begriff in der Bibel

1. *Der Ruhm Gottes* ist das Anliegen der Bibel: »Jauchzet Gott, alle Lande! Lobsinget zur Ehre seines Namens; rühmet ihn herrlich . . . laßt seinen Ruhm weit erschallen« (Ps 66,1.2.8; vgl. Ps 71,8.14; 1Chr 2,5; Phil 1,26). Über das Volk Gottes hinaus soll der Ruhm Gottes auch alle Heiden erfassen (Jer 33,9; Jes 42,10–12; Phil 2,11). Denn dazu sind wir Menschen erschaffen, »daß wir etwas seien zum Lob seiner Herrlichkeit« (Eph 1,6.12.14; vgl. Jes 43,21; 1Petr 2,9). In der Gemeinschaft mit Gott merkt ein Mensch, wieviel es an Gott zu rühmen gibt: seine Gnade (Ps 90,14), seine Hilfe (Ps 20,6), seine Gerechtigkeit (Ps 51,16), die Taten Jesu (Joh 12,17), das Kreuz Jesu (Gal 6,14), die Hoffnung der zukünftigen Herrlichkeit (Röm 5,2), ja sogar die Leiden, die Gott uns schickt (Röm 5,3), weil Gott den Menschen auch auf diese Weise in seine Nähe zieht (vgl. Hebr 12,6; Apg 14,22). Selbst die Natur ist dazu bestimmt, mit in das Rühmen Gottes einzustimmen (Jes 55,12; Ps 96,12).

2. *Kennzeichen des Gottlosen* ist es, daß er sich an diesem Ruhm Gottes nicht beteiligt, sondern stattdessen seinen eigenen Ruhm sucht (Ps 73,3.7f; 10,3; 2Chr 25,19), ja sich geradezu seiner Gottlosigkeit rühmt (Jes 3,9; Ps 94,3f). Doch Gott sorgt dafür, daß solches Rühmen nicht von langer Dauer ist (Hi 20,5; Zeph 2,8–10). So warnt die Bibel vor allem Selbstruhm auch da, wo er anscheinend eine gewisse Berechtigung in den Fähigkeiten eines Menschen hat (Jer 9,22; Jak 4,16). Es ist Gottes erklärter Wille, »daß sich vor Gott kein Mensch rühme« (1Kor 1,29; vgl. Eph 2,9).

3. *Die Versuchung des Christen* ist es, daß er zwar Gott rühmt, aber zugleich noch unter Menschen seinen eigenen Ruhm sucht. Man rühmt sich seiner christlichen Beziehungen und Bekanntschaften (1Kor 3,21ff), seiner Begabungen und Vorzüge (1Kor 4,7), seines christlichen Wissens (1Kor 8,1f), seiner Bekehrung gegenüber den Unbekehrten (Röm 11,18), seiner Frömmigkeit und Opferbereitschaft (Mt 6,1–4; Lk 18,10–12). Mit solchem Rühmen macht ein Christ sich selbst zum Narren (2Kor 11,17–19), auch wenn er sich dabei sehr klug vorkommen mag. Er übersieht dabei nämlich, daß ihm der entscheidende »Ruhm, den er bei Gott haben sollte« (Röm 3,23) eben fehlt. Ruhmsucht ist nichts anderes als eine Form der Werkgerechtigkeit. So wirkt das Sich-Rühmen so albern wie der Verteidigungsversuch eines Millionendiebes, er habe aber auch gelegentlich Hundert-Mark-Scheine an arme Leute verschenkt.

4. *Der Ruhm des Christen* besteht nicht in dem, was er selber hat oder getan hat, sondern allein in dem, was Jesus Christus für ihn getan hat (1Kor 1,31; 2Kor 10,17; Röm 5,11). Gerade Paulus als ehemaliger Pharisäer schildert seine Bekehrung als ein bewußtes Sich-Abwenden von allem, womit er sich früher gerühmt hat (und auch menschlich gesehen mit Recht rühmen konnte): Phil 3,3–9. Sein Ruhm vor Gott und Menschen ist Jesu Gnade allein (Gal 6,14; Röm 5,11). Gegenüber einer so begabten und darüber ruhmsüchtig gewordenen Gemeinde wie Korinth zeigt er ausführlich die Torheit alles Sich-Rühmens auf (2Kor 10–12). Wenn es etwas im Blick auf sich selbst zu rühmen gibt, dann am »allerliebsten« seine »Schwachheit«, denn Jesu »Kraft ist in den Schwachen mächtig« (2Kor 12,9; vgl. 11,30; 12,5). Wer zum Glauben an Jesus gekommen ist, braucht sich seiner Schwachheit nicht mehr zu schämen, sondern kann sich ihrer rühmen! So dient auch das Rühmen der Gemeinden (2Thes 1,4; 2Kor 7,4.14; 8,24) nicht dem Eigenruhm des Apostels, sondern seinem Herrn Jesus, der in den Gemeinden sich als wirksam erweist.

III. Der Begriff heute

1. Hunger nach Anerkennung/Ruhm

Tief im Menschen verankert ist ein Hunger nach Anerkennung. Dieser Hunger macht ihn abhängig von Menschen. Denn Anerkennung kann man sich in dieser Welt nur durch Leistung erkaufen. So setzt sich der Mensch durch seine Sucht nach Ruhm und Anerkennung selber unter Leistungsdruck – und stöhnt zugleich unter dem Leistungsdruck, der angeblich von außen kommt.

Dazu kommt, daß der Mensch unüberlegt dieses Denkschema »Leistung = Anerkennung« auch auf Gott überträgt. So versucht gerade der religiöse Mensch (evangelisch wie katholisch) durch seine Leistungen (Werke) sich Ansehen vor Gott zu erwerben. Und bleibt auf diesem Wege innerlich unsicher und unfroh.

2. Selbstruhm ist Antwort auf mangelnde Anerkennung

In dieser Welt bleibt die gewünschte Anerkennung oft aus. Entweder wegen mangelnder Leistung oder wegen mangelnder Anerkennung der Leistung. Dazu kommt, daß errungene Anerkennung sofort den Wunsch nach vermehrter Anerkennung weckt. Das alles führt dazu, daß der Mensch anfängt, sich selbst zu rühmen, weil ihm anscheinend nicht genug Anerkennung widerfährt. »Wer angibt, hat's nötig«, sagt der Volksmund.

Doch bleibt der Mensch gerade in seiner Angeberei unbefriedigt. Innerlich durchschaut er sein eigenes Fassadenspiel. Ständig muß neu poliert werden am eigenen Ruhm, weil er so schnell vergänglich ist.

3. Gottes Anerkennung des Menschen führt zum Rühmen Gottes

Gott fragt nicht nach der Leistung des Menschen. »Ohne Verdienst« (Röm 3,24) schenkt er ihm die Gotteskindschaft. Am Kreuz hat Gott eine unverdiente und unüberbietbare Aufwertung des Menschen vollzogen. Nun bin ich »wer«! Wer sich von Gott anerkannt weiß, ist unabhängig von menschlicher Anerkennung geworden. Nun kann ich voll Staunen (»Was ist der Mensch, daß du seiner gedenkst?«; Ps 8,5) und Dankbarkeit Gottes Liebe und Gnade in Jesus rühmen. Mein Leben hat seine ursprüngliche Zielbestimmung (Eph 1,6.12.14) zurückgewonnen. Dank Jesus! Ich bin nun frei, für den Ruhm Gottes zu sorgen, weil Gott für meinen Ruhm gesorgt hat. Das Rühmen des Christen ist Echo auf das Liebeshandeln Gottes am Kreuz.

4. Vorsicht vor erneutem Selbstruhm!

Die Bibel warnt nicht nur ganz allgemein vor Selbstruhm. Paulus warnt auch besonders die Christen. Denn auch im Christen macht sich der »alte Adam« immer wieder bemerkbar. Die Sorge und Angst um das eigene Ich droht immer wieder in die Freude an Jesus einzubrechen. Dann rühmt man sich seiner »christlichen« Leistungen: »Ich habe mehr Erfolg als der« – »ich kann das besser als jene« – »ich bin treuer in der Bibelstunde dabei« usw. Unversehens steht wieder das Ich im Mittelpunkt des Rühmens und nicht Gottes Gnade (vgl. 1Kor 15,10). Darum aufgepaßt, auch in den sog. kleinen Dingen. Soli deo gloria (allein Gott die Ehre)! Der eigene Ehrgeiz hat schon manchen Christen für den Dienst im Reich Gottes unbrauchbar werden lassen.

J. Blunck

S

Saat → Frucht/Saat

Sabbat

I. Wortbedeutung

1. *Sabbat* entspricht unserem Samstag; nach jüdischer Zählung ist er der 7. Tag der Woche. In »Sabbat« steckt das hebräische Wort für »aufhören«, dem entspricht seine Grundbedeutung: Ruhetag von der Arbeit, Feiertag. Der Sabbattermin ist unabhängig vom Lauf der Gestirne, nach denen sich sonst der Kalender Israels richtet (1Mo 1,14), er hat seine »eigene« Zeit.

2. Der *Rüsttag* ist nach unserer Zählung der Freitag. Die Juden benützen ihn, um alles Notwendige für den Sabbat vorzubereiten (= zu rüsten), an dem ja nicht gearbeitet werden durfte.

3. Die Bezeichnung »Sonntag« stammt aus der heidnischen Zeitrechnung; es ist der dem Sonnengott geweihte Tag. Nach jüdischer Zählung der 1. Tag der neuen Woche (so auch Apg 20,7). Die ersten Christen begingen ihn als Auferstehungstag Jesu und nannten ihn »Herrentag«; Offb 1,10).

4. Das AT kennt vor allem 2 Wörter für »ruhen«: eines, das den Akt des Aufhörens, eines das den Zustand der Ruhe meint. Im NT begegnen Wortverbindungen, in denen unser Fremdwort »Pause« vorkommt. Luther übersetzte es oft mit »erquicken«. Damit machte er deutlich, daß mehr als nur ein »Abschalten« gemeint ist; es geht um ein Atemholen, Kraftschöpfen des Leibes und der Seele.

II. Der Begriff in der Bibel

A. IM ALTEN TESTAMENT

1. Der Sabbat ist vor allem in den → Geboten und Ordnungen vom Sinai erwähnt: 2Mo 20,8–11; 31,13–17; 35,2.3; 3Mo 19,3.30 (Luther: »Feiertage«); 4Mo 15,32–36; 28,9.10; 5Mo 5,12–15. In 2Mo 23,12 und 34,21 ist er einfach »7. Tag« genannt.

Vor den Sinaigesetzen sind noch 2 Stellen wichtig: 1Mo 2,2.3 (7. Schöpfungstag) und 2Mo 16 (Manna).

Die → Propheten Israels dringen immer wieder auf die Einhaltung des Sabbats (vgl. nur Jes 56,2–7; 58,13.14; Jer 17,21–27; Hes 20; Am 8,5), ebenso Nehemia (10,32; 13,15–22).

2. Der Sabbat ist ausgegrenzt von den übrigen Tagen als ein Tag »von Jahwe« bzw. »für Jahwe«. Es ist der Tag, der Gott gehört, und zugleich der Tag, den er Israel schenkt. Israel soll ihn *»halten«*.

→ Israel soll *festhalten* am Sabbat, denn er ist ein Zeichen der → Treue Gottes, Geschenk des Schöpfers. Immer wieder wird der Sabbat mit Gottes Ruhen am 7. Tag begründet (bes. 2Mo 20,11). Zugleich ist er wichtig als Unterscheidungszeichen Israels von anderen Völkern. Als solches gewinnt er vor allem in und nach der babylonischen Gefangenschaft besonderes Gewicht (→ Babylon).

Israel soll ferner den Sabbat *einhalten*; er ist Zeichen des → Gehorsams gegen Gott, der seinen Ausdruck in völliger Arbeitsruhe findet. Diese Ruhe am Sabbat bedeutet vor allem Verzicht auf jeden zerstörerischen Eingriff in die → Schöpfung. Besonders deutlich wird dies in den Bestimmungen zum Sabbatjahr (vgl. v.a. 2Mo 23,10.11; 3Mo 25; 26,34.35; → Jubeljahr).

B. IM JUDENTUM ZUR ZEIT JESU UND DANACH

Gottes Gebote waren den Juden so heilig, daß sie viele Zusatzbestimmungen festlegten, die sie als »Zaun um das Gesetz« verstanden, gleichsam als »Vorwarnung« vor dem eigentlichen Gesetz. So gab es für den Sabbat 39 verbotene Hauptarbeiten, dazu noch viele Einzelbestimmungen. Das über die ganze Welt verstreute Judentum wußte sich durch die Einhaltung des Sabbats verbunden; das Sabbatgebot wurde zum Herzstück des ganzen Gesetzes.

1. JESUS UND DER SABBAT

Für Jesus war es selbstverständlich, am Sabbat in die Synagoge zu gehen (Mk 1,21–32; Lk 4,16–32), und doch verstand er diesen Tag anders als die jüdischen Führer seiner Zeit. Das Ährenraufen der → Jünger am Sabbat (Mt 12,1–8) und seine Heilungen am Sabbat (Mt 12,9–14; Lk 13,10–17; 14,1–6; Joh 5,1–18; 9) bringen Jesus in Gegensatz zu den → Pharisäern. In dieser Auseinandersetzung geht es vor allem um zweierlei:

a) Jesus macht deutlich, daß die vielen menschlichen Sabbatgesetze das göttliche Sabbatgebot in sein Gegenteil verkehrt haben. Sie machen aus dem Geschenk Gottes eine unbarmherzige Fessel für die Menschen

(Mt 12,7; Mk 2,27; Lk 13,15.16). Gutes tun und Leben erhalten verletzen Gottes Gebot nicht (Lk 6,9).

b) Es geht um die Person und den Anspruch Jesu. Für Israel bedeutete der Sabbat, daß wenigstens ein Tag in der Woche ganz Gott gehören sollte. Jesu Tage gehörten alle Gott, weil er mit Gott eins war (Joh 10,30). Sein Handeln stand in Einklang mit Gottes Willen, deshalb konnte sein Heilen am Sabbat den Sabbat gar nicht entheiligen. Jesu Verhalten am Sabbat weist auf seine göttliche Sendung hin. Manchen ist dieser Hinweis aufgegangen (Joh 9,16b), die Pharisäer verkehrten ihn in sein Gegenteil (Joh 9,16a).

2. Sabbat und Sonntag in der Urgemeinde

Auch wenn direkte biblische Zeugnisse fehlen, ist anzunehmen, daß die *Judenchristen* am Sabbat weiterhin festhielten, so wie sie sich auch zum → Tempel hielten (Apg 2,46). Für die *Heidenchristen* aber war von Anfang an der Sonntag als der Auferstehungstag Jesu der besondere Tag. Sie werden ihn jedoch kaum als Ruhetag begangen haben können, da es in ihrer Umwelt ein ganz normaler Arbeitstag war und viele als Sklaven nicht Herren ihrer Zeit waren.

3. Rüsttag

Jesus wurde an einem Rüsttag gekreuzigt, deshalb die Eile bei seiner Kreuzigung (Joh 19,31), denn mit Sonnenuntergang beginnt ja schon der Sabbat.

4. Ruhetag

Ruhe ist im AT (vgl. nur 5Mo 3,20; Jos 21,43.44; 1Chr 23,25) und im NT (Hebr 4,1–3; Offb 14,13) als Geschenk Gottes, als göttliches Heilsgut verstanden. Gott bringt sein Volk Israel zur vorläufigen Ruhe durch die Gabe des Landes; Jesus kann sein ganzes Heilsangebot im Zur-Ruhe-Bringen (= »erquicken«) zusammenfassen (Mt 11,28); Hebr und Offb beschreiben die zukünftige völlige Verbundenheit mit Gott als »ruhen«. Für die Gläubigen ist die Gottesruhe schon jetzt erfahrbar, sie bleibt zugleich die große → Verheißung für die → Ewigkeit.

III. Der Begriff heute

Im Zusammenhang von Sabbat und Sonntag geht es heute vor allem um zwei Fragenkreise:

1. Der Termin: Sabbat oder Sonntag?

Im Jahr 321 n.Chr. bestimmte der römische Kaiser Konstantin den Sonntag zum Staatsfeiertag; seither hat er sich weltweit, auch in nichtchristlichen Ländern, durchgesetzt. Doch immer wieder gab es Stimmen, die den Sabbat als christlichen Feiertag forderten. Gegenwärtig tut dies vor allem die Sekte der »Siebten-Tages-Adventisten«. Nach dem NT sprechen vor allem 4 Gründe dagegen: (1) Nirgends gebietet Jesus ausdrücklich den Sabbat. (2) Unter den Regeln für die Heidenchristen in Apg 15 ist er nicht aufgeführt. (3) Wer den Sabbat als heilsnotwendig erklärt, stellt sich damit wieder unters Gesetz und verliert dadurch Christus (Gal 4,8–20; 5,1–6). (4) Die klare Weisung in Kol 2,16–19 (vgl. auch Röm 14,5.6). Die christliche Gemeinde aus den Nationen hat zum Halten des Sabbat weder einen Auftrag noch eine Verheißung!

Nun gelten diese Gründe natürlich auch für den Sonntag-Termin. Er begegnet uns zwar schon in der Urchristenheit, aber besonders geboten ist er nirgends im NT. Von daher wäre es ja gar nicht schlimm, daß heute bei uns viele Menschen sonntags arbeiten müssen, weil technische Einrichtungen, Verkehrs- und Versorgungswesen es erfordern.

Es bleibt aber die Frage, ob all diese Arbeiten am Sonntag wirklich nötig sind. Dienen sie wirklich dem Menschen oder nur der höheren Produktion und dem besseren Verdienst? Dazu kommt noch etwas: Der Sonntag gewinnt in unserer zunehmend entchristlichten Gesellschaft wieder Bekenntnischarakter, wird wieder Unterscheidungszeichen, und als solchen sollten wir ihn nicht ohne Not preisgeben.

2. Der Inhalt des Sonntags

a) Eine Leitlinie gibt uns noch immer M. Luther im Kleinen Katechismus: ». . . daß wir die Predigt und Gottes Wort nicht verachten, sondern dasselbe heilig halten, gerne hören und lernen.« Der Sonntag will ein Tag der Sammlung, Zurüstung und Auferbauung sein, in dessen Zentrum Gottes Wort steht.

b) Unbiblisch wäre es jedoch, wollten wir zwischen »innerer« und »äußerer« Ruhe trennen. Die Rastlosigkeit der Woche soll sich am Sonntag nicht nur in anderer Form fortsetzen (»weekend-stress«).

c) Von Anfang an waren die jüdischen wie die christlichen Feiertage Tage der → Gemeinschaft. Der Sonntag ist uns auch als Zeit für andere gegeben (Familie, Gemeinde, Besuche . . .).

Der Sonntag ist uns also nicht als Gesetz auferlegt, er ist wie ein kostbares Geschenk, mit dem wir sachgemäß umgehen sollen. Eine einfache Kontrollfrage zur persönlichen Sonntagsgestaltung und Sonntagsheiligung: »War Zeit für Gott, für mich, für andere?«

R. Rückle

Sakrament → Taufe; → Herrenmahl

Salben/Salbung

I. Wortbedeutung

Im AT (hebr.) gibt es zwei Hauptbegriffe für »Salben«: *suk* = salben zur Pflege des Körpers; *maschach* = salben im Sinn von »weihen« und »bevollmächtigen«; davon: *maschiach* = Messias (der Gesalbte).

Im NT (griech.) gibt es ebenfalls zwei Worte: *aleipho* = salben zur Pflege des Körpers; *chrio* = salben in religiöser Bedeutung; davon: → Christus.

Zur Salbung wurde Öl, besonders das frische, wohlriechende Olivenöl verwendet. Für medizinische oder kosmetische Zwecke wurden verschiedene wohlriechende und heilende Stoffe beigemischt. Salbe heißt daher auf Hebräisch oft einfach »das Gemischte«. Besonders fein und wertvoll war die Salbe aus der Nardenwurzel.

II. Der Begriff in der Bibel

Das Öl und der Ölbaum waren eine der wichtigsten Lebensgrundlagen der alten Welt. Öl war Lebensmittel (1Kö 17,12) und diente zum Kochen und Backen (2Mo 29,2; 3Mo 8,26). Die aus Öl gemischte Salbe wurde zur Wundpflege verwendet (Jes 1,6; Lk 10,34). Öl diente zur Beleuchtung (2Mo 27,20; Mt 25,3f), zur Körperpflege (Mt 6,17) und als Schönheitsmittel (Hl 1,3). Es wurde auch als Speisopfer dargebracht (3Mo 2,7.14).

Bei »Salben«/»Salbung«/»Salböl« muß man immer wieder an diese vielen Verwendungsmöglichkeiten des Öls denken.

1. Salbung zur Körperpflege und Heilung

Salbung diente der alltäglichen Körperpflege (Spr 27,9; Dan 10,3), die bei Trauer unterblieb (2Sam 12,20). Mit Salbe *gepflegt* wurden Kopf- und Barthaar (Pred 9,8); besonders der Gast wurde auf diese Weise *geehrt* (Lk 7,46; Ps 23,5).

Salbe gehörte zu den wertvollsten Dingen (Jes 39,2; Offb 18,13). Das Herz freut sich an Salbe (Spr 27,9), noch wertvoller als Salbe aber ist ein guter Ruf (Pred 7,1).

Besondere Bedeutung hatte die Salbung bei der *Schmückung der Braut* zur Hochzeit (Hl 1,3; 4,10). Hier wurde die besonders kostbare Nardensalbe verwendet (Hl 1,12; vgl. Mk 14,3).

Ebenfalls im Sinn der *Ehrung* ist die Salbung eines Verstorbenen zu verstehen (2Chr 16,14; Jesus: Mk 16,1). Die vorweggenommene Salbung Jesu (Mk 14,3–9) ist zugleich Zeichen der Dankbarkeit und des Glaubens an ihn (vgl. Lk 7,37ff).

Die *Krankensalbung* in Mk 6,13 und Jak 5,14 ist nicht so sehr medizinisch sondern als Zeichen der Kraftwirkung Gottes zu sehen. Sie gehört zusammen mit der Verkündigung (Mk 6) und dem Gebet (Jak 5).

2. Salbung zur Weihe und Bevollmächtigung

Jakob gießt Öl auf den Stein an dem heiligen Ort Bethel. Der Stein wird damit *Gott geweiht* (1Mo 28,18). Ähnlich werden später die Gegenstände des Tempels gesalbt und damit Gott geweiht (2Mo 40,9–11). Sie haben damit teil an Gottes machtvoller Heiligkeit (2Mo 30,26–29). Auch der Hohepriester wurde gesalbt, also gereinigt und geheiligt.

Eigene Bedeutung hat die *Salbung des Königs.* Sie gab dem König Macht, Kraft und Ehre. Der Gesalbte steht in unmittelbarer Verbindung mit Gott, er hat Gottes Geist (1Sam 10,16; 16,13), und er steht unter Gottes besonderem Schutz (1Sam 24,7.11; 2Sam 1,14–16). Zugleich verpflichtet die Salbung den König, nach Gottes Willen zu regieren (1Sam 15,11–22; Ps 45,5).

Auch die *Propheten* werden als Gesalbte bezeichnet; sie haben einen besonderen Gottesauftrag. Der → Geist Gottes ruht auf ihnen (Jes 61).

Die Juden erwarteten für die Heilszeit einen prophetischen Gesalbten (= Messias), vgl. 5Mo 18,18. Dieser von Gott Gesalbte bringt den Elenden gute Botschaft; Jesus bezieht diese Stelle dann auf sich (Lk 4,16–21).

Viele Könige erfüllten ihren Auftrag als Gesalbte nicht. So finden wir im AT die *Ankündigung und Erwartung* eines Herrschers, der wirklich mit Gott verbunden ist und durch den Gott Heil und Frieden wirkt (Jes 9,1–6; 11,1–9). Die Herrschaft des Gesalbten wird weltweit sein (Ps 2; 110), aber keine Gewaltherrschaft (Sach 9,9f).

Die Juden *zur Zeit Jesu* erwarteten einen *machtvollen* Messias, der die Welt beherrscht. Apg 5,36 und 21,38 berichten von gescheiterten Messiasgestalten. In Mk 13,22 warnt Jesus vor falschen Messiasgestalten.

Jesus hat sich vor Ostern selten offen als Messias bezeichnet (Joh 4,25f). Aber die Menschen merkten seine besondere Nähe zu Gott und Gottes Wirken durch ihn. So fragen sie, ob er der Messias sei (Joh 10,24), und Petrus bekennt: »Du bist Christus« (= der Messias; Mt 16,16). Jesus bestätigt es, aber die Jünger sollen noch schweigen. Die Menschen würden nicht verstehen, *daß der Gesalbte Gottes leiden muß.*

Auch die Jünger können erst nach Tod und Auferstehung Jesu verstehen, daß Jesus als der Messias leiden mußte, und *daß er wirklich der Messias war* (Lk 24,26ff; → Jesus Christus).

Von der Salbung der Christen wird gesprochen in 2Kor 1,21 und 1Jo 2,20.27. Salbung bedeutet hier symbolisch die Gabe des Heiligen Geistes. Diese Gabe bedeutet die Gewißheit der Zugehörigkeit zu Christus (2Kor 1; vgl. Röm 8,16) und die Fähigkeit, Wahrheit und Lüge zu unterscheiden und in Christus zu bleiben (1Jo 2).

III. Der Begriff heute

Salben/Salbung führt uns in drei Bereiche, die heute getrennt sind:

1. MEDIZIN

Salbung mit Öl diente der Pflege und Heilung von Wunden. Diesem Zweck dienen heute die vielen Produkte der pharmazeutischen Industrie. Dabei werden erstaunlich oft Wirkstoffe aus der Natur verwendet. Viele Arzneimittel enthalten Extrakte aus Pflanzen, und viele sind zwar künstlich hergestellt, aber eigentlich der Natur nachgemacht. So wurde das heute so wichtige Penizillin bei den Schimmelpilzen entdeckt. Zugleich kommen manche alten »Hausmittel« wieder zu Ehren, weil sie oft weniger Nebenwirkungen haben.

In 5Mo 8,8 wird der Ölbaum bei den vielen Dingen, die Gott seinem Volk zum Leben gibt, mit aufgezählt. Auch die Heilmittel und alle modernen Medikamente gehören zu den »Bedürfnissen des Leibes und Lebens«, mit denen uns Gott der Schöpfer »reichlich und täglich versorgt« (Luther im Kleinen Katechismus). Wir dürfen alle Heilkunst und Heilmittel als Gabe Gottes annehmen und gebrauchen, sie weder verachten noch zur Ersatzreligion werden lassen. Vielleicht sollte aber die Gemeinde die Gabe der Heilung wiederentdekken (vgl. Apg 3) und auch den Auftrag zur Krankensalbung und Fürbitte (Jak 5,14) wieder ernster nehmen und verantwortungsvoll gebrauchen (und nicht der Entartung in den Sekten überlassen); → Schöpfung/Schöpfer; → Heilen/Heilung.

2. KÖRPERPFLEGE

Unser Körper ist von Gott geschaffen, ja, er ist sogar Tempel (= Wohnung) des Heiligen Geistes. Wir dürfen und sollen unseren Körper pflegen. Selbst in der Zeit des Fastens (Mt 6,17) und der Trauer sollen wir uns nicht »gehen lassen«. Ein gepflegtes und natürliches Aussehen wird zur Schönheit von Gottes Schöpfung passen (»Kosmos« heißt ursprüngl. »das Geschmückte«, »das Geordnete«, vgl. »Kosmetik«). Es ist aber gut, sich zu fragen: Warum mache ich mich schön (zur Ehre Gottes, 1Kor 6,20, oder zu eigener Ehre vgl. Jes 3,16–23)? Und: Will ich erfreuen (meine Umgebung, meinen Ehepartner) oder will ich verführen oder manipulieren?

3. SALBUNG ALS ZEICHEN DER ZUGEHÖRIGKEIT ZU GOTT UND BEVOLLMÄCHTIGUNG

a) *Salbung* in diesem Sinn verweist auf die *Gabe des →Geistes Gottes.* Diesen empfangen seit Pfingsten alle, die an Jesus Christus glauben (Gal 3,1–5; Eph 1,13). Er gibt allen Gläubigen die Gewißheit der Zugehörigkeit zu Gott (Röm 8,9.14–16) und Erkenntnis (2Kor 1,21f; 1Jo 2). Darum gibt es seit Pfingsten keine spezielle Salbung mehr: Durch die Gabe des Heiligen Geistes haben alle Christen die → Berufung und den Auftrag, als → Zeugen (Apg 1,8) für ihren Herrn Jesus Christus zu leben. Als solche → »Priester« (1Petr 2,9) sollen sie Gott den Menschen und die Menschen Gott nahebringen.

Neben diesem »Priestertum aller Gläubigen« steht die Beauftragung einzelner zu Aufgaben, die der Betreffende im Namen der ganzen → Gemeinde tut (→ Verkündigung, Unterricht, → Seelsorge, Pflegedienste, Jugendarbeit, Verwaltung u.a.). Zu diesen Ämtern (→ Dienst/Amt) beruft die Gemeinde bzw. Kirche. Die Wahl soll dabei nach den Erfordernissen der Aufgabe (vgl. Apg 6,1–6) und den Maßstäben von 1Tim 3,1–13; Tit 1,5–9 erfolgen. Die Beauftragung geschieht dann unter → Gebet und vielerorts → Handauflegung.

Dieser Vorgang sollte nicht nur auf die Pfarrer beschränkt bleiben. Auch für die »ehrenamtlichen Mitarbeiter« wäre es eine Hilfe, wenn sie zu ihren Aufgaben etwa in einem → Gottesdienst beauftragt werden und die Gemeinde auch weiterhin für sie und ihre Dienste *betet.* (Dies sollte auch für eine Aufgabe von begrenzter Zeitdauer geschehen.)

b) *Die Salbung von Gott* bedeutet nach 1Jo 2,20 und 27 die Gabe eines besonderen »inneren Wissens«: Auch wenn der einzelne Christ nicht immer jede Frage in ihrer Vielschichtigkeit und Kompliziertheit überprüfen kann, so will ihm doch der Heilige Geist eine *innere Gewißheit und Klarheit schenken* (vgl. Joh 14,26). Den Christen wird hier sehr viel »Mündigkeit« und *Urteilsvermögen* zugetraut (vgl. Joh 16,13). Das ist allerdings kein Freibrief für Vorurteile und Unwissenheit, sondern eine Hilfe und ein Trost bei der Aufgabe: »Prüfet alles, und das Gute behaltet!« (1Thes 5,21; 1Jo 4,1).

S. Kreuzer

Sanftmut

I. Wortbedeutung

Dem deutschen Wort »Sanftmut« (»sanft«) liegt die indogermanische Wurzel *sem* = »eins« zugrunde. Darum gehört dieses Wort ursprünglich gar nicht in die Familie der Wörter, die Zartheit, Weichheit oder Milde ausdrücken wollen. »Sanft« ist verwandt mit »sammeln«, »samt«, »sämtlich«, »zusammen«. Es hat also durchaus sozialethische Bezüge: »Sanftmut« mag einmal »Gemeinschaftssinn«, »Mut zur Sammlung« bedeutet haben. Näher beim heutigen Verständnis liegt das germanische *sampia*, das die ursprüngliche Bedeutung aufnimmt und doch ausweitet: Mit der *sampia* meinten unsere Urväter ein »friedliches, freundliches Beisammensein«, und diese Wendung hat sich dann durchgesetzt. Mit »Sanftmut« bezeichnen wir heute ein Verhalten oder eine Charaktereigenschaft, die es mit Friedlichkeit, Freundlichkeit, aber auch mit Zartheit zu tun hat.

II. Der Begriff in der Bibel

1. Im AT findet sich unser Begriff selbst nur einmal: Im 4. Buch Mose wird Mose als »sehr sanftmütig« (12,3) beschrieben. Dem Sinne nach findet sich die Sanftmut im AT allerdings öfter, und zwar dort, wo in der prophetischen Verkündigung und in einigen Psalmen vom sanftmütigen, gläubigen Dulder die Rede ist (→ Leiden/Dulden). So werden »die Gebeugten das Land gewinnen« (Ps 37,11), Gott wird »allen Gebeugten auf Erden helfen« (76,10), und der verheißene Messias wird als demütiger König auf einem Esel in Jerusalem einreiten (Sach 9,9f).

2. Im NT fehlt der Begriff bei Markus, Johannes und in den Schriften des Lukas völlig. Um so bedeutsamer ist seine Verwendung bei Matthäus und Paulus. In den Seligpreisungen der → Bergpredigt haben die Sanftmütigen einen hervorragenden Platz bekommen: Sie werden das Erdreich besitzen (Mt 5,5). Aber weiter: Der Abschnitt Mt 11,25–30 wird oft als der »Heilandsruf« bezeichnet. Jesus ruft die Mühseligen und Beladenen in seine Nähe, denn »ich bin sanftmütig und von Herzen demütig« (11,29). Dies wird in Mt 21,5 bestätigt, wo Matthäus ein atl. Zitat einstreut und auf Jesus bezieht: »Saget der Tochter Zion: Siehe, dein König kommt zu dir sanftmütig ...« So führt uns die »Sanftmut« mitten hinein in das → Geheimnis Jesu, aber auch in das Geheimnis Gottes, der in der Bibel nie als der Sanftmütige beschrieben wird, aber durchgängig sanftmütig handelt: Anstatt zu vernichten, geht er uns nach in grenzenloser → Geduld und sendet den Einen, ohne Getöse und Aufruhr, als Kind in einer Futterkrippe, als Mensch ohne festen Wohnsitz, ohne Sicherheit, mit → Vollmacht und doch ohne Macht, als Herrscher und doch auf einem Esel, als Sieger und doch mit den Wundmalen des Kreuzes. »Mein Joch ist sanft, und meine Last ist leicht« (Mt 11,30), sagt Jesus, und leicht ist sie, weil sie Lasten wegnimmt, statt neu zu belasten; weil sie befreit, statt zu binden.

3. Dieses »Joch« (Mt 11,30) steht auch den Christen gut an, und darum rechnet Paulus die Sanftmut der → Frucht des → Geistes zu. Nicht umsonst hält er gerade den trotzigen und streitsüchtigen Korinthern die »Sanftmut Christi« vor Augen (2Kor 10,1) und stellt ihnen anheim, ob er »mit der Rute oder mit Liebe und dem Geist der Sanftmut zu ihnen kommen soll« (1Kor 4,21). Brüderliche Zurechtweisung soll im Geist der Sanftmut geschehen (Gal 6,1), gerade so und nur so können Christen einander Lasten abnehmen (Gal 6,2). Besonders da, wo es um den dringenden Ruf zur Einheit unter den Christen geht (Eph 4,2; Kol 3,12; 2Tim 2,25), wird die Sanftmut angesprochen, ganz in dem Sinne der Grundbedeutung des deutschen Wortes »Sanftmut«, »Mut zur Sammlung«. So sollen Christen auch im Bekennen ihres Glaubens zwar klar und deutlich, aber nicht hochmütig und von oben herab reden (1Petr 3,15 u. 16!).

In allem, wirklich in allem, soll die Sanftmut herrschen und nicht die Streitsucht und auch nicht (und ganz besonders nicht) das häßliche Reden über den Mitmenschen (Tit 3,2). Schließlich soll auch unsere Einstellung beim Lesen und Hören der Bibel von Sanftmut getragen sein, d.h. wir sollen endlich einmal unsere Vorurteile gegen Text und Prediger, unsere Gedanken des Besserwissens und der Kritik abstreifen und uns zum Hören öffnen (Jak 1,21). Dann kommt von selbst, daß wir, wie es Jakobus fordert, von Hörern zu Tätern werden und daß Gottes Wort in uns Raum gewinnt (1,21.22).

III. Der Begriff heute

Allerdings findet das Wort »Sanftmut« in der deutschen Umgangssprache heute kaum noch Verwendung. Es ist Bibelsprache geblieben und hat bei uns einfach keinen Eingang gefunden. Statt »Sanftmut« sagt man heute »Verträglichkeit«, »Kompromißbereitschaft« oder »Toleranz«. Höchstens das Adjektiv »sanft« wird noch gelegentlich verwendet, so z.B. bei der Reklame von Waschmitteln, bei der Beschreibung von Landschaften (»ein sanfter Höhenrücken«) oder bei Charakterdarstellungen (»ein sanftes Gemüt«).

Hier kommt aber gleich der negative Beigeschmack auf, der dem Wort wahrscheinlich den Eingang in unsere Umgangssprache verbaut hat. »Sanftmut« wird, wenn überhaupt, dann eher als »Weichheit«, um nicht zu sagen »Weichlichkeit«, ausgelegt. Und wer will sich schon in einer Zeit des Managertums, des Leistungszwanges und der oft rücksichtslosen Härte sagen lassen, daß er weich bzw. weichlich ist!

Es wird wenig Zweck haben, wenn man dies vergessene Wort wieder aufleben lassen möchte. Unsere Gesellschaft hat für Töne der Zartheit nur wenig Raum. Es hilft auch nicht, die alten Griechen zu bemühen, bei denen die »Sanftmut« zu den hervorragendsten Tugenden gehörte. Aber die Sache selbst, die hinter dem Wort steht, die gilt es festzuhalten. Dies fordert nicht zuletzt der Tatbestand, daß die »Sanftmut« unter der »Frucht des Geistes« ausdrücklich genannt wird. Wir wären übel beraten, wenn wir das, was die Sanftmut umschreibt und anklingen läßt, wenn wir Demut und Friedfertigkeit, Zartheit und Wärme, Weichheit und Feinfühligkeit, Gemeinschaftssinn und Bruderliebe gleichgültig behandeln würden. Immerhin sagt kein anderer als Jesus von sich selbst: »Ich bin sanftmütig und von Herzen demütig« (Mt 11,29). Wenn er dann noch sagt: »Lernet von mir!« – ist es dann eine Schande, ein Zeichen von Schwäche und Verweichlichung, wenn wir uns diesen Ehrentitel zu eigen machen und danach handeln? H. Bärend

Satan/Teufel

I. Wortbedeutung

Das deutsche Wort ist abgeleitet aus dem griech. *diabolos* = der Durcheinanderwerfer, der Auseinanderbringer, Ausplauderer, Verleumder, Beschuldiger, Angreifer. Auch »Satan« wird er genannt, abgeleitet vom Hebr., wo es der Widersacher, der Feind, der Ankläger bedeutet.

II. Der Begriff in der Bibel

Im Alten Testament kommt der Satan als Widersacher Gottes nur an wenigen Stellen vor, so Sach 3,1; 1Chr 21,1 und Hi 1–2, hier als einer unter den »Kindern Gottes« in der himmlischen Ratsversammlung.

Das Neue Testament betont ein Dreifaches:

1. Den Teufel gibt es wirklich, und er hat große Macht

Er ist ein Menschenmörder und Lügner von Anfang an (Joh 8,44 und 1Jo 3,8ff); der Gott dieser Weltzeit, der Herrscher dieser → Welt, der Herr der → Dämonen; alle Königreiche dieser Welt gehören ihm (Lk 4,6). Er kann zu Kindern des Teufels machen (Joh 8,44; 17,12; Apg 5,3; 13,10). Er umkreist uns wie ein Löwe und sucht, welchen er verschlingt (1Petr 5,8). Er will die ganze Welt verführen, führt in Versuchung (Mt 4,1ff), auch auf sexuellem Gebiet (1Kor 7,5; 1Tim 5,15), verhindert Reisen (1Thes 2,18), knechtet durch Krankheit (Lk 13,16; 2Kor 12,7), reißt das gesäte Gotteswort aus dem Herzen (Mt 13,19), sät Unkraut zwischen den Weizen (Mt 13,25), tötet (1Kor 10,10; Hebr 2,14). – Insgesamt wird der Teufel im NT 110mal erwähnt, unter 15 verschiedenen Namen; darunter: Beezebul, Beliar, Feind, Versucher, Kind des Verderbens, Verderber, Verführer, Drache, Ankläger, Schlange, Feind, der Gewalthaber der Mächte zwischen Himmel und Erde (→ Dämonen).

2. Jesus hat den Teufel besiegt. Der Teufel macht nur noch seine letzten Züge

Der Satan weiß, daß er wenig Zeit hat (Offb 12,12; Röm 16,20), tobt sich auf der Erde noch aus, wird aber endgültig gerichtet werden (Mt 25,41; 2Petr 2,4; Jud 6; Offb 20,2.10; Mk 9,44ff). Er ist mit dem Tode Jesu als Ankläger aus dem Himmel gestürzt worden (Lk 10,17; Joh 12,31). Der Herrscher dieser Welt ist verurteilt (Joh 16,11). Er mußte von Jesus bei der Versuchung ablassen (Mt 4,11). Jesus heilte alle, die vom Teufel tyrannisiert wurden (Apg 10,38), Jesus sind alle Mächte untertan geworden (1Petr 3,22), das Reich Gottes ist in Jesus bereits zu uns gelangt (Mt 12,28). Johannes ruft aus: »Ihr jungen Männer, der Sieg über den Bösewicht ist euer« (1Jo 2,13), und: »Dazu ist der Sohn Gottes erschienen, um die Werke des Teufels zunichte zu machen« (1Jo 3,8).

Der Teufel ist schachmatt – wie können wir uns gegen seine letzten Züge wehren? Nur mit Jesus! Durch Gebet zu ihm (Mt 6,1), durch das Wort von ihm (Mt 4,4.7.10); durch gegenseitige Ermahnung in seinem Sinn und bewußte Vermeidung versucherischer Gelegenheiten (2Tim 2,25f; Eph 4,26; 2Kor 2,11; Apg 26,18); indem wir unser Vertrauen ganz auf Jesus setzen (Eph 6,16) und dem Teufel den Rücken kehren. Gott wird uns stärken und bewahren vor dem Bösen (1Jo 2,13). Jesus selbst hat für uns gebeten: Vater, bewahre die Meinen vor dem Bösen (Joh 17,15).

3. Fast unbegreiflich: Der Teufel ist Gottes Teufel!

Im Alten Testament wird berichtet, daß der Teufel mit Erlaubnis Gottes tätig wird (Hi 1–2); daß Gott einen bösen Geist, einen Lügengeist, aussendet; Verstockung, Unheil und Böses stiftet und tötet (1Mo 32,24ff; 2Mo 4,24ff; 5Mo 27,13; Jos 8,2; Ri 9,23; 1Sam 2,25; 16,14; 18,10f; 19,9; 26,19; 2Sam 24,1.16f; 1Kö 12,24; 22,19–23; 2Kö 19,35; Jes 6,9ff; 19,24; 29,10; 45,7; Jer 51,1). »Geschieht ein Unglück in einer Stadt, und der Herr hätte es nicht gewirkt?« (Am 3,6).

Im Neuen Testament heißt es zwar: »Gott

führt nicht in Versuchung, sondern die eigene Gier« (Jak 1,13); jedoch wird Mt 4,1 ausdrücklich gesagt: Jesus wurde vom Geist in die Wüste geführt, um vom Teufel versucht zu werden. Das Wirken des Satans ist zwar von Gottes Gnade umfaßt, er kann nur den Leib zerstören (1Kor 5,5; 1Tim 1,20), aber Mt 10,28 (Lk 12,5) bleibt offen, ob Gott oder der Teufel gemeint ist, der Leib und Seele in der Hölle verderben kann. Und Offb 2,10 und 1Thes 3,5 heißt es, daß der Teufel Christen ins Gefängnis bringt, um ihnen eine Prüfung aufzuerlegen. Offb 13,7: »Es wurde ihm von Gott erlaubt, gegen die Heiligen Krieg zu führen und sie zu besiegen.« Offb 17,17: Gott hat ihnen ins Herz gegeben, seinen Willen zu tun und einmütig ihre Herrschaft dem Tier zu übertragen. 2Thes 2,11: Gott schickt ihnen die Kraft der Verführung, daß sie der Lüge glauben. Am umfassendsten Kol 1,16: »Durch ihn ist alles geschaffen, das Sichtbare und Unsichtbare, Throne, Majestäten, Herrschaften, Mächte – durch ihn und auf ihn hin geschaffen!« Fast unbegreiflich, der Teufel ist Gottes Teufel!

III. Der Begriff heute

1. Der Teufel – eine überholte Vorstellung?

Die Wirklichkeit des Bösen kann keiner leugnen, auch wenn er sie anders erklärt. Wo ist es nicht? Luther sagte, die ganze Welt sei vom Teufel besessen! Drogen, Alkohol, Morde, Selbstmorde, Kriege, sexuelle Zügellosigkeit, Grausamkeiten, Satansmessen, Totenbefragung, Sterngläubigkeit, neue Jugendreligionen. Vieles hat ein Doppelgesicht: autoritäre wie antiautoritäre Erziehung, Staatsgehorsam, Geld, selbst Pflichtbewußtsein, Ordnung und Leistung. Es gibt dunkle Zusammenhänge zwischen Maschinenzeitalter, Kapitalismus, Wohnungselend, Fabrikarbeit von Kindern, Prostitution, auch von Sozialismus und Unfreiheit. Gutes wirkt sich zum Schlechten aus: höheres Lebensalter – wer erarbeitet die Renten? Die Pille – kein Nachwuchs, mehr Geschlechtskrankheiten! Beschäftigung, aber u.a. durch Rüstungsindustrie und Atomkraftwerke! Größere soziale Sicherung – dafür Arbeitslosigkeit! Chemie und Landwirtschaft: größere Erträge, ungesundere Kost! Wohlstandsgesellschaft – ständig steigende Diebstahlshäufigkeit! Radikale Bibelkritik. Gruppendynamik – Einheitsdenken ohne ureigenste Verantwortung. Gewalt statt Recht – Beharrung statt Änderung. – Die Welt steht unter dem Fluch, ist »preisgegeben« (1Mo 3,16–24; Röm 1,18ff), und der Drahtzieher ist Satan.

2. Ist der Teufel wirklich ausgeschaltet?

Auschwitz! Weltkriege! Hunger! Und er sitzt in mir selbst! Erlebe ich ihn nicht jeden Tag? Antwort der Bibel: (a) Er kann mich noch verführen, aber darf mich bei Gott nicht mehr anklagen (Lk 10,18; Röm 8,38). – (b) Jesus sagt: »Niemand kann mir meine Schafe aus der Hand reißen« (Joh 10,28), und wenn ich in den Gaskammern der Konzentrationslager sterben müßte. – (c) Jede getane Sünde will mich zu Jesus treiben; denn bei ihm ist die → Vergebung. Und nur Er kann mich gehorsam machen (Gal 5,18)! – (d) Jesus kann aus satanischen Einwirkungen Segen machen: Paulus wird eine Krankheit nicht wieder los, damit er sich nicht überhebt. »Wenn ich schwach bin, so bin ich stark« (2Kor 11,7.10). – (e) Der Endsieg Jesu ist sicher, aber wir warten auf unseres Leibes Erlösung (Röm 8,23–28; 1Kor 15,24–28).

3. Wie kann ich das verstehen, dass der Teufel Gottes Teufel ist?

Gott wirkt alles in allem. Er ist auch im Handeln des Teufels gegenwärtig, nicht nur als Zuschauer, sondern als Handelnder. Aber das Ziel des Handelns ist verschieden: der Teufel will zerstören, Gott will heilen. Gott hält den Teufel am Zügel. Gott begibt sich in Jesus in dieselbe Anfechtung wie wir. Jesus lobt Gott in der tiefsten Tiefe in Gethsemane und am → Kreuz. Jesus richtet den Satan am Kreuz und macht ihn zu seinem Werkzeug. So und nur so löst sich die Fragestellung: Ist der Teufel ein »Gegengott«, dann ist Gott nicht allmächtig; wäre er aber Gottes Geschöpf, dann wäre Gott nicht gütig und heilig, oder der Böse wäre nicht so schlimm, oder wir wären nicht verantwortlich, oder wir könnten zu sicher sein. Der Satan ist weder ein Gegengott – wir brauchen keine Achtung vor ihm zu haben! – noch ein Geschöpf Gottes, auch kein gefallener Engel, sondern Gottes Widersacher, dessen Sieg verloren und dessen Ende bereits bestimmt ist.

Papst Paul VI. sagte 1972: »Der Teufel ist eine schreckliche Realität. Wer die Existenz dieser Wirklichkeit bestreitet, stellt sich außerhalb der biblischen und kirchlichen Lehre.« Und Luther schrieb im Lied: »Und wenn die Welt voll Teufel wär und wollt uns gar verschlingen, so fürchten wir uns nicht so sehr, es soll uns doch gelingen. Der Fürst dieser Welt, wie saur er sich stellt, tut er uns doch nicht; das macht, er ist gericht. Ein Wörtlein kann ihn fällen.«

P. Köhler

Schlecht → Böse/Schlecht

Schöpfung/Schöpfer

I. Wortbedeutung

Das Wort »Schöpfung« in unserem Sinne, als sichtbare und fertige Einheit der gesamten Natur, findet sich so nicht in der bibl. Sprache. Desto vielfältiger redet die Bibel vom schöpferischen Handeln Gottes. Das hebr. AT kennt ein Wort *(bara)*, das allein das machtvolle Schaffen Gottes im Unterschied zu allem menschlichen Werk bezeichnet. Dieses Schaffen Gottes ist auch nicht beschränkt auf einen einmaligen Schöpfungsakt am Beginn der Welt. Gott schafft jeden einzelnen → Menschen auf der Erde (Ps 139). Gott schafft und ruft sich ein Volk zum Eigentum: → Israel. Gott schafft Hilfe und tut → Wunder. Er schafft → Erlösung durch Jesus Christus. Er wirkt neues, ewiges Leben aus dem Tod und wird am Ende »einen neuen Himmel und eine neue Erde« (Offb 21,1) schaffen. In alledem wird die dynamische Aktivität des Herrn bezeugt, dem nichts unmöglich ist. So schwingt bereits in der biblischen Wortbedeutung das → Lob Gottes mit.

II. Der Begriff in der Bibel

DER LOBPREIS DER SCHÖPFUNG

Jedesmal, wenn das AT von Himmel und Erde, »dem Werk seiner Hände«, spricht, bekennt es damit die grenzenlose Macht und Größe → Gottes. So ist schon das Schöpfungskapitel 1Mo 1 ein Bekenntnis, das Gott loben will: der gleiche Herr, dessen Wort sich in Israels Geschichte immer wieder machtvoll erwiesen hat, hat »am Anfang« aller Geschichte allein durch sein → Wort die Welt geschaffen (vgl. Ps 33,9). Die Schönheit und Vielfalt der Schöpfung preist ihren Schöpfer, »die Himmel erzählen die Ehre Gottes« (Ps 19,1), alles Geschaffene verkündet die → Herrlichkeit des Herrn (Ps 8; 19; 104; 148). Aus dem Chaos heraus hat Gott die ganze Schöpfung geordnet (»er gab eine Ordnung« Ps 148,6), so daß alles seinen Platz, seine Aufgabe und seine Grenze bekommen hat. Auch der Mensch.

DER AUFTRAG DER SCHÖPFUNG

Der Mensch ist zum Bilde, zum Gegenüber, Gottes geschaffen (1Mo 1,27) und dadurch aus allen Geschöpfen herausgehoben. Mit ihm spricht Gott, und ihn setzt er ein, seine Herrschaft auf der Erde zu vertreten und sich alles Geschaffene (mit Ausnahme des Menschen selbst!) untertan zu machen. Die Erde ist und bleibt zwar Gottes Eigentum, aber dem Menschen ist sie anvertraut; er ist zum Sachwalter Gottes (→ Haushalter/Haushalterschaft) berufen. Und wie Gott am Anfang dem Chaos gewehrt hat, so soll der Mensch im Hören auf Gottes Wort und Gebot die Ordnung Gottes wahren und nicht erneut dem Chaos Raum geben.

DIE ZERSTÖRUNG DER SCHÖPFUNG

An diesem Auftrag ist der Mensch gescheitert. Obwohl die Schöpfung auch als gefallene Schöpfung noch den Schöpfer erkennen läßt, hat der Mensch ihn nicht erkannt (1Kor 1,21), sich ans Geschaffene gehängt und das Geschöpf angebetet statt den Schöpfer (Röm 1,19–21). In solcher Loslösung von Gott (= → Sünde) verliert der Mensch, was Gott ihm anvertraut hat, zerstört er sich selbst und die übrige Schöpfung. So geht der Riß der Sünde durch die ganze Schöpfung, und alle Kreatur »seufzt« nach der ausstehenden → Erlösung (Röm 8,22).

DIE NEUE SCHÖPFUNG

Jesus Christus ist als Mensch auf diese Erde gekommen und in den Riß der Sünde getreten. Als der gehorsame → Sohn Gottes hat er die Berufung des Menschen als einziger wahrgenommen und erfüllt. So zeigt uns Jesus den Menschen, wie Gott ihn gewollt hat. Nach seinem Sühnetod (→ Versöhnung/Sühne) hat Gott ihn auferweckt und zum → Herrn und Erstling der neuen Schöpfung gemacht. Wer sich ihm zu eigen gibt, gehört kraft seines Kreuzestodes und seiner → Auferstehung schon zur neuen Schöpfung (2Kor 5,17). Das ist jetzt noch verborgen und nur dem Glauben gewiß. Aber die Geburtswehen der neuen Welt Gottes haben schon eingesetzt. Die → Wiederkunft Jesu Christi bringt das Ende der ersten Schöpfung. Und dann wird das → Reich Gottes, die neue Schöpfung, sichtbare Wirklichkeit werden, eine neue Welt voll Frieden und Gerechtigkeit (2Petr 3,12f u. Offb 21). So wird alle Schöpfung im Angesicht Gottes zum Ziel kommen.

III. Der Begriff heute

SCHÖPFUNGSGLAUBE UND NATURWISSENSCHAFT

Die brennendste Frage zum biblischen Schöpfungszeugnis wird für viele sein: wie verhalten sich die Schöpfungsberichte zur modernen Naturwissenschaft? Nach der Bibel hat Gott Himmel und Erde, Pflanzen und Tiere und schließlich den Menschen geschaffen; *viele heutige* Wissenschaftler aber lehren die Entstehung aller Dinge durch einen langen Entwicklungsprozeß, die sogenannte Evolutionstheorie. Am Anfang unserer Welt, vor etwa 15 Milliarden Jahren, soll eine ungeheure Ur-Explosion die gesamte Masse der Materie in den Weltraum auseinandergeschleudert haben. Die Erde soll sich vor 4,7 Milliarden Jahren gebildet haben. Über einen Zeitraum von 3 Milliarden Jahren hin soll sich dann eine höhere Lebensform nach der anderen aus der vorhergehenden entwickelt haben, so daß die Vielfalt der Pflanzen und Tiere entstand. Zuletzt kam der Mensch. Diese entwicklungsgeschichtlichen Vorgänge sind nur teilweise durch Funde belegt. Viele Fragen stehen noch offen. Man sollte sich daher vor leidenschaftlicher Verteidigung wie Bekämpfung der Evolutionslehre hüten und stattdessen ein sachliches Gespräch suchen und eine unvoreingenommene Forschung fördern. Die Evolution ist sicher nicht der einzige, aber doch ein wichtiger Schlüssel zur wissenschaftlichen Naturerklärung, da die Forscher überall auf Entwicklungsprozesse stoßen. Auch jedes menschliche Leben ist von der Zeugung an in einen Entwicklungsprozeß hineingestellt. Nirgendwo werden diese Dinge in der Bibel bestritten. Es ist daher nicht nötig, einen Gegensatz von Evolution und Schöpfung zu behaupten, als wären das zwei sich gegenseitig ausschließende Möglichkeiten. Was der Wissenschaftler durch Funde und im Experiment herausfinden und in einem begrenzten Maß auch nachweisen kann, ist immer nur die eine Seite der Lebenserscheinungen. Über Absicht, Sinn und Ziel allen Lebens kann er aber keine Aussage machen. Und hier haben die Schöpfungszeugnisse der Bibel ihren unverlierbaren Platz. Sie zeigen, daß Gott in seiner Weisheit die Welt, so wie sie entstanden ist, gewollt und geschaffen hat, allein durch die Macht seines Wortes. Sie zeigen, daß Gott bis heute jeden einzelnen Menschen erschafft, ihm durch seine Eltern das Leben gibt. Sie zeigen gerade damit das unauflösliche Ineinander von äußerlich feststellbarem Werden einerseits und verborgenem Schaffen Gottes, das hinter allem Leben steht, andererseits. Und sie reden daher auch vom Sinn und Ziel. Gerade die von vielen Zeitgenossen empfundene Sinnlosigkeit ihres Lebens und Tuns sollte uns Christen provozieren, Gottes gute Absicht mit seiner Schöpfung zu bekennen und bewußt als seine Geschöpfe zu leben.

Schöpfung und Alltag

Im Alltag wird es deutlich, ob wir Gott als unseren Schöpfer kennen. Das beweist sich ganz besonders im Danken. Im Danken ehren wir den → Vater, aus dessen Hand alles kommt: Sinne und Verstand, persönliche Gaben und Grenzen, das tägliche Brot und unzählige Dinge, die uns erfreuen, die Menschen um uns herum, die zu uns gehören ... Wir können das alles als selbstverständlich hinnehmen. Dann fehlt uns aber auch der besondere Glanz der → Freude, die hinter allem den gütigen Vater im Himmel sieht und ihm für alles zu danken weiß, selbst über Schwerem und noch im Mangel. Im Danken sind wir frei davon, uns an geschaffene Dinge zu verlieren und sie »anzubeten«. Wer nicht alle Schöpfungsgaben mit Dank aus Gottes Hand empfängt, wird unversehens abhängig sein von irdischen Gütern und von Menschen. Wer aber davon abhängig geworden ist, schadet seinem Leben. Wer z.B. von Geld und Besitz abhängig ist, schadet seiner Unbeschwertheit, seiner Fähigkeit zu vertrauen, zu schenken und zu lieben. Und damit wird ein Stück guter Schöpfung zerstört.

Schöpfung und Verantwortung

So ist klar, daß Gott uns schon im ganz persönlichen Bereich Verantwortung übertragen hat. Wir sind für seine Schöpfungsgaben verantwortlich; nicht nur wo es um unser eigenes → Leben mit seinen Gaben geht, sondern auch um das Leben unserer Kinder und Freunde, um das Leben des nahen und fernen → Nächsten, gleich welcher Herkunft, Bildung oder Hautfarbe. Hier liegen für jeden Christen zeugnishafte Aufgaben in einer Zeit, die Verantwortung gern abschiebt, dagegen die eigenen Bedürfnisse und Wünsche herausstreicht. Wir sind darüber hinaus verantwortlich für die ganze Fülle der Schöpfung in der Natur, die dem Menschen von Gott anvertraut und damit auch preisgegeben ist. In den letzten 20 Jahren wurde gerade in der Natur im Namen des Fortschritts so viel Leben vernichtet, wie nie zuvor in der Geschichte des Menschen. »Umweltzerstörung« ist Zerstörung guter Schöpfung Gottes und damit Schuld vor dem Schöpfer. »Umweltschutz« bedeutet daher für den Christen eine Aufgabe im Interesse der Schöpfung, die Gott liebt. Wer den Schöpfer kennt, lebt in allen genannten Bereichen verantwortlich.

Schöpfung und Ziel

Der Mensch steht am Ende der Zeit vor seinem Schöpfer und muß vor ihm Rechenschaft geben über sein Leben. Auf diesen »Jüngsten Tag« lebt alle Schöpfung zu. Sie hat ihren Sinn und ihr Ziel nicht in sich selbst. Und sie hat die Erfüllung nicht in sich selbst, auch wenn der Mensch immer wieder die Erfüllung seines Lebens allein auf dieser Erde sucht. Alle Schöpfung kommt erst im Angesicht des dreieinigen Gottes zur Ruhe. Wer das weiß, wird sich auf dieser Erde nicht häuslich einrichten können, sondern sich ausrichten auf das große Ziel der Erneuerung und Erfüllung aller Schöpfung in der Vollkommenheit des Reiches Gottes.

K.-H. Michel

Schrift → Heilige Schrift

Schwester → Bruder/Schwester

Schwören

I. Wortbedeutung

Das deutsche Wort »Schwören« heißt ursprünglich soviel wie »Rede und Antwort stehen«, »vor Gericht aussagen«. Die zwei griech. Worte für »schwören« im NT *(omnýo; horkizo)* verstehen den Schwur als verbindliche Bestätigung einer Aussage. Dahinter steht einmal die Vorstellung von »fest anfassen« (z.B. einen Schwurstab) oder von »einzäunen« (= scharf abgrenzen). Das hebr. Grundwort im AT verwendet dieselben Buchstaben, mit denen man die heilige Zahl »7« schreibt. Danach ist schwören wie »unter den Einfluß von 7 Dingen kommen«.

II. Der Begriff in der Bibel

1. Schwören in Israel

Israel gebraucht den Eid, wie im Orient üblich, um eine Aussage religiös zu verstärken; aber es tut das sparsam, unter eindeutiger Anrufung Gottes (5Mo 6,13) und ohne magischen Zauber (1Mo 14,22). Der totale → Bund Gottes mit Israel macht das wahrhaftige Reden verbindlich. Wer beim → Namen Gottes schwört, verleiht dieser Bindung gleichsam äußersten Ausdruck. Höchste Instanz für ein Gelübde ist Gott selber (5Mo 23,22ff). Meineid und falsches Zeugnis sind um der → Wahrheit und des → Nächsten willen strikt verboten (3Mo 19,12; 2Mo 20,16). Leidenschaftlich kämpfen die → Propheten gegen den Mißbrauch des Gottesnamens (Am 6,8). Den eigentlichen Zeugeneid vor Gericht kennt Israel nicht, dafür aber den Reinigungseid (2Mo 22,8–10). Bekannte Eidformeln sind: »So wahr Gott lebt« (Ri 8,19) und »Gott ist Zeuge zwischen dir und mir« (1Mo 31,50). Übertragen spricht das AT vom »Schwören Gottes« (4Mo 14,21ff; 1Sam 3,11ff).

2. Jesus ist kritisch gegen den Schwur

In der → Bergpredigt knüpft Jesus an das durch Mose überlieferte und von den jüdischen Zeitgenossen haarspalterisch verzerrte Eidgesetz an, stellt es aber radikal in Frage. Als der neue Mose proklamiert er eine neue Ordnung: Im → Reiche Gottes, in dem nur Gott herrscht, wird »überhaupt nicht« mehr geschworen (Mt 5,33–37). Weder Ersatzformeln (Himmel) noch Steigerungsformeln (Tempelgold: Mt 23,16–22) richten etwas aus. Stets hat es der Schwörende mit → Gott selber zu tun. Und der läßt sich nicht vergewaltigen. Gottes → Name ist unverfügbar. Kämpft das AT (Mose) mit seinem Eidgebot gegen die schmutzige Lüge, so das NT (Jesus) für die reine → Wahrheit: »Jedes Ja ein Ja, jedes Nein ein Nein!« (Mt 5,37; vgl. auch Jak 5,12).

3. Schwur Gottes im Hebräerbrief

Das atl. Bild vom schwörenden Gott wird im Urchristentum ganz unbefangen zitiert (Lk 1,73; Apg 2,30; Engelschwur: Offb 10,6). Der Verfasser von Hebr verwendet es sogar schöpferisch: Danach hat Gott seinem ungetreuen Volke »im → Zorn« geschworen (3,11.18), aber auch mit → Gnade den Abraham-Segen (6,13ff), ja die Einsetzung des »Sohnes« als Hohenpriester (7,28) eidlich zugesichert. Hebr sieht im Gottesschwur eine Glaubenshilfe.

4. Schwurähnliches bei Jesus und Paulus

Wenn Jesus auf die »beschwörende« Frage des Hohenpriesters nach seiner Messianität antwortet »Du sagst es«, so ist das ein einfaches Bekenntnis, aber kein Schwur. Auch die schwurähnlichen Sätze bei Paulus, wie etwa die Anrufung Gottes als → »Zeugen« (Röm 1,9) und die »Beschwörung« einer Gemeinde beim »Herrn« (1Thes 5,27), wollen eine Aussage nur seelsorgerlich unterstreichen.

III. Der Begriff heute

1. Christus ist und will die Wahrheit

Es gibt keine zwei Wahrheiten, eine gewöhnliche und eine beschworene. Inmitten einer oft so verlogenen Gesellschaft ist Christus »die« Wahrheit schlechthin (Joh 14,6; 2Kor 1,20). Deswegen fordert er auch, nur die Wahrheit zu sagen, wirklich »nichts als die Wahrheit«. Solschenizyn hat sie verstanden, als er in seiner (nicht gehaltenen) Dankrede für den Nobelpreis das russische Sprichwort gebrauchen wollte: »Ein einziges Wort der Wahrheit kann die ganze Welt aufwiegen.«

2. Der Christ ist frei vom Eid

Der Eid ist in eine Krise geraten. Unsere Welt ist nicht mehr die religiös geschlossene Gesellschaft, wie wir sie im Volk Israel und im christlichen Mittelalter vorfinden. Da sind der (versichernde) Wahrheitseid und der (versprechende) Treueid fragwürdig geworden. Wissen da Eidnehmer (Staat) und Eidgeber (ich) noch um denselben Herrn, den Eidwächter, vor dem es letztlich gilt, sich zu verantworten? Wo der Gott in Christus herrscht, hat es der Christ eigentlich nicht mehr nötig zu schwören; er ist im Grunde frei vom Eid. Quäker und Mennoniten haben (wie die Zeugen Jehovas) deswegen konsequent ganz den Eid verweigert. Sie waren bereit, notfalls Haft und Tod auf sich zu nehmen.

3. DER CHRIST IST FREI ZUM EID

Nietzsches Frage: »Wieviel Wahrheit erträgt ein Mensch, wieviel Wahrheit wagt ein Geist?« sollte Jünger Jesu nachdenklich machen. Der Eid hat nur Sinn, wo die Wahrhaftigkeit fragwürdig geworden ist und wenn er dem → Nächsten dient. So fordert der Staat zur Selbstsicherung und als Ordnungshilfe Zeugen-, Beamten- und Soldateneid. Nach dem Grundgesetz darf niemand zu einem *religiösen* Eid gezwungen werden. In der Bundeswehr werden Dienstpflichtige nicht mehr vereidigt. Der Christ ist frei zum Eid, wenn er das »So wahr mir Gott helfe« oder das »mit Gottes Hilfe« als echtes Gebet versteht. Eine Entbindung vom Treueid auf einen »Führer« ist im Grenzfall dann denkbar, wenn der Eidnehmer »sich selbst untreu« wird. Zu dieser schweren Entscheidung rang sich eine auch aus hohen Soldaten (auch Christen) bestehende Gruppe von deutschen Widerstandskämpfern durch und plante das Attentat auf Hitler (20. Juli 1944).

W. Jentsch

Seele

I. Wortbedeutung

Merkwürdigerweise hat unser deutsches Wort »Seele« etwas mit »See« zu tun: die Germanen betrachteten bestimmte Seen als Aufenthaltsorte der Seele vor bzw. nach dem Leben. »Seele« war für sie etwas, was zum See gehört oder vom See herstammt. Diese deutsche Herleitung hat aber gar nichts zu tun mit den Grundbedeutungen der Worte, die in unserer Bibel mit »Seele« übersetzt werden. Das hebr. Wort *näfäsch* bedeutet ursprünglich *Kehle* und dann den *Atem*, den *Lufthauch*, der durch sie eingezogen oder ausgestoßen wird. Das griech. Wort *psychē* ist dem hebr. in seiner Grundbedeutung recht ähnlich: es meint zunächst einen (kühlenden) Hauch, den Lebenshauch (vgl. die Redewendung: »sein Leben aushauchen«).

In beiden Testamenten kommt das Wort sehr häufig vor (AT: 755mal, NT: 102mal). Es ist einer der meistgebrauchten Begriffe zur Beschreibung des *ganzen* Menschen. Deshalb übersetzen neuere Übersetzungen den hebr. Begriff in 1Mo 2,7 u.a. statt mit »lebendige Seele« zu Recht mit »lebendes Wesen« oder »Lebewesen«; s.u. II. A. 1.–3. Probleme liegen (1) in der Abgrenzung des Wortes »Seele« gegenüber untergeordneten Begriffen wie → »Herz«, → »Leben«, → »Geist«; (2) in der Abgrenzung des bibl. Sprachgebrauchs gegenüber der griechisch-philosophischen Auffassung der Seele.

II. Der Begriff in der Bibel

A. IM ALTEN TESTAMENT

1. Der Gebrauch des Wortes in der Bibel wird festgelegt durch eine wichtige Aussage im Schöpfungsbericht, 1Mo 2,7: »Da machte Gott, der Herr, den Menschen aus Erde vom Acker und blies ihm den Odem des Lebens in seine Nase.« Dann heißt es bezeichnenderweise nicht: Und so bekam der Mensch eine lebendige Seele, sondern: »Und so *ward* der Mensch eine lebendige Seele.« Daher gilt: Der Mensch *hat nicht eine Seele, er ist Seele.* Diese Seele tritt *leibhaft* in Erscheinung, sie ist ohne → Leib nicht denkbar.

2. »Seele« ist *das einzelne Lebewesen in seiner Lebenskraft.* Die zeigt sich zunächst im Atmen, im Verlangen nach Luft. Wer nicht mehr atmet, ist keine lebendige Seele mehr. Die Erfahrung, daß Blutverlust → Tod bringt, führte zu der Vorstellung, die Seele müsse im → Blut ihren Sitz haben (1Mo 9,4f; 3Mo 17,11; 5Mo 12,23). So kann in der Bibel sowohl das hebr. wie auch das griech. Wort für »Seele« oft mit → »Leben« übersetzt werden. Gemeint ist dann aber nie Leben im allgemeinen, sondern das Leben der einzelnen Person: So ist z.B. für den Psalmisten »meine Seele« bedroht oder fröhlich, geängstigt oder erlöst (Ps 6,3; 16,9 u.a.).

3. Durch die ganze Schrift hindurch zieht sich die → Gewißheit: die Seele ist von Gott erschaffen, von ihm erhalten, nur er kann sie wieder nehmen: »In seiner Hand ist die Seele alles dessen, was da lebt« (Hi 12,10). Der verzweifelte Elia klagt: »Es ist genug; so nimm nun, Herr, meine Seele!« (1Kö 19,4). Dem reichen Kornbauern wird angedroht: »Diese Nacht wird man deine Seele von dir fordern!« (Lk 12,20).

4. Die Seele ist selber Sitz aller Regungen und Gefühle. Die urtümlichste Regung des Menschen ist nach biblischer Sicht Begierde, Verlangen: »Wie der Hirsch lechzt nach frischem Wasser, so schreit meine Seele, Gott, zu dir.« – »Es dürstet meine Seele nach dir, mein ganzer Mensch verlangt nach dir aus trockenem, dürrem Land, wo kein Wasser ist« (Ps 63,2). Ganzer Mensch und Seele sind eins nach bibl. Menschenverständnis. So kann die Seele auf Rache aus sein (2Mo 15,9; Hes 16,27), auf Nahrung (5Mo 23,25; Spr 12,10); die Seele liebt (5Mo 6,5; Hl 1,7; 3,1–4), verabscheut (3Mo 26,11), ängstigt sich (1Mo 42,21), ist betrübt (Ps 42,6), bedroht (Ps 6,5; 35,17; Mt 26,38), fröhlich (Ps 84,3; Jes 61,10; Lk 1,46).

5. Das von Gott gegebene Leben ist *einzigartig, unverwechselbar und kostbar.* »Was kann der Mensch geben, damit er seine Seele löse?«

(Mk 8,37). Leben – die Seele – ist bedroht vom Ende her. Sie kann verlorengehen oder gewonnen werden, vernichtet oder gerettet werden. Darum ruft ein Mensch Gott zur Hilfe: Beruhigt und im Frieden (Ps 62,2; 116,7; Jer 6,16; Mt 11,29) ist die Seele erst durch Gottes gnädiges, rettendes Eingreifen, dem sich der Glaubende anheimgibt.

B. IM NEUEN TESTAMENT

Der ntl. Gebrauch des Wortes folgt ziemlich genau dem AT. Leib und Seele werden zwar voneinander unterschieden, aber nie voneinander getrennt.

1. Es bleibt dabei, daß die Seele nur leibhaft vorstellbar ist – das NT kennt keine »unsterbliche Seele«, die abgesehen vom Leib denkbar wäre. »Seele« ist auch hier das von Gott gegebene personhafte Leben, das sich selber aufgibt, wo es den Schöpfer verläßt. Scharf herausgearbeitet wird der Gegensatz zwischen eigenwilligem, eigengesetzlichem Leben einerseits und angenommenem, Gott völlig ausgeliefertem Leben andererseits: »Wer sein Leben erhalten will, der wird's verlieren« (Mk 8,35). Wenn Jesus davon spricht, daß Menschen zwar den Leib verderben können, Gott allein aber die Seele verderben kann, so ist auch das keine Trennung, sondern nur eine Unterscheidung von Seele und Leib. Durch die Zerstörung des irdischen Leibes wird die Seele nicht vernichtet, sie ist (Hi 12,10!) ausschließlich in Gottes Hand und wird in einem neuen, bei Gott bereiteten Leib in der → Ewigkeit sichtbar werden (1Kor 15,35–49; Phil 3,21).

2. So schaut auch der Seher Johannes keine leiblosen Seelen (Offb 6,9; 20,4): Die Seelen der Blutzeugen sind durch Gottes Neuschöpfung hindurchgegangen und erscheinen im unverweslichen, herrlichen, kraftvollen, geistlichen Auferstehungsleib (1Kor 15,42–44); → Auferstehung.

III. Der Begriff heute

1. DAS PHILOSOPHISCHE MISSVERSTÄNDNIS

a) Ohne daß es uns bewußt ist, haben wir ein altes griech.-philosophisches Verständnis von »Seele« übernommen, das im Laufe der Zeit die bibl. Aussagen verdrängt hat. Die griech. Philosophen sahen den Menschen getrennt in einen Leib und eine selbständige Seele. Als Teil des Göttlichen hielten sie sie für unsterblich und als solche dem Leib übergeordnet, in dem sie gleichsam nur gefangen war. Nach dem Tod entfernte sie sich dann aus ihrem Kerker und fristete in der Unterwelt ein Schattendasein. Hier fand auch nach griech. Vorstellung das Gericht über die Seelen statt, in dem den Menschen → Gerechtigkeit widerfuhr. Aus dem Gegensatz Leib – Seele entwickelte sich im Laufe der Zeit auch eine Leibfeindlichkeit, in der der Leib abgewertet oder gar verpönt wurde (→ Leib/Körper).

b) Das hier angedeutete Verständnis schlägt sich z.B. bei Wilhelm Busch nieder: Beim Tod der »frommen Helene« stehen auf dem Dach des Hauses Teufel und Engel zum Kampf um die durch den Kamin entweichende Seele bereit! Selbst unter Christen ist der Satz zu hören: »Nach dem Tod kommt die Seele in den Himmel.« In der Karikatur wie in dem eben genannten Satz wird die Seele als selbständiger unsterblicher Teil des Menschen gesehen. Dagegen muß festgehalten werden: (1) Nach biblischem Verständnis *hat* der Mensch keine Seele, er *ist* Seele. (2) Auch gibt es kein automatisches Weiterleben nach dem Tod; wir haben von Natur aus nichts Unsterbliches an uns. Ewiges Leben gibt es nur durch den Gott, der Christus auferweckt hat. (3) Der Tod ist kein Übergangsstadium, das die *Seele* leicht überwinden kann; sondern *Christus* hat dem Tod die Macht genommen. Er ist auch der Wiederhersteller, der Herr der Auferweckung.

c) Das griech. Mißverständnis spiegelt sich ferner in einer Aussage wider, die Wissenschaftler im letzten Jahrhundert mit großem Ernst gemacht haben und die noch heute aufgegriffen wird, um die Existenz Gottes in Frage zu stellen. Sie sagten, es könne keine unsterbliche Seele (und damit auch keinen Gott) geben, da sie sich beim Untersuchen von Leichen nicht habe feststellen lassen. Auch hier haben wir die Vorstellung einer selbständigen Seele, die nicht bibl. belegt ist.

2. DIE WIEDERENTDECKUNG DER BIBL. LEHRE

a) Erst seit verhältnismäßig kurzer Zeit haben wir unter den späteren und fremdartigen Übermalungen wieder die ganzheitliche Seelenlehre der Bibel entdeckt. Das bedeutet zunächst Befreiung von dem Zwang, letztlich unbiblische Seelenvorstellungen als christlich verteidigen zu müssen. Zum zweiten eröffnen sich viele gute Aussichten für → Seelsorge, Medizin, Ethik und das Gespräch mit Psychologie, Medizin und anderen Wissenschaften, die sich mit dem Menschen befassen: Der Leib-Seele-Gegensatz mit seinen verhängnisvollen Folgen ist als unbiblischer Irrtum erkannt. Wir haben uns zu hüten vor einer seelenlosen Vergötzung des Körpers und seiner Fähigkeiten (Arbeit, Sexualität, Verstand) wie vor leibfeindlicher Aufwertung der Seele zum angeblich wichtigsten »Teil« des Menschen.

b) Niemand kann heute noch ernstlich bestreiten, daß seelische Nöte körperliche Krankheiten verursachen können, oder daß z.B. eine Beinamputation schwere seelische Nöte hervorrufen kann. Man denke an Redewendungen wie: »Das schlägt mir auf den Magen«, die den Zusammenhang von seelischer Erregung und körperlicher Auswirkung zeigen. Mehr und mehr Ärzte schenken der psycho-somatischen (leib-seelischen) Medizin Beachtung, die auf Grund ihrer ganzheitlichen Sicht des Menschen überzeugende Heilerfolge erzielt. Erst recht darf eine Seelsorge, die sich biblisch begründen will, leib-seelische Zusammenhänge nie aus dem Auge lassen. Sorge für die Seele und Liebe zum Leib müssen ein und dasselbe sein und wollen, wo es um den Menschen geht, der nach dem Willen des Schöpfers eine »lebendige Seele« ist (1Mo 2,7). Dabei darf es nie um Herrschaft über Seelen gehen, sondern nur um Hilfe zu dem Leben, das Gott bei der Erschaffung eines jeden Menschen für ihn persönlich gewollt hat.

3. Irrwege

Ein deutliches Nein ist für Christen schließlich immer geboten, wo menschliche Neugier hinsichtlich des Lebens vor der Geburt oder nach dem Tod zum Liebäugeln mit Seelenwanderungsvorstellungen oder gar spiritistischen Unternehmungen führt (3Mo 20,6; 1Sam 28). Die Seelenwanderungsvorstellung hat in der Hl. Schrift keinerlei Anhalt, ihre Wurzeln liegen in der griech. Denkweise bzw. in östlichen Religionen (z.B. im Hinduismus). Spiritistische Versuche (beileibe keine harmlose Spielerei!) haben ebenfalls ausschließlich heidnische Grundlagen; sie führen den, der sich an ihnen beteiligt, zwangsläufig zur Entfremdung von Gott und in die Finsternis. Auf bibl. Boden, im Reich des geliebten Sohnes, haben wir Gewißheit des ewigen Lebens durch den Hl. Geist auf Grund des Heilswerks Jesu Christi und der ewigen Treue des Vaters, die keine Gedächtnislücken kennt.

G. Brockhaus/
K. Vorländer

Seelsorge

I. Wortbedeutung

→ »Seele« meint die im Germanischen »zum See Gehörige«; der See galt den Germanen als Sitz der Seelen vor der Geburt und nach dem Tode. → »Sorge« bedeutet entweder das Sich-um-etwas-Kümmern oder Kranksein. Die Verbindung »Seelsorge« ist praktisch die Übersetzung des alten lat. »cura animarum«, d.h. die »Sorge« des Hirten (Pastors, Priesters) für die ihm anvertrauten »Seelen« (Mehrzahl!) = Menschen = Gemeindeglieder. Streng genommen fehlt ein entsprechendes griech. Wort. Das griech. Wort für → »Seele« *(psyche)*, das in der griech. Philosophie (Plato) gern im Gegensatz zu dem Gefängnis des → »Leibes« gebraucht wird, hat im NT meist die Bedeutung des hebr. Grundwortes. Danach ist Seele einfach: → Leben, → Ich, → Mensch. Die griech. Sprache versteht »Sorge« entweder mehr als Kümmernis, das mir widerfährt, oder mehr als Sich-Kümmern um jemand. Auch die hebr. Sprache kennt die Doppelbedeutung der erfahrenen und der geübten Sorge.

II. Der Begriff in der Bibel

A. IM ALTEN TESTAMENT

Seelsorge ist ein ausgesprochen christlicher Begriff. In dem »vor-christlichen« AT kann es also nur Vorformen der Seelsorge geben. Aber die gibt es. Das Wort »Sorge« als solches hat zunächst dunkle Züge. Sorge drückt und ängstigt (Spr 12,25), nicht zuletzt wegen eigener Schuld (Ps 38,19). Hellere Seiten zeigt die Sorge des Vaters für die Kinder (1Sam 9,5). Übertragen wird diese Art → Fürsorge auch von → Gott ausgesagt (Ps 40,18). Als der → Hirt nimmt er sich der Herde an (Hes 34,12; vgl. 5Mo 11,12; 2Mo 20,5). Man kann alle Sorgen auf ihn werfen (Ps 55,23). Die von Gott erfahrene Sorge wird als sorgende Liebe zum → Nächsten umgesetzt. Dabei gewinnen der → Prophet und der Weisheitslehrer eine fast »seelsorgerliche« Bedeutung. Man denke an Elisas Umgang mit Naeman (2Kö 5), Jeremias »Seelsorgebrief« (29) und Hesekiels Wächteramt (33,7). Die → Weisheit → Israels moralisiert nicht, sondern gibt durch schlichte sachliche Sätze »Rat« aus → Glauben und für das Leben. Sie vermittelt Anstöße zu Gelassenheit, Maß und Zucht (Spr 15,33).

B. IM NEUEN TESTAMENT

Der Begriff fehlt, aber die Sache ist da. Sie zeigt vier Seiten:

1. Seelsorge ist von einer Sorge bewegt

Am besten kann man sich die Eigenart dieser Sorge durch die Gegenüberstellung zu der zeitgenössischen »Seelsorge« deutlich machen. Der Philosoph Plato hat sie als »Sorge um die eigene Seele« verstanden. Paulus dagegen übt die »Sorge um die Gemeinden« (2Kor 11,28), d.h. er sorgt sich um die Seele *des anderen.* Daher fordert er auch die »wechselseitige« Seelsorge der Gemeindeglieder untereinander (1Kor 12,25), und Hebr spricht von den christlichen → Lehrern als den »Wächtern der Seelen« (13,17). An sich steht im NT die Sorge im schlechten Ruf. Jesus selbst hat sie eigentlich disqualifiziert. Nach ihm erstickt die Sorge die Verkündigung (Mt 13,23). Sorge ist etwas, was überwunden werden muß. Der Bergprediger verbietet sie eindeutig: »Sorget nicht!«, und zwar für »euer Leben« (griech. *psyche* im Sinne des Nur-menschlich-natürlich-Psychischen). Das eigentliche Monopol der Sorge liegt nach urchristlicher Auffassung bei Gott: »Er sorgt für euch. Alle eure Sorge werfet auf ihn« (1Petr 5,7). Die Kirche hat aber richtig verstanden, worauf Jesus und seine Zeugen hinaus wollten, wenn sie dieses anstößige Wort »Sorge« zur Bezeichnung ihres geistlichen Dienstes am einzelnen gebrauchte. Seelsorge ist eine richtige Sorge, intensive Hingabe an die Sache und um das »Eine, was not ist« (Lk 10,42).

2. Seelsorge ist von Jesus bezeugt

Jesus Christus lehrt nicht nur, was die Sorge um das Heil des anderen bedeutet, sondern er hat sie auch tatsächlich geübt. Ja, »Seelsorge« in diesem Sinne bildet das Herzstück seines Wesens. Kein Mißverständnis, Jesus ist nicht bloß einer unter anderen, wenn auch jeweils »Nummer eins«: Jesus als Mitmensch, als Erzieher, als Psychotherapeut und nun auch noch »Jesus als Seelsorger«! Er gehört nicht nur in die Reihe der großen Seelsorgepersönlichkeiten, eine Art Glücksfall von Seelsorger. Er ist vielmehr die Mitte und das Maß der Seelsorge schlechthin. Den »Grundkurs« Seelsorge lernt man am besten in seiner Schule. Immer wieder berichten die Evangelien zeugnishaft von »seelsorgerlichen« Zügen und Verhaltensweisen Jesu. Als der »Gute Hirte« (Joh 10) ist er ganz für den anderen da. Verkündigen und Verhalten bilden bei ihm eine seelsorgerliche Einheit. Er sucht den einzelnen und sammelt das Ganze. Im Umgang mit einem jungen Erwachsenen beweist er die Vorgabe des Vertrauens (Mk 10,32). Er läßt sich auf den Pharisäer Simon und dessen Denkstil ein (Lk 7,36). Bei dem Zöllner Zachäus ergreift er die seelsorgerliche Initiative (Lk 19,5). Im Gespräch mit der Samaritanerin trifft er indirekt und direkt die private Schwachstelle dieser Frau (Joh 4,16–18). Im Fall der Ehebrecherin (Joh 8) erleben wir einen richtigen Seelsorge-Prozeß: Reden – Handeln, Alternative – Pause, Vergebung – Aufgabe. Eindrucksvoll erweist sich der »Seelenhirte« (1Petr 2,25) Jesus im Dienst an seinen jungen Mitarbeitern: Der Meister ruft die → Jünger so, wie sie sind, die Eitlen zur Demut (Mk 9,33ff), die Stürmer zum Frieden (Lk 9,51ff) und die Zweifler zum Glauben (Joh 20,24ff). Der Oberjünger Petrus erfährt Vorhalt, Verständnis und neues Vertrauen: Dreimal hat er den Herrn verleugnet, dreimal erhält er den Weide-Auftrag (Joh 21,15–19).

3. Seelsorge ist durch Christus bestimmt

Christus hat die Sorge gleichsam umgepolt. Sie bekommt durch ihn einen neuen Sinn: Seelsorge ist danach Sorge vor Gott und für den anderen. Die Sorge unter dem Evangelium ist also eine total andere, vollkommen »neue Sorge«. Wer »in Christus ist, ist neu« (2Kor 5,17); er sorgt auch neu. Insofern versieht der Epheserbrief das in der griech. Umwelt gebräuchliche Wort für »Seelenführung, Lebenshilfe, Beratung«, das wörtlich übersetzt »Zu-Recht-Weisung«, »Sinn-Gebung« *(nuthesia)* heißt, mit einem Zusatz: »des Herrn«. Die neue Wegweisung und Lebensberatung wird also von dem neuen → Herrn und → Heiland bestimmt, der die ganze Welt verändert hat. Ermahnung (griech. *Paränese*) und → Trost (griech. *Paraklese*) stehen unter dem be-»herrschenden« Gesichtspunkt dieses »Herrn« (vgl. Phil 2,1; 1Kor 3,11).

4. Seelsorge ist auf den → Bruder gerichtet

Wenn die Seelsorge im NT durch den Gekreuzigten und Auferstandenen bestimmt ist, so wird dadurch nicht der Blick auf den → Bruder, den → Nächsten, den Mitmenschen verstellt. Im Gegenteil: durch Christus bestimmt heißt: auf den Bruder gerichtet. 1Tim 5,1 wird der junge Amtsträger ausdrücklich angehalten, Seelsorge brüderlich zu üben: »Ermahne die jungen Männer als Brüder.« Sie sind Partner, wie aus der Haustafel von Tit 2,6–8 hervorgeht. Auch 1Jo 2,14, wo vielleicht das Thema »Sexualität« angesprochen wird, drängelt nicht von oben herab, sondern geht objektiv von der Tatsache aus: »Ihr habt den Bösen überwunden« = »Ihr steht auf der Seite des Siegers«. Schon der älteste Brief der Christenheit ruft zur brüderlichen, gegenseitigen Seelsorge auf (1Thes 5,11). Hier wird mit dem Urbild der Seelsorge, Christus selber, Ernst gemacht, der »in allen Dingen seinen Brüdern gleich« wurde, und »sich nicht schämt, sie Brüder zu heißen« (Hebr 2,11.17).

III. Der Begriff heute

Die modernen Probleme der Seelsorge lassen sich mit Hilfe von vier Begriffspaaren umschreiben.

1. Sache des Menschen – Sache Gottes

Eingedenk der Forderung, beim Denken »hart am Winde der Sache zu bleiben« (Heidegger), ist zuerst zu fragen, was denn eigentlich die »Sache« der Seelsorge sei. Die Antwort kann nur lauten: Seelsorge ist in doppelter Weise sachliche Seelsorge: (a) Als die im Namen Jesu gesorgte neue Sorge um den

Menschen, seine Not und seine Schuld, nimmt sie die »Sache Gottes« (= die Sache der Sorge) wahr. Sie sorgt des barmherzigen Gottes Sorge um den Menschen weiter. (b) Als Sorge unter dem → Evangelium nimmt sie, dem Geiste Jesu entsprechend, die »Sache des Menschen« (= die Sache der Seele) ernst. Seele steht ja nur als Teil *für das Ganze*. Gemeint ist mit Seele der ganze Mensch. Statt Seelsorge könnte man auch sagen: »Menschensorge, Personsorge». – Die beiden Gesichtspunkte der Seelsorge müssen sich nicht widersprechen. Gott in Christus ist die Mitte der Seelsorge. Die Sorge im Namen Jesu nimmt die Sache Gottes (Sorge) wahr, indem sie die Sache des Menschen (Seele) ernstnimmt.

2. VERSTEHEN – VERGEBEN

Der große Seelsorger Jesus verstand etwas vom Verstehen; »er wußte wohl, was im Menschen war« (Joh 2,25), und sein → Apostel bemüht sich deshalb um ein seelsorgerliches Verständlichmachen: »ich bin allen alles geworden, damit ich etliche rette« (1Kor 9,23). Der Mensch, bes. der junge Mensch, hungert nach Verstehen, fühlt sich aber meistens nicht verstanden. Hier wird der Christ versuchen, sich in die Sorgen und Sehnsüchte, in die Krisen und Konflikte seines Nächsten einzufühlen und partnerschaftlich seine Lasten mitzutragen bzw. seine Fragen mitzufragen. Aber reichen da Solidarität und Toleranz aus? Oft wird der Seelsorger tiefer loten müssen, etwa in den Abgrund verborger Schuld. Nicht alles sind unechte Schuldgefühle, es gibt auch echte, die der → Vergebung bedürfen. Da tut eine in Wahrheit befreiende Seelsorge not. Für die dazugehörige Beichte gilt: »Sünden bekennt man unter vier Augen, Nöte kann man einem kleinen Kreise sagen, die Siege Christi bekennt man öffentlich« (Riecker).

3. BERATEN – BEZEUGEN

Liebenswürdig-ironisch erzählt der Schriftsteller Siegfried Lenz von einem Briefkastenonkel: »Wo kein Mensch mehr raten konnte: Wenzel Wittko, unser seelischer Ratgeber, brachte es mit Geduld, Gin und Güte zustande.« Gewiß kann die Seelsorge viel von der neueren Gesprächstechnik lernen: Einfühlen in die Probleme des Ratsuchenden, Annehmen, wie er ist und nicht wie wir ihn haben wollen, selber als Berater »echt« sein. Und doch geht Seelsorge nicht in Methodik auf, die außerdem auch Schattenseiten hat (z.B. manche Formen der Gruppentherapie). »Der Mensch ist die Frage, aber er ist nicht die Antwort« (Tillich). Er ist für die Seelsorge wichtig, aber eigentlich nicht ihre Mitte (Klient-zentriert). Die Mitte ist Christus (Christus-zentriert). Die Seelsorge hat einen Auftrag, nämlich in Wort und Tat die Gute Nachricht von Christus fallbezogen und fragebewußt zu bezeugen. Sie darf den Nächsten nicht mit der Botschaft überfallen oder ihm die Entscheidung abnehmen, wohl aber soll sie in der reifen Stunde mit ihr Lebenshilfe als Glaubenshilfe geben. Dazu dienen Antwort und Anstoß, Gegenfrage und Hinweis, Trost und Rat, Gespräch und Brief: »Zeugen Jesu sind stille Leute; sie reden nicht viel, sind nicht vielgeschäftig, aber man sieht sie bei der Arbeit« (Bezzel).

4. ZIEL – GRENZE

»Hilfe zur Selbsthilfe« mag ein gutes Erziehungs- oder Heilungsziel sein, für die Seelsorge ist das auf die Dauer zu wenig. Seelsorge ist die im Namen Jesu gesorgte neue Sorge um das Menschsein des Menschen und das Personsein der Person vor Gott. Natürlich wird es Teilziele geben, die die Seelsorge aus Liebe zum Nächsten und in Zusammenarbeit mit ihm ansteuert. Manche Frage wird man sogar offen lassen müssen. Aber nicht alle! Letztes Ziel der brüderlichen Sorge unter dem Evangelium ist das Heilsein und das Heilwerden des anderen. Freilich spürt der Seelsorger dann auch seine Grenzen. Vielleicht ist er nicht der richtige Mann für die Durchführung des Auftrags. Vielleicht hindern Ängste, Zweifel, heimliche Schuld. Aber: »Anfechtungen sind Umarmungen Gottes« (Luther). Außerdem weht gerade in der Seelsorge der → Geist, wann und wo ER will! Er ist zuständig für die → Vollmacht, und um ihn darf gebetet werden: Für den seelsorgerlichen Besuch hat L. Harms geraten: »Und mit Gebet müssen Sie hingehen, dann macht sich alles von selbst oder vielmehr der Herr macht alles, und der macht's allein gut; was man selbst macht, ist alles dummes Zeug.«

→ Ermahnen

W. Jentsch

Segen

I. Wortbedeutung

Das Wort »Segen/segnen« war ursprünglich in unserer Sprache gar nicht zu Hause; es ist ein Lehnwort des lateinischen »signare« – »das Zeichen (des Kreuzes) schlagen«. Diese Bedeutung hat es erst unter christlichem Einfluß bekommen, ist aber sehr belastet, weil sich allerhand Vorstellungen von heidnischen Zauberhandlungen damit verbunden haben. Der Ausdruck gibt auch nur unzureichend wieder, was mit dem biblischen Begriff *barach* (hebr.) bzw. *eulogein* (griech.) gemeint ist.

II. Der Begriff in der Bibel

A. IM ALTEN TESTAMENT

Im *AT* ist Segen das »gute Wort«, das – verbunden mit Gesten (→ Handauflegung u.a.) – *bei vielen Gelegenheiten* gesprochen wurde: Beim Begrüßen und Abschiednehmen, im Gottesdienst und an den Wendepunkten des Lebens, etwa nach der Geburt eines Kindes, bei Hochzeiten und z.B. dann, wenn das Familienoberhaupt dem Sterben nahe war. Wie die Erzählung von der Segnung Jakobs durch Isaak (1Mo 27) anschaulich zeigt, ist das Segenswort ursprünglich weit mehr als ein frommer Wunsch gewesen. Es ist *Machtwort.* Es spendet, was es sagt. Es ist unwiderruflich. Das muß der geprellte Esau schmerzlich erfahren. Zeigt diese Geschichte vielleicht auch noch Spuren eines magischen Segensverständnisses, so ist hier wie im ganzen AT unumstritten klar: *Jahwe, der → Gott → Israels,* ist allein der *Herr des Segens.* Menschen sind dabei nur seine Handlanger. Auch Isaak führt (ohne sein Wissen!) nur aus, was Jahwe in seinem freien und rätselhaften Willen mit Jakob vorhat (1Mo 25,23, vgl. auch 4Mo 22–24).

Was geschieht aber beim Segnen, was bedeutet Segen?

Der Begriff geht im AT auf 2 Grundbedeutungen zurück:

1. IM SEGEN WIRD GEMEINSCHAFT BEGRÜNDET ODER BESTÄTIGT UND BESTÄRKT

Dies kommt in der uralten Grußformel zum Ausdruck: »Gesegnet bist du« (z.B. 1Sam 25,33; 26,25; 15,13; 23,21). So wird ein Ankommender bei den Nomaden begrüßt und damit in die Lebensgemeinschaft der Familie oder Sippe aufgenommen. Er genießt nun den Schutz dieser Gemeinschaft und bekommt an all ihren Gütern Anteil. Wird jemand mit dem Segensgruß verabschiedet (vgl. 1Mo 24,66; 28,1.6), so weiß er, daß er auch weiterhin mit der Zuwendung und Hilfe der Gemeinschaft rechnen kann.

Von hier aus erschließt sich die Bedeutung des sogenannten »Aaronitischen Segens« (4Mo 6,22–27): Er schlägt die *Brücke vom Gottesdienst zum alltäglichen Leben.* Zum Abschluß sollen die Priester im Segenswort und mit erhobenen Händen den Namen Jahwes »auf die Kinder Israels legen« (V.27). Dies entfaltet das Segenswort in drei Schritten:

a) »Der Herr segne dich und behüte dich« heißt: Er legt seine segnende Hand auf dich, er ist dein Schutz, wenn du Gefahren ausgesetzt bist. Allein bei ihm bist du geborgen (Ps 121).

b) »Der Herr lasse sein Angesicht über dir leuchten«, er läßt dich nicht ausweglos im Dunkeln tappen, in seiner Nähe wird dein Weg hell und bekommst du Orientierung (Ps 31,7; 67,2f); »und sei dir gnädig«: Er zeigt dir seine Gunst, indem er dich in deinem Versagen annimmt und dir auch in leiblichen Nöten hilft. Du hast auf jeden Fall und überall Zugang zu ihm.

c) »Der Herr erhebe sein Angesicht über dich« heißt: Er übersieht dich nicht, sondern kümmert sich persönlich um dich bis in deinen konfliktbeladenen Lebensbereich und Alltag hinein! Dort »setzt er Frieden«, d.h. er gewährt dir nicht nur »inneren Seelenfrieden«, sondern schafft eine heile Gemeinschaft und Rechtsordnung. So weit reicht sein Segen! Es ist deutlich: »Segnen« in diesem Sinne kann *nur Jahwe.* »Ich, ich segne sie« (V.27). Der → Priester kann nur Gottes Zusage weitergeben und bittend an ihn appellieren.

2. SEGEN BEDEUTET DANEBEN URSPRÜNGLICH »LEBENSKRAFT«

Sie wirkt u.a. in der *Fruchtbarkeit* beim Menschen, bei Tieren und Pflanzen. Segen ist von daher etwas ganz Leibliches, Kreatürliches, ja Materielles! Diese Bedeutung findet sich im AT u.a. in der *Schöpfungsgeschichte:* »Und Gott *segnete* sie und sprach zu ihnen: Seid fruchtbar und mehret euch und füllet die Erde und macht sie euch untertan« (1Mo 1,28). In der Fruchtbarkeit, die Wachstum und Gedeihen schafft, wirkt Gottes Schöpferkraft verborgen und stetig weiter. So erhält er seine Schöpfung, indem er Menschen und Tiere (V.22) daran beteiligt. Jede Geburt und die Reihe der Generationen bezeugen das Wirken des → Schöpfers (1Mo 5,2ff). Segen als »Lebenskraft« wirkt sich von daher auch in *Gesundheit,* in einem *hohen Alter* und darüber hinaus auch in der *körperlichen* und geistigen *Energie* aus, die eine Arbeit gelingen läßt (1Mo 39ff). Doch wer auf solche Weise von Gott mit Segenskraft ausgestattet ist, hat noch nicht das volle Leben. *Ohne* die *Gemeinschaft mit Gott* bleibt Leben wertlos. Deshalb heißt es von Henoch und Noah: »Er wandelte mit Gott« (1Mo 5,24; 6,9). Deshalb kommt der Schöpfersegen erst im »Aaronitischen Segen« zum Ziel, in dem Gott seinem erwählten Volk seine bleibende Nähe zusagt (s.o. II. A.1).

3. SEGENSVERHEISSUNG AN ABRAHAM

In der *Segensverheißung an Abraham* (1Mo 12,1–3) sind beide Grundbedeutungen (1 + 2) miteinander verkoppelt. Segen wird hier allerdings nicht unmittelbar wirksam, sondern für die Zukunft verheißen. Wenn Gott verspricht: »Ich will dich segnen«, so ist auch hier etwas ganz *Leibliches* gemeint: »Kindersegen«, »Ackersegen«, Ansehen und Macht.

Abrahams Leben wird eine Zukunft haben und nicht im Leeren verlaufen. Diese Aussicht ist großartig, aber scheint allzu weltlich und irdisch. Doch spiegelt *sie eine* ganz neue *Zuwendung Gottes.* Das fünffache Stichwort »Segen« steht nämlich dem fünffachen → Fluch in der Urgeschichte gegenüber (1Mo 3,14.17; 4,13; 5,29; 9,25). Die ganze Menschheit ist dem Fluch verfallen, aus der Gemeinschaft mit Gott ausgeschlossen (4,13), verurteilt zu vergeblicher Arbeit (3,17f) und einem Leben mit vielen Entbehrungen. Dies alles als Folge davon, daß der Mensch sich von Gott lossagt. Wenn nun Gott dem Abraham Segen zusagt, dann hebt er bei ihm den Fluch auf (!), spricht also den Gottlosen frei und begründet – unbegreiflich – *Gemeinschaft mit ihm.*

Dieses Versprechen aber zielt noch weit hinaus über Abraham, das Volk Israel und das AT: *»In dir sollen gesegnet werden alle Geschlechter auf Erden«.* Für die ganze Menschheit kündigt damit Gott die Aufhebung des Fluches an. Er will mit ihr ganz neu anfangen, sich ihr neu zuwenden und ein erfülltes Leben schenken. Mit Abraham also *beginnt schon die Weltenwende.* Auf dem Weg zu diesem Ziel bekommt der schon Gesegnete eine einzige Aufgabe: *»Du sollst als Segen wirken«.* Er erfüllt sie, als er im Vertrauen auf Gottes Zusage auf die fruchtbare Jordanebene verzichtet, sie Lot überläßt und damit Frieden stiftet (1Mo 13); als er für das gottlose Sodom fürbittend vor Gott eintritt (1Mo 18,16ff). So soll der von Gott Gesegnete Verbundenheit mit den gottfernen Völkern zeigen und schon Zeichen des Segens Gottes unter ihnen aufrichten.

Jahwe allein ist für den Segen zuständig. Wer Wachstum und Wohlstand von anderer Stelle erwartet, sich z.B. mit den Göttern der Fruchtbarkeit einläßt, wird den Segen verlieren und dem Fluch verfallen. So erfährt Israel auf schreckliche Weise, in Katastrophen, Hunger und Krieg, daß *Jahwe der freie Herr des Segens ist* (vgl. 5Mo 28; 1Kö 17–18; Hos 2). Nur im → Gehorsam gegenüber dem Geber empfängt man auch die Gaben (5Mo 8,3). So ist der Segen durch den Ungehorsam ständig vom Fluch bedroht (5Mo 30). Was wird aber dann aus dem Segen Abrahams?

B. IM NEUEN TESTAMENT

Die Antwort gibt das *NT:* Hier kommt zwar der Begriff »Segen« viel seltener vor, aber an keiner Stelle wird dabei das AT korrigiert. Im Gegenteil, das NT nimmt das alttestamentliche Verständnis auf und zeigt, wie nun in Christus die alten Zusagen ganz neu zum Zuge kommen. An drei Punkten wird das besonders deutlich:

1. In *Gal 3,8–14* zeigt *Paulus,* daß nun die → Verheißung an Abraham auch für alle Völker in Erfüllung geht. Gott rechtfertigt nun die Gottlosen, er spricht die Schuldigen frei. So gewährt er ihnen bedingungslos Gemeinschaft. So wurde Abraham gesegnet, und so kommt *jetzt der Segen zu den Völkern.* So wird Segen nicht vom Erfüllen des Gesetzes Gottes abhängig gemacht, sondern im Glauben empfangen (V.8f). Wie ist das möglich? »Christus hat uns befreit vom Fluch des Gesetzes, indem er für uns zum Fluch wurde . . ., damit den Heiden der Segen Abrahams zuteil würde in Christus Jesus« (V.13f). D.h., Christus hat *stellvertretend für* uns den Fluch der Gottesferne übernommen. So hat er uns davon befreit, und wir sind in die Gemeinschaft mit Gott aufgenommen, ohne Vorbehalte (vgl. Röm 5,1). Der Segen wird nun nicht mehr vom Fluch bedroht (vgl. Röm 8,31–39). Die Wirkung des Segens zeigt sich schon dort, wo jemand die Zusage des → Evangeliums im Glauben annimmt, also dort, wo der → *Geist Gottes* wirkt (Gal 3,5). Von daher erweist sich der Segen auch in der »Frucht des Geistes . . . [in] → Liebe, → Freude, → Friede« (Gal 5,22; vgl. Eph 1,3) und im Wachsen, Gedeihen, und in der Stärkung der → Gemeinde (Röm 15,29). Dabei ist das Leibliche des Abraham-Segens keinesfalls vergessen, im Gegenteil: Von Christus her reicht der Segen noch viel weiter. Versprochen ist nicht nur ein fruchtbares Leben vor dem → Tod (wie bei Abraham), sondern erfülltes Leben aus dem Tod. Weil nämlich Gott in Jesu Auferweckung den Tod besiegt hat, ist sein Segen auch nicht mehr vom Tod begrenzt (vgl. 1 Kor 15,52f). Die Segenszusage wird deshalb erst dann erfüllt sein, wenn kein Leid, kein Geschrei und der Tod nicht mehr sein wird (Offb 21,1ff).

2. Wie vorbehaltlos und umfassend der Segen jetzt gemeint ist, zeigt *Jesus* in seinem Verhalten. Wenn er die Kinder segnet (Mk 10,13–17 par.), spricht er ihnen damit das Gottesreich zu und *nimmt sie in die Gemeinschaft mit Gott* auf. Warum? Der Grund liegt nicht etwa in ihrer Unschuld oder gar Demut. Nein, ganz so, wie sie sind, gehören sie ins → Reich Gottes: Hilflos, klein, gering, ohne Vorleistung. Wie unerhört neu und ärgerlich dies ist, zeigt der Unmut der → Jünger (V. 13). Jesus aber richtet damit ein Zeichen auf: Gerade die Geringen nimmt Gott auf (→ Arm/Klein/Gering), Leute, die nichts vorweisen können. So geht es im Gottesreich zu. So segnet Gott; → Kind.

Dies erfahren in Jesu Nähe auch die *Kran-*

ken und Elenden: Blinde, Lahme, Aussätzige, Hungernde, Menschen also, die am Ende sind, vom Gottesdienst ausgeschlossen, aus der Gemeinschaft der Gesunden ausgestoßen, Verfluchte. Wenn *Jesus* ihnen *hilft,* dann spricht er ihnen die Gemeinschaft mit Gott zu. Er zeigt zugleich den Beginn der neuen Schöpfung an, in der *Gott* alle *heilt* und zurechtbringt, die geplagt, gequält und zerstört sind. So wirkt der *Segen der neuen Schöpfung* (→ Armut/Arm/Elend).

Wenn der Auferstandene *die Jünger segnet* (Lk 24,50f), dann sagt er ihnen damit: »Siehe, ich bin bei euch alle Tage, bis an der Welt Ende« (Mt 28,20; vgl. Joh 14,17). Er will an ihnen alles erfüllen, was im »Aaronitischen Segen« zugesagt ist, auch wenn sie Jesus selbst nicht sehen, bis er wiederkommt. Warum verspricht er dies? Der Grund liegt nicht etwa in ihrer Treue zu ihm – sie hatten ihn ja alle verlassen (Mk 14,50) –, nein, es ist allein seine → Treue zu ihnen. Er hat die Treulosen wieder angenommen und zu seinen Mitarbeitern befördert. Darin erfahren sie zeichenhaft, daß nun der Fluch aufgehoben und der Segen Gottes grenzenlos ist.

3. Dieser Segen soll nun auch das Verhalten der Gemeinde prägen: Jesus schickt seine Jünger nicht nur mit dem Segensgruß in die Häuser (Mt 10,1–16), sondern gibt ihnen auch das Gebot: *»Segnet, die euch fluchen!«* (Lk 6,27f). Sie werden erbitterten Widerstand erfahren, man wird sie verachten, ausstoßen, verfolgen. Aber sie dürfen die Beziehungen nicht abbrechen, sondern »segnen«, d.h., die Verbindung halten, die Feindschaft mit Liebe beantworten, wenn dies oft auch nur in der Fürbitte möglich ist (Lk 6,28; Mt 5,44). Warum? Nur so handeln sie in der → Nachfolge des Gekreuzigten und spiegeln das Segnen Gottes (Gal 3,13f). Der Christ »braucht niemanden mehr zu verfluchen, weil das Werk Christi auch für seine Feinde geschehen ist«. – »Werden wir geschmäht, so segnen wir« (1Kor 4,12; vgl. Röm 12,14; 1Petr 3,9).

III. Der Begriff heute

Die biblischen Texte sprechen eigentlich für sich selbst, sie sind brandaktuell. Gerade deshalb aber wecken sie Fragen:

1. »Ich will dich segnen« – und meine Erfahrungen?

Aus dem NT lerne ich, daß dieses Versprechen nicht nur Abraham, sondern auch mir gilt. Wirklich? Abraham konnte an Reichtum, Wohlstand, an der Geburt Isaaks ablesen, ob Gott sein Versprechen einlöste. Der Segen wirkte leiblich, handgreiflich, sichtbar! Aber wenn jemand nichts davon erlebt, z.B. Hungernde, Kranke, psychisch und physisch kaputte Menschen? Sie scheinen vom Segen Gottes ausgeschlossen. Und doch: Gott ist in dem gekreuzigten und zu Tode gequälten Jesus auch den Elenden, Kranken, Sterbenden nahe gekommen. Weil dieser Gekreuzigte auferweckt wurde, seine Jünger segnete (Lk 24,53) und damit sagte: »*Ich* bin bei euch alle Tage« (Mt 28,18), ist auch der Elende nicht verlassen. Darum ist der Segen nicht erst am äußeren Wohlbefinden ablesbar! Der Auferstandene spricht gerade dem Elenden seine Gemeinschaft zu und verspricht ihm zugleich, zuletzt auch äußerlich alles gut zu machen und den todgeweihten Leib zu erlösen; → Kreuz.

2. Jeder Segen – Gottes Segen?

Den Segen Gottes hat jeder nötig! Ohne Segen läuft nichts oder alles schief! Gott verheißt ihn sogar bedingungslos! Er schließt niemanden aus! Darauf sollen die vielen Segenshandlungen der Gemeinde Jesu hinweisen: zum Abschluß des Gottesdienstes, zur Geburt eines Kindes, zur Konfirmation, zur Trauung usw. Die Gemeinde geht großzügig mit Segensworten um. Doch darin liegen große Gefahren! Auch vor dem Abflug nach Hiroshima wurden die Piloten des Atombombers von Geistlichen gesegnet! Hier wurde die Vernichtung von Menschenleben »abgesegnet«, das Unrecht verschleiert und so der Segen Gottes schändlich mißbraucht. Sein Segen gilt auch dem Sünder, aber er bestätigt nicht die → Sünde! Deshalb wird er überall dort mißbraucht, wo Unrecht und Schuld damit zugedeckt werden! Das Segenswort gehört immer zusammen mit der anstößigen Botschaft des → Evangeliums. Ohne sie wird es von seinem Ursprung gelöst und wirkt geradezu schädlich. Denn so verhindert es die Umkehr des schuldigen Menschen und zementiert die schlechten Verhältnisse. Über den Segen verfügen wir nicht, wir können ihn nicht wie selbstverständlich für uns beanspruchen und freihändig verteilen. Wir können ihn nur staunend – über Gottes Güte – entgegennehmen und nur bittend zusprechen: Der Herr segne dich!

3. Die überfüllte Erde – Segen oder Fluch?

»Seid fruchtbar und mehret euch und füllet die Erde . . .« (1Mo 1,28). Zur Zeit bevölkern 4 Mrd. Menschen den Globus, in 20 Jahren werden es 6 Mrd., in 30 Jahren 7 Mrd. sein . . . Dabei leben schon heute etwa 500 Mio. am Rande des Hungertodes. Nahrungsmittel, Rohstoffe, Energie, werden knapper . . . Die Wüsten wachsen. Sind das die »gnadenlosen Folgen des Christentums« (C. Amery)? Verwandelt sich der Schöpfungssegen in Fluch?

Dabei muß man bedenken, daß der Schöpfer seine Erde mit einer Fülle von Lebensmitteln ausgestattet hat. Es ist für uns gesorgt (1Mo 1,29; 8,22). Die Erde mit ihren Vorräten ist zwar den Menschen zur Verwaltung übergeben (1Mo 1,26.28). Sie ist aber nicht zur Ausbeutung für wenige, sondern als Lebensraum – zum Segen – für alle bestimmt (Jes 45,18f). Ich glaube, hier liegt das Problem: Die zur Verfügung stehende Nahrung wird nicht gerecht verteilt und falsch verwertet. Das machen wir mit dem gesegneten Anfang! Hier ist globale Umkehr nötig; und jeder, der satt wird, ist persönlich gefragt. Der Schöpfer will, daß sich jeder Mensch an seinem Dasein freut. Die heutige Generation ist dafür verantwortlich, daß dies auch den noch nicht Geborenen möglich ist.

4. SEGEN WIRKEN – WIE SIEHT DAS AUS?

Als Echo des Segens Gottes leben, d.h., zu Gott hin: ihn loben (vgl. 1Petr 1,3f u.a.); zum Menschen hin: auf Gottes Segen hinweisen, d.h., Brücken bauen, Verbundenheit zeigen, → *Gemeinschaft stiften.* Schon im persönlichen Gruß kommt das zum Ausdruck.

Es bewährt sich aber erst (a) an den Ausgestoßenen, Benachteiligten, den »Fußkranken« der Gesellschaft. Das können Alte, Kinder, Behinderte, Hungernde, Suchtkranke u.a. sein; aber auch Straftäter, die durch eigene Schuld ins Abseits geraten sind. Segnen heißt hier: Nicht ausschließen, isolieren, verdammen, sondern für sie Partei ergreifen, ihnen auch materiell auf die Beine helfen (vgl. 2Kor 9,6ff)!

Es bewährt sich auch (b) *in Konflikten,* dort, wo man gegenseitig Brücken abbricht, sich gegenseitig bekämpft oder kalt nebeneinander herlebt. Als Segen wirken heißt hier: um Versöhnung ringen im Politischen wie im Privaten.

Wenn *ich* aber (c) *selbst der Verleumdete,* der *Ausgestoßene* bin? »Segnet, die euch fluchen!« (Lk 6,28). Jesus meint damit nicht Liebesgefühle dem Feind gegenüber, sondern praktisches Verhalten: Auf keinen Fall mit gleichen Mitteln zurückschlagen, nicht die Verbindung abbrechen. Es gilt: *Nicht als Echo der menschlichen Feindschaft, sondern als Echo des Segens Gottes leben,* der auch für den aggressivsten Gegner bestimmt ist. Und wenn mir selbst die Hände gebunden sind? Dann bleibt immer auch noch die Fürbitte: »Bittet für die, die euch verfluchen.«

W. Hofius

Selig/Glücklich

I. Wortbedeutung

»Selig« meint ursprünglich glücklich, gut, tauglich oder gesegnet, heilsam. »Glück/glücklich« ist verwandt mit den Worten »Geschick« und »Schicksal«. Es bezeichnet den ungewissen Ausgang einer Sache. Die Verwandtschaft von »Glück« mit »Gelingen« weist auf günstige Fügung und Erfolg.

In der Bibel kommt »glücklich/Glück« nur im AT, »selig« hingegen vorwiegend im NT vor, beides meist als Eigenschaftswort auf Menschen bezogen. Im NT werden zwei griech. Wörter, die in ihrer Bedeutung verschieden sind, gelegentlich beide mit »selig« übersetzt: (1) Das eine Wort *(makarios)* ist vom AT her zu verstehen als »glückselig, freudetrunken, glücklich zu preisen«. (2) Das andere Wort ist abgeleitet vom griech. Wort für »Retter« *(soter),* und bedeutet »gerettet, heil«.

II. Der Begriff in der Bibel

A. IM ALTEN TESTAMENT

1. Hier wird das Leben besonders in seinen *irdischen Gütern* freudig bejaht. Abrahams Reichtum und Leas Mutterglück werden hervorgehoben (1Mo 30,13). Hiob bekommt seine Herden wieder (Hi 42,7ff). Joseph gelingt – »glückt« – seine Arbeit und sein Umgang mit Vorgesetzten (1Mo 39,2.23). Ja, das Wort → Leben bedeutet oft auch Glück.

2. Weil → Israel mit Gott in einem persönlichen Bundesverhältnis steht (→ Bund), wird in diesen irdischen Glücksgütern auch Gottes → Segen gesehen (5Mo 28). Wichtiger als Besitz ist das *Glück der Gemeinschaft mit Gott* (»Es gibt für mich kein Glück außer dir!« Ps 16; vgl. auch Ps 1,1–3), auch wenn Verzicht und → Opfer gefordert werden (→ Eigentum/Besitz/Reichtum).

3. Weil Gott Quell und Erhalter des Lebens ist, ist der *»glücklich zu preisen«,* der im praktischen Leben weise ist und auf Gottes Ordnungen eingeht (vgl. Spr 3,13; 8,32ff). Dieses »glücklich zu preisen!« ist ein Glücks- oder Heilsruf, der meist so übersetzt wird: »Wohl dem, der« (Ps 1,1; 33,12; 119,1 u.ö.).

4. Zeitweise kann das satte *Glück der Gottlosen* die Menschen Gottes anfechten: »Warum geht es den Gottlosen so gut . . .?« (vgl. Jer 12 u. Ps 73). Aber Gott weiß es (Hi 28,12ff; 40). Die Gemeinschaft mit ihm überdauert den Zerfall irdischer Glücksgüter.

B. IM NEUEN TESTAMENT

Deshalb werden auch im NT (bald 40mal!) die glückselig gepriesen, *die nach Gottes Herrschaft verlangen.* Weil Gottes ewiges Reich in Jesus Christus hereinbricht, treten die im AT gerühmten Glücksgüter zurück (→ Reich Gottes).

1. Im werbenden Ruf Jesu in den sog. *Seligpreisungen* z.B. (Mt 5,3–10; Lk 6,20ff) werden landläufige Glücksvorstellungen geradezu umgekehrt: Hungernde, Bedürftige, Machtlose, Demütige, Leidtragende, Verfolgte werden glückselig gepriesen. Dies sind nicht Tugenden, sondern es ist die Haltung eines wachen, aktiven, erwartungsvollen Glaubens (Lk 12,37.43; Jak 1,25), der → Vergebung erfahren hat (Röm 4,7). Der gefühlvollen Begeisterung stellt Jesus das Glück des Hörens und Bewahrens des Wortes gegenüber (Lk 11,27f).

2. V.a. im Blick auf die *Endzeit* werden Seligpreisungen ausgesprochen, auch den Kinderlosen (Lk 23,29; 1Kor 7,40), den zum Abendmahl des Lammes Gerufenen und Gereinigten, den Überwindenden. Offb 14,13 ist übrigens die einzige Stelle, wo die Toten (im Herrn) »selig« gesprochen werden.

3. Ein neuer Begriff von Glück kommt uns also vom NT her entgegen: *ein hartes Glück,* das auch → Kreuz und → Leiden einschließt. Aber auch darin gibt Gott den Seinen Anteil an seiner → Herrlichkeit. *Das* ist Glück und Seligkeit (1Tim 1,11; 6,15)!

4. Voraussetzung dieser Glückseligkeit ist das *Errettetsein.* »Seligwerden« müßte an verschiedenen Stellen genauer mit *»gerettetwerden«* übersetzt sein (z.B. Mk 10,26; 16,16; Apg 4,12; 15,1; 16,31). Dazu hat ja Gott seinen → Sohn gesandt, daß die Welt durch ihn gerettet, d.h. befreit werde von der Herrschaft fremder Mächte (→ Sünde, → Tod, Teufel, → Satan/Teufel; vgl. 1Tim 1,15; 1Kor 1,18; → Erlösung/Rettung).

III. Der Begriff heute

Glück wird weithin als ein erstaunlicher, *nicht erwarteter Zufallstreffer* verstanden, der jemandem von einem »guten Schicksal« beschert worden ist. Man hat »Glück gehabt«. Zugleich erscheint Glück als etwas Unberechenbares, dem man keine Dauer zutraut: »Glück und Glas, wie leicht bricht das.« Unbewußt wirken hier noch immer Vorstellungen aus der Antike nach, wo Glück die Gabe launischer Gottheiten war. Begriffe wie »Glückspfennig«, »Glücksbringer«, »Glücksklee« zeigen, wie sehr das Wort »Glück« zugleich mit abergläubischen Vorstellungen verbunden ist. Das so verstandene Glück meint häufig eine Bevorzugung gegenüber anderen oder ist nicht selten ein Glück auf Kosten anderer.

Demgegenüber bleibt festzuhalten, daß kein ungewisses Schicksal oder der Zufall über uns waltet, sondern daß wir in *Abhängigkeit von Gottes → Segen* leben. Seine Gaben können wir dankbar empfangen. Dazu gehören sicher die Beziehungen zum anderen in Freundschaft und Ehe, Erfüllung in der Arbeit und der dankbare Gebrauch von Besitz und irdischen Gütern. Hier geht es dann allerdings weniger um »Glück haben« als um »glücklich sein« (vgl. 1Mo 1,27–29).

Die Erfüllung des menschlichen Glücksstrebens wird in unserer Konsumgesellschaft einseitig im Besitzen, Erwerben und Verbrauchen gesucht. Hinzu kommt Machtausübung und Einflußnahme. *Vom Evangelium her findet hier ein Einbruch in die gängigen Glücksvorstellungen statt.* Wenn in der → Bergpredigt gerade den Besitzlosen, Unterdrückten und Sanftmütigen die Glückseligkeit zugesprochen wird, so zeigt das, daß Gottes Nähe denen gilt, die nach unseren Normen gerade nicht zu den Glücklichen zählen. Ausschlaggebend ist nicht allein äußerliches Wohlergehen, sondern die Beziehung zu Gott. Im Leben mit Gott können wir lernen, zu »haben als hätten wir nicht« und Mangel und Überfluß in gleicher Weise aus seiner Hand zu nehmen (vgl. Phil 4,11–13).

Eine zweite Korrektur unseres Glücksstrebens begegnet uns im → Gebot der Nächstenliebe. Es verwehrt uns, unser Glück auf Kosten oder ohne den → Nächsten zu suchen. Wer sich auf dieses Gebot einläßt, wird entdecken, daß er dabei beglückende Erfahrungen macht, auch wenn er sich äußerlich gesehen vielleicht in mancher Beziehung einschränken muß. Ch. Heyd-Westerhausen

Senden

I. Wortbedeutung

Senden heißt im griech. NT *apostéllein* – ein Wort, von dem → Apostel abgeleitet ist. Bei der Verwendung des Wortes liegt der Ton weniger auf der Tatsache, daß jemand oder etwas gesandt wird, sondern darauf, daß hinter dem Gesandten jemand steht, der Auftrag und Recht verleiht. In diesem Wort soll also vor allem die → Vollmacht eines Gesandten herausgestellt werden.

II. Der Begriff in der Bibel

A. IM ALTEN TESTAMENT

1. Vielfältig wird vom Senden *im alltäglichen Sinne* gesprochen. Jemand wird gesandt, um einen andern zu holen oder zu warnen (1Mo 27,42.45); es werden Kundschafter ins Land Kanaan gesandt (4Mo 13,2f), oder Abgeordnete aus politischen Gründen (2Sam 8,10).

2. Auch *Gottes Wirken* kann ein Senden sein: Er schickt seine Hilfe (Ps 20,3), sein → Licht und seine → Wahrheit (43,3), seine Güte

und → Treue (57,4), sein → Wort (107,20), aber auch Plagen (2Mo 9,14) und Unglück (2Mo 28,20).

3. In der Frühzeit → Israels begegnet die Gestalt des →*Engels* (wörtl. »des Gesandten«) Gottes (2Mo 23,20ff); hinter ihm steht Gott, während der Mensch nur Engel sieht (1Mo 16,7ff; Ri 6,11ff). Er bringt Hilfe, rettet und schützt. Dagegen hat der Engel in Sacharjas Vision (Sach 1,9.12.14; 2,7 u.a.) die Aufgabe zu *erklären,* was dem Menschen unverständlich ist.

4. Oft in der Bibel gebraucht Gott *Menschen,* um sie mit einem *Auftrag* auszustatten und an eine bestimmte Adresse zu senden. Wichtig ist hier, daß hinter dem Akt des Sendens Gott selber steht. *Er* beruft, beauftragt und sendet. Dies wird an einer Gestalt wie Mose besonders deutlich. Gott sendet ihn zum ägyptischen König, um die Freilassung des Volkes zu erwirken (2Mo 3,10ff). Auch für die → Propheten ist das Gesandtsein charakteristisch. Hinter ihnen und ihrem Wort steht Gott selbst, der sie auch berufen hat (Jes 6,8; 55,11). Sie reden nicht in eigener Sache, auch nicht Botschaften, die sie sich selber ausgedacht haben. Am Verhalten ihnen gegenüber entscheidet sich das Verhalten Gott gegenüber (vgl. Jer 7,25–28).

B. IM NEUEN TESTAMENT

1. In den Evangelien begegnet uns *Jesus als der Sendende.* Er beruft zwölf → Jünger und sendet sie aus (Mk 3,14). Sie handeln, wie Mt 10,5–16 zeigt, vollgültig anstelle des Beauftragenden. Dies stellt Jesus auch ausdrücklich klar: »Wer euch hört, der hört mich« (Lk 10,16).

2. Aber Jesus ist nicht nur der Sendende, sondern vor allem *der Gesandte.* »Er hat mich gesandt, zu predigen . . . das Gnadenjahr des Herrn« (Lk 4,18f). Bei seiner Antrittsrede in Nazareth spricht Jesus vom Inhalt seiner Sendung: »Den Armen frohe Botschaft zu bringen, den Gefangenen Befreiung zu verkündigen und den Blinden das Augenlicht, die Zerschlagenen zu befreien und zu entlasten. Ein Gnadenjahr des Herrn zu verkündigen« (→ Jubeljahr).

3. Aber auch im NT liegt der Ton, wenn vom Gesandten → Jesus Christus die Rede ist, auf dem, der hinter ihm steht: »Wer mich aufnimmt, der nimmt nicht mich auf, sondern den, der mich gesandt hat« (Mk 9,37). Dies wird vor allem vom Johannes-Evangelium betont, wo in immer wiederkehrenden Zusammenhängen die *Aktionseinheit zwischen dem → Vater und dem Sohn* betont wird. »Der, der mich gesandt hat« wirkt wie eine Umschreibung des Gottesnamens, wie eine Erläuterung der Gottesbezeichnung »Vater«: »Wer den Sohn nicht ehrt, der ehrt den Vater nicht, der ihn gesandt hat« (Joh 5,23; vgl. 6,44; 12,49 u.a.). Hier wird die Übereinstimmung des Gesandten mit dem Sendenden deutlich (4,34; 5,30 u.a.), seine Unterordnung (7,18), zugleich aber auch seine → Vollmacht (5,24; 7,16).

III. Der Begriff heute

1. Ist die Gottessohnschaft Jesu wichtig für den Glauben?

Jesus wurde oft nach der Vollmacht gefragt, in der er Sünden vergab und heilte (Mt 9,33f; Mk 11,27–33). Er ließ dabei keinen Zweifel, daß er Auftrag und Vollmacht von seinem Vater im Himmel hatte. Dies drückt das NT durch den Titel → »Sohn Gottes« aus (Joh 1,18). Er ist nicht irgendein Gesandter, sondern *der* gesandte Sohn (Joh 3,16; 1,18).

Nicht selten wird in Jesus heute der »Bruder Jesus« (in jüdischer Theologie) oder ein »großer Mensch« gesehen. Aber daran, daß Gott seine ganze Liebe, seine ganze Nähe zu den Menschen, seine ganze Macht ausschließlich und endgültig in die Hände Jesu Christi gelegt hat, hängt doch das entschiedene Ja-Wort Gottes zur Welt! Daran hängt das Evangelium, daß Gott wegen Jesus Christus, auf Grund seines Lebens, Sterbens und Auferstehens, nicht *gegen,* sondern *für* den Menschen ist. Verkündigung und → Seelsorge verlören ihre Kraft und Vollmacht, würden Christen nicht mehr im → Namen dieses einzigartigen Gesandten Gottes reden.

2. »Gleich wie mich der Vater gesandt hat, so sende ich euch« (Joh 20,21)

Eins ist klar: die Ähnlichkeit beider Sendungen, der von Jesus Christus und der unsrigen, hat Grenzen. Das Leben, Leiden, Sterben und Auferstehen Jesu hat eine universale Bedeutung, die unser Leben nie haben kann. Trotzdem hat unsere Sendung, wie Joh 20,21 sagt, eine Ähnlichkeit mit der Sendung Jesu.

In einem Nachrichtenspiegel stand folgende Mitteilung: In Kalifornien sei ausgerechnet worden, daß die billigste und effektivste Methode, das Evangelium in der gegenwärtigen Welt zu verkündigen, ein bestimmtes Fernsehprogramm besonderer Machart sei, das große Reichweite habe. Es wurde dort berechnet, daß die ganze Unternehmung 3,7 Cent pro Seele koste. Natürlich ist diese Art und Weise noch viel rationeller, als aus einem Fesselballon oder Flugzeug Tausende und Millionen Flugblätter auf die Großstädte herabregnen zu lassen (nach Parzany, Zeugen gesucht, S. 45).

So geht es nicht. Wie Gott nicht ein Wort

vom Himmel herabfallen ließ, sondern uns seinen Sohn mit einem lebendigen Leben »ins → Fleisch« gesandt hat, so gilt auch der Auftrag Gottes an uns lebendigen Menschen mit Fleisch und Blut, inmitten unseres gelebten Lebens. Wie Jesus seine Worte nicht von seinem Leben getrennt hatte, so dürfen wir Wort und Leben nicht voneinander trennen. Wie Jesus für Leib und Seele da war und Wort und Tat nicht auseinanderfielen, so darf das bei uns auch nicht auseinanderfallen. Wie die ganze Hingabe Jesu an seinen Sendungsauftrag beschwerlich war und in Leiden, Enttäuschung und Ablehnung führte, so müssen auch wir mit solchem Leiden rechnen. Das alles steckt in dem »gleichwie« des johanneischen Missionsbefehls.

3. Die Weite des Sendungsauftrags an Christen

Mission heißt Sendung. Der bekannte Missionsbefehl Mt 28,8 heißt: »Gehet hin in alle Welt . . .« Er hat eine große Weite. Kein Volk ist zu ferne, zu klein oder zu gering, um nicht wert zu sein, das Evangelium zu hören. Durch die weltmissionarischen Anstrengungen der Christenheit im letzten und in diesem Jahrhundert haben sich in den meisten Ländern der Erde christliche Kirchen gebildet. Sie sind für ihr Land wohl die besten Missionare. Dennoch ist der Missionsbefehl im Sinne der Mission in andern Ländern nicht überholt. Zuviel ist in andern Ländern noch zu tun. Dabei ist freilich zu beachten, daß dieser Auftrag nicht an den einzelnen Christen gerichtet ist, sondern der Sendungsauftrag an die christliche Gemeinde insgesamt. Es gehört deshalb zum Fundament einer christlichen Gemeinde, daß sie einen weltmissionarischen und ökumenischen Blick hat.

Die Sendung der einzelnen Christen, die sich in die Weltmission gerufen wissen, ist zeitlich und räumlich begrenzt. Sie sind nicht zur flächendeckenden, umfassenden und damit notwendig oberflächlichen Arbeit gerufen (vgl. Mt 10,5ff). Über den Rahmen, den Ort und die Dauer des Auftrags entscheidet nicht der einzelne allein, sondern mit ihm die Gemeinde.

4. Wo ist mein Platz?

Es ist nicht immer einfach, zwischen dem Ruf und den eigenen Wünschen und Vorstellungen zu unterscheiden. Wie löste die Urgemeinde das Problem? »Als sie nun dem Herrn → Gottesdienst hielten und → fasteten, sprach der Heilige → Geist: Sondert mir doch den Barnabas und Saulus zu dem Werke aus, zu denen ich sie herbeigerufen habe! Da fasteten sie und beteten, legten ihnen die Hände auf und verabschiedeten sie« (Apg 13,2f).

Das ist ein Modell, wie auch heute noch Sendung geschehen kann. Die Gemeindeleitung, der Mitarbeiterkreis ist das »Organ«, dessen sich Jesus bedient. Die Geschichte des Paulus macht deutlich: Selbst der zum Apostel berufene Paulus hält es für seine Pflicht, nach seiner Bekehrung und Berufung Anschluß zu suchen bei den anderen Aposteln in Jerusalem (vgl. Apg 15; → Berufen/Berufung).

Ein persönliches Sendungsbewußtsein mag sehr geistlich wirken, ist es aber nicht, wenn es dadurch gekennzeichnet ist, daß der »Gesandte« im Gegensatz zu seiner Gemeinde oder Gruppe steht und sich allein auf eine unmittelbare Berufung zurückzieht. Dieses persönliche Berufungserlebnis hatte doch Paulus auch; dennoch oder gerade deshalb suchte er den Kontakt, die Verbindung und Anerkennung durch die Urgemeinde (vgl. auch Apg 15,40).

Gerade weil die Gemeinde die Sendung und damit den Dienst des Ausgesandten mitträgt, soll der Gesandte Erfolge und Schwierigkeiten nicht allein aushalten müssen. Er steht in lebendiger Verbindung mit der Gemeinde. Sie übernimmt neben der geistlichen auch die materielle Verantwortung für den ausgesandten → Bruder oder die ausgesandte Schwester. Sie hat einzustehen im Gebet, in der Zurüstung für den Dienst und für die notwendige Versorgung (vgl. 1Kor 9,4ff).

5. »Im Namen Jesu«

Hinter *aller* Tätigkeit für Jesus Christus steht eben dieser → Name. *Er* ist der Auftraggeber. Das ist ein großer → Trost und eine Quelle des Mutes für alle Dienste, sei es zu Hause, in der Gemeinde, sei es in der Fremde; Trost und Mut in großen Veranstaltungen mit vielen Menschen wie in der Unscheinbarkeit eines Gesprächs unter vier Augen, das womöglich nicht einmal zu einem sichtbaren Ziel führt; Trost und Mut auch bei den Taten der Liebe in sozialen und diakonischen Diensten.

W. vom Baur/
U. Laepple

Sieg/Siegen

I. Wortbedeutung

Im biblischen Gebrauch ist das Wort auf das NT beschränkt. Im AT heißen militärische Erfolge nicht Siege, sondern Rettungen (»Heiland« = Feldherr!). Sie setzen also sowohl eine Verteidigungshaltung voraus wie das Bewußtsein, nicht in eigener Kraft und Stärke gewinnen und überleben zu können (vgl. Jes 7,1–9). Das griech. ebenso wie das dt. Wort meinen den Erfolg im Zweikampf, sei es in der Schlacht oder im Rechtsstreit. Im NT bezieht sich das griechische Wort *(nike)* fast ausschließlich auf die Auseinandersetzung zwischen Gott und Widergott oder Dämon. Das Verb heißt »überwinden« (Röm 8,37). Der Sieg im heute so wichtigen Sport wird durch ein anderes Wort (»den Kampfpreis gewinnen«) bezeichnet (→ Wettkampf/Siegespreis).

II. Der Begriff in der Bibel

Der ntl. Sprachgebrauch hat drei Schwerpunkte:

1. SIEG ÜBER DIE → DÄMONEN

In der Zeit des NT war das antike Weltbild mit der Erhabenheit seiner Götter und des Gefühls eines wohlgeordneten Weltgefüges zerbrochen. Daher kennzeichnete eine weltweite Dämonenangst die damaligen Menschen. Insofern ist es ein Schlüsselwort, wenn Jesus nach Lk 11,20 sagte: Ein Stärkerer besiegt den bewaffneten Starken (den das jeweilige Schicksal bestimmenden Dämon), entwaffnet ihn und verteilt seine Beute. Modern gesprochen: Jesus besiegt die Lebens- und Weltangst, die den Dämonen und anderen finsteren Mächten die Möglichkeiten der Machtausübung gibt. Entsprechend heißt es Joh 16,33, daß Christus Jesus die Welt überwunden hat. → »Welt« meint hier nicht einfach den Inbegriff von Unmoral und Schändlichkeit, sondern die Fremde, die das zerbrechende Weltbild offenbar macht: daß nämlich der menschliche Geist in der Welt zwar sein Arbeitsfeld, aber nicht sein Zuhause hat. Verliert er sich an die Welt bzw. an sein Arbeitsfeld, so bleibt er in der Finsternis.

2. SIEG ÜBER DEN → TOD

Dort, wo der Apostel Paulus die Auferwekkung Jesu am ausführlichsten beschreibt, sagt er abschließend: »Der Tod ist verschlungen in den Sieg. Tod, wo ist dein Stachel? Totenreich, wo ist dein Sieg?« (1Kor 15,54f). Das Wort »Tod« bezeichnete in ntl. Zeit mehr als das Ableben, nämlich die Anfälligkeit des Menschen für alles, was keinen Bestand hat und daher nicht wahr oder richtig sein kann. So ist der Sieg über den Tod nicht der über das Ableben, sondern über den »letzten Feind« Gottes, der die Menschen in die Gottferne, die Lebensgier usw. treibt. Daß Gott also Jesus von den Toten auferweckt hat, ist nicht eine auf ihn beschränkte persönliche Auszeichnung oder Ehre, sondern der Anfang des Sieges über den letzten Feind, in den die Welt mithineingezogen werden soll. Im Blick auf diesen Anfang gilt dann: »Unser Glaube ist der Sieg, der die Welt überwunden hat« (1Jo 5,4b). Dabei betont Offb 17,14, daß der Sieg in den Augen der Menschen nicht viel gilt – er ist nämlich nur der Sieg des »Lammes, das geschlachtet wurde«. Doch wird Gott die Weltgeschichte so führen, daß all die Siege der uns ängstigenden Supermächte nur kleine, vergehende sein werden (Offb 6,2; 11,7; 13,7; 1Kor 15,20–28) und der Sieg des Opferlammes am Ende bleibt (→ Lamm).

3. DIE SIEGER

Diejenigen, die diesem Sieg glauben und ihm auch in Verfolgungen, von deren Eintreffen die Offb deutlich spricht, treu bleiben, heißen daher die »Überwinder« oder die »Siegenden« (z.B. Offb 2,7; 11,7–12). Ihnen soll »die Krone des Lebens gegeben werden« (21,7). »Sieger« sind also nicht die, die sich moralisch in der Gewalt haben, sondern die sich auch von Verfolgungen, Verunglimpfungen und Verführungen dieser Welt nicht überrumpeln lassen, die also dem Gott, dessen Zeichen das Selbstopfer (Lamm) ist, bis in ihren eigenen Tod hinein die Treue halten.

III. Der Begriff heute

Die Wörter »Sieg« und »Siegen« haben im öffentlich-politischen Raum ihren Glanz weithin verloren, nachdem sie im Dritten Reich überstrapaziert wurden. Dies beruht jedoch auch auf der wachsenden Einsicht, daß hochtechnisierte Industriestaaten durch Kriege und selbst durch Siege wenig oder nichts gewinnen, dagegen sehr viel verlieren. Stattdessen verwendet man die Wörter gern im Sport und bei Rechtsstreitigkeiten (»obsiegen«), während »überwinden« sich meist auf scheinbar oder tatsächlich veraltete Zustände bezieht, die es zu überwinden gelte. Im frommen Sprachgebrauch betreffen die Wörter Verhaltensweisen des einzelnen: Siege über sexuelle Versuchungen, über den Neid, die Habgier, die Ich- und die Geltungssucht. Im Wohlstandsdeutsch gibt es den Sieg über den »Speck«, die Freßlust. Alle diese Verwendungen entsprechen nicht dem biblischen Gebrauch. In der Begegnung mit der Bibel lassen sich aber drei Schwerpunkte bestimmen:

1. MODERNE »DÄMONEN«

Auch unser Weltbild, dessen Großartigkeit man an den Leistungen der weltweit gewordenen europäischen Kultur sieht, ist dabei, unwiderruflich zu zerbrechen. Nicht der Atheismus zerstört es, sondern der Selbstzweifel. Er behält nur noch ein Nichts übrig; er ist überzeugt, daß es nichts gibt, was uns trägt und in Pflicht nimmt, als uns selbst (»Bonjour, Tristesse!«). Die »Dämonen« von heute sind nicht genau dieselben wie gestern, und doch muß der Stärkere kommen, um sie zu fesseln. Die »Dämonen« heißen heute Lebensangst, Unerfülltheit, Verzweiflung, Selbstmordsucht, Gier, Suche nach der Gewalt, der Quälerei anderer im Namen einer scheinbar gerechten Sache. Herausgekommen ist das bisher grausamste, blutigste, an Folterungen und kalten Morden reichste Jahrhundert, das wir kennen. Wie bei einem untergehenden großen Schiff ist der Sog in die Tiefe ungeheuerlich. Das Weltbild mit dem Gott der unbedingten Allmacht an der Spitze und der heilsamen Ausgewogenheit von Sünde, Schuld und Gerechtigkeit stirbt. Aber das Sterben Jesu macht gewiß, daß Glaube, Liebe und Hoffnung von niemandem und durch nichts genommen werden können und nichts uns von der Liebe Gottes trennt, die in Christus Jesus ist (Röm 8,35). Sieg über den Tod heißt heute auch Sieg über den inneren Fraß am Sinn des Lebens, an der Liebe, der Anständigkeit und an dem »reinen Herzen« (Mt 5,8), also Sieg über den inneren Tod. An diesen Punkten wird die Gesellschaft der Christen im weltweiten Kontext bestimmt noch gefordert, da die westliche Welt viel Geld, aber nichts mehr im Herzen hat, während neue Religionen und Ideologien mit viel im Herzen und wenig Geld auf den Markt drängen.

2. Überwindung im eigenen Leben

Bei dem, was wir heute über die psychischen Ursprünge von Gewalttätigkeiten, Konflikten, Aggressionen, Haß usw. wissen, ist der oben erwähnte fromme Sprachgebrauch auf einer richtigen Spur, auch wenn er unmodern wirkt. Das Mittelalter kannte den ständigen Kampf der Christen gegen die sieben Todsünden. Ein wenig Mittelalter im Blut wäre uns heilsam. Aber der tägliche Kampf gegen Neid, Habgier, Haß, Verzweiflung, Lässigkeit, Selbstsucht und die Lust am Bösen stünde jedoch nicht in Übereinstimmung mit der Bibel, wenn er im Sinne eines Moralismus geführt wird, also im Appell an die eigenen »guten Kräfte«. Dieser Kampf muß vielmehr auf dem Boden ausgetragen werden, daß jeder Wille zur Selbstgerechtigkeit gebrochen ist und der Sieg »des Lammes« vorangeht. Es ist ein tiefes Unglück in der westlichen Welt, daß man den Kampf gegen die Wurzeln der Aggressionen den Sprechstunden der Psychologen überläßt, die erst das »Kaputte« zu sehen bekommen.

3. Die Verfolgten als Sieger

Wir leben z.Z. in einem Land ohne Verfolgung und Gewalttätigkeit gegen den Glauben. Wir sollten jedoch nie vergessen, daß die Offb uns warnt: Verfolgung kann jederzeit (wieder) eintreten. Die geistige Erfindungskraft der Menschen ist im Guten und im Bösen außerordentlich. Das NT aber weiß von »Siegenden«, denen der Sieg des »Lammes«, das sterben mußte, zur Rettung wurde und blieb. Eine christliche Gemeinde heute sollte die Christen in der weiten Welt nicht vergessen, die (wie die Offb verzeichnet) durch Verfolgung gefordert sind, und ihnen ganz besondere Ehre und Entgegenkommen erweisen. Denn »dem Überwindenden wird der Kranz des Lebens gereicht« (Offb 21,7; → Leiden/Dulden; → Bedrängnis/Verfolgung). Entgegen manchen Erwartungen und Hoffnungen vieler ehrbarer Christen hat das Wort »Sieg« im NT zuerst und vor allem den Charakter des Opfers und nicht des Erfolges. In diesem Zeichen also sollen wir »siegen«, weil der »siegt«, dem das Leben aus Gott nicht mehr zu nehmen ist.

H. Seebass

Siegel/Versiegeln

I. Wortbedeutung

Die Erfindung und der Gebrauch des Siegels (griech. *sphragis*) ist, wie die Ausgrabungen der Archäologen gezeigt haben, uralt. Man unterscheidet die reinen Namenssiegel und die Siegel mit bildlicher Darstellung. Die Form der Siegel war verschieden. Man fand zylinderförmige Rollsiegel, die im feuchten Ton abgerollt wurden, Stempelsiegel, flach gewölbt und mit Gravierung auf der glatten Unterseite, und ovale Siegel, dem Sonnenkäfer (Skarabäus) nachgebildet. Bis heute ist das Siegel in allen Kulturvölkern in Gebrauch. Es dient zur Beglaubigung wichtiger Papiere und Urkunden. Es schützt wichtige Dokumente und Gegenstände vor Mißbrauch und Diebstahl. Mit dem Namenssiegel bekundet der Eigentümer sein Recht auf den Besitz eines Buches oder anderen ihm wertvollen Gegenstands.

II. Der Begriff in der Bibel

Im AT wird an zahlreichen Stellen deutlich, daß das Siegel und das Versiegeln auch in → Israel üblich war (vgl. 1Mo 38,18; 41,42; Dan 9,24; 12,4 u.a.). Das Siegel wurde teils an der Hand als Ring getragen (Jer 22,24; Hag 2,23), teils an einer Schnur (1Mo 38,18) am Hals oder am Arm (Hl 8,6). Das Siegel dient dazu, wichtige Urkunden geheim zu halten, bis der Zeitpunkt, sie zu öffnen, gekommen ist, oder auch Unbefugten den Zutritt zu einer bestimmten Örtlichkeit zu verwehren. So wurde z.B. der große Rollstein, mit dem das Grab Jesu verschlossen wurde, versiegelt (Mt 27,66).

In übertragenem Sinn dient das Wort »versiegeln« dazu, das unantastbare Eigentumsrecht Gottes zu bezeugen. So gilt von dem → »Menschensohn«, der allein ewiges → Leben geben kann: »Auf ihm ist das Siegel Gottes des → Vaters« (Joh 6,27), und von denen, die das → Evangelium im → Glauben angenommen haben: »Ihr seid, als ihr gläubig wurdet, mit dem heiligen → Geist versiegelt worden« (Eph 1,13).

Im letzten Buch der Bibel, der → Offenbarung des Johannes, ist das Bildwort »Siegel« besonders häufig und eindringlich gebraucht. Der im → Himmel Thronende, dessen → Namen ehrfürchtig verschwiegen wird, hält eine mit sieben Siegeln verwahrte Schriftrolle in der Hand, auf der sein Welt- und Heilsplan aufgezeichnet ist. Nur das → »Lamm« ist würdig, diese Siegel zu brechen und das Buch zu öffnen (Offb 5,1ff). Die unantastbare, überlegene Hoheit Gottes, der die Geschicke der Menschen und Völker lenkt, mit seinem Welt- und Heilsplan umfaßt, wird durch dieses Bild ebenso eindringlich bezeugt wie die einzigartige Würde, die dem erhöhten Christus, dem »Lamm« Gottes, dem »Löwen« aus Juda, verliehen ist.

Im 7. Kapitel erfahren wir dann, daß hundertvierundvierzigtausend aus allen Geschlechtern Israels versiegelt, d.h. als unantastbares Eigentum Gottes gekennzeichnet, werden, ehe die → Gerichte Gottes über den Erdkreis und seine Bewohner hereinbrechen. Die Zahl wird vielleicht einen symbolischen Sinn haben. Genug zu wissen, daß es eine Vollzahl der Erlösten gibt, die auch dann, wenn die letzten »Wehen« über den Erdkreis kommen, das unantastbare, unverlierbare Eigentum Gottes und seines Christus bleiben. Diese Gewißheit wurde der jungen Kirche Jesu Christi am Ende des 1. Jh. n.Chr., als die römischen Kaiser zur blutigen Verfolgung der Christen schritten, durch dieses Bild von der »Versiegelung« verbürgt.

III. Der Begriff heute

Die Versiegelung wichtiger Dokumente ist eine Maßnahme, die sich bis heute bewährt und erhalten hat. Sie ist in allen Kulturvölkern üblich. Wie aber steht es mit der Versiegelung jener Einhundertvierundvierzigtausend? Bezieht sich die Weissagung auf das alte Bundesvolk Israel, dessen Stämme aufgezählt werden, und seine Wiederherstellung in der Endzeit? Oder ist an die Vollzahl der Erlösten aus Juden- und Heidenchristen gedacht, die zusammen das »wahre Israel« bilden? Ist diese »Versiegelung« ausschließlich das Geschäft der → Engel? Daß diese »Versiegelung« ein Akt Gottes (bzw. der Engel) ist und nicht durch eine sakramentale Handlung der Kirche bzw. ihrer dazu bevollmächtigten Amtsträger erfolgt, ist doch wohl eindeutig! Wir sollen und dürfen dieser geheimnisvollen Schriftstelle den gewissen Trost entnehmen: Der Herr kennt die Seinen und bringt sie – unantastbar – durch alle → Gerichte und Wehen der Endzeit hindurch – ans Ziel, wo sie »sein Angesicht sehen und sein Name an ihren Stirnen ist« (Offb 22,4).

H. Lamparter

Siegespreis → Wettkampf/Siegespreis

Singen → Lied/Gesang

Sklave → Knecht/Sklave/Knechtschaft

Sohn Davids

I. Wortbedeutung

»Söhne Davids« heißen nicht bloß leibliche Kinder Davids, sondern alle, die von ihm abstammen. So war Joseph ein »Sohn Davids« (Mt 1,20), obwohl er rund tausend Jahre später lebte.

II. Der Begriff in der Bibel

1. Die Verheissung der Propheten

Die jüdische Messiaserwartung wurde grundlegend von der Prophetie Nathans bestimmt (2Sam 7,11–16). Im Namen Gottes versprach er der Familie Davids die ewige Dauer ihrer Herrschaft. Gott würde sich um den König auf dem Davidsthron so kümmern wie um einen eigenen Sohn. Diese Zusagen verstand man als Bundesschluß mit dem Haus David (Ps 89,4f; 132,11f; → Bund). Spätere Propheten haben die Bundesverheißung bekräftigt. Amos (9,11f) kündigte die Wiederherstellung des davidischen Großreichs an. Jesaja (9,5f) sah in schwerer Kriegszeit einen künftigen Idealherrscher aus der Davidsdynastie, der endgültig Frieden und Gerechtigkeit bringt. Ähnliches weissagte Jeremia (23,5; 33,15f). Mit dem Zusammenbruch des Südreichs Juda (586 v.Chr.) schien der Davidsverheißung jedes Fundament entzogen. Aber Gott ließ sie im Exil durch Hesekiel (34,23; 37,24) erneuern. Auch der Kreis der Jesaja-Jünger verlor sie nicht aus den Augen: Gott würde mit dem neuen David einen ewigen Bund schließen und durch ihn die → Heiden bekehren (Jes 55,3–5). Für Jesus wurde wichtig, daß unmittelbar vorher vom leidenden → Knecht Gottes die Rede ist (Jes 53).

2. Jesus, der Sohn Davids

Durch seinen Pflegevater Joseph war Jesus rechtskräftig in die Davidsfamilie aufgenommen. Das bezeugen die beiden Stammbäume Mt 1,6–16 und Lk 3,23–31. Schon im 2. Jh. n.Chr. vertrat man auch eine davidische Abkunft Marias. Jesu Zugehörigkeit zur Davidsfamilie ist eine durch glaubwürdige altkirchliche Überlieferungen gut verbürgte Tatsache. Auffällig bleibt aber die Zurückhaltung, die Jesus gegenüber seiner Herkunft zeigte. Er machte sie nicht zum Verkündigungsthema und unterband sogar seine Anrede als »Sohn Davids« (Mk 10,47f). Das ist nur zu verständlich, wenn man bedenkt, an was viele Zeitgenossen bei »Sohn Davids« dachten. Selbst wenn einige jüdische Gruppen einen nichtdavidischen Messias erwarteten (vgl. Joh 7,27), so war doch für die Masse der Messiasgläubigen der Kommende ein Sohn Davids. Man erhoffte durch ihn die gewaltsame Befreiung von den Römern und die Aufrichtung einer jüdischen Weltherrschaft. Wenn die Pilgermenge Jesus beim letzten Einzug nach → Jerusalem als Sohn Davids huldigte (Mt 21,9), dann klangen auch revolutionäre Untertöne mit (vgl. Lk 19,38f).

Jesus vermied den Titel »Sohn Davids« ebenso wie »Messias«, um ein politisches Mißverständnis seines Wirkens zu verhindern. Er fragte einmal Schriftgelehrte (Mt 22,41–46), warum der Messias nicht nur »Sohn Davids« sondern auch »Herr Davids« genannt wird (Ps 110,1). Der Messias ist also mehr als eine bloße Wiederholung des ersten David.

3. Der verkündigte Sohn Davids

Auch Petrus bekräftigte zu Pfingsten, daß der Auferstandene jede bloß innerweltliche Davidshoffnung übertrifft (Apg 2,29–36). Paulus zitierte in Röm 1,3f ein altes Bekenntnis, das zeigt, welche Rolle Jesus auch als Sohn Davids für Heidenchristen spielte. Einer der letzten Bibelverse betont, daß Jesus als Sohn Davids wiederkommen wird (Offb 22,16).

III. Der Begriff heute

1. Der endgültige Weltherrscher

Die Verheißung an David und seine Nachkommen meinte ursprünglich durchaus ein irdisches Reich, aber schon bei Jesaja (11,1–10) wird deutlich, daß die Herrschaft des kommenden Sohnes Davids jede bloß irdische Hoffnung übersteigt. Als Jesus vom Reich Gottes sprach, da meinte er mehr als menschliche Möglichkeiten. Aber wenn Gottes Herrschaft auch mehr umfaßt, so läßt sie doch die Erde nicht aus. Nicht blutrünstige Machthaber sollen sie zuletzt besitzen, sondern die → Sanftmütigen (Mt 5,5). Denn: »Der Löwe aus Juda, der Sproß aus der Wurzel Davids, der den Sieg errungen hat«, der ist auch »das geschlachtete Lamm« (Offb 5,5f). Der gekreuzigte Jesus wird Weltherrscher und mit ihm alle, die fürs Gottesreich gelitten haben (Offb 20,4–6).

2. Treue und Kritik gegenüber → Israel

Wenn Jesus die Bezeichnung »Sohn Davids« vermied, dann hat er damit auch alle egoistischen Machtansprüche Israels, ja überhaupt jeden übersteigerten Nationalismus, abgewiesen. Weil es ihm um Gottes Herrschaft (→ Reich Gottes) über alle Menschen ging, stellte er einen Titel wie → Menschensohn in den Vordergrund, der seinen weltweiten Auftrag andeutete (vgl. Dan 7,13f).

Andererseits darf man nicht vergessen, wie Gott dafür sorgte, daß Jesus in die Davidsfamilie eingegliedert wurde. Damit hat er wiederum die Verheißung an David erneuert. Allerdings ging die Erfüllung weit über die atl. Ankündigungen hinaus. Mit der Davidsverheißung hielt Gott auch Israel die → Treue, aber nicht so, daß er sich von ihm seine Wege vorschreiben ließ. Jesus mußte manche zeitgenössische Erwartung durchkreuzen.

R. Riesner

Sohn Gottes

I. Wortbedeutung

Die Wörter *ben* (hebr.) und *bar* (aram.) stehen für »Sohn«, haben aber eine weiter gefaßte Bedeutung als das deutsche Wort. Der Gebrauch des griech. Ausdrucks für »Sohn« *(hyios)* ist im NT vom AT her beeinflußt. Auch die entfernten Nachkommen eines Mannes (Mt 1,1) und der Adoptierte (1Mo 50,23) können in der Bibel »Sohn« genannt werden. Abhängigkeitsverhältnisse wie das des Dieners zum Herrn (1Sam 26,17) oder des Schülers zum Lehrer (Pred 2,1) bezeichnete man als »Sohnschaft«. Das galt auch für andere Beziehungen. Ein Babylonier heißt »Sohn Babels« (Hes 23,15), ein Todgeweihter »Sohn des Todes« (1Sam 20,31), ein Funke »Sohn der Flamme« (Hi 5,7) usw. Welche Bedeutung die Wendung »Sohn Gottes« hat, ist je nach Zusammenhang verschieden.

II. Der Begriff in der Bibel

1. Das Alte Testament

→ Engel werden manchmal »Söhne Gottes« genannt (z.B. Hi 1,6), denn sie haben Anteil an der göttlichen Existenzweise. Richter konnten »Söhne Gottes« heißen (Ps 82,6), weil sie das Gottesrecht wahren sollten. Da Gott wie ein Vater Israel das Leben gegeben (5Mo 32,6) und das Volk aufgezogen hat (Hos 11,1–4), nennt er es seinen »erstgeborenen

Sohn« (2Mo 4,22). Hosea (2,1) kündigte als besondere Gabe der Endzeit an, daß jeder Israelit ein »Sohn des lebendigen Gottes« sein soll.

Der regierende König aus dem Haus Davids wird »Sohn Gottes« genannt (2Sam 7,14). Im Gegensatz zum ägyptischen Pharao ist damit aber keine biologische Abstammung behauptet. Vielmehr adoptierte Gott den König am Tag seiner Thronbesteigung (Ps 2,7), um ihn als Stellvertreter die Herrschaft ausüben zu lassen (2Chr 9,8).

2. Jesus

Die → Jungfrauengeburt setzte ein Zeichen dafür, daß Jesus in ganz anderer Weise Sohn Gottes ist als sonst ein Mensch (Lk 1,35): Der Ursprung seines Lebens liegt in der ewigen Welt Gottes. Schon der einzige Bericht aus der Kindheit Jesu zeigt, daß seine Beziehung zu Gott als → Vater vertrauter war als die des frömmsten Israeliten (Lk 2,49). Bei der → Taufe Jesu bestätigte Gott, daß er sich dieses Sohnesverhältnis nicht bloß anmaßte. Gott proklamierte ihn als seinen »einzigen (wörtl.: geliebten) Sohn« (Mt 3,17). Dabei fehlt auffälligerweise jeder Hinweis auf Adoption, obwohl in der Himmelsstimme Ps 2,7 anklingt. Die Anspielungen auf Jes 42,1 und 1Mo 22,2 deuten an, daß Jesus der → Knecht Gottes ist, der so wie Isaak im → Gehorsam gegen den Vater den Leidensweg geht.

Jesu einzigartiges Sohnesbewußtsein spiegelte sich auch in der vertraulich familiären Gottesanrede → »Abba« (Mk 14,36), die in der großen jüdischen Gebetsliteratur ohne Parallele ist. Kein frommer Jude hätte so zu sprechen gewagt. Mit dem Gleichnis von den »Bösen Winzern« (Mt 21,33–39) setzte sich Jesus ganz bewußt als der Sohn von der langen Reihe der Propheten ab. Weil er der Sohn Gottes war, stand Jesus in völligem Gehorsam zum Vater (Joh 5,19) und kannte ihn wie kein anderer (Mt 11,27).

Jesus predigte eine → Bekehrung, die eine → Wiedergeburt aus Gottes Kraft bedeutete (Joh 3,5) und ein kindliches Vertrauensverhältnis zu ihm begründete (Mt 18,3). Als Zeichen dieses neuen → Lebens erlaubte Jesus auch seinen → Jüngern, Gott als »Abba« anzusprechen (vgl. Lk 11,2). Wer den Willen des himmlischen Vaters tut, den nahm Jesus in die Familie Gottes auf und nannte ihn → »Bruder und Schwester« (Mt 12,50). Söhne Gottes erkennt man nämlich an ihrem Verhalten. Sie lieben selbst ihre Feinde, so wie auch Gottes Schöpfergüte allen Menschen gilt (Mt 5,44f).

3. Paulus

Wichtige Aussagen über Jesus als Sohn Gottes begegnen beim Apostel in Bekenntnisaussagen, die aus der frühesten christl. Gemeinde stammen (Röm 1,3f; Gal 4,4f). Kol 1,15 spricht klar aus, daß Jesus schon vor der Schöpfung der »erstgeborene« Sohn Gottes war. Dagegen sind die Christen durch die Erlösung adoptierte Söhne Gottes (Gal 4,4–7). Allerdings bestimmt dieser Vorgang auch ihr Innerstes, wie man an geistgewirktem Glauben (Gal 3,26), Beten (Gal 4,6) und Verhalten (Röm 8,12–17) sieht. Zur Gotteskindschaft (→ Kind Gottes) sind auch die → Heiden berufen, denn Gott »offenbarte« Paulus »seinen Sohn«, um ihn als Evangelium für die Heiden zu verkünden (Gal 1,16).

4. Markus und der Hebräerbrief

Beide grenzen Jesus gegen die mancherlei Göttersöhne des Altertums ab. Als man in Rom die Göttlichkeit des Kaisers Nero proklamierte, schrieb Markus in derselben Stadt sein »Evangelium von Jesus, dem Sohn Gottes« (Mk 1,1). Gegenüber jüdischen Engelsspekulationen betonte der Hebräerbrief die einzigartige Hoheit Jesu. An ihm als dem Sohn »prägt sich Gottes Wesen aus« (1,3).

5. Johannes

Während die ersten drei Evangelien sehr verhüllt von Jesus als Sohn Gottes berichten, konzentriert sich Johannes sehr stark auf dieses Thema. Er beginnt sein Evangelium mit einem wunderbaren Hymnus auf den göttlichen Ursprung Jesu. Gottes Schöpfungswort und Jesus werden dort gleichgesetzt (Joh 1,1–3). In Jesus, der schon immer beim Vater lebte (Joh 1,18), ist Gott ein Mensch geworden. Aus Joh 1,14 (»Das Wort wurde Fleisch«) stammt der theologische Fachausdruck »Inkarnation«, der die Menschwerdung Gottes meint.

Das ganze Evangelium zielt auf das Bekenntnis des Thomas »Mein Herr und mein Gott« (Joh 20,28). Bei solchen Spitzenaussagen über Jesus lag die Gefahr nahe, sein wirkliches Menschsein zu vergessen. Dagegen kämpfte der 1. Johannes-Brief (4,2; 5,5–7). In diesem Brief behandelt Johannes auch ausführlich die Gotteskindschaft der Christen, wobei er als erster auch sprachlich konsequent zwischen dem einen Sohn *(hyios)* und den vielen Kindern *(tekna)* Gottes unterscheidet.

III. Der Begriff heute

1. Die Einzigartigkeit Jesu

In unserer Gesellschaft gibt es gar nicht so viele Menschen, die Jesus völlig ablehnen. Man macht sich allerdings ein Bild von ihm zurecht, das zu den eigenen Vorurteilen paßt. Da gibt es die Geschichtsfälschung von Jesus als gewaltsamem Revolutionär. Manche möchten in ihm einen besonders vorbildlichen Pharisäer sehen, wieder andere einen Humanisten, der die Grenzen des Judentums sprengte. Einige sind sogar bereit, Jesus als einen Propheten anzuerkennen. Hinter alle diese Deutungsversuche setzt das NT mit der Bezeichnung »Sohn Gottes« ein kräftiges Fragezeichen. Wer nicht zur Kenntnis nimmt, daß Jesus ein einzigartiges Verhältnis zu Gott beansprucht, der nimmt ihn bei allem Wohlwollen nicht wirklich ernst.

2. Wahrer Mensch und wahrer Gott

Mit diesem Bekenntnis hat die alte Kirche das Geheimnis Jesu in auch für uns heute gültiger Form umschrieben. Unübersehbar sind die ntl. Aussagen über den Menschen Jesus, der wie wir alle Hunger (Mt 21,18) und Angst (Mk 14,33; → Furcht/Angst) kannte und zuletzt den → Tod erlitt. Aber hart daneben steht eine andere Reihe von Tatsachen. Jesus hat nicht bloß seinen Worten göttliche Autorität zugeschrieben (Mt 24,35), sondern auch immer wieder an Gottes Stelle gehandelt. Er vergab → Sünden (Mt 9,2–7), verfügte über den → Sabbat (Mt 12,8) und setzte gelegentlich das Gesetz Moses außer Kraft (Mt 19,7–9; → Gebot/Weisung/Gesetz). Das brachte ihm den Vorwurf ein, »sich selbst zu Gott zu machen« (Joh 10,33). Mit der Verurteilung als Gotteslästerer haben die jüd. Führer Jesus letztlich ernster genommen als viele Wohlmeinende von heute, die ihn zu einem beispielhaften Menschen verharmlosen (vgl. Mk 14,61ff).

3. Das Bekenntnis zur Gottessohnschaft Jesu

Es wird manchmal behauptet, daß Jesu Bezeichnung als Sohn Gottes nichts Besonderes sei. Auch über andere berühmte Männer wie Augustus habe man ja Legenden von ihrer göttlichen Herkunft erzählt. Damit übersieht man aber den grundlegenden Unterschied zwischen Heidentum und Judentum. Jeder fromme Jude bekannte dreimal am Tag, daß »Gott einer ist« (5Mo 6,4) und war bereit, für diese Überzeugung zu sterben. Obwohl es von der Verheißung an den Sohn Davids her nahelag (2Sam 7,11–16), scheint man im Judentum vor Jesu Auftreten den Titel »Sohn Gottes« kaum auf den Messias angewandt zu haben. Offensichtlich wollte man angesichts der zahllosen heidnischen Göttersöhne den Gott Israels vor Mißverständnissen schützen.

Nun kann man aber sprachlich einwandfrei zeigen, daß nicht erst Heidenchristen Jesus als Sohn Gottes bekannten und von der → Jungfrauengeburt erzählten. Wie aber konnten strenggläubige Juden zu derartigen Aussagen kommen, die in so unversöhnlichem Kontrast zu ihrer bisherigen Überzeugung standen? Gottes Geist hatte schon die atl. Propheten (z.B. Jes 9,5) dazu überwunden, den Messias mit göttlichen Zügen zu beschreiben. Ebenso war mehr als menschliche Einsicht im Spiel, wenn Petrus Jesus als Sohn Gottes erkannte (Mt 16,16f). Dieses Bekenntnis (→ Bekennen/Bekenntnis) stützt sich allerdings nicht nur auf diese Eingebung, sondern besitzt festen Anhalt am Selbstanspruch Jesu (s.o.). Diesem Anspruch hat Gott Recht gegeben, indem er das Urteil auf Lästerung zurücknahm und Jesus durch die → Auferstehung machtvoll als Sohn Gottes bestätigte (Röm 1,3f).

Als die lang geheimgehaltene Familienüberlieferung (vgl. Lk 2,19.51) von der Jungfrauengeburt bekannt wurde, war sie ein wichtiger Hinweis auf Jesu göttlichen Ursprung. Schon vorpaulinische Stücke wie Röm 1,3; Gal 4,4 und Phil 2,7 könnten die Jungfrauengeburt voraussetzen, und die wahrscheinlichste Lesart von Joh 1,13 spricht ausdrücklich von ihr. Die Gottessohnschaft Jesu wurde in der atemberaubend kurzen Zeit von einem Jahrzehnt Gegenstand festgeprägter Bekenntnisaussagen. In den folgenden Jahrhunderten hat die Kirche keine völlig neuartige Christologie geschaffen, sondern eigentlich bloß über die Konsequenzen der ntl. Aussagen nachgedacht.

4. Die zweite Person der Dreieinigkeit

Weil Jesus von Ewigkeit her Sohn Gottes ist, spricht Joh 10,30 von seiner Einheit mit dem Vater. Andererseits bleiben beide deutlich voneinander unterschieden. Jesus betete zum Vater, ordnete sich ihm unter und besaß nicht all sein Wissen (Mt 24,36). Da im NT auch der Hl. Geist (z.B. 2Kor 3,17) als Person gezeichnet wird, ist die altkirchliche Lehre von der Dreieinigkeit oder Dreifaltigkeit Gottes (Trinität) bibl. begründet, selbst wenn ein entsprechender Begriff fehlt. Vorstufen dazu bilden trinitarische Formeln wie 2Kor 13,13. Erst die dreipersönliche Fülle macht die Aussage verständlich: »Gott ist Liebe« (1Jo 4,16), denn Liebe ohne Egoismus gibt es nur zwischen verschiedenen Personen.

5. Falsche und echte Söhne Gottes

Menschenvergötterung liegt überall dort vor, wo ein Sterblicher zur einziggültigen Autorität und zum letzten Lebensinhalt erhoben wird. Religionspropagandisten, Filmstars und politische Führer kämpfen heute als moderne Göttersöhne um Einfluß. Jesus widerstand der menschlichen Ursünde, sich von Gottes Herrschaft loszusagen (1Mo 3,5). Er verzichtete freiwillig auf seine göttliche

Machtstellung, lebte in völligem Gehorsam gegen Gott und wurde dafür mit noch größerer Machtfülle ausgezeichnet (Phil 2,5–11).

Zum angenommenen Sohn Gottes kann man nur auf dem durch Jesus ermöglichten Weg von Bekehrung und Wiedergeburt werden (Joh 1,12; 3,5). Dazu gehört das Eingeständnis: »Ich bin nicht wert, dein Sohn zu heißen« (Lk 15,21). In unbegreiflicher Vatergnade antwortet Gott darauf nicht nur mit → Vergebung, sondern der Einsetzung zum Erben (Lk 15,22; Röm 8,17).

R. Riesner

Sorgen

I. Wortbedeutung

Im hebr. AT gibt es auffallenderweise kein bestimmtes Wort für »Sorge«, sondern es wird ein Wort gebraucht, das eigentlich »Last« bedeutet. Im Griech. und Dt. kann Sorge in negativem Sinn »sich Sorgen machen«, »Sorge haben« und in positivem Sinn »für jemanden sorgen« (→ Fürsorge/Besorgt sein) verstanden werden.

II. Der Begriff in der Bibel

1. Das AT weiß, daß der Mensch von der *Sorge um irdische Dinge* umgetrieben und niedergedrückt werden kann (Ps 127,2; Spr 12,25). Aber es weiß genauso, daß solches Sorgen »umsonst« ist, weil alles im Leben von Gottes segnender und sorgender Hand abhängt. Vielleicht wird darum auch im AT so selten vom Sorgen gesprochen. Es ist genug, daß Gott für sein Volk sorgt (Ps 40,18; Ps 55,23).

2. Im NT stellt *Jesus* sehr betont menschliches Sorgen in Frage, z.B. als er der zuhörenden Maria recht gibt gegenüber der sorgenden Martha (Lk 10,41f). Gerade die vielfältigen »Sorgen dieser Welt« ersticken das → Wort Gottes, so daß es keine Frucht bringen kann (Mk 4,19). In der → *Bergpredigt* spricht Jesus ausführlich vom Sorgen (Mt 6,25–34). Es ist die Art der → Heiden, die den himmlischen → Vater nicht kennen, sich um alles mögliche Sorgen zu machen. Solches Sorgen ist *Unglaube,* der mit der Fürsorge Gottes nicht rechnet, obwohl sogar »die Vögel unter dem Himmel« und »die Lilien auf dem Felde« seine väterliche Güte bezeugen. Das ständige Sorgen um Essen, Trinken und Kleidung, also um den täglichen Lebensunterhalt, mißachtet den Vater und mißtraut ihm, denn er »weiß ja, daß ihr das alles braucht«. Darum spricht Jesus sehr klar ein *Verbot der Sorge* aus: »Ihr sollt nicht sorgen« (V. 31), das auch in den ntl. Briefen aufgegriffen und wiederholt wird (Phil 4,6 u. 1Petr 5,7). An die Stelle der Sorgen um irdische Dinge setzt Jesus die Ausrichtung auf die Herrschaft Gottes (→ Reich Gottes), unter der das ganze Leben Inhalt und Ziel empfängt und frei wird von irdischer Abhängigkeit. So darf *das Sorgen getrost Gott überlassen* werden, selbst dann noch, wenn der → Jünger Jesu in äußerste → Bedrängnis gerät (Mt 10,19). Sein Herr wird in allem für ihn aufkommen.

III. Der Begriff heute

1. Was beherrscht unser Leben?

An der Frage, worum wir uns Sorgen machen, können wir sehr konkret erkennen, wer oder was unser Leben beherrscht und ausfüllt. Woran z.B. denken wir morgens beim Aufwachen? Was sind abends die letzten Gedanken, die uns beschäftigen? Wer hier ehrlich Bilanz zieht, kann sehen, woran er hängt. Nicht zufällig spricht Jesus in der Bergpredigt zuerst vom Schätzesammeln und von der Macht des Mammon (Geld und Besitz) und nennt ihn einen Herrn, der nach unserem Herzen greift und uns beherrschen will (Mt 6,19–21.24). Das Hängen am Besitz und die Sorge bedingen sich gegenseitig. Aus Sorge um unser Leben schaffen wir uns Besitz. Aus Sorge um die Zukunft bauen wir auf Vermögen und Sachwerte. Die »Schätze«, die wir uns sammeln, sind aus der Sorge geboren, und darum werden sie wieder neue Sorgen gebären. Der Mensch, der sein Herz an irdische Dinge verloren hat, wird aus dem Sorgen nicht mehr herauskommen. Er ist gebunden unter der Fessel von Besitz und Sorge und darum nicht frei für Gott und sein Reich. In unserer materialistisch ausgerichteten Gegenwart zeigt sich das ja noch deutlicher, bis mitten hinein in den Raum der christlichen Gemeinde: Das Leben vieler Zeitgenossen erschöpft sich in der Sorge um die äußeren Dinge des Lebens und offenbart damit eine erschreckende Abhängigkeit von vergänglichen Gütern. Es gibt hier also nur ein schroffes »Entweder – Oder«: entweder beherrscht uns Gott oder der Mammon (Mt 6,24)! Umkehr zu Gott kann nicht nur eine Herzensangelegenheit sein, sondern umfaßt unser ganzes Leben. Alles, was wir sind und haben, gehört unter die Herrschaft Gottes, und darin liegt der Schlüssel zur Sorglosigkeit des Christen (→ Eigentum/Besitz/Reichtum). »Sorget nicht!« sondern »trachtet am ersten nach dem Reich Gottes und nach seiner Gerechtigkeit«.

2. Sorgen oder Glauben

Wenn Jesus das Sorgen verbietet, meint er damit gewiß nicht, daß wir uns nicht Gedanken machen, planen und vorsorgen sollten, wo Alltagsdinge einfach geregelt werden müssen. Aber er verbietet, daß wir uns in der nötigen Vorsorge unnötige Sorgen machen. Die Wendung »sich Sorgen machen« ist ja auch verräterisch: hier werden wir aus Unglauben aktiv. Wir fangen nämlich genau da an, uns Sorgen zu machen, wo wir aufhören zu glauben (→ Glaube/Vertrauen). Wer sich Sorgen macht, zeigt, daß er an dieser Stelle dem Vater im Himmel nicht traut, daß er seiner Fürsorge nicht glaubt. Sorgen ist das Gegenteil von Glauben: entweder wir sorgen oder wir vertrauen. Dazu steckt im Sorgen auch noch der → Hochmut, als hätten wir Menschen unser Leben selbst in der Hand und könnten und müßten dafür selbst aufkommen (Mt 6,27). Unglaube schließt immer Hochmut ein. Gegen beides gebietet Jesus: »Sorget nicht um euer Leben!« Mit diesem → Gebot ermöglicht er die Freiheit des Glaubens, die den Vater im Himmel auch wirklich Vater sein läßt im eigenen Alltag (→ Vater/Abba). Er weiß und gibt, was immer wir brauchen. So können wir kindlich-frei unserem Tagwerk nachgehen und auch die Plage jedes Tages bejahen (Mt 6,34), weil wir die Sorge ihm überlassen. Christen, die so leben, sind Salz unter Menschen, die wegen ihres Unglaubens von Sorgen überlastet sind.

K.-H. Michel

Speise → Brot/Speise

Sterben → Tod/Sterben

Strafe

I. Wortbedeutung

In der Bibel ist häufig von Strafe oder strafen die Rede. Das hebr. AT hat für diesen Sachverhalt viele verschiedene Worte, weil der rechtliche Umgang zwischen den Menschen und zwischen Gott und Mensch viele verschiedene Formen hat. Als häufigstes Wort begegnet uns in der griech. Übersetzung des AT *ekdikesis,* das mit »Strafe«, »Rache« oder »Vergeltung« zu übersetzen ist. Sein Sinngehalt umfaßt sieben hebräische Wörter, die sich zwischen gerichtlicher Untersuchung, göttlicher oder menschlicher Rache bis hin zu Heimsuchung, Strafgericht, Richten und Züchtigung bewegen.

Das NT kennt diesen Sprachgebrauch auch. Es benutzt daneben jedoch häufig auch das Wort *elenchthein,* das soviel wie »überführen«, »überzeugen von« heißt.

II. Der Begriff in der Bibel

A. IM ALTEN TESTAMENT

1. Strafe setzt Gerechtigkeit voraus. Sie deckt Schuld auf. Deshalb bedingen Schuld und Strafe einander. Die Rechtssicherheit erfordert es, jedes Verbrechen an → Leib, → Leben, → Besitz und Eigentum des anderen gerichtlich zu verfolgen. Durch die 10 Gebote hat Gott das menschliche → Leben, die → Ehe und die Ehre des einzelnen geschützt. Je nach Schwere der Verfehlung ist Wertersatz oder eine Geldentschädigung zu leisten. Darüber hinaus kann es im alten → Israel zum Verlust eines Körperteils oder zum Vollzug der Todesstrafe kommen.

2. Wenn es im AT heißt: »Leben um Leben, Auge um Auge, Zahn um Zahn, Hand um Hand, Fuß um Fuß« (2Mo 21,23f; 22,3; 3Mo 24,19ff; 5Mo 19,21), so steht dahinter nicht der Gedanke der Rache, sondern der des gerechten Ausgleichs: die Strafe darf das Ausmaß der Straftat nicht übersteigen. In den heidnischen Nachbarländern Israels war die Blutrache für relativ geringe Delikte üblich. Einer solchen Rechtssitte widerspricht dieser atl. Grundsatz. Der Täter muß also für den Schaden einstehen und hat ihn zu sühnen.

Gleichzeitig dient die Strafe der Zurechtweisung und Besserung des Täters sowie der Abschreckung (5Mo 19,20), strafbare Handlungen zu begehen. Sie verfolgt das Ziel, den einzelnen zu schützen und mögliche Täter zu warnen, straffällig zu werden.

3. Der Beweggrund zur Tat wird bei der Strafzumessung berücksichtigt. Er wirkt strafmildernd oder strafverschärfend. Deshalb wird fahrlässige Tötung nicht so hart bestraft wie begangener Mord (5Mo 42; 19,4.6). Die Prügelstrafe von 40 Schlägen wurde in der Praxis auf »40 weniger 1« herabgesetzt, um das biblische Maß nur ja nicht zu überschreiten (5Mo 25,2; vgl. 2Kor 11,24).

Eine Gefängnisstrafe kennt das alte Israel nicht, während ihm eine Untersuchungshaft geläufig ist (vgl. 3Mo 24,12). Bei König Asa (um 900 v.Chr.) wird das Gefängnis zur Strafverbüßung erstmals erwähnt (2Chr 16,10). Ebenfalls wird die Geldbuße als Strafmittel erwähnt. Sie ist dem Geschädigten über die Hand des Richters zuzustellen (2Mo 21,22; 5Mo 22,18f).

4. Die Freunde Hiobs deuten Unglück, Krankheit und Leiden als Strafe für bewußte und unbewußte Schuld. Sie stehen mit den → Jüngern in einer Linie, die bei dem Blindgeborenen persönliche Schuld oder Fremdverschulden suchen (Hi 8,3ff; 11,13; 22,1; Joh 9,2). Eine solche Gleichung geht nicht auf, weil Leiden zur Verherrlichung Gottes dienen kann und dann nichts mit Strafe zu tun hat (Hi 2,3; Joh 9,3; 11,4; → Leiden/Dulden). Menschen, die sich in besonderen Leiden befin-

den, haben sie nicht als Strafe, sondern als Prüfung zu werten. Sie sind ihnen nicht zum Unheil, sondern zum → Heil auferlegt. Der Gottesfürchtige weiß sich durch sie gewürdigt (Hi 5,17; Spr 3,12; Offb 3,19).

5. Das AT kennt auch das Stellvertretungsleiden, das als Strafe für Fremdverschulden vom Schuldlosen auf sich genommen wird. Der → Prophet Jesaja weissagt von dem leidenden → Knecht Gottes: »Die Strafe liegt auf ihm, damit wir Frieden haben« (Jes 43,4). Schon dies zeigt, daß es Gott im Umgang mit seinem Volk um die Rettung, um seine → Liebe zu ihm geht. Er bindet sich nicht an ein abstraktes Prinzip von → Gerechtigkeit, sondern ist selber freier Herr von → Gnade und Recht. Nur deshalb kann ein Beter bitten: »Strafe mich nicht in deinem → Zorn, und züchtige mich nicht in deinem Grimm« (Ps 6,2). Deshalb bekennt Israel in Ps 103,9ff auch: »Er wird nicht immer hadern noch ewig zornig bleiben. Er handelt nicht mit uns nach unseren → Sünden und vergilt uns nicht nach unserer Missetat« (vgl. auch Ps 30,6 u.a.). Dem geschundenen Israel gilt das Wort: »Ich habe mein Angesicht im Augenblick des Zorns ein wenig vor dir verborgen, aber mit ewiger Gnade will ich mich deiner erbarmen, spricht der Herr, dein Erlöser« (Jes 54,8; vgl. Jes 26,20f; Hos 11,8f; Jer 31,20; → Barmherzigkeit; → Gnade; → Liebe). So leuchtet hier schon im AT die Retterliebe Gottes in seiner Gnade auf und weist hinüber auf den neuen → Bund, auf die Gnade Jesu Christi.

B. IM NEUEN TESTAMENT

1. Das NT ist bewegt und bestimmt vom → Evangelium, von der frohen Botschaft der → Vergebung der Schuld aufgrund des Kreuzesopfers Jesu Christi. Deshalb redet es mehr von »Gnade« als von »Strafe« (vgl. Joh 1,16f; Röm 3,24; Gal 1,15; 1Petr 5,10; Hebr 13,9 u.a.; → Gnade). Durch Jesus Christus wird die unendliche, ewige Liebe des Richters offenbar, die die Strafe nicht denen aufbürdet, die schuldig sind, sondern sie sich selber auflegt. An ihm und durch ihn vollzieht sich der Ausgleich, nur so findet Umschuldung statt und wird Straffreiheit gewährt. So steht der Glaubende unter einer neuen Gerechtigkeit, der geschenkten Gerechtigkeit.

Trotzdem wird auch im NT von Strafe geredet und Unrecht mit Strafe geahndet. Aber alles will in einem neuen Licht gesehen werden.

2. Im NT wird noch deutlicher als im AT, daß jede Strafe das Ziel hat, daß der Bestrafte sich dem Wort des Herrn unterstellt. Gott will den Menschen retten, indem er ihn bejaht. Gott will zurechtbringen durch Belehrung, Warnung und Tadel (Mt 18,15; 2Tim 4,2; 2,25; Tit 1,9; Eph 5,11; vgl. Hi 5,13; Hes 23,48).

Aus Gal 3,24, wo das Gesetz als »Zuchtmeister« (wörtl. »Pädagoge«) bezeichnet wird, soll Schuld- und Strafandrohung des Gesetzes zu Christus treiben, der allein die → Vollmacht hat, den Schuldigen freizusprechen (vgl. Mk 2,10).

3. Nimmt jemand innerhalb der Gemeinde die Strafe nicht an, dann trennt er sich von Gott und der Gemeinde. Fortan soll er für einen Heiden und Zöllner gehalten werden (Mt 18,17). In besonders schweren Fällen ist die Auslieferung an den → Satan möglich (1Kor 5,5; 1Tim 1,20). Ziel einer solchen Bestrafung, die in Gottes Hand liegt, ist nicht die Vernichtung, sondern die Rettung des Bestraften. Denn die göttliche Liebe rettet durch Strafen und Züchtigen (Hi 5,17; Spr 3,13; Hebr 12,6; Offb 3,19).

4. Röm 13,1–7 zeigt, daß der Christ sich nicht über die Rechtsformen, die von der Obrigkeit festgelegt worden sind, hinwegsetzen darf. Der Text fordert → Gehorsam gegenüber der Obrigkeit, freilich nur insofern, als die Obrigkeit das Gute »gut« nennt und das Böse »böse« (V.3 und 4). Gehorsam gegenüber der Obrigkeit hat seine Grenze dort, wo man Gott mehr gehorchen muß als den Menschen (vgl. Apg 5,19). Das schließt auch Widerstand gegen die Obrigkeit – deutlich bei Petrus und Johannes Apg 4,1ff – ein, wie er etwa in der Reformationszeit und im Dritten Reich nötig war.

5. Jesus hat eine gesetzliche Zwangsläufigkeit der Strafe durchbrochen. In Mt 5,38ff widerspricht er dem atl. Grundsatz »Auge um Auge, Zahn um Zahn« und gebietet Rechtsverzicht. In V.43ff fügt er das → Gebot der Feindesliebe hinzu mit der Begründung: »Gott läßt seine Sonne aufgehen über Böse und Gute.«

In Joh 8,1–11 widersteht Jesus der vom Gesetz gebotenen Steinigung einer Ehebrecherin mit den Worten: »Wer unter euch ohne Sünde ist, werfe den ersten Stein auf sie«, und fügt für diese Frau hinzu: »Ich verurteile dich nicht; geh', sündige von jetzt an nicht mehr!«

III. Der Begriff heute

1. Strafe im bibl. Sinn hat den Gesichtspunkt der → Erziehung zur Grundlage. Brutalität und Haß sind ihr fremd. Mit beiden hat Gott nichts gemein. Er ist Liebe (1Jo 4,16) und straft aus Liebe, damit wir in ihm bleiben. Ihm unterläuft keine Fehlhandlung, weil er der Heilige und Gerechte ist. Deshalb haben wir nicht zu fragen, ob Gott dies oder jenes zu-

lassen könne, was den einzelnen oder Gruppierungen bedrückt und belastet. Eine solche Frage entspringt menschlicher Anmaßung. Sie stellt die Dinge auf den Kopf. Denn Brutalität und Haß sät der unerlöste Mensch durch sein selbstsüchtiges Wesen. Nie ist sein Handeln frei von Ichhaftigkeit und Geltungsdrang.

2. Deshalb kann die Menschheit ohne Strafe nicht existieren. Es gibt kein Zusammenleben von Menschen und Völkern, das ohne Strafbestimmungen auskommt. Selbst Sportclubs und Interessengemeinschaften haben ihre Ehrenordnungen mit Strafzumessungen für den, der sie verletzt. Strafgesetze und Strafgerichte gehören zur Regierungsform jedes Staatswesens. Ihr Mißbrauch rechtfertigt nicht, auf Strafverfolgung zu verzichten. Vielmehr ist jede Regierung verpflichtet, Leben und Eigentum ihrer Bürger zu schützen. Sie hat die Aufgabe, der Familie und gesellschaftlichen Gruppen und Institutionen den Lebensraum zu sichern, den sie zu ihrer Entfaltung brauchen. Dabei hat die Freiheit des einzelnen dort ihre Grenze, wo sie die Freiheit des andern gefährdet.

3. Besonders unser heutiges Jugendstrafrecht basiert in seiner Strafzumessung auf dem Gedanken der Erziehung. Den jugendlichen Straftäter darf die begangene strafbare Handlung nicht zukunftshemmend belasten. Der Strafvollzug hat ihm die Möglichkeit der Besserung offen zu halten. Diese Ansicht setzt sich im Strafvollzug mehrerer staatlicher Rechtsordnungen durch. Resozialisierung und Rehabilitation bestimmen mehr und mehr den heutigen Strafvollzug.

4. Daneben hat im Strafrecht das Sühne- und Abschreckungsprinzip seine Geltung. Die Strafmessung reicht von dem Bußgeld aufgrund der Straßenverkehrsordnung über die Geldstrafe bis zu lebenslangem Freiheitsentzug. Die Todesstrafe ist als Mittel der Strafzumessung von vielen Staaten abgeschafft worden, weil bei ihrer Anwendung Justizirrtum nicht ausgeschlossen werden kann und in einer großen Vielzahl von Fällen auch nachgewiesen worden ist. Ihr Mißbrauch im Laufe der Geschichte und in heutigen diktatorischen Regimen zeigt ihre große Problematik an. In ihr bricht sich heute meist eine menschenverachtende Brutalität Bahn. Der vom AT und NT gleichermaßen ausgesprochene Gedanke, daß Strafe eine Züchtigung zur Besserung sei, sollte uns heute veranlassen, von der Todesstrafe entschieden Abstand zu nehmen.

5. Kein Staat ist christlich und keine staatliche Rechtsform ist christlich. Dies war auch nicht im römischen Staat der Fall, in dem Paulus seinen Abschnitt Röm 13,1ff geschrieben hat. Dennoch wird dem Staat von Paulus das Lohn- und Strafrecht zugebilligt, weil er die Aufgabe hat, das Recht und die Menschen zu schützen.

Christen haben jedoch die Aufgabe, im Streit der Meinungen über das, was Recht und Unrecht ist, die bibl. Grundsätze zu Gehör zu bringen und den Staat zu ihrer Beachtung aufzufordern. Christen werden deshalb sowohl gegenüber einem Eindringen von brutaler als auch zu lascher Gesetzgebung, sofern sie Unrecht fördert, Einspruch erheben. U. Affeld

Sühne → Versöhnung/Sühne

Sünde/Unrecht

I. Wortbedeutung

Was das *AT* unter Sünde und Unrecht versteht, wird im Hebr. nicht nur durch einen einzigen Begriff ausgesagt; vielmehr stößt man auf eine ganze Reihe von Ausdrücken wie »Verfehlung«, »Auflehnung«, »Schuld«, »Frevel« u.a., die jeweils in ihrem besonderen Zusammenhang auch eine spezielle Bedeutung haben. Das am häufigsten gebrauchte Wort, »Verfehlung«, macht deutlich, worum es in erster Linie geht: das Ziel einer guten → Gemeinschaft mit → Gott und den Menschen wird verfehlt.

Das *NT* hat demgegenüber einen allgemeinen Begriff für Sünde: *hamartia.* Dieses griech. Wort entspricht dem hebr. Wort für »Verfehlung« und meint eine Schuld, die aus dem Widerspruch gegen Gott heraus entsteht. Der Mensch verfehlt das Ziel, das Gott ihm gesetzt hat.

Das deutsche Wort »Sünde« läßt sich in seiner Herkunft nicht genau klären. Das ähnlich klingende Wort »absondern« kann allerdings helfen, die Bedeutung von Sünde anschaulich zu machen: Sünde ist Absonderung von Gott mit allen ihren Folgen. Dieser Begriff sagt also etwas über die Stellung des Menschen zu Gott aus und ist deshalb nicht als Etikett für die verschiedensten moralischen Fehltritte zu verstehen.

II. Der Begriff in der Bibel

A. IM ALTEN TESTAMENT

Das *AT* spricht von der Sünde nicht in allgemeinen Lehrsätzen. Es erzählt vielmehr, was zwischen Gott und seinem Volk vor sich ging.

1. In der *Urgeschichte* am Anfang des AT (1Mo 1–11) wird vor Augen geführt, worin die Sünde der Menschheit besteht. Da ist vor al-

lem die Erzählung vom Sündenfall. Die Wurzel aller Sünde ist, so stellt es diese Geschichte dar, daß der Mensch so sein will wie Gott. Aus diesem Bestreben heraus kommt es zur Mißachtung von Gottes Wort und zur ungehorsamen Tat (Eva und Adam essen von der verbotenen Frucht, weil sie wie Gott wissen wollen, was gut und was böse ist, 1Mo 3). Auch die anderen Sündengeschichten in diesen ersten Kapiteln zeigen, wie der Mensch seinem Gott das Vertrauen aufkündigt und sein Leben eigenmächtig in die Hand nehmen will: Der Mensch vergeht sich an seinem Mitmenschen, weil er ihm die Gunst Gottes nicht gönnt (Kain tötet seinen Bruder Abel, 1Mo 4). Die Menschen setzen sich über ihre natürlichen Grenzen hinweg (1Mo 6). Schließlich mißbrauchen sie ihre technischen Möglichkeiten aus Angst und Machtstreben heraus (der Turm zu Babel wird gebaut, um der Menschheit ein Denkmal zu setzen und um die Zerstreuung der Menschen über die ganze Erde zu verhindern, 1Mo 11; → Hochmut).

2. Auch durch die weitere *Geschichte des Volkes Gottes* zieht sich die Sünde, also der Bruch des Menschen mit Gott, wie ein roter Faden. In der Zeit des Exodus (Auszug aus Ägypten, Wanderung durch die Wüste) besteht Sünde vor allem darin, daß die Gefolgschaft auf dem von Gott geführten Weg in das versprochene Land verweigert wird. Denn hier kommt alles auf vertrauensvolle → Nachfolge an. Als das Volk → Israel seßhaft geworden ist und unter andern Völkern mit andern Göttern lebt, ist die Übertretung des ersten → Gebots die entscheidende Sünde, nämlich die Hinwendung zu fremden Göttern (→ Götze/Götzendienst/Abbild). Im Laufe der Geschichte ist das Volk Gottes immer wieder anders in Gefahr, Gott und seinen Willen zu mißachten. Das läßt sich daran ablesen, wie sich die Anklagen der → Propheten verändern: Amos z.B. prangert vor allem soziale Ungerechtigkeit an. Jahrhunderte später, nach entmutigenden Jahren in babylon. Gefangenschaft (→ Babylon) liegt die Hauptsünde des Volkes Israel darin, Gottes überlegene Macht und seinen Rettungswillen in Zweifel zu ziehen (Jes 40–55). Darin wird aber immer zugleich das erste Gebot übertreten.

3. *Gottes Antwort auf die Sünde* sieht so aus, daß er den, der sündigt, straft. In seinem → Strafen zeigt sich Gott aber nicht als harter, sondern als gnädiger Gott. Bevor er straft, mahnt er zur Umkehr. Wo diese Mahnung nicht gehört worden ist, hat die Strafe den Sinn, einen neuen Anfang zu schaffen zwischen Sünder und Gott. (Krankheit und Tod gelten im AT zunächst als Strafe für die Sünde des einzelnen Menschen. Im Buch Hiob und in den Psalmen wird jedoch der Zusammenhang Sünde – Krankheit/Tod leidenschaftlich in Frage gestellt.)

B. IM NEUEN TESTAMENT

1. Gott findet sich nun aber mit der Abkehr des Menschen von ihm nicht ab: er rettet ihn aus der Sünde, indem er einen ganz neuen → Bund mit ihm schließt. Das *NT*, das Zeugnis dieses neuen Bundes, verkündigt die Überwindung der Sünde durch → Jesus Christus. Es ist erfüllt von der → Freude über die → Vergebung.

So kommt das Wort »Sünde« *in den ersten drei Evangelien und in der Apostelgeschichte* fast nur im Zusammenhang mit der Sünden*vergebung* vor. Hier wird berichtet, wie Jesus den Abgrund zwischen → Gott und → Mensch überbrückt: in seinem vergebenden Wort, durch seine Gemeinschaft mit den Sündern, in seinem Leiden und Sterben, durch das er die Sünde der Menschheit auf sich nahm. Was Jesus zur Sünde sagt, ist am Gleichnis vom verlorenen Sohn abzulesen (Lk 15,11–32): Sünde ist, daß wir aus dem Vaterhaus Gottes weggehen. Wir wollen die Abhängigkeit vom → Vater loswerden, um selbst über unser Leben zu bestimmen. Aber statt nun frei zu sein, werden wir wieder abhängig, diesmal von Menschen und Mächten, von eigenen Bedürfnissen und Leidenschaften. Es zeigt sich, daß wir die wohltuende Geborgenheit im Vaterhaus eingetauscht haben gegen Unsicherheit, Schutzlosigkeit, Mangel und Verschuldungen jeder Art. Eine verzweifelte Lage! Sie hat nur einen Ausweg: die Rückkehr zum Vater. Wer diesen Weg geht, darf unverdient auf Gottes offene Arme hoffen. Solche hoffnungsvolle Rückkehr zu Gott wird in Jesu Nähe möglich; denn in seinem Reden und Tun ist Gottes Vaterliebe greifbar geworden.

2. Nun wird aber eine einzige Sünde unvergebbar genannt: *die Sünde gegen den Heiligen Geist* (Mt 12,31.32). Darunter wird man sich folgendes vorstellen müssen: der Heilige Geist ist die Macht Gottes, die in uns den Glauben weckt. Wer durch ihn erkennt und glaubt, daß Jesus von Nazareth der von Gott geschickte Retter ist, und sich dennoch, also wider besseres Wissen, dagegen auflehnt, kann auf keine Vergebung hoffen.

Auch Jesus spricht von Gottes Strafe. Einen unmittelbar einsichtigen Zusammenhang von Schuld und Lebensschicksal hat er aber deutlich abgelehnt (Joh 9,3; Lk 13,1–5).

3. Christus ist das → Lamm Gottes, welches der Welt Sünde trägt, so betont es das *Johan-*

nesevangelium (Joh 1,29). Damit wird an atl. Opfervorstellungen angeknüpft. Da Jesus dieses Lamm ist, kann er nach dem Zeugnis des Joh aus der Sklaverei der Sünde frei machen (Joh 8,34f). Umgekehrt stirbt derjenige in seiner Sünde, der Christus eine Absage erteilt (Joh 8,24); → Opfer.

4. Bei *Paulus* (besonders im Römerbrief) fällt auf, daß er von der Sünde fast wie von einer Person redet. Sünde ist für ihn eine Macht, die die gesamte Menschheit knechtet. Ihr Herrschaftsbereich im Menschen ist das → »Fleisch«, wie er es nennt. Mit »Fleisch« ist aber nicht der menschliche Körper (→ Leib/Körper) gemeint. Oft hat man das fälschlich so verstanden und im Zusammenhang damit vor allem die Sexualität (»fleischliche Lust«) unberechtigt als etwas von vornherein Sündiges abgewertet. Während Paulus den Körper als »Leib« bezeichnet, ist »Fleisch« ein Ausdruck für eine bestimmte natürliche Grundeinstellung des Menschen, nämlich sein natürliches Bestreben, ohne Gott zurechtzukommen und sich statt auf ihn auf sein eigenes Können und Wissen und vergängliche Dinge dieser Welt zu verlassen. Solche »Feindschaft gegen Gott« (Röm 8,7) entzündet sich an den Geboten Gottes, am Gesetz. Denn sie sind es ja, gegen die sich die menschliche Selbstbehauptung richtet. Diese Sünde ist seit Adam im Menschen lebendig. Keiner kann sich ihr entziehen. Und in ihrem Gefolge herrscht auch die Strafe Adams, nämlich der → Tod, über alle Menschen. Einziger Ausweg aus Sünde und Tod ist die Verbindung mit Christus. Wer an ihn glaubt und auf seinen → Namen getauft ist, gehört so eng zu ihm, daß er mit Christus für die Sünde tot ist und nun für Gott leben kann. An dieser neuen Wirklichkeit muß er täglich sein Leben ausrichten.

III. Der Begriff heute

1. SÜNDE HEISST: DIE RICHTUNG IST FALSCH

Das Wort »Sünde« wird heute meistens nicht so gebraucht, wie es seinem eigentlichen Sinn entspricht. Einerseits wird es oft nicht ernstgenommen: es taucht dort auf, wo gegen irgendeine Vorschrift verstoßen wird (z.B. der Kranke »sündigt«, wenn er etwas tut, was den Anweisungen des Arztes widerspricht; der Übergewichtige »sündigt«, wenn er zuviel ißt; wer sich im Straßenverkehr falsch verhält, wird zum »Verkehrssünder«). Solche »kleinen Sünden« verzeiht man sich selbst und andern gerne (»Wir sind alle kleine Sünderlein . . .«). An eine Verantwortung vor Gott wird dabei nicht gedacht. Andererseits stellt man sich unter Sünde grobe Übertretungen der Gebote vor (z.B. töten, stehlen, ehebrechen). Die Folge ist, daß sich viele Menschen empört dagegen wehren, daß man sie als Sünder anspricht.

Sünde heißt dagegen, daß mit dem Menschen grundsätzlich etwas nicht stimmt: das Leben des Menschen hat eine verkehrte Richtung, nämlich weg von Gott. Diese verkehrte Richtung ist die Ursache für alles Verkehrte in seinem Leben und für alles Unheil in der Welt.

2. AUS DER SÜNDE FOLGEN DIE SÜNDEN

Wer sich von Gott abwendet, wendet sich von Gottes → Liebe ab und wird damit selbst lieb-los. So werden Verfehlungen gegenüber andern Menschen möglich, angefangen bei persönlichen Rücksichtslosigkeiten und Gewalttätigkeiten über tatenloses Mitansehen der heutigen Abtreibungswelle oder des millionenfachen Elends in der Dritten Welt bis hin zum Krieg und zu politisch begründeten Massenmorden in der Geschichte unseres Volkes oder in andern Ländern mit Gewaltherrschaft.

Wer Gott verläßt, verläßt auch die Geborgenheit, die Gottes Nähe vermittelt. So wird es nötig, sich auf andere Weise Sicherheit zu verschaffen – durch bedenkenloses Streben nach Erfolg und Wohlstand, in abergläubischer Abhängigkeit von Horoskop und Maskottchen bis hin zur Suche nach Vergessen in Alkohol und Drogen.

Wer Gott aus dem Blick verliert, sieht nicht mehr, daß alles Leben auf dieser Erde von Gott geschaffen ist. So wird es möglich, daß mit der uns anvertrauten Natur nicht mehr verantwortlich umgegangen wird, was sich im Verschwenden von Rohstoffen, in der Umweltverschmutzung und in der ungerechten Verteilung der Güter zwischen reichen und armen Ländern zeigt. Aber auch im ganz privaten Bereich zeigt sich die Zielverfehlung, etwa in wachsenden Scheidungsziffern oder in der mangelnden Bereitschaft zum Kind. Die Bibel sagt: der *Ursprung alles Verkehrten und Bösen* liegt einzig und allein in der Sünde, d.h. darin, daß die Menschen ohne Gott leben wollen.

3. WOHER KOMMT DAS BÖSE?

Die verschiedenen Versuche der Wissenschaften, eine Antwort auf die Frage nach der Entstehung des Bösen zu geben, stehen hierzu nicht in Widerspruch, liegen aber auf einer anderen Ebene.

a) In der *Psychologie* geht man davon aus, daß die Verhaltensweisen des Menschen das Ergebnis eines Zusammenspiels von Anlagen und von Erfahrungen in der frühen Kindheit sind. Wenn ein Kind liebevoll und klar erzogen wird, ist es am ehesten in der Lage, später mit seinen Trieben und Bedürfnissen verantwortlich zu leben. Das bedeutet aber nicht, daß ein Mensch, der eine ideale Erziehung genossen hat, nicht anders als nur gut und mitmenschlich handeln könnte, oder ein anderer, der vieles entbehrt hat und schlechten Einflüssen ausgesetzt war, auf Bösestun festgelegt wäre. Auch die Psychologen räumen ein, daß der Mensch unabhängig von Einflüssen in seiner Entwicklung eine gewisse Entscheidungsfreiheit behält.

b) Die Forschungsergebnisse der *Soziologie* zeigen, daß der Mensch einerseits bestimmt wird durch seine Umwelt, in der er aufwächst und lebt, andererseits aber in der Lage ist, durch sein Denken und Handeln auf seine Umwelt einzuwirken und sie mitzugestalten. Entsprechend sind alle schlechten und schuldhaften Verhaltensweisen des Menschen zugleich das Ergebnis von Umwelteinflüssen und eigenen bewußten Entscheidungen.

c) Die Bibel geht demgegenüber aber eine Stufe tiefer: sie führt Bösestun immer wieder auf die Sünde zurück. Sünde mit ihren bösen Folgen ist nun aber bei allen Menschen zu finden, auch bei den guten. Denn wer könnte von sich sagen, daß er Gott in jeder Lage mehr vertraut hat als Menschen und Mächten? Wer könnte behaupten, daß er immer mehr auf Gott gehört hat als auf die eigenen Wünsche und die Erwartungen anderer? Wer ist da, der noch keine Schuld auf sich geladen hat, und sei es nur, daß er feindselige Gedanken gegen jemand anders hatte? Dieses allgemeine Vorhandensein der Sünde in den Menschen nennt die Theologie seit Augustin (um 400 n.Chr.) *»Erbsünde«*. Dieses Wort, das besser durch den Ausdruck »Ursünde« ersetzt wird, bedeutet, daß jeder Mensch von Geburt an in dem Teufelskreis Sünde drinsteckt, ob er will oder nicht. Es liegt in ihm schon als Kind die Fähigkeit und das Verlangen, sich dem Willen Gottes bewußt oder unbewußt zu widersetzen; das gleiche gilt für seine Umwelt, in die er hineinverwoben ist. Er kann der Sünde also gar nicht entrinnen. Kann aber dann der Mensch überhaupt verantwortlich gemacht werden für sein Sündigsein?

Die Frage spitzt sich zu: *Wer ist schuld an der Sünde* und ihren bösen Folgen? Bei der Beantwortung dieser Frage haben die Menschen schon immer gerne von sich selbst weg auf andere gezeigt. In der Geschichte vom Sündenfall entschuldigt sich Adam: »Das Weib, das du mir gegeben hast . . .«, und Eva rechtfertigt sich: »Die Schlange (ein Geschöpf Gottes) betrog mich.« Beide wälzen damit ihre Schuld letztlich auf Gott ab. Gott aber übernimmt die Verantwortung nicht. Adam und Eva werden gestraft mit der Vertreibung aus dem → Paradies, aus dem Bereich der schuldlosen friedlichen Gemeinschaft mit Gott in ein Leben, das von Not und Tod bestimmt ist. An dieser Strafe wird klar, wer vor Gott als schuldig gilt: der Mensch. Er allein ist verantwortlich, auch wenn das Böse bis in außermenschliche, satanische Tiefen hinabreicht, die unserm Erkennen nicht zugänglich sind (→ Mensch; → Satan/Teufel).

d) Warum aber hat Gott nicht verhindert, daß die Menschen ihm den Rücken kehren und damit sich und andere ins Verderben stürzen? Darauf kann man nur antworten: wie liebevolle Eltern sich die Zuwendung ihrer mündigen Kinder erhoffen, aber niemals erzwingen, so wartet auch Gott darauf, daß wir Menschen freiwillig und gern zu ihm kommen. Gott zwingt niemanden. Er läßt dem Menschen seinen freien Willen, auch um den Preis, daß er sich gegen den guten Willen Gottes richtet.

Gottes Vaterliebe aber hat die Menschen nicht den tödlichen Auswirkungen ihrer Sünde überlassen. In Jesus Christus ist er selbst ihnen nachgegangen, um sie auf den Weg des Lebens zurückzuholen.

Chr. Kimmich

T

Tag

I. Wortbedeutung

Die bibl. Rede vom Tag ist eingebettet in ein umfassenderes Verständnis von Zeit und Stunde. Dabei herrscht im AT wie im NT die Vorstellung von einer gefüllten – erfüllten – Zeit vor. So ist → Ewigkeit viel mehr als eine unendliche Addition von Sekunden oder Tagen, sie ist Zeit in der Gegenwart und aus den Händen Gottes. Es gilt umfassend: unsere Zeit steht in Gottes Händen. Der Tag ist ein Teil dieser Zeit, die Gott geschaffen hat (1Mo 1).

II. Der Begriff in der Bibel

A. IM ALTEN TESTAMENT

1. Die Grundbedeutung von »Tag« (hebr. *jom*) im Unterschied zu »Nacht« (hebr. *leila*) kommt in vielen Gegenüberstellungen von »Nacht« und »Tag« zum Ausdruck. Gemeint ist die helle Tageszeit (1Mo 1,5). Durch Abend und Morgen wird ein Tag eingerahmt. Schon die ungewöhnliche Reihenfolge weist darauf hin, daß der 24-Stunden-Tag gemeint ist, der nach israelischem Verständnis mit dem Abend anfängt und durch die Nacht bis zum Spätnachmittag des »folgenden« Tages reicht. Im Vergleich mit unserem Zeitverständnis: der → Sabbat beginnt am Freitagabend. Der Tag geht durch die Finsternis zum → Licht.

2. Mit »Tag« kann aber auch ganz einfach »Zeitpunkt«, »Zeitabschnitt« oder ähnliches gemeint sein, wobei ähnlich wie bei der Redeweise »ein schöner Tag«, nicht der Tag als solcher, sondern das an ihm Erlebte im Zentrum des Interesses steht. Das kann mit bestimmten glücklichen oder unglücklichen Geschehen verbunden sein.

3. Alle Tage sind von Gott geschaffen. Sie sind Zeit der → Arbeit (2Mo 20,9) und der Ruhe. Darüber hinaus kennt das AT *besondere Tage* als Gedenktage, z.B. das Passafest zur Erinnerung an den → Auszug aus Ägypten (2Mo 13,3). Besonders herausgehoben ist aber der → Sabbat, der Tag der Ruhe Gottes, nachdem Gott in sechs Zeitabschnitten (»Tagen«) die → Welt geschaffen hat (1Mo 2,2). Die Ruhe Gottes geht sogar in ein → Gebot ein, das den Menschen helfen soll, zur Ruhe vor Gott und damit zur Heiligung Gottes zu kommen, wie auch Mitmenschen und Abhängigen (sogar Tieren) Ruhe zu gönnen (vgl. 2Mo 20,10; 23,12); → Schöpfer/Schöpfung.

4. Sowohl *die ganze Lebenszeit* als auch *besondere Abschnitte* können hervorgehoben werden. Von Jeremia (20,14) und Hiob (3,1.3) wird der Tag, an dem sie geboren wurden, verflucht. In Spr und Pred wird von guten und schlechten (bösen) Tagen geredet. Der Psalmist blickt auf sein Leben zurück: »Meine Tage sind vergangen wie ein Rauch« (Ps 102,4). In der Weisheitsüberlieferung (Spr und Pred) wird ausgeführt, wie man seine Tage gestalten soll und wie nicht. Ermuntert wird, Tag und Nacht das Gesetz zu betrachten (Jos 1,8 und Ps 1,2).

5. Bestimmte wichtige Zeitabschnitte werden durch *feste Zahlen* hervorgehoben. Neben der Zahl 7 als Zahl der Vollkommenheit (am 7. Tage ruhte Gott; 1Mo 2,2), spielt der 3. Tag eine Rolle z.B. bei Jona (Jon 2,1). Jesus ist am 3. Tag auferstanden (1Kor 15,4), nicht am Sabbat, sondern am 1. Tag der Woche (Mk 16,9). 40 Tage dauerte die Sintflut (1Mo 7,17), Mose blieb 40 Tage auf dem Sinai (2Mo 24,18), 40 Tage wanderte Elia durch die Wüste (1Kö 19,8); Jesus fastete 40 Tage in der Wüste (Mt 4,2), 40 Tage lagen zwischen Ostern und Pfingsten.

6. *Ein* Tag wird in der Bibel besonders herausgehoben: *der Tag Jahwes.* Die ursprüngliche Erwartung → Israels an diesen Tag war, daß Jahwe endgültig → Heil schafft, indem er die Feinde besiegt, wie er es verheißen hat. Doch die → Propheten müssen angesichts der → Sünde des Volkes einen Gerichtstag Gottes ankündigen: »Weh denen, die des Herrn Tag herbeiwünschen! Was soll er euch? Denn des Herrn Tag ist Finsternis und nicht → Licht« (Am 5,18). »Der Tag des Herrn wird kommen über alles Hoffärtige und Hohe und über alles Erhabene, daß es erniedrigt werde« (Jes 2,12).

Doch der Tag Jahwes bleibt nicht auf Israel beschränkt, sondern hat Auswirkungen bis in die Schöpfung. »Die Sonne soll in Finsternis und der Mond in Blut verwandelt werden, ehe denn der große und schreckliche Tag Jahwes kommt« (Joe 3,4). Dann kann man sich auf nichts mehr verlassen; nur »wer den → Namen des Herrn anrufen wird, der soll gerettet werden« (Joe 3,5). Damit findet sich im → Gericht ein Lichtstreif der → Hoffnung. Schon im AT heißt es: »So spricht Jahwe: Ich habe dir geholfen am Tag des Heils« (Jes 49,8).

B. IM NEUEN TESTAMENT

Die Spannung zwischen Hoffnung und Gericht setzt sich im NT fort und darf nicht aufgelöst werden: Jesus kündigt in den Endzeitreden (Mk 13; Lk 21; Mt 24; 25) *das Wiederkommen des → Menschensohnes* an – mit Auswirkungen bis in die Schöpfungswirklichkeit (Mt 24,29), mit vorangehender → Bedrängnis, deren Tage aber verkürzt werden (Mt 24,22). Auf der anderen Seite trägt das Geschehen der Kreuzigung deutlich endzeitliche Züge (Mk 13,33f; Mt 27,45–54). Die Kreuzigung ist Anbruch der Gerichtszeit – von der → Auferstehung her kann Paulus schreiben: »Siehe, *jetzt* ist die Zeit der → Gnade, siehe, *jetzt* ist der Tag des Heils« (2Kor 6,2).

Wann das zweite Kommen des Menschensohnes, die → Wiederkunft Jesu Christi, sein wird, wissen wir nicht, weder Zeit noch Stunde (Mt 25,13). Damit sollte aller Spekulation ein für allemal gewehrt sein. Das Beobachten der Zeichen der Zeit bringt im Blick auf den Zeitpunkt der Wiederkunft Jesu keine Gewißheit. Es ist uns zwar geboten, die Vorzeichen zu beachten, aber verboten, den Zeitpunkt wissen zu wollen (Mt 24,32.33; Mk 13,28.29; Lk 21,29–31; Apg 1,7). Der Tag des Menschensohns kommt plötzlich (Lk 17,20ff). Es ist der Tag des Herrn Jesus Christus, auf den wir hinleben (1Kor 1,8). Dann wird alles offenbar sein (Joh 16,23). Bis dahin gilt: »Seid Kinder des Tages« (1Thes 5,5). Gott hält die Zeit um unseretwillen noch offen, damit wir Raum zur Umkehr haben (2Petr 3,9), und wir stehen unter der Zusage Christi: »Ich bin bei euch alle Tage« (Mt 28,20).

III. Der Begriff heute

1. Angesichts der zunehmend verwirrenden Weltsituation im politischen Bereich wie in den Fragen der Ernährungsversorgung in der Dritten Welt, der Umweltbedrohung und vor allem der weltweiten Bedrohung der Menschen durch das Wettrüsten in Ost und West steht die Frage nach dem Weltende und einer Weltkatastrophe nicht mehr im Abseits weltflüchtiger »Spinner«. Daß die Menschen die Möglichkeit haben, sich selbst auszurotten, heißt aber nicht, daß Gott das so will und zuläßt. Im Vertrauen auf ihn und seine Rettungstat am → Kreuz verbietet sich weltflüchtiger Pessimismus.

Zwei Fehlwege müssen erkannt und vermieden werden: → Glaube und Leben darf nicht so an endzeitliche Gedanken gebunden sein, daß der Lichtstrahl der Auferstehung und der Herrschaftsantritt Jesu verleugnet wird. Auf der anderen Seite darf die Erwartung der → Wiederkunft Christi – des Jüngsten Tages – nicht einer menschlichen und christlichen Geschäftigkeit zum Opfer fallen. *Wir* bauen das Reich Gottes nicht, sondern die bibl. Botschaft sagt deutlich, daß Gott, der im Regiment sitzt, es selbst heraufführen wird und daß dies mit einem Bruch in der Weltgeschichte verbunden sein wird.

2. Der Rhythmus von Arbeit und Ruhe ist in unserer komplizierten arbeitsteiligen Gesellschaft schwer zu finden. Freizeit wird zunehmend zur »Arbeit«. Auf der anderen Seite bedeutet »abschalten« noch lange nicht, daß man Zeit zum → Gottesdienst und Austausch findet. Die »Zeit für Gott« bedarf auch der Gestaltung. Dabei ist die Phantasie die Schwester der Liebe. Arbeitstage und Arbeitswelt in Haushalt, Firma und Ausbildungsstätte stehen aber *auch* unter der Zusage der Herrschaft Gottes. Sie wird unter der Frage »Herr, was willst du, daß ich heute tun soll« im Gebet konkretisiert. Jeder Tag ist ein Geschenk. Jeder Tag ruft zur Bewährung des → Gehorsams und zur → Freude am Tun des Willens Gottes.

H.-G. Filker

Taufe

I. Wortbedeutung

Das deutsche und das griech. Wort »taufen« heißt: tiefmachen, ein- oder untertauchen. Ursprünglich wurde der Täufling ganz untergetaucht als Zeichen dafür, daß der alte Mensch sterben soll.

II. Der Begriff in der Bibel

Das AT kennt zwar Waschungen verschiedenster Art, aber keine einmalige Taufe. Im NT kommt der Begriff 79mal vor. Darüber hinaus muß gefragt werden, ob und wie die Begriffe »Versiegelung« (2Kor 1,22; Eph 1,13; Offb 9,4), »Salbung« (Apg 10,28; 2Kor 1,21; 1Jo 2,20.27) oder Stellen wie 1Tim 6,12 u. Hebr 10,22 zur Taufe in Beziehung stehen.

Der Brauch der Taufe hängt vielleicht mit dem Tauchbad zusammen, dem sich Heiden unterziehen mußten, wenn sie zum Judentum übertraten. Sie vollzogen damit den Durchzug durch das Rote Meer zeichenhaft nach. Johannes der Täufer rief nun auch alle Juden auf, sich taufen zu lassen. Dies sei ein Heilsbeschluß Gottes (Lk 7,29), ein Tauchbad zur → Vergebung der → Sünden (Mk 1,4), die man persönlich bekannte, zur Errettung vor dem Zorngericht Gottes (Lk 3,7). Sie geschah in Erwartung des kommenden Messias (Mk 1,8) und war Zeichen der → Buße.

Indem Jesus sich taufen ließ, zeigte er seine enge Verbundenheit mit den Sündern und nahm ihre Schuld als seine auf sich. Taufte Johannes der Täufer auf den, der kommen sollte, so die Jünger Jesu (Joh 3,22) auf den, der gekommen war. Grundlage der christl. Taufe ist das geschehene Rettungswerk. Die → Jünger tauften auf Jesu Befehl hin (Mt 28,19f), auf seinen → Namen, d.h. im Blick auf sein Einstehen für uns. Zur Taufe muß der → Glaube hinzukommen, die Taufe allein rettet nicht (Mk 16,16).

Obwohl es im NT keine zusammenhängend dargestellte Tauflehre gibt, haben die Aussagen zur Taufe drei Schwerpunkte:

1. Die Taufe ist Zusage Christi

Die Taufe sagt mir an und sagt mir zu, was in Christus für mich geschehen ist. Entscheidend sind hier die Aussagen von Röm 6,1–11. In der Taufe werde ich hineingenommen in Christi → Tod und → Auferstehung; beides wird mir in der Taufe als für mich geschehen zugesagt, beides nehme ich in der Taufe als für mich gültig an und bin damit in den Herrschaftsbereich Jesu und seiner Zukunft gestellt. Andere Stellen gebrauchen andere Worte und Bilder, um die Wirkung der Taufe darzustellen: Sie reinigt von Sünden (Apg 2,38; 22,16; Eph 5,26), ist Teilnahme an der Sohnschaft Christi (Gal 3,26f), Erteilung des Bürgerrechts, Zueignung des Erbes (Gal 3,29; Tit 3,7) und Neuschöpfung (Joh 3,5; Tit 3,5).

2. Taufe ist Bekenntnis zu Christus

Bin ich mit der Taufe dem Herrschaftsbereich des Todes und der Sünde entnommen (Röm 6,9.11), so wird deutlich, daß zugleich ein Herrschaftswechsel stattfindet. Wie mein Leben sich künftig gestaltet, ist durch Christus bestimmt (Röm 6,4). Die Taufe war mit einem öffentlichen Bekenntnis zum Herrsein Jesu verbunden und damit zugleich Absage an das Heidentum. In Röm 10,9 und Phil 2,6–11 liegen wahrscheinlich solche Taufbekenntnisse vor (→ Herr; → Bekennen/Bekenntnis).

3. Taufe ist Eingliederung in die Gemeinde als Leib Christi

Bekennt sich der Täufling vor der Gemeinde zu Jesus, so stellt er sich zugleich in die Gemeinde. Es entsteht neue Gemeinschaft mit den Mitgläubigen und die Bereitschaft, die gute Nachricht von Christus weiterzugeben (→ Gemeinde/Kirche).

III. Der Begriff heute

Über die Wichtigkeit der Taufe besteht zwischen den verschiedenen Glaubensgemeinschaften keineswegs Einigkeit. Während etwa die Quäker und die Heilsarmee die Taufe gar nicht praktizieren, hat sie z.B. bei den Mennoniten und Baptisten einen hohen Rang. Auch darüber, was denn die Taufe bewirke und wer eigentlich in ihr der Handelnde ist, gehen die Meinungen auseinander.

1. Nach *katholischer Lehre* ist die Taufe ein Gnadenmittel; sie macht zum Christen und prägt der Seele einen unverlierbaren Charakter ein. Sie vermittelt Sündenvergebung und → Wiedergeburt. Der Wasserritus wirkt gleichsam automatisch aus sich heraus.

Gegen dieses magische Mißverständnis wandte sich Luther. Die Taufe ist nach *Luther* zwar die Wiedergeburt, aber ohne den Glauben ist sie nutzlos.

Nach *Calvin* bestätigt die Kindertaufe den Gnadenbund, dem ein Kind christl. Eltern schon seit seiner Geburt angehört (1Kor 7,14). Ansonsten bewirkt die Taufe selbst weder Sündenvergebung noch Wiedergeburt. Sie will vielmehr verdeutlichen, was für uns geschehen ist. Gott hat sie als Zeichen und Abbild geschenkt. Gottes Gnade reinigt uns von Sünden, wie Wasser uns vom Schmutz reinigt. Der Glaube ist also nicht Wirkung der Taufe, sondern geht ihr voran.

Während nach katholischer und lutherischer Lehre Gott der Handelnde in der Taufe ist, betonen *Zwingli* und *Karl Barth:* Die Taufe ist Tat des Menschen. In ihr legt der Mensch das verbindliche Bekenntnis zu Christus ab und stellt sich in den → Gehorsam, verbunden mit der Bitte um Gottes → Gnade. Der Mensch spricht hier antwortend sein kleines Ja auf das große Ja, das Gott in Jesus gesprochen hat.

2. Umstritten ist auch die Frage, ob Kinder getauft werden sollen oder nicht.

a) Die *Befürworter* argumentieren folgendermaßen: Die Kindertaufe ist zwar im NT nirgends ausdrücklich bezeugt; aber Jesus hat in der Kindersegnung (Mk 10,13ff) gefordert, den Kindern den Zutritt zu ihm nicht zu verwehren; zudem wird in Apg 16,15.33 berichtet, daß ein zum Glauben Gekommener sich mit seinem ganzen Haus taufen ließ. Als weiterer Grund wird angeführt, daß gerade an der Taufe eines Kindes, das selbst keine Vorleistung einbringt, am besten verdeutlicht werden kann, daß Gottes Gnade uns immer schon voraus ist. Auch durch einen grundsätzlichen Verzicht auf die Kindertaufe, so argumentiert man weiter, gesunde die Kirche nicht, denn auch bei der späteren Taufe könne ein Lippenbekenntnis nicht ausgeschlossen werden. Schließlich befürchtet man, daß die Kirche mit dem Wegfall der Kindertaufe auch auf die missionarischen Möglichkeiten verzichten müsse, die ihr im Gefolge der Kindertaufe in Kindergarten, Schule und kirchlichem Unterricht gegeben sei.

b) Die *Gegner der Kindertaufe* führen an, daß sich in der Bibel durchgängig die Reihenfolge Verkündigung – Glaube – Bekenntnis findet, die durch die Kindertaufe auf den Kopf gestellt wird.

Historisch ist die Kindertaufe erst im 2. Jh. nachzuweisen. Biblisch bezeugt ist dagegen die Erwachsenentaufe, während Kinder christlicher Eltern gerade nicht getauft wurden, weil sie als Kinder in jedem Fall in den Gnadenbund eingeschlossen sind (1Kor 7,14). Die Kindersegnung von Mk 10 kann nicht die Kindertaufe begründen, allenfalls kann man von ihr eine kirchl. Segenshandlung anläßlich der Geburt des Kindes ableiten.

Häufig genug werden durch die Kindertaufe Namenschristen produziert, weil Eltern und Paten die Kinder nicht im Glauben erziehen oder erziehen können. War die Kindertaufe in heidnischer Umgebung ein Bekenntnisakt der ganzen Familie, so kann sie heute in bürgerlich-christlicher Umgebung oft eine Anpassung an das sein, was »man eben so tut«.

3. Bei der Suche nach einem eigenen Standpunkt ist festzuhalten, daß die Heilstat Gottes am → Kreuz Taufe und Glauben übergreift. Luther hat einmal gesagt: »Es kann einer glauben, wenn er gleich nicht getauft ist, denn die Taufe ist nicht mehr als ein äußerliches Zeichen, das uns der göttlichen Verheißung ermahnen soll. Kann man sie haben, so ist es gut, so nehme man sie, denn niemand soll sie verachten. Wenn man sie aber nicht haben könnte oder einem versagt würde, so ist er dennoch nicht verdammt, wenn er nur dem → Evangelium glaubt.«

Zu überlegen ist weiterhin, ob nicht eine Segenshandlung eingeführt werden sollte, die biblisch begründeter ist als die Kindertaufe. Bei Befragen zeigt sich nämlich oft, daß die Eltern im Grunde nicht die Taufe wollen, sondern die Segnung ihres Kindes. Darüber hinaus muß die Kirche, gerade weil sie die Kindertaufe noch praktiziert, alle Anstrengungen unternehmen, damit die Kinder die vorweggenommene Entscheidung nachvollziehen können. P. Köhler

Tausendjähriges Reich

I. Wortbedeutung

1. »Reich«: Das entsprechende griech. Wort *basileia* meint nicht nur einen Herrschaftsbereich, sondern das Herrschen selbst. Hier handelt es sich um die Herrschaft Jesu Christi auf Erden.

2. »Tausend Jahre«: Die Zahlen in der Bibel sind oft nicht nur Zählzahlen, sondern haben eine bestimmte Botschaft. So ist das auch hier: Zehn ist die Zahl der Reiche der Welt (vgl. das Bild von den Weltmächten Dan 2 mit den zehn Zehen V.41.42, vgl. auch Offb 13,1; 17,12). Zehn dreimal mit sich selbst multipliziert ergibt tausend. Drei ist die Zahl des dreieinigen Gottes. Weltreich wird also zu Gottes Reich, zum Christus-Reich. Diese Erde wird von göttlicher Kraft und Ordnung durchdrungen und entsprechend geläutert (vgl. 1Kor 15,25).

3. Der »Chiliasmus« (aus griech. *chilia* = tausend), zu dem die biblische Botschaft vom Tausendjährigen Reich im Lauf der Kirchengeschichte immer wieder gemacht wurde, ist insofern eine Verzeichnung der biblischen Hoffnung, als hier oft ein »goldenes Zeitalter« in der Gesetzmäßigkeit *dieser* Weltzeit gemalt wurde.

II. Der Begriff in der Bibel

1. *Ausdrücklich* ist vom kommenden »Tausendjährigen Reich« Jesu Christi nur in Offb 20,1–6 die Rede. Im Zusammenhang wird dort deutlich: Gott schreitet in seiner Heilsgeschichte von Stufe zu Stufe weiter bis zur Vollendung seiner Schöpfung. Wie Gott die Welt in Stufen schuf (1Mo 1), so schafft er sie auch in Stufen neu: Auf diese Weltzeit mit ihrem letzten not- und versuchungsvollen Wegstück (→ Antichrist), wie es Offb 13–18 gezeichnet wird, folgt nach der → Wiederkunft Jesu Christi (Offb 19,11) eine Zeit der Herrschaft Jesu Christi (Offb 19,15; 20,1–6), eben das Tausendjährige Reich. Ehe der große allgemeine Gerichtstermin anbricht, an dem alle Menschen, die je über diese Erde gingen, sich verantworten müssen, und ehe Gott Himmel und Erde, den Schauplatz des satanischen und menschlichen Sündenfalls, neu macht, gibt er noch dieser alten Erde eine Zeit der Erfüllung. Auch 1Kor 15,23–28 spricht von einem Nacheinander der großen Schritte Gottes zur Vollendung hin.

2. *Er selbst* schafft dieses Reich, nicht die Menschen (Offb 19,11–20).

3. Dieses Reich gehört *nicht* mehr zu der *gegenwärtigen Weltzeit* und folgt nicht mehr ihrer Gesetzmäßigkeit. Insbesondere insofern nicht, als dann die Zeit des »Nicht-Sehens und Doch-Glaubens« vorüber ist. Das Bild, das dann die Erde bietet, ist für uns unvorstellbar und darf deshalb auch nicht mit den Farben unserer Erfahrungswelt heute ausgemalt werden.

4. Offb 20,1–3 sagt, daß der *Feind* in den *»Abgrund«* verschlossen wird. Das ist für ihn noch nicht die endgültige Verdammnis (Mt 25,41; Offb 19,20; 20,10), noch nicht die »Strafhaft«, sondern »Untersuchungshaft« und »Sicherungsverwahrung«. Auch der →

Antichrist, der falsche Prophet und ihr Anhang sind beseitigt (Offb 19,20.21). Der Feind kann dann »die Völker nicht mehr verführen« (Offb 20,3). Es sind also auch dann noch die Völker vorhanden.

5. Offb 20,4–6 spricht von den *Mitregenten Christi* während seines Friedensreiches auf dieser Erde. Wer gehört dazu? Die Märtyrer sind hier genannt und die, die sich in der antichristlichen Anfechtungszeit bewährten. Nach Offb 3,21 weiter auch jeder, der während der ganzen Geschichte der Gemeinde Jesu in Kraft seines Sieges Glauben hielt. Infolge der ersten Auferstehung, einer »Vorweg-Auferstehung« (→ Entrückung), darf er nun auch, in einer neuen Geist-Leiblichkeit, dabei sein (1Kor 15,35–49; 1Thes 4,16; Offb 20,5–6).

III. Der Begriff heute

1. Im Menschen, in der Welt, ist ein großes *Sehnen* nach dem kommenden Friedensreich; Gott hat es in uns alle gelegt. Aber je mehr sich der Mensch von Gott, seinem Wort, von dem gekreuzigten und auferstandenen Herrn und vom Glaubensgehorsam entfernt, desto mehr entartet diese Hoffnung. Der Mensch will sich selber zum Subjekt und Akteur der Weltgeschichte machen (→ Antichrist). Was hier erfahrungsmäßig herauskommt, ist nicht Freiheit, Gerechtigkeit und Menschlichkeit, sondern das genaue Gegenteil. Richtig ist es vielmehr, einerseits sich selbst und andere, so gut wir das können, durch Gottes Wort und Geist der guten Herrschaft Jesu Christi zu unterstellen und andererseits daran mitzuarbeiten, daß in der Vorläufigkeit dieser Weltzeit unter den gegebenen Umständen, auch im Blick auf → Freiheit, → Gerechtigkeit und Wohlfahrt, für alle das noch Bestmögliche gemacht wird, bis der wiederkommende → *Herr* selbst das große Neue macht.

2. Die Hoffnung auf das Tausendjährige Reich unseres Herrn auf dieser Erde ist *hilfreich,* gerade *heute* angesichts der Riesenbedrohungen unserer Erde durch die menschlichen Zerstörungsmittel. Wir wissen: Nicht menschlicher Wahn und menschliche Zerstörung, nicht die Grausamkeit der → Dämonen und nicht der Vernichtungswille des Feindes hat das letzte Wort auf dieser Erde, sondern der auferstandene Herr. Gerade so können wir getrost, unbeirrt und voller Hoffnung auch in unserer Zeit arbeiten (→ Wiederkunft/Ankunft).

F. Grünzweig

Teilhabe → Gemeinschaft/Teilhabe

Tempel

I. Wortbedeutung

»Tempel« kommt vom lat. Wort *templum.* Damit ist ein abgegrenzter, heiliger Platz gemeint, später dann auch das Gebäude.

Die in der Bibel verwendeten Worte beziehen sich nicht so sehr auf den Platz, sondern haben mehr das Gebäude als *Wohnung Gottes* im Blick. Im AT findet sich daher auch oft der Begriff »Haus« oder »Haus Gottes« als Bezeichnung für den »Tempel« (siehe alle 3 Begriffe nebeneinander in Jer 26,2.6).

II. Tempel in der Bibel

1. Heilige Orte und Heiligtümer gab es in Israel auch schon *vor* dem Bau des salomonischen Tempels, z.B. in Bethel (1Mo 28,10–22), in Sichem (Jos 24,1.26) oder das vom Stamm Dan geraubte Heiligtum (Ri 18,27–31). Das Wort »Tempel« wurde aber nur für das Heiligtum in Silo verwendet, wo die Bundeslade stand (1Sam 1–3).

2. Der Tempel Salomos: König *David* eroberte bald nach dem Jahr 1000 v.Chr. die Stadt Jerusalem. Dort hatte er seinen Palast, und von dort aus regierte er Israel. Die Bundeslade aber stand noch in einem Zelt. David wollte für sie ein Haus, also einen Tempel bauen. Dies wurde ihm aber verwehrt: »Nicht du sollst mir ein Haus bauen, sondern ich will dir ein Haus bauen« (= deinem Königshaus Bestand verleihen; 2Sam 7,5.11)! Das bedeutet zugleich: Nicht Gott ist auf den König angewiesen, sondern der König und das Königshaus auf Gott.

Erst Davids Nachkomme soll Gott ein Haus bauen (2Sam 7,12f). David kaufte aber noch den *Bauplatz,* die Tenne des Arauna (2Sam 24,21ff). Sein Sohn und Nachfolger *Salomo* ließ dann den Tempel erbauen (1Kö 6) – gleich neben seinem Palast (1Kö 7).

Der Tempel hatte die Gestalt eines Langhauses, bestehend aus 3 Teilen: Vorhalle (10 m breit, 5 m tief), Haupthalle (10 m breit, 20 m lang; das Heilige) und Allerheiligstes (10 m x 10 m). Das Allerheiligste war etwas erhöht, und darin stand die Bundeslade zwischen 2 großen Engelsgestalten (= den Cheruben). Zu jeder Seite des Eingangs zur Vorhalle stand eine große eherne Säule. Der Tempel war umgeben von Vorratskammern und einem Hof (vgl. die Beschreibung des Tempels in 1Kö 7).

3. Bedeutung des Tempels: Der Tempel war der Ort der besonderen *Nähe und Gegenwart Gottes*; zudem war → Jerusalem die Hauptstadt Israels. So wurde der Tempel bald die zentrale Stätte für → Opfer und → Gebet, für → Gottesdienste und Festversammlungen.

Von weit her kamen die Israeliten zum Tempel. Diese Reise war eine besondere Freude (Ps 122,1), und im Tempel zu sein, war Trost und Gnade (Ps 23,6). Die Hochschätzung und die Liebe zum Tempel strahlte auf die ganze Stadt *Jerusalem* aus (z.B. Ps 48; 122; *Zion* ist der Name des Tempelberges).

Aber nicht nur in Freude, auch in Trauer wandte man sich zum Tempel. Die Klagepsalmen des Volkes (z.B. Ps 44; 85) und des einzelnen (z.B. Ps 25; 70; 143) wurden am Tempel gesungen und gebetet (vgl. das »Tempelweihgebet« Salomos, 1Kö 8,22ff). Auch der Dank für die Errettung aus der Not wurde dann im Tempel vor versammelter Gemeinde ausgesprochen: »Ich will dich preisen inmitten der Gemeinde« (Ps 22,23; 35,18).

Der Tempel war aber auch von Bedeutung als der Ort, an dem die → Priester ihren Dienst taten (Jes 6,1; Lk 1,8ff), als Ort, an dem der Tempelschatz aufbewahrt wurde (1Kö 7,51; 14,26) und als Aufbewahrungsort für heilige Schriften (1Kö 8,9; 2Kö 22,8).

4. Der Gott Israels und der Tempel: Schon in der Gottesrede 2Sam 7 wird betont, daß der Gott Israels nicht an einen Ort gebunden, sondern mit seinem Volk unterwegs ist (V. 6f). Gott ist nicht nur im Tempel zu finden, sondern er ist nahe denen, die ihn suchen und zu ihm rufen (Jes 66,1f), auch in der Fremde (Hes 1,3; 1Kö 8,47). Darum kann auch in tiefster Not des Volkes und angesichts eines zerstörten Tempels der Ruf zu Gott laut werden: »Ach, daß du den Himmel zerrissest und führest herab!«, um das Volk zu erlösen (Jes 63,15–64,11).

Die *Hoffnung auf das besondere und endgültige Eingreifen Gottes* bezieht sich oft auf den Tempel und die Heilige Stadt (Jes 2,2–4 par. Mi 4,1–3, die Völkerwallfahrt zum Zion; und Dan 8,14, der vom heidnischen König entweihte Tempel wird wieder geweiht). Es geht dabei aber nicht so sehr um das Bauwerk, sondern um Gottes Wirken für sein heiliges Volk (Jes 62; Dan 12,1–3).

5. Gefahren des Tempels: Die Völker der Umwelt hatten schon lange vor den Israeliten Tempel für ihre Götter (vgl. 1Sam 6,2). Der Tempel in Jerusalem wurde von einem heidnischen Baumeister gestaltet! So wurde der Tempel bzw. der Tempeldienst oft von *heidnischen Vorstellungen* beeinflußt, ja sogar Götterbilder wurden aufgestellt (2Kö 23,4.6; Hes 8). Die andere Gefahr war eine *falsche Sicherheit:* Gott wohnte im Tempel. Er konnte doch keine Zerstörung zulassen (vgl. Jer 7,4)! Zudem hatte Gott zur Zeit Jesajas die Stadt wunderbar errettet (Jes 37). – Wie sollte da etwas geschehen können? Doch Gott wendet sich gegen das Volk, das Unrecht tut. Jeremia kündigt das Gericht an (Jer 7). Im August 586 v.Chr. wird der Tempel von den Babyloniern zerstört (→ Babylon).

6. Neubauten: Der *»Zweite Tempel«:* Nach dem babylon. Exil wird der Tempel, wenn auch in bescheidenerer Form, wieder aufgebaut (vgl. Haggai, Sacharja, Esra 6,3–5). Er wurde 515 v.Chr. eingeweiht.

Der *»Herodianische Tempel«:* In der Zeit von 19 bis 9 v.Chr. ließ Herodes diesen Tempel ausbauen und herrlich ausgestalten. Auch der Vorhof um den Tempel wurde erweitert und aufgeteilt: ein Vorhof für die Priester, für die Männer, für die Frauen und für die Heiden. Heiden, die weiter als erlaubt vordrangen, drohte die Todesstrafe (vgl. Apg 21,28b).

7. Jesus und der Tempel: Den zwölfjährigen Jesus finden wir im Tempel, im »Haus seines Vaters« (Lk 2,41ff). Während seines Wirkens zieht Jesus zu den Festen nach Jerusalem. Oft ist er im Tempel, d.h. im Vorhof, um zu lehren (Joh 7,14; Lk 20,1; Mt 26,55). Das Haus Gottes soll ein Ort des Gebetes sein, keine »Räuberhöhle«. So vertreibt er die Händler (Mk 11,15–19). Weil, wie in den Tagen der → Propheten, zwar → Opfer dargebracht, aber Recht, → Barmherzigkeit und → Treue verachtet werden (Mt 12,7) und Jerusalem nicht hören will (Mt 23,37), kündigt Jesus die Zerstörung des Tempels an. Für Jesus ist nicht so wichtig, wo man zu Gott betet, sondern daß man ihn »im Geist und in der Wahrheit anbetet« (Joh 4,19–25, die Samariter hatten ein eigenes Heiligtum auf dem Berg Garizim); → Gebet.

Die ersten Christen gingen noch in den Tempel, um zu beten (Apg 2,46; 3,1) und zu lehren (5,20–25). Das Abendmahl aber feierten sie in den Häusern (2,46). Dort fand ihr eigentlicher Gottesdienst statt.

Im August des Jahres 70 n.Chr. wurde der Tempel von den Römern zerstört.

8. »Tempel« wird im NT oft symbolisch gebraucht: Bereits Jesus sprach vom Tempel seines Leibes (Joh 2,19). Paulus bezeichnet die → *Gemeinde* und den → *Leib des einzelnen Gläubigen* als »Tempel des Heiligen Geistes«. – Darum darf ein Christ nicht Unzucht treiben (1Kor 6,17–20), und die Strafe Gottes wird jeden treffen, der der Gemeinde, dem Tempel Gottes, Schaden zufügt (1Kor 3, bes. V. 16f).

In ähnlichem Sinn ist in Eph 2,21 die *weltweite Kirche* als »heiliger Tempel« bezeichnet, und vermutlich ist 2Thes 2,4 ebenso zu verstehen.

In der *Offb* bezeichnet »Tempel« den → Himmel als *Raum der Gegenwart Gottes,* im Gegensatz zur Erde, die vergeht (3,12; 7,15;

14,15 u.a.). Im »neuen Himmel« und der »neuen Erde«, im »Neuen Jerusalem« wird es keinen Tempel mehr geben, denn die Gegenwart Gottes erfüllt alles in gleicher Weise (21,22).

III. Der Begriff heute

1. In Jesus Christus ist Gott zu den Menschen gekommen. Durch ihn ist der Vorhang zerrissen (Mt 27,51). Es kommt nicht mehr auf einen »heiligen Ort« an, sondern Gott will »im Geist und in der Wahrheit« angebetet werden. So gibt es *keine Orte besonderer Heiligkeit mehr,* auch keine »heiligen« Kirchengebäude. Die Kirchen haben ihre Bedeutung nur von der *Funktion* als Ort der Versammlung und des Gottesdienstes der Gemeinde. *Das Gebäude soll dieser Aufgabe entsprechen und sie fördern.* So kann z.B. die Sitzordnung das Empfinden der Gemeinschaft oder das Hören auf das Wort fördern oder beeinträchtigen. Der »Altar« ist eigentlich kein Altar, auf dem geopfert wird, sondern der Tisch, an dem wir in Anwesenheit Jesu das → Herrenmahl feiern. Das Kirchengebäude soll aber auch ein Ort der Stille und des Schutzes sein können.

2. Sowohl der → *Gemeinde* als auch dem *menschlichen* → *Körper* wird durch die Bezeichnung als Tempel des Geistes Gottes eine *besondere Würde* gegeben.

Der menschliche Körper ist nicht wertlos oder gar beliebig mißbrauchbar. Was ich mit *meinem Körper* mache, oder mit *dem Körper eines anderen Menschen,* hängt zusammen mit meiner Haltung gegen Gott. Der Leib ist Gabe und Eigentum Gottes. Die Achtung oder Verachtung für Gott zeigt sich an meinem Umgang mit seiner Gabe.

Ähnliches gilt für die Gemeinde. 1Kor 3,16 ist besonders eine Frage an die Mitarbeiter: Dient meine Arbeit dem Aufbau der Gemeinde oder handle und rede ich aus Geltungssucht oder Streitlust?

3. Jeweils *am 10. Sonntag nach Trinitatis* (meist Anfang August) gedenkt die christliche Kirche der Zerstörung Jerusalems und des Tempels. Diese Erinnerung soll auch uns *warnen vor falscher Sicherheit* und davor, den Ruf Gottes zu überhören (Jer 7,1ff; Lk 19,44b). Gott kann falsche Sicherheiten wegnehmen und zerstören. Er tut es, um seine Gemeinde von vordergründigen Dingen weg zu lenken und auf sich selbst aufmerksam zu machen (auch Christenverfolgungen können diesem Zweck dienen!). Aber dann will er ihr Rufen wieder hören und beantworten – bis hin zur Vollendung in seinem Reich, wo auch keine Gebäude mehr nötig sein werden (Offb 21,22).

S. Kreuzer

Teufel → Satan/Teufel

Tisch des Herrn → Herrenmahl

Tod/Sterben

I. Wortbedeutung

Im Hebr. werden die Wörter für »Tod« und »sterben« vom gleichen Wortstamm gebildet. Damit ist die Eindeutigkeit der Sache unterstrichen. – Im Griech. stehen für »sterben« außer dem Zeitwort, das mit »Tod« zusammenhängt, noch andere, eins mit der buchstäblichen Bedeutung »ein Ende nehmen« (z.B. Mt 9,18), zwei mit der Bedeutung »(ein)schlafen« (1Thes 5,10; Joh 11,11ff). – Auch das Althochdeutsche hatte für »sterben« ein direkt mit »Tod« zusammenhängendes Wort *(touwen)*; »sterben« hängt mit »starr« zusammen.

II. Die Begriffe in der Bibel

A. IM ALTEN TESTAMENT

Nicht, daß nach dem AT ein Menschenleben durch den Tod vollständig ausgelöscht wäre. Auch die Toten haben ihren Ort, die »Scheol« (Unter-, Totenwelt, Hades; z.B. Ps 49,15); man wird »zu seinen Vätern versammelt« (z.B. 1Mo 49,29). Die Scheol ist freilich so schattenhaft gedacht, daß der Tod das Menschenleben eigentlich abschließt. Sie bedeutet nicht Bestreitung, sondern Bestätigung, daß der Mensch von Erde ist und zur Erde zurück muß (1Mo 3,19; Ps 104,29; Pred 3,19f). Massiver kann es das AT nicht sagen, als daß man in der Scheol »Gottes nicht gedenkt« (Ps 6,6; 30,10; 88). – Wird früher und plötzlicher Tod mit der Sünde in Beziehung gebracht (Ps 90), so ist das Sterben dem Menschen im Grunde natürlich, und der alte Mensch stirbt »lebenssatt« (1Mo 25,8; Hi 42,17; vgl. Sirach 41). Erst am zeitlichen Rand des AT begegnen ntl. Klänge: Gott ist Beherrscher auch der Scheol (Ps 139,8; vgl. 73,23ff; Hi 19,25); *er* erweckt die Toten (Jes 26,19; Dan 12,2; vgl. 2Makk 6f). – Gerade die Eindeutigkeit des Todes läßt auch im übertragenen Sinn von ihm und von seiner Überwindung reden, am eindrücklichsten Hes 37.

Im Blick auf das Gesamtzeugnis der Bibel erscheint es als sinnvoll,

(1) daß das AT den Tod nicht als vollständige Tilgung des Menschenlebens versteht

(2) daß es mit dem Sterben an sich aber keine Hoffnungen verbindet, weder für den

leiblichen Menschen, noch für die Seele; daß es das Todesgeschick als ein totales Geschick versteht (vgl. Pred 9,4) – und dies in einer Umwelt mit üppigen Jenseitserwartungen (vgl. die Pharaonengräber in Ägypten!). Dementsprechend kein Totenkult, keine Totenorakel (3Mo 19,31 u.ö.);

(3) daß am Rande des AT das Licht erscheint, das im NT seine Quelle hat – und das gerade angesichts der Totalität des Sterbens unerhört frohbotschaftlich ist.

B. IM NEUEN TESTAMENT

Auch für das NT ist nur Gott unsterblich (1Tim 6,16). Gott wird indes bekannt als »der die Toten lebendig macht« (Röm 4,17), dem »sie alle leben« (Lk 20,38), was aber alles andere als eine Allerweltswahrheit ist (vgl. u.). – Der Tod, so wie er in Erscheinung tritt, ist nicht gute Natur, sondern Folge der allgemeinen → Sünde (Röm 5,12; 6,23; 1Kor 15,21f), selbst in der Natur (Röm 8,19ff). Schon dieses unser Leben ist als Leben ein Leben zum Tode, ein todvolles Leben (Röm 7,9f.24; Joh 5,24; Offb 3,1f; Lk 15,24.32). Unmöglich wird es dann, das Sterben, wie in der griechisch-römischen Antike verbreitet, heroisch als eigene Tat und Leistung verklären zu wollen! Die Sünde bringt unsern Tod mit dem Teufel (→ Satan/Teufel) in Zusammenhang (Hebr 2,14; vgl. 1Kor 15,26.54f; Offb 20,14). – Die große Wende geschieht mit dem Tode Jesu. Dieser kann im Tode sagen: »Es ist vollbracht!« (Joh 19,30): Hier ist Gottes gute Schöpfung gegen den Verkläger (vgl. Hi 1; 2) durchgehalten (vgl. 1Mo 2,1–3)! In ihm finden alle → Opfer des Alten → Bundes Sinn und Ziel (vgl. Joh 1,29; Mk 10,45; Röm 4,25). Ihn kann der Tod nicht festsetzen, sondern er sprengt das Totenreich als Festung des Todes (1Petr 3,18ff; Offb 1,18; vgl. Lk 23,43; Mt 27,50–53). Dieser Triumph wirft seine Strahlen zeichenhaft bereits voraus (Mt 9; Mk 5; Lk 7; Joh 11). Ja, *alles* Leben aus dem Tod hat hier seine Voraussetzung (vgl. o. zu Röm 4,17; Lk 20,38); auch der Gebrauch von »Schlaf« für den Tod ist hier verankert (vgl. Mt 9,24; Joh 11,11ff). Allein hier ist die Hoffnung auf die Auferweckung der Toten begründet – nicht in einer der → Seele natürlicherweise innewohnenden Unsterblichkeit. Gott ist es, der neues Leben aus dem Tod schafft. Im NT kann von »tot« *vor allem* im Zusammenhang mit der → Auferstehung gesprochen werden! Diese ist künftige (vgl. 1Kor 15; Röm 8) und gegenwärtige Macht (Joh 5,24; 8,51; 1Jo 3,14; vgl. Mt 8,22; 2Kor 5,17). Die Lebensgemeinschaft mit Christus schließt allerdings die Sterbensgemeinschaft mit ihm nicht aus, sondern ein (Röm 6,3ff; Gal 2,19f; vgl. Offb 2,10), das gilt für besondere Werkzeuge Christi in besonderer Weise (2Kor 4,10; Kol 1,24). Die Frucht besteht im »Totsein für« die Sünde, das ist im Quittsein mit der Sünde (Röm 6,10ff; Kol 2,20; vgl. 1Petr 4,1) – und das ist → *Leben*, Leben, das gegen den endgültigen »zweiten Tod« (Offb 2,11; 20,12ff) Bestand hat.

III. Die Begriffe heute

1. BEWEIHRÄUCHERUNG – VERDRÄNGUNG DES TODES

Ich habe mich manchmal gefragt, ob nicht für viele Menschen der Tod ihr Gott sei, den sie als letzte Macht anstarren und ehren, und sei es mit dem Opfer aller ihrer Tränen, durch den sie sich aber auch übermäßig faszinieren lassen. Beachten wir, wie scharf und respektlos sich Jesus dagegen gewandt hat: wie ihn am Lazarus-Grab die Beweihräucherung des Todes erzürnt (Joh 11,33.38) und wie er die Nachfolge *über* Totenbegräbnisse stellt (»Laß die Toten . . .«, Mt 8,22; Lk 9,60). – Auffallender ist allerdings in letzter Zeit die gegenteilige Tendenz, den Tod und alles, was an ihn erinnert, zu meiden und zu verdrängen. Dahinter steht die Angst vor dem Tode, sei sie Angst vor dem Nichts oder Angst vor dem → Gericht. Da hat man jedenfalls nicht die Zuversicht zu Jesus Christus, »welcher ist um unserer Sünden willen dahingegeben und um unserer Rechtfertigung willen auferweckt« (Röm 4,25), weswegen Paulus schreiben kann: »Ich habe Lust, abzuscheiden und bei Christus zu sein« (Phil 1,23). Auch die Weise, wie heute oft *alles* auf *dieses* Leben und dessen maximalen Ertrag – auf Gesundheit, die »das Wichtigste«, und Lebenslänge, die einem zu gönnen sei, auf Glück und Meidung aller Benachteiligung – gesetzt wird, hängt mit dem Fehlen des Zutrauens zum Leben bei Gott zusammen. Menschen früherer Tage wußten, dies Leben sei »der Güter höchstes nicht«, »der Übel größtes« aber sei »die Schuld« (Fr. Schiller)! Stärkend ist das Wort eines (heutigen) betagten Christen, der seine ganze Kraft für das Evangelium in Einsatz bringt und sagt: »Ausruhen kann ich mich in der Ewigkeit lange genug.«

2. »EUTHANASIE«?

Ein Wort, das zur Deckung schrecklicher Verbrechen, der Tötung angeblich »lebensunwerten Lebens«, mißbraucht wurde und das dreißig Jahre später wieder diskutabel geworden ist, weil zu fragen ist, ob wirklich *alle* menschliche (medizinische) Kunst zur äußerst möglichen Verlängerung eines Menschenlebens aufzubieten sei? Diese Frage signalisiert, daß es mit der Meidung des Todes (vgl. 1.) zum Exzeß gekommen ist. »Euthanasie« heißt »gutes Sterben«. Es wird also wieder nach einem »guten Sterben« gefragt, nach dem Sterben*können*. Christen wenden sich gegen eine Überziehung der ärztlichen Möglichkeiten gegen den Tod, weil ihnen die Möglichkeiten Gottes (»der die Toten erweckt«) größer sind als die Unmöglichkeit des Todes. Und sie plädieren für ein vorbereitetes und bewußtes Sterben, so daß der Mensch das Irdische ordnet (»Bestelle dein Haus, denn du mußt sterben«, Jes 38,1!), Schuld eingesteht, sich mit Menschen versöhnt, sich auf die Begegnung mit dem Herrn, Richter und Heiland seines Lebens einstellt, denn »wir sind Bettler, das ist wahr« (M. Luthers letzte Worte). Was »gutes Sterben« ist, wird besonders deutlich, wo Sterbende die Zurückbleibenden segnen (vgl. 1Mo 27; 48f). Man bedenke auch in diesem Zusammenhang Jesu Abschied, seine Abschiedsreden (Joh 13–16), das Gebet für die Seinen (Joh 17), die Worte am Kreuz.

3. Verkehr mit dem Verborgenen?

Ein uralter Drang des Menschen, hinter den Vorhang und dem Tod in die Karten zu blikken, erhält in unseren Tagen Nahrung durch wissenschaftliche Unternehmungen (»Todesforschung«).

a) Man sammelt die Erlebnisse von Menschen, die, bereits »klinisch tot«, ins Leben zurückgeholt wurden – und die insgemein den Tritt bzw. Blick über die Schwelle als unerhört glückhaft schildern.

b) Der Versuch, mit den Geistern der Verstorbenen in Kontakt zu treten (Spiritismus), nimmt großkirchliche Ausmaße an (am meisten in Brasilien) und findet allgemeine Beachtung.

c) Durch tiefenpsychologische Experimente glaubt man, die östliche Wiederverkörperungslehre wissenschaftlich untermauern zu können.

Vorsicht!

a) Eindrucksvolle und stärkende Zeugnisse sterbender Gotteskinder hat es allezeit gegeben (vgl. z.B. E. Schick, Ihr Ende schauet an, Basel 1952). Indes, auch was Wiederbelebte beschreiben, ist nicht jenseits, sondern diesseits der Todeslinie geschehen, ist *noch* diesseitiges menschliches Erleben. Wir haben nichts, was uns enthebt, auf »Mose und die Propheten zu hören« (Lk 16,29ff), uns an den auferstandenen Jesus Christus zu halten!

b) Der Spiritismus protestiert zu Recht gegen einen blassen Glauben, der vor der Todeslinie haltmacht. Zu rufen haben wir indes zu dem einen Auferstandenen, der unser Bruder und unser Gott ist. Totenbeschwörungen sind trügerisch, der Umgang mit den Verewigten ist uns, gewiß mit besten Gründen, entzogen (vgl. 1Sam 28; Lk 16,27ff; 5Mo 18,11). Daß Menschenleben mit Christus in Gott verborgen sind und an seinem Tag mit ihm offenbar werden (vgl. Kol 3,3f), daß wir die Schar der Gerechten bei seinem Thron wissen dürfen (Offb 7), das darf uns zufrieden sein lassen.

c) Die Vorstellung von der Wiederverkörperung (Seelenwanderung) schafft beileibe nicht weniger Probleme, als sie lösen könnte. Ihr Heilsverständnis ist ein wesentlich anderes als das biblische. Verkannt wird dort nicht nur die Einmaligkeit des Menschenlebens, sondern auch die einzigartige Heilsbedeutung Jesu Christi. Eben *seiner* Einmaligkeit entspricht die Einmaligkeit *aller*, entspricht Jesu *»IHM leben sie alle«* (Lk 20,38).

J. Fangmeier

Tora → Gebot/Weisung/Gesetz

Torheit → Weisheit/Torheit

Totenreich/Hölle

I. Wortbedeutung

Mit dem Wort »Hölle« werden zwei in ihrer Bedeutung deutlich zu unterscheidende hebr. Wörter übersetzt. Das Wort *gehenna* leitet sich ab von dem südlich von → Jerusalem gelegenen Hinnomtal (Jos 15,8), wo nach Jer 7,31f Kinder dem Moloch als Brandopfer dargebracht worden sind und das nach apokalyptischer Vorstellung zur endzeitlichen Feuerhölle werden würde. Später wurde der Name dann zur Bezeichnung des *ewigen Strafortes* überhaupt.

Das hebr. Wort *sche-ol* (griech. *hades*) wurde ebenfalls mit »Hölle« übersetzt, meint aber etwas anderes. Es bedeutet soviel wie Senkung, Tiefe, Öde, Wüste, Unordnung und meint das *Totenreich.* Zu vergleichen ist es mit dem mittelhochdeutschen Wort *hel,* das das Reich der Betäubten, Bewußtlosen, Hinschwindenden bezeichnete und ebenfalls das Totenreich meint.

II. Der Begriff in der Bibel

Vorausschickend ist zu sagen, daß es in der Bibel keine Lehre vom Jenseits, von der Hölle oder vom Totenreich gibt. Die Bibel begnügt sich mit Andeutungen, aus denen keine einheitlichen Lehrsätze konstruiert werden dürfen. So wird uns jegliche Spekulation verwehrt.

1. Totenreich (Sche-ol) im AT

Das Totenreich ist unter der Erde gedacht. Gute und Böse werden hier nach dem → Tod unterschiedslos aufgenommen. Es ist also kein Ort der → Strafe. Es ist vielmehr etwas Drittes zwischen Gott und seiner → Schöpfung. An keiner Stelle wird es ausgemalt. Gegenüber der heidnischen Umwelt Israels wird jedoch betont: Das Totenreich hat keine eigene Macht (Jes 28,15–18; 1Sam 28), deshalb sind Totenbeschwörung und Totenkult (5Mo 14,1) widersinnig und verboten.

Kennzeichnend für das Totenreich ist, daß es gottfern ist. Hier ist kein Lob Gottes, keine Verkündigung, kein Verhältnis zu Gott mehr (vgl. Ps 88 und 115,17). Dennoch ist es dem Machtbereich Gottes nicht entnommen (Am 9,2; Ps 139,8; 1Sam 2,6).

Innerhalb des AT wird das Totenreich zunehmend deutlicher als Unterwelt verstanden, in die nur die Gottlosen hinabgestoßen werden (Ps 9,18; 31,18), während zugleich die → Hoffnung auf die → Auferstehung der Frommen Raum gewinnt (Ps 49,16; Jes 28,8; Dan 12,2f).

Das Wort Hölle (gehenna) findet sich im AT nicht.

2. Totenreich im NT

Der Ausdruck *hades,* Totenreich, wird in doppelter Weise gebraucht. Einmal wird er als zeitlich begrenzter Aufenthaltsort aller Toten dargestellt (Apg 2,27.31; Lk 16,23.26), die dort dem jüngsten Gericht und der Auferstehung entgegenwarten; während andere Stellen (1Petr 3,19; Offb 20,13) den *hades* als Aufenthaltsort für die Geister der Gottlosen ansehen. Die Gerechten dagegen sind bereits in der Gemeinschaft mit Jesus (2Kor 5,8; Phil 1,23; Lk 23,43; Offb 7,9). Die → Gemeinde weiß sich sicher vor den Mächten des Hades.

Das NT setzt eine Hadesfahrt Christi voraus (Mt 12,40; Apg 2,24.27.31), von der Wirkungen ausgegangen sind: Christus hat die Schlüssel zum Totenreich (Offb 1,18) und verkündigte im Totenreich das → Evangelium (1Petr 3,19ff; 4,6): *Kein* Bereich ist also dem Evangelium entnommen.

3. Hölle im NT

Die Hölle *(gehenna)* als feuriger Abgrund (Mt 13,42) ist der Strafort für die von Gott im Endgericht Verurteilten. Sie wird beschrieben als Ort des unauslöschlichen Feuers, an dem ewige Pein, Heulen und Zähneklappen herrschen (Mt 25,41.46; 23,15.33). Die *gehenna* ist der ewige Strafort der Unseligen (Mk 9,44ff; Offb 20,10); auch der → Satan und die → Dämonen werden hier gerichtet. Entscheidend ist, daß keine Gemeinschaft mit Gott mehr möglich ist. Hölle, das ist Ausgeschlossensein vom → Heil, draußen sein (Mt 8,12). Weil diese Gottesferne nicht mehr rückgängig zu machen ist, kann auch von ewiger Pein gesprochen werden. An keiner Stelle werden Höllenqualen ausgemalt; auch daß die Gerichteten dem Teufel als dem Herrn der Hölle ausgeliefert würden, ist nirgendwo zu lesen.

III. Der Begriff heute

1. Gibt es überhaupt ein Totenreich und eine Hölle?

Als zeitgebundene, überholte Vorstellungen werden die Aussagen von Totenreich und Hölle heute vielfach abgetan oder – nachdem sie phantasievoll ausgeschmückt wurden – als Märchen für Kinder belächelt. Alle Aussagen über Dinge, die außerhalb unserer Erfahrungswelt liegen, haben etwas Bildhaftes an sich. Sicher liegen Totenreich und Hölle nicht im Innern der Erde. Diese räumliche Unterordnung meint in Wirklichkeit einen Zustand der Gottesferne. Die Aussagen der Bibel sind aber auf keinen Fall reine Bildsprache. Es bleibt festzuhalten, daß die Bibel mit letztem Ernst davon spricht, daß die endgültige Ablehnung Jesu die nicht mehr rückgängig zu machende Gottesferne zur Folge haben kann. Abzulehnen sind dagegen alle unbibl. Ausmalungen der Hölle. Auch die Fegefeuerlehre der kath. Kirche ist bibl. nicht haltbar. Sie ist durch die willkürliche Auslegung einzelner Schriftstellen entstanden, die man dann zu einem Lehrsystem zusammengefügt hat. Sie besagt, daß die noch nicht gänzlich reinen Seelen durch Strafen gereinigt und so für den → Himmel geeignet werden. Der dortige Aufenthalt könne durch Fürbitte, Almosen, Ablaß und Früchte des Meßopfers abgekürzt werden. Aber wenn Christus für uns gestorben ist, wie könnten wir dann noch selber etwas zu unserer Rettung beitragen?

2. Kann Gottes → Liebe denn eine Hölle wollen?

Gott will, daß alle Menschen zur Erkenntnis der → Wahrheit kommen. Jesus hat sich für alle zur → Erlösung gegeben (1Tim 2,4). Allen vorchristl. Toten hat er das Evangelium verkündigt (1Petr 3,19ff). Da Unglaube nur gegenüber dem Evangelium entstehen kann (vgl. Röm 2,14), also nur da, wo das Evangelium gehört und verstanden worden ist, brauchen wir die außerchristliche Menschheit, die Heiden, die Kinder nicht als solche anzusehen, deren Weg in die endgültige Gottesferne führt. Bibelstellen wie Röm 14,11; Phil 2,10, nach denen alle einmal Gott bekennen, oder Röm 11,32, wo es heißt, daß Gott sich aller erbarmen wird, ermutigen uns, darum zu beten, daß Gott alle selig macht.

Dennoch bleiben die Schriftstellen zu beachten, die sagen: Wer die Liebe Gottes ungläubig und ungehorsam abweist, wer nicht für sich gelten lassen will, was Jesus am → Kreuz für jeden einzelnen getan hat, der bleibt in der Gottesferne. Uns jedenfalls steht kein Urteil darüber zu, wer zu den endgültig Ungehorsamen und Ungläubigen zählt; es geht vielmehr darum, selbst gehorsam zu sein. Wir dürfen festhalten, daß Christus keinen verwirft, der zu ihm kommt. Er überläßt keinen sich selbst. Er ist der für uns Verworfene, auch der für Judas Verworfene. Uns bleibt, das als Frohe Botschaft weiter zu sagen. Diese Botschaft stellt den Menschen in die Entscheidung. Wer Gott, sein Gnadenangebot in Jesus Christus, jetzt nicht will, der hat ihn mit aller Konsequenz in Ewigkeit nicht. Und wer ihn jetzt mit Dank und Liebe annimmt und im Glaubensgehorsam leben möchte (Röm 1,5; 16,26), der darf in Ewigkeit bei ihm sein. Und das ist Himmel und Seligkeit. Dabei entspricht es nicht dem Evangelium, mit der Hölle zu drohen, es kommt vielmehr darauf an, deutlich zu machen, wie befreiend es ist, in der Nähe Gottes zu leben.

3. Sehen wir uns nach dem Tode wieder?
Die bibl. Aussagen vom Totenreich dürfen auf keinen Fall im Sinne einer Unsterblichkeit der Seele mißverstanden werden. Neues Leben aus dem Tod schafft allein Gott durch die Auferstehung. Unsere Fragen, ob wir unsere Lieben nach dem Tod wiedersehen, verlieren an Bedeutung, wenn wir uns vergegenwärtigen, daß unsere ganze Freude darin bestehen wird, daß wir Jesus sehen, der alle Tränen abwischt (1Jo 3,2; Offb 21,4). Jesus selbst macht im Gespräch über die Auferstehung klar (Mt 22,23–32), daß Gott all unsere Fragen und Vorstellungen zurechtrückt, wenn er sich als der Lebendige erweist (→ Auferstehung/Auferweckung). Die ntl. Aussagen gehen aber (im Gegensatz zu den Erlösungsvorstellungen des Hinduismus und Buddhismus) dahin, daß unsere von Gott geschaffene Individualität auch in der Ewigkeit gewahrt bleibt.

P. Köhler

Treue/Untreue

I. Wortbedeutung

Das hebr. Wort *(emuna)* gehört zum gleichen Stamm wie das Wort → »Amen« und bedeutet: Festigkeit, Zuverlässigkeit, Treue. Es steht für ein Verhalten, auf das man sich verlassen kann. In diesem Sinne kann man es auch mit → Wahrheit übersetzen: wahr ist, was zuverlässig ist. Die griech. Bibel gebrauchte darum zum Teil das Wort *aletheia,* »Wahrheit«, und zum andern Teil das Wort *pistis,* das → Glauben und Vertrauen heißt. Auch im Dt. steckt in »Treue« das Wort »trauen, vertrauen«: Wer sich als vertrauenswürdig und zuverlässig erweist, den kann man »treu« nennen. Damit deckt sich der dt. Sprachgebrauch mit dem hebräisch-biblischen.

II. Der Begriff in der Bibel

Der bibl. Begriff ist von seiner Grundbedeutung geprägt: »zuverlässige Festigkeit im Handeln«, »nicht nachlassendes Durchhalten«, so wie Mose im Kampf gegen die Amalekiter die Hände erhoben hielt bis zum Sonnenuntergang (2Mo 17,12). Das nennt die Bibel »Treue«.

1. Im *AT* wird »Treue« vor allem vom *Handeln Gottes* ausgesagt.

a) Er hat seine Treue darin erwiesen, daß er unerschütterlich zu seinem Volk stand und steht. Er hat → Israel erwählt, mit ihm einen → Bund geschlossen und diesen Bund durchgehalten trotz aller Untreue Israels. Gottes Treue ist *Bundestreue.* So sagt es 5Mo 7,7–9: Gott hat Israel aus Liebe erwählt und das beim Auszug aus Ägypten machtvoll gezeigt (→ Erwählung). »So sollst du nun wissen, daß der Herr, dein Gott, allein Gott ist, der treue Gott, der den Bund und die Barmherzigkeit bis ins tausendste Glied hält ...« Von der Festigkeit seiner Treue spricht auch 5Mo 32,4: »Er ist ein Fels ... ein Gott der Treue«. Daß damit immer konkretes Handeln Gottes gemeint ist, von dem er nicht läßt, rühmt Ps 146: »der Treue hält ewiglich, der Recht schafft ..., der die Hungrigen speist ...« Darum stehen in den Psalmen häufig »Treue und Güte« nebeneinander: Gott hört nicht auf, gütig zu sein, denn »ich will meine Treue nicht brechen« (Ps 89,34).

b) Mit seiner Treue hat Gott aber auch die *Ordnung für das menschliche Miteinander* gewiesen. In → Ehe und Familie, in Freundschaft und im öffentlichen Leben kommt es auf Treue an; und nur wo man sich aufeinander verlassen kann, bleibt das Miteinander gut: »Ein treuer Mann wird von vielen gesegnet« (Spr 28,20). Durch Zuverlässigkeit und feste Beständigkeit fügt sich der Mensch in die Grundordnung Gottes für diese Welt ein. Gott sieht »nach den Treuen im Lande« (Ps 101,6), nach den Menschen, die sich in ihrem Reden und Tun als aufrichtig und zuverlässig erweisen, die »auf Treu und Glauben handeln« (2Kö 22,7). Doch Israel ist diese Antwort immer wieder schuldig geblieben, besonders in seinem Verhältnis zu Gott. Gottes Volk ist anderen → Götzen nachgelaufen wie eine Frau »ihren Liebhabern nachläuft« (Hos 2,9), und die → Propheten haben Gottes →

Gericht über *Israels Untreue* angekündigt und dennoch mitten im Gericht von Gottes unverbrüchlicher Treue geredet: »in Treue will ich mich mit dir verloben« (Hos 2,22). Denn »sind wir untreu, so bleibt er doch treu; er kann sich selbst nicht verleugnen« (2Tim 2,13).

2. So bezeugt auch das *NT* die unwandelbare Treue Gottes, die zu seinem Wesen gehört. Sie hat sich vollkommen offenbart in der *Treue Jesu bis zum Opfertod* für uns: er wurde »ein treuer Hoherpriester vor Gott, um die Sünden des Volks zu sühnen« (Hebr 2,17). Damit hat Gott selber alles ausgeräumt, was uns von ihm trennen kann, und uns zur Gemeinschaft mit seinem Sohn berufen (1Kor 1,9; → Versöhnung/Sühne).

3. *Das Leben der Christen* darf die Treue ihres Herrn widerspiegeln. Als Diener Christi wird gerade dies von ihnen gefordert, »daß sie sich als treu erweisen« (1Kor 4,2). Sie sind beharrlich und wachsam in ihrem Warten auf den wiederkommenden Herrn und gleichen so »dem treuen und klugen Verwalter« (Lk 12,42), von dem Jesus spricht. Sie sind im Umgang mit den Dingen dieser Welt zuverlässig (Lk 16,10–12), damit Gott ihnen auch das ewige Gut »anvertrauen« kann. In treuer Haushalterschaft über allem, was ihnen gegeben ist, bewähren sie ihren Glauben.

III. Der Begriff heute

1. Grundordnung von Glauben und Leben

Grundlage unseres Glaubens ist die Treue Gottes, die selbst dann noch durchhält, wo wir untreu werden. Es ist nicht mehr als recht und billig, daß wir vor allem anderen Treue zu Gott lernen: Treue zu seinem Wort, Treue im Gebet, Treue im Miteinander seiner Gemeinde (→ Bund, III).

Treue ist darüber hinaus aber auch die *Grundordnung jedes menschlichen Zusammenlebens!* Wo man sich nicht mehr die Treue hält, wo man sich nicht aufeinander verlassen kann, wird menschliches Leben zerstört. Das läßt sich heute gut beobachten. Nachlässigkeit in Pflege und Erziehung der anvertrauten Kinder, Untreue in der Ehe, Wortbrüchigkeit bei Versprechen und Zusagen im privaten wie politischen Bereich, Veruntreuung von Geld, Steuerhinterziehung, verantwortungsloser Umgang mit Besitz – das sind Kennzeichen der Gegenwart, die für Gottes Ordnungen oft nur noch Gleichgültigkeit oder ein Lächeln übrig hat. Solche Trennung von Gott zerbricht, wie alle → Sünde, auf die Dauer das menschliche Leben und die menschliche Gemeinschaft. Darum sind Christen heute ganz besonders zur Treue aufgerufen, die nach dem Wort Jesu »im kleinsten« beginnt (Lk 16,10).

2. Treue kann man lernen

Man kann *Kinder* schon zur Treue erziehen, indem man sie anhält, gegebene Versprechen einzuhalten, ausgeliehene Dinge wieder zurückzugeben oder Freundschaften auch in der Krise durchzuhalten. Man kann als Jugendlicher in den gleichen Punkten an sich selbst arbeiten, treu und das heißt auch vertrauenswürdig zu werden. Auch *Eheleuten* ist es von Anfang an aufgegeben, Treue einzuüben, einander »anzuhangen« (1Mo 2,24) in allen Situationen und Belastungen, unter dem Versprechen, lebenslang beieinanderzubleiben. Und wo sie zu bedingungsloser Treue entschlossen sind, werden sie gerade auch in Krisen aneinander reifen. *Eltern* werden bei der Taufe (oder Segnung) ihrer Kinder ermahnt, sich in Treue ihrer Kinder anzunehmen. Und wenn sie sie zur Treue erziehen wollen, müssen sie ihnen schon selbst ein Vorbild an Beständigkeit, Zuverlässigkeit und gleichbleibender Liebe sein. Im *Berufsleben* sollte gerade auf Christen Verlaß sein, zumal sie anders kaum ein glaubwürdiges Zeugnis für ihren Herrn sein können. Pünktlichkeit, ordentliches Erfüllen der gestellten Aufgaben und Genauigkeit am Arbeitsplatz haben etwas mit unserem Verhältnis zu Gott zu tun; sie sind, so oder so, ein Ausdruck unseres Glaubens.

Am meisten steht unser Zeugnis, ob in Familie oder Beruf, vielleicht da auf dem Spiel, wo wir ein gegebenes Wort einzulösen haben. Wir werden anderen schlecht klarmachen können, daß Gott in Treue zu seinem Wort steht, wenn wir selber es an dieser Treue immer wieder fehlen lassen. Darum hängt letztlich unsere Glaubwürdigkeit daran, daß wir Treue lernen.

3. Treue ist eine Frage des Willens

Treue heißt, daß man eine Sache beständig durchzieht oder fest und verläßlich zu einer Person steht. Das widerspricht unserer natürlichen Trägheit und unserer Neigung, das zu tun, was uns gerade liegt. Unbeständigkeit ist oft Ausdruck eines labilen Egoismus, der heute dies will, morgen jenes. Ein Handeln in Treue ist genau das Gegenteil, denn es bleibt sich alle Tage gleich.

So hält Gott jeden Tag gleich seine → Liebe und → Barmherzigkeit für uns bereit. Gottes Treue ist in seinem erklärten Willen begründet, uns und diese ganze Welt nicht loszulassen. Und was er will, das führt er auch durch. Darauf ist Verlaß. Treue ist immer eine Frage des Willens. Zur Treue muß man sich entschließen, und dann gilt es mit Einsatz aller Willenskräfte auch gegen sich selbst durchzuhalten, wozu man sich entschlossen hat. Natürlich bringt solche Treue Verzicht und Opfer mit sich. Natürlich müssen manchmal eigene Wünsche und Gefühle zurückgestellt werden, weil Stetigkeit und Ausdauer vor Lust und Laune kommen. Aber nur so läßt sich menschliche → Gemeinschaft gewinnen. Ohne Treue gleicht unser Leben einem schwankenden Rohr, das sich nach jedem Wind richtet und auch jedem Wind preisgegeben ist. Wo aber Treue gehalten wird, bildet sich ein tragfähiges Lebensfundament, das unter dem → Segen Gottes steht.

K.-H. Michel

Trost/Trösten

I. Wortbedeutung

Das deutsche Wort »trösten« ist sprachverwandt mit »treu sein« und »vertrauen« (engl. »trust«). Im Altsächsischen heißt »gitrost« das Gefolge. Diese Sprachverwandtschaft zeigt, daß zum Trost die → Gemeinschaft gehört.

Im AT ist das häufigste Wort für »trösten« *nicham*, in dem auch der Klang von »seufzen« liegt. Wenn der, der tröstet, zugleich seufzt, dann leidet er mit.

Die im NT vorkommenden griechischen Worte für trösten sind *paramythein* (»gut zureden«, »ermuntern«, »raten«) oder *parakalein* (»herbeirufen«, »mahnen« (→ Ermahnen), »antreiben«).

II. Der Begriff in der Bibel

1. Was tröstet einen Menschen?

a) Mancher tröstet sich mit materiellen Gütern, etwa mit Geld (vgl. Hi 31,24) oder mit anderen Kennzeichen des Wohlstands. In den Weherufen der → Bergpredigt heißt es allerdings über die Reichen: »Wehe euch, ihr Reichen, denn ihr habt euren Trost dahin« (Lk 6,24).

b) Andere lassen sich durch freundliche Worte trösten (2Sam 13,39). Dies geschieht vor allem in Situationen der Trauer (1Mo 37,25; Hi 2,11; Jes 38,17). Daneben gehört es zu dem Auftrag der → Propheten, Gottes Volk auch zu trösten. In einer der tiefsten Demütigungen Israels wird dem Propheten gesagt: »Tröstet, tröstet mein Volk!« (Jes 40,1). Der Trost besteht in der Ankündigung der → Vergebung und damit des Endes der babylonischen Gefangenschaft des Volkes (→ Babylon).

c) In der christlichen Gemeinde ist das Trösten eine wichtige Aufgabe, sei es im Sinne des → Ermahnens (2Kor 13,11; 1Thes 2,11; 4,18; 5,14), sei es als mitleidende Anteilnahme – etwa an der Gefangenschaft des → Apostels Paulus (Kol 4,11; vgl. 2Kor 7,6f).

2. Wer tröstet den Menschen?

a) Der entscheidende Trost geht von Gott selbst aus: »Du bist meines Herzens Trost und mein Teil« (Ps 73,25ff; Jes 71,12; Mt 5,4). Der König Hiskia betet nach langer Krankheit: »Siehe, um Trost war mir sehr bange. Du aber hast mich meiner Seele herzlich angenommen, daß sie nicht verdürbe; denn du wirfst alle meine Sünden hinter dich zurück.« Und vom Ende der Tage, wenn Gott einen neuen → Himmel und eine neue Erde macht, heißt es, daß Gott selbst alle Tränen abwischen wird (Offb 21,4).

b) Jesus verheißt seiner Gemeinde in seinen Abschiedsreden, daß er den → Vater bittet, den »Tröster« zu senden (Joh 14,6). Dieser »Paraklet«, wie er im griech. NT heißt, ist der Heilige → Geist, der der glaubenden Gemeinde beistehen wird. Andere Übersetzungen als Luther nennen den Parakleten deshalb auch »Beistand« oder »Fürsprecher«. Er kommt in Jesu Namen, »er wird euch alles lehren . . ., was ich euch gesagt habe« (Joh 14,26). Der Auftrag des »Trösters« oder »Beistands« ist nach Joh 16,7 ein dreifacher: er lehrt, worin das Wesen der → Sünde besteht, nämlich in der Ablehnung Jesu; er lehrt, wie wir die → Gerechtigkeit erhalten, nämlich dadurch, daß sie uns nur geschenkt wird, indem Gott für uns eintritt; und schließlich, was es mit dem → Gericht auf sich hat, nämlich daß Jesus über den → Satan gesiegt hat.

3. Womit tröstet Gott?

a) Häufig wird die Gebetserhörung genannt (Ps 65,3; 118,5 und Jes 38), aber auch Gottes → Wort, das gesagte oder geschriebene. An vielen Stellen bekennen die Frommen, daß Gott sie durch sein Wort getröstet habe (Ps 119,50.82; Jer 15,16). Vor allem in den Psalmen ist oft an Gottes Gesetz gedacht (vgl. Ps 119,92). Das »Gesetz« verkündigt nämlich auch die ewigen Ordnungen Gottes in der Natur (Ps 119,52), die uns das Leben überhaupt erst ermöglichen (vgl. Ps 19,1ff; 1Mo 8,21–9,17). In ihnen findet der Psalmdichter Trost.

Paulus nennt das geschriebene Wort des AT den »Trost der Schrift« (Röm 15,4). Dabei hat er wohl weniger die → Gebote und Ordnungen Gottes als vielmehr die auf Christus weisenden → Verheißungen vor Augen.

b) Gottes Beistand in der Not und seine Hilfe aus der Not wird als Trost bezeichnet (Ps 86,17; 51,14; Jer 14,8; Ps 4,2), ebenso Gottes Schutz (vgl. Ps 65,8). Ps 23 ist einer der bekanntesten Trostpsalmen. Selbst im »finsteren Tal« trösten Gottes »Stecken und Stab« (Ps 23,4). Der Berg → Zion, wo sich in Gottes → Tempel die Gemeinde versammelt und an

den Gott seine Verheißungen geknüpft hat, ist das Zeichen, »des sich das ganze Land tröstet« (Ps 48,3).

c) Nachdenkenswert ist ein weiterer Trost, den Gott durch sein Gericht schenkt (Jes 61,1f). Denn wenn Gott nicht alles laufen läßt, sondern in der Welt eingreift und im Zorn über seine Feinde dem Unrecht wehrt (vgl. Jes 66,13), dann ist der leidende Fromme getröstet (vgl. Mal 3,15f). So wartet der Fromme darauf, daß Gott für ihn eintritt (Ps 119,122) und ihm durch das Gericht → Frieden schenkt (Jes 66,11).

d) Den größten Trost schenkt Gott aber in seiner → Vergebung (Jes 38,17; Ps 65,4). Denn der, der an Gott glaubt, weiß um sein Versagen und tröstet sich an Gottes → Barmherzigkeit (Ps 109,21; 111,76) und seiner Bereitschaft, ihn zu leiten und vor Schuld zu bewahren (Jes 57,17f). Gottes Vergebungsbereitschaft folgt aus seiner Liebe zu uns (Phil 2,1). Seine Liebe ist so groß, daß der Glaubende sogar Leid als Zeichen der Liebe Gottes anzunehmen vermag (Hebr 12,5f). So kann der, der zu Christus gehört, selbst da getröstet sein, wo er sein Leiden als → »Strafe« empfinden muß. Der Psalmist tröstet sich der Nähe Gottes, wenn er sagt: »Wenn mir gleich Leib und Seele verschmachten, so bist du doch meines Herzens Trost und mein Teil«.

e) Alles bisher Gesagte sind Zeichen von Gottes Nähe; aber sie ist noch nicht in der ganzen Fülle erfahrbar. Wir warten auf den großen → Tag Jesu, wenn er die Toten auferwecken wird und wenn seine Liebe zur Vollendung kommen wird. Dann werden wir »den Gott allen Trostes« (2Kor 1,3–11) erkennen. Wie Simeon auf den »Trost Israels« (Lk 2,25) wartete und Abraham getröstet war durch die Verheißung (Hebr 6,18), so warten auch wir auf die Erfüllung der Verheißung Jesu: »Denn sie sollen getröstet werden« (Mt 5,4; vgl. Lk 16,25).

4. Was ist die Folge des Trostes Gottes?

Der Getröstete bekommt freudigen Mut in Belastungen und kann andere trösten (vgl. 2Kor 1,4ff). Er hat in Christus eine Quelle der Kraft zu »gutem Werk und Wort« (2Thes 2,17).

Die Gemeinde tröstet sich untereinander mit dem Gedanken, daß Gott die, die ihn fürchten und seiner gedenken, kennt und daß er für seinen großen Tag des Gerichts sie im Gedenkbuch aufgeschrieben hat, so daß sie sich nicht fürchten müssen (vgl. Mal 3,16).

III. Der Begriff heute

1. Das Wort »Trost« ist nicht gerade modern und beliebt im heutigen Sprachgebrauch. Nicht die volle biblische Bedeutung des Wortes steht dahinter, wenn das Wort »Trost« gebraucht wird, sondern eher eine verflachte, um nicht zu sagen verfälschte Interpretation. Da sprechen Zeitgenossen gern von »billigem Trost« und werfen gerade der Kirche vor, sie »vertröste« die Menschen auf ein besseres Jenseits. Da wird von »Seelentrost« gesprochen (oder sogar vom »Seelentröster«), aber eben damit zum Ausdruck gebracht, daß nicht der ganze Mensch »getröstet« wird. Schließlich kennen wir die Formulierung »Trostpflaster«, aber auch dieses Wort weist in die gleiche Richtung, ja man muß sogar sagen: Was das biblische »Trost« zum Ausdruck bringen will, nämlich eben Heilung des ganzen Menschen, Stärkung, ja Neubelebung, das wird hier ins Gegenteil verkehrt. Ein »Trostpflaster« verkleistert nur eine offene Wunde, ebenso wie ein »Trostpreis« gerade dem Verlierer noch einen Gewinn suggerieren will. Damit wird der Verlierer aber erst recht zum Verlierer (vgl. auch »Trostrunde«).

2. Ganz anders aber klingen Negativformulierungen, die sich um das deutsche Wort »Trost« ranken. Ein Mensch, der »untröstlich« ist, ist tief im Leiden drin, da wird nichts verkleistert und verkittet, im Gegenteil. Eine »trostlose Situation« braucht gar nicht erst erklärt zu werden. Und eine »trostlose Gegend« erst mag keiner anschauen, geschweige denn berühren.

Und wieder ganz anders kommt das Wort an, wenn es um menschliche Grenzsituationen geht (Leiden, Krankheit, Tod). Da ist dann das »Trostspenden« richtig am Platz, da brauchen wir Trost, da sind Menschen, die trösten können, hochwillkommen.

Lassen wir getrost die »vertröstenden« Wortprägungen auf sich beruhen. Folgen wir der vollen Bedeutung des Wortes, das dann seine Kraft entfaltet, wenn Menschen in Grenzsituationen stehen oder eben da, wo alles schwer und dunkel erscheint. Ordnen wir das Wort »Trost« dem Bereich der → Seelsorge zu und denken wir dem Inhalt des Tröstens nach: Um die rechte Anwendung muß uns dann nicht bange sein. Allerdings: Seien wir auch gewarnt! Daß das Wort so mißdeutet werden konnte, ist auch der Kirche anzulasten, die selbst – durch oft hohle Worte und Phrasendrescherei – dazu beigetragen hat, daß der Trost des → Evangeliums nicht mehr leuchten konnte.

3. *Wie gehen wir nun mit all dem um? Wie sollen wir heute trösten – und getröstet werden?* Die Kirche spricht seit jeher vom »Trostamt«. Was wäre das heute – für uns?

Zunächst: Ohne *Zuwendung* geht es nicht. Zum Trösten gehört der Hautkontakt, der Händedruck, die Hand auf der Schulter, der Blickkontakt. Billiger geht es nicht. Dabei kann viel Zeit – nicht verlorengehen, sondern vergehen. Eine nur hastige, oberflächliche Zuwendung könnte Zeitgenossen einen faden Geschmack auf die Lippen bringen und den »Trost« in Mißkredit bringen.

Zweitens: Ohne *Zuspruch* geht es auch nicht. Zum Trösten gehört das Wort – nicht gleich, vielleicht, aber zur rechten Zeit. Und zwar nicht nur der persönliche Zuspruch, sondern eben das biblische Verheißungswort, das Licht ins Dunkel bringt und Menschen in Bewegung versetzt.

Drittens: Wo sich solche Tröstung ereignet, da eröffnet sich *Zukunft*, Zukunft im Sinne des zu-kommenden Herrn → Jesus Christus, der neue → Hoffnung weckt. Denn um ihn geht es schließlich, wenn wir beim Thema bleiben wollen. Ein Zuspruch Jesu, seine → Gemeinschaft im → Abendmahl, seine Seelsorge an jedem neuen Tag – wenn wir von ihm her leben, braucht uns nicht bange zu sein: Wir sind – trotz aller Trostlosigkeit unserer Zeit – ganz bei Trost, ganz getröstet, tröstlich versorgt.

»Was ist dein einziger Trost im Leben und im Sterben?« – »Daß ich mit Leib und Seele im Leben und im Sterben nicht mir, sondern meinem getreuen → Heiland Jesus Christus gehöre. Er hat mit seinem teuren → Blut für all meine → Sünden vollkommen bezahlt und mich aus aller Gewalt des Teufels erlöst; und er bewahrt mich so, daß ohne den Willen meines → Vaters im → Himmel kein Haar von meinem Haupte fallen kann, ja, daß mir alles zu meiner Seligkeit dienen muß. Darum macht er mich auch durch seinen Heiligen → Geist des ewigen Lebens gewiß und von Herzen willig und bereit, fortan ihm zu leben« (Heidelberger Katechismus, Frage 1).

M. Holland/
H. Bärend

Tun/Werk/Wirken

I. Wortbedeutung

Das Wort, das im Deutschen »Werk« oder »Wirken« heißt, wird im Griech. u.a. mit *energeia*, »Energie«, bezeichnet. Das klingt auch in unserem Wort »Organ« nach und im englischen Wort für »Arbeit«, »work«. Der »Energische« (griech. *energos*) ist der wirksam Tätige.

Unserem Wort *»Tun«* hingegen entspricht das ebenfalls blassere griech. Wort *praxis*. Hier ist das schöpferische, persönliche Moment zurückgetreten (»rein praktische Arbeit«). Doch ist ursprünglich, bes. auch im NT, zielstrebiges, kraftvolles, schöpferisches Handeln gemeint.

Gern wird »Energie« in Verbindung mit »Dynamik« (griech. *dynamis*) gebraucht, um Jesu Werk zu beschreiben. Unser deutscher Sprachgebrauch erscheint fast flach gegenüber diesem griechisch-neutestamentlichen Vollklang: Jesus Christus – die »dynamische« und »energische« Persönlichkeit!

II. Der Begriff in der Bibel

Das *Erzählen von* GOTTES *Taten* ist erstes Anliegen der Schreiber der Bibel.

1.a) 1Mo 2,2.3 finden wir eine Zusammenfassung des *göttlichen Schöpfungswirkens* an Himmel, Erde und Mensch. Dabei geht das Wort Gottes jeweils dem nachfolgenden Werk voraus. *Er* spricht, und dann geschieht es. Der Gott der Bibel *»tut* sein Wort« (1Mo 1,3.6; Jer 1,12). Er tut, was er sagt.

Der Mensch ist im besonderen »Werk seiner Hände« (Ps 8,4.7; 138,8). Jesaja vergleicht das schöpferische Tun Gottes mit dem Töpfer (Jes 45,9–12; 64,8).

Aber nicht nur in der Schöpfung, auch in der *Geschichte* wirkt Gott, beginnend beim Auszug Israels aus Ägypten. Das älteste Glaubensbekenntnis Israels (5Mo 6,21ff; 26,5–8), auch die sog. Schöpfungs- und Geschichtspsalmen rühmen deshalb Gott in seinen Taten (Ps 104; 135,8–12; 136,10–22; 105). Dabei werden Werke oder Taten Gottes oft »Wundern« gleichgesetzt.

b) Und was tut der Mensch? Gott schenkt uns *Aufgaben:* Gärtnersein, Erforschen und Kultivieren der Erde (1Mo 1,28; 2,15), einander lieben. Wenn wir das *gehorsam tun*, zeigen wir unsre Verbundenheit mit Gott und seinem Wort (10 Gebote: 2Mo 20; 5Mo 5,13f; 5Mo 30,14).

c) Doch zeigen sich auch *Spuren der Sünde*, d.h. der Entfremdung von Gott, im Tun des Menschen, nämlich: Mühe, Last, Fluch, Vergeblichkeit, Fruchtlosigkeit (1Mo 3,17–19; Pred 1,1–14); → Arbeit/Mühe/Last.

2. Deshalb bewirkt Gott *eine neue, eine zweite Schöpfung*. Die frohe Botschaft des NT erzählt davon,

a) wie sie *in Jesus Christus* anbricht (Lk 4,18; Mt 11,2–6; Offb 21) und in seinen Worten und Taten sichtbar wird (Lk 24,19; Apg 1,1). Das Wirken Jesu geschieht in voller Übereinstimmung mit seinem Vater (Joh 10,25; 17,4). Seine Wundertaten wollen Glauben wecken (Joh 10,25; 14,11); das ist Gottes erstes Werk!

b) Doch bewirkt Jesus gerade dadurch auch *Scheidung* unter seinen Zuhörern, weil er gottentfremdetes Tun aufdeckt (Joh 3,19f). Ist doch auch der Gegenspieler Gottes, → Satan, am Wirken (2Thes 2,9.11; Röm 7,5) – aber nur, solange Gott es zuläßt.

c) *Rechtes Tun* ermöglicht erst Gott selber durch seinen schöpferischen Geist. Ohne Christus können wir nichts tun, weil er allein das Gesetz wirklich erfüllt hat (Mt 5,17). Deshalb ist der Glaube, die Verbundenheit mit Jesus, der Wurzelboden, aus dem die guten Werke wie Früchte herauswachsen (Joh 15,5; 13,15; 14,12). Paulus kämpft gegen das Mißverständnis, der Mensch müsse zuerst Werke als »Vorleistung« erbringen, um Gott gerecht zu werden. Daher stellt Paulus das Entweder – Oder »Werke oder Glaube« (Röm 3,28) auf. Er betont, daß Gottes Zuwendung Folge seiner Liebe und nicht unseres Tuns *(ergōn)* ist. Jakobus kämpft dagegen gegen einen toten, fruchtlosen Glauben, der nur Worte macht, und betont deshalb, daß der Glaube ohne Werke (*erga*) tot sei (Jak 2,14ff). Gott aber will wirken, nicht nur als Schöpfer, nicht nur als Erlöser im Tun Jesu, sondern auch als der, der unser Tun heiligt. Gottes Energie bewirkt auch Auferstehung – an Jesus und an uns (Phil 3,10)! Nicht erst einst, *heute verändert Gottes Energie auch unser Tun,* ja schafft es von Grund auf neu (Phil 3,21). *Wir sind »sein Werk* . . . erschaffen zu guten Werken« (Eph 2,10)! Er macht uns aber nicht zu untätigen Werkzeugen. Durch seinen schöpferischen Geist will er mit uns zusammenwirken in Mission und Gemeindeaufbau (1Kor 3,9; 12,5–11).

III. Der Begriff heute

1. WIRKT GOTT HEUTE?

In Flüchtlingselend, weltweiter Bedrohung und Umweltverschmutzung, Kriegen, Katastrophen – wo wirkt da Gott?

a) Viel *Unglück* in der Welt ist auf menschliches Tun zurückzuführen! Gott hat die Welt ja gut und schön erschaffen. Was aber tun wir, um Not zu lindern in seinem Auftrag (Mt 25,40)?

b) Gottes Tun ist schon in der Bibel nicht nur Bewahrung, sondern auch *Gericht* (Jes 28,21; Apg 13,41). Damit will er Menschen wachrütteln, zurückrufen.

c) Deshalb müssen auch Leiden und Rätsel des Glaubens denen zum Guten mitwirken, die Gott lieben (Röm 8,28; Hiob!).

d) *Gottes Wirken* ist auch für uns heute abzulesen an *Jesus Christus.* Was zunächst unverständlich, anstößig erscheint, wirkt nachher überwältigend: Jesu schmähliches Sterben am Kreuz ist ja von Gott durch Ostern und Pfingsten hindurch in Segen gewandelt worden für die Welt!

e) Freilich stehen wir *noch in der Spannung* zwischen dem, was Gott in Jesus tat, und der künftigen Vollendung und *Neuschaffung* aller Dinge. Dieses Werk zu schaffen, *bleibt Ihm vorbehalten!*

2. UND WIR? WAS BLEIBT UNS ZU TUN?

a) Wir leben in einer technisierten Welt. Vielen erscheint Fließbandarbeit oder Teilarbeit sinnlos. So wird das Heimweh wach nach sog. »kreativem«, d.h. *schöpferischem Wirken.* Als Partner, als Ebenbild Gottes sind wir auch dazu gerufen. Den Streßgeplagten gilt: es gibt auch ein »schöpferisches Nichtstun«! Wenn wir dem vom Schöpfer uns gegebenen Rhythmus von → Arbeit und Ruhe folgen und in dem, was wir tun, einen Auftrag des Schöpfers sehen, wird uns wohl sein.

b) Neben dem sog. »kreativen« ist auch das *»soziale Wirken«* immer wichtiger geworden. Ein sog. »Tatchristentum« wird angepriesen (z.B.: »Ich gehe nicht viel in die Kirche, aber ich tue viel Gutes!«). Manchmal kann das den Jünger Jesu beschämen. Doch brauchen wir uns von dem oft gehörten Entweder – Oder: »Nicht in Worten, sondern in Taten besteht das Christentum« nicht irritieren zu lassen. Denn hier wird der schöpferische Rhythmus der Bibel, wo das Wort die Tat bewirkt, unterbrochen. Das ist, als ob man Blüten und Früchte von einem Baum pflücken will, dessen Stamm abgesägt wird. Wie lange diese Früchte wohl noch frisch bleiben, ohne Kraftzufuhr aus der Wurzel?

Christliche Blüten und Früchte sind zwar gefragt und wichtig, aber die tragende Wurzel darf nicht verleugnet werden. Wer das Evangelium mit Moral vertauscht, hat schlecht gewählt (»Du sollst, müßtest eigentlich, tue recht . . .!«). Christliches Leben ist ja nicht ein neuer Streß bloßer Nachahmung von Christus als Vorbild. Vielmehr ist es Christus selbst, der uns sein Leben gibt und durch uns auslebt. Nicht ich tue zuerst etwas für ihn, sondern lasse ihn etwas für mich und durch mich tun. Das ist wahre »Selbstverwirklichung«!

Wer Gottes Wort hört und gehorcht, bringt unter der Herrschaft Christi die »Früchte des Geistes« hervor. »Also muß der Glaube Werkmeister in allen Werken sein, sonst sind sie gar nichts!« (Luther).

Chr. Heyd-Westerhausen

U

Überliefern/Überlieferung

I. Wortbedeutung

»Überliefern« ist abgeleitet von »liefern«, einem Wort, das seit dem 15. Jahrhundert etwa als Fachwort des Handels bekannt ist (»Lieferant«). Auch zum »*Über*-liefern« gehört ein Geben und Empfangen. Deshalb dient das Wort als Übersetzung von griech. *paradosis* und lat. *traditio* (»Tradition« = wörtl. »Über-Gabe«). Das Hauptwort »Überlieferung« kann den Vorgang des Überlieferns wie das Überlieferte bezeichnen.

II. Der Begriff in der Bibel

Die ganze Bibel ist seit fast 2000 Jahren von einer Generation zur anderen weitergegeben, »überliefert«, worden. Was uns als ein Buch vorliegt, ist aber im Grunde eine kleine Bibliothek von Schriften, die etwa aus der Zeit zwischen 1000 vor und 100 nach Chr. stammen. Viele Stellen weisen darauf hin, daß die Verfasser der einzelnen Bücher zum Teil auf ältere Überlieferungen (schriftliche und mündliche) zurückgreifen; im AT z.B. 4Mo 21,14: »Darum heißt es im Buch der Kriege Jahwes ...« (vgl. Jos 10,13; 2Mo 24,7; 2Kö 23,2; 5Mo 28,58); im NT z.B. Lk 1,1–4: »Viele haben es bereits vor mir unternommen, einen Bericht über die Ereignisse zu verfassen, die unter uns zur Erfüllung gekommen sind ...« (vgl. 1Kor 15,1ff). Die Bibel ist also das Endergebnis einer langen Geschichte der Überlieferung.

A. *Das AT* kennt keinen speziellen Begriff für »Überlieferung«, dafür aber eine Fülle von Wörtern, die einen Vorgang der Überlieferung bezeichnen: »Erzählen«, »gedenken«, »verkündigen«, »versprechen«, »singen«, »danken«, »bekennen«, »schreiben« u.a.

1. Die *ganze Überlieferung des AT kreist um Jahwe,* den → Gott Israels (5Mo 6,4ff). Von ihm werden vor allem Versprechungen, Taten und Weisungen überliefert. Nur in seinem Sprechen und seinen Taten erfährt man, wer er ist: »Ich will gedenken der *Taten Jahwes,* ja gedenken seiner Wunder von Uranfang an ... Du allein *bist* Gott« (Ps 77,13ff). »*Erzählen* will ich deinen *Namen* meinen Brüdern« (Ps 22,23; vgl. 102,2).

2. *Ursprung* und *Zentrum* der Überlieferung bilden deshalb nicht menschliche Gedanken und religiöse Vorstellungen, sondern das überraschende *Kommen Jahwes zur → Offenbarung seines Namens* und zur *Befreiung* der versklavten Israeliten *aus Ägypten* (2Mo 3; 14). Dieses Ereignis löst bei den Befreiten Jubel aus und wird *im → Lob* (!) sofort *nacherzählt.* Es wird auch *weitererzählt,* wo die Beteiligten andere Menschen treffen (2Mo 18,8), wenn die Israeliten zum jährlichen Erntedankfest (!) ihre ersten Feldfrüchte ins Heiligtum bringen (5Mo 26,5–9) und das → Passa (2Mo 12; 13; 5Mo 16) feiern. Selbst wenn ein Kind nach dem *Sinn der → Gebote* fragt, sollen die Eltern zuerst erzählen, was Jahwe damals für die Israeliten getan hat (5Mo 6,20–25; vgl. 2Mo 10,2; Ri 6,13; Jos 1,3). Das Erzählen dieser Taten beschwört aber nicht eine ferne Vergangenheit, sondern soll *zur Erkenntnis* und *zum Lob* des *gegenwärtigen Gottes führen* (2Mo 18,9; 2Mo 10,1f; Ps 78,2–7).

3. Alle anderen Überlieferungen der 5 Bücher Mose (und darüber hinaus) sind diesem Ereignis zugeordnet: (a) Die Überlieferung der *»Vätergeschichten«* (1Mo 12–50), (b) die *Gebote Jahwes vom Sinai* (2Mo 19ff), (c) die *Schöpfungs- und Urgeschichten* (1Mo 1–11). Im Licht des Ereignisses von der Rettung wird auch (d) die *Geschichte der Menschen* überliefert; schonungslos und offen auch Elend und Versagen, Angst und Schuld dargestellt (z.B. 1Mo 12,12–20; 2Mo 32; vgl. 5Mo 9,7ff). Lange Zeit wurden diese Überlieferungen als Einzelgeschichten, Sprüche, Lieder usw. *mündlich* weitergegeben und erst allmählich von der Mitte her geordnet und aufgeschrieben. Dabei kam es nicht in erster Linie auf protokollarische Genauigkeit an, sondern auf das Rühmen Jahwes!

4. Die Überlieferungen *der Völker* werden im AT *abgelehnt,* wenn sie dem 1. Gebot widersprechen (z.B. 3Mo 20,1–7). Man kann sie aber aufnehmen, wenn sie helfen, das Leben vor Gott und untereinander zu regeln, z.B. naturwissenschaftliche Erkenntnisse und menschliche Verhaltensregeln, die in die Schriften der israelitischen Weisheit und die Gesetzbücher eingegangen sind (Spr 1ff). So übernimmt Mose die Ratschläge des Nichtisraeliten Jetro (2Mo 18).

5. Die → *Propheten* empfangen ihre Botschaft *nicht durch Überlieferung,* sondern den unmittelbaren Anruf Jahwes (Jer 1,4–9; Jes 6; Am 7,10–17). Sie haben Kommendes anzu-

kündigen, das anscheinend den zentralen Überlieferungen Israels widerspricht: »Das Ende ist gekommen für mein Volk Israel« (Am 8,3). »Ihr seid nicht mein Volk, ich bin nicht euer Gott« (Hos 1,9; vgl. 1Mo 17,7.8). Warum? Das Volk meint selbstsicher, Jahwe stehe mit seiner Hilfe auf jeden Fall zur Verfügung, gleichzeitig aber läßt es sich mit anderen (Göttern und) Helfern ein (Hos 2) oder quält und verachtet die Hilflosen (Am 2,6–12). Deshalb wird Er seine Hilfe entziehen und die großen Überlieferungen »umkehren« (vgl. Am 3,2; 5,18–20)! Er bleibt frei gegenüber allen Überlieferungen! Weil diese Gerichtsbotschaft und dann auch die Heilsbotschaft auf *taube Ohren* stieß (Hos 9,7; Mi 3) und ihre Erfüllung noch ausstand, bekommen die Propheten den Befehl zum Aufschreiben: »Jetzt gehe hinein und *schreibe* es vor ihnen auf eine Tafel und verzeichne es *in ein Buch,* daß es *für den künftigen Tag zum Zeugen werde* auf ewig« (Jes 30,8; vgl. Jes 8,16; Jer 36). So entsteht prophetische Überlieferung.

B. Das *NT* übernimmt die Begriffe »überliefern/Überlieferung« von den jüdischen Schriftgelehrten. Sie kennen neben der Heiligen Schrift (Tora und Propheten) noch Erzählungen, die die biblische Geschichte ausschmücken (Haggada), und Auslegungen und Ergänzungen zu den Geboten für alle Lebenslagen (Halacha). Die Halacha führen sie auf die Überlieferung der Väter (Gal 1,14; Mk 7,3.5) zurück, deren Kette bis zu Mose reichen soll. Sie gilt deshalb als verbindlicher Gotteswille! *Jesus* lehnt diese Überlieferung schroff ab, weil sie das Gebot Gottes aufweicht und verdrängt: »Das Gebot Gottes laßt ihr außer acht und haltet euch an die Überlieferung der Menschen« (Mk 7,8; vgl. Mk 7,15). *Für Paulus* ist das Leben nach der »Überlieferung der Väter« endgültig durch das → Evangelium von Jesus Christus überholt und unmöglich geworden (Gal 1,14; vgl. Phil 3). Doch im Urchristentum entsteht eine Überlieferung völlig neuer Art. Sie ist in den Schriften des NT festgehalten worden:

1. Wurzel der Überlieferung des NT sind die *Ostererscheinungen.* Hier begegnet der gekreuzigte und getötete *Jesus* einer Reihe von Menschen als der vom Tod auferstandene → Sohn Gottes und → Herr der Welt (1Kor 15,6ff; Mt 28,18ff u.a.). *Von ihm selbst* vernehmen sie das *Evangelium* bzw. das »Wort von der → Versöhnung«, das sie als seine Boten (→ Apostel) weitersagen sollen (2Kor 5,19f; Gal 1,16; Apg 1; 2). Paulus hebt deshalb hervor, was für alle Apostel gilt: »Ich habe es (das Evangelium) *nicht von Menschen empfangen* oder gelernt, sondern durch eine Offenbarung Jesu Christi« (Gal 1,12).

2. Dieses nicht von Menschen stammende »Evangelium Gottes« (1Thes 2,8f) spiegelt sich schon bald in festen Bekenntnissen (1Kor 12,3; Röm 4,25; 10,9f), in Lobliedern (Phil 2,6–11; 1Tim 3,16) und wird als Grundlage für Verkündigung und Unterricht zusammengefaßt (1Kor 15,3–5). Obwohl Paulus als Auferstehungszeuge von solchen überlieferten Formen des Evangeliums unabhängig ist, hat er sich bei seiner missionarischen Arbeit doch darauf gestützt: »Ich erinnere euch ... an das Evangelium, das ich euch verkündigt habe ..., denn ich habe euch ... *überliefert,* was ich auch *empfangen* habe ..., daß Christus gestorben ist für unsere Sünden ...« (1Kor 15,1–5). Er betont damit, daß alle Apostel (V. 7) das *gleiche* Evangelium verkündigen (V. 11) und kann sich auf diese Überlieferung berufen, weil darin derselbe lebendige Herr zu Wort kommt, der ihm bei Damaskus begegnet ist. Deshalb zitiert er auch nicht nur die verbindliche Überlieferung, sondern *übersetzt* sie in die verfahrene Situation der Gemeinde hinein (von 1Kor 15,3–5; 1Kor 15,12–58; 1Kor 11,23–26).

3. Weil das Evangelium lautet, daß *»Christus für uns gestorben ist«* und *»auferweckt wurde«* (1Kor 15,3–5), mußte nach Ostern (a) die *Geschichte seiner Passion und Auferstehung erzählt* und überliefert werden. Sie bildet den Kern der Evangelien. Jetzt erinnert man sich auch (b) an die *Worte und Taten des irdischen Jesus.* In ihnen hört die Gemeinde die Stimme des erhöhten und gegenwärtigen Herrn und sieht die Zeichen des angebrochenen → Reiches Gottes. Deshalb werden sie zunächst *mündlich* weitergegeben und gesammelt und später *schriftlich* festgehalten: »Noch viele Zeichen tat Jesus vor den Jüngern, die nicht geschrieben sind in diesem Buch. Diese aber sind *aufgeschrieben, daß ihr glaubet,* Jesus sei der Christus, der Sohn Gottes« (Joh 20,31; vgl. Lk 1,1–4; 1Jo 1,1–5).

4. Für die ntl. Zeugen bleibt aber das *AT als Heilige Schrift* maßgebend, obwohl doch das Evangelium die ganz *neue Nachricht* für Juden und Heiden ist (1Kor 2,9; Lk 16,16; Joh 1,17). Warum? »Sämtliche Verheißungen Gottes sind in ihm (Jesus) zum Ja geworden« (2Kor 1,20; Lk 4,16ff). Das AT und NT erzählen zusammen die *eine Geschichte Gottes* mit der Welt. Der Auferstandene selbst verweist auf »die Schrift« (Lk 24,25f). Nur im Zusammenhang der atl. Überlieferung lernt man die Geschichte Jesu verstehen. Deshalb haben die Apostel sich bei der Verkündigung des Evangeliums auf die Schrift berufen (1Kor 15,3–5),

sie zitiert (Apg 2,14ff) und bei ihren Mahnungen an sie angeknüpft (1Kor 10,1ff; Hebr 11 u.a.).

5. Die Christen werden an mehreren Stellen des NT ermahnt, *die Überlieferungen der Apostel festzuhalten,* z.B. in 2Thes 2,15: »Also, Brüder, stehet und haltet die Überlieferungen fest, die ihr gelehrt worden seid durch mündliches Wort und durch unsere Briefe«. Von der »Überlieferung der Menschen« werden sie scharf abgegrenzt (Kol 2,8), weil sie (die apostolischen Überlieferungen) auf das Wort des irdischen und auferstandenen Gottessohnes zurückgehen. Wer sich an sie hält, fällt nicht auf Irrlehren herein (Jud 3) und findet Orientierung auf seinem Weg bis zum Wiederkommen des Erhöhten (1Tim 6,20). Darin liegt ein Grund für die Sammlung der apostolischen Schriften im neutestamentlichen Kanon.

III. Der Begriff heute

1. Tradition in der Krise

Unser Verhältnis zur Tradition ist gestört. Zu Beginn der Neuzeit stellten umwälzende Entdeckungen die überlieferten Erkenntnisse in Frage und das alte Weltbild auf den Kopf. Nun werden Überlieferungen grundsätzlich kritisch geprüft und bezweifelt. Maßstab für das Finden der Wahrheit ist nicht mehr die Meinung der »Alten«, sondern die eigene Erfahrung und das erfolgreiche Experiment: »Alle Welt sagt: ›Ja, das steht in Büchern, aber laßt uns *jetzt selbst* sehen!‹« (Bert Brecht, Galilei). Ins Feuer der Kritik geraten auch die Moral, bisherige Lebensordnungen (Familie, Ehe usw.), Wertvorstellungen und die christliche Tradition!

Diese Lage ruft zwei Reaktionen hervor: Die einen (a) sehen in jeder Überlieferung einen lästigen Vor-Mund, von dem man sich befreien muß (Emanzipation). Sie ist unnötiger Ballast, der die Fort-Schritte in die Zukunft bremst. Die Parole heißt jetzt: »Verändern«. Die andern (b) sehen in der Tradition das sichere Schiff, das uns in den Stürmen der Gegenwart schützt; wer es verläßt, schwimmt orientierungslos umher und muß endlich untergehen. Die Parole heißt hier: »Bewahren«. Wie aber orientieren sich Christen?

2. Vorwärts zur Bibel!

Die biblische Überlieferung erzählt in Geschichten *die eine Geschichte Jesu von Nazareth* zusammen mit der Geschichte, die darauf zuläuft (die Geschichte → Israels) und der Geschichte, die davon herkommt (die Geschichte der Urchristenheit). Sie mutet uns also einen *Rückblick* in eine ferne Vergangenheit zu. Dies ist aber nicht ein Blick ins Museum, im Gegenteil: Hier bekomme ich endgültig Bescheid, wer Gott ist und wie es um mich und die Welt steht. Hier wird erzählt, daß der Schöpfer in der Gestalt Jesu *ein für allemal* gesprochen (Hebr 1,1) und gehandelt hat (Hebr 9,26–27). Dies geschah »für uns« (Röm 8,31f u.ö.). Und darum geht mich diese damalige Geschichte heute an! Durch die Überlieferung dieser Geschichte höre ich heute das Evangelium! Wir müssen also *zurückblicken,* um zu wissen, wie es um uns heute steht und was morgen auf uns zukommt! Zwischen »Traditionsverachtung« und dem »Kleben an der Tradition« brauchen wir deshalb *vor allem* die ständige Orientierung an der biblischen Überlieferung.

3. Glauben ohne Tradition?

Nun sagen viele: »Ich kann glauben auch ohne die Bibel; ich erfahre Gott, wenn ich in Meditation und Gruppengespräch in mich hineinhorche«, oder: »Ich empfange unmittelbar Orientierung, wenn ich für meine Umwelt sensibel werde. So führt Gott heute durch den Geist und nicht durch überlieferte Buchstaben von gestern! Biblische Überlieferung gibt uns höchstens Anstöße zum Erleben und Erfahren Gottes; der Geist dagegen schenkt immer neue Erkenntnisse und Erfahrungen!«

a) Hier ist *richtig gesehen,* daß Gott sich nicht in Traditionen und Buchstaben einfangen läßt. Gerade die biblische Überlieferung weist ja über sich hinaus auf den lebendigen Gott, der sich unserem Zugriff entzieht. So ist auch Jesus Christus nicht eine vergangene Figur, sondern ist heute durch seinen Geist wirksam und weckt lebendigen Glauben an ihn und nicht an eine Tradition; → Geist Gottes.

b) Hier wird aber *übersehen,* daß Christus sich ein für allemal an die Worte der biblischen Zeugen gebunden hat (Apg 1,1–11). Nur ihre Botschaft bringt mich mit ihm in Verbindung. Nur so dringt sein Geist rettend und verwandelnd in mein Leben ein! Wer sich deshalb von ihnen löst, wird vielem begegnen, nur nicht dem lebendigen Gott. Darum ist die Bibel unentbehrlich! Aber genügt sie?

4. Die Väter befragen!

Die Katholische Kirche stellt neben die Schrift noch die *kirchliche Tradition* als Fundament des Glaubens und Lebens. Die Bibel ist hier zwar so etwas wie ein grundlegendes Gesetzbuch. Was dort aber gesagt wurde, hat die sogenannte Tradition zeitgemäß verwandelt, in Dogmen, kirchliche Ordnungen und Angebote umgegossen und weiterentwickelt. Bischöfe und Päpste, so sagt man, handelten dabei als vollmächtige Nachfolger der Apostel Jesu. Was *sie* entschieden haben, sei deshalb ebenso verbindlich wie biblische Aussagen! Sie allein hatten auch den Schlüssel zum rechten Verständnis der biblischen Überlieferung zur Verfügung.

a) Hier wird *übersehen*, daß die *Apostel* keine Vorläufer der Bischöfe sind, sondern die *einmaligen* → Zeugen des Auferstandenen (1Kor 15,5–8). Weil Gott in Jesus ein für allemal gehandelt und gesprochen hat, ist ihr Zeugnis bis zum jüngsten Tag allein verbindlich und maßgebend. Es kann nicht durch kirchliche Tradition ergänzt, überhöht oder gar überholt werden. Alle kirchlichen Lehren und Lebensformen müssen deshalb *befragt* werden, ob sie dem Evangelium entsprechen. Wer ihm zuhört, wird hellhörig und unabhängig gegenüber allen menschlichen Traditionen. Deshalb betonen die Reformatoren: »Allein die Schrift«; → Heilige Schrift.

b) Trotzdem kann man die Tradition nicht mit einem: »Hoppla, jetzt kommen wir!« wegfegen. Jeder Christ ist von bestimmten Traditionen geprägt. Der »Lutheraner« aus Norddeutschland anders als der »Pietist« aus dem Siegerland oder der »Orthodoxe« aus Weißrußland. Wer das übersieht oder verdrängt, wird auch seine eigene »gefärbte Brille« nicht bemerken, mit der er z.B. die Bibel liest. Es lohnt, die »Väter« (von heute, gestern und vorgestern) zu *fragen*, wie sie die Bibel ausgelegt, ihren Glauben bekannt haben, warum sie sich für bestimmte Gottesdienstformen entschieden, wie sie sich in politischen und sozialen Konflikten verhalten haben! (1) Die Bekenntnisse der *Reformation* (Katechismen usw.) helfen uns z.B. zu erkennen, worauf es im christlichen Glauben wirklich ankommt; sie leiten zum angemessenen Verstehen der biblischen Überlieferung an! (2) Die Gestalten des *Pietismus* zeigen vielleicht modellhaft eine neue Lebenspraxis aus dem Glauben an. (3) Die »bunten« Lebensformen der Gemeinden in der *weltweiten Christenheit* weisen darauf hin, daß das Evangelium keine Uniformen anlegt. Wer an diesen (und anderen) Stellen beharrlich *fragt*, kann von den »Vätern« eine Menge *lernen*. Im Licht der Bibel kommen dabei aber auch Veraltetes und längst Überholtes, sogar Holzwege und Sackgassen zum Vorschein, die wir nicht (mehr) begehen können. Die ganze kirchliche Tradition ist durchsetzt auch von schuldhaftem Versagen. Auch das dürfen wir nicht verdrängen, sondern mit Hilfe von Mt 7,1 und Ps 106,6ff sehen lernen und nach unserem Weg vor Gott fragen.

W. Hofius

Unglaube/Gottlos/Gesetzlos

I. Wortbedeutung

a) »*Unglaube*« ist, einem deutschen Lexikon zufolge, »das schuldhafte Sich-Verweigern des Menschen gegenüber dem Anspruch der christlichen Offenbarung auf Glauben« (Mk 16,16). – Das AT kennt kein eigenes Wort für »Unglaube«; aber es spricht davon, daß Menschen in bestimmten Situationen »*nicht* glauben«. Das griech. NT verwendet die Wortgruppe um *a-pistia* (wörtl. »Treulosigkeit«), daneben auch *a-peitheia* (wörtl. »Ungehorsam«), um die Vertrauensverweigerung auszudrücken.

b) Eine exakte Entsprechung unseres Wortes »*gott-los*« kommt in der ganzen Bibel nur einmal vor, Eph 2,12, wo das frühere heidnische Dasein der Epheser als »ohne Gott *(atheoi)* in der Welt« gekennzeichnet wird. Die Urtextworte, für die sonst im Deutschen meist »gottlos« steht, haben einen etwas anderen Klang: hebr. *rascha'* (Grundbedeutung: »lokker, lose, (pflicht)vergessen«), bezeichnet den, der sich an keine Norm bindet, der frevelhaft und schuldhaft handelt, der unrecht hat; griech. *a-sebēs* heißt »ehrfurchtslos, unfromm«; die *asébeia* ist dann eine Handlungsweise, die keine Gottesfurcht kennt; sie ist aber auch die gegen Menschen gerichtete Freveltat.

c) Schließlich kennt das AT keine fertige Vokabel für »*gesetzlos*«; erst das NT sagt dafür *a-nomos*, womit die bloße Unkenntnis, aber auch die bewußte Ablehnung des Gesetzes gemeint sein kann.

Eine glatte Gleichsetzung von Ungläubige = Gottlose = »Atheisten« (Gottesleugner) = Gesetzlose ist wegen der verschiedenen Bandbreite, die die einzelnen Begriffe haben, und ihrer unterschiedlichen Anwendung im AT und NT nicht statthaft. Vielmehr muß hier sorgfältig sondiert und abgewogen werden.

II. Die Begriffe in der Bibel

1. Harte Fronten: »Wohl dem, der nicht wandelt im Rat der Gottlosen ...« (Ps 1,1)

a) Den gottesfürchtigen, gesetzestreuen Menschen des atl. Bundesvolkes gegenüber stehen die – in der Lutherbibel meist als »Gottlose« bezeichneten – Frevler (vorwiegend im Psalter, den Sprüchen, auch bei den Propheten genannt). Auch die ntl. Gemeinde der an Christus Glaubenden kennt den Gegensatz derer, die den Glauben verweigern und ehrfurchtslos, widergöttlich handeln. Daß solche Menschen etwa die Existenz Gottes leugnen, spielt außer in einigen Psalmen (vgl. 10,4; 14,1: »Der Tor spricht: Es ist kein

Gott«; vgl. 73,11) kaum eine Rolle. Der »Atheismus« als Weltanschauung moderner Prägung war offenbar kaum aktuell. Die »Gottlosen« gehören zumeist durchaus dem Gottesvolk an (Jer 5,26, vgl. 7,9–11), machen also Schwierigkeiten *in* der Gemeinde (vgl. Ps 50,16; 36,2; Hes 18,11–13).

b) Im Unterschied zum »gewöhnlichen« bzw. gelegentlichen »Sünder«, der wohl von Fall zu Fall das Gesetz übertritt, aber immerhin Reue zeigt, Gott grundsätzlich anerkennt und ihn um → Vergebung bittet (Ps 19,13; 32,5; 51,3ff; 130,1–4), ist der Gottlose ein Mensch, für dessen ganzes Leben der göttliche Wille nichts gilt; zu → Gebot und Gesetz hat er ein gebrochenes Verhältnis, mithin auch zu Gott. So muß der Gottlose als schuldig gelten (2Mo 23,7b; 5Mo 25,1; vgl. Spr 17,15; Jes 5,23)! Den Gottlosen gegenüber gilt klare Abgrenzung; ihr »Vorbild« ist zu meiden, ja zu hassen (Ps 1,1; 139,21f). Die Psalmbeter erwarten und erbitten gebührende → Strafe über sie (3,8; 28,4). Der endzeitliche Heilbringer (→ Jesus Christus) wird die Gottlosen mit dem Hauch seines Mundes auslöschen (Jes 11,4; vgl. 2Thes 2,8). »Die Gottlosen haben keinen Frieden« (Jes 48,22; 57,20f)! Daß sich daran etwas ändern kann, wird weiter unten zu bedenken sein (s. 3.).

c) Für das NT ist die im AT so breit angelegte *Klage* über die Gottlosen kein Thema, wohl aber die apostolische *Mahnung*, daß rechter christlicher Lebenswandel geschieden sein soll von allem gottlosen Wesen (2Tim 2,16; Tit 2,12), zu dem → Götzendienst, → Unzucht, Habgier und andere Laster gehören (1Kor 10,14; Gal 5,19f; Eph 5,3–5; Kol 3,5; vgl. Eph 2,1ff; 2Kor 6,14–18). Dazu kennt das NT auch die *Drohung* des jetzt schon sich offenbarenden (Röm 1,18ff) und des endzeitlich bevorstehenden göttlichen Zorngerichts (1Petr 4,18; 2Petr 2,5f; 3,7; Jud 4,15.18), das – dem Sintflutgeschehen gleich – über alle Gottlosen, zumal über Irrlehrer und Verführer, ergehen wird.

2. Durchlässige Grenzen

Nun kennt aber die ganze Bibel auch Abstufungen zwischen »Noch-nicht-Glauben« und »Nicht-mehr-Glauben«, zwischen »Nichtglauben-Können« und »Verharren im Unglauben«. Die Übergänge sind oft gleitend.

a) Über die Israeliten, die zu wiederholten Malen dem Herrn das Vertrauen in seine Führung verweigerten, urteilen am härtesten Stellen wie 4Mo 14,11 und 20,12. Solcher Unglaube, der sich in Ungehorsam, Halsstarrigkeit und Verstocktheit gegenüber der Prophetenbotschaft auswachsen kann (2Kö 17,14), steht unter Gottes Strafe. Entsprechend hart kann es im NT heißen: »Wer nicht glaubt, der wird verdammt werden« (Mk 16,16), oder ». . . der ist schon gerichtet« (Joh 3,18). Im Wissen darum bangt ja Paulus so sehr um seine jüdischen Volksangehörigen, die in ihrer Mehrzahl – trotz oder gerade wegen ihrer Gesetzestreue, also durchaus nicht »gesetzlos«! – eben nicht an Jesus als ihren Messias und Versöhner glauben (Röm 9,2.4; 10,3); sie sind »ausgebrochen (wie Zweige) um ihres Unglaubens willen« (11,20); doch immerhin: er hegt Hoffnung (V. 23): »Sofern sie nicht bleiben in dem Unglauben, werden sie wieder eingepfropft werden«! Er selbst, Paulus, war ja auch einmal so einer, Gesetzesfanatiker und ohne Glauben – und darin sogar ein »Frevler«, weil er die Gemeinde verfolgte (Apg 9,15; Gal 1,13–16; 1Kor 15,9f; 1Tim 1,12).

b) Die Bibel enthält aber auch – und zwar ohne Verdammungsurteil – Zeugnisse von angefochtenem Glauben (→ Anfechtung/Versuchung), der in Unglauben, ja Gottesgegnerschaft umzuschlagen droht, und zwar deshalb, weil die betroffenen Menschen nicht zurechtkommen mit Gottes Gerechtigkeit, zumal wenn sie erleben, wie gut es den Gottlosen geht (Jer 12,1; Ps 73,3.12–15); Verzweiflung und Zorn machen den Klagenden schier selber zum Gottlosen, ja zum »Vieh« (V. 20.21). Hiob, der nicht mehr glauben kann, daß Gott seine Stimme noch hört (9,16), beschuldigt Gott, er bringe den Frommen um wie den Gottlosen (V. 22; vgl. Abrahams Anfrage in 1Mo 18,23.25); und prompt straft sein »Freund« Eliphas (nicht Gott selbst!) solche Zweifel dann auch als Merkmale eines Frevlers (15,10.22).

c) Aber daß ein schwacher, sei es ein aufkeimender oder ein verschütteter, Glaube der Stärkung bedarf und ihrer auch würdig und fähig ist, zeigt die erhörte Bitte des Vaters eines kranken Kindes (Mk 9,24: »Ich glaube, lieber Herr, hilf meinem Unglauben!« Vgl. Lk 24,25ff; Joh 20,27; Lk 22,32). Daß ferner gegenüber den Nicht-Glaubenden die rigorose Abgrenzung (2Tim 3,5; 2Kor 6,14ff, vgl. o.) nicht die einzige Form des Umgangs ist, zeigt die Tatsache, daß in urchristlicher Zeit Ehen bestanden zwischen Christen und (Noch-)Heiden – ein Problem, zu dem sich Paulus auffallend tolerant, wenn auch nicht ohne Bedenken, äußerte: 1Kor 7,12–16 (»der ungläubige Teil ist geheiligt durch den gläubigen . . .«).

3. Grenzüberschreitung

a) Das Einstufen, das Be- und Verurteilen anderer als »gottlos« oder »ungläubig« wird übrigens durch Jesus gleich zweimal in der →

Bergpredigt nachdrücklich untersagt (Mt 5,22; 7,1f). Davor sollte auf jeden Fall die Selbsterforschung stehen (7,3f, Splitter und Balken!); sie kann zu dem Selbstbekenntnis führen: »Ich bin (bzw. wir sind) gottlos gewesen« (1Kö 8,47). Solches Bekenntnis gibt Gott die Ehre (Ps 51,6) und leitet den entscheidenden Veränderungsprozeß ein. Gegen den Aberglauben an die Unveränderlichkeit einer Schuldsituation (Hes 33,10) bietet der → Prophet die überwältigende Zusage seines Gottes auf: »So wahr ich lebe, spricht Gott der Herr, ich habe kein Gefallen am Tode des Gottlosen, sondern daß der Gottlose sich bekehre und lebe« (V.11; vgl. auch V.12–19 u. 18,21–23.27f). Ob der Gottlose den Weg des Wiedergutmachens aus eigenen Kräften schafft, wird im AT nicht oder kaum erörtert. Immerhin hat die Tatsache, daß *Gott zuerst* die Amnestie (= Nicht-mehr-Gedenken; vgl. 18,22; 33,16) anbietet, auch hier schon den Vorrang.

b) Am überragendsten freilich beweist Gott seinen Änderungs- und Rettungswillen im ntl. Geschehen (→ Erlösung; → Heil; → Vergebung; → Versöhnung). In extremer Weise bezeugt dies Paulus in Röm 4,5, wo es um das Zentrum des → Glaubens geht, nämlich so wie Abraham an das Möglichwerden des Unmöglichen, an das von Gott verheißene Leben aus dem Tod, an die Schöpfung aus dem Nichts zu glauben: daß *Gott den Gottlosen rechtfertigen,* den Frevler gerecht sprechen werde. Von solch überraschender, radikaler Wende kann nur gesprochen werden, weil Jesus durch sein Leiden und Sterben für uns (!) Gottlose (5,6) dazu den Boden bereitet hat (vgl. auch Lk 18,13 und 23,43; → Rechtfertigung). Wer dieser Botschaft gegenüber in Unglauben verharrt, stellt sich, selbst wenn er großen Eifer für das Gesetz zeigt, außerhalb der Heilsgemeinde (Gal 2,16; 3,10f; Röm 3,20). Und umgekehrt: »Wer schuldig ist auf Erden, verhüll' nicht mehr sein Haupt! Er soll errettet werden, wenn er dem Kinde glaubt.«

III. Die Begriffe heute

1. »Die Zukunft des Unglaubens«

In seinem so betitelten Buch (1958) sieht G. Szczesny einer Zeit entgegen, in der jegliches Reden von Gott endgültig der Vergangenheit angehört. Der Atheismus sieht sich seinem Ziel nahe: der Mensch bedarf zu seiner Daseinsbewältigung keines Gottesglaubens mehr; die Welt läßt sich auch ohne Gott erklären und verwalten; Sinnerfüllung findet der Mensch, indem er »zu sich selbst kommt«. Ein Blick in die heutige Welt scheint dem recht zu geben; Meinungsumfragen (»Was glauben die Deutschen?«) zeigen eine fallende Tendenz in den Prozenten derer, die noch an Gott glauben. In allen wichtigen Lebensbereichen wie Wissenschaft und Technik, Politik und Wirtschaft, Kunst und Unterhaltung, scheint »Gott« eher ein Störfaktor zu sein, als daß man mit ihm überhaupt noch rechnen möchte. Nicht anders in der Alltagspraxis, in Arbeit und Freizeit: fühlen und denken, planen und handeln die (bzw. wir) Menschen doch weithin so, als hinge alles von den natürlichen und gesellschaftlichen Gegebenheiten, von persönlichem Können und Wohlergehen, von den materiellen Lebensgrundlagen, von Leistung, Erfolg und Geld ab! Da und dort noch praktizierte Frömmigkeit und kirchliches Leben – ist es mehr als nur noch eine Fassade »auf Zeit«, reif zum baldigen Abbruch? Und die Welt von morgen: eine Welt des Unglaubens, eine gott-lose Gesellschaft? Eine Zukunft ohne Gott, da Gott keine Zukunft hat – »Gott ist tot«?

2. Der Kern des Unglaubens

Doch ehe wir ängstlich diese Entwicklung beklagen, sollten wir innehalten und uns besinnen, worum es eigentlich geht. Etwa darum, daß wir mit Hilfe alter oder neuer »Gottesbeweise« uns bemühen, für Gott noch einen letzten Winkel im Weltgebäude zu retten, nachdem er aus den meisten Bereichen verdrängt zu sein scheint? Das wäre der im Grunde kleingläubige Versuch, Gott zu verteidigen, worauf doch *ER* nicht angewiesen ist! Genauso verzweifelt ist auch die Flucht zurück ins vor-wissenschaftliche Denken, als stamme alle Natur- und übrigens auch Bibel-Wissenschaft vom Teufel. *Darin* besteht ja nicht das Wesen unseres Glaubens, daß wir von Gott ganz »massiv«-menschentümlich reden und gleichsam – wenn schon nicht mit Pinsel und Farbe, so eben mit Worten und Vorstellungen – ein fix-und-fertiges Gottes*bild* herstellen und für andere verbindlich machen. Dem steht die Art, wie der un-begreifliche Gott sich dem Mose offenbart (2Mo 3,14) sowie das klare Bilderverbot (20,4) entgegen! Vielmehr heißt Christusglaube, daß wir uns das Rechtfertigungsurteil, das Gott auf Grund von Jesu Tod und → Auferstehung über uns spricht, gesagt sein lassen, daß wir den unverdient gewonnenen Wert, den Christi Liebe unserem Leben beigelegt hat, bejahen und die empfangene → Liebe weiterschenken. Dementsprechend ist auch nach dem NT der *Kern des Unglaubens* gar nicht in erster Linie der → Zweifel, »ob es Gott gibt«, sondern das Ablehnen des von Jesus Christus eröffneten Heilswegs. Durch das immer neue Streben, stattdessen durch eigene Leistung das »Heil« als etwas »Machbares« zu erringen, sich »selbst zu verwirklichen«, stellt sich nicht nur der »säkulare« (weltlich orientierte), sondern auch der religiöse Mensch mit seiner Werkgerechtigkeit außerhalb des → Evangeliums.

3. STOP DEN VORSCHNELLEN ETIKETTEN!

Von daher sollten wir mit dem Urteil »Du Ungläubiger«, mit dem Aufkleben des Etiketts »gottlos« oder »Atheist« sehr sparsam umgehen. Denn einmal ist dies überhaupt lieblos (vgl. die Warnungen Jesu, s.o. II,3) und verstärkt den weithin verbreiteten und gerade den Unglauben fördernden Eindruck, als sei das Christentum intolerant und unbarmherzig. Sodann vermag ja außer Gott niemand dem andern ins Herz zu schauen. Es wäre jedenfalls vorschnell und falsch geurteilt, wollte man den als »ungläubig« einstufen, der dem sog. »Kinderglauben« entwachsen ist und seine Glaubenskrisen offen zugibt; der auf Grund schwerer Erfahrungen ein zu billiges Reden vom »lieben Gott« nicht mehr hören kann; der im Umgang mit der Vokabel »Gott« recht behutsam geworden ist und, da er nicht unglaubwürdig wirken will, den eigenen Mund nicht zu voll nimmt; der gewissen christlichen Lehraussagen und traditionellen kirchlichen Gottesdienstformen kritisch begegnet usw. Die Möglichkeiten lassen sich gar nicht alle auflisten; es bedarf hier von Fall zu Fall eines einfühlsamen Einzelgesprächs.

Anders liegt die Sache, wo Menschen sich selbst stolz und bewußt als glaubenslos bekennen, weil sie anstelle Gottes das eigene Ich oder »die Partei« oder das »freie Leben« zum Maß aller Dinge erklärt haben. Mit ihnen kann der Glaubende nicht am selben Strang ziehen (2Kor 6,14ff).

4. DER KAMPF ZWISCHEN GLAUBEN UND UNGLAUBEN

Aber – wo gibt es ihn schon, den chemischreinen Atheisten, den lebenslänglich-vollkommenen Ungläubigen? Auch wenn die Front der Gottlosen- und Kirchenaustrittsbewegung sich zeitenweise recht militant und aggressiv gibt (nicht nur im Osten!), auch wenn souverän und redegewandt auftretende »Freidenker« um Sympathien bei den Zeitgenossen werben und manchem Glaubenden zum Ärgernis werden, so bleibt es nicht ausgeschlossen, daß der eine oder andere von ihnen zwischendurch einmal nachdenklich wird, sich dabei ertappt, daß er auch die »Abwesenheit Gottes« letztlich nicht beweisen kann, ja, daß auch sein Leugnen so etwas wie eine »Glaubensentscheidung« ist; vielleicht begegnet er einem Christen, der nicht durch Worte, sondern durch das Zeugnis des Lebens eine Änderung in ihm bewirkt; vielleicht kann er auf einmal »etwas anfangen mit Jesus«. Kein Ungläubiger ist ganz dagegen gefeit, daß nicht der Glaube ihn auf einmal berührt, genauso wenig, wie der Glaubende gänzlich unberührt bleibt von Zweifeln. Der Unglaube ist auch eine ständige, jeden Christen begleitende und bedrohende Möglichkeit; jeder kann ihm verfallen, muß ihm aber nicht zwangsläufig auf Dauer verfallen bleiben. Von Goethe stammt der Satz: Das eigentliche Thema der Weltgeschichte ist der Kampf zwischen Glauben und Unglauben. Dieser in seiner Tiefe sicher wahre Satz läßt sich auch anwenden auf jeden einzelnen Menschen: Das eigentliche Thema meines Lebens ist der Kampf zwischen meinem Glauben und meinem Unglauben. Und keiner gebe sich dem Trug hin, als sei bei ihm der Kampf schon ein für allemal entschieden!

G. Lindenberg

Unrecht → Sünde/Unrecht

Unrein → Rein/Unrein

Untreue → Treue/Untreue

Unzucht/Hurerei

I. Wortbedeutung

Die Bibel unterscheidet zwischen → Ehebruch und Unzucht/Hurerei. Für das letztere Begriffspaar kennt sie verschiedene Wörter:

1. Hurerei (hebr. *zenuth,* griech. *porneia*) bezeichnet Geschlechtsverkehr gegen Entgelt (Prostitution, z.B. 1Mo 38,15.17). Das griech. Wort kommt von »verkaufen« (vgl. 1Kor 6,9 u.ö.; Mt 5,32; 19,9).

Im übertragenen Sinn meint das Wort den Abfall von Gott (Hos 6,10; Jer 3,2; Hes 23,27; vgl. 3Mo 17,7, wo Luther übersetzt: »Abgötterei treiben«, und 5Mo 31,16: »den fremden Göttern nachlaufen«, vgl. auch Offb 17,1).

2. Unzucht (hebr. *zimmah,* griech. *aselgeia,* wörtl.: »seinen Wünschen freien Lauf lassen«) schließt Vergewaltigung (Ri 20,6), Anstiftung zur Prostitution (3Mo 19,29), Geschlechtsverkehr mit Blutsverwandten (3Mo 18,17) und in übertragenem Sinn den Abfall von Gott (Hes 23,27; vgl. Offb 17,1ff) ein.

Auch Homosexualität (3Mo 18,22; vgl. Röm 1,26f) und Sodomie (3Mo 18,23) werden als Mißbrauch der Sexualität abgelehnt. Vorehelicher Geschlechtsverkehr in Verbindung mit vorgespiegelter Jungfräulichkeit bei der Eheschließung wird 5Mo 22,14–21 scharf verurteilt.

II. Die Begriffe in der Bibel

1. Die Begriffe beziehen sich ganz allgemein auf sexuelles Fehlverhalten. Was das NT im einzelnen tadelt, ist nur selten ausgeführt. Der Bereich des Verbotenen scheint den Christen in der Urgemeinde allgemein einsichtig gewesen zu sein, weil sie entweder ihr Gewissen am AT geschärft hatten, wo die Sünden beim Namen genannt sind, oder weil die Christen aus dem Heidentum auf ihr natürliches Empfinden angesprochen werden konnten (Phil 4,8f), das durch heidnische Tugenden, besonders in der griech. Philosophie der Stoa, und durch christliche Belehrung geprägt war (vgl. auch Röm 1,18ff).

2. Die biblische Ethik erwähnt auffallend häufig neben dem heute so deutlich erkannten sozialen den sexuellen Bereich: Mt 19,18ff (judenchristliche Gemeinde), Gal 5,19ff (hellenistisch-christl. Gemeinde), Offb 21,8 (die Gemeinde in der Verfolgung), 2Tim 3,1–14 u.ö. Offensichtlich hat die Geschlechtlichkeit des Menschen besonderes Gewicht im Leben und bedarf deshalb des besonderen Schutzes, damit sie als Gabe Gottes auch ihre Aufgabe erfüllen kann.

3. All diese Mahnungen kann nur der recht verstehen, der um den biblischen Sinn der Sexualität weiß (→ Ehe). Sie ist Ermöglichung und Ausdruck der tiefsten Gemeinschaft zwischen Mann und Frau; und sie dient der Zeugung von Kindern. Wie hoch ihr Stellenwert in der Bibel ist, zeigt sich u.a. darin, daß ihr Mißbrauch in Unzucht und Hurerei als Bild für den Abfall des Menschen von Gott benutzt wird (Hos 9,1 u.a.).

4. Das Wort »Hurerei« kommt im NT 55mal vor, davon bei Paulus 21 und in der Offb 19mal. Vor allem in den beiden Korintherbriefen finden wir das Wort (15mal). In dieser hellenistischen Gemeinde häuften sich offensichtlich besondere Probleme. Korinth war die bedeutendste Hafenstadt, mit allen Folgen. »Korinthisch leben« war sprichwörtlich für sexuelle Zügellosigkeit. Außerdem war Korinth die Hochburg der Tempelprostitution, wo die Jugendlichen von »Tempeldienern« und »Tempelhuren« – wir würden heute sagen – aufgeklärt und in die Sexualität eingeführt wurden. Diese Form einer geistig-religiös verbrämten Sinnlichkeit hatte eine starke Anziehungskraft. Hinzu kam die religiöse Bewegung der Gnosis, die den Menschen lehrte, in mystischer Erhebung Raum und Zeit, auch die Leiblichkeit, hinter sich zu lassen. Darum meinte der Sohn, mit seiner Schwiegermutter Geschlechtsverkehr haben zu können (1Kor 5,1ff). Demgegenüber betont die Hl. Schrift, daß Leib und Seele eine Einheit bilden. Was am Leib geschieht, betrifft die Seele und umgekehrt (1Kor 6,13–20).

5. Was die Offb (17,1) mit der Hure meint, ist umstritten: Nach Jer 51,13 (Babel) und Jes 23,15–18 (Tyrus) könnte an die Hauptstadt Rom mit ihrem ausschweifenden Wesen und ihrem widerchristlichen Staatswesen gedacht sein. Da die Propheten häufiger das treulose Volk Israel »Hure« nennen (Hos 2,4.7 u.ö.), könnte im NT mit »Hure« die entartete Kirche gemeint sein, so wie die wahre Kirche »Braut« genannt wird (Eph 5,32; Offb 12,1ff u.ö.). Sie wartet auf Jesus und hält ihm die Treue.

III. Der Begriff heute

Unzucht und Hurerei sind für den modernen Menschen Fremdwörter geworden. So findet sich das Stichwort im Ev. Erwachsenenkatechismus nicht! Damit verrät sich eine Gleichgültigkeit gegenüber dem Willen Gottes und eine innerkirchliche Unsicherheit auf diesem Gebiet.

Auch wenn die Worte uns entglitten sind, sollten wir das Angemahnte beherzigen.

1. Gott hat die Ehe als sein Geschenk für uns gegeben. Die Gabe der Sexualität gehört in die innige Gemeinschaft von Mann und Frau in der Ehe. Darum lehnt Gott Unzucht ab, die die Ehe gefährdet.

2. Die Bibel nennt bestimmte Verhaltensweisen, z.B. die Homosexualität. Über ihre Entstehung gehen die wissenschaftlichen Meinungen noch weit auseinander. »Es geht hier nicht um die Herausstellung eines besonders verwerflichen Verhaltens, sondern um einen besonders augenfälligen Bruch der von Gott gewollten Gemeinschaft in der Schöpfung« (VELKD Orientierungshilfe).

Auch im Blick auf den vorehelichen Geschlechtsverkehr haben wir uns zu überlegen, ob Gottes Weisung nicht letztlich hilfreich ist, daß die Sexualität in die Ehe gehört, wo Mann und Frau sich öffentlich und lebenslänglich aneinander gebunden haben.

3. Unser Verhalten soll geprägt sein von der Treue. Gerade im Zusammenleben in der Ehe sollen wir alles lassen, was diese Treue behindert oder gefährdet (vgl. Jes 3,18ff). Manchem mag die biblische Einzelanweisung zu eng erscheinen, so daß er nicht alles, was die Bibel als Unzucht ablehnt, für so gefährlich hält. Aber wir dürfen nicht unseren bisweilen großzügigen Maßstab für richtig erklären, sondern wir haben Rücksicht zu nehmen auf uns und auf die anderen.

4. So häufig die bibl. Mahnungen gegen zuchtloses Leben auf dem sexuellen Gebiet sind, so häufig sind auch die Hinweise, daß Jesus den Gefallenen zu vergeben bereit war.

5. Gottes Treue, mit der er sich an uns bindet, sollte auch unser Verhalten prägen. Das Tiefste erfahren wir nur in der Hingabe: »Man kann nicht auf Probe leben; man kann nicht auf Probe sterben; man kann auch nicht auf Probe lieben« (Joh. Paul II.).

M. Holland

Urteilen → Anrechnen/Urteilen

V

Vater/Abba

I. Wortbedeutung

»Vater« ist in den meisten uns bekannten Sprachen ein fast gleichlautendes Urwort (z.B. lat. *pater*, griech. *patēr*), das zunächst den Erzeuger eines Kindes bezeichnet. Seine Entstehung erklärt man aus dem Lallen eines Kleinkindes, dessen *pa* (und ebenso auch *ma*) von den Eltern als Anrede verstanden wurde. Deutlich zeigt sich dieser Ursprung in dem biblischen An- und Bittruf *Abba* (lateinisch *papa*). Er ist die kindliche Anrede an den Vater in aramäischer Sprache, in der auch Jesus gesprochen und gebetet hat (Mk 14,36).

Das Bedeutungsfeld von »Vater« hat sich dann ausgedehnt auf die Bezeichnung des Ahnherrn oder Stammvaters (z.B. Abraham 1Mo 17,4f) und, in übertragenem Sinn, auf das Vorbild einer Grundhaltung (z.B. Abraham als »Vater des Glaubens«, Joh 8,39; → Satan als »Vater der Lüge«, Joh 8,44).

Eine vaterrechtlich geordnete Gesellschaft spricht ferner vom »Vater« im Hinblick auf Autoritäten: z.B. Haus- oder Stadtvater, »Vater Bodelschwingh«, Joseph als »Vater des Landes« (1Mo 41,43). Ähnlich denkt man bei »Vater Staat« an dessen Aufgabe als Beschützer und Versorger. Schließlich ist »Vater« Anrede für Alte und Ehrwürdige (z.B. »Heiliger Vater«).

II. Der Begriff in der Bibel

A. IM ALTEN TESTAMENT

1. Es ist eine erstaunliche Tatsache, daß die verschiedenen Bedeutungen von »Vater« fast ausschließlich ein menschliches Verhältnis kennzeichnen. Nur 15mal wird der Begriff im AT auf Gott angewandt; selbst in der Gebetsanrede der Psalmen fehlt er. Diese Zurückhaltung hat ihren Grund in der Abwehr einer für Israels Glauben gefährlichen Gottesvorstellung bei seinen heidnischen Nachbarvölkern. Diese verehrten häufig ihre obersten Götter als leibliche Erzeuger einer Götterfamilie, aus der letztlich auch die Menschen hervorgingen. Eine biologische Blutsverwandtschaft mit → Gott hätte in den Augen Israels die Ehre des → Schöpfers und Herrn verletzt, eine entsprechende Redeweise deshalb die gebotene Distanz des Geschöpfes zu Gott in unerlaubter Weise überschritten. Israel spricht darum nur bildlich und im Vergleich von Gott als Vater, der sich z.B. *wie* ein solcher erbarmt (Ps 103,13) und wegen seiner → Fürsorge als »Vater der Waisen« gepriesen werden kann (Ps 68,6).

2. So kommt auch am besten zum Ausdruck, daß Gott als Vater erkannt wird und werden will an dem, was er *tut*, und nicht allein wegen seiner Macht und Überlegenheit (5Mo 32,6; Jer 3,19; 31,9; Jes 64,7)! Auch das Kind, das Jesaja ankündigt (9,5f), trägt in diesem Sinn den Namen »Ewig-Vater«. Als König wird es wie ein guter Landesvater allen Bewohnern seines Herrschaftsgebietes Schutz und Wohlergehen für immer garantieren. Im Verhältnis zu Gott bleibt der König freilich ein adoptierter Sohn und allein Gott sein Vater. Dies war in der Natan-Weissagung (2Sam 7,14) grundlegend geordnet worden.

3. Erst im Spätjudentum (2. Jh. v.Chr.), als Israels Gottesvorstellung ausgeprägt war und das irdische Königtum Israels keine Chance mehr hatte, taucht im Munde der Frommen auch die Gebetsanrede »Vater« auf (Sir 23,1.4; 51,14).

B. IM NEUEN TESTAMENT

1. Für das *NT* gilt nun nicht einfach die Feststellung, daß Jesus diese spätjüdische Form der Gottesanrede übernommen, gefüllt und für die Christenheit verbindlich eingeführt hat. Vielmehr kommt der einfache Gebetsanruf »Abba«, oder »Vater« (auch »mein Vater«) *ohne* nähere Kennzeichnung (»Vater im Himmel« oder »Gott und Vater« oder »Vater und Herrscher«) ausschließlich bei Jesus vor. Insgesamt 19mal: im sog. Jubelruf (Mt 11,26; Lk 10,21), in Gethsemane (Mk 14,36 par.), am Kreuz (Lk 23,34.46) und im Johannesevangelium (11,41; 12,27f; 17,1).

Dieser Befund lehrt uns, das Verhältnis Jesu zu Gott als einmalig und nicht auf andere übertragbar anzusehen. Die unfeierliche Anrede Gottes mit dem alltäglichen, kindlichen Ruf »Abba« ist nicht nur neu und mutig, sondern in erster Linie Jesu Antwort auf Gottes vertrauensvolle Nähe zu ihm. Der Abba-Ruf als solcher ist bereits ein Kennzeichen der angebrochenen Herrschaft Gottes. Er ist überall da in Jesu Rede vorauszusetzen, wo jetzt nach der griech. Übersetzung »Vater« steht.

2. Aus der neuen Wirklichkeit des → Reiches Gottes heraus lehrt Jesus die → Jünger, Gott als »Unser Vater im Himmel« anzureden

(Mt 6,9ff). Dabei soll mit → »Himmel« nicht die Ferne zu Gott betont, sondern die Beherrschung der Erde durch den Himmel erbeten werden, und zwar durch den Namen, das Reich und den Willen des Vaters. Auch wenn Jesus zu den Jüngern »euer Vater« sagt, weist er sie in Gottes Herrschaft und in ihr neues Leben ein (Mk 11,25; Mt 5,45.48). Daraus folgt letztlich die Eingrenzung der Vater-Anrede allein auf den Vater im Himmel (Mt 23,9). In diesem Geist steht Jesu Antwort an seine Eltern im Tempel (Lk 2,49).

3. Unübersehbar oft (115mal) bezeichnet das Johannesevangelium Gott als Vater. Der Vater und Jesus sind eins (10,30). Wer also Jesus sieht, sieht den Vater (14,9), denn auf ihm liegt die → Herrlichkeit des Vaters (1,14). Der Vater hat Jesus in die → Welt gesandt, damit die Welt den Vater hört (14,24). So dient Jesu gesamte Lebensarbeit der Bekanntmachung und → Offenbarung des Vaternamens Gottes (17,6.26). Folgerichtig bedeutet gerade Jesu Verhältnis zu Gott als seinem Vater für ihn Feindschaft der Welt und Tod (5,18; 8,37ff).

4. Seit *Paulus* rühmt die → Gemeinde Gott, den Vater unseres Herrn Jesus Christus (Röm 15,6; 2Kor 1,3). Durch Christus hat sie freien Zugang zum Vater (Eph 2,18), und durch ihn auch den → Geist empfangen, der sie zu freien Söhnen Gottes macht, die wie der Sohn rufen dürfen: Abba, lieber Vater (Röm 8,15; Gal 4,6).

III. Der Begriff heute

1. Der Weg zum Vater führt über den Sohn

Die Erlaubnis, Gott als Vater anzusprechen, empfangen Christen allein von Christus. Das ist das eindeutige Zeugnis der Bibel. Mehr noch: nur Christus gibt mit seinem Reden und Wirken ein gültiges Bild vom Vater. Dessen Vollkommenheit (Mt 5,48) besteht nicht in der schicksalsvollen Vorsehung eines Übervaters, sondern in der suchenden Liebe zum Verlorenen und in der bedingungslosen Gerechtmachung des Sünders. Christus vermittelt keine Lehre *über* den Vater, indem er etwa sagt: ich weiß den Weg zum Vater. Er selbst als Person *ist* der einzige Weg zum Vater (Joh 14,6). Wer sich im Leben und Sterben an Jesus Christus *den* Sohn, den → Heiland der Welt hält, hat den wahren Vaterglauben; und umgekehrt gilt: Gott seinen Vater nennen kann einer nur, wenn er Leben, Tod und Auferstehung Jesu Christi als Gottes Heilsweg für alle Menschen bejaht.

2. Geht es nicht ohne Jesus?

Oft begegnet man der Frage, ob man nicht ohne Christus an Gott als Vater glauben kann. Es scheint so, als vertrete die Bibel selbst gelegentlich die Vaterwahrheit als allgemeine Weltwahrheit. Auf Grund menschlicher Erfahrung preist Jesus die Vaterfürsorge so sehr, daß sogar ein böser Vater ein Hinweis auf Gott als Vater sein kann (Mt 7,9–11; Lk 11,11–13). Immer wieder spricht er von Gottes väterlicher Zuwendung zu den Kleinen und Armen (Mt 18,14; Lk 16,22), und daß Gott ein unparteiisch gütiger Vater über alle Menschen ist (Mt 5,43–45). Vor allem aber aus dem Vergleich mit den Vögeln und Lilien auf dem Felde (Mt 6,26ff) ziehen Menschen häufig den Schluß auf Gottes selbstverständliche → Fürsorge als Allvater, unter der sich auch ohne Christus glauben und leben läßt. Warum soll man zu diesem Vater beten, wenn er schon vorher die Bitten kennt (Mt 6,8)? Die bekannteste Zusammenfassung solcher Anschauung ist Schillers Vers: »Brüder, überm Sternenzelt muß ein guter Vater wohnen.«

Was aber, wenn der Vater nicht »gut« ist? Wenn er nicht so handelt, wie Menschen das erhoffen? Wieviel vermeintlicher Gottesglaube ist zerbrochen, weil der Vatergott den Vorstellungen nicht entsprach! Alle Worte von der Vaterfürsorge Gottes kommen aus Jesu Mund zu uns durch das Nadelöhr: Trachtet zuerst nach dem → Reich Gottes und nach seiner → Gerechtigkeit, so wird euch das alles zufallen. Es sind Verheißungsworte für die Christusnachfolger (Mt 6,33).

Paulus argumentiert ganz ähnlich. Er weiß und rechnet damit, daß Menschen an Götter glauben und sich ihre → Götzen zurechtmachen. Dem stellt er knapp und klar gegenüber: Wir haben nur einen Gott, den Vater; und einen → Herrn, Jesus Christus, durch den alle Dinge sind (1Kor 8,4–6).

3. Die verlorene Krone der Väter

Eine Schwierigkeit, Gott »Vater« zu nennen, begegnet uns heute in der sog. vaterlosen Gesellschaft. Bisher kam dem Vater als Familienoberhaupt Autorität und → Vollmacht zu. Autorität wird aber heute gemessen an dem, was sie leistet und tut; sie wird nicht mehr einfach als gegeben bejaht und hingenommen. »Väter« werden gefragt nach ihren Taten in der Vergangenheit. Die Autorität der Väter ist in die Krise gekommen. Es gibt sog. vatergeschädigte Kinder, die diesen Schaden noch als Erwachsene in sich tragen. Das Wort »Vater« wirkt auf sie wie ein Schock. Das Vaterunser können sie so ohne weiteres nicht sprechen, geschweige denn auf den biblischen Vatergott hören. Welcher Seelsorger nimmt diesen Menschen die Angst und ebnet ihnen den Weg zu neuem Vertrauen zu Gott, dem Vater? Das lösende Wort heißt → Freiheit. Als Menschen ohne Christus sind wir Knechte aller möglichen Weltanschauungen mit selbstgemachten Gottesbildern. Den Tod, in dem alle Verfallenheit an selbstgemachte Vatergötter endet, nimmt Christus auf sich. In seiner → Auferstehung gewinnt er für uns eine neue Lebensmöglichkeit, die uns zu seinen → Brüdern macht und im → Geist freien Zugang zum Vater schenkt (Eph 2,11ff). Nach normalen Vorstellungen ist es unverständlich, daß ein erwachsener Sohn im Hause des Vaters und in allem, was er tut, vom Vater abhängig bleibt. Eben das gilt aber für Christi Jünger. Ihre Freiheit ist, daß sie im Hause des Vaters bleiben.

4. Vom neuen Verhältnis der Väter zu den Söhnen

Das große Gleichnis vom Vater mit den beiden Söhnen (Lk 15,11ff) erzählt das Urbild für jedes christliche Vaterverständnis. Seine äußerste Zuspitzung erfährt es am → Kreuz Christi. Dort spricht der Herr dem ihn bittenden *Verbrecher* die volle → Gemeinschaft bei Gott zu, womit er ihn begnadigt (Lk 23,43). Für die *Gerechten* bittet er den Vater um → Vergebung, um sie für das Erbarmen des Vaters zu gewinnen (Lk 23,34). Der Vater wünscht ein Fest der Einigung in seinem Haus. Christus ermöglicht es in unseren Familien nicht durch pathetische Reden vom Vater, sondern in nüchterner Einlassung auf die menschlichen Verhältnisse zwischen Vätern und Söhnen.

5. Die mütterlichen Züge Gottes

Kann Gott auch wie eine → Mutter sein? Ja. Er tröstet wie eine Mutter (Jes 66,13); er vergißt sein Kind nie, wie eine rechte Mutter (Jes 49,15); er ist Vater und Mutter, wenn die Eltern ausfallen (Ps 27,10); in Christus schafft er uns Bruder, Schwester und Mutter (Mk 3,35). A. Falkenroth

Verdammnis → Gericht/Richten/Verdammnis

Verderben/Vergänglichkeit

I. Wortbedeutung

Die mit »verderben« übersetzbaren ntl. griech. Wörter decken eine Überfülle von atl. hebr. Begriffen ab, die von »verloren-, zugrunde gehen« bis zu »verderben« und »verdorben werden« reichen.

»Vergänglich/unvergänglich« kommt als Begriff (nicht als Sache!) eher selten vor.

Das dt. Wort »verderben« ist von »darben« (= Mangel, Schaden leiden) abgeleitet. Es bedeutet also »Mangel zufügen« mit weitreichenden Folgen.

II. Die Begriffe in der Bibel

A. IM ALTEN TESTAMENT

Im AT hat »Verderben« einen besonderen Stellenwert. Der religiöse Grundbegriff ist im AT nicht das → Heil, sondern das → Leben, und zwar in einem Sinne, der dem der modernen Biologie weitgehend entspricht. Es ist nämlich nicht hauptsächlich an das Leben des einzelnen gedacht, sondern an das der Gemeinschaft, der er zugehört. Und diese Gemeinschaft wird selbst auch wieder nicht als ein zu einer bestimmten Zeit existierender Verband verstanden, sondern als eine Größe, die über viele Generationen nach rückwärts, aber auch in die Zukunft reicht. »Leben« heißt dann insbesondere, mit Gott Gemeinschaft haben und aus dieser Gemeinschaft heraus in bezug auf die Gesellschaft Gottes (das Gottesvolk) brüderlich sein.

Unter diesen Bedingungen ist »zugrunde gehen« bzw. »verderben« oder »verdorben werden« von fundamentaler Bedeutung, weil eine entsetzliche religiöse Bedrohung damit verbunden ist: z.B. die Vernichtung einer Familie (Ps 109), einer Stadt, eines Stammes (Simeon/Levi) oder eines Volkes (vgl. die → Propheten). Geborgenheit erlebte man im AT in der Kette der Generationen einer Familie, die als Glied des Volkes Gottes zu Gott gehört. Die Unterbrechung, das »Verlorengehen«, dieser Kette erlebte man dann auch als ein religiöses Ende.

B. IM NEUEN TESTAMENT

»Verderben« im Sinne von »zugrunde gehen« wird im NT zum Gegenbegriff von »retten« (so ausdrücklich in 1Kor 1,18; 2Kor 2,15; Phil 1,28; Jak 4,12; vgl. auch Joh 3,16). Es geht dabei um die Zukunft des Menschen, über die im Endgericht durch den Spruch Gottes entschieden wird (Mt 25,13ff; Röm 9,22; Mt 10,28). Allerdings entscheidet sich das schließliche Geschick des Menschen nicht erst in der Zukunft, sondern bereits in diesem Leben (vgl. Mk 8,35; Joh 12,25).

Wenn es von Jesus heißt, daß er zu den *Verlorenen* gekommen ist, um sie zu retten (Lk 19,10; 15,4.6.24.32), dann sind mit den »Verlorenen« die gemeint, die ohne diese Rettung verloren gingen.

Gottes Retterwille gilt allen Menschen gleichermaßen (vgl. 1Tim 2,4); doch Jesus lehrt uns auch die Furcht vor dem heiligen Gott, »der Leib und Seele verderben kann in der Hölle« (Mt 10,28); und auch bei Paulus finden sich Aussagen über Menschen, »die gerettet werden« und solche, die »verloren werden« (1Kor 1,18; 2Kor 2,15).

III. Die Begriffe heute

1. »Verderben« und »Vergänglichkeit« haben heute einen ganz unterschiedlichen Klang. Für unsere Wirtschaft z.B. ist Vergänglichkeit kein Mangel, sondern Möglichkeit und Notwendigkeit für neue Produktion. Die biologische Vergänglichkeit allerdings erscheint insofern als Problem, als Frauen und Männer nicht ewig jung, kraftvoll und leistungsfähig bleiben.

Demgegenüber ist »Verderben« ein Wort, das im geistlichen Sinn nur wenig Glaubwürdigkeit genießt. Während Vergänglichkeit ein Wesensmerkmal der Schöpfung ist, das auch etwas Schmerzlich-Tröstliches an sich haben kann, benötigt das Wort »Verderben« neue Aufmerksamkeit.

2. Weil der Mensch ein höchst materielles Wesen ist (mit biologisch zunehmend deutlicher werdenden Grenzen), kann man im Sinne des Glaubens nicht nur im geistlichen Sinne vom »ewigen Verderben« reden. Wir müssen auch in bezug auf das Leben hier und jetzt zu begreifen suchen, daß und wieso es Leben und Lebensverderber gibt; daß die bloße Existenz nicht über die Lebendigkeit und der Tod nicht über das Verderben entscheidet. Wenn es nicht zum Problem des Glaubens wird, daß sehr viele Menschen in sehr vielen Ländern systematisch und ohne Sinn »verdorben« werden – sei es durch Folter und Morde oder durch eine alles beherrschende Staatsideologie, die ihre Gegner (aber letztlich auch ihre Anhänger) in den geistig-seelischen Ruin treibt –, dann wird es uns auch schwerfallen, ewiges Verderben zu begreifen. Denn dieses ewige Verderben gibt es ja nur, weil der Mensch in der kurzen Spanne seines Lebens zum Gegenüber Gottes bestimmt ist und darin verdirbt oder errettet wird. »Ewiges Leben« und »ewiges Verderben« sind für den Menschen leere Worte, der nicht im Glauben weiß, was hier und jetzt Leben heißt und daß sachgemäßes Leben zu den Zukunftsabsichten Gottes gehört.

In diesem Rahmen und unter diesen Bedingungen ist dann auch verständlich, daß es ein von Gott gewolltes und herbeigeführtes Verderben für Menschen gibt, die das Leben zu verwirklichen trachten, es aber in Wirklichkeit mit Füßen treten. Hierher gehört dann das schon oben (II.B) genannte ernste Wort Jesu (Mt 10,28–33): »Fürchtet euch nicht vor denen, die den Leib töten, aber die Seele nicht zu töten vermögen. Fürchtet euch vielmehr vor dem, der die Macht hat, sowohl die Seele als den Leib in der Hölle zu verderben« (→ Totenreich/Hölle).

3. Eine Besonderheit: Weil Auferstehung im AT und NT nicht als geistig-seelischer Vorgang, sondern als Neuschöpfung der Welt aufgrund der Sündenvergebung und als Neuschöpfung des menschlichen → Leibes verstanden wird, muß Paulus in 1Kor 15,42ff einerseits die Leiblichkeit der Auferweckung und anderseits ihre Unzugänglichkeit für Fleisch und Blut herausarbeiten: »Gesät wird in Vergänglichkeit, erweckt in Unvergänglichkeit; ... gesät in Unehre, aber erweckt in Herrlichkeit« (V.42f). So bleibt der Erlöser der → Schöpfer, von dem es heißt: »Siehe, ich mache alles neu« (Offb 21,5).

H. Seebass

Verfluchen → Fluch

Verfolgung → Bedrängnis/Verfolgung

Vergänglichkeit → Verderben/Vergänglichkeit

Vergebung

I. Wortbedeutung

Das dt. Wort »vergeben« bedeutet ursprünglich »wegschenken«, »fort-geben«, so daß es nicht mehr da ist. Das griech. Wort für »vergeben« kann man mit »loslassen«, »freigeben«, »nachlassen« übersetzen. Die entsprechenden hebr. Wörter lassen sich am besten mit (Schuld bzw. Strafe) »erlassen«, »verzeihen«, »bedecken«, »Sühne schaffen« wiedergeben.

Vergebung ist immer Bewegung in einer Richtung: von dem, der Unrecht litt, zu dem, der Unrecht tat. Vergebung schafft, wenn sie echt ist, eine neue, festere Gemeinschaft.

II. Der Begriff in der Bibel

1. Für uns heute ist der Staat mit seinen Gerichten für die Bestrafung von Verbrechen zuständig. Eine Beziehung zwischen der Begnadigung eines Mörders und der Vergebung der Schuld durch Gott besteht für uns nicht. Ein Verbrecher kann vor einem Gefängnisseelsorger seine Sünde bekennen und Vergebung erfahren; das ändert aber nichts daran, daß er seine Haftstrafe »absitzen« muß. *Dem alten → Israel ist diese Trennung fremd.* »Die Sünde wird im Alten Testament deshalb so todernst genommen, weil sie noch wirklich das ganze Menschsein umfaßt und den Bereich der Verbrechen und Frevel noch nicht stillschweigend ausgeklammert hat. Begnadigung, also Vergebung der Sünde, ist daher in erster Linie, daß dem Frevler das Leben gelassen ... wird« (Cl. Westermann). Verge-

bung wird erfahren, wo Gott dem Schuldiggewordenen das → Leben schenkt, wo er sein abtrünniges Volk dennoch am Leben läßt.

2. *Schuldhaftes Tun hat Folgen.* Im AT ist die → böse Tat nur die eine Seite der Sache. Hinzu kommt, daß damit etwas in Gang gekommen ist, das früher oder später auf den Täter oder dessen Gemeinschaft zurückschlägt (vgl. das dt. Sprichwort: »Wer andern eine Grube gräbt, fällt selbst hinein«). Jede Schuld hat ihre unheilvollen Folgen. Denn → Sünde haftet unsichtbar am Täter und stürzt ihn allmählich ins Verderben. Sie ist ein Verfehlen des von Gott gesetzten heilvollen Weges, abseits dessen es nur Untergang geben kann. »Wer Sünde tut, ist der Sünde → Knecht« (Joh 8,34). Wer zu lügen anfängt, verstrickt sich meist immer mehr in der Unwahrheit; er wird ein Gefangener der → Lüge. Wer sündigt, ist in den Klauen einer Macht, die ihn belastet, einengt, zerstört (→ Satan/Teufel). Sünde ist nie nur einzelne Tat, sondern immer auch das Sichhineinbegeben in einen lebenszerstörenden Machtbereich. »Der Tod ist der Sünde Sold« (Röm 6,23). Was die Sünde auszahlt, ist das Chaos, die Zerstörung, der → Tod.

Jede Untat wirkt Unheil! Es ist Gottes → Gericht, wenn er den Dingen seinen Lauf läßt und die Menschen den sie zerstörenden Mächten überläßt (vgl. Röm 1,18ff; »Gott hat sie dahingegeben«, vgl. V. 24.26.28). Bei Gott aber ist das Leben. Weil er für seine Menschen das Leben will, weil er »reich ist an Vergebung« (Ps 130,4; Dan 9,9; 2Mo 34,6; Ps 103,3.8ff, u.ö.), deshalb gibt er Israel die → Opfer als Mittel, um aus diesem Untat-Unheil-Zusammenhang herauszukommen. In Verbindung mit dem Bekenntnis (→ Bekennen/Bekenntnis) der Schuld werden am großen Versöhnungstag die Hände auf den Kopf des Stieres gestemmt (wird symbolisch Sünde auf das Tier übertragen), damit dieses stellvertretend in den Tod geht (3Mo 16). In der Vergebung Gottes wird also die böse Tat nicht einfach durchgestrichen, sondern der Mensch bzw. das Volk wird aus der Fessel der weiterwirkenden sündigen Tat herausgelöst, befreit. Gott ist nicht der Empfänger des Opfers – wie oft gemeint wird –, sondern er ist als der Vergebende selber der Handelnde, der durch die Einrichtung des Opfers den Unheilsbann von der belasteten Gemeinschaft abwendet.

3. Im Laufe der Zeit erlebt Israel immer stärker, *daß es den → Bund mit Gott dauernd wieder bricht.* Mit der größer werdenden Sünde verschärfen sich auch Gottes Gerichte (Zerstörung Jerusalems, Ende des Königtums, Gefangenschaft in → Babylon). Es verstärkt sich aber auch die Hoffnung auf eine neue Tat Gottes, die im Vergeben auch den Menschen ändert, neu schafft.

Israel spürt in der Spätzeit, daß weder die → Buße noch die Opfer der Wirklichkeit der Gerichte Gottes standhalten können. So sagen die Propheten einen *neuen* Bund an, in dem die Vergebung Voraussetzung und Grundlage ist (Jer 31,31–34). An Abschnitten in Jes 40–55 wird deutlich, wie diese Vergebungstat Gottes aussehen wird: Der → Knecht Gottes stirbt stellvertretend für die vielen: »Er trug unsere Krankheiten . . . Er wurde durchbohrt um unserer Sünde willen . . . Die → Strafe lag auf ihm zu unserem → Heil, und durch seine Wunden sind wir genesen« (Jes 53,3–12; vgl. Jes 43,24f).

4. Jesu Auftreten und Sterben ist eine einzige Bezeugung, *daß Gott es mit Sündern zu tun haben will.* Er sagt Menschen im → Wort und in der Tischgemeinschaft die Teilhabe an der Gottesherrschaft zu (→ Reich Gottes) – d.h.: er sagt ihnen Gottes Vergebung zu (Mk 2,5–10.14–17; Lk 15; 19,1–10). Er bittet am → Kreuz um Vergebung für die, die ihn kreuzigten, und stirbt zugleich für sie (Lk 23,34). Er gibt den → Jüngern Brot und Wein »zur Vergebung der Sünden« (Mt 26,28). A. Schlatter sagt: »Durch die Gewährung der Tischgemeinschaft handelt Jesus als der Vergebende. Weder der Täufer noch Jesus meinten, Vergebung lasse sich nur mit Worten spenden. Was beim Täufer das Bad war, das die Unreinheit wegnimmt, das war bei Jesus das gemeinsame Mahl. Die Vergebung stiftete die → Gemeinschaft, wie die Anrechnung der Schuld die Gemeinschaft aufhebt. Indem Jesus die Verschuldeten an seinem Mahl teilnehmen ließ, hob er jede Trennung zwischen sich und ihnen auf«. Deshalb ist da, wo Vergebung ist, → Leben, → Erlösung, → Heil (Kol 1,14; 2,13; Eph 1,7). – Die Vergebung ist aber Christus selber in seinem Geschick. Er ist Gabe und Geber zugleich. Person und Werk lassen sich nicht trennen. Wer Vergebung will, kann sie nur bekommen, wenn er Jesus selbst aufnimmt. – Wer Gottes Vergeben erfahren hat, ist aufgerufen, seinerseits liebend zu vergeben (Mk 11,25; Mt 6,14f; 18,23–35, u.ö.). Von der empfangenen Vergebung sollen andere etwas merken: »Vergebet einander, wie auch Gott durch Christus euch vergeben hat« (Eph 4,32; Kol 13,13).

5. Vergebung ist *ein schöpferischer Akt Gottes.* Er schafft den Sünder neu (→ Rechtfertigung), so daß aus dem Sünder ein Gerechter wird (vgl. Jes 1,18). Darum gehört zur Vergebung die → Auferstehung (1Kor 15,3f).

III. Der Begriff heute

1. Vergebung macht frei von der Last der Schuld

Das Wort »Vergebung« ist heute etwas außer Kurs geraten, obwohl Vergebung das Großartigste ist, was Gott uns schenken kann. Wahrscheinlich hängt es damit zusammen, daß wir uns schwertun, eigene Schuld zu bekennen. Weil Schuld belastet, sind wir schnell dabei, sie auf andere oder auf die Verhältnisse abzuschieben. Das ist in der Familie, am Arbeitsplatz, in den Parteien und Staaten so. Macht aber dieses »Verschiebespiel« nicht deutlich, daß wir mit Schuld nicht leben können, daß wir sie loswerden müssen, daß weder Verdrängung noch Verharmlosung noch der Vorsatz, es beim nächsten Mal besser zu machen, helfen können? Die Bibel nennt als einzig verheißungsvollen Weg: → Bekennen der Schuld und Bitte um Vergebung. »Als ich die Schuld verschweigen wollte, wurde ich krank und elend unter meinem täglichen Stöhnen. Denn deine Hand lag auf mir Tag und Nacht... Da bekannte ich dir meine Verfehlung ... Da hast du die Schuld vergeben« (Ps 32,3–5). »Wenn wir unsere Sünde bekennen, ist Gott treu und gerecht, indem er uns unsere Sünden vergibt« (1Jo 1,8f). Das Eingeständnis vor Gott im → Gebet: »Ich war es. Das habe ich getan. Das habe ich unterlassen« hat die → Verheißung der Vergebung des Neuanfangs. Dies kann im persönlichen Gebet geschehen, im Sündenbekenntnis im → Gottesdienst oder vor dem Abendmahl (→ Herrenmahl). Das kann geschehen in der Beichte vor einem anderen Christen. In den Auftrag, Menschen von der Last ihrer Schuld zu befreien, hat Jesus seine Gemeinde ausdrücklich mit hineingenommen. Das Wort »Wenn ihr jemand die Sünden vergebt, sind sie ihm vergeben; wenn ihr sie jemandem behaltet, sind sie ihm behalten« wird im NT dreimal überliefert: einmal als ein Wort an Petrus (Mt 16,19), dann an alle → Jünger (Joh 20,23) und schließlich an die ganze Gemeinde (Mt 18,18). Damit das Bekenntnis der Schuld konkret und wahr wird und damit wir die Vergebung hörbar, sichtbar erleben und ihrer gewiß werden, hat Jesus die Christen zur → Seelsorge untereinander bestimmt. Luther hat die Beichte hochgeschätzt: »Ich will mir die Beichte von niemandem nehmen lassen und wollte sie nicht um der ganzen Welt Schätze geben, denn ich weiß, was an Stärke und Trost sie mir gegeben hat«. In der Christenheit sollten Beichte und Absolution (Lossprechung) wieder ein selbstverständlicher Ausdruck geistlichen Lebens werden.

2. Vergebung macht frei zur Gemeinschaft zwischen Menschen und Völkern

Die empfangene Vergebung will aber auch im Zusammenleben der Menschen Platz greifen. Wer um Vergebung bittet, verzichtet auf die Position des Rechthabenwollens und läßt den anderen merken, daß er darauf vertraut, trotz seiner Fehler, seines Versagens, seiner Lieblosigkeit von ihm geliebt zu werden. Ein verzeihendes Wort, eine Geste der Vergebung führt Liebende wieder näher zueinander. Liebende leben von der Vergebung.

Welche befreiende Macht die Bitte und Gewährung der Vergebung im politischen Bereich haben kann, sollen zwei Beispiele verdeutlichen:

a) Die Aussöhnung mit Osteuropa begann durch einzelne und kleine Gruppen. Am 18. 11. 1965 schreiben die polnischen an die deutschen Bischöfe: »Trotz einer Situation, die fast hoffnungslos durch die Vergangenheit belastet ist, rufen wir Euch auf, hochgeehrte Brüder, uns entgegenzukommen und Euch mit uns von dieser Situation zu distanzieren: laßt uns vergessen! ... Wir wollen Vergebung gewähren und Euch um Vergebung bitten«. Wenige Tage später antworten die deutschen Bischöfe: »So bitten wir auch Euch, zu vergessen, ja zu vergeben. Das Vergessen ist nicht eine Fähigkeit, die dem Menschen gegeben ist. Die Bitte um Vergebung ist ein Appell an Ihn, der Ungerechtigkeit erlitten hat, damit diese Ungerechtigkeit mit dem barmherzigen Auge Gottes gesehen wird und dadurch einen Neuanfang möglich macht«. Die Folgen für die Politik sind bekannt.

b) Am 15. 1. 1970 geht der Bürgerkrieg in Nigeria zu Ende. Biafra hat aufgeben müssen. In derselben Nacht schlägt der Staatschef Gowon »Versöhnung« als Grundprinzip für die kommende Politik, vor allem gegenüber den besiegten Ibos vor. Noch während des Bürgerkriegs hatte Gowon die Versöhnung zwischen Deutschland und Frankreich als Vorbild erwähnt und gesagt: »Wir können keine aktive Versöhnung in Nigeria erreichen, wenn wir nur die Erfahrungen anderer Länder zitieren ... Wenn wir nicht versuchen zu vergessen, dann wird es noch schwieriger zu vergeben.« Beobachter heute sind sich einig, daß bei allen Schwierigkeiten, die dieses Land hat, die Ibos wieder in erstaunlich guter Weise im nationalen Leben integriert sind. Ein Botschafter des damaligen Biafra-Regimes sagte 1975: »Es war die beste Erfahrung meines Lebens, an einer der größten Handlungen von → Versöhnung, die je ein Land erlebt hat, beteiligt gewesen zu sein. Ich kenne kein Land, das durch einen Bürgerkrieg hindurchgegangen ist und sich so schnell wieder zusammengefunden hat« (zit. bei P. Spoerri, Die Dynamik der Vergebung, 1978, S. 55–57). Das Besondere, das Christen als einzelne und als Gemeinde zu den Problemen unserer Welt vor allem anderen beitragen können, ist die befreiende Kraft der Vergebung.

F. Gutsche

Verheißung

I. Wortbedeutung

Das griech. Wort für Verheißung *(epangelia)* hat kein entsprechendes im AT. »Verheißen« heißt zunächst »ankündigen«, z.B. eine Klage vor Gericht oder eine Geldzahlung, aber auch »sich zu einer Meinung o.ä. bekennen«. Im Deutschen kommt das Wort von »heißen«, z.B. jemanden seinen Freund heißen, und hat daher ebenfalls die Bedeutung »ankündigen« (X verheißt Y Prügel). Im gegenwärtigen Gebrauch ist das Wort zu einem theologisch-kirchlichen Begriff geworden, wohl weil »Verheißung« kirchengeschichtlich ein Kennzeichen evang. Bekenntnisses gegen Werkgerechtigkeit und Ritualismus war.

II. Der Begriff in der Bibel

Die im NT belegten einschlägigen Wörter haben eine große Bedeutungsbreite und lassen nicht daran denken, daß »Verheißung« ein für das NT entscheidender Begriff ist. Seine kirchengeschichtliche Bedeutung beruht einzig darauf, daß Paulus (und nur er) es zur Erklärung des → Evangeliums herangezogen hat. Das Zeitwort deckt die ganze Bedeutungsbreite von »ankündigen« (z.B. 2Kor 9,2 die von den Korinthern angekündigte Spende; Mk 14,11 die Judas angekündigte Bezahlung für den Verrat) bis »verheißen« ab. Das Hauptwort wird zwar fast ausschließlich theologisch verwandt, aber darin sehr unterschiedlich.

1. Im Hebräerbrief (sonst nur Apg 7,17) wird »Verheißung« allgemein für Ankündigungen und Zusagen Gottes gebraucht, für die die Aufzählung Hebr 11 das Muster bildet: Abraham vertraute der Ankündigung großer Nachkommenschaft und eigenen Landbesitzes wie nach ihm »eine Wolke von Zeugen«. Denn »was angekündigt wurde, vermag er (Gott) auch zu tun« (Röm 4,21). Angesichts solcher Erfahrungen ist es für die, die »Erben der Verheißungen« sind (6,12.17), recht und billig, darauf zu vertrauen, daß »der Verheißende treu ist« (10,23). Er gründet den neuen → Bund auf »stärkere Verheißungen« als den alten (8,6, wohl auf Jer 31,31–34 bezogen). Hier wird also nachdrücklich gegen aufkommende → Zweifel zum Vertrauen auf die Verheißungen des »ewigen Erbes« oder der »Ruhe« bei Gott aufgerufen (4,1; 9,15).

2. Überall im NT ist die Spannung von schon erfüllten Zusagen und der noch ausstehenden Verheißung bezeugt. Als die in → Christus entscheidend erfüllte Verheißung gilt die von Joel 4 (Gabe des → Geistes für die Gemeinde Lk 24,49; Apg 2,33.39; Eph 1,13). Allgemeiner und programmatisch heißt es Röm 1,4, daß »das Evangelium durch die → Propheten in heiligen Schriften angekündigt worden« sei. Lk hat dies in Apg 13,32f aufgegriffen: »Wir verkündigen die an die Väter ergangene Verheißung, daß Gott diese an uns Nachkommen erfüllte, indem er Jesus erweckte . . .« Darüber ist jedoch nicht zu vergessen, daß Nachfolger Christi vor allem Erben der Verheißung sind (»Teilhaber«, Eph 3,6): der Verheißung des → Lebens (1Tim 4,8; 2Tim 1,1; 1Jo 2,25); der Ruhe bei Gott (Hebr 4,1); der der Krone (Jak 1,12); des neuen → Himmels und der neuen Erde (2Petr 2,19).

3. Während bei Johannes und vielen anderen Schriften des NT das Wort nicht einmal erwähnt wird, hat der Apostel Paulus Entscheidendes mit ihm verdeutlicht (Gal 3; Röm 4).

a) Wer zum → Glauben an den einzigartigen Gott der Bibel findet, verfällt leicht der Faszination des Gesetzesdenkens, nach dem man durch überpflichtmäßige Leistungen und Übereifer sich Werke schafft, die nach Maßstäben des Gesetzes anzuerkennen sind und daher → Gerechtigkeit wirken. Aber das schränkt die Zusage Gottes an Abraham ein, nach der Gott den Glaubenden gerecht macht. Eine solche Einschränkung, sagt Paulus, ist ebenso unzulässig wie eine Testamentsänderung, die nicht vom Erblasser selbst, sondern viele Jahrhunderte später von anderen (am Sinai) stammte. Da nur der Wille des Erblassers zu erfüllen ist, können vergleichsweise auch »Gesetzeswerke«, also anerkennenswerte überpflichtige Leistungen, nur den Willen Gottes verfälschen. Tatsächlich hat das Gesetzesdenken Jesus, in dem Gott die → Welt mit sich versöhnte, an das Fluchholz gebracht. Also schließen sich Verheißung und »Gesetzeswerke« gegenseitig aus, mehr noch: das Gesetz als geltendes Recht mußte am → Kreuz zerbrechen, damit es zur Ausformung der → Liebe zu Gott neu verstanden werden kann (vgl. Röm 8,1–4).

b) Der Apostel betont nachdrücklich, daß Empfänger der Verheißungen nicht Herr Jedermann oder beliebige Völker waren, sondern Abraham (Gal 3,18) bzw. die Israeliten (Röm 9,1ff) und daß Gott diese Verheißungen in Christus »fest gemacht« hat (Röm 15,8).

Dies Vorrecht ist ihnen nicht zu nehmen, auch wenn die Nachkommenschaft von Abraham nicht darüber entscheidet, wer der Erbe der Verheißung ist. Der Nachkomme nämlich, dem verheißen ist, daß die Sippen der Erde in seinem → Namen gesegnet werden (1Mo 12,3), ist einzig Christus Jesus (Gal 3,16.19), weil erst durch ihn die Zeit der »Aufbewahrung« durch die Tora (Gesetz, V. 23) beendet wurde. Erst jetzt wurde offenbar, in wem die → Gerechtigkeit allein durch Glauben für alle Welt zum Zuge kam. Daher ist Teilhabe an der Verheißung Teilhabe am Christus Jesus, dem gesalbten Repräsentanten des Gottesvolkes.

III. Der Begriff heute

Es ist wohl am besten, das Wort »Verheißung« stets durch allgemeinverständliche wie »Zusage«, »Versprechen« u.ä. zu ersetzen, da es ein kirchlich-theologisches Fachwort (wenn auch als solches unentbehrlich) geworden ist. Dafür spricht auch, daß es im AT kein entsprechendes Wort gibt, obwohl der ntl. Begriff überwiegend atl. Sachverhalte aufnimmt. Sowohl das Verhältnis AT-NT als die besondere Bedeutung der Verheißung als Äußerung Gottes müssen bedacht werden.

1. Es empfiehlt sich nicht, das Verhältnis vom AT zum NT im Schema »Verheißung – Erfüllung« zu sehen. Denn die Erfüllung betrifft nur ausgesuchte Tatbestände, und nicht die ganze Botschaft des AT ist Verheißung. Mit Apg 13,32f haben wir zwar Erfüllung zu bezeugen; aber daneben bleibt deutlich zu sagen, daß Christus das »Ja und Amen« Gottes zu den Verheißungen des AT ist (2Kor 1,20). Die größte Verheißung des AT ist Gott selbst. Allgemeinbegriffe von ihm zu haben, hilft nichts, man kann ihn nie abschließend kennen und ohne sein Volk, dessen Repräsentant der Christus Jesus geworden ist, ihn nie wirklich verstehen.

2. In der Bibel ist das wichtigste Organ des Menschen sein Gehör, nicht das Auge. Man kann Gott nicht sehen; noch viel weniger soll man sich ein Bild machen, da jedes Bild irreführt – auch das Bild einer noch so schönen Theorie. Vielmehr soll man auf Gott hören, und man hört ihn, wenn man sich seinem Wort nicht entzieht. Während es nun für die Menschen heute nicht schwer ist zu verstehen, daß es ohne fundierte Moral, ohne humane Gesetze und Normen kein sinnvolles Leben gibt, erscheint so etwas wie Verheißung/Versprechen Gottes überflüssig und nicht in gleichem Maße beweisbar wie der Sinn von Moral. Aber es gibt nichts Sinnloseres und Trostloseres als einen Menschen mit Gesetzen, aber ohne Verheißung. Denn die Triebkraft aller guten Moral ist nie eine abstrakte Norm oder die gute menschliche Einsicht, die leicht schwach wird, sondern Geliebtwerden und Lieben.

In bezug auf alle Menschen kann das nur der Schöpfer geben und verheißen. Das NT sagt klar, daß es Menschen, die aus dem Geliebtwerden durch Gott und aus der Liebe zu Gott leben, nur durch das zugesprochene Wort Gottes gibt. Aber auf dies Wort zu hören, ist Sinn und gibt Sinn – nicht nur für den einzelnen, sondern auch für die so furchtbar sich mißhandelnde Menschheit. Der Gekreuzigte ist als Vertreter dieses Wortes der Verheißene, in dem einzig »alle Sippen der Erde → Segen finden werden« (1Mo 12,3).

H. Seebass

Verherrlichen → Herrlichkeit/Verherrlichen

Verklärung → Herrlichkeit/Verherrlichen; → Erhöhen/Erhöhung

Verkündigen → Predigen/Verkündigen

Vernunft/Verstand/Einsicht

I. Wortbedeutung

Unser deutsches Wort »Vernunft« kommt von »vernehmen«. Vernunft hat also etwas zu tun mit Wahrnehmung.

»Verstand« kommt von »verstehen« und heißt: Auffassungsgabe, Denkfähigkeit, rechnende Klugheit.

In der Praxis werden beide Begriffe meist austauschbar gebraucht.

C. F. v. Weizsäcker sagte 1978: »Vernunft ist die Wahrnehmung eines Ganzen, dessen Teile wir jeweils sind. Verstand hingegen ist das Vermögen begrifflichen Denkens in entscheidbaren Möglichkeiten. Vernunft bedient sich des Verstandes, und, wenn es gut geht, steuert sie ihn.«

Im AT und NT gibt es dazu eine größere Zahl von Begriffen, die häufig nicht eindeutig zu bestimmen sind und bereits jeder für sich Verschiedenes bedeuten.

II. Die Begriffe in der Bibel

Es fällt auf, daß alle in Frage kommenden Begriffe bejahend und verneinend gebraucht werden. Bejahend z.B.: »Die Furcht des Herrn ist der Anfang der Erkenntnis« (Spr 1,7); »die Toren verachten Weisheit und Zucht«. Verneinend: »Verlaß dich auf den Herrn von ganzem Herzen, und verlaß dich nicht auf deinen Verstand, deine Klugheit« (Spr 3,5).

Wo im AT »Geist« übersetzt ist, ist manchmal das Organ des Verstehens gemeint; wo »Herz« übersetzt ist, ist häufig Vernunft und Verstand gemeint.

Im NT heißt es von der Vernunft (griech. *nous*) negativ: »Weil die Heiden es verworfen haben, Gott vernünftig anzuerkennen, hat Gott sie preisgegeben an ihre haltlose Vernunft, Unziemliches zu tun« (Röm 1,28; ähnlich Eph 4,17 u.v.a.). Vergleiche in diesem Zusammenhang auch Phil 4,7: »Gottes Friede, der weiterreicht als alle Vernunft...« Als positives menschliches Vermögen wird die Vernunft genannt in Röm 1,20; 7,23; 14,5 und an anderen Stellen. Vergleiche besonders 2Thes 2,2: »Laßt euch nicht so schnell vom vernünftigen Denken abbringen.« Eine Erneuerung der menschlichen Vernunft durch Gott wird als möglich bezeichnet: Lk 24,45; Röm 12,2; 1Kor 1,10; Eph 4,23. Auch Gottes Sinn selbst wird mit diesem Wort bezeichnet: Röm 11,34; 1Kor 2,16: »Wer hat des Herrn Sinn *(nous)* erkannt? Wir aber haben den Sinn *(nous)* Christi!«

Ein anderes ntl. Wort, *epignosis*, bezeichnet das Wahrnehmen einer wirklich vorhandenen Sache, das zugleich ein Verstehen dieser Sache ist. Gemeint ist damit nicht ein bloßes Feststellen aus der Entfernung, sondern ein aus der Beteiligung des Herzens gewonnenes Wissen, ein Vertrautsein mit etwas. Paulus zufolge ist dieses Wort kennzeichnend für den gehorsamen Glauben an Gott.

Das Wort *gnosis* (Erkenntnis) kann ebenfalls negativ gebraucht werden (Eph 3,18ff; 1Kor 8,1.7.11; 13,8), vor allem als Irrlehre der sog. Gnostiker (1Tim 3,20), die, sei es als Juden oder als Griechen (1Kor 1,19ff; 2,4ff), Erkenntnis zur Überheblichkeit über andere mißbrauchen. *Gnosis* ist aber auch positives menschliches Vermögen (1Petr 3,7; Röm 1,21f), sie ist von Gott geschenkt: Röm 15,14; 1Kor 1,5; 2Kor 4,6; 6,6; 8,7; 10,4ff; 11,6; u.a.

(Epi)gnosis bezeichnet also grundsätzlich die neue Erkenntnis, die ein Mensch durch den glaubenden Anschluß an Gott gewinnt: Lk 1,77; Röm 10,2; Gal 4,8; Eph 1,17; 4,18; Phil 3,8; Kol 1,6; 1Tim 2,4; 2Tim 2,25; 3,7; Tit 1,1; 1Petr 1,2f; 2Petr 2,20; 1Jo 2,13; 5,20. In Christus sind alle Schätze der Erkenntnis verborgen (Kol 2,2ff; 2Kor 2,14). In ihm sind auch alle Schätze der → Weisheit verborgen.

III. Der Begriff heute

Man muß nicht seinen Verstand »an der Garderobe abgeben«, um glauben zu können; im Gegenteil: man sollte an keine Sache glauben, der der Verstand nicht zustimmen kann. Dieses Problem stellte sich für das NT noch nicht in der Schärfe (trotz 1Kor 1; 2; 15,35; Joh 20,25; Apg 17,32) wie heute. Man sagt, der Glaube sei aus drei Gründen unvernünftig:

1. Eine Wirklichkeit außerhalb des menschlichen Erkennens, und damit Gott, sei unvorstellbar geworden. Dies ist falsch. Beim derzeitigen Stand der Naturwissenschaft kann man nicht beweisen, daß die Bibel nicht recht hat. Früher meinte man das zu können. Gott sei wohnungslos: das Weltall sei unendlich; Gott sei arbeitslos: die Welt sei nie geschaffen, immer schon dagewesen, und werde immer bleiben; und alles liefe nach festen Naturgesetzen ab. Ewig sei nur die Materie. In allen diesen Punkten denkt die Naturwissenschaft heute anders. Für sie sind die Fragen offen: Ob es ein Außerhalb gibt; was vor dem Anfang der Welt war; was nach dem Ende der Welt sein wird; all das ist heute offen.

Umgekehrt kann man Gott aber auch nicht beweisen. Doch die Vernunft spricht nicht dagegen. Im Glauben kann ich erfahren, daß es noch eine andere Wirklichkeit als unsere hier und jetzt sichtbare gibt. Gott wohnt in einem Licht, da niemand zukommen kann (1Tim 6,16). Das Sichtbare und das Unsichtbare (Kol 1,16; 2Kor 4,18) liegen nicht übereinander oder umeinander, sondern ineinander. Beides durchdringt sich.

2. Man sagt, keine Wirklichkeit könne von außerhalb in unsere Welt hineinwirken. Das würde bedeuten: Gott kann nicht Mensch werden, Jesus kann nicht wiederkommen, Gott kann zu keinem Menschen reden, Gott kann keine Wunder tun.

Aber zuverlässigste Überlieferung bezeugt, daß Jesus die Gabe der Heilung hatte, daß die Urchristenheit solche Erfahrungen kannte. Dies bedeutet gerade keine Durchbrechung der Naturgesetze. Es sind »statistisch seltene Ereignisse«. Sie bedeuten punktuelle Neuschöpfung Gottes. Als solche sind sie nicht denkunmöglich.

Energie tritt uns in Form von Schwingungen entgegen. Wer nun nicht an das Nichts, sondern an Gott, den Schöpfer, glaubt, sieht dieses Schwingungsfeld als von Gott herkommend, durch sein Wort ausgelöst. Sein Wort geschieht in der gegenständlichen Welt als Schwingung, als Elementarteilchen. So er spricht, so geschieht es. Warum soll Gott nicht neue Elementarteilchen erzeugen im Ölkrug der Witwe von Sarepta, bei der Speisung der Fünftausend? Warum soll Wasser nicht auf diese Weise begehbar werden können? Warum sollen sich die Elementarteilchen, die den Leib des Lazarus bildeten, nicht von neuem zum Leben zusammenfügen lassen können? Dabei bleibt klar, daß die Ordnung des ganzen Weltalls ein noch größeres Wunder ist!

Wunder und Gebetserhörungen sind also keine naturwissenschaftliche Unmöglichkeiten mehr! Gott hat Macht über unsere Leiblichkeit und meint den ganzen Menschen. Gesetze, Energien, Materie, Mensch, Geschichte und Natur sind nicht die alleinigen Herren der Wirklichkeit, und Wunder sind nicht irgendwelche Mirakel, sondern sind Zeichen, Hinweise auf die Gottesherrschaft, die zur Begegnung mit Gott führen wollen!

3. Man sagt, die Behauptungen des Glaubens seien nicht überprüfbar. Dazu ist zu bedenken:

a) Auch in der Wissenschaft geht es nicht ohne unbeweisbare Voraussetzungen.

b) Man hat versucht, religiöse Erkenntnisse von der Vernunft und vom Gewissen her zu begründen.

So sagt die katholische Kirche, daß Gott nur durch das natürliche Licht der Vernunft mit Sicherheit erkannt werden könne, ja, daß Religionen nicht selten einen Strahl der Wahrheit widerspiegelten. Aber das sagen Apg 14,16f; 17,22–27; Röm 2,14f; 1,19ff gerade nicht, sondern dort wird behauptet, daß die Heiden Anbetung und Dank Gott verweigern! Gott kann nur so erkannt werden, wenn er sich selbst zu erkennen gibt! Und das tut er nicht in der Vernunft, sondern allein in Christus.

Alle Religionen sind Versuche des gottlosen Menschen, sich vor einem eigenmächtig entworfenen Bild Gottes zu rechtfertigen – auch viele Formen christlicher Religion gehören dazu. Die Gnade Gottes in Christus aber bekommt Recht, sie leuchtet wie die Sonne und macht die Erde hell. Sie trägt den gottlosen Menschen mit seiner Religion und eigenmächtigen Vernunft auf Mutterarmen in Geduld.

c) Behauptungen des Glaubens sind auch deshalb weder überprüfbar noch einsehbar, noch kann über sie in autoritätsfreier Erörterung Übereinkunft erzielt werden, weil man Gott nicht zum überprüfbaren Gegenstand machen kann. Den Gott, den »es gibt«, gibt es nicht. Ich kann von ihm nur reden, indem ich ihn anerkenne oder nicht anerkenne. Und man kann von Gott nur reden in gegensätzlichen Eigenschaften, dem Verborgenen und Offenbaren, dem Gerechten und Barmherzigen.

P. Köhler

Versammlung → Kirche/Gemeinde

Versiegeln → Siegel/Versiegeln

Versöhnung/Sühne

I. Wortbedeutung

Im Deutschen hängen die Wörter »Versöhnung« und »Sühne« zusammen. »Versöhnen« kommt wohl von »sühnen«. »Sühnen« heißt wiederherstellen, einen Ausgleich schaffen. »Versöhnung« ist die Einigung darüber, daß der gebotene Ersatz den Schaden wiedergutmacht. Versöhnung setzt also Sühne voraus.

In den Ursprachen der Bibel haben aber beide Wörter sprachlich nichts miteinander zu tun.

Für »Versöhnen« steht das griech. Wort *katallássein.* Es kommt z.B. in griech. Gerichtsurkunden über Ehestreitigkeiten vor und meint die Wiederherstellung des häuslichen Friedens (vgl. 1Kor 7,11). Versöhnung ist also eine Veränderung zum Guten.

»Sühnen« heißt im Griech. *hilaskesthai.* Dieses Wort steht für das im AT häufige hebr. *kippär.* Es bedeutet »bedecken«, wohl auch »wegwischen«. Beides gibt einen guten Sinn. Durch Sühne wird eine Verfehlung »bedeckt« und dadurch unsichtbar gemacht, weggewischt (vgl. Ps 32,1; 85,3; Jak 5,20). Bei der Sühne geht es also darum, wie Schuld beseitigt und dadurch Versöhnung möglich wird.

II. Die Begriffe in der Bibel

A. VERSÖHNUNG

»Versöhnen« ist ein *im AT* seltenes Wort. Es kommt eigentlich nur in dem Namen eines Festes vor, nämlich des »Versöhnungstages«. In diesem Zusammenhang hat es viel mit Sühne zu tun (vgl. 3Mo 23,25f). *Im NT* meint das Wort zunächst Versöhnung zwischen Menschen, die etwas gegeneinander haben. Jesus sagt (in ähnlichem Sinne wie vor ihm viele → Propheten im AT), man solle nicht im Tempel Opfer bringen, ohne sich zuvor mit seinem Bruder versöhnt zu haben (Mt 5,24).

Meist aber wird das Wort gebraucht, um die Versöhnung zwischen Gott und Menschen zu bezeichnen. Paulus kann die christl. Botschaft, das → Evangelium, gesamt »das Wort von der Versöhnung« nennen (2Kor 5,19).

Bei Paulus hat dieser Begriff zentrale Bedeutung. Es sind vor allem zwei Texte, die von der Versöhnung handeln: 2Kor 5,16–21 und Röm 5,10–11.

1. 2KOR 5,16–21

Wie ist 2Kor 5,18 zu verstehen? Wer wird mit wem versöhnt? Gott mit den Menschen? Oder die Menschen mit Gott? Wird der → Zorn Gottes über die Menschen besänftigt oder der Widerwille der Menschen gegen Gott überwunden? Beides ist nötig, und erst beides zusammen ergibt die Versöhnung. Was ist aber in unserem Text gemeint? Gott hat »uns mit sich selbst versöhnt«. Das klingt so, als wären wir die Unversöhnlichen, die ihre Einstellung ändern müßten. Dies geschah »durch → Christus«. Man könnte vermuten, daß die → Liebe Gottes, die in Christus zum Vorschein kam, die Abneigung des Menschenherzens gegen Gott überwand. In Christus »gewann« Gott die Menschen. Eine Änderung erfolgte also bei den Menschen. Dafür spricht auch V. 17: »Ist jemand in Christus, so ist er eine neue Kreatur«. Aus dem Feind ist ein Freund geworden, aus dem Sünder ein → Kind Gottes. Das ist Versöhnung. V. 19 fährt fort: »Gott versöhnte in Christus die Welt mit ihm selber«. Das klingt genauso. Gott ist der Aktive bei der Versöhnung. Das ganze geht von ihm aus. Nicht er, sondern die Welt mußte ihre Einstellung ändern. Vollends V. 20 macht dies deutlich: Die »Botschafter« Christi bitten »an Christi Statt: Laßt euch versöhnen mit Gott!«

Dies ist aber oft so mißverstanden worden, als wäre in Christus nur ein Mißverständnis über Gott aufgeklärt worden, das Mißverständnis nämlich, daß Gott zürne, wo er doch eigentlich nur lieben könne und daher auch für uns liebenswürdig sei. Wenn man den Text so auslegen wollte, übersähe man aber, daß dieser Abschnitt des Paulusbriefes noch anderes sagt. In Jesus ist nicht nur eine Aufklärung über das wahre Wesen Gottes erfolgt, sondern zugleich eine Bereinigung dessen, was die Ursache des gestörten Verhältnisses zwischen Gott und Menschen, dieser tödlichen »Feindschaft« (Eph 2,16), war. Die Ursache der Feindschaft war nicht ein Irrtum unsererseits, sondern die massive Wirklichkeit unserer → Sünde. Was tat Gott, als er in Christus die Welt mit sich versöhnte? Er »rechnete ihnen ihre Sünden nicht zu« (1Kor 5,19). Hier geschieht Versöhnung durch eine Art von Sühne: Die Verschuldung wird »bedeckt« oder »weggewischt«. Sie »zählt« nicht mehr.

Aber lassen sich Sünde und Schuld einfach vergessen? Kann man sagen, die Schuld von »Auschwitz« (das ist nur ein Beispiel für viele) soll nicht mehr »zählen«, als wäre dort nichts geschehen? Wäre so Versöhnung möglich? Die Versöhnung, die Gott einleitete, ging einen anderen Weg. Gott »hat den, der von keiner Sünde wußte, für uns zur Sünde gemacht« (2Kor 5,21). Er hat die Sünde nicht einfach »vergessen« – man kann sie nicht vergessen; das wäre ungerecht –, sondern er hat einen, der nichts damit zu tun hatte, dafür verantwortlich gemacht. Den, der von keiner Sünde wußte, hat er behandelt wie einen, der schuld ist, ja, wie die Sünde selbst. Dadurch wurden die Folgen der Sünde, die gerechterweise uns getroffen hätten, von uns abgewendet. Ein neuer Anfang konnte gemacht werden.

2. Röm 5,10–11

Noch deutlicher erklärt Paulus in Röm 5,10, wie die Versöhnung zustande kam: Wir sind »mit Gott versöhnt durch den Tod seines Sohnes«. Die »Versöhnungspolitik« Gottes (das Zeitwort »versöhnen« steht im NT bei Gott immer in der aktiven, beim Menschen in der passiven Form) hat den, der von keiner Sünde wußte, das Leben gekostet, weil er dafür verantwortlich gemacht wurde und als solcher sein Leben verwirkt hatte. Das geschah, »als wir noch Feinde waren«. Die Versöhnung begann also nicht damit, daß bei uns ein Umdenken einsetzte. Wir blieben Gott gegenüber noch immer feindlich eingestellt, als Gott schon die Folgen unserer Feindseligkeit dem aufgehalst hatte, der nichts damit zu tun hatte.

3. Versöhnung mit Gott und Versöhnung der Menschen

Eph 2 verdeutlicht mit verschiedenen Ausdrücken, was Versöhnung ist: Die Fernstehenden (V. 13), Entfremdeten wurden in die Nähe geholt, den Ausgeschlossenen wurde der Zugang eröffnet (V. 18), die Entzweiten (V. 14) wurden vereint, die trennende Mauer (der »Zaun«) zwischen ihnen, »nämlich die Feindschaft«, wurde abgebrochen, aus zwei Menschen wurde *ein* neuer geschaffen (V. 15) und so der Friede hergestellt. Dies alles geschah dadurch, daß Christus beide vor Gott vertrat. Und indem er für sie eintrat, faßte er sie in sich zusammen. So »versöhnte« er »beide mit Gott« (V. 16), und zwar »durch das → Kreuz, an dem er die Feindschaft getötet hat«. Indem Christus sich zur Sühne hergab, schaffte er die Voraussetzung für die Versöhnung zwischen Gott und Menschen und damit zugleich für die Versöhnung der Menschen untereinander, in diesem Falle der Juden und Griechen in Ephesus. Die Versöhnung mit Gott zieht die Versöhnung unter den Menschen nach sich.

4. Allversöhnung?

Mit allumfassenden Worten spricht der Kolosserbrief von der Versöhnung: »Es ist Gottes Wohlgefallen gewesen, daß . . . alles durch ihn versöhnt würde mit Gott, es sei auf Erden oder im Himmel, dadurch, daß er Frieden machte durch das Blut an seinem Kreuz« (1,19–20). Jesu Tod am → Kreuz, als → Opfer gedeutet, sollte nicht nur einigen Ausgesuchten als Sühne dienen, die Versöhnung möglich macht. Dieses Opfer dient zur Versöhnung aller. Hier setzen Theorien über eine Allversöhnung an. Jedoch wird dadurch, daß Gott für die Sühne aufkommt, die eigentlich die Menschen hätten erbringen müssen, nicht

»automatisch« Versöhnung bewirkt. Zur Versöhnung gehören zwei. Gott sorgte für Sühne und ermöglichte damit Versöhnung. Er tat dies, während wir noch Feinde blieben. Inzwischen sind die Botschafter Christi unterwegs und »bitten« landauf, landab: »Laßt euch versöhnen mit Gott« (1Kor 5,20). Das Echo darauf ist erfahrungsgemäß zwiespältig. Die einen kommen näher, die andern bleiben fern oder entfernen sich erst. Es gibt keine Anhaltspunkte dafür, daß Gottes universales (alle umfassendes) Angebot von allen angenommen wird. Niemand kann wissen, ob sich alle versöhnen lassen; auch die Bibel hält einen doppelten Ausgang der Geschichte in → Heil und ewiger Verdammnis für möglich. Also kann man keine Allversöhnungslehre aufstellen. Man kann nur hoffen und (soll) darum beten, daß sich alle versöhnen lassen.

5. Versöhnung durch Sühne

In der deutschen Übersetzung ist es neben den Paulusbriefen der 1. Johannesbrief, der zentral von Versöhnung spricht. Allerdings gebraucht er das griechische Wort *hilasmós,* das von *hilaskesthai* (sühnen) abgeleitet ist. So kann diese Schrift die Brücke schlagen zwischen den Begriffen »Versöhnung« und »Sühne«.

1Jo 2,2 heißt es von → Jesus Christus, der unser »Fürsprecher« beim → Vater ist (V. 1): »Derselbe ist die Versöhnung für unsere Sünden«: So wie er als Fürsprecher das, was bei Gott gegen uns spricht, entkräftet, so ist sein Leben und Sterben Sühne, d.h. der Vorgang, durch den Versöhnung möglich wird. 1Jo 4,10 heißt es, daß sich die → Liebe Gottes darin zeigt, daß Gott seinen Sohn gesandt hat, »zur Versöhnung«, d.h. zur Sühne, »für unsere Sünden«. Versöhnung setzt also Sühne voraus und wird durch sie ermöglicht.

B. SÜHNE

Das hebr. Wort für »sühnen« kommt im AT häufig vor, vor allem im 3. und 4. Buch Mose im Rahmen von Opfervorschriften (vgl. 3Mo 16,6.10.17). Das → Blut eines zur Sühne geschlachteten Opfertieres diente zur »Reinigung« des »verunreinigten« Volkes. Dadurch konnte die Voraussetzung für die → Gemeinschaft (den → Bund) Gottes mit seinem Volk wiederhergestellt werden.

Das NT deutet den blutigen Tod (die Hinrichtung) Jesu als ein → Opfer. Der Hebräerbrief erklärt, die ganze Religionsgeschichte des Opferns sei nur eine Vorankündigung (ein Abbild) des einen Opfers, in dem der ewige Hohepriester »ein für allemal« (7,27) sich selbst als Opfer dargebracht hat; denn Christus ist gekommen, »zu sühnen die Sünden des Volks« (2,17). Den blutenden, am Kreuz verblutenden, Jesus, dieses Todesopfer des Hasses und Neides, der Intoleranz und politischen Gewalttätigkeit, hat Gott, so sagt Paulus, »für den Glauben hingestellt« »als Sühnopfer« (Röm 3,25). Das Verbluten dieses Unschuldigen wird, wenn man es mit Gott in Zusammenhang bringt, nur verständlich, wenn man es als Sühnopfer deutet. So wie bisher Opfertiere getötet wurden, um mit ihrem Blut für menschliche Schuld zu sühnen, so wurde hier der → Sohn Gottes getötet als Sühne für die Sünden der Welt. So wie am großen Versöhnungstag Opferblut zum Zeichen der Sühne auf den Deckel der Bundeslade (»Gnadenthron«) gesprengt wurde (3Mo 16,14f), so hat Gott nun den blutenden Christus zum neuen Sühnopfer gemacht (Paulus gebraucht für »Sühnopfer« das gleiche Wort, das im AT »Gnadenthron«, d.h. Deckel der Bundeslade, bedeutet). Das hat Gott getan, um seine → Gerechtigkeit zu erweisen (Röm 3,25). → Gut und → Böse sind nicht beliebig auswechselbar. Gott nimmt sein → Gebot nicht zurück; er gesteht auch nicht zu, daß man es nicht ganz ernst nehmen müsse. Es rächt sich, gegen Gottes Gebot zu verstoßen. Das ist blutiger Ernst. Wenn das wahr ist, kann Gott, wenn er die Sünder retten will, über ihre Sünde nicht »großzügig hinwegsehen«. An dem verblutenden Jesus zeigt sich, wie tödlich ernst es Gott mit seinen Geboten ist. Aber diese grauenhafte Passion Jesu ist eben ein Sühnopfer; sie ermöglicht die Versöhnung. Gott bietet Versöhnung an. Und wir sind gebeten, uns versöhnen zu lassen.

III. Die Begriffe heute

1. Überholte Begriffe?

Neuzeitliches Denken, so heißt es, könne den Gedanken stellvertretender Sühne nicht mehr nachvollziehen. »Schuld ist etwas ganz Persönliches. Niemand kann sie mir abnehmen. Ich muß sie selbst ›verarbeiten‹, muß sie überwinden.« – »Gibt es«, so fragen viele, »überhaupt Schuld? Sind das nicht nur Schuldgefühle, von denen man sich befreien muß?« Tiefenpsychologen (z.B. Affemann) machen darauf aufmerksam, daß »Sühne« dem heutigen Menschen in der Tiefe seines Unbewußten nicht fremd ist. Er versucht, für seine Schuld zu sühnen. Er fühlt sich dazu verdammt, das selber zu tun. Es wäre eine Erlösung, wenn ein anderer ihm die Sühne abnähme. Begriffe, die weithin in Mißkredit geraten sind, werden von Tiefenpsychologen als gelebte Wirklichkeit und befreiende Botschaft entdeckt.

2. ALS VERSÖHNTE LEBEN

Die Versöhnung durch Christus verändert nicht nur die Lage zwischen Gott und den Menschen, auch die Lage zwischen den Menschen untereinander wird neu gestaltet. So wie die Versöhnung zur Sohnschaft führt, bewirkt sie auch die Bruderschaft der Versöhnten: Wir werden zu → Brüdern, die in einer Gemeinde zusammenleben (vgl. II.2; Eph 2). Hier ist der Ort, an dem Versöhnung Gestalt gewinnt und bewährt werden muß. Hier können wir es lernen, Streitfragen in → Geduld und → Liebe auszutragen, statt sie zu verdrängen. Hier sollten wir einüben, als solche, die nach Lebensweise und Herkunft oft verschieden sind, miteinander zu leben. Die Gemeinde ist der Ort, an dem → Vergebung eingeübt werden kann. Gemeinden, in denen Streit und Unversöhnlichkeit herrschen, sind kein Zeugnis für Gottes Versöhnungshandeln; → Bruder/Schwester.

3. DER NEUE BLICK

Die Gemeinde ist zugleich der Ort, an dem wir den Ruf zum → »Dienst der Versöhnung« (2Kor 5,18–21) hören und ihm Folge leisten. Gott macht uns zu seinen Freunden (vgl. Röm 5) und zu seinen Mitarbeitern. Wir sollen unsere Menschenbrüder bitten: »Laßt euch versöhnen mit Gott.« Wenn wir begriffen haben, was Gott getan hat, werden wir das nicht für uns behalten können.

Gerade weil wir von der Versöhnung wissen, können wir Menschen eigentlich nur noch durch die »Brille der Versöhnung« ansehen: Es gibt keinen hoffnungslosen Fall, weil Gott doch alles für den getan hat, mit dem ich nicht zurechtkomme, von dem ich annehme, er versteht das Evangelium auf keinen Fall.

Weil Gottes Versöhnungshandeln alle meint und auf die Welt zielt, muß es *umfassend* bezeugt werden, wenn unser Zeugnis glaubwürdig sein soll. Der Dienst der Versöhnung heißt dann auch, daß Christen Frieden zwischen Streitenden suchen, daß sie selbst den ersten Schritt zur Versöhnung tun, und Schuld eingestehen, wenn sie in Konflikte verwickelt sind. Das heißt auch, daß die Kirche versucht, Mauern zwischen verfeindeten Blöcken und Ideologien zu überwinden (ohne freilich alles gut zu heißen und zu relativieren) und Modelle versöhnenden Lebens entwickelt.

W. Schlichting

Verstand → Vernunft/Verstand/Einsicht

Verstockung

I. Wortbedeutung

»Verstockung« bezeichnet das Verharren eines Menschen in einer inneren Haltung der Uneinsichtigkeit. Er will sich nicht ändern, ist unzugänglich für andere Argumente, taub für den Ruf, der ihn trifft. In der Bibel kann damit aber nicht nur eine *Haltung* des Menschen gemeint sein; vielmehr ist auch eine *Handlung* Gottes angezeigt: Als → Strafe für Unglauben kann Gott einen Menschen »verstokken«. Statt von »Verstockung« kann man auch von »Verhärtung« sprechen. Die Bibel hat hierfür ein entsprechendes Wort gebildet, nämlich »Hartherzigkeit« (griech.: *sklerokardia*; Jes 6,10; Mt 19,8). Hes 36,26 kündigt eine Zeit an, wo das steinerne (taube) Herz gegen ein fleischernes (ein lebendiges, hörfähiges) ausgetauscht werden soll.

II. Der Begriff in der Bibel

A. IM ALTEN TESTAMENT

1. In den Büchern 1. Mose bis Josua kommt »Verstockung« nur in Anwendung auf Nichtisraeliten vor, vor allem auf Pharao. Dabei kann der Gebrauch wechseln zwischen »sich verhärten« oder »Jahwe verhärtet das Herz von . . .« Damit ist schon angezeigt, daß Verstockung zugleich als eigene Schuld des Betreffenden *und* als von Gott zugefügte → Strafe verstanden ist: einmal besteht die Schuld Pharaos in seiner Hartherzigkeit; das andere Mal bestraft ihn Gott mit der Verstokkung seines Herzens. Im Begriff der Verstokkung kommt heraus, daß die Schuld des Menschen immer auch Gericht über vorausgehende andere Schuld ist.

2. Da wo »Verstockung« bei den → Propheten vorkommt, wird → Israel selbst als verstockt bezeichnet. Ja, in der Berufungsvision Jesajas wird die Verstockung geradezu zum Auftrag des Propheten (Jes 6,9f). Urheber der Verstockung ist demnach Gott selbst mittels seines Boten. Gleichzeitig ist sie Folge der dauernden Unbußfertigkeit des Volkes. Nachdem Israel seinem Gott, der es zum Bundesvolk erwählte, nicht Folge leistete, soll es nun auch nicht mehr Folge leisten *können.* Unglaube wird bestraft mit – Unglaube! Die Verhärtung wird nun zum unentrinnbaren Schicksal. So predigt Jesaja Buße im Wissen um die göttliche Verhinderung der Buße! Darin besteht das → Gericht. Das Urteil Gottes und die Verantwortung des Menschen sind zwei Seiten einer Medaille.

3. Aber auch ein Gerichtsprophet wie Jesaja weiß von einem künftigen Heilshandeln Gottes: von der alle menschliche Untreue überdauernden Bundestreue Gottes (→ Bund).

Daran ist erkennbar, daß schon im AT Verstockung kein letztes, sondern ein vorläufiges, geschichtlich überholbares Gerichtshandeln ist. Es handelt sich nicht um ein totales, endgültiges Gericht. Dem widerspräche schon, was man den »Rest-Gedanken« bei Jesaja nennt, der besagt: für einen Rest Israels wird es noch Rettung und → Heil geben (Jes 7,3ff). Darüber hinaus läßt sich für die Verstockung Pharaos sagen, daß sie die negative Voraussetzung für ein *positives* Handeln Gottes ist: Israel erlangt die Freiheit. Wie wir im NT sehen werden, kommt Paulus zu der erstaunlichen Einsicht, daß auch die Verstockung Israels die negative Voraussetzung für ein positives Heilsgeschehen ist: das → Evangelium kommt in die Völkerwelt (und schließlich wird ganz Israel gerettet, vgl. Röm 11,26).

B. IM NEUEN TESTAMENT

1. Im NT kommt Verstockung zunächst dort vor, wo Menschen Jesus bzw. das Evangelium von Gottes Rettungstat in Jesus Christus ablehnen. Stellen wie Mt 13,15; Mk 3,5; Joh 12,40 und Apg 19,9 sprechen von der Verstokkung der *Juden* gegenüber Jesus. Ihr Unglaube wird hier z.T. durch das betreffende Jesaja-Zitat (s.o. Jes 6,9f) gedeutet. Mk 6,52; 8,17 sprechen aber auch von der Verstockung der →*Jünger* Jesu, weil sie trotz Jesu Machttaten ihm nicht wirklich vertrauen wollen.

Eph 4,18 wird die Gemeinde unterschieden von den →*Heiden,* die in ihrem Denken verfinstert und von Gott ferngehalten sind wegen der Verstockung ihres Herzens. Hebr schließlich warnt die Gemeinde, nicht wie Israel durch selbstverschuldeten Unglauben verstockt zu werden (3,7 u.ö.).

2. In besonderer Weise hat Paulus über das Thema »Verstockung« nachgedacht und geschrieben. In 2Kor 3,14 sieht er die Verstokkung Israels noch bis zur Stunde wirksam. Er interpretiert sie als »Decke auf ihrem Herzen«, die nur durch die Christuserkenntnis weggenommen wird. Im Zusammenhang der Anklage von Röm 2 wird der Mensch im Licht der Heilsbotschaft von Jesus Christus so offenbar, daß er in einer unausweichlichen Schuldverstrickung vor Gott dasteht. Paulus *behaftet* den Menschen mit seiner Schuld. Darum trägt in Röm 2,5 »Verstockung« besonders den Akzent der Verantwortlichkeit.

3. Von Verstockung ist am ausführlichsten in Röm 7–11 die Rede. Hier bedenkt Paulus angesichts des von ihm erlebten Unglaubens der Juden das Verhältnis von »Rechtfertigung allein aus Glauben« und den Israel gegebenen unwiderruflichen Verheißungen Gottes. Will man diesen Kapitelzusammenhang richtig verstehen, muß man sich vergegenwärtigen, daß hier alle kritischen Sätze über Israel zugleich kritisch an die junge Kirche von Rom gerichtet sind: »Ihr steht dort in der gleichen Gefahr, der Israel erlegen ist: ihr seid im Begriff, die Gnade eurer → Erwählung als Besitz aufzufassen und euch dieser Erwählung zu rühmen!« – Gnadenvergessen beginnen die Christen, sich über Israel zu erheben. Darum muß Paulus den *Christen* gegenüber warnend von Israels Schuld sprechen (vgl. Röm 11,17f).

Das Stichwort »Verstockung« kommt hier dreimal vor: Röm 9,18 wird es aufgegriffen, um von der Freiheit göttlichen Erwählens zu sprechen: Gott erbarmt sich, wessen er will, und verhärtet, wen er will. Dieser Satz weiß nichts von göttlicher Willkür, wie man mißverstehen könnte, sondern will sichern, daß Gottes Gnade nicht einzuklagen ist, sondern nur aus der *Freiheit* Gottes heraus begriffen und als Gnade erkannt werden kann. Röm 11,7 greift die Aussage Jesajas auf, wonach nicht ganz Israel verstockt ist, sondern ein Rest dem Gericht entrinnt. Paulus sieht diesen Rest in den Juden, die ja tatsächlich christusgläubig geworden sind, so wie er selbst. Schließlich fügt Röm 11,25 hinzu: die Verstockung, die über einen Teil der Juden verhängt ist, ist zeitlich begrenzt und wird aufgehoben, wenn durch die Verkündigung des Evangeliums die Heiden hinzugebracht worden sind.

III. Der Begriff heute

1. IST ISRAEL VERSTOCKT? DAS HEUTIGE GESPRÄCH ZWISCHEN KIRCHE UND ISRAEL

Ein leichtfertiges, unsachgemäßes und überhebliches Verständnis von »Verstokkung« hat seit der Trennung der Kirche von Israel bis in unser Jahrhundert hinein dem kirchlichen und gesellschaftlichen Antisemitismus zusätzliche Nahrung gegeben. Erst nach Auschwitz, ja, auf breiterer Ebene erst in der unmittelbaren Gegenwart, gewinnen Christen wieder neu die Einsicht in die bleibende heilsgeschichtliche Bedeutung des Volkes Israel und in die ungekündigte Erwählung dieses Volkes durch Gott. Das Gespräch zwischen Israel und der Kirche kann nur dann stattfinden, wenn wir als Kirche wieder begreifen, daß die Verstockung Israels bei Paulus nicht nur einen heilsgeschichtlichen *Zweck* hat (damit das Heil zu den Heiden kommt, Röm 11,11), sondern auch eine zeitliche *Grenze:* »bis die Vollzahl der Heiden eingegangen sein wird und auf diese Weise ganz Israel gerettet werden wird« (Röm 11,25b.26a). Wenn das aber begriffen ist, dann kann »Verstockung« nicht länger mit

»Verwerfung« gleichgesetzt werden, dann kann auch nicht länger davon die Rede sein, die Kirche habe Israel heilsgeschichtlich »ersetzt«, noch kann dann seitens der Kirche die Bruderschaft und Weggemeinschaft mit Israel gekündigt werden.

2. Das Problem des → Unglaubens in Verkündigung und → Seelsorge

a) In Verkündigung und Seelsorge steht man manchmal vor dem Problem besonders hartnäckigen Unglaubens und ausgesprochener Unbußfertigkeit. Man wird grundsätzlich mehr als vorsichtig sein müssen, einen Menschen für verstockt zu erklären. Wir haben Zeugen und Repräsentanten der grenzenlosen → *Geduld* Gottes zu sein. Und wie leicht könnte es so liegen, daß mein Gegenüber gar nicht das Evangelium ablehnt, sondern meine Art, es zu vertreten! Genauso könnte ein solches Urteil über einen Menschen nur ein Zeichen meiner drängerischen Ungeduld sein, in der ich dem andern nicht die Zeit zugestehe, sich zu ändern.

b) Jedoch gibt es hin und wieder Situationen, die einen mindestens fragen lassen, ob die Form des Unglaubens, die einem hier begegnet, nicht an regelrechte Verstockung grenzt. Verstockung bedeutet Hörunfähigkeit, die über einen Menschen verhängt ist, der oft genug in seinem Leben hätte hören können. Es drängt sich manchmal bei älteren Menschen der Eindruck auf: Sie können einfach die frohe Botschaft nicht mehr aufnehmen, weil sie sich ein Leben lang darauf verlegt haben, sich selber alles Gute und Segensvolle zuzuschreiben und Gott für alles Negative verantwortlich zu machen. Der Beweis der eigenen Anständigkeit ist zu ihrer Lebensgrundlage geworden, und darum müssen sie taub sein für die Vergebungsbotschaft, weil eben diese Botschaft ihre Lebensgrundlage in Frage stellt. Leben sie von ihrer eigenen moralischen Qualität, so muß ihnen gerade das Wort von der → Gnade Gottes den Sündern gegenüber fremd vorkommen, als beträfe es sie selbst nicht. Oder aber sie müssen dieses Gnadenwort als Gericht empfinden, das ihr ganzes Leben trifft. Solcher Unglaube kann wie ein Verhängnis über einem Menschen liegen. Es kann nicht ohne schwerwiegende Folgen sein, wenn man dem Angebot des Evangeliums und der Wirklichkeit Jesu Christi u.U. schon von Jugend an ausweicht.

Wenn ich jedoch weiß, daß Gottes Gnade auch aller menschlichen Verstocktheit gegenüber den längeren Atem hat, bleibe ich auch scheinbar aussichtslosen Fällen gegenüber die wiederholte Verkündigung dieser Gnade schuldig. W. Vorländer

Versuchung → Anfechtung/Versuchung

Vertrauen → Glaube/Vertrauen

Vision → Erscheinung/Vision

Völker → Heiden/Völker

Vollmacht

I. Wortbedeutung

Das griech. Wort für »Vollmacht« *(exousia)* hatte vor allem im Rechtsgefüge des Staates seinen Platz. Vollmacht war (und wurde) Ermöglichung zum Handeln: Die jeweils höchste Instanz erteilte der untergeordneten Behörde, oder auch dem einzelnen, bestimmte Vollmachten. Das bedeutete Recht und Freiheit, etwas zu tun, was eigentlich einem anderen zukam.

Auch das latein. Wort *(plenipotentia)* und der dt. Sprachgebrauch weisen auf den gleichen Sachverhalt. Vollmacht ist also immer abgeleitete Macht; sie bedeutete nichts, wenn nicht tatsächlich eine Macht dahinter stünde.

II. Der Begriff in der Bibel

Auch wenn der Begriff im AT so kaum vorkommt, findet sich das damit angeschlagene Thema häufig. Zuerst in der Josephsgeschichte: Joseph bekommt vom Pharao eine Art Generalvollmacht. Er wird über ganz Ägypten gesetzt (1Mo 41,41) und ist nur dem Pharao Rechenschaft schuldig.

Nie aber steht im AT in Frage, daß Gott selbst es ist, der Macht hat und Macht verleiht. Besonders die Psalmen besingen die Macht des Schöpfers, des Herrn der Geschichte und des Gottes Israels (59,17; 77,15; 111; → Schöpfung/Schöpfer). In besonderer Weise klingt das beim Propheten Daniel an: Hier wird Gott als Herr der Geschichte beschrieben und gepriesen. Er setzt Könige ein und Könige ab (2,21); allen wird ihre Macht genommen (7,12), nur der → Menschensohn bleibt, ihm wird Vollmacht verliehen, »die niemals vergeht« (7,14; → Macht/Allmacht).

Von der Macht Gottes spricht auch das NT. Der Vater im Himmel »hat Zeit und Stunde festgesetzt in seiner Macht« (Apg 1,7). Gott ist der Töpfer, der aus dem Ton machen kann, was er will (Röm 9,21). Aber Gott kann auch Macht delegieren. So werden die → Engel als Mächte bezeichnet (Eph 3,10), aber auch ganz andere Organe kann Gott mit Vollmacht versehen, um sein Strafgericht zu vollziehen (Offb 9,3; 10,19).

Niemand steht allerdings mehr in der Vollmacht Gottes als Jesus selbst. An ihm stoßen sich die Leute, sie staunen oder sie sind empört, denn »er lehrte sie wie einer, der

Vollmacht hat, und nicht wie ihre Schriftgelehrten« (Mt 7,29). Den Machtansprüchen und falschen Machtofferten des Teufels hält er stand (Lk 4,6), in Heilungen und Reden erweist er seine Vollmacht (Mt 9,6). Ihm hat Gott Vollmacht gegeben, → Gericht zu halten (Joh 5,27), ihm ist »alle Gewalt gegeben im Himmel und auf Erden« (Mt 28,18). Ja, diese Vollmacht ist gewaltig, unvergleichbar mit irgendeiner anderen, die Gott verliehen hat. Kein Mensch hat Macht über ihn, es sei denn, sie wäre ihm »von oben herab gegeben« (Joh 19,10f). Wenn er nach seiner Vollmacht befragt wird, entzieht er sich (Mt 21,33); aber wenn er handelt, dann preisen Menschen Gottes Macht (Mt 9,8); → Heilen/Heilung.

Jesus behält aber seine Macht nicht für sich. Die ihn aufnahmen, denen hat er das Anrecht (d.h. die Vollmacht!) gegeben, Gottes Kinder zu werden (Joh 1,12 → Kind Gottes). Seine → Jünger ruft er zu sich und gibt ihnen »Macht über die unreinen Geister, sie auszutreiben und jede Krankheit und jedes Gebrechen zu heilen« (Mt 10,1). Aber zugleich warnt er sie auch: Vollmacht ist und bleibt verliehene Macht und soll nicht zum Selbstruhm führen: »Freuet euch nicht darüber, daß die Geister euch untertan sind; freut euch vielmehr, daß eure Namen in dem Himmel aufgeschrieben sind« (Lk 10,20).

Was den Jüngern gilt, darf auch die christliche → Gemeinde beanspruchen. Paulus weist der Gemeinde in Korinth gegenüber deutlich auf die ihm verliehene Vollmacht hin. Wie kein anderer beschreibt er aber auch, was eigentlich Vollmacht ist und wie sie sich auswirkt. Sie dient »zur Auferbauung der Gemeinde und nicht zu ihrer Zerstörung« (2Kor 10,8). Wer Vollmacht hat, ist »ein freier Herr und niemandem untertan« (Luther). »Alles ist mir erlaubt«, kann Paulus sagen, um aber gleich fortzusetzen: »Ich darf mich von nichts beherrschen lassen« (1Kor 6,12). Auch soll der, der Vollmacht hat, darauf achten, daß sie »den Schwachen nicht zum Anstoß gereiche« (1Kor 8,9). Vor allem darf Vollmacht nicht mißbraucht werden, als wäre sie eine automatisch wirkende Kraft, die man sich aus listigen Gründen aneignen kann (Apg 8,19). Nein, Vollmacht ist verliehene Macht, sie setzt Menschen frei und in Bewegung, nicht um ihrer selbst willen, sondern um Christus zu dienen und seine Gemeinde zu bauen.

Aber auch der Christ ist eingebunden in die weltliche Ordnung und damit untertan der Obrigkeit (= der »Vollmacht«), die von Gott eingesetzt ist (Röm 13,1; Tit 3,1), wenn auch der Satz »man muß Gott mehr gehorchen als den Menschen« (Apg 4,19) auf ein bestimmtes Notstandsrecht hinweisen könnte. Schließlich aber wird Gott sein »alles in allem«, dann nämlich, wenn der Sohn alle Feinde unter seine Füße gelegt und seine Vollmacht dem Vater zurückgegeben hat (1Kor 15,24–28).

III. Der Begriff heute

»Vollmacht« kennen wir heute vorwiegend in zwei Lebensbereichen. Im Bereich des Rechts oder des Geldverkehrs ist klar umschrieben, wer eine Vollmacht geben und wer sie erhalten kann. Wer diesen Vorschriften zuwider handelt, hat sich »Vollmachten angemaßt« und kann bestraft werden. Anders ist das im Bereich der christlichen Gemeinde. Hier ist viel von »Vollmacht« die Rede, aber um so unklarer ist die inhaltliche Füllung. Da werden Prediger als »vollmächtige Männer« beschrieben, anderen wieder wird die Vollmacht abgesprochen.

1. Wer hat Vollmacht?

Jesus hat seine Jünger hart zurückgewiesen, als sie sich mit ihrer Vollmacht brüsten wollten (Lk 10,20). Als er selbst nach seiner Vollmacht gefragt wurde, hat er sich verweigert (Mt 21,23). Es könnte nämlich sein, daß wir hier schnell in eine Gefahr geraten: Vollmacht als verliehene Macht und eigene Macht könnten verwechselt werden, könnten ineinandergleiten. Nicht mehr Gott, der Herr, wäre Mittelpunkt, sondern der Mensch – um nicht zu sagen der → Satan, der nicht nur Jesus mit Machtofferten versucht hat!

Auffällig ist ja, daß auch Paulus, der so oft sein Apostelamt betont, mit der Rede von der Vollmacht sehr vorsichtig und zurückhaltend ist (→ Apostel/Apostelamt).

Man darf wohl sagen, daß Jesus uns, wenn wir uns aus Glauben und ernsthaft in seinen → Dienst stellen, Vollmacht verleihen wird, so wie er es den Jüngern gegenüber getan hat (Mt 10,1). Mehr zu sagen und mehr zu verlangen, wäre zuviel! Vollmacht läßt sich nicht abrufen, sie vollzieht sich im Reden und Handeln. Die Bitte um Vollmacht ist genug.

2. Was ist Vollmacht?

Darüber läßt sich weit mehr sagen. Daran kann sich auch jeder prüfen, denn es ist viel besser, sich selbst (auch kritisch!) zu befragen, als andere zu beurteilen. Vollmacht hat sicher viel mit → Freiheit zu tun. Der Atem der Freiheit durchzieht das Leben Jesu, aber auch den Weg des Paulus. Ausdruck der Freiheit war es, wenn Jesus auch angesichts des Gegners am → Sabbat heilte, Sünden vergab und schließlich selbst sein Leben hingeben konnte (Joh 10,18). Ausdruck der Freiheit war es, wenn Paulus trotz aller Gefährdungen, aber auch trotz aller Kritik durch eigene Gemeinden, nicht müde wurde, das → Evangelium überall hinzutragen (→ Freimut/Zuversicht). Vollmacht hat aber auch viel mit → Demut zu tun. Jesus hat nie einen Zweifel daran gelassen, daß seine Vollmacht verliehen war. Vollmacht vollzieht sich auf dem Wege zum → Kreuz, bis zur tiefsten Demütigung (Phil 2,5–11). Das Geheimnis der Vollmacht ist wohl, daß sie aus der Ohnmacht kommt. Dem, der um seine Ohnmacht weiß, wird Vollmacht nie zur Überheblichkeit geraten. Paulus konnte seine großen Offenbarungen erleben und beschreiben, weil er um den »Pfahl im Fleisch« wußte (2Kor 12,7–9). Er konnte Anfeindungen ertragen, weil er seine Vollmacht nicht von Menschen hernahm, er konnte sogar Verachtung aushalten, weil ihm die Anerkennung durch Menschen nicht alles war (2Kor 10,8–13).

Vollmacht hat aber entscheidend mit *Gehorsam* zu tun. Darum waren die → Propheten des AT vollmächtige Leute, weil sie ihr Ohr bei Gott hatten, den Mund aber beim Volk. Jesus war gehorsam, bis zum Tode am Kreuz (Phil 2,8). Paulus war gehorsam, als ihn Jesus rief (Apg 9,8), und er blieb gehorsam, wenn es darum ging, den Willen Gottes zu tun (Apg 16,7ff).

→ Freiheit, → Demut und Gehorsam sind Zeichen der Vollmacht. Ganz beschreiben können diese Begriffe nicht, was Vollmacht ist. Es bleibt dabei: Vollmacht ist verliehene Gabe, über die auch der, der sie empfängt, immer nur staunen kann (Lk 10,21ff). Um so mehr staunen andere und danken Gott dem Vater darüber (Mt 9,8).

Diese Vollmacht kann auch die Kirche heute und in ihr der einzelne erbitten und erwarten. »Wenn ihre Stärke im Kreuz Christi und in ihrem Kreuz liegt, dann ist ihre Schwäche ihre Stärke, und sie kann ohne Angst ... ihren Weg gehen« (H. Küng).

→ Macht/Allmacht H. Bärend

Vorsehung → Ratschluß/Plan/Vorsehung

Vorsteher → Bischof/Vorsteher

W

Waffen → Krieg/Waffen

Wahrheit/Wahrhaftigkeit

I. Wortbedeutung

Wenn Luther hinter seine Erklärungen im Katechismus immer wieder schrieb: »Das ist gewißlich wahr«, so würde die hebr. Bibel dafür das Wort → »Amen« setzen im selben Sinn: das steht fest, das ist sicher und zuverlässig. Das aus dem gleichen Stamm gebildete hebr. Hauptwort *(ämunah)* bedeutet: Beständigkeit, Zuverlässigkeit und dann auch → Treue, Wahrheit. Das AT nennt nur das wahr, was sich als fest und verläßlich herausgestellt hat.

Das griech. Wort *(aletheia)* hat einen anderen Sinn. Es heißt wörtlich »Unverborgenheit« und meint den »wahren« Kern einer Sache, der erst dann sichtbar wird, wenn man ihn »ent-deckt« hat.

Das dt. »wahr« läßt noch das lateinische »verus« erkennen und steht dem hebr. Sprachgebrauch nahe: echt, treu, sicher, zuverlässig.

II. Der Begriff in der Bibel

Im AT meint »Wahrheit« immer etwas ganz und gar Verläßliches. Darum wird mit diesem Begriff an erster Stelle das *Wesen Gottes* ausgesagt, wie Israel es in seiner Geschichte erlebt hat: »Die Werke seiner Hände sind Wahrheit und Recht, alle seine Ordnungen sind beständig. Sie stehen fest für immer und ewig; sie sind recht und verläßlich« (Ps 111,7f). In dieser felsenfesten Beständigkeit besteht die Wahrheit Gottes.

Darum preisen ihn die Psalmen mit Bildern, die gerade die *Festigkeit und Zuverlässigkeit Gottes* umschreiben wollen: »Herr, mein Fels, meine Burg, mein Erretter, mein Gott, mein Hort, auf den ich traue, mein Schild und Berg meines Heiles und mein Schutz« (Ps 18,2f). So bildhaft spricht das AT von der Wahrhaftigkeit Gottes. Was er tut, ist Wahrheit (Dan 4,34). Was er redet, ist Wahrheit (Ps 119,160). Darum kann man sich völlig auf ihn verlassen. »Denn des Herrn Wort ist wahrhaftig, und was er zusagt, das hält er gewiß« (Ps 33,4).

Der → Mensch antwortet Gott darauf mit seinem → *Glauben.* Das hebr. Wort für »glauben« gehört zum gleichen Wortstamm wie »Wahrheit« und meint ursprünglich: feststehen, stillehalten, vertrauen. Im Glauben stellt sich der Mensch auf das unerschütterliche Fundament der Wahrheit Gottes. »Deine Güte ist mir vor Augen, und ich wandle in deiner Wahrheit« (Ps 26,3). Das hat Auswirkungen bis in das Miteinander der Menschen. Die Zuverlässigkeit Gottes soll auch im Handeln seines Volkes wiederzufinden sein. Mose beruft »redliche Leute, die Gott fürchten und wahrhaftig sind« in die richterliche Verantwortung für Israel (2Mo 18,21ff). Das Wort, das man zueinander spricht, soll wahr und aufrichtig sein, denn ein »wahrhaftiger Mund besteht immerdar« (Spr 12,19). Vom Prediger wird gesagt, daß er »Worte der Wahrheit«, also zuverlässige Worte, schreiben wollte (Pred 12,10). So ist auch der Mensch unter die *Verpflichtung zur Wahrheit* gestellt: Treue, Aufrichtigkeit und Verläßlichkeit soll sein Wesen prägen. Andernfalls wird das Leben und das Miteinander zur Heuchelei, die Gottes → Gericht auf sich zieht (Jer 9,1–8).

Im NT wird der Begriff »Wahrheit« in einem erweiterten Sinn gebraucht. *Jesus* leitet seine Worte häufig mit der Wendung »Amen, ich sage euch« ein, was Luther mit »wahrlich, ich sage euch« übersetzt hat. Seine Worte sind also wahr: zuverlässig, tragfähig, verbindlich. Durch diese Wendung wird bereits die besondere Autorität Jesu deutlich, die besonders das Johannesevangelium betont und mit dem Wort »Wahrheit« ausdrückt: »Die → Gnade und Wahrheit ist durch Jesus Christus gekommen« (Joh 1,17). In der Person Jesu offenbart sich die → Herrlichkeit Gottes »voller Gnade und Wahrheit« (Joh 1,14). Ja, *Jesus ist »die Wahrheit«* (Joh 14,6). Die gnädige Zuwendung Gottes hat in Jesus endgültige Gestalt gewonnen. Gottes Wahrheit steht nicht mehr allein in seinem Handeln und seinem Wort, sie steht jetzt für alle Zeiten fest und gewiß in seinem menschgewordenen Sohn. Mit ihm gibt Gott uns alles, was er zu geben hat (Röm 8,32). »Denn für alle Gottesverheißungen ist in ihm das Ja; darum sprechen wir auch durch ihn das Amen, Gott zum Lob. Gott ist's aber, der uns samt euch in Christus fest macht« (2Kor 1,20f). D.h. in Jesus umfaßt uns die Wahrheit Gottes so, daß in ihm alle → Verheißungen Gottes neu aufgerichtet und bestätigt sind, daß unser Leben auf diesen festen Grund gestellt wird bis in die Ewigkeit hinein, und daß es dabei selbst fest und klar wird. Das alles ist in dem → Bekenntnis eingeschlossen, daß durch Jesus Christus die Wahrheit gekommen ist (vgl. Offb 3,14).

Wer zu Jesus kommt, wird aber auch selbst vor ihm offenbar. »Geh und ruf deinen Mann!« sagt er zur Frau am Brunnen und stellt damit die Unwahrheit dieser Frau ins Licht (Joh 4,16ff). Die Wahrheit Jesu deckt alle Unklarheit, alle Sünde und Unreinheit auf. Mit Jesus ist Gottes klares → Licht in diese Welt gekommen. *Im Licht der Wahrheit wird der Mensch vor Gott und vor sich selbst offenbar* (Joh 3,19–21). Stellt er sich der Wahrheit Gottes über sein Leben? Oder »liebt er die Finsternis mehr als das Licht«? An dieser Frage entscheidet sich das ewige Heil jedes einzelnen. Denn nur aus diesem Grund gehen Menschen verloren: »weil sie die Liebe zur Wahrheit nicht angenommen haben, durch die sie gerettet werden sollten« (2Thes 2,10). Alle Unwahrhaftigkeit scheidet sich von Gott und spricht sich damit selbst das Urteil. *Die → Gemeinde Jesu Christi* aber soll als das Haus Gottes »ein Pfeiler und *eine Grundfeste der Wahrheit* sein« (1Tim 3,15). »Darum leget die Lüge ab und redet die Wahrheit, ein jeder mit seinem → Nächsten«, mahnt Eph 4,25. Wo die Gemeinde im Licht lebt und sich reinigen läßt von aller Sünde (1Jo 1,7ff), wo sie in herzlicher Bruderliebe verbunden ist (1Jo 2,8ff) und Jesus als Herrn und → Christus bekennt (1Jo 2,21ff), wo sie »mit der Tat und der Wahrheit« liebt (1Jo 3,18) und auf den »Geist der Wahrheit« hört (1Jo 4,6), da lebt sie in seiner Wahrheit, da hat sie das ewige Leben. »Wir sind in dem Wahrhaftigen, in seinem Sohn Jesus Christus. Dieser ist der wahrhaftige Gott und das ewige Leben« (1Jo 5,20).

III. Der Begriff heute

1. »WAS IST WAHRHEIT?«

Die Frage des Pilatus (Joh 18,38) ist uralt. Unzählige Antworten wurden und werden darauf gegeben. Philosophen aller Jahrhunderte haben darüber nachgedacht. Und doch bleiben all diese Gedanken reine Spekulation, wo sie nicht »aus der Wahrheit«, d.h. aus der lebendigen Begegnung mit dem Gott der Bibel, kommen. Darum sind Antworten, die im Abstand zum biblischen Denken versucht wurden, auch immer wieder zerbrochen und überholt worden. Das hat, besonders nach dem Niedergang der großen deutschen Philosophie (Kant, Hegel u.a.) im letzten Jahrhundert, zu einer Verflachung des Wahrheitsbegriffes geführt. Wir gebrauchen heute, z.B. in modernen Wissenschaften, das Wort »wahr« nur noch im Sinne von »richtig«. Einzelne Aussagen sind wahr, die sich als richtig herausgestellt oder bewiesen haben, im Gegensatz zu falschen Aussagen und Ergebnissen. Die Frage »Was ist Wahrheit?« wird in dieser grundsätzlichen Form kaum noch gestellt. Hand in Hand damit geht eine allgemeine Entwertung der Wahrheit im menschlichen Zusammenleben. Es wird heute in entsprechenden Situationen, z.B. am Telefon, oft bedenkenlos gelogen. Die Lüge macht sich breit, vom privaten bis in den öffentlichen, politischen Bereich. Wir stehen mitten in einem umfassenden Zerbruch der Wahrheit. Und wenn die Bibel uns zeigt, daß die Frage nach der Wahrheit im tiefsten auch die Frage nach Gott ist und untrennbar mit der Wirklichkeit Gottes verknüpft ist, können wir darüber erkennen, daß sich hinter dem Verlust an Wahrheit in unserer Zeit der alte Aufstand des Menschen gegen Gott verbirgt, der Gott und seine Wahrheit nicht will. In dieser Situation müssen wir Christen es neu lernen, im biblischen Sinn von der Wahrheit zu reden, uns ihr zu stellen und in der Wahrheit zu leben.

2. DIE WAHRHEIT ECHTER GOTTESBEGEGNUNG

Die Zeugen der Bibel können nicht distanziert, teilnahmslos von der Wahrheit reden, weil sie Gott begegnet sind. Gott selbst hat zu ihnen gesprochen, hat in ihr Leben eingegriffen, hat sich mit ihnen verbunden. Das war erschreckend und schmerzlich, das war befreiend und heilend. Keiner hatte es sich so vorgestellt, aber alle wurden aus alten Bahnen geworfen und völlig verändert, wie z.B. ein Jakob, ein David, ein Paulus. In der Begegnung mit Gott kam ihr Leben unter die Wahrheit Gottes. Gott zeigte sich ihnen selbst und deckte dabei ihr eigenes Leben auf; er hielt → Gericht und rettete; er verwarf, vergab und machte ganz neu. Das sind für die Bibel die Dimensionen Gottes: »Der Herr tötet und macht lebendig, führt hinab zu den Toten und wieder herauf« (1Sam 2,6). Gott zu begegnen führt daher in eine unvergleichliche Erschütterung des ganzen Lebens. Und wo beim Menschen selbst nichts mehr bestehen bleibt, worauf er sich noch verlassen könnte, wird ihm die Wahrheit geschenkt: die → Treue, Verläßlichkeit und Klarheit Gottes, auf die er dann sein Leben ganz neu bauen darf. In Verkündigung und → Seelsorge sowie im Miteinander der Christen geht es eben darum, daß die Wahrheit Gottes unser Leben erschüttern, reinigen und auf einen neuen Grund stellen will.

3. WAHRE UND FALSCHE GEMEINSCHAFT MIT GOTT

In der Begegnung mit dem lebendigen Gott erkennt der Mensch, wer er ist. »Herr, geh weg von mir! Ich bin ein sündiger Mensch!« rief Petrus erschrocken aus, als er Jesus begegnete (Lk 5,8). Genauso schenkt Jesus Christus auch heute noch eine Klarsicht über das eigene Leben, die an sich selbst verzweifeln läßt, aber so allein zum Dienst für Gott befähigt: »Von nun an wirst du Menschen fangen« (Lk 5,10). Grundlage des Christseins kann eben nie und nimmer die eigene Fähigkeit und Anständigkeit sein, sondern nur die Treue und Wahrheit Gottes, die in Jesus gerade dem Sünder geschenkt wird, also dem, der weiß, daß an ihm nichts Gutes ist. Doch auch dieses Wissen kann im Handumdrehen wieder zur selbstgerechten Show werden, zur vielleicht sogar unbewußt gespielten → Demut. Die Gefahr des Selbstbetrugs ist ungeheuer groß bei uns Menschen, und bei Christen kann der Glaube leicht erstarren, was die fromme Sprache oft nicht einmal erkennen läßt. Jeder Betrug lähmt die lebendige Gemeinschaft mit Gott, der die Wahrheit ist; und wer ständig im Betrug lebt, verliert das Leben aus Gott. Da hilft nur eines: täglich konzentriert auf das biblische Wort hören, daß es alle Täuschung und den Betrug der Sünde aufdekken kann. Gottes Wort will täglich Umkehr wecken und gerade da schenken, wo wir unwahr leben. Wahre Gemeinschaft mit Gott kann nur Gemeinschaft aus dem Hören auf ihn sein, je konkreter desto echter. »Heilige sie durch die Wahrheit; dein Wort ist die Wahrheit«, bittet Jesus für seine Jünger (Joh 17,17). Solche Heiligung ist nicht irgendwann abgeschlossen, sondern umfaßt unser ganzes Leben und will uns durch ständige Umkehr in die Wahrheit führen (→ Heilig/Heiligung; Buße/Bekehrung; Gemeinschaft/Teilhabe).

4. Wahre und falsche Gemeinschaft mit dem Nächsten

An keiner Stelle des NT hält Gott so hart und schnell Gericht über Menschen wie in der Geschichte von Ananias und Saphira (Apg 5). Dieses Ehepaar wird schuldig durch eine dreifache Unwahrheit: es betrügt sich selbst, indem es mehr am Geld hängt als an Gott, es betrügt die Brüder der Gemeinde und damit auch Gott. Mit dem Tod müssen die beiden ihre Lüge bezahlen. Dieses Gericht ist so unerhört hart, weil an dieser Stelle das ganze geistliche Leben der Jerusalemer Urgemeinde und ihr Auftrag in Gefahr kommt. Wenn der Bazillus der Unwahrhaftigkeit um sich greift, wird nichts Geringeres als das Fundament des christlichen Glaubens und der Gemeinde zerstört: die völlige Klarheit und Aufrichtigkeit der Beziehungen zu Gott, zum Bruder und zur Welt. Mit dieser Wahrhaftigkeit steht und fällt der Glaube und die Gemeinschaft der Christen. Die Wahrheit tun heißt für den Christen: »im Licht leben« (1Jo 1,6f), in einer entschlossenen Klarheit zu Gott und zum Nächsten hin. In unseren Gemeinden wird es mehr → Frucht geben, wenn wir rückhaltlos offen und aufrichtig miteinander umgehen, nichts unbereinigt zwischen uns stehen lassen und darauf verzichten, hinter dem Rücken übereinander zu reden. Nur auf dieser Grundlage kann Gottes Wille erfüllt werden, »daß alle Menschen . . . zur Erkenntnis der Wahrheit kommen« (1Tim 2,4). K.-H. Michel

Weisheit/Torheit

I. Wortbedeutung

Im alltäglichen Sprachgebrauch werden Weisheit und Torheit oftmals mit Intelligenz und Dummheit gleichgesetzt. Dies ist eine Vereinfachung und entspricht nicht dem biblischen Sprachgebrauch. Zwar beschreiben beide Vokabeln in der Bibel auch das denkende und tätige Verhalten des Menschen in der Welt, doch besteht Weisheit und Torheit vor allem in Anerkennung bzw. Ablehnung Gottes und des Evangeliums. So sind Weisheit und Torheit weniger Feststellungsurteile als vielmehr Begriffe, die ein bestimmtes Verhalten bezeichnen. Manche deutschen Bibeln übersetzen das hebr. Wort für »Weisheit« *(chokmah)* mit »Erkenntnis«.

II. Der Begriff in der Bibel

A. IM ALTEN TESTAMENT

Das AT versteht unter Weisheit die Fähigkeit, die Natur und das menschliche Zusammenleben zu durchschauen, einzuordnen und zu bewältigen. → Israel steht in diesem Bemühen nicht allein. Schon *vor* der Staatengründung Israels gibt es etwa im Zweistromland und Ägypten gelehrte Weisheitsliteratur. Israel hat hier, zur Zeit Salomos, aber auch während des Exils, vieles übernehmen können. So stammt z.B. Spr 22,17–23,12 fast wörtlich aus dem Bereich ägyptischer Literatur. Doch bleibt in aller Anlehnung an fremde Vorbilder der Glaube an Gott die maßgebende Norm der atl. Weisheit.

1. »Die Furcht des Herrn ist der Anfang der Weisheit/Erkenntnis« (Spr 1,7; vgl. auch 9,10; 15,33). Dieser Satz steht am Anfang der eigentlichen Weisheitsliteratur des AT, zu der die atl. Bücher Sprüche Salomos, Hiob, Prediger und einige Psalmen gehören. Die außerisraelitische Weisheit weiß von einer solchen nahezu programmatischen Verankerung der Weisheit in der → Gottesfurcht nichts.

»Die Furcht des Herrn ist die Quelle des Lebens« (Spr 14,27) ist ein anderer zentraler

Satz, der zeigt, daß die atl. Weisheit auf die praktische Gestaltung des Lebens ausgerichtet ist. Der atl. Weise ist nicht Philosoph, seine Rede nicht spekulativ. Beispiele solch praktischer Lebensweisheit sind die Sprichworte in Spr 26, die Verhaltensregeln Spr 22,17–25,28 und die Zahlensprüche Spr 30,15–33. An Salomo zeigt sich, daß weises Verhalten als Geschenk erbeten sein will (1Kö 3,5–15). Versteht Weisheit sich nicht mehr als Gabe, in der Furcht des Herrn empfangen und gebraucht, wird sie anmaßend. Jer 9,22 warnt: »Ein Weiser rühme sich nicht seiner Weisheit.« Ja, ein Tor darf mehr hoffen als der, der sich selbst weise dünkt (Spr 3,7; 26,12).

2. Das weisheitliche Denken in Israel gewinnt in den Büchern Pred und Hi eine besondere Tiefe, steht in manchem freilich auch in Auseinandersetzung mit älteren Weisheitslehren. Das Buch des Predigers Salomo dämpft den Optimismus derjenigen Weisheit, welche meint, die verborgene Ordnung der Welt wirklich erkennen zu können (8,16f). Gerade dies ist dem Menschen verwehrt (3,11). Alles Ding hat seine von Gott gesetzte Zeit (3,1–8), allein Gott weiß um die Zeit, der Mensch kennt nicht einmal seine Stunde (9,11f). Doch bleibt nicht Resignation, vielmehr will gerade das Aufzeigen der Begrenztheit menschlicher Erkenntnis zu neuer Gottesfurcht anleiten (3,14).

Auch im Buch *Hiob* kommt es zu Auseinandersetzungen mit herkömmlichem Weisheitsdenken (vertreten durch Hiobs Freunde). In seinem Leiden bestreitet Hiob die Ansicht, daß es dem Guten gut gehen muß und ein Leiden als Strafe für Fehlverhalten anerkannt werden soll (4,7–9). Hiob ruft gerade in seinem Leiden Gott, seinen Zeugen im Himmel, an (19,26) und durchbricht darin das von seinen Freunden vertretene Ordnungsdenken. So zeigen gewichtige Teile der Bücher Pred und Hi, daß der Glaube an Gott nicht aufgeht in einem planvollen menschlich einsichtigen Ordnungsdenken. Der Glaube gewinnt vielmehr gerade da oft seine Kraft, wo dem Menschen eine Einsicht in die Pläne Gottes gar nicht gegeben ist, also in Grenzsituationen.

3. Besteht Weisheit in Gottesfurcht, so bezeichnet das AT die Auflehnung gegen Gott als *Torheit.* »Die Toren sprechen in ihrem Herzen, es ist kein Gott« (Ps 14,1; vgl. auch Ps 53,2; 74,18; Hi 2,10). In seiner Abwendung von Gott lehnt der Tor sich gegen die Ordnungen Gottes auf. Er läßt die Hungrigen darben (Jes 32,6), erwirbt in Unrecht Reichtum (Jer 17,11), spottet über Gläubige (Ps 39,9). Solche Torheit ist nicht menschliches Geschick, sondern aktives Verhalten und steht unter dem → Gericht (Spr 5,23; 10,21). Der Beter bekennt seine Schuld und Torheit und darf weiter auf den Herrn hoffen (Ps 69,6f).

B. IM NEUEN TESTAMENT

Im NT liegt, bedingt durch die Situation der Gemeinde in Korinth, ein deutliches Schwergewicht der vorkommenden Stellen in 1Kor 1–3. In Korinth ist das → Evangelium vom → Kreuz Christi in eine Weisheitslehre nach intellektuellen Ansprüchen (1,22) verwandelt – und so vernichtet worden (1,17). Paulus stellt dieser Lehre, die auch das Verständnis des rechten christlichen Lebens (Kap. 8–10) und das der → Auferstehung (Kap. 15) verändert hatte, das Wort vom Kreuz gegenüber. Es besagt, daß die Predigt sich nicht in vernünftigen Reden menschlicher Weisheit ausweist (2,1–4), sondern den Kreuzestod Christi verkündet. Wer also in besseren Argumenten die Wahrheit sucht, wird sie verfehlen (1,18). Das Kreuz Christi entspricht nicht dem menschlichen Verlangen nach äußerlicher Überlegenheit (1,22), sondern muß im → Glauben angenommen werden. Will es auch scheinen, als sei das Kreuz Torheit, so wissen die Christen doch, daß gerade im Kreuz die Weisheit besteht. Freilich, für die → Welt verborgen (Kol 2,3), doch liegt in dieser Verborgenheit für den Glaubenden Weisheit, → Gerechtigkeit, → Heiligung und → Erlösung (1Kor 1,30). Verkünden dies auch menschliche, törichte Worte, so begründet deren glaubende Annahme jedoch Heil (1,21).

III. Der Begriff heute

Weisheit und Torheit können in der Bibel also verschiedene Sachverhalte bezeichnen. Doch welche Aspekte gelten der christlichen Gemeinde heute in besonderem Maße?

1. Die christliche Botschaft begegnet nach Paulus den Menschen als *Torheit.* Weshalb? Der Weg des → Sohnes Gottes in die Niedrigkeit entspricht nicht menschlichen Vorstellungen von der Erhabenheit Gottes. Die Gottesbilder sind immer in kräftigen Farben gemalt worden; sie wollten damit die Macht und Stärke Gottes darstellen. Diese Gottesbilder aber zerbrechen am Kreuz. Hier wird erkannt, daß Gott im Tod seines Sohnes selber für den Menschen eintritt. Der christliche Glaube lebt von dieser Torheit des Kreuzes, er stirbt mit allgemeinen, »klugen« Wahrheiten.

2. Aber Paulus ist *kein Gegner recht verstandener Weisheit,* kein Gegner des Argumentierens. Auf das Erklären der christl. Botschaft in geistigen Auseinandersetzungen wird heute oft verzichtet mit der Haltung: Glaube ist sowieso nur etwas für erwählte und

erleuchtete »Eingeweihte«; die meisten nehmen sie doch nicht an. Die Tatsache aber, daß die christliche Botschaft nur zu oft auf Ablehnung stößt, sollte uns ermutigen, die Sprache der Verkündigung ständig neu an der Zeit und der Situation zu überprüfen, wie es auch Paulus tat (vgl. 1Kor 9,19–23). Gerade weil die Botschaft für die Welt Torheit ist, muß Verkündigung in Weisheit erfolgen.

3. In Kol 4,5 werden die Christen aufgefordert, *in Weisheit gegenüber der Welt zu wandeln.* Was kann dies heute bedeuten? Solche Weisheit besteht gewiß nicht darin, möglichst unbeobachtet und unbeschadet zu leben, die Welt Welt sein zu lassen und an sich selber Genüge zu haben. Bonhoeffer hat von der Kirche gesagt: »Die Kirche ist nur Kirche, wenn sie für andere da ist.« Dieser Aspekt ist heute einer der wichtigsten. Er bedeutet, daß wir uns auf die Weisheit des Dienens einlassen, in einer Weisheit des Dienens gegenüber der Welt wandeln. Hierin entspräche die Gemeinde Jesu der Aufforderung, → Licht und Salz zu sein. So würde sie in ihrem Handeln auf den aufmerken lassen, der mitten unter seinen → Jüngern ein Diener war (→ Dienst/Amt).

4. *»Die Furcht des Herrn ist der Anfang der Weisheit«* (Spr 1,7). Diesem »Grund-Satz« der atl. Weisheit kann nicht lange genug nachgedacht werden. Weisheit ist folglich gar nicht verfügbar, wie man sich irgendein Wissen aus einem Schulbuch aneignet. Wahre Erkenntnis muß das rechte Vorzeichen, den rechten Anfang haben. Es fordert auf, alles, unser Leben, Sprechen und Tun, Hoffen und Denken, auf den rechten Anfang auszurichten. Und so entscheidet sich allein an der Gottesfurcht, ob Weisheit wirklich Weisheit ist. Wie schnell kann sie umschlagen in Torheit, weil sie nicht den rechten Anfang gesucht hat. Wir werden nie ganz sicher sein, ob wir in unseren Entscheidungen immer im rechten Anfang stehen. Eine Hilfe kann uns hier werden, immer wieder das erste Gebot durchzubuchstabieren: »Ich bin der Herr dein Gott.« In der Praxis dieses Gebotes werden Weisheit oder Torheit erkannt, denn hier tritt die → Verheißung »Ich bin der Herr dein Gott« dem → Gebot »Du sollst keine anderen Götter haben« gegenüber (→ Götze/Götzendienst). Luther umschreibt dies im Großen Katechismus so: »Also verstehst du nun leichthin, was und wieviel dies Gebot fordert, nämlich das ganze → Herz des Menschen und alle Zuversicht auf Gott allein und niemand anders.« Wer in diesem Anfang jeden Tag lebt, verdient ein Weiser genannt zu werden. Er verfällt nicht der Torheit, andere Götter zu suchen und sie anzubeten, noch sich selber für klug und weise zu halten.

→ Erkennen/Erkenntnis F. W. Horn

Weisung → Gebot/Weisung/Gesetz

Welt

I. Wortbedeutung

a) Das Wort »Welt« ist, neben → »Gott«, das größte Wort, das der Mensch in den Mund nehmen kann. Es meint »alles zusammengenommen«: die Erdenwelt und die Himmelswelt, die Völkerwelt und die Tierwelt, die Vorwelt und Nachwelt, die Innenwelt und Außenwelt ... Die Verwendbarkeit dieses Wortes ist so universal, daß sich der Mensch dabei überheben und überschätzen kann, indem er »alles« überschaut und durchschaut. Er nimmt den Mund zu voll, als wäre er der Erfinder und Regisseur aller Wirklichkeit.

b) Den umfassenden Sprachgebrauch von »Welt« haben wir im Dt. von dem griech. Wort *kosmos* übernommen. Dieses meinte bei den griech. Philosophen die Weltordnung und das Weltsystem; dazu gehört jedes einzelne Lebewesen und jedes einzelne Ding; nicht nur die Menschen, auch die Götter gehören dazu. Insofern gilt die Welt selbst als göttlich, »der wahrnehmbare Gott« (Heraklit). Das Universum ist von einer höheren Vernunft durchseelt, an welcher der Mensch durch seine eigene Vernunft Anteil hat. Er kann sich also forschende Gedanken machen über die Ideen, die hinter dieser Welt stehen; aber er findet nirgendwo ein echtes Gegenüber, einen, der über allem steht; er findet nur die Gedanken, die hinter allem stehen.

c) Demgegenüber unterscheidet das bibl. Zeugnis streng zwischen Gott und Welt. Gott gehört nicht zum System. Er hat vielmehr die Welt aus dem Nichts geschaffen (Weisheit 11,22) und bleibt der Souverän über alle Wirklichkeit. Der erste Satz der Bibel lautet: »Am Anfang schuf Gott Himmel und Erde« (1Mo 1,1), und der letzte Satz lautet: »Es spricht, der solches bezeugt: ›Ja, ich komme bald‹. Amen. Ja komm Herr Jesus!« (Offb 22,20–21). Zwischen diesen beiden Klammern spielt sich alles ab, was in der Welt vorkommt: die Welt besteht nicht von selbst und vergeht nicht von selbst; sie kommt nicht aus dem Nichts und läuft auch nicht ins Nichts. Sie hängt nicht in der Luft, sondern bleibt in Gottes Hand.

II. Der Begriff in der Bibel

A. IM ALTEN TESTAMENT

Im atl. Zeugnis über die Welt fallen folgende Aspekte auf:

1. In der hebr. Sprache gibt es überhaupt kein Wort für die Welt als ganze. Stattdessen werden konkret → »Himmel und Erde« (1Mo 1,1), »die Erde und was darinnen ist« (Ps 24,1) oder die »Menschenwelt« (1Mo 11,1) genannt. Erst spät wird auch davon geredet, daß Gott »der ist, der *alles* geschaffen hat« (Jer 10,16). – Der Israelit hütet sich davor, den Mund zu voll zu nehmen. Bescheiden und konkret nennt er die Dinge beim Namen. Denn die Welt als ganze und ihre Ordnungen sind Gottes → Geheimnis, seine »Domäne«. Alle erkannten Gesetzmäßigkeiten tragen nicht so viel wie Gottes → Wort (Ps 33,6–9). Darum kann der → Mensch sich kein Pauschalurteil über die Welt erlauben.

2. Der → Glaube an die → Schöpfung der Welt und an die → Erwählung → Israels gehören zusammen (Ps 136). Das → Bekenntnis zu dem Gott, der die Welt gemacht hat, soll Israel heute aufrichten und ausrichten auf Gottes neuen Eingriff in die Welt: Gott ist stärker als alle Chaosmächte; er kann auch heute etwas schaffen; es lohnt sich, im Chaos auf ihn zu warten und zu hoffen (Ps 145). Die Erhabenheit Gottes über die ganze Welt kommt daher besonders in den Trostworten der → Propheten (Jes 44,24–28; Hab 2,20), im Lobgesang der Psalmen (Ps 65,6–9; Ps 96) und in der Berufungsgeschichte Israels zum Ausdruck, in der Gott den → Vater des → Glaubens aus dem Chaos des Völkermeeres beruft (1Mo 11/12).

3. Aber neben der Anbetung des Herrn der Welt steht ebenso intensiv die *Bewunderung der Welt:* weil sie von Gott geschaffen ist, ist sie schön (Ps 8), legt sie Zeugnis ab für Gottes Werk (Ps 19,1–7), hat sie Anteil an der → Herrlichkeit Gottes (Ps 104); auch der Mensch, der mit einer gewissen → Vollmacht über die Welt ausgestattet ist, ist »herrlich« (Ps 8,6) und herrscherlich (1Mo 1,26). Bewunderung der Welt ist angemessen, Vergötterung nicht.

B. IM NEUEN TESTAMENT

Das Verhältnis zur Welt ist im ntl. Zeugnis gespannter: nicht so sehr die Schönheit und Schöpfung der Welt, sondern ihre Abkehr von Gott, nicht so sehr die Welt, wie sie jetzt ist, sondern die neue Welt, die von Gott her kommt, steht im Mittelpunkt des Interesses. Das spannungsvolle Verhältnis zur Welt wird im NT am deutlichsten in den Johannes-Texten. »Der ganze Kosmos liegt im Argen« (1Jo 5,19), obwohl doch alle Dinge durch das Wort Gottes gemacht worden sind (Joh 1,3). Gott hat den Kosmos geliebt und zum Beweis dafür seinen Sohn in den → Tod gegeben (Joh 3,16), aber die Glaubenden sollen die Welt, so wie sie ist, nicht lieben (1Jo 2,15), denn die ist nicht mehr so, wie sie aus der Hand Gottes hervorgegangen ist, sondern hat sich von Gott entfernt, hat eigene Lüste und Ziele entwickelt und wird daran zugrunde gehen (1Jo 2,16–17).

Zusammenfassend läßt sich vom NT her zur Welt sagen:

a) *Sie ist verkehrte, eigenwillige Welt* (→ Sünde/Unrecht). Obwohl die Menschen alles Gott verdanken, dienen sie dem Geschöpf mehr als dem → Schöpfer (Röm 1,25). Die → Weisheit der Welt (1Kor 1,20) kann sich einfach nichts schenken lassen (1Kor 2,12). Folgt der Mensch daher dem »Schema und Trend der Welt« (Röm 12,2), so lebt er in die falsche Richtung: Er will die ganze Welt gewinnen und verliert dabei sein → Leben, so wie Gott es gedacht hat (Mt 16,26). So wird die Welt zu einer Gegenwelt gegen Gott (Mt 4,8). Nicht nur der Mensch als »prominentestes Stück Welt«, sondern auch die ganze Kreatur wird mit in den Abfall hineingezogen.

b) *Sie ist geliebte, versöhnte Welt* (→ Versöhnung/Sühne). Gott gibt die von ihm geschaffene Welt nicht auf, obwohl sie sich ihm gegenüber selbständig machen will. Er liebt den Kosmos und dokumentiert diese Liebe (Joh 3,16). Er versöhnt die Welt mit sich (2Kor 5,19), er schafft von seiner Seite aus ein neues, bereinigtes Verhältnis. Er scheut sich nicht vor einem Alleingang in die Welt, um Frieden mit denen zu stiften, die ihn mißverstehen und mißachten (Joh 1,10–11). Er wirbt darum, daß sich Menschen mit ihm versöhnen lassen (2Kor 5,19–20).

c) *Sie ist vergehende Welt.* Das »Schema dieser Welt vergeht« (1Kor 7,31). Das ganze Welt-System ist nicht so stabil, wie es scheint (2Petr 3,5–13). Dennoch sollen die Christen »die Welt nicht räumen« (1Kor 5,10), denn diese Welt ist ihr Arbeitsfeld! Im Missionsbefehl schickt Jesus die → Jünger in eine Welt, die nach wie vor *seine Domäne* ist (Mt 28,18–19).

d) *Die neue, kommende Welt Gottes läßt hoffen* (→ Hoffnung). Gott ist nicht nur Schöpfer, sondern auch der Neuschöpfer (Offb 21,5). Darum kann die Welt, wie sie jetzt ist, für Menschen, die an den → Herrn der Welt glauben, nicht das Letzte sein. Sie werden zu Überwindern (1Joh 5,4), obwohl sie oft genug noch wie die ganze Schöpfung seufzen und warten (Röm 8,18–26).

III. Der Begriff heute

Für den Christen gibt es keine Weltanschauung an Gott vorbei. Das Vorzeichen, das

Gott vor die Welt gesetzt hat, ist seine → Liebe und → Versöhnung in Christus: »Welt ging verloren, Christ ist geboren ...« Nur vom → Kreuz Christi aus sehen wir die Welt im richtigen Blickwinkel. Christen sollten mit der Welt, so wie sie ist, nicht unbarmherziger umgehen als Gott selbst.

1. Von da aus ist eine *Verteufelung der Welt* nicht unsere Sache. Zwar gibt es genug Mächte und Gewalten, die den Menschen und die Natur zugrunde richten. Und manchmal hat es den Anschein, als hätte Gott die Kontrolle über alles verloren. Die erhabenen Gefühle, die man auf einem Berggipfel hat, verkehren sich in Niedergeschlagenheit, wenn man das Chaos der Völkerwelt auf sich wirken läßt. Wenn Gott nicht in Christus einen neuen Anfang gemacht hätte, könnte man in der Welt als solcher wohl kaum noch Spuren seiner Weisheit und Güte entdecken. Aber das Kreuz demonstriert Gottes Liebe, und das Kreuz steht auf der Erde. Darum ist den Christen ein pessimistischer Umgang mit der Welt untersagt. Wir hoffen ja auf die Treue Gottes, seine Wiederkunft als gekreuzigter und auferstandener Herr.

2. Ebenso wenig können sie aber *die Welt vergöttern,* für das letzte halten. Heute geschieht dies meist nicht durch eine großspurige Schwärmerei von den Möglichkeiten der Wissenschaft (Raumfahrt) und der rosigen Zukunft der Menschheit. Sondern die Welt wird vergöttert, indem ich *meine kleine süße Welt genieße und die große leidende Welt vergesse:* vom Dachgarten eines Restaurants aus sieht Hongkong bezaubernd aus. Der Egoismus der westlichen Welt, die die Sonnenseite des Lebens erwischt hat, vertritt eine völlig falsche Weltsicht. Vom Kreuze Christi her darf ich die vielen kleinen Kreuze in dieser Welt nicht übersehen.

3. Christen sollen die Welt weder fliehen noch sich in ihr verlieren, sondern in sie hineingehen, *um der Welt zu helfen* und Menschen aus dieser Welt zu retten (vgl. Apg 2,40). Zwar sind sie nicht dem »Schema dieser Weltzeit« gleichgestaltet und gleichgeschaltet, aber doch zu Dienst und → Opfer im Rahmen ihres irdisch-leiblichen Lebens aufgerufen (Röm 12,1–2). Wer der Welt ausweicht, traut dem Herrn der Welt zu wenig zu. Die Zuwendung der Christen geschieht in Wort (Missionsbefehl, Mt 28) und Tat (die 7 Werke der Barmherzigkeit, Mt 25). *Nicht Urteile über die Welt, sondern Wege in die Welt* sollen wir suchen. Dabei haben wir uns vor falscher Arroganz und billiger Distanz zu hüten. Wir haben nicht »Jüngstes → Gericht über andere zu spielen«, sondern müssen Gottes → Geist an uns selbst arbeiten lassen, damit unsere Maßstäbe und Taten nicht so sind, wie es halt in der Welt üblich ist. *Jeder einzelne Mensch und auch jeder Christ ist »ein prominentes Stück Welt«,* das Gott neu unter seine Regie und Führung bringen will. Konkreter und bescheidener Umgang mit der Welt als ganzer zeigt sich heute im geduldigen Kampf um das → Heil und Wohl einzelner Menschen. Allerdings nicht nur der Menschen in nächster Nähe, sondern auch der Fernen. Weil Christus für die ganze Welt gestorben ist, weil sein Werk im Weltmaßstab gilt, werden gerade Christen auf die große weite Welt bezogen denken, beten und helfen. Provinzielle Kleinkrämerei paßt nicht zu denen, die → Zeugen bis an die Enden der Erde (Apg 1,8) sein werden und die auf die neue Welt Gottes warten.

4. Dabei werden auch die Christen die Verkehrtheit der Welt und die Last des ganzen noch unerlösten Weltsystems am eigenen Leibe zu spüren bekommen. Wer den am Kreuze schreienden Christus ernstnimmt, wird sich selbst nicht zu schnell als Überwinder vorkommen. Jesus selbst bereitet seine → Jünger auf die »Angst in der Welt« (Joh 16,33) vor. Die Hoffnung auf die neue Welt, die kommt, gibt aber Mut, in der alten Welt, so wie sie ist, zu bleiben und zu dienen. Wer auf die → Auferstehung hofft, nimmt *heute* zu im Werk des Herrn (1Kor 15,52–58).

K. Teschner

Weltzeit → Ewigkeit/Weltzeit

Werk → Tun/Werk/Wirken

Wettkampf/Siegespreis

I. Wortbedeutung

»Kampf« kommt vom lat. »Campus«, womit sowohl der Versammlungsplatz als auch das Schlachtfeld bezeichnet wird. Auch das entsprechende griechische Wort *agon* meint den Versammlungsplatz, aber auch den dort stattfindenden Wettkampf selber. Die Griechen und die Römer entwickelten den Wettkampf zu höchster Vollendung. Neben dem Redewettstreit war besonders der sportliche (z.B. olympische) Kampf sehr angesehen. Dabei war der Wettkampf auf Leben und Tod, etwa im Wettkampf mit Waffen, durchaus nicht ungewöhnlich. Entsprechend wertvoll war auch der angesetzte Siegespreis, der etwa bei einem Olympiasieger manchmal in lebenslanger Steuerfreiheit bestand. – In den griech. Philosophenschulen war die Anschauung, daß das ganze Leben ein hoher sittlicher Lebenskampf sei, von großer Bedeutung.

II. Der Begriff in der Bibel

1. Dem AT ist diese Welt des Kampfes völlig fremd. Zwar ist Israel oft in Kriege gezwungen und zu den Waffen gerufen worden, doch nie hat sich eine wettkämpferische Kultur in Israel entwickelt. Auch die Geschichte vom Kampf Davids mit Goliath ist, obwohl sie solche Elemente des Wettkampfes enthält, doch Ausdruck des erbitterten Verteidigungskrieges Israels gegen seine landhungrigen Feinde (vgl. 1Sam 17).

2. Im NT wird die → Nachfolge Jesu Christi auch als eine Aufgabe angesehen, die den ganzen Einsatz der Kräfte verlangt (vgl. Lk 13,24). Jesus selber verweist in zwei eindrücklichen Bildern (Lk 14,25–33) vom wohl vorüberlegten Turmbau und dem unumgänglichen Kräftevergleich vor einem beabsichtigten Feldzug auf den erforderlichen Einsatz des Nachfolgers hin. Besonders Paulus, in griechischer Denk- und Kulturweise bestens bewandert, greift dann die Bilder vom sportlichen Wettkampf auf, um die Härte des Glaubenskampfes, aber auch den ausgesetzten Siegespreis zu beschreiben. So wie Jesus in den beiden Gleichnissen vom »Schatz im Akker« und der »kostbaren Perle« das Ziel des Lebens beschreibt (vgl. Mt 13,44–46), so stellt Paulus den »unvergänglichen Siegeskranz« am Ziel dem Christen vor Augen (1Kor 9,25).

3. Doch übernimmt Paulus die Begriffe aus dem griechischen Stadion nicht unbesehen: Er »tauft« sie, d.h., er füllt sie in ihrer Bedeutung vom → Evangelium her: der Wettkampf ist Ringen in der Nachfolge Jesu Christi; das Ziel ist die »himmlische Berufung Gottes in Jesus Christus« (Phil 3,14). Der Zweck des Kampfes ist nicht nur im eigenen Gerettetwerden zu suchen, sondern vielmehr die Ausbreitung des Evangeliums: ». . . damit ich auf alle Weise etliche rette« (1Kor 9,22). Es ist ein Kampf für andere und um andere Menschen (Kol 1,28.29; Kol 2,1; Kol 4,12), der sich nicht der Selbstvervollkommnung widmet. Die Regeln des Kampfes sind äußerster Einsatz und äußerster Verzicht, wie das ausführliche Bild vom Wettkampf in 1Kor 9,24–27 zeigt. Nüchternheit (2Tim 4,5) und Übung (1Tim 4,7) gehören dazu; die Gegner sind die, die dem Evangelium widerstreben (2Kor 7,5) ja mehr noch, es sind letztlich die christusfeindlichen Mächte (Eph 6,12). Es ist ein Kampf, der in der »Gemeinschaft der Leiden Jesu Christi« stattfindet, der aber eben in der Gemeinschaft mit dem Christus in der »Kraft seiner → Auferstehung« schon gewonnen ist (vgl. Phil 3,10–14). Er steht damit unter dem Vorzeichen des Sieges »nachdem ich von Jesus Christus ergriffen bin« (Phil 3,12).

III. Der Begriff heute

1. Der Nachfolger steht im Kampf

Wir können heute das Bild vom Wettkampf für das Leben des Nachfolgers nicht mehr unbesehen gebrauchen. Zu stark hat sich bei den heutigen sportlichen Wettkämpfen alles auf den Sieger konzentriert; nur der Erste zählt, der Verlierer steht unbeachtet im Schatten. Dort aber liegt gerade nicht der Schwerpunkt des biblischen Bildes. Nicht der Sieger steht im Vordergrund, sondern der unermüdliche Einsatz und das Ringen für das Evangelium, sowie das Geschenk des göttlichen, aus → Gnade gewährten Siegespreises.

→ Nachfolge ist kein Spaziergang; vielmehr erfordert sie die ganzen Kräfte. Aber es ist eben der *Nach*folger, der zu solchem Kampf aufgerufen wird. Er darf hinter Jesus hergehen, der den Sieg schon errungen hat, wie seine → Auferstehung zeigt. Es ist der Nachfolger, der erwählt, berufen und bevollmächtigt ist. Unter dem Begriff des Kampfes darf kein neuer Aufruf oder Appell an die eigenen natürlichen Kräfte des Menschen erfolgen, sich die Seligkeit zu erkämpfen. So würde man das Evangelium nur in ein neues Gesetz verkehren. Es soll aber klar zum Ausdruck gebracht werden, daß der bekehrte, erneuerte Mensch in dieser Welt wegen seines Herrn in Auseinandersetzung kommt. Auch sein »alter Adam« will bekämpft sein (vgl. Röm 7); der Weg des → Glaubens in → Gehorsam gegen den Willen Gottes ruft den ganzen Menschen zur Anspannung seiner Kraft, geheiligt durch den → Geist Gottes.

2. Die Art des Kampfes

In unseren Ländern mit langer christlicher Tradition, volkstümlichen Prägungen und gewohnheitsmäßigen christlichen Verhaltensweisen kommt dem Gedanken des Glaubenskampfes eine besondere Bedeutung zu. Christsein erschöpft sich nicht in der Übernahme von christlichen Traditionen und Sitten, sondern beginnt mit einer bewußten Entscheidung (vgl. Jesu Ruf zur Umkehr, Mt 4,17). Der Nachfolger ist ein »Fremdling« in dieser Welt und gerät dadurch in Konflikt mit den Mächten dieser Welt. Darum ist der Glaube ein Kampf unter Einsatz aller Kraft des Willens und der Begabungen. Nicht die eigene Vollkommenheit ist dabei das Ziel, sie ist ja als »neue Gerechtigkeit« (vgl. Röm 3,28) in der → Wiedergeburt geschenkt, sondern das Ringen für das Evangelium, seine Ausbreitung bei allen Menschen zu ihrer Rettung. Hier liegt auch die Grenze des Bildes vom Wettlauf. Es sollte eigentlich ein »Volkslauf« sein, in dem sich viele einreihen und zum Ziel kommen. Dabei ist er aber kein unverbindlicher Lauf; Anstrengung, Verzicht und nüchterne Entscheidung kennzeichnen ihn. Er ist ein *Glaubenslauf,* und deshalb nur mit den Mitteln des Evangeliums zu gewinnen. Das bittende und fürbittende → Gebet, das Zeugnis des → Wortes Gottes, der selbstlose → Dienst und die Annahme des → Leidens sind die Kräfte des Glaubens.

3. Das Ziel des Kampfes

Es ist ein Kampf mit den »Mächtigen und Gewaltigen«, nämlich mit den Herren und Mächten dieser vergehenden Welt (vgl. Eph 6,12); ein Kampf, in dem das → Reich Gottes gebaut und vollendet wird. Der Siegespreis ist der »neue Himmel und die neue Erde, in welcher → Gerechtigkeit wohnt« (2Petr 3,13). Dort Bürger zu sein – das ist der unvergängliche Siegeskranz des bewährten, zum Ziel gekommenen Glaubens. Der Siegespreis ist schon errungen durch den Kampf des Herrn Jesus Christus: Christen haben den Sieg, es gilt ihn jetzt ganz persönlich auch festzuhalten. Dabei gilt das Verheißungswort des Auferstandenen: »Siehe, ich komme bald; halte, was du hast, daß niemand deine Krone nehme« (Offb 3,11; vgl. auch Offb 2,10).

→ Krieg/Waffen

H. Krimmer

Wiedergeburt

I. Wortbedeutung

Im allgemeinen Sinn kennt man bei uns das Wort »Wiedergeburt« nur in der Bedeutung von »neu geboren«, womit man das eigene Wohlbefinden ausdrückt, das man z.B. nach einer körperlichen Erfrischung empfindet (»Ich fühle mich wie neu geboren«).

In davon ganz verschiedener Bedeutung findet sich das Wort »Wiedergeburt« in der Welt der Religionen. Zur Zeit der Antike bezeichnete es den weihevollen Eintritt eines Gläubigen in eine Kultgemeinschaft. Im Hinduismus drückt »Wiedergeburt« aus: Dieses irdische Leben hat ein Ende; ebenso das folgende jenseitige Leben; dann folgt wieder ein irdisches in einem anderen Körper (Seelenwanderung). So geht es weiter bis zur endgültigen Befreiung vom Körperlichen (Nirwana). In anderen Religionen kennt man »Wiedergeburt« als Wiederkommen eines Vorfahren oder verstorbenen Kindes in der Gestalt eines neugeborenen Menschen. Von ähnlicher »Wiedergeburt« sprechen auch die zeitgenössischen Bewegungen des Spiritismus, der Anthroposophie und Theosophie.

II. Der Begriff in der Bibel

Im Alten Testament fehlt der Begriff »Wiedergeburt«. Der Sache nach findet sich bei Hesekiel aber genau das, was mit »Wiedergeburt« gemeint ist: »Ich will euch ein neues Herz und einen neuen Geist in euch geben; ich will solche Leute aus euch machen, die in meinen Geboten wandeln und meine Rechte halten und danach tun« (Hes 36,25–27; vgl. 11,19).

Im Neuen Testament kommt das Wort »Wiedergeburt« ausdrücklich nur an zwei Stellen vor: Mt 19,28 und Tit 3,5. Das Zeitwort von »Wiedergeburt« erscheint nicht; an seine Stelle tritt das Wort »erneuern« (Kol 3,10; 2Kor 4,16); hiervon findet sich dann auch das Hauptwort »Erneuerung«, so Röm 12,2; Tit 3,5.

In Mt 19,28 verheißt Jesus als Lohn der Nachfolge: »Ihr . . . werdet dereinst bei der *Wiedergeburt,* . . . da des Menschen Sohn wird sitzen auf dem Thron seiner Herrlichkeit, auch sitzen auf zwölf Thronen und richten die zwölf Stämme Israels.« Hier bedeutet Wiedergeburt das endzeitliche Geschehen, in welchem Jesu Herrschaft für alle Welt sichtbar wird.

Wenn die Herrschaft Gottes der Rahmen für die Rede von der Wiedergeburt ist, so liegt auf der Hand, daß in Gottes neue Welt neue Menschen gehören. Der Mensch, der in der Gottesferne lebt und dem Gier, Bosheit, Neid, Lästerung, Hochmut und Unvernunft (vgl. Mk 7,22) nur allzu vertraut sind, kann nicht bleiben, wie er ist, wenn er das Reich Gottes erleben will. Nur ein ganz und gar erneuerter, von Grund auf veränderter Mensch kann Zugang finden: Wiedergeburt ist nötig (vgl. Joh 3,3). Ermöglicht wird sie nur durch Jesu Sterben und Auferstehen. Wo jemand dem Urteil Gottes recht gibt, das er im Sterben Jesu ausgesprochen und vollstreckt hat, da geschieht Wiedergeburt.

So wird die Wiedergeburt des einzelnen Menschen in Titus 3,5 so beschrieben, daß Gottes Güte und Menschenfreundlichkeit in Jesus Christus Gestalt angenommen hat. Die Zueignung der Wiedergeburt erfolgt durch das »Bad der Wiedergeburt und Erneuerung im heiligen Geist« (Tit 3,5). → Taufe und Wiedergeburt sind hier wie in Joh 3,5 nebeneinander gestellt. Die Taufe verdeutlicht, was im Sterben und Auferstehen Jesu (vgl. Röm 6) und demzufolge in der Wiedergeburt geschieht: Der alte Mensch wird begraben, ein neues Leben mit Jesus Christus wird eröffnet. Dabei ist ein anderes Taufverständnis, nämlich das der Erwachsenen- bzw. Bekehrungstaufe vorausgesetzt. Der wiedergeborene Mensch lebt aus der Hoffnung, daß er durch Gottes Gerechtigkeit Erbe des zukünftigen

Lebens ist. Als der Wiedergeborene wandelt er nicht mehr wie ehedem, sondern die Wiedergeburt schließt die Heiligung des Lebens mit ein (Tit 2,12).

Wenn auch das Wort »Wiedergeburt« im direkten Sprachgebrauch selten im NT vorkommt, so ist doch die Sache, um die es dabei geht, nicht an diesen einen Begriff gebunden, sondern wird als bekannt vorausgesetzt und auf verschiedene Weise beschrieben.

Hier ist an dreierlei zu denken:

a) Nach Joh 3 entspricht der Wiedergeburt das »von neuem geboren« (Joh 3,3), oder das »von Gott geboren« (1Jo 5,4).

b) Hierher gehören alle diejenigen Stellen, in denen von der neuen Kreatur die Rede ist, also Röm 6,3ff; 2Kor 5,17; Gal 3,26f; 6,15.

c) Ferner darf auch das, was Paulus in 1Kor 15 als den neuen, geistlichen Leib beschreibt, als eine neue Geburt verstanden werden, weil dieser neue Leib, ohne den kein volles Leben in Gottes Ewigkeit vorstellbar ist, genau so wie der erste, irdische Leib des Menschen, ein Wunder der Schöpfung, bzw. Neuschöpfung Gottes ist, also mit dem Bild der Geburt ausgedrückt werden kann (vgl. Mt 19,28).

III. Der Begriff heute

1. Die Rede von der Wiedergeburt bringt häufig zwei Reaktionen hervor, die sich beide im Licht des biblischen Befundes als falsch erweisen.

a) Sie führt zu falschen Selbstzweifeln, oder sie wird gegenüber anderen abgrenzend und ausschließlich verwendet: »Wer nicht Ort und Zeit seiner Hinkehr zu Gott angeben kann, der ist eben kein Christ.« Demgegenüber ist mit 1Jo 5,1 festzuhalten: Wer Jesus Christus seinen Herrn nennt, der ist wiedergeboren. 1Jo 4,7 nennt ein weiteres Merkmal des wiedergeborenen Menschen: *die Liebe.* Sie ist ausgegossen in das Herz des Glaubenden durch den Geist (Röm 5,5); das Wesen dieser Liebe wird von Paulus in 1Kor 13 eindrücklich beschrieben. Schließlich ist ein Merkmal des Wiedergeborenen *die Hoffnung* (1Petr 1,3: »wiedergeboren ... zu einer lebendigen Hoffnung«). Der Grund zu dieser Hoffnung liegt nicht im Menschen, sondern in der Auferstehung Jesu Christi von den Toten. Daran wird sichtbar, wie eng das neue Leben des Wiedergeborenen mit dem in Jesus Christus Wirklichkeit gewordenen neuen Leben verbunden ist.

b) Die Rede von der Wiedergeburt kann zu falscher Sicherheit führen. Es ist ein geistliches Mißverständnis, nur die Wiedergeburt als solche, aber nicht das Leben im Blick zu haben, das aus dieser Wiedergeburt folgt. Hier ist mit Mt 7,21 zu betonen: »Nicht jeder, der zu mir sagt, Herr, Herr, wird in das Reich der Himmel kommen, sondern wer den Willen meines Vaters in den Himmeln tut.« Der Wiedergeburt muß die Heiligung folgen. So wie der natürliche Mensch wachsen muß, um ein ganzer Mensch zu werden, so auch der geistliche. Schon Jesus betont dies mit der Rede vom Bleiben an ihm (Joh 15, Bild vom Weinstock und den Reben). Das Wachstum des Wiedergeborenen besteht einerseits im Zunehmen der Erkenntnis göttlicher Wahrheit (Kol 3,10: »erneuert... zur Erkenntnis«); andererseits im Ablegen des alten, fleischlich gesinnten Menschen (Eph 4,22f: »Leget von euch ab den alten Menschen, mit seinem vorigen Wandel, der durch trügerische Lüste sich verderbt«). Das Ziel, woraufhin der wiedergeborene Mensch lebt, beschreibt 2Kor 3,18: »damit wir in das Bild der Herrlichkeit des Herrn verklärt werden«.

2. Wiedergeburt ist ein Neuanfang, nicht eine Neuauflage des Alten. An Nikodemus wird deutlich, daß es dabei um einen ganzen Neuanfang im Glauben an Jesus Christus geht (Joh 3 und Joh 1,12). Damit erfolgt eine Abgrenzung nach zwei Seiten:

a) Wiedergeburt ist nicht die Vervollkommnung der Natur des Menschen. Wäre es so, dann hätte es bei Nikodemus gereicht, zu den bisherigen Erkenntnissen und Eigenschaften (welche er zweifellos besaß) noch einige wenige hinzuzufügen, um ihn zur Vollkommenheit zu führen. Gerade dies lehnt Jesus ab und sagt: Du mußt von neuem geboren werden. Damit ist auch angesprochen, daß sich Jesus mit einer allgemeinen, traditionellen Christlichkeit nicht begnügt. Die Nebeneinanderstellung von Taufe und Wiedergeburt (vgl. vorher) kann uns zu einem genaueren Urteil über die Bedeutung der Taufe verhelfen. Man würde zu wenig von der Kindertaufe halten, wenn man sie nur als äußere Handlung am Menschen betrachtete; sie ist das Gnadenzeichen Gottes, daß der noch unmündige Mensch aus Gnaden sein Eigentum ist. Man würde aber zu viel von ihr halten, wenn man unterschlüge, daß nach Jesus die eigene Hinkehr des Menschen zu Gott unabdingbar hinzukommen muß.

b) Die Wiedergeburt wäre auch dort mißverstanden, wo man sie nur als Sache des Verstandes betrachtete. Nach 1Mo 1ff *ist* der Mensch eine lebendige Seele, also eine Ganzheit aus Körper und Geist. Als solches kommt er zur Welt. Auch die 2. Geburt, die Wiedergeburt, umfaßt den ganzen Menschen: »Und euer Geist, ganz, samt Seele und Leib« (1Thes 5,23). Beim wiedergeborenen Menschen kommt also der ganze Mensch, sein geistiges wie sein körperliches Sein, unter die Herrschaft Jesu Christi.

3. Gegen eine Wiederverkörperung im Sinne der Religionen (vgl. I) spricht das NT an 2 Stellen indirekt deutlich: in der Geschichte vom reichen Mann und armen Lazarus (Lk 16,19ff), ferner in Hebr 9,27: Die Einmaligkeit des Sterbens des Menschen, des letzten Gerichtes, sowie des ewigen Lebens ist unverkennbar.

M. Pfizenmaier

Wiederkunft/Ankunft

I. Wortbedeutung

Im AT wird vom »Kommen« Gottes geredet. Das NT spricht von der »Ankunft« Jesu Christi. Das entsprechende griech. Wort »Parusie«, das für die Wiederkunft Christi 14mal im NT steht, bedeutet eigentlich »Ankunft«, »Gegenwärtig-Werden«. Luther übersetzt das Wort mit »Zukunft«: Christus ist der auf uns Zukommende; er ist unsere Zukunft.

Sinnverwandt ist im Griech. das Wort »Epiphanie«, »Erscheinung« Jesu Christi. Ein spezielles Wort für »*Wieder*kunft« kommt im NT nicht vor; die Parusie ist die eine noch bevorstehende Ankunft Jesu in Hoheit und Macht Gottes, in →*Herrlichkeit.* Doch das dt. Wort »Wiederkunft« hat nach der Gesamtaussage des NT sein Recht: Es macht deutlich: Kommen wird der bereits Gekommene. Der, der kommen wird, und der, der bereits gekommen ist, ist derselbe.

II. Der Begriff in der Bibel

1. Das große *Elend* des Menschen mit seiner Welt ist, daß er sich von Gott abgewandt und so sich selbst von Gott ausgeschlossen hat (1Mo 3). Der Mensch ist nun sozusagen in einer »Gott-verlassenen Welt«. Dem Menschen war und ist die Erde anvertraut (1Mo 1,28). Und nun hat er sich auf den Feind Gottes und der Menschen, den → Satan, eingelassen, ist ihm gefolgt und hat sich ihm damit unterworfen; so nennt Jesus den Satan den »Fürsten dieser Welt« (Joh 12,31; 14,30; 16,11).

2. Schon im AT ist angekündigt, daß Gott in seiner → Gnade wieder *kommt,* sich der Menschen annimmt, sie nach der Katastrophe der → Sünde wieder heilt und mit ihnen doch noch zu seinem vollen Ziel kommt (Jes 35,4; 40,10; 60,2; Sach 14,5.9). Er tut das durch seinen einzigartigen Beauftragten (Hes 34,23; Dan 7,13; Sach 9,9).

3. Im NT ist durchgehend bezeugt, daß Gott das alles durch *Jesus* tut: Nach seinem Kommen als Mensch einst und nach seinem Kommen in seinem → Wort und in seinem → Geist heute »wird er kommen mit großer Kraft und Herrlichkeit« (Mt 25,31; 26,64). Er wird den Feind mit seinem dämonischen und menschlichen Anhang entmächtigen und von dieser Erde entfernen (2Thes 2,8; Offb 19,20; 20,2.3). Mit seiner → Gemeinde wird er sich in Liebe vereinen (Offb 19,7.8). Er wird die große, die Weltgeschichte abschließende Ernte halten (Mt 13,40–43; Offb 14,14–20), das → Gericht. Und er wird regieren mit Frieden und → Gerechtigkeit (Offb 11,15; → Entrückung; Tausendjähriges Reich).

4. Mit seinem Kommen in der Vergangenheit als Mensch hat Jesus die *Voraussetzungen* für dieses sein Kommen in der Zukunft geschaffen: Er hat den Feind entrechtet: Als der »neue Adam« (= neue Mensch, vgl. Röm 5,12–19) machte er noch einmal die Prüfung, in der wir durchgefallen waren (Mt 4,1–11; vgl. 1Mo 3). Bis zum letzten Atemzug und Blutstropfen ist Jesus ganz unter dem Vater und seinem Willen geblieben. So hat er sterbend den Feind besiegt. Dieser hat damit sein Recht auf die Welt verloren, und er wird auch seine Macht verlieren. Nun ist Jesus alle Gewalt im Himmel *und* auf Erden gegeben (Mt 28,18). Und zugleich hat Jesus das Hindernis unserer Heimkehr zu Gott abgetragen (Joh 1,29; 1Jo 1,7) dadurch, daß er alles Gericht der ewigen Gerechtigkeit an sich vollstrecken ließ (Jes 53,4–6; 2Kor 5,19–21; → Versöhnung/Sühne). Damit ist unsere Wiedervereinigung mit Gott ermöglicht (Röm 5,1.2).

5. Heute kommt Jesus, um uns den *Ertrag* seines → Opfers von Golgatha und seines Sieges von Ostern *anzubieten* und zu *schenken* (Apg 10,36; 2Kor 5,20; Offb 3,20). Dazu kommt er jetzt, unsichtbar in seinem Wort und Geist und unscheinbar in seinen menschlichen Boten, mit der Aufforderung und Einladung: »Lasset euch versöhnen mit Gott!« Dieses große Angebot ist in der Zeit zwischen der Himmelfahrt und der Wiederkunft Jesu das zwar verborgene, aber beherrschende Thema des einzelnen Menschenlebens und der ganzen Weltgeschichte. In seiner → Liebe möchte uns unser Herr doch nicht einmal zum Schrekken, sondern zum → Segen kommen, nicht als Feind, sondern als Freund. Darum ruft er uns jetzt auf seine Seite.

6. Ehe der große Tag anbricht, an dem unser Herr Jesus Christus selbst die Sonne ist, die Sonne aller Sonnen, wird die Nacht der Weltgeschichte am *dunkelsten* sein. Vor dem großen Ostern der Gemeinde Jesu wird auch für sie ein gewisses »Gethsemane« und »Golgatha« sein (Mt 24,3–41; Mk 13,4–37; Lk 17,22–37; 21,7–35). Einerseits weiß der

Feind, daß er nur noch wenig Zeit hat (Offb 12,12); darum will er in stürmischem Anlauf, voran mit seinem → »Antichrist«, die Gemeinde vernichten, die er als Geliebte Gottes haßt (2Thes 2,3–12; Offb 13,7; Mt 24,9). Andererseits werden die Glaubenden von *Gott* durch letzte Bewährungsproben geführt (Offb 14,12; vgl. Jak 1,2–12). Dabei kann sie nichts der starken Hand ihres treuen Herrn entreißen (Joh 10,29; Röm 8,38.39; Offb 13,8).

7. In einem Augenblick (Mt 24,27; Lk 17,24; 1Kor 15,52), für die Welt überraschend, sozusagen ohne Frühdämmerung, wird der große *Tag* Jesu Christi *anbrechen.* Dann ist sofort alles klar: Wer unser Herr ist und was er aus den Seinen gemacht hat (Mt 25,31; Kol 3,3.4). Es wird gerichtet und über die Menschen entschieden werden, je nachdem sie sich in diesem Leben entschieden haben. Wer jetzt ihm mit → Gehorsam und → Dienst ganz nah sein möchte, darf ihm auch dann ganz nah sein (Mt 25,21.34).

8. *Wann* wird er kommen? Es ist uns verboten, den Termin wissen zu wollen. Aber es ist uns geboten, auf die in der Schrift längst genannten *Vorzeichen* zu achten, insbesondere den Stand der Weltmission (Mt 24,14), das weltweite Hervortreten antichristlichen Geistes (→ Antichrist), das → Leiden der Gemeinde Jesu (Mt 24,9), die Rückkehr → Israels in das Land seiner Väter (Dan 12,7; Lk 21,24).

III. Der Begriff heute

1. Wir Christen haben eine *große → Hoffnung:* Nicht die Grausamkeit der → Dämonen, nicht die menschlichen Zerstörungsmittel und der menschliche Wahn werden das letzte Wort haben, sondern der hat und spricht es, der über dieser Welt das erste Wort sprach (Kol 1,15–17; Hebr 1,3), der am → Kreuz sagen konnte »Es ist vollbracht!« und dessen → Sieg an Ostern erstmalig aufleuchtete. Nach Offb 20,1–6.11; 21,1 wird das noch auf dieser Erde sein. Diese Hoffnung ist heute überaus hilfreich und tröstlich. Während andere angesichts der Weltentwicklung die Entmutigung zu lähmen droht, können wir als Glaubende unbeirrt weiterarbeiten (→ Tausendjähriges Reich).

2. Wir können uns die Wiederkunft Jesu *nicht vorstellen.* Doch was tut's? Kann sich ein Blindgeborener die Sonne vorstellen? Und sie scheint trotzdem. Die Wiederkunft Jesu gehört nicht mehr zur Geschichte dieser Weltzeit mit ihrer Gesetzmäßigkeit, sondern sie ist ihr machtvoller Abschluß und der Anfang eines unvorstellbar großen Neuen.

3. Dieses schafft Gott und *Gott allein* nach all dem, was Menschen zuvor getan haben (Offb 21,5). Es ist ein antichristlicher Größenwahn, wenn der Mensch mit seinen Ideologien meint, das große Neue, die Vollendung, schaffen zu können.

4. Auf dem letzten Wegstück der Weltgeschichte werden die *Christen* nicht allgemeine Anerkennung finden, weder als »Spitzenreiter des menschlichen Fortschritts und der Welteinheit«, noch durch eine große »Welterweckung«. Vielmehr werden sie *gehaßt* werden von allen Völkern (Mt 24,9). Sie werden eine »kleine Herde« sein (Lk 12,32). Trotzdem wird die Gemeinde Jesu sich bis zum Schluß bemühen, Menschen zu Jesus zu rufen, um ihrer Rettung und vor allem um der Ehre ihres Herrn willen und damit »das Haus voll wird« (Lk 14,22.23; Röm 11,25).

5. Es wird gefragt: Wie steht es mit den *Vorzeichen* der Wiederkunft Jesu *heute*?

a) Ein repräsentativer Teil *Israels* ist wieder im Land der Väter, hat seinen Staat und spricht wieder die alttestamentliche Sprache.

b) Die Schar aus *allen* Sprachen und Völkern wird auf allerlei Weise gesammelt (Mt 24,14; Offb 7,9).

c) Ein Menschentyp der *»Gesetzlosigkeit«* (so wörtlich Mt 24,12; 2Thes 2,3) ist weltweit im Kommen (vgl. Offb 3,10).

Andererseits sollten wir nicht zu sicher reden: Wenn jemand fragt, wie er ewig gerettet werden kann, so können wir ihm mit großer Gewißheit antworten, weil wir dazu nur das untrügliche Gotteswort brauchen. Wenn wir aber wegen der Vorzeichen der Wiederkunft Jesu heute gefragt werden, so sind wir darauf angewiesen, einerseits die Schrift und andererseits die Zeitentwicklung zu beobachten und beides zu vergleichen. Hier aber wird unser Urteil nicht letzte Gewißheit haben können. Doch was wir heute sehen an Vorzeichen, »Vorortstationen«, ist Ansporn genug, alles zu tun, was wir können, um uns und andere für die Wiederkunft Jesu bereit zu machen.

6. Die »Fahrt« ist *lang.* Und auch wieder nicht! Die Schrift sagt uns, daß tausend Jahre vor Gott wie ein Tag sind (Ps 90,4; 2Petr 3,8). Wenn Gott, nachdem die Tür zu ihm verschlossen war (1Mo 3,24), während vielleicht zweitausend Jahren, seit dem Beginn der Heilsgeschichte (1Mo 12,1–3), mit Wort und Tat ankündigte, daß sich sozusagen demnächst die Tür wieder öffne, dann ist es keineswegs lang, wenn nun schon während zweitausend Jahren die Tür der Gnade offen ist, ehe es heißen wird: »Und die Tür ward verschlossen« (Mt 25,10; 2Petr 3,9).

7. Was sollen wir *tun*? Jetzt Jesus als unseren Herrn annehmen, damit wir als seine Kinder in Ewigkeit von ihm angenommen

werden (Joh 1,11.12; Offb 3,20.21). Treu sein in den Aufgaben, in denen wir stehen, auch in den äußeren (Mt 24,45–51; 25,14–46; Lk 12,37–40). Und treu sein vor allem in der Aufgabe, auch anderen mit Wort und Tat Jesus zu bringen und sie zu Jesus zu bringen, aus Liebe zu unserem Herrn und zu den Menschen, damit auch sie an dem großen Tag bei ihm stehen dürfen und er »durch vieler Danksagung hochgepriesen werde«.

F. Grünzweig

Wirken → Tun/Werk/Wirken

Wort

I. Wortbedeutung

Durch das Wort tritt der Mensch in Beziehung zu seiner Umwelt bzw. seinen Mitmenschen. Das Wort ist eine gestaltende und ordnende Ausdrucksform des Denkens. Dies wird besonders deutlich im Bereich griechischer Philosophie, die für »Wort« den Begriff *logos* verwendet. Er bezeichnet ursprünglich die Tätigkeit des Sammelns und Auswählens von Beobachtungen, die in Beziehung zueinander gesetzt werden. Wort als *logos* ist also ein stark mit dem Denken und der → Vernunft verbundener Begriff und folglich nur dem Menschen eigen. Im NT wird *logos* dann in vielen Zusammenhängen verwendet. Er kann »Ausspruch«, »Rede«, »Bericht«, »Schriftwort« bedeuten, aber auch in den Verbindungen »Wort Gottes«, »Jesus als das Wort« vorkommen.

Eine Besonderheit ist der atl.-hebr. Begriff für »Wort«: *dabar.* Es bedeutet sowohl »Wort« als auch »Sache«. Worte sind hier also nicht Schall und Rauch, sondern enthalten immer etwas von der Sache selbst, von der Wirklichkeit des Gesagten. Dies wird besonders deutlich im Schöpfungsbericht (»Und Gott sprach: Es werde . . ., und es ward«), aber auch in der atl. Prophetie (»Es *geschah* das Wort Gottes zu . . .«).

II. Der Begriff in der Bibel

1. Der → Mensch, ein »Wort-Wesen«

Der Schöpfungsbericht zeigt den Menschen in seiner herausgehobenen Stellung. Er wird als einziger mit dem ganz persönlichen »Du« angeredet und kann antworten. Gott schuf den Menschen zu seinem Abbild, als sein Gegenüber. Das bedeutet »Ebenbild« in 1Mo 1,27. Der Mensch drückt sich gegenüber Gott und seinem Nebenmenschen in Worten, in der Sprache, in der persönlichen Antwort und Anrede aus (vgl. 1Mo 2,23; 3,9–13). Mit seinen Worten lobt er Gott; er betet in bewegenden Worten der Klage; er fragt und klagt an, er kann seiner → Freude, seiner → Hoffnung und seiner Zuneigung im Wort Ausdruck verleihen (vgl. die Psalmen). Doch können die Worte des Menschen auch verletzen und zerstören (vgl. Ps 28,3; 31,14.19); ja die Worte des Menschen bringen ihn in → Sünde und offenbaren seine Gottlosigkeit (vgl. Ps 35,19–21; 36,4; 38,13.14; 140,4; Jak 3,5–13).

2. Gottes Wort ist ein »schaffendes« Wort

Die Schöpfung des Kosmos geschieht durch das Wort Gottes: »Und Gott sprach: Es werde . . ., und es ward . . .« (1Mo 1,3.6.9 u.ö.). Der hebr. Begriff für »Wort« kann auch »Befehl«, »Bericht« und »Tat« bedeuten. Gerade beim Wort Gottes wird das im Schöpfungsbericht sehr eindrücklich, daß Wort und Inhalt, Befehl und Tat nicht zu trennen sind. Gottes Wort ist nicht etwas Beschreibendes, sondern schöpferisches Tatwort: »Denn so er spricht, so geschieht's, so er gebietet, so steht's da« (Ps 33,9). Das Wort Gottes ist ein Kraftwort, das die Natur bestimmt (vgl. Ps 147,15–18), in → Segen und → Fluch den Menschen erfaßt (vgl. 1Mo 1,28 und 1Mo 3,16–19) und als prophetisches Tatwort die irdische Geschichte gestaltet. Auch das Ende der Geschichte wird gestaltet werden durch die Kraft des neuschaffenden Wortes Gottes (vgl. Jes 2,2–5 u.ö.). Jesus spricht in seiner Verkündigung dem Wort Gottes ewige Dauer zu (Mt 24,35).

3. Gottes Wort redet den Menschen an

Fast 250mal redet das AT vom »Wort Gottes«. Gott redet die Menschen an, auch nach dem Sündenfall. Seine Anrede eröffnet die Segens- und Erwählungslinie in der verfluchten Welt. Im Strafwort schwingt das verheißende Heilswort mit (vgl. 1Mo 3,15), das dann im Anruf an Abraham sich einen Menschen greift und ihn zum Segensträger beruft (1Mo 12,1–3). In allem Ungehorsam des widerstrebenden erwählten Volkes → Israel bleibt Gottes Heilswort in der verheißenden Zusage seiner bewahrenden → Treue ungebrochen (vgl. 2Sam 7,8–16; Ps 66; Jes 40,2–5; 42,1–9; 43; 53,1–12; Jer 30,1–11; 31,31–34; Hes 36,26.27; Hos 14; Joe 3; Mi 4 und 5; Sach 9,9–17). Eine lange Kette verheißender Zusagen Gottes eröffnet Israel in allem Gericht noch ewige Zukunft. Gottes Wort ist so Trost- und Gnadenwort. Grundlage aller dieser → Verheißungen ist der → Bund Gottes mit seinem Volk. Deshalb ist sein Wort Bundeswort (2Mo 34,10–12; Jos 24), das Israel mit dem Bundeswillen bekannt macht und → Gehorsam fordert (vgl. 2Mo 20,1–20).

Freilich deckt das Wort Gottes, das durch die → Propheten ergeht, auch schonungslos den Ungehorsam und die → Sünde Israels auf und vollzieht das erziehende Gericht (vgl. 1Mo 3,14–19; 2Mo 32,9.10 und das erschütternde Klagekapitel Hes 20).

4. Das Wort ward Fleisch

Das »letzte Wort« Gottes spricht er in der Menschwerdung des Sohnes (vgl. Mt 21,33–39; Hebr 1,1.2). In Jesus Christus nimmt Gottes Wort menschliche Gestalt an und sucht die Menschen in werbender Liebe (vgl. Joh 1,14; 3,16). Jesu Wort ist des Vaters Wort, er redet nichts Eigenes (Joh 5,24; 8,51; 14,24). In seiner Person kommt das Bundes- und Verheißungswort des AT zur Erfüllung (vgl. Mt 1,21; 2,5.6; 3,17; 5,17 und die oftmalige Wendung in den Evangelien: »auf daß erfüllt würde, was geschrieben steht...«, etwa Mt 1,22; 4,14; 8,7; vgl. auch Lk 4,21). Das Kraftwort Gottes wird Personwort, verleiblicht sich, geht in die Geschichte ein und stellt die Menschen vor die Entscheidung im Wort der Umkehr (vgl. Mt 4,17; 7,13.14.21–27; → Buße/Bekehrung). Jesu Wort ist → Evangelium, frohe Botschaft. Er redet in göttlicher Selbstgewißheit und → Vollmacht. Das »ich aber sage euch ...« der → Bergpredigt (Mt 5,22 u.ö.) kennzeichnet ihn in seiner göttlichen Sendung und Vollmacht (→ senden). Die Menschen nehmen → Anstoß (Mk 10,22) und entsetzen sich über seine Verkündigung (Mt 7,28.29). Er ist der Messias Gottes (vgl. Mk 8,29), der die Menschen in seiner Botschaft und im Heilungswort der → Vergebung (vgl. Mk 2,5) in die → Nachfolge ruft in der Verheißung des ewigen → Lebens.

5. Die frohe Botschaft

Jesus Christus in seinem Leben, Leiden, Sterben und Auferstehen ist das letztgültige Wort Gottes an diese Welt (vgl. Hebr 1,1–4). Nach der Vollendung seines Dienstes als Messias Gottes sendet der Auferstandene seine → Apostel in die Welt unter dem Auftrag der Verkündigung des Evangeliums (Mt 28,20; Apg 1,8). Er selbst, seine versöhnende Tat am → Kreuz und seine → Auferstehung – das ist der innerste Kern dieser frohen Botschaft (vgl. 1Kor 15,3–5; 2Kor 5,17–21). Menschen sind jetzt mit dieser Botschaft beauftragt, doch Gott macht ihr Wort zu seinem Wort und bekräftigt es auch (vgl. Mk 16,14–18; Apg 2,37–41). Ihr Wort ist »Wort vom Kreuz« (1Kor 1,18–23), und darin liegt die »Kraft, die da selig macht alle, die daran glauben« (Röm 1,16). Es ist so das Wort des Lebens (Phil 2,16), das Wort des → Heils und der → Gnade (Apg 13,26; 14,3) und das Wort der → Wahrheit (2Kor 6,7). Die frohe Botschaft von der Vergebung der Sünden beinhaltet die Verheißung des neuen, ewigen Lebens; das Wort Gottes macht den Menschen zur »neuen Kreatur« (2Kor 5,17), weil es Glauben wirkt (vgl. Röm 10,8.17) und so neues Leben schafft (1Petr 1,23). Allerdings kann das Wort Gottes auch umsonst gehört werden (Mt 13,19ff), sogar zum Verderben (1Kor 1,8), denn dieses Wort deckt unser verfehltes Leben auf und richtet den, der nicht unter die Vergebung Gottes kommt (vgl. Hebr 4,12.13).

III. Der Begriff heute

1. Was unsere Worte brauchen, ist Eindeutigkeit!

In unserer Zeit heute werden viele Worte gemacht. Doch dienen sie oft mehr der Verschleierung als der Verdeutlichung. Durch viele Worte wird dann die Wahrheit gerade verdeckt und nicht klar ausgesprochen. Zum andern ist der Wortsinn oft geradezu gegenteilig gefüllt. Je nach dem weltanschaulichen Hintergrund des Redners sind die Worte in eigenem Verständnis gebraucht. So muß z.B. erst gefragt werden, was einer meint, wenn Begriffe wie »Frieden«, »Liebe«, »Glück« oder »Freiheit« genannt werden. Das Wort nützt damit oft nicht mehr der gegenseitigen Verständigung und Mitteilung; durch Worte will man verschleiern, täuschen oder gar verunsichern.

Wir sind als Christen zur Eindeutigkeit unserer Worte befreit und gerufen. »Eure Rede sei: Ja, ja; nein, nein. Was darüber ist, das ist vom Übel«, sagt Jesus (Mt 5,57). Auf das Wort eines Christen soll man sich verlassen können, daß es auch so gemeint ist, wie es gesagt wurde. Hier liegt eine der wichtigsten Aufgaben der Gemeinde Jesu Christi heute: Dem Wort wieder Klarheit, Wahrheit und Eindeutigkeit zu geben, so daß Vertrauen wachsen kann und gegenseitiges Annehmen wieder möglich wird. Ohne die Eindeutigkeit des Wortes zerbricht die Gesellschaft in gegenseitigem Mißtrauen. Es ist eine Aufgabe des Christen, seine Worte zu bedenken, daß sie wahr sind, dem gegenseitigen Vertrauen dienen und den andern fördern. Die Zunge im Zaum zu halten (Jak 3,8), ist eine Bedingung dafür, daß unsere Wore als Worte von Gott angenommen werden können (1Petr 4,11). Unechte Worte, die verschleiern und täuschen, sind wie Falschgeld; die Worte des Zeugen Jesu sollen gutes, wertbeständiges Gold sein.

2. Die Bibel – das geschriebene Wort Gottes

Gott redet in der Bibel zu uns. Das ist die unvergleichliche Qualität der Bibel. Zwar kann dieses Bekenntnis nicht mit menschlichen, wissenschaftlichen Methoden *be*wiesen werden, wohl aber *er*weist sich die Tragfähigkeit dieser Aussage im täglichen Leben des Glaubenden. Die Bibel erweist sich dem als Gottes Wort, der ihren Worten glaubt und vertraut. Gewiß wurde die Bibel von Menschen geschrieben. Doch das reicht nicht aus, um zu erfassen, was sie ist: Vom Geist Gottes getriebene, im Geist Gottes erneuerte, gehorsame Menschen, auf den Geist Gottes hörende Menschen waren es, denen Gott die → Offenbarung seines Heilswillens und Planes anvertraut hat (vgl. 2Tim 3,16; 2Petr 1,21; Röm 8,14; Ps 25,12).

Die Menschen, die die Schriften der Bibel verfaßt haben, taten dies in einer ganz persönlichen Prägung nach Charakter, Verstand und Temperament. Doch das ist gerade das Wesen der Inspiration (Eingebung) des Heiligen Geistes an diese Menschen: Er macht sie nicht zu willenlosen Werkzeugen; vielmehr gebraucht er sie in ihrer Eigenart, aber unter seiner Zucht und unter dem Willen Gottes.

Allen abwertenden und einebnenden Angriffen gegenüber der Bibel zum Trotz können Christen in vertrauender → Gewißheit diesem Wort glauben, mit ihm leben und auf seine wirkende Kraft hin sterben. »Gott hat geredet« – das ist und bleibt das dankbare und staunende → Bekenntnis des Christen vor der Bibel; → Heilige Schrift.

3. Die Verkündigung – das aktuelle Wort Gottes

Ein Buchstabenglaube an die Bibel ist gefährlich. Die Bibel ist nämlich nicht totes »Wort Gottes«, es lädt vielmehr ein zur Umkehr und zum neuen Leben in der → Nachfolge Christi. Dieses Wort lebt, wirkt, schafft etwas. Christliche Predigt ist biblische Predigt. Sie legt das biblische Wort in Begegnung mit den Fragen und Problemen unserer Zeit aus. Das Wort Gottes erzählt von einer Geschichte, der Geschichte Israels, Jesu, der Urgemeinde; aber es *macht* auch Geschichte, die Geschichte einer neuen Gemeinde, neuen Glaubens und neuer Nachfolge.

Wenn das Wort Gottes verkündigt wird, dann wird also nicht nur beschrieben, festgestellt und aufgezählt. Vielmehr enthüllt das verkündigte Wort dem Menschen seine Verlorenheit in Sünden und das unausweichliche Gericht Gottes über die Sünde. Im verkündigten Wort Gottes begegnet ihm aber zugleich der Zuspruch der Vergebung, den er in bewußter Entscheidung annehmen darf. Damit wird er zu einer neuen Kreatur mit der Gabe und Verheißung des ewigen Lebens.

In der Verkündigung des biblischen Gotteswortes wird der Welt → Wahrheit bezeugt. Wahrheit, die sich die Menschen nicht selber sagen können, die nicht aus ihrem Wissen, Erkennen und Selbsterkennen kommen kann, sondern die uns Menschen von »außen« als »fremdes« Wort, eben als Gottes Wort gesagt werden muß. Wo der christliche → Zeuge, die christliche Kirche, nicht an diesem offenbarten Wort Gottes in der Bibel festhält, da verlieren sie Vollmacht und Salzkraft; das Salz wird dumm (vgl. Mt 5,13). Der bleibende, notwendige und damit not-wendende Auftrag des Christen ist deshalb das Zeugnis des Wortes Gottes auszurufen in dieser vergehenden Welt; → Predigen/Verkündigen.

4. Der Dienst der Liebe – sichtbares Wort

Das Wort Gottes als Zeugnis des Christen ist nie »nur« Wort. Es ist Tatwort der Liebe. Wir müssen heute die Ganzheit des Wortes wiedergewinnen, wie sie im hebr. Wortgebrauch vorgegeben ist. Das Wort drängt zur Tat. »Was nicht zur Tat wird, hat keinen Wert«, ein Motto, das im besonderen dem christlichen Zeugnis gilt. Das Wort Gottes leitet und treibt zum → Dienst am Nächsten an. Schon immer gehören deshalb in der Gemeinde Jesu Christi Verkündigung und Diakonie unlösbar zusammen. Gott dient uns Menschen in seinem Wort, vollständig vorgelebt in dem menschgewordenen Wort Jesus Christus und seinem Dienst am Sünder, Kranken und Armen. Damit hat er für alle seine Nachfolger das Beispiel gegeben und zur Nachfolge aufgerufen.

5. Die Verheissung der Neuschöpfung – das Ziel des Wortes Gottes

Gottes Wort hat seine Zeit nicht nur gestern und heute, sondern auch morgen. Gott hat in seinem Wort die Neuschöpfung des gefallenen Kosmos beschlossen und wird sie verwirklichen. Wir sind heute staunende Zeugen der Erfüllung des Verheißungswortes Gottes. Angefangen von den sich verdichtenden Zeichen auf die → Wiederkunft Jesu Christi hin (vgl. Mt 24) bis hin zu dem großen, heilsgeschichtlichen Zeichen der Sammlung des Volkes → Israel in seinem Land, wie es die atl. Propheten umfassend vorausgesagt haben – Gott geht mit dieser Welt zum Ende ihrer Geschichte. Sein Wort ist der Same der → Ewigkeit, hinein in die Vergänglichkeit der Schöpfung, der in der Wiederkunft Jesu, in der Auferstehung der Toten und im neuen → Himmel und der neuen Erde zur vollen → Frucht aufgehen wird.

Die christliche Gemeinde darf deshalb ohne Scheu auf dieses Ziel des Wortes Gottes in Mahnung und → Trost hinweisen: Gott vollendet sein Wort in der Neuschöpfung am Ende der Welt und Geschichte.

H. Krimmer

Wort Gottes → Heilige Schrift; → Wort

Wunder/Zeichen

I. Wortbedeutung

Mit dem deutschen Wort »Wunder« wird ein Ereignis bezeichnet, das Staunen hervorruft, das unerwartet und unberechenbar auf den Menschen zukommt, das für den Menschen nicht machbar ist. Im Wort »Zeichen« ist enthalten, daß ein bestimmtes Ereignis (es muß nicht unbedingt ein wunderhaftes Ereignis sein!) uns etwas »zeigen«, auf etwas hinweisen will: dies Ereignis ist nicht zufällig, es hat eine Bedeutung. Der Mensch soll nicht bei dem Staunenerregenden stehen bleiben, sondern sich dadurch auf etwas hinweisen, sich etwas zeigen lassen für sein Leben. Ähnlich wie im Deutschen gebrauchen auch die bibl. Sprachen zwei Worte für Wunder. Beide können für die gleichen Ereignisse gebraucht werden und sind daher nicht scharf voneinander abzugrenzen. Jedoch legt das seltener gebrauchte den Akzent mehr auf das Staunenerregende (hebr. *mophet* – griech. *teras*), das häufiger gebrauchte mehr auf den Hinweischarakter (hebr. *ot* – griech. *semeion*).

II. Der Begriff in der Bibel

A. IM ALTEN TESTAMENT

1. GOTTES WUNDER UND ZEICHEN IN DER GESCHICHTE ISRAELS

→ Israel hat immer wieder erlebt, daß Gott in seine Geschichte heilbringend eingriff. Ohne diese Heilstaten Gottes wäre Israel nie zu Israel geworden. Dieses heilbringende Eingreifen Gottes in die Geschichte des Menschen bezeichnet das AT immer wieder mit den Worten »Wunder« und »Zeichen«. Das beginnt schon bei Kain, dem Gott ein Zeichen zum Schutz seines Lebens gibt (1Mo 4,15), geht über die »Zeichen des → Bundes« (→ Beschneidung, 1Mo 17,11; → Sabbat 2Mo 31,13.17) bis zu den massiven Wundern bei der Errettung aus Ägypten (2Mo 7–12.14), dem Zug durch die Wüste (→ Auszug; vgl. 2Mo 16; 17; 4Mo 21,4ff) und im Gelobten Land (Gideon, Ri 6 u.a.).

Alle diese Wunder bringen Israel nicht nur zum Staunen und Verwundern (»Wie ist das möglich?«), sondern zur → Erkenntnis (Zeichen!): »Da ist ein lebendiger Gott am Werk, und dieser Gott meint es gut mit uns, er hat uns lieb.« Dabei spielt es für Israel keine Rolle, ob sich diese Wunder auf mehr gewöhnliche Art und Weise vollziehen (wie etwa bei Kain oder der Beschneidung) oder auf sehr ungewöhnliche (Durchzug durchs Schilfmeer u.a.). Entscheidend ist, daß sie die Heilsabsicht Gottes »zeigen«. So wird für das geschichtliche Eingreifen Gottes oft die Wortkombination »Zeichen und Wunder« benutzt (2Mo 7,3; 5Mo 6,22; Ps 78,43 u.ö.), weil dadurch Gottes → Heil und Macht offenbart wird.

2. GOTTES WUNDER IN DER SCHÖPFUNG

Doch nicht nur das geschichtliche Eingreifen Gottes, auch die Vorgänge in Schöpfung und Natur werden als Wunder bezeichnet: Sternenhimmel (Hi 9,9f), Donner (37,5), Licht und Wolken (37,14ff), aber auch die Entstehung des Menschen im Mutterleib (Ps 139,13f) wie der Tod (Hi 9,10–12). Alles ist ein »Hinweis« auf Gottes Handeln in dieser Welt; → Schöpfer/Schöpfung.

3. WUNDER UND ZEICHEN BEI DEN PROPHETEN

Vor allem bei den → Propheten spielt das Zeichen eine wichtige Rolle. Elia und Elisa vollbringen Wunder (1Kö 17f; 2Kö 6f). Viele Propheten kündigen Zeichen im → Namen Gottes an (1Sam 10,1ff; 1Kö 13,1ff; 2Kö 19,29). Besonders wirken sie durch sog. prophetische Zeichenhandlungen, in denen das Kommende bereits »darstellerisch« vorweggenommen wird (Hes 4f; Jer 19,1ff; 27,1ff). So muß z.B. Jesaja drei Jahre lang nackt (= im Untergewand wie Kriegsgefangene) durch Jerusalem gehen, um damit zu »zeigen«, was Gott an Ägypten tun wird: es wird von den Assyrern gefangen weggeführt (Jes 20).

B. IM NEUEN TESTAMENT

Noch stärker wird im Neuen Testament der »Hinweischarakter« der Wunder betont. 77mal wird das Wort »Zeichen« gebraucht, nur 16mal »Wunder«, doch alle 16mal nur in der Wortverbindung »Zeichen und Wunder«. Von Jesus selbst werden viele Heilungswunder und Dämonenaustreibungen, drei Totenerweckungen (Mk 5,22ff; Lk 7,11ff; Joh 11) und sieben sog. Naturwunder (Speisung Mk 6,32ff, Sturmstillung 6,45ff, Fischzug Lk 5,1ff u.a.) berichtet. Doch nicht nur sprachlich werden sie als »Zeichen« verstanden. Auch inhaltlich liegt der Höhepunkt jedes Wunderberichtes *im Wort* Jesu und nicht in der Tat – wie überhaupt die Wunder unlösbar mit seiner Verkündigung verbunden sind und nur in diesem Zusammenhang verstanden werden können.

1. JESU WUNDER SIND ERWEIS SEINER → VOLLMACHT

Die Wunder Jesu sind Hinweise auf seine Vollmacht zur → Vergebung, wie bei der Heilung des Gelähmten herausgestellt wird (Mk 2,10f). Sie künden den Anbruch des ganz Neuen, des → Reiches Gottes, an, wie Jesus dem fragenden Täufer (Mt 11,2ff) und den anklagenden Juden (Lk 11,20) antwortet. Sie sind damit zeichenhafte Vorwegnahme (vgl. im AT die prophetischen Zeichenhandlungen!)

der kommenden endgültigen → Erlösung von Leid und → Tod. So wird das Brotwunder (Joh 6,1ff) zum Hinweis auf das Brot des Lebens (6,26ff.32ff.52ff), die Totenerweckung des Lazarus zum Hinweis auf das ewige → Leben (11,25f).

Es entspricht diesem Hinweischarakter der Wunder, daß Jesus folgende Wunder abgelehnt hat:

– Wunder zur eigenen Errettung (Mt 4,1ff; 27,39ff);

– Strafwunder (Lk 9,51ff; vgl. 2Kö 1,10ff);

– Wunder als *Be*weis statt *Hin*weis (Mk 8,11f).

Auch die *Verkündigung der Urchristenheit* ist von solchen Zeichen begleitet, wie die Evangelien (Mt 10,7f; Mk 16,17–20), die Apostelgeschichte (4,16; 5,12; 6,8 u.ö.) und Paulus (1Kor 12,9f; 2Kor 12,12) berichten.

2. Glaube und Zeichen

→ Glauben heißt: den Zeichen folgen und Gott gehorsam werden (4Mo 14,11). Gottes Zeichen sind so vielfältig, daß es klare Schuld ist, ihnen nicht zu folgen (Ps 78,10f.32; Neh 9,17). »Unsere Väter wollten deine Wunder nicht verstehen« (Ps 106,7), bekennen die Frommen später. Im NT wird deutlich, daß überhaupt erst der Glaube fähig ist, die Zeichen zu empfangen (Mk 2,5; 5,34; 7,29; Joh 11,40 u.ö.). Der Ungläubige mißversteht alle Zeichen (Mk 3,22) oder empfängt sie gar nicht erst (Mk 6,5f). Andererseits wollen Zeichen auch eine Glaubenshilfe sein (Joh 20,30f).

3. Keine Wundergläubigkeit!

Zugleich *warnt die Bibel* davor, sich durch Wunderzeichen ohne weiteres beeindrucken zu lassen. Auch falsche Propheten können Erstaunliches zuwege bringen (5Mo 13,2ff; vgl. 2Mo 7,11f.22; 7,14f). Jesus sagt selber, daß Sektierer und falsche Erlöser große Zeichen und Wunder vollbringen werden (Mt 24,24; vgl. Offb 13,13f; 16,14). Vom klaren Wort Jesu hängt das Heil der Menschen ab, nicht von Wundern.

III. Der Begriff heute

1. Was nennen wir ein »Wunder«?

Der vom naturwissenschaftlichen Denken geprägte Mensch versteht unter »Wunder« ein Ereignis, das sich nicht mit den Naturgesetzen vereinbaren läßt. Andererseits ist er überzeugt, daß die Naturgesetze grundsätzlich und immer Gültigkeit haben. Also bezeichnet er mit »Wunder« ein Ereignis, das sich nur deswegen noch nicht wissenschaftlich erklären läßt, weil unser Erkenntnisstand noch nicht so weit ist. So sucht er – auch bei den biblischen Wundern – nach einer »natürlichen« Erklärung. Hat er die aber gefunden, so ist das Ereignis für ihn kein Wunder mehr.

Während also der moderne Mensch beim Wunderbegriff fixiert ist auf die Naturgesetze, ist der von der Bibel geprägte Mensch fixiert auf Gottes Heilshandeln. Wenn Gott heilbringend in das menschliche Leben eingreift, so ist das ein Wunder. Ob dabei die Naturgesetze durchbrochen oder eingehalten werden, spielt für den biblisch denkenden Menschen keine Rolle. Entscheidend ist immer: erkenne ich in einem (natürlichen oder übernatürlichen) Geschehen die Hilfe Gottes, so spricht der Glaubende von einem Wunder. Erkennt ein Mensch dies nicht, so sagt er »Zufall«, »unbegreiflich« oder »ohne weiteres erklärbar«. Mit »Wunder« bezeichnet der Christ also ein Ereignis, in dem er Gottes helfendes Eingreifen erkennt.

2. Waren die Menschen früher wundergläubiger?

So wird oft gesagt. Doch diese Behauptung trifft nicht zu. Wie wundergläubig viele Menschen heute sind, zeigt z.B. die wachsende Zahl derer, die sich nach Horoskopen richten, zu Wahrsagern und okkulten Praktikern gehen, die Zahl 13 meiden, auf Glücks- oder Pechzeichen achten (Schornsteinfeger, schwarze Katze usw. → Götze/Götzendienst, III.). Umgekehrt gab es auch in der Antike genügend kritische Menschen, die beim Stichwort »Wunder« in ungläubiges Gelächter ausbrachen. So z.B. die Athener, als Paulus von der Auferstehung der Toten redet (Apg 17,32).

3. Welche Wunder muss ein Christ glauben?

Diese Frage ist falsch gestellt. Denn der Glaube an Christus ist selbst das größte Wunder (vgl. Eph 1,19), er kann nicht von Menschen gemacht werden. Wenn ein Mensch von Herzen an Jesus als seinen Heiland glaubt, dann heißt das, daß der → Geist Gottes an ihm gewirkt hat. Es ist immer neu ein Wunder, wenn ein Mensch zu einem lebendigen Glauben kommt. Zugleich beinhaltet dieses Wunder des Glaubens, daß ich zwei weitere Wunder selber erfahren habe:

– das Wunder der → Liebe Gottes zu uns Menschen. Ist das etwa kein Wunder, daß Gott diesen rebellischen Menschen nicht verstößt, sondern ihn ruft und einlädt und alle seine → Sünde vergibt? Glaube ist das Staunen über das Wunder, daß Gott mich wirklich und wahrhaftig liebt und zu seinem Kind macht (→ Kind Gottes);

– das Wunder der → Auferstehung Jesu. Er ist nicht tot, er lebt, und ich darf mit ihm reden. Er hört mich (das heißt nicht immer: er *er*hört mich), ich bin nicht mehr allein mit mir und meinen Gedanken und meiner Ratlosigkeit (→ Gebet/Bitten). Glaube hat es mit einem lebendigen Du zu tun.

Ein Christ »muß« keine weiteren Wunder glauben. Aber wer an sich selbst das Wunder des Glaubens erlebt hat, dem sind die von Jesus berichteten Wunder nicht mehr unwahrscheinlich.

4. Gibt es heute noch Wunder?

Natürlich immer wieder das Wunder, daß Menschen zum lebendigen Glauben an Jesus kommen. Doch es gibt auch äußere Wunder; so sind z.B. Menschen, die die Ärzte bereits aufgegeben hatten, wieder gesund geworden, als Gläubige für sie gebetet hatten. Drogen- oder Alkoholsüchtige sind, als sie sich zu Christus bekehrten, von ihrer Sucht frei gekommen. Es gibt glaubwürdige Soldatenberichte, wie eine unbekannte Person plötzlich in schwerer Notsituation auftauchte und sie auf Schleichwegen aus der Gefahr führte, um anschließend genauso plötzlich wieder zu verschwinden.

Es gibt ungezählte kleine und große Wunderberichte. Kann man sie beweisen? Nein, sie sind bis heute nicht rational zu erklären. Muß man sie glauben? Natürlich nicht. Aber das ist einfach die Erfahrung der Christenheit, daß Gott auch heute je und dann in das Geschehen dieser Welt auf eine unerklärliche Weise eingreift, um seinen Kindern zu helfen. Und die Antwort seiner Kinder ist nicht das Grübeln über rationale Erklärungsmöglichkeiten, sondern der Dank für die erfahrene Hilfe. Wer selber in seinem Leben solche Wunder nicht erlebt, braucht deswegen nicht zu verzagen. Denn der biblische Glaube lebt nicht von Wundern, sondern von dem → Wort der → Vergebung und der → Liebe Gottes. Wunder sind immer nur gnädige Zugabe, wann und bei wem es Gott gerade für nötig hält.

5. Soll man allen Wundertätern glauben?

Auf keinen Fall! Die Bibel redet sehr nüchtern davon, daß auch die Gottlosen große und erstaunliche Taten vollbringen können. Wer sich an den Menschen orientieren will, die die größten Taten vollbringen, kann sehr leicht hereinfallen. Man denke nur an Jim Jones, den amerikanischen Sektenführer, der Erstaunliches (auch auf sozialem Gebiet) vollbrachte und doch nachher seine »Gläubigen« in einen 900fachen Selbstmord trieb. Die Fähigkeit, Erstaunliches zu leisten, ist noch kein Beweis dafür, daß ein Mensch von Gott berufen ist.

Wie aber erkenne ich, wem ich glauben kann? Indem ich es lerne, nicht irgendwelchen Wundern und Wundertätern zu glauben, sondern allein → Jesus Christus, wie er uns in der Bibel begegnet. Jedes Wunder hat so viel Wert, wie es mir Christus in seiner → Herrlichkeit »zeigt«. Denn Gottes Wunder in dieser Welt wollen nichts anderes sein als Zeichen und Hinweisschilder, die den Weg zu Jesus zeigen.

J. Blunck

Z

Zeichen → Wunder/Zeichen

Zeit/Zeitpunkt

I. Wortbedeutung

Wenn ein Kind heranwächst, beginnt es, sich die Welt ringsherum zu »erobern«. Es lernt, Personen und Dingen Namen zu geben. Es fängt an, sich in dem *Raum* zu orientieren. Allmählich entdeckt es, zunächst mit einigen Schwierigkeiten, das, was wir *»Zeit«* nennen. Es beginnt, Morgen, Mittag und Abend zu unterscheiden, dann gestern, heute, morgen, schließlich auch Woche, Monat, Jahr, die Uhr, den Kalender, den Stundenplan. Tiere leben fraglos im Heute, sind »Gegenwartswesen« (ohne bewußte Vorsorge für die Zukunft; sie sind gesteuert vom Instinkt). Menschen orientieren sich in der Gegenwart stets an Vergangenheit (Erfahrungen, Gelerntem) und Zukunft (Wünschen, Hoffnungen, Plänen). – Wie erfahren wir Zeit? Was meinen wir, wenn wir »Zeit« sagen? Wir gehen vom alltäglichen Sprachgebrauch aus und unterscheiden *drei Arten,* von Zeit zu sprechen:

1. Zeit als Zeitlichkeit

Wir sprechen vom »Zahn der Zeit«. Die Zeit erscheint uns wie ein Ungeheuer, das alles zernagt. Zwischen Alpen, Pyramiden, Menschen, Eintagsfliegen gibt es nur Tempounterschiede! Alles, was wir wahrnehmen, ist *»zeitlich«,* vergänglich. Wir sehnen uns aus dem Vergänglichen nach dem Bleibenden, dem »Ewigen«.

2. Zeit als Zeiten

Wir können zu »Zeit« die Mehrzahl bilden und meinen dann bestimmte *Zeitabschnitte.* »Zeit« heißt vom Wortsinn her »das Abgeteilte«! »Zu meiner Zeit; zur Zeit Karls des Großen; das war eine köstliche Zeit; das goldene Zeitalter, der Zeitgenosse, der Zeitgeist«. Die Zeit erscheint uns als eine *Menge* (die Sanduhr zeigt, wie sie verrinnt). Man kann Zeit sparen, gewinnen, vergeuden, einteilen. Wir messen die Zeit mit eigens dafür erfundenen Instrumenten, den Uhren. Wir planen Zeiteinheiten (Terminkalender). Wir stellen uns die Zeit vor wie eine nach vorn eilende Linie. Darauf tragen wir einzelne Abschnitte ein, die »Epochen« im Geschichtsunterricht (Altertum, Neuzeit . . .). Wir sagen: Ich habe dich »ewig« nicht gesehen, unendlich lange Zeit nicht. Diese meßbare, planbare Zeit meint das griechische Wort *chronos,* von dem das alte Wort für Uhr, »Chronometer«, gebildet wurde.

3. Zeit als Zeitpunkt, bzw. als »die rechte Zeit«

Jeder Tag hat 24 Stunden mit je 60 Minuten. Aber diese Stunden sind sehr unterschiedlich geprägt: »Jetzt ist Schlafenszeit!« (d.h. jetzt ist Schlafen dran, nicht Lesen). Diese Zeit ist inhaltlich gefüllt: Kriegszeit, Arbeitszeit, Freizeit, Hochzeit! Diese gefüllte Zeit erleben wir – je nach Inhalt – anders als die stets gleich laufende Uhrzeit: beim Zahnarzt dauern Sekunden »Ewigkeiten«; schöne Stunden gehen »im Fluge« vorbei. Diese *Erlebniszeit* erfahren wir anders als die Chronoslinie: sie hat Qualität (Inhalt), nicht nur Quantität (Menge). – »Für Dich habe ich immer Zeit!«, d.h. Du bist mir ungeheuer wichtig, Dich liebe ich! Für sein Hobby *hat* der Schrebergärtner immer Zeit, aber er muß geduldig warten, bis die rechte Zeit *da ist* zur Ernte (zur »Unzeit« wären die Kirschen noch grün!). Wenn das »Zeit-haben-für« und das »Zeit-sein-für« zusammentreffen, dann ist der rechte *Augenblick* da! *Jetzt* zupacken, jetzt die Chance ergreifen, jetzt sich entscheiden! Vorher ist es »zu früh«, nachher »zu spät«! Diesen rechten Augenblick, auf den alles ankommt, diesen Zeitpunkt, wo etwas »an der Zeit« ist, meint das griech. Wort *kairos.*

II. Der Begriff in der Bibel

Die Bibel kennt alle diese Zeitformen, aber von Gott her – aus der »Ewigkeit« – fällt ganz neues Licht darauf.

1. Zeit als Zeitlichkeit und Vergänglichkeit

Die Bibel weiß, daß wir Menschen, ja die ganze Kreatur, unter dem »Sklavendienst der Vergänglichkeit« leidet (Röm 8,21), daß wir »von der Todesfurcht ein Leben lang geknechtet werden« (Hebr 2,15). Aber die Bibel stellt die Diagnose, sagt, warum unser Leben ein »Sein zum Tode« ist: »Das macht dein → Zorn, daß wir so vergehen« (Ps 90,7); der → Tod ist der Lohn (Sold), den die Sünde pünktlich zahlt (Röm 6,23). Die Trennung von Gott gibt uns dem »Zahn der Zeit« preis. Die Bibel nennt aber auch die Therapie: Befreiung, Errettung von dieser »Verweslichkeit« schafft Gott, indem er die Verbindung neu knüpft. Gott, der selbst das Leben ist und hat, besiegt durch Jesus Christus an Ostern den Tod, schenkt uns »Lebens-gemeinschaft« im wörtlichen Sinn. Wer an Jesus glaubt, hat heute schon ewiges → Leben (Joh 3,26; 5,24; 6,40). Diese → Ewigkeit mitten in der Zeit ist wohl noch verborgen (Kol 3,3.4), aber doch ganz real und gewiß. Die → Wiederkunft Jesu wird uns und die ganze → Schöpfung »befreien zu der herrlichen Freiheit der Gotteskinder« (Röm 8,21). Weil wir diesen Durchblick nach oben und nach vorn haben, ist das »Sichtbare«, das uns faszinieren, verlocken oder schrecken will, nicht mehr die letzte Instanz (1Kor 15,26.53; Offb 21,4). Leid, Verfolgung, Tod sind jetzt »nur« noch zeitlich, gemessen an Gottes Ewigkeit (2Kor 4,14.15). Unsere Zeit ist in Gottes Hand (Ps 31,16).

2. ZEIT ALS CHRONOS

Das ist sensationell an der Botschaft der Bibel: Gott, der ewige und unsterbliche, begibt sich in den Ablauf der Zeit hinein (1Tim 1,17; 6,16). Seine Verheißungen sind wie abgeschossene Pfeile. Wir schauen gespannt auf das Ziel. So öffnet Gottes → Verheißung uns Zukunft, und Gottes → Vergebung »bewältigt« unsere Vergangenheit mit ihrer Schuld. Gott ist Herr der Geschichte. Mitten in die Chronoszeit, mitten in die Weltgeschichte, baut er seine Heils- und Offenbarungsgeschichte mit Abraham, Mose, David, Jesus. »Das Wort ward Fleisch« (Joh 1,14), d.h.: Gott selbst tritt in den Chronosfluß und gibt ihm das entscheidende Gefälle: »Als die Zeit (Chronos) erfüllt war, sandte Gott seinen Sohn« (Gal 4,4). Das Entscheidende, das Unüberholbare ist geschehen. Jesu Sterben und Auferstehen ist die *Mitte,* Jesu → Wiederkunft die *Vollendung* der Zeit. Deshalb ist es höchst sinnvoll, daß wir mit Jesu Kommen unsere Zeitrechnung beginnen: Hier ist tatsächlich die *»Zeitenwende«* eingetreten.

3. ZEIT ALS KAIROS

Gott setzt den Zeitpunkt, auf den alles ankommt.

a) Das gilt umfassend *heilsgeschichtlich:* »Euch ist heute der → Heiland geboren«, sagt der → Engel (Lk 2,11). »Heute ist diese Schriftstelle erfüllt«, heißt es in Jesu »Antrittspredigt« (Lk 4,21). »Erfüllt ist der Kairos, das Gottesreich bricht herein« (Mk 1,15). Die »Stunde« Jesu (Joh 7,6.8; 13,1) – sein Sterben und Auferstehen – ist der entscheidende Termin für die ganze → Schöpfung. Seither ist »Endzeit«. Gottes »count down« läuft: Der Chronos läuft auf den Kairos der Wiederkunft zu, auf den »Tag des → Menschensohnes« (1Kor 1,8). Und der Seher Johannes betont: »Der Kairos ist nah!« (Offb 1,3).

b) Dies »Heute« gilt zugleich jedem *persönlich:* Jetzt, wo ihr das Evangelium hört, jetzt ist »der Tag des Heils« (2Kor 6,2). Nur heute nicht das Herz verstocken (Hebr 3,7)! Heute zufassen! »Heute« muß Jesus bei Zachäus Quartier machen (Lk 19,5): Es *ist* Zeit, und Zachäus *hat* Zeit! → Jerusalem aber verpaßt, vertut den Kairos. Jesus weint, denn jetzt bleibt nur der Untergang (Lk 19,41–44).

Weil Christen die Ehre haben, Gottes Mitarbeiter zu sein, darum gilt: »Kauft die Zeit aus!« (Eph 5,16). Sagt das → Evangelium weiter – zur »Zeit oder Unzeit« (2Tim 4,2)! Und: seid wachsam, späht aus nach dem kommenden Herrn, »die Stunde ist da, aufzustehen vom Schlaf« (Röm 13,11).

4. ZEIT ALS ÄON

Zu den drei besprochenen Zeitbegriffen tritt ein weiterer: *»Äon«.* Das Wort hat eine doppelte Bedeutung:

a) *»lange Zeit«, »Ewigkeit«.* »Jesus Christus gestern, heute und derselbe auch in die Äonen« (Hebr 13,8); Gott soll gepriesen werden »in die Äonen der Äonen« (Röm 16,27).

b) *»alter – neuer Äon«* (vgl. Röm 12,2; 1Kor 2,6: »Herrscher dieses Äons«; 2Kor 4,4; Gal 1,4). Schon im AT (Dan 2 u. 7) werden *zwei »Weltzeiten«* unterschieden: Dem gefallenen »alten« Äon, »dieser« Weltzeit, in der Sünde, Tod und Teufel toben, tritt der »neue« Äon gegenüber. Die Zeiten- und Weltenwende bricht herein. Karfreitag und Ostern bedeuten den Einbruch der neuen Zeit: der Endsieg ist errungen. Jesu Wiederkunft ist die endgültige Durchsetzung des Neuen: der Endsieg wird »ewig« gefeiert. Heute stehen wir zwischen »Wende« und »Ende«!

III. Der Begriff heute

1. »SCHNITTMENGE«

Wir Christen leben heute, in einem Bild aus der Mengenlehre ausgedrückt, in der »Schnittmenge« von alter und neuer → Welt. *Schon* hat Jesus dem → Tod die Macht genommen (2Tim 1,10), schon sind wir Gottes Kinder (1Jo 3,2). Gleichzeitig beten wir täglich *noch:* »Vergib uns unsere Schuld!«, noch gibt es Schmerz und Tränen, noch wartet das Grab. *Schon* ist »Neues geworden« (2Kor 5,17), aber wir sind *noch nicht* am Ziel. Doch: Der Kampf ist bereits entschieden. Wir singen in die Rückzugsgefechte der Feinde hinein: »Daß Jesus siegt, bleibt ewig ausgemacht!«

2. SCHWÄRMER

Es gibt einen »frommen« Rausch. Da sind wir schon aus dem Schwitzkasten (zwischen Schon und Noch-nicht) heraus. »Wir sind schon perfekt! Sünde gibt's bei uns nicht mehr, Vergebung ist überflüssig. Gottes Ordnungen für diese Welt haben wir längst hinter uns« (eheliche Treue, Respektieren von Eigentum usw.; vgl. 2Tim 2,18; 1Kor 4,8; 5,1ff). Solche »Höhenflüge« sind Wunschträume und führen zum Absturz ins Verderben. Jesus will nüchterne Leute, solche, die wachen und beten.

3. GESTERN – HEUTE – MORGEN

Die Bibel schlägt einen Dreiklang an: *Gestern!* »Vergiß nicht . . .!« Wir haben Gottes große Taten im Rücken! –*Heute!* Freut Euch! Gottes Geist ist in dieser Sekunde bei uns! – *Morgen!* Wartet! Gottes neue Welt ist unser Ziel. Kein Ton darf fehlen: Der → *Glaube* greift zurück auf das, was Jesus tat; die → *Hoffnung* greift voraus auf das, was er tun wird; die → *Liebe* greift zu, wo er uns heute etwas zu tun gibt! Weil Christenleben zwischen diesen Pfeilern ausgespannt ist, ist es »spannend«.

4. ZEIT HABEN!

Wem Gott Ewigkeit schenkt, der hat auch Zeit! Der kommt heraus aus dem Pendeln zwischen Faulenzen und Streß. Weil wir Gottes *Kinder* sind, dürfen wir singen und spielen. Als Gottes *Mitarbeiter* wollen wir uns gerne plagen. Vor allem: Zeit-Haben ist nicht eine Frage der Uhr oder des Kalenders *(Chronos)*, sondern zuerst eine Frage der *Liebe*!

S. Kettling

Zeuge/Zeugnis

I. Wortbedeutung

Die Wortgruppe begegnet uns heute vorwiegend vor Gericht und in der Schule. Der Zeuge macht vor Gericht eine Zeugenaussage über das, was er selbst gesehen, gehört oder erlebt hat. In der Schule beurteilt das Zeugnis die »Schultugenden« (Betragen usw.) und die Leistungen des Schülers.

Das Wort »Zeuge« ist von »ziehen« abgeleitet und bedeutete ursprünglich das »Ziehen vor Gericht« (um auszusagen); dann bezeichnete es auch den, der dazu vor Gericht gezogen wurde. Verwandt sind die Worte »bezeugen«, »überzeugen« (ursprünglich: vor Gericht durch Zeugen überführen) und »Überzeugung«.

II. Die Begriffe in der Bibel

A. IM ALTEN TESTAMENT

Auch hier gehören die Wörter Zeuge/Zeugnis in den juristischen Bereich. Weil Indizien und schriftliche Beweise kaum eine Rolle spielen konnten, war zur Zeit des AT die Rechtsprechung noch stärker als heute auf Zeugenaussagen angewiesen. Durch das Gebot: Du sollst nicht falsch Zeugnis reden wider deinen Nächsten (2Mo 20,16; 5Mo 5,20) wird das Rechtswesen unter den besonderen Schutz Gottes gestellt. Genauso wie → Ehe, Familie und → Besitz.

Weil von Zeugenaussagen so viel abhing, durfte eine Verurteilung nur auf Grund von übereinstimmenden Aussagen mindestens zweier Zeugen erfolgen (4Mo 35,30; 5Mo 17,6; 19,15). Außerdem mußte im Falle eines Todesurteils der Zeuge den ersten Stein werfen (5Mo 17,7).

Auf beide Anweisungen des AT nimmt das NT Bezug. In Apg 7,57.58 steinigen die Zeugen Stephanus, und Mt 18,16 lehrt, daß in Frage der Gemeindezucht »jede Sache auf zweier oder dreier Zeugen Mund stehe« (ähnlich 1Tim 5,19).

Sowohl Jesus als auch Stephanus sollten durch Zeugen eines todeswürdigen Verbrechens überführt werden (Mt 26,59–61; Apg 6,12–14). In beiden »Prozessen« reichten die Aussagen der falschen Zeugen nicht aus, und sie wurden am Ende auf Grund ihrer eigenen Worte als Gotteslästerer zum Tode verurteilt (Mt 26,65; Apg 7,56.57). »Erfolgreicher« waren die falschen Zeugen, die auf Veranlassung Isebels gegen Naboth auftraten. Auf Grund ihrer Aussage wurde Naboth zum Tode verurteilt, und der Weinberg des Verurteilten fiel dem König zu (1Kö 21).

Das Bild der falschen Zeugen wird in den Psalmen aufgenommen (Ps 27,12; 35,11), aber besonders deutlich durch Hiob, der Gott anklagt, falsche Zeugen gegen ihn auftreten zu lassen (Hi 10,17), aber sich auf denselben Gott beruft, wenn er sagt, daß sein Zeuge im Himmel ist (16,19).

Im Alten Orient spielten Zeugen auch bei Verträgen eine entscheidende Rolle. Als Boas von Naemi das Erbe Elimelechs kaufte, nahm er zehn → Älteste Bethlehems zu Zeugen (Ru 4,2–11). Als Jeremia seinen Acker in Anathot verkaufte, zog er trotz eines doppelt ausgefertigten Kaufvertrages noch Zeugen hinzu (Jer 32,10).

Aber nicht nur Menschen konnten Zeugen von Verträgen sein. Die ersten Zeugen im AT sind Lämmer (1Mo 21,30) und ein Steinhaufen (1Mo 31,48–52). In Jos 22,27 soll ein Altar Zeuge dafür sein, daß die östlich des Jordan lebenden Stämme vollen Anteil an → Israel haben.

In den verschiedenen Verträgen im Alten Orient werden regelmäßig Götter als Zeugen angerufen. Auch im Vertrag (Bundesschluß) Gottes mit Israel werden Zeugen genannt (→ Bund). Aber da es für Israel keine Götter gab, ruft Gott Himmel und Erde zu Zeugen an (5Mo 4,26; 30,19).

B. IM NEUEN TESTAMENT

1. Auch im NT haben die Worte zuerst eine juristische Bedeutung, ähnlich wie im AT. Aber im NT gewinnt die Wortgruppe eine ganz neue erweiterte Bedeutung. Jesus sagt, daß man die → Jünger vor Fürsten und Könige führen wird um seinetwillen, ihnen und den → Heiden zum Zeugnis (Mt 10,18). Damit werden die Jünger Zeugen in einem Prozeß, den die »zuständigen« Behörden schon für beendet erklärt hatten. Die Jünger treten als Zeugen dafür auf, daß Jesus der Messias und der Erlöser ist und kein Gotteslästerer. So sendet sie auch Jesus aus, als er ihnen den Auftrag zur Weltmission erteilt: Sie sollen seine Zeugen sein (Apg 1,8).

2. Die → Apostel waren in besonderem Maße Zeugen, weil sie berichten konnten, was sie gesehen und gehört hatten (Apg 10,39; 1Jo 1,1–3). Ihr Zeugnis haben die Apostel mündlich weitergegeben, und sie und ihre Schüler haben es im NT schriftlich niedergelegt. Die Gemeinde hat nun auch den Auftrag, das Zeugnis von Jesus an alle weiterzugeben, die es noch nicht gehört haben (Mt 28,19–20), und auch von Generation zu Generation (2Tim 2,2; vgl. 5Mo 6,6–7; 20,21).

3. Die → Gemeinde hat aber nicht nur das ihr überlieferte Zeugnis weiterzugeben, sondern auch das Zeugnis des Lebens unter dem auferstandenen Herrn. Die Gemeinde als Leib Christi *legt* nicht zuerst *Zeugnis ab* von Christus, sondern zuerst *ist* sie Zeugnis. Die Gemeinde muß sich fragen, ob ihr Zeugnis klar, undeutlich oder gar irreführend wirkt.

4. Das griech. Wort für »Zeuge« *(martys)* ist in unserem Fremdwort »Märtyrer« enthalten. Ein Märtyrer ist ein Zeuge, der sein Zeugnis für Jesus mit der Hingabe seines eigenen Lebens besiegelt. Im NT hat die Wortgruppe nur in Ansätzen diesen Klang, z.B. in Offb 17,6, wo die große Hure → Babylon als trunken vom Blut der Zeugen Jesu dargestellt wird. Diese Weiterentwicklung des Begriffes »Zeuge« richtet sich am Leben Jesu aus. Sein Zeugnis wurde nicht angenommen (Joh 3,11), und am Ende wurde er selbst getötet. Da der Jünger nicht mehr ist als sein Meister, können auch heute Christen gefordert sein zu einem Zeugnis bis zur letzten Konsequenz.

III. Die Begriffe heute

1. Die Gemeinde ist heute Träger des Zeugnisses von Jesus. Damit ist sie verpflichtet, das ihr überlieferte Zeugnis treu weiterzugeben. Maßstab für ihr Zeugnis ist die Schrift. Es reicht aber nicht aus, daß sie die Schrift unversehrt weitergibt, es ist in jeder Generation und an jedem Ort die Aufgabe der Gemeinde, die Schrift so auszulegen, daß der in ihm enthaltene Anspruch Jesu die Menschen trifft. Damit die Gemeinde die Schrift auslegen kann, muß sie sie *kennen* und ihre Botschaft und ihre Geschichte *verstehen,* also theologisch arbeiten.

2. Es reicht nicht aus, wenn die Gemeinde das ihr überlieferte Zeugnis weitergibt und richtig interpretiert. Sie muß auch, und häufig zuallererst, ihr Erleben mit dem erhöhten Christus bezeugen. Das geschieht zuerst durch das *Leben* der Gemeinde als → Gemeinschaft derer, die neues Leben in Christus empfangen haben. Viele Menschen haben das → Evangelium nicht zuerst als gute *Botschaft,* sondern als gutes *Erleben* begriffen.

3. Im Zeugnis der Gemeinde wie des einzelnen Christen gehören Wort und Tat unauflöslich zusammen, allerdings kann man nicht versuchen, eine Rangfolge festzulegen (zuerst Wort oder zuerst Tat).

Wenn das Leben Zeugnis *ist,* ist es auch berechtigt, besondere *Aktionen* zu planen zur Ausrichtung des Zeugnisses. Dabei ist nicht nur wichtig, was ich *sage,* sondern auch, was der Empfänger des Zeugnisses *hört.*

4. Die wichtigste Aufgabe der Gemeinde ist es, Christus zu bezeugen. Oft erschwert Trägheit oder Egoismus das Zeugnis, oft auch das Festhalten an überlebten Formen und Interpretationen. Häufig verbraucht auch eine Gemeinde viel zu viel Energie, um das eigene Gemeindeleben aufrechtzuerhalten.

5. Als Jesus den Jüngern den Auftrag erteilte, seine Zeugen zu sein, nannte er ausdrücklich die ganze Welt als Wirkungsbereich. Deswegen ist grenzüberschreitendes Zeugnis für den Christen eine Selbstverständlichkeit. Die Gemeinde ist an jedem Ort verpflichtet, geographische, politische und kulturelle Grenzen mit dem Evangelium zu überschreiten. Dies ist in den seltensten Fällen ohne Planung und Organisation möglich, und meist ist auch eine überörtliche Zusammenarbeit nötig.

Es gehört also zum biblischen Reden vom Zeugnis wie zum gegenwärtigen Bezeugen, daß in das, was man bezeugt, sich auch die Hörer hineinnehmen lassen möchten, d.h. daß sie sich einlassen auf die Einladung Jesu Christi.

K. Fiedler

Zion → Jerusalem/Zion

Zorn/Zorn Gottes

I. Wortbedeutung

Wer »in Zorn gerät«, wird blaß oder rot, atmet schwer, läßt die Stimme anschwellen, geht auf den andern los. So anschaulich

»malt« das AT den Zorn: »Schnauben«, »Hitze«, »Glühen«. Doch Zorn ist nicht bloßes Gefühl: Bewußtsein, Überlegung, Urteilsfähigkeit gehören dazu! Deshalb kann es »gerechten«, ja »heiligen« Zorn geben. *Wut* dagegen ist ein böser Rausch ohne Besinnung, ohne Hemmung und Selbstbeherrschung.

II. Der Begriff in der Bibel

1. DER ZORN DES MENSCHEN

Die Bibel kennt den »heiligen« Zorn, wenn Gottes Ehre geschändet, sein Gebot verachtet wird: Mose zertrümmert die Gesetzestafeln (2Mo 32,19), David spricht sich selbst das Todesurteil (2Sam 12,5), Paulus »ergrimmt« über die Athener (Apg 17,16). Doch die Bibel ist kritisch: In (fast) allen Fällen packt uns der »unheilige«, gottlose Zorn. Unsere Eitelkeit und Empfindlichkeit empören sich im Namen unseres Egoismus. Unser Zorn entartet in Wut. Deshalb werden wir gewarnt: »Des Menschen Zorn tut nicht, was vor Gott recht ist« (Jak 1,20), er gehört zu den »Werken des Fleisches« (Gal 5,20), ist mit der Liebe unvereinbar (1Kor 13,5; vgl. Spr 6,34; 15,1; Eph 4,26.31; 6,4).

2. GOTTES HEILIGER ZORN

Gottes Zorn gehört zu seiner *Heiligkeit:* Unreinheit, Falschheit, Sünde haben keinen Platz vor Gott. Da ist er wie »ein verzehrend Feuer« (5Mo 4,24).

Gottes Zorn gehört zu seiner *Liebe:* Gott hat sich ganz an sein Volk gebunden, es zu seinem Bündnis-, ja »Ehepartner« gemacht (Hos 2,21.22). Ihm allein gehört die Gemeinde. »Eifersüchtig« wacht er über ihrer Treue (2Mo 20,5). Bei der Heilung von Besessenen heißt es, daß Jesus »ergrimmt« (Mt 4,10; 16,23; Mk 1,25; Lk 4,41). »Zürnend« fährt er die Dämonen an. Denn sie haben sich an Gottes Eigentum vergriffen, haben seine Geschöpfe versklavt und mißhandelt. – Allem Gottfeindlichen gilt Gottes Zorn. Schon *heute* ereignet er sich in der Weltgeschichte (Röm 1,18): Wo Menschen anstatt Gott zu ehren das Geschaffene vergötzen (Geld, Sexualität, Macht), da gibt Gott sie diesen Götzen preis. Gottes Zorn bannt die Menschen in ein Gefängnis: Böses haben sie tun *wollen,* nun *müssen* sie Böses tun. So straft Gott Sünde mit Sünde! – Am *Ende* der Zeit steht das Endgericht, das alles Böse vernichtet, der »Tag des Zornes« (Am 5,18–20; Röm 2,5; Offb 6,17), der »zukünftige Zorn« (Mt 3,7). Gottes Retterwille aber zielt genau darauf, uns vor diesem Zorngericht zu bewahren (Röm 5,4; 1Thes 1,10; 5,9). Sünder, die von Hause aus »Kinder des Zorns« sind (Eph 3,2), sollen Gottes Kinder werden!

III. Der Begriff heute

1. GOTTES ZORN UND GOTTES LIEBE

Wie kann Gott »die Liebe« sein (1Jo 4,8) und zugleich zürnen? Bei uns schließt sich beides meistens aus: Wir zürnen, weil wir uns selbst so wichtig nehmen und uns in unserer Selbstliebe gekränkt fühlen. Bei Gott aber ist der Zorn die Stelle, wo seine Liebe am heißesten brennt, wie die Spitze einer Flamme. Gott zürnt, weil wir ihm so unendlich wichtig sind. Etwas von diesem »positiven Zorn« kennen wir Menschen auch: Ein Vater, der Kinder auf einer gefährlichen Straßen spielen sieht, wird alle warnen, aber den eigenen Sohn besonders scharf zurechtweisen. Sein »väterlicher« Zorn beweist gerade, daß ihm sein Kind wertvoll ist. Er möchte es nicht verlieren. So ist auch Gottes Zorn Diener seiner Liebe. Es ist höchst erstaunlich, ja ein Wunder, daß Gott uns Menschen zürnt. Wir sind doch nur Staubkörner im Weltall. Aber er hat an jedem einzelnen ein so unendliches Interesse, daß er sich zum Zorn herausfordern läßt, statt verächtlich zu sagen: »Was kümmert es den Mond, wenn ihn der Hund anbellt!« – »Wir sind Gott seinen Zorn wert«, sagte der Theologe M. Kähler. Der sog. »liebe« Gott liebt in Wahrheit eben nicht.

2. GOTTES ZORN UND GOTTES HEILIGKEIT

Der heiße Atem der Liebe Gottes will alles verbrennen, was gottwidrig ist. Sein Zorn ist nicht eine rasch auflodernde und dann verrauchende Erregung, einem Strohfeuer gleich, sondern sein beständiger Gegensatz gegen alle Sünde. Da ist keine »Koexistenz«, kein Kompromiß möglich. Wie gut! Das gegen Gott Feindliche ist ja auch das gegen uns Feindliche, das Teuflische, das Dämonische, das uns zerstören will. In Gottes neue Welt kommt nur hinein, was zu Gott paßt. Ewiges Leben heißt ja Gemeinschaft mit dem heiligen Gott. Wie gut, daß Gottes Zorn das Böse vernichtet, denn nur eine gereinigte Welt kann wirklich eine gute, eine ganz und gar neue Schöpfung sein.

3. GOTTES ZORN UND GOTTES EVANGELIUM

Gott *hat* den Blitz seines Zornes schon niedergehen lassen – auf das Kreuz Jesu. Gottes Liebe hat das tödliche Geschoß seines Zornes auf sich selbst gelenkt, auf seinen Sohn. Bei einem Steppenbrand bedeutet ein Stück bereits verbrannter Erde eine rettende Insel im Flammenmeer ringsum. So wird jeder, der bei dem Kreuz Jesu steht (an dem Platz also, wo das Feuer bereits loderte), vor dem »zukünftigen Zorn« bewahrt. Tödlich ist nur eins: die gute Nachricht, das Evangelium von der Rettung, zu hören und dann in den Wind zu schlagen. Das ist Flucht von der rettenden Insel weg, Flucht ins Feuer hinein, ist Wahnsinn, Selbstmord! Wie wir nur durch das Evangelium gerettet werden können, so können wir nur durch die Verachtung des Evangeliums verloren gehen. Wer Jesus ablehnt, gibt sich mutwillig dem Zorn Gottes preis. Gott aber will unser Leben, nicht unsern Untergang! S. Kettling

Zucht/Zuchtlosigkeit

I. Wortbedeutung

Im AT beschreibt »züchtigen« das elterliche Erziehen des Kindes, das mit Worten und mit Schlägen geschieht. Das griech. AT übersetzt das hebr. Wort meist mit *paideuo,* »erziehen«, woher auch unser Fremdwort »Pädagogik« kommt. Das gleiche Wort gebraucht das NT. Luther hat es in der Regel mit »züchtigen« wiedergegeben. Im heutigen Deutsch versteht man darunter allerdings eher ein körperliches Strafen, während »erziehen« eher heißt: mit dem Wort lehren, zurechtweisen und ermahnen. Die entsprechenden bibl. Begriffe beinhalten beides, wobei das Schwergewicht auf der Erziehung durch das Wort liegt (→ Erziehung).

II. Der Begriff in der Bibel

Im AT reden besonders die Sprüche von der Zucht, die *Eltern* ihren Kindern angedeihen lassen, damit sie klug werden und im Leben ihren Weg finden, denn »Zucht ist der Weg des Lebens« (Spr 6,23; 10,17). So achtet der kluge Sohn auf das Wort des Vaters (Spr 1,8; 4,1), läßt sich seine Belehrung gefallen und weist sie nicht ab wie der gottlose Tor, dessen Weg ihm dafür Unglück und Tod bringt (Spr 12,1; 5,23). Zucht weist ein in die Ordnungen Gottes. Darum will alle Erziehung letztlich zur → Furcht Gottes hinleiten und zum → Gehorsam gegenüber seinen Weisungen führen. Denn auch die Erziehung, die Eltern ihren Kindern geben, ist eingebunden in die Erziehung, die Gott selber seinem Volk gibt. Viel häufiger wird darum auch im AT → *Gott* als der genannt, der züchtigt. Er hat Israel in seiner Geschichte erzogen, »wie ein Mann seinen Sohn erzieht« (5Mo 8,5), und ihm seine → Gebote gesagt (5Mo 11,1f). Aber Israel hat sich der Erziehung Gottes immer wieder entzogen, wie besonders eindrücklich der Rückblick Hos 11,1ff zeigt. Darum hat Gott strafend an seinem Volk handeln müssen und es Wege voller Leid gehen lassen. Aber selbst wenn Gott an seinem Volk schmerzhaft die Schuld heimsucht und es wegen seiner → Sünde züchtigt (Jer 30,14f), steht dahinter seine → Liebe, die nur Israels Bestes will (Jer 30,17ff; vgl. Hi 5,17–19).

Wenn im NT vom Züchtigen Gottes die Rede ist, dann ist meistens an → *Leiden* gedacht, *durch das Gott erzieht.* Neben Offb 3,19 spricht davon besonders Hebr 12,4ff (unter Aufnahme von Spr 3,11f): Die väterliche Liebe Gottes wird gerade da sichtbar, wo er ins Leiden führt und schlägt. Denn jede Züchtigung erweist, daß Gott einen als Sohn ernstnimmt und anerkennt. Sie dient »zu unserem Besten, damit wir an seiner Heiligkeit Anteil erlangen« (V. 10) in Frieden und Gerechtigkeit (V. 11). Außerdem bedeutet solch schmerzhaftes Züchtigen ein gnädiges Richten und Zurechtbringen Gottes und verschont vor dem Schrecken des Endgerichts (1Kor 11,32; → Gericht/Richten/Verdammnis). Es ist eben immer → *Gnade,* wenn Gott seine Kinder erzieht (Tit 2,11–13). Auch das Wort der Schrift will belehren und erziehen (2Tim 3,16). Mit einer anderen Wortgruppe spricht das NT noch von der *Selbstzucht* und Selbstbeherrschung, die als Frucht des Heiligen Geistes aller → Unzucht, Unreinheit und Ausschweifung widerstrebt (Gal 5,22). Manchmal geschlechtliche Enthaltsamkeit (1Kor 7), grundsätzlich aber Verzichtbereitschaft (1Kor 9,25) sind Ausdruck der Selbstzucht, die einen ganzen Einsatz im → Dienst für Jesus ermöglicht. Paulus führt im 1Kor den Kampf gegen die *Zuchtlosigkeit,* die in der Gemeinde von Korinth ein besonderes Problem, gerade auch im sexuellen Bereich, war.

III. Der Begriff heute

Wie manche Begriffe der Bibel ist auch das Wort »Zucht« durch fragwürdigen Gebrauch entstellt und negativ belastet. Man denkt an »Zucht und Ordnung« als Parole autoritärer Väter und diktatorischer »Führer«. Um hier das biblische Anliegen wiederzugewinnen und damit auch einen Maßstab für unsere menschlichen Erziehungsaufgaben finden zu können, müssen folgende Fragen bedacht werden:

1. Die Frage der Autorität

Entscheidende Frage ist, mit welcher Autorität jemand erzieht und Zucht verlangt. Es kann eine angemaßte Autorität sein, die herrschen will über andere und darum »autoritär« auftritt. Solche Autorität ist von der Bibel *nicht* gedeckt! Gottes Autorität kommt aus väterlicher Güte und barmherziger Verantwortung für sein Geschöpf und will selbst da, wo sie schlägt, nicht aus menschlicher Zornesregung (→ Zorn/Zorn Gottes) zerstören, sondern in göttlicher Liebe zurechtbringen. Gott hört in keinem Moment auf, selbstlos zu lieben, auch dann nicht, wenn der Mensch sich von ihm abkehrt, »denn ich bin Gott und nicht ein Mensch . . . und will nicht kommen zu verheeren« (Hos 11,9). So ist echte, gottgewollte Autorität verpflichtet zum Dienen und bereit zum ganzen Opfer (Mk 10,45). Nur in solcher Hingabe kann sie ihre Aufgabe recht wahrnehmen (→ Dienst/Amt).

2. Die Frage des Vertrauensverhältnisses

Bibl. Autorität empfängt ihre Kraft aus einem Vertrauensverhältnis. Darum ist im bibl. Gebrauch des Wortes »Zucht« immer wieder vom Verhältnis Vater – Sohn die Rede. Der Vater liebt seinen Sohn bedingungslos, wie es Israel bei Gott erlebt hat. Solche Liebe ermöglicht Vertrauen. Vertrauen kann *nie* erzwungen werden. Aber rechte Vaterschaft, am Bild Gottes eingeübt, gibt ein Beispiel und Vorbild an Liebe und Güte und schafft damit das Vertrauen, das Grundvoraussetzung jeder Erziehung ist. Die Frage des Vertrauensverhältnisses ist somit vor allem eine Sache des Vaterbildes und des Vorbildes. Und wo Vertrauen gegeben ist, können Grenzen gesetzt, Ermahnungen und Zurechtweisungen ausgesprochen werden, ja kann sogar gestraft werden (→ Vater/Abba; → Glaube/Vertrauen; → Strafe).

3. Die Frage des Menschenbildes

Findet der Mensch, gerade der junge Mensch, ohne weitere Hilfestellung und Korrektur allein aus sich heraus zu einem guten Weg, oder braucht er Erziehung? Die Bibel erkennt sehr demütig an, daß der Mensch lebenslang auf die Erziehung Gottes angewiesen ist, sogar schmerzhafte Züchtigung und Leid braucht, um nicht irrezugehen und dem Bösen in die Hände zu fallen. Solche Erziehung anzunehmen, weil man sie nötig hat, setzt darum → Demut und → Gehorsam voraus.

4. Die Frage der Verantwortlichkeit

Gerade wo Menschen Gehorsam verlangen, muß die Verantwortlichkeit aller Erziehung bewußt sein. Alle menschliche Erziehung untersteht der Erziehung Gottes und ist ihm verantwortlich. Alle menschliche Zucht muß in der Zucht Gottes stehen (Eph 6,4). Nur in solcher Rückkoppelung an Gott bleibt der Mensch vor sich selber bewahrt.

K.-H. Michel

Zuversicht → Freimut/Zuversicht

Zweifel

I. Wortbedeutung

Der Zweifel ist eine Fähigkeit und ein Akt der menschlichen → Vernunft. Er stellt eine Behauptung, eine Beobachtung, eine Aussage in Frage – ob zu Recht oder zu Unrecht, muß die Nachprüfung ergeben. Ein kluges Wort von dem bedeutenden Erfinder, Physiker und Mathematiker Blaise Pascal (1623–62) beleuchtet die wichtige Funktion des Zweifels für die Gewinnung gültiger Erkenntnis: »Man muß zu zweifeln verstehen, wo es notwendig ist, sich Gewißheit verschaffen, wo es notwendig ist, und sich unterwerfen, wo es notwendig ist. Wer nicht so handelt, mißachtet die Kraft des Verstandes. Es gibt Menschen, die gegen diese drei Grundforderungen verstoßen, die entweder behaupten, alles sei beweisbar, weil sie nichts von Beweisen verstehen, oder alles bezweifeln, weil sie nicht wissen, wo man sich unterwerfen muß, oder sich in allen Fällen unterwerfen, weil sie nicht wissen, wo man urteilen muß.« In Wissenschaft und Forschung hat der Zweifel eine wichtige, fruchtbare Funktion.

II. Der Begriff in der Bibel

Es ist bezeichnend und gibt zu denken, daß in der Bibel, im AT wie im NT, vom Zweifel nur selten die Rede ist. Daß der lebendige Gott als Schöpfer, Gebieter, Retter und Richter auf dem Plan ist – nur die Toren können es leugnen (Ps 14,1; → Gott)! Gewaltig, herrlich, aller Wunder mächtig hat er sich in der Geschichte seines Bundesvolkes Israel bezeugt. Auch wenn er – je und dann – sein Antlitz im → Zorn verbirgt, ist dieser verborgene Gott eine bedrängende Wirklichkeit. Recht und → Gerechtigkeit sind seines Thrones Stütze: »Ohne Zweifel, Gott verdammt niemand mit Unrecht« (Hi 34,12). Keiner unter all den heidnischen Göttern kann mit ihm sich messen: »Es ist kein Zweifel, euer Gott ist ein Gott über alle Götter und ein Herr über alle Könige«, so muß Nebukadnezar, der König von Babel, eingestehen (Dan 2,47). Nur die Toren können dem lebendigen Gott seine Existenz bestreiten und in ihrem Herzen sprechen: Es ist kein Gott (Ps 14).

Auch im NT wird mit Nachdruck klargestellt, daß der Glaube kein Mittelding zwischen Gewißheit und Ungewißheit ist. Von Abraham, dem Vater aller Glaubenden, bezeugt Paulus im Römerbrief: »Er zweifelte nicht an der Verheißung Gottes durch Unglauben, sondern ward stark im Glauben und gab Gott die Ehre und wußte aufs allergewisseste, daß, was Gott verheißen hat, das kann er auch tun« (Röm 4,19f). Ein »Vielleicht-Glaube« hat keine Verheißung! Es darf an jene klassische Definition des Glaubens in Hebr 11,1 erinnert werden: »Es ist aber der Glaube eine gewisse Zuversicht des, das man hofft, und ein Nichtzweifeln an dem, das man nicht sieht«. Wörtlich: »er ist ein Bestehen bei Erhofftem und ein Überführtwerden von unsichtbaren Wirklichkeiten« (→ Glaube/Vertrauen).

Die Gewißheit des Glaubens gründet in der Treue Gottes zu seinen → Verheißungen, die mit der Allmacht im Bunde ist. Ist dem Herrn – *diesem* Herrn – auch irgend etwas zu wunderbar (1Mo 18,14)? Bei Gott sind alle Dinge möglich (Mk 10,27). Dessen soll und darf der Betende bei seiner Zwiesprache mit Gott gewiß sein: »Er bitte im Glauben und zweifle nicht« (Jak 1,6; vgl. Sir 7,10). Beten ist kein Experiment: Vielleicht hilft's, vielleicht auch nicht (→ Gebet/Bitten)! Dieser Halbglaube hat keine Verheißung. »Denn wer da zweifelt, der ist gleich der Meereswoge, die vom Winde getrieben und bewegt wird« (Jak 1,6). Der Zweifel tastet die Ehre Gottes an, er stellt die Treue Gottes zu seinen Verheißungen und seine Allmacht zu ihrer Verwirklichung in Frage. Das ist nicht leicht zu nehmen!

Und doch ist es ein nicht geringer Trost, daß auch der Zweifler im Evangelium von Jesus Christus einen Platz hat. Mit schwermütigem, ja trotzigem Zweifel hat einer der zwölf Apostel, Thomas, sich der Nachricht: »Der Gekreuzigte lebt, er ist auferstanden!« verschlossen (Joh 20,24). Der Auferstandene hat diesen Zweifler nicht ausgestoßen, nicht verdammt. Er hat ihn entwaffnet und überwunden.

III. Der Begriff heute

»Es ist ein frei Werk um den Glauben, dazu man niemand zwingen kann« (Luther). Mit dem Satz: »Das mußt du eben glauben« ist dem Zweifler nicht geholfen. Dies will vornweg bedacht sein, wenn wir fragen, in welcher Weise sich der Zweifel heute zu Wort meldet und wie dem Zweifelnden zu raten und zu helfen ist. Wie kann ich und soll ich als ein Christ, der seinen Zeugenberuf ernst nimmt, dem Zweifler ein Gehilfe zur Wahrheit, zur Gewißheit werden? Dazu ist notwendig, sich über die verschiedenen Formen des Zweifels klar zu werden. Denn wahrlich, Zweifel und Zweifel ist nicht dasselbe!

Da ist (1) der *jugendliche Zweifel.* Wir verstehen darunter jene kritische Phase, die junge, christlich erzogene Menschen im Alter zwischen 14 und 18 Jahren durchlaufen, wobei die Ausnahmen die Regel bestätigen. Sie sind in den Glauben der Christenheit, des Elternhauses hineingewachsen, christlich erzogen worden. Aber zum selbständigen Denken erwacht oder durch ihre Umwelt beeinflußt geraten sie in Zweifel, die sich nicht selten zu radikaler Opposition verdichten. Wichtig ist, diesen jugendlichen Zweifel als eine Durchgangsphase der Entwicklung zu verstehen. Die kritische Auseinandersetzung mit dem ererbten Glaubensgut ist notwendig, wenn der junge Mensch in ein persönlich erfaßtes Glaubensverhältnis zu dem lebendigen Gott, zur Botschaft der Bibel, zu Jesus Christus kommen soll. Wichtig ist, daß Eltern ihre Kinder in dieser Phase mit treuer Fürbitte begleiten. Auch den Paten ist hier eine besondere Verantwortung auferlegt! Wir dürfen damit rechnen, daß Gott selbst diesem jugendlichen Zweifler mit überlegener Weisheit, Liebe und Geduld begegnet.

Auf keine Altersstufe beschränkt ist (2) der *intellektuelle Zweifel.* Er entsteht an der Tatsache, daß Gottes Gedanken, Worte und Werke unser Verstehen und Begreifen übersteigen. Die → Schöpfung aus dem Nichts, die Menschwerdung Gottes in Jesus Christus, die → Wunder, die er tat, das »Wort vom → Kreuz«, an dem Gott die Welt mit sich versöhnt hat, das Ostergeschehen, die → Auferstehung Jesu aus Tod und Grab, seine → Erhöhung zum Vater, seine → Wiederkunft zum Weltgericht – dies alles ist ja für die Vernunft weder faßbar noch beweisbar. Kein Wunder, daß sich hier der Zweifel meldet! Aber wäre Gott wirklich Gott, wenn sein Wesen und Wirken das Maß unseres Begreifens nicht übersteigen, ja sprengen würde?

(3) Der *feige Zweifel.* Für viele Menschen ist der Zweifel ein willkommenes Mittel, ihre Flucht vor Gott vor sich selbst zu rechtfertigen. Der Verstand zweifelt, weil der Wille den Weg des → Gehorsams verlassen hat oder verlassen möchte!

Aber es gibt auch (4) den *ehrlichen Zweifel.* Es ist der Zweifel des Glaubenden, des auf Gott Hoffenden, der in → Anfechtung gerät. Beispiele für diesen ehrlichen Zweifel finden wir nicht selten im NT (vgl. MT 11,2f; Lk 24,11; Joh 20,25), aber auch im Laufe der Geschichte und in der Gegenwart. Und so unverwundbar ist kein Christ hinter dem Schild seines Glaubens geborgen, daß ihm – besonders in Zeiten äußerer oder innerlicher Anfechtung – dieser Zweifel nichts antun könnte! Hier gilt: Wer sich läßt dünken, er stehe, sehe wohl zu, daß er nicht falle! Die Glaubens- und Heilsgewißheit ist nicht auf Vorrat zu bekommen. Niemand hat sie in der Tasche ein für allemal. Sie will erbeten, alle Morgen neu empfangen sein.

Es ist Aufgabe des christlichen Bruders, sich »derer zu erbarmen, die da zweifeln« und sie »aus dem Feuer zu retten« (Jud 22f).

H. Lamparter

Fremder/Fremdling/Gast

I. Wortbedeutung

Menschen, Dinge und Sitten, die den Angehörigen einer sozialen Gruppe nicht aus ihrem eigenen Lebensbereich vertraut sind, werden als fremd(artig) empfunden. Der unterschiedlichen Art der Fremdheit entsprechen unterschiedliche Begriffe, die die Bibel verwendet. Es ist zunächst der Ausländer gemeint (*xenos* oder *allogenäs*), der aber im Volk Gottes Schutz und Rechte genießen kann; dann ist er »Schutzbürger« oder »Beisasse« (*paroikos*). Der Begriff des »Fremden« *(xenos)* kann auch die Bedeutung »Gastfreund«, »Gast« bekommen (*philaxenia* = Gastfreundschaft). Als für die Juden, unter die Heidenvölker zerstreut, das Leben als geduldete oder suspekte Nichtbürger zur Regel wurde, sprach man von der »Diaspora« (*diaspeirein* = zerstreuen). Das Fremde. Andersartige, das sich mehr auf das Empfinden gegenüber Personen, Sachen oder Verhaltensweisen bezieht, nennt das NT ›allotrios‹ = fremdartig.

II. Der Begriff in der Bibel

A. IM ALTEN TESTAMENT

1. BEZEICHNUNG FÜR DEN STAND DES VOLKES GOTTES IN DER WELT

»Abraham war ein Fremdling« (1Mo 12,1.10; 20,1; 5Mo 26,5 u.ö.). Er ist der Prototyp der Fremdlingserfahrung des Volkes Israel (vgl. auch Ps 39,13 u. 4Mo 23,9), an die bis ins NT hinein das Volk Gottes erinnert wird vgl. Hebr 11.9.13). Auch bleibt das Land, in dem Israel lebt Gottes Eigentum (3Mo 25,23). Israel ist der »Beisasse Gottes«; es genießt darum Gottes Schutz (Ps 39,13; vgl. Ps 61,5; 119,19). Gottes → Erwählung und →Bund sind letztlich die Ursachen für Israels Fremdheit in der Welt.

2. DAS VERHÄLTNIS ZU DEN NICHTISRAELITEN

Israels Gesetzgebung verbietet, den Fremden zu bedrücken, weil ja das Volk selber in Ägypten Fremdling war (2Mo 22,21; 23,9; 5Mo 24,14; vgl. Jer 22,3; Hes 47,22). Darum genießt der Fremde die Sabbatruhe wie der Israelit (2Mo 20,10). Gott liebt und schützt ihn (5Mo 20,18). Auch im Fürbittengebet Salomos anläßlich des Tempelweihfests werden sie erwähnt (1Kö 8,41–43).

Doch die Fremden durften auf keinen Fall fremde Götter nach Israel hineintragen. Mit dem es umgebenden Heidentum sollte das Volk Gottes sich in keinem Fall infizieren (1Mo 31,2; 2Mo 20,3; Jos 24,20.23; 1Sam 7,3; 1Kö 16,31; 18,21 u.ö.). Vielmehr sollten die Fremden in den Glauben, den Gottesdienst und den Gottesgehorsam Israels hineingenommen werden (vgl. 2Mo 20,10; 3Mo 25,6; 4Mo 15,15; 5Mo 16,11.14; 2Chr 30,25).

Erwähnung verdient die Tatsache, daß immer wieder, nicht nur im NT (vgl. Mt 8,10; 15,28; Lk 10,32; 17,16.18), sondern schon im AT Menschen aus andern Völkern als Vorbilder dargestellt werden (vgl. Rt 1,6–18; Jer 38,7–13 u.a.).

3. »GOTT IST ALLER VÖLKER GOTT« (Am 9,7)

Von da aus können nachexilische Propheten von der kommenden Verkündigung von Gottes Herrlichkeit unter den Heiden reden (Jes 42,6ff; 60,19; vgl. auch Jes 46–51 und Ez 25–32). In der Praxis hat man sich beim nachexilischen Wiederaufbau streng von den Heiden abgeschlossen (vgl. Neh 13,1–10 und 25ff; Esr 9,4). So sehr diese Haltung – auch in der Folgezeit – der physischen Bewahrung des Volkes Israel diente, so sehr führte sie zu einer theologischen Verengung, mit der Jesus und die Missionare der frühen Kirche zu kämpfen hatten.

B. IM NEUEN TESTAMENT

1. DAS NTL. GOTTESVOLK

In 1Petr 1,1 und 2,11 (vgl. Hebr 11,9.13) werden die Glieder der Gemeinde Jesu wie das alt. Gottesvolk als Fremdlinge in dieser Welt bezeichnet. Doch sind sie darum nicht »weltflüchtig«, sondern von ihrem Herrn in die Welt gesandt, gestellt und für sie beauftragt, vor allem mit der Evangeliumsverkündigung (Mt 28,18–20; Joh 17,15.16.18; 20,21). Ihr Bürgerrecht ist jetzt schon »im Himmel« (Phil 3,20; vgl. Eph 2,19). Sie sind in Christus und seiner Gemeinschaft verwurzelt, erst dann, in zweiter Linie, Angehörige eines Volkes, der Heimat, der Natur oder Kultur. Daraus ergeben sich Schwerpunkte ihres Lebens und Wirkens (vgl. Mt 6,21; Kol 3,2 vgl. 1Petr 4,4). In Eph 2,11ff werden die Heidenchristen als frühere »Fremdlinge und Beisassen« angesprochen. Jetzt aber, in Christus, sind sie »Mitbürger der Heiligen«, d.h. der Judenchristen, »und Hausgenossen Gottes« (Eph 2,19).

2. DIE GASTFREUNDSCHAFT

Nach dem evangelischen Bericht hat Jesus in seiner öffentlichen Tätigkeit sehr oft Gastfreundschaft genossen (Mk 1,29ff; Lk 7,36ff u.ö.). Jesus hat bei der Aussendung der Jünger als Missionare auch mit der Gastfreundschaft der Menschen gerechnet (vgl. Mt 10,11ff; Lk 10,5ff; Apg 10,6; 16,15; Röm 16,23; 3Joh 5). Auch der Apostel Paulus gebietet den Christen Gastfreundschaft (Röm 12,13, vgl. Hebr 13,2, ebenso Philemon 22, 1Tim 3,2; Tit 1,8; 1Tim 5,10).

III. Der Begriff heute

1. Die Lage der Gemeinde Jesu

In nicht wenigen Ländern der Erde werden heute Christen ausgesprochen als Fremdkörper behandelt. Die Frau eines verhafteten und zu Zwangsarbeit verurteilten Christen in einem osteuropäischen Land schrieb: »Das Schlimmste ist, wie wir verachtet, verfemt und ausgestoßen sind. Immer wieder werden wir in der lokalen Presse lächerlich gemacht, und Lehrer stiften ihre Schulklassen an, unsere Kinder wegen des Glaubens unseres Vaters auszulachen« (vgl. Lk 6,22f). Wenn sich dann die Gemeinde Jesu auf ihrem letzten Wegstück befindet, wird nach den Worten ihres Herrn diese Verfemung auf alle Völker übergreifen (Mt 24,9), ja die Glaubenden werden boykottiert und von Handel, Wandel und Berufsarbeit ausgeschlossen (Offb 13,17). Doch auch dann wird die Gemeinde Jesu sich nicht aus der Welt zurückziehen, sondern in der geduldigen Nachfolge ihres Herrn sein Wort und seine Liebe den Menschen bringen (Lk 19,13; Offb 12,11).

2. Ausländer unter uns

Wir wollen an die Politiker keine unerfüllbaren Forderungen stellen und ebenfalls nicht alles gutheißen, was Ausländer tun. Sie sind keine schlechteren und keine besseren Menschen als die Deutschen, nur sind sie schlechter dran. Es ist nötig, sich im Sinne der Liebe Jesu in ihre Lage zu versetzen. Sie mußten oder wollten ihre Heimat verlassen, um bei uns Arbeit und Brot zu finden. Sie haben andere Sitten, sprechen eine andere Sprache und gehören oft einer anderen Religion an. Wir schulden ihnen das Evangelium in Wort und Tat. Die uns vielfach beunruhigende Anwesenheit der vielen Moslems kann geradezu heilsgeschichtliche Bedeutung haben: Bevor Jesus kommt muß die von Gott vorgesehene Zahl aus *allen* Völkern zum Glauben an Jesus gekommen sein (vgl. Mt 24,14; Röm 11,25; Offb 7,9). Wir sind mit dem Evangelium sehr schwer in die islamischen Länder hineingekommen. Moslems sind nun zu uns gekommen. Damit ist das Missionsfeld »Türkisches Volk« z.B. vor unserer Haustür. Es erfordert viel feinen Takt und gute Kenntnis von Sitten und Gebräuchen in den islamischen Ländern, um ihnen mit dem Evangelium nahekommen zu können.

Häufig wird der Weg zu ihnen über eine zunächst äußere Hilfe und einen rein menschlichen Kontakt führen, etwa im Sinne der Nachbarschaftshilfe. Auch eine Gemeinde, in deren Einzugsbereich Ausländer wohnen, haben Anlaß, mit Phantasie und Tatkraft den Fremden *praktisch* beizustehen (Hilfe bei Sprachproblemen, Hausaufgabenbetreuung der Kinder, Gänge zu Behörden, Einladungen usw.). Die Christen müssen ein Beispiel geben für die auch Grenzen der Fremdheit übersteigende Kraft des Evangeliums in Wort und Tat. Durch ihr Beispiel kann Ausländerfeindlichkeit, wie sie bei uns nicht selten handfest zu spüren ist, überwunden werden.

F. Grünzweig/U. Laepple

Krankheit/Krankenheilung

I. Wortbedeutung

Das Wort »krank« bedeutet, ebenso wie auch die entsprechenden Wörter in der Ursprache der Bibel, »schwach«, »hinfällig«, »kraftlos«. Ebenso hat das Wort »heil« in all diesen Sprachen die Bedeutung »gesund«, »unversehrt«, »stark«. Krankenheilung ist demzufolge die Überwindung der Krankheit und Schwäche. Es handelt sich um Maßnahmen, die den Menschen wieder gesund, unversehrt und stark machen.

II. Die Begriffe in der Bibel

A. KRANKHEIT

1. Nach der Bibel steht der Tod der Menschen im Zusammenhang mit der menschlichen → Sünde (1Mo 2,17; 3,3). Und Paulus schreibt: »Durch *einen* Menschen ist die Sünde in die Welt gekommen und der Tod durch die Sünde, so ist der Tod zu allen Menschen durchgedrungen, weil sie alle gesündigt haben« (Röm 5,12; 6,23). Und nun ist ja die Krankheit ein Vorbote, eine Vorstufe des Todes. So steht auch die Krankheit der Menschen im Zusammenhang mit ihrer Sünde.

2. Auch im Einzelleben kann Sünde und Krankheit miteinander im Zusammenhang stehen (2Sam 12,15ff; 24,10ff). Doch Krankheit kann nicht allein die Lösung von vorhandenem → Bösen oder die Bewahrung vor drohendem Bösen zum Ziel haben (vgl. 2Kor 12,7), sondern auch die Bewährung des vorhandenen Guten (Hi 2,4–10). Und Jesus tritt der Meinung seiner Zeit in Israel entgegen, wer besonders schwer leide, müsse besonders schwer gesündigt haben (Joh 9,3).

3. Gelegentlich reden die Evangelien von einem »Geist der Krankheit«. Und gewiß sieht Jesus hier den Dingen wahrhaft auf den Grund (Lk 13,11). Doch keineswegs wird Krankheit immer mit einem »Geist der Krankheit« im Zusammenhang gesehen (vgl. Mk 1, 30.31; 2,1–12).

4. Mit Unbefangenheit sagt Paulus davon, daß er einen seiner Mitarbeiter krank in Milet zurückgelassen habe (2Tim 4,20), ohne daß er

etwa diesem einen Vorwurf des Unglaubens gemacht oder das allgemein als ein geistliches Manko empfunden hätte. Von seinem wichtigen Mitarbeiter Timotheus sagte Paulus, daß er »oft krank« sei, und empfiehlt ihm, höchst natürlich, ein wenig Wein zu trinken (1Tim 5,23). Paulus also lehnt menschliche Mittel zur Heilung und Stärkung keineswegs ab.

B. KRANKENHEILUNG

1. Im *Alten Testament* spricht Gott: »Ich bin der Herr, dein Arzt« (2Mo 15,26). Und gelegentlich durften Propheten auch damals im Auftrag Gottes Menschen, aus Israel und auch aus den Heiden, Heilung bringen (2Kö 5; 20,7).

2. Unser Herr *Jesus Christus,* der ewige Gottessohn, ist das Werkzeug Gottes, mit dem er in seiner → Barmherzigkeit den *ganzen* tiefen Schaden heilt, der durch die menschliche Sünde eingetreten ist.

a. Dazu gehört auch, daß Jesus alle *Folge* der Sünde aufhebt und dabei auch alle Krankheit heilt (→ Heilen/Heilung) und den → Tod abschafft bzw. alle, die bereits gestorben sind, von den Toten auferweckt (Offb 21,4; Joh 5,28.29).

b. In einem großen heilsgeschichtlichen *Nacheinander* schafft Gott in Jesus Christus zuerst die Voraussetzung für die Heilung. Und danach führt er die Heilung selbst durch. Wie Gott einst die Welt in Stufen schuf (1Mo 1), so schafft er sich auch nach dem schweren Zwischenfall der menschlichen Sünde in Stufen neu: Mit dem *ersten* Kommen Jesu heilt Gott vor allem die verborgene *Ursache* des ganzen Elends: Auf Grund des Opfers Jesu schenkt er jedem, der ihn nur darum bittet, Vergebung der Sünde, den Frieden mit Gott, die neue Gemeinschaft mit Gott, den Heiligen Geist, die Gotteskindschaft. Mit dem *zweiten* Kommen Jesu tut Gott den zweiten Schritt, indem er alle sichtbare *Wirkung* der menschlichen Sünde aufhebt, Krankheit, Schmerz, Unfrieden und Tod (Offb 21,4).

c. Auch schon in der Zeit seines ersten Kommens, in der wir noch immer leben, gibt unser Herr in seiner Weisheit und Barmherzigkeit, wo und wann er will, bereits Kostproben dessen, was er einmal ganz im Großen tun wird: Er tut Wunder; er gibt dem gläubigen Gebet wunderbare und offenkundige Erhörung. Er schenkt *»Zeichen«* (→ Wunder/Zeichen), die anzeigen, was einmal durch Jesus ganz allgemein geschieht. Und unser Herr würde gewiß noch mehr tun als das, was wir bereits erfahren, wenn wir ihn nur zuversichtlicher und anhaltender bitten würden und ihm mehr zutrauten. – Dennoch wäre es ein Irrtum, anzunehmen, daß, wenn wir nur recht glaubten, Jesus auch heute schon alle Krankheit heilte. Denn wir leben jetzt in der Zeit des »Nicht-Sehens und Doch-Glaubens« (Joh 20,29; 2Kor 5,7). Wir machen jetzt in diesem Leben als an Jesus Glaubende die große Aufnahmeprüfung für die himmlische Herrlichkeit. Und das »Hauptprüfungsfach« heißt »Nicht-Sehen und Doch-Glauben«. Aus dieser Prüfung werden wir auch nicht durch die Erfahrung von Wundern, etwa von wunderbaren Gebetserhörungen, entlassen. Deshalb sind auch diese ganz offenkundigen Erfahrungen in der Regel Ausnahmen. Ja, die Prüfungen werden bei zunehmender Ausreifung und Erstarkung unseres Glaubens eher schwerer als leichter, so wie auch bei jungen Menschen die Prüfungen, die man ihnen im Rahmen ihrer Ausbildung zumutet, fortschreitend schwerer und nicht leichter werden.

d. Eben weil während dieser Weltzeit bis zur Wiederkunft unseres Herrn Gott allen und vor allem das ewige Heil, sein Vergeben, seinen Frieden, seinen Geist, die Gotteskindschaft schenken will, jedem, der ihn darum bittet (Joe 3,5; Apg 2,21), muß auch das Angebot des Friedens mit Gott auf Grund des → Kreuzes Jesu in unserem eigenen Leben und in unserem Bemühen um andere demzufolge auch den ersten Platz einnehmen. Und weil Gott die Heilung jetzt nicht in jedem Fall schenkt, sondern wo und wann er es in seiner Vaterweisheit für gut hält, deshalb wollen wir zu beidem bereit sein: ihm nach erfahrener Heilung zu danken oder auch »im Leiden ihn zu preisen« (vgl. Joh 21,19).

e. Unser Herr Jesus Christus hat in seinen Erdentagen besonders häufig geheilt, insbesondere auch um deutlich zu machen, daß er trotz seiner unscheinbaren Gestalt der verheißene Messias ist; denn für diesen war schon im AT die → Vollmacht zu Wundertaten der Heilung angekündigt (Jes 35,5.6; 61,1.2; Mt 11,4–6; Mk 2,1–12; Lk 4,16–21).

f. Doch auch in Jesu Erdentagen wurde deutlich, daß Jesus nicht nun schon *alle* Folge der Sünde aufhebt und dazu alle Krankheit heilt und alle Toten auferweckt. Von den vielen Kranken am Teich Bethesda schenkte er *einem* die Heilung, einem, der besonders übel dran war (Joh 5,1ff). Und ebenso weckte Jesus nur drei Tote auf (Mk 5,21–43; Lk 7,11–17; Joh 11), um dadurch deutlich zu machen, daß er allgemein »die → Auferstehung und das Leben« ist (Joh 11,25).

g. In den Evangelien tritt immer wieder klar hervor, daß Jesus von der äußeren Hilfe zur inneren und damit ganzen Hilfe, zum lebendigen Glauben und zur ewigen Errettung weiterführen wollte, die wunderbar Gespeisten, zu ihm, dem »Brot des Lebens« (Joh 6), den geheilten Blinden dazu, daß er Jesus erkannte und an ihn glaubte (Joh 9).

3. Die *Gemeinde Jesu* nach Pfingsten blieb in diesen Bahnen. Sie ist ja sein »Leib«, das Instrument, durch das er wirkt. Unser Herr Jesus Christus ist gestern und heute derselbe (Hebr 13,8), und er tut gestern und heute dasselbe; er bleibt sich und uns treu. So heilte auch die Gemeinde Jesu (vergl. Apg 3,1ff; 9,33ff).

a. Unter den Gaben, den Begabungen, den Dienstausrüstungen, die Gottes Geist der Gemeinde Jesu und den einzelnen Glaubenden schenkt, gehört auch die Gabe, »gesund zu machen« (1Kor 12,9; → Charisma). Gottes Geist wird ja allen Glaubenden gegeben (Eph 1,13). Und der Heilige Geist ist in jedem Fall »Heilsgabe« zur eigenen ewigen Errettung und zugleich »Dienstgabe«, Ausrüstung in großer Vielfalt zum Dienst an andern. Da ist als eine dieser Dienstgaben auch die der Krankenheilung genannt.

b. Über das hinaus sagt das NT auch von der Möglichkeit, daß Christen, Gemeindeälteste, ohne diese besondere Gabe zu haben, miteinander auf Bitten eines Kranken diesem segnend die Hände auflegen können (Jak 5,14–16). Das von Sündenbekenntnis begleitete Gebet wird von Gott damit beantwortet, daß er die Sünde vergibt, dem Kranken »hilft«, wörtlich: ihn (ewig) rettet, und den Kranken, äußerlich oder innerlich, »aufrichtet«. Wir sehen auf jeden Fall, wie sehr die Kranken an die Gemeinden und die Gemeinden an die Kranken gewiesen sind, in die Gott vertrauende Fürbitte und in den liebevollen Dienst.

c. Aus den neutestamentlichen Briefen im Ganzen sehen wir, wie sehr das verkündigte Wort mit dem Ziel des ewigen Heils der Menschen in der Mitte des ganzen Gemeindelebens stand und auch des Dienstes, den die Gemeinde nach außen tat. Es ist entscheidend wichtig, daß das auch heute den Akzent hat. Die Hoffnung der Gemeinden richtete sich nicht darauf, daß jetzt schon kein Glaubender mehr krank sei, sondern darauf, daß der Herr bald komme und die Totalhilfe bringe (1Thes 4,16; Offb 20,4.6), was nicht ausschloß, daß auch für die Gegenwart von Gott Hilfe erbeten und auch gegenseitig liebevoll gewährt wurde (Gal 6,10).

d. Krankenbesuch und -pflege standen bei der frühen Christenheit hoch im Kurs. Jesus selbst adelte diesen Dienst wunderbar: »Ich bin krank gewesen, und ihr habt mich besucht. Was ihr getan habt einem unter diesen meinen geringsten Brüdern, das habt ihr mir getan« (Mt 25,36.40). Jesus stellt einen Menschen, der einen anderen unter Gefahr aufsuchte, ihn in Sicherheit brachte, ihn pflegte bzw. für ihn die Pflegekosten übernahm, als Vorbild dar: »Gehe hin und tue desgleichen« (Luk 10,25–37). Auch die Gemeindeältesten (→ Ältester) sollen im Krankenbesuch einen wichtigen, seelsorgerlichen Dienst sehen (Jak 5,14–16). Dabei soll der Kranke seinerseits die Mitchristen rufen bzw. rufen lassen und nicht im Schmollwinkel warten, bis jemand kommt oder auch nicht. Bei dem allem wußte die frühe Christenheit, daß sie ihren Liebesdienst nicht auf ihren eigenen Kreis, den der Mitchristen, beschränken durfte; »hingehen« sollen wir (Luk 10,37). »Lasset uns Gutes tun an *jedermann* . . .« (Gal 6,10).

III. Die Begriffe heute

1. »Müssen Christen überhaupt noch krank sein?« so fragen heute manche christlichen Kreise.

a. Ein Beispiel: Ein Mann mit Multipler Sklerose, schon seit Jahren im Rollstuhl, ein treuer Christ, der im Aufblick zu Gott sein Leiden willig trug, wurde von Bekannten zu einer »Heilungsversammlung« solcher Kreise mitgenommen. Nach wie vor krank und mit schwersten Anfechtungem kam er zurück. In der Versammlung war gesagt worden: »Wer glaubt, ist nicht krank, und wer krank ist, glaubt nicht recht.« Unter Tränen fragte er anschließend seinen Seelsorger: »Ist denn mein Glaube doch nicht in Ordnung?« Dieser antwortete: »Doch, wie ich Sie kenne, stehen Sie richtig im Glauben. Aber der Satz, der Ihnen dort gesagt wurde, ist nicht richtig, nicht biblisch. Er ist ein ungeduldiger Ausbruchsversuch aus dem heilsgeschichtlichen Ort, an dem wir uns jetzt noch befinden, dem des Nicht-Sehens und Doch-Glaubens, und an dem wir uns zu bewähren haben. Es ist dieselbe Ungeduld, in der Israel einmal vorzeitig das verheißene Land einnehmen wollte (4Mo 14,40–45). Gewiß, Gott kann uns auch wunderbar solche Lasten abnehmen, aber die Regel ist das nicht. Der Tag, an dem kein Leid, kein Geschrei, kein Schmerz und kein Tod mehr sein wird (Offb 21,4), ist noch nicht da. Deshalb werden auch Gotteskinder noch krank und sterben auch, solang unser Herr noch nicht kommt und seine Gemeinde heimholt (1Thes 4,17; → Wiederkunft). Bitte harren Sie demütig und geduldig aus. Der Herr wird Sie wunderbar ›erhöhen zu seiner Zeit‹!«

b. »Aber«, so wird eingewendet, »hat denn nicht Jesus unsere Krankheit getragen. Es heißt doch: ›Fürwahr, er trug unsere Krankheit und lud auf sich unsere Schmerzen‹ (Jes 53,4). Dann müssen doch wir sie nicht mehr tragen.« - Ja, unser Herr hat unsere Krankheit sehr wohl getragen und sogar auch unseren Tod; er ist unseren Tod gestorben. Er hat alle unsere Sünde mit allen ihren Folgen auf sich genommen. Aber wir müssen, wenn unser Herr nicht zuvor kommt, bzw. seine Gemeinde zu sich entrückt (1Thes 4,17), noch sterben und werden auch, unserem Tod vorausgehend, wahrscheinlich noch krank sein. Es ist »noch nicht erschienen, was wir sein werden« (1Joh 3,2; vgl. Kol 3,3). Wir tragen jetzt noch die »Kreuzesgestalt« unseres Herrn an uns und noch nicht seine »Herrlichkeitsgestalt« (2Kor 4,10; Phil 3,10). Wollen wir doch nicht aus Schule und Prüfung unseres Herrn laufen!

c. Aber würde eine Vielzahl von wunderbaren Erfahrungen die Leute um uns her nicht noch ganz anders auf Jesus aufmerksam machen und sie zu ihm locken? Ja, Gott kann auch eine wunderbare Erfahrung dazu benützen, daß ein Mensch auf Jesus aufmerksam wird und sich an ihn wendet. Aber wir dürfen in den Nichtglaubenden nicht falsche Erwartungen wecken und ihre Aufmerksamkeit in falsche Richtung lenken: Gewiß, der Glaube macht Erfahrungen. Aber der Glaube gründet sich nicht auf Erfahrungen, die wir gemacht haben, sondern er gründet sich auf das Wort Gottes in Jesus Christus. In diesem Leben, in dieser Weltzeit, bevor unser Herr wiederkommt, ist »Höre-Zeit« und nicht »Sehe-Zeit«.

d. Die Bibel kündigt für das letzte Wegstück der Gemeinde Jesu an, daß der → Antichrist und der »falsche Prophet« die Menschen irre führen und ihnen glanzvolle »Zeichen und Wunder« vor die Augen stellen werden, so daß dadurch die oft unscheinbaren Erfahrungen der Gemeinde Jesu mit ihrem Herrn »weit in den Schatten gestellt« zu werden scheinen (2Thes 2,9–12; Offb 13,13.14). Darum wäre es gefährlich, gerade wenn wir im Begriff sind, das letzte Wegstück der Geschichte zu betreten, das Interesse unserer Mitchristen so sehr auf das Sehen zu richten, statt auf das Hören, ja sie geradezu auf das Sehen zu »züchten«, so daß es im Urteil der Leute etwas viel Größeres ist, wenn einer geheilt seine Krücken weglegen kann, als wenn ein Mensch durch Buße und Glauben zum Frieden mit Gott kommt und ewig selig wird.

2. Sollen Christen denn noch zum Arzt gehen und nicht alles Vertrauen allein auf Gott, unseren »Arzt« (2Mo 15,26), auf unseren → »Heiland« Jesus Christus richten?

a. Gott stellt uns auch sonst in die Abhängigkeit von Menschen, voran in den alltäglichen Dingen um Arbeit, Nahrung, Kleidung, Wohnung usw. Nur dürfen wir dann diese Menschen nicht zu unseren »Göttern« (→ Götze) machen und alles Vertrauen auf sie setzen. So wurde im alten Israel einerseits der Dienst der Ärzte gelobt und Gott für ihn gedankt. Und andererseits wurde es getadelt, wenn die Ärzte als die letzte Zuflucht angesehen wurden und das letzte Vertrauen ihnen galt (Sirach 38,1ff; 2Chr 16,12).

b. Auch die Glaubenden in der Schrift haben menschliche Hilfe in Anspruch genommen, so wie sie damals Ärzte verordnet haben. Sie wußten aber mit Klarheit gleich, daß die Hilfe allein von Gott kommt und er helfen kann mit diesen Mitteln und ebenso auch ohne sie (2Kö 20,7; Jes 38,21; 1Tim 5,23).

c. Worauf es demzufolge heute ankommt: Einerseits können wir getrost ärztliche Hilfe in Anspruch nehmen. Und wir werden als Christen dabei unseren Herrn bitten, daß er die Gedanken dieser Menschen lenke und ihre Bemühungen und Mittel segne, und mit einer entsprechenden Bitte zu Gott, z.B. auch die Medikamente einnehmen. Andererseits werden wir nicht so auf menschliche Ärzte Vertrauen und Hoffnung setzen, wie sie allein Gott zukommen. Und wir werden uns auch innerlich nicht so von Medikamenten abhängig machen, daß wir verzweifelt sind, wenn sie uns ausgegangen sind, wenn wir sie auf einer Reise vergessen haben oder wenn Umstände eingetreten sind, in denen wir sie uns nicht mehr beschaffen können. Unser Herr kann uns mit solchen Medikamenten durchbringen und ebenso auch ohne sie.

3. Auch wenn wir *selbst im Dienst* der Krankenheilung stehen, werden wir einerseits nach allen Regeln der Kunst mit Sorgfalt als treue Haushalter der Mittel und Möglichkeiten, die uns zur Verfügung stehen, das Menschenmögliche tun. Andererseits werden wir uns als Christen gerade in diesem Dienst ganz auf Gott angewiesen wissen. Wir haben ja die Hilfe nicht in unserer Hand und Verfügungsmacht; Gott muß helfen. So bitten wir als Glaubende um die Leitung durch Gottes Geist, um die Segenswirkung unserer Maßnahmen und Mittel und für die uns aufgetragenen Menschen überhaupt. So, unter Gott, werden wir uns auch nicht stolz über unsere Patienten erheben, auch nicht, wenn sie durch eigene Schuld, etwa ihre Süchte, in ihre Not geraten sind. Auch wir leben ja davon, daß sich Gott unser trotz unserer Sünde angenommen hat. Und es könnten einmal auch hier »aus Letzten Erste werden«. - Wir werden als Menschen unter Gott, die andern Menschen nie nur als

»Fälle«, als »Objekte« oder gar »Versuchsobjekte« behandeln. – Als selbst von Gott Geliebte dürfen wir in den andern Menschen, auch wenn sie Gottes Liebe noch nicht erkannt und ergriffen haben und ihr noch nicht gefolgt sind, Geliebte Gottes sehen (Joh 3, 16).

Fritz Grünzweig

Autorenverzeichnis

Affeld, Ulrich	Pfarrer	Schalksmühle
Arnold, Walter	Pastor	Düsseldorf
Bärend, Hartmut	Pfarrer	Bad Salzuflen
Bauer, Dr. Karl-Adolf	Pfarrer	Bad Kreuznach
vom Baur, Wilfried	Pfarrer	Wuppertal
Bittner, Wolfgang	Prediger	Liestal/Schweiz
Blankenburg, Dr. D. Walter	Kirchenrat	Schlüchtern
Blunck, Jürgen	Pfarrer	Solingen
Böttcher, Hans G.	Pfarrer	Neukirchen-Vluyn
Brandt, Käte	Pfarrerin	Bad Salzuflen
Brockhaus, Gerd	Pfarrer	Eschede
Bruder Franziskus-Ch. Joest	Pfarrer	Bad Camberg
Busch, Dr. Peter	Naturwissenschaftler	Erkrath-Unterbach
Demandt, Johannes	Pastor	Köln
Dietzfelbinger, D. Hermann	Landesbischof i. R.	München
Eickhoff, Klaus	Pfarrer	Sierning/Österreich
Falkenroth, Arnold	Pfarrer	Wuppertal
Fangmeier, Dr. Jürgen	Professor für syst. Theologie	Wuppertal
Fiedler, Dr. Klaus	Pastor	Ratingen
Filker, Hans-Georg	Pfarrer	Wuppertal
Grünzweig, Dr. h. c. Fritz	Pfarrer	Korntal-Münchingen
Gutsche, Friedhardt	Pfarrer	Kassel
Haacker, Dr. Klaus	Professor für NT	Wuppertal
Haarbeck, Dr. Ako	Generalsuperintendent	Detmold
Herwig, Michael	Pfarrer	Göttingen
Heuberger-Gloor, M.	Pfarrerin	Schöftland/Schweiz
Heyd-Westerhausen, Christa	Pfarrerin	Oberstenfeld/Schweiz
Hofius, Wilhelm	Pfarrer	Bad Salzuflen
Holland, Martin	Pfarrer	Korntal-Münchingen
Horn, Friedrich Wilhelm	Vikar	Göttingen
Jentsch, Prof. Dr. Werner	Kirchenrat	München
Kettling, Siegfried	Pfarrer	Unterweißach
Kimmich, Christine	Pfarrerin	Westerstede
Köberle, Dr. Adolf	Prof. em. für system. Theologie	München
Köhler, Peter	Pfarrer	Göttingen
Krimmer, Dr. Heiko	Pfarrer	Holzgerlingen
Kreuzer, Siegfried	Pfarrer	Stockerau/Österreich
Kuen, Alfred	Bibelschullehrer	St. Lègier/Schweiz
Laepple, Eberhard	Sozialpädagoge	Ellerbek
Laepple, Ulrich	Pfarrer	Essen
Lamparter, Dr. Helmut	Professor em.	Tübingen

Leuthner, Joseph	Pfarrer	Marburg
Lindenberg, Gottfried	Pfarrer	Neuendettelsau
Maier, Dr. Gerhard	Studienleiter	Tübingen
Marschner-Busch, Maria	Hausfrau	Erkrath-Unterbach
Metz, Dr. Wulf	Professor i. K.	München
Michel, Karl-Heinz	Pfarrer	Bad Camberg
Michel, D. Otto	Professor em. für Neues Testament	Tübingen
Neuer, Werner	Vikar	Gomaringen
Petschat, Günter	Pastor	Nürnberg
Pfizenmaier, Martin	Dozent	Ammerbuch
Riesner, Dr. Rainer	Vikar	Dusslingen
Röckle, Gerhard	Pfarrer	Stuttgart
Rückle, Reinhold	Pfarrer	Altdorf
Schaal, Walter	Pfarrer	Stuttgart
Scheffbuch, Rolf	Dekan	Schorndorf
Scheffbuch, Winrich	Pfarrer	Stuttgart
Schlichting, Wolfhart	Pfarrer	Regensburg
Schneider, Dieter	Pfarrer	Bad Salzuflen
Schröter, Gottfried	Professor für Pädagogik	Felde bei Kiel
Seebaß, Dr. Horst	Professor für AT	Ladbergen
Sigloch, Helmut	Pfarrer	Neuffen
Silbersiepe, Dietmar	Wiss. Mitarbeiter für NT	Marburg
Teschner, Klaus	Pfarrer	Kaarst
Thimme, D. Hans	Präses i. R.	Bielefeld
Vorländer, Wolfgang	Pfarrer	Wuppertal
Vorländer, Karin	Pfarrerin	Wuppertal
Währisch, Hans	Pfarrer	Wiehl
Weidner, Barbara	Pfarrerin	Wuppertal
Weidner, Ulrich	theol. Assistent	Wuppertal
Zimmermann, Alfred	Pfarrer	Grünenmatt/Schweiz